Die Bonus-Seite

Ihr Vorteil als Käufer dieses Buches

Auf der Bonus-Webseite zu diesem Buch finden Sie zusätzliche Informationen und Services. Dazu gehört auch ein kostenloser **Testzugang** zur Online-Fassung Ihres Buches. Und der besondere Vorteil: Wenn Sie Ihr **Online-Buch** auch weiterhin nutzen wollen, erhalten Sie den vollen Zugang zum **Vorzugspreis**.

So nutzen Sie Ihren Vorteil

Halten Sie den unten abgedruckten Zugangscode bereit und gehen Sie auf **www.galileocomputing.de**. Dort finden Sie den Kasten **Die Bonus-Seite für Buchkäufer**. Klicken Sie auf **Zur Bonus-Seite/Buch registrieren**, und geben Sie Ihren **Zugangscode** ein. Schon stehen Ihnen die Bonus-Angebote zur Verfügung.

Ihr persönlicher **Zugangscode**: qwhx-e2c4-8bia-zmv6

Thomas Claudius Huber

Windows Store Apps mit XAML und C#

Das umfassende Handbuch

Galileo Press

Liebe Leserin, lieber Leser,

die neue Modern UI, die Microsoft mit Windows 8 ausgeliefert hat, sorgt bei vielen Unternehmen für wahre Goldgräberstimmung. Endlich ist es möglich, auch im Microsoft-Umfeld auf Touchscreen-Geräte ausgelegte Apps zu entwickeln und im Microsoft-eigenen Store zu vermarkten.

Nun, vielleicht gehören auch Sie zu den Entwicklern, die beim Wort »Goldgräberstimmung« wenigstens kurz eine Augenbraue nach oben ziehen: Eine gute Stimmung motiviert, keine Frage, sie macht allein aber noch keine App. Wie für die Entwicklung jeder beliebigen anderen Anwendung gilt auch bei Apps, für die der Kunde schlussendlich Geld bezahlen soll: Sie erfordert neben einer gute Idee und sorgfältiger Planung vor allem eine genaue Kenntnis der Entwicklungstechnologie.

Und damit sind wir beim Thema dieses Buches: Es vermittelt Ihnen als Entwickler mit C#- und .NET-Kenntnissen das gesamte erforderliche Know-how, um *professionelle* Apps zu entwickeln. Mithilfe vieler Praxistipps und der durchgängig behandelten, sehr ansprechenden Beispiel-App namens *FriendStorage* führt Sie Thomas Claudius Huber in bewährt präziser, jederzeit leicht nachvollziehbarer und zugleich lockerer Manier von den Grundlagen bis hin zur Veröffentlichung Ihrer App im Windows Store. Kurz: Sie halten nicht nur das umfassendste, sondern zugleich das Buch eines der angesehensten deutschsprachigen Experten zum Thema in der Hand. Damit machen Sie Ihre Idee zur App!

Dieses Buch wurde mit großer Sorgfalt geschrieben, geprüft und produziert. Sollte dennoch einmal etwas nicht so funktionieren, wie Sie es erwarten, freue ich mich, wenn Sie sich mit mir in Verbindung setzen. Ihre Kritik und konstruktiven Anregungen sind uns jederzeit herzlich willkommen!

Viel Freude und Erfolg beim Entwickeln Ihrer professionellen Windows Store Apps wünscht Ihnen nun

Ihr Sebastian Kestel
Lektorat Galileo Computing

Sebastian.Kestel@galileo-press.de
www.galileocomputing.de
Galileo Press · Rheinwerkallee 4 · 53227 Bonn

Auf einen Blick

1	Einführung in Windows 8, WinRT und .NET	39
2	Das Programmiermodell	87
3	XAML	163
4	Controls	195
5	Layout	247
6	Dependency Properties	307
7	Daten	329
8	Commands und MVVM	403
9	Input-Events	429
10	Ressourcen	493
11	Styles und Templates	533
12	Eigene Controls und WinRT-Komponenten	567
13	Dateien, Streams und Serialisierung	615
14	App-Lebenszyklus und -Einstellungen	675
15	Services und Kommunikation	721
16	Contracts und Extensions	763
17	Tiles, Badges und Toasts	829
18	Geräte und Sensoren	885
19	2D-Grafik	909
20	Multimedia	951
21	Animationen	991
22	Verpacken und veröffentlichen	1049

Impressum

Wir hoffen sehr, dass Ihnen dieses Buch gefallen hat. Bitte teilen Sie uns doch Ihre Meinung mit. Eine E-Mail mit Ihrem Lob oder Tadel senden Sie direkt an den Lektor des Buches: *sebastian.kestel@galileo-press.de*. Im Falle einer Reklamation steht Ihnen gerne unser Leserservice zur Verfügung: *service@galileo-press.de*. Informationen über Rezensions- und Schulungsexemplare erhalten Sie von: *britta.behrens@galileo-press.de*.

Informationen zum Verlag und weitere Kontaktmöglichkeiten finden Sie auf unserer Verlagswebsite *www.galileo-press.de*. Dort können Sie sich auch umfassend und aus erster Hand über unser aktuelles Verlagsprogramm informieren und alle unsere Bücher versandkostenfrei bestellen.

An diesem Buch haben viele mitgewirkt, insbesondere:

Lektorat Sebastian Kestel
Korrektorat Petra Biedermann, Reken
Herstellung Janina Brönner
Layout Vera Brauner
Einbandgestaltung Barbara Thoben, Köln
Satz III-satz, Husby
Druck Beltz Druckpartner, Hemsbach

Dieses Buch wurde gesetzt aus der TheAntiquaB (9,35/13,7 pt) in FrameMaker.
Gedruckt wurde es auf chlorfrei gebleichtem Offsetpapier (80 g/m²).

Der Name Galileo Press geht auf den italienischen Mathematiker und Philosophen Galileo Galilei (1564–1642) zurück. Er gilt als Gründungsfigur der neuzeitlichen Wissenschaft und wurde berühmt als Verfechter des modernen, heliozentrischen Weltbilds. Legendär ist sein Ausspruch *Eppur si muove* (Und sie bewegt sich doch). Das Emblem von Galileo Press ist der Jupiter, umkreist von den vier Galileischen Monden. Galilei entdeckte die nach ihm benannten Monde 1610.

Bibliografische Information der Deutschen Nationalbibliothek:
Die Deutsche Nationalbibliothek verzeichnet diese Publikation in der Deutschen Nationalbibliografie; detaillierte bibliografische Daten sind im Internet über *http://dnb.d-nb.de* abrufbar.

ISBN 978-3-8362-1968-6
1. Auflage 2013
© Galileo Press, Bonn 2013

Das vorliegende Werk ist in all seinen Teilen urheberrechtlich geschützt. Alle Rechte vorbehalten, insbesondere das Recht der Übersetzung, des Vortrags, der Reproduktion, der Vervielfältigung auf fotomechanischem oder anderen Wegen und der Speicherung in elektronischen Medien.

Ungeachtet der Sorgfalt, die auf die Erstellung von Text, Abbildungen und Programmen verwendet wurde, können weder Verlag noch Autor, Herausgeber oder Übersetzer für mögliche Fehler und deren Folgen eine juristische Verantwortung oder irgendeine Haftung übernehmen.

Die in diesem Werk wiedergegebenen Gebrauchsnamen, Handelsnamen, Warenbezeichnungen usw. können auch ohne besondere Kennzeichnung Marken sein und als solche den gesetzlichen Bestimmungen unterliegen.

Für
Julia, Anna und Sara ♥

Inhalt

Vorwort 25
Hinweise zum Buch 31

1 Einführung in Windows 8, WinRT und .NET — 39

1.1 Die Merkmale einer Windows Store App 40
    1.1.1 Die Live Tiles 40
    1.1.2 Kein Fensterrahmen 41
    1.1.3 Die Charms Bar 42
    1.1.4 Die App Bar 44
    1.1.5 Snapping von Anwendungen 45

1.2 Entwickeln für Windows 8 45
    1.2.1 Die Architektur unter Windows 8 46
    1.2.2 Windows Store Apps entwickeln 47
    1.2.3 Desktop-Anwendungen entwickeln 48

1.3 Die Windows Runtime (WinRT) 48
    1.3.1 Die WinRT-Grundlagen 48
    1.3.2 Von »früher« über COM und .NET zur WinRT 51
    1.3.3 Die Architektur der WinRT 56
    1.3.4 Language Support 57
    1.3.5 Metadaten 58
    1.3.6 Language Projection 60
    1.3.7 Sandbox und Broker 62
    1.3.8 Übersicht der Namespaces 64
    1.3.9 Die Stärken der UI-Technologie mit XAML 66

1.4 .NET für Windows Store Apps 68
    1.4.1 Die Architektur 69
    1.4.2 Übersicht der Namespaces 70
    1.4.3 In die WinRT integrierte Technologien 71
    1.4.4 Entfernte Technologien 71
    1.4.5 Geänderte Technologien 72
    1.4.6 Die WinRT und .NET im Zusammenspiel 73

1.5	Konzepte von Windows Store Apps mit XAML/C#	75
	1.5.1 XAML	75
	1.5.2 Layout	78
	1.5.3 Dependency Properties	79
	1.5.4 Ressourcen	82
	1.5.5 Styles	83
	1.5.6 Data Binding	84
1.6	Zusammenfassung	85

2 Das Programmiermodell — 87

2.1	Die erste Windows Store App	88
	2.1.1 Das Projekt erstellen	89
	2.1.2 Die Entwicklerlizenz	90
	2.1.3 Die Dateien des Projekts	92
	2.1.4 Die MainPage ersetzen	95
	2.1.5 Die Dateien im Common-Ordner	97
	2.1.6 Die MainPage mit Inhalt und Logik füllen	98
	2.1.7 Debuggen im Simulator	102
	2.1.8 Debuggen auf einem Remote Computer	103
	2.1.9 Die Datei »Package.appxmanifest«	107
	2.1.10 Die Funktionen im »Package.appxmanifest«	109
	2.1.11 Der Start im »App«-Objekt	110
	2.1.12 Die Verbindung zwischen XAML und Codebehind-Datei	112
	2.1.13 Das App-Package (».appx«)	115
2.2	Die App mit Navigation erweitern	116
	2.2.1 Arten der Navigation	116
	2.2.2 Der Frame	117
	2.2.3 Die Page	119
	2.2.4 Die »LayoutAwarePage«	121
	2.2.5 Eine Detailseite hinzufügen	126
	2.2.6 Die Navigation in FriendStorage	129
2.3	Wichtige Klassen	132
	2.3.1 UI-Basisklassen	132
	2.3.2 Die Klasse »Application«	135
	2.3.3 »Window« und »CoreWindow«	137
	2.3.4 Der »CoreDispatcher«	139

2.4	Die Projektvorlagen in Visual Studio 2012	141
	2.4.1 »Leere App«	142
	2.4.2 »Raster-App«	142
	2.4.3 »Geteilte App«	145
	2.4.4 »Klassenbibliothek (Windows Store Apps)«	146
	2.4.5 »Komponente für Windows-Runtime«	147
	2.4.6 »Komponententestbibliothek«	148
	2.4.7 Die »Portable Klassenbibliothek«	148
2.5	»Asynchron« verstehen	150
	2.5.1 Die »Task«-Klasse und »async«/»await«	151
	2.5.2 Voraussetzungen für asynchrone Methoden	155
	2.5.3 Asynchrone Methoden der WinRT	156
	2.5.4 WinRT-Methoden ohne »async«/»await«	158
	2.5.5 WinRT versus .NET	160
2.6	Zusammenfassung	161

3 XAML 163

3.1	Grundlagen	163
3.2	Elemente und Attribute	165
3.3	Namespaces	167
	3.3.1 Der XML-Namespace der WinRT	167
	3.3.2 Der XML-Namespace für XAML	169
	3.3.3 Der XML-Namespace des Designers	171
	3.3.4 XAML mit eigenen Namespaces erweitern	172
3.4	Properties in XAML setzen	173
	3.4.1 Attribut- und Property-Element-Syntax	173
	3.4.2 Die »Content«-Property (Default-Property)	175
	3.4.3 Die Attached-Property-Syntax	177
3.5	Attribut-Konvertierung	178
3.6	Markup-Extensions	180
	3.6.1 Syntax und Funktionsweise	180
	3.6.2 Markup-Extensions der WinRT	183
	3.6.3 Markup-Extensions von XAML	184

3.7	Collections in XAML		184
	3.7.1	Collections vom Typ »ICollection<T>«	185
	3.7.2	Collections vom »Typ IDictionary<TKey,TValue>«	186
3.8	XAML dynamisch laden		187
3.9	Object und Visual Tree		189
3.10	Entity-Referenzen von XML		192
3.11	Zusammenfassung		193

4   Controls   195

4.1	Die Klasse »Control«		197
4.2	ContentControls		200
	4.2.1	Buttons und CheckBox	202
	4.2.2	Die »AppBar«	206
	4.2.3	Der ToolTip	210
	4.2.4	Der ScrollViewer	212
	4.2.5	Sonstige	213
4.3	ItemsControls		214
	4.3.1	Die Klasse »Selector«	215
	4.3.2	Die ComboBox	216
	4.3.3	Die ListBox	219
	4.3.4	FlipView, ListView, GridView	220
4.4	Text-Controls		221
	4.4.1	Die TextBox	221
	4.4.2	Die PasswordBox	223
	4.4.3	Der TextBlock	224
	4.4.4	Der RichTextBlock	225
	4.4.5	Die RichEditBox	228
4.5	Range-Controls		228
	4.5.1	Der Slider	229
	4.5.2	ProgressBar und ProgressRing	230
	4.5.3	Die ScrollBar	231
4.6	Popups		232
	4.6.1	Das Popup	232
	4.6.2	Das PopupMenu (Kontextmenü)	235
	4.6.3	Der MessageDialog	238

4.7	Sonstige	240
	4.7.1 Der ToggleSwitch	240
	4.7.2 Das Image	241
	4.7.3 Die Viewbox	242
	4.7.4 Die Border	243
	4.7.5 Die WebView	244
4.8	Zusammenfassung	245

5 Layout   247

5.1	Der Layoutprozess	248
	5.1.1 Die zwei Schritte des Layoutprozesses	248
	5.1.2 Beim Layoutprozess mitreden	250
	5.1.3 Ein eigenes Layout-Panel (»DiagonalPanel«)	251
5.2	Layouteigenschaften von Elementen	255
	5.2.1 »Width« und »Height«	255
	5.2.2 »Margin« und »Padding«	257
	5.2.3 Die Ausrichtungen (Alignments)	259
	5.2.4 Die »Visibility«-Property	261
	5.2.5 Transformationen	262
	5.2.6 3D-Effekte mit Projektionen	268
5.3	Panels	272
	5.3.1 Die Klasse »Panel«	272
	5.3.2 Das »Canvas«	273
	5.3.3 Das »StackPanel«	276
	5.3.4 Das »Grid«	277
	5.3.5 Das »VariableSizedWrapGrid«	283
	5.3.6 Die »VirtualizingPanels«	285
5.4	Layout der Elemente auf einer Page	287
	5.4.1 Das Ausrichtungsgitter von Visual Studio	287
	5.4.2 Das Layout einer Page	288
	5.4.3 Schriftgrößen	290
5.5	Die Ansichten einer Windows Store App	291
	5.5.1 Die Ansichten »Snapped«, »Filled« und Co.	291
	5.5.2 Die Ansichten in der eigenen App unterstützen	293
	5.5.3 Die Drehungen Ihrer App	299

5.6	**Layout in FriendStorage**	301
	5.6.1 Der Header	301
	5.6.2 Die »Snapped«-Ansicht	302
5.7	**Zusammenfassung**	305

6 Dependency Properties   307

6.1	**Die Grundlagen**	308
	6.1.1 Die Klassen »DependencyObject« und »DependencyProperty«	308
	6.1.2 Ermittlung des Wertes einer Dependency Property	310
6.2	**Dependency Properties**	312
	6.2.1 Implementieren einer Dependency Property	313
	6.2.2 Metadaten der Klasse »DependencyProperty«	316
	6.2.3 Lokal gesetzte Werte lesen und löschen	318
	6.2.4 Blick auf existierende Dependency Properties	319
6.3	**Attached Properties**	320
	6.3.1 Implementieren einer Attached Property	320
	6.3.2 Ein einfaches Panel mit Attached Properties	324
6.4	**Zusammenfassung**	327

7 Daten   329

7.1	**Data Binding**	330
	7.1.1 Data Binding in XAML	330
	7.1.2 Data Binding in C#	332
	7.1.3 Die »Binding«-Klasse im Detail	333
	7.1.4 Die Source-Angabe	334
	7.1.5 Der »DataContext«	334
	7.1.6 Die »Path«-Property im Detail	336
	7.1.7 Die Richtung des Data Bindings	338
	7.1.8 Debugging von Data Bindings	339
7.2	**Datenquellen eines Data Bindings**	341
	7.2.1 Binding an Dependency Properties	341
	7.2.2 Binding an .NET-Properties	341
	7.2.3 Binding an logische Ressourcen	346

	7.2.4	Binding an Quellen unterschiedlichen Typs	347
	7.2.5	Binding an relative Quellen	350
7.3	**Data Binding an Collections**		**352**
	7.3.1	Benachrichtigung mit »INotifyCollectionChanged«	352
	7.3.2	Benachrichtigung mit »IObservableVector«	354
	7.3.3	Benachrichtigung mit »IObservableMap«	355
	7.3.4	»IObservableMap« in der »LayoutAwarePage«	357
	7.3.5	CollectionViews	359
7.4	**Daten mit DataTemplates visualisieren**		**365**
	7.4.1	Das DataTemplate	365
	7.4.2	Der DataTemplateSelector	367
7.5	**Daten-Controls der WinRT**		**369**
	7.5.1	Die »FlipView«	371
	7.5.2	Die Klasse »ListViewBase«	373
	7.5.3	Die »ListView«	373
	7.5.4	Die »GridView«	375
	7.5.5	Daten gruppieren	377
	7.5.6	Semantisches Zoomen	383
	7.5.7	Inkrementelles Laden von Daten	386
7.6	**Daten in FriendStorage**		**391**
	7.6.1	Die Model-Klassen von FriendStorage	391
	7.6.2	Die »CollectionViewSource«	392
	7.6.3	DataTemplates & Converter	393
	7.6.4	»ListView«, »GridView« und »SemanticZoom«	395
	7.6.5	Validieren von Daten	399
7.7	**Zusammenfassung**		**400**

8   Commands und MVVM   403

8.1	**Commands**		**403**
	8.1.1	Das »ICommand«-Interface	404
	8.1.2	Objekte zum Ausführen von Commands	404
	8.1.3	Ein Command-Beispiel	405
8.2	**Das Model-View-ViewModel-Pattern (MVVM)**		**406**
	8.2.1	Die Idee des Model-View-Controller-Patterns (MVC)	406
	8.2.2	Die Idee des Model-View-ViewModel-Patterns (MVVM)	407
	8.2.3	Ein MVVM-Beispiel	409

8.3 MVVM-Herausforderungen bei Windows Store Apps 414
- 8.3.1 Dialoge aus dem ViewModel 415
- 8.3.2 Event mit »Command« verbinden 417
- 8.3.3 Navigation im ViewModel 421
- 8.3.4 Sonstige Herausforderungen 423

8.4 Das »DefaultViewModel« der »LayoutAwarePage« 423
- 8.4.1 Details der »DefaultViewModel«-Property 424
- 8.4.2 Die »DefaultViewModel«-Property und MVVM 425
- 8.4.3 Die Verwendung in FriendStorage 426

8.5 Zusammenfassung 428

9 Input-Events 429

9.1 Routed Events 430
- 9.1.1 Die Routed Events der WinRT 430
- 9.1.2 Sender und Quelle bei Routed Events 431
- 9.1.3 Die »Handled«-Property 435
- 9.1.4 Routed Events im Detail 436

9.2 Touch-, Stift- und Maus-Eingaben 438
- 9.2.1 Die Gesten in Windows Store Apps 439
- 9.2.2 Gesten-Events 441
- 9.2.3 Pointer-Events 443
- 9.2.4 Manipulation-Events 457
- 9.2.5 Touch- und Maus-Events nur bei »IsHitTestVisible« 461
- 9.2.6 Hit-Testing 462
- 9.2.7 Touch-/Maus-Verfügbarkeit abfragen 468

9.3 Tastatur 471
- 9.3.1 Events 471
- 9.3.2 Der Fokus 474
- 9.3.3 Der Fokus in FriendStorage 475
- 9.3.4 Die Tab-Reihenfolge 476
- 9.3.5 Tastatur-Verfügbarkeit abfragen 477
- 9.3.6 Die Soft-Tastatur 477

9.4 Drag & Drop und das Clipboard 480
- 9.4.1 Die »DataPackage«-Klasse 480
- 9.4.2 Drag & Drop in der WinRT 482

	9.4.3	Einfaches Neuordnen via Drag & Drop	488
	9.4.4	Das Clipboard	490
9.5	Zusammenfassung		491

10 Ressourcen   493

10.1	Logische Ressourcen		493
	10.1.1	Logische Ressourcen definieren und verwenden	494
	10.1.2	Die Suche nach Ressourcen	496
	10.1.3	Ressourcen in separate Dateien auslagern	497
	10.1.4	Die Ressourcen auf App-Ebene	501
	10.1.5	Theme-Ressourcen	503
	10.1.6	Custom Resources	508
	10.1.7	Logische Ressourcen in FriendStorage	509
10.2	Binäre Ressourcen		510
	10.2.1	Binäre Ressourcen hinzufügen und laden	510
	10.2.2	Bilder für verschiedene Skalierungen	514
	10.2.3	Die Logos Ihrer Windows Store App	520
	10.2.4	Die Logos von FriendStorage	522
10.3	Lokalisierung		524
	10.3.1	Strings in ».resw«-Dateien definieren und laden	524
	10.3.2	Den Dateinamen zum Lokalisieren nutzen	529
	10.3.3	Elemente via »x:Uid« mit Ressourcen verbinden	531
10.4	Zusammenfassung		531

11 Styles und Templates   533

11.1	Styles		533
	11.1.1	Die Style-Grundlagen	534
	11.1.2	Styles als logische Ressource definieren	535
	11.1.3	Bestehende Styles erweitern	537
	11.1.4	Weitere Properties, die Styles entgegennehmen	539
	11.1.5	Die »StandardStyles.xaml«-Datei	540
	11.1.6	Styles in FriendStorage	541
	11.1.7	Styles im Visual Studio Designer referenzieren	541

11.2 Templates 542

- 11.2.1 »DataTemplate« und »ItemsPanelTemplate« 543
- 11.2.2 Das Aussehen von Controls mit ControlTemplates anpassen 544
- 11.2.3 Das »ControlTemplate« mit »TemplateBindings« verbinden 546
- 11.2.4 Das Template in einen Style auslagern 548
- 11.2.5 Templates in Blend und Visual Studio erstellen 549
- 11.2.6 Auf Visual States reagieren 554
- 11.2.7 Template Parts beachten 562
- 11.2.8 Der Default-Style mit dem »ControlTemplate« 563

11.3 Zusammenfassung 564

12 Eigene Controls und WinRT-Komponenten   567

12.1 User Controls 568

- 12.1.1 Die Klasse UserControl 568
- 12.1.2 Ein User Control hinzufügen 569
- 12.1.3 Aussehen und Logik implementieren 571
- 12.1.4 Das erstellte User Control einsetzen 574

12.2 Custom Controls 576

- 12.2.1 Bibliothek mit einem Custom Control anlegen 577
- 12.2.2 Das Template erstellen 581
- 12.2.3 Dependency Properties und Template Bindings erstellen 582
- 12.2.4 Template Parts definieren 583
- 12.2.5 Visual States implementieren 586
- 12.2.6 Im »ControlTemplate« auf Visual States reagieren 590
- 12.2.7 Das Control testen 592
- 12.2.8 Neuer Style mit anderem Template 594

12.3 WinRT-Komponenten 597

- 12.3.1 Einschränkungen für WinRT-Komponenten 598
- 12.3.2 Eine einfache WinRT-Komponente erstellen 600
- 12.3.3 Die Komponente in einer C++-App einsetzen 603
- 12.3.4 Ein Custom Control als WinRT-Komponente erstellen 606

12.4 Controls in FriendStorage 608

- 12.4.1 Das Control für die Adresse 609
- 12.4.2 Das »ImageEditControl« 610

12.5 Zusammenfassung 613

13 Dateien, Streams und Serialisierung — 615

13.1 Grundlagen des Dateizugriffs — 616
- 13.1.1 Der »Windows.Storage«-Namespace — 616
- 13.1.2 Datei erstellen, lesen und löschen — 618
- 13.1.3 Prüfen, ob eine Datei existiert — 622
- 13.1.4 Ordner erstellen und löschen — 624
- 13.1.5 Elemente im Ordner auslesen — 625

13.2 Programmatischer Zugriff — 626
- 13.2.1 App-Daten (lokale, Roaming-, temporäre) — 628
- 13.2.2 Installationsordner/App-Package — 636
- 13.2.3 »Downloads«-Ordner — 636
- 13.2.4 Bild-/Musik-/Videobibliothek — 637
- 13.2.5 Dokumentbibliothek — 639
- 13.2.6 Wechselspeichergeräte (USB, CD, DVD etc.) — 641
- 13.2.7 »Homegroup« — 642
- 13.2.8 Media-Server-Geräte — 642
- 13.2.9 Zugriff auf UNC-Dateien und Ordner — 642

13.3 Zugriff via Picker — 643
- 13.3.1 »FileOpenPicker« — 644
- 13.3.2 »FileSavePicker« — 647
- 13.3.3 »FolderPicker« — 649

13.4 Streams — 650
- 13.4.1 Die WinRT-Streams — 651
- 13.4.2 »DataWriter« und »DataReader« — 652
- 13.4.3 »IInputStream«, »IOutputStream« — 653
- 13.4.4 Das »IBuffer«-Interface — 654
- 13.4.5 »IRandomAccessStream« und »byte[]« — 656
- 13.4.6 WinRT- und .NET-Streams — 657

13.5 Weitere Dateioperationen — 659
- 13.5.1 Dateien suchen — 659
- 13.5.2 Kürzlich verwendete Dateien — 660

13.6 Serialisierung — 662
- 13.6.1 Der »DataContractSerializer« — 662
- 13.6.2 Der »XmlSerializer« — 663

13.7	**Dateien in FriendStorage**	665
	13.7.1 »MainPage«, »FileSavePicker« und »FileOpenPicker«	665
	13.7.2 »FriendDataSource«, Streams und »DataContractSerializer«	667
	13.7.3 Kürzlich verwendete ».friends«-Dateien	670
13.8	**Zusammenfassung**	673

14   App-Lebenszyklus und -Einstellungen   675

14.1	**Lebenszyklus und Zustand**	675
	14.1.1 Der Lebenszyklus einer Windows Store App	676
	14.1.2 Daten speichern im »Suspended«-Event	677
	14.1.3 Daten laden in der »OnLaunched«-Methode	679
	14.1.4 Der »SuspensionManager«	681
	14.1.5 Die »LayoutAwarePage«	685
	14.1.6 Eine Beispiel-App in Visual Studio testen	688
	14.1.7 Die App aus dem »Terminated«-Zustand wiederherstellen	695
	14.1.8 Die »Raster-App«-Vorlage	698
	14.1.9 Der Lebenszyklus in FriendStorage	699
14.2	**Einstellungen**	705
	14.2.1 Die Klasse »SettingsPane«	706
	14.2.2 Eigene Einstellungen anzeigen	707
	14.2.3 Komplexe Einstellungen mit einem Popup	711
14.3	**Zusammenfassung**	718

15   Services und Kommunikation   721

15.1	**Der Zugriff auf das Internet**	722
	15.1.1 Die Funktionen im »Package.appxmanifest«	722
	15.1.2 Verbindungsinformationen	723
15.2	**Services abfragen**	724
	15.2.1 HTTP-Anfragen	724
	15.2.2 WCF-Services	726
	15.2.3 WCF-Data-Services (OData)	732
	15.2.4 Syndication (RSS und AtomPub)	745

15.3	Background-Transfer	745
	15.3.1 Download	746
	15.3.2 Upload	750
15.4	Sockets	754
	15.4.1 TCP-Sockets	755
	15.4.2 Web-Sockets	758
15.5	Weitere SDKs und Möglichkeiten	760
15.6	Zusammenfassung	761

16 Contracts und Extensions 763

16.1	Contracts	764
	16.1.1 Übersicht der Contracts	764
	16.1.2 »Share«-Contract (»Source«)	765
	16.1.3 »Share«-Contract (»Target«)	772
	16.1.4 »Search«-Contract	777
	16.1.5 »Print«-Contract	788
16.2	Extensions	797
	16.2.1 Übersicht der Extensions	797
	16.2.2 Dateitypzuordnung und -aktivierung (File Activation)	798
	16.2.3 Automatische Wiedergabe (Autoplay)	802
	16.2.4 Hintergrundaufgaben (Background-Tasks)	805
16.3	Contracts und Extensions in FriendStorage	818
	16.3.1 »Share«-Contract	819
	16.3.2 »Search«-Contract	821
	16.3.3 »Dateitypzuordnungen«-Extension	826
16.4	Zusammenfassung	828

17 Tiles, Badges und Toasts 829

17.1	Live Tiles	830
	17.1.1 Ein Tile-Update mit Text	830
	17.1.2 Ein Tile-Update mit einem Bild	833
	17.1.3 Den »TileUpdateManager« verwenden	835
	17.1.4 Die verschiedenen Tile-Templates	837

	17.1.5	Die Square- und Wide Tile unterstützen	844
	17.1.6	Weitere Tiles anzeigen (Secondary Tiles)	845
	17.1.7	Updates einer Tile in Warteschlange einstellen	849
	17.1.8	Update-Möglichkeiten einer Tile (inklusive Push Notifications)	850
17.2	**Badges**		854
	17.2.1	Ein Badge-Update	854
	17.2.2	Die verfügbaren Symbole	856
	17.2.3	Update-Möglichkeiten für Badges	856
17.3	**Toasts**		857
	17.3.1	Toasts aktivieren	858
	17.3.2	Ein Toast anzeigen	858
	17.3.3	Die verschiedenen Toast-Templates	860
	17.3.4	Die Anzeigedauer anpassen	861
	17.3.5	Den abgespielten Ton anpassen	862
	17.3.6	Startparameter übergeben	863
	17.3.7	Anzeigemöglichkeiten für Toasts	864
17.4	**Push Notifications**		866
	17.4.1	Funktionsweise von Push Notifications	866
	17.4.2	Ein Projekt zum Testen von Push Notifications	868
	17.4.3	Den Channel erstellen	870
	17.4.4	Die Authentifizierungsdaten ermitteln	871
	17.4.5	Die App mit dem Store verknüpfen	872
	17.4.6	Die Daten in der WPF-App eintragen	873
	17.4.7	Authentifizieren bei den WNS	874
	17.4.8	Ein Tile-Update versenden	876
	17.4.9	Badges und Toasts via Push Notification	878
17.5	**Der Lockscreen**		879
	17.5.1	Ihre App für den Lockscreen aktivieren	879
	17.5.2	Die App zum Lockscreen hinzufügen	881
	17.5.3	Tile- und Badge-Updates senden	882
17.6	**Zusammenfassung**		883

18 Geräte und Sensoren 885

18.1	**Geräte**		885
	18.1.1	Der »Windows.Devices«-Namespace	886
	18.1.2	Geräteinformationen auslesen	888

	18.1.3	Geräte überwachen	890
	18.1.4	Geolocation (Ortung)	892
18.2	**Sensoren**		**895**
	18.2.1	Accelerometer (Beschleunigungsmesser)	895
	18.2.2	Gyrometer (Bewegungsmesser)	899
	18.2.3	Inclinometer (Neigungsmesser)	900
	18.2.4	Compass (Kompass)	901
	18.2.5	LightSensor (Lichtsensor)	905
	18.2.6	OrientationSensor (Ausrichtungssensor)	905
	18.2.7	SimpleOrientationSensor (Einfacher Ausrichtungssensor)	906
18.3	**Zusammenfassung**		**907**

19 2D-Grafik   909

19.1 Brushes   909

	19.1.1	Der SolidColorBrush und die Color-Struktur	910
	19.1.2	Der LinearGradientBrush	911
	19.1.3	Der ImageBrush	913
	19.1.4	Der WebViewBrush	915

19.2 Shapes   917

	19.2.1	Das Rectangle	918
	19.2.2	Die Ellipse	918
	19.2.3	Die Line	919
	19.2.4	Die Polyline	919
	19.2.5	Das Polygon	920
	19.2.6	Die »Stroke«-Properties der »Shape«-Klasse	920
	19.2.7	Die »Path«-Klasse	923

19.3 Geometries   923

	19.3.1	RectangleGeometry	924
	19.3.2	EllipseGeometry	925
	19.3.3	LineGeometry	925
	19.3.4	GeometryGroup	926
	19.3.5	PathGeometry	927
	19.3.6	Die Path-Markup-Syntax	930

19.4 Bitmaps   933

	19.4.1	Bildquellen	933
	19.4.2	Bitmap-Operationen	941

19.5	2D-Grafik in FriendStorage	945
	19.5.1 Das Line-Shape	946
	19.5.2 Das BitmapImage	946
19.6	Zusammenfassung	949

20 Multimedia 951

20.1	Audio und Video abspielen	951
	20.1.1 Audio abspielen	952
	20.1.2 Video abspielen	952
	20.1.3 Auf Fehler reagieren	953
	20.1.4 Das Abspielen steuern	954
	20.1.5 Audio im Hintergrund abspielen	960
	20.1.6 Video im Vollbildmodus	963
	20.1.7 Ausschalten des Bildschirms verhindern	964
	20.1.8 Marker, Effekte und mehr	965
20.2	Webcam und Mikrofon	966
	20.2.1 Die Funktionen im »Package.appxmanifest«	966
	20.2.2 Foto/Video mit »CameraCaptureUI« aufnehmen	968
	20.2.3 Webcam-Video mit »CaptureElement« einbinden	972
	20.2.4 Foto/Video/Audio mit »MediaCapture« aufnehmen	975
	20.2.5 Webcam-Zugriff in FriendStorage	980
20.3	Der »PlayTo«-Contract	981
	20.3.1 Der »PlayToManager« und die »PlayToSource«-Instanz	982
	20.3.2 »PlayTo« mit Bildern	982
	20.3.3 Testen des »PlayTo«-Contracts	984
	20.3.4 »PlayTo« mit Audio/Video	987
	20.3.5 Weitere Möglichkeiten	988
20.4	Zusammenfassung	989

21 Animationen 991

21.1	Theme Transitions	992
	21.1.1 Transitions auf Elementen setzen	993
	21.1.2 Die Transition-Klassen	995
	21.1.3 Transitions in FriendStorage	1005

21.2	**Theme Animations**	1006
	21.2.1 Die Timeline	1007
	21.2.2 Das Storyboard	1008
	21.2.3 Die Theme-Animation-Klassen	1010
	21.2.4 Theme Animations in »ControlTemplates«	1011
21.3	**Eigene Animationen**	1013
	21.3.1 Die Basis-Animations-Klassen	1013
	21.3.2 »TargetName« und »TargetProperty« des Storyboards	1014
	21.3.3 Die Properties »From«/»To«/»By« einer Basis-Animation	1015
	21.3.4 Independent und dependent Animationen	1017
	21.3.5 Diverse Timeline-Eigenschaften	1019
	21.3.6 Das Füllverhalten einer Animation	1021
	21.3.7 Animationen mit dem Storyboard steuern	1022
	21.3.8 Mehrere Animationen im Storyboard	1024
	21.3.9 Eigene Animationen in Blend erstellen	1026
	21.3.10 »EasingFunctions« in Animationen nutzen	1029
21.4	**Eigene Keyframe-Animationen**	1034
	21.4.1 Die Keyframe-Animation-Klassen	1034
	21.4.2 Lineare Keyframe-Animationen	1036
	21.4.3 Easing-Keyframe-Animationen	1037
	21.4.4 Spline-Keyframe-Animationen	1038
	21.4.5 Diskrete Keyframe-Animationen	1039
21.5	**Low-Level-Animationen**	1042
	21.5.1 Eine einfache Low-Level-Animation	1042
	21.5.2 Ein 2D-Jump-and-Run-Spiel mit Low-Level-Animationen	1045
21.6	**Zusammenfassung**	1046

22 Verpacken und veröffentlichen — 1049

22.1	**Verpacken der App**	1049
	22.1.1 Das »Store«-Menü	1050
	22.1.2 Ein App-Package erstellen	1051
	22.1.3 Der Inhalt des App-Packages (.appx)	1056
	22.1.4 Installationsmöglichkeiten des App-Packages	1058
	22.1.5 Das App-Package direkt auf Geräten installieren (Entwicklerlizenz)	1058
	22.1.6 Das App-Package direkt auf Geräten installieren (Side-Loading)	1067

22.2	**Die App im Windows Store veröffentlichen**	1070
	22.2.1 Das Entwicklerkonto anlegen	1070
	22.2.2 Eine App im Dashboard erstellen	1075
	22.2.3 Das App-Projekt mit dem Windows Store verknüpfen	1084
	22.2.4 Die App mit dem WACK-Tool testen	1088
	22.2.5 App-Package erstellen und hochladen	1092
	22.2.6 Die App beschreiben	1095
	22.2.7 Die App zur Zertifizierung übermitteln	1099
22.3	**Weitere Möglichkeiten im Windows Store**	1102
	22.3.1 Eine Testversion anbieten	1102
	22.3.2 In-App-Angebote	1107
	22.3.3 Die Windows-Store-Möglichkeiten lokal testen	1109
22.4	**Zusammenfassung**	1112

Index 1113

Vorwort

*»Ich sage voraus, in 5 Jahren wird es die beliebteste
Form der in Amerika verkauften PCs sein.«
— Bill Gates 2001 über Tablet-PCs*

Besten Dank, dass Sie sich für das Buch »Windows Store Apps« entschieden haben. Mit Windows 8 hat Microsoft im Jahr 2013 sein hauseigenes Betriebssystem für Tablet-PCs optimiert, um auch auf diesem von iOS und Android belieferten Tablet-Markt kräftig mitzumischen. Während die Konkurrenz ein und dasselbe Betriebssystem für Smartphones und Tablets verwendet, setzt Microsoft auf ein und dasselbe Betriebssystem für Desktop- und Tablet-PCs. Aus diesem Grunde tauchen mit Windows 8 vermehrt Hybridgeräte auf, die sich vom Notebook zum Tablet umwandeln lassen. Bei manchen Geräten lässt sich gar nicht genau sagen, ob es ein Tablet oder ein Notebook ist. Bei Microsoft lösen Tablet-PCs somit nicht den klassischen PC ab, sondern erweitern dessen Fähigkeiten. Microsoft spricht daher im Zusammenhang von Tablets nicht wie die Konkurrenz von der Post-PC-Ära, sondern von der PC-Plus-Ära.

Um mit Windows 8 Tablets optimal zu unterstützen, wurden ein auf Touch-Eingaben ausgerichteter Startbildschirm sowie eine neue Variante von Anwendungen eingeführt, die sogenannten *Windows Store Apps*.

Windows Store Apps haben im Vergleich zur klassischen Desktop-App aus Benutzersicht ein paar Unterschiede. So werden sie nicht direkt per Setup-Datei, sondern lediglich über den Windows Store installiert[1]. Windows Store Apps sind zudem primär auf Touch-Eingaben ausgerichtet. Sie öffnen sich im Vollbildmodus, und ihre Funktionen sind in der App Bar untergebracht, die Sie durch eine Wischbewegung vom unteren Bildschirmrand öffnen. Allgemeine Funktionen wie eine Suche oder die App-Einstellungen erreichen Sie über die mit Windows 8 eingeführte Charms Bar, die Sie durch eine Wischbewegung vom rechten Bildschirmrand öffnen.

Windows Store Apps können mit anderen Apps interagieren, um beispielsweise Inhalte auszutauschen. Sie besitzen zudem kein Icon, sondern eine Tile (Kachel), die Live-Informationen anzeigen kann, was als *Live Tile* bezeichnet wird. Im Gegensatz zu Desktop-Anwendungen sind Windows Store Apps auch auf ARM-Prozessor-basierten

---

[1] Für Unternehmen gibt es die Möglichkeit, den Windows Store zu umgehen, um Business-Apps direkt an die eigenen Mitarbeiter zu verteilen. Dies wird als *Side-Loading* bezeichnet.

Geräten lauffähig, die die abgespeckte Windows 8-Version namens Windows RT verwenden.

Für Sie als Entwickler ist der spannende Punkt, dass Sie mit dem Windows Store eine Plattform haben, um mit Ihren Apps Geld zu verdienen. Dabei laufen Ihre Apps sowohl auf mobilen Geräten wie Tablet-PCs als auch auf dem klassischen Desktop-PC mit Windows 8.

Zum Entwickeln von Windows Store Apps stellt Ihnen Microsoft vier Varianten zur Verfügung:

- XAML und C#/VB.NET
- XAML und C++
- DirectX und C++
- HTML5 und JavaScript

Bei allen vier Varianten wird auf die Windows Runtime (WinRT) zugegriffen. Die WinRT ist eine mit Windows 8 eingeführte native Schnittstelle für Windows, die objektorientiert aufgebaut ist. Sie bietet alle Funktionen für Windows Store Apps.

In diesem Buch werden Windows Store Apps mit XAML und C# entwickelt. Dabei kommt neben der WinRT eine Untermenge des .NET Frameworks zum Einsatz, das sogenannte *.NET Framework für Windows Store Apps*. Microsoft hat durch ein Konzept namens Language Projection die nativen Klassen der WinRT so projiziert, dass sie beim Programmieren mit C# wie gewöhnliche .NET-Klassen wirken. Sie können sie somit direkt in C# verwenden, ohne irgendeine Form von Interop-Code zwischen WinRT und .NET zu schreiben.

Die UI-Klassen der WinRT entsprechen weitestgehend den Klassen aus der Windows Presentation Foundation (WPF) und Silverlight. Falls Sie mit einem der beiden UI-Frameworks vertraut sind, werden Sie beim Entwickeln von Windows Store Apps vieles wiedererkennen. So wird das UI in der XML-basierten Beschreibungssprache XAML (eXtensible Application Markup Language) erstellt. Sie können Data Bindings definieren, um Ihr UI mit Daten zu verbinden. Über Templates gestalten Sie das Aussehen für Ihre Controls nach Ihrem Geschmack, und mit Styles legen Sie Werte für bestimmte Eigenschaften zentral fest, wie beispielsweise die Hintergrundfarbe für Textboxen.

Haben Sie mit dem Entwickeln von Windows Store Apps begonnen, werden Sie ganz bestimmt vom »Fieber« erfasst werden und Ihren Spaß an dieser Technologie finden. Das vorliegende Buch soll Ihnen dabei den Lernprozess erleichtern und versorgt Sie dazu mit den notwendigen Informationen, vielen Beispielen und reichlich Tipps und Tricks.

Danke

Dieses Buch ist in der wohl intensivsten Zeit meines Lebens entstanden. Während des »Endspurts« kam unsere zweite Tochter Sara Jasmin gesund und munter zur Welt, und wir haben zudem unser neues Eigenheim saniert, renoviert und bezogen. Um in einer so intensiven Zeit ein Buch zu schreiben, braucht es Personen, die mich dem Alltag entfliehen lassen, das Manuskript durchsehen, korrigieren, Feedback geben und mich in allen Belangen unterstützen, damit ich mich auf das Wesentliche konzentrieren kann: das Buch!

Zuallererst möchte ich mich bei meiner Frau Julia und unseren beiden Töchtern Anna Isabel und Sara Jasmin bedanken. Julia hat mir alltägliche Arbeit abgenommen und mich in jeglicher Form unterstützt und stets motiviert. Anna und Sara haben mich mit ihrer lebhaften und fröhlichen Art immer beflügelt. Anna schlich sich manchmal an meinen Rechner. Als ich sie fragte, was sie da machte, sagte sie: »Buch.« Das war einerseits richtig süß, andererseits wurde mir damit umso klarer, dass es nach dem Ausnahmezustand mit dem Buch, dem Eigenheim und dem 100 %-Job als Trainer und Consultant höchste Zeit ist, für eine Weile aus dem Berufsleben auszubrechen. Liebe Julia, Anna und Sara, ich freue mich auf meine berufliche Auszeit und werde jede Sekunde mit euch genießen. Ich liebe euch über alles und verspreche für immer: Erst ihr und dann der Rest.

Mein besonderer Dank gilt auch meinen Eltern Rosa und Wilfried, die mich immer mit viel Herzblut unterstützt haben. Ebenso danke ich meiner Schwester, ohne die ich wahrscheinlich niemals in der Informatik gelandet wäre.

Ein ganz großes Dankeschön gilt auch meinem Lektor von Galileo Press, Sebastian Kestel. Die sehr nette und höchst professionelle Zusammenarbeit hat mir sehr viel Spaß gemacht. Recht herzlichen Dank auch an alle im Hintergrund beteiligten Personen. Dank eurem Einsatz ist wieder ein viel besseres Buch entstanden, als ich es allein je hätte schreiben können.

Mein Dank gilt auch den Kollegen und Freunden der Firma Trivadis. Besonders zu erwähnen ist mein Vorgesetzter Benno Leuenberger, der mich mit seiner höchst professionellen und teamorientierten Art immer inspiriert und motiviert hat. Lieber Benno, danke für alles. Ich freue mich sehr auf unsere weitere Zusammenarbeit. Bedanken möchte ich mich auch beim CTO der Trivadis, Dr. Martin Wunderli. Er sponserte für das Buchprojekt auf Kosten der Firma Trivadis einen ganzen Monat. Mit dieser Danksagung schaffe ich es auch, ihn als bekennenden Linux-Enthusiasten in einem Microsoft-Buch zu platzieren. Danke auch an die ganzen Trivadis-internen technischen Reviewer. Niemals Neid, sondern immer 100 % Unterstützung zu erfahren, weiß ich an euch sehr zu schätzen.

Abschließend gilt der Dank meinen Freunden Katrin, Marcel, Lisa, Jo, Mary, Simon, Sonja, Domi, Bettina, Ralle, Sandra, Stefan, Andy, Fabienne, Andreas, Sarah, Sven, Chrissi, Erko, Tati, Maddin, Anita, Johannes, Meli, Riadh, Sandra und allen anderen. Ihr seid und bleibt definitiv und unumstritten die Allerbesten.

Feedback

Jedes Kapitel in diesem Buch wurde sorgfältig geprüft. Dennoch lassen sich kleine Unstimmigkeiten und gegebenenfalls Schreibfehler nicht gänzlich vermeiden. Falls Sie Korrekturen, Anmerkungen, Hinweise oder auch Fragen haben, scheuen Sie sich nicht, mir eine E-Mail zu schreiben:

thomas@thomasclaudiushuber.com

Über jegliche Form von Kritik und Anregungen bin ich stets sehr dankbar. Nur dadurch öffnet sich die Möglichkeit, Schlechtes zu verbessern und Gutes beizubehalten. Ich freue mich auf Ihr Feedback.

Und jetzt wünsche ich Ihnen viel Spaß beim Lesen des Buches und beim Entwickeln Ihrer Windows Store Apps.

2013, **Thomas Claudius Huber**

Über den Autor

Thomas Claudius Huber, Jahrgang 1980, studierte an der Dualen Hochschule Baden-Württemberg (DHBW) in Lörrach Informatik und ist Diplom-Wirtschaftsinformatiker und Bachelor of Arts.

Während seines Studiums begann er, mit verschiedensten Programmiersprachen und Frameworks zu arbeiten, wie Java, .NET (VB.NET und C#), ActionScript und PHP. Nach seinem Studium spezialisierte sich Thomas Claudius Huber auf die Konzeption und Realisierung von mehrschichtigen Unternehmensanwendungen mit .NET. Die Entwicklung der Präsentationsschicht faszinierte ihn dabei schon immer sehr. Aus diesem Grund setzte er sich schon sehr früh mit den ersten Vorabversionen der Windows Presentation Foundation (WPF) auseinander.

Heute gilt er im deutschsprachigen Raum als Top-Experte rund um .NET- und XAML-basierte UI-Technologien wie WPF, Silverlight oder eben Windows Store Apps. Er spricht auf Konferenzen und gibt sein Wissen auch als Trainer weiter. Er ist zudem Autor zahlreicher Fachartikel und der umfassenden Handbücher zur Windows Presentation Foundation und zu Silverlight. Neben seiner Anstellung als Principal

Consultant bei der Trivadis AG arbeitet er als Dozent an der Dualen Hochschule Baden-Württemberg im Bereich Softwareentwicklung.

Während der Zeit als Entwickler, Berater und Trainer ließ er sein Wissen zertifizieren. Von Microsoft erhielt er die Zertifizierungen Microsoft Certified Professional (MCP), Microsoft Certified Technology Specialist (MCTS), Microsoft Certified Professional Developer (MCPD) und Microsoft Certified Trainer (MCT).

Unter *www.thomasclaudiushuber.com* finden Sie seine persönliche Webseite.

Hinweise zum Buch

Bevor wir starten, hier noch ein paar Hinweise, wie Sie am besten mit diesem Buch arbeiten. Auf den folgenden Seiten finden Sie kurze Informationen zu den Kapiteln, Hinweise zu den Beispielen und ein paar Darstellungskonventionen.

In den folgenden Abschnitten finden Sie Informationen rund um das vorliegende Buch. Lesen Sie sich die Abschnitte kurz durch, um zu erfahren, wie das Buch aufgebaut ist, welche Voraussetzungen an Ihren Rechner zum Entwickeln von Windows Store Apps gestellt werden, wie in den folgenden Kapiteln Beispiele angegeben werden und welche Darstellungskonventionen für die folgenden Kapitel gelten. Falls Sie dieses Buch noch nicht gekauft haben, sondern es gerade erst in den Händen halten, lesen Sie sich unbedingt den ersten Abschnitt durch, um abzuwägen, ob dieses Buch für Sie geeignet ist.

Für wen ist dieses Buch gedacht?

Sie sollten über eine gute Portion an C#-Knowhow und etwas Wissen rund um das .NET Framework verfügen. Wenn Sie mit Delegates, Events, Lambda Expressions oder der Language Integrated Query (LINQ) in Kontakt kommen, sollte Ihr nächster Gedanke nicht jener sein, gleich eine Suchmaschine aufzusuchen. Das vorliegende Buch verwendet auch die asynchronen Syntax-Features mit den Schlüsselwörtern async und await, die in der fünften Version von C# hinzugekommen sind. Dies sogar sehr intensiv, da beim Entwickeln von Windows Store Apps fast ausschließlich asynchrone APIs zur Verfügung stehen. Falls Sie damit allerdings noch nicht vertraut sein sollten, ist das okay. Sie erhalten in Kapitel 2, »Das Programmiermodell«, eine kleine Einführung zu den Schlüsselwörtern async und await.

Falls Sie noch keinerlei Erfahrungen mit .NET und C# haben, sollten Sie vor der Lektüre ein C#-Buch mit den notwendigen Grundlagen lesen.

Das vorliegende Buch richtet sich somit einerseits an .NET-Entwickler, die in die App-Entwicklung einsteigen möchten, andererseits an Entwickler, die bereits Windows Store Apps geschrieben haben und ihr Wissen in bestimmten Bereichen vertiefen möchten.

Neben Kenntnissen zum .NET Framework und zu C# sind Erfahrungen mit der Windows Presentation Foundation (WPF) oder mit Silverlight für dieses Buch von Vorteil, jedoch nicht erforderlich. Das vorliegende Buch vermittelt Ihnen neben den notwendigen Kenntnissen, die Sie zum Entwickeln von Windows Store Apps benötigen, viele Hintergrundinformationen über gängige Konzepte, die aus der WPF und aus Silverlight stammen. Dazu zählen unter anderem die Extensible Application Markup Language (XAML), Dependency Properties, logische Ressourcen, Styles und Templates und das Data Binding.

Das vorliegende Buch richtet sich nicht an Designer, sondern primär an Entwickler. Microsoft stellt mit Blend ein Werkzeug zum Designen von Windows Store Apps zur Verfügung. Wenn Sie Visual Studio installieren, wird Blend gleich mitinstalliert. Einige Dinge erleichtert Blend, z.B. das Erstellen von ControlTemplates und Animationen. Blend macht dabei nichts anderes, als im Hintergrund XAML-Code zu generieren. Allerdings werden Sie stets bestimmte Dinge in XAML »händisch« erledigen. Somit ist es wichtig, dass Sie die XAML-Funktionsweise und -Syntax verstehen. Es ist vergleichbar mit HTML. Haben Sie bereits Webseiten entwickelt und dafür Programme wie Frontpage oder Dreamweaver eingesetzt, werden Sie bestimmt für komplexere Fälle auch den HTML-Code manuell editiert haben, um den gewünschten Output zu erreichen. Blend zeige ich an einigen Stellen dieses Buches, allerdings lege ich den primären Fokus ganz klar auf den Code. Nur wenn Sie diesen verstehen, werden Sie Ihre Windows Store Apps mit großem Erfolg umsetzen.

Aufbau des Buches

Die 22 Kapitel in diesem Buch lassen sich grob in die folgenden sechs Gruppen einordnen. Während ich hier die Gruppen beschreibe, finden Sie am Anfang jedes Kapitels eine detaillierte Inhaltsbeschreibung:

▸ **Grundlagen und Konzepte**
Mit den in dieser Gruppe vermittelten Grundlagen sind Sie in der Lage, einfache Windows Store Apps zu entwickeln. Lernen Sie das Zusammenspiel zwischen der WinRT (Windows Runtime) und dem .NET für Windows Store Apps kennen; entwickeln Sie Ihre erste App; erfahren Sie mehr über die Funktionsweise von XAML und die Controls der WinRT. Verknüpfen Sie Ihr Wissen mit den Layoutmöglichkeiten, um intuitive Oberflächen zu gestalten, und lernen Sie mehr über die auch beim Layout verwendeten Dependency Properties.
  – Kapitel 1: Einführung in Windows 8, WinRT und .NET
  – Kapitel 2: Das Programmiermodell
  – Kapitel 3: XAML
  – Kapitel 4: Controls

- Kapitel 5: Layout
- Kapitel 6: Dependency Properties

▶ **Fortgeschrittene Techniken**

In dieser Gruppe lernen Sie, wie Sie die Elemente Ihrer Oberfläche an Daten binden. Sie erfahren, wie Sie mit Commands das aus der WPF/Silverlight bekannte Model-View-ViewModel-Pattern (MVVM) in Ihrer Windows Store App nutzen. Lesen Sie, wie Sie auf Input-Events via Touch, Tastatur und Maus reagieren. Mit Ressourcen lernen Sie mehr über Bilder, verschiedene Auflösungen und Lokalisierung. Sie erfahren, wie Sie mit Styles und Templates das Aussehen Ihrer App anpassen. Lesen Sie im letzten Kapitel dieser Gruppe, wie Sie eigene Controls zum Wiederverwenden erstellen und wie Sie WinRT-Komponenten kreieren. Letztere lassen sich auch in mit C++ entwickelten Windows Store Apps einsetzen.

- Kapitel 7: Daten
- Kapitel 8: Commands und MVVM
- Kapitel 9: Input Events
- Kapitel 10: Ressourcen
- Kapitel 11: Styles und Templates
- Kapitel 12: Eigene Controls und WinRT-Komponenten

▶ **Dateien, App-Lebenszyklus und Services**

Lesen Sie in dieser Gruppe, wie Sie auf Dateien zugreifen und Objekte serialisieren. Lernen Sie mehr über den Lebenszyklus Ihrer App, und erfahren Sie, wie Sie Einstellungen speichern. Ich zeige Ihnen auch, wie Sie Ihre Daten, anstatt sie lokal zu speichern, über Services abrufen und speichern.

- Kapitel 13: Dateien, Streams und Serialisierung
- Kapitel 14: App-Lebenszyklus und -Einstellungen
- Kapitel 15: Services und Kommunikation

▶ **Ihre App in Windows 8 integrieren**

Lesen Sie in dieser Gruppe, wie Sie Ihre App in Windows integrieren. Los geht es mit Contracts und Extensions. Über Contracts kann Ihre Windows Store App mit anderen Apps Inhalte austauschen, eine Suche oder sogar das Drucken unterstützen. Mit Extensions registrieren Sie Ihre App in Windows 8 beispielsweise für einen bestimmten Dateityp. Lernen Sie in dieser Gruppe auch, wie Sie die Tile (Kachel) Ihrer App mit Live-Informationen ausstatten. Erfahren Sie zudem, wie Sie auf Geräte und Sensoren des PCs zugreifen, wie beispielsweise USB-Sticks, GPS-Sensor oder Bewegungsmesser.

- Kapitel 16: Contracts und Extensions
- Kapitel 17: Tiles, Badges und Toasts
- Kapitel 18: Geräte und Sensoren

- **Grafik, Multimedia und Animationen**
  Um Ihre App etwas aufzupeppen, stehen Ihnen in der WinRT verschiedene 2D-Möglichkeiten zur Verfügung, die Sie in dieser Gruppe kennenlernen. Zudem erfahren Sie, wie Sie Bilder anzeigen und Videos abspielen. Dazu gehört auch der Zugriff auf die Kamera und das Mikrofon. Im Kapitel »Animationen« lesen Sie, wie Sie Ihre Oberfläche mit Animationen und sogenannten Transitions ausstatten, damit sie stets »flüssig« wirkt.
  - Kapitel 19: 2D-Grafik
  - Kapitel 20: Multimedia
  - Kapitel 21: Animationen
- **Veröffentlichen im Windows Store**
  Ihre App ist fertig. Lernen Sie im letzten Kapitel, wie Sie Ihre App verpacken, um sie auf anderen Geräten zu testen, um sie im Unternehmen zu veröffentlichen oder um sie in den Windows Store hochzuladen. Alles, was Sie dazu benötigen, beschreibe ich in diesem Kapitel.
  - Kapitel 22: Verpacken und veröffentlichen

Wie Sie das Buch lesen

Das Buch eignet sich, um bei Kapitel 1 zu beginnen und sich von dort Schritt für Schritt zu Kapitel 22 hinzuarbeiten. Am Ende jedes Kapitels folgt eine Zusammenfassung der wichtigsten Punkte. Daran können Sie grob kontrollieren, ob Sie die wichtigsten Inhalte eines Kapitels aufgenommen haben.

Gehören Sie nicht zu den Lesern, die Bücher von vorn nach hinten durcharbeiten, können Sie sich natürlich auch einzelne Kapitel herauspicken und diese als Nachschlagelektüre verwenden. Beim Schreiben des Buchs habe ich darauf geachtet, die einzelnen Kapitel möglichst unabhängig voneinander zu gestalten. Allerdings sollten einzelne Kapitel nicht immer alles wiederholen müssen, was ich in vorherigen Kapiteln bereits erläutert habe. Somit benötigen Sie für spätere Kapitel dieses Buchs meist ein Basiswissen, das Sie entweder bereits haben oder eben erlangen, indem Sie die vorherigen Kapitel durcharbeiten.

> **Hinweis**
> Das Buch verwendet aus didaktischen Gründen an manchen Stellen bewusst Wiederholungen. So erhalten Sie beispielsweise im ersten Kapitel einen Überblick der Konzepte wie XAML oder Layout. In späteren Kapiteln werden diese Konzepte wiederholt und vertieft.

Systemvoraussetzungen

Alle Beispiele in diesem Buch habe ich mit der deutschen Version von Visual Studio 2012 Professional auf Windows 8 entwickelt. Ich habe zusätzlich das Update 2 für Visual Studio 2012 installiert. Damit Sie also gleich loslegen und die Beispiele der Buch-DVD ausprobieren können, sollten Sie auf Ihrem Rechner Folgendes installieren:

- als Betriebssystem Windows 8
- als Entwicklungsumgebung Visual Studio 2012 Professional
- die aktuellen Updates für Visual Studio 2012

Eine deutsche 90-Tage-Testversion von Visual Studio 2012 sowie die aktuellen Updates können Sie unter folgendem Link herunterladen:

http://www.microsoft.com/visualstudio/downloads

> **Hinweis**
>
> Statt mit den kostenpflichtigen *Visual Studio 2012*-Versionen wie *Professional* oder *Ultimate* lassen sich Windows Store Apps auch mit der frei verfügbaren Version namens *Visual Studio Express 2012 for Windows 8* entwickeln. Laden Sie diese Version ebenfalls unter folgendem Link herunter:
>
> *http://www.microsoft.com/visualstudio/downloads*

Codebeispiele

Alle Codebeispiele dieses Buches sind auf der Buch-DVD enthalten. Sie finden dort eine Datei *Beispiele.zip* mit dem Quellcode aller Beispiele. Diese Datei sollten Sie auf Ihre lokale Platte entpacken, um dort die Beispiele zu kompilieren und zu starten.

Beispiele zu einem Kapitel

Die auf der Buch-DVD enthaltene *Beispiele.zip*-Datei enthält eine nach Kapiteln aufgebaute Ordnerstruktur. Das bedeutet, Sie finden für jedes Kapitel einen Ordner: *K01*, *K02*, *K03* usw. Die Beispiele für Kapitel 5, »Layout«, liegen im Ordner *K05*. Unter den Codeausschnitten in diesem Buch finden Sie eine Unterschrift mit dem Pfad zu der Datei, die den dargestellten Code enthält. Folgend ein Codeausschnitt aus Kapitel 5; beachten Sie die Unterschrift:

```
<Button Width="100" RenderTransformOrigin="0.5,0.5"
  Background="Red" Content="Origin(0.5,0.5)" >
```

```
    <Button.RenderTransform>
      <RotateTransform Angle="45"/>
    </Button.RenderTransform>
</Button>
```

Listing 1 K05\08 RenderTransformOrigin\MainPage.xaml

Den Code aus Listing 1 finden Sie, wie in der Unterschrift angegeben, in der Datei *MainPage.xaml* im Ordner *K05\08 RenderTransformOrigin* in der *Beispiele.zip*-Datei der Buch-DVD.

Kapitelübergreifende Beispiele

Neben den Kapitelordnern wie *K04* und *K05* enthält die *Beispiele.zip*-Datei auch kapitelübergreifende Beispiele. Kapitelübergreifend ist unter anderem der Quellcode der in diesem Buch durchgängig verwendeten App namens FriendStorage. Die kapitelübergreifenden Beispiele finden Sie in der *Beispiele.zip*-Datei auf gleicher Ebene wie die Kapitelordner. Ein Ausschnitt der entpackten *Beispiele.zip*-Datei enthält somit die folgenden Ordner:

- *FriendStorage*
- *K01*
- *K02*
- *K03*
- ...

Portal, Dokumentation und weitere Beispiele

Unter dem Link *http://dev.windows.com/apps* erreichen Sie das offizielle Portal zum Entwickeln von Windows Store Apps. Neben einer umfangreichen Dokumentation bietet es Beispiele und verschiedene SDKs zum Herunterladen. Das Portal ist auch die Stelle, von der aus Sie Ihre Windows Store App im Windows Store veröffentlichen.

Darstellungskonventionen

Wie auch Windows Store Apps ein durchgängiges Designkonzept verwenden sollten, so macht es auch dieses Buch. Hier ein paar Hinweise zur Darstellung von Text, Code und Bemerkungen.

Textdarstellung

Pfade zu Dateien werden im Fließtext *C:\In\Der\PfadFormatierung* geschrieben. Tritt ein wichtiger Begriff das erste Mal auf, wird er in der *Begriff-Formatierung* dargestellt.

Codedarstellung

Codebeispiele sind immer in der `Codeformatierung` dargestellt. Wie im vorherigen Abschnitt bereits erwähnt, werden die Codebeispiele in diesem Buch mit einer Unterschrift versehen. Die Unterschrift enthält entweder einen Pfad zur Quelldatei in der *Beispiele.zip*-Datei oder eine kurze Beschreibung des dargestellten Codes. Sehr kurze, selbsterklärende Codebeispiele besitzen keine Unterschrift.

An vielen Stellen dieses Buches ist eine vollständige Darstellung einer Quellcode-Datei nicht notwendig und würde den Sachverhalt nur komplizierter darstellen, als er tatsächlich ist. Entweder wird aus einer solchen Quellcode-Datei in einem Listing nur ein zusammenhängender Ausschnitt dargestellt, oder es werden einzelne Codeabschnitte weggelassen. Auf nicht gezeigte Codeabschnitte wird im Listing, soweit sich die Codeabschnitte nicht am Anfang oder Ende des dargestellten Codeausschnitts befinden, mit drei Punkten (...) hingewiesen.

Bemerkungen

Um den Fließtext etwas kompakter zu gestalten und besondere Informationen zusätzlich hervorzuheben, finden Sie in den Kapiteln dieses Buches einige Bemerkungen in einem Kasten dargestellt. Es werden dabei drei Arten von Bemerkungen verwendet. In einem Kasten befindet sich entweder ein Tipp, eine Warnung oder ein Hinweis.

> **Tipp**
> Ein Tipp gibt Ihnen etwas Nützliches mit auf den Weg. Der Tipp kann in manchen Situationen sehr hilfreich sein.

> **Hinweis**
> Ein Hinweiskasten hebt wichtige Details hervor oder erläutert einen Sachverhalt noch etwas tiefgründiger.

Etwas zu Anglizismen

»Kommen Sie zu uns ins Office in unserer neuen Location in ...« – Warum nicht einfach »Büro« und »Standort« statt »Office« und »Location«? Ich bin wirklich kein Fan von Anglizismen. Allerdings sehe ich in der Softwareentwicklung eine Ausnahme. Bei einigen Begriffen in diesem Fachbuch ist es meines Erachtens wenig sinnvoll, sie ins Deutsche zu übertragen. Ich verwende in diesem Buch daher an vielen Stellen durchgängig die englischen Originalwörter und -begriffe. Diese Entscheidung ist gefallen, da einerseits eine deutsche Variante eines Begriffs oft zu Missverständnissen führt und es andererseits beim Entwickeln von Windows Store Apps Begriffe wie beispielsweise *Dependency Properties* gibt, für die in der Entwicklerszene einfach kein konsistentes deutsches Pendant existiert. Es wird daher auch unter deutschsprachigen Entwicklern von »Dependency Properties« und nicht von »Abhängigkeitseigenschaften« gesprochen (auch wenn sie in der deutschen Dokumentation unter *http://dev.windows.com/apps* als solche bezeichnet werden).

Ein weiterer Grund für die englischen Begriffe ist, dass sie mit den Klassennamen einhergehen. Für Dependency Properties haben Sie die Klassen `DependencyObject` und `DependencyProperty`, für Routed Events die Klasse `RoutedEvent` usw. Auch die Kachel einer Windows Store App wird in diesem Buch als *Tile* bezeichnet. Sobald sie Live-Informationen enthält, wird von einer *Live Tile* gesprochen. Auch dies steht im Einklang mit den Klassen `TileUpdater`, `TileUpdateManager` etc.

Aus diesen Gründen finden Sie in diesem Buch die englischen Originalbegriffe wie *Dependency Properties*, *Routed Events*, *Commands*, *Markup Extensions*, *Styles*, *Templates*, *Live Tiles* etc. Auch Steuerelemente werden durchgängig als *Controls* bezeichnet, die .NET-Eigenschaften eines Objekts als *Properties* oder die »Behandlungsmethoden« für ein Event als *Event Handler*.

Kapitel 1
Einführung in Windows 8, WinRT und .NET

Sehen Sie dieses Kapitel als lockere Aufwärmrunde an, bevor es richtig losgeht! Neben den Merkmalen einer Windows Store App lernen Sie die Grundlagen zum Entwickeln für Windows 8 kennen. Die bei Windows Store Apps verwendete Windows Runtime und das ».NET für Windows Store Apps« werden näher betrachtet.

Mit Windows 8 hat Microsoft neben dem klassischen Desktop die *Modern UI-Oberfläche* eingeführt, die in Windows 8 den neuen Startbildschirm darstellt. In dieser auf Berührungseingaben (Touch) ausgerichteten Oberfläche lassen sich keine Desktop-Anwendungen, sondern nur die speziell dafür entwickelten Windows Store Apps ausführen. Eine Windows Store App besitzt spezifische Merkmale, die Sie in Abschnitt 1.1, »Die Merkmale einer Windows Store App«, näher kennenlernen.

Neben Windows Store Apps lassen sich unter Windows 8 nach wie vor klassische Desktop-Anwendungen entwickeln, z.B. basierend auf der Windows Presentation Foundation (WPF). Welche Möglichkeiten Sie zum Entwickeln von Windows Store Apps und Desktop-Anwendungen haben, erfahren Sie in Abschnitt 1.2, »Entwickeln für Windows 8«. Dabei kommen Sie auch erstmals mit der Windows Runtime (WinRT) in Kontakt. Die WinRT ist die mit Windows 8 eingeführte, objektorientierte Windows-Programmierschnittstelle (Windows-API). Sie ist die Grundlage für Windows Store Apps. Die WinRT selbst basiert auf einem erweiterten Component Object Model (COM) und .NET-Metadaten. Wie es zu dieser Kombination mit COM und .NET-Metadaten kam, erfahren Sie ebenfalls in Abschnitt 1.2 mit einem kurzen Rückblick auf die Geschichte der Windows-Entwicklung.

Mit dem Wissen im Gepäck, was die Herausforderungen mit klassischem COM und .NET sind, lernen Sie in Abschnitt 1.3, »Die Windows Runtime (WinRT)«, die Architektur und die unterstützten Sprachen der WinRT kennen. Lesen Sie, wie die WinRT Metadaten im .NET-Format verwendet, wie die WinRT in verschiedene Sprachen wie JavaScript oder C# projiziert wird und wie die WinRT bestimmte Aufrufe über einen Broker kontrolliert. Ein Überblick über die wichtigsten Namespaces und die Stärken des UI-Teils der WinRT runden diesen Abschnitt ab.

Wenn Sie Windows Store Apps mit XAML und C# entwickeln, kommt eine Untermenge des .NET Frameworks 4.5 namens *.NET für Windows Store Apps* zum Einsatz. Beim Entwickeln verwenden Sie Klassen aus der WinRT und aus diesem kleinen .NET Framework. Was Sie im .NET für Windows Store Apps alles finden, was dagegen in die WinRT integriert wurde und was komplett fehlt, erfahren Sie in Abschnitt 1.4, ».NET für Windows Store Apps«.

Im letzten Teil dieses Kapitels erhalten Sie einen kleinen Vorgeschmack auf die Konzepte der WinRT. Dazu gehören XAML, Layout, Dependency Properties, Styles und Templates etc. Falls Sie bereits mit der WPF oder Silverlight Erfahrung haben, wird Ihnen vieles bekannt vorkommen.

Und jetzt geht's los. Schnallen Sie sich an, und haben Sie Spaß.

1.1 Die Merkmale einer Windows Store App

Windows Store Apps werden über den von Microsoft zur Verfügung gestellten Marktplatz namens *Windows Store* vertrieben. Sie besitzen einige Merkmale, die sie von klassischen Desktop-Anwendungen unterscheiden. Diese Merkmale wie Live Tiles, die App Bar oder das Snapping betrachten wir in diesem Abschnitt.

> **Hinweis**
> Windows Store Apps lassen sich auch auf Endgeräte verteilen, ohne dass sie in den Windows Store geladen werden. Diese als *Side-Loading* bezeichnete Funktionalität ist insbesondere für Unternehmen interessant. Lesen Sie mehr zu diesem Thema und wie Sie Ihre App in den Windows Store bekommen in Kapitel 22, »Verpacken und veröffentlichen«.

1.1.1 Die Live Tiles

Auf dem auf Touch-Eingaben ausgerichteten, kachelbasierten Modern UI von Windows 8 werden die Kacheln der Anwendungen angezeigt. Diese Kacheln – auf Englisch *tiles* – zeigen dem Benutzer Liveinformationen der dahinterliegenden Anwendung an. Daher werden sie als *Live Tiles* bezeichnet. Abbildung 1.1 zeigt das Modern UI, die in Windows 8 den Startbildschirm darstellt. Die Live Tile des Mail-Programms (links oben) zeigt an, dass eine neue E-Mail empfangen wurde. Direkt darunter zeigt die Live Tile des Kalenders den nächsten Termin an. Ein Klick auf eine Live Tile öffnet das jeweilige Programm.

In Abbildung 1.1 sehen Sie als unterste Kachel in der dritten Spalte die Live Tile der FriendStorage-Anwendung. Dies ist die durchgängig in diesem Buch verwendete Beispielanwendung, anhand der wir im Folgenden die weiteren Merkmale einer Windows Store App betrachten.

Abbildung 1.1 Die kachelbasierte Oberfläche unter Windows 8

1.1.2 Kein Fensterrahmen

Eine Windows Store App wird wie in Abbildung 1.2 dargestellt per Default im Vollbildmodus geöffnet. Bei einer Windows Store App steht der Inhalt im Vordergrund, daher besitzt sie keinen Fensterrahmen. Aufgrund dieser Tatsache gibt es zum Schließen einer App nicht das bekannte rote Kreuz, das bei Desktop-Anwendungen in der rechten oberen Ecke des Fensterrahmens sitzt.

Abbildung 1.2 Eine Windows Store App besitzt keinen Fensterrahmen.

Sie schließen eine Windows Store App auf einem Touch-Gerät, indem Sie vertikal von der oberen Bildschirmkante zur unteren wischen. Bei der Bedienung mit der Maus und Tastatur lässt sich die App an der oberen Kante »anpacken« und zum Schließen einfach nach unten ziehen. Mit ⌈Alt⌉ + ⌈F4⌉ haben Sie die altbekannte Alternative zum Schließen einer Windows Store App.

1.1.3 Die Charms Bar

Windows 8 besitzt auf der rechten Seite des Bildschirms die in Abbildung 1.3 dargestellte *Charms Bar*. Die Charms Bar ist eine Leiste »mit Zaubern« (»Charms«). Sie wird auf einem Touch-Gerät beim Hereinwischen vom rechten Bildschirmrand geöffnet. Die Charms Bar öffnet sich ebenfalls, wenn Sie die Maus in die rechte obere oder untere Ecke bewegen oder wenn Sie die Tastenkombination ⌈⊞⌉ + ⌈C⌉ drücken.

Abbildung 1.3 Die Charms Bar von Windows 8 wird auf der rechten Seite angezeigt.

Wie Abbildung 1.3 zeigt, bietet die Charms Bar verschiedene Möglichkeiten, wie SUCHEN, TEILEN, GERÄTE und EINSTELLUNGEN. Die Möglichkeiten sind dabei immer kontextspezifisch: Egal, welche App Sie geöffnet haben, die Einstellungen zur geöffneten App finden Sie immer über die Charms Bar. Lässt sich eine App durchsuchen, erreichen Sie diese Funktionalität ebenfalls über die Charms Bar.

Ist in FriendStorage wie in Abbildung 1.3 eine Freundesliste geöffnet und wird in der Charms Bar auf SUCHEN geklickt, öffnet sich eine Suchleiste mit einem Eingabefeld. In Abbildung 1.4 wurde in dieses Eingabefeld der Name »Huber« eingegeben. Beachten Sie, dass die ⌈↵⌉-Taste auf der Bildschirmtastatur den Text SUCHEN enthält. Beachten Sie auch, dass in der Suchleiste unterhalb des Eingabefelds bereits eine Vorschau der in FriendStorage gefundenen Personen angezeigt wird.

Abbildung 1.4 Über die Charms Bar lässt sich eine Suche starten.

Wurde auf der in Abbildung 1.4 angezeigten Tastatur auf [Suchen] getippt oder auf der physischen Tastatur die [↵]-Taste gedrückt, startet FriendStorage die Suche und zeigt das Ergebnis aus Abbildung 1.5 an.

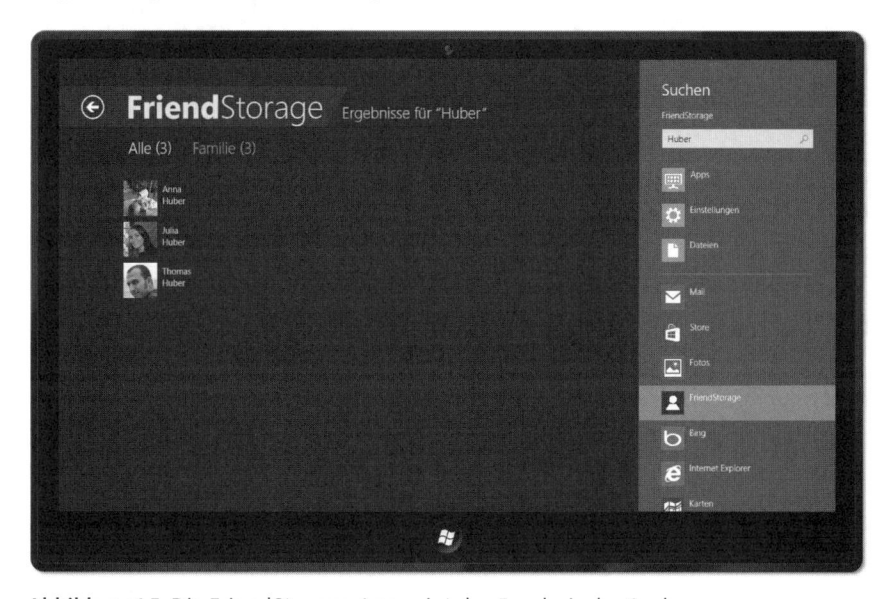

Abbildung 1.5 Die FriendStorage-App zeigt das Ergebnis der Suche an.

In der Suchleiste in Abbildung 1.5 ist die FriendStorage-Anwendung ausgewählt. In der Suchleiste lässt sich auch eine andere Anwendung auswählen und durchsuchen. Standardmäßig ist immer die aktuell geöffnete Anwendung ausgewählt.

Neben der hier dargestellten Suche bietet die Charms Bar weitere Möglichkeiten. So kann beispielsweise über die TEILEN-Funktion eine App verschiedenen anderen Apps bestimmte Inhalte zur Verfügung stellen. Mehr dazu lesen Sie in Kapitel 16, »Contracts und Extensions«.

1.1.4 Die App Bar

Bei Windows Store Apps finden Sie die Anwendungsfunktionen typischerweise in der App Bar. Die App Bar ist eine Leiste am unteren Bildschirmrand. In Abbildung 1.6 sehen Sie die App Bar von FriendStorage, die beim Bearbeiten eines Freundes angezeigt wird. Darauf befinden sich Buttons zum SPEICHERN und ABBRECHEN.

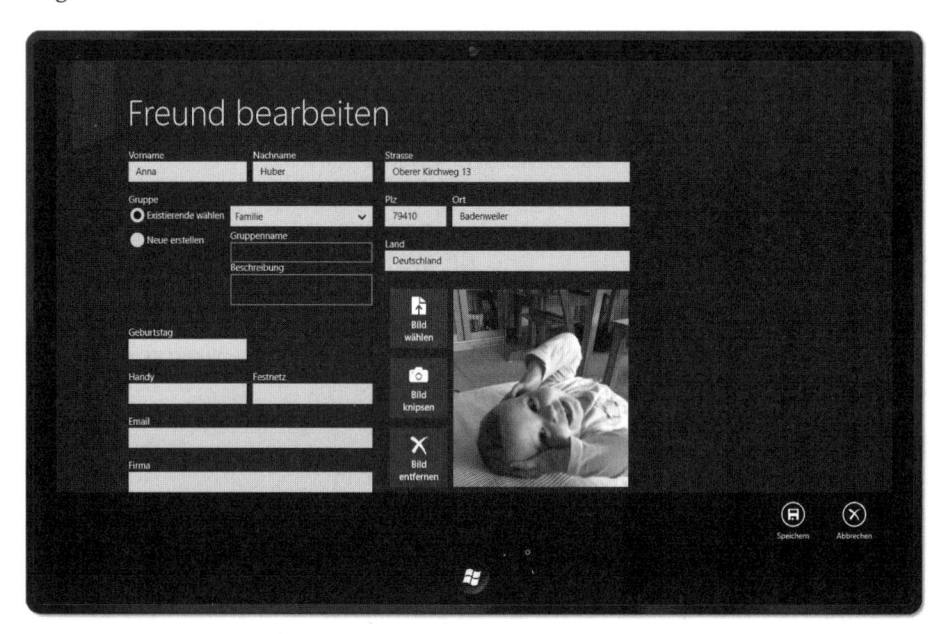

Abbildung 1.6 Die App Bar beim Bearbeiten eines Freundes

Der Benutzer blendet die App Bar mit einer Wischgeste von der unteren oder oberen Kante ein. Auch ein Klick der rechten Maustaste oder die Tastenkombination ⊞ + Z zeigt die App Bar an.

Neben der unteren App Bar gibt es bei einigen Anwendungen auch eine obere App Bar. Während in der unteren App Bar üblicherweise Anwendungsfunktionen untergebracht werden, dient die obere App Bar zur Navigation innerhalb der App.

1.1.5 Snapping von Anwendungen

Windows Store Apps lassen sich auch an den Rand andocken, was als *Snapping* bezeichnet wird. In Abbildung 1.7 wurde die FriendStorage-App an den linken Bildschirmrand angedockt, um im restlichen Bereich zur Abwechslung eine Runde »Minesweeper« zu spielen.

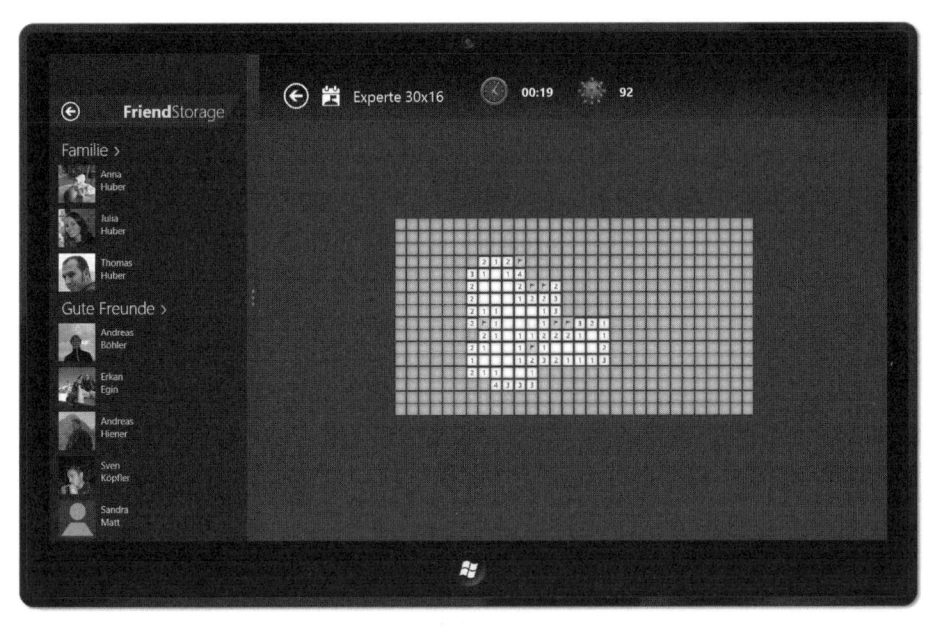

Abbildung 1.7 Für eine Partie »Minesweeper« wurde FriendStorage links angedockt.

Beachten Sie, dass die FriendStorage-App im angedockten Zustand die Freundesgruppen anders darstellt. Alle Gruppen und Freunde stehen untereinander, die Bilder sind kleiner etc. Sie als Entwickler müssen für diesen angedockten Zustand ein passendes Aussehen Ihrer Anwendung gestalten. Mehr zum Snapping und zu weiteren Layoutthemen in Kapitel 5, »Layout«.

1.2 Entwickeln für Windows 8

Zum Entwickeln von Anwendungen stehen Ihnen unter Windows 8 verschiedene Möglichkeiten offen. Obwohl dieses Buch Windows Store Apps mit XAML und C# behandelt, sollten Sie in der Lage sein, diese Variante in das Gesamtkonzept von Windows 8 einzuordnen. Dazu lernen Sie in diesem Abschnitt die Architektur unter Windows 8 näher kennen.

1.2.1 Die Architektur unter Windows 8

Zum Entwickeln einer Anwendung unter Windows 8 haben Sie prinzipiell zwei Möglichkeiten:

- Sie entwickeln eine Windows Store App für das Modern UI.
- Sie entwickeln eine Anwendung für den Desktop.

Eine Windows Store App läuft auf dem Modern UI und lässt sich über den Windows Store von Microsoft vertreiben. Die Windows Store App läuft nicht auf dem klassischen Desktop und ist somit nicht kompatibel mit Windows 7 und älteren Windows-Versionen. Die klassische Desktop-App läuft hingegen nicht auf dem Modern UI, sondern nur auf dem klassischen Desktop.

> **Hinweis**
>
> Es ist nicht möglich, eine einzige native Anwendung sowohl für das Modern UI als auch für den Desktop zu entwickeln. Im vorherigen Abschnitt haben Sie bereits einige Merkmale einer Windows Store App kennengelernt. Ihnen ist bestimmt klar, dass die Designprinzipien mit App Bar, Charms Bar, Snapping etc. komplett andere als bei einer Desktop-Anwendung sind. Selbst wenn es technisch möglich wäre, eine Anwendung für das Modern UI und den Desktop zu bauen, wäre dies aus designtechnischen Gründen nicht zu empfehlen.

Abbildung 1.8 zeigt einen groben Überblick der Architektur zum Entwickeln unter Windows 8. Im linken Teil finden Sie die Windows Store Apps, im rechten Teil die Desktop-Apps.

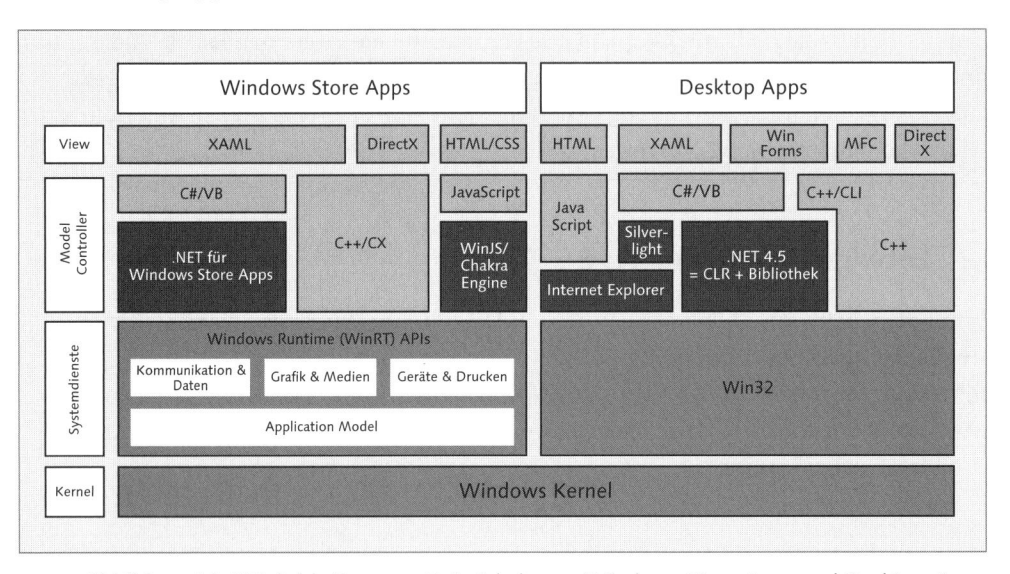

Abbildung 1.8 Möglichkeiten zum Entwickeln von Windows Store Apps und Desktop-Apps

Nehmen Sie sich Zeit, um sich die sehr wichtigen Details von Abbildung 1.8 zu verinnerlichen.

Im unteren Teil von Abbildung 1.8 ist der Kern von Windows dargestellt, der Windows Kernel. Darauf aufbauend finden Sie die nativen Programmierschnittstellen WinRT für Windows Store Apps und Win32 für Desktop-Apps. Während die Win32-API schon seit Jahrzehnten existiert, ist die WinRT die mit Windows 8 eingeführte, moderne und objektorientierte Windows-Schnittstelle (= Windows-API).

> **Achtung**
>
> Beachten Sie, dass Microsoft eine Windows-Version speziell für ARM-Prozessoren entwickelt hat. Diese Windows-Version ist im Grunde eine abgespeckte Variante des klassischen Windows 8 und nennt sich *Windows RT*. Zugegeben, für uns Entwickler ein etwas verwirrender Name, da die neue API WinRT heißt.
>
> Windows RT unterstützt aufgrund der ARM-Prozessor-Architektur keine klassischen Desktop-Apps. Lediglich die speziell für ARM-Prozessoren entwickelte Office-Suite und der Internet Explorer sind im Desktop-Modus verfügbar. Wenn Sie also eine Applikationen entwickeln möchten, die sowohl unter ARM-Prozessoren (mit Windows RT) als auch unter x86/x64-Architekturen (volles Windows 8) läuft, fällt die Wahl auf eine Windows Store App. Diese ist durch die WinRT prozessorunabhängig.

1.2.2 Windows Store Apps entwickeln

Zum Entwickeln von Windows Store Apps haben Sie verschiedene Möglichkeiten:

- **XAML mit C#/VB:** Dabei kommt eine Untermenge des .NET Frameworks zum Einsatz. Sie schreiben wie in .NET »Managed Code«, rufen darin APIs der nativen WinRT auf und verwenden für die Darstellung die XML-basierte Beschreibungssprache XAML.
- **XAML mit C++:** Sie schreiben nativen Code in C++. Mit den Component Extensions (CX) wird eine Erweiterung für C++ verwendet, die schlankeren Code erlaubt. Für die Darstellung kommt ebenfalls XAML zum Einsatz.
- **DirectX mit C++:** Sie schreiben nativen Code in C++ und verwenden zum Zeichnen DirectX. Dies ist insbesondere zum Programmieren von Spielen interessant.
- **HTML/CSS mit JavaScript:** Sie schreiben die Oberfläche mit HTML/CSS und Ihre Logik in JavaScript. Für JavaScript wird dabei die auch im Internet-Explorer verwendete Chakra-Engine genutzt. Mit der WinJS-Library sind Aufrufe von WinRT-APIs möglich.

In den folgenden Abschnitten dieses Kapitels erfahren Sie mehr Details zur WinRT und zum .NET für Windows Store Apps.

1.2.3 Desktop-Anwendungen entwickeln

Zum Entwickeln von klassischen Desktop-Anwendungen bietet Ihnen Microsoft zahlreiche Möglichkeiten. Hier ein kleiner Ausschnitt der existierenden Technologien:

- **Windows Presentation Foundation (WPF):** eine UI-Bibliothek und seit Version 3.0 Teil des .NET Frameworks. Die WPF nutzt zur Darstellung XAML und für die Logik C#/VB.
- **Windows Forms:** eine UI-Bibliothek und seit Version 1.0 Teil des .NET Frameworks. Die Darstellung und die Logik werden in C#/VB programmiert. Die WPF ist der strategische Nachfolger von Windows Forms.
- **Silverlight:** Das ursprünglich unter dem Codenamen WPF/Everywhere bekannte Browser-Plugin stellt eine Untermenge der WPF dar. Es nutzt ein abgespecktes .NET Framework und erlaubt das Entwickeln von Anwendungen mit XAML und C#/VB. Silverlight-Anwendungen lassen sich auch außerhalb des Browsers als sogenannte *Out-of-Browser-App* (OOB) in einem eigenen Fenster ausführen.
- **Microsoft Foundation Classes (MFC)** ist eine UI-Bibliothek zum Entwickeln von nativen Anwendungen mit C++.

In der Vergangenheit hat sich zum Entwickeln von Geschäftsanwendungen das .NET Framework mit der WPF etabliert.

Hinweis

Neben den klassischen Desktop-Anwendungen bietet Microsoft mit ASP.NET eine Möglichkeit zum Entwickeln von Web-Anwendungen.

1.3 Die Windows Runtime (WinRT)

Die WinRT ist die moderne, objektorientierte Windows-Schnittstelle, die neben der Win32-API zum Einsatz kommt. Doch die WinRT ist mehr als nur eine Schnittstelle – sie ist, wie der Name schon sagt, eine Runtime. Die WinRT bildet die Grundlage für Windows Store Apps. Daher lernen Sie in diesem Abschnitt die WinRT genauer kennen. Starten wir mit den Grundlagen.

1.3.1 Die WinRT-Grundlagen

Mit Windows 8 hat Microsoft die WinRT eingeführt – eine neue Runtime, die für Ihre Windows Store App die Controls bereitstellt und Zugriff auf die zentralen Funktionen des Betriebssystems bietet. Die WinRT enthält verschiedene Klassen für UI, Dateizugriff, Netzwerk etc.

> **Hinweis**
> Windows Store Apps haben keinen Zugriff auf die »alte« Win32-API.

Die Bibliotheken der WinRT sind in **nativem Code** geschrieben und basieren auf einem erweiterten Component Object Model (COM). Die WinRT ist also nativ in C/C++ implementiert und somit nicht in .NET geschrieben. Dennoch sind die Bibliotheken selbst wie bei .NET in Namespaces aufgeteilt. Diese Namespaces beginnen mit Windows, beispielsweise Windows.UI.Xaml.Controls für die UI-Controls oder Windows.Storage für Dateizugriffe. Dazu mehr in Abschnitt 1.3.8.

> **Hinweis**
> Falls sich Ihnen beim Begriff COM die Nackenhaare aufstellen, kann ich Sie beruhigen. Die WinRT basiert zwar auf einem erweiterten COM, für Sie als Entwickler bleibt dieses Prinzip jedoch weitestgehend verborgen.

Die WinRT selbst ist sprachneutral. Das heißt, sie ist nicht an eine Programmiersprache gebunden. Dazu besitzt die WinRT auch ein eigenes Typsystem, das beim Verwenden von C# automatisch auf die .NET-Typen gemappt wird. Dieses Mapping bezeichnet man als *Language Projection*. Dadurch fühlen sich WinRT-Komponenten in C# wie gewöhnliche .NET-Klassen an.

Die WinRT wurde so gestaltet, dass sie perfekt zu objektorientierten Sprachen wie bspw. C# passt. Sie enthält daher neben den Namespaces viele weitere aus .NET bekannte Konzepte:

- Klassen
- Events und Delegates
- Methoden
- Properties
- ...

Ihre Inhalte geben die nativen Bibliotheken der WinRT über Metadaten preis. Und hier kommt ein wirklich spannender Punkt: Diese Metadaten verwenden das gleiche Format wie die Metadaten einer in .NET geschriebenen Bibliothek (*Assembly*). Da die nativen Bibliotheken der WinRT diese Metadaten nicht direkt enthalten können, werden sie in separaten Windows-Metadata-Dateien (*.winmd*) gespeichert. Entwickeln Sie Ihre Windows Store App mit XAML und C#, nutzen Sie dazu eine Untermenge von .NET und die WinRT. Dabei lassen sich insbesondere aufgrund der Metadaten WinRT-Typen genau gleich wie .NET-Typen verwenden.

> **Hinweis**
>
> Zum Verwenden von nativem Code sind in C# normalerweise P/Invoke-Deklarationen notwendig. Aufgrund der Metadaten der WinRT entfällt dies bei Windows Store Apps. Die WinRT-Typen lassen sich in Ihrem C#-Code genauso wie .NET-Typen nutzen.

Als Fazit dieser Grundlagen halten wir fest, dass die WinRT Folgendes ist:

WinRT = erweitertes COM + .NET-Metadaten

Doch Moment, wie war das mit COM? COM ist die Technologie, die Microsoft mit der Einführung des .NET Frameworks im Jahr 2002 für tot erklärt hat! Und zehn Jahre später ist COM in einer erweiterten Form doch wieder zurück, da die 2012 eingeführte WinRT darauf basiert. Um zu verstehen, warum Microsoft wieder auf COM setzt, was die Vorteile und Nachteile von .NET sind und wie es zur WinRT kam, machen wir einen kleinen Ausflug in die Geschichte.

> **Hinweis zum erweiterten COM**
>
> Im Gegensatz zum klassischen COM hat die bei der WinRT eingesetzte, erweiterte Version von COM einige Verbesserungen. Hier ein kleiner Einblick:
>
> - Ein neues Publish-Subscribe-Modell wurde basierend auf Events und Delegates umgesetzt. In klassischem COM basiert dieses auf Events und Sinks.
> - Es wurden Interfaces mit Parametern eingeführt. Wenn die verwendete Sprache diese unterstützt, werden sie dort »hineinprojiziert«. Bei C# kommen dafür die Generics zum Einsatz.
> - Bei klassischen COM sind die Interfaces in Type Libraries (*.tlb*) definiert. Das erweiterte COM der WinRT nutzt dafür die auf .NET basierenden Metadaten in *.winmd*-Dateien.
>
> Falls Sie tiefer in die COM-Welt bei der WinRT reinschauen möchten, sollten Sie sich die *.idl*-Dateien (Interface Definition Language) im Pfad *C:\Program Files (x86)\Windows Kits\8.0\Include\WinRT* ansehen. Dort finden Sie beispielsweise die Datei *windows.ui.xaml.controls.idl* mit den Definitionen für die Controls.
>
> Dabei sehen Sie auch, wie die COM-Interfaces mit dem `exlusiveto`-Attribut exklusiv auf Klassen gemappt werden. So ist beispielsweise das Interface `IButton` exklusiv für die Klasse `Button` definiert.
>
> ```
> [uuid(280335AE-5570-46C7-8E0B-602BE71229A2)]
> [version(0x06020000)]
> [exclusiveto(Windows.UI.Xaml.Controls.Button)]
> interface IButton : IInspectable { }
> ```

1.3.2 Von »früher« über COM und .NET zur WinRT

Ende der 80er, Anfang der 90er Jahre sah die Programmierung ungefähr wie in Abbildung 1.9 dargestellt aus: unten das Herz von Windows, der Windows Kernel; darüber die für Programmierer verfügbare Schnittstelle Win32. C++-Entwickler bauen mit ihren Compilern native Bibliotheken, aus denen sie die Funktionen der Win32-API aufriefen. Auch VB-Programmierer bauen native Bibliotheken, und in irgendwelchen anderen Sprachen wurden ebenfalls native Bibliotheken entwickelt, die auf die Win32-API zugriffen.

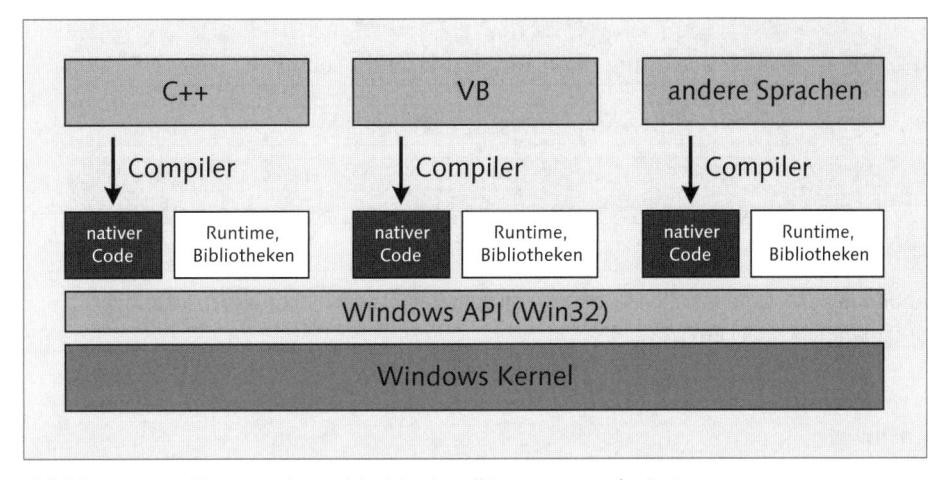

Abbildung 1.9 Früher wurden zahlreiche Insellösungen produziert.

Mit jeder Sprache wurden Insellösungen entwickelt. Die großen Fragen, die man sich zu der in Abbildung 1.9 dargestellten Architektur stellte, waren folgende:

- Wie kann eine in C++ entwickelte Bibliothek auf Funktionen einer in VB geschriebenen Bibliothek zugreifen?
- Wie kann eine Insellösung von den Innovationen profitieren, die in einer anderen Insellösung stattfinden?

Anfang der 90er Jahre brachte Microsoft mit dem Component Object Model (COM) nicht nur die Antworten, sondern auch gleich die Lösung zu diesen Fragen. COM erlaubt es einer nativen Bibliothek, ihre Funktionen über ein binäres Interface der Außenwelt zur Verfügung zu stellen.

Dieses binäre Interface entspricht einem standardisierten Format. Es wird in der *Interface Definition Language* (IDL) erstellt und ist in einer Type Library (*.tlb*-Datei) gespeichert. Über diese Interfaces können mit C++ entwickelte Bibliotheken plötzlich mit in VB entwickelten Bibliotheken sprechen. Es ergibt sich das in Abbildung 1.10 dargestellte Bild.

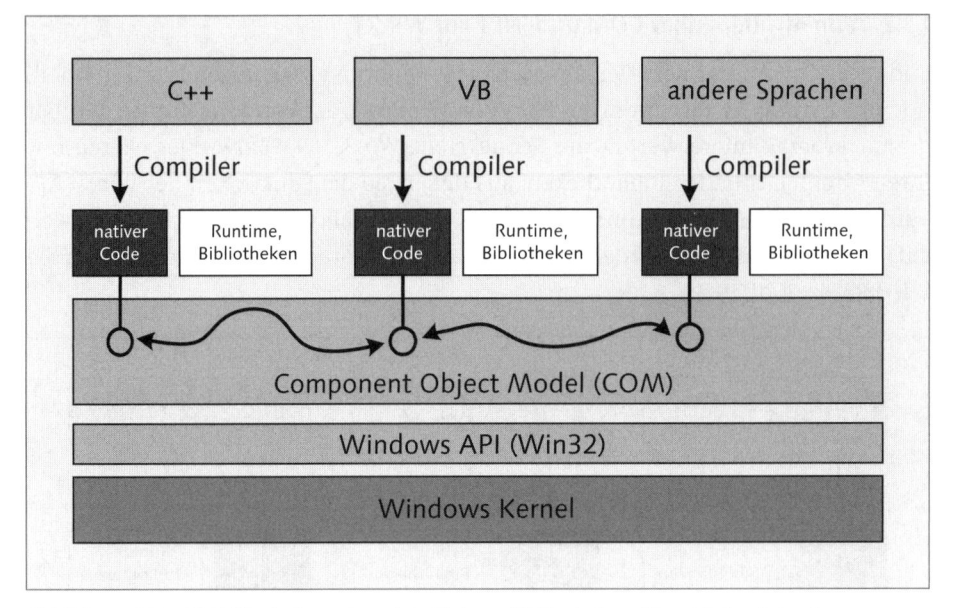

Abbildung 1.10 COM lässt die unterschiedlichen Bibliotheken über binäre Interfaces miteinander »sprechen«.

> **Hinweis**
> Bei COM implementiert jede Komponente das Interface IUnknown. Dieses besitzt die Methode QueryInterface, mit der sich die von der Komponente implementierten Interfaces abfragen lassen. Darüber hinaus definiert das Interface die Methoden AddRef und Release. Mit diesen Methoden wird der Referenzzähler hoch- und heruntergezählt. Bei COM wird die Lebenszeit von Objekten über diesen Referenzzähler gesteuert und nicht wie bei .NET über den Garbage Collector.

COM ermöglichte die Entwicklung von wiederverwendbaren Komponenten über mehrere Programmiersprachen hinweg. Eine COM-Komponente wird dazu in der Registry mit einer eindeutigen ID (*GUID*) eingetragen. Die Komponente wird von anderen Bibliotheken nicht über den Pfad, sondern über den entsprechenden Eintrag in der Registry gefunden. COM-Komponenten werden daher auch als ortsunabhängig bezeichnet, da sie mit Hilfe einer GUID aufgefunden werden.

Mit COM+ und DCOM erschienen noch reichhaltigere Technologien. Auch das *Object Linking and Embedding* (OLE) basiert auf COM. Damals war es erstmals möglich, in Word ein Excel-Spreadsheet einzubinden, das in Excel getätigte Änderungen direkt widerspiegelt. Auch ActiveX basiert auf COM. Mit ActiveX lassen sich COM-Komponenten im Browser nutzen.

Obwohl mit COM eine komponentenbasierte Entwicklung möglich war, tauchten auch mit COM ungeahnte Herausforderungen auf. Hier nur einige davon:

- **COM ist kein nativer Teil der Sprachen.** Innerhalb einer C++-Komponente lassen sich alle Sprachfeatures von C++ nutzen. Ein separater Wrapper ist notwendig, um C++-Typen den COM-Typen zuzuordnen.
- **Die Versionsunterstützung von Komponenten wurde nicht durchdacht.** Dies führte zur sogenannten »DLL-Hölle«: Wird eine neue Version einer Komponente registriert, enthält die Registry unter derselben GUID eine neue DLL, eventuell mit einem leicht geänderten Interface. Existierender Code, der die COM-Komponente nutzt, erzeugt plötzlich Fehler, da die aufgerufenen Funktionen im neuen Interface nicht mehr gefunden werden.

Neben diesen Problemen mit COM gab es für Microsoft einen weiteren wichtigen Punkt: die 1996 erschiene Sprache Java.

Java wurde von Anfang an zum Programmieren von komponentenbasierter Software entwickelt. Zudem war Java plattformunabhängig und mit vielen Funktionen wie Java-Applets auch bereit für das boomende Internet. Gegen die moderne, objektorientierte Sprache Java wirkte COM alt und schwerfällig.

Microsoft erkannte die Probleme und brachte im Jahr 2002 das bis heute sehr erfolgreiche .NET Framework heraus. Abbildung 1.11 zeigt die Architektur unter Windows mit dem .NET Framework.

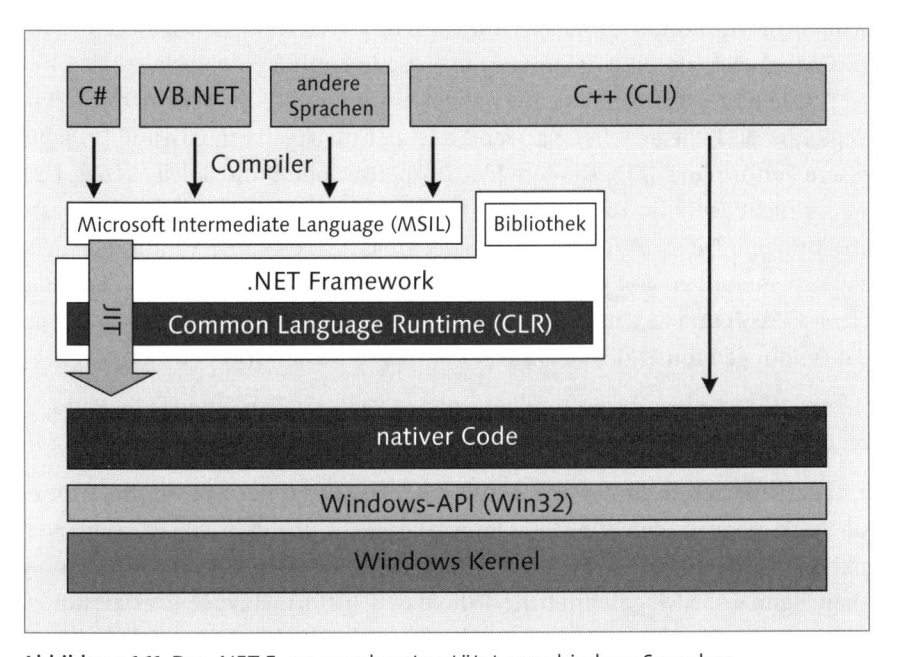

Abbildung 1.11 Das .NET Framework unterstützt verschiedene Sprachen.

Das .NET Framework besteht aus der Laufzeitumgebung namens Common Language Runtime (CLR) und einer umfangreichen Klassenbibliothek. Die CLR selbst enthält Features wie Garbage Collection, Exception Handling oder auch den Just-in-Time Compiler (JIT).

.NET-Bibliotheken, sogenannte *Assemblies*, liegen in der Microsoft Intermediate Language vor. Diese Zwischensprache wird üblicherweise mit ihrer Abkürzung *MSIL* oder einfach nur als *IL* bezeichnet. Es wird bei der IL auch von *Managed Code* gesprochen, da der Code von der CLR verwaltet (»gemanagt«) wird. Aus verschiedenen Hochsprachen wie C#, VB und auch C++ lassen sich .NET-Assemblies kompilieren. Diese werden dann zur Laufzeit mit dem JIT in nativen Code kompiliert und von der CLR ausgeführt.

Aufgrund der IL lässt sich aus C# einfach eine in VB entwickelte Assembly nutzen, da diese ebenfalls in der IL vorliegt. Darüber hinaus lassen sich die Assemblies mit einer Version versehen und auf einem Rechner in einem Verzeichnis namens Global Assembly Cache (GAC) unterbringen. Jede Assembly kennt die Versionen der von ihr referenzierten Assemblies, womit die unter COM existierende »DLL-Hölle« mit .NET der Vergangenheit angehört.

Mit dem .NET Framework hat Microsoft ein solides Konzept zum Entwickeln von komponentenorientierter Software auf den Markt gebracht. .NET unterstützt sehr viele Sprachen, so auch C++. Wird C++ mit .NET verwendet, kommt eine von Microsoft entwickelte Variante der Programmiersprache namens C++/CLI zum Einsatz. CLI steht dabei für »Common Language Infrastructure«. In C++/CLI entwickelte Programme lassen sich als .NET-Assemblies in IL-Code kompilieren. Obwohl sich mit C++ .NET-Assemblies erstellen lassen, wählen eingefleischte C++-Entwickler lieber den Weg ohne .NET; sie erstellen nativen Code. Der meistgenannte Grund ist dabei die bessere Performanz. Insbesondere für 3D-Applikationen und Spiele ist das .NET Framework nicht geeignet, da native C++-Anwendungen mit DirectX hier die beste Leistung bringen. Doch nicht nur im Spielebereich ist C++ interessant, auch für Geschäftsanwendungen gibt es immer noch Firmen, die mit den Microsoft Foundation Classes (MFC) und C++ nativen Code erstellen. Dennoch muss man sagen, dass .NET-Anwendungen mit WPF und Windows Forms weitaus verbreiteter sind.

Obwohl das .NET Framework alle Probleme von COM löst, fallen Ihnen beim Betrachten von Abbildung 1.11 eventuell doch noch ein paar nicht ganz optimale Details auf:

▶ **Für neue Funktionen in der Win32-API sind .NET-Wrapper notwendig.** Gibt es neue Funktionen in der Win32-API, erwarten .NET-Entwickler für diese nativen Funktionen immer eine .NET-Assembly als Wrapper. Diese Wrapper-Assembly enthält dann in .NET geschriebene P/Invoke-(Plattform/Invoke-)Deklarationen zum Aufruf der Win32-Funktionen. Das heißt in anderen Worten, sobald in Win32 etwas dazukommt, muss jemand für .NET die Wrapper schreiben.

▶ **C++-Entwickler, die nativen Code kompilieren, profitieren nicht von den Innovationen im .NET Framework.** Im .NET Framework gibt es viele interessante Technologien, die eben für .NET-Assemblies zugänglich sind. Beispielsweise enthält das .NET Framework mit der WPF eine sehr mächtige UI-Bibliothek. Ein C++-Programmierer kann diese Bibliothek nicht nutzen, wenn er weiterhin nativen Code kompilieren möchte.

Halten wir fest: Für neue Win32-Funktionen müssen immer wieder Wrapper geschrieben werden, die diese Funktionen für .NET zur Verfügung stellen. Darüber hinaus profitieren die C++-Entwickler, die nativen Code kompilieren möchten, nicht von den im .NET Framework stattfindenden Innovationen.

Erweitert man die Sicht von .NET- und C++-Entwicklern noch auf die Entwickler von Web-Anwendungen, ergibt sich das in Abbildung 1.12 dargestellte Bild.

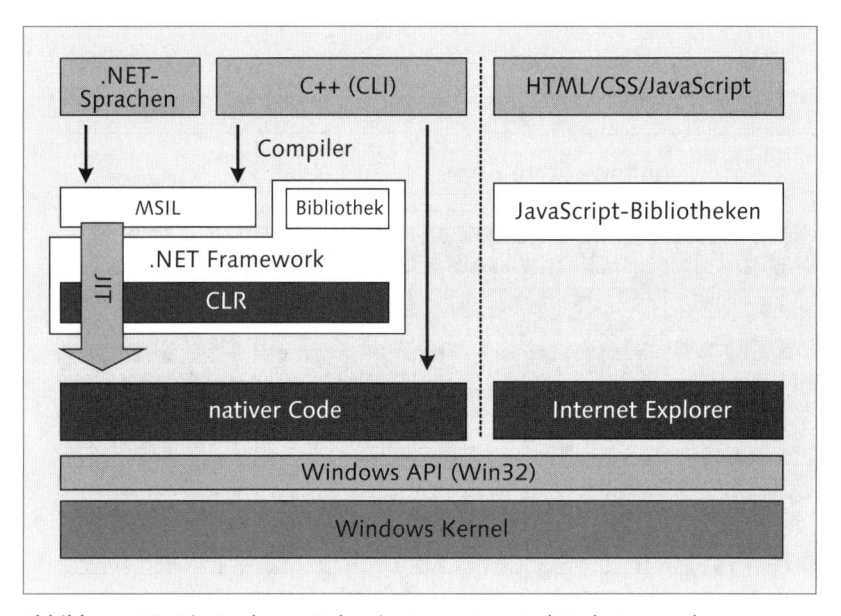

Abbildung 1.12 Die Desktop-Welt mit .NET-, C++- und Web-Anwendungen

Microsoft möchte zum Entwickeln von Windows Store Apps C++-Entwicklern wieder die gleichen Möglichkeiten wie C#/VB-Entwicklern bieten. Zudem möchten sie die JavaScript-Entwickler ebenfalls mit ins Boot holen. Wenn Sie Abbildung 1.12 genau betrachten, fällt Ihnen auf, dass der für dieses Ziel kleinste gemeinsame Nenner die Windows-API ist.

Dass die existierende Win32-API weder modern noch objektorientiert ist, war sicher einer der Gründe, dass Microsoft mit der WinRT in Windows 8 eine komplett neue Windows-API eingeführt hat, die neben der Win32-API lebt. Schauen wir uns die Architektur näher an.

1.3.3 Die Architektur der WinRT

Die WinRT ist in nativem Code geschrieben und nutzt das Beste aus der COM- und der .NET-Welt:

- COM-basierte, binäre Interfaces (Application Binary Interface): Dadurch können Komponenten unterschiedlicher Sprachen miteinander reden.
- .NET-Metadaten: Sie beschreiben die Inhalte einer Komponente.
- .NET-Konzepte: Die WinRT nutzt viele .NET-Konzepte, wie Namespaces, Klassen, Methoden, Properties, Events, Delegates etc.
- COM als natürlicher Teil jeder Sprache. Bisher werden C++, C#/VB und JavaScript unterstützt.

Die Architektur der WinRT ist in Abbildung 1.13 dargestellt. Bevor wir in den folgenden Abschnitten einzelne Teile genauer betrachten, werfen wir einen kurzen Blick darauf.

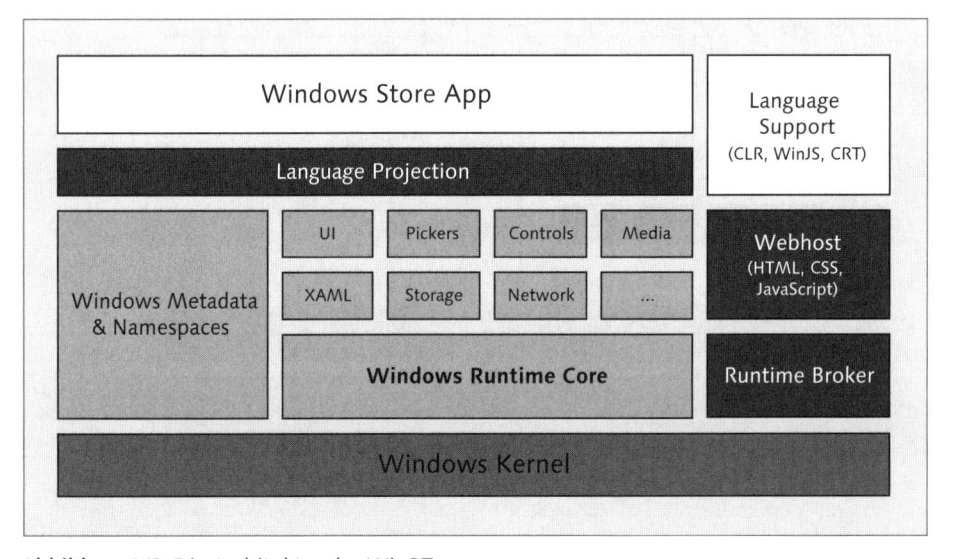

Abbildung 1.13 Die Architektur der WinRT

Im unteren Teil von Abbildung 1.13 ist der Windows Kernel. Darauf baut die WinRT auf. Sie besteht aus den folgenden Teilen:

- **Windows Runtime Core:** Der Kern der WinRT; er enthält viele Low-Level-Funktionen wie beispielsweise die Speicherverwaltung.
- **Windows-Metadaten & Namespaces:** Die im .NET-Format gespeicherten Metadaten der WinRT ordnen die WinRT-Klassen in Namespaces ein. Mehr zu den Metadaten lesen Sie in Abschnitt 1.3.5.

- **XAML, Storage, Network ...:** Die WinRT enthält volle Unterstützung für XAML als UI-Beschreibungssprache. Sie enthält zudem Klassen zum Speichern von Daten, Network-Klassen zur Kommunikation mit Services etc. Einen Überblick dieser Teile erhalten Sie, wenn wir in Abschnitt 1.3.8, »Übersicht der Namespaces«, die Namespaces betrachten.
- **Runtime Broker:** Der Aufruf bestimmter WinRT-APIs läuft über den Runtime Broker. Dieser prüft, ob eine App eine bestimmte WinRT-API überhaupt aufrufen darf, denn standardmäßig laufen Windows Store Apps in einer Art Sandbox ab. Mehr dazu erfahren Sie in Abschnitt 1.3.7, »Sandbox und Broker«.
- **Webhost:** Wird die Windows Store App mit HTML/CSS/JavaScript entwickelt, wird sie im Webhost ausgeführt. Der Webhost weiß, wie HTML-Seiten gerendert werden und der darin enthaltene JavaScript-Code ausgeführt wird.
- **Language Support:** Die WinRT unterstützt verschiedene Sprachen. Für C#/VB steht dabei eine Untermenge von .NET und somit die CLR zur Verfügung. Für JavaScript gibt es die WinJS-Bibliothek und für C++ die C Runtime Libraries (CRT).
- **Language Projection:** Durch die »Sprachprojektion« fühlen sich die WinRT-APIs immer an, als ob sie Teil der Sprache sind, in der sie genutzt werden. So starten die Methodennamen von WinRT-Klassen in JavaScript mit einem kleinen Buchstaben, in C# dagegen mit einem großen. Nähere Einzelheiten finden Sie in Abschnitt 1.3.6, »Language Projection«.

In den folgenden Abschnitten werfen wir einen detaillierteren Blick auf die wichtigsten Teile der WinRT. Anschließend finden Sie einen Überblick der Namespaces und lernen die Stärken der integrierten UI-Bibliothek mit XAML kennen.

1.3.4 Language Support

Die WinRT unterstützt verschiedene Sprachen zum Entwickeln von Windows Store Apps:

- **XAML mit C#/VB:** Nutzt das .NET für Windows Store Apps.
- **XAML mit C++:** Basiert auf nativem Code.
- **DirectX mit C++:** Basiert auf nativem Code.
- **HTML mit JavaScript:** Nutzt die Chakra-Engine – kompiliert JavaScript *just in time* – und die WinJS-Bibliothek.

Abbildung 1.14 zeigt einen Ausschnitt der bereits gezeigten Architektur unter Windows 8. Sie finden darin die erwähnten Möglichkeiten.

Beim Entwickeln mit C# kommt das .NET für Windows Store Apps zum Einsatz. Diese Untermenge des .NET Frameworks lernen Sie nach den folgend betrachteten Details zur WinRT näher kennen.

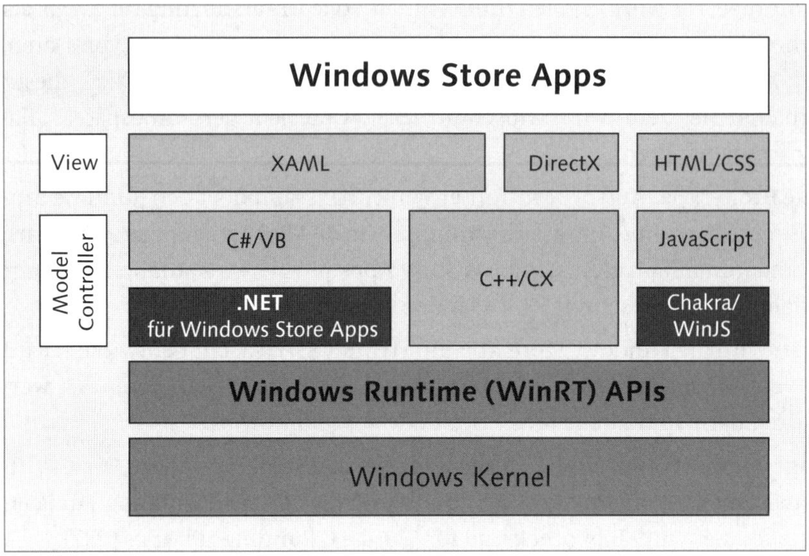

Abbildung 1.14 Die unterstützten Sprachen in der WinRT

1.3.5 Metadaten

Die WinRT basiert auf einem erweiterten COM und stellt ihre Funktionen über Metadaten bereit. Diese Metadaten verwenden dasselbe Format wie die .NET-Metadaten. Da die Bibliotheken der WinRT nativ implementiert sind, können sie die Metadaten nicht direkt enthalten. Sie sind daher in separaten *.winmd*-Dateien (»winmd« steht für »Windows Metadata«) gespeichert.

Die *.winmd*-Dateien finden Sie auf Ihrem Rechner in folgendem Verzeichnis: *C:\Windows\System32\WinMetadata*. Da die Metadaten der WinRT das Format der .NET-Metadaten nutzen, lassen sie sich auch mit den bekannten .NET-Tools betrachten. Typischerweise wird zum Anschauen der Metadaten der Intermediate Language Disassembler (IL DASM) genutzt. Der IL DASM wird mit Visual Studio installiert.

> **Hinweis**
> Zum Starten des IL DASM öffnen Sie am besten eine Developer-Eingabeaufforderung, die ebenfalls mit Visual Studio installiert wird. Durchsuchen Sie dazu einfach Ihre Apps unter Windows 8 nach »Developer«. In der Developer-Eingabeaufforderung tippen Sie `ildasm` ein, und das Tool öffnet sich.

In Abbildung 1.15 wird im IL DASM die Datei *Windows.UI.Xaml.winmd* geöffnet. Beachten Sie auch die anderen *.winmd*-Dateien im *WinMetadata*-Verzeichnis.

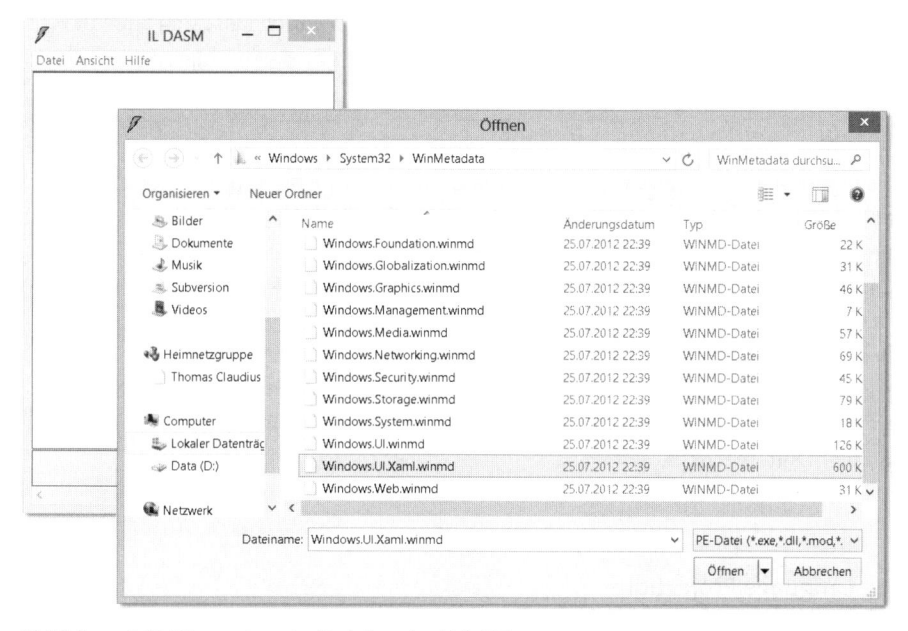

Abbildung 1.15 Die ».winmd«-Dateien der WinRT

Abbildung 1.16 zeigt die geöffnete Datei *Windows.UI.Xaml.winmd*. Der Namespace `Windows.UI.Xaml.Controls` ist aufgeklappt, womit die darin enthaltenen Klassen wie `AppBar`, `Border` und `Button` zu erkennen sind.

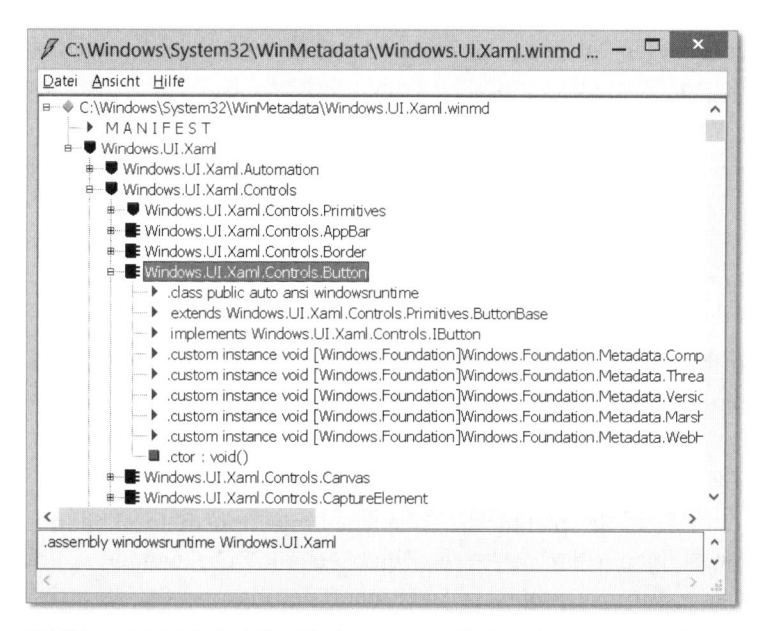

Abbildung 1.16 Die Datei »Windows.UI.Xaml.winmd« im Intermediate Language Disassembler (IL DASM)

Da die WinRT dasselbe Metadaten-Format wie .NET verwendet, lässt sich auch in Windows Store Apps Reflection verwenden, um zur Laufzeit diese Metadaten auszulesen.

> **Hinweis**
>
> In den Metadaten lassen sich Typen und Assemblies mit einem neuen Intermediate-Language-(IL-)Schlüsselwort namens `windowsruntime` versehen. Dieses Schlüsselwort legt fest, dass der Typ eine WinRT-Komponente ist. Das Schlüsselwort ist auch in Abbildung 1.16 zu sehen. .NET erkennt anhand dieses Schlüsselwortes, dass es die Parameter umwandeln muss (*Marshalling*), da das WinRT-Typsystem nicht dasselbe Typsystem ist wie jenes von .NET. Dies geschieht allerdings alles automatisch im Hintergrund. Beim Entwickeln in C# müssen Sie sich keine Sorgen darüber machen, wie ihr C#-String in den entsprechenden WinRT-HSTRING umgewandelt wird – es geschieht automatisch.

1.3.6 Language Projection

Die WinRT selbst ist sprachneutral. Darüber hinaus hat die WinRT ein sprachneutrales Typensystem. Über sogenannte *Language Projections* (»Sprachprojektionen«) werden die APIs der WinRT in die Sprachen C#, VB, C++ und JavaScript projiziert. Durch die Language Projection wirkt die WinRT in jeder Sprache wie ein natürlicher Bestandteil. So beginnen Methoden in C# mit einem Großbuchstaben, in JavaScript mit einem Kleinbuchstaben. Ebenso werden Collection-Typen der WinRT in Collection-Typen der verwendeten Sprache projiziert. Dadurch lassen sich in C++ die Collections der Standard Library nutzen, in C#/VB die typischen .NET-Collections wie `List<T>`.

> **Hinweis**
>
> Welche WinRT-Typen auf welche .NET-Typen gemappt werden, lesen Sie in Abschnitt 1.4.6, »Die WinRT und .NET im Zusammenspiel«.

Abbildung 1.17 verdeutlicht die Language Projection; links das WinRT-Objekt, dazwischen die Metadaten und auf der rechten Seite die Language Projection für die verschiedenen Programmiersprachen. Bei C#/VB sitzt zwischen der Language Projection und der App noch die CLR, bei JavaScript die JavaScript-Engine Chakra.

Schauen wir uns ein kleines Beispiel für die Language Projection an. In Abbildung 1.18 wird dazu in JavaScript ein `FileOpenPicker`-Objekt erstellt. Dabei handelt es sich um eine WinRT-Klasse. Zur `fileTypeFilter`-Eigenschaft des Pickers wird der String `.png` hinzugefügt. Via IntelliSense wird zudem die `pickSingleFileAsync`-Methode ausgewählt.

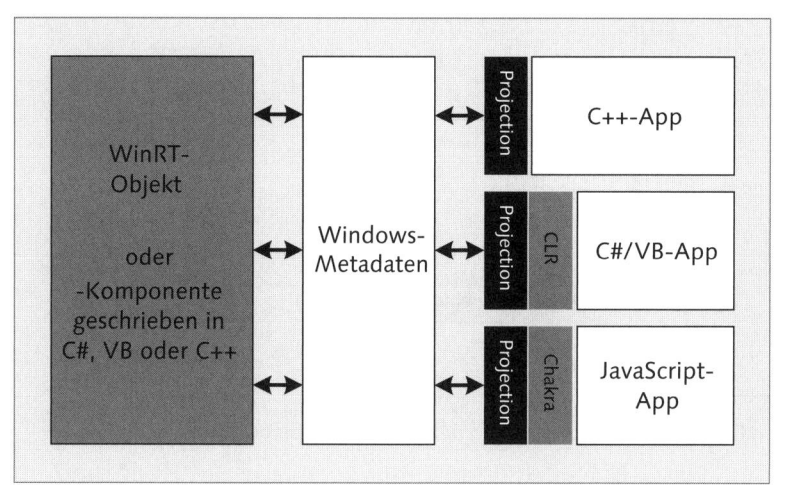

Abbildung 1.17 Die Language Projection für die verschiedenen Sprachen

```
var picker = new Windows.Storage.Pickers.FileOpenPicker();
picker.fileTypeFilter.append(".png");
picker.
        commitButtonText
        constructor
        fileTypeFilter
        hasOwnProperty
        isPrototypeOf
        pickMultipleFilesAsync
        pickSingleFileAsync
        propertyIsEnumerable
        settingsIdentifier
```

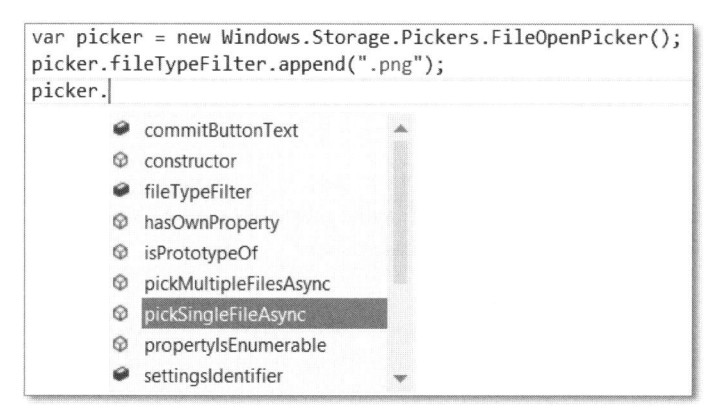

Abbildung 1.18 In JavaScript beginnen die Methoden der WinRT mit einem Kleinbuchstaben.

Beachten Sie in Abbildung 1.18 Folgendes, bevor wir uns dieses Codefragment in der C#-Version anschauen:

▶ Properties und Methoden beginnen mit einem Kleinbuchstaben.
▶ Zum Hinzufügen eines Filters wird die in JavaScript übliche append-Methode aufgerufen.

Abbildung 1.19 zeigt die C#-Variante. Wie Sie sehen, beginnen die Properties und Methoden in C# mit einem Großbuchstaben. Zum Hinzufügen eines Filters wird nicht wie in JavaScript die append-Methode, sondern die für C# übliche Add-Methode aufgerufen.

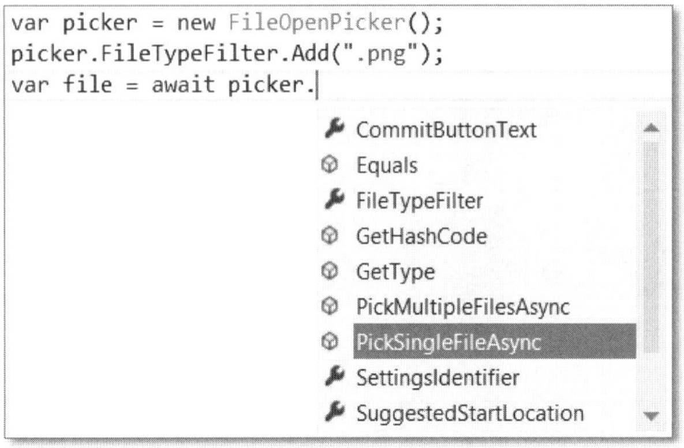

1 Einführung in Windows 8, WinRT und .NET

```
var picker = new FileOpenPicker();
picker.FileTypeFilter.Add(".png");
var file = await picker.
```

- CommitButtonText
- Equals
- FileTypeFilter
- GetHashCode
- GetType
- PickMultipleFilesAsync
- **PickSingleFileAsync**
- SettingsIdentifier
- SuggestedStartLocation

Abbildung 1.19 In C# beginnen die Methoden der WinRT mit einem Großbuchstaben.

Aus dem Code in Abbildung 1.19 geht nicht hervor, ob es sich beim `FileOpenPicker` tatsächlich um eine WinRT-Klasse oder doch nur um eine .NET-Klasse handelt. Es ist natürlich eine WinRT-Klasse. Die Language Projection sorgt dafür, dass diese WinRT-Klasse sich in C# wie eine .NET-Klasse anfühlt.

> **Hinweis**
>
> Da die WinRT selbst sprachneutral ist, sind natürlich weitere Language Projections möglich. Dadurch sind in Zukunft neben C#, VB, C++ und JavaScript weitere Sprachen denkbar, in denen sich Windows Store Apps entwickeln lassen.
>
> Technisch geschieht dabei vieles über das Interface IInspectable, das direkt von COMs IUnknown erbt. IInspectable ist das Basis-Interface aller WinRT-Klassen. Das Interface erlaubt einer Klasse, sich selbst in andere Sprachumgebungen zu projizieren.

1.3.7 Sandbox und Broker

Windows Store Apps werden in einer Art Sandbox ausgeführt. Rufen Sie aus Ihrer App WinRT-Funktionen auf, gibt es zwei Arten davon:

- ▶ Direkt an Windows weitergegebene Aufrufe. Dabei handelt es sich um keine sicherheitsrelevanten Aufrufe.
- ▶ Vom Runtime Broker der WinRT übermittelte Aufrufe. Hier handelt es sich um sicherheitsrelevante Aufrufe, wie beispielsweise ein Zugriff auf die Kamera.

Abbildung 1.20 verdeutlicht den Sachverhalt. Links sehen Sie Ihre App. Aus dem Anwendungsprozess folgen Aufrufe von WinRT-APIs. Die WinRT greift dann entweder direkt auf Windows zu oder nutzt für sicherheitsrelevante APIs ihren Runtime Broker als Vermittler.

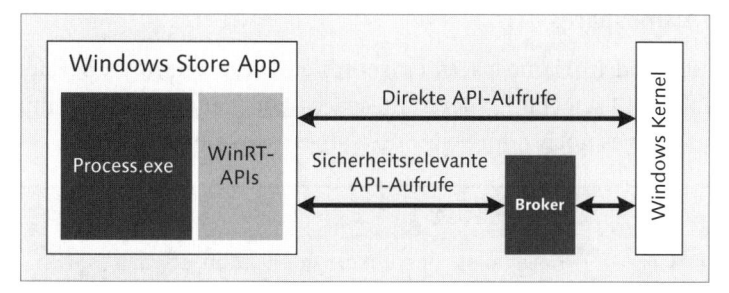

Abbildung 1.20 Sicherheitsrelevante API-Aufrufe werden vom Broker übermittelt.

Eine typische WinRT-API, die über den Runtime Broker läuft, ist der Zugriff auf die Kamera. Abbildung 1.21 zeigt den Zugriff auf die Kamera aus der FriendStorage-App. Der Runtime Broker sorgt für eine Abfrage beim Benutzer, bevor er tatsächlich den Zugriff auf die Kamera zulässt.

Abbildung 1.21 Der Runtime Broker lässt den Zugriff auf die Kamera nur zu, wenn der Benutzer diesem für die geöffnete App auch zustimmt.

> **Hinweis**
>
> Eine Windows Store App muss mitteilen, welche sicherheitsrelevanten APIs sie nutzen möchte. Dazu gehört der Zugriff auf die Webcam, das Mikrofon, das Internet, die Bibliotheken des Benutzers (Dokumente, Bilder, Videos) und vieles mehr. Der Benutzer sieht dann diese benötigten Funktionen im Windows Store, bevor er die App kauft. Mehr dazu lesen Sie in Kapitel 2, »Das Programmiermodell«, bei einem Blick auf die Funktionen in der *Package.appxmanifest*-Datei.

1.3.8 Übersicht der Namespaces

Die Klassen der WinRT sind in Namespaces eingeordnet. Diese beginnen bei der WinRT mit `Windows`. Tabelle 1.1 zeigt einige der Namespaces. Endet ein Namespace mit einem *, bedeutet dies, dass es noch zahlreiche Sub-Namespaces gibt.

Namespace	Beschreibung
`Windows.ApplicationModel.*`	Bietet alles rund um die Applikation, etwa: Ist sie im Designer geöffnet? Wie lautet die Version des App-Pakets? In Sub-Namespaces gibt es viel weitere Funktionalität, beispielsweise um Daten via Charms Bar mit anderen Anwendungen zu teilen.
`Windows.Data.Json`	Enthält Basisfunktionalität zum Parsen von JSON-Daten.
`Windows.Data.Xml.*`	Alles Notwendige zum Durchlaufen von XML-Dokumenten oder zum Ausführen von XSLT-Code finden Sie hier.
`Windows.Devices.*`	In diesen Sub-Namespaces ist der Zugriff auf diverse Geräte definiert.
`Windows.Foundation.*`	Enthält Basisfunktionalitäten der WinRT. So befinden sich darin Klassen, die die asynchrone Programmierung unterstützen. Auch Collection-Interfaces der WinRT, die durch die Language Projection auf .NET-Typen gemappt werden, sind hier zu finden. Mehr zu diesen Mappings in Abschnitt 1.4.6, »Die WinRT und .NET im Zusammenspiel«.
`Windows.Graphics.*`	Benötigen Sie Informationen über den physischen Bildschirm oder möchten Sie Bitmaps kodieren/dekodieren, sind Sie hier richtig. Mehr zu den Bitmap-Operationen in Kapitel 19, »2D-Grafik«.
`Windows.Media.*`	Enthält u.a. Klassen, um ein Bild oder ein Video über die Webcam aufzunehmen.
`Windows.Networking.*`	Alles, was Sie brauchen, um Daten im Hintergrund zu laden, via Sockets zu kommunizieren und vieles mehr.
`Windows.Security.*`	Klassen für Authentifizierung, Zertifikate, Verschlüsselung etc.

Tabelle 1.1 Wichtige Namespaces der WinRT

Namespace	Beschreibung
Windows.Storage.*	Zum Speichern/Lesen von Dateien, zum Komprimieren von Dateien, zum Auslesen von Dateieigenschaften oder zum Anzeigen eines FileOpenPickers sollten Sie hier nachschauen. Mehr dazu in Kapitel 13, »Dateien, Streams und Serialisierung«.
Windows.System.*	Im Sub-Namespace UserProfile finden Sie Benutzerinformationen. Im Sub-Namespace Threading sind die Core-Threading-Klassen der WinRT.

Tabelle 1.1 Wichtige Namespaces der WinRT (Forts.)

Die meisten Klassen, die Sie für Ihre mit XAML und C# entwickelte Oberfläche nutzen, finden Sie in Namespaces, die mit Windows.UI.Xaml beginnen. Diese sind in Tabelle 1.2 dargestellt. Bedenken Sie, dass all diese Teile in nativem Code in der WinRT implementiert sind.

Namespace	Beschreibung
Windows.UI.Xaml.Controls	Hier finden Sie die Controls für Ihre App wie Button, CheckBox, ListView oder AppBar. Mehr zu den Controls lesen Sie in Kapitel 4, »Controls«.
Windows.UI.Xaml.Controls.Primitives	Enthält einfachere Elemente, aus denen die Controls bestehen.
Windows.UI.Xaml.Data	Um Ihre XAML-Oberfläche an Daten zu binden, finden Sie in diesem Namespace die entsprechenden Daten-Klassen.
Windows.UI.Xaml.Documents	Enthält Klassen zum Formatieren von Text, wie Bold, Italic oder Underline.
Windows.UI.Xaml.Input	Definiert die ganze Infrastruktur für Benutzereingaben.
Windows.UI.Xaml.Markup	Definiert ein paar Klassen für die XAML-Unterstützung, wie beispielsweise das ContentProperty-Attribute. Mehr dazu in Kapitel 3, »XAML«.
Windows.UI.Xaml.Media.*	Brushes, Geometrie-Objekte oder Transformationen sind in diesem Namespace zu finden. Sub-Namespaces unterstützen die Darstellung von Bitmaps und die Ausführung von Animationen.

Tabelle 1.2 Die wichtigsten UI-Namespaces der WinRT

Namespace	Beschreibung
Windows.UI.Xaml.Navigation	Enthält Klassen für Navigations-Events, die beim Verwenden der Klassen Page und Frame zum Einsatz kommen. Mehr dazu in Kapitel 2, »Das Programmiermodell«.
Windows.UI.Xaml.Printing	Enthält die PrintDocument-Klasse, mit der sich Inhalte an den Drucker senden lassen.
Windows.UI.Xaml.Shapes	Enthält einfache Formen wie Rectangle oder Ellipse.

Tabelle 1.2 Die wichtigsten UI-Namespaces der WinRT (Forts.)

Tipp

Wenn Sie bereits mit der WPF oder mit Silverlight Anwendungen entwickelt haben, sollten Ihnen die Namespaces ziemlich bekannt vorkommen. In der WPF/Silverlight beginnen die UI-Namespaces mit System.Windows. Es gibt dort auch Sub-Namespaces wie System.Windows.Controls, System.Windows.Data, System.Windows.Documents oder System.Windows.Input. Falls Sie Teile Ihrer WPF/Silverlight-Anwendung in Ihre neue Windows Store App migrieren möchten, benennen Sie somit die Namespaces beginnend mit System.Windows einfach in Windows.UI.Xaml um. Die darin enthaltenen Klassen sind meist ähnlich oder sogar gleich.

1.3.9 Die Stärken der UI-Technologie mit XAML

Die UI-Bibliothek der WinRT bietet mit den Klassen aus den mit Windows.UI.Xaml beginnenden Namespaces viele Stärken. Diese Stärken sind bereits aus der WPF und Silverlight bekannt und in Tabelle 1.3 dargestellt.

Eigenschaft	Beschreibung
flexibles Inhaltsmodell	Die WinRT besitzt ein flexibles Inhaltsmodell. Dies bedeutet, dass ein Button und auch viele andere visuelle Elemente einen beliebigen Inhalt haben können. Beispielsweise ist es möglich, in einen Button ein Layout-Panel zu setzen und darin wiederum mehrere andere Controls zu platzieren. Ihrer Kreativität können Sie freien Lauf lassen, um das gewünschte Design zu finden. In Kapitel 4, »Controls«, lesen Sie mehr über die Subklassen von ContentControl und ItemsControl, die das flexible Inhaltsmodell unterstützen.

Tabelle 1.3 Die Stärken der UI-Bibliothek der WinRT

Eigenschaft	Beschreibung
Layout	Die WinRT besitzt einige Layout-Panels, um Controls in einer Anwendung dynamisch anzuordnen und zu positionieren. Aufgrund des flexiblen Inhaltsmodells lassen sich die Layout-Panels der WPF auch beliebig ineinander verschachteln, wodurch Sie in Ihrer Anwendung auch ein sehr komplexes Layout erstellen können.
Styles	Ein Style ist eine Sammlung von Eigenschaftswerten. Diese Sammlung lässt sich einem oder mehreren Elementen der Benutzeroberfläche zuweisen, wodurch deren Eigenschaften dann die im Style definierten Werte annehmen. Sie definieren einen Style üblicherweise als Ressource, um ihn beispielsweise mehreren TextBox-Elementen zuzuweisen, die alle die gleiche Hintergrundfarbe und die gleiche Breite haben sollen. Ohne Styles müssten Sie auf jeder TextBox diese Properties setzen. Mit Styles werden die Werte automatisch gesetzt.
Templates	Das Aussehen eines Controls wird mit einem ControlTemplate beschrieben. Durch Ersetzen des ControlTemplates (durch Setzen der Template-Property der Klasse Control) lässt sich das komplette Aussehen eines Controls anpassen. Das Erstellen einer Subklasse ist dazu nicht notwendig.
Daten	Die Elemente in Ihrer Applikation können Sie mit Data Binding an verschiedene Datenquellen binden. Dadurch ersparen Sie sich die Programmierung von Event Handlern, die die Benutzeroberfläche oder die Datenquelle bei einer Änderung aktualisieren. Neben dem Data Binding können Sie mit Data Templates das Aussehen Ihrer Daten auf der Benutzeroberfläche definieren.
Animationen und Transitions	Mit dem integrierten System für Animationen und Transitions (Übergänge) unterstützt Sie die WinRT beim Gestalten von »flüssigen« Windows Store Apps.

Tabelle 1.3 Die Stärken der UI-Bibliothek der WinRT (Forts.)

Eine weitere Stärke ist, dass die WinRT XAML nutzt, wodurch der Prozess zwischen Entwickler und Designer besser unterstützt wird. Ein Designer kann im Programm Blend eine in XAML definierte Oberfläche »polieren« und anschließend wieder dem Entwickler überreichen, der in Visual Studio weiterprogrammiert. Mehr zu diesem Prozess am Anfang von Kapitel 3, »XAML«.

1.4 .NET für Windows Store Apps

Beim Entwickeln von Windows Store Apps mit C#/VB kommt eine Untermenge des .NET Frameworks 4.5 zum Einsatz: Das *.NET für Windows Store Apps*. Abbildung 1.22 verdeutlicht diese Untermenge.

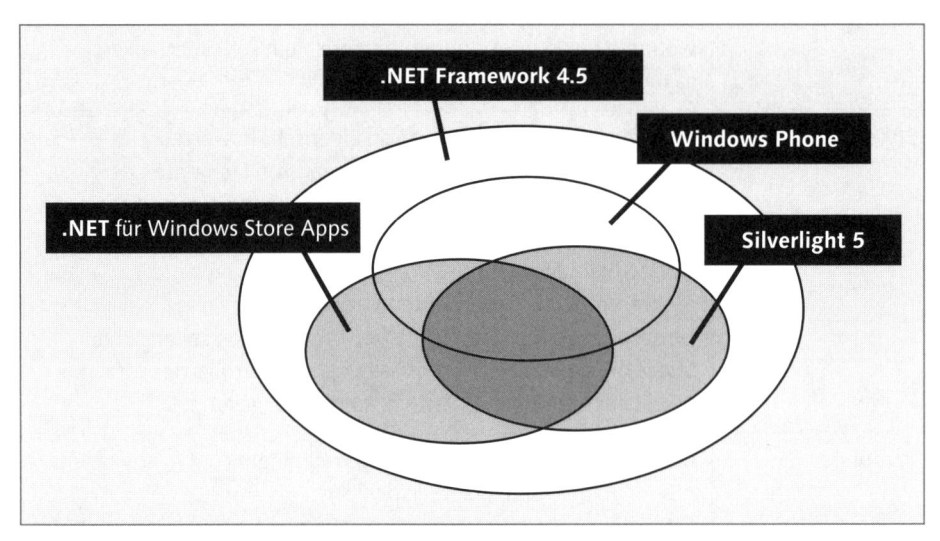

Abbildung 1.22 Das .NET für Windows Store Apps stellt eine Untermenge des .NET Frameworks 4.5 dar.

Microsoft bezeichnet eine Untermenge des »großen« .NET Frameworks als *Profil*. Es gibt noch weitere Profile, wie Abbildung 1.22 zeigt: Silverlight und Windows Phone. Mit Visual Studio 2012 lassen sich sogenannte portable Klassenbibliotheken erstellen. In einer solchen Bibliothek steht genau die Schnittmenge der ausgewählten Profile zur Verfügung. Dies hat den Effekt, dass sich die Bibliothek in unterschiedlichen Profilen nutzen lässt. Mehr zur portablen Klassenbibliothek lesen Sie in Kapitel 2, »Das Programmiermodell«, beim Betrachten der Vorlagen von Visual Studio.

> **Hinweis**
> In .NET 4.0 existierte noch das sogenannte Client Profile, das ebenfalls eine für Desktop-Anwendungen geeignete Untermenge darstellte. Darin fehlten beispielsweise sämtliche Klassen für ASP.NET. In .NET 4.5 gibt es dieses Client Profile nicht mehr.

Beim .NET für Windows Store Apps wurden einige aus .NET 4.5 bekannte Klassen entfernt. Gründe dafür sind, dass die entsprechende Funktionalität entweder in der WinRT zu finden ist oder in Windows Store Apps einfach nicht gebraucht wird. Manche Teile wurden auch leicht geändert. Nachfolgend betrachten wir die Architektur des .NET für Windows Store Apps, bevor wir genauer hinschauen, was in die WinRT übertragen, was komplett entfernt und was geändert wurde. Zum Abschluss erhalten Sie einen kleinen Überblick, wie die WinRT und das .NET für Windows Store Apps zusammenspielen.

1.4.1 Die Architektur

Das .NET für Windows Store Apps enthält wie das .NET Framework 4.5 eine Common Language Runtime (CLR). Diese stellt die gängigen Funktionen wie Garbage Collection, Exception Handling oder einen Just-in-Time Compiler zur Verfügung. Abbildung 1.23 verdeutlicht dies.

> **Hinweis**
> Tatsächlich ist die CLR des .NET für Windows Store Apps dieselbe CLR wie jene des .NET Frameworks 4.5.

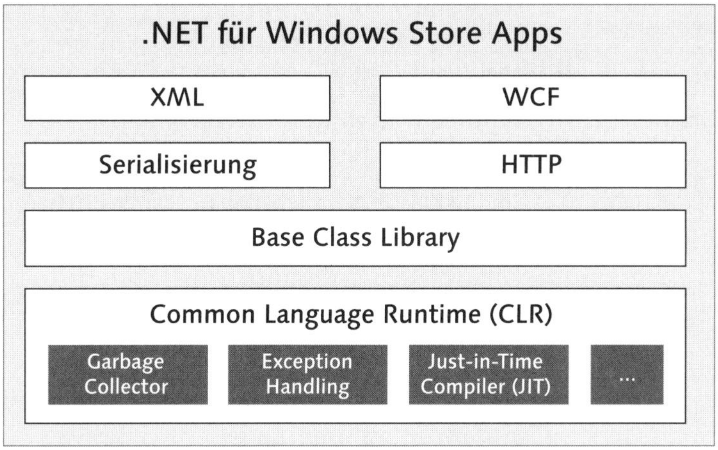

.NET für Windows Store Apps

| XML | WCF |
| Serialisierung | HTTP |

Base Class Library

Common Language Runtime (CLR)

| Garbage Collector | Exception Handling | Just-in-Time Compiler (JIT) | ... |

Abbildung 1.23 Das .NET für Windows Store Apps

Das .NET für Windows Store Apps enthält in der Base Class Library die wichtigsten und zentralen Klassen aus dem vollen .NET Framework. Dazu gehören unter anderem Klassen für Input/Output (System.IO) oder Klassen für Collections (System.Collections.Generic). Eine Übersicht der Namespaces folgt im nächsten Abschnitt. Zuvor schauen wir uns jedoch noch die weiteren Teile aus Abbildung 1.23 kurz an:

- **XML:** Für XML wird im Namespace System.Xml.Linq LINQ to XML unterstützt. Für den Zugriff auf niedriger Ebene stehen im Namespace System.Xml die Klassen XmlReader und XmlWriter zur Verfügung.
- **Serialisierung:** Zum Serialisieren setzt die WinRT auf DataContracts. Dabei kommen die Klassen aus dem Namespace System.Runtime.Serialization zum Zuge.

Für spezielle Szenarien lässt sich jedoch auch der aus .NET bekannte `XmlSerializer` (Namespace: `System.Xml.Serialization`) nutzen.

- **WCF:** Die Windows Communication Foundation (WCF) lässt sich verwenden, um mit Services zu kommunizieren. Dazu befinden sich im Namespace `System.ServiceModel` die aus .NET bekannten Klassen.
- **HTTP:** Zum Senden von HTTP-Anfragen und zum Empfangen von HTTP-Antworten besitzt die WinRT die `HttpClient`-Klasse im Namespace `System.Net.Http`.

1.4.2 Übersicht der Namespaces

Beim .NET für Windows Store Apps beginnen die Namespaces nicht wie bei der WinRT mit `Windows`, sondern wie in .NET üblich mit `System`. Tabelle 1.4 enthält einen kleinen Ausschnitt der Namespaces.

Namespace	Beschreibung
`System`	Enthält die Basistypen wie `Int32`, `String`, `DateTime` und zentrale Klassen wie `Exception` oder `Type`.
`System.Collections.Generic`	Enthält die generischen Collection-Klassen wie `List<T>` oder `Dictionary<T,K>`.
`System.IO`	Enthält Klassen zum Arbeiten mit Datenströmen, u.a. `StreamWriter`, `StreamReader` oder `MemoryStream`.
`System.Linq`	Die Language Integrated Query (LINQ) bleibt Teil von .NET. Damit lassen sich beispielsweise Abfragen auf Collections mit `Where`-Bedingung erstellen.
`System.Net.*`	`HttpWebRequest`, `HttpWebResponse`, `Cookie`, `WebUtility` und weitere aus .NET bekannte Klassen befinden sich hier.
`System.Reflection`	Enthält Klassen, um zur Laufzeit die Metadaten eines Typs auszulesen.
`System.Runtime.Serialization`	Enthält den bekannten `DataContractSerializer` und die dafür wichtigen Attribute `DataContract` und `DataMember`.
`System.ServiceModel`	Enthält die zentralen Klassen der Windows Communication Foundation (WCF).

Tabelle 1.4 Ausschnitt der Namespaces des .NET für Windows Store Apps

Namespace	Beschreibung
`System.Threading.Tasks`	Die Task Parallel Library ist hier enthalten. Sie wird zum Ausführen von asynchronem Code genutzt. Diese Library spielt perfekt mit der WinRT zusammen und ist die Grundlage für die C#-Schlüsselwörter `async` und `await`.

Tabelle 1.4 Ausschnitt der Namespaces des .NET für Windows Store Apps (Forts.)

1.4.3 In die WinRT integrierte Technologien

Viele Technologien des .NET Frameworks 4.5 sind im .NET für Windows Store Apps nicht zu finden, da sie in die native WinRT integriert wurden. Folgend einige der betroffenen Bereiche:

- **Benutzeroberfläche:** Die UI-Namespaces der WPF, die im vollen .NET mit `System.Windows` beginnen, sind nicht im .NET für Windows Store Apps. Die Klassen sind Teil der WinRT und befinden sich in Namespaces, die mit `Windows.UI.Xaml` beginnen.
- **Isolated Storage:** Die Logik zum Speichern von lokalen Daten aus dem .NET-Namespace `System.IO.IsolatedStorage` wurde durch die WinRT-Klassen im Namespace `Windows.Storage.ApplicationData` ersetzt.
- **Ressourcen:** Der .NET-Namespace `System.Resources` wurde durch den WinRT-Namespace `Windows.ApplicationModel.Resources` ersetzt.
- **Sockets:** Der .NET-Namespace `System.Net.Sockets` wurde durch den WinRT-Namespace `Windows.Networking.Sockets` ersetzt.
- **Web-Client:** Die Klasse `System.Net.WebClient` ist im .NET für Windows Store Apps nicht enthalten. Sie wird durch Klassen aus dem WinRT-Namespace `Windows.Networking.BackgroundTransfer` und durch weitere Klassen aus dem .NET-Namespace `System.Net`, wie `HttpWebRequest` und `HttpWebResponse`, ersetzt.

Wie sie sehen, gibt es doch einige Bereiche, die in die WinRT gewandert sind. Insbesondere die Benutzeroberfläche ist ein »großer Brocken«. Über diese erwähnten Punkte hinaus gibt es in einzelnen Namespaces weitere kleinere Änderungen. So enthält beispielsweise der Namespace `System.IO` keine `FileStream`-Klasse, da der Datenzugriff über die WinRT und deren `StorageFile`-Klasse erfolgt.

1.4.4 Entfernte Technologien

Einige Technologien/Namespaces aus dem .NET Framework 4.5 wurden im .NET für Windows Store Apps entfernt, ohne dass es dazu eine alternative WinRT-Implementierung gibt:

- `System.Data`: Sämtliche ADO.NET-Klassen wurden entfernt, da ein direkter Zugriff auf eine Datenbank nicht erlaubt ist. Der Zugriff erfolgt bei Windows Store Apps üblicherweise über einen Service.
- `System.Web`: Sämtliche für ASP.NET benötigten Klassen sind im .NET für Windows Store Apps nicht mehr enthalten.
- `System.Runtime.Remoting`: Bereits mit der Einführung der WCF in .NET 3.0 galt .NET-Remoting als veraltet. Somit ist es nicht mehr verfügbar.
- `System.Reflection.Emit`: Der Namespace zum dynamischen Definieren von Klassen und Assemblies zur Laufzeit ist für Windows Store Apps ebenfalls nicht mehr verfügbar.

Neben komplett entfernten Namespaces gibt es auch ein paar entfernte Klassen. So wurde beispielsweise die `Console`-Klasse aus dem `System`-Namespace entfernt, da in Windows Store Apps keine Konsole zur Verfügung steht. Ebenso wurden Teile entfernt, welche Betriebssystemfunktionen kapseln, wie z. B. die Klasse `EventLog` (Namespace: `System.Diagnostics`).

1.4.5 Geänderte Technologien

Einige Technologien wurden im .NET für Windows Store Apps leicht angepasst. Folgend eine kurze Auflistung:

- **Serialisierung:** `DataContract`-Serialisierung ist der primäre Weg. XML-Serialisierung wird nur für spezielle Szenarien eingesetzt, wo eine feine Kontrolle des XML-Streams notwendig ist.
- **Reflection:** Die Klasse `System.Type` repräsentiert im .NET für Windows Store Apps lediglich eine Typreferenz. In der Klasse `System.Reflection.TypeInfo` finden Sie die aus `System.Type` gewohnten Mitglieder, wie die Properties `Assembly` oder `IsClass`. Fügen Sie in Ihrem Code ein `using`-Statement für `System.Reflection` hinzu, und Sie erhalten auf der Klasse `Type` zahlreiche Extension-Methoden, darunter die Methode `GetTypeInfo`, die Ihnen das zugehörige `TypeInfo`-Objekt liefert.
- **XML:** Die XML-LINQ-Klassen (`XDocument` & Co.) sind der primäre Weg zum Verarbeiten von XML. Die Klassen `XmlWriter`/`XmlReader` dienen zur Low-Level-Verarbeitung.
- **Collections**: Es existieren nur noch die generischen Collections. Die nicht generischen Collections wurden komplett entfernt.
- **Threading:** Die Basisfunktionalität für das Threading ist in der WinRT im Namespace `Windows.Foundation.Threading` enthalten. Im .NET für Windows Store Apps ist die `Task`-Klasse (Namespace: `System.Threading.Tasks`) und deren statische `Run`-Methode die High-Level-Implementierung zum Ausführen von Threads.
- **Async:** Alle Methoden, welche länger als 50 Millisekunden in Anspruch nehmen könnten, sind nur noch asynchron verfügbar.

1.4.6 Die WinRT und .NET im Zusammenspiel

Aufgrund der Metadaten der WinRT lassen sich WinRT-Typen in C# verwenden, als wären es .NET-Typen. Darüber hinaus führt .NET beim Aufruf einer WinRT-API eine Umwandlung von einfachen .NET-Typen (int, string etc.) in die entsprechenden WinRT-Typen durch. Dadurch fühlt es sich in C# beim Zugriff auf die WinRT sehr natürlich an, da im Hintergrund alle einfachen Typen in .NET-Typen umgewandelt werden. Mit den WinRT-Typen kommen Sie erst gar nicht in Kontakt.

> **Hinweis**
>
> Sie erinnern sich: Die WinRT ist sprachneutral. Sie hat ihr eigenes Typ-System, womit die .NET-Typen entsprechend in die WinRT-Typen umzuwandeln sind. Glücklicherweise ist dies nicht unsere Aufgabe.

Auch ein paar komplexere WinRT-Typen werden im Hintergrund .NET-Typen zugeordnet. Tabelle 1.5 zeigt eine kleine Übersicht.

Windows-Runtime-Typ	.NET-Typ
IIterable<T>	IEnumerable<T>
IIterator<T>	IEnumerator<T>
IVector<T>	IList<T>
IVectorView<T>	IReadOnlyList<T>
IMap<K,V>	IDictionary<TKey,TValue>
IMapView<K,V>	IReadOnlyDictionary<TKey,TValue>
IBindableIterable	IEnumerable
IBindableVector	IList
Windows.UI.Xaml.Data.INotifyPropertyChanged	System.ComponentModel.INotifyPropertyChanged
Windows.UI.Xaml.Data.PropertyChangedEventHandler	System.ComponentModel.PropertyChangedEventHandler
Windows.UI.Xaml.Data.PropertyChangedEventArgs	System.ComponentModel.PropertyChangedEventArgs

Tabelle 1.5 Mapping zwischen WinRT- und .NET-Typen

Neben dem automatischen Mapping von Typen gibt es einige Extension-Methoden, die das Umwandeln spezieller WinRT-Typen in .NET-Typen und umgekehrt erlauben. Schauen wir uns diese anhand von Streams an.

Listing 1.1 zeigt, wie ein `StorageFile` mit der `OpenReadAsync`-Methode geöffnet wird. Der erhaltene `IInputStream` (Namespace: `Windows.Storage.Streams`) wird an die `Load`-Methode der `XDocument`-Klasse (Namespace: `System.Xml.Linq`) übergeben. Genau in dieser gibt es einen Fehler beim Kompilieren.

```
StorageFile file = ...; // Wird von irgendwo geladen
IInputStream stream = await file.OpenReadAsync();
XDocument doc = XDocument.Load(stream);
```

Listing 1.1 Nicht kompilierbarer Code

Das Problem in Listing 1.1 ist, dass der `IInputStream` ein WinRT-Stream ist, die `Load`-Methode der `XDocument`-Klasse allerdings einen .NET-Stream verlangt (`System.IO.Stream`). Der WinRT-Stream muss in den .NET-Stream umgewandelt werden.

Die Lösung dazu liegt im `System.IO`-Namespace. Dort befindet sich eine Klasse namens `WindowsRuntimeStreamExtensions`. Sie enthält Extension-Methoden zum Umwandeln der Streams. Listing 1.2 zeigt die hier benötigte Methode `AsStreamForRead`, die einen `IInputStream` in einen `System.IO.Stream` umwandelt.

```
public static class WindowsRuntimeStreamExtensions
{
  ...
  public static Stream AsStreamForRead(
    this IInputStream windowsRuntimeStream);
  ...
}
```

Listing 1.2 Klasse mit Extension-Methoden aus dem Namespace »System.IO«

Im Code von Listing 1.1 lässt sich die Extension-Methode `AsStreamForRead` nutzen, sobald in der C#-Datei ein `using`-Statement für den Namespace `System.IO` enthalten ist. Listing 1.3 zeigt die Variante mit der Extension-Methode, die sich kompilieren und ausführen lässt.

```
StorageFile file = ...; // Wird von irgendwo geladen
IInputStream stream = await file.OpenReadAsync();
XDocument doc = XDocument.Load(stream.AsStreamForRead());
```

Listing 1.3 Dieser Code kompiliert dank der Extension-Methode.

Neben den Extension-Methoden für Streams finden Sie weitere Extension-Methoden in Klassen wie `WindowsRuntimeSystemExtensions` oder `WindowsRuntimeStorageExtensions`.

> **Hinweis**
>
> Bei der asynchronen Programmierung findet wieder ein Zusammenspiel zwischen WinRT-Typen (`IAsyncOperation<T>`) und .NET-Typen (`Task<T>`) statt. Mehr dazu lernen Sie in Kapitel 2, »Das Programmiermodell«.

Als Fazit zum Zusammenspiel der WinRT und .NET lässt sich festhalten, dass das Ganze fast nahtlos geschieht. WinRT-Typen werden auf .NET-Typen projiziert. So wird in .NET nicht `IIterator<T>` genutzt, sondern wie gewohnt `IEnumerable<T>`. Darüber hinaus bieten Extension-Methoden die notwendige Unterstützung zum Konvertieren von .NET-Typen zu WinRT-Typen und zurück.

Zusammen bilden das .NET für Windows Store Apps und die WinRT das komplette Paket an Typen, die Ihnen zum Entwickeln von Windows Store Apps mit XAML und C# zur Verfügung stehen.

1.5 Konzepte von Windows Store Apps mit XAML/C#

Entwickeln Sie Ihre Windows Store Apps mit XAML und C#, kommen zahlreiche aus WPF/Silverlight bekannte Konzepte zum Einsatz: XAML, Layout, Dependency Properties, Ressourcen, Styles oder Data Binding. Um Ihnen aus Codesicht einen Überblick zu geben, bevor es im nächsten Kapitel mit dem Entwickeln von Windows Store Apps losgeht, lernen Sie in den nächsten Abschnitten diese zentralen Konzepte kennen. Doch bedenken Sie dabei das Motto dieses Kapitels: Es ist »eine lockere Aufwärmrunde«. Die einzelnen Konzepte lernen Sie später in separaten Kapiteln genauer kennen.

> **Hinweis**
>
> Die hier dargestellten Konzepte sind nicht Teil des .NET für Windows Store Apps, sondern Teil der WinRT. Alle Konzepte sind somit auch in Windows Store Apps nutzbar, die mit C++ entwickelt werden.

1.5.1 XAML

Die Extensible Application Markup Language (XAML) ist eine XML-basierte Beschreibungssprache, mit der Sie Objektbäume erstellen können. Zur Laufzeit werden aus den in XAML deklarierten XML-Elementen Objekte erzeugt. Beim Entwickeln von Windows Store Apps mit C# wird XAML zur Beschreibung von Benutzeroberflächen eingesetzt.

> **Hinweis**
> Auch die WPF und Silverlight verwenden XAML als Beschreibungssprache für Benutzeroberflächen. XAML ist vereinfacht gesehen nichts anderes als ein Serialisierungsformat. Zur Laufzeit werden die Inhalte einer XAML-Datei deserialisiert und die darin definierten Objekte erzeugt.

Um in Ihrer Windows Store App eine Benutzeroberfläche zu definieren, erstellen Sie in XAML Controls, Styles oder Data Bindings, um nur einige der Möglichkeiten zu nennen. Folgender Codeausschnitt stellt bereits einen gültigen XAML-Ausschnitt dar. Es wird ein `Button` mit dem Namen `btnOK`, dem Inhalt `OK`, fetter Schrift und einem Rand von 10 Einheiten erstellt:

```
<Button Name="btnOK" Content="OK" FontWeight="Bold" Margin="10"/>
```

Beachten Sie, dass im oberen Ausschnitt das Element der `Button`-Klasse zugeordnet wird, und die Attribute den Properties dieser Klasse. Zur Laufzeit wird demzufolge ein `Button`-Objekt erstellt, dessen Properties die definierten Werte enthalten.

Anstatt das UI in XAML zu erstellen, kann es natürlich auch in C# definiert werden. Folgender Ausschnitt zeigt die C#-Variante zu oberem `Button`:

```
var btnOK = new Button
{
  Content = "OK",
  FontWeight = FontWeights.Bold,
  Margin = new Thickness(10)
};
```

> **Hinweis**
> Definieren Sie die Benutzeroberfläche Ihrer Windows Store App in C# anstatt in XAML, können Sie die Benutzeroberfläche nicht mehr mit den Designerwerkzeugen in Visual Studio oder Blend bearbeiten.

Während Sie in XAML die Objekte für Ihre Benutzeroberfläche definieren, implementieren Sie Event Handler und sonstige Logik in C# in einer Codebehind-Datei. Ein kleines Beispiel zeigt an dieser Stelle, wie XAML und die Codebehind-Datei zusammenhängen. In Kapitel 2, »Das Programmiermodell«, erfahren Sie dann mehr über die in einem Windows-Store-App-Projekt vorhandenen Dateien und ihre Funktionen.

Listing 1.4 zeigt eine `Page`, die ein `StackPanel` enthält. Das `StackPanel` ist ein einfaches Panel, das Elemente stapelt. Im `StackPanel` befinden sich eine `TextBox` und ein `Button`. Beachten Sie, dass sowohl auf der `TextBox` als auch auf dem `Button` die Name-Property gesetzt ist. Ebenso ist auf dem Button-Element ein Event Handler für das Click-Event definiert. Dieser Event Handler muss in der Codebehind-Datei implementiert sein.

```xml
<Page x:Class="Xaml.MainPage" ...>
  <StackPanel Width="200" HorizontalAlignment="Left">
    <TextBox Name="txtTime" Margin="10"/>
    <Button FontWeight="Bold" Margin="10"
      Content="Aktualisieren" Click="btnRefresh_Click"/>
  </StackPanel>
</Page>
```

Listing 1.4 K01\01 Xaml\MainPage.xaml

Die Codebehind-Datei zu dem in Listing 1.4 dargestellten XAML-Ausschnitt ist in Listing 1.5 zu sehen. Beachten Sie, dass der in XAML definierte Event Handler btnRefresh_Click (Listing 1.4) in der Codebehind-Datei (Listing 1.5) implementiert ist. Beachten Sie auch, dass über die Variable txtTime auf die in XAML erstellte TextBox zugegriffen wird. txtTime entspricht dabei dem Wert des Name-Attributs des TextBox-Elements.

```csharp
public sealed partial class MainPage : Page
{
  public MainPage()
  {
    this.InitializeComponent();
  }
  ...
  private void btnRefresh_Click(object sender, RoutedEventArgs e)
  {
    txtTime.Text = DateTime.Now.ToString("dd.MM.yyyy HH:mm:ss");
  }
}
```

Listing 1.5 K01\01 Xaml\MainPage.xaml.cs

Der in Listing 1.5 dargestellte Event Handler weist der Text-Property der TextBox die aktuelle Zeit zu. Somit wird beim Klicken des Buttons die aktuelle Zeit in der TextBox dargestellt, was Abbildung 1.24 zeigt.

Abbildung 1.24 Ein Klick auf den Button zeigt die Zeit an.

In Kapitel 3, »XAML«, erfahren Sie mehr zu der XML-basierten Beschreibungssprache XAML. Neben den Grundlagen und vielen Tipps und Tricks lernen Sie dort auch sogenannte *Markup-Extensions* näher kennen.

1.5.2 Layout

Zum Positionieren der Elemente in Ihrer App stellt Ihnen die WinRT einige Panels zur Verfügung. Mit dem im vorherigen Abschnitt verwendeten StackPanel lassen sich Elemente auf einfache Art vertikal (Default) oder horizontal stapeln. Ein weiteres Panel ist das Grid. Es ähnelt einer Tabelle, da es aus Zeilen und Spalten besteht. Der folgende Ausschnitt zeigt ein Grid mit drei Zeilen und zwei Spalten:

```xml
<Grid Width="500" Height="300" >
  <Grid.RowDefinitions>
    <RowDefinition/>
    <RowDefinition/>
    <RowDefinition/>
  </Grid.RowDefinitions>
  <Grid.ColumnDefinitions>
    <ColumnDefinition/>
    <ColumnDefinition/>
  </Grid.ColumnDefinitions>
  <TextBox Background="LightBlue" Text="LinksOben"
    Grid.Row="0" Grid.Column="0"/>
  <TextBox Background="Yellow" Text="RechtsObenUndMitte"
    Grid.Row="0" Grid.RowSpan="2" Grid.Column="1"/>
  <TextBox Background="Lime" Text="LinksMitte"
    Grid.Row="1" Grid.Column="0"/>
  <TextBox Background="LightCoral" Text="Unten"
    Grid.Row="2" Grid.ColumnSpan="2" />
</Grid>
```

Listing 1.6 K01\02 Layout\MainPage.xaml

Das Grid in Listing 1.6 enthält vier TextBox-Elemente. Interessant ist, dass auf den TextBox-Elementen Properties gesetzt werden, die in der Grid-Klasse definiert wurden. Dies sind sogenannte *Attached Properties*. Das Grid definiert genau vier davon: Row, Column, RowSpan und ColumnSpan. Der Default-Wert ist für jede Property 0. Das heißt, in Listing 1.6 könnten dort, wo eine 0 zugewiesen wird, die Properties weggelassen werden. Sie wurden zu Demonstrationszwecken explizit deklariert. In Abbildung 1.25 finden Sie das Grid. Wie Sie sehen, wird beispielsweise die untere TextBox in der dritten Zeile platziert (Grid.Row ist 2, und der Index beginnt bei 0). Ebenso hat die

TextBox für `Grid.ColumnSpan` den Wert 2, wodurch sie über beide Spalten gestreckt wird.

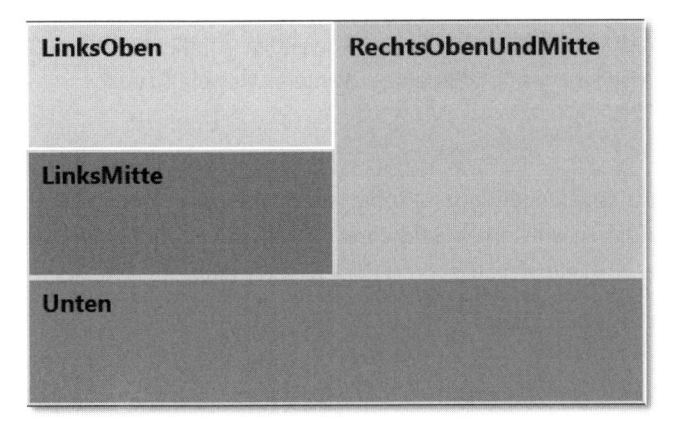

Abbildung 1.25 Das in Listing 1.6 erstellte Grid mit vier TextBoxen

In Kapitel 5, »Layout«, lernen Sie die Layout-Panels der WinRT genauer kennen. Sie erfahren dort, wie Sie Ihre Elemente in Panels ausrichten, transformieren und entsprechend positionieren. Zudem zeigt Kapitel 5, wie Sie das Layout Ihrer Windows Store App gestalten, damit es mit der Snapping-Funktionalität von Windows 8 harmoniert und sich auch an verschiedene Bildschirmgrößen anpasst.

1.5.3 Dependency Properties

Dependency Properties sind eine spezielle Implementierung von Properties. Bei der WinRT können solche Dependency Properties ihren Wert aus verschiedenen Quellen ermitteln. Folgend eine Auflistung der Quellen:

- eine Animation
- ein lokaler Wert (Sie setzen die Property direkt auf dem Objekt in C# oder in XAML)
- ein Style definiert einen Wert für die Property
- ein Default-Wert

Eine Dependency Property unterstützt also verschiedene Quellen. Das heißt, die Property ist »abhängig« – daher der Name »Dependency« – von mehreren Quellen. Sind tatsächlich Werte aus mehreren Quellen verfügbar, ermittelt die Dependency Property bzw. die in die WinRT integrierte *Property Engine*, welcher Wert den Vorrang erhält. Die obige Auflistung ist bereits nach diesem Vorrang sortiert. So hat der Wert in einem Style ein höheres Recht als der Default-Wert. Ein lokaler Wert hat wiederum Vorrang vor dem Wert aus dem Style.

> **Hinweis**
>
> Da für diese Wert-Ermittlung Logik notwendig ist, lassen sich gewöhnliche Properties nicht in Styles und auch nicht in WinRT-Animationen verwenden. Für diese und weitere Features – wie beispielsweise das Data Binding – werden zwingend Dependency Properties benötigt.

Aus Entwicklersicht besteht eine Dependency Property aus einer klassischen .NET-Property und einem öffentlichen, statischen Feld vom Typ DependencyProperty. Dieses Feld stellt den Schlüssel zum eigentlichen Wert der Property dar:

```
public class Counter : DependencyObject
{
  public static readonly DependencyProperty CountProperty
    = DependencyProperty.Register("Count",
        typeof(int),
        typeof(Counter),
        new PropertyMetadata(0));

  public int Count
  {
    get { return (int)GetValue(CountProperty); }
    set { SetValue(CountProperty, value); }
  }
}
```

Listing 1.7 Implementierung einer Dependency Property

Die Methoden GetValue und SetValue, die in Listing 1.7 in den get- und set-Accessoren der .NET-Property Count aufgerufen werden, sind in der Klasse DependencyObject definiert, von der die dargestellte Klasse Counter erbt. Jede Klasse, die Dependency Properties speichern möchte, muss von DependencyObject abgeleitet sein.

Der obere Codeausschnitt soll Ihnen nur eine kleine Vorstellung davon geben, wie die Implementierung einer Dependency Property aussieht. In Kapitel 6, »Dependency Properties«, werden wir diese Implementierung ausführlich betrachten.

Auf den ersten Blick werden Sie aufgrund der Kapselung durch eine normale .NET-Property nicht bemerken, dass Sie auf eine Dependency Property zugreifen. Beispielsweise ist die Count-Property der Counter-Klasse in Listing 1.7 als Dependency Property implementiert. Sie lässt sich aufgrund der Kapselung durch eine »normale« .NET-Property auch wie eine solche verwenden:

```
var counter = new Counter();
counter.Count = 10;
```

Sie haben aber auch immer die Möglichkeit, die von DependencyObject geerbte Methode SetValue direkt zu benutzen. Folgender Codeausschnitt ist somit analog zum oberen:

```
var counter = new Counter();
counter.SetValue(Counter.CountProperty, 10);
```

Neben der Unterstützung von Styles, Animationen und Data Binding bietet eine Dependency Property eine weitere interessante Möglichkeit: Sie lässt sich als *Attached Property* implementieren.

Das Besondere an einer Attached Property ist, dass sie Teil einer Klasse ist, aber auf Objekten anderer Klassen gesetzt wird. Dies mag auf den ersten Blick etwas verwunderlich klingen, wird aber insbesondere bei Layout-Panels verwendet. Kindelemente müssen somit nicht mit unnötig vielen Eigenschaften für jedes Layout-Panel überladen werden, da die Definition der Dependency Properties im Panel selbst liegt. Wie kann das gehen?

Wie auch eine gewöhnliche Dependency Property besteht eine Attached Property aus einem öffentlich statischen Feld vom Typ DependencyProperty. Die Aufrufe der Methoden SetValue und GetValue werden jedoch nicht von einer .NET-Property, sondern von zwei statischen Methoden gekapselt. Diese sehen bei der Grid-Klasse wie folgt aus:

```
public class Grid : Panel
{
  public static readonly DependencyProperty RowProperty = ...;
  public static int GetRow(FrameworkElement element)
  {
    return (int)element.GetValue(Grid.RowProperty);
  }
  public static void SetRow(FrameworkElement element, int value)
  {
    element.SetValue(Grid.RowProperty, value);
  }
  ...
}
```

Listing 1.8 Implementierung einer Attached Property

Sehen Sie sich Listing 1.8 genau an. In der statischen SetRow-Methode setzt das Grid die RowProperty auf dem erhaltenen Element. Dazu ruft das Grid auf dem erhaltenen Element die SetValue-Methode auf. Das bedeutet, dass Sie in Ihrem Code zum Setzen von Attached Properties in C# wieder zwei Möglichkeiten haben: Entweder verwenden Sie die SetValue-Methode oder die statische Hilfsmethode (im vorigen Beispiel

SetRow) der Klasse, die die Attached Property definiert. Für die `RowProperty` des `Grid`s sieht die erste Möglichkeit mit der `SetValue`-Methode wie folgt aus:

```
var textBox = new TextBox();
textBox.SetValue(Grid.RowProperty, 1);
```

Die zweite Möglichkeit ist die `SetRow`-Methode der `Grid`-Klasse. Die `SetRow`-Methode macht intern nichts anderes, als auf der `TextBox` die `SetValue`-Methode aufzurufen:

```
var textBox = new TextBox();
Grid.SetRow(textBox, 1);
```

XAML bietet für Attached Properties die sogenannte *Attached-Property-Syntax* an. Dazu wird die Property in der Form `Klassenname.Propertyname` angegeben, wie folgende `TextBox` zeigt:

```
<TextBox Grid.Row="1"/>
```

Ist auf der `TextBox` die Attached Property gesetzt und befindet sich die `TextBox` in einem `Grid`, wird das `Grid` zum Positionieren der `TextBox` auf dieser die `GetValue`-Methode aufrufen. Dabei übergibt das `Grid` an `GetValue` die `Grid.RowProperty`. Mit dem erhaltenen Rückgabewert weiß das `Grid`, in welche Zeile es die `TextBox` setzen muss.

> **Hinweis**
>
> Falls sich die `TextBox` nicht in einem `Grid` befindet, lässt sich die `Grid.Row`-Property trotzdem auf ihr setzen. Der Wert der Property wird dann einfach nicht ausgelesen.

> **Tipp**
>
> Falls Sie Lust haben, blättern Sie nochmals zurück zu Abschnitt 1.5.2, »Layout«. Dort finden Sie in Listing 1.6 ein `Grid` mit vier `TextBox`-Elementen, auf denen ein paar weitere Attached Properties der `Grid`-Klasse gesetzt sind.
>
> In Kapitel 5, »Layout«, lernen Sie weitere Attached Properties der Layout-Panels kennen. In Kapitel 6, »Dependency Properties«, erfahren Sie alles Notwendige zum Implementieren eigener Dependency Properties.

1.5.4 Ressourcen

In der WinRT besitzt jedes Element eine `Resources`-Property. In dieser `Resources`-Property lassen sich Objekte unter einem bestimmten Schlüssel abspeichern. Im

Element Tree tiefer liegende Elemente können diese Ressourcen dann auf einfache Weise unter der Angabe des Schlüssels referenzieren.

Listing 1.9 zeigt ein kleines Beispiel. In der Resources-Property eines StackPanel wird ein SolidColorBrush-Objekt unter dem Schlüssel defaultBrush erstellt. Der SolidColorBrush hat die Farbe Hellblau. Im StackPanel befinden sich zwei TextBox-Objekte, die den SolidColorBrush für Ihre Background-Property referenzieren.

```xml
<StackPanel>
  <StackPanel.Resources>
    <SolidColorBrush x:Key="defaultBrush" Color="LightBlue"/>
  </StackPanel.Resources>
  <TextBox Background="{StaticResource defaultBrush}"
    Margin="10"/>
  <TextBox Background="{StaticResource defaultBrush}"
    Margin="10"/>
</StackPanel>
```

Listing 1.9 K01\03 Ressourcen\MainPage.xaml

Zum Referenzieren von Ressourcen wird in XAML die sogenannte *Markup-Extension* StaticResource verwendet. Diese geben Sie, gefolgt vom Schlüssel der Ressource, in einem geschweiften Klammernpaar an. In Listing 1.9 wird die StaticResource-Markup-Extension mit dem Schlüssel defaultBrush in einem geschweiften Klammerpaar der Background-Property der beiden TextBox-Elemente zugewiesen. Beide TextBox-Elemente verwenden somit denselben SolidColorBrush und werden folglich hellblau dargestellt.

1.5.5 Styles

Ein Style stellt eine Sammlung von Property-Werten dar. Der Style lässt sich auf mehreren Elementen anwenden, wodurch Ihr XAML-Code kompakter wird. Setzen Sie beispielsweise auf drei TextBox-Objekten die Background-Property auf LightBlue und die HorizontalAlignment-Property auf Left, könnten Sie diese Werte in einem Style-Objekt platzieren. Anstatt auf jeder TextBox die Properties explizit zu setzen, wird nur noch der Style verwendet. Der Style wird dabei üblicherweise als Ressource definiert. Er wird dann implizit auf Elemente angewendet, deren Typ mit dem in der TargetType-Property des Styles übereinstimmt.

In Listing 1.10 ist in den Ressourcen eines StackPanels ein Style mit dem TargetType TextBox definiert. Der Style setzt verschiedene Dependency Properties: Background, HorizontalAlignment, Width und Margin. Die drei im StackPanel definierten TextBox-Elemente erhalten automatisch die im Style definierten Werte.

```xml
<StackPanel>
  <StackPanel.Resources>
    <Style TargetType="TextBox">
      <Setter Property="Background" Value="LightBlue"/>
      <Setter Property="HorizontalAlignment" Value="Left"/>
      <Setter Property="Width" Value="200"/>
      <Setter Property="Margin" Value="10"/>
    </Style>
  </StackPanel.Resources>
  <TextBox/>
  <TextBox/>
  <TextBox/>
</StackPanel>
```
Listing 1.10 K01\Styles\MainPage.xaml

> **Hinweis**
>
> Listing 1.10 enthält einen sogenannten *impliziten Style*. Dieser wird implizit (automatisch) auf die TextBox-Elemente im StackPanel angewendet. Daneben gibt es den expliziten Style. Einem expliziten Style geben Sie – wie für Ressourcen üblich – mit dem x:Key-Attribut einen Schlüssel:
>
> `<Style x:Key="mySpecialTextBoxStyle" TargetType="TextBox">...`
>
> Den expliziten Style müssen Sie dann auf der TextBox explizit mit der StaticResource-Markup-Extension referenzieren:
>
> `<TextBox Style="{StaticResource mySpecialTextBoxStyle}"/>`
>
> Mehr zu Styles lesen Sie in Kapitel 11, »Styles und Templates«.

1.5.6 Data Binding

Mit einem Data Binding lässt sich beispielsweise eine Property an den Wert einer anderen Property binden. Die Programmierung eines Event Handlers zum Synchronisieren der beiden Properties entfällt.

Listing 1.11 zeigt ein kleines Beispiel, in dem die Text-Property einer TextBox an die Value-Property eines Slider-Elements gebunden wird. Dazu wird in XAML zum Erstellen des Data Bindings die Binding-Markup-Extension verwendet.

```xml
<StackPanel ...>
  <Slider Name="sli"/>
  <TextBox FontSize="40"
```

```
    Text="{Binding ElementName=sli,Path=Value,Mode=TwoWay}"/>
</StackPanel>
```

Listing 1.11 K01\05 DataBinding\MainPage.xaml

Der Wert der `TextBox` wird geändert, sobald der `Slider` bewegt wird. Beachten Sie in Listing 1.11, dass auf dem `Binding`-Objekt die `Mode`-Property auf den Wert `TwoWay` gesetzt ist. Dadurch wird auch beim Editieren des Textes in der `TextBox` der Wert des `Sliders` angepasst.

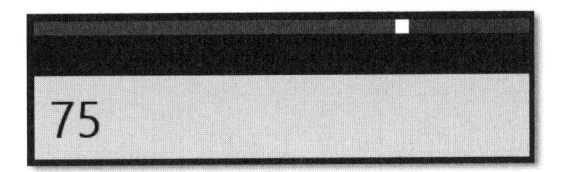

Abbildung 1.26 Die TextBox zeigt den Wert des Sliders an.

> **Hinweis**
> Mehr zum Data Binding und zu den verschiedenen Datenquellen lesen Sie in Kapitel 7, »Daten«.

1.6 Zusammenfassung

Sie haben in diesem Kapitel die verschiedenen Merkmale einer Windows Store App kennengelernt, wie die Live Tile, den fehlenden Fensterrahmen, die Integration in die Charms Bar, die App Bar oder das Snapping.

Zum Entwickeln unter Windows 8 müssen Sie sich entweder für den Desktop oder für das Modern UI entscheiden. Für den Desktop stehen Ihnen die klassischen Varianten zur Verfügung, beispielsweise .NET und WPF. Für das Modern UI entwickeln Sie eine Windows Store App. Derzeit stehen Ihnen dazu folgende Technologien zur Verfügung:

- **XAML mit C#, VB:** Hier kommt das .NET für Windows Store Apps zum Einsatz.
- **XAML mit C++:** Sie entwickeln eine native Windows Store App.
- **DirectX mit C++:** Verwenden Sie DirectX; insbesondere für Spiele interessant.
- **HTML mit JavaScript:** Nutzen Sie Ihr HTML-Knowhow zum Entwickeln einer Windows Store App.

Windows Store Apps bauen auf der nativen, COM-basierten Windows Runtime (WinRT) auf. Die WinRT ist die moderne, objektorientierte Windows-Schnittstelle, die neben der Win32-API zum Einsatz kommt. Die WinRT nutzt ein erweitertes COM und .NET-Metadaten. Es gibt wie in .NET Klassen, Namespaces, Properties, Events und Delegates. Selbst ist die WinRT nicht an eine bestimmte Sprache gebunden, sondern sprachneutral.

Via Language Projection wird die WinRT in verschiedene Sprachen projiziert, damit sie sich in jeder Sprache natürlich anfühlt. So beginnen Methoden in C# mit einem Großbuchstaben, in JavaScript dagegen mit einem Kleinbuchstaben.

Windows Store Apps werden in einer Art Sandbox ausgeführt. Rufen Sie aus Ihrer App WinRT-Funktionen auf, gibt es zwei Arten davon:

▶ Direkt an Windows weitergegebene Aufrufe. Dabei handelt es sich um keine sicherheitsrelevanten Aufrufe.

▶ Vom Runtime Broker der WinRT übermittelte Aufrufe. Hier handelt es sich um sicherheitsrelevante Aufrufe, wie beispielsweise ein Zugriff auf die Kamera.

Entwickeln Sie Ihre Windows Store App mit XAML und C#, kommt das .NET für Windows Store Apps zum Einsatz. Es stellt eine Untermenge – ein sogenanntes *Profil* – des .NET Frameworks 4.5 dar. Das .NET für Windows Store Apps enthält die Common Language Runtime (CLR), Unterstützung für XML, HTTP, WCF und Serialisierung. Auch typische C#/.NET-Funktionalitäten wie die Language Integrated Query (LINQ) werden unterstützt.

Aufgrund der Metadaten der WinRT lassen sich WinRT-Typen in C# verwenden, als wären es .NET-Typen. Darüber hinaus wandelt .NET beim Aufruf einer WinRT-API einfache .NET-Typen (`int`, `string` etc.) in die entsprechenden WinRT-Typen um. Dadurch fühlt es sich in C# beim Zugriff auf die WinRT sehr natürlich an, da im Hintergrund alle einfachen Typen in .NET-Typen umgewandelt werden.

Entwickeln Sie Ihre Windows Store Apps mit C#, kommen zahlreiche aus der WPF/Silverlight bekannte Konzepte zum Einsatz: XAML, Layout, Dependency Properties, Ressourcen, Styles oder Data Binding.

Im nächsten Kapitel schauen wir uns das Programmiermodell der WinRT genauer an und erstellen die erste Windows Store App.

Kapitel 2
Das Programmiermodell

In diesem Kapitel erstellen wir die erste Windows Store App. Neben den einzelnen Bestandteilen eines App-Projekts lernen Sie die wichtigsten Basisklassen für Ihre Oberfläche kennen. Zudem verstehen Sie nach diesem Kapitel, wie die asynchrone Programmierung mit der WinRT funktioniert.

Nachdem Sie im vorigen Kapitel die WinRT und das .NET für Windows Store Apps kennengelernt haben, legen wir jetzt mit dem Programmieren von Apps los.

Dazu beginnen wir gleich in Abschnitt 2.1, mit der ersten Windows Store App. Neben dem Entwickeln der Oberfläche und der Logik zum Laden von Blogeinträgen lesen Sie hier auch mehr zu den einzelnen Dateien eines App-Projekts. Sie lernen außerdem den zum Debuggen verwendeten Simulator und den Remote Debugger kennen.

Windows Store Apps lassen sich mit einer einzigen Seite entwickeln. Für komplexere Apps benötigen Sie allerdings mehrere Seiten, beispielsweise eine Übersichtsseite und eine Detailseite. Welche prinzipiellen Navigationsarten es gibt und wie Sie die in Abschnitt 2.1 erstellte Windows Store App um eine Detailseite erweitern, lesen Sie in Abschnitt 2.2, »Die App mit Navigation erweitern«. Dabei lernen Sie auch die zur Navigation verwendeten Klassen `Frame` und `Page` näher kennen.

In Abschnitt 2.3, »Wichtige Klassen«, betrachten wir die zentralen Klassen zum Entwickeln Ihrer Windows Store App. Dazu gehören unter anderem die UI-Klassen wie `FrameworkElement` oder `Control`, aber auch die in jeder App vorkommende `Application`-Klasse.

Visual Studio bietet Ihnen verschiedene Vorlagen zum Erstellen einer Windows Store App an. Ebenso gibt es Vorlagen für Klassenbibliotheken und WinRT-Komponenten. In Abschnitt 2.4, »Die Projektvorlagen in Visual Studio 2012«, finden Sie eine kleine Übersicht.

Windows Store Apps sind »schnell & flüssig« (*fast & fluid*). Das heißt, Ihre App reagiert ohne Verzögerungen auf Benutzereingaben. Eine stotternde App macht einen schlechten Eindruck. Um dies vorweg zu vermeiden, sind die meisten APIs der WinRT bereits asynchron. Damit Sie verstehen, wie die asynchronen APIs mit den C#-Schlüsselwörtern `async` und `await` funktionieren, schauen wir uns in Abschnitt 2.5, »›Asynchron‹ verstehen«, die Details an.

Auf geht's!

2.1 Die erste Windows Store App

In diesem Abschnitt erstellen wir unsere erste Windows Store App. Abbildung 2.1 zeigt die fertige App namens »Thomas' Blogreader«. Neben der Überschrift enthält die App einen `Button`, der die Blogeinträge meines Blogs herunterlädt. Unterhalb des `Button`s werden die Überschriften der geladenen Einträge in einer `ListView` dargestellt.

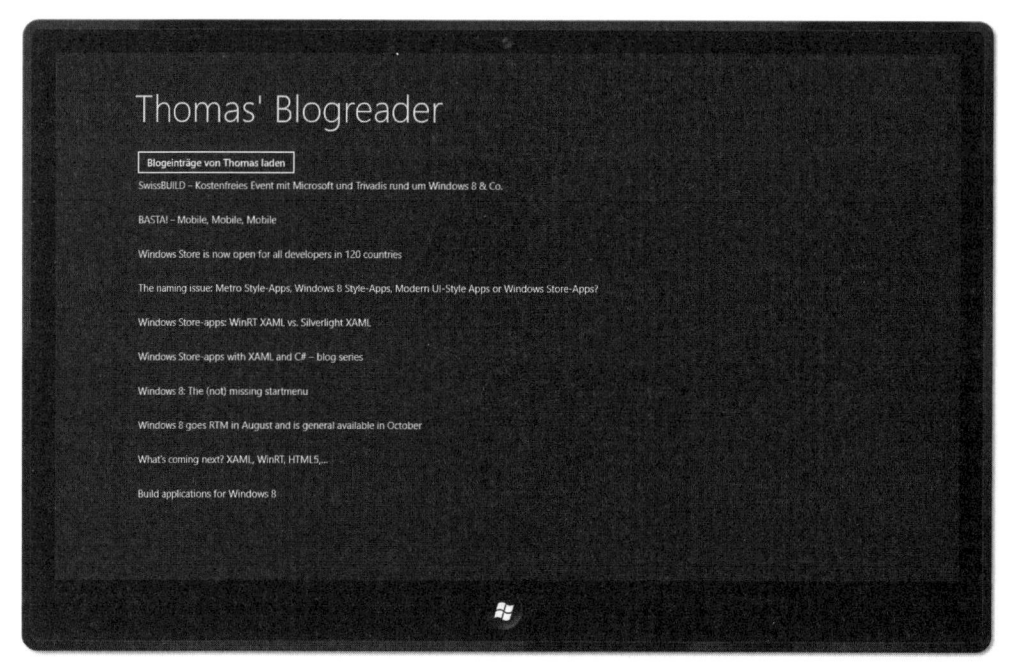

Abbildung 2.1 Ein Klick auf den Button lädt die Blogeinträge herunter.

Im Folgenden erstellen wir Thomas' Blogreader. Dabei lernen Sie die einzelnen Dateien des Projekts näher kennen und erfahren auch, wie Sie die Anwendung im Simulator oder auf einem Windows RT-Gerät debuggen.

2.1.1 Das Projekt erstellen

Haben Sie Visual Studio 2012 auf Ihrem Windows 8 Rechner installiert, kann es losgehen.

> **Hinweis**
>
> Falls Sie Visual Studio 2012 noch nicht installiert haben, werfen Sie einen Blick in die Hinweise am Anfang dieses Buches. Dort finden Sie alle notwendigen Ressourcen. Oder gehen Sie direkt zum Entwicklerportal für Windows Store Apps: *http://dev.windows.com/apps*.

Starten Sie Visual Studio, und öffnen Sie über DATEI • NEU • PROJEKT... den NEUES PROJEKT-Dialog. Im geöffneten Dialog wählen Sie auf der linken Seite unter VISUAL C# den Punkt WINDOWS STORE aus. Jetzt sehen Sie – wie in Abbildung 2.2 dargestellt – die unter dieser Kategorie verfügbaren Vorlagen.

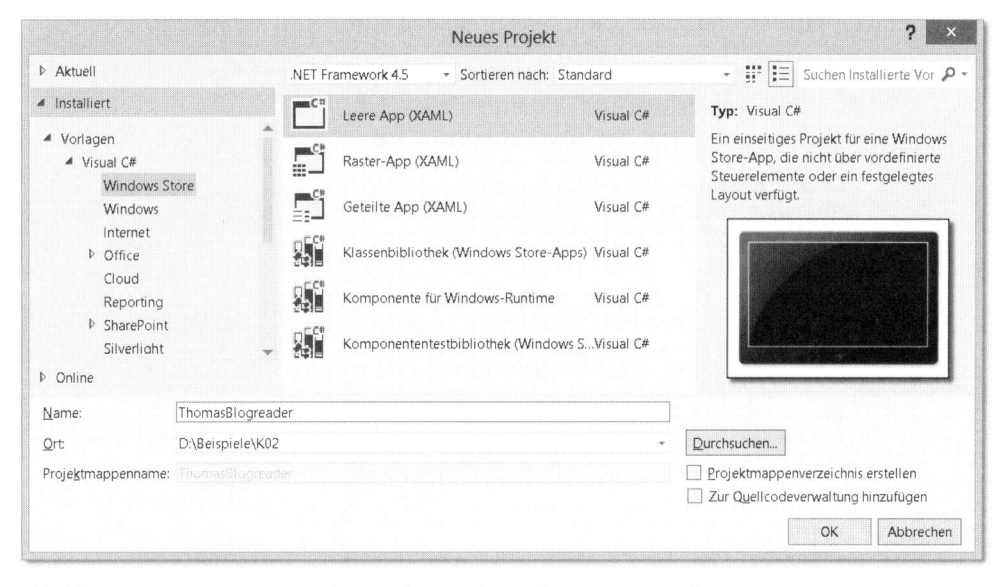

Abbildung 2.2 Im »Neues Projekt«-Dialog wird eine leere App erstellt.

Wählen Sie die Vorlage LEERE APP aus, vergeben Sie einen Namen – hier *ThomasBlogreader* –, und stellen Sie sicher, dass der Ort zum Speichern korrekt ist. Klicken Sie den OK-Button, um Ihr erstes Projekt anzulegen.

> **Hinweis**
>
> Zum Entwickeln von Windows Store Apps benötigen Sie Windows 8. Wird Visual Studio 2012 unter Windows 7 installiert, ist der in Abbildung 2.2 unter VISUAL C# ausgewählte Punkt WINDOWS STORE nicht verfügbar.
>
> Der Grund dafür ist recht einfach: In Windows 7 gibt es keine WinRT.

2.1.2 Die Entwicklerlizenz

Zum Entwickeln von Windows Store Apps benötigen Sie zwingend eine Entwicklerlizenz. Diese können Sie kostenlos beziehen.

Falls Sie zum ersten Mal eine Windows Store App erstellen, werden Sie nach dem Bestätigen des im vorigen Abschnitt gezeigten NEUES PROJEKT-Dialogs automatisch gefragt, ob Sie eine Entwicklerlizenz installieren möchten. Sie erhalten den in Abbildung 2.3 dargestellten Dialog. Klicken Sie auf den Button ICH STIMME ZU.

Abbildung 2.3 Bestätigen Sie die Installation einer Entwicklerlizenz.

Nachdem Sie der Installation zugestimmt haben, müssen Sie sich, wie in Abbildung 2.4 gezeigt, mit Ihrem Microsoft-Konto anmelden. Falls Sie noch kein Microsoft-Konto haben, finden Sie im unteren Bereich des Dialogs einen Link zum Registrieren. Ein Microsoft-Konto ist wie auch die Entwicklerlizenz kostenlos.

> **Hinweis**
>
> Das *Microsoft-Konto* ist der neue Name für die *Windows Live ID*. Windows 8 nutzt dieses Konto auch zum Login, falls Sie bei der Windows 8-Installation keinen lokalen Benutzer angelegt haben.

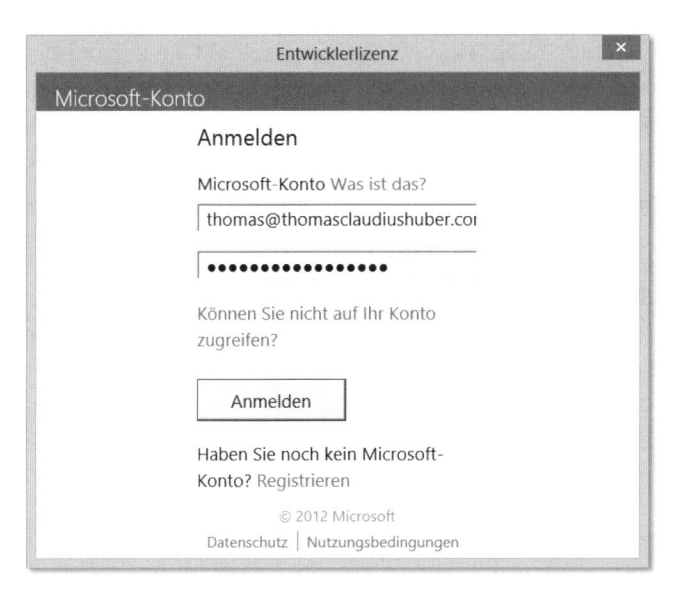

Abbildung 2.4 Melden Sie sich mit Ihrem Microsoft-Konto an.

Nachdem Sie sich mit Ihrem Microsoft-Konto angemeldet haben, erhalten Sie die in Abbildung 2.5 gezeigte Bestätigung Ihrer Entwicklerlizenz. Sie dürfen nun Apps für Windows 8 entwickeln. Jetzt kann es losgehen.

Abbildung 2.5 Die Bestätigung der Entwicklerlizenz

Bevor wir mit dem Projekt weitermachen, erkläre ich noch kurz den Sinn und Zweck der Entwicklerlizenz. Dazu müssen Sie die drei Möglichkeiten kennen, die es gibt, eine Windows Store App auf einem Windows 8-Gerät zu installieren:

- **Windows Store:** Die App wird aus dem Windows Store installiert. Wie Sie Ihre App im Store veröffentlichen, lesen Sie in Kapitel 22, »Verpacken und veröffentlichen«.
- **Side-Loading:** Die App wird über ein Side-Loading installiert. Ein Side-Loading erlaubt es einem Unternehmen, seine Windows Store Apps direkt an die Mitarbeiter zu verteilen, anstatt sie wie üblich über den Windows Store bereitzustellen. Mehr zu den erforderlichen Voraussetzungen und zur Funktionsweise lesen Sie ebenfalls in Kapitel 22.
- **Entwicklerlizenz:** Sie installieren die App direkt auf einem Gerät, das mit einer Entwicklerlizenz ausgestattet ist.

Die Entwicklerlizenz erlaubt das direkte Installieren von Windows Store Apps, sei es zum Testen oder Debuggen. Das direkte Installieren ist standardmäßig aus Sicherheitsgründen nicht erlaubt. Ohne Entwicklerlizenz lassen sich nur die zertifizierten Apps aus dem Windows Store oder die vertrauenswürdigen Apps Ihres Unternehmens installieren. Mit einer Entwicklerlizenz lässt sich dagegen jede unkontrollierte App installieren.

> **Tipp**
>
> Die Entwicklerlizenz können Sie in Visual Studio jederzeit erneuern. Dazu öffnen Sie eine Windows Store App und wählen aus dem dann verfügbaren Hauptmenü PROJEKT folgenden Menüpunkt aus:
>
> PROJEKT • STORE • ENTWICKLERLIZENZ ABRUFEN....

> **Hinweis**
>
> Die Entwicklerlizenz ist übrigens an das Gerät gebunden, auf dem Sie Windows 8 nutzen. Sie können beliebig viele Entwicklerlizenzen für verschiedene Geräte beziehen, um darauf Ihre Apps zu testen.

2.1.3 Die Dateien des Projekts

Nachdem Sie die Entwicklerlizenz installiert haben, öffnet sich das erstellte Projekt in Visual Studio. Im PROJEKTMAPPEN-EXPLORER finden Sie die in Abbildung 2.6 gezeigte Struktur.

2.1 Die erste Windows Store App

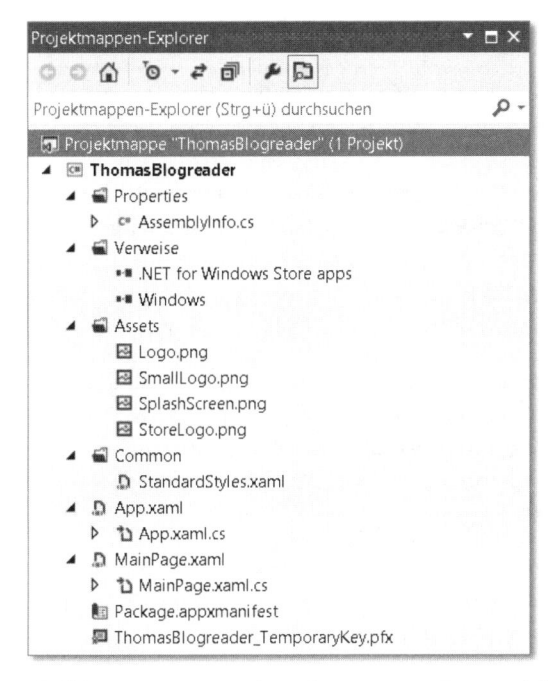

Abbildung 2.6 Die Struktur des neu erstellten Projekts im Projektmappen-Explorer von Visual Studio

Beachten Sie in Abbildung 2.6 die Verweise. Es werden das .NET für Windows Store Apps und die WinRT (WINDOWS) referenziert. In der Datei *MainPage.xaml* und der dazugehörigen Codebehind-Datei *MainPage.xaml.cs* erstellen wir gleich die Oberfläche unserer App. Schauen wir uns die Aufgaben der einzelnen Dateien an.

Datei	Beschreibung
MainPage.xaml	In dieser Datei erstellen Sie die Oberfläche der Hauptseite Ihrer Anwendung. Dazu nutzen Sie XAML.
MainPage.xaml.cs	In dieser sogenannten Codebehind-Datei implementieren Sie in C# Ihre Event Handler, beispielsweise einen Event Handler für das Click-Event eines in der *MainPage.xaml*-Datei definierten Buttons.
App.xaml	Hier ist das Application-Objekt definiert, das den Einstiegspunkt Ihrer App darstellt. In der XAML-Datei erstellen Sie anwendungsweite Ressourcen, wie Brush-Elemente oder Styles. Mehr zu diesen Ressourcen lesen Sie in Kapitel 10, »Ressourcen«.

Tabelle 2.1 Die Dateien eines Windows-Store-App-Projekts

Datei	Beschreibung
App.xaml.cs	In der Codebehind-Datei finden Sie die Logik, die zum Starten Ihrer App und zum Anzeigen der `MainPage` genutzt wird. Wie diese »Start-Logik« aussieht, sehen Sie in Abschnitt 2.1.11, »Der Start im ›App‹-Objekt«. In dieser Codebehind-Datei können Sie auch Event Handler installieren und virtuelle Methoden überschreiben, um an bestimmten Events der `Application`-Klasse teilzunehmen. Mehr dazu in Abschnitt 2.3.2, »Die Klasse ›Application‹«, wo wir die `Application`-Klasse genauer betrachten.
StandardStyles.xaml	Diese Datei enthält Styles für gängige Elemente in Ihrer Windows Store App, wie Überschriften oder App-Bar-Buttons. Sie lernen sie in Kapitel 11, »Styles und Templates«, näher kennen.
Package.appxmanifest	In dieser Datei konfigurieren Sie Ihre App. Wir schauen uns die Datei in Abschnitt 2.1.9 an, wenn wir unsere erste Windows Store App fertig haben.
ThomasBlogreader_ TemporaryKey.pfx	Jede Windows Store App wird mit einem Zertifikat (Codesignatur) signiert. Beim Erstellen einer neuen App erzeugt Visual Studio automatisch ein temporäres Zertifikat, das in diesem Fall *ThomasBlogreader_TemporaryKey.pfx* heißt. Wenn Sie Ihre App so weit fertig haben, dass Sie sie in den Windows Store stellen können, verknüpfen Sie sie mit dem Windows Store. Dazu nutzen Sie in Visual Studio das Menü PROJEKT • STORE • APP MIT STORE VERKNÜPFEN. Dann wird dieses temporäre Zertifikat automatisch durch ein Zertifikat ersetzt, das die Herausgeberinformationen Ihres Entwicklerkontos für den Windows Store enthält. Mehr dazu finden Sie in Kapitel 22, »Verpacken und veröffentlichen«.
AssemblyInfo.cs	Enthält Assembly-Attribute, die Informationen über die mit dem .NET für Windows Store Apps erstellte Assembly bieten.

Tabelle 2.1 Die Dateien eines Windows-Store-App-Projekts (Forts.)

Sicherlich ist Ihnen im PROJEKTMAPPEN-EXPLORER in Abbildung 2.6 auch der Ordner *Assets* aufgefallen. Darin befinden sich verschiedene *.png*-Dateien für unterschiedliche Logos und den Splashscreen. Sie können die Inhalte dieser *.png*-Dateien einfach ersetzen.

> **Hinweis**
>
> Die verschiedenen Logos sollten Sie auch für unterschiedliche Auflösungen optimieren. Wie Sie das machen, lesen Sie in Kapitel 10, »Ressourcen«.

2.1.4 Die MainPage ersetzen

Doppelkicken Sie die *MainPage.xaml*-Datei im PROJEKTMAPPEN-EXPLORER. Es öffnet sich der Designer, in dem Sie den XAML-Code editieren können. Standardmäßig enthält die *MainPage.xaml*-Datei folgenden Inhalt:

```xml
<Page x:Class="ThomasBlogreader.MainPage" ...>
  <Grid Background="{StaticResource
    ApplicationPageBackgroundThemeBrush}">
  </Grid>
</Page>
```

Listing 2.1 Der Inhalt der »MainPage.xaml«-Datei

Der Inhalt der `MainPage` ist das Mindestgerüst, das zum Erstellen einer Seite benötigt wird. Allerdings sollten Sie auch in einfachen Apps auf Layoutänderungen reagieren, z. B. wenn Ihre App gesnappt wird.

> **Hinweis**
>
> »Gesnappt« bedeutet, dass Ihre App links oder rechts am Bildschirmrand angedockt wird und somit nur einen Teil des Bildschirmplatzes erhält.

Darüber hinaus wollen Sie eventuell die Navigation besser unterstützen und den Zustand Ihrer Seite speichern, wenn die App geschlossen und wiederhergestellt wird. All diese Funktionalität bietet die `MainPage` in dieser Art nicht, da sie auf der Seitenvorlage *Leere Seite* basiert. Daher ersetzen Sie die `MainPage` üblicherweise durch eine Seite, die diese zusätzliche Funktionalität von Anfang an bietet.

Selektieren Sie dazu im PROJEKTMAPPEN-EXPLORER die Datei *MainPage.xaml*, und löschen Sie sie aus Ihrem Projekt. Klicken Sie im PROJEKTMAPPEN-EXPLORER mit der rechten Maustaste auf Ihr Projekt, und wählen Sie aus dem Kontextmenü den Menüpunkt HINZUFÜGEN • NEUES ELEMENT... aus. Es erscheint der in Abbildung 2.7 dargestellte NEUES ELEMENT HINZUFÜGEN-Dialog.

Wählen Sie im Dialog auf der linken Seite WINDOWS STORE aus. In der Mitte finden Sie einige Vorlagen zum Hinzufügen einer neuen Seite. Wie bereits erwähnt, entsprach die gelöschte `MainPage` der Vorlage *Leere Seite*. Wählen Sie im Dialog wie in

Abbildung 2.7 gezeigt die STANDARDSEITE als Vorlage aus. Die *Standardseite* bietet unter anderem Layoutunterstützung und einen Seitentitel mit einem Zurück-Button. Vergeben Sie für die neue Seite wie in Abbildung 2.7 den Namen »MainPage«, und klicken Sie auf den Button HINZUFÜGEN.

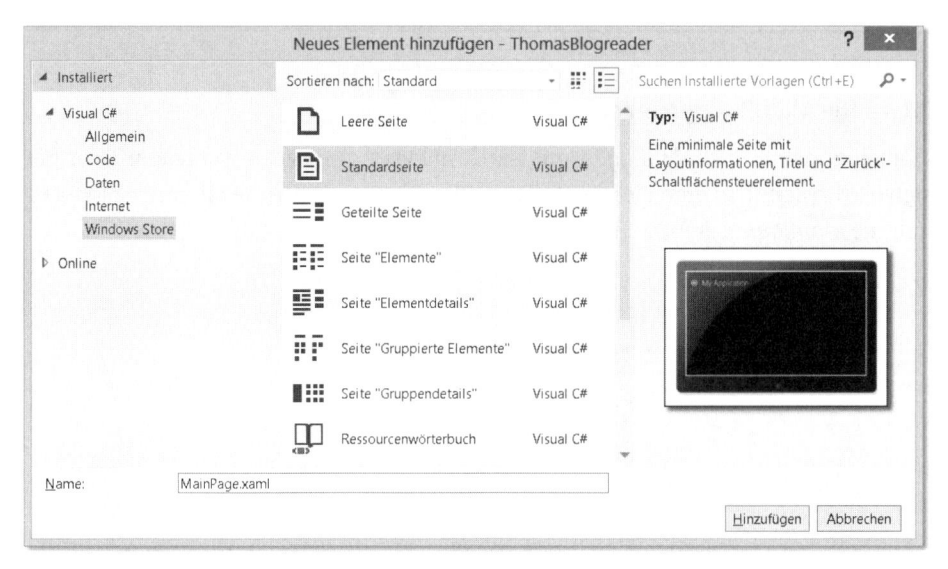

Abbildung 2.7 Die »Standardseite« erhält Layoutinformationen und Titel.

Hinweis

Wie Sie sehen, gibt es im Dialog aus Abbildung 2.7 weitere Seitenvorlagen. Diese lernen Sie bei den Projektvorlagen von Visual Studio 2012 in Abschnitt 2.4 kennen.

Direkt nach dem Bestätigen des Dialogs aus Abbildung 2.7 erscheint der Dialog aus Abbildung 2.8.

Abbildung 2.8 Dieser Dialog erscheint nach dem Hinzufügen einer »Standardseite«.

Bestätigen Sie den Dialog aus Abbildung 2.8 mit dem Button JA. Dadurch werden zu Ihrem Projekt neben der `MainPage` weitere Dateien hinzugefügt, die Sie im *Common*-Ordner finden.

2.1.5 Die Dateien im Common-Ordner

Mit dem Neuerzeugen der `MainPage` via *Standardseite*-Vorlage wurden zum *Common*-Ordner des Projekts neue Dateien hinzugefügt, wie Abbildung 2.9 zeigt.

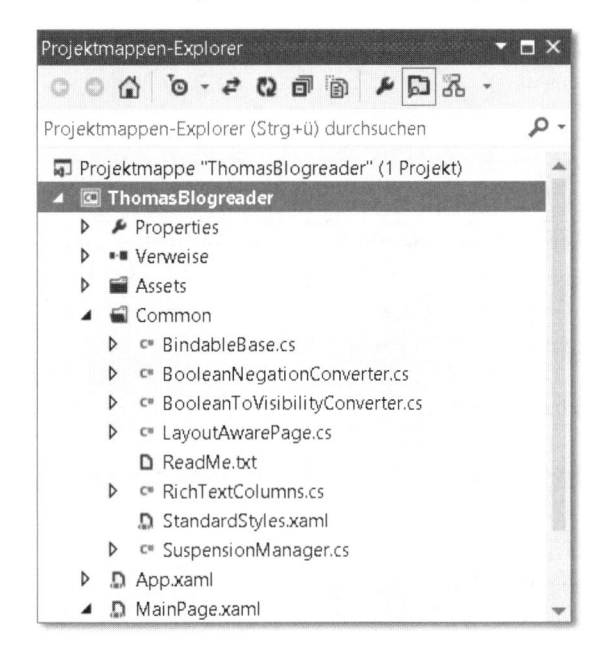

Abbildung 2.9 Der »Common«-Ordner enthält jetzt ein paar Klassen mehr.

Die Datei *StandardStyles.xaml* war schon vor dem Ersetzen der `MainPage` im *Common*-Ordner enthalten. Alle anderen Dateien sind neu. Tabelle 2.2 gibt Ihnen eine kleine Übersicht.

Datei	Beschreibung
BindableBase.cs	Enthält die Klasse `BindableBase`, die sich als Basis für Klassen verwenden lässt, die als Quelle für ein Data Binding genutzt werden. Mehr dazu in Kapitel 7, »Daten«.
BooleanNegation Converter.cs	Enthält einen Converter, der `bool`-Werte umkehrt. Den Converter können Sie mit einem Data Binding verwenden. Mehr dazu in Kapitel 7, »Daten«.

Tabelle 2.2 Die hinzugefügten Dateien im »Common«-Ordner

Datei	Beschreibung
BooleanToVisibility Converter.cs	Enthält einen Converter, der `bool`-Werte in Werte der `Visibility`-Aufzählung umwandelt. Den Converter können Sie mit einem Data Binding verwenden. Mehr dazu in Kapitel 7, »Daten«.
LayoutAwarePage.cs	Enthält die von `Page` abgeleitete Klasse `LayoutAwarePage`. Die Klasse `LayoutAwarePage` unterstützt unter anderem die Navigation und die unterschiedlichen Ansichten Ihrer App, wie beispielsweise das Snapping. Mehr zur Navigation mit der `LayoutAwarePage` lesen Sie in Abschnitt 2.2.4, Näheres zum Snapping in Kapitel 5, »Layout«.
RichTextColumns.cs	Enthält ein Panel, das die Darstellung von mehrspaltigen Texten vereinfacht.
SuspensionManager.cs	Darüber lassen sich Navigationszustand und Sessiondaten Ihrer Anwendung speichern, wenn diese von Windows terminiert wird. Mehr zu diesem Thema lesen Sie in Kapitel 14, »App-Lebenszyklus und -Einstellungen«.

Tabelle 2.2 Die hinzugefügten Dateien im »Common«-Ordner (Forts.)

> **Hinweis**
> Wenn Sie Ihr Projekt mit der Vorlage *Raster-App* oder *Geteilte App* erstellen, erhält der *Common*-Ordner standardmäßig die in Tabelle 2.2 dargestellten Dateien.

2.1.6 Die MainPage mit Inhalt und Logik füllen

Die neu eingefügte `MainPage` besitzt als Wurzelelement und somit als Basisklasse keine `Page` mehr, sondern die aus dem *Common*-Ordner stammende `LayoutAwarePage`. Listing 2.2 zeigt die neu eingefügte *MainPage.xaml*-Datei. Bevor wir die Seite anpassen, schauen wir uns den von der *Standardseite*-Vorlage erstellten Code aus Listing 2.2 kurz an.

> **Tipp**
> Falls der Designer in Visual Studio für die neu eingefügte `MainPage` einen Fehler anzeigt, erstellen Sie das Projekt neu und laden den Designer für die Seite erneut.

In Listing 2.2 ist in den Ressourcen der `MainPage` ein String mit dem Schlüssel `AppName` definiert. Ein `Grid` ist als Seiteninhalt festgelegt. Das `Grid` haben Sie bereits in Kapitel 1,

»Einführung in Windows 8, WinRT und .NET«, bei einem kurzen Blick auf das Layout kennengelernt. Es teilt den Inhalt in Zeilen und Spalten auf. Das `Grid` in Listing 2.2 enthält zwei Zeilen. Die erste Zeile mit einer Höhe von 140 Einheiten ist für den Titel Ihrer App, die zweite Zeile für den eigentlichen Inhalt. In der ersten Zeile ist bereits ein weiteres `Grid` untergebracht, das einen Zurück-Button und einen `TextBlock` für den Titel Ihrer App enthält. Beachten Sie, dass der `TextBlock` mit der `StaticResource`-Markup-Extension die Ressource mit dem Schlüssel `AppName` referenziert. Somit wird dieser String aus den Ressourcen als Titel angezeigt.

> **Hinweis**
>
> Bei mehreren Seiten lässt sich die Ressource mit dem Titel in der Datei *App.xaml* unterbringen, was den Vorteil bringt, dass sich jede Seite Ihrer Anwendung den Titel von dieser zentralen Stelle holt.

Im unteren Teil der `MainPage` sehen Sie die Attached Property `VisualStateManager.VisualStateGroups`. Diese Property enthält die visuellen Zustände, in denen sich Ihre Seite befinden kann, wie *Snapped* oder *Filled*. Diese Zustände sind in Listing 2.2 nicht dargestellt. Sie werden in Kapitel 5, »Layout«, zusammen mit der `LayoutAwarePage` näher betrachtet.

```xml
<common:LayoutAwarePage x:Class="ThomasBlogreader.MainPage"...>
  <Page.Resources>
    <x:String x:Key="AppName">My Application</x:String>
  </Page.Resources>
  <Grid Style="{StaticResource LayoutRootStyle}">
    <Grid.RowDefinitions>
      <RowDefinition Height="140"/>
      <RowDefinition Height="*"/>
    </Grid.RowDefinitions>
    <!-- 1. Zurück-Button und Seitentitel -->
    <Grid>
      <Grid.ColumnDefinitions>
        <ColumnDefinition Width="Auto"/>
        <ColumnDefinition Width="*"/>
      </Grid.ColumnDefinitions>
      <Button x:Name="backButton" Click="GoBack" .../>
      <TextBlock x:Name="pageTitle" Grid.Column="1"
        Text="{StaticResource AppName}"
        Style="{StaticResource PageHeaderTextStyle}"/>
    </Grid>
    <!-- Hier kommt unser Seiteninhalt hin. -->
    <VisualStateManager.VisualStateGroups>
      ...
```

```
        </VisualStateManager.VisualStateGroups>
    </Grid>
</common:LayoutAwarePage>
```

Listing 2.2 K02\01 ThomasBlogreader\MainPage.xaml

Jetzt ist es an der Zeit, die *MainPage.xaml*-Datei anzupassen. Beginnen wir mit dem Anpassen des Titels in den Page-Ressourcen:

```
<Page.Resources>
    <x:String x:Key="AppName">Thomas' Blogreader</x:String>
</Page.Resources>
```

Als Nächstes bauen wir den eigentlichen Inhalt des Blogreaders. Dazu definieren wir genau über dem in Listing 2.2 definierten Element <VisualStateManager.VisualStateGroups> folgendes Grid:

```
<Grid Grid.Row="1" Margin="120 0 120 10">
    <Grid.RowDefinitions>
        <RowDefinition Height="Auto"/>
        <RowDefinition Height="*"/>
    </Grid.RowDefinitions>
    <Button Content="Blogeinträge von Thomas laden"
        Click="Button_Click"/>
    <ListView x:Name="listView" DisplayMemberPath="Title.Text"
        Grid.Row="1"/>
</Grid>
```

Listing 2.3 K02\01 ThomasBlogreader\MainPage.xaml

Das Grid aus Listing 2.3 enthält zwei Zeilen. Zum Definieren der Zeilen werden RowDefinition-Elemente verwendet. Die erste Zeile wird mit einer automatischen Höhe definiert, die zweite Zeile zum Ausfüllen des restlichen Platzes (*). In der ersten Zeile ist der Button zum Laden der Blogeinträge. Beachten Sie, dass der Event Handler Button_Click für das Click-Event angegeben ist.

> **Tipp**
>
> Beim Eintippen des Click-Attributs schlägt Ihnen Visual Studio vor, den Event Handler automatisch in der Codebehind-Datei zu erstellen. Alternativ können Sie zum Erstellen des Event Handlers auch den Button im XAML-Code selektieren, das EIGENSCHAFTEN-Fenster von Visual Studio öffnen (via F4 -Taste oder über das Hauptmenü ANSICHT • EIGENSCHAFTENFENSTER) und im EIGENSCHAFTEN-Fenster hinter einem Event einfach doppelklicken.

In der zweiten Zeile ist in Listing 2.3 die `ListView` mit dem Namen `listView` untergebracht. Darin werden die einzelnen Blogeinträge dargestellt. Jetzt müssen die Blogeinträge nur noch geladen werden, was in der Codebehind-Datei *MainPage.xaml.cs* im `Button_Click`-Event-Handler geschieht.

Listing 2.4 zeigt die Codebehind-Datei. Darin befindet sich die von `LayoutAwarePage` abgeleitete Klasse `MainPage`. Im `Button_Click`-Event-Handler wird zunächst der `Button` deaktiviert. In einem `try`-Block wird eine neue `Uri`-Instanz erstellt, die auf den RSS-Feed meines Blogs zeigt. Es wird eine Instanz der Klasse `SyndicationClient` (Namespace: `Windows.Web.Syndication`) erstellt. Mit deren `RetrieveFeedAsync`-Methode wird der Feed asynchron in eine `SyndicationFeed`-Instanz geladen. Das dazu verwendete `await`-Schlüsselwort – das übrigens das `async`-Schlüsselwort in der Methodensignatur voraussetzt – schauen wir uns in Abschnitt 2.5, »›Asynchron‹ verstehen«, genauer an.

Die erhaltene `SyndicationFeed`-Instanz hat die einzelnen Blogeinträge in Form von `SyndicationItems` in der `Items`-Property. Der Inhalt der `Items`-Property wird in Listing 2.4 der `ItemsSource`-Property der `ListView` zugewiesen. Im `finally`-Block wird der `Button` zum Laden der Blogeinträge wieder aktiviert.

```
public sealed partial class MainPage :
  ThomasBlogreader.Common.LayoutAwarePage
{
  public MainPage()
  {
    this.InitializeComponent();
  }
  ...
  private async void Button_Click(object sender,
                                  RoutedEventArgs e)
  {
    ((Button)sender).IsEnabled = false;
    try
    {
      var uri =
        new Uri("http://www.thomasclaudiushuber.com/blog/feed/");
      var client = new SyndicationClient();
      SyndicationFeed feed = await client.RetrieveFeedAsync(uri);
      listView.ItemsSource = feed.Items;
    }
    finally
    {
      ((Button)sender).IsEnabled = true;
    }
  }
}
```

Listing 2.4 K02\01 ThomasBlogreader\MainPage.xaml.cs

Da die `ListView` nicht weiß, wie sie die `SyndicationItem`-Instanzen darstellen soll, ruft sie per Default einfach die `ToString`-Methode auf. Um dies zu vermeiden, wurde im XAML in Listing 2.3 auf der `ListView` die `DisplayMemberPath`-Property gesetzt:

`<ListView ... DisplayMemberPath="Title.Text" .../>`

Ein `SyndicationItem` enthält eine `Title`-Property, die vom Typ `ISyndicationText` ist. `ISyndicationText` wiederum besitzt eine `Text`-Property vom Typ `string`. Mit dem `DisplayMemberPath` `Title.Text` wird genau diese `Text`-Property ausgelesen, die den Titel eines Blogeintrags enthält. Die `ListView` zeigt somit die Titel der Blogeinträge an.

2.1.7 Debuggen im Simulator

Unsere erste Windows Store App ist fertiggestellt und lässt sich starten. In Visual Studio haben Sie die Möglichkeit, die App im Simulator, auf dem lokalen Computer oder auf einem Remote Computer zu debuggen, wie Abbildung 2.10 zeigt.

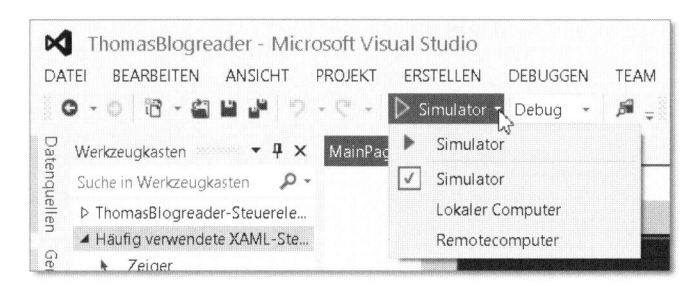

Abbildung 2.10 Die Debug-Möglichkeiten in Visual Studio

Die Einstellung aus Abbildung 2.10 finden Sie auch in den Projekteigenschaften des Projekts unter dem Punkt DEBUGGEN. In Abbildung 2.11 sehen Sie diese Einstellungen.

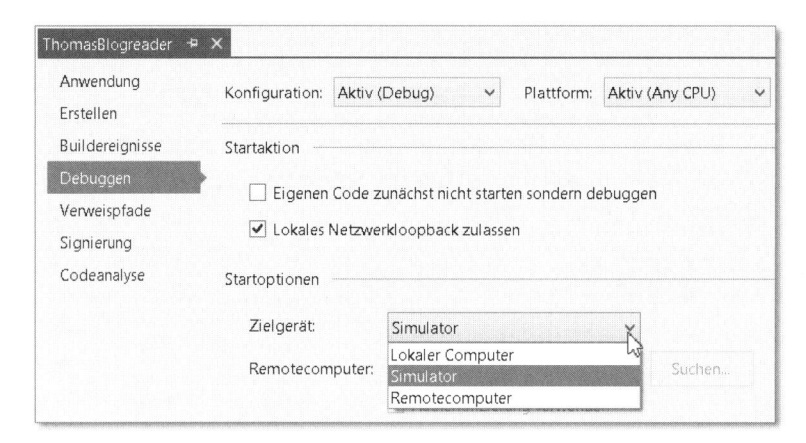

Abbildung 2.11 Die Einstellung ist auch in den Projekteigenschaften ersichtlich.

Für Thomas' Blogreader habe ich den SIMULATOR ausgewählt. Wird die Anwendung jetzt durch Drücken der F5 -Taste oder durch Drücken des in Abbildung 2.10 sichtbaren grünen Pfeils in der Toolbar gestartet, öffnet sich der Simulator. Wie Sie in Abbildung 2.12 sehen, wurden die Blogeinträge nach einem Klick auf den Button erfolgreich geladen.

Der Simulator bietet verschiedene Einstellungen. Sie können ihn drehen, Maus- und Touch-Eingaben simulieren, Screenshots machen oder wie in Abbildung 2.12 gezeigt eine andere Auflösung wählen. 1.366 × 768 ist der Standardwert.

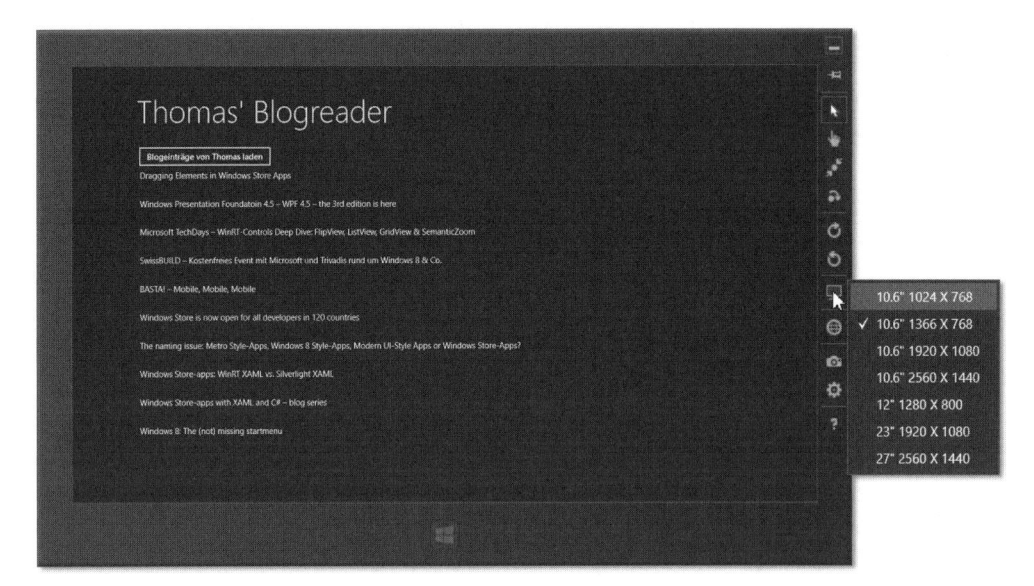

Abbildung 2.12 Debuggen im Simulator

> **Hinweis**
> Der Simulator simuliert ein Windows 8-System, indem er sich mit einer Art Remote-Desktop mit Ihrem Host-System verbindet. Aufgrund dieser Simulation lassen sich Windows Store Apps nicht unter Windows 7 entwickeln. Würde es sich statt um einen Simulator um einen Emulator handeln, würde er selbständig Windows 8 emulieren, und Sie könnten damit auch unter Windows 7 Windows Store Apps entwickeln.

2.1.8 Debuggen auf einem Remote Computer

Unter den im vorigen Abschnitt gezeigten Einstellungen zum Debuggen gab es neben dem Simulator den lokalen Computer und den Remote Computer. Die letzte Einstellung ist insbesondere interessant, falls der Computer, auf dem Sie die App debuggen möchten, nicht dem Computer entspricht, auf dem Sie mit Visual Studio entwickeln. Dies trifft insbesondere dann zu, wenn Sie zum Testen Ihrer Apps ein Gerät mit Windows RT haben, da Sie darauf kein Visual Studio installieren können.

> **Hinweis**
> Falls Sie Ihre App auch auf dem Computer debuggen, auf dem Sie entwickeln, können Sie diesen Abschnitt einfach überspringen.

Mit dem sogenannten *Remote Debugging* können Sie Ihre App über das Netzwerk (typischerweise WLAN) von Ihrem Entwicklungsrechner auf ein Tablet laden und debuggen. Im Folgenden schauen wir uns die Details an.

> **Hinweis**
> Wie bereits im ersten Kapitel erwähnt, hat Microsoft zur Unterstützung der ARM-Prozessor-Architektur eine abgespeckte Variante von Windows 8 namens Windows RT entwickelt. Windows RT unterstützt keine klassischen Desktop-Apps. Lediglich die speziell für ARM-Prozessoren entwickelte Office-Suite und der Internet Explorer sind im Desktop-Modus verfügbar. Sie können auf einem Windows RT-Gerät somit auch kein Visual Studio zum Entwickeln installieren.

Mit dem Remote Debugging können Sie Ihre Apps auf einem gewöhnlichen Windows 8-Computer entwickeln und auf einem anderen Computer – im Folgenden als *Remote Computer* bezeichnet – ausführen und debuggen. Der Remote Computer kann dabei als Betriebssystem Windows 8 oder Windows RT haben und benötigt kein Visual Studio.

Zum Einrichten des Remote Debuggings gehen Sie wie folgt vor:

- Installieren Sie auf dem Remote Computer die Remote Tools. Diese gibt es für die Architekturen x86, x64 und ARM unter folgendem Link: *www.microsoft.com/visualstudio/downloads*.
- Starten Sie auf Ihrem Remote Computer den Remote Debugger, und stellen Sie sicher, dass sich Ihr Remote Computer im selben Netzwerk wie Ihr Computer befindet.
- Auf Ihrem Computer wählen Sie in Visual Studio zum Debuggen die Option REMOTECOMPUTER. In einem sich öffnenden Dialog können Sie den Remote Computer auswählen.

Schauen wir uns ein kleines Beispiel an: Nehmen wir an, Sie haben ein Notebook mit Windows 8 zum Entwickeln und ein Microsoft Surface mit Windows RT zum Debuggen.

Als Erstes öffnen Sie auf Ihrem Microsoft Surface die Seite *www.microsoft.com/visualstudio/downloads*. Unter dem Punkt REMOTE TOOLS FÜR VISUAL STUDIO 2012 laden Sie die Variante für ARM-Prozessoren herunter. Abbildung 2.13 zeigt die auf der Webseite verfügbaren Varianten für x86, x64 und ARM.

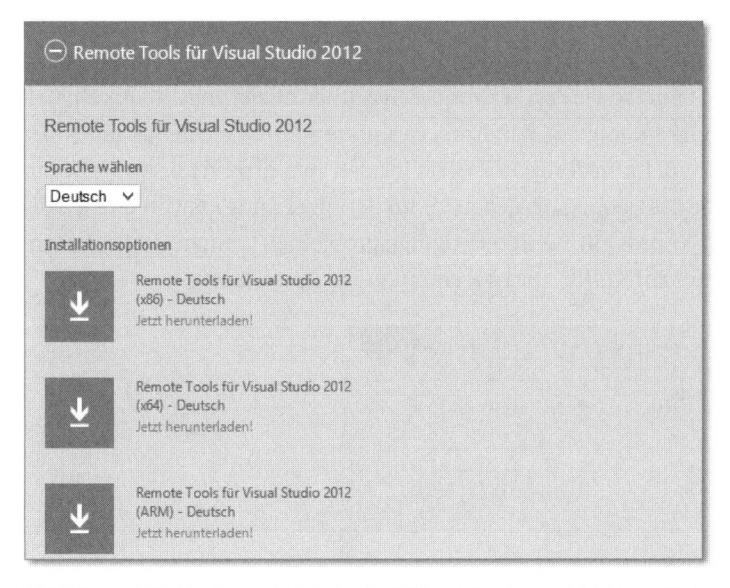

Abbildung 2.13 Die Remote Tools sind für x86, x64 und ARM verfügbar.

Nachdem Sie die Remote Tools installiert haben, starten Sie den mit den Remote Tools installierten Remote Debugger. Die Installation hat hierfür auf dem Startbildschirm die in Abbildung 2.14 dargestellte Kachel eingefügt.

Abbildung 2.14 Die Kachel für den Remote Debugger

In Abbildung 2.15 sehen Sie den gestarteten Remote Debugger, der jetzt auf neue Verbindungen wartet.

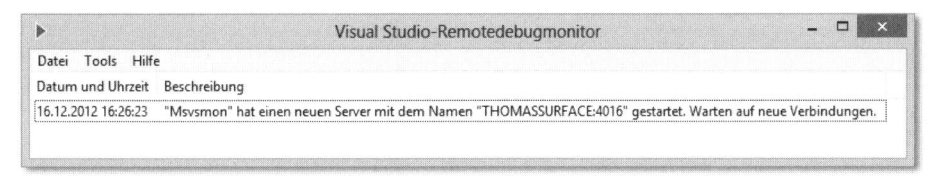

Abbildung 2.15 Der Remote Debugger ist gestartet.

Damit sind Sie auf der Seite des Remote Computers fertig. Falls Sie später beim Verbinden Probleme haben, prüfen Sie Ihre Firewall-Einstellungen und stellen sicher, dass die Computer im selben Netzwerk sind.

Werfen Sie im Remote Debugger auch einen Blick in das in Abbildung 2.16 dargestellte OPTIONEN-Fenster, das Sie über den Menüpunkt TOOLS • OPTIONEN... öffnen. Darin können Sie den TCP/IP-Port sowie den verwendeten Authentifizierungsmodus einstellen. Dieser steht standardmäßig auf Windows, was ohne weitere Einstellungen super funktioniert, wenn Sie auf Ihren Computern kein lokales, sondern ein Microsoft-Konto verwenden. Starten Sie das Debugging, geben Sie für Benutzer und Passwort einfach die Daten Ihres Microsoft-Kontos ein. Bei Berechtigungsproblemen können Sie die Berechtigungen anpassen oder auf KEINE AUTHENTIFIZIERUNG umschalten.

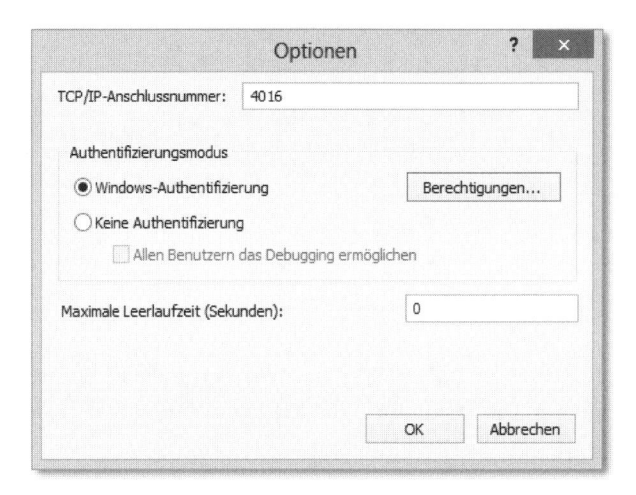

Abbildung 2.16 Das »Optionen«-Fenster des Remote Debuggers

Abbildung 2.17 Der Surface namens »ThomasSurface« taucht im Dialog auf.

Wechseln Sie jetzt von dem Remote Computer auf den Computer, auf dem Sie Visual Studio installiert haben. In Visual Studio wählen Sie zum Debugging jetzt nicht den SIMULATOR oder den LOKALEN COMPUTER, sondern den REMOTECOMPUTER aus. Dadurch erscheint das in Abbildung 2.17 gezeigte Fenster. Darin taucht der Remote Computer, der in meinem Fall THOMASSURFACE heißt, automatisch auf. Falls nicht, können Sie die Verbindung manuell konfigurieren.

Nachdem Sie im Dialog aus Abbildung 2.17 auf den AUSWÄHLEN-Button geklickt haben, ist die Auswahl REMOTECOMPUTER als Ziel für das Debugging abgeschlossen, was Abbildung 2.18 zeigt.

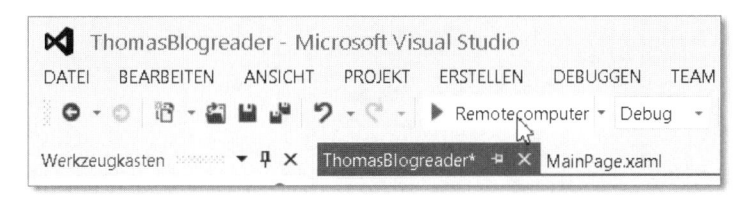

Abbildung 2.18 Ein Remote Computer ist als Ziel für das Debugging ausgewählt.

Starten Sie jetzt das Debugging, erhalten Sie je nach der im Remote Debugger eingestellten Authentifizierung (siehe Abbildung 2.16) noch eine Benutzerabfrage. Per Default wird die Windows-Authentifizierung verwendet. Geben Sie Ihr Microsoft-Konto mit Passwort ein. Beim allerersten Bereitstellen wird auf der Windows RT-Maschine eine Entwicklerlizenz-Abfrage kommen, die der in Abschnitt 2.1.2, »Die Entwicklerlizenz«, beschriebenen entspricht. Haben Sie Ihr Microsoft-Konto eingegeben und die Entwicklerlizenz installiert, wird die App auf dem Remote Computer gestartet. Dabei können Sie auf Ihrem Computer in Visual Studio alle Dinge tun, die Sie vom lokalen Debuggen gewohnt sind: Breakpoints setzen, Inhalte von Variablen auswerten usw.

Auf dem Remote Computer sehen Sie im Fenster des Remote Debuggers die eingegangene Verbindung, was Abbildung 2.19 zeigt.

Abbildung 2.19 Thomas hat sich mit dem Remote Debugger verbunden.

2.1.9 Die Datei »Package.appxmanifest«

Nachdem die Anwendung bereits läuft, werfen wir noch einen Blick in die Datei *Package.appxmanifest*. Diese Datei dient zur Konfiguration Ihrer App. Doppelklicken

Sie auf die Datei im PROJEKTMAPPEN-EXPLORER, erhalten Sie die in Abbildung 2.20 dargestellte Ansicht. Wie Sie sehen, lassen sich darin unter anderem die von Ihrer App unterstützten Drehungen festlegen.

Abbildung 2.20 Die Konfiguration erfolgt im »Package.appxmanifest«.

Abbildung 2.20 zeigt, dass sich die *Package.appxmanifest*-Datei in vier verschiedene Bereiche aufteilt:

▶ **Anwendungsbenutzeroberfläche:** Hier legen Sie Name, Sprache und Beschreibung Ihrer App fest. Hier ist auch der Einstiegspunkt für Ihre App definiert, der standardmäßig die App-Klasse (*App.xaml* + *App.xaml.cs*) enthält. Auf diesem Tab können Sie zusätzlich die von Ihrer App unterstützten Drehungen und die Logos Ihrer App einschließlich Splashscreen festlegen.

▶ **Funktionen:** Hier bestimmen Sie, welche Funktionen Ihre App benötigt. Zu den möglichen Funktionen gehört beispielsweise der Zugriff auf das Internet oder auf die Bildbibliothek des Benutzers. Dazu gleich mehr.

▶ **Deklarationen:** Unter DEKLARATIONEN legen Sie Contracts und Extensions fest. Darüber können Sie beispielsweise einen »Suchen«-Contract definieren, damit sich Ihre App mit der Suchfunktion durchsuchen lässt, die in der Charms Bar von Windows enthalten ist. Mehr dazu lesen Sie später in Kapitel 16, »Contracts und Extensions«.

▶ **Verpacken:** Hier legen Sie Eigenschaften fest, die Ihre App nach dem Bereitstellen identifizieren und beschreiben. Dazu gehören unter anderem ein Paketname, eine Version, ein Name des Herausgebers und das Zertifikat des Herausgebers. Als Zertifikat ist standardmäßig die im Projekt enthaltene *.pfx*-Datei verlinkt. Dieser Tab heißt übrigens VERPACKEN, da Ihre App beim Bereitstellen zu einem Paket (*.appx* – App-Package) verpackt wird. Mehr dazu lesen Sie in Kapitel 22, »Verpacken und veröffentlichen«.

Hinweis

Die *Package.appxmanifest*-Datei liegt im XML-Format vor. Damit Sie das XML nicht manuell bearbeiten müssen, enthält Visual Studio extra für diese Datei den sogenannten *App-Manifest-Designer*, der beim Doppelklick auf die Datei wie in Abbildung 2.20 geöffnet wird. Falls Sie sich das XML ansehen möchten, klicken Sie im PROJEKT-MAPPEN-EXPLORER mit der rechten Maustaste auf die *Package.appxmanifest*-Datei. Wählen Sie im Kontextmenü ÖFFNEN MIT... und im folgenden Dialog den XML (TEXT)-EDITOR.

2.1.10 Die Funktionen im »Package.appxmanifest«

Im ersten Kapitel haben Sie den Runtime Broker der WinRT kennengelernt. Dieser kontrolliert sicherheitsrelevante API-Aufrufe. Ist die für den Aufruf erforderliche Funktion in der *Package.appxmanifest*-Datei nicht aktiviert, wirft die WinRT beim Aufruf eine Exception.

Die im *Package.appxmanifest* ausgewählten Funktionen tauchen in den Einstellungen einer App unter dem Punkt BERECHTIGUNGEN auf. Ebenfalls sind die Funktionen einer App im Windows Store ersichtlich. Das Ziel der Funktionen ist es, dass ein Benutzer sehen kann, was eine App alles darf. So kann er anhand der Funktionen erkennen, dass eine App beispielsweise auf das Internet, auf das Mikrofon und auf die Webcam zugreifen darf. Nicht deklarierte Zugriffe – wie beispielsweise auf die Dokumentenbibliothek oder die Bildbibliothek des Benutzers – sind dann nicht gestattet und werden vom Runtime Broker unterbunden.

Abbildung 2.21 zeigt die Funktionen im *Package.appxmanifest*. Die Funktion INTERNET (CLIENT) ist in einem neuen Projekt standardmäßig aktiviert.

Die Funktion INTERNET (CLIENT) sollten Sie deaktivieren, falls Sie den Zugriff auf das Internet nicht benötigen. Im Fall des in diesem Abschnitt entwickelten Blogreaders ist die Funktion allerdings erforderlich, da die Blogeinträge aus dem Internet geladen werden. Entfernen Sie in Thomas' Blogreader das in Abbildung 2.21 zu sehende Häkchen, erhalten Sie bei der `RetrieveFeedAsync`-Methode der `Syndication-Client`-Instanz eine Exception, da diese auf das Internet zugreifen möchte:

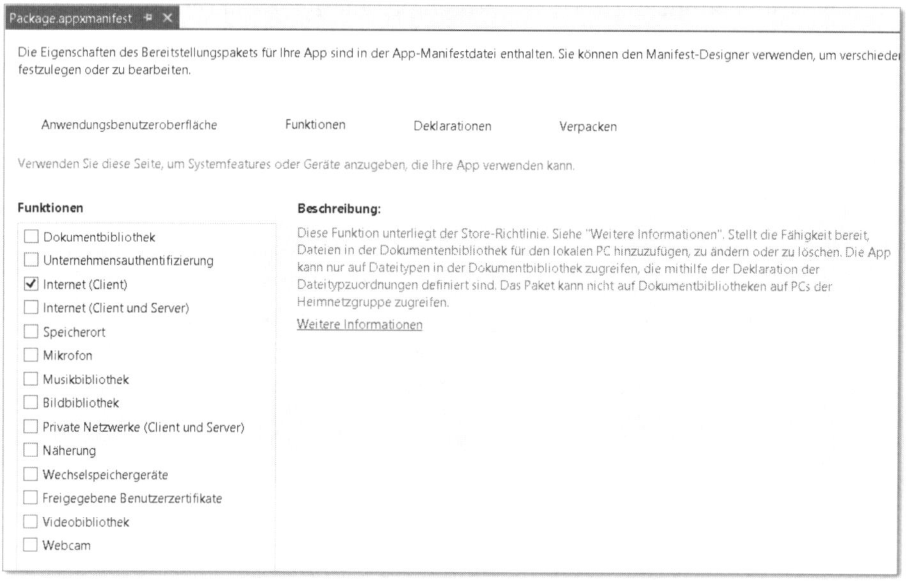

Abbildung 2.21 Die Funktionen im »Package.appxmanifest«

```
var uri = 
  new Uri("http://www.thomasclaudiushuber.com/blog/feed/");
var client = new SyndicationClient();
SyndicationFeed feed = await client.RetrieveFeedAsync(uri);
```

Listing 2.5 K02\01 ThomasBlogreader\MainPage.xaml.cs

Tipp

Sie sollten immer nur diejenigen Funktionen aktivieren, die Ihre App auch tatsächlich benötigt.

2.1.11 Der Start im »App«-Objekt

In der Datei *App.xaml.cs* finden Sie in der überschriebenen `OnLaunched`-Methode die Logik, die beim Starten Ihrer App ausgeführt wird. Listing 2.6 zeigt diese Methode. Darin wird zunächst geprüft, ob das `Window` bereits ein `Frame`-Objekt als Inhalt hat. Falls nein, wird ein `Frame`-Objekt erstellt und der `Content`-Property des `Window`s zugewiesen. Enthält der `Frame` keinen Inhalt, navigiert er durch einen Aufruf der `Navigate`-Methode zur `MainPage`. Am Ende wird das `Window` aktiviert, damit es auch sicher im Vordergrund erscheint.

```csharp
sealed partial class App : Application
{ ...
  protected override void OnLaunched(
    LaunchActivatedEventArgs args)
  {
    Frame rootFrame = Window.Current.Content as Frame;
    if (rootFrame == null)
    {
      rootFrame = new Frame();
      if (args.PreviousExecutionState ==
        ApplicationExecutionState.Terminated)
      {
        //TODO: Zustand von zuvor angehaltener Anwendung laden
      }
      Window.Current.Content = rootFrame;
    }
    if (rootFrame.Content == null)
    {
      if (!rootFrame.Navigate(typeof(MainPage), args.Arguments))
      {
        throw new Exception("Failed to create initial page");
      }
    }
    // Sicherstellen, dass das aktuelle Fenster aktiv ist
    Window.Current.Activate();
  }
  ...
}
```

Listing 2.6 K02\01 ThomasBlogreader\App.xaml.cs

Im Folgenden betrachten wir die Verbindung zwischen XAML und Codebehind-Datei. Bei den Details erfahren Sie, wo das App-Objekt erstellt wird und wo sich somit der Einstiegspunkt Ihrer App befindet.

> **Hinweis**
>
> Die Klasse Frame ist insbesondere wichtig, wenn Sie Ihre App mit mehreren Seiten aufbauen. Sie unterstützt die Navigation und wird in Abschnitt 2.2, »Die App mit Navigation erweitern«, näher betrachtet. Die Klasse Window lernen Sie in Abschnitt 2.3.3, »›Window‹ und ›CoreWindow‹«, näher kennen.

2.1.12 Die Verbindung zwischen XAML und Codebehind-Datei

Wie dieser Abschnitt gezeigt hat, befinden sich in Ihrem Projekt die XAML-Dateien *MainPage.xaml* und *App.xaml* mit ihren jeweiligen Codebehind-Dateien *MainPage.xaml.cs* und *App.xaml.cs*. Die Verbindung zwischen einer XAML-Datei (*.xaml*) und der zugehörigen Codebehind-Datei (*.xaml.cs*) wird über das in XAML definierte x:Class-Attribut hergestellt.

Listing 2.7 zeigt das x:Class-Attribut in der *MainPage.xaml*-Datei von Thomas' Blogreader.

```
<common:LayoutAwarePage
  x:Name="pageRoot"
  x:Class="ThomasBlogreader.MainPage" ...>
  ...
<common:LayoutAwarePage/>
```

Listing 2.7 K02\01 ThomasBlogreader\MainPage.xaml

Das x:Class-Attribut enthält den voll qualifizierten Klassennamen der in der Codebehind-Datei definierten Klasse. »Voll qualifiziert« bedeutet, dass der Klassename mit dem Namespace angegeben wird. Nachfolgend die Codebehind-Datei; vergleichen Sie Namespace und Klassenname x:Class-Attribut – beide stimmen überein:

```
namespace ThomasBlogreader
{
  public sealed partial class MainPage :
    ThomasBlogreader.Common.LayoutAwarePage
  {
    public MainPage()
    {
      this.InitializeComponent();
    }
    ...
  }
}
```

Listing 2.8 K02\01 ThomasBlogreader\MainPage.xaml.cs

Merken Sie sich also:

Das x:Class-Attribut stellt die Verbindung zur Codebehind-Datei her.

> **Hinweis**
>
> Falls Sie mehr Details darüber wissen möchten, wie diese Verbindung hergestellt wird, lesen Sie hier weiter, ansonsten springen Sie zum nächsten Abschnitt.

Die Verbindung zwischen XAML- und Codebehind-Datei stellt der XAML-Compiler her, der mit Hilfe des `x:Class`-Attributs weitere *.cs*-Dateien im Ordner *obj\Debug* generiert. Im Fall der `MainPage` sind dies die Dateien *MainPage.xaml.g.cs* und *MainPage.xaml.g.i.cs*. Darin sind partielle Klassen enthalten, die als Namespace und Klassennamen den Wert des `x:Class`-Attributs haben.

Die generierten Klassen erben von dem in XAML definierten Wurzelelement. In Listing 2.7 ist das die `LayoutAwarePage`. Beachten Sie, dass auch die in Listing 2.8 dargestellte Codebehind-Datei von `LayoutAwarePage` erbt und `partial` ist. Die Klassendefinition in der Codebehind-Datei und jene aus den generierten Dateien werden somit beim Kompilieren zusammengefügt.

> **Tipp**
>
> Sie können in der Codebehind-Datei *MainPage.xaml.cs* auch einfach mit der rechten Maustaste auf die `InitializeComponent`-Methode klicken und aus dem Kontextmenü den Punkt GEHE ZU DEFINITION wählen. Sie landen dann automatisch in der generierten Datei *MainPage.g.i.cs*.

In den generierten Dateien werden Variablen für in XAML benannte Elemente erstellt. Zudem finden Sie darin die in Listing 2.8 im Konstruktor aufgerufene `InitializeComponent`-Methode. Folgendes Listing 2.9 zeigt einen Ausschnitt der Datei *MainPage.g.i.cs*. Darin ist die `InitializeComponent`-Methode zu sehen, die eine `listView`-Variable initialisiert. In der *MainPage.xaml*-Datei von Thomas' Blogreader ist eine `ListView` mit dem Namen `listView` definiert, wodurch diese Variable generiert wird. Da die Klassendefinition der generierten Datei `partial` ist und jener aus der Codebehind-Datei entspricht, lässt sich die Variable `listView` in der Codebehind-Datei verwenden.

```
namespace ThomasBlogreader
{
  partial class MainPage :
    global::ThomasBlogreader.Common.LayoutAwarePage
  { ...
    private global::Windows.UI.Xaml.Controls.ListView listView;
    ...
    public void InitializeComponent()
    {
      ...
      listView = (global::Windows.UI.Xaml.Controls.ListView)
        this.FindName("listView");
      ...
```

```
    }
  }
}
```

Listing 2.9 K02\01 ThomasBlogreader\obj\Debug\MainPage.g.i.cs

> **Achtung**
>
> Die `InitializeComponent`-Methode fügt zur `MainPage` auch alle Objekte hinzu, die in XAML definiert wurden. Sie sollten den Aufruf dieser Methode daher im Konstruktor (*MainPage.xaml.cs*-Datei) Ihrer `MainPage` lassen. Entfernen Sie ihn, erhalten Sie nur noch eine schwarze Seite, da die XAML-Inhalte dann nicht mehr geladen werden.

Auch die *App.xaml*-Datei enthält ein `x:Class`-Attribut, womit es auch hier die generierten Dateien *App.xaml.g.cs* und *App.xaml.g.i.cs* gibt:

```
<Application x:Class="ThomasBlogreader.App"...>...</Application>
```

Listing 2.10 K02\01 ThomasBlogreader\App.xaml

Selektieren Sie in Visual Studio eine XAML-Datei, können Sie im EIGENSCHAFTEN-Fenster den Buildvorgang betrachten. Dieser zeigt an, was mit der Datei beim Kompilieren passiert. Er ist auch verantwortlich für den Inhalt der mit Hilfe des `x:Class`-Attributs generierten Dateien. Für die *MainPage.xaml*-Datei hat der Buildvorgang den Wert *Page*. Diesen Wert haben auch die weiteren *.xaml*-Dateien in Ihrer App, beispielsweise wenn Sie eine weitere Seite hinzufügen. Nur die *App.xaml*-Datei hat nicht den Buildvorgang *Page*, sondern den Buildvorgang *ApplicationDefinition*, wie das in Abbildung 2.22 gezeigte EIGENSCHAFTEN-Fenster zeigt.

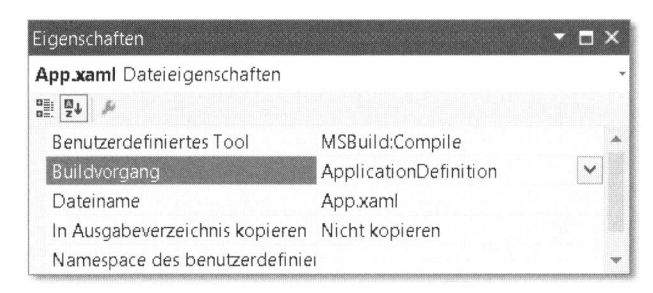

Abbildung 2.22 Die »App.xaml«-Datei hat den Buildvorgang »ApplicationDefinition«.

Aufgrund des Buildvorgangs *ApplicationDefinition* finden Sie in der generierten Datei *App.g.i.cs* neben der `App`-Klasse zusätzlich die Klasse `Program`, die die `Main`-Methode und damit den Einstiegspunkt Ihrer App enthält. Zum Starten Ihrer App wird die statische `Start`-Methode der `Application`-Klasse aufgerufen:

```
namespace ThomasBlogreader
{
  public static class Program
  {
    static void Main(string[] args)
    {
      global::Windows.UI.Xaml.Application.Start((p) => new App());
    }
  }
  partial class App : global::Windows.UI.Xaml.Application
  { ... }
}
```

Listing 2.11 K02\01 ThomasBlogreader\obj\Debug\App.g.i.cs

Mehr zur `Application`-Klasse lesen Sie in Abschnitt 2.3.2.

2.1.13 Das App-Package (».appx«)

Beim Bereitstellen wird Ihre App in einem Zip-Paket mit der Endung *.appx* verpackt. Dies ist das sogenannte *App-Package*. Wenn Sie Ihre App in den Windows Store hochladen oder auf Testrechnern verteilen möchten, erstellen Sie ein solches App-Package. Dazu nutzen Sie in Visual Studio das Hauptmenü PROJEKT • STORE • APP-PAKETE ERSTELLEN....

> **Hinweis**
>
> Wenn Sie Ihre App in Visual Studio kompilieren und starten, finden Sie im Ausgabe-Verzeichnis keine *.appx*-Datei. Die *.appx*-Datei müssen Sie über das oben erwähnte Menü explizit erstellen. Aber Sie finden im Ausgabeverzeichnis (*bin\Debug*) nach dem Erstellen Ihres Projekts den Ordner *AppX*. Darin sind die Dateien enthalten, die beim Verpacken in die *.appx*-Datei eingefügt werden.

Mehr zum Verpacken und Veröffentlichen Ihrer Windows Store App lesen Sie in Kapitel 22, »Verpacken und veröffentlichen«.

> **Tipp**
>
> Falls Sie neugierig sind und einmal in eine *.appx*-Datei blicken möchten, erstellen Sie über den Menüpunkt Hauptmenü PROJEKT • STORE • APP-PAKETE ERSTELLEN... ein App-Package. Bei der Frage, ob Sie die Pakete in den Windows Store hochladen möchten, wählen Sie NEIN. Anschließend geben Sie im nächsten Dialog einen Ordner an und klicken auf ERSTELLEN.

> Wechseln Sie im Windows-Explorer zu dem angegebenen Ordner, benennen Sie die darin enthaltene Datei *.appx* in *.zip* um, und öffnen Sie sie mit Ihrem Standard-Zip-Programm. Neben den XAML-Dateien und den Bildern werden Sie darin auch die altbekannte *.exe*-Datei entdecken.
>
> Wie in obigem Hinweiskasten erwähnt, können Sie, statt den hier beschriebenen Weg zu gehen, auch einen Blick in den Ordner *bin\Debug\AppX* werfen.

2.2 Die App mit Navigation erweitern

Thomas' Blogreader hat bisher nur eine Seite, die `MainPage`. In diesem Abschnitt erweitern wir die App um eine zusätzliche Page. Diese Page soll die Details eines Blogeintrags anzeigen. Doch vorher schauen wir uns die Grundlagen an. Dazu gehören die Navigationsarten in Windows Store Apps und die für die Navigation wichtigen Klassen `Frame` und `Page`. Am Ende des Abschnitts erhalten Sie zudem einen kleinen Einblick in die Navigation von FriendStorage.

2.2.1 Arten der Navigation

Sobald Ihre App etwas umfangreicher wird, teilen Sie sie üblicherweise auf mehrere Pages auf. Der Benutzer kann dann zu den unterschiedlichen Pages Ihrer App navigieren.

Zum Navigieren gibt es bei Windows Store Apps prinzipiell zwei Arten:

- die hierarchische Navigation
- die flache Navigation

Beide Arten sind nicht technisch, sondern eher inhaltsgetrieben. Haben Sie einen hierarchischen Inhalt, wählen Sie die in Abbildung 2.23 dargestellte hierarchische Navigation. Dabei wird der Inhalt in Gruppen gegliedert. Diese Gruppen werden dem Benutzer auf der Hauptseite angezeigt. Klickt er auf eine Gruppe, kommt er zur hierarchisch nächsten Ebene, die wiederum gruppiert sein kann oder einfach einzelne Elemente enthält. Üblicherweise zeigen Sie im Kopfbereich Ihrer Seite einen Zurück-Button an, mit dem der Benutzer in der Hierarchie wieder nach oben navigieren kann; dazu mehr beim Betrachten der `LayoutAwarePage` in Abschnitt 2.2.4

> **Hinweis**
>
> Visual Studio enthält für Windows Store Apps die Projektvorlagen *Raster-App* und *Geteilte App*. Beide erstellen eine App mit hierarchischer Navigation. Sie sollten die Projekte betrachten, um die Details zu lernen. Mehr zu den beiden Vorlagen lesen Sie in Abschnitt 2.4, »Die Projektvorlagen in Visual Studio 2012«.

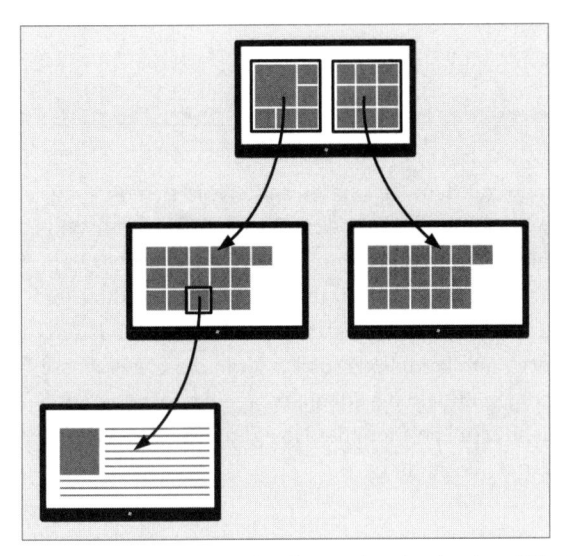

Abbildung 2.23 Hierarchische Navigation in einer Windows Store App

Haben Sie keinen hierarchisch gegliederten Inhalt, nutzen Sie die flache Navigation. Dabei bauen Sie Ihre App seitenorientiert auf. Typischerweise zeigen Sie wie in Abbildung 2.24 am oberen Bildschirmrand eine App Bar an, mit der der Benutzer zu den einzelnen Seiten navigieren kann.

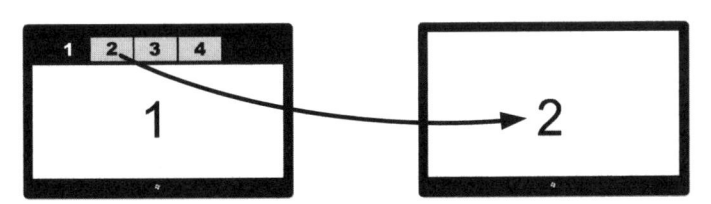

Abbildung 2.24 Flache Navigation in einer Windows Store App

Die flache Navigation wird beispielsweise vom Internet Explorer genutzt.

Hinweis

Mehr zur AppBar lesen Sie in Kapitel 4, »Controls«.

2.2.2 Der Frame

Die Klasse Frame (Namespace: Windows.UI.Xaml.Controls) ist ein Control, das Sie als Container für Page-Objekte nutzen. Es unterstützt die Navigation. Ihr wichtigstes Mitglied ist die Navigate-Methode, mit der Sie zu einer Seite navigieren. Es gibt zwei Überladungen:

```
bool Navigate(Type sourcePageType)
bool Navigate(Type sourcePageType, object param)
```

> **Achtung**
> Verwenden Sie die Navigate-Methode mit dem Parameter, sollten Sie sich die Frage stellen, ob Sie in Ihrer App den Navigationszustand speichern möchten, wenn Windows Ihre App terminiert. Falls ja, müssen Sie darauf achten, dass Sie einfache Datentypen, wie string, int oder Strukturen wie die Guid, und eben keine komplexen Objekte als Parameter übergeben. Denn zum Speichern des Navigationszustands serialisiert die Frame-Klasse die Parameter, und komplexe Objekte kann die Frame-Klasse eben nicht serialisieren. Werfen Sie einen Blick in die FriendStorage-App; dort werden nur Guids als Parameter genutzt. Mehr zum Speichern des Navigationszustands lesen Sie in Kapitel 14, »App-Lebenszyklus und -Einstellungen«.

Haben Sie ein neues Projekt erstellt, sehen Sie in der Datei *App.xaml.cs*, dass dem Inhalt des Windows in der überschriebenen OnLaunched-Methode bereits ein Frame-Objekt zugewiesen wird. Auf dem Frame wird die Navigate-Methode aufgerufen, um zur MainPage Ihrer App zu navigieren, wie folgender Ausschnitt der OnLaunched-Methode zeigt.

```
sealed partial class App : Application
{ ...
  protected override void OnLaunched(
    LaunchActivatedEventArgs args)
  {
    Frame rootFrame = Window.Current.Content as Frame;
    if (rootFrame == null)
    {
      rootFrame = new Frame();
      ...
      Window.Current.Content = rootFrame;
    }
    if (rootFrame.Content == null)
    {
      if (!rootFrame.Navigate(typeof(MainPage),
          args.Arguments))
      {
        throw new Exception("Failed to create initial page");
      }
    }
    // Sicherstellen, dass das aktuelle Fenster aktiv ist
    Window.Current.Activate();
```

```
    }
    ...
}
```

Listing 2.12 Die »OnLaunched«-Methode in der »App.xaml.cs«-Datei

Neben der Navigate-Methode besitzt die Klasse Frame weitere interessante Mitglieder. Mit der Property CanGoBack prüfen Sie, ob der Frame mindestens eine Page im Navigationsverlauf zurück enthält. Mit der Methode GoBack navigieren Sie zur vorigen Page im Navigationsverlauf. Analog dazu gibt es die Property CanGoForward, die true zurückgibt, wenn der Frame mindestens eine Page im Navigationsverlauf vorwärts hat. Mit der Methode GoForward navigieren Sie zur nächsten Page im Navigationsverlauf.

Sie finden in der Klasse Frame auch einige Events.

Event	Beschreibung
Navigated	Findet bei einer erfolgreichen Navigation zu einer Page statt.
Navigating	Findet vor der Navigation zu einer Page statt. Über die Cancel-Property der NavigatingCancelEventArgs können Sie die Navigation abbrechen.
NavigationFailed	Wird ausgelöst, wenn während der Navigation ein Fehler auftritt.
NavigationStopped	Wird ausgelöst, wenn auf dem Frame eine neue Navigation angefordert wird, während eine aktuelle Navigation noch ausgeführt wird.

Tabelle 2.3 Die Events der »Frame«-Klasse

2.2.3 Die Page

In einem Frame wird immer eine Page-Instanz angezeigt. Die in einem neuen Projekt enthaltene MainPage erbt von der Klasse Page, die für die Navigation ebenfalls wichtige Mitglieder enthält. Insbesondere interessant sind drei virtuelle Methoden, die sich in Subklassen überschreiben lassen:

Virtuelle Methode	Beschreibung
OnNavigatedTo	Wird aufgerufen, wenn zu der Page navigiert wurde. Über die Parameter-Property der NavigationEventArgs lesen Sie die Parameter aus. Dies sind jene, die beim Aufruf der Navigate-Methode auf dem Frame-Objekt übergeben wurden.

Tabelle 2.4 Die virtuellen Methoden der »Page«-Klasse

Virtuelle Methode	Beschreibung
OnNavigatingFrom	Wird aufgerufen, bevor von der Page wegnavigiert wird. Über die Cancel-Property der NavigatingCancelEventArgs können Sie die Navigation abbrechen.
OnNavigatedFrom	Wird aufgerufen, nachdem von der Page wegnavigiert wurde.

Tabelle 2.4 Die virtuellen Methoden der »Page«-Klasse (Forts.)

Die in einem neuen Projekt erstellte MainPage überschreibt in der Codebehind-Datei standardmäßig bereits die OnNavigatedTo-Methode:

```
public sealed partial class MainPage : Page
{
  public MainPage()
  {
    this.InitializeComponent();
  }
  protected override void OnNavigatedTo(NavigationEventArgs e)
  {
  }
}
```

Listing 2.13 Standardinhalt der Codebehind-Datei einer leeren Page

Der Inhalt aus Listing 2.13 entspricht einer Page, die mit der Vorlage *Leere Seite* erstellt wurde. Erstellen Sie eine Page mit der Vorlage *Standardseite*, wie dies bei Thomas' Blogreader der Fall war, ist der Inhalt etwas anders. Dazu mehr im nächsten Abschnitt.

In den Methoden OnNavigatedTo und OnNavigatedFrom erhalten Sie eine NavigationEventArgs-Instanz. In der Parameter-Property finden Sie die Parameter für die Navigation. Interessant ist auch die NavigationMode-Property der NavigationEventArgs-Instanz Sie ist vom Typ der NavigationMode-Aufzählung, die folgende Werte enthält:

- **New**: Die Navigation führt zu einer neuen Instanz dieser Page. Es findet keine Vorwärts- oder Rückwärtsnavigation im Navigationsverlauf statt.
- **Back**: Es wurde durch eine Rückwärtsnavigation zur Page navigiert.
- **Forward**: Es wurde durch eine Vorwärtsnavigation zur Page navigiert.
- **Refresh**: Die Navigation führt auf die aktuelle Page, allerdings beispielsweise mit neuen Parametern.

Die Klasse Page enthält in der Readonly-Property Frame die Frame-Instanz, in der sie selbst enthalten ist. Dies ist optimal, da Sie somit in Ihrer Page auf der Frame-Instanz die `Navigate`-Methode aufrufen können, um zu einer anderen Page zu navigieren, beispielsweise wie folgt:

`this.Frame.Navigate(typeof(CustomerPage),customerId);`.

Egal, ob Sie mit der `Navigate`-Methode zu einer neuen Instanz navigieren oder ob Sie im Navigationsverlauf mit den in der `Frame`-Klasse enthaltenen Methoden `GoBack` und `GoForward` zurück- und vorwärtsnavigieren, es werden immer wieder neue Instanzen Ihrer `Pages` erstellt. Der `Frame` kennt zwar den Navigationsverlauf, er speichert allerdings nicht die `Page`-Instanzen, sondern nur den an die `Navigate`-Methode übergebenen `Page`-Typ. Beim Zurücknavigieren erstellt er eine neue Instanz dieses `Page`-Typs.

Möchten Sie ein anderes Verhalten, setzen Sie die `NavigationCacheMode`-Property der `Page`-Instanz. Sie ist vom Typ der Aufzählung `NavigationCacheMode`, die drei Werte enthält:

- **Disabled**: Das ist der Default-Wert. Wird zur Page navigiert, wird immer eine neue Instanz der `Page` erstellt.
- **Required**: Die `Page` wird vom `Frame` zwischengespeichert. Die zwischengespeicherte Instanz wird bei jedem Besuch der Seite wiederverwendet, unabhängig von der Cachegröße des `Frames`.
- **Enabled**: Die Page wird vom `Frame` zwischengespeichert und bei einem Besuch der Seite wiederverwendet. Allerdings wird die zwischengespeicherte Instanz verworfen, wenn die Cachegröße des `Frames` überschritten wird.

Die Cachegröße des `Frames` ist in seiner `CacheSize`-Property gespeichert. Der Default-Wert ist `10`.

> **Hinweis**
>
> Das zwischenspeichern von `Pages` ist insbesondere beim Umgang mit Daten interessant. Gibt der Benutzer auf einer Seite Daten ein, navigiert zu einer anderen Seite und wieder zurück, erwartet er natürlich, dass seine eingegebenen Daten immer noch vorhanden sind. Dies ermöglichen Sie mit dem Caching.

Neben den hier dargestellten Mitgliedern enthält die Klasse `Page` die Properties `TopAppBar` und `BottomAppBar`. Beiden können Sie eine `AppBar` zuweisen. Während Sie in der `BottomAppBar` Funktionen für Ihre App unterbringen, nutzen Sie die `TopAppBar`, wenn Sie in Ihrer App eine flache Navigation haben. Mehr zur `AppBar` lesen Sie in Kapitel 4, »Controls«.

2.2.4 Die »LayoutAwarePage«

In Thomas' Blogreader wurde die `MainPage` ersetzt durch eine mit der *Standardseite*-Vorlage erstellte Page. Dazu wurde im Projektmappen-Explorer mit der rechten

Maustaste auf das Projekt geklickt und aus dem Kontextmenü der Menüpunkt HINZUFÜGEN • NEUES ELEMENT... ausgewählt, womit der in Abbildung 2.25 dargestellte NEUES ELEMENT HINZUFÜGEN-Dialog erscheint.

Neben der *Leere Seite*-Vorlage gibt es viele andere Vorlagen für Ihre Page, wie Sie in Abbildung 2.25 sehen. Diese lernen Sie in Abschnitt 2.4 beim Betrachten der Visual-Studio-Vorlagen näher kennen. Die mit den anderen Vorlagen erstellten Pages haben die Gemeinsamkeit, dass Sie nicht direkt von der Klasse Page, sondern von der Klasse LayoutAwarePage erben. Die speziellen Navigationsmöglichkeiten dieser Klasse schauen wir uns hier im Zusammenhang mit der *Standardseite*-Vorlage an.

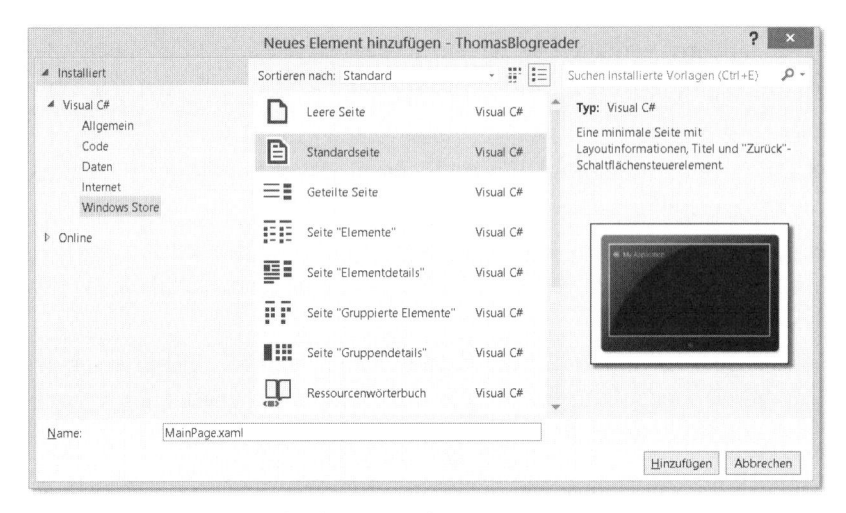

Abbildung 2.25 Die »Standardseite«-Vorlage

Wird eine Page mit der *Standardseite*-Vorlage erstellt, werden im *Common*-Ordner Ihres Projekts verschiedene Dateien eingefügt, die Sie bereits in Abschnitt 2.1.5, »Die Dateien im Common-Ordner«, kennengelernt haben, darunter die Datei *LayoutAwarePage.cs*. Ihre erstellte Page erbt von der in dieser Datei definierten Klasse LayoutAwarePage. LayoutAwarePage wiederum erbt von der im vorigen Abschnitt gezeigten Page-Klasse.

Interessant ist, dass die mit der *Standardseite*-Vorlage erzeugte Page bereits einen Zurück-Button enthält, was Sie in Abbildung 2.26 sehen.

Abbildung 2.26 Der Zurück-Button der erstellten Page

2.2 Die App mit Navigation erweitern

Der Zurück-Button ist dabei wie folgt definiert:

```
<Button x:Name="backButton" Click="GoBack" IsEnabled="{Binding Frame.CanGo-
Back, ElementName=pageRoot}" Style="{StaticResource BackButtonStyle}"/>
```

Listing 2.14 Zurück-Button in einer mit der »Standardseite«-Vorlage erzeugten Page

Die IsEnabled-Property ist an die CanGoBack-Property des Frames gebunden. Doch spannend ist der Click-Event-Handler GoBack. Dieser ist nämlich nicht in der Codebehind-Datei, sondern in der Basisklasse LayoutAwarePage definiert. Er ruft auf dem Frame die GoBack-Methode auf und sieht wie folgt aus:

```
protected virtual void GoBack(object sender, RoutedEventArgs e)
{
  if (this.Frame != null && this.Frame.CanGoBack)
    this.Frame.GoBack();
}
```

Listing 2.15 »GoBack«-Methode in der »LayoutAwarePage«-Klasse

---

Tipp

Durch den in Listing 2.14 angegebenen BackButtonStyle, den Sie in der ebenfalls im *Common*-Ordner Ihres Projekts enthaltenen Datei *StandardStyles.xaml* finden, wird der Button beim Setzen der IsEnabled-Property auf den Wert false einfach ausgeblendet. Sie können ihn somit auch auf Ihrer Hauptseite, bei der es keine Rückwärtsnavigation gibt, belassen, da er dann einfach nicht sichtbar ist.

Neben der GoBack-Methode enthält die LayoutAwarePage-Klasse die Methoden GoHome zum Navigieren zur Hauptseite und GoForward zum Vorwärtsnavigieren im Navigationsverlauf:

```
protected virtual void GoHome(object sender, RoutedEventArgs e)
{
  if (this.Frame != null)
  {
    while (this.Frame.CanGoBack) this.Frame.GoBack();
  }
}
...
protected virtual void GoForward(object sender,
  RoutedEventArgs e)
{
  if (this.Frame != null && this.Frame.CanGoForward)
    this.Frame.GoForward();
}
```

Listing 2.16 Die Methoden »GoHome« und »GoForward« der »LayoutAwarePage«-Klasse

Da beide Methoden der Signatur eines Routed Event Handlers entsprechen, können Sie sie als Event Handler für die Buttons auf Ihrer Seite angeben:

```
<Button Content="Go home" Click="GoHome"/>
```

Sie finden in der LayoutAwarePage-Klasse weitere Logik, die dem Benutzer das Navigieren mit der Tastatur ermöglicht. So kann er beispielsweise durch Drücken der Tasten [Alt] und [Pfeil ←] zurücknavigieren.

Die LayoutAwarePage-Klasse überschreibt die Methoden OnNavigateTo und OnNavigatedFrom, was Sie in Listing 2.17 sehen. Sie ruft darin ihre eigenen virtuellen, aber leeren Methoden LoadState und SaveState auf.

> **Hinweis**
>
> Mit der Logik, die in der LayoutAwarePage-Klasse definiert ist, lassen sich die Zustände einer Seite beim Navigieren zu der Seite (OnNavigatedTo) auslesen und beim Wegnavigieren (OnNavigatedFrom) speichern. Mehr dazu in Kapitel 14, »App-Lebenszyklus und -Einstellungen«.

Beachten Sie in Listing 2.17, dass in der OnNavigatedTo-Methode der Parameter aus den NavigationEventArgs an die LoadState-Methode übergeben wird. In der LoadState-Methode ist dieser Parameter somit verfügbar.

```
protected override void OnNavigatedTo(NavigationEventArgs e)
{ ...
  var frameState =
    SuspensionManager.SessionStateForFrame(this.Frame);
  ...
  if (e.NavigationMode == NavigationMode.New)
  { ...
    this.LoadState(e.Parameter, null);
  }
  else
  {
    this.LoadState(e.Parameter,
      (Dictionary<String, Object>)frameState[this._pageKey]);
  }
}
protected virtual void LoadState(Object navigationParameter,
  Dictionary<String, Object> pageState)
{
}
protected override void OnNavigatedFrom(NavigationEventArgs e)
```

```
{
  var frameState =
    SuspensionManager.SessionStateForFrame(this.Frame);
  var pageState = new Dictionary<String, Object>();
  this.SaveState(pageState);
  frameState[_pageKey] = pageState;
}
protected virtual void SaveState(Dictionary<String, Object>
  pageState)
{
}
```

Listing 2.17 Die in der »LayoutAwarePage«-Klasse überschriebenen Methoden »OnNavigatedTo« und »OnNavigatedFrom«

Schauen wir uns jetzt noch den Inhalt der Codebehind-Datei einer mit der *Standardseite*-Vorlage erstellten Page an. Darin ist nicht die OnNavigatedTo-Methode der Page-Klasse überschrieben, sondern die beiden in der LayoutAwarePage-Klasse definierten Methoden LoadState und SaveState, wie Listing 2.18 zeigt.

Wie erwähnt, erhalten Sie in der LoadState-Methode als ersten Parameter jenen, der beim Navigieren zu der Seite verwendet wurde.

```
public sealed partial class MainPage :
  ThomasBlogreader.Common.LayoutAwarePage
{
  public MainPage()
  {
    this.InitializeComponent();
  }

  protected override void LoadState(Object navigationParameter,
    Dictionary<String, Object> pageState)
  {
    // Hier bauen Sie die Logik ein,
    // wenn zu Ihrer Page navigiert wird
  }
  protected override void SaveState(Dictionary<String, Object>
    pageState)
  {
  }
}
```

Listing 2.18 Codebehind-Datei einer mit der »Standardseite«-Vorlage erzeugten Page

So weit zu den Grundlagen. Es ist an der Zeit, eine Detailseite zu Thomas' Blogreader hinzuzufügen, bevor wir uns die Navigation in FriendStorage ansehen.

2.2.5 Eine Detailseite hinzufügen

Thomas' Blogreader zeigt auf der `MainPage` eine Liste mit den Blogeinträgen an. In diesem Abschnitt fügen wir eine Detailseite zu dem Projekt dazu. Wird auf der `MainPage` auf einen Blogeintrag geklickt, wird dieser in der Detailseite angezeigt. Legen wir los.

Im ersten Schritt klicken Sie im PROJEKTMAPPEN-EXPLORER mit der rechten Maustaste auf das Projekt und wählen aus dem Kontextmenü der Menüpunkt HINZUFÜGEN • NEUES ELEMENT... aus. Im in Abbildung 2.27 dargestellten NEUES ELEMENT HINZUFÜGEN-Dialog erstellen Sie eine neue STANDARDSEITE namens `DetailPage`.

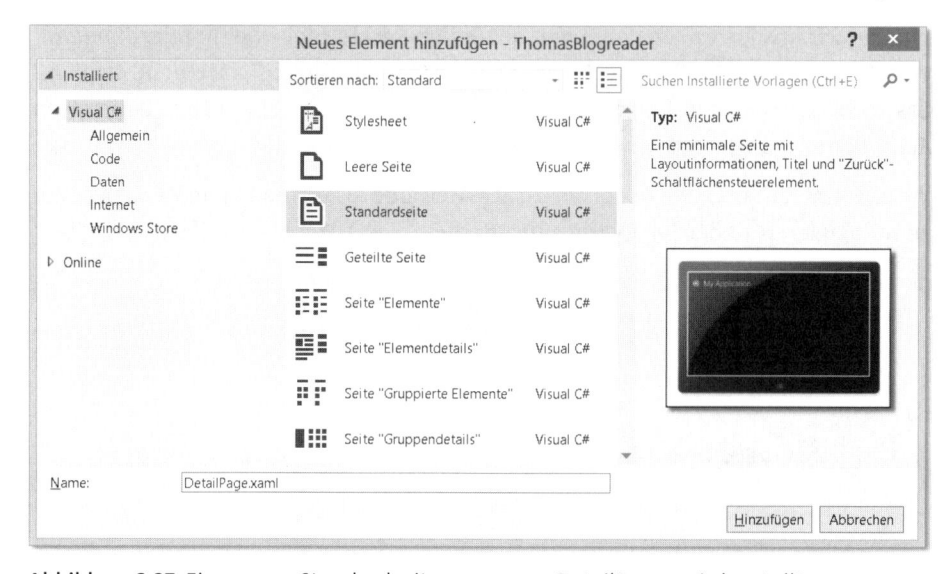

Abbildung 2.27 Eine neue »Standardseite« namens »DetailPage« wird erstellt.

Bevor wir die `DetailPage` implementieren, starten wir mit der Navigation zu dieser Seite von der `MainPage` aus. Die `MainPage` haben wir am Anfang dieses Kapitels bereits implementiert. Sie stellt die Blogeinträge in einer `ListView` dar. Auf dieser `ListView` wird jetzt die `IsItemClickEnabled`-Property auf `true` gesetzt und ein Event Handler für das `ItemClick`-Event definiert:

```
<ListView x:Name="listView" DisplayMemberPath="Title.Text"
   IsItemClickEnabled="True" ItemClick="listView_ItemClick"
   Grid.Row="1"/>
```

Listing 2.19 K02\02 ThomasBlogreaderNavigation\MainPage.xaml

2.2 Die App mit Navigation erweitern

> **Hinweis**
>
> Mehr zur `ListView`, zur `IsItemClickEnabled`-Property und zum `ItemClick`-Event lesen Sie in Kapitel 7, »Daten«.

Die `ListView` wurde beim Laden der Blogeinträge mit `SyndicationItem`-Objekten gefüllt. Somit erhalten wir im `ItemClick`-Event-Handler in Listing 2.20 das geklickte `SyndicationItem` über die `ClickedItem`-Property der `ItemClickEventArgs`. In der zweiten Zeile wird auf dem `Frame` die `Navigate`-Methode aufgerufen. Als Ziel wird die `DetailPage` angegeben, als Parameter das geklickte `SyndicationItem`. Damit ist die Navigation von der `MainPage` zur `DetailPage` einschließlich Datenübergabe fertig.

```
private void listView_ItemClick(object sender,
  ItemClickEventArgs e)
{
  var syndicationItem = e.ClickedItem as SyndicationItem;
  this.Frame.Navigate(typeof(DetailPage), syndicationItem);
}
```

Listing 2.20 K02\02 ThomasBlogreaderNavigation\MainPage.xaml.cs

In der `DetailPage` wird in XAML ein `WebView`-Element eingefügt. Dieses kann eine Webseite anzeigen. Beachten Sie, dass der Name `webView` vergeben wurde, um in der Codebehind-Datei auf das Element zuzugreifen:

```
<WebView x:Name="webView" Grid.Row="1" Margin="10" />
```

Listing 2.21 K02\02 ThomasBlogreaderNavigation\DetailPage.xaml

Listing 2.22 zeigt die Codebehind-Datei der `DetailPage`. In der `LoadState`-Methode wird das als Parameter erhaltene `SyndicationItem` ausgelesen. Die `Text`-Property des standardmäßig in der Page enthaltenen `TextBlocks` namens `pageTitle` wird auf den Titel des `SyndicationItems` gesetzt. Dadurch zeigt die `DetailPage` als Titel den Titel des Blogeintrags an. Auf der `WebView` wird die `Source`-Property auf den `Uri` des Blogeintrags gesetzt. Die Adresse zum Blogeintrag befindet sich dabei in der `Id`-Property des `SyndicationItems`.

```
public sealed partial class DetailPage :
  ThomasBlogreader.Common.LayoutAwarePage
{ ...
  protected override void LoadState(Object navigationParameter,
    Dictionary<String, Object> pageState)
  {
    var syndicationItem = navigationParameter as SyndicationItem;
    pageTitle.Text = syndicationItem.Title.Text;
    webView.Source = new Uri(syndicationItem.Id);
```

```
    }
    ...
}
```

Listing 2.22 K02\02 ThomasBlogreaderNavigation\DetailPage.xaml.cs

Abbildung 2.28 zeigt die Anwendung in Aktion. Wurde auf der MainPage (links) auf einen Blogeintrag geklickt, wird die DetailPage (rechts) mit dem entsprechenden Eintrag angezeigt. Beachten Sie, dass im Header der DetailPage der Zurück-Button angezeigt wird. Dieser ist ja mit der in der LayoutAwarePage-Klasse enthaltenen GoBack-Methode verbunden, die auf der Frame-Instanz die GoBack-Methode aufruft. Ein Klick auf den Button, und die App navigiert zurück zur MainPage.

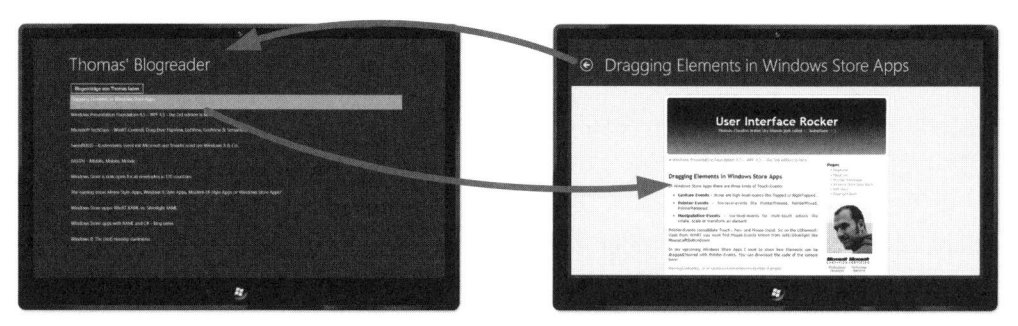

Abbildung 2.28 Durch einen Klick auf einen Blogeintrag navigiert die App zur »DetailPage«.

Navigieren Sie in Thomas' Blogreader von der DetailPage zurück zur MainPage, werden Sie feststellen, dass die geladenen Blogeinträge verschwunden sind. Das liegt daran, dass auch beim Zurücknavigieren eine neue Instanz der MainPage erstellt wird. Die Blogeinträge werden erst beim Klicken auf den Button dieser MainPage-Instanz geladen. Sie haben zwei Möglichkeiten, diesem kleinen Problem zu entkommen:

1. Sie laden die Blogeinträge nicht über den Button, sondern direkt in der LoadState-Methode der MainPage. Beim zurücknavigieren werden sie einfach neu geladen.
2. Sie ändern die NavigationCacheMode-Property der MainPage, um die Seite zwischenzuspeichern. Der Frame wird beim Zurücknavigieren die zwischengespeicherte Instanz nutzen, anstatt eine neue zu erstellen. Somit sind die in dieser MainPage-Instanz bereits geladenen Blogeinträge weiterhin sichtbar.

Ich habe in diesem Beispiel Variante zwei gewählt und auf der MainPage wie folgt die NavigationCacheMode-Property auf den Wert Enabled gesetzt, womit das Problem gelöst ist:

```
<common:LayoutAwarePage ... NavigationCacheMode="Enabled"
    ...> ... </common:LayoutAwarePage>
```

Listing 2.23 K02\02 ThomasBlogreaderNavigation\MainPage.xaml

Die FriendStorage nutzt die erste Möglichkeit. Die Seiten werden nicht zwischengespeichert. Jede Seite lädt ihre Daten in der `LoadState`-Methode. Schauen wir uns jetzt die Navigation in FriendStorage an.

2.2.6 Die Navigation in FriendStorage

Die in diesem Buch durchgängig verwendete Beispiel-App FriendStorage verwendet eine hierarchische Navigation, wie Abbildung 2.29 zeigt. Gestartet wird die App auf der `MainPage`. Darin lässt sich eine *.friends*-Datei erstellen oder öffnen. Zum Öffnen zeigt die `MainPage` auch eine Liste der zuletzt verwendeten *.friends*-Dateien an.

> **Hinweis**
>
> Mehr zum Umgang mit Dateien und zur Anzeige von zuletzt verwendeten Dateien lesen Sie in Kapitel 13, »Dateien, Streams und Serialisierung«.

Wurde auf der `MainPage` eine Datei geöffnet, navigiert die App zur `OverviewPage`. Darin werden die in der geöffneten Datei enthaltenen Freundesgruppen (`FriendGroup`-Instanzen) mit ihren jeweiligen Freunden (`Friend`-Instanzen) angezeigt.

> **Hinweis**
>
> Die `OverviewPage` unterstützt auch das semantische Zoomen. Der Benutzer kann durch das Zusammenziehen von zwei oder mehreren Fingern hinauszoomen, um den Inhalt in einer aggregierten Form zu betrachten. Mehr zum semantischen Zoomen und zu den diesbezüglichen Details der `OverviewPage` von FriendStorage lesen Sie in Kapitel 7, »Daten«.

Wird in der `OverviewPage` auf den Kopf einer Gruppe getippt, navigiert die App zur `FriendGroupDetailPage`, wo die Details zur Gruppe angezeigt werden. Blendet der Benutzer die untere App Bar ein, kann er über einen BEARBEITEN-Button zur `FriendGroupEditPage` navigieren, um die Gruppe zu editieren.

Wird in der `OverviewPage` oder in der `FriendGroupDetailPage` auf einen Freund getippt, navigiert die App zur `FriendDetailPage`, wo die Details zu diesem Freund dargestellt werden. Auch hier kann der Benutzer über einen in der unteren App Bar enthaltenen BEARBEITEN-Button zur `FriendGroupEditPage` navigieren, um den Freund zu editieren.

In FriendStorage erben alle Seiten von der `LayoutAwarePage`-Klasse. Sie enthalten den standardmäßig eingefügten ZURÜCK-Button im Kopfbereich, wie Sie in Abbildung 2.29 sehen.

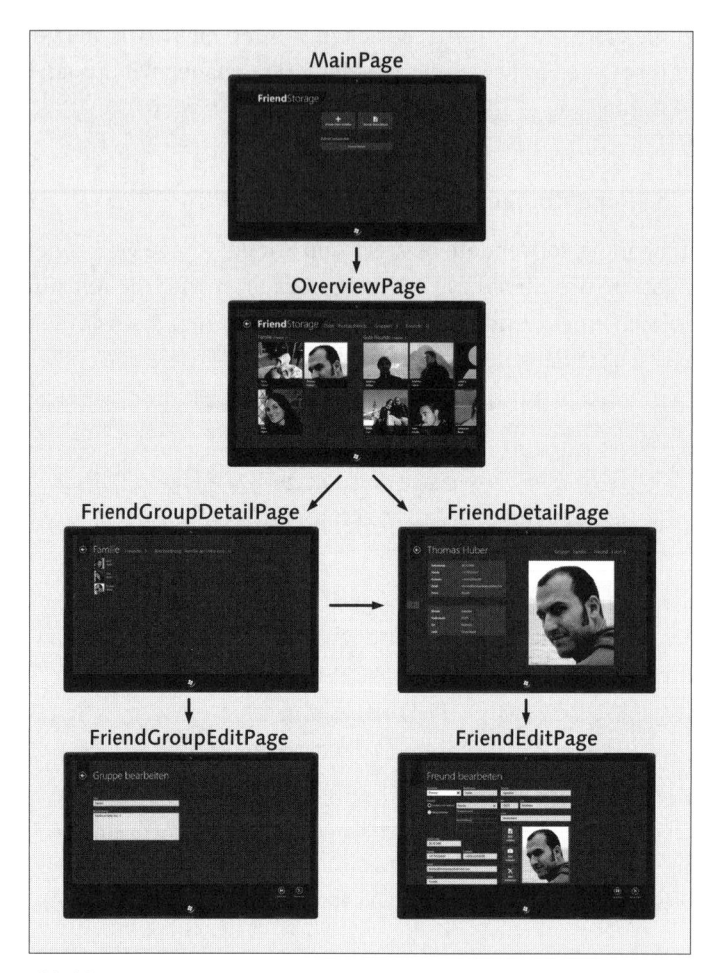

Abbildung 2.29 Die Navigation in FriendStorage

Schauen wir uns noch ein paar kleine Details aus dem Code an. Wird in der Overview-Page auf ein Friend-Objekt getippt/geklickt, wird der in Listing 2.24 dargestellte Event Handler ausgeführt. Vom angeklickten Friend-Objekt wird die FriendID verwendet. Diese wird beim Navigieren zur FriendDetailPage als Parameter an die Navigate-Methode des Frames übergeben.

```
private void friendView_ItemClick(object sender,
  ItemClickEventArgs e)
{
  var friendId = ((Friend)e.ClickedItem).FriendID;
  this.Frame.Navigate(typeof(FriendDetailPage), friendId);
}
```

Listing 2.24 FriendStorage\View\OverviewPage.xaml.cs

Listing 2.25 zeigt die `LoadState`-Methode der `FriendDetailPage`. Wie Sie sehen, wird darin die als Parameter erhaltene `friendID` genutzt, um das `Friend`-Objekt und das zugehörige `FriendGroup`-Objekt zu laden. Das Laden geschieht mit der Klasse `FriendDataSource`, die Sie in Kapitel 13, »Dateien, Streams und Serialisierung«, kennenlernen. Die `FriendGroup`-Instanz und ihre `Friend`-Objekte werden in der `DefaultViewModel`-Property der `LayoutAwarePage` gespeichert, damit sie in XAML via Data Binding zur Verfügung stehen. Mehr zur `DefaultViewModel`-Property lesen Sie in Kapitel 8, »Commands und MVVM«. Am Ende wird in Listing 2.25 der `SelectedItem`-Property einer `FlipView` das geladene `Friend`-Objekt zugewiesen. Näheres zur `FlipView` erfahren Sie in Kapitel 7, »Daten«.

```
protected override void LoadState(Object navigationParameter,
  Dictionary<String, Object> pageState)
{ ...
  var friendID = (Guid)navigationParameter;
  var friend = await FriendDataSource.Current
    .GetFriendByIdAsync(friendID);
  var friendGroup = await FriendDataSource.Current
    .GetFriendGroupByIdAsync(friend.FriendGroupID.Value);
  this.DefaultViewModel["Group"] = friendGroup;
  this.DefaultViewModel["Friends"] = friendGroup.Friends;
  ...
  this.flipView.SelectedItem = friend;
}
```

Listing 2.25 FriendStorage\View\FriendDetailPage.xaml.cs

Anstatt in der `OverviewPage` auf ein `Friend`-Objekt zu tippen/klicken, kann auch auf den Kopf einer `FriendGroup` geklickt werden. Dann wird der Event Handler in Listing 2.26 ausgeführt. Die `FriendGroup` wird ausgelesen. Beim Navigieren zur `FriendGroupDetailPage` wird die `FriendGroupID` als Parameter übergeben.

```
private void ButtonHeader_Click(object sender, RoutedEventArgs e)
{
  var group = ((FrameworkElement)sender).DataContext
              as FriendGroup;
  this.Frame.Navigate(typeof(FriendGroupDetailPage),
    group.FriendGroupID);
}
```

Listing 2.26 FriendStorage\View\OverviewPage.xaml.cs

Listing 2.27 zeigt die `LoadState`-Methode der `FriendGroupDetailPage`. Die als Parameter erhaltene `friendGroupID` wird genutzt, um die entsprechende `FriendGroup` zu laden. Die `FriendGroup`-Instanz und ihre `Friend`-Objekte werden in der `DefaultView-Model`-Property der `LayoutAwarePage` gespeichert, damit Sie in XAML via Data Binding zur Verfügung stehen. Wie bereits erwähnt, lesen Sie in Kapitel 8, »Commands und MVVM«, mehr zur `DefaultViewModel`-Property.

```
protected override void LoadState(Object navigationParameter,
  Dictionary<String, Object> pageState)
{
  var friendGroupID = (Guid)navigationParameter;
  var group = await FriendDataSource.Current
    .GetFriendGroupByIdAsync(friendGroupID);
  this.DefaultViewModel["Group"] = group;
  this.DefaultViewModel["Friends"] = group.Friends;
  ...
}
```

Listing 2.27 FriendStorage\View\FriendGroupDetailPage.xaml.cs

2.3 Wichtige Klassen

In diesem Abschnitt lernen Sie wichtige Klassen kennen, die Ihnen beim Entwickeln von Windows Store Apps mit XAML und C# immer wieder begegnen. Wir betrachten dabei zuerst die UI-Basisklassen, bevor wir einen Blick auf die Klassen `Window`, `Application` und `CoreDispatcher` werfen.

2.3.1 UI-Basisklassen

Abbildung 2.30 zeigt die Hierarchie der UI-Basisklassen, mit denen Sie beim Lesen dieses Buches und beim Entwickeln Ihrer Windows Store Apps immer wieder in Berührung kommen.

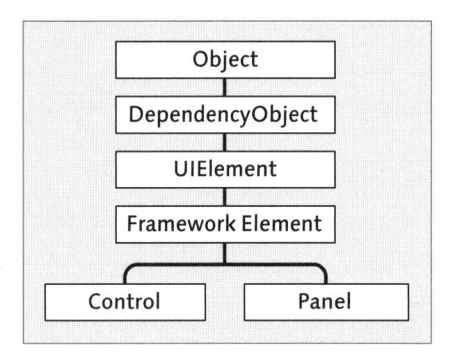

Abbildung 2.30 UI-Basisklassen der WinRT

Nachfolgend erkläre ich die in Abbildung 2.30 dargestellten Klassen und beschreibe ihre Funktionalität und Aufgabe.

Object
Object ist die Mutter aller Klassen.

DependencyObject
Die Basisklasse für Objekte, die Dependency Properties unterstützen. Dazu definiert die Klasse DependencyObject (Namespace: Windows.UI.Xaml) zum Setzen und Abfragen von Dependency Properties die Methoden SetValue und GetValue und zum Löschen von lokalen Werten die Methode ClearValue. Mehr zu Dependency Properties lesen Sie in Kapitel 6, »Dependency Properties«.

Die Klasse DependencyObject ist auch wichtig für das Data Binding. Nur die Properties von DependencyObject-Instanzen lassen sich als Ziel eines Data Bindings nutzen, und das auch nur, wenn die Properties als Dependency Properties implementiert sind. Dies erläutere ich in Kapitel 7, »Daten«.

> **Achtung**
> Objekte vom Typ DependencyObject lassen sich nur auf dem UI-Thread erstellen. Auch die Dependency Properties von DependencyObject-Instanzen lassen sich nur auf dem UI-Thread auslesen und setzen. Wie Sie aus einem Worker-Thread die »Arbeit« an den UI-Thread delegieren können, um beispielsweise eine Dependency Property zu verändern, lesen Sie in Abschnitt 2.3.4, »Der ›CoreDispatcher‹«.

UIElement
Die Basisklasse für visuelle Objekte. Alles, was Sie auf dem Bildschirm sehen, ist ein UIElement. Die Klasse UIElement (Namespace: Windows.UI.Xaml) definiert die Logik für Routed Events, die im Element Tree nach oben blubbern. Auch sämtliche Input-Events für Eingaben via Touch, Stift, Maus und Tastatur sind in der UIElement-Klasse definiert. Sie enthält auch die Events für den Fokus und für Drag-and-Drop-Aktionen. Mehr über die Funktion von Routed Events, über die in der Klasse UIElement definierten Input-Events und über das Drag & Drop lesen Sie in Kapitel 9, »Input-Events«.

Neben den Input-Events enthält die Klasse UIElement die Logik für Basislayout-Funktionen in Form von Transformationen (RenderTransform-Property) und 3D-Projektionen (Projection-Property). Zudem finden Sie in der Klasse UIElement die Visibility-Property, die bestimmt, ob ein Element sichtbar ist oder nicht. Transformationen, Projektionen und die Visibility-Property schauen wir uns in Kapitel 5, »Layout«, an.

Die Klasse `UIElement` enthält weitere interessante Properties. Mit der `Opacity`-Property bestimmen Sie die Transparenz eines Elements. Setzen Sie dazu die Property auf einen Wert zwischen 0 und 1. Der Property `Transitions` können Sie eine `TransitionCollection` zuweisen, um vordefinierte Animationen für bestimmte Aktionen zu nutzen. Mehr zu Transitions lesen Sie in Kapitel 21, »Animationen«.

FrameworkElement

Die Klasse `FrameworkElement` (Namespace: `Windows.UI.Xaml`) stellt in der WinRT die einzige Subklasse von `UIElement` dar. Wie auch in der WPF/Silverlight bietet `FrameworkElement` insbesondere für das Layout einiges an Logik an. Properties wie `Width`, `Height`, `ActualWidth`, `ActualHeight`, `HorizontalAlignment` oder `VerticalAlignment` sind dafür typisch. Auch die Methoden `MeasureOverride` und `ArrangeOverride` sind in `FrameworkElement` virtuell implementiert und lassen sich in Subklassen zum Teilnehmen am Layoutprozess überschreiben. Mehr zum Layoutprozess und zu den Layout-Properties der Klasse `FrameworkElement` lesen Sie in Kapitel 5, »Layout«.

Neben der Funktionalität für das Layout besitzt die Klasse `FrameworkElement` die Methode `SetBinding` und die Property `DataContext`. Diese beiden Mitglieder sind für das in Kapitel 7, »Daten«, beschriebene Data Binding erforderlich.

Weiter erwähnenswert ist die Property `Style`. Darüber lässt sich einem `FrameworkElement` ein `Style`-Objekt zuweisen, das die Werte für ein oder mehrere Properties bestimmt. Der Vorteil ist, dass sich ein Style für mehrere `FrameworkElement`-Instanzen nutzen lässt, wodurch sich Werte für Properties wie beispielsweise die `Height`-Property zentral im `Style` festlegen lassen. Mehr zu Styles lesen Sie in Kapitel 11, »Styles und Templates«.

Zuletzt enthält die Klasse `FrameworkElement` ein paar hilfreiche Events, wie `SizeChanged` und `LayoutUpdated`. Insbesondere das `Loaded`-Event kommt häufig zum Einsatz. Das `Loaded`-Event wird aufgerufen, sobald ein Element geladen wird. In einem Event Handler für dieses Event bringen Sie Ihre Logik unter, die Sie zum Initialisieren ausführen möchten.

> **Hinweis**
>
> Obwohl `FrameworkElement` in der WinRT die zentrale Klasse für Oberflächenelemente ist, leiten Sie Ihre eigenen Klassen üblicherweise nicht direkt von `FrameworkElement` ab. Stattdessen erben Sie eher von den Klassen `Control` oder `Panel` oder von einer Subklasse von `Control`, wie `UserControl`, `ContentControl` oder `TextBox`.

Control

Die Basisklasse für Controls wie `Button`, `TextBox`, `ListView` oder `GridView`. Die Klasse `Control` (Namespace: `Windows.UI.Xaml.Controls`) definiert unter anderem die Properties `Foreground`, `Background`, `FontSize` und `TabIndex`. Mit der `IsEnabled`-Property aktivieren/deaktivieren Sie ein Control. Mit der `Focus`-Methode setzen Sie den Fokus auf ein Control.

Das wohl bedeutendste Merkmal der Klasse `Control` ist die Unterstützung für Templates. Die `Template`-Property eines Controls enthält ein `ControlTemplate`-Objekt, das die Rendering-Informationen eines Controls definiert. Um das Aussehen eines Controls zu verändern, weisen Sie der `Template`-Property ein anderes `ControlTemplate` zu. Die Funktionalität/Logik des Controls bleibt dabei erhalten. Das Setzen eines `ControlTemplates` ist eine oftmals ausreichende und vor allem zeitsparende Alternative zum Erstellen eines von Grund auf neuen Controls.

In Kapitel 4, »Controls«, lernen Sie die `Control`-Klasse näher kennen. Dabei betrachten wir auch die wichtigsten Controls der WinRT. Wie Sie das Aussehen mit einem `ControlTemplate` ersetzen, erfahren Sie in Kapitel 11, »Styles und Templates«. In Kapitel 12, »Eigene Controls und WinRT-Komponenten«, lesen Sie, wie Sie eigene Controls implementieren.

Panel

Die Basisklasse für Layout-Panels, die unter anderem die Property `Children` vom Typ `UIElementCollection` zur Verfügung stellt. Darüber lassen sich zu einem `Panel` (Namespace: `Windows.UI.Xaml.Controls`) mehrere `UIElement`-Instanzen hinzufügen. Die WinRT definiert bereits einige Subklassen von `Panel`, das `StackPanel` zum Stapeln von Elementen oder das `Canvas` zum absoluten Positionieren. Das `Grid` stellt das wohl wichtigste `Panel` dar. Mit dem `Grid` lassen sich Zeilen und Spalten definieren, und Elemente können anschließend in den entstandenen Zellen untergebracht werden.

Finden Sie keine geeignete Subklasse, erstellen Sie einfach eine eigene. Überschreiben Sie zum Anordnen der Kindelemente die Methoden `MeasureOverride` und `ArrangeOverride`. Mehr zur `Panel`-Klasse und zum Erstellen von eigenen Panels lesen Sie in Kapitel 5, »Layout«.

2.3.2 Die Klasse »Application«

Ein Windows-Store-App-Projekt enthält die Dateien *App.xaml* und *App.xaml.cs*. Mit diesen Dateien wird die `App`-Instanz definiert, die von der Klasse `Application` erbt. Sie gilt als Einstiegspunkt für Ihr Programm.

Die Klasse `Application` (Namespace: `Windows.UI.Xaml`) definiert eine statische `Current`-Property, mit der Sie von überall auf Ihr `Application`-Objekt zugreifen können:

```
App myApp = (App)Application.Current;
```

Sie können in der App-Klasse eigene Properties definieren, um beispielsweise aus verschiedenen Pages darauf zuzugreifen.

Die Application-Klasse besitzt die Events Resuming, Suspending und UnhandledException. Die ersten beiden sind interessant, wenn Sie die Zustände Ihrer App speichern und laden möchten. Dies kann wichtig sein, da Windows Ihre App anhalten und terminieren kann. Beim erneuten Öffnen sollte der Benutzer nichts merken, dass die App terminiert wurde. Mehr zum Laden und Speichern der Zustände lesen Sie in Kapitel 14, »App-Lebenszyklus und -Einstellungen«.

Das UnhandledException-Event wird ausgelöst, wenn in Ihrer App eine unbehandelte Exception auftritt. Über die Handled-Property der UnhandledExceptionEventArgs können Sie die Exception als behandelt markieren, womit Ihre App nicht abstürzt, sondern weiterläuft. Listing 2.28 zeigt ein kleines Beispiel. Darin wird jede unbehandelte Exception als behandelt markiert. Zudem wird ein MessageDialog angezeigt, der den Benutzer informiert, dass eine Exception aufgetreten ist.

```
sealed partial class App : Application
{
  public App()
  {
    ...
    this.UnhandledException += OnUnhandledException;
  }
  private async void OnUnhandledException(object sender,
    UnhandledExceptionEventArgs e)
  {
    e.Handled = true;
    var dlg = new MessageDialog(
      "Es ist eine unerwartete Ausnahme aufgetreten");
    await dlg.ShowAsync();
  }
}
```

Listing 2.28 K02\03 AppUnhandledException\App.xaml.cs

> **Achtung**
>
> Es ist in der derzeitigen Version der WinRT nicht möglich, in der *App.xaml*-Datei einen Event Handler für Application-Events, wie das UnhandledException-Event, anzugeben und ihn in der Codebehind-Datei zu implementieren. Stattdessen müssen Sie den Event Handler in C# mit += registrieren, wie dies in Listing 2.28 im Konstruktor der App-Klasse erfolgt ist.

Neben den Events besitzt die Application-Klasse verschiedene virtuelle Methoden, die Sie überschreiben können, um an gewissen Diensten teilzunehmen. Beispielsweise überschreiben Sie die Methode OnSearchActivated, um mitzubekommen, wenn Ihre App über die in der Charms Bar von Windows 8 enthaltene Suchfunktion durchsucht wird. Mehr dazu lesen Sie in Kapitel 16, »Contracts und Extensions«. Standardmäßig ist die in diesem Kapitel bereits gezeigte OnLaunched-Methode überschrieben, die die Logik zum Laden Ihrer Anwendung enthält. Teile dieser Methode schauen wir uns gleich noch beim Betrachten der Window-Klasse an.

Neben all den gezeigten gibt es noch weitere spannende und wichtige Mitglieder in der Application-Klasse. So definieren Sie in der Resources-Property anwendungsweite Ressourcen. Dies machen Sie üblicherweise in XAML. Mehr dazu lesen Sie in Kapitel 10, »Ressourcen«.

Über die RequestedTheme-Property stellen Sie Ihre App auf hell oder dunkel ein, über die Exit-Methode beenden Sie Ihre App. In der Property DebugSettings finden Sie ein DebugSettings-Objekt, das ein paar Einstellungen erlaubt, die von Ihrer App genutzt werden, wenn sie in einer Debug-Umgebung ausgeführt wird. Setzen Sie beispielsweise die EnableFrameRateCounter-Property auf true, damit Sie beim Debuggen die aktuelle Bildrate angezeigt bekommen. In Kapitel 7, »Daten«, lernen Sie das BindingFailed-Event des DebugSettings-Objekts kennen. Es informiert Sie über fehlerhafte Data Bindings.

2.3.3 »Window« und »CoreWindow«

Das Anwendungsfenster Ihrer App wird durch die Klasse Window repräsentiert. Über die statische Current-Property erhalten Sie das derzeit aktivierte Window-Objekt für Ihre App.

> **Hinweis**
>
> Falls Sie wissen müssen, wann das Window-Objekt erstellt wurde, überschreiben Sie in der App-Klasse die OnWindowCreated-Methode.

Die Content-Property nimmt ein UIElement entgegen, das den Inhalt des Fensters darstellt. Mit der Activate-Methode aktivieren Sie das Fenster und bringen es in den Vordergrund. Werfen Sie einen Blick in die OnLaunched-Methode der App-Klasse (*App.xaml.cs*-Datei), sehen Sie, dass darin der Content-Property des Window-Objekts eine Frame-Instanz zugewiesen wird, wie Listing 2.29 zeigt. Am Ende der OnLaunched-Methode wird auf der Window-Instanz die Activate-Methode aufgerufen, um das Fenster in den Vordergrund zu bringen.

```
sealed partial class App : Application
{ ...
  protected override void OnLaunched(
    LaunchActivatedEventArgs args)
  {
    Frame rootFrame = Window.Current.Content as Frame;
    if (rootFrame == null)
    {
      rootFrame = new Frame();
      ...
      Window.Current.Content = rootFrame;
    }
    ...
    // Sicherstellen, dass das aktuelle Fenster aktiv ist
    Window.Current.Activate();
  }
  ...
}
```

Listing 2.29 Die »OnLaunched«-Methode in der »App.xaml.cs«-Datei

In der Klasse Window finden Sie weitere Mitglieder. Mit der Close-Methode schließen Sie das Fenster. Über die Bounds-Property erhalten Sie die Größe des Fensters; über die Visible-Property erfahren Sie, ob es sichtbar ist. Passend zu den in der Window-Klasse definierten Properties finden Sie die Events Activated, Closed, SizeChanged und VisibilityChanged.

Eine weitere sehr interessante Property ist die CoreWindow-Property. Sie gibt Ihnen eine Instanz der Klasse CoreWindow (Namespace: Windows.UI.Core) zurück. Diese Klasse stellt das Kernobjekt für ein Fenster dar und enthält weitere Informationen. Mit der PointerPosition-Property erfahren Sie, an welcher Position sich der Finger/der Stift/die Maus befindet. Mit der PointerCursor-Property bestimmen Sie die Darstellung des Mauszeigers.

Sie können direkt auf der CoreWindow-Instanz und somit auf dem Fenster diverse Input-Events wie PointerPressed, PointerMoved, KeyUp oder KeyDown installieren. Auch finden Sie auf der CoreWindow-Instanz eine GetKeyState-Methode, mit der Sie prüfen können, ob derzeit eine bestimmte Taste gedrückt ist. Mehr zu all diesen eingabespezifischen Themen lesen Sie in Kapitel 9, »Input-Events«.

Wie auch die Klasse DependencyObject besitzt die Klasse Window eine Property namens Dispatcher, die ein CoreDispatcher-Objekt zurückgibt. Diese Klasse schauen wir uns jetzt an.

2.3.4 Der »CoreDispatcher«

Der Thread, in dem Ihre Windows Store App läuft, wird als *UI-Thread* bezeichnet. In der WinRT ist der Zugriff auf UI-Elemente nur vom UI-Thread erlaubt. Aus einem Worker-Thread erhalten Sie beim Zugriff auf UI-Elemente eine Exception.

> **Hinweis**
>
> Auch bei anderen UI-Technologien, wie der WPF, ist der Zugriff auf UI-Elemente nur aus dem UI-Thread erlaubt. Da in der WinRT im Gegensatz zur WPF jedoch alle länger andauernden APIs nur noch asynchron implementiert sind, bleiben Sie mit Ihrem Code meist auf dem UI-Thread. Die Notwendigkeit, aufgrund eines blockierten UIs einen separaten Thread zu erstellen, ist bei der WinRT im Gegensatz zur WPF deutlich geringer. Somit werden Sie den CoreDispatcher auch nicht so häufig benötigen. Aber wenn, dann sollten Sie ihn kennen.

Die einzige Möglichkeit, aus Worker-Threads UI-Elemente zu ändern, besteht darin, die Arbeit an den CoreDispatcher zu übergeben, der die Arbeit auf dem UI-Thread ausführt. Der CoreDispatcher ist somit bei Multithreading-Szenarien die zentrale Anlaufstelle, um das UI zu aktualisieren.

Der CoreDispatcher (Namespace: Windows.UI.Core) ordnet bei Windows Store Apps die Nachrichten zu. Er ist verantwortlich für die Abarbeitung der Input-Events und ist quasi das, was in der UI-Programmierung typischerweise als *Message Loop* (*Nachrichtenschleife*) bezeichnet wird.

Der CoreDispatcher verwaltet eine Queue (= Warteschlange) von Work-Items (= Arbeitspaketen). Stellen Sie sich ein Work-Item als eine Methode oder einen Event Handler vor, die/der von der CoreDispatcher-Instanz aufgerufen werden muss. Läuft Ihre App, arbeitet die CoreDispatcher-Instanz die in der Queue enthaltenen Work-Items ab, und zwar – wie es sich für eine Queue gehört – eines nach dem anderen. Um nun aus einem Worker-Thread etwas Arbeit an den UI-Thread zu übergeben, stellen Sie ein Work-Item in die Queue der CoreDispatchers.

Zu Beginn dieses Abschnitts habe ich bei den UI-Basisklassen die DependencyObject-Klasse beschrieben. Sie ist eine indirekte Basisklasse für alle visuellen Elemente in der WinRT und definiert die Dispatcher-Property vom Typ CoreDispatcher. Folglich kommen Sie auf jedem UI-Element über die Dispatcher-Property an die CoreDispatcher-Instanz, der Sie die auf dem UI-Thread zu verrichtende »Arbeit« übergeben können.

> **Hinweis**
>
> Auch auf dem Window-Objekt finden Sie die Property Dispatcher:
>
> CoreDispatcher coreDispatcher = Window.Current.Dispatcher;

Die `CoreDispatcher`-Klasse besitzt eine Property `HasThreadAccess`. Mit ihr können Sie prüfen, ob Sie sich auf dem UI-Thread befinden.

> **Hinweis**
>
> Bei der WPF/Silverlight gibt es die `HasThreadAccess`-Property nicht. Dort rufen Sie stattdessen auf dem Dispatcher die `CheckAccess`-Methode auf. Sie gibt `true` zurück, wenn Sie sich auf dem Thread des Dispatchers befinden.

Gibt die `HasThreadAccess`-Property `true` zurück, befinden Sie sich auf demselben Thread wie die `CoreDispatcher`-Instanz und damit auf dem UI-Thread. Gibt die Property `false` zurück, befinden Sie sich auf einem Worker-Thread. Dann müssen Sie die »Arbeit« an den Dispatcher delegieren. Dazu nutzen Sie die `RunAsync`-Methode, die folgende Signatur hat:

```
IAsyncAction RunAsync(CoreDispatcherPriority priority,
  DispatchedHandler agileCallback)
```

Sie nimmt als Erstes einen Wert der `CoreDispatcherPriority`-Aufzählung entgegen: `Low`, `Normal` oder `High`. Als zweiten Parameter nimmt die `RunAsync`-Methode einen `DispatchedHandler`-Delegate entgegen. Dieser wird mit der im ersten Parameter angegebenen Priorität in die Queue der `CoreDispatcher`-Instanz gestellt. Die `Core-Dispatcher`-Instanz arbeitet die Queue ab und ruft die vom `DispatchedHandler`-Delegate gekapselte Methode auf dem UI-Thread auf.

> **Hinweis**
>
> Der `DispatchedHandler`-Delegate kapselt eine parameterlose Methode mit dem Rückgabewert `void`.

Schauen wir uns ein kleines Beispiel an. Ein typischer Fall für die Notwendigkeit des `CoreDispatcher`s ist das Accelerometer (Beschleunigungssensor), das angibt, wie ein Gerät um die Achsen X, Y und Z rotiert ist.

Zum Zugriff auf das Accelerometer wird die Klasse `Accelerometer` verwendet, die ein `ReadingChanged`-Event definiert. Das Event wird immer ausgelöst, wenn sich die Rotation ändert. Interessanterweise wird das `ReadingChanged`-Event allerdings nicht auf dem UI-Thread, sondern auf einem separaten Thread ausgelöst. Möchten Sie darin beispielsweise UI-Elemente ändern, erhalten Sie eine Exception. Sie müssen die Arbeit an den UI-Thread delegieren.

Listing 2.30 zeigt das Delegieren an den UI-Thread mit einem Event Handler für das `ReadingChanged`-Event. Als Erstes wird die `HasThreadAccess`-Property geprüft. Gibt diese false zurück, wird die »Arbeit« mit der `RunAsync`-Methode an den `Core-Dispatcher` übergeben, der in der `Dispatcher`-Property der `Page` steckt – geerbt von `DependencyObject`. Für den `DispatchedHandler`-Delegate wird in Listing 2.30 eine Lambda-Expression übergeben. Darin wird der Event Handler `OnReadingChanged` erneut aufgerufen. Anschließend wird die Methode mit einer return-Anweisung verlassen. Der `CoreDispatcher` ruft die `OnReadingChanged`-Methode aufgrund der Lambda-Expression erneut auf, diesmal jedoch auf dem UI-Thread. Die `HasThreadAccess`-Property gibt somit true zurück, womit die if-Verzweigung umgangen wird und die `Text`-Properties von drei im UI enthaltenen `TextBlock`-Objekten auf die ermittelten Werte des Accelerometers gesetzt werden.

```
async void OnReadingChanged(Accelerometer sender,
    AccelerometerReadingChangedEventArgs args)
{
  if (!this.Dispatcher.HasThreadAccess)
  {
    await Dispatcher.RunAsync(CoreDispatcherPriority.Normal,
      () =>
      {
        OnReadingChanged(sender, args);
      });
    return;
  }
  txtX.Text = args.Reading.AccelerationX.ToString();
  txtY.Text = args.Reading.AccelerationY.ToString();
  txtZ.Text = args.Reading.AccelerationZ.ToString();
}
```

Listing 2.30 K02\04 DerCoreDispatcher\MainPage.xaml.cs

Hinweis

Mehr zum `Accelerometer` und zu anderen Sensoren erfahren Sie in Kapitel 18, »Geräte und Sensoren«.

2.4 Die Projektvorlagen in Visual Studio 2012

Thomas' Blogreader wurde mit der Vorlage *Leere App* erstellt. Daneben gibt es weitere Vorlagen für Windows Store Apps und verschiedene Bibliotheken, wie der NEUES PROJEKT-Dialog in Abbildung 2.31 zeigt.

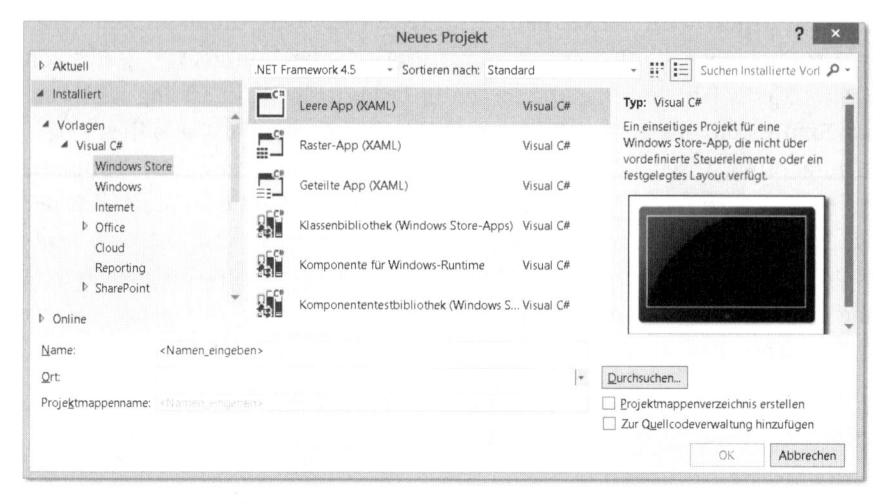

Abbildung 2.31 Die Vorlagen für Windows Store Apps

Die in Abbildung 2.31 dargestellten Projektvorlagen und noch eine weitere – die *Portable Klassenbibliothek* – sehen wir uns in diesem Abschnitt an, damit Sie einen Überblick haben.

2.4.1 »Leere App«

Die *Leere App* erstellt lediglich das Grundgerüst für eine Windows Store App mit nur einer Seite. Thomas' Blogreader wurde mit dieser Vorlage erstellt. Da die eine Seite direkt von Page erbt und somit keinerlei vordefinierte Elemente und keine Layoutlogik besitzt, haben wir sie in Abschnitt 2.1.4, »Die MainPage ersetzen«, durch eine mit der *Standardseite*-Vorlage erstellte Page ersetzt. Diese hat bereits einen Titel und einen Zurück-Button und unterstützt aufgrund der Vererbung von LayoutAwarePage die verschiedenen Ansichten einer App wie *Snapped* oder *Filled*.

> **Hinweis**
>
> Die verschiedenen Ansichten einer App lernen Sie in Kapitel 5, »Layout«, näher kennen.

2.4.2 »Raster-App«

Mit dieser Vorlage erstellen Sie ein dreiseitiges Projekt, das auf der Hauptseite (GroupedItemsPage) mit einer GridView gruppierte Elemente darstellt. Von dort aus können Sie zu einer Gruppe (GroupDetailPage) oder zu einem Element (ItemDetailPage) navigieren. Abbildung 2.32 zeigt die verschiedenen Seiten, die standardmäßig den dargestellten Inhalt haben.

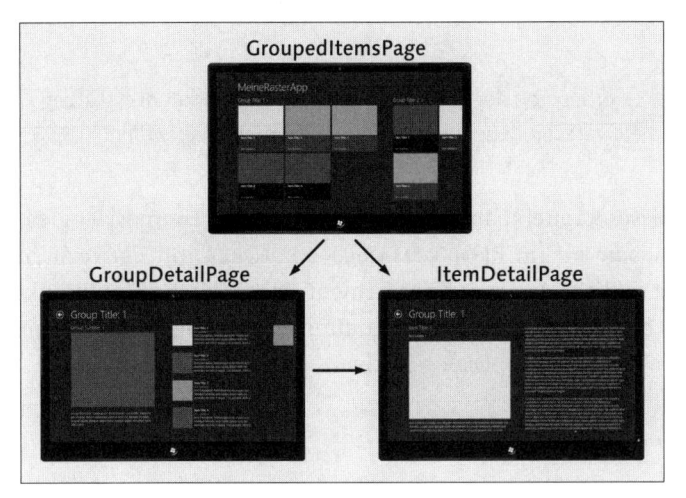

Abbildung 2.32 Die einzelnen Seiten einer Raster-App

Die *Raster-App*-Vorlage sollten Sie sich zum Verständnis der hierarchischen Navigation unbedingt näher ansehen. Die FriendStorage-App wurde basierend auf dieser Vorlage erstellt und erweitert.

Hinweis

Mehr zur GridView lesen Sie in Kapitel 7, »Daten«.

Haben Sie eine App mit der *Raster-App*-Vorlage erstellt, finden Sie im PROJEKTMAPPEN-EXPLORER die in Abbildung 2.33 dargestellte Struktur. Darin erkennen Sie die einzelnen Seiten GroupedItemsPage, GroupDetailPage und ItemDetailPage.

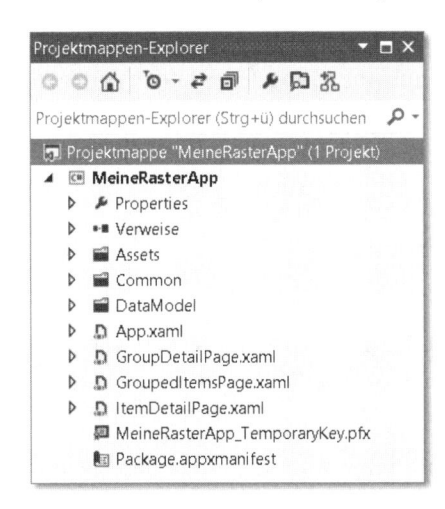

Abbildung 2.33 Die Struktur einer Raster-App

> **Hinweis**
> Alle Seiten einer *Raster-App* erben von der `LayoutAwarePage`-Klasse und unterstützen somit die Navigation und die verschiedenen Ansichten wie *Snapped* oder *Filled*.

In vorigen Abschnitten dieses Kapitels haben wir manuell Seiten zu Thomas' Blogreader hinzugefügt. Dazu haben wir im PROJEKTMAPPEN-EXPLORER mit der rechten Maustaste auf das Projekt geklickt. Aus dem Kontextmenü haben wir der Menüpunkt HINZUFÜGEN • NEUES ELEMENT… ausgewählt, woraufhin der in Abbildung 2.34 dargestellte NEUES ELEMENT HINZUFÜGEN-Dialog erschien.

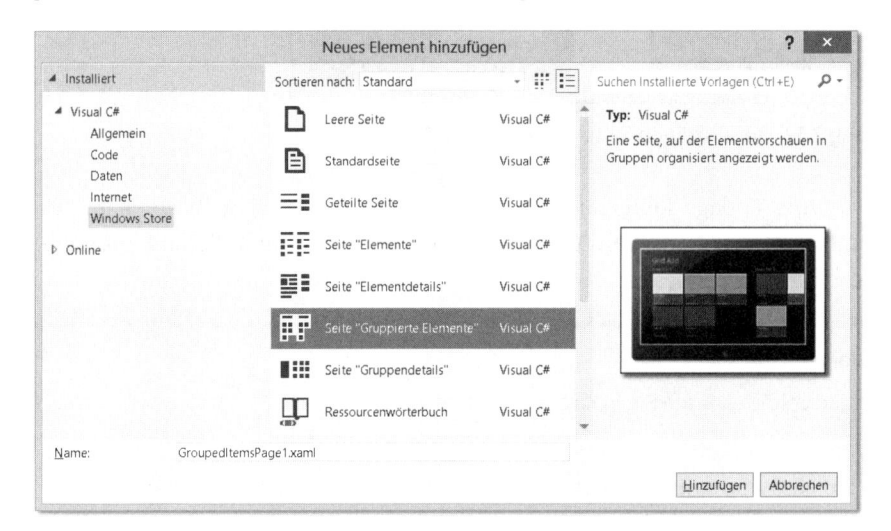

Abbildung 2.34 Der Dialog enthält Seitenvorlagen, die den Seiten der Raster-App entsprechen.

Neben der STANDARDSEITE enthält der Dialog aus Abbildung 2.34 weitere Vorlagen, mit denen Sie die Seiten der *Raster-App* erstellen können. Die Vorlagen entsprechen dabei folgenden Seiten der *Raster-App*:

- SEITE »GRUPPIERTE ELEMENTE« entspricht der `GroupedItemsPage`.
- SEITE »ELEMENTDETAILS« entspricht der `ItemDetailPage`.
- SEITE »GRUPPENDETAILS« entspricht der `GroupDetailPage`.

Beachten Sie in Abbildung 2.34, dass die Vorlage SEITE »GRUPPIERTE ELEMENTE« ausgewählt ist. Dabei schlug Visual Studio als Namen *GroupedItemsPage1.xaml* vor, was eben der `GroupedItemsPage` entspricht.

Zwei Seitenvorlagen aus Abbildung 2.34 sind noch unerwähnt, diese lernen Sie jetzt mit der *Geteilten App* kennen.

2.4.3 »Geteilte App«

Die Vorlage *Geteilte App* erstellt ein Projekt, das zwei Seiten enthält und wie auch die *Raster-App* eine Navigation in gruppierten Elementen erlaubt. Auf der Hauptseite (ItemsPage) werden die Gruppen in einer GridView dargestellt. Mit einem Klick auf eine Gruppe wird zur SplitPage navigiert, wo die Elemente der Gruppe angezeigt werden. Abbildung 2.35 zeigt die beiden Seiten, die standardmäßig den dargestellten Inhalt haben.

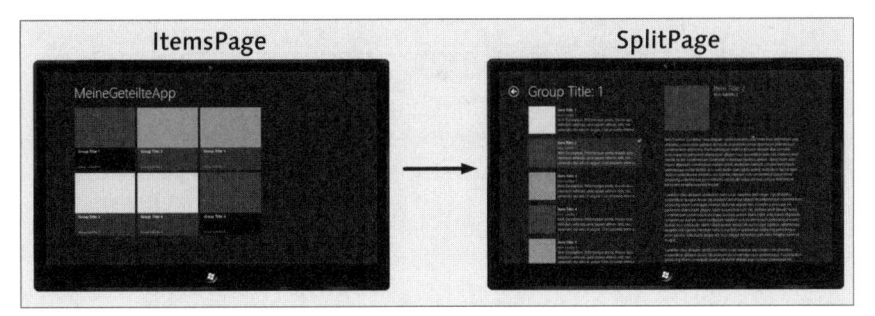

Abbildung 2.35 Die beiden Seiten einer »Geteilten App«

Wie Sie in Abbildung 2.35 sehen, splittet die SplitPage den Inhalt in zwei Spalten auf, daher auch der Name SplitPage. Links werden alle Elemente der Gruppe angezeigt. Für das ausgewählte Element werden auf der rechten Seite die Details angezeigt.

In Abbildung 2.36 sehen Sie die Struktur einer App, die mit der *Geteilte App*-Vorlage erstellt wurde. Im Projekt sind die beiden Seiten ItemsPage und SplitPage enthalten.

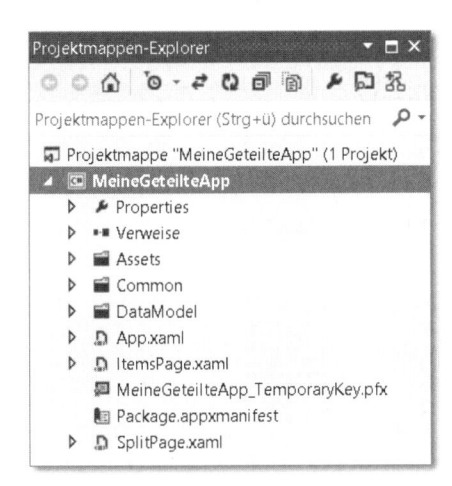

Abbildung 2.36 Die Struktur einer »Geteilten App«

Für die beiden Seiten einer *Geteilten App* gibt es auch Seitenvorlagen. Abbildung 2.37 zeigt den Dialog zum Hinzufügen eines neuen Elements. Darin ist die Vorlage

Geteilte Seite ausgewählt. Damit erstellen Sie eine Seite mit der Struktur der `Split-Page`. Mit der Vorlage *Seite »Elemente«* erstellen Sie eine Seite mit der Struktur der `ItemsPage`.

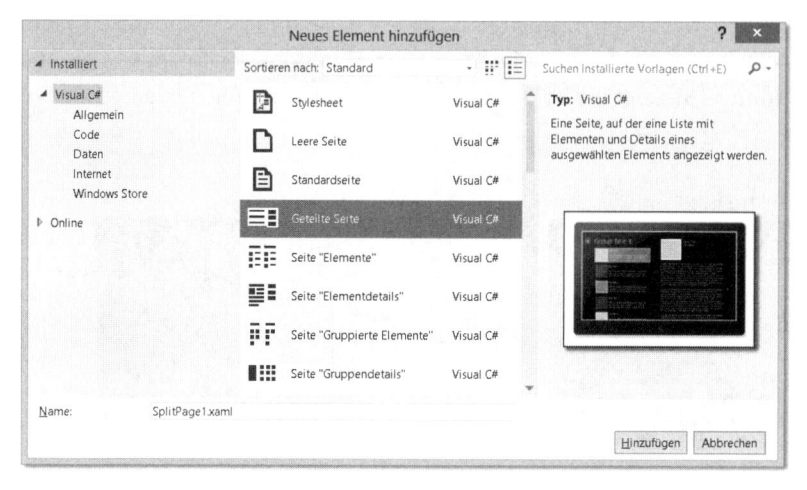

Abbildung 2.37 Die Seitenvorlage »Geteilte Seite« wird von einer »Geteilten App« genutzt.

> **Hinweis**
>
> Sowohl `ItemsPage` als auch `SplitPage` erben von der Klasse `LayoutAwarePage`, womit Sie alle damit verbundenen Features wie Navigation oder verschiedene Ansichten unterstützen.

2.4.4 »Klassenbibliothek (Windows Store Apps)«

Für Windows Store Apps können Sie auch eine Bibliothek erstellen, die Sie in mehreren Ihrer Apps referenzieren. Nutzen Sie dazu die Projektvorlage *Klassenbibliothek (Windows Store Apps)*. Sie erstellt die in Abbildung 2.38 gezeigte Struktur.

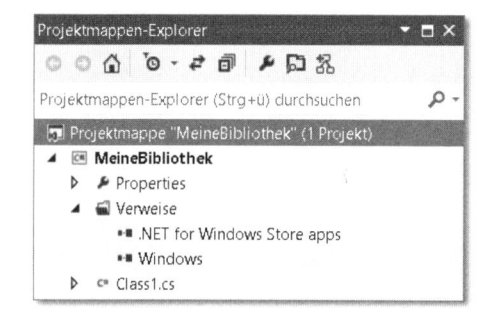

Abbildung 2.38 Die Struktur einer »Klassenbibliothek«

Für Windows Store Apps gibt es kein zentrales Verzeichnis für Bibliotheken. Stattdessen liefert jede App all ihre Bibliotheken als Teil des App-Packages mit aus.

Werfen Sie einen Blick in die Eigenschaften Ihrer Bibliothek. Darin sehen Sie, dass der Ausgabetyp nicht auf WINDOWS STORE APP, sondern auf dem Wert KLASSENBIBLIOTHEK steht, wie Abbildung 2.39 zeigt.

Abbildung 2.39 Der Ausgabetyp des Projekts ist eine »Klassenbibliothek«.

Neben der KLASSENBIBLIOTHEK sehen Sie in Abbildung 2.39 den Wert KOMPONENTE FÜR WINDOWS-RUNTIME. Sie können Ihre Klassenbibliothek folglich in den Eigenschaften zu einer WinRT-Komponente ändern. Oder Sie nutzen gleich die entsprechende Projektvorlage für eine solche.

2.4.5 »Komponente für Windows-Runtime«

Mit der Projektvorlage *Komponente für Windows-Runtime* erstellen Sie eine WinRT-Komponente. Diese hat dieselbe Struktur wie eine *Klassenbibliothek*. Im Gegensatz zur *Klassenbibliothek* lässt sich die WinRT-Komponente allerdings nicht nur in Windows Store Apps nutzen, die mit dem .NET für Windows Store Apps entwickelt werden, sondern auch in solchen, die nativ mit C++ oder mit JavaScript entwickelt werden.

Ihre Komponente stellt dabei die Inhalte in Form von Metadaten (.*winmd*-Datei) bereit, wie dies auch die APIs der WinRT machen. Damit sich Ihre WinRT-Komponente von C++ und JavaScript nutzen lässt, dürfen alle öffentlichen Mitglieder nur WinRT-Typen zurückgeben. Geben sie einen anderen Typen zurück, wirft der Compiler einen Fehler.

In Ihren privaten Methoden können Sie folglich alles nutzen, was Ihnen das .NET für Windows Store Apps bietet. Nach außen dürfen allerdings keine .NET-Typen, sondern nur WinRT-Typen sichtbar sein. Die Language Projection unterstützt Sie hier jedoch ein bisschen. So können Sie öffentliche Properties vom Typ IList<T> definieren. Die Language Projection wandelt diese in den WinRT-Typ IVector<T> um.

Es gibt ein paar weitere Voraussetzungen für WinRT-Komponenten. In Kapitel 12, »Eigene Controls und WinRT-Komponenten«, erfahren Sie die Details. In diesem Kapitel schauen wir uns auch an, wie Sie ein in C# implementiertes Control in eine WinRT-Komponente packen und dieses Control anschließend in einer nativen C++-App nutzen.

2.4.6 »Komponententestbibliothek«

Mit der Vorlage *Komponententestbibliothek* erstellen Sie ein Projekt, das Unit-Tests enthält. Darin können Sie Ihre Testmethoden schreiben, um Ihre Windows Store App, Ihre Bibliotheken und WinRT-Komponenten in automatisierten Tests zu überprüfen.

2.4.7 Die »Portable Klassenbibliothek«

An dieser Stelle möchte ich Ihnen eine weitere Projektvorlage vorstellen, die Sie im NEUES PROJEKT-Dialog unter der links auszuwählenden Kategorie WINDOWS finden: die Vorlage PORTABLE KLASSENBIBLIOTHEK. Sie ist in Abbildung 2.40 bereits ausgewählt.

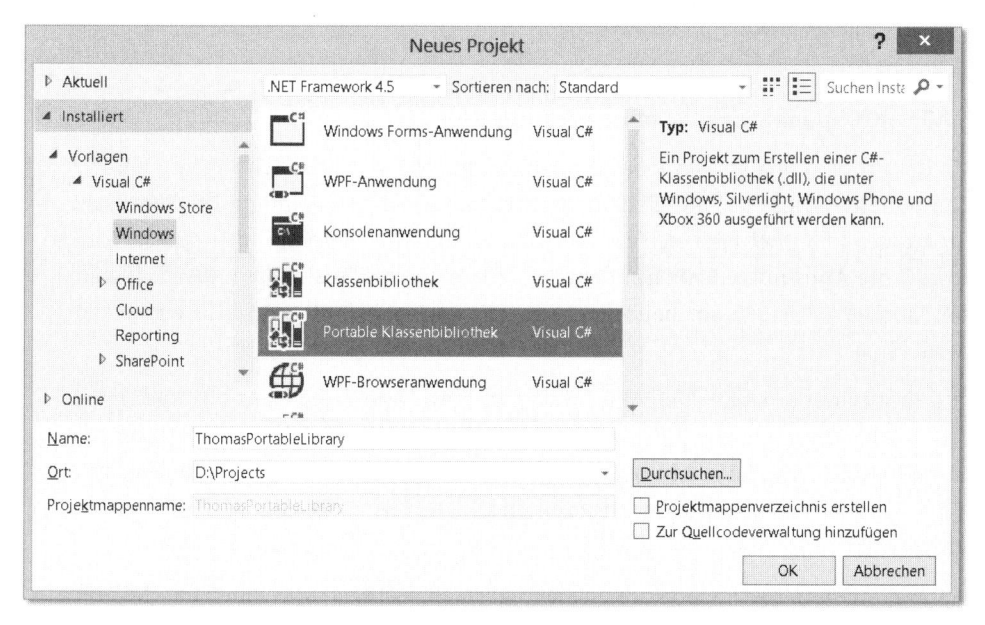

Abbildung 2.40 Die Projektvorlage »Portable Klassenbibliothek«

Mit der Vorlage *Portable Klassenbibliothek* erstellen Sie eine Bibliothek, die Sie in einer .NET-, einer Silverlight-, einer Windows Phone App und eben einer Windows

Store App nutzen können. In dieser Bibliothek steht Ihnen dann die Schnittmenge aus diesen verschiedenen Frameworks zur Verfügung. Nachdem Sie den Dialog aus Abbildung 2.40 mit dem OK-Button bestätigt haben, erhalten Sie den in Abbildung 2.41 dargestellten Dialog. Sie sehen darin die Standardauswahl für die Frameworks, in denen die *Portable Klassenbibliothek* eingesetzt werden soll. Sie können die Auswahl beliebig anpassen.

Abbildung 2.41 Die Frameworks, in denen die Bibliothek eingesetzt werden soll

In Ihrem Projekt können Sie Klassen erstellen, die die Schnittmenge der ausgewählten Frameworks nutzen. Als Verweis finden Sie in Ihrem Projekt das *.NET Portable Subset*, das dieser Schnittmenge entspricht. Abbildung 2.42 zeigt dies.

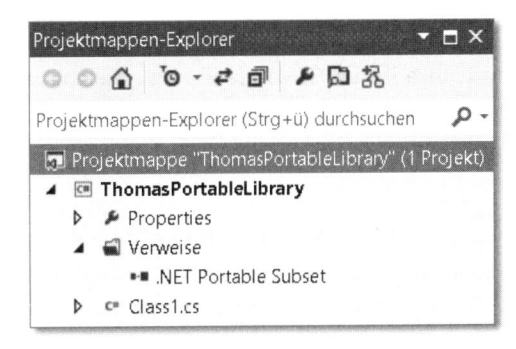

Abbildung 2.42 Die Struktur einer »Portablen Klassenbibliothek«

In den in Abbildung 2.43 dargestellten Projekteigenschaften finden Sie die beim Anlegen des Projekts ausgewählten Zielframeworks. Sie können diese ändern, indem Sie auf den Änderung...-Button klicken. Dadurch öffnet sich erneut der Dialog aus Abbildung 2.41 zur Auswahl der Zielframeworks.

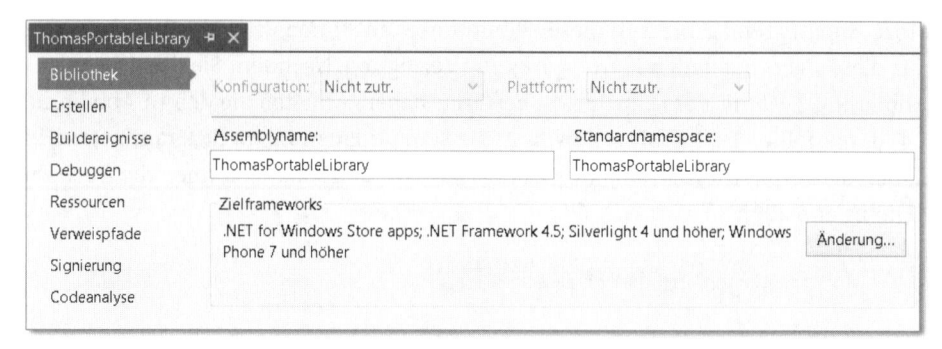

Abbildung 2.43 In den Projekteigenschaften sind die Zielframeworks enthalten.

2.5 »Asynchron« verstehen

Jede API, die länger als 50 Millisekunden dauern kann, wurde in der WinRT als asynchrone API implementiert. Und zwar nur als asynchrone, eine synchrone Alternative gibt es nicht dazu. Sie werden daher beim Programmieren mit der WinRT sehr oft mit asynchronen APIs in Kontakt kommen. Darum schauen wir uns diese asynchrone Welt zum Abschluss dieses Kapitels noch etwas an.

Der Grund für die asynchronen APIs liegt darin, dass Microsoft dem Benutzer mit Windows 8 ein System geben möchte, das ohne Verzögerung auf Benutzereingaben antwortet. Insbesondere beim Bedienen mit dem Finger ist es fatal, wenn eine App nicht flüssig reagiert. Der Grundsatz für Windows Store Apps lautet daher, »schnell und flüssig« (»*fast & fluid*«) zu sein.

Mit den asynchronen APIs der WinRT werden lang andauernde Operationen auf einen separaten Thread ausgelagert, womit Ihre im UI-Thread laufende App schon wieder auf Benutzereingaben reagieren kann, bevor die Operation fertig ist. Ihre App ist somit automatisch »schnell & flüssig«. Allerdings müssen Sie wissen, wie Sie die asynchronen APIs nutzen.

Für die asynchrone Programmierung setzt das .NET für Windows Store Apps auf das **T**ask-based **A**synchronous **P**attern (*TAP*). Dabei geben asynchrone Methoden eine Task oder eine Task<T>-Instanz zurück. Diese Instanzen lassen sich mit den C#-Schlüsselwörtern async und await verwenden. Die Grundlagen dazu lesen Sie in Abschnitt 2.5.1, »Die ›Task‹-Klasse und ›async‹/›await‹«.

Welche Voraussetzungen für Methoden gelten, die mit dem async-Schlüsselwort markiert sind, lesen Sie anschließend in Abschnitt 2.5.2, »Voraussetzungen für asynchrone Methoden«.

Die WinRT gibt aus asynchronen Methoden eine IAsyncAction- oder eine IAsyncOperation<T>-Instanz zurück. Diese lassen sich ebenfalls mit den C#-Schlüsselwörtern async und await verwenden. Wie das funktioniert und ein paar weitere Details zum Zusammenspiel der .NET- und WinRT-Typen schauen wir uns in Abschnitt 2.5.3, »Asynchrone Methoden der WinRT«, an.

2.5.1 Die »Task«-Klasse und »async«/»await«

In diesem Abschnitt beschäftigen wir uns mit der Klasse Task/Task<T> (Namespace: System.Threading.Tasks) und den C#-Schlüsselwörtern async und await. Stellen Sie sich vor, Sie haben wie in Listing 2.31 eine Methode LongRunningMethod, die intensive Berechnungen durchführt. In Listing 2.31 ist die intensive Berechnung nur mit einem Kommentar angedeutet. Beispielsweise durchläuft die Methode Milliarden Einträge in einer for-Schleife. Ein Click-Event-Handler eines Buttons ruft die Methode auf. Für die Zeit, die die Methode benötigt, um die Arbeit auszuführen, ist das UI eingefroren. Es ist also sinnvoll, die Methode asynchron zu erstellen.

```
private void Button_Click(object sender, RoutedEventArgs e)
{
   LongRunningMethod();
}
private void LongRunningMethod()
{
   // intensive CPU-Berechnungen finden auf dem UI-Thread statt
}
```

Listing 2.31 Eine synchrone Methode blockiert den UI-Thread.

Listing 2.32 zeigt die asynchrone Variante der Methode. Anstatt void wird ein Task-Objekt zurückgegeben. Zudem wurde der Methodenname mit dem Suffix Async versehen, was bei asynchronen Methoden üblich ist. In der Methode wurden die intensiven Berechnungen auf einem neuen Thread erstellt, indem ein neuer Task gestartet wird. Dieser gestartete Task wird aus der Methode zurückgegeben.

```
private Task LongRunningMethodAsync()
{
   Task task = Task.Factory.StartNew(() =>
   {
      // intensive CPU-Berechnungen finden jetzt
      // genau hier auf einem Worker-Thread statt
   });
   return task;
}
```

Listing 2.32 Die Methode wurde asynchron implementiert, damit sie den UI-Thread nicht blockiert.

Der `Click`-Event-Handler aus Listing 2.31 kann beim Verwenden der Methode aus Listing 2.32 bleiben wie bisher, mit der Ausnahme, dass die darin aufgerufene Methode ihren Namen von `LongRunningMethod` in `LongRunningMethodAsync` geändert hat. Im Gegensatz zur ursprünglichen Implementierung dieser Methode blockiert der Aufruf das UI nicht mehr. Aufgrund des `Task`s haben Sie jetzt auch die Möglichkeit, die `LongRunningMethodAsync`-Methode mit dem `await`-Schlüsselwort zu »erwarten«, was Sie in Listing 2.33 sehen. Der nachfolgende Code wird dadurch erst dann aufgerufen, wenn die `LongRunningMethodAsync`-Methode auch wirklich fertig ist. Wichtig ist für Sie zu verstehen, dass Ihr UI während der Dauer der `LongRunningMethodAsync`-Methode dennoch antwortet und andere Events stattfinden können. Denn die `LongRunningMethodAsync`-Methode hat die intensiven Berechnungen mit der `Task`-Klasse auf einen separaten Thread ausgelagert.

Ist die Methode bzw. der `Task` fertig, findet vom Framework ein Callback in die `Button_Click`-Methode statt, wodurch der restliche C#-Code nach dem `await` aufgerufen wird. Diese Callback-Geschichte wird vom Compiler erstellt. Damit der Compiler das allerdings tut, müssen Sie eine Methode, in der Sie das `await`-Schlüsselwort nutzen, mit dem `async`-Schlüsselwort versehen. Netterweise wirft der Compiler einen Fehler, wenn `await` in einer Methode verwendet wird, die nicht mit dem `async`-Schlüsselwort markiert ist.

```
private async void Button_Click(object sender,RoutedEventArgs e)
{
  await LongRunningMethodAsync();
  // der hier nachfolgende Code wird erst aufgerufen,
  // wenn der Task der LongRunningMethodAsync abgeschlossen ist.
  // In der Zwischenzeit kann das UI allerdings andere Events
  // auslösen und weiterarbeiten
}
```

Listing 2.33 Mit dem »await«-Schlüsselwort wird auf den Aufruf gewartet.

Hinweis

Das `async`-Schlüsselwort gehört nicht zur Methodensignatur. Es ist nur für den Compiler. Sie können das `async`-Schlüsselwort somit beispielsweise nicht in einem Interface voraussetzen.

Neben Methoden lässt sich das `async`-Schlüsselwort übrigens auch auf anonymen Methoden und Lambda-Expressions verwenden.

Anstatt das `await`-Schlüsselwort direkt auf dem Rückgabewert (`Task`-Instanz) zu nutzen, können Sie auch erst einmal wie in Listing 2.34 die `Task`-Instanz speichern. Der darauffolgende Code wird dann parallel zur LongRunningMethodAsync-Methode ausgeführt. Zu einer späteren Stelle können Sie die Task-Instanz mit dem await-Schlüsselwort erwarten, um sicherzustellen, dass die LongRunningMethodAsync-Methode fertig ist. An der Stelle des await-Schlüsselworts generiert der Compiler wieder einen Callback für den restlichen Code. Tatsächlich wird also nicht gewartet, sondern ein Callback erstellt, der dann aufgerufen wird, wenn die LongRunningMethodAsync-Methode fertig ist.

```
private async void Button_Click(object sender,RoutedEventArgs e)
{
  Task task = LongRunningMethodAsync();
  // der hier folgende Code wird unmittelbar nach oberer
  // Zeile ausgeführt, bevor der Task fertig ist.
  await task;
  // der hier nachfolgende Code wird erst aufgerufen,
  // wenn der Task der LongRunningMethodAsync abgeschlossen ist.
  // In der Zwischenzeit kann das UI allerdings andere Events
  // auslösen und weiterarbeiten.
}
```

Listing 2.34 Der Task wird zu einem späteren Zeitpunkt erwartet.

Hinweis

Tatsächlich erstellt der Compiler keine Callbacks, sondern eine Art Zustandsmaschine. Er ruft eine mit dem async-Schlüsselwort markierte Methode mehrmals auf, für jedes darin verwendete await-Schlüsselwort einmal zusätzlich. Für Sie als Programmierer ist das Schöne, dass Ihr Code weiterhin fast wie synchroner Code aussieht und deutlich lesbarer ist als Code, der Callback-Methoden verwendet.

Schauen wir uns noch die Variante mit einem Rückgabewert an. Nehmen wir an, wir haben folgende Calculation-Methode, deren Berechnung so viel CPU-Power benötigt, dass sie das UI blockiert. Auch wenn die Methode aus Listing 2.35 gewiss nicht viel Rechenkraft benötigt, geht es hier darum, Ihnen zu zeigen, wie Sie die Methode asynchron gestalten und verwenden.

```
private int Calculation(int val1, int val2)
{
  return val1 + val2;
}
```

Listing 2.35 Eine synchrone »Calculation«-Methode

Listing 2.36 zeigt die asynchrone Variante der Methode, die jetzt mit dem Suffix Async versehen wurde. Sie erstellt intern einen neuen Task<int>, der die Berechnung durchführt. Dieser Task<int> wird aus der Methode zurückgegeben.

```
private Task<int> CalculationAsync(int val1,int val2)
{
  Task<int> task = Task.Factory.StartNew(() =>
  {
    return val1 + val2;
  });
  return task;
}
```

Listing 2.36 Asynchrone Variante der »Calculation«-Methode

Listing 2.37 zeigt einen Click-Event-Handler eines Buttons, der die CalculationAsync-Methode nutzt. Mit dem await-Schlüsselwort wird die Methode erwartet. Beachten Sie, dass Sie dann direkt den int-Wert und nicht das Task<int>-Objekt erhalten.

```
private async void Button_Click(object sender,RoutedEventArgs e)
{
  int result = await CalculationAsync(5, 10);
  // der hier nachfolgende Code wird erst aufgerufen,
  // wenn der Task der CalculationAsync-Methode abgeschlossen
  // ist. Sie können den int-Wert somit hier nutzen.
}
```

Listing 2.37 Mit dem »await«-Schlüsselwort wird die Methode erwartet.

Auch bei Rückgabewerten können Sie natürlich auch den Task speichern, was Sie in Listing 2.38 sehen. Der mit dem Kommentar angedeutete Code nach der ersten Zeile wird somit parallel zur CalculationAsync-Methode ausgeführt. Erst beim await-Schlüsselwort wird das Ergebnis der CalculationAsync-Methode erwartet. Hier erzeugt der Compiler wieder einen Callback, den er aufruft, sobald die CalculationAsync-Methode fertig ist. Dann setzt er die int-Variable, und weiter geht es mit dem restlichen Code.

```
private async void Button_Click(object sender,RoutedEventArgs e)
{
  Task<int> task = CalculationAsync(5, 10);

  // der hier folgende Code wird unmittelbar nach oberer
  // Zeile ausgeführt, bevor der Task fertig ist

  int result = await task;
  // der hier nachfolgende Code wird erst aufgerufen, wenn der
  // Task abgeschlossen ist und das Ergebnis bereitsteht.
}
```

Listing 2.38 Der »Task<int>« kann auch erst später erwartet werden.

Halten wir fest: Sie verwenden das `await`-Schlüsselwort, um eine Methode zu erwarten. Erwarten können Sie Methoden, die einen `Task` oder `Task<T>` zurückgeben. Die Methode, in der Sie das `await`-Schlüsselwort nutzen, müssen Sie mit dem `async`-Schlüsselwort als asynchron markieren. Dadurch kann der Compiler die entsprechende Zustandsmaschine generieren.

2.5.2 Voraussetzungen für asynchrone Methoden

Im vorigen Abschnitt wurden die Methoden immer in einem `Click`-Event-Handler erwartet. Diesen `Click`-Event-Handler hatten wir mit dem `async`-Schlüsselwort ausgestattet. Eine mit dem `async`-Schlüsselwort markierte Methode muss einen der folgenden Rückgabewerte haben:

- `void`
- `Task`
- `Task<T>`

Den Rückgabewert `void` sollten Sie wenn möglich vermeiden. Er kommt typischerweise nur bei Event Handlern zum Einsatz, da diese eine vom Delegate vorgegebene Signatur mit dem Wert `void` haben. Falls Sie eigene Methoden, die eigentlich `void` zurückgeben, asynchron gestalten, geben Sie eine `Task`-Instanz zurück. Spannend wird das Ganze, wenn Sie aus einer mit dem `async`-Schlüsselwort markierten Methode eine `Task<T>`-Instanz zurückgeben. Da die Methode bereits asynchron ist und irgendwo ja das `await`-Schlüsselwort verwendet, geben Sie als Rückgabewert keine `Task<T>`-Instanz, sondern wie bei einer synchronen Methode den generischen Typ `T` zurück. Schauen wir uns ein Beispiel an.

Listing 2.39 enthält die Methode `CalcInternalAsync`, die ein `Task<int>`-Objekt zurückgibt. In der Methode `CalcAsync` wird das Ergebnis der `CalcInternalAsync`-Methode mit Hilfe des `await`-Schlüsselwortes erwartet. Beachten Sie, dass die `CalcAsync`-Methode daher mit dem `async`-Schlüsselwort markiert ist. Aufgrund dieser Tatsache darf der Rückgabewert aber nicht `int` sein; er muss vom Typ `Task<int>` sein. Werfen Sie jetzt einen Blick in die Methode. Da diese bereits asynchron ist, schreiben Sie als Entwickler kein `return`-Statement, das eine `Task<int>`-Instanz zurückgibt, sondern eines, das direkt einen `int`-Wert zurückgibt. Um etwas Arbeit zu simulieren, wartet die Methode mit der statischen `Delay`-Methode der `Task`-Klasse noch zwei Sekunden, bevor Sie das Ergebnis zurückgibt.

```
public async Task<int> CalculationAsync(int val1, int val2)
{
  int result = await CalculationInternalAsync(val1,val2);

  // Noch etwas künstliche Verzögerung von 2s einfügen
  await Task.Delay(2000);
```

```
    return result;
}
private Task<int> CalculationInternalAsync(int val1, int val2)
{
  Task<int> task = Task.Factory.StartNew(() =>
  {
    return val1 + val2;
  });
  return task;
}
```

Listing 2.39 K02\05 AsynchroneMethoden\MainPage.xaml.cs

Beispielsweise in einem Click-Event-Handler können Sie die in Listing 2.39 definierte CalculationAsync-Methode wie jede andere taskbasierte Methode mit dem await-Schlüsselwort verwenden:

```
private async void Button_Click(object sender, RoutedEventArgs e)
{
  int result = await CalcAsync(5, 10);
  await new MessageDialog(result.ToString()).ShowAsync();
}
```

Listing 2.40 K02\05 AsynchroneMethoden\MainPage.xaml.cs

> **Hinweis**
>
> Zum Erstellen eines neuen Threads nutzen Sie üblicherweise den taskbasierten Weg aus Listing 2.32. Allerdings können Sie auch die aus .NET bekannte ThreadPool-Klasse verwenden. Sie wurde in die WinRT integriert und befindet sich im Namespace Windows.System.Threading. Sie besitzt eine RunAsync-Methode, mit der Sie einen neuen Thread starten.

2.5.3 Asynchrone Methoden der WinRT

Die Klassen Task und Task<T> sind Teil des .NET für Windows Store Apps. Die APIs der WinRT verwenden diese Klassen nicht. Sie benutzen die folgenden, aus dem Namespace Windows.Foundation stammenden vier Interfaces als Rückgabewerte für asynchrone Methoden:

- IAsyncAction
- IAsyncActionWithProgress<TProgress>

- IAsyncOperation<TResult>
- IAsyncOperationWithProgress<TResult, TProgress>

Die Interfaces lassen sich dank Language Projection mit den C#-Schlüsselwörtern await und async verwenden. Dabei entsprechen IAsyncAction und IAsyncActionWithProgress<TProgress> einem Task und somit einer asynchronen Methode ohne Rückgabewert. Einem Task<T> und somit einer asynchronen Methode mit Rückgabewert entsprechen die beiden Interfaces IAsyncOperation<T> und IAsyncOperationWithProgress<TResult, TProgress>.

Die Namen asynchroner Methoden enden in der WinRT immer mit Async. Sie können sie somit gleich erkennen und sollten das await-Schlüsselwort beim Aufruf erwägen.

Sehen wir uns ein kleines Beispiel an. Der in diesem Kapitel erstellte Blogreader lädt die Blogeinträge von meinem Blog in einem Click-Event-Handler eines Buttons. Listing 2.41 zeigt den Event Handler. Sie sehen darin, wie die RetrieveFeedAsync-Methode der SyndicationClient-Instanz erwartet wird.

```csharp
private async void Button_Click(object sender, RoutedEventArgs e)
{
  ((Button)sender).IsEnabled = false;
  try
  {
    var uri =
      new Uri("http://www.thomasclaudiushuber.com/blog/feed/");
    var client = new SyndicationClient();
    SyndicationFeed feed = await client.RetrieveFeedAsync(uri);
    listView.ItemsSource = feed.Items;
  }
  finally
  {
    ((Button)sender).IsEnabled = true;
  }
}
```

Listing 2.41 K02\01 ThomasBlogreader\MainPage.xaml.cs

Die RetrieveFeedAsync-Methode gibt eine IAsyncOperationWithProgress<SyndicationFeed, RetrievalProgress>-Instanz zurück. Diese können Sie wie in Listing 2.41 mit dem await-Schlüsselwort erwarten, womit Sie den SyndicationFeed erhalten. Sie können allerdings wie auch bei den Tasks die IAsyncOperationWithProgress-Instanz speichern, um den SyndicationFeed erst später mit Hilfe des await-Schlüsselwortes zu erwarten, wie folgender Code zeigt:

```csharp
var uri = new Uri("...");
var client = new SyndicationClient();
var asyncOperation = client.RetrieveFeedAsync(uri);
```

```
// weitere parallel auszuführende Logik hier
SyndicationFeed feed = await asyncOperation;
```

Listing 2.42 Die Operation wird nicht direkt beim Aufruf der »RetrieveFeedAsync«-Methode, sondern erst später erwartet.

In der WinRT werden Ihnen viele weitere asynchrone Methoden begegnen. Listing 2.43 zeigt die `PickBitmapImage`-Methode, die mit dem `FileOpenPicker` die Auswahl eines Bildes ermöglicht. Nachdem die `FileOpenPicker`-Instanz erstellt wurde, wird die `PickSingleFileAsync`-Methode erwartet. Auf dem erhaltenen `StorageFile` wird anschließend die `OpenAsync`-Methode erwartet. Der so erhaltene `IRandomAccessStream` wird zum Füllen einer `BitmapImage`-Instanz genutzt, die aus der `PickBitmapImage`-Methode zurückgegeben wird.

```
private async Task<BitmapImage> PickBitmapImage()
{
  var picker = new FileOpenPicker { ... };
  picker.FileTypeFilter.Add(".jpg");

  // Methode gibt IAsyncOperation<StorageFile> zurück
  StorageFile file = await picker.PickSingleFileAsync();
  if (file == null) return null;
  // Methode gibt IAsyncOperation<IRandomAccessStream> zurück
  IRandomAccessStream stream = await
    file.OpenAsync(FileAccessMode.Read);

  var bitmap = new BitmapImage();
  bitmap.SetSource(stream);
  return bitmap;
}
```

Listing 2.43 K02\06 AsynchroneInWinRT\MainPage.xaml.cs

> **Hinweis**
> Mehr zum `FileOpenPicker` erfahren Sie in Kapitel 13, »Dateien, Streams und Serialisierung«.

2.5.4 WinRT-Methoden ohne »async«/»await«

Asynchrone WinRT-Methoden lassen sich auch ohne die Schlüsselwörter async/await verwenden. Dies ist allerdings nur zu empfehlen, wenn Sie mehr Kontrolle über den asynchronen Vorgang benötigen. Dabei nutzen Sie direkt die von den

Methoden zurückgegebenen Interfaces, wie beispielsweise IAsyncOperation<T>. Das Interface definiert eine Completed-Property, der Sie einen Delegate vom Typ Async-OperationCompletedHandler<TResult> zuweisen können. Auch IAsyncOperationWith-Progress<T> definiert eine Completed-Property. Dieses Interface enthält zusätzlich eine Progress-Property für einen weiteren Delegate, der den Fortschritt anzeigt.

Listing 2.44 zeigt den Click-Event-Handler einer weiteren Version von Thomas' Blogreader. Beachten Sie, dass die Button_Click-Methode kein async-Schlüsselwort enthält. Beachten Sie auch, wie den Properties Completed und Progress der IAsyncOperationWithProgress-Instanz Lambda-Expressions zugewiesen werden. In jener für die Completed-Property kann der Status in Form der Aufzählung AsyncStatus geprüft werden. So können Sie beispielsweise feststellen, ob ein Fehler aufgetreten ist oder ob die Operation komplett ist.

```
private void Button_Click(object sender, RoutedEventArgs e)
{
  ((Button)sender).IsEnabled = false;
  try
  {
    var uri = new Uri(
      "http://www.thomasclaudiushuber.com/blog/feed/");
    var client = new SyndicationClient();
    var op = client.RetrieveFeedAsync(uri);
    op.Completed = (info, status) =>
    {
      switch (status)
      {
        case AsyncStatus.Error:
          // TODO: Errorlogik implementieren
          Debug.WriteLine("Es ist ein Fehler aufgetreten");
          break;
        case AsyncStatus.Completed:
          SyndicationFeed feed = info.GetResults();
          Dispatcher.RunAsync(CoreDispatcherPriority.Normal,
            () => listView.ItemsSource = feed.Items);
          break;
      }
    };
    op.Progress = (asyncInfo, progressInfo) =>
    {
      string loaded = string.Format("{0} von {1} Bytes geladen",
        progressInfo.BytesRetrieved,
        progressInfo.TotalBytesToRetrieve);
      Dispatcher.RunAsync(CoreDispatcherPriority.High,
```

```
            () => txtProgress.Text = loaded);
      };
   }
   finally
   {
      ((Button)sender).IsEnabled = true;
   }
}
```

Listing 2.44 K02\06 ThomasBlogreaderProgress\MainPage.xaml.cs

> **Tipp**
> Wie bereits erwähnt, verwenden Sie diese Variante nur dann, wenn Sie mit den Schlüsselwörtern async und await nicht genügend Kontrolle über den asynchronen Vorgang haben.

2.5.5 WinRT versus .NET

Wie Sie in diesem Kapitel gelernt haben, gibt es für die asynchrone Programmierung mit den Schlüsselwörtern async und await prinzipiell zwei Typen:

- die Tasks aus dem .NET für Windows Store Apps
- die IAsync-Interfaces aus der WinRT

Es kann vorkommen, dass Sie eine IAsyncOperation<T>-Instanz in einen Task<T> umwandeln müssen oder auch umgekehrt. Dazu bietet die Klasse WindowsRuntime-SystemExtensions (Namespace: System) diverse Extension-Methoden, die dies ermöglichen. Mit der folgenden Methode AsTask wandeln Sie eine IAsyncOperation<T> in einen Task<T> um.

```
IAsyncOperation<int> asyncOp = ...;
Task<int> task = asyncOp.AsTask();
```

Listing 2.45 »IAsyncOperation<T>« in »Task<T>« umwandeln

> **Tipp**
> Die AsTask-Extension-Methode besitzt ein paar Überladungen. Darüber haben Sie beispielsweise die Möglichkeit, eine Abbruchbedingung zu definieren. Ebenso können Sie an eine Überladung der AsTask-Methode ein IProgress<T>-Objekt übergeben, um den Fortschritt zu überwachen.

Der umgekehrte Weg ist genauso einfach. Mit der Extension-Methode `AsAsyncOperation` wandeln Sie einen `Task<T>` in eine `IAsyncOperation<T>` um, wie folgende Zeilen zeigen:

```
Task<int> task = ...;
IAsyncOperation<int> asyncOp = task.AsAsyncOperation();
```

Listing 2.46 »Task<T>« in »IAsyncOperation<T>« umwandeln

Hinweis

Ein typischer Fall, bei dem Sie einen Task in eine `IAsyncOperation` umwandeln, ist beim Erstellen einer WinRT-Komponente. Eine WinRT-Komponente darf in den öffentlichen Mitgliedern nur WinRT-Typen enthalten. Da die Task-Klasse kein WinRT-, sondern ein .NET-Typ ist, müssen Sie einen Task in eine `IAsyncOperation` umwandeln. Ein Beispiel dazu finden Sie in Kapitel 12, »Eigene Controls und WinRT-Komponenten«, beim Erstellen einer WinRT-Komponente.

2.6 Zusammenfassung

In diesem Kapitel haben wir mit Thomas' Blogreader die erste App erstellt und eine Menge Stoff durchgearbeitet. Halten wir an dieser Stelle das Wichtigste fest.

Sie haben die einzelnen Dateien und Klassen eines Projekts kennengelernt. Ein mit der *Leere App*-Vorlage erstelltes WinRT-Projekt besteht aus einer Subklasse von `Application` und einer Subklasse von `Page`. Letztere heißt in Visual Studio `MainPage`. Sowohl die `Application` als auch die `MainPage` bestehen aus je einer *.xaml-* und einer *.xaml.cs*-Datei (Codebehind). In der *MainPage.xaml*-Datei definieren Sie das UI Ihrer App. In *MainPage.xaml.cs* implementieren Sie Event Handler. Anwendungsweite Ressourcen definieren Sie in der *App.xaml*-Datei; mehr dazu in Kapitel 10, »Ressourcen«. In der *App.xaml.cs*-Datei finden Sie unter anderem die überschriebene `OnLaunched`-Methode, die einen `Frame` erzeugt und zur `MainPage` navigiert.

Standardmäßig enthält die *MainPage.xaml*-Datei eine leere Seite, die direkt von `Page` erbt. Erstellen Sie eine neue Seite mit der Vorlage *Standardseite*, erbt Ihre Klasse nicht direkt von `Page`, sondern von der im *Common*-Ordner Ihres Projekts hinzugefügten Klasse `LayoutAwarePage`. `LayoutAwarePage` besitzt Logik für die Navigation, für verschiedene Ansichten und auch für das Data Binding. Näheres zu den Ansichten erfahren Sie in Kapitel 5, »Layout«. Mehr zum Data Binding lesen Sie in Kapitel 7, »Daten«.

Für komplexere Apps benötigen Sie mehrere Seiten, beispielsweise eine Übersichtsseite und eine Detailseite. Bei der Navigation unterstützt Sie die WinRT mit den Klassen `Frame` und `Page`. Die `Frame`-Klasse definiert die `Navigate`-Methode, mit der Sie zu einzelnen Seiten navigieren. Wir hatten zwei Arten der Navigation unterschieden: die flache und die hierarchische Navigation. Bei der ersten unterstützen Sie den Benutzer mit einer App Bar am oberen Rand, damit er darüber zu den einzelnen Seiten navigieren kann.

Mit den Klassen `DependencyObject`, `UIElement`, `FrameworkElement`, Control und Panel haben Sie die zentralen Basisklassen der WinRT kennengelernt. Zudem haben wir einen Blick auf die Klassen `Application`, `Window`, `CoreWindow` und `CoreDispatcher` geworfen. Letztere ist insbesondere bei Multithreading-Szenarien wichtig, da sie die Zuordnung von Methoden zum UI-Thread erlaubt.

Visual Studio bietet Ihnen verschiedene Vorlagen zum Erstellen einer Windows Store App an. Neben der *Leeren App* können Sie eine *Raster-App* und eine *Geteilte App* erstellen. Diese enthalten im Gegensatz zur *Leeren App* nicht nur eine, sondern mehrere Seiten mit integrierter Navigation. Schauen Sie sich den Inhalt dieser Vorlagen unbedingt an, um die Navigation und andere Teile beim Entwickeln von Windows Store Apps zu verstehen.

Alle APIs der WinRT, die potentiell länger als 50 ms dauern können, stehen nur in einer asynchronen Variante zur Verfügung. Dadurch ist und bleibt Ihre Windows Store App »schnell & flüssig« (*fast & fluid*). Die asynchronen Methoden enden immer mit `Async`. Sie geben in der WinRT `IAsyncAction`- oder `IAsyncOperation<T>`-Instanzen zurück. Eine solche Instanz können Sie wie auch `Task`-/`Task<T>`-Objekte mit dem `await`-Schlüsselwort erwarten. Die Methode, in der Sie das `await`-Schlüsselwort verwenden, müssen Sie mit dem `async`-Schlüsselwort als asynchron markieren. Dadurch wird der Compiler eine Zustandsmaschine erstellen, die vereinfacht gesehen wie die asynchrone Programmierung mit Callbacks funktioniert. An jeder Stelle, an der Sie ein `await` stehen haben, wird der restliche Code vom Compiler in einen Callback gepackt.

In diesem Kapitel sind Sie bereits mit XAML in Kontakt gekommen, obwohl ich Ihnen die XML-basierte Beschreibungssprache sicherlich noch nicht genau genug erklärt habe. Daher lernen Sie jetzt im nächsten Kapitel XAML mit allen Tipps und Tricks näher kennen, um erfolgreiche Oberflächen für Ihre Windows Store App zu entwickeln.

Kapitel 3
XAML

Die eXtensible Application Markup Language (kurz XAML) ist die XML-basierte Sprache, die Sie zum Erstellen der Oberfläche Ihrer Windows Store App einsetzen. In diesem Kapitel lernen Sie XAML mit allen Details näher kennen.

Die Oberfläche Ihrer Windows Store App definieren Sie mit dem XML-basierten XAML. Zwar lässt sich eine Oberfläche auch dynamisch in C# erstellen, XAML ist jedoch der vorteilhaftere Weg – einerseits da das UI besser von der UI-Logik getrennt ist, andererseits da sich XAML-Dokumente neben Visual Studio auch in anderen Programmen, wie beispielsweise Blend, öffnen lassen.

Nach dem Betrachten der Grundlagen erfahren Sie in diesem Kapitel, wie XAML mit XML-Elementen und -Attributen umgeht. Ein Blick auf die Namespaces zeigt Ihnen, wie XAML Klassen findet und wie Sie Ihre eigenen Klassen in XAML einbinden. Im Anschluss lernen Sie die verschiedenen Möglichkeiten zum Setzen von Properties kennen, bevor dieses Kapitel auf Attribut-Konvertierung, Markup-Extensions, Collections und vieles mehr eingeht.

3.1 Grundlagen

Das aus der Windows Presentation Foundation und Silverlight bekannte XAML wird auch in der WinRT verwendet, um einen besseren Austausch zwischen Entwicklern und Designern zu ermöglichen. Während Entwickler mit Visual Studio arbeiten, nutzen Designer Blend. Blend ist ein Werkzeug von Microsoft, das speziell auf das Design von Benutzeroberflächen ausgerichtet ist. Es kann XAML-Dokumente lesen und schreiben. XAML dient folglich wie in Abbildung 3.1 dargestellt als Austauschformat zwischen Entwicklern und Designern.

In der Praxis hat es sich beim Umgang mit XAML bewährt, dass auch Entwickler das Programm Blend parallel zu Visual Studio betreiben. In beiden Programmen ist dieselbe Projektmappe geöffnet. Wird in Blend etwas geändert, bemerkt Visual Studio dies, und auch dort sind die Ergebnisse somit sofort sichtbar. Umgekehrt verhält es sich gleich, wenn in Visual Studio etwas geändert wird.

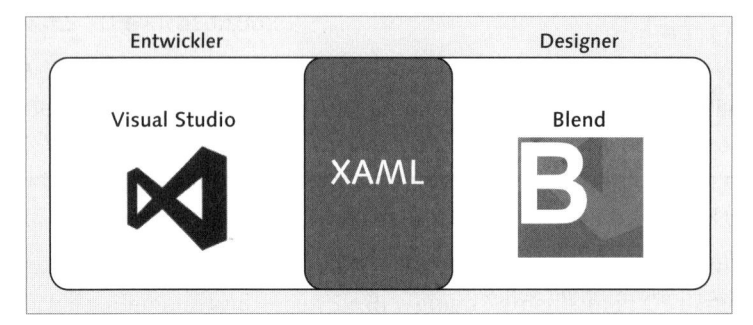

Abbildung 3.1 XAML dient als Austauschformat zwischen Entwickler und Designer.

> **Tipp**
> Einige Firmen haben speziell für den Paralleleinsatz von Visual Studio und Blend zwei Bildschirme für Entwickler eingeführt. Auf dem einen befindet sich Visual Studio, auf dem anderen Blend.

In vielen Projekten gibt es nicht immer eine separate Person, die nur die Rolle des Designers einnimmt. Oft ist diese Person auch Entwickler. Insbesondere bei den Windows Store Apps sind Sie höchstwahrscheinlich Entwickler und Designer in einer Person. Microsoft hat dies erkannt und liefert aus diesem Grund mit Visual Studio 2012 direkt eine Version von Blend mit aus. Wenn Sie also Visual Studio 2012 – ob die Version Express für Windows 8, Professional oder Ultimate – vollständig installiert haben, dann haben Sie auch eine Blend-Version zum Designen von Windows Store Apps auf Ihrem Rechner.

Neben der Funktion als Austauschformat zwischen Designer und Entwickler bietet XAML gegenüber der prozeduralen Programmierung einer Benutzeroberfläche weitere Vorteile. An dieser Stelle die wichtigsten, bevor es mit der XAML-Programmierung losgeht:

- Sie benötigen in XAML weniger Code als in C#.
- XAML ist leicht lesbar und besser strukturierbar als C#, da es XML ist.
- Verfügen Sie bereits über Erfahrung in HTML oder anderen Beschreibungssprachen, werden Sie mit XAML sehr schnell zurechtkommen. Obwohl XAML technisch gesehen nur ein zusätzlicher Weg ist, Objekte zu erzeugen, ist es von der Programmierung her sehr ähnlich wie HTML, da es eben auch eine Beschreibungssprache ist.
- XAML ist erweiterbar (»extensible«). Sie haben die Möglichkeit, in XAML Objekte Ihrer eigenen Klassen zu erstellen.

- In Visual Studio können Sie XAML editieren, und die Vorschau im Designer wird aktualisiert. Umgekehrt lässt sich die Vorschau auch im Designer bearbeitet, wodurch der XAML-Code aktualisiert wird.
- Eine XAML-Datei ist eine XML-basierte Repräsentation von Objekten. Es gibt keinen Performance-Nachteil gegenüber einer Implementierung in C#. In XAML lässt sich jede Klasse verwenden, die öffentlich ist und einen parameterlosen Konstruktor enthält.
- Zur Laufzeit lässt sich eine XAML-Datei dynamisch laden, um die in der XAML-Datei definierten Objekte zu nutzen.

Neben all den Vorteilen müssen Sie jedoch stets bedenken, dass Sie in XAML nichts machen können, was nicht auch in C# möglich wäre. Die Hauptaufgabe von XAML ist es, die Benutzeroberfläche besser von der Anwendungslogik zu trennen. Und damit kann XAML als Austauschformat zwischen Designer und Entwickler dienen.

> **Hinweis**
> Während bei der WPF und bei Silverlight XAML via Managed Code geparst wird, geschieht dies bei der WinRT nativ. XAML ist bei Windows Store Apps nicht Teil von .NET, sondern Teil der WinRT.

3.2 Elemente und Attribute

XAML basiert auf XML und besteht somit aus XML-Elementen und -Attributen. XML-Dokumente und somit auch XAML müssen wohlgeformt sein. Als wohlgeformt wird eine XAML-Datei bezeichnet, wenn sie einige Kriterien erfüllt. Hier die wichtigsten:

- Die XAML-Datei hat genau ein Wurzelelement, das alle anderen Elemente umschließt.
- Auf ein öffnendes Element folgt immer ein schließendes Element, beispielsweise `<Button>OK</Button>`. Ein Element können Sie auch direkt mit einem / am Ende des Elements schließen, falls Sie innerhalb des Elements keinen Inhalt platzieren möchten: `<Button Content="OK"/>`. Diese Syntax wird *Empty-Element-Syntax* genannt.
- Elemente müssen stets richtig verschachtelt sein. Wird innerhalb des Elements `<Grid>` das Element `<Button>` geöffnet, muss das schließende Element `</Button>` vor dem schließenden Element `<Grid>` folgen.

Listing 3.1 enthält ein XAML-Dokument, das wohlgeformt ist und somit obige Voraussetzungen erfüllt.

```xml
<Page ...
xmlns="http://schemas.microsoft.com/winfx/2006/xaml/presentation"
xmlns:x="http://schemas.microsoft.com/winfx/2006/xaml" ...>
  <Grid Background="...">
    <Button Content="Hallo XAML" HorizontalAlignment="Center"
        VerticalAlignment="Center" Click="Button_Click"/>
  </Grid>
</Page>
```

Listing 3.1 K03\01 XamlEinfuehrung\MainPage.xaml

Als Wurzelelement ist in Listing 3.1 ein Page-Objekt definiert. Darin enthalten ist ein Grid, das selbst wiederum ein Button-Element beinhaltet.

Für die in XAML definierten Elemente und Attribute gelten folgende Regeln:

- **Ein Element wird immer einer Klasse zugeordnet.**
- **Ein Attribut wird einer Property oder einem Event zugeordnet.**

In Bezug auf Listing 3.1 bedeutet dies, dass die Elemente Page, Grid und Button Klassen zugeordnet sind und somit Objekte der jeweiligen Klassen erstellt werden. Daher werden diese Elemente auch als *Objektelemente* bezeichnet. Wird die Anwendung ausgeführt, erstellt der XAML-Parser aus diesen Elementen die tatsächlichen Objekte der jeweiligen Klasse.

Betrachten Sie das Button-Element in Listing 3.1. Darauf sind vier Attribute gesetzt. Die Attribute Content, HorizontalAlignment und VerticalAlignment sind Properties der Button-Klasse zugeordnet, sie werden somit auch als *Property-Attribute* bezeichnet. Das Attribut Click ist dem Click-Event der Button-Klasse zugeordnet. Es wird daher als *Event-Attribut* bezeichnet. Der im Click-Attribut angegebene Event Handler muss sich zum erfolgreichen Kompilieren in der Codebehind-Datei befinden.

> **Achtung**
> Da die in XAML definierten Elemente Klassen zugeordnet werden, ist eine korrekte Groß- und Kleinschreibung zwingend notwendig.

Sicherlich fragen Sie sich, wie für ein in XAML definiertes Element die richtige Klasse gefunden wird. Woher weiß der XAML-Parser, dass er beim Element Button ein Objekt der Klasse Button aus dem Namespace Windows.UI.Xaml.Controls erstellen soll? Die Antwort liegt in den XML-Namespaces. Diese werden in XAML üblicherweise auf dem Wurzelelement – in Listing 3.1 das Page-Element – mit dem xmlns-Attribut definiert. Schauen wir uns die Details näher an.

3.3 Namespaces

Die Elemente in einem XAML-Dokument sind Klassen zugeordnet. Diese Zuordnung erfolgt über einen XML-Namespace. Der XML-Namespace wird mit dem `xmlns`-Attribut definiert, üblicherweise auf dem Wurzelelement in XAML.

> **Hinweis**
> Das Attribut `xmlns` steht für **XML-Namespace**.

In Listing 3.2 sehen Sie die `xmlns`-Attribute, die auf dem Wurzelelement der *MainPage.xaml*-Datei eines neuen Projekts standardmäßig enthalten sind.

```xml
<Page x:Class="EigeneNamespaces.MainPage" IsTabStop="false"
xmlns="http://schemas.microsoft.com/winfx/2006/xaml/presentation"
xmlns:x="http://schemas.microsoft.com/winfx/2006/xaml"
xmlns:local="using:EigeneNamespaces"
xmlns:d="http://schemas.microsoft.com/expression/blend/2008"
xmlns:mc="http://schemas.openxmlformats.org/markup-compatibility/2006"
mc:Ignorable="d">
...
</Page>
```

Listing 3.2 K03\02 EigeneNamespaces\MainPage.xaml

In den folgenden Abschnitten erfahren Sie mehr zu den einzelnen `xmlns`-Attributen und den darin enthaltenen XML-Namespaces. Zudem lernen Sie, wie Sie in XAML mit einem sogenannten Namespace-Mapping eigene Klassen verwenden.

3.3.1 Der XML-Namespace der WinRT

Der erste XML-Namespace in der XAML-Datei aus Listing 3.2 ist der XML-Namespace der WinRT:

```xml
xmlns="http://schemas.microsoft.com/winfx/2006/xaml/presentation"
```

Dieser XML-Namespace ist mehreren WinRT-Namespaces zugeordnet. Die Zuordnung ist dabei im XAML-Parser integriert, der beim Parsen des XAML-Dokuments den oberen XML-Namespace in verschiedene WinRT-Namespaces auflöst. Ein paar dieser WinRT-Namespaces heißen:

- Windows.UI.Xaml.Controls
- Windows.UI.Xaml.Data
- Windows.UI.Xaml.Documents
- Windows.UI.Xaml.Shapes

In einem XAML-Dokument mit dem XML-Namespace der WinRT lassen sich alle Klassen aus den oberen WinRT-Namespaces nutzen.

Der XML-Namespace der WinRT ist in jedem XAML-Dokument als *Default-Namespace* definiert. Das bedeutet, dass das `xmlns`-Attribut keinen Alias besitzt. Ein Alias wird üblicherweise im `xmlns`-Attribut mit einem Doppelpunkt angegeben:

```
xmlns:einAlias="HierDerEigentlicheXmlNamespace"
```

Ein Element aus diesem XML-Namespace ist dann auch mit diesem Alias zu referenzieren:

```
<einAlias:EinElement/>
```

Da der XML-Namespace der WinRT keinen Alias besitzt und er somit der Default-Namespace ist, lassen sich alle Elemente aus diesem XML-Namespace ohne Alias verwenden, beispielsweise `<Button/>` anstatt `<einAlias:Button/>`. Dennoch wäre es möglich, auch für den XML-Namespace der WinRT einen Alias zu definieren. Listing 3.3 zeigt dies mit dem Alias `WinRTRockt`. Jetzt sind alle Elemente mit diesem Alias zu verwenden, ansonsten kann der XAML-Parser die Klassen nicht finden.

```
<WinRTRockt:Page ...
xmlns:WinRTRockt=
"http://schemas.microsoft.com/winfx/2006/xaml/presentation" ...>
  <WinRTRockt:Grid Background="{WinRTRockt:StaticResource
    ApplicationPageBackgroundThemeBrush}">
    <WinRTRockt:Button Content="Hello XAML"
      HorizontalAlignment="Center" VerticalAlignment="Center"/>
  </WinRTRockt:Grid>
</WinRTRockt:Page>
```

Listing 3.3 K03\03 NamespaceAlias\MainPage.xaml

Hinweis

Der Alias für einen XML-Namespace ist frei wählbar, muss jedoch auf dem Element, wo er deklariert wird, eindeutig sein.

Da die meisten Elemente in einem XAML-Dokument aus dem XML-Namespace der WinRT stammen, wird dieser üblicherweise ohne Alias als Default-Namespace deklariert. Beachten Sie, dass es nur einen Default-Namespace geben kann. Alle anderen XML-Namespaces benötigen einen Alias, damit sich jedes Element im XAML-Dokument genau einem XML-Namespace zuordnen lässt.

3.3.2 Der XML-Namespace für XAML

Der zweite XML-Namespace in einem XAML-Dokument (siehe Listing 3.2) ist jener für XAML. Dieser besitzt ein x-Alias:

```
xmlns:x="http://schemas.microsoft.com/winfx/2006/xaml"
```

Dieser Namespace enthält Spracherweiterungen für XAML. Dazu gehört das x:Name-Attribut. Damit lässt sich ein beliebiges Element in XAML benennen und in der Codebehind-Datei über diesen Namen ansprechen.

> **Hinweis**
>
> Die Klasse FrameworkElement definiert eine Name-Property, die Sie alternativ zum x:Name-Attribut setzen können. Die Name-Property wird vom XAML-Parser gleich wie x:Name erkannt, womit sich das FrameworkElement über den vergebenen Namen in der Codebehind-Datei ansprechen lässt.
>
> Das x:Name-Attribut gibt Ihnen die Möglichkeit, in XAML einem Objekt auch dann einen Namen zu geben, wenn es nicht von FrameworkElement erbt. Auf einem FrameworkElement dagegen haben Sie die Wahl zwischen x:Name und Name. Setzen Sie beides, erhalten Sie einen Kompilierfehler, dass die Name-Property mehrmals gesetzt wurde.

Ebenfalls ist im XML-Namespace für XAML das x:Class-Attribut definiert, das über den voll qualifizierten Klassennamen die Verbindung zur Codebehind-Datei herstellt.

> **Hinweis**
>
> Tatsächlich sorgt das x:Class-Attribut dafür, dass im Ordner *obj\Debug* aus der XAML-Datei eine C#-Datei generiert wird. Darin enthalten ist eine partielle Klasse, die beim Kompilieren mit der partiellen Klasse der Codebehind-Datei zusammengefügt wird. Die im Hintergrund generierten Dateien habe ich in Kapitel 2, »Das Programmiermodell«, beschrieben.
>
> XAML verarbeiten Sie mit zwei Werkzeugen:
>
> - **XAML-Compiler:** Er erstellt basierend auf den Direktiven aus dem XAML-Dokument generierte Dateien mit der Endung *g.i.cs* und *g.cs*, die unter anderem Variablen für die Elemente mit einem x:Name-Attribut enthalten. Der XAML-Compiler wird nur zur Designzeit und beim Kompilieren Ihrer Anwendung aktiv.
> - **XAML-Parser:** Er liest zur Laufzeit Ihrer App das XAML-Dokument ein, instantiiert die darin deklarierten Objekte, setzt die Properties und baut auf diese Weise den Objektbaum auf.

Tabelle 3.1 zeigt eine kleine Übersicht der Attribute aus dem XML-Namespace für XAML. Diese Features aus dem XML-Namespace für XAML werden auch als *XAML-Spracherweiterung* bezeichnet.

Sprach-erweiterung	Beschreibung	Verwendung
x:Class	Definiert den voll qualifizierten Namen der generierten, partiellen Klasse in der *g.i.cs-* und *g.cs*-Datei. Die generierte Klasse wird dabei vom Typ des Objektelements abgeleitet, auf dem dieses Attribut gesetzt wird. Die zweite partielle Klasse, die sich in der Codebehind-Datei befindet, wird beim Kompilieren mit der generierten Klassendefinition verbunden. Somit stellt dieses Attribut die Verbindung zwischen XAML und der Codebehind-Datei dar.	als **Attribut** auf dem Wurzelelement
x:Key	Definiert in XAML den Schlüssel zu einem Element, das zu einer IDictionary<TKey,TValue>-Instanz hinzugefügt wird. Näheres zu diesem Attribut in Abschnitt 3.7, »Collections in XAML«.	als **Attribut** auf einem Objektelement, dessen Elternelement ein IDictionary<TKey,TValue> oder eine Property diesen Typs ist
x:Name	Ermöglicht es, in XAML deklarierten Objekten einen Namen geben, um diese Objekte in XAML selbst oder in der Codebehind-Datei zu referenzieren.	als **Attribut** auf einem Objektelement

Tabelle 3.1 Spracherweiterungen von XAML

Neben den in Tabelle 3.1 dargestellten Attributen enthält der XML-Namespace für XAML die Markup-Extension x:Null. Diese ermöglicht in XAML das Zuweisen einer null-Referenz. Mehr zu x:Null und anderen Markup-Extensions in Abschnitt 3.6, »Markup-Extensions«.

> **Hinweis**
>
> Wenn Sie in den folgenden Listings in diesem Buch einen Ausschnitt einer XAML-Datei sehen, der das Wurzelelement nicht enthält, können Sie immer davon ausgehen, dass auf dem Wurzelelement der XML-Namespace der WinRT als Default-Namespace (ohne Alias) und der XML-Namespace von XAML mit dem Alias x: definiert sind.

Im XML-Namespace für XAML finden Sie auch Elemente, um CLR-Datentypen in XAML zu erstellen. So erzeugen Sie in XAML mit folgender Zeile einen String:

```
<x:String>Wow, das ist wirklich nicht schwer</x:String>
```

Neben dem `x:String`-Element gibt es drei weitere Elemente, mit denen sich in XAML CLR-Datentypen erstellen lassen:

- `x:Boolean` – für den Datentyp `bool`
- `x:Double` – für den Datentyp `double`. Erlaubt neben Nummern auch den Wert `NaN` (*Not a Number*).
- `x:Int32` – für den Datentyp `int`
- `x:String` – für den Datentyp `string`

3.3.3 Der XML-Namespace des Designers

Ein weiterer XML-Namespace in einem XAML-Dokument (siehe Listing 3.2 und folgendes Listing 3.4) ist jener für den Designer. Er hat den Alias `d`:

```
<UserControl ...
    xmlns:d="http://schemas.microsoft.com/expression/blend/2008"
    xmlns:mc="http://schemas.openxmlformats.org/markup-
    compatibility/2006"
    mc:Ignorable="d" d:DesignHeight="300" d:DesignWidth="400">
    ...
</UserControl>
```

Listing 3.4 K03\02 EigeneNamespaces\Controls\FriendControl.xaml

Der Namespace mit dem Alias `d` ist der *Design-Namespace*, der sowohl vom Designer in Visual Studio als auch von jenem in Blend verwendet wird. Er enthält Attribute, wie `DesignHeight` und `DesignWidth`. Damit lässt sich wie in Listing 3.4 die Größe für ein Element definieren, mit der es im Designer dargestellt wird.

Zur Laufzeit haben diese Werte keine Auswirkung. Im Falle von Listing 3.4 bedeutet das, dass zur Laufzeit die Eigenschaften `DesignHeight` und `DesignWidth` ignoriert werden. Das Ignorieren erfolgt allerdings erst mit Hilfe des zweiten Namespace. In Listing 3.4 ist ein weiterer XML-Namespace mit dem Alias `mc` deklariert. Dies ist der sogenannte *XAML-Compatibility-Namespace*. Dieser Namespace enthält das `Ignorable`-Attribut, mit dem sich ein oder mehrere Namespace-Präfixe angeben lassen, die von einem XAML-Parser ignoriert werden. Auf diese Weise wird in Listing 3.4 im `Ignorable`-Attribut das Präfix `d` des Designer-Namespaces angegeben, wodurch diesem Namespace zugeordnete Elemente und Attribute vom XAML-Parser ignoriert werden.

3.3.4 XAML mit eigenen Namespaces erweitern

Haben Sie aufmerksam gelesen oder Ihr XAML-Dokument genau angesehen, so ist Ihnen sicherlich aufgefallen, dass auf den vorigen Seiten ein Namespace noch nicht betrachtet wurde: jener mit dem local-Alias, der in Listing 3.2 wie folgt aussieht:

```
xmlns:local="using:EigeneNamespaces"
```

Dieser per Default eingefügte Namespace erlaubt es Ihnen, in XAML alle Klassen aus dem lokalen Namespace Ihrer Anwendung zu nutzen. Das im XML-Namespace angegebene using ist somit analog zu einer using-Direktive in C#. Um weitere Namespaces Ihrer Anwendung in XAML zu nutzen, deklarieren Sie in XAML einfach weitere XML-Namespaces nach folgendem Muster:

```
xmlns:EinEindeutigerAlias="using:IhrAppNamespace.Subnamespace"
```

Diese Zuordnung eines XML-Namespace auf einen Namespace Ihrer Anwendung oder einer Bibliothek nennt man *Namespace-Mapping*.

Schauen wir uns ein einfaches Beispiel an. Die Beispielanwendung EigeneNamespaces enthält im Namespace EigeneNamespaces.Controls die Klasse FriendControl. Um diese Klasse in XAML zu nutzen, ist ein Namespace-Mapping notwendig. In Listing 3.5 wurde dafür der Alias controls gewählt.

```
<Page ... xmlns:local="using:EigeneNamespaces"
  xmlns:controls="using:EigeneNamespaces.Controls" ...>
  <Grid ...>
    <controls:FriendControl .../>
  </Grid>
</Page>
```

Listing 3.5 K03\02 EigeneNamespaces\MainPage.xaml

Das in Listing 3.5 erstellte Namespace-Mapping bietet mit dem Alias controls Zugriff auf Klassen aus dem Namespace EigeneNamespaces.Controls. Eine Klasse kann sich ebenfalls analog zu C# auch in einer vom Projekt referenzierten Bibliothek befinden.

> **Hinweis**
>
> Bei der WPF/Silverlight besitzt das Namespace-Mapping eine andere Syntax:
>
> ```
> xmlns:nm="clr-namespace:MeinNamespace;assembly=MeineAssembly"
> ```
>
> Die Assembly wird dort optional angegeben, falls der CLR-Namespace tatsächlich in einer anderen Assembly liegt. Der neue, in der WinRT eingeschlagene Weg mit dem using ist deutlich komfortabler, insbesondere dann, wenn sich ein Namespace über mehrere Assemblies verteilt.

> **Hinweis**
>
> Das in Listing 3.5 gezeigte Namespace-Mapping ist eine 1:1-Zuordnung:
>
> xmlns:controls="using:EigeneNamespaces.Controls"
>
> Dem XML-Namespace wird genau ein Namespace Ihrer Anwendung zugeordnet. Beim XML-Namespace der WinRT haben Sie gelernt, dass dieser mehreren WinRT-Namespaces zugeordnet ist. Für Ihren eigenen Code gibt es diese Möglichkeit einer 1:n-Zuordnung leider nicht.
>
> Während sowohl bei der WPF als auch in Silverlight für eine 1:n-Zuordnung das Xmlns-Definition-Attribut existiert, ist dieses Attribut in der WinRT (noch) nicht vorhanden.

3.4 Properties in XAML setzen

In diesem Abschnitt lernen Sie die verschiedenen Varianten kennen, wie Sie in XAML Properties setzen und wie Sie eigene Klassen zum Verwenden in XAML optimieren.

3.4.1 Attribut- und Property-Element-Syntax

Bisher haben wir eine Property immer über ein XML-Attribut gesetzt, wie folgend die Text-**Property** des TextBlocks:

```xml
<TextBlock Text="Okay"/>
```

Diese Schreibweise wird auch als *Attribut-Syntax* bezeichnet. Neben der Attribut-Syntax gibt es eine weitere Syntax, die in folgendem Listing dargestellte *Property-Element-Syntax*:

```xml
<TextBlock>
  <TextBlock.Text>
    Okay
  </TextBlock.Text>
</TextBlock>
```

Listing 3.6 K03\04 PropertiesSetzen\MainPage.xaml

Bei der Property-Element-Syntax wird innerhalb des Elements ein sogenanntes *Property-Element* in der Form `<Klassenname.Propertyname>` angegeben. In Listing 3.6 ist dies das `<TextBlock.Text>`-Element. Dieses Element enthält den eigentlichen Wert für die Property.

Beim Betrachten von Elementen und Attributen in Abschnitt 3.2, »Elemente und Attribute«, wurden folgende Regeln für XAML aufgestellt:

- Ein Element wird immer einer Klasse zugeordnet.
- Ein Attribut wird einer Property oder einem Event zugeordnet.

Die einzige Ausnahme von diesen Regeln ist die Property-Element-Syntax. Dabei wird ein Element nicht mehr einer Klasse, sondern, wie der Name der Syntax besagt, einer Property zugeordnet.

In vielen Fällen lässt sich die Property-Element-Syntax als Alternative zur Attribut-Syntax verwenden, so oben bei der Text-Property des TextBlock-Objekts. Wollen Sie jedoch einer Property ein komplexes Objekt zuweisen, ist die Property-Element-Syntax meist zwingend erforderlich, da sich das Objekt in der Attribut-Syntax nicht erstellen lässt.

> **Hinweis**
> Die Property-Element-Syntax ist für komplexe Objekte nicht immer erforderlich. Komplexe Objekte lassen sich auch mit der Attribut-Syntax zuweisen, wenn ein entsprechender Konvertierungsmechanismus vom Typ string in den Typ des komplexen Objekts vorliegt. Dazu mehr in Abschnitt 3.5, »Attribut-Konvertierung«.

Ein typisches Beispiel für eine zwingend erforderliche Property-Element-Syntax ist in Listing 3.7 dargestellt. Der Content-Property eines Buttons wird ein Image zugewiesen. Zudem wird der BorderBrush-Property via Property-Element-Syntax eine LinearGradientBrush-Instanz zugewiesen.

```
<Button BorderThickness="25" Padding="0" ...>
  <!--Property-Element für die Content-Property-->
  <Button.Content>
    <Image Source="Images/thomas.jpg" Width="300" Height="300"/>
  </Button.Content>

  <!--Property-Element für die BorderBrush-Property-->
  <Button.BorderBrush>
    <LinearGradientBrush>
      <GradientStop Offset="0" Color="Black"/>
      <GradientStop Offset="1" Color="White"/>
    </LinearGradientBrush>
  </Button.BorderBrush>
</Button>
```

Listing 3.7 K03\05 PropertyElementSyntax\MainPage.xaml

Der Button aus Listing 3.7 ist in Abbildung 3.2 dargestellt. Sowohl das Image als auch der für die BorderBrush-Property verwendete LinearGradientBrush kommen zum Vorschein.

Abbildung 3.2 Ein Button, dessen »Content«-Property ein Image und dessen »BorderBrush«-Property einen »LinearGradientBrush« enthält

> **Achtung**
> Da ein Property-Element einer Property und nicht einer Klasse zugeordnet ist, können Sie auf einem Property-Element natürlich keine XML-Attribute setzen. XML-Attribute verweisen in XAML auf Properties und Events, die es nur auf Klassenebene und somit auf Objektelementen gibt. Das Property-Element ist aus diesem Grund immer sehr kompakt und besteht immer nur aus Klassenname und Property-Name.

3.4.2 Die »Content«-Property (Default-Property)

Die Property-Element-Syntax bläht ein XAML-Dokument etwas auf, wie folgender Ausschnitt aus Listing 3.7 zeigt:

```
<Button BorderThickness="25" Padding="0" ...>
  <Button.Content>
    <Image Source="Images/thomas.jpg" Width="300" Height="300"/>
  <Button.Content>
  ...
</Button>
```

Damit XAML etwas kompakter wird, definieren viele Klassen eine Default-Property. Für diese Default-Property ist das Property-Element optional. Die Button-Klasse definiert beispielsweise die Content-Property als Default-Property, womit obiges Property-Element <Button.Content> optional ist. Die Content-Property des Buttons lässt sich somit auch ohne das Property-Element wie folgt setzen:

```
<Button BorderThickness="25" Padding="0" ...>
  <Image Source="Images/thomas.jpg" Width="300" Height="300"/>
</Button>
```

Findet der XAML-Parser innerhalb des Button-Elements Inhalt, der nicht explizit mit der Property-Element-Syntax einer Property zugeordnet ist, weist er diesen Inhalt der Default-Property zu.

Die Default-Property findet der XAML-Parser über das auf Klassen definierte ContentProperty-Attribut heraus. Die Klasse Button beziehungsweise ihre Basisklasse ContentControl definiert mit dem Attribut die Property Content als Default-Property. Die Klassendefinition der Klasse ContentControl sieht wie folgt aus:

```
[ContentProperty(Name = "Content")] ...
public class ContentControl : Control
```

Werfen Sie einen Blick auf die Definitionen weiterer WinRT-Klassen, werden Sie weitere ContentProperty-Attribute finden. Beispielsweise definiert die Klasse Panel die Children-Property als Default-Property:

```
[ContentProperty(Name = "Children")] ...
public class Panel : FrameworkElement
```

Das ContentProperty-Attribut lässt sich auch in eigenen Klassen verwenden. Fügen Sie dazu eine using-Direktive für den Namespace Windows.UI.Xaml.Markup hinzu. Listing 3.8 zeigt eine Friend-Klasse, die eine FirstName- und eine LastName-Property besitzt. Die FirstName-Property ist auf Klassenebene mit dem ContentProperty-Attribut als Default-Property definiert.

```
[ContentProperty(Name = "FirstName")]
public class Friend
{
  public string FirstName { get; set; }
  public string LastName { get; set; }
}
```

Listing 3.8 K03\06 ContentPropertyCustomTypes\Friend.cs

Ohne das ContentProperty-Attribut auf der Friend-Klasse ließe sich die FirstName-Property nur mit der Attribut- oder der Property-Element-Syntax setzen. Mit dem ContentProperty-Attribut ist das Property-Element jetzt optional, womit Sie zum Setzen der FirstName-Property die drei Möglichkeiten aus Listing 3.9 haben.

```
<!--Attribut-Syntax-->
<local:Friend FirstName="Thomas"/>

<!--Property-Element-Syntax-->
<local:Friend>
  <local:Friend.FirstName>
    Thomas
```

```
      </local:Friend.FirstName>
</local:Friend>
<!--Content-Property-->
<local:Friend>
   Thomas
</local:Friend>
```

Listing 3.9 K03\06 ContentPropertyCustomTypes\MainPage.xaml

3.4.3 Die Attached-Property-Syntax

Attached Properties sind eine spezielle Implementierung der in Kapitel 6, »Dependency Properties«, beschriebenen Dependency Properties. Das Besondere an Attached Properties ist, dass sie in einer Klasse definiert, aber auf Objekten anderer Klassen gesetzt werden. XAML besitzt für diese Attached Properties eine eigene Syntax, die *Attached-Property-Syntax*.

Attached Properties kommen insbesondere bei Layout-Panels zum Einsatz. Beispielsweise definiert das Canvas die Attached Properties Left und Top, die auf Kindelementen gesetzt werden. In Listing 3.10 werden sie genutzt, um einen Button in einem Canvas absolut anzuordnen.

```
<Canvas Width="300" Height="100" ...>
   <Button Canvas.Left="20" Canvas.Top="50" Content="Okay"/>
</Canvas>
```

Listing 3.10 K03\07 AttachedProperties\MainPage.xaml

Wie Listing 3.10 zeigt, werden Attached Properties mit der Syntax Klassenname.Propertyname gesetzt. Dabei werden die Attached Properties als Attribut angegeben, was der Attribut-Syntax entspricht. Neben der Attribut-Syntax lassen sich Attached Properties auch in der Property-Element-Syntax setzen. Dabei bleibt die Syntax Klassenname.Propertyname bestehen. Folgender Button in Listing 3.11 ist analog zu dem Button aus Listing 3.10, die Properties Left und Top werden lediglich mit der Property-Element-Syntax gesetzt.

```
<Canvas  Width="300" Height="100" ...>
   <Button Content="Okay">
      <Canvas.Left>20</Canvas.Left>
      <Canvas.Top>50</Canvas.Top>
   </Button>
</Canvas>
```

Listing 3.11 K03\07 AttachedProperties\MainPage.xaml

Die C#-Variante zu dem in Listing 3.10 und Listing 3.11 dargestellten Canvas mit dem Button benötigt etwas mehr Code, wie Listing 3.12 zeigt.

```
Canvas c = new Canvas();
c.Width = 300;
c.Height = 100;
Button b = new Button();
b.Content = "Okay";
Canvas.SetLeft(b, 20);
Canvas.SetTop(b, 50);
c.Children.Add(b);
```

Listing 3.12 C#-Variante zu Listing 3.10 und Listing 3.11

> **Hinweis**
>
> In Kapitel 5, »Layout«, werden Sie die Attached-Property-Syntax intensiv einsetzen. In Kapitel 6, »Dependency Properties«, erfahren Sie, wie Sie eigene Attached Properties implementieren.

3.5 Attribut-Konvertierung

Setzen Sie in XAML ein Attribut, ist der Wert zuerst einmal ein String. XML-Attribute kennen nur Strings. Selbst wenn Sie Properties primitiver Typen wie int, double, float, char, oder bool setzen, sind diese Werte in XAML zunächst alle vom Typ String.

Zur Laufzeit führt der XAML-Parser der WinRT die Konvertierung von String-Werten in XML-Attribute wie folgt durch: Ist der Property-Typ ein primitiver Typ, erfolgt eine direkte Konvertierung. Ist der Typ der Property eine Aufzählung, werden die Mitglieder der Aufzählung geprüft. Es muss ein Mitglied geben, dessen Name dem der Property zugewiesenen String entspricht. Die Konvertierung wird auch hier automatisch durchgeführt. Das Konvertieren von primitiven Typen und Aufzählungen erledigt der XAML-Parser.

Ist der Property-Typ weder ein primitiver Typ noch ein String, muss die Konvertierung für diesen Typ zusätzlich im XAML-Parser integriert sein, ansonsten erhalten Sie einen Fehler.

> **Hinweis**
>
> Die WPF und Silverlight unterstützen sogenannte Type-Converter. Mit einer Subklasse von TypeConverter (Namespace System.ComponentModel) lässt sich in der WPF/Silverlight für einen komplexen Typ eine eigene Konvertierungslogik erstellen.

> Der komplexe Typ lässt sich dann auch in der Attribut-Syntax verwenden, da der XAML-Parser dann die Konvertierungslogik in Ihrem implementierten Type-Converter nutzt.
>
> Die WinRT unterstützt in der derzeitigen Version keine Type-Converter.

Durch den XAML-Parser findet oft eine implizite Konvertierung statt, ohne dass es dem Entwickler sofort bewusst wird. Auf den zweiten Blick ist es allerdings sehr eindeutig. Schauen Sie sich folgendes `Rectangle`-Objekt an, mit dem in der WinRT ein einfaches rotes Rechteck gezeichnet wird:

```
<Rectangle Width="200"
           Height="100"
           HorizontalAlignment="Left"
           Fill="Red" />
```

Auf dem `Rectangle`-Objekt sind vier Properties gesetzt. Zunächst sind aus XAML-Sicht alle Werte in den XML-Attributen vom Typ String. Die Properties `Width` und `Height` verlangen einen `double`. Dies ist ein primitiver Typ; folglich wird bei der `Width`-Property der String `200` in einen `double`-Wert umgewandelt. Für die `Height`-Property gilt dasselbe. Die `HorizontalAlignment`-Property dagegen ist vom Typ der gleichnamigen Aufzählung. Die `HorizontalAlignment`-Aufzählung enthält die Werte `Left`, `Center`, `Right` und `Stretch`. Folglich findet der XAML-Parser den Wert `Left` in der Aufzählung und weist diesen Wert der Property zu.

Wie bereits erwähnt, ist die Konvertierungsfunktionalität sowohl für primitive Typen als auch für Aufzählungen nativ im XAML-Parser der WinRT integriert. Der XAML-Parser besitzt zudem ein paar weitere native Konvertierungs-Features. Schauen Sie sich die letzte auf dem `Rectangle`-Element gesetzte Property an, die `Fill`-Property. Ihr wird der String `Red` zugewiesen. Ein Blick in die Dokumentation verrät jedoch, dass die `Fill`-Property vom Typ `Brush` ist. Die Funktionalität für die Konvertierung von Strings zu solchen zentralen Typen, wie einem `Brush`, ist in der WinRT ebenfalls nativ im XAML-Parser integriert. Er erstellt im Hintergrund vom String `Red` einen `SolidColorBrush` mit der Farbe Rot.

Erstellen Sie das in diesem Abschnitt gezeigte `Rectangle` in C#, wird Ihnen bewusst, was der XAML-Parser im Hintergrund alles konvertiert. Folgender C#-Ausschnitt ist die Alternative zu dem in XAML erstellten `Rectangle`:

```
Rectangle r = new Rectangle();
r.Width = 200;
r.Height = 100;
r.HorizontalAlignment = HorizontalAlignment.Left;
r.Fill = new SolidColorBrush(Colors.Red);
```

Der `Fill`-Property wird ein `SolidColorBrush`-Objekt mit der Farbe Rot zugewiesen. In XAML war dafür lediglich der String `Red` notwendig. Dies macht XAML kompakter, aber in Bezug auf das tatsächliche Geschehen und die verwendeten Klassen der WinRT weniger durchschaubar.

3.6 Markup-Extensions

Wie im vorherigen Abschnitt gezeigt, lassen sich mit der Attribut-Syntax nur primitive Typen und Aufzählungswerte zuweisen, es sei denn, der XAML-Parser hat einen integrierten Konvertierungsmechanismus für den entsprechenden Typ.

Mit Markup-Extensions haben Sie allerdings eine weitere Möglichkeit, direkt in der Attribut-Syntax beispielsweise über ein Data Binding ein bereits existierendes Objekt zu referenzieren.

Sowohl der XML-Namespace der WinRT als auch der XML-Namespace für XAML enthalten Markup-Extensions. Bevor Sie diese Markup-Extensions kennenlernen, schauen wir uns die Syntax und Funktionsweise von Markup-Extensions an.

3.6.1 Syntax und Funktionsweise

Eine Markup-Extension wird üblicherweise über die Attribut-Syntax gesetzt. Sie beginnt immer mit einer geschweiften, öffnenden Klammer ({) und endet mit einer geschweiften schließenden Klammer (}). Erkennt der XAML-Parser die öffnende Klammer als erstes Zeichen im Wert eines Attributs, geht er von einer Markup-Extension aus.

Listing 3.13 zeigt die `Binding`-Markup-Extension in Aktion. Dabei ist die `Text`-Property einer `TextBox` an die `Value`-Property eines `Slider`-Elements gebunden. Wird der Wert des `Slider` geändert, wirkt sich dies sofort auf die `Text`-Property der `TextBox` aus.

```
<Slider x:Name="slider" Value="2" />
<TextBox Text="{Binding Path=Value,ElementName=slider,
  Mode=TwoWay}" />
```

Listing 3.13 K03\08 BindingMarkupExtension\MainPage.xaml

Wird ein Attributwert mit einer öffnenden geschweiften Klammer begonnen, sucht der XAML-Parser nach einer Markup-Extension. In Listing 3.13 ist dies die Markup-Extension `Binding`. Hinter der in XAML erstellten `Binding`-Markup-Extension ist die Klasse `Binding` aus dem Namespace `Windows.UI.Xaml.Data` aktiv. Von ihr wird eine Instanz erstellt, und auf dieser Instanz werden die Properties `Path`, `ElementName` und `Mode` gesetzt.

> **Hinweis**
> Beachten Sie, dass für die gesetzten Properties einer Markup-Extension bei der Attribut-Syntax keinerlei Anführungszeichen oder Hochkommas verwendet werden. Stattdessen wird der Wert für eine Property direkt hinter das Gleich-Zeichen gesetzt. Einzelne Properties werden wie in Listing 3.13 ersichtlich mit einem Komma voneinander getrennt.

Viele Markup-Extensions haben eine Default-Property. Bei der Binding-Klasse ist dies die Path-Property. Setzen Sie den Wert der Path-Property wie in Listing 3.13 unmittelbar nach der Definition der Binding-Markup-Extension, so ist die Angabe der Path-Property optional. Anstatt wie in Listing 3.13 {Binding Path=Value,...} zu schreiben, ist auch {Binding Value,...}, wie folgender Codeausschnitt zeigt:

```xaml
<Slider x:Name="slider" Value="2" />
<TextBox Text="{Binding Value,ElementName=slider,Mode=TwoWay}" />
```

> **Hinweis**
> Bei der WPF/Silverlight wird beim Angeben der Path-Property der parameterlose Konstruktor der Binding-Klasse aufgerufen und anschließend die Path-Property auf den entsprechenden Wert gesetzt. Beim Weglassen der Path-Property wird eine Konstruktor-Überladung der Binding-Klasse aufgerufen, die den Pfad direkt entgegennimmt.
>
> public Binding()
> public Binding(string path)
>
> In der WinRT existiert diese Konstruktor-Überladung nicht. Es gibt lediglich den Default-Konstruktor. Das bedeutet, dass die zwei Möglichkeiten zum Verwenden der Binding-Markup-Extension mit und ohne Angabe der Path-Property ein Feature des XAML-Parsers der WinRT sind. In beiden Fällen ruft er den einzig existierenden, parameterlosen Konstruktor der Binding-Klasse auf und setzt anschließend die Path-Property.

Anstatt die Binding-Markup-Extensions in der Attribut-Syntax zu verwenden, lässt sie sich auch als Objektelement nutzen. Die TextBox in folgendem Listing 3.14 ist analog zu jener aus Listing 3.13.

```xaml
<Slider x:Name="slider" Value="2" />
<TextBox>
  <TextBox.Text>
    <Binding Path="Value" ElementName="slider" Mode="TwoWay" />
  </TextBox.Text>
</TextBox>
```

Listing 3.14 K03\09 BindingObjektElement\MainPage.xaml

Obwohl die in Listing 3.14 gezeigte Variante als Objektelement möglich ist, werden Markup-Extensions in der Praxis üblicherweise mit der Attribut-Syntax verwendet.

Neben der Klasse `Binding` gibt es weitere Markup-Extensions. Beispielsweise wird die Markup-Extension `StaticResource` verwendet, um eine Ressource zu referenzieren. Listing 3.15 zeigt einen Vorgeschmack von Kapitel 10, »Ressourcen«, wo wir die `StaticResource`-Markup-Extension genauer betrachten.

```
<StackPanel>
  <StackPanel.Resources>
    <SolidColorBrush x:Key="grayBrush" Color="Gray" />
  </StackPanel.Resources>
  <TextBox Background="{StaticResource grayBrush}" />
  <TextBox Background="{StaticResource grayBrush}" />
</StackPanel>
```

Listing 3.15 K03\10 StaticResourceMarkupExtension\MainPage.xaml

Wie Listing 3.15 zeigt, lassen sich mit der `StaticResource`-Markup-Extension Objekte referenzieren, die als Ressource definiert wurden. In diesem Fall ist es ein `SolidColorBrush`, der für die `Background`-Property von zwei `TextBox`-Objekten genutzt wird. Das Interessante an der `StaticResource`-Markup-Extension ist, dass es im Hintergrund keine Klasse dazu gibt. Stattdessen ist die Logik für die `StaticResource`-Markup-Extension direkt im XAML-Parser der WinRT implementiert.

Es gibt somit folglich bei der WinRT zwei Typen von Markup-Extensions: jene wie die `Binding`-Extension, die eine Klasse im Hintergrund hat, und jene wie die `StaticResource`-Markup-Extension, die direkt im XAML-Parser implementiert ist.

Erstellen Sie ein neues Projekt für eine Windows Store App, finden Sie auf dem in der *MainPage.xaml*-Datei enthaltenen `Grid`-Element ebenfalls die `StaticResource`-Markup-Extension:

```
<Grid Background="{StaticResource ApplicationPageBackgroundThemeBrush}">
```

In oberem Fall referenziert die `StaticResource`-Markup-Extension einen Theme-Brush. Mehr dazu erfahren Sie in Kapitel 10, »Ressourcen«.

> **Tipp**
>
> Beginnen Sie einen Attributwert mit einer öffnenden, geschweiften Klammer, sucht der XAML-Parser immer nach einer Markup-Extension. Dies kann zum Problem werden, falls Sie beispielsweise der `Text`-Property einer `TextBox` den Wert `{Thomas}` zuweisen möchten und dies mit folgendem Code versuchen:
>
> ```
> <TextBox Text="{Thomas}" />
> ```

Sie werden einen Kompilierfehler erhalten, da der XAML-Parser keine Markup-Extension mit dem Namen Thomas kennt. Stattdessen müssen Sie dem XAML-Parser explizit mitteilen, dass er den Wert nicht als Markup-Extension behandeln soll. Dies machen Sie, indem Sie am Anfang ein leeres geschweiftes Klammernpaar {} platzieren. Dieses Klammerpaar dient nur als Escape-Sequenz für den XAML-Parser und wird im eigentlichen Wert nicht enthalten sein. Folgende TextBox erhält somit den Wert {Thomas}, ohne einen Kompilierfehler zu verursachen:

```
<TextBox Text="{}{Thomas}" />
```

3.6.2 Markup-Extensions der WinRT

Im XML-Namespace der WinRT gibt es neben den gezeigten Markup-Extensions Binding und StaticResource zwei weitere Markup-Extensions, RelativeSource und TemplateBinding. Tabelle 3.2 enthält eine Übersicht der vier Markup-Extensions, die wird in anderen Kapiteln noch intensiver verwenden werden.

Markup-Extension	Beschreibung
Binding	Mit der Binding-Markup-Extension definieren Sie ein Data Binding in XAML. Mehr zum Data Binding und zu dieser Markup-Extension erfahren Sie in Kapitel 7, »Daten«.
RelativeSource	Diese Markup-Extension wird im Zusammenhang mit einer Binding-Markup-Extension verwendet. Die Binding-Klasse enthält eine Property mit dem Namen dieser Markup-Extension. Folgender Codeausschnitt setzt die Background-Property einer TextBox auf den Wert der Text-Property. Wird der Text »Red« eingegeben, wird die TextBox rot, da das Binding den String Red zurückgibt und dieser String von der WinRT in einen SolidColorBrush konvertiert wird. `<TextBox Text="Red" Background="{Binding Path=Text, RelativeSource={RelativeSource Self}}" />` **Listing 3.16** K03\11 RelativeSourceMarkupExtension\MainPage.xaml
StaticResource	Mit dieser Markup-Extension weisen Sie einer Property den Wert einer Ressource zu. Mehr zu dieser Markup-Extension finden Sie in Kapitel 10, »Ressourcen«.

Tabelle 3.2 Markup-Extensions der WinRT

Markup-Extension	Beschreibung
TemplateBinding	Die TemplateBinding-Markup-Extension wird verwendet, um Properties innerhalb eines ControlTemplates an die Properties des Controls zu binden, auf das das ControlTemplate angewendet wird. Einzelheiten dazu finden Sie in Kapitel 11, »Styles und Templates«.

Tabelle 3.2 Markup-Extensions der WinRT (Forts.)

3.6.3 Markup-Extensions von XAML

Im XML-Namespace von XAML gibt es lediglich eine einzige Markup-Extension, die x:Null-Markup-Extension. Sie wird verwendet, um einer Property in XAML eine null-Referenz zuzuweisen. Folgender Codeausschnitt weist der Background-Property einer TextBox den Wert null zu, wodurch diese TextBox keine Hintergrundfarbe mehr hat.

```
<TextBox Background="{x:Null}" Text="Kein Hintergrund :-)" />
```

> **Hinweis**
>
> In der WinRT ist die Null-Markup-Extension auch im XML-Namespace der WinRT zu finden. Somit funktioniert auch folgende Zeile:
>
> ```
> <TextBox Background="{Null}" Text="Kein Hintergrund :-)" />
> ```
>
> Falls Sie Ihren XAML-Code kompatibel mit der WPF und mit Silverlight halten möchten, sollten Sie immer {x:Null} statt {Null} verwenden.

> **Hinweis**
>
> Wenn Sie bereits mit der WPF gearbeitet haben, werden Sie bestimmt einige Markup-Extensions vermissen. In der WinRT gibt es – wie übrigens auch in Silverlight – keine DynamicResource-, keine x:Type-, keine x:Array- und keine x:Static-Markup-Extension, um nur einige zu nennen.

3.7 Collections in XAML

In XAML lassen sich zu zwei Arten von Collections Kindelemente hinzufügen:

- Collections vom Typ ICollection<T>
- Collections vom Typ IDictionary<TKey,TValue>

Beide Arten schauen wir uns nachfolgend an.

3.7.1 Collections vom Typ »ICollection<T>«

XAML unterstützt Collections, die das Interface ICollection<T> implementieren. Die wichtigste Methode dieses Interface ist die Add-Methode, die Elemente zur Collection hinzufügt:

```
void Add(T item);
```

Das Interface IList<T> erweitert das Interface ICollection<T>:

```
public interface IList<T> : ICollection<T>, ...
```

Aus diesem Grund lassen sich in XAML natürlich auch alle Collections nutzen, die IList<T> implementieren. Eine Klasse, die IList<UIElement> implementiert, ist die Klasse UIElementCollection:

```
public sealed class UIElementCollection : IList<UIElement>, ...
```

Die Children-Property eines Panels ist vom Typ UIElementCollection. Die StackPanel-Klasse haben Sie bereits etwas kennengelernt. Sie stapelt Elemente vertikal.

Wird in XAML zur Children-Property eines StackPanels etwas hinzugefügt, findet der XAML-Parser über den Typ der Children-Property (UIElementCollection) das IList<UIElement>-Interface und somit auch das ICollection<UIElement>-Interface. Folglich kann er für die in der Children-Property enthaltenen Elemente die Add-Methode aufrufen.

Der in Listing 3.17 dargestellte Codeausschnitt fügt zwei TextBox-Objekte zu einem StackPanel hinzu. Für jede TextBox wird die in ICollection<UIElement> definierte Add-Methode aufgerufen.

```xml
<StackPanel>
  <StackPanel.Children>
    <TextBox Text="Erstes Kind"/>
    <TextBox Text="Zweites Kind"/>
  </StackPanel.Children>
</StackPanel>
```

Listing 3.17 K03\12 IListCollections\MainPage.xaml

Hinweis

Die Children-Property ist auf der Panel-Klasse mit dem ContentProperty-Attribut als Default-Property definiert. Das in Listing 3.17 verwendete Property-Element <StackPanel.Children> ist somit optional. Folgender Code ist gleichbedeutend:

```xaml
<StackPanel>
  <TextBox Text="Erstes Kind" />
  <TextBox Text="Zweites Kind" />
</StackPanel>
```

Der Code aus Listing 3.17 lässt sich in C# wie folgt darstellen. Beachten Sie, dass dazu die Add-Methode des ICollection<T>-Interface explizit verwendet wird:

```
StackPanel s = new StackPanel();
s.Children.Add(new TextBox { Text = "Erstes Kind" });
s.Children.Add(new TextBox { Text = "Zweites Kind" });
```

3.7.2 Collections vom »Typ IDictionary<TKey,TValue>«

Neben den ICollection<T>-Collections weiß der XAML-Parser auch, wie sich Kindelemente zu Collections vom Typ IDictionary<TKey,TValue> hinzufügen lassen. Ein IDictionary<TKey,TValue> speichert Schlüssel-Wert-Paare ab. Das Interface definiert wie auch ICollection<T> eine Add-Methode, die sich aber in der Signatur unterscheidet. Als erster Parameter wird ein Schlüssel verlangt, als zweiter der eigentliche Wert:

```
void Add(TKey key, TValue value);
```

Wird in XAML zu einem IDictionary<TKey,TValue> ein Kindelement hinzugefügt, muss natürlich der Schlüssel für dieses Kindelement angegeben werden. Dies erfolgt, indem auf dem Kindelement das x:Key-Attribut gesetzt wird. Das x:Key-Attribut haben Sie bereits beim Betrachten des XML-Namespace für XAML kurz kennengelernt. Schauen wir uns hier ein Beispiel an.

Die in der WinRT wohl am häufigsten verwendete IDictionary<TKey,TValue>-Instanz ist das ResourceDictionary. Die Klasse implementiert IDictionary<object, object>. Jedes FrameworkElement besitzt eine Resources-Property vom Typ ResourceDictionary. Mit der Markup-Extension StaticResource lassen sich die zu einem ResourceDictionary hinzugefügten Elemente referenzieren.

Listing 3.18 enthält ein Grid, dessen Resources-Property zwei SolidColorBrush-Objekte enthält. Eine TextBox im Grid referenziert beide Objekte mit der StaticResource-Markup-Extension. Beachten Sie, dass auf den SolidColorBrush-Elementen das x:Key-Attribut gesetzt ist.

```xaml
<Grid ...>
  <Grid.Resources>
    <SolidColorBrush x:Key="backgroundBrush" Color="Black" />
    <SolidColorBrush x:Key="foregroundBrush" Color="White" />
  </Grid.Resources>
```

```xml
<TextBox Background="{StaticResource backgroundBrush}"
    Foreground="{StaticResource foregroundBrush}"
    Text="Weiß auf Schwarz" />
</Grid>
```

Listing 3.18 K03\13 IDictionaryCollections\MainPage.xaml

Das x:Key-Attribut bestimmt in Listing 3.18 den ersten Parameter für die Add-Methode des IDictionary<TKey,TValue>-Interface. Der zweite Parameter ist der jeweilige SolidColorBrush selbst. Die Add-Methode wird vom XAML-Parser aufgerufen. Die C#-Alternative zum Initialisieren der Resources-Property aus Listing 3.18 sieht wie folgt aus:

```csharp
Grid g = new Grid();
g.Resources.Add("backgroundBrush",
            new SolidColorBrush(Colors.Black));
g.Resources.Add("foregroundBrush",
            new SolidColorBrush(Colors.White));
```

3.8 XAML dynamisch laden

Mit der Klasse XamlReader (**Namespace:** Windows.UI.Xaml.Markup) haben Sie die Möglichkeit, XAML dynamisch zur Laufzeit zu laden. Dazu besitzt die Klasse XamlReader eine Load-Methode mit folgender Signatur:

```csharp
static object Load(string xaml);
```

Das zu ladende XAML geben Sie als String-Parameter in die Methode und erhalten ein Object zurück. Dieses Objekt ist das Wurzelelement aus dem hereingegebenen XAML. Dabei werden auch die in XAML definierten Kindelemente erstellt. Sie erhalten also einen ganzen *Object Tree* (Objektbaum).

Die in den Beispielen des Buchs im Order *WinRTXamlEditor* enthaltene gleichnamige Anwendung verwendet die XamlReader-Klasse, um dynamisch aus dem in eine TextBox geschriebenen XAML-»Text« Objekte zu erstellen. Abbildung 3.3 zeigt die Anwendung in Aktion. Beachten Sie, dass unten etwas XAML-Code eingegeben wurde, der eine TextBox und einen Button erstellt. Die TextBox und der Button werden dynamisch erzeugt und im unteren Bereich dargestellt.

Die interessanteste Methode der Anwendung ist der Event Handler, der mit dem TextChanged-Event der TextBox verbunden ist, in die XAML eingegeben wird. Der Event Handler ist in Listing 3.19 abgebildet. Der XamlReader.Load-Methode wird der Text der TextBox namens txtXaml übergeben. Das Ergebnis wird in der lokalen Variablen content gespeichert und die Foreground-Property der TextBox auf null gesetzt.

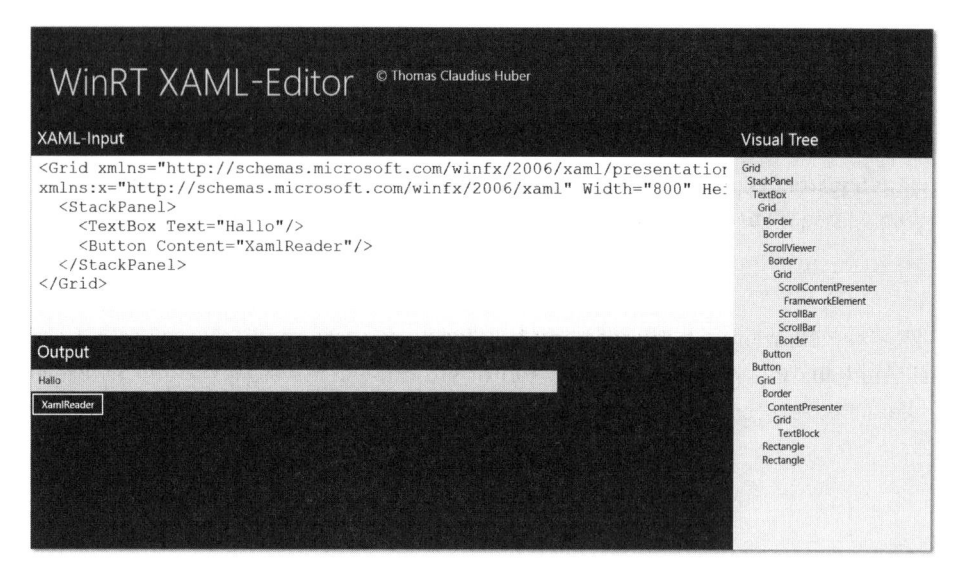

Abbildung 3.3 Der »WinRT XAML-Editor« in Aktion

Tritt eine XamlParseException auf, weil der Text in der TextBox kein gültiges XAML enthält und die Load-Methode dann diese Exception wirft, wird die Nachricht in einem TextBlock (txtErrors) angezeigt und die Foreground-Property der TextBox auf Rot gesetzt.

```csharp
void txtXaml_TextChanged(object sender, TextChangedEventArgs e)
{
  object content = null;
  txtErrors.Text = "";

  try
  {
    content = XamlReader.Load(txtXaml.Text);
    txtXaml.Foreground = null;
  }
  catch (XamlParseException ex)
  {
    txtErrors.Text = ex.Message;
    txtXaml.Foreground = new SolidColorBrush(Colors.Red);
  }

  container.Content = content;
  ...
}
```

Listing 3.19 WinRTXamlEditor\MainPage.xaml.cs

> **Hinweis**
>
> Die WPF enthält eine Klasse XamlWriter, um Objekte nach XAML zu serialisieren. Die WinRT besitzt diese Klasse nicht.

3.9 Object und Visual Tree

Die im vorherigen Abschnitt dargestellte XamlReader.Load-Methode gibt einen Object Tree zurück, im Folgenden als *Objektbaum* bezeichnet. Möchten Sie ein Element in diesem Objektbaum finden, geben Sie diesem Element in XAML mit dem x:Name-Attribut einen Namen. Wurde das Wurzelelement mit der XamlReader.Load-Methode geladen, lässt sich darauf die FindName-Methode mit dem entsprechenden Namen verwenden. FindName ist in der Klasse FrameworkElement definiert und besitzt folgende Signatur:

```
object FindName(string name)
```

FindName durchsucht den Objektbaum nach dem benannten Element und gibt das entsprechende Objekt zurück. Falls kein Element den Namen besitzt, gibt FindName eine null-Referenz zurück.

Anstatt mit der FindName-Methode einen Objektbaum zu durchsuchen, enthält die WinRT noch die Klasse VisualTreeHelper (Namespace: Windows.UI.Xaml.Media). Diese Klasse enthält zum Durchlaufen des sogenannten Visual Trees drei statische Methoden:

```
DependencyObject GetChild(DependencyObject reference,
                         int childIndex)
int GetChildrenCount(DependencyObject reference)
DependencyObject GetParent(DependencyObject reference)
```

GetChild gibt das Kindelement eines UIElement am entsprechenden Index zurück. GetChildrenCount gibt die Anzahl an Kindern zurück, und GetParent gibt das direkte Elternelement zurück.

> **Hinweis**
>
> Ein Objektbaum bzw. Object Tree bezeichnet genau die Hierarchie von Objekten, die Sie in XAML oder C# erstellen. Diese Hierarchie wird oft auch als *Element Tree* bezeichnet.

> Der Visual Tree dagegen ist viel umfangreicher. Er enthält alle visuellen Elemente, die zur Laufzeit erzeugt und zu einem großen Bild zusammengefügt werden. Dieses große Bild ist letztlich das, was der Benutzer auf dem Bildschirm sieht. Ein `Button` besteht beispielsweise wieder aus einfacheren visuellen Elementen: aus einem `Grid`, einem `Border`-Element, einem `ContentPresenter`-Element usw. All diese Elemente sind Teil des Visual Trees, und nicht nur die Elemente, die sie in XAML erstellen.

Abbildung 3.4 enthält den Screenshot einer Anwendung, die zeigt, wie Sie die `VisualTreeHelper`-Klasse verwenden. In der Mitte sitzt ein weiß umrandetes `StackPanel`, das einen `Button` (HI VISUAL TREE) und eine `TextBox` (GOODBYE) enthält. Die Elemente im Visual Tree dieses `StackPanels` werden beim Klick auf den oberen `Button` in die untere `TextBox` geschrieben.

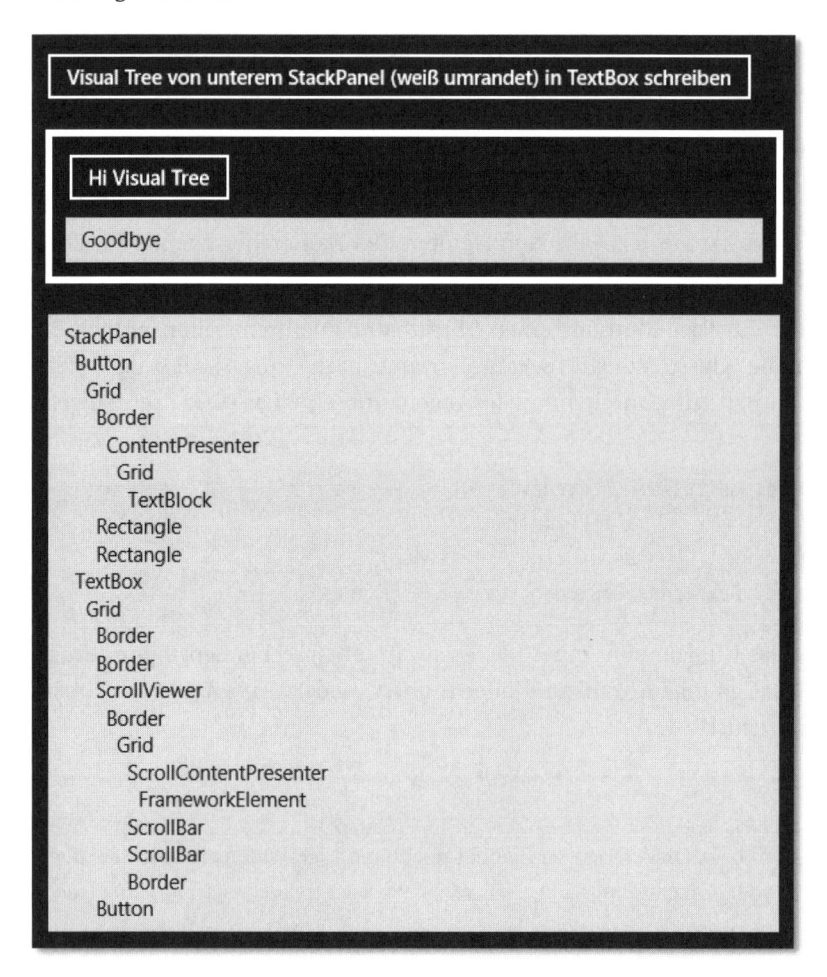

```
Visual Tree von unterem StackPanel (weiß umrandet) in TextBox schreiben

   Hi Visual Tree

   Goodbye


StackPanel
  Button
    Grid
      Border
        ContentPresenter
          Grid
            TextBlock
      Rectangle
      Rectangle
  TextBox
    Grid
      Border
      Border
      ScrollViewer
        Border
          Grid
            ScrollContentPresenter
              FrameworkElement
            ScrollBar
            ScrollBar
          Border
      Button
```

Abbildung 3.4 Beispielanwendung zum Durchlaufen des Visual Trees

Den Code zur in Abbildung 3.4 dargestellten Anwendung finden Sie in Listing 3.20. Beim Klicken auf den Button wird die Methode PrintVisualTree aufgerufen. Sie weist der TextBox namens txtResult den Klassennamen des aktuellen Elements zu, bevor rekursiv in einer for-Schleife die Kinder durchlaufen werden. Beachten Sie, wie zum rekursiven Durchlaufen die Methoden GetChildrenCount und GetChild der Visual-TreeHelper-Klasse ins Spiel kommen.

```
private void Button_Click(object sender, RoutedEventArgs e)
{
  PrintVisualTree(stackPanel, 0);
}
void PrintVisualTree(DependencyObject element, int level)
{
  string print = new string(' ', level * 2)
    + element.GetType().Name;
  txtResult.Text += print + Environment.NewLine;

  int children = VisualTreeHelper.GetChildrenCount(element);
  level++;
  for (int i = 0; i < children; i++)
  {
  DependencyObject child = VisualTreeHelper.GetChild(element, i);
    PrintVisualTree(child, level);
  }
}
```

Listing 3.20 K03\14 VisualTreePrinter\MainPage.xaml.cs

Der große Vorteil der VisualTreeHelper-Klasse liegt darin, dass Sie sich über das Inhaltsmodell keine Gedanken machen müssen. Beispielsweise speichert ein ContentControl das Kindelement in der Content-Property, ein ItemsControl speichert Kindelemente in der Items-Property, und ein Panel speichert die Kinder in der Children-Property. Anstatt immer in den entsprechenden Typ zu casten und auf die richtige Property zuzugreifen, gibt es mit der VisualTreeHelper-Klasse ein Konzept für alle, mit dem sich der ganze Baum einfach durchlaufen lässt.

Falls Sie den Visual Tree bestehender Controls ansehen möchten, können Sie die im vorherigen Abschnitt dargestellte Anwendung *WinRT XAML-Editor* nutzen. Diese zeigt auf der rechten Seite den Visual Tree zum aktuell eingegebenen XAML an. In Abbildung 3.5 sehen Sie, dass das im Grid eingefügte Button-Element aus vielen einfacheren visuellen Elementen besteht, wie die VISUAL TREE-Ansicht auf der rechten Seite verrät.

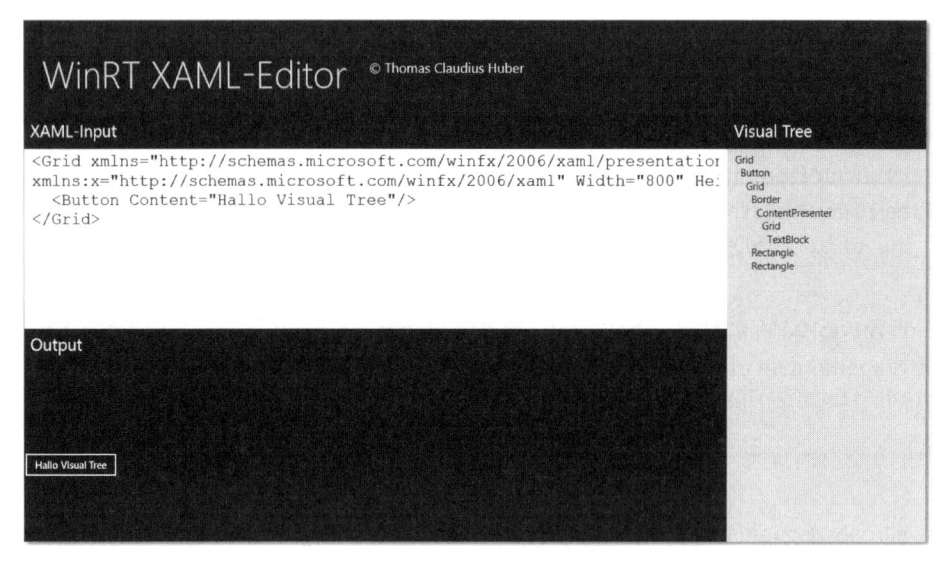

Abbildung 3.5 Der Visual Tree im WinRT-XAML-Editor

> **Hinweis**
>
> Merken Sie sich zum Abschluss, dass eine UIElement-Instanz nur einmal in einem Visual Tree sein kann. Versuchen Sie eine UIElement-Instanz zu zwei verschiedenen Visual Trees oder zweimal zum selben Visual Tree hinzuzufügen, erhalten Sie eine Exception. Das Elternelement wäre nicht mehr eindeutig.

3.10 Entity-Referenzen von XML

XML nutzt einige Zeichen zur Formatierung, wie z. B. die Zeichen »größer als« (>) und »kleiner als« (<). Wollen Sie beispielsweise im Text einer TextBox das Größer-als-Zeichen (>) einsetzen, geben Sie dieses von XML reservierte Zeichen mit einer sogenannten *Entity-Referenz* an, damit das XML-Dokument weiterhin wohlgeformt bleibt. In XML gibt es insgesamt fünf Zeichen, die nicht zulässig bzw. von XML selbst reserviert sind. Tabelle 3.3 zeigt die fünf nicht zulässigen Zeichen und die passende Entity-Referenz.

Zeichen	Entity-Referenz	Bezeichnung
<	&lt;	*less than* (kleiner als)
>	&gt;	*greater than* (größer als)

Tabelle 3.3 Entity-Referenzen

Zeichen	Entity-Referenz	Bezeichnung
&	&amp;	*ampersand* (kaufmännisches Und)
'	&apos;	*apostroph* (Apostroph)
"	&quot;	*quotation mark* (Anführungszeichen)

Tabelle 3.3 Entity-Referenzen (Forts.)

Folgender `TextBlock` zeigt die Verwendung der Entity-Referenzen:

```
<TextBlock Text="&lt;&apos;WinRT&apos; &amp;
  &quot;Thomas&quot;&gt;" />
```

Zur Laufzeit wird folgender Text angezeigt:

```
<'WinRT' & "Thomas">
```

3.11 Zusammenfassung

In diesem Kapitel haben Sie die eXtensible Application Markup Language (XAML) näher kennengelernt. Fassen wir an dieser Stelle die wichtigsten Punkte zusammen, bevor Sie mehr zu den Controls der WinRT erfahren.

XAML ist eine XML-basierte Beschreibungssprache, die bei der WinRT zum Erstellen von Oberflächen eingesetzt wird. XAML unterstützt den Entwicklungsprozess zwischen Designer und Entwickler, indem es als Austauschformat dient.

Für die in XAML definierten Elemente und Attribute gelten folgende Regeln:

- **Ein Element wird immer einer Klasse zugeordnet.**
- **Ein Attribut wird einer Property oder einem Event zugeordnet.**

Die einzige Ausnahme von diesen Regeln ist die Property-Element-Syntax. Bei ihr wird ein Element einer Property und nicht einer Klasse zugeordnet.

In einem XAML-Dokument sind auf dem Wurzelelement mit dem `xmlns`-Attribut mehrere XML-Namespaces definiert. Der XML-Namespace der WinRT ist der Default-Namespace (ohne Alias); der XML-Namespace für XAML hat gewöhnlich ein x als Alias.

Der XML-Namespace der WinRT ist mehreren Namespaces zugeordnet:

- `Windows.UI.Xaml.Controls`
- `Windows.UI.Xaml.Data`
- `Windows.UI.Xaml.Documents`
- ...

Eigene Klassen binden Sie mit einem Namespace-Mapping ein. Dieses ordnet einen XML-Namespace genau einem CLR-Namespace zu. Die Syntax dazu lautet:

```
xmlns:meinAlias="using:meinNamespace"
```

Zum Setzen von Properties gibt es in XAML die Attribut- und die Property-Element-Syntax. Darüber hinaus gibt es Klassen, die mit dem `ContentProperty`-Attribut eine Default-Property definieren. Für diese Default-Property ist das Property-Element optional.

Mit der Attached-Property-Syntax haben Sie eine Variante kennengelernt, Properties aus einer Klasse auf Objekten einer anderen Klasse zu setzen. Mehr zu Attached Properties lesen Sie in Kapitel 5, »Layout«, und Kapitel 6, »Dependency Properties«.

Der XAML-Parser der WinRT führt für primitive Typen und Aufzählungen eine automatische Konvertierung durch. Daher lassen diese sich auch in der Attribut-Syntax verwenden. Darüber hinaus konvertiert der XAML-Parser sehr zentrale Typen, wie beispielsweise die `Brush`-Klasse. Eine Property vom Typ `Brush` lässt sich somit einfach auf den String `Red` setzen. Der XAML-Parser erzeugt daraus das entsprechende rote `SolidColorBrush`-Objekt.

Markup-Extensions bilden die ganze »Magie« von XAML. Sie werden in der Attribut-Syntax in geschweiften Klammern geschrieben. Oft verwendete Markup-Extensions sind `Binding` und `StaticResource`.

Sie haben in diesem Kapitel neben all den XAML-Möglichkeiten auch die Klasse `VisualTreeHelper` kennengelernt. Während Sie mit der `FindName`-Methode der Klasse `FrameworkElement` benannte Elemente im Objektbaum suchen können, erlaubt es die Klasse `VisualTreeHelper`, alle visuellen Elemente rekursiv zu durchlaufen und somit den kompletten Visual Tree zu erforschen.

Im nächsten Kapitel lernen Sie die Controls der WinRT kennen. Einige dieser Controls, wie beispielsweise den `Button`, haben wir bereits verwendet.

Kapitel 4
Controls

Die WinRT enthält Controls wie »Button«, »TextBox«, »ComboBox« oder die »AppBar«. Neben diesen Controls und ihren Basisklassen lernen Sie in diesem Kapitel auch den »MessageDialog« und weitere Klassen kennen.

In diesem Kapitel schauen wir uns die in der WinRT definierten Controls an. Dazu gehören die TextBox, Button, AppBar, ScrollViewer, ListBox, ComboBox, ProgressBar, Slider, Viewbox und viele mehr. Die meisten Controls sind im Namespace Windows.UI.Xaml.Controls.

Ist Ihre MainPage im Designer von Visual Studio geöffnet, finden Sie im Werkzeugkasten alle verfügbaren Controls. Um ein Control einzufügen, ziehen Sie es mit der Maus aus dem Werkzeugkasten auf Ihre Oberfläche oder direkt in den XAML-Code. Alternativ lässt sich natürlich XAML auch von Hand schreiben, was zum Einfügen von Controls meist der gewählte Weg ist.

Bei der WinRT ist ein sichtbares Element nicht zwingend eine Subklasse von Control. Stattdessen kann ein beliebiges UIElement auf der Oberfläche Ihrer Anwendung erscheinen. Von UIElement erbt nur die Klasse FrameworkElement. Daher wird üblicherweise FrameworkElement als *die* zentrale Klasse für alle Elemente mit einer visuellen Repräsentation angesehen.

Neben den Controls schauen wir uns in diesem Kapitel mit dem MessageDialog und dem Popup sogenannte Popups an, die einen direkten Dialog mit dem Benutzer ermöglichen.

Damit Sie nicht den Überblick verlieren, was in diesem Kapitel betrachtet wird, finden Sie in Abbildung 4.1 eine Übersicht der Klassenhierarchie der Controls. Beachten Sie dabei, dass die abgebildete Klassenhierarchie nicht vollständig ist. Zudem werde ich einige der in Abbildung 4.1 dargestellten Klassen erst in späteren Kapiteln behandeln, wie beispielsweise die Klasse Panel und ihre Subklassen, die Teil von Kapitel 5, »Layout«, sind.

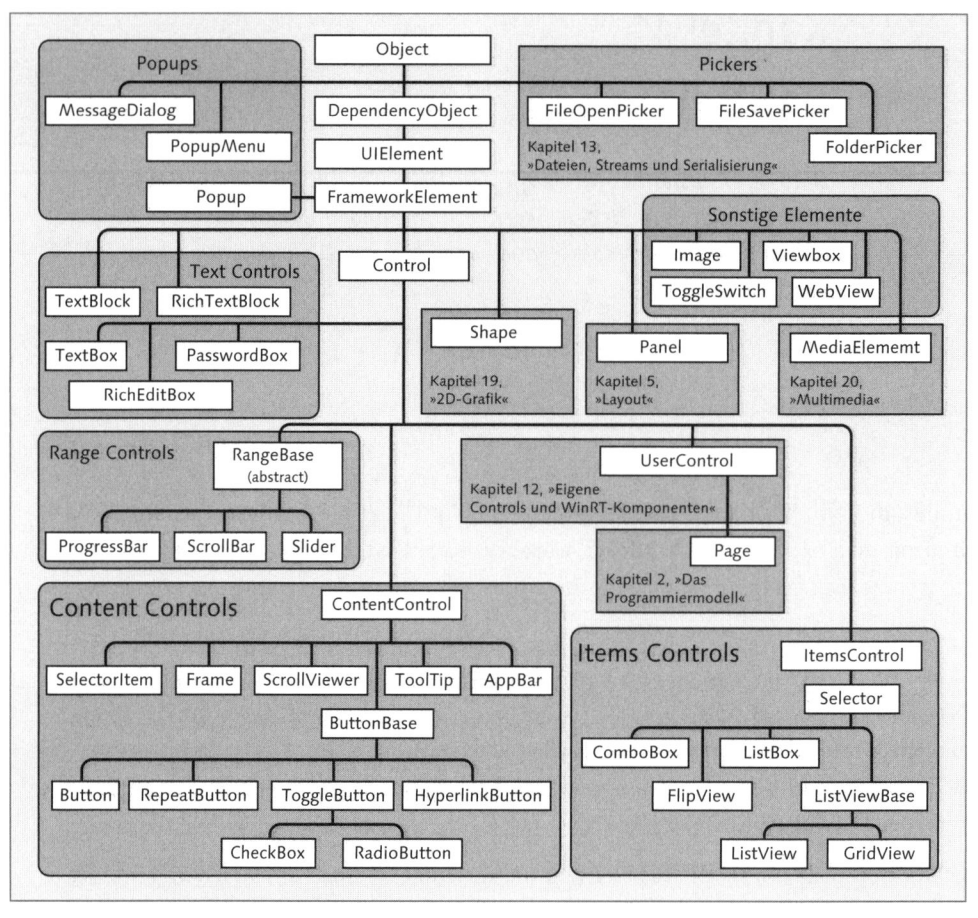

Abbildung 4.1 Übersicht der in diesem Kapitel behandelten Controls

Aus den Bereichen aus Abbildung 4.1 ergeben sich folgende Abschnitte für dieses Kapitel:

- **Die Klasse »Control«:** Hier lernen Sie die wichtigsten Properties kennen, die von der Klasse Control definiert werden.
- **ContentControls:** Ein ContentControl kann ein Objekt als Kindelement haben. Typische ContentControls sind Buttons, der ScrollViewer, die AppBar oder der Frame. Hier erfahren Sie alles zu der Basisklasse ContentControl und den Subklassen.
- **ItemsControls:** Ein ItemsControl kann im Gegensatz zum ContentControl nicht nur eines, sondern gleich mehrere Objekte als Kindelemente enthalten. Typische ItemsControls sind die ListBox und die ComboBox.
- **Text-Controls:** Für die Texteingabe und -anzeige gibt es verschiedene Controls: die Klasse TextBlock zum Anzeigen von formatiertem Text, die TextBox zum Bearbeiten von Text und die PasswordBox zur Eingabe eines Passworts.

- **Range-Controls:** Controls mit einem Wertebereich werden hier dargestellt. Dazu gehören die `ProgressBar`, der `Slider` und die `ScrollBar`.
- **Popups:** Mit der Klasse `Popup` lässt sich auf einfache Weise Inhalt temporär im Vordergrund darstellen. Optimal, um den Benutzer etwas zu »fragen«. Im Namespace `Windows.UI.Popups` befinden sich zudem die zwei Klassen `PopupMenu` und `MessageDialog`, die wir auch unter der Kategorie der Popups betrachten.
- **Sonstige:** Es gibt einige weitere Elemente, die nicht von `Control` ableiten, aber durchaus interessant sind. Dazu gehören unter anderem die Klassen `Image`, `ToggleSwitch`, `Viewbox` und `WebView`.

Legen wir los und beginnen mit der Klasse `Control`.

4.1 Die Klasse »Control«

Fast alle Controls der WinRT sind im Namespace `Windows.UI.Xaml.Controls` enthalten. Die meisten davon erben von der `Control`-Klasse. Die Klasse `Control` ist eine Basisklasse für visuelle Elemente, die speziell auf die Interaktion mit dem Benutzer ausgelegt sind. Dazu gehört unter anderem, dass ein Element den Fokus haben oder deaktiviert sein kann. Um dies zu ermöglichen, erweitert die Klasse `Control` die Klasse `FrameworkElement` um die in Tabelle 4.1 dargestellten Properties wie `FocusState`, `IsTabStop` oder `FontSize`.

Property	Beschreibung
Background	Nimmt ein Objekt vom Typ `Brush` entgegen, das den Hintergrund definiert. Mehr zu den verschiedenen `Brush`-Subklassen erfahren Sie in Kapitel 19, »2D-Grafik«.
BorderBrush	Nimmt ein Objekt vom Typ `Brush` entgegen und definiert die Farbe des Rahmens
BorderThickness	Definiert die Dicke des Rahmes; vom Typ `Thickness`.
CharacterSpacing	Legt den Abstand zwischen einzelnen Buchstaben im Control fest. Vom Typ `int`. Der angegebene Wert entspricht 1/1.000 eines Gevierts (em). Sie können auch negative Werte eingeben, um den Abstand zwischen den Zeichen einer Schrift zu verringern.
FocusState	Readonly-Property, über die Sie prüfen, ob ein Element den Fokus hat. Die Property ist vom Typ der Aufzählung `FocusState`, die die Werte `Keyboard`, `Pointer`, `Programmatic` und `Unfocused` hat.

Tabelle 4.1 Properties der Klasse »Control«

Property	Beschreibung
FontFamily	Legt die Schriftart fest, die bei der WinRT durch die Klasse FontFamily vertreten wird. In XAML lassen sich einfache Strings eingeben, beispielsweise Arial.
FontSize	Legt die Größe der Schrift in Pixel fest. Vom Typ double. Der Default-Wert ist 11. In Windows Store Apps haben bestimmte Teile des UIs bestimmte Schrittgrößen. Mehr dazu lesen Sie in Kapitel 5, »Layout«.
FontStretch	Wird verwendet, um eine Schrift zu dehnen. Vom Typ der Aufzählung FontStretch, die Werte wie Normal, Expanded, Condensed oder UltraExpanded enthält
FontStyle	Legt den Schriftstil fest. Vom Typ der Aufzählung FontStyle, die die Werte Normal (Default), Italic und Oblique enthält. Italic und Oblique stellen beide nach rechts geneigte Schriften dar. Während Italic zum Neigen eventuell speziell für Italic verfügbare Schriftzeichen nimmt, verwendet Oblique die Originalschrift und stellt sie einfach schräg dar.
FontWeight	Das Gewicht der Schrift vom Typ FontWeight. In der Klasse FontWeights finden Sie statische Properties wie Bold, ExtraBold, Medium oder Normal, die FontWeight-Instanzen zurückgeben.
Foreground	Vom Typ Brush. Spezifiziert die Vordergrundfarbe, die beispielsweise von der TextBox für den Text verwendet wird.
HorizontalContentAlignment	Nimmt einen Wert der Aufzählung HorizontalAlignment entgegen. Mögliche Werte sind Left, Center, Right und Stretch. FrameworkElement definiert eine Property HorizontalAlignment, die dieselbe Aufzählung verwendet.
IsEnabled	Vom Typ bool. Aktiviert oder deaktiviert ein Control. Ein Benutzer kann nur aktivierte Controls verwenden, also solche, deren IsEnabled-Properties den Wert true aufweisen. Sie finden in der Klasse Control das Event IsEnabledChanged, das auftritt, wenn sich die IsEnabled-Property des Controls ändert.
IsTabStop	Ein boolescher Wert, der aussagt, ob mit der ⇆-Taste zum Control navigiert werden kann. Der Default-Wert dieser Property ist true. Setzen Sie den Wert auf false, wird das Control von der Tab-Navigation ausgeschlossen. Zusätzlich bekommt das Control keinen Fokus mehr. Handelt es sich beispielsweise um eine TextBox, lässt sich nichts mehr eingeben, da die TextBox keinen Fokus mehr bekommt.

Tabelle 4.1 Properties der Klasse »Control« (Forts.)

Property	Beschreibung
Padding	Legt den inneren freien Rand eines Controls fest, der mit einem Thickness-Objekt definiert wird. Mit der Margin-Property aus FrameworkElement, die ebenfalls vom Typ Thickness ist, definieren Sie den äußeren Rand. Näheres dazu in Kapitel 5, »Layout«.
TabIndex	Ein Integer zum Festlegen der Tab-Reihenfolge.
TabNavigation	Legt fest, wie einzelne Tab-Schritte in einem Container ablaufen. Vom Typ der Aufzählung KeyboardNavigationMode, die die Werte Local (Default), Cycle und Once definiert. Mehr zum Thema Tab und Fokus in Kapitel 9, »Input-Events«.
Template	Weisen Sie dieser Property ein Objekt vom Typ ControlTemplate zu. Das ControlTemplate definiert den Visual Tree und damit das komplette Aussehen des Controls. Zu dieser Property erfahren Sie mehr in Kapitel 11, »Styles und Templates«.
VerticalContentAlignment	Nimmt einen Wert der Aufzählung VerticalAlignment entgegen. Mögliche Werte sind Top, Center, Bottom und Stretch. FrameworkElement definiert die Property VerticalAlignment, die dieselbe Aufzählung verwendet. Mehr zu den Alignment-Properties in Kapitel 5, »Layout«.
DefaultStyleKey	Jedes Control besitzt einen Default-Style, der in den Ressourcen hinterlegt ist. Die DefaultStyleKey-Property enthält den Ressourcenschlüssel zu diesem Default-Style. Mehr zu den Default-Styles in Kapitel 11, »Styles und Templates«, und Kapitel 12, »Eigene Controls und WinRT-Komponenten«.

Tabelle 4.1 Properties der Klasse »Control« (Forts.)

Bei der WinRT kann nur ein Objekt vom Typ Control den Fokus erhalten. Damit ein Control den Focus erhalten kann, sind drei Voraussetzungen notwendig:

- Die Visibility-Property muss den Wert Visible haben.
- Die IsEnabled-Property muss true sein.
- Die IsTabStop-Property muss true sein.

Zum programmatischen Setzen des Fokus enthält die Klasse Control neben den in Tabelle 4.1 dargestellten Eigenschaften die Focus-Methode. Die Focus-Methode gibt true zurück, wenn das Setzen des Fokus erfolgreich war. An die Focus-Methode wird ein Wert der FocusState-Aufzählung übergeben. In Ihrem Code ist dies üblicherweise der Wert Programmatic. Listing 4.1 zeigt das Setzen des Fokus auf einer TextBox.

```
private void Button_Click(object sender, RoutedEventArgs e)
{
  textBox.Focus(FocusState.Programmatic);
}
```

Listing 4.1 K04\01 FokusSetzen\MainPage.xaml

> **Hinweis**
>
> Eigene für die Benutzeroberfläche gedachte Klassen leiten Sie üblicherweise von Control oder einer Subklasse ab. Mehr zu diesem Thema finden Sie beim Erstellen von eigenen Controls in Kapitel 12, »Eigene Controls und WinRT-Komponenten«.

4.2 ContentControls

Die direkt von Control abgeleitete Klasse ContentControl ist die Basis für jene Klassen, die Inhalt besitzen können. Der Inhalt wird der Content-Property (Typ: Object) eines ContentControls zugewiesen. In diesem Abschnitt schauen wir uns die Subklassen von ContentControl an, wie Button, AppBar, ScrollViewer und Frame.

> **Hinweis**
>
> Da die Content-Property vom Typ Object ist, lässt sich jedes beliebige Objekt zuweisen. Dies wird daher auch als das *flexible Inhaltsmodell* bezeichnet.

Der Content-Property lässt sich nur ein einziges Objekt zuweisen. Es ist daher auch durchaus üblich, der Content-Property ein Layout-Panel zuzuweisen, das wiederum mehrere Elemente enthält. In diesem Kapitel verwenden wir hauptsächlich das StackPanel, das mehrere Elemente vertikal oder horizontal stapelt. Näheres zu Layout-Panels folgt in Kapitel 5, »Layout«.

Listing 4.2 zeigt einen Button, der als Inhalt ein StackPanel hat, das selbst wiederum die Elemente Image, TextBlock und Rectangle enthält.

```xml
<Button VerticalAlignment="Top">
  <StackPanel Orientation="Horizontal" Height="30">
    <Image Source="thomas.jpg"/>
    <TextBlock Text="Smile :-)" Margin="10 0" .../>
    <Rectangle Fill="Red" RadiusX="8" RadiusY="8" .../>
  </StackPanel>
</Button>
```

Listing 4.2 K04\02 FlexiblerInhalt\MainPage.xaml

Der Button aus Listing 4.2 ist in Abbildung 4.2 auf der linken Seite dargestellt. Die einzelnen Elemente werden im Button angezeigt.

Abbildung 4.2 Links ein Button mit komplexem Inhalt, rechts ein Button mit einem einfachen String als Inhalt

> **Hinweis**
>
> Beachten Sie in Abbildung 4.2, dass die Buttons ihre Grundstruktur beibehalten. Um das gesamte Aussehen eines Buttons zu ändern, müssen Sie das ControlTemplate des Buttons neu festlegen, das den gesamten Visual Tree für den Button definiert. Wie Sie das machen, erfahren Sie in Kapitel 11, »Styles und Templates«.

In Abbildung 4.2 sehen Sie auf der rechten Seite einen Button, der lediglich Text enthält. Dieser Button ist wie folgt definiert:

```
<Button Content="Drück mich!" .../>
```

Listing 4.3 K04\02 FlexiblerInhalt\MainPage.xaml

Da die Content-Property vom Typ Object ist, lässt sich nicht nur ein UIElement, sondern ein beliebiges Object zuweisen. In oberer Codezeile ist dies ein String. Doch Moment! In Kapitel 2, »Das Programmiermodell«, hatte ich Ihnen gesagt, dass alles im UI Sichtbare vom Typ UIElement ist. Wie kann sich dann der String darstellen?

Obwohl sich der Content-Property eines ContentControls zwar jedes beliebige Objekt zuweisen lässt, werden intern zwei Arten von Objekten unterschieden:

- Objekte, die von UIElement erben, wie das StackPanel aus Listing 4.2
- Objekte, die nicht von UIElement erben, wie der String aus Listing 4.3

Weisen Sie der Content-Property eines ContentControls ein Objekt zu, das von UIElement erbt, wird dieses Objekt im ContentControl ganz gewöhnlich gezeichnet. Weisen Sie der Content-Property dagegen ein Objekt zu, das nicht von UIElement erbt, wird auf diesem Objekt die ToString-Methode aufgerufen und das Ergebnis in ein TextBlock-Objekt gesetzt. Das TextBlock-Objekt selbst ist wiederum ein UIElement. Es wird der Content-Property des ContentControls zugewiesen und angezeigt. Für den String Drück mich! aus Listing 4.3 wird folglich im Hintergrund ein TextBlock-Objekt erstellt, das den String darstellen kann.

> **Tipp**
> Die Klasse ContentControl definiert neben der Content-Property eine Property ContentTemplate. Dieser Property weisen Sie ein DataTemplate-Objekt zu. Ein DataTemplate definiert einen Visual Tree, also ein »Aussehen«, das die Inhalte Ihres Daten-Objekts repräsentiert. Damit ist es für Objekte von einer nicht von UIElement erbenden Klasse möglich, eine andere Darstellung als das in einem TextBlock verpackte Ergebnis der ToString-Methode zu erhalten. Mehr zu den üblicherweise in XAML definierten DataTemplates lesen Sie in Kapitel 7, »Daten«.

Im Folgenden werfen wir einen Blick auf die typischen ContentControls wie Buttons, die AppBar, den ToolTip und viele mehr.

4.2.1 Buttons und CheckBox

Basisklasse für alle Button-Arten und auch für die CheckBox ist die Klasse ButtonBase. Sie definiert das Click-Event. Beim Klicken mit der Maus oder beim Berühren mit dem Finger wird das Click-Event ausgelöst. Besitzt der Button den Fokus, wird es auch beim Drücken der Taste ⏎ oder Leertaste ausgelöst.

Mit der ClickMode-Property bestimmen Sie den genauen Zeitpunkt, wann das Click-Event ausgelöst hat. Die Property ist vom Typ der ClickMode-Aufzählung, die drei Werte enthält:

- **Release** (Default): Das Click-Event wird beim Loslassen (der Maustaste, des Fingers oder der ⏎/Leertaste-Taste) ausgelöst.
- **Press**: Das Click-Event wird bereits beim Drücken/Berühren ausgelöst.
- **Hover**: Das Click-Event wird ausgelöst, wenn sich der Mauszeiger über den Button bewegt.

Neben dem Click-Event und der ClickMode-Property definiert die ButtonBase-Klasse die Properties IsPointerOver und IsPressed, mit denen sich der Zustand eines Buttons abfragen lässt. Werfen wir einen Blick auf die Subklassen.

> **Hinweis**
> Die Klasse ButtonBase definiert noch die Properties Command und CommandParameter. Diese sind für das Model-View-ViewModel-Pattern (MVVM) interessant. Mehr dazu in Kapitel 8, »Commands und MVVM«.

Der »normale« Button

Die wohl meistverwendete Subklasse von ButtonBase ist die Klasse Button, die hier als »normaler« Button bezeichnet wird. Die Klasse Button definiert selbst keine weiteren öffentlichen Mitglieder. Alles Notwendige, wie eben das Click-Event, wird aus der Basisklasse ButtonBase geerbt.

Der RepeatButton

Der RepeatButton erbt direkt von ButtonBase. Wie der Name schon vermuten lässt, liegt der Unterschied zwischen einem Button und einem RepeatButton nicht im Aussehen, sondern beim Auslösen des Click-Events. Im Gegensatz zum Button löst der RepeatButton das Click-Event nicht nur beim Klicken aus, sondern kontinuierlich, solange der Benutzer die Maustaste oder den Finger auf dem Button gedrückt hält. Um das Auslösen des Click-Events zu steuern, definiert die Klasse RepeatButton die zwei Properties Delay und Interval.

Mit der Property Delay vom Typ int legen Sie die Millisekunden fest, die der Repeat-Button wartet, bevor er mit den sich wiederholenden Click-Events beginnt. Der Default-Wert ist 500 Millisekunden. Über die Property Interval, ebenfalls vom Typ int, definieren Sie die Millisekunden zwischen den einzelnen Click-Events, die während des Wiederholvorgangs ausgelöst werden. Hier beträgt der Default-Wert 33 Millisekunden.

Der ToggleButton

Der ToggleButton sieht auf den ersten Blick aus wie ein gewöhnlicher Button. Allerdings behält der ToggleButton seinen Status, sobald er geklickt wurde. Dazu definiert die direkt von ButtonBase abgeleitete Klasse ToggleButton die Property IsChecked (Typ: bool?)

Klickt der Benutzer auf den ToggleButton, nimmt die IsChecked-Property den Wert true an; klickt er ein zweites Mal, nimmt die IsChecked-Property wieder den Wert false an. Hat die IsChecked-Property den Wert true, wird der Button »eingedrückt« dargestellt, was in Abbildung 4.3 auf dem rechten ToggleButton der Fall ist.

| nicht gecheckt | gecheckt |

Abbildung 4.3 Der rechte ToggleButton wurde geklickt.

Neben der IsChecked-Property definiert der ToggleButton die Property IsThreeState. Diese ist standardmäßig false, wodurch IsChecked immer zwischen true und false wechselt. Setzen Sie IsThreeState auf true, damit IsChecked zwischen den drei Werten true, false und null wechselt.

> **Hinweis**
>
> Für die Werte false und null der IsChecked-Property wird der ToggleButton gleich dargestellt. Die Subklassen CheckBox und RadioButton besitzen dagegen verschiedene Aussehen für alle drei Zustände der IsChecked-Property.

Neben den zwei Properties IsChecked und IsThreeState definiert die ToggleButton-Klasse drei Events:

- Checked tritt auf, wenn die IsChecked-Property auf true gesetzt wurde.
- Indeterminate tritt auf, wenn die IsChecked-Property auf null gesetzt wurde.
- Unchecked tritt auf, wenn die IsChecked-Property auf false gesetzt wurde.

> **Tipp**
>
> Sie sollten auf einem ToggleButton und den Subklassen CheckBox und RadioButton immer die obigen Events gegenüber dem Click-Event bevorzugen. Das Click-Event wird nur bei Benutzereingaben ausgelöst. Dagegen wird beispielsweise das Checked-Event auch dann ausgelöst, wenn Sie die IsChecked-Property programmatisch ändern.

Die CheckBox

Die CheckBox erbt von ToggleButton und definiert selbst keine weiteren Mitglieder. Sie besitzt für die verschiedenen Werte der IsChecked-Property drei verschiedene Aussehen, wie Abbildung 4.4 zeigt.

Abbildung 4.4 Die verschiedenen Werte der »IsChecked«-Property

> **Hinweis**
>
> Die Klasse CheckBox besitzt ein komplett anderes Aussehen als der ToggleButton. Dieses Aussehen stammt vom ControlTemplate der CheckBox. Mehr zu Templates erfahren Sie in Kapitel 11, »Styles und Templates«.

Der RadioButton

Wie auch die CheckBox erbt der RadioButton von der Klasse ToggleButton. Während die CheckBox ein Einzelkämpfer ist, fungiert ein RadioButton in einer Gruppe. Aus einer Gruppe lässt sich genau ein RadioButton selektieren.

Zum Gruppieren von RadioButtons stehen Ihnen zwei Möglichkeiten zur Verfügung:

▸ implizites Gruppieren durch das direkte Elternelement
▸ explizites Gruppieren durch die GroupName-Property (Typ: string) der RadioButton-Klasse

Schauen wir uns beide Möglichkeiten an. Listing 4.4 zeigt das implizite Gruppieren über das direkte Elternelement. Das StackPanel ist direktes Elternelement der darin enthaltenen RadioButtons. Somit werden diese RadioButtons implizit zu einer Gruppe zusammengefasst.

```
<StackPanel>
  <RadioButton Content="Thomas"/>
  <RadioButton Content="Julia"/>
  <RadioButton Content="Anna"/>
</StackPanel>
```

Listing 4.4 K04\03 RadioButtonGroupByParent\MainPage.xaml

Abbildung 4.5 zeigt die drei RadioButtons aus Listing 4.4. Es lässt sich immer nur ein RadioButton selektieren.

Abbildung 4.5 Eine Gruppe mit drei RadioButtons

Die zweite Möglichkeit zum Gruppieren ist die explizite Gruppierung über die GroupName-Property. Diese Variante ist zwingend notwendig, wenn Sie RadioButtons gruppieren möchten, die kein gemeinsames Elternelement haben.

Zum expliziten Gruppieren setzen Sie auf den RadioButtons in Ihrem UI die GroupName-Property auf denselben String. In Listing 4.5 werden auf diese Weise die drei RadioButtons gruppiert.

```
<StackPanel>
  <Border BorderBrush="Red" BorderThickness="2" Margin="5">
    <RadioButton GroupName="Vornamen" Content="Thomas"/>
  </Border>
  <Border BorderBrush="White" BorderThickness="2" Margin="5">
```

```xml
    <RadioButton GroupName="Vornamen" Content="Julia"/>
  </Border>
  <RadioButton GroupName="Vornamen" Content="Anna" Margin="5"/>
</StackPanel>
```

Listing 4.5 K04\04 RadioButtonGroupByName\MainPage.xaml

Der HyperlinkButton

Der `HyperlinkButton` erbt direkt von `ButtonBase` und definiert selbst lediglich die `NavigateUri`-Property (Typ: `Uri`). Nachfolgend ein kleines Beispiel. Beim Klicken des `HyperlinkButtons` wird der Default-Browser mit der angegebenen Webseite geöffnet:

```xml
<HyperlinkButton Content="Gehe zu Thomas"
  NavigateUri="http://www.thomasclaudiushuber.com"/>
```

> **Tipp**
>
> Möchten Sie aus dem Code eine `Uri` anzeigen, nutzen Sie dazu die `Launcher`-Klasse (Namespace: `Windows.System`). Sie besitzt die statische Methode `LaunchUriAsync`.

4.2.2 Die »AppBar«

In Kapitel 1, »Einführung in Windows 8, WinRT und .NET«, haben Sie bei den Merkmalen einer Windows Store App die `AppBar` kennengelernt, die wir uns am Beispiel der FriendStorage-Anwendung angesehen haben. Die Klasse `AppBar` erbt direkt von `ContentControl` und kann somit einen beliebigen Inhalt haben. Sie definiert selbst folgende zwei Properties:

▶ `IsOpen` – vom Typ `bool`. Ist per Default `false`. Setzen Sie diese Property auf `true`, um die `AppBar` bereits geöffnet anzuzeigen. Ansonsten muss der Benutzer die `AppBar` explizit mit einer Geste, mit der rechten Maustaste oder mit den Tasten ⊞ + Z einblenden.

▶ `IsSticky` – vom Typ `bool`. Ist per Default `false`. Setzen Sie diese Property auf `true`, damit die `AppBar` auch dann nicht geschlossen wird, wenn der Benutzer in einen Bereich außerhalb der `AppBar` klickt/tippt.

Neben den beiden Properties definiert die `AppBar` die Events `Opened` und `Closed`, die beim Öffnen und Schließen der `AppBar` ausgelöst werden.

Eine `AppBar`-Instanz weisen Sie üblicherweise der Property `TopAppBar` und/oder der Property `BottomAppBar` der `Page`-Klasse zu. Wie die Namen der Properties verraten, wird die `AppBar` dabei oben oder unten angezeigt.

In der TopAppBar bringen Sie die Navigation unter, falls Sie in Ihrer Anwendung eine flache Navigation zu einzelnen Seiten haben. Beispielsweise enthält der Internet-Explorer in der TopAppBar die geöffneten Seiten, wie Abbildung 4.6 zeigt.

Abbildung 4.6 Die obere App Bar (»TopAppBar«) wird für die Navigation verwendet.

In der BottomAppBar bringen Sie die Befehle für Ihre Anwendung unter. Darüber steuert der Benutzer Ihre Anwendung. Listing 4.6 zeigt, wie der BottomAppBar-Property einer Page eine AppBar-Instanz zugewiesen wird. Die AppBar enthält ein Grid mit zwei Spalten. Darin ist je ein StackPanel mit je zwei Buttons platziert.

```xml
<Page x:Class="DieAppBarUnten.MainPage" ...>
  <Page.BottomAppBar>
    <AppBar>
      <Grid>
        <Grid.ColumnDefinitions>
          <ColumnDefinition/>
          <ColumnDefinition/>
        </Grid.ColumnDefinitions>
          <StackPanel Orientation="Horizontal">
            <Button Content="Filtern"/>
            <Button Content="Sortieren"/>
          </StackPanel>
          <StackPanel Grid.Column="1" Orientation="Horizontal"
            HorizontalAlignment="Right">
            <Button Content="Entfernen"/>
            <Button Content="Hinzufügen"/>
          </StackPanel>
      </Grid>
    </AppBar>
  </Page.BottomAppBar>
  ...
</Page>
```

Listing 4.6 K04\05 DieAppBar\MainPage.xaml.cs

Die AppBar aus Listing 4.6 sehen Sie in Abbildung 4.7.

Abbildung 4.7 Die App Bar wird am unteren Bildschirmrand angezeigt.

Microsoft macht gewisse Vorgaben, wie Sie die Buttons auf der AppBar anordnen sollten:

- Dauerhafte Befehle sollten Sie auf der rechten Seite platzieren. Dies sind quasi Befehle, die auf allen Seiten Ihrer Anwendung verfügbar sind.
- Spezifische Befehle, die von der aktuellen Page oder von einer Auswahl abhängen, sollten Sie auf der linken Seite platzieren.

Natürlich gibt es Ausnahmen. Wenn beispielsweise in Ihrer App nur vier Befehle enthalten sind, könnten Sie, zum Ausbalancieren der AppBar, zwei auf der linken und zwei auf der rechten Seite anordnen.

> **Tipp**
> Weitere Ratschläge von Microsoft finden Sie auf der Seite *http://design.windows.com* unter dem Punkt BEFEHLE (COMMANDING). Es ist zudem ratsam, dass Sie sich die AppBars verschiedener Anwendungen wie Mail, Kontakte oder Kalender genauer ansehen, um ein Gefühl dafür zu entwickeln.

Eine weitere Empfehlung für die AppBar ist, dass Sie eindeutige Symbole und möglichst kurze Texte für die Buttons nutzen. In Abbildung 4.7 ist von den Symbolen noch nichts zu sehen. Werfen Sie einen Blick in die Datei *StandardStyles.xaml*, die in Ihrem Projekt im Ordner *Common* enthalten ist. Sie finden darin viele Styles für Buttons in der AppBar. Diese sind größtenteils auskommentiert. Kommentieren Sie die gewünschten Styles einfach ein, wie beispielsweise den SortAppBarButtonStyle aus Listing 4.7.

```
<Style x:Key="SortAppBarButtonStyle" TargetType="ButtonBase"
  BasedOn="{StaticResource AppBarButtonStyle}">
  <Setter Property="AutomationProperties.AutomationId"
    Value="SortAppBarButton"/>
  <Setter Property="AutomationProperties.Name" Value="Sort"/>
  <Setter Property="Content" Value="&#xE174;"/>
</Style>
```

Listing 4.7 K04\06 DieAppBarGestylt\Common\StandardStyles.xaml

Beachten Sie in Listing 4.7, dass der Style der Content-Property des Buttons den Hexadezimal-Code E174 zuweist. Da über den Basis-Style AppBarButtonStyle die Schrift

Segoe UI Symbol festgelegt ist, entspricht das Zeichen E174 einem Sortier-Symbol. Da die Content-Property des Buttons bereits dieses Zeichen enthält, lässt sich der Name nicht auch noch der Content-Property zuweisen. Der Name wird daher über die Attached Property AutomationProperties.Name festgelegt.

Listing 4.8 zeigt den Button zum Sortieren, der jetzt den SortAppBarButtonStyle nutzt. Beachten Sie, wie die Attached Property AutomationProperties.Name den Namen auf Sortieren setzt.

```
<Button Style="{StaticResource SortAppBarButtonStyle}"
AutomationProperties.Name="Sortieren" Click="ButtonSort_Click"/>
```

Listing 4.8 K04\06 DieAppBarGestylt\MainPage.xaml

Analog zu Listing 4.8 wurden auch die anderen Buttons unserer AppBar angepasst. Abbildung 4.8 zeigt das Ergebnis.

Abbildung 4.8 Die Buttons der App Bar wurden gestylt.

> **Hinweis**
>
> Mehr zu den Styles und zur Datei *StandardStyles.xaml* lesen Sie in Kapitel 11, »Styles und Templates«.

Ihre AppBar sollten Sie immer möglichst schlank halten, damit der Benutzer sich schnell darin zurechtfindet. Anstatt beispielsweise zum Sortieren nach Name, Geschlecht etc. mehrere Buttons in der App zu platzieren, sollten Sie nur einen SORTIEREN-Button nutzen. Mit einem PopupMenu lassen sich dann die einzelnen Sortierfunktionen auswählen, wie Abbildung 4.9 zeigt.

Abbildung 4.9 Einzelne Funktionen lassen sich gruppiert in einem PopupMenu anzeigen.

Neben dem PopupMenu ist das Popup-Element interessant für die AppBar. Darin lassen sich beliebig komplexe Inhalte anzeigen, die eben nicht einer flachen Menüstruktur entsprechen. FriendStorage nutzt das Popup, um den Benutzer beim Löschen einer Gruppe explizit zu fragen, ob er das auch wirklich will. Abbildung 4.10 zeigt das Popup in Aktion.

Abbildung 4.10 Das Popup von FriendStorage beim Löschen einer Gruppe

---

Tipp

Vielleicht ist Ihnen die Trennlinie zwischen den Buttons in der App Bar in Abbildung 4.10 aufgefallen. Diese fügen Sie einfach analog zu den Buttons in Ihrer AppBar wie folgt ein:

```
<Line Y1="60"  Margin="0,10,0,0" StrokeThickness="3"
  Stroke="White"/>
```

Mehr zum Line-Element lesen Sie in Kapitel 19, »2D-Grafik«.

In Abschnitt 4.6, »Popups«, lernen Sie die Klassen Popup und PopupMenu eingehend kennen.

4.2.3 Der ToolTip

Mit der ToolTip-Klasse zeigen Sie dem Benutzer eine Information für ein UIElement an. Der Tooltip erscheint, wenn der Benutzer mit der rechten Maustaste auf das UIElement klickt oder im Touch-Modus mit dem Finger auf dem UIElement bleibt.

Um auf einem UIElement einen ToolTip zu platzieren, verwenden Sie die Attached Property ToolTip der ToolTipService-Klasse. Im Falle eines einfachen Strings nutzen Sie die Attached-Property-Syntax. Der Code in Listing 4.9 erstellt den in Abbildung 4.11 dargestellten ToolTip. Beachten Sie dabei auch, wie neben der Attached Property ToolTip die Attached Property Placement der ToolTipService-Klasse gesetzt wird.

```
<Button Content="E-Mail senden!" ToolTipService.ToolTip="E-Mail an Thomas
senden" ToolTipService.Placement="Mouse" Width="140"/>
```

Listing 4.9 K04\DerToolTip\MainPage.xaml

Abbildung 4.11 Ein einfacher ToolTip

Mit der Placement-Property legen Sie fest, wo Ihr ToolTip platziert wird. Die Property ist vom Typ der Aufzählung PlacementMode, die die Werte Left, Top (Default), Right, Bottom und Mouse definiert. Die Werte beziehen sich auf die Platzierung auf dem Zielelement.

Neben der ToolTip- und der Placement-Property enthält die ToolTipService-Klasse eine weitere Attached Property: PlacementTarget. Sie bestimmt das UIElement (Zielelement), auf dem der ToolTip platziert wird. Wird die Property nicht explizit gesetzt, gilt das UIElement als Ziel, auf dem die ToolTip-Property gesetzt wurde. In Listing 4.9 ist dies der Button.

Neben einfachen Strings lassen sich natürlich auch komplexere Objekte als ToolTip nutzen. Obwohl die ToolTip-Property ein beliebiges Objekt entgegennimmt, ist es dann sinnvoll, ihr eine ToolTip-Instanz zuzuweisen, denn die ToolTip-Klasse definiert zahlreiche Properties zum Anpassen des Tooltips. Und da sie von ContentControl erbt, ist das Verwenden einer ToolTip-Instanz kein Problem, da Sie jedes x-beliebige Objekt in einer ToolTip-Instanz »verpacken« können.

Neben den aus der ToolTipService-Klasse bekannten Properties Placement und PlacementTarget finden Sie in der ToolTip-Klasse Properties wie IsOpen, VerticalOffset und HorizontalOffset. Die beiden Letzteren werden in Listing 4.10 genutzt, um den ToolTip weg vom Mauszeiger um 10 Einheiten nach rechts und um 10 Einheiten nach unten zu verschieben. Beachten Sie auch, dass der ToolTip in Listing 4.10 ein StackPanel mit einem TextBlock und einem Image als Inhalt hat. Abbildung 4.12 zeigt das Ergebnis.

```
<Button Content="E-Mail senden!" Width="140" Margin="0 50">
  <ToolTipService.ToolTip>
    <ToolTip Placement="Mouse" HorizontalOffset="10"
      VerticalOffset="10">
      <StackPanel>
        <TextBlock Text="An Thomas:" .../>
        <Image Source="thomas.jpg" Width="200"/>
      </StackPanel>
    </ToolTip>
  </ToolTipService.ToolTip>
</Button>
```

Listing 4.10 K04\DerToolTip\MainPage.xaml.cs

Abbildung 4.12 Ein komplexerer ToolTip

Die Klasse ToolTip besitzt noch die Events Opened und Closed, die beim Anzeigen und Schließen des ToolTips ausgelöst werden.

4.2.4 Der ScrollViewer

Die Klasse ScrollViewer verwenden Sie, um ein Element in einem scrollbaren Bereich zu platzieren. Die ScrollViewer-Klasse besitzt zwei ScrollBar-Controls zum horizontalen und vertikalen Scrollen.

Mit den Properties VerticalScrollBarVisibility und HorizontalScrollBarVisibility legen Sie fest, wie gescrollt wird. Beide Properties sind vom Typ der Aufzählung ScrollBarVisibility, die die folgenden drei Werte enthält:

- **Auto**: Die ScrollBar wird dann angezeigt, wenn der Inhalt größer wird als die verfügbare Fläche.
- **Disabled**: Die ScrollBar wird nicht angezeigt. Die Width-Property des Elements in der Content-Property des ScrollViewers wird auf die Breite der sichtbaren Fläche gesetzt. Die Height-Property wird auf die Höhe der sichtbaren Fläche gesetzt.
- **Hidden**: Die ScrollBar wird nicht angezeigt. Im Gegensatz zum Wert Disabled läuft der Inhalt trotzdem über die sichtbare Fläche des ScrollViewers hinaus. Die Width- und Height-Properties werden nicht wie bei Disabled auf die Größe der sichtbaren Fläche gesetzt.
- **Visible**: Die ScrollBar wird immer angezeigt. Auch wenn die sichtbare Fläche größer als der Inhalt des ScrollViewers ist.

Die HorizontalScrollBarVisibility-Property hat standardmäßig den Wert Disabled, die VerticalScrollBarVisibility-Property hat dagegen standardmäßig den Wert Visible. In Listing 4.11 wird ein ScrollViewer erstellt, der diese Default-Werte zur Veranschaulichung explizit setzt. Im ScrollViewer befindet sich lediglich ein TextBlock-Element mit etwas Text, der in Listing 4.11 etwas abgekürzt wurde.

```
<ScrollViewer HorizontalScrollBarVisibility="Disabled"
  VerticalScrollBarVisibility="Visible" Height="150" ...>
  <TextBlock TextWrapping="Wrap" Margin="5">In einer Welt, in der
    man nur noch lebt, damit man täglich roboten geht,...
  </TextBlock>
</ScrollViewer>
```

Listing 4.11 K04\08 DerScrollViewer\MainPage.xaml

In Abbildung 4.13 sehen Sie den ScrollViewer aus Listing 4.11.

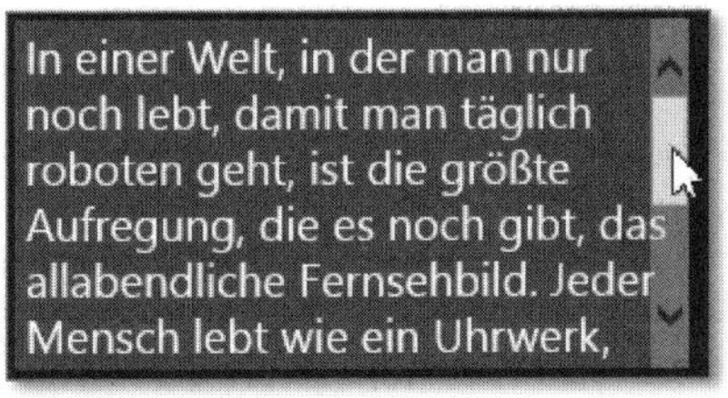

Abbildung 4.13 Der ScrollViewer zeigt die vertikale ScrollBar an.

Die Properties HorizontalScrollBarVisibility und VerticalScrollBarVisibility sind auch als Attached Property verfügbar. Einige Controls, beispielsweise die List-Box, verwenden intern einen ScrollViewer. Nutzen Sie in einem solchen Fall zum Anpassen des ScrollViewers einfach die Attached Properties wie folgt:

`<ListBox ScrollViewer.VerticalScrollBarVisibility="Auto" .../>`

Die ScrollViewer-Klasse bietet Ihnen noch viele weitere Properties. Interessant sind auch die Methoden ScrollToHorizontalOffset und ScrollToVerticalOffset, mit denen Sie in C# an eine bestimmte Stelle scrollen. Ein Blick in die Dokumentation lohnt sich also, falls Sie komplexere Scroll-Szenarien haben.

4.2.5 Sonstige

Es gibt Subklassen von ContentControl, die in diesem Abschnitt nicht betrachtet wurden, beispielsweise die bereits in Kapitel 2, »Das Programmiermodell«, gezeigte Klasse Frame, die für die Navigation verwendet wird.

Auch die Klasse SelectorItem erbt von ContentControl. SelectorItem ist die Basisklasse von ListBoxItem, ComboBoxItem, FlipViewItem, ListViewItem und GridViewItem. Diese Klassen kapseln ein Element (ein »Item«), das sich in einer ListBox, einer ComboBox, einer FlipView, einer ListView oder in einem GridView befindet. Sie werden somit als *ItemContainer* bezeichnet. Die Klassen `ListBox`, `ComboBox`, `FlipView`, `ListView` und `GridView` haben eines gemeinsam: Sie erben direkt oder indirekt von der Klasse `ItemsControl`. Es ist an der Zeit, auch diese Kategorie von Controls genauer anzuschauen.

4.3 ItemsControls

Die direkt von Control abgeleitete Klasse `ItemsControl` kann in der `Items`-Property mehrere Objekte enthalten. Im Gegensatz dazu können die im vorigen Abschnitt gezeigten `ContentControls` in der `Content`-Property nur ein einziges Objekt haben.

Wie auch beim `ContentControl` gilt für den Inhalt folgende Regel: Ist ein Objekt im `ItemsControl` vom Typ `UIElement`, wird es dargestellt. Ist es nicht vom Typ `UIElement`, wird das Ergebnis der `ToString`-Methode in einen `TextBlock` gepackt und angezeigt. Für Objekte, die nicht vom Typ `UIElement` sind, haben Sie neben dem Anzeigen der `ToString`-Methode, was automatisch passiert, zwei weitere Optionen:

▶ Weisen Sie der `DisplayMemberPath`-Property des `ItemsControls` den Namen einer Property Ihres Objekts zu. Statt des Werts der `ToString`-Methode wird dann der Wert der entsprechenden Property angezeigt.

▶ Definieren Sie in der `ItemTemplate`-Property mit einem `DataTemplate` ein visuelles Aussehen für Ihr nicht von `UIElement` erbendes Objekt. Mehr zu `DataTemplates` erläutere ich in Kapitel 11, »Styles und Templates«.

Werfen wir einen Blick auf die wichtigsten Properties der `ItemsControl`-Klasse. Tabelle 4.2 zeigt einen kleinen Überblick.

Property	Beschreibung
Items	Vom Typ `ItemsCollection`. Die Items-Property ist read-only. Aus diesem Grund lässt sich ihr keine neue Collection zuweisen. Verwenden Sie stattdessen direkt auf dieser Property die Add-Methode, um Objekte zu Ihrem ItemsControl hinzuzufügen.
ItemsSource	Vom Typ `IEnumerable`. Weisen Sie dieser Property ein Objekt vom Typ `IEnumerable` zu. Dieses Objekt wird dann automatisch iteriert und als Inhalt des ItemsControls verwendet.
ItemTemplate	Definiert das `DataTemplate` für die im ItemsControl enthaltenen Objekte.

Tabelle 4.2 Wichtige Properties der Klasse »ItemsControl«

Property	Beschreibung
ItemsPanel	Vom Typ ItemsPanelTemplate. Definiert das Template für das vom ItemsControl verwendete Panel. Mehr dazu in Kapitel 11, »Styles und Templates«.
ItemContainerGenerator	Vom Typ ItemContainerGenerator. Das ItemContainer-Generator-Objekt ist zuständig für die Beziehung zwischen ItemsControl und ItemContainer, wie beispielsweise ListBox und ListBoxItem.
DisplayMemberPath	Definiert den Pfad zu einer Property des verwendeten Objekts. Der Wert dieser Eigenschaft wird zur Anzeige verwendet. DisplayMemberPath ist vom Typ String.
GroupStyle	Definieren Sie in dieser Property ein GroupStyle-Objekt, das die Darstellung von gruppierten Daten festlegt. Mehr zu gruppierten Daten in einem ItemsControl lesen Sie in Kapitel 7, »Daten«, wo wir uns die ItemsControls ListView und GridView ansehen.

Tabelle 4.2 Wichtige Properties der Klasse »ItemsControl« (Forts.)

Wie Sie vielleicht in Tabelle 4.2 bereits bemerkt haben, stehen Ihnen zum Hinzufügen der Elemente zu einem ItemsControl zwei Möglichkeiten zur Verfügung:

▶ Items-Property: Sie rufen auf dieser Property die Add-Methode auf und fügen Ihre Elemente manuell hinzu.

▶ ItemsSource-Property: Sie weisen dieser Property eine IEnumerable-Instanz zu, die alle Ihre Objekte enthält.

Die zweite Variante über die ItemsSource-Property ist die üblichere, da die in einem ItemsControl angezeigten Objekte meist dynamisch geladen werden. Zudem lässt sich Variante zwei mit einem Data Binding nutzen:

```
<ItemsControl ItemsSource="{Binding meineCollection}"/>
```

Die ItemsControl-Klasse können Sie wie in obiger Codezeile direkt verwenden, falls sich in Ihrer Liste nichts auswählen lässt. Falls doch eine Auswahl möglich sein soll, kommt die Subklasse Selector ins Spiel.

4.3.1 Die Klasse »Selector«

Die Klasse Selector – in der WinRT die einzige direkte Subklasse von ItemsControl – bietet die Grundfunktionalität für Controls, bei denen der Benutzer aus einer Liste ein bestimmtes Element selektieren kann. Dazu definiert die Klasse `Selector` die in Tabelle 4.3 beschriebenen Properties.

Property	Beschreibung
SelectedItem	Vom Typ `Object`. Enthält das selektierte Objekt.
SelectedIndex	Gibt den Index des in der `SelectedItem`-Property enthaltenen Objekts zurück. Ist kein Objekt selektiert, ist der Wert -1.
IsSynchronizedWithCurrentItem	Diese aus der WPF/Silverlight stammende Property ist in der WinRT enthalten, wird aber nicht unterstützt. Beim Setzen der Property auf den Wert `true` erhalten Sie eine `XamlParseException`.
SelectedValue	Setzt oder gibt den Wert der mit `SelectedValuePath` definierten Property zurück. Diese Property schauen wir uns mit der ComboBox an.
SelectedValuePath	Setzt den Property-Pfad zu einer Property, die dann mit `SelectedValue` abgefragt oder auch gesetzt werden kann. Üblicherweise definieren Sie hier die Property, die den Primary Key des darunterliegenden Datenobjekts darstellt.

Tabelle 4.3 Properties der Klasse »Selector«

Neben den Properties finden Sie in der Klasse `Selector` das `SelectionChanged`-Event. Es wird ausgelöst, wenn sich die `SelectedItem`-Property ändert. Schauen wir uns jetzt die Subklassen an.

4.3.2 Die ComboBox

Die `ComboBox` ermöglicht es dem Benutzer, einen Wert aus einer Liste auszuwählen. Falls Sie statische Items in der `ComboBox` platzieren, steht Ihnen die Klasse `ComboBoxItem` zur Verfügung. Allerdings lässt sich natürlich auch jedes andere Objekt zur `Items`-Property einer `ComboBox` hinzufügen.

In Listing 4.12 wird eine `ComboBox` mit vier Elementen erstellt. Obwohl sich beliebige Elemente hinzufügen lassen, bietet die Klasse `ComboBoxItem` die nützliche `IsSelected`-Property, mit der sich ein Element als selektiert markieren lässt.

```
<ComboBox>
  <ComboBoxItem Content="Apfel"/>
  <ComboBoxItem Content="Banane" IsSelected="True"/>
```

```xaml
    <ComboBoxItem Content="Kiwi"/>
    <ComboBoxItem Content="Zitrone"/>
</ComboBox>
```

Listing 4.12 K04\09 DieComboBox\MainPage.xaml

Abbildung 4.14 zeigt die ComboBox aus Listing 4.12 links im geschlossenen, rechts im geöffneten Zustand.

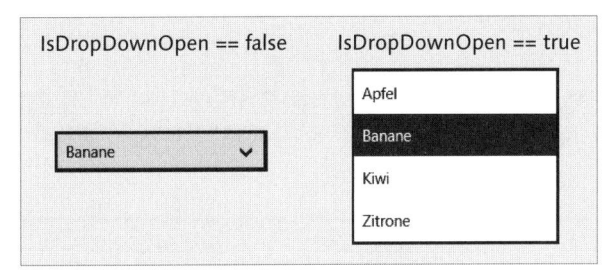

Abbildung 4.14 Die ComboBox erlaubt eine Auswahl aus einer Liste.

Ob die Liste der ComboBox geöffnet ist, fragen Sie über die IsDropDownOpen-Property ab. Sie können die IsDropDownOpen-Property auch in Ihrem Code auf true setzen, um die Dropdown-Liste manuell zu öffnen. Zusätzlich finden Sie in der ComboBox-Klasse die Events DropDownOpened und DropDownClosed, die beim Öffnen und Schließen der Liste ausgelöst werden.

Anstatt die ComboBox wie in Listing 4.12 direkt in XAML mit Elementen zu füllen, lässt sich das Ganze auch in C# erledigen. Nehmen wir an, Sie haben folgende ComboBox in XAML definiert:

```xaml
<ComboBox x:Name="comboBox" Margin="0 20"/>
```

In C# könnten Sie die ComboBox wie in Listing 4.13 abfüllen und mit der SelectedIndex-Property ebenfalls die BANANE auswählen. Die Darstellung der ComboBox entspricht jener aus Abbildung 4.14.

```csharp
comboBox.ItemsSource = new string[] { "Apfel", "Banane", ... };
comboBox.SelectedIndex = 1;
```

Listing 4.13 K04\09 DieComboBox\MainPage.xaml.cs

> **Hinweis**
>
> Auch im Fall von Listing 4.13 werden im Hintergrund ComboBoxItem-Instanzen erstellt. Dafür ist die in der Klasse ItemsControl definierte GetContainerForItemOverride-Methode verantwortlich. Die Methode ist in der ComboBox-Klasse wie folgt überschrieben:

```
protected override DependencyObject
  GetContainerForItemOverride()
{
    return new ComboBoxItem();
}
```

In der ListBox-Klasse wird aus der Methode ein ListBoxItem, in der ListView-Klasse ein ListViewItem, in der GridView-Klasse ein GridViewItem und in der FlipView-Klasse ein FlipViewItem zurückgegeben.

Schauen wir uns zum Abschluss anhand der ComboBox noch die aus der Selector-Klasse geerbten Properties DisplayMemberPath, SelectedValue und SelectedValuePath an.

Hinweis
An dieser Stelle kommt etwas Data Binding ins Spiel, das erst in Kapitel 7, »Daten«, behandelt wird. Es geht hier nicht darum, dass Sie die Data Bindings bereits voll und ganz verstehen, sondern es geht um die ComboBox.

Werfen wir dazu einen Blick auf Listing 4.14. Darin ist eine ComboBox aus FriendStorage zu sehen. In FriendStorage gehört ein Freund (Friend) zu einer FriendGroup. Daher hat die Friend-Klasse eine Property FriendGroupID (*Foreign Key*). Die FriendGroup-Klasse hat natürlich auch eine FriendGroupID-Property, die den Primary Key darstellt. Die FriendGroup-Klasse hat zudem eine Title-Property, die den Titel der Gruppe enthält.

In Listing 4.14 sehen Sie die ComboBox, die beim Editieren eines Friend-Objekts verwendet wird, um das Friend-Objekt einer FriendGroup zuzuordnen. Die ItemsSource-Property ist an eine Collection von FriendGroup-Instanzen gebunden. Die DisplayMemberPath-Property legt fest, dass dem Benutzer die Werte der Title-Property dieser FriendGroup-Instanzen angezeigt werden. Und jetzt wird es interessant: Die SelectedValuePath-Property wurde auf den String FriendGroupID gesetzt. Dadurch enthält die SelectedValue-Property immer die FriendGroupID der selektierten FriendGroup-Instanz. Und jetzt betrachten Sie diese SelectedValue-Property in Listing 4.14. Sie ist mit einem TwoWay-Binding an die FriendGroupID-Property der editierten Friend-Instanz gebunden. Die ComboBox funktioniert also wie folgt: Selektiert der Benutzer eine neue FriendGroup-Instanz, erhält die ComboBox in der SelectedValue-Property die neue FriendGroupID der selektierten Instanz. Da die SelectedValue-Property ebenfalls gebunden ist, wird dadurch auch gleich die FriendGroupID-Property der Friend-Instanz gesetzt.

```
<ComboBox x:Name="cboGroup" ItemsSource="{Binding FriendGroups}"
  DisplayMemberPath="Title"
  SelectedValue="{Binding Friend.FriendGroupID,Mode=TwoWay}"
  SelectedValuePath="FriendGroupID" .../>
```

Listing 4.14 FriendStorage\View\FriendEditPage.xaml

Das TwoWay-Binding der SelectedValue-Property bewirkt, dass beim Öffnen der FriendEditPage die FriendGroupID-Property der Friend-Instanz genommen wird, um in der ComboBox bereits die richtige FriendGroup-Instanz auszuwählen.

4.3.3 Die ListBox

Die ListBox ist der ComboBox sehr ähnlich. Auch sie enthält mehrere Elemente zur Auswahl. Allerdings zeigt die ListBox im Gegensatz zur ComboBox per Default mehrere Elemente an, die entweder alle sichtbar sind oder sich in einem scrollbaren Bereich befinden.

> **Achtung**
>
> In Windows Store Apps wird anstelle der ListBox üblicherweise die ListView eingesetzt. Die ListView ist für Touch-Eingaben optimiert und bietet etwas mehr Möglichkeiten als die ListBox, da die ListView von ListViewBase erbt. Unter anderem lässt sich die ListView für das in Kapitel 7, »Daten«, beschriebene semantische Zoomen nutzen. Mehr zur ListView selbst lesen Sie ebenfalls in Kapitel 7, »Daten«.

Im Gegensatz zur ComboBox kann der Benutzer aus der ListBox auch mehrere Elemente auswählen. Die selektierten Elemente sind in der Property SelectedItems gespeichert (Typ: IList<object>).

Ob ein oder mehrere Objekte in der ListBox selektiert werden können, definieren Sie über die Property SelectionMode, die einen Wert der SelectionMode-Aufzählung verlangt:

- **Single**: Das ist der Default-Wert. Es kann genau ein Item ausgewählt werden. Die Funktion der ListBox ist bei SelectionMode.Single mit der einer ComboBox zu vergleichen.
- **Multiple**: Es können mehrere Elemente ausgewählt werden. Klickt der Benutzer ein nicht selektiertes Element in der ListBox an, wird es automatisch mit selektiert. Klickt er ein bereits selektiertes Element an, wird die Auswahl wieder entfernt.

▶ **Extended**: Es können wie auch bei Multiple mehrere Objekte ausgewählt werden. Allerdings muss der Benutzer zur Auswahl mehrerer Objekte die Taste ⇧ oder Ctrl verwenden.

Listing 4.15 zeigt eine ListBox, deren SelectionMode-Property den Wert Multiple enthält. Abbildung 4.15 zeigt eine mögliche Auswahl.

```
<ListBox SelectionMode="Multiple">
  <ListBoxItem Content="Banane"/>
  <ListBoxItem Content="Apfel"/>
  <ListBoxItem Content="Kiwi"/>
</ListBox>
```

Listing 4.15 K04\10 DieListBox\MainPage.xaml

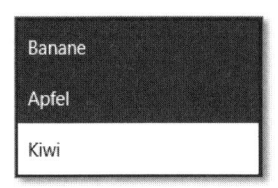

Abbildung 4.15 Die ersten beiden Elemente der ListBox sind selektiert.

Hinweis

Hat die SelectionMode-Property den Wert Single (Default), befindet sich das selektierte Element in der SelectedItem-Property. In der SelectedItems-Property befindet sich ebenfalls ein IList-Objekt, das genau ein Element enthält, nämlich das selektierte.

Reicht der vertikale Platz nicht aus, um alle Elemente anzuzeigen, blendet die ListBox eine ScrollBar ein. Intern verwendet die ListBox dazu im ControlTemplate einen ScrollViewer. Um ein bestimmtes Element in den sichtbaren Bereich (den sogenannten *Viewport*) zu scrollen, verwenden Sie die Methode ScrollIntoView. Als Parameter geben Sie dabei das darzustellende Element an. Für eine ListBox, die nur die Auswahl eines Elements erlaubt, scrollen Sie wie folgt zum ausgewählten Element:

```
myListBox.ScrollIntoView(myListBox.SelectedItem);
```

4.3.4 FlipView, ListView, GridView

Die Controls FlipView, ListView und GridView machen sehr viel vom typischen Look & Feel einer Windows Store App aus. Sie sind WinRT-spezifisch und in der WPF und in Silverlight nicht vorhanden.

Da diese datenzentrischen Controls und ihre Möglichkeiten stark mit der in Kapitel 7, »Daten«, beschriebenen Klasse CollectionViewSource und dem Data Binding zusammenhängen, schauen wir uns diese Controls in Kapitel 7, »Daten«, an.

> **Hinweis**
> Sie sollten die für Windows Store Apps sehr wichtigen Controls FlipView, ListView und GridView kennen. Es ist somit unbedingt zu empfehlen, dass Sie sich mit Kapitel 7, »Daten«, beschäftigen.

4.4 Text-Controls

Die WinRT enthält einige Controls zum Anzeigen und Bearbeiten von Text. Diese Controls wie die TextBox, PasswordBox, TextBlock und RichEditBox schauen wir uns in diesem Abschnitt an.

4.4.1 Die TextBox

Die direkt von Control abgeleitete TextBox-Klasse wird zum Anzeigen und Editieren von Text verwendet. Der Text befindet sich dabei in der Text-Property (Typ: string). Ändert sich die Text-Property, wird das TextChanged-Event ausgelöst.

Damit Ihre TextBox auch optimal mit der Soft-Tastatur zusammenarbeitet, nutzen Sie die InputScope-Property der TextBox-Klasse. Sie nimmt ein InputScope-Objekt entgegen. In XAML lassen sich allerdings direkt Werte aus der InputScopeNameValue-Aufzählung setzen, wie EmailSmtpAddress, Search oder Number. Je nach Wert wird dem Benutzer beim Fokussieren Ihrer TextBox eine andere Soft-Tastatur angezeigt. So enthält die Soft-Tastatur beim Wert Search statt der ⌈Eingabe⌉- eine ⌈Suchen⌉-Taste. Beim Wert Number wird eine speziell auf Zahlen zugeschnittene Variante angezeigt, die in Abbildung 4.16 zu sehen ist.

Abbildung 4.16 Die beim InputScope »Number« angezeigte Soft-Tastatur

Die horizontale Ausrichtung des Textes Ihrer TextBox legen Sie mit der TextAlignment-Property vom Typ der gleichnamigen Aufzählung fest. Mögliche Werte sind Left (Default), Center, Right und Justify.

Für eine mehrzeilige TextBox setzen Sie die AcceptsReturn-Property auf true. Mit der TextWrapping-Property lässt sich zudem ein automatischer Zeilenumbruch definieren. Die Property ist vom Typ der TextWrapping-Aufzählung, die die Werte NoWrap (Default) und Wrap enthält.

Die TextBox zeigt standardmäßig keine Scrollbars an. Damit der Benutzer langen Text jedoch scrollen kann, benötigt er diese. Verwenden Sie zum Anzeigen der Scrollbars die in Abschnitt 4.2.4, »Der ScrollViewer«, gezeigten Attached Properties HorizontalScrollBarVisibility und VerticalScrollBarVisibility der ScrollViewer-Klasse.

Listing 4.16 zeigt eine mehrzeilige TextBox mit Textumbruch und vertikaler ScrollBar. Die TextBox ist in Abbildung 4.17 dargestellt.

```xml
<TextBox Width="200" Height="80" AcceptsReturn="True"
    TextWrapping="Wrap"
    ScrollViewer.VerticalScrollBarVisibility="Auto"
    Text="Eine TextBox, welche den Text automatisch umbricht,
        manuelle Zeilenumbrüche mit der Enter-Taste akzeptiert
        und sich zudem vertikal scrollen lässt."/>
```

Listing 4.16 K04\11 DieTextBox\MainPage.xaml

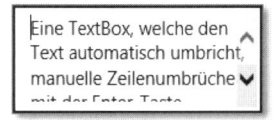

Abbildung 4.17 Eine mehrzeilige TextBox mit vertikaler ScrollBar

Um die Texteingabe auf eine bestimmte Länge zu beschränken, weisen Sie der MaxLength-Property Ihrer TextBox einen Integerwert zu. Soll der Text gar nicht erst editierbar sein, setzen Sie die IsReadOnly-Property auf true. Der Benutzer kann den Text in der TextBox nach wie vor markieren und kopieren, aber eben nicht mehr ändern.

> **Hinweis**
>
> Falls Sie nur Text anzeigen möchten, der vom Benutzer nicht bearbeitet und nicht kopiert werden kann, sollten Sie auch die später beschriebene TextBlock-Klasse in Erwägung ziehen.

Den aktuell selektierten Text finden Sie in der `SelectedText`-Property, die Sie auch selbst setzen können. Alternativ greifen Sie auf die Properties `SelectionStart` und `SelectionLength` zu. Ändert sich die `SelectedText`-Property, dann wird das `SelectionChanged`-Event ausgelöst.

4.4.2 Die PasswordBox

Die `PasswordBox` wird zur Eingabe von Passwörtern verwendet. Das Passwort befindet sich in der `Password`-Property (Typ: `string`). Passend zur Property gibt es ein `PasswordChanged`-Event.

Mit der `PasswordChar`-Property legen Sie das Zeichen fest, das in der `PasswordBox` für jedes Zeichen des eigentlichen Passwortes angezeigt wird. Standardmäßig enthält die `PasswordChar`-Property bereits das »Kleine Kreis«-Zeichen.

Setzen Sie die `IsPasswordRevealButtonEnabled`-Property auf `true`, damit der Benutzer während der Eingabe eines neuen Passwortes in der `PasswordBox` einen Button sieht. Indem er diesen Button gedrückt hält, kann er das Passwort im Klartext sehen. Sobald die `PasswordBox` den Fokus verliert, taucht dieser Button aus Sicherheitsgründen nicht mehr auf. Der Button ist ebenfalls nicht sichtbar, wenn Sie die `Password`-Property der `PasswordBox` programmatisch setzen. Nur wenn der Benutzer die `PasswordBox` leert und ein neues Passwort eingibt, taucht der Button wieder auf. Folgende `PasswordBox` ist in Abbildung 4.18 dargestellt:

```
<PasswordBox IsPasswordRevealButtonEnabled="True"/>
```

Zuerst wurde ein frisches Passwort eingegeben, der Revealbutton wird angezeigt. Das Passwort wird mit dem Zeichen der `PasswordChar`-Property dargestellt. Dann wird der Revealbutton gedrückt, womit das Passwort im Klartext ersichtlich ist. Im letzten Schritt hat die `PasswordBox` den Fokus verloren, der Revealbutton verschwindet. Er taucht nur dann wieder auf, wenn der Benutzer das Passwort entfernt und ein neues eingibt.

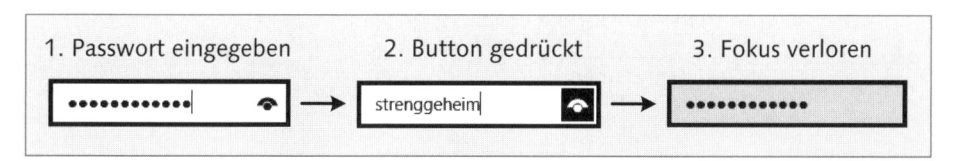

Abbildung 4.18 Eine PasswordBox in verschiedenen Zuständen

Neben den gezeigten Properties enthält die `PasswordBox` eine `MaxLength`-Property, um die Passwort-Eingabe auf eine bestimmte Länge zu beschränken.

4.4.3 Der TextBlock

Die direkt von `FrameworkElement` abgeleitete `TextBlock`-Klasse wird zum Darstellen von formatiertem Text verwendet. Sie kann in zwei unterschiedlichen Modi verwendet werden:

- **Text-Modus:** Weisen Sie der `Text`-Property einen String zu, wird dieser angezeigt. Es lässt sich nur der gesamte Text mit den direkt auf der `TextBlock`-Klasse enthaltenen Properties formatieren.
- **Inline-Modus:** Fügen Sie zur `Inlines`-Property des `TextBlock`s Inline-Objekte hinzu. Diese repräsentieren den Text und können unterschiedliche Formatierungen besitzen.

Der Text-Modus ist recht simpel. Allerdings enthält die `TextBlock`-Klasse zahlreiche Properties, um den Text zu formatieren. Folgender `TextBlock` zeigt den Text fett, in roter Farbe und mit einer Größe von 20 an. Zudem wird über die `IsTextSelectionEnabled`-Property eine Auswahl des Textes erlaubt:

```
<TextBlock Text="Text in der WinRT." FontSize="20"
  FontWeight="Bold" Foreground="Red"
  IsTextSelectionEnabled="True"/>
```

In der `TextBlock`-Klasse finden Sie zahlreiche weitere Properties zum Formatieren des Textes. Hat der Text in einem `TextBlock` keinen Platz, nutzen Sie die `TextTrimming`-Property vom Typ der gleichnamigen Aufzählung. Mögliche Werte sind `None` (Default) und `WordEllipsis`. Bei letzterem wird das letzte Wort entfernt, das keinen Platz mehr hat. Anstelle des Wortes werden drei Punkte angezeigt.

Schauen wir uns auch den Inline-Modus an. Statt die `Text`-Property zu setzen, fügen Sie zur `Inlines`-Property Inline-Objekte hinzu. Abbildung 4.19 zeigt einen Überblick der `Inline`-Subklassen, die alle im Namespace `Windows.UI.Xaml.Documents` enthalten sind.

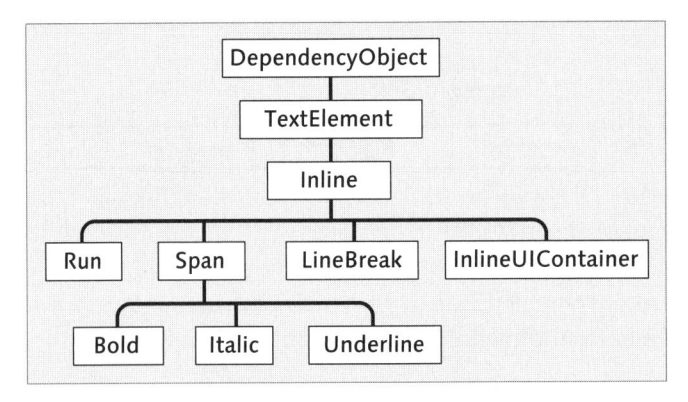

Abbildung 4.19 Die verfügbaren »Inline«-Klassen

In C# rufen Sie auf der `Inlines`-Property die `Add`-Methode auf, um `Inline`-Objekte zu Ihrem `TextBlock` hinzuzufügen. In XAML verwenden Sie die `Inline`-Klassen direkt innerhalb Ihres `TextBlock`-Elements. `Inline`-Objekte lassen sich verschachteln; Listing 4.17 zeigt eine mögliche Variante, die Sie in Abbildung 4.20 sehen.

```xml
<TextBlock FontSize="20">
  <Run FontStyle="Italic" Text="Mein Name ist"/>
  <Span FontWeight="Bold">Huber,
    <LineBreak/>
    <Italic>
      <Underline Foreground="Red">
        Thomas Huber
      </Underline>
    </Italic>
  </Span>
</TextBlock>
```

Listing 4.17 K04\12 DerTextBlock\MainPage.xaml

Abbildung 4.20 Mit dem TextBlock lässt sich formatierter Text darstellen.

4.4.4 Der RichTextBlock

Mit der Klasse `RichTextBlock` stellen Sie reichhaltigen Text dar, den *Rich Text*. Als Rich Text wird dabei Text bezeichnet, der sich wie im `TextBlock` formatieren lässt. Im Gegensatz zum `TextBlock` ist die Klasse `RichTextBlock` besser für richtige Dokumente geeignet, da sie einerseits Paragraphen unterstützt, andererseits mit der Klasse `RichTextBlockOverflow` auch eine mehrspaltige Anzeige ermöglicht.

Beim `RichTextBlock` werden `Paragraph`-Instanzen zur `Blocks`-Property hinzugefügt. Diese Property ist für XAML als Default-Property definiert, womit Sie `Paragraph`-Elemente direkt im `RichTextBlock`-Element platzieren können. Ein `Paragraph` kann dann wieder beliebige `Inline`-Objekte enthalten. Listing 4.18 zeigt ein kleines Beispiel für einen `RichTextBlock`, den Sie in Abbildung 4.21 sehen.

```xml
<RichTextBlock FontSize="20" ...>
  <Paragraph FontWeight="Bold">
    Windows Store Apps mit XAML und C#
  </Paragraph>
  <Paragraph TextAlignment="Justify">
    Ich (
    <InlineUIContainer>
```

```
      <Image Source="thomas.jpg" Height="40"/>
    </InlineUIContainer>
    ) bedanke mich für's Lesen und hoffe, Sie haben ...
  </Paragraph>
</RichTextBlock>
```

Listing 4.18 K04\13 DerRichTextBlock\MainPage.xaml

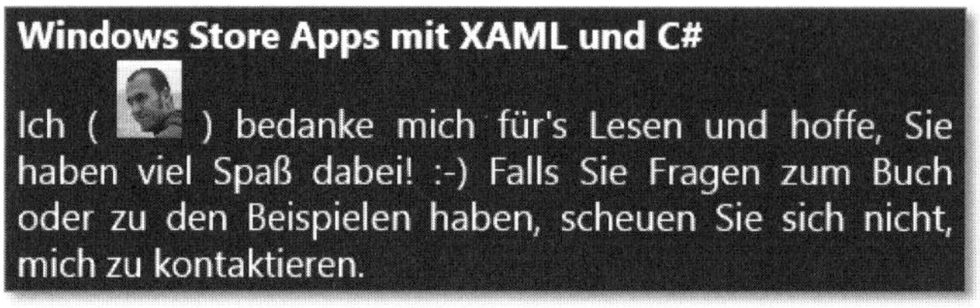

Abbildung 4.21 Ein kleiner RichTextBlock

Der `RichEditBlock` besitzt eine `OverflowContentTarget`-Property, der Sie ein `RichTextBlockOverflow`-Element zuweisen können. In XAML kann dies auch über ein Data Binding geschehen; dazu gleich mehr.

Kann aus Platzgründen nicht das ganze Dokument im `RichEditBlock` dargestellt werden, wird der Rest automatisch im `RichTextBlockOverflow` angezeigt. Die Klasse `RichTextBlockOverflow` besitzt selbst auch wieder eine `OverflowContentTarget`-Property, die ein `RichTextBlockOverflow`-Element entgegennimmt. Auf diese Weise können Sie mehrere Spalten für Ihren Text definieren.

Listing 4.19 zeigt ein kleines Beispiel. In einem `Grid` sind drei Spalten definiert. Die erste Spalte enthält ein `RichTextBlock`, die zweite einen `RichTextBlockOverflow` und die dritte ebenfalls einen `RichTextBlockOverflow`. Beachten Sie, dass die Properties `Width` und `Height` des `Grid`s gesetzt sind, um den Platz bereits für ein kleines Dokument etwas einzuschränken, damit ein Umbruch auf die nächste Spalte stattfindet. Der Inhalt des `RichTextBlock`s entspricht dem des in Listing 4.18 betrachteten `RichTextBlock`s. Beachten Sie jedoch, dass die `OverflowContentTarget`-Property an den ersten `RichTextBlockOverflow` gebunden ist. Die `OverflowContentTarget`-Property des ersten `RichTextBlockOverflow`s ist wiederum an die `OverflowContentTarget`-Property des zweiten `RichTextBlockOverflow`s gebunden.

```
<Grid Width="700" Height="110" ...>
  <Grid.ColumnDefinitions>
    <ColumnDefinition/>
    <ColumnDefinition/>
    <ColumnDefinition/>
  </Grid.ColumnDefinitions>
  <RichTextBlock TextAlignment="Justify" FontSize="20"
```

```
        OverflowContentTarget="{Binding
          ElementName=overflow01}" ...>
      <Paragraph FontWeight="Bold">
        Windows Store Apps mit XAML und C#
      </Paragraph>
      <Paragraph TextAlignment="Justify">
        Ich (
        <InlineUIContainer>
          <Image Source="thomas.jpg" Height="40"/>
        </InlineUIContainer>
        ) bedanke mich für's Lesen und hoffe, Sie haben ...
      </Paragraph>
    </RichTextBlock>
    <RichTextBlockOverflow Grid.Column="1" x:Name="overflow01"
      OverflowContentTarget="{Binding
        ElementName=overflow02}" Margin="10 0"/>
    <RichTextBlockOverflow x:Name="overflow02" Grid.Column="2"
      Margin="10 0"/>
</Grid>
```

Listing 4.19 K04\14 DerRichTextBlockMehrspaltig\MainPage.xaml

Abbildung 4.22 zeigt das Ergebnis aus Listing 4.19. Der Text wird über drei Spalten dargestellt.

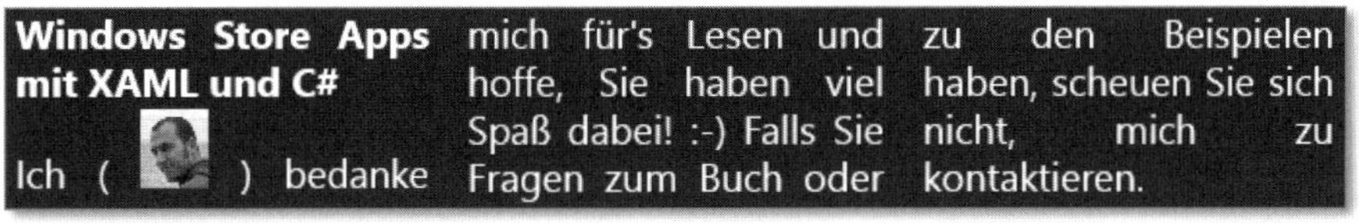

Abbildung 4.22 Mehrspaltige Texte mit »RichTextBlockOverflow«

> **Tipp**
>
> Falls Sie dynamische Texte haben und nicht wissen, wie viele Spalten Sie benötigen, können Sie Folgendes machen:
>
> Erstellen Sie in Visual Studio ein neues Windows-Store-Projekt mit der Vorlage *Raster-App*. Im Projekt-Ordner *Common* finden Sie die Datei *RichTextColumns.cs*. Sie enthält ein Panel namens RichTextColumns, das für einen RichTextBlock die benötigten Spalten dynamisch erstellt. Im Projekt finden Sie in der Datei *ItemDetailPage.xaml* ein Beispiel für die Verwendung der Klassen RichTextColumns, RichTextBlock und RichTextBlockOverflow.

4.4.5 Die RichEditBox

Mit der `RichEditBox` erlauben Sie dem Benutzer, formatierten Text zu bearbeiten. Im Gegensatz zum `RichTextBlock` arbeitet die `RichEditBox` allerdings nicht mit den XAML-typischen Klassen wie `Bold`, `Italic`, `Underline` oder `Paragraph`. Stattdessen wird das altbekannte RTF-Format unterstützt (.*rtf*). Aus diesem Grund hat Microsoft diese Klasse vermutlich auch nicht `RichTextBox`, sondern `RichEditBox` genannt.

In XAML lässt sich der Text der `RichEditBox` nicht setzen. Erstellen Sie in XAML lediglich das Element, und geben Sie ihm einen Namen, um in C# darauf zuzugreifen:

`<RichEditBox x:Name="richEditBox" .../>`

> **Hinweis**
>
> Sie finden auf der `RichEditBox`-Klasse zahlreiche aus der `TextBox` bekannte Properties wie `AcceptsReturn`, `TextAlignment` oder `InputScope`, die Sie natürlich in XAML setzen können.

Die `RichEditBox`-Klasse besitzt eine Property `Document` vom Typ `ITextDocument` (Namespace: `Windows.UI.Text`). Darüber lässt sich das dargestellte Dokument bearbeiten. Mit der `SetText`-Methode können Sie beispielsweise den Rich Text setzen:

`richEditBox.Document.SetText(TextSetOptions.FormatRtf, @"{\rtf1\pard Nur ein kleines {\b RTF-Dokument} von {\i Thomas}}");`

Listing 4.20 K04\15 DieRichEditBox\MainPage.xaml.cs

Abbildung 4.23 zeigt das in Listing 4.20 erstellte Dokument.

> Nur ein kleines **RTF-Dokument** von *Thomas*

Abbildung 4.23 Ein editierbares RTF-Dokument

Die `ITextDocument`-Instanz der `RichEditBox` enthält zahlreiche Mitglieder, mit denen Sie die aktuelle Textauswahl auslesen, etwas selektieren oder beispielsweise den Inhalt in einem Stream speichern können.

4.5 Range-Controls

Die Range-Controls definieren einen Wertebereich (= Range) mit einer Ober- und Untergrenze. Die direkt von `Control` abgeleitete Klasse `RangeBase` (Namespace: `Windows.UI.Xaml.Controls.Primitives`) bildet die Basis für alle Range-Controls.

Die Ober- und Untergrenze definiert die Klasse RangeBase mit den Properties Minimum und Maximum. Beide sind vom Typ double. Die Property Value, ebenfalls vom Typ double, definiert den aktuell ausgewählten Wert, der immer zwischen Minimum und Maximum liegt.

Mit den Properties LargeChange und SmallChange legen Sie fest, in welchen Schritten die Value-Property Ihres RangeBase-Elements durch den Benutzer geändert wird. Beide Properties sind vom Typ double. LargeChange ist per Default 1, SmallChange ist per Default 0.1.

Neben diesen Properties definiert die Klasse RangeBase das Event ValueChanged, das – wie der Name auch vermuten lässt – immer dann auftritt, wenn sich die Value-Property geändert hat.

Schauen wir uns jetzt die Subklassen von RangeBase an.

4.5.1 Der Slider

Die Klasse Slider definiert einen Schiebebalken. Der Benutzer wählt aus einem Wertebereich einen bestimmten Wert aus, indem er den Slider entsprechend verschiebt. Folgender Slider ist in Abbildung 4.24 auf der linken Seite zu sehen:

```
<Slider Width="200"/>
```

Mit der StepFrequency-Property bestimmen Sie die Schritte, in denen der Benutzer den Slider einstellen kann. Der Default-Wert ist 1; Abbildung 4.24 zeigt auf der rechten Seite einen Slider mit dem Wert 0.1.

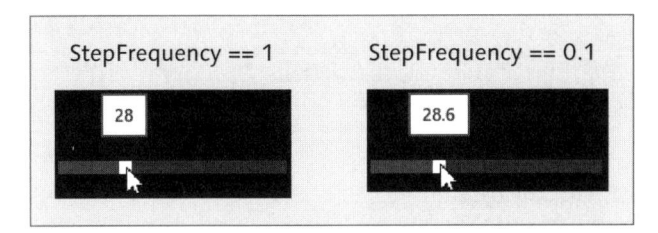

Abbildung 4.24 Die Schrittgröße legen Sie mit der »StepFrequency«-Property fest.

Der in Abbildung 4.24 dargestellte Tooltip mit dem aktuellen Wert ist ganz praktisch, wenn der Slider mit dem Finger bewegt wird. Weisen Sie der ThumbToolTipValueConverter-Property Ihre Implementierung des Interface IValueConverter zu, um die Anzeige im Tooltip anzupassen. Mehr zu IValueConverter lesen Sie in Kapitel 7, »Daten«. Setzen Sie die IsThumbToolTipEnabled-Property auf false, um den Tooltip zu unterbinden.

Geben Sie mit der TickPlacement-Property an, wo die Tick-Skala angezeigt wird. Weisen Sie ihr einen Wert der TickPlacement-Aufzählung zu: None (Default), BottomRight, TopLeft, Outline oder Inside. Die Werte sind in Abbildung 4.25 dargestellt. Mit der TickFrequency-Property legen Sie die einzelnen Striche/Ticks in der Skala fest.

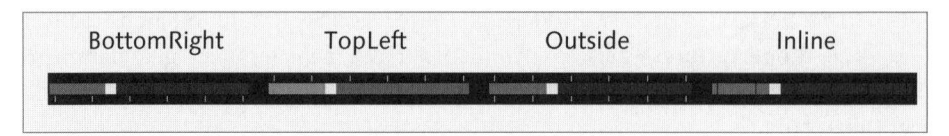

Abbildung 4.25 Unterschiedliche Werte der »TickPlacement«-Property

Der Slider springt per Default auf Werte, die zur StepFrequency-Property passen. Dies liegt daran, dass die SnapsTo-Property (Typ: SliderSnapsTo-Aufzählung) per Default den Wert StepValues enthält. Setzen Sie die SnapsTo-Property auf den Wert Ticks, damit der Slider auf Werte springt, die zur TickFrequency-Property passen.

Der Slider bietet weitere Properties. Setzen Sie die IsDirectionReversed-Property auf true, damit der Slider rechts das Minimum und links das Maximum hat. Zeigen Sie Ihren Slider vertikal an, indem Sie die Orientation-Property auf Vertical setzen.

4.5.2 ProgressBar und ProgressRing

Die Klasse ProgressBar stellt einen Fortschrittsbalken dar. Eine ProgressBar dient nur zur Information; sie ist nicht fokussierbar. Listing 4.21 zeigt eine ProgressBar, deren Value-Property an die Value-Property eines Slider-Elements gebunden ist.

```
<StackPanel Width="200" Margin="100">
  <Slider x:Name="sli" Width="100" />
  <ProgressBar Value="{Binding ElementName=sli,Path=Value}"
    Height="20" Margin="5"/>
</StackPanel>
```

Listing 4.21 K04\16 DieProgressBar\MainPage.xaml

Abbildung 4.26 zeigt den Slider und die ProgressBar aus Listing 4.21.

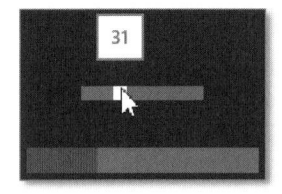

Abbildung 4.26 Die ProgressBar ist an die »Value«-Property des Sliders gebunden.

Die ProgressBar-Klasse besitzt noch eine Property namens IsIndeterminate (Typ: bool), die per Default false ist. Setzen Sie die IsIndeterminate-Property auf true, zeigt die ProgressBar Punkte an, die kontinuierlich von links nach rechts laufen. Dabei spielt es keine Rolle, welchen Wert die Value-Property hat. In Abbildung 4.27 sehen Sie eine ProgressBar, deren IsIndeterminate-Property den Wert true hat.

Abbildung 4.27 Die »IsIndeterminate«-Property wurde auf »true« gesetzt.

Ähnlich wie die ProgressBar aus Abbildung 4.27 ist die in der WinRT enthaltene Klasse ProgressRing. Sie erbt allerdings nicht von der Klasse RangeBase, sondern direkt von Control. ProgressRing definiert lediglich eine IsActive-Property. Setzen Sie diese Property auf true, wird der typische Fortschrittsring aus Windows 8 angezeigt, dessen sechs Punkte sich im Kreis bewegen. In Abbildung 4.28 sehen Sie folgenden ProgressRing:

```
<ProgressRing IsActive="True" Width="100" Height="100"/>
```

Abbildung 4.28 Der ProgressRing in Aktion

> **Hinweis**
> Microsoft empfiehlt, die Properties IsActive (ProgressRing) und IsIndeterminate (ProgressBar) auf false zu setzen, falls die entsprechenden Controls nicht angezeigt werden. Ansonsten läuft die Animation dennoch weiter, was unnötige Ressourcen verbraucht.

4.5.3 Die ScrollBar

Die Klasse ScrollBar ist aus dem Namespace Windows.UI.Xaml.Controls.Primitives. Sie werden nur in äußerst seltenen Fällen eine ScrollBar direkt verwenden. Stattdessen greifen Sie auf die bereits vorgestellte Klasse ScrollViewer zurück, die intern eine horizontale und eine vertikale ScrollBar nutzt.

4.6 Popups

In diesem Abschnitt erfahren Sie, wie Sie dem Benutzer ein Popup anzeigen. Ebenso lernen Sie mit der Klasse PopupMenu das Kontextmenü der WinRT kennen. Um dem Benutzer eine zu bestätigende Information zu zeigen oder ihn explizit etwas zu fragen, nutzen Sie die ebenfalls in diesem Abschnitt beschriebene Klasse MessageDialog.

4.6.1 Das Popup

Zum Anzeigen eines Popups nutzen Sie die Popup-Klasse (Namespace: Windows.UI.Xaml.Controls.Primitives). Sie erbt direkt von FrameworkElement und definiert eine Child-Property vom Typ UIElement. Diese ist mit dem ContentProperty-Attribut als Default-Property markiert, womit Sie in XAML ein UIElement direkt innerhalb des Popups platzieren können.

Das Popup ist standardmäßig geschlossen. Um es anzuzeigen, setzen Sie die IsOpen-Property auf true. Passend dazu gibt es die Events Opened und Closed. Mit den Properties HorizontalOffset und VerticalOffset lässt es sich beliebig verschieben. Der Ursprungspunkt ist dabei die Position, an der Sie das Popup in Ihrem UI platzieren. Das Platzieren ist damit analog zu anderen Elementen.

> **Tipp**
>
> Ein Popup können Sie auch in C# dynamisch erzeugen und, ohne es zu Ihrem UI hinzuzufügen, einfach die IsOpen-Property auf true setzen. Das Popup wird dann relativ zu Ihrem Fenster angezeigt. Mit den Properties HorizontalOffset und VerticalOffset verschieben Sie es relativ dazu. Die Höhe und Breite des Fensters erhalten Sie übrigens über die Bounds-Property der Window-Instanz:
>
> ```
> Rect bounds = Window.Current.Bounds;
> ```
>
> Sie finden in Kapitel 14, »App-Lebenszyklus und -Einstellungen«, ein kleines Beispiel zum Anzeigen von Benutzereinstellungen. Dazu wird ein Popup verwendet, das relativ zum Fenster positioniert wird.

Das Popup besitzt eine weitere interessante Property namens IsLightDismissEnabled. Setzen Sie diese Property auf true, damit das Popup automatisch geschlossen wird, sobald der Benutzer in einen Bereich außerhalb des Popups klickt/tippt. Dies ist die Funktionalität, wie man Sie von Kontextmenüs kennt.

In Listing 4.22 sehen Sie ein StackPanel mit einer CheckBox, einem TextBlock und einem Popup. Die IsOpen-Property des Popups ist an die IsChecked-Property der CheckBox gebunden.

```xml
<StackPanel ...>
  <CheckBox x:Name="checker" Content="Popup anzeigen" .../>
  <TextBlock TextWrapping="Wrap" Width="200"
    HorizontalAlignment="Left" FontSize="14">
    Hier einfach etwas Text in einem TextBlock, der dann vom
    Popup überdeckt wird. Aufgrund der IsLightDismissEnabled-...
  </TextBlock>
  <Popup IsOpen="{Binding ElementName=checker,
    Path=IsChecked,Mode=TwoWay}" VerticalOffset="-130"
    IsLightDismissEnabled="True">
    <Border Background="Black" BorderBrush="White"
      BorderThickness="2" Width="200" Height="100">
      <TextBlock Foreground="White" FontSize="14"
        Text="Dies ist ein einfaches Popup"
        HorizontalAlignment="Center"
        VerticalAlignment="Center"/>
    </Border>
  </Popup>
</StackPanel>
```

Listing 4.22 K04\17 DasPopup\MainPage.xaml

Das Popup aus Listing 4.22 ist in Abbildung 4.29 dargestellt. Sobald die IsOpen-Property den Wert true hat, wird das Popup angezeigt. Da in Listing 4.22 die IsLightDismissEnabled-Property auf dem Popup auf true gesetzt ist, lässt sich das Popup auch schließen, wenn in einen Bereich außerhalb des Popups getippt wird.

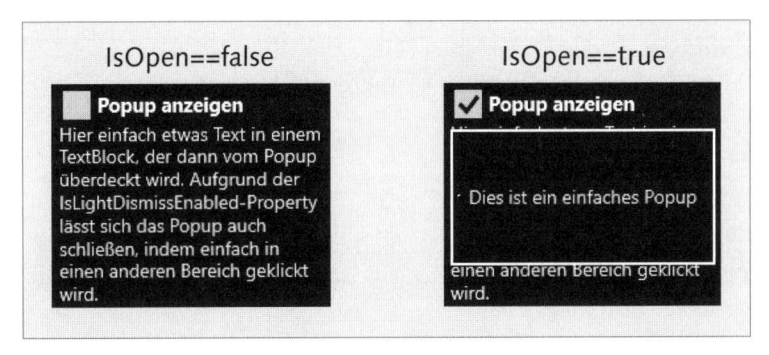

Abbildung 4.29 Das Popup wird immer im Vordergrund angezeigt und überdeckt andere Elemente.

Popups sind ein mächtiges Werkzeug. FriendStorage nutzt das Popup, um den Benutzer beim Löschen einer Gruppe explizit zu fragen, ob er das auch wirklich will. Abbildung 4.30 zeigt das Popup in Aktion.

Abbildung 4.30 Das Popup von FriendStorage beim Löschen einer Gruppe

In Listing 4.23 sehen Sie den XAML-Code aus FriendStorage, der den GRUPPE LÖSCHEN-Button der `AppBar` und das dazugehörige `Popup` enthält.

```xml
<Grid>
  <Button Click="ButtonAskToDeleteGroupClick" ...
    AutomationProperties.Name="Gruppe löschen"/>
  <Popup x:Name="groupDeletePopup" VerticalOffset="-120"
    IsLightDismissEnabled="True">
    <Popup.ChildTransitions>
      <TransitionCollection>
        <PopupThemeTransition />
      </TransitionCollection>
    </Popup.ChildTransitions>
    <StackPanel Background="DarkRed" Width="220">
      <TextBlock Text="Möchten Sie die ausgewählte Gruppe mit den
        enthaltenen Freunden wirklich löschen?"
        TextWrapping="Wrap" FontSize="14.667" Margin="10"/>
      <Button Click="ButtonDeleteGroupClick" Content="Löschen"
        Background="Black"/>
    </StackPanel>
  </Popup>
</Grid>
```

Listing 4.23 FriendStorage\View\FriendGroupDetailPage.xaml

> **Hinweis**
>
> Beachten Sie in Listing 4.23 die Property `ChildTransitions` der `Popup`-Klasse. Durch die zugewiesene `TransitionCollection` mit der `PopupThemeTransition` blendet sich das `Popup` animiert ein. Mehr zu Transitions lesen Sie in Kapitel 21, »Animationen«.

4.6.2 Das PopupMenu (Kontextmenü)

Die aus dem Namespace `Windows.UI.Popups` stammende Klasse `PopupMenu` stellt das Kontextmenü der WinRT dar. Die Klasse erbt direkt von `Object` und wird nicht in XAML, sondern in C# instantiiert. Die Klasse `PopupMenu` definiert lediglich die Property `Commands`, die vom Typ `IList<IUICommand>` ist. Rufen Sie auf der `Commands`-Property die `Add`-Methode auf, um `IUICommand`-Instanzen hinzuzufügen. Das Interface `IUICommand` ist wie folgt definiert:

```
public interface IUICommand
{
  object Id { get; set; }
  UICommandInvokedHandler Invoked { get; set; }
  string Label { get; set; }
}
```

Listing 4.24 Das Interface »IUICommand« aus der WinRT

`IUICommand` besitzt also eine `Id`, einen `Invoked`-Handler für Ihre Logik und ein `Label`, das für den angezeigten Text verantwortlich ist. Mit der Klasse `UICommand` gibt es bereits eine fertige Implementierung dieses Interfaces.

> **Tipp**
>
> Neben der `UICommand`-Klasse implementiert auch die Klasse `UICommandSeparator` das Interface `IUICommand`. Fügen Sie zur `Commands`-Property des `PopupMenus` eine UI-CommandSeparator-Instanz hinzu, um einzelne `UICommands` besser voneinander zu trennen.

Neben der `Commands`-Property definiert die `PopupMenu`-Klasse drei öffentliche Methoden mit folgender Signatur:

```
IAsyncOperation<IUICommand> ShowAsync(Point invocationPoint)
IAsyncOperation<IUICommand> ShowForSelectionAsync(Rect selection)
IAsyncOperation<IUICommand> ShowForSelectionAsync(Rect selection,
  Placement preferredPlacement);
```

Jede Methode gibt das vom Benutzer ausgeführte `IUICommand` zurück. Die `ShowAsync`-Methode verlangt eine `Point`-Instanz, an der das `PopupMenu` angezeigt wird. Diese `Point`-Instanz ist relativ zum `CoreWindow` Ihrer Anwendung. Die `ShowForSelectionAsync`-Methode nimmt ein `Rect`-Objekt entgegen, das neben einem `Point` auch eine `Size` definiert – optimal, wenn Sie das `PopupMenu` für ein bestimmtes Element anzeigen möchten, was Sie gleich in einem Beispiel sehen. Die Überladung der `ShowForSelectionAsync`-Methode nimmt noch einen der Werte der `Placement`-Aufzählung entgegen: Bottom, Default, Left, Right oder Top. Per Default wird das PopupMenu oberhalb des Elements angezeigt. Werfen wir jetzt ein Blick auf ein Beispiel.

In Listing 4.25 ist ein Button definiert, für den wir ein PopupMenu anzeigen möchten. Im PopupMenu soll ein Essen ausgewählt werden, das anschließend im TextBlock namens txtEssen1 angezeigt wird.

```
<StackPanel>
  <Button Content="Essen wählen" x:Name="btnEssen1"
    Click="ButtonEssen1_Click"/>
  <TextBlock Text="Ihr gewähltes Essen:" FontSize="20"/>
  <TextBlock x:Name="txtEssen1" FontSize="20"/>
</StackPanel>
```

Listing 4.25 K04\18 DasPopupMenu\MainPage.xaml

Listing 4.26 zeigt den Click-Event-Handler des Buttons. Er erstellt ein neues PopupMenu und fügt zwei UICommand-Instanzen zur Commands-Property hinzu. Beachten Sie, dass in diesem Beispiel lediglich die Properties Id und Label der UICommand-Instanzen gesetzt werden, nicht jedoch die Invoked-Property; wir schauen uns später in diesem Abschnitt in Listing 4.28 noch eine andere Variante an. Mit der Methode GetRectFromUIElement, deren Implementierung wir gleich betrachten, wird in Listing 4.26 das Rect-Objekt für den btnEssen1 ermittelt. Mit diesem Rect-Objekt und dem Wert Placement.Below wird auf dem PopupMenu die ShowForSelectionAsync-Methode aufgerufen, das vom Benutzer ausgeführte IUICommand zurückgibt. Wurde das PopupMenu geschlossen, indem der Benutzer mit dem Finger oder mit der Maus in einen Bereich außerhalb des PopupMenus geklickt hat, ist der Rückgabewert null. Wurde ein UICommand vom Benutzer ausgeführt, wird in Listing 4.26 die Id-Property ausgewertet und die entsprechende Logik ausgeführt.

```
private async void ButtonEssen1_Click(object sender, ...)
{
  var popupMenu = new PopupMenu();
  popupMenu.Commands.Add(new UICommand{Id=1, Label="Pizza"});
  popupMenu.Commands.Add(new UICommand{Id=2, Label="Spaghetti"});

  Rect rect = GetRectFromUIElement(btnEssen1);
  IUICommand command =
    await popupMenu.ShowForSelectionAsync(rect, Placement.Below);
  if (command == null) return;
  if ((int)command.Id == 1)
  {
    txtEssen1.Text = "Leckere Pizza";
  }
```

```
    else if ((int)command.Id == 2)
    {
      txtEssen1.Text = "Spaghetti Bolognese";
    }
}
```

Listing 4.26 K04\18 DasPopupMenu\MainPage.xaml.cs

Abbildung 4.31 zeigt das PopupMenu aus Listing 4.26.

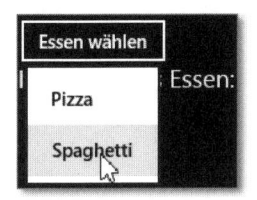

Abbildung 4.31 Ein PopupMenu auf einem Button

Listing 4.27 zeigt die in Listing 4.26 verwendete GetRectFromUIElement-Methode. Diese Methode holt sich über die GetPointFromUIElement-Methode das Point-Objekt und erzeugt mit diesem und der RenderSize-Property eines UIElements die zurückgegebene Rect-Instanz. Die in Listing 4.27 ebenfalls enthaltene GetPointFromUIElement-Methode ist interessant. Auf dem UIElement wird die TransformToVisual-Methode mit dem Wert null aufgerufen. Dadurch wird eine GeneralTransform-Instanz vom Element relativ zum CoreWindow erstellt. Anstatt null lässt sich auch ein anderes UIElement übergeben, allerdings benötigt das PopupMenu die Koordinaten relativ zum CoreWindow. Auf der GeneralTransform-Instanz wird mit der TransformPoint-Methode die Point-Instanz relativ zum Ursprungspunkt 0,0, der als Parameter mit new Point() angegeben wird, zurückgeliefert.

```
private Rect GetRectFromUIElement(UIElement element)
{
  var point = GetPointFromUIElement(element);
  return new Rect(point, element.RenderSize);
}
private Point GetPointFromUIElement(UIElement element)
{
  GeneralTransform generalTransform =
    element.TransformToVisual(null);
  return generalTransform.TransformPoint(new Point());
}
```

Listing 4.27 K04\18 DasPopupMenu\MainPage.xaml.cs

> **Hinweis**
>
> Mehr zur `TransformToVisual`-Methode der Klasse `UIElement` lesen Sie in Kapitel 5, »Layout«.

In Listing 4.26 wurde auf dem `PopupMenu` die `ShowForSelectionAsync`-Methode aufgerufen und die zurückgegebene `IUICommand`-Instanz ausgewertet, um dann die entsprechende Logik auszuführen. Stattdessen lässt sich die Logik auch gleich in der `Invoked`-Property des jeweiligen `UICommands` unterbringen, wie Listing 4.28 mit Hilfe von Lambda-Expressions zeigt. Diese Logik wird automatisch ausgeführt, wenn der Benutzer ein `UICommand` im `PopupMenu` anklickt. Listing 4.28 stellt also eine Alternative zu Listing 4.26 dar.

```csharp
private async void ButtonEssen2_Click(object sender, ...)
{
  var popupMenu = new PopupMenu();
  popupMenu.Commands.Add(new UICommand
  {
    Label = "Pizza",
    Invoked = cmd => { txtEssen2.Text = "Leckere Pizza"; }
  });
  popupMenu.Commands.Add(new UICommand
  {
    Label = "Spaghetti",
    Invoked = cmd => { txtEssen2.Text = "Spaghetti Bolognese"; }
  });
  Rect rect = GetRectFromUIElement(btnEssen2);
  await popupMenu.ShowForSelectionAsync(rect, Placement.Below);
}
```

Listing 4.28 K04\18 DasPopupMenu\MainPage.xaml.cs

4.6.3 Der MessageDialog

Die Klasse `MessageDialog` stammt wie auch das `PopupMenu` aus dem Namespace `Windows.UI.Popups` und erbt direkt von `Object`. Sie ist die WinRT-Variante der aus Windows-Programmen bekannten `MessageBox`. Auch sie wird direkt in C# instantiiert.

Wie auch die `PopupMenu`-Klasse besitzt die Klasse `MessageDialog` eine Property `Commands` vom Typ `IUICommand`. Mit den Properties `DefaultCommandIndex` und `CancelCommandIndex` lässt sich zudem der Index jener Commands festlegen, die beim Drücken der ⏎-Taste (Default) oder beim Drücken der Esc-Taste (Cancel) ausgelöst werden. Mit den Properties `Title` und `Content`, beide vom Typ `string`, legen Sie den Titel und den Inhalt des `MessageDialog`s fest. Die zwei existierenden Konstruktor-Überladungen nehmen die Werte bereits entgegen:

```
public MessageDialog(string content)
public MessageDialog(string content, string title)
```

Mit der Methode `ShowAsync` wird der `MessageDialog` angezeigt. Die Methode gibt das ausgeführte `IUICommand` zurück.

Listing 4.29 zeigt ein Beispiel für einen `MessageDialog` mit drei `UICommand`s. Den Dialog sehen Sie in Abbildung 4.32.

```
private async void Button_Click(object sender, RoutedEventArgs e)
{
  var dlg = new MessageDialog("Die WinRT ist genial, oder?",
    "Frage zur WinRT");
  dlg.Commands.Add(new UICommand { Label = "Ja",
    Invoked = c => txtResult.Text = c.Label });
  dlg.Commands.Add(new UICommand { Label = "Nein",
    Invoked = c => txtResult.Text = c.Label });
  dlg.Commands.Add(new UICommand { Label = "Abbrechen" });
  dlg.DefaultCommandIndex = 0;
  dlg.CancelCommandIndex = 2;
  await dlg.ShowAsync();
}
```

Listing 4.29 K04\19 DerMessageDialog\MainPage.xaml.cs

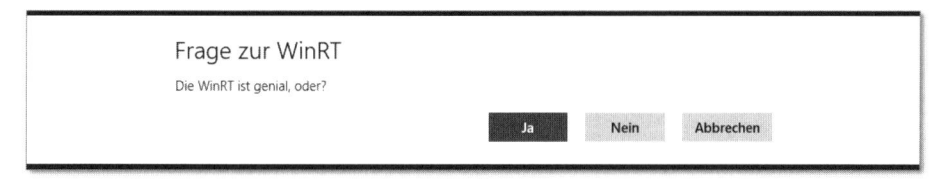

Abbildung 4.32 Der MessageDialog der WinRT

> **Hinweis**
>
> Wie das `PopupMenu` können Sie den `MessageDialog` auch etwas anders verwenden. In Listing 4.29 wurde die Logik über Lambda-Expressions der `Invoked`-Property der `UICommand`s zugewiesen. Stattdessen können Sie auch wie folgt das von der `ShowAsync`-Methode zurückgegebene `IUICommand` auswerten und Ihre Logik ausführen:
>
> ```
> IUICommand command = await dlg.ShowAsync();
> if(command.Id == ...){ ... }
> ```

> **Tipp**
> Enthält der `MessageDialog` keine `IUICommands` in seiner `Command`-Property, zeigt er beim Aufruf automatisch einen SCHLIESSEN-Button an.

4.7 Sonstige

Neben den gezeigten Elementen in diesem Kapitel finden Sie im Namespace `Windows.UI.Xaml.Controls` ein paar weitere interessante Klassen, wie `ToggleSwitch`, `Image`, `Border`, `Viewbox` und `WebView`, die wir uns in diesem Abschnitt ansehen.

4.7.1 Der ToggleSwitch

Die Klasse `ToggleSwitch` erbt direkt von `Control`. Sie stellt einen Schalter dar und besitzt zum Ein- und Ausschalten die Property `IsOn` (Typ: bool). Das `Toggled`-Event informiert über eine Änderung der Property.

Der `ToggleSwitch` besitzt des Weiteren die Property `Header` für eine Überschrift. Mit der Property `OnContent` definieren Sie den Inhalt, der bei eingeschaltetem Schalter angezeigt wird, mit der Property `OffContent` den Inhalt, der bei ausgeschaltetem Schalter angezeigt wird. Die Properties `Header`, `OnContent` und `OffContent` sind alle vom Typ `object`. Das flexible Inhaltsmodell kommt zum Zuge, und Sie können beliebig komplexe Inhalte zuweisen.

> **Hinweis**
> Wie Sie bereits wissen, wird beim flexiblen Inhaltsmodell für Objekte, die nicht von `UIElement` erben, die `ToString`-Methode aufgerufen, es sei denn, es existiert ein `DataTemplate` für das entsprechende Objekt. Beim `ToggleSwitch` definieren Sie – falls notwendig – über die Properties `HeaderTemplate`, `OnContentTemplate` und `OffContentTemplate` entsprechende `DataTemplates`. Mehr zu `DataTemplates` lesen Sie in Kapitel 7, »Daten«.

Listing 4.30 zeigt einen einfachen `ToggleSwitch`, der in Abbildung 4.33 dargestellt ist. Beachten Sie in Abbildung 4.33, wie beim Ein- und Ausschalten die Inhalte der Properties `OnContent` und `OffContent` aktiv werden.

```xaml
<ToggleSwitch Header="Inaktive Personen anzeigen"
    OffContent="Nein" OnContent="Ja" IsOn="True"/>
```

Listing 4.30 K04\20 DerToggleSwitch\MainPage.xaml

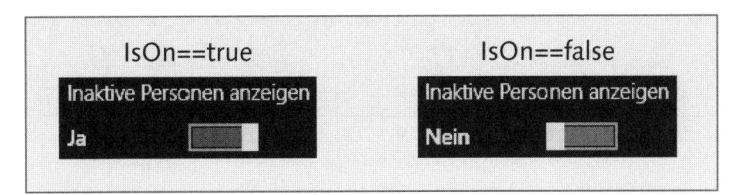

Abbildung 4.33 Der ToggleSwitch lässt sich ein- und ausschalten.

4.7.2 Das Image

Die Image-Klasse wird verwendet, um in Ihrer Anwendung ein Bild anzuzeigen. Image ist direkt von FrameworkElement abgeleitet.

Die wichtigste Property ist die Source-Property vom Typ ImageSource. In XAML weisen Sie der Source-Property einfach den Pfad einer Bilddatei zu, wodurch das Bild angezeigt wird. Ein einfaches Bild:

```
<Image Source="thomas.jpg"/>
```

Das Bild *thomas.jpg* muss dabei in Ihrem Projekt enthalten sein. Mehr zu den Details lesen Sie in Kapitel 10, »Ressourcen«.

In C# weisen Sie der Source-Property beispielsweise ein BitmapImage-Objekt (Namespace: Windows.UI.Xaml.Media.Imaging) zu. BitmapImage ist eine indirekte Subklasse von ImageSource. Listing 4.31 zeigt, wie es funktioniert. Das Bild wird darin über einen FileOpenPicker ausgewählt. Der erhaltene Stream wird an die SetSource-Methode der BitmapImage-Instanz übergeben. Die BitmapImage-Instanz selbst wird der Source-Property des Image-Elements zugewiesen.

```
var picker = new FileOpenPicker
{
  CommitButtonText = "Bild wählen", ...
};
picker.FileTypeFilter.Add(".jpg");
StorageFile storageFile = await picker.PickSingleFileAsync();
if (storageFile == null) return;
using (IRandomAccessStream stream =
  await storageFile.OpenAsync(FileAccessMode.Read))
{
  var bitmapImage = new BitmapImage();
  bitmapImage.SetSource(stream);
  image.Source = bitmapImage;
}
```

Listing 4.31 K04\21 DasImage\MainPage.xaml

> **Hinweis**
> Die Klasse BitmapImage und weitere Typen, die Sie der Source-Property eines Image-Elements zuweisen können, lernen Sie in Kapitel 19, »2D-Grafik«, näher kennen.

Neben der Source-Property definiert die Klasse Image weitere Properties. Eine davon ist die Stretch-Property, mit der sich einstellen lässt, wie das Bild gestreckt wird. Die Funktionalität der Stretch-Property schauen wir uns jetzt anhand der Viewbox-Klasse an. Auch diese enthält eine Stretch-Property vom selben Typ und mit der gleichen Auswirkung auf den Inhalt.

> **Achtung**
> Falls das Bild nicht geladen wird oder ein fehlerhaftes Format vorliegt, erhalten Sie keine Exception. Installieren Sie einen Event Handler für das ImageFailed, um über mögliche Fehler informiert zu werden.

4.7.3 Die Viewbox

Die von FrameworkElement abgeleitete Viewbox-Klasse besitzt wie auch die Border-Klasse eine Child-Property vom Typ UIElement. Die Viewbox wird verwendet, um ein einzelnes Kindelement auf den verfügbaren Platz auszudehnen und zu skalieren. Dazu definiert die Viewbox-Klasse die Property Stretch, der Sie einen der vier Werte der Aufzählung Stretch zuweisen:

- **None**: Das Kindelement behält seine Originalgröße.
- **Fill**: Das Kindelement füllt die Viewbox aus. Dabei wird das Verhältnis zwischen Höhe und Breite des Kindelements nicht beibehalten.
- **Uniform** (Default): Das Kindelement wird so groß dargestellt, dass es gerade noch in die Viewbox passt. Das Verhältnis zwischen Höhe und Breite wird dabei beibehalten.
- **UniformToFill**: Das Kindelement füllt die Viewbox komplett aus. Das Verhältnis zwischen Höhe und Breite wird beibehalten.

Listing 4.32 zeigt eine Viewbox mit einem Image-Element. Die Stretch-Property wurde auf den Wert Uniform gesetzt, womit das Image skaliert wird, damit es gerade noch in die Viewbox passt.

```xml
<Viewbox Stretch="Uniform">
  <Image Source="fussballplatz.png"/>
</Viewbox>
```

Listing 4.32 K04\22 DieViewbox\MainPage.xaml

In Abbildung 4.34 sind die Auswirkungen der einzelnen Werte für die `Stretch`-Property dargestellt. Dazu wurde stets die `Viewbox` aus Listing 4.32 verwendet. Als Bild kommt ein Fußballfeld zum Einsatz, das höher als breit ist und sich somit ideal zur Darstellung der verschiedenen Einstellungen eignet.

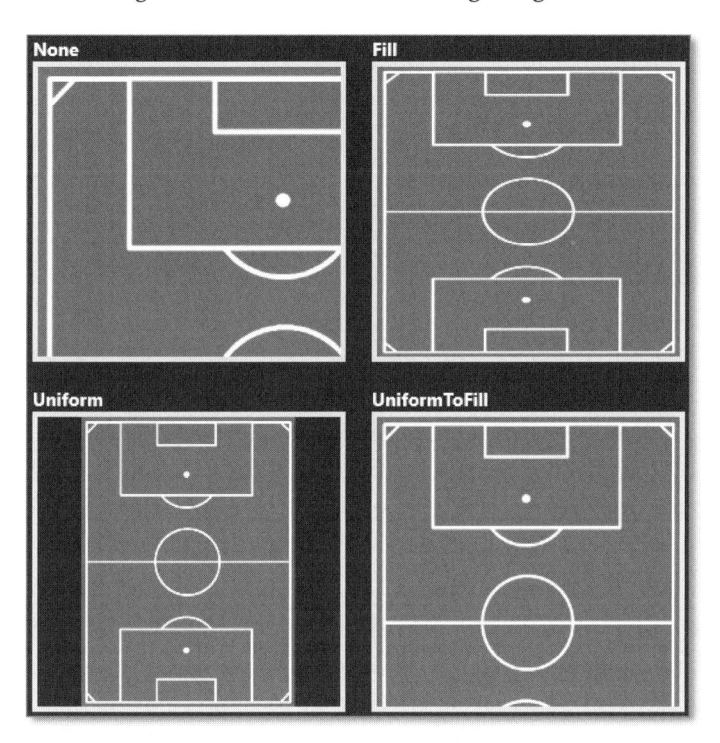

Abbildung 4.34 Die Werte für die »Stretch«-Property der »Viewbox«-Klasse

Zur weiteren Kontrolle besitzt die `Viewbox`-Klasse die Property `StretchDirection`, die einen Wert der Aufzählung `StretchDirection` verlangt:

- `Both` (Default): Das Kindelement wird in jedem Fall hoch- oder heruntskaliert, um entsprechend der Einstellung der `Stretch`-Property dargestellt zu werden.
- `UpOnly`: Das Kindelement der `Viewbox` wird nur nach oben skaliert. Ist es größer als die `Viewbox`, wird nicht nach oben skaliert.
- `DownOnly`: Das Kindelement der `Viewbox` wird nur nach unten skaliert. Ist es kleiner als die `Viewbox`, wird nicht nach unten skaliert.

4.7.4 Die Border

Die direkt von `FrameworkElement` abgeleitete `Border`-Klasse wird verwendet, um ein `UIElement` mit einem Rahmen auszustatten. Dazu besitzt die `Border`-Klasse eine `Child`-Property (Typ: `UIElement`).

Listing 4.33 enthält ein Border-Element, das eine einfache TextBox kapselt. Abbildung 4.35 zeigt das Ergebnis.

```
<Border BorderBrush="Yellow" BorderThickness="20 20 10 20"
  CornerRadius="10 0 0 10">
  <TextBox Text="Eine Border ist um mich herum"/>
</Border>
```

Listing 4.33 K04\23 DieBorder\MainPage.xaml

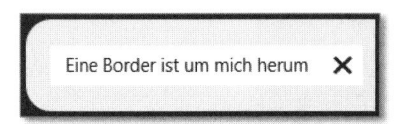

Abbildung 4.35 Eine Border, die um eine TextBox dargestellt wird

Die Border-Klasse definiert neben der Child-Property zahlreiche weitere Properties. Mit BorderBrush legen Sie den Brush fest, der für den Rahmen verwendet wird. Mit BorderThickness (Typ: Thickness) definieren Sie die Breite des Rahmens. In XAML geben Sie die Breite dabei in der Reihenfolge links, oben, rechts und unten an. In Listing 4.33 hat BorderThickness den Wert 20 20 10 20. Folglich ist der Rahmen auf der rechten Seite nur 10 Einheiten dick.

Mit der CornerRadius-Property legen Sie den Eckradius fest. Diese Property ist vom Typ der CornerRadius-Struktur, die die Eigenschaften TopLeft, TopRight, BottomRight und BottomLeft besitzt. In XAML geben Sie die Werte genau in dieser Reihenfolge an. In Listing 4.33 wurde 10 0 0 10 angegeben, folglich haben die Ecken TopLeft und BottomLeft einen Radius von 10 Einheiten.

Die Border-Klasse besitzt auch eine Background-Property, die innerhalb des Border-Elements verwendet wird, falls das gekapselte UIElement nicht die ganze Fläche abdeckt. Ebenso gibt es eine Padding-Property, um den Abstand zum gekapselten Element zu definieren. Mehr zur Padding-Property, die ja auch von der Klasse Control definiert wird, im nächsten Kapitel, »Layout«.

4.7.5 Die WebView

Die WebView haben Sie schon beim Erstellen der ersten Windows Store App in Kapitel 2, »Das Programmiermodell«, kennengelernt. Sie gibt Ihnen die Möglichkeit, Web-Inhalte darzustellen. Setzen Sie dazu die Source-Property (Typ: Uri) auf eine Adresse:

```
<WebView Source="http://www.thomasclaudiushuber.com"/>
```

Listing 4.34 K04\24 DieWebView\MainPage.xaml

Die WebView bietet zahlreiche weitere Properties an. Statt die Source-Property zu setzen, können Sie in C# auch mit der Navigate-Methode zu verschiedenen Webseiten navigieren. Sehr interessant ist auch die NavigateToString-Methode. Sie nimmt ein HTML-Fragment in Form eines strings entgegen. Die WebView parst den HTML-Code und stellt ihn entsprechend dar.

> **Achtung**
> Der Inhalt der WebView reagiert weder auf Transparenz (Opacity-Property) noch auf Transformationen (RenderTransform-Property) oder Projektionen (Projection-Property). Falls Sie Webinhalte tatsächlich transformieren möchten, sollten Sie den in Kapitel 19, »2D-Grafik«, beschriebenen WebViewBrush verwenden. Mit ihm lässt sich der Inhalt einer WebView beispielsweise auf ein Rectangle zeichnen, das Sie dann transformieren können.

4.8 Zusammenfassung

Die Controls der WinRT befinden sich hauptsächlich im Namespace Windows.UI.Xaml.Controls. Sie wurden in diesem Kapitel in verschiedene Kategorien eingeteilt:

- **ContentControls:** ContentControls erben von der Klasse ContentControl und besitzen eine Property Content vom Typ Object. Sie haben somit genau ein »Kind«. Typische Vertreter dieser Kategorie sind Buttons, der ScrollViewer, die AppBar, der Frame und die ItemContainer-Klassen wie ListBoxItem oder ComboBoxItem.
- **ItemsControls:** ItemsControls erben von der Klasse ItemsControl und haben eine Items- und eine ItemsSource-Property. Sie haben mehrere »Kinder«. Typische ItemsControls sind die ListBox und die ComboBox.
- **Text-Controls:** Für die Texteingabe und -anzeige haben Sie verschiedene Text-Controls kennengelernt: die Klasse TextBlock zum Anzeigen von formatiertem Text, die TextBox zum Editieren und die PasswordBox zur Eingabe eines Passworts. Mit den RichText-Controls RichTextBlock und RichEditBox lässt sich zudem formatierter Text anzeigen und bearbeiten.
- **Range-Controls:** Range-Controls erben von der Klasse RangeBase, die mit den Properties Minimum und Maximum einen Wertebereich definiert. In der Property Value wird der aktuelle Wert gespeichert. Subklassen sind Slider, ProgressBar und ScrollBar.
- **Popups:** Mit der Klasse Popup lässt sich auf einfache Weise Inhalt temporär im Vordergrund darstellen. Im Namespace Windows.UI.Popups haben wir zudem die Klassen PopupMenu und MessageDialog angesehen, die beide mit IUICommands Befehle auslösen können.

- **Sonstige:** Sie haben sonstige Elemente kennengelernt, wie die Klasse, `Toggle-Switch` oder `Image`. In anderen Kapiteln kommen Sie mit weiteren Elementen in Kontakt, wie die in Kapitel 20, »Multimedia«, zum Abspielen von Videos genutzte Klasse `MediaElement`.

Die von Ihnen eingesetzten Controls müssen Sie natürlich irgendwie auf Ihrer Benutzeroberfläche anordnen und positionieren. Dazu kommen Panels und Properties wie `Margin` und `Padding` ins Spiel. Das `StackPanel` haben wir in diesem Kapitel bereits mehrfach eingesetzt. Im nächsten Kapitel, »Layout«, erfahren Sie, wie das Layout genau funktioniert. Sie lernen dabei auch, wie Sie die Oberfläche Ihrer Windows Store App gestalten, damit sie sich an die unterschiedlichen Ausrichtungen eines Tablets anpasst.

Kapitel 5
Layout

In diesem Kapitel erfahren Sie mehr über die Layoutfunktionalität. Layout bezeichnet dabei nicht das visuelle Design im Sinne eines Grafikers. Stattdessen geht es vielmehr darum, die Elemente zu positionieren. Sie lernen hier auch, wie Sie Ihre Windows Store App für die verschiedenen Ansichten wie »FullScreenLandscape« oder »Snapped« fit machen.

Im letzten Kapitel haben Sie einige der WinRT-Controls kennengelernt. In diesem Kapitel erfahren Sie, wie Sie diese Controls anordnen und positionieren. Die WinRT besitzt dazu einige Panels, Subklassen von Windows.UI.Xaml.Controls.Panel. Panels sind Elemente, die mehrere Kindelemente vom Typ UIElement nach einem bestimmten Algorithmus positionieren und ausrichten. Elemente werden in der WinRT üblicherweise nicht absolut positioniert, stattdessen ergibt sich ihre Position und Größe aus dem verfügbaren Platz.

Um die Elemente in einer WinRT-Anwendung anzuordnen, »sprechen« die Elternelemente mit Ihren Kindern. Diese Absprache wird als *Layoutprozess* bezeichnet. Jeder professionelle Entwickler sollte die Funktionsweise dieses Layoutprozesses verstehen; daher lernen Sie diesen Prozess gleich zu Beginn in Abschnitt 5.1 kennen.

Ein FrameworkElement besitzt selbst einige Properties, wie beispielsweise Width, Margin oder HorizontalAlignment, mit denen Sie Ihr Element innerhalb eines Panels positionieren und ausrichten. Auch die Klasse UIElement, die Basisklasse von FrameworkElement, bietet mit RenderTransform und Projection zwei interessante Properties an, mit denen Sie Elemente transformieren und dreidimensional projizieren können. Diese Layouteigenschaften von Elementen sind Teil von Abschnitt 5.2.

Die vordefinierten Panels der WinRT lernen Sie in Abschnitt 5.3, »Panels«, kennen. Darunter befinden sich auch das schon öfter verwendete StackPanel und das sehr nützliche und mächtige Grid.

Wie Sie die Elemente auf einer Page Ihrer Windows Store App anordnen sollten, welche Standardabstände es gibt und welche Schrittgrößen üblich sind, erfahren Sie in Abschnitt 5.4, »Layout der Elemente auf einer Page«.

Ihre Windows Store App kommt nur erfolgreich in den Windows Store, wenn Sie verschiedene Ansichten wie *FullScreenLandscape*, *Filled* oder *Snapped* unterstützt. Wie Sie das machen und wie Sie die verschiedenen Drehungen Ihrer Anwendung festlegen, lesen Sie in Abschnitt 5.5, »Die Ansichten einer Windows Store App«.

In Abschnitt 5.6, »Layout in FriendStorage«, schauen wir uns an, wie der Header in der `OverviewPage` von FriendStorage definiert ist. Dabei treffen wir nicht nur das `Grid`, sondern auch eine Transformation an. In diesem Abschnitt erfahren Sie auch, wie die `OverviewPage` von FriendStorage für die Ansichten *FullScreenLandscape* und *Snapped* unterschiedlich Darstellungen unterstützt.

5.1 Der Layoutprozess

Beim Entwickeln Ihrer Windows Store App mit XAML »sprechen« die Elternelemente mit ihren Kindern, um diese anzuordnen. Diese Absprache wird als *Layoutprozess* bezeichnet. Der Layoutprozess wird bei der WinRT ausgelöst, wenn sich beispielsweise die Größe eines Panels oder die eines Controls ändert. In diesem Abschnitt sehen wir uns den Layoutprozess genauer an, da Sie so ein Grundverständnis dafür bekommen, wie Elemente positioniert werden.

5.1.1 Die zwei Schritte des Layoutprozesses

Der Layoutprozess besteht aus zwei Schritten:

- **Schritt 1: Measure** – Die Größe der Elemente wird gemessen.
- **Schritt 2: Arrange** – Die Elemente werden angeordnet.

Beim ersten Anzeigen eines Elementes werden die beiden Schritte des Layoutprozesses durchlaufen, indem die folgenden in der Klasse `UIElement` definierten Methoden aufgerufen werden:

- `Measure`
- `Arrange`

Nachdem diese Methoden aufgerufen wurden, erfolgt das Rendering. Bevor ein Element allerdings tatsächlich gezeichnet wird, finden noch die später beschriebenen Transformationen und Projektionen statt.

> **Hinweis**
> Der Layoutprozess von WPF/Silverlight besitzt exakt dieselbe Funktionsweise wie der Layoutprozess der WinRT. Auch in der WPF/Silverlight gibt es die zwei Schritte `Measure` und `Arrange`.

Fügen Sie zu einem StackPanel einen Button hinzu, werden auf diesem Button die Methoden Measure und Arrange aufgerufen. Dadurch ermittelt der Button seine eigene Größe, und er wird ausgerichtet. Schauen wir uns die beiden Schritte im Detail an.

Schritt 1: Measure

Im ersten Schritt des Layoutprozesses »fragen« die Eltern ihre visuellen Kinder, wie groß diese gerne sein würden. Diese Frage wird gestellt, indem die Eltern auf ihren Kindelementen die in UIElement definierte Methode Measure aufrufen. Die Measure-Methode hat folgende Signatur:

void Measure(Size availableSize)

Das an Measure übergebene Size-Objekt (Namespace: Windows.Foundation) besitzt die Properties Width und Height. Es legt die verfügbare Größe für das Element fest. Aufgrund dieser verfügbaren Größe ermittelt das Element in der Measure-Methode seine gewünschte Größe. Die gewünschte Größe wird in der aus UIElement geerbten Readonly-Property DesiredSize abgespeichert.

> **Hinweis**
> Die gewünschte Größe (DesiredSize) kann auch größer als die verfügbare Größe sein.

Nachdem also ein Elternelement auf dem Kindelement die Measure-Methode aufgerufen hat, greift es anschließend auf die DesiredSize-Property zu, um üblicherweise seine eigene Größe zu berechnen.

Schritt 2: Arrange

Im zweiten Schritt des Layoutprozesses geben die Eltern ihren Kindern den tatsächlich verfügbaren Platz und eine Position. Dazu rufen die Eltern auf den Kindern die ebenfalls in UIElement definierte Methode Arrange auf, die folgende Signatur hat:

void Arrange(Rect finalRect)

Die Methode Arrange nimmt ein Rect-Objekt entgegen (Namespace: Windows.Foundation), das die Properties X, Y, Width und Height besitzt. Das Rect-Objekt definiert also die Position und die finale Größe des Elements. Intern setzt die Methode Arrange die in UIElement definierte Readonly-Property RenderSize.

> **Hinweis**
> Um die Größe eines UIElements zu ermitteln, sollten Sie nicht direkt auf die RenderSize-Property zugreifen. Verwenden Sie stattdessen die in FrameworkElement definierten Properties ActualWidth und ActualHeight.

> Diese enthalten die Werte von Width und Height der RenderSize-Property. Actual-Width und ActualHeight sind jedoch auch erst nach dem Layoutprozess verfügbar.
>
> Die Klasse FrameworkElement definiert ein Event namens LayoutUpdated. Das Event wird aufgerufen, wenn auf einem Element die Schritte Measure und Arrange durchlaufen wurden und somit ActualWidth und ActualHeight gesetzt sind.

Fazit aus den beiden Schritten

Das Ergebnis der Measure-Methode ist die gesetzte DesiredSize-Property. Das Ergebnis der Arrange-Methode ist die Positionierung des Elements und die in der RenderSize-Property gespeicherte finale Größe.

Nun bleibt die Frage offen, wo Sie bei Ihren eigenen Elementen oder Layout-Panels die Methoden Measure und Arrange auf Ihren Kindelementen aufrufen, um die gewünschte Größe zu erhalten und die Elemente korrekt anzuordnen. Denken Sie kurz nach.

Rein logisch kann dies nur zu dem Zeitpunkt geschehen, an dem der Layoutprozess stattfindet. Und dieser findet statt, wenn auf Ihrem Element die Methoden Measure und Arrange aufgerufen werden. Dann fragt Ihr Element die Kinder, die Kinder fragen wiederum ihre Kinder, und so geht der Layoutprozess am Element Tree nach unten. In Ihren eigenen Klassen definieren Sie die Logik des Layouts, indem Sie zwei Methoden aus der Klasse FrameworkElement überschreiben: MeasureOverride und ArrangeOverride. Diese Methoden sehen wir uns jetzt an.

5.1.2 Beim Layoutprozess mitreden

Die Klasse FrameworkElement definiert zwei virtuelle Methoden, die Sie in Subklassen überschreiben, um bei den beiden Schritten des Layoutprozesses mitzureden:

```
protected virtual Size MeasureOverride(Size availableSize)
protected virtual Size ArrangeOverride(Size finalSize)
```

Die beiden in FrameworkElement definierten Methoden hängen wie folgt mit dem Layoutprozess zusammen:

- **MeasureOverride** wird aufgerufen, sobald auf Ihrem Element die Measure-Methode aufgerufen wird. Sie rufen in MeasureOverride die Measure-Methoden der direkten Kindelemente auf. Mit der anschließend auf den Kindelementen gesetzten DesiredSize-Property berechnen Sie die gewünschte Größe Ihres Elements. Die gewünschte Größe Ihres Elements geben Sie aus der Methode zurück. Die als Parameter erhaltene verfügbare Größe (availableSize) müssen Sie nicht zwingend zum Berechnen der gewünschten Größe Ihres Elements verwenden. Der Rückgabewert von `MeasureOverride` kann sogar größer als die `availableSize` sein.

- **ArrangeOverride** wird aufgerufen, sobald auf Ihrem Element die Methode `Arrange` aufgerufen wurde. In `ArrangeOverride` ordnen Sie Ihre Kindelemente an, indem Sie auf jedem Kindelement die `Arrange`-Methode aufrufen. Als Parameter erhalten Sie in `ArrangeOverride` die finale Größe (`finalSize`), die für Ihr Element zur Verfügung steht. Der Rückgabewert von `ArrangeOverride` wird in der `RenderSize`-Property gespeichert. Wenn Sie Ihr Element so groß zeichnen möchten, wie Sie Platz erhalten haben (die als Parameter erhaltene `finalSize`), dann geben Sie die als Parameter erhaltene `finalSize` unverändert zurück. Wollen Sie weniger Platz, als Sie bekommen, geben Sie einen kleineren Wert zurück.

Es ist an der Zeit für etwas C#-Code, der die Methoden `MeasureOverride` und `ArrangeOverride` in der Praxis zeigt.

Hinweis

Vielleicht fragen Sie sich, warum Sie nicht die Methoden `Measure` und `Arrange` überschreiben können und es stattdessen die Methoden `MeasureOverride` und `ArrangeOverride` gibt. Die Antwort darauf ist einfach. Nehmen wir `Measure` als Beispiel. In `MeasureOverride` berechnen Sie die gewünschte Größe Ihres Elements. Diese Größe geben Sie aus der Methode zurück. Allerdings ist diese Größe noch nicht endgültig das, was tatsächlich in der `DesiredSize`-Property gespeichert wird. Stattdessen wird die `Measure`-Methode, die ja `MeasureOverride` aufruft, die Größe noch beispielsweise um den Wert der `Margin`-Property ergänzen. Die `Margin`-Property definiert einen Rahmen. Da diese Logik in der `Measure`-Methode implementiert ist, müssen Sie sich in `MeasureOverride` überhaupt keine Gedanken darüber machen, ob auf Ihrem Element die `Margin`-Property gesetzt ist oder nicht.

5.1.3 Ein eigenes Layout-Panel (»DiagonalPanel«)

Die WinRT enthält einige Subklassen von `Panel` (Namespace: `Windows.UI.Xaml.Controls`), wie beispielsweise das `StackPanel` oder das `Grid`. Panels können in ihrer `Children`-Property (Typ: `UIElementCollection`) mehrere Kinder vom Typ `UIElement` haben. Ein `Panel` ordnet die Kinder dabei mit der Implementierung von `MeasureOverride` und `ArrangeOverride` entsprechend an.

Die in der WinRT enthaltenen Panels schauen wir uns in Abschnitt 5.3 an. An dieser Stelle erläutere ich Ihnen den Layoutprozess und damit das Überschreiben der Methoden `MeasureOverride` und `ArrangeOverride` anhand einer einfachen Subklasse von `Panel`. Das hier erstellte `DiagonalPanel` ordnet Elemente diagonal an.

> **Hinweis**
>
> Das im Folgenden erstellte `DiagonalPanel` wird wohl in keiner Anwendung zum Einsatz kommen, da es Elemente nur diagonal anordnet. Es dient einzig und allein dem Zweck, Ihnen die Funktionsweise des Layoutprozesses nahezubringen. In Kapitel 6, »Dependency Properties«, implementieren wir ein `Panel` mit Attached Properties, das `SimpleCanvas`.

Die Klasse `DiagonalPanel` erbt von Panel und überschreibt die Methoden `MeasureOverride` und `ArrangeOverride`, um die in der `Children`-Property enthaltenen Elemente diagonal anzuordnen. Listing 5.1 zeigt die komplette `DiagonalPanel`-Klasse.

```
public class DiagonalPanel : Panel
{
  protected override Size MeasureOverride(Size availableSize)
  {
    // Die gewünschte Mindestgrösse des DiagonalPanels setzen.
    var mySize = new Size(0, 0);

    // Kinder durchlaufen
    foreach (var child in this.Children)
    {
      // Measure mit verfügbarer Grösse des Panels aufrufen
      child.Measure(availableSize);

      // Nach dem Aufruf von Measure die DesiredSize-Property des
      // Kind-Elements zur Berechnung der Grösse des
      // DiagonalPanels verwenden
      mySize.Height += child.DesiredSize.Height;
      mySize.Width += child.DesiredSize.Width;
    }
    // Die ermittelte Grösse des DiagonalPanels zurückgeben
    return mySize;
  }
  protected override Size ArrangeOverride(Size finalSize)
  {
    var location = new Point(0, 0);

    // Kinder durchlaufen
    foreach (var child in this.Children)
    {
      // Arrange aufrufen und Kind die gewünschte Grösse geben
      child.Arrange(new Rect(location, child.DesiredSize));

      // Position für das nächste Kind festlegen
      location.X += child.DesiredSize.Width;
```

```
        location.Y += child.DesiredSize.Height;
      }
      // Unser Panel soll so gross gezeichnet werden, wie es Platz
      // bekommen hat, folglich geben wir die erhaltene finalSize
      // zurück, die anschliessend in der RenderSize-Property
      // gespeichert und von der WinRT für
      // das Rendering verwendet wird.
      return finalSize;
   }
}
```

Listing 5.1 K05\01 DasDiagonalPanel\DiagonalPanel.cs

Beachten Sie in Listing 5.1, wie in der Methode MeasureOverride die Kindelemente des DiagonalPanels durchlaufen werden. Auf jedem Kindelement wird die Measure-Methode mit der Übergabe der Größe des Panels aufgerufen, da das Kind selbst nicht größer als das Panel sein kann.

> **Hinweis**
>
> Jedes Element sollte für den Rückgabewert von MeasureOverride immer die kleinstmögliche Größe ermitteln. Die kleinstmögliche Größe ist die Größe, bei der das Element noch korrekt dargestellt wird. Eine TextBox ermittelt ihre Breite beispielsweise immer so, dass der Text noch dargestellt werden kann.

Nach dem Aufruf von Measure steht auf dem Kindelement die DesiredSize-Property zur Verfügung. Die gewünschte Größe des DiagonalPanels wird in Listing 5.1 berechnet, indem die gewünschte Breite (DesiredSize.Width) und die gewünschte Höhe (DesiredSize.Height) aller Kinder addiert werden. Bedenken Sie, dass die so ermittelte Größe noch in der Measure-Methode von UIElement beispielsweise um Margin-Werte ergänzt wird, falls auf dem DiagonalPanel die Margin-Property gesetzt ist.

> **Hinweis**
>
> Durch den Aufruf von Measure und Arrange auf den Kindelementen rufen diese in überschriebenen MeasureOverride- und ArrangeOverride-Methoden wiederum auf ihren direkten Kindelementen Measure und Arrange auf.
>
> Fügen Sie das DiagonalPanel zu einer Page hinzu, ruft die Page auf dem DiagonalPanel die Methoden Measure und Arrange auf. Measure und Arrange rufen wiederum die virtuellen Methoden MeasureOverride und ArrangeOverride auf, wodurch auch der in Listing 5.1 implementierte Code durchlaufen wird.

> Das `DiagonalPanel` ruft in den beiden überschriebenen Methoden wiederum die
> `Measure`- und `Arrange`-Methoden der Kinder auf, und dort beginnt das gleiche Spiel.
> Der Layoutprozess läuft auf diese Weise durch den Element Tree.

In der Methode `ArrangeOverride` werden die Kindelemente angeordnet. Dazu wird in Listing 5.1 auf jedem Kindelement die `Arrange`-Methode aufgerufen. Der `Arrange`-Methode wird ein `Rect`-Object übergeben, das die Position und die finale Größe definiert. Als finale Größe erhält im `DiagonalPanel` jedes Kindelement seine gewünschte Größe (`DesiredSize`-Property). Als Position wird ein `Point`-Objekt übergeben, dessen X- und Y-Property in der `foreach`-Schleife um die Werte der `DesiredSize.Width`- und `DesiredSize.Height`-Property des jeweiligen Kindelements erhöht werden. Als Rückgabewert von `ArrangeOverride` wird die als Parameter erhaltene `finalSize` zurückgegeben, da das `DiagonalPanel` so groß gezeichnet werden soll, wie es Platz erhält. Der Rückgabewert von `ArrangeOverride` wird in der `RenderSize`-Property gespeichert und von der WinRT beim Rendering verwendet.

Das `DiagonalPanel` ist fertig. Verwenden wir es jetzt in XAML. In Listing 5.2 wird ein `DiagonalPanel` erstellt. Zur `Children`-Property werden fünf `Buttons` und eine `TextBox` hinzugefügt. In der `Panel`-Klasse ist die `Children`-Property als Content-Property definiert, wodurch keine Property-Element-Syntax (`<local:DiagonalPanel.Children>`) notwendig ist. Beachten Sie in Listing 5.2, dass für den `Button` mit dem Text `Button3` eine fixe Breite, für jenen mit dem Text `Button4` eine fixe Höhe gesetzt ist.

```xml
<local:DiagonalPanel>
    <Button Content="Button1" Background="Brown" />
    <TextBox Text="Layout-Prozess in der WinRT"/>
    <Button Content="Button2" Background="Orange"/>
    <Button Content="Button3" Background="Red" Width="100"/>
    <Button Content="Button4" Background="Blue" Height="40"/>
    <Button Content="Button5" Background="Lime"/>
</local:DiagonalPanel>
```

Listing 5.2 K05\01 DasDiagonalPanel\MainPage.xaml

Abbildung 5.1 zeigt das `DiagonalPanel` in Aktion.

Wird in die in Abbildung 5.1 sichtbare `TextBox` etwas mehr Text eingegeben, wird die `DesiredSize.Width` der `TextBox` größer sein. Der Layoutprozess wird wieder durchlaufen, und das `DiagonalPanel` passt sich an.

Beachten Sie in Abbildung 5.1 auch den `Button3`, der eine explizit gesetzte `Width`-Property hat. Ist die `Width`-Property auf einem Element explizit gesetzt, enthält die

`DesiredSize.Width`-Property ebenfalls diesen Wert, eventuell um die `Margin`-Property ergänzt. Nach einem expliziten Setzen von `Width` und `Height` verliert ein Element die Möglichkeit, seine gewünschte Größe durchzusetzen. Es wird stattdessen mit der gesetzten `Width` und `Height` dargestellt, so eben auch der `Button3` in Abbildung 5.1. Der `Button` ist offensichtlich breiter als die Breite der gewünschten Größe. Letztere wäre so groß, dass der Text Platz hat, wie das bei den anderen `Buttons` der Fall ist.

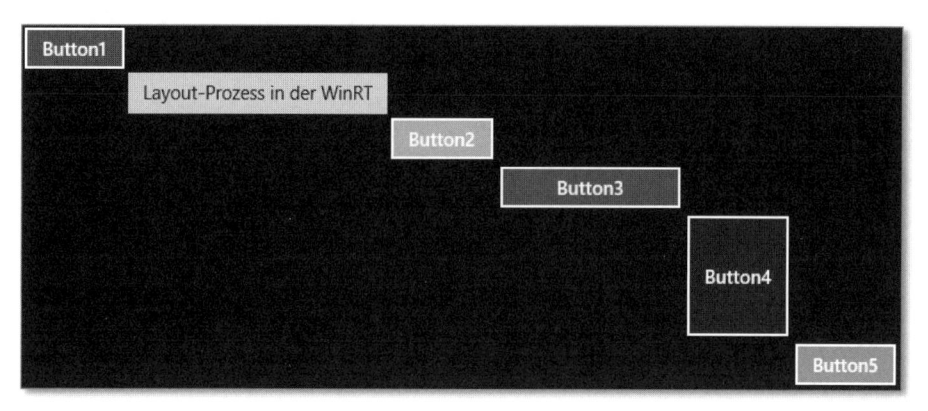

Abbildung 5.1 Das DiagonalPanel ordnet die Elemente diagonal an.

5.2 Layouteigenschaften von Elementen

Um ein Element innerhalb eines Elternelements anzuordnen, besitzt die Klasse `FrameworkElement` verschiedene Properties, über die Sie folgende Eigenschaften festlegen:

- die Größe (`Width` und `Height`)
- einen äußeren und inneren Rand (`Margin` und `Padding`)
- die Ausrichtung (Alignments)
- die Sichtbarkeit (`Visibility`-Property)
- Transformationen (um Ihr Element beispielsweise um 45° zu rotieren)
- Projektionen (um Ihr Element dreidimensional zu projizieren)

Diese einzelnen Eigenschaften betrachten wir in den folgenden Abschnitten.

5.2.1 »Width« und »Height«

Die Größe eines Elements legen Sie über die Properties `Width` und `Height` fest. `FrameworkElement` definiert zur weiteren Steuerung die Properties `MinWidth`, `MinHeight`, `MaxWidth` und `MaxHeight`.

> **Hinweis**
> Haben Sie auf einem Element die `Width`-Property gesetzt, enthält die `Desired-Size.Width` des Elements nach dem Aufruf von `Measure` diesen Wert (wieder ergänzt um Werte der `Margin`-Property etc.), falls nicht die Properties `MinWidth` oder `MaxWidth` einen anderen Wert erzwingen. Ein Control, wie beispielsweise die `TextBox`, passt sich somit bei gesetzter `Width`-Property nicht mehr automatisch an die Breite des Textes an.

Sind `Width` und `Height` nicht gesetzt, haben Sie den Wert `Double.NaN` (»Not a Number«). Daher erhalten Sie die aktuelle Größe eines `FrameworkElement`s nicht über `Width` und `Height`, sondern über die Readonly-Properties `ActualWidth` und `ActualHeight`.

> **Hinweis**
> Die Properties `Width`, `Height` und Co. nehmen einen `double`-Wert entgegen, der die Größe in geräteunabhängigen Einheiten definiert.
> **Eine Einheit in der WinRT ist geräteunabhängig. Eine Einheit wird auch als** *geräteunabhängiges Pixel* **bezeichnet**.
> Nehmen wir dazu als Beispiel die 10,6"-Bildschirme. Diese gibt es beispielsweise mit einer Auflösung von 1.366 × 768 und mit einer Auflösung von 1.920 × 1.080 Pixeln. Bei einer Auflösung von 1.366 × 768 fallen auf einen Inch (2,54 cm) genau 148 physische Pixel. Man spricht auch von 148 *Dots per Inch* (DPI). Bei einer Auflösung von 1.920 × 1.080 und derselben physischen Bildschirmgröße von 10,6" ergeben sich 207 Pixel pro Inch bzw. 207 DPI.
> Wären die Größen der Properties `Width` und `Height` in physischen Pixeln angegeben, würden die Elemente Ihrer Anwendung bei der 1.920 × 1.080-Auflösung kleiner. Bei geräteunabhängigen Pixeln bleiben die Elemente für den Benutzer gleich groß, werden dafür aber schärfer dargestellt, da ihnen mehr physische Pixel zur Verfügung stehen.
> Aufgrund der geräteunabhängigen Pixel wird das Leben für Sie als Entwickler um einiges einfacher, da die WinRT Ihre App bei einer höheren DPI-Anzahl hochskaliert. Dabei unterstützt die WinRT drei Skalierungen, die bei 10,6"-Bildschirmen je nach Auflösung wie folgt aussehen:
> - **1.366 × 768 = 100%-Skalierung** (1 geräteunabhängiges Pixel entspricht bei der 100%-Skalierung genau einem physischen Pixel)
> - **1.920 × 1.080 = 140%-Skalierung**
> - **2.560 × 1.440 = 180%-Skalierung**
>
> Da die Elemente in der WinRT vektorbasiert dargestellt werden, müssen Sie sich um die Schärfe keine Gedanken machen. Falls Sie jedoch beispielsweise Bitmaps in Ihre App einbinden, sollten Sie sie für die unterschiedlichen Skalierungen bereitstellen. Mehr dazu erläutere ich in Kapitel 10, »Ressourcen«.

5.2.2 »Margin« und »Padding«

Mit den Properties Margin und Padding lassen sich Elemente mit einem äußeren und einem inneren Rand ausstatten. Die Padding-Property ist allerdings nicht in der Klasse FrameworkElement definiert. Sie wird von einigen Subklassen bereitgestellt, wie beispielsweise Control.

»Margin«

Ein FrameworkElement lässt sich mit einem äußeren Rand ausstatten, den Sie über die Margin-Property definieren. Die Margin-Property ist vom Typ Thickness (Namespace: Windows.UI.Xaml). Die Thickness-Struktur besitzt die Properties Left, Top, Right und Bottom, womit Sie für jede Seite Ihres Elements einen individuellen Rand definieren können.

Während Sie in C# ein Thickness-Objekt erzeugen müssen, unterstützt Sie in XAML der XAML-Parser. Zum Setzen einer Property vom Typ Thickness, wie der Margin-Property, nutzen Sie in XAML die Attribut-Syntax. Geben Sie dabei die einzelnen Randwerte in der Reihenfolge Left, Top, Right, Bottom an. Trennen Sie dabei die einzelnen Werte mit Kommas oder Leerzeichen:

```
<Button Margin="10,20,30,40" .../>
```

Wollen Sie alle Seiten Ihres Elements mit dem gleichen Rand ausstatten, müssen Sie der Margin-Property nur einen einzigen Wert zuweisen. Weisen Sie der Margin-Property zwei Werte zu, wird der erste Wert für Left und Right, der zweite für Top und Bottom verwendet.

Listing 5.3 zeigt die Möglichkeiten, in XAML die Margin-Property mit einem oder zwei Werten zu setzen. Dazu werden als Elternelemente Border- und als Kindelemente Button-Objekte verwendet. Das Ergebnis ist mit ein paar weiteren Versuchen in Abbildung 5.2 dargestellt.

```
<Border>
  <!-- Alle Seiten mit 10 Pixeln Rand -->
  <Button Margin="10" Content="10"/>
</Border>
<Border>
  <!-- Links und rechts 10, oben und unten 50 -->
  <Button Margin="10,50" Content="10,50"/>
</Border>
```

Listing 5.3 K04\02 MarginProperty\MainPage.xaml

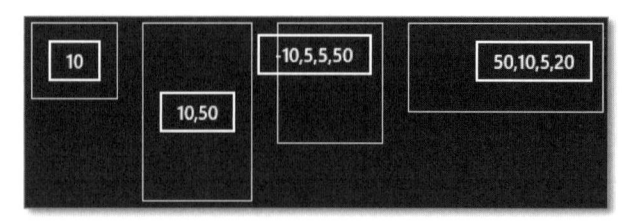

Abbildung 5.2 Die »Margin«-Property

> **Hinweis**
> Setzen Sie auf einem Button die Margin-Property auf 0, werden Sie feststellen, dass er in der WinRT immer noch einen kleinen Rand hat. Das ControlTemplate, das das Aussehen eines Buttons definiert, enthält ein Border-Element. Der Button besteht also aus diesem Border-Element und dem im Border-Element definierten Inhalt. Im ControlTemplate ist auf diesem Border-Element die Margin-Property hartkodiert auf den Wert 3 gesetzt. Das heißt, dass die visuelle Darstellung eines Buttons kleiner als seine tatsächliche Größe ist. Ein Button mit einer Width von 60 Pixeln wird aufgrund des im ControlTemplate auf der Border definierten Margins von 3 tatsächlich nur mit einer Breite von 54 Pixeln dargestellt. Sie können diesen Effekt auch bei den Buttons im DiagonalPanel in Abbildung 5.1 betrachten.
>
> Wie Sie das ControlTemplate anpassen, lesen Sie ausführlich in Kapitel 11, »Styles und Templates«.

»Padding«

Einige Subklassen von FrameworkElement, wie Control, TextBlock oder Border, besitzen eine Padding-Property. Sie ist wie auch die Margin-Property vom Typ Thickness und unterstützt somit die XAML-Varianten mit einem, zwei oder vier Werten. Die Padding-Property beschreibt jedoch nicht den äußeren, sondern den inneren Rand. Dies ist quasi der Rand eines Elements zu dessen Inhalt.

Definieren Sie auf Ihrem Control ein Padding, wird Ihr Control automatisch größer dargestellt, solange die Properties Width und Height nicht gesetzt sind. Ihr Control benötigt mit einem Padding mehr Platz, um den Inhalt mit einem innenliegenden Rand entsprechend darzustellen.

»Automatisch größer dargestellt« bedeutet konkret, dass die DesiredSize nach dem Aufruf von Measure größer ist, falls das Padding keine negativen Werte enthält. Listing 5.4 enthält vier Buttons mit unterschiedlichen Werten der Padding-Property. Abbildung 5.3 zeigt, was dabei herauskommt.

```xml
<Button Padding="0" Content="0"/>
<Button Padding="0,10" Content="0,10"/>
<Button Padding="20,5" Content="20,5"/>
<Button Padding="50,30,10,0" Content="50,30,10,0"/>
```

Listing 5.4 K04\03 PaddingProperty\MainPage.xaml

Abbildung 5.3 Die Auswirkung der »Padding«-Property bei Buttons

---

Hinweis

Im Default-Style des Buttons ist folgender Default-Wert für die Padding-Property definiert: 12,4,12,4

Mehr zu Styles erfahren Sie in Kapitel 11, »Styles und Templates«.

5.2.3 Die Ausrichtungen (Alignments)

Ein Element lässt sich sowohl horizontal als auch vertikal ausrichten. Die Klasse FrameworkElement definiert dazu die Properties HorizontalAlignment und VerticalAlignment. Die Klasse Control definiert zum Ausrichten des eigenen Inhalts zusätzlich die Properties HorizontalContentAlignment und VerticalContentAlignment. HorizontalAlignment und VerticalAlignment

Um Ihr FrameworkElement innerhalb eines Elternelements horizontal und vertikal auszurichten, verwenden Sie die Properties HorizontalAlignment und VerticalAlignment.

HorizontalAlignment ist vom Typ der Aufzählung HorizontalAlignment (Namespace: Windows.UI.Xaml), die die Werte Left, Center, Right und Stretch enthält. Die Auswirkung der verschiedenen Werte sehen Sie in Abbildung 5.4, wo für jeden Wert ein Button in einem vertikalen StackPanel untergebracht ist.

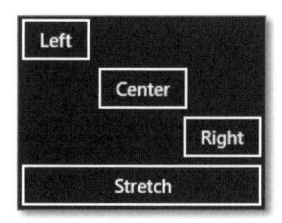

Abbildung 5.4 »HorizontalAlignment« in einem vertikalen StackPanel

Die Property `VerticalAlignment` ist vom Typ der Aufzählung `VerticalAlignment` (Namespace: `Windows.UI.Xaml`), die die Werte `Top`, `Center`, `Bottom` und `Stretch` enthält. Abbildung 5.5 zeigt die Auswirkung der Werte wieder anhand von vier `Buttons`. Die `Buttons` sind in einem horizontal angeordneten `StackPanel` untergebracht (die `Orientation`-Property des `StackPanels` ist auf `Horizontal` gesetzt; dazu mehr in Abschnitt 5.3, »Panels«).

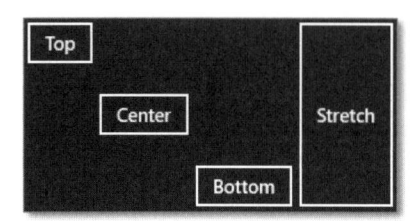

Abbildung 5.5 »VerticalAlignment« in einem horizontalen StackPanel

Die Klasse `UIElement` definiert für die Properties `HorizontalAlignment` und `VerticalAlignment` den Wert `Stretch` als Default-Wert. Allerdings heißt das nicht, dass jedes `Panel` die Kindelemente auch horizontal und vertikal gestreckt darstellt. Beispielsweise hat in einem vertikalen `StackPanel` das Setzen der `VerticalAlignment`-Property keine Auswirkung. Wie sollte auch ein Element vertikal gestreckt werden, wenn das `StackPanel` Elemente vertikal stapelt? Richtig, das geht nicht. Somit werden die Elemente in einem vertikalen `StackPanel` immer mit ihrer `DesiredSize.Height` dargestellt, unabhängig vom Wert der `VerticalAlignment`-Property.

> **Hinweis**
>
> Der Layoutalgorithmus eines `Panels` legt fest, ob sich die Elemente darin horizontal und vertikal ausrichten lassen. Am Anfang dieses Kapitels hatten wir das `DiagonalPanel` entwickelt. Auf den darin enthaltenen Elementen lassen sich die Properties `HorizontalAlignment` und `VerticalAlignment` zwar setzen, aber sie haben keine Auswirkung.
>
> **Die goldene Regel lautet:**
>
> Wenn ein `Panel` in der `ArrangeOverride`-Methode die `Arrange`-Methode eines Elements mit einer größeren `Size` als dessen `DesiredSize` aufruft, genau dann lässt sich das Element in diesem Spielraum mit `HorizontalAlignment` und `VerticalAlignment` bewegen.
>
> Im `DiagonalPanel` wurde die `Arrange`-Methode immer mit der `DesiredSize` der darin enthaltenen Elemente aufgerufen. Sie lassen sich somit nicht mehr ausrichten. Das vertikale `StackPanel` gibt dagegen eine `Size` mit einer größeren Breite als `DesiredSize.Width` an die `Arrange` der Kindelemente, womit `HorizontalAlignment` eine Auswirkung hat.

> **Hinweis**
>
> Die Default-Styles der Controls setzen verschiedene Properties. So setzt der Default-Style für Buttons auch die HorizontalAlignment-Property auf den Wert Left. Wird auf einem Button die HorizontalAlignment-Property nicht gesetzt, wird er folglich links angeordnet, und nicht wie im Default-Wert in UIElement hinterlegt gestreckt. Mehr zu diesen unterschiedlichen Quellen eines Property-Wertes – Default-Wert und Style und weitere – erfahren Sie in Kapitel 6, »Dependency Properties«.

»HorizontalContentAlignment« und »VerticalContentAlignment«

Die Klasse Control definiert zum Ausrichten des eigenen Inhalts die Properties HorizontalContentAlignment und VerticalContentAlignment, die ebenfalls vom Typ der Aufzählungen HorizontalAlignment und VerticalAlignment sind.

Folgender Button ist in Abbildung 5.6 dargestellt und zeigt die Auswirkung der beiden Properties:

```
<Button Content="Links unten" HorizontalContentAlignment="Left"
  VerticalContentAlignment="Bottom" Width="200" Height="100"/>
```

Listing 5.5 K05\05 ContentAlignments\MainPage.xaml

Abbildung 5.6 Der Inhalt des Buttons ist links unten ausgerichtet.

5.2.4 Die »Visibility«-Property

Die Klasse UIElement definiert die Visibility-Property. Es ist vollkommen legitim, wenn Sie sich jetzt fragen, was diese Property und damit die »Sichtbarkeit« eines Elements in diesem Kapitel verloren hat. Es geht ja hier schließlich um Layout.

Die Visibility-Property ist nicht, wie Sie vielleicht vermuten, vom Typ bool, sondern vom Typ der Aufzählung Visibility (Namespace: Windows.UI.Xaml). Die Aufzählung definiert lediglich zwei Werte:

- Visible: Das Element wird angezeigt.
- Collapsed: Das Element wird nicht angezeigt, und es wird im Layoutprozess auch kein Platz für das Element reserviert.

> **Hinweis**
> In der WPF enthält die Visibility-Aufzählung noch den dritten Wert Hidden. Ist ein Element Hidden, wird das Element zwar nicht angezeigt, jedoch wird im Layoutprozess weiterhin der benötigte Platz reserviert.

Abbildung 5.7 zeigt zwei StackPanels. Jedes StackPanel enthält zwei Buttons, wobei die Visibility-Property des oberen Buttons im linken StackPanel den Wert Visible und im rechten StackPanel den Wert Collapsed enthält. Wie das rechte StackPanel zeigt, reserviert der Button mit dem Wert Collapsed keinen Platz mehr im Layoutprozess, wodurch der untere Button nach oben »rutscht«.

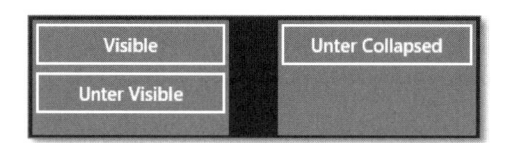

Abbildung 5.7 Zwei StackPanels mit je zwei Buttons

5.2.5 Transformationen

Eine *Transformation* ist die Zuordnung oder Umwandlung von Punkten eines Koordinatensystems in ein anderes, um es einfach auszudrücken. Durch Transformationen lassen sich beispielsweise Elemente rotieren oder skalieren. Die Zuordnung der Punkte ist in der Geometrie und auch in der WinRT über eine 3×3-Matrix definiert. Doch keine Angst, nur für komplexere Szenarien müssen Sie Ihre Kenntnisse zu Matrizen wieder auspacken.

Eine 2D-Transformation wird in der WinRT durch ein Transform-Objekt repräsentiert. Die Klasse UIElement besitzt eine RenderTransform-Property, der Sie ein Transform-Objekt zuweisen können. Die Klasse Transform (Namespace: Windows.UI.Xaml.Media) selbst definiert keinen öffentlichen Konstruktor, somit verwenden Sie ein Objekt einer Subklasse. Die Transform-Klasse selbst definiert keine öffentlichen Mitglieder, jedoch ihre Basisklasse GeneralTransform. Über die Property Inverse gibt sie die invertierte Transformation in Form eines GeneralTransform-Objekts zurück.

Abbildung 5.8 ordnet die Transform-Klasse in die Klassenhierarchie der WinRT ein. Wie Sie darin erkennen, erbt Transform über die GeneralTransform-Klasse von DependencyObject und besitzt insgesamt sieben Subklassen.

Im Namespace Windows.UI.Xaml.Media stehen Ihnen die in Abbildung 5.8 dargestellten Subklassen von Transform zur Verfügung. Mit diesen Klassen transformieren Sie Ihr Element:

- `RotateTransform` rotiert ein Element.
- `ScaleTransform` skaliert ein Element.
- `SkewTransform` staucht ein Element.
- `TranslateTransform` verschiebt ein Element.
- `MatrixTransform` erlaubt die direkte Bearbeitung der `Matrix`.
- `TransformGroup` gruppiert mehrere Transformationen.
- `CompositeTransform` erlaubt das Rotieren, Skalieren, Stauchen und Verschieben.

```
DependencyObject
  └─ GeneralTransform
        └─ Transform
              ├─ RotateTransform
              ├─ ScaleTransform
              ├─ SkewTransform
              ├─ TranslateTransform
              ├─ MatrixTransform
              ├─ TransformGroup
              └─ CompositeTransform
```

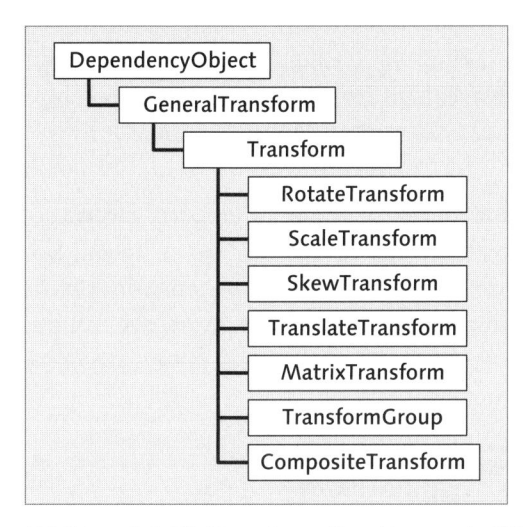

Abbildung 5.8 Die Transformationsklassen der WinRT

> **Tipp**
>
> Die `CompositeTransform`-Klasse besitzt Properties wie `ScaleX`, `ScaleY` oder `Rotation`. Anstatt eine `TransformGroup` mit einem `ScaleTransform`- und einem `RotateTransform`-Objekt zu verwenden, erreichen Sie dasselbe Ziel auch mit einer `CompositeTransform`-Instanz.

Die einzelnen `Transform`-Subklassen sind sehr einfach zu verwenden; wir schauen uns daher im Folgenden beispielhaft `RotateTransform` an. Dazu werfen wir zuerst einen Blick auf die `RenderTransform`-Property der Klasse `UIElement`. Am Ende dieses Abschnitts erfahren Sie zudem, wie Sie die Position eines `UIElement`s mit Hilfe von Transformationen ermitteln.

Die »RenderTransform«-Property

Die Klasse `UIElement` definiert die Property `RenderTransform` vom Typ `Transform`. Die Property heißt `RenderTransform`, da die zugewiesene Transformation nach dem am

Anfang dieses Kapitels beschriebenen Layoutprozess, aber noch vor dem eigentlichen Rendering (= Zeichnen) stattfindet. Folglich wird ein Element mit einer Transformation im Layoutprozess mit den Methoden Measure und Arrange ganz normal angeordnet und anschließend mit der in der RenderTransform-Property gespeicherten Transformation umgewandelt und schließlich gezeichnet.

> **Hinweis**
>
> In der WPF definiert die Klasse FrameworkElement eine Property namens LayoutTransform, die wie auch RenderTransform ein Transform-Objekt entgegennimmt. Diese LayoutTransform erfolgt vor dem Layoutprozess, womit sie sich auf die Größe des Elements auswirkt. Beispielsweise braucht ein um 45° rotiertes Element mehr Höhe als ein nicht rotiertes Element. In der WinRT existiert diese Property nicht.

Abbildung 5.9 zeigt die Auswirkungen einer der RenderTranform-Property zugewiesenen Transformation. Es sind vier StackPanels mit je drei Buttons zu sehen. Der RenderTransform-Property des mittleren Buttons wird ein RotateTransform-Objekt zugewiesen. Beachten Sie, dass die beiden anderen Buttons im StackPanel an der exakt gleichen Stelle bleiben, da die RenderTransform erst nach dem Layoutprozess ausgelöst wird.

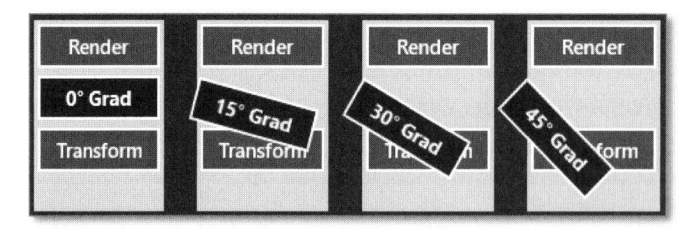

Abbildung 5.9 Eine »RenderTransform« findet nach dem Layoutprozess statt.

> **Tipp**
>
> Die der RenderTransform-Property zugewiesenen Transformationen lassen sich auch animieren. Beispielsweise können Sie ein UIElement mit einer animierten TranslateTransform »einfliegen«. Mehr zu Animationen lesen Sie in Kapitel 21, »Animationen«.

Eine der RenderTransform-Property zugewiesene Transformation transformiert Ihr Element völlig frei, da die Transformation nach dem Layoutprozess stattfindet. Aufgrund dieser Tatsache definiert die Klasse UIElement mit der Property RenderTransformOrigin (Typ: Windows.Foundation.Point) einen Ursprungspunkt für die Transformation. Mit diesem Ursprungspunkt steuern Sie die Position Ihres Elements bei einer Transformation. Beispielsweise findet mit einem `RotateTransform`-Objekt eine Rotation um den mit `RenderTransformOrigin` festgelegten Punkt statt.

Die `RenderTransformOrigin`-Property erwartet ein `Point`-Objekt mit relativen Werten in den `X`- und `Y`-Properties. Die Werte 0,0 (Default) entsprechen der linken oberen Ecke Ihres Elements, die Werte 1,1 der rechten unteren Ecke. Demnach definieren Sie mit einem `Point`-Objekt mit den Werten 0.5, 0.5 die Mitte Ihres Elements als Ursprungspunkt.

In XAML können Sie ein `Point`-Objekt einfach direkt mit 0.5,0.5 oder auch ohne Komma mit 0.5 0.5 angeben. Die `RenderTransformOrigin`-Property in Listing 5.6 verwendet die Variante mit Komma.

```
<Button RenderTransformOrigin="0.5,0.5"
  Content="Origin(0.5,0.5)">
  <Button.RenderTransform>
    <RotateTransform Angle="45"/>
  </Button.RenderTransform>
</Button>
```

Listing 5.6 K05\08 RenderTransformOrigin\MainPage.xaml

Den in Listing 5.6 erstellten `Button` sehen Sie in Abbildung 5.10 ganz links. Daneben enthält Abbildung 5.10 weitere um 45° rotierte `Button`s mit verschiedenen Werten für die `RenderTransformOrigin`-Property.

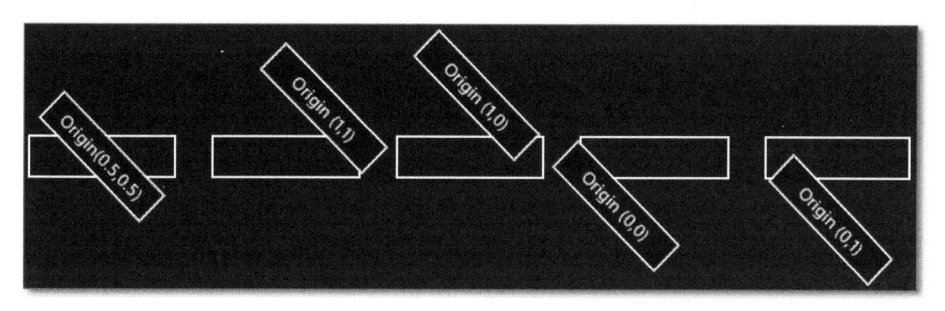

Abbildung 5.10 Die Auswirkung verschiedener Werte der »RenderTransformOrigin«-Property bei um 45° rotierten Buttons

> **Tipp**
>
> Der `RenderTransformOrigin`-Property lässt sich auch ein `Point`-Objekt zuweisen, dessen Koordinaten größer 1 oder kleiner 0 sind. Damit legen Sie den Ursprungspunkt für die Transformation außerhalb Ihres Elements fest.
>
> Schauen wir uns jetzt die `RotateTransform`-Klasse genauer an.

Die »RotateTransform«-Klasse

Die Klasse RotateTransform rotiert ein Element im Uhrzeigersinn um einen bestimmten Punkt. Dazu besitzt sie drei Properties:

- Angle bestimmt den Winkel, um den rotiert wird (Default 0).
- CenterX legt die horizontale Mitte fest, um die rotiert wird (Default 0).
- CenterY legt die vertikale Mitte fest, um die rotiert wird (Default 0).

Im Gegensatz zur RenderTransformOrigin-Property, die ein Point-Objekt mit relativen Werten erwartet, die üblicherweise zwischen 0 und 1 liegen, definieren Sie mit den Properties CenterX und CenterY absolute Werte in Pixeln. Per Default sind CenterX und CenterY 0.

Haben Sie einen Button mit einer Width von 200, definiert CenterX="200" und CenterY="200" die rechte obere Ecke des Buttons.

In Listing 5.7 wird ein Button mit einer negativen Angle-Property erstellt. CenterX und CenterY sind auf die Hälfte von Width und Height gesetzt, wodurch der Button um die Mitte rotiert wird (siehe Abbildung 5.11). Weisen Sie der Width-Property des Buttons einen anderen Wert zu, wird er nicht mehr um die Mitte rotiert, da die Properties CenterX und CenterY absolute Werte enthalten. Setzen Sie statt CenterX und CenterY die RenderTransformOrigin-Property auf dem Button mit den Werten 0.5,0.5, würde der Button auch nach einer Änderung der Width-Property weiterhin um die Mitte rotiert.

```
<Button Width="200" Height="50" Background="Red"
  Content="-45°; Center (100,25)">
  <Button.RenderTransform>
    <RotateTransform Angle="-45" CenterX="100" CenterY="25"/>
  </Button.RenderTransform>
</Button>
```

Listing 5.7 K05\09 DieRotateTransform\MainPage.xaml

Abbildung 5.11 Ein mittels »RotateTransform« um 45° rotierter Button

Andere Transformationen

Die weiteren Transform-Subklassen sind ähnlich einfach wie die RotateTransform-Klasse zu nutzen. Die Klasse ScaleTransform besitzt die Properties ScaleX und ScaleY zum Skalieren, die Klasse SkewTransform die Properties AngleX und AngleY zum Stauchen und die Klasse TranslateTransform die Properties X und Y zum Verschieben eines Elements. Verwenden Sie eine CompositeTransform zum Rotieren, Skalieren, Stauchen und Verschieben. Die Klasse CompositeTransform besitzt dafür die Properties Rotation, ScaleX, ScaleY, SkewX, SkewY, TranslateX und TranslateY.

> **Hinweis**
>
> Sie finden in den Beispielen auf der Buch-DVD im Ordner *K05* zu jeder Transform-Subklasse ein kleines Beispielprojekt.

Die Position eines Elements ermitteln

In manchen Anwendungsfällen benötigen Sie die Koordinaten eines Elements relativ zur Anwendung oder zu einem anderen Element. Letzteres ist beispielsweise notwendig, wenn Sie ein Element mit einer TranslateTransform – eventuell sogar animiert – genau über ein anderes Element schieben möchten. Auch wenn Sie für ein bestimmtes Element mit der in Kapitel 4, »Controls«, beschriebenen Klasse PopupMenu ein Kontextmenü anzeigen möchten, benötigen Sie die Koordinaten des Elements relativ zum Anwendungsfenster (CoreWindow).

Dazu besitzt die Klasse UIElement die Methode TransformToVisual, die folgende Signatur hat:

```
public GeneralTransform TransformToVisual(UIElement visual);
```

Listing 5.8 zeigt die Hilfsklasse UIElementExtensions. Sie enthält die statische Extension-Methode GetPoint, die den Einsatz der TranslateToVisual-Methode zeigt. Die Methode GetPoint gibt die Position eines Elements relativ zu einem anderen Element zurück.

```
public static class UIElementExtensions
{
  public static Point GetPoint(this UIElement element,
    UIElement relativeElement)
  {
    GeneralTransform generalTransform =
      element.TransformToVisual(relativeElement);
    Point point = generalTransform.TransformPoint(new Point());
```

```
      return point;
   }
}
```

Listing 5.8 K05\16 PositionErmitteln\UIElementExtensions.cs

Wird die Extension-Methode aus Listing 5.8 wie folgt mit einer `null`-Referenz aufgerufen, gibt sie die Position des Elements relativ zum Anwendungsfenster (`CoreWindow`) zurück:

```
var positionRelativeToCoreWindow = element.GetPoint(null);
```

> **Tipp**
>
> In den Beispielen der Buch-DVD finden Sie im Ordner *K05\16 PositionErmitteln* eine Anwendung, die die in Listing 5.8 dargestellte `UIElementExtensions`-Klasse nutzt und Ihnen das »Spielen« mit der `TransformToVisual`-Methode ermöglicht.

5.2.6 3D-Effekte mit Projektionen

Ein der Transformation ähnliches Prinzip ist die sogenannte *Projektion*. Eine Projektion beschreibt, wie ein Element im dreidimensionalen Raum transformiert wird. Mit einer Projektion lässt sich in der WinRT ein Element beispielsweise dreidimensional um die Y-Achse gedreht auf den Bildschirm »projizieren«, wodurch ein 3D-Effekt entsteht. Wie auch Transformationen finden Projektionen nach dem Layoutprozess, aber vor dem eigentlichen Rendering statt.

> **Hinweis**
>
> Projektionen werden auch als *perspektivisches 3D* bezeichnet. Das ist kein echtes 3D. Stattdessen werden 2D-Elemente »nur« so auf den Bildschirm projiziert, dass sie dreidimensional wirken. Eine richtige 3D-API gibt es in XAML nicht. Falls Sie komplexe 3D-Inhalte entwickeln möchten, sollten Sie die WinRT mit DirectX und C++ nutzen.

Um ein Element mit einer Projektion perspektivisch dreidimensional zu transformieren, weisen Sie der in `UIElement` definierten `Projection`-Property ein `Projection`-Objekt zu. Die Klasse `Projection` (Namespace: `Windows.UI.Xaml.Media`) selbst definiert keinen öffentlichen Konstruktor. Es gibt zwei konkrete Subklassen: `PlaneProjection` und `Matrix3DProjection`. Während die `PlaneProjection`-Klasse einfache Properties besitzt, mit denen relativ simpel ein 3D-Effekt erzielt wird, erlaubt die Klasse `Matrix3DProjection` die direkte Manipulation der 4×4-Matrix, die eine Transformation im dreidimensionalen Raum beschreibt.

Abbildung 5.12 zeigt die Klasse `Projection` und ihre Subklassen in der Klassenhierarchie der WinRT.

```
DependencyObject
    └── Projection
            ├── PlaneProjection
            └── MatrixProjection
```

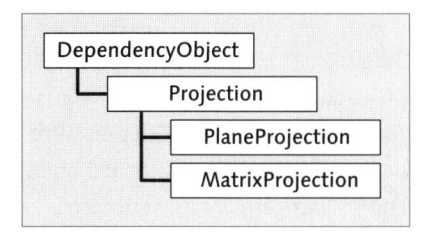

Abbildung 5.12 Die »Projection«-Klassen der WinRT

Im Folgenden schauen wir uns die `PlaneProjection` an.

> **Hinweis**
>
> Die `Matrix3DProjection` erfordert tiefere Kenntnisse über Transformationen im dreidimensionalen Raum mit 4×4-Matrizen. Die 4×4-Matrizen sind keine Erfindung der WinRT, sondern ein gängiges Prinzip aus der Mathematik und der 3D-Computergrafik.
>
> Die meisten Transformationen lassen sich mit der auf den folgenden Seiten dargestellten `PlaneProjection`-Klasse abdecken. Nur wenn die `PlaneProjection` Ihre Bedürfnisse nicht erfüllt, sollten Sie zur weitaus komplexeren, aber auch mächtigeren `Matrix3DProjection`-Klasse greifen. Falls Sie die mathematischen Kenntnisse dazu noch nicht besitzen, kommen Sie um ein Mathebuch zu Matrizen und 3D nur schwer herum.

Die »PlaneProjection«

Die Klasse `PlaneProjection` bietet zahlreiche Properties, um einen 3D-Effekt wie eine Rotation in Richtung Benutzer zu erstellen. Mit den Properties `RotationX`, `RotationY` und `RotationZ` (Typ: `double`) geben Sie den Rotationswinkel um die jeweilige Achse an. Die drei Properties sind per Default 0. Passend dazu enthält die `PlaneProjection`-Klasse die Properties `CenterOfRotationX`, `CenterOfRotationY` und `CenterOfRotationZ` (Typ: `double`).

Mit `CenterOfRotationX` legen Sie die X-Koordinate fest, die als Zentrum für die `RotationX` verwendet wird. Der Wert ist relativ, womit der Default-Wert von 0.5 die Mitte Ihres Elements als Zentrum für die Rotation angibt. 0 ist der linke und 1 der rechte Rand. Es sind auch Werte kleiner 0 und größer 1 möglich, womit das Rotationszentrum außerhalb des Elements liegen kann. Für die anderen Achsen werden analog die Properties `CenterOfRotationY` und `CenterOfRotationZ` eingesetzt.

Die Klasse `PlaneProjection` bietet zusätzlich die Properties `GlobalOffsetX` und `LocalOffsetX` (Typ: `double`). Für die Achsen Y und Z existieren analoge Properties. Folglich gibt es im Grunde vier verschiedene Properties je Achse: `Rotation`, `CenterOfRotation`, `GlobalOffset` und `LocalOffset`. Klären wir vor einem kleinen Beispiel noch die Properties `GlobalOffsetX` und `LocalOffsetX`.

Am Anfang ist sicherlich der Unterschied zwischen `GlobalOffset` und `LocalOffset` nicht sofort zu verstehen. Die Properties `GlobalOffsetX`, `GlobalOffsetY` und `GlobalOffsetZ` verschieben das Element relativ zum Bildschirm. Verwenden Sie diese Properties, wenn Sie Ihr Element unabhängig von der Rotation nach links, rechts, oben, unten, vorn oder hinten verschieben möchten. Die Properties `LocalOffsetX`, `LocalOffsetY` und `LocalOffsetZ` sind dagegen abhängig von der Rotation Ihres Elements, da sie relativ zur Elementoberfläche arbeiten. Ist Ihr Element beispielsweise um 45° Grad um die Y-Achse rotiert (`RotationY`-Property) und weisen Sie der `LocalOffsetX`-Property einen positiven Wert zu, wird Ihr Element dadurch nicht nur nach rechts, sondern aufgrund der Rotation auch in Richtung Benutzer verschoben, wodurch es größer dargestellt wird.

Kommen wir jetzt zum Beispiel. Listing 5.9 enthält ein `StackPanel` mit ein paar Elementen. Auf dem `StackPanel` ist die `Projection`-Property gesetzt. Das `PlaneProjection`-Objekt hat in der `RotationY`-Property den Wert `45`. Das `StackPanel` wird somit um 45° Grad um die Y-Achse rotiert, wie Abbildung 5.13 zeigt.

```xml
<StackPanel Background="Black" Width="500">
  <StackPanel.Projection>
    <PlaneProjection RotationY="45" CenterOfRotationX="1"/>
  </StackPanel.Projection>
  <TextBox Text="Hallo" Margin="10"/>
  <TextBox Text="Perspective3D" Margin="10"/>
  <TextBox Text="Um 45°" Margin="10"/>
  <TextBox Text="gedreht" Margin="10"/>
  <CheckBox IsChecked="True" Content="gute Sache" Margin="10"/>
  <Button Content="OK" Width="75" Margin="10"/>
</StackPanel>
```

Listing 5.9 K05\17 DiePlaneProjection\MainPage.xaml

In Abbildung 5.13 sind für Sie als Hilfestellung die X- und Y-Achse für die Properties `CenterOfRotationX` und `CenterOfRotationY` eingetragen. Auf die Z-Achse für die `CenterOfRotationZ` habe ich aus Darstellungsgründen verzichtet. Die Properties haben per Default den Wert `0.5`, wodurch in der Mitte rotiert wird, was in Abbildung 5.13 auch passiert. Setzen Sie die `CenterOfRotationX`-Property in Listing 5.9 wie folgt auf den Wert `1`, wird das `StackPanel` auf der rechten Seite rotiert:

```xml
<PlaneProjection RotationY="45" CenterOfRotationX="1" />
```

Abbildung 5.14 zeigt das Ergebnis der oberen Projektion.

5.2 Layouteigenschaften von Elementen

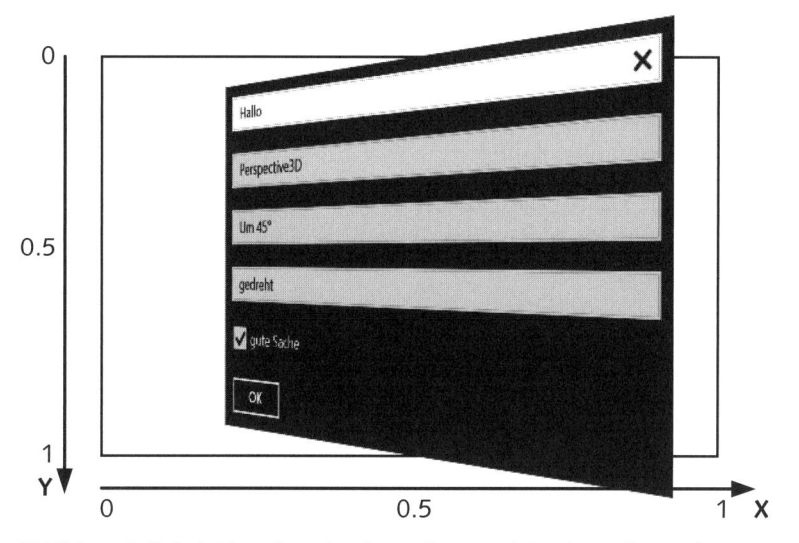

Abbildung 5.13 Rotation eines StackPanels um 45° Grad um die Y-Achse

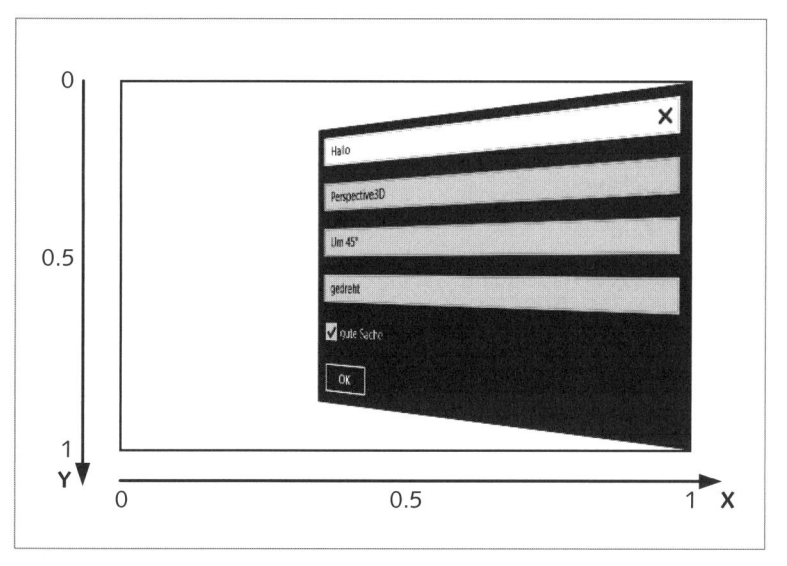

Abbildung 5.14 Rotation eines StackPanels um 45° Grad um die Y-Achse mit »CenterOfRotationX==1«

Tipp

Mit der `PlaneProjection` lassen sich einfache »Blätter«-Effekte erstellen, indem Sie Elemente um den Rand drehen.

5.3 Panels

Panels sind Container für mehrere Kindelemente. Sie verwenden ein Panel, um beispielsweise zu einer Page, die für den Inhalt die Content-Property vom Typ Object besitzt, mehr als ein Element hinzuzufügen.

Basis für alle Panels ist die Klasse Panel, die wir uns jetzt ansehen, bevor wir die Subklassen genauer betrachten. Nach den Subklassen folgen noch ein paar Tipps zum Platz in den einzelnen Panels.

5.3.1 Die Klasse »Panel«

Die Klasse Panel (Namespace: Windows.UI.Xaml.Controls) ist direkt von FrameworkElement abgeleitet. Sie definiert keinen öffentlichen Konstruktor. Die WinRT besitzt jedoch einige Subklassen von Panel, mit denen Sie Ihre Elemente anordnen. Abbildung 5.15 zeigt einen Überblick der wichtigsten Subklassen, die wir in den folgenden Abschnitten betrachten.

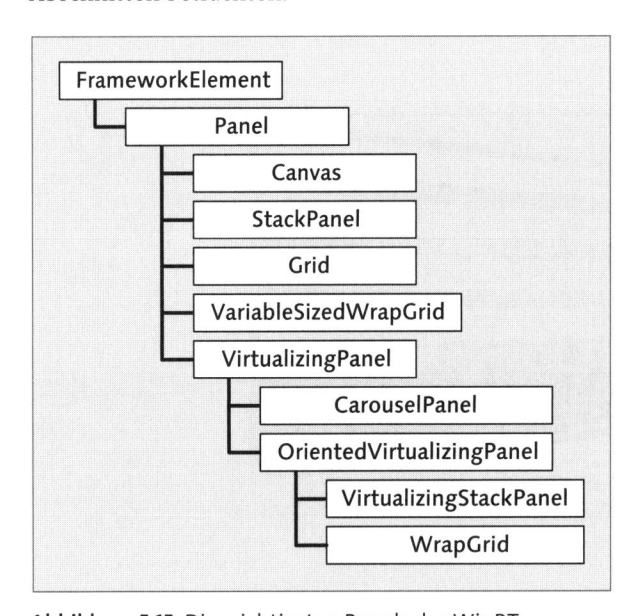

```
FrameworkElement
  └─ Panel
       ├─ Canvas
       ├─ StackPanel
       ├─ Grid
       ├─ VariableSizedWrapGrid
       └─ VirtualizingPanel
            ├─ CarouselPanel
            └─ OrientedVirtualizingPanel
                 ├─ VirtualizingStackPanel
                 └─ WrapGrid
```

Abbildung 5.15 Die wichtigsten Panels der WinRT

> **Hinweis**
>
> Einige der Subklassen aus Abbildung 5.15 dienen lediglich als Basis für ihre eigenen Subklassen. Sie besitzen daher keinen öffentlichen Konstruktor. Dies sind die Klassen Panel, VirtualizingPanel und OrientedVirtualizingPanel.

Die zentrale Property der Klasse `Panel` ist die `Children`-Property vom Typ `UIElement-Collection`. Mit ihr legen Sie die Kindelemente fest. Diese Property haben wir am Anfang dieses Kapitels beim Implementieren des `DiagonalPanels` bereits genutzt. Insgesamt definiert die Klasse `Panel` selbst drei Properties:

- `Background` setzt den Hintergrund (Default `null`).
- `Children` nimmt die Kinder vom Typ `UIElement` entgegen.
- `ChildrenTransitions` legt die Transitions für die Kinder fest. Mehr zu Transitions erfahren Sie in Kapitel 21, »Animationen«.
- `IsItemsHost` ist eine Readonly-Property. Sie gibt `true` zurück, wenn das Panel in einem `ItemsControl` verwendet wird. Dazu wird die `ItemsPanel`-Property (Typ: `ItemsPanelTemplate`) des `ItemsControls` genutzt. Die `ItemsPanel`-Property betrachten wir in Kapitel 11, »Styles und Templates«.

> **Hinweis**
>
> Mit den Subklassen von `Panel` und der `Children`-Property lernen Sie Elemente kennen, die mehrere `UIElement`-Instanzen enthalten können und diese nach einem bestimmten Algorithmus ausrichten. Bereits im vorherigen Kapitel, »Controls«, haben Sie Elternelemente kennengelernt, die ein oder mehrere Kinder haben können.
>
> An dieser Stelle fassen wir kurz die vier Elternelemente in der WinRT zusammen, damit Sie den Überblick bewahren. Es gibt in der WinRT »Eltern« mit einer:
>
> - **Content**-Property vom Typ `Object` (ContentControls)
> - **Items**-Property, die mehrere `Object`-Instanzen aufnimmt (ItemsControls)
> - **Child**-Property vom Typ `UIElement` (z. B. `Border` oder `Viewbox`)
> - **Chilren**-Property, die mehrere `UIElement`-Instanzen aufnimmt (Panels)
>
> Beachten Sie, dass `ContentControls` und `ItemsControls` `Object`-Instanzen entgegennehmen, `Border`, `Viewbox` und `Panels` `UIElement`-Instanzen.

5.3.2 Das »Canvas«

Das `Canvas` unterscheidet sich von den anderen, nachfolgenden dargestellten `Panels`, da es Elemente absolut anordnet. Dazu definiert die `Canvas`-Klasse folgende drei Attached Properties:

- **Left**: Abstand in Pixel zur linken Kante des `Canvas` (Default 0)
- **Top**: Abstand in Pixel zur oberen Kante des `Canvas` (Default 0)
- **ZIndex**: die Z-Reihenfolge eines Kindelements (Default 0)

Setzen Sie auf Ihrem Element weder `Left` noch `Top`, wird Ihr Element links oben angeordnet, da die Default-Werte 0 sind.

Listing 5.10 zeigt ein Canvas mit vier Buttons. Die Buttons haben unterschiedliche Werte für die Attached Properties Canvas.Left und Canvas.Top. Abbildung 5.16 zeigt, wie sie im Canvas angeordnet werden.

```
<Canvas Width="360" Height="100" Background="Gray">
  <Button Content="Left=0; Top=0" />
  <Button Canvas.Left="150" Content="Left=150; Top=0" />
  <Button Canvas.Left="200" Canvas.Top="50"
    Content="Left=200; Top=50"/>
  <Button Canvas.Left="25" Canvas.Top="50"
    Content="Left=25; Top=50"/>
</Canvas>
```

Listing 5.10 K05\18 DasCanvas\MainPage.xaml

> **Hinweis**
>
> Beachten Sie in Abbildung 5.16, dass die Buttons im Canvas alle mit ihrer DesiredSize dargestellt werden.

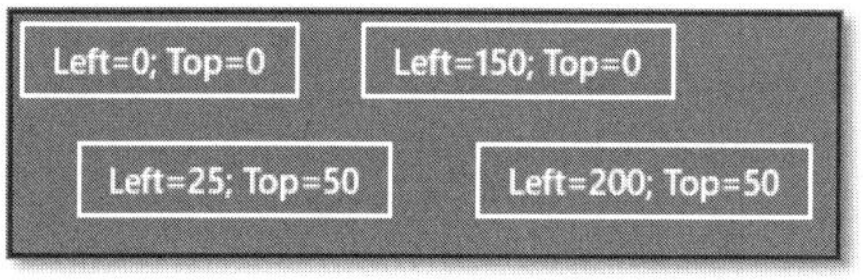

Abbildung 5.16 Vier Buttons in einem Canvas

> **Hinweis**
>
> Das Canvas bietet den klassischen Ansatz zum Anordnen von Elementen, nämlich über absolute Koordinaten. Allerdings sollten Sie in Ihrer Windows Store App versuchen, Ihre Elemente nicht absolut zu positionieren. Das Canvas ist folglich meist die letzte Wahl, da das Layout in Windows Store Apps flexibel sein soll, damit es sich beispielsweise an die Größe des Bildschirms anpasst. Dies erreichen Sie mit den später beschriebenen Panels.
>
> Doch auch das Canvas hat seine Daseinsberechtigung. Haben Sie beispielsweise einen fixierten Teil in Ihrer Anwendung, dessen Größe sich auch dann nicht ändern soll, wenn mehr Platz zur Verfügung steht, ist ein Canvas sinnvoll. Auch wenn Sie etwas »zeichnen« möchten, das heißt mehrere Elemente wie Rectangle und Ellipse zu einem Bild anordnen, so ist ein Canvas sinnvoll. Das Canvas mit den grafischen Elementen lässt sich dann beispielsweise in eine Viewbox packen, wodurch die Grafik bzw. das Canvas entsprechend skaliert dargestellt wird. (Mehr zum Zeichnen lesen Sie in Kapitel 19, »2D-Grafik«.)

Das Canvas besitzt neben Left und Top die ZIndex-Property. Die ZIndex-Property ist ebenfalls als Attached Property implementiert. Was dies aus Codesicht genau bedeutet, erfahren Sie in Kapitel 6, »Dependency Properties«. Hier genügt es zu wissen, dass Sie diese Property auf den Kindelementen des Panels setzen, um die Z-Reihenfolge festzulegen. In XAML verwenden Sie dazu wie auch bei Left und Top die Attached-Property-Syntax. Doch schauen wir zunächst, wofür die Property überhaupt benötigt wird.

Listing 5.11 zeigt ein Canvas mit vier Buttons. Auf jedem der Buttons ist weder Canvas.Left noch Canvas.Top gesetzt. Die Buttons werden folglich übereinander gezeichnet, und zwar genau in der Reihenfolge, wie sie in XAML deklariert oder in C# zur Children-Property hinzugefügt wurden. Abbildung 5.17 zeigt das Resultat. Der zuletzt hinzugefügte Button überdeckt alle anderen.

```xml
<Canvas Background="Gray" Width="400" Height="100">
   <Button Width="400" Height="25" Background="Yellow" />
   <Button Width="300" Height="50" Background="Orange"/>
   <Button Width="200" Height="75" Background="Red"/>
   <Button Width="100"  Height="100" Background="Lime"/>
</Canvas>
```

Listing 5.11 K05\19 DieZIndexProperty\MainPage.xaml

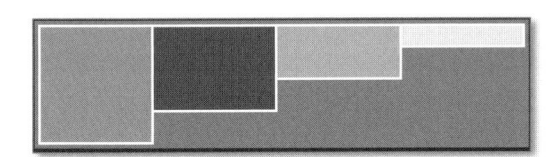

Abbildung 5.17 Elemente in einem Panel werden in der Reihenfolge gezeichnet, in der sie zur »Children«-Property hinzugefügt wurden.

Um die Z-Reihenfolge der vier Buttons zu ändern, haben Sie zwei Möglichkeiten:

▸ Deklarieren Sie die Buttons in der gewünschten Reihenfolge.
▸ Setzen Sie auf den Buttons die Canvas.ZIndex-Property.

Listing 5.12 nutzt zweite Möglichkeit. Auf dem ersten Button wird die Canvas.ZIndex-Property auf 99 gesetzt. Die anderen Buttons haben einen kleineren Wert, somit wird der erste Button in der Z-Reihenfolge an oberster Stelle gezeichnet, wie Abbildung 5.18 beweist.

```xml
<Canvas Background="Gray" Width="400" Height="100">
   <Button Canvas.ZIndex="99"  Width="400" Height="25"
     Background="Yellow" />
   <Button Canvas.ZIndex="98"  Width="300" Height="50"
```

```
          Background="Orange"/>
  <Button Canvas.ZIndex="97"  Width="200"  Height="75"
          Background="Red"/>
  <Button Canvas.ZIndex="96"  Width="100"  Height="100"
          Background="Lime"/>
</Canvas>
```

Listing 5.12 K05\19 DieZIndexProperty\MainPage.xaml

Abbildung 5.18 Die Z-Reihenfolge wurde mit der »ZIndex«-Property umgekehrt.

Nutzen Sie die `ZIndex`-Property dann, wenn sich Ihre Elemente im Canvas überlappen und nicht das gewünschte Element an vorderster Front ist.

> **Tipp**
>
> Die `Canvas.ZIndex`-Property kann auch auf Kindelementen anderer `Panels` genutzt werden. Dies ist natürlich nur dann sinnvoll, wenn sich diese Kindelemente überhaupt überlappen können. Beim später beschriebenen `Grid` kann dies vorkommen.

5.3.3 Das »StackPanel«

Das `StackPanel` stapelt Kindelemente entweder horizontal oder vertikal (Default). Dazu definiert das `StackPanel` die `Orientation`-Property vom Typ der gleichnamigen Aufzählung, die die Werte `Horizontal` und `Vertical` enthält. Die Nummern der Buttons in Abbildung 5.19 entsprechen der Reihenfolge, wie die `Buttons` zum `StackPanel` hinzugefügt wurden.

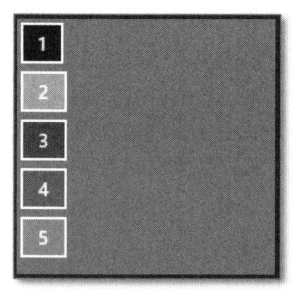

Abbildung 5.19 Das StackPanel stapelt Elemente per Default vertikal.

Der Codeausschnitt in Listing 5.13 setzt die Orientation-Property des StackPanels auf Horizontal, wodurch die Elemente horizontal von links nach rechts gestapelt werden, was Sie in Abbildung 5.20 sehen.

```
<StackPanel … Orientation="Horizontal">
  <Button Content="1" Background="Black"/>
  <Button Content="2" Background="Orange"/>
  ...
</StackPanel>
```

Listing 5.13 K05\20 DasStackPanel\MainPage.xaml

Abbildung 5.20 Ein horizontales StackPanel

Hinweis
Beachten Sie, dass Sie die Elemente in einem vertikalen StackPanel mit ihrer HorizontalAlignment-Property beeinflussen können, die Elemente in einem horizontalen StackPanel dagegen mit der VerticalAlignment-Property.

5.3.4 Das »Grid«

Beim Erstellen einer neuen Windows Store App ist in der MainPage bereits ein Grid enthalten. Dies liegt daran, dass das Grid das Panel ist, mit dem Sie üblicherweise das Layout Ihrer App bauen. Dazu definieren Sie mit dem Grid Zeilen und Spalten, in denen Sie dann Ihre Elemente platzieren. Zum Definieren von Zeilen und Spalten nutzen Sie folgende Properties:

- **RowDefinitions** enthält die Zeilendefinitionen. Fügen Sie für jede gewünschte Zeile ein RowDefinition-Objekt hinzu.
- **ColumnDefinitions** enthält die Spaltendefinitionen. Fügen Sie für jede gewünschte Spalte ein ColumnDefinition-Objekt hinzu.

Auf den Kindelementen des Grids legen Sie mit Attached Properties fest, in welcher der definierten Zeilen und Spalten Ihr Element angezeigt wird. Dazu stehen Ihnen die folgenden vier Attached Properties zur Verfügung:

- **Row**: die Zeile, in der Ihr Element angezeigt wird (Default 0)
- **RowSpan**: der Zeilenbereich, in dem Ihr Element angezeigt wird (Default 1)
- **Column**: die Spalte, in der Ihr Element angezeigt wird (Default 0)
- **ColumnSpan**: der Spaltenbereich, in dem Ihr Element angezeigt wird (Default 1)

Schauen wir uns an dieser Stelle ein kleines Beispiel an, bevor wir uns die Höhe von Zeilen und die Breite von Spalten genauer ansehen.

In Listing 5.14 wird ein Grid mit vier Zeilen und zwei Spalten erstellt. Beachten Sie, wie dazu zur RowDefinitions-Property vier RowDefinition-Instanzen und zur Column-Definitions-Property zwei ColumnDefinition-Instanzen hinzugefügt werden. Das Grid enthält ein paar Buttons, die mit Hilfe der Attached Properties Row, RowSpan, Column und ColumnSpan positioniert werden. Auf allen Buttons sind die Properties HorizontalAlignment und VerticalAlignment auf den Wert Stretch gesetzt, damit sie den ganzen verfügbaren Platz einnehmen. Das Grid aus Listing 5.14 ist in Abbildung 5.21 dargestellt.

```xml
<Grid Width="400" Height="400">
  <!-- Vier Zeilen definieren -->
  <Grid.RowDefinitions>
    <RowDefinition/>
    <RowDefinition/>
    <RowDefinition/>
    <RowDefinition/>
  </Grid.RowDefinitions>
  <!-- Zwei Spalten definieren -->
  <Grid.ColumnDefinitions>
    <ColumnDefinition/>
    <ColumnDefinition/>
  </Grid.ColumnDefinitions>
  <Button Grid.Row="0" Grid.Column="0"
    Content="Row=0; Column=0" Background="Black"
    HorizontalAlignment="Stretch" VerticalAlignment="Stretch"/>
  <Button Grid.Row="0" Grid.Column="1"
    Content="Row=0; Column=1" Background="Orange"
    HorizontalAlignment="Stretch" VerticalAlignment="Stretch"/>
  <Button Grid.Row="1" Grid.ColumnSpan="2" ... />
  <Button Grid.Row="2" Grid.RowSpan="2" .../>
  <Button Grid.Row="2" Grid.Column="1" .../>
  <Button Grid.Row="3" Grid.Column="1" .../>
</Grid>
```

Listing 5.14 K05\21 DasGrid\MainPage.xaml

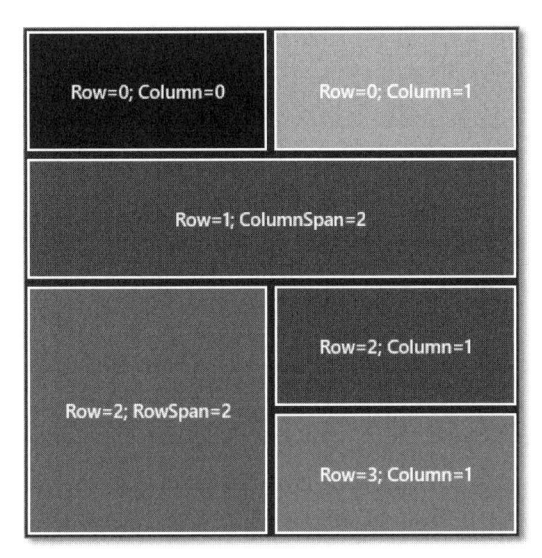

Abbildung 5.21 Das Grid ordnet Elemente in Zeilen und Spalten an.

> **Hinweis**
>
> Befinden sich mehrere Elemente in einer Zelle, werden sie – wie auch beim Canvas – in derjenigen Reihenfolge übereinander gezeichnet, wie sie in XAML deklariert oder in C# zur Children-Property hinzugefügt wurden. Für eine spezielle Z-Reihenfolge verwenden Sie die Canvas.ZIndex-Property auf den Kindelementen, die auch von der Grid-Klasse beachtet wird.
>
> Die Position eines Elements in einer Grid-Zelle steuern Sie mit den Properties HorizontalAlignment, VerticalAlignment und Margin.

Die Höhe von Zeilen und Breite von Spalten

Zur RowDefinitions- und zur ColumnDefinitions-Property des Grids fügen Sie RowDefinition- und ColumnDefinition-Objekte hinzu, indem Sie in C# die Add-Methode auf diesen Properties aufrufen oder die RowDefinition- und ColumnDefinition-Objekte in XAML wie in Listing 5.14 mit der Property-Element-Syntax zur entsprechenden Collection hinzufügen.

Die ColumnDefinition-Klasse besitzt eine Width-Property, die nicht wie die Width-Property von FrameworkElement vom Typ double ist, sondern vom Typ GridLength (Namespace: Windows.UI.Xaml). Analog dazu besitzt die Klasse RowDefinition eine Height-Property, die ebenfalls vom Typ GridLength ist.

Die zwei wichtigsten Properties der Struktur GridLength sind die folgenden:

- **GridUnitType**: die Einheit für die Breite Ihrer Spalte bzw. für die Höhe Ihrer Zeile. Vom Typ der Aufzählung GridUnitType (**Namespace**: Windows.UI.Xaml), die die Werte Pixel, Auto und Star definiert.
- **Value**: der Wert für die Breite Ihrer Spalte vom Typ double. Der Wert wird nicht verwendet, wenn die GridUnitType-Property den Wert Auto hat.

Beide Properties der GridLength-Struktur sind readonly. Die Werte werden in C# direkt über Konstruktor-Parameter angegeben. In XAML unterstützt Sie der XAML-Parser; dazu gleich mehr.

Da sowohl ColumnDefinition als auch RowDefinition für die Breite bzw. Höhe die GridLength-Struktur verwenden, beschränken wir uns in der folgenden Betrachtung auf eine ColumnDefinition.

Zum Festlegen der Breite einer Spalte haben Sie aufgrund der drei Werte in der GridUnitType-Aufzählung drei Möglichkeiten. Prägen Sie sich diese drei Möglichkeiten gut ein, dann wird das Grid Ihr Freund:

- **Pixel**: Die Breite wird in geräteunabhängigen Pixeln angegeben und ist fixiert. Dies wird auch als *absolute* Größenangabe bezeichnet.
- **Auto**: Die Breite basiert auf der Breite des größten Kindelements in dieser Spalte und passt sich bei Größenänderungen des Kindes automatisch an.
- **Star**: Die Breite basiert auf dem übrigen zur Verfügung stehenden Platz, der auch zwischen mehreren Spalten mit einem Faktor aufgeteilt werden kann. Zudem kann sich dieser übrige Platz zur Laufzeit ändern, wenn beispielsweise das Grid verkleinert wird. Mehr zum sogenannten »Star-Sizing« gleich.

Die Struktur GridLength besitzt zwei Konstruktoren. Mit folgendem Aufruf definieren Sie in C# eine pixelbasierte Größe:

```
var gridLength = new GridLength(200);
```

Obiger Aufruf ist analog zu folgendem, bei dem GridUnitType.Pixel explizit angegeben wird:

```
var gridLength = new GridLength(200, GridUnitType.Pixel);
```

Ein GridLength-Objekt mit der Einheit Auto erstellen Sie wie folgt:

```
var gridLength = new GridLength(0, GridUnitType.Auto);
```

Wie bereits erwähnt, wird der Wert der Value-Property des GridLength-Objekts beim Wert Auto nicht verwendet. Daher ist bei oberer Anweisung der Wert 0 überflüssig. Aus diesem Grund besitzt die Klasse GridLength die statische Property Auto, die Ihnen ein GridLength-Objekt mit GridUnitType.Auto zurückgibt. Sie müssen dann keinen Wert für die Value-Property angeben.

> **Tipp**
> Die GridLength-Struktur besitzt die Properties IsAbsolute (Pixel), IsAuto und IsStar, um den verwendeten GridUnitType zu prüfen. Wie die Namen der Properties vermuten lassen, sind alle drei vom Typ bool.

Die C#-Varianten zum Setzen der GridLength wurden gezeigt. In XAML geben Sie eine fixe, absolute Breite (GridUnitType.Pixel) wie folgt an:

```
<ColumnDefinition Width="100"/>
```

Für die Angabe einer variablen, auf der Breite des breitesten Kindes basierenden Spaltenbreite (GridUnitType.Auto) weisen Sie der Width-Property den String Auto zu:

```
<ColumnDefinition Width="Auto"/>
```

> **Hinweis**
> In der Klasse ColumnDefinition finden Sie zur zusätzlichen Steuerung der Breite die Properties MinWidth, MaxWidth und ActualWidth, alle drei vom Typ double und von der Funktion her gleich wie die gleichnamigen Properties der Klasse FrameworkElement. Analog dazu finden Sie für die Höhe in der Klasse RowDefinition ebenfalls drei Properties MinHeight, MaxHeight und ActualHeight.

Die Werte Pixel und Auto haben wir gesehen. Jetzt bleibt noch der GridUnitType.Star übrig. Dabei ist zu klären, was es mit dieser Einheit genau auf sich hat. In XAML geben Sie die Einheit mit einem Stern (*) an. Der Stern bedeutet, dass der restliche noch zur Verfügung stehende Platz für die Breite der Spalte verwendet wird. Definieren Sie auf mehreren ColumnDefinition-Objekten eine Width mit einem Stern, wird der Platz gleichmäßig aufgeteilt. Sie können vor den Stern einen Faktor setzen, wodurch die Aufteilung anhand dieses Faktors stattfindet. Schauen wir uns ein Beispiel an.

Abbildung 5.22 zeigt fünf Grids mit je mehreren Spalten respektive ColumnDefinition-Objekten. Die drei ColumnDefinition-Objekte des in Abbildung 5.22 mittleren Grids sind wie folgt definiert.

```
<Grid.ColumnDefinitions>
   <ColumnDefinition Width="100"/>
   <ColumnDefinition Width="*"/>
   <ColumnDefinition Width="2*"/>
</Grid.ColumnDefinitions>
```

Listing 5.15 K05\22 GridStarSizing\MainPage.xaml

Die Angabe der Größe mit Sternen wird auch als *Star-Sizing* oder proportionale Größenangabe bezeichnet. Wie Abbildung 5.22 zeigt, verwenden die mit einem Stern versehenen ColumnDefinition-Objekte den restlichen Platz. Im Falle des mittleren Grids mit den ColumnDefinition-Objekten aus Listing 5.15 bekommt die mittlere Spalte 1/3 des restlichen Platzes, die dritte Spalte aufgrund des Faktors zwei vor dem Stern 2/3.

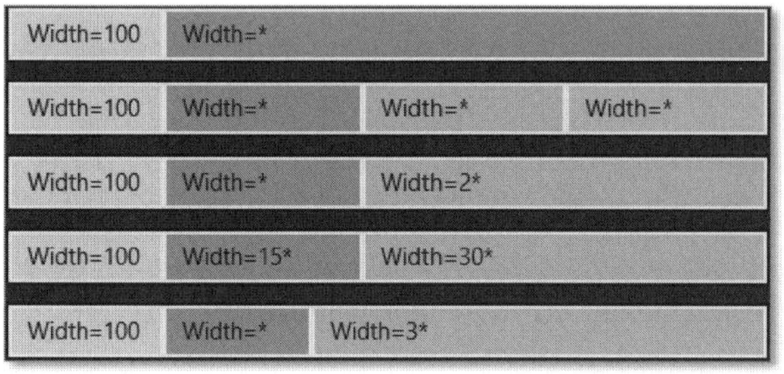

Width=100	Width=*			
Width=100	Width=*	Width=*	Width=*	
Width=100	Width=*	Width=2*		
Width=100	Width=15*	Width=30*		
Width=100	Width=*	Width=3*		

Abbildung 5.22 Fünf Grids, deren »ColumnDefinition«-Objekte die Auswirkung von »GridUnitType.Star« zeigen

Beim Star-Sizing gilt folgende Regel: Die Faktoren der einzelnen Sterne (*) werden zusammengezählt. Die Summe entspricht 100 % des restlichen Platzes. Jedes mit einem * versehene ColumnDefinition-Objekt erhält anschließend seinen Anteil an diesem Platz gemäß dem angegebenen Faktor. Haben Sie beispielsweise zwei ColumnDefinition-Objekte, eines mit Width="*" und eines mit Width="3*", ist die Summe der Faktoren vier. Folglich ist die Breite der ersten ColumnDefinition 1/4 des noch zur Verfügung stehenden Platzes, die Breite der zweiten ColumnDefinition 3/4. Aufgrund dieser Tatsache spielt es auch keine Rolle, wenn Sie, wie auf dem vierten Grid in Abbildung 5.22, höhere Faktoren vor dem Stern angeben.

Falls Ihre ColumnDefinition genau eine Breite von einem Stern haben soll, müssen Sie dies in XAML nicht explizit angeben. Dies geht einfach so:

```
<ColumnDefinition/>
```

XAML verwendet ohne eine Angabe des Wertes für die Width-Property automatisch eine Größe vom Typ Stern (*). Die oben definierte ColumnDefinition ist somit analog zur folgenden:

```
<ColumnDefinition Width="*"/>
```

Das Gleiche gilt für die Height-Property einer RowDefinition.

> **Hinweis**
>
> Schnaufen Sie kurz durch, und prüfen Sie an dieser Stelle, ob Sie die drei GridUnitType-Werte im Kopf haben und ihre Bedeutung mit eigenen Worten wiederholen können.

Für den professionellen Umgang mit dem Grid müssen Sie diese Werte mit ihren Auswirkungen kennen.

5.3.5 Das »VariableSizedWrapGrid«

Das VariableSizedWrapGrid stapelt Elemente vertikal in Spalten. Ist in einer Spalte die in der MaximumRowsOrColumns-Property angegebene Anzahl an Zeilen erreicht, werden die folgenden Elemente automatisch in der nächsten Spalte angezeigt. Die MaximumRowsOrColumns-Property hat auf den ersten Blick einen etwas verwirrenden Namen. Stapelt das VariableSizedWrapGrid die Elemente vertikal (Default), bezieht sich MaximumRowsOrColumns-Property auf die Zeilen. Setzen Sie die Orientation-Property auf Horizontal, bezieht sich die MaximumRowsOrColumns-Property auf Spalten. Die Elemente werden bei horizontaler Ausrichtung in einer Zeile angeordnet. Ist die Anzahl an Spalten erreicht, erfolgt ein Umbruch auf eine neue Zeile.

Die Größe, in der die Elemente im VariableSizedWrapGrid dargestellt werden, bestimmen Sie über die Properties ItemWidth und ItemHeight. Das ist quasi die verwendete Zellengröße.

Das VariableSizedWrapGrid heißt »VariableSized«, weil sich die Größen der Kinder variabel an die Zellen anpassen lassen. Dazu definiert das VariableSizedWrapGrid folgende zwei Attached Properties, die sich auf den Kindelementen setzen lassen:

- **RowSpan** legt fest, über wie viele Zeilen sich das Kindelement erstreckt (Default 1).
- **ColumnSpan** legt fest, über wie viele Spalten sich das Kindelement erstreckt (Default 1).

Schauen wir uns ein kleines Beispiel an. Dazu wird in Listing 5.16 ein VariableSizedWrapGrid erstellt, das fünf TextBox-Elemente enthält. Die MaximumRowsOrColumns-Property ist auf 2 gesetzt, ItemWidth und ItemHeight auf 100. Für die vierte TextBox ist sowohl für ColumnSpan als auch für RowSpan der Wert 2 definiert. Die fünfte TextBox hat lediglich für die RowSpan-Property den Wert 2.

```
<VariableSizedWrapGrid MaximumRowsOrColumns="2"
  ItemWidth="100" ItemHeight="100">
  <TextBox Text="1"/>
  <TextBox Text="2" Background="Green"/>
  <TextBox Text="3" Background="Yellow" />
  <TextBox Text="4" VariableSizedWrapGrid.ColumnSpan="2"
    VariableSizedWrapGrid.RowSpan="2" Background="LightBlue" />
  <TextBox Text="5" VariableSizedWrapGrid.RowSpan="2" ... />
</VariableSizedWrapGrid>
```

Listing 5.16 K05\23 DasVariableSizedWrapGrid\MainPage.xaml

Abbildung 5.23 zeigt das `VariableSizedWrapGrid` aus Listing 5.16. Beachten Sie, wie die ersten drei `TextBox`-Elemente in Spalten eingeordnet werden. Die vierte `TextBox` ist zwei Zeilen und zwei Spalten groß. Sie kann daher nicht mehr unter der dritten `TextBox` eingeordnet werden und rutscht somit daneben. Die fünfte `TextBox` nimmt ebenfalls zwei Zeilen in Anspruch.

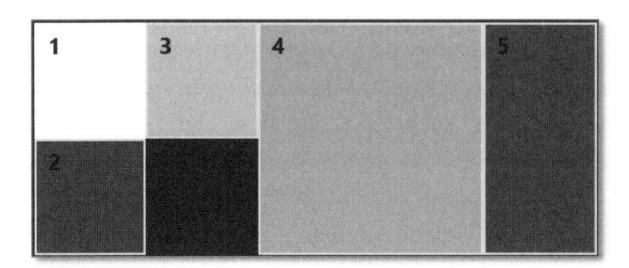

Abbildung 5.23 Das VariableSizedWrapGrid ordnet Elemente in Zeilen und Spalten an und macht einen automatischen Umbruch.

Setzen Sie auf dem `VariableSizedWrapGrid` aus Listing 5.16 die `MaximumRowsOrColumns`-Property wie folgt auf den Wert 3, erhalten Sie das Ergebnis aus Abbildung 5.24:

`<VariableSizedWrapGrid MaximumRowsOrColumns="3" ...>`

Die ersten drei `TextBox`-Elemente werden untereinander angeordnet, da es jetzt drei Zeilen gibt. Aufgrund der Tatsache, dass die vierte und fünfte `TextBox` beide zwei Zeilen einnehmen, passen sie nicht untereinander; sie werden folglich nebeneinander angeordnet.

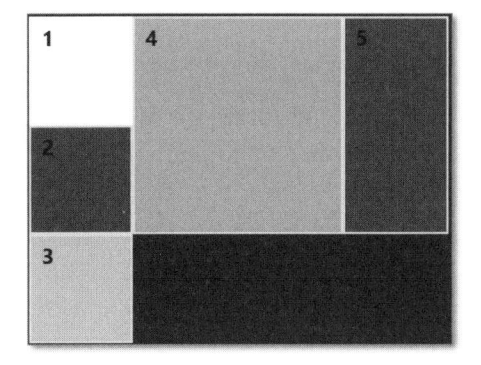

Abbildung 5.24 Das VariableSizedWrapGrid mit »MaximumRowsOrColumns« von »3«

Setzen Sie auf dem `VariableSizedWrapGrid` aus Listing 5.16 neben der `MaximumRowsOrColumns`-Property zusätzlich die `Orientation`-Property wie folgt auf den Wert `Horizontal`, erhalten Sie das Ergebnis aus Abbildung 5.25:

`<VariableSizedWrapGrid MaximumRowsOrColumns="3" Orientation="Horizontal" ...>`

Beachten Sie, wie die ersten drei TextBox-Elemente jetzt in der ersten Zeile angeordnet werden. Die TextBox-Elemente vier und fünf sind in der nächsten Zeile.

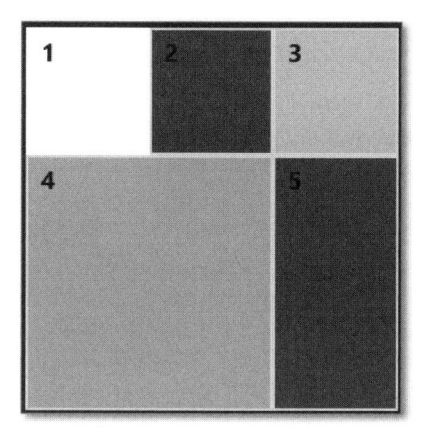

Abbildung 5.25 Das »VariableSizedWrapGrid« mit horizontaler »Orientation«

5.3.6 Die »VirtualizingPanels«

Von der Klasse VirtualizingPanel erben die Klassen CarouselPanel und OrientedVirtualizingPanel. Letztere hat keinen öffentlichen Konstruktor und wiederum die beiden Subklassen WrapGrid und VirtualizingStackPanel.

> **Achtung**
>
> Die Klassen WrapGrid, VirtualizingStackPanel und CarouselPanel lassen sich nur zum Darstellen der Elemente in einem ItemsControl nutzen. Sie verwenden diese Panels daher für die ItemsPanel-Property (Typ: ItemsPanelTemplate) der ItemsControl-Klasse. Diese Property lernen Sie in Kapitel 11, »Styles und Templates«, näher kennen.

Das »WrapGrid«

Das WrapGrid funktioniert ähnlich wie das VariableSizedWrapGrid, lässt sich allerdings wie erwähnt nur in einem ItemsControl einsetzen.

> **Hinweis**
>
> Das WrapGrid wird per Default intern von der GridView verwendet. Die GridView ist ein ItemsControl, das Ihrer Windows Store Apps den typischen Modern UI-Look gibt. Sie lernen die GridView in Kapitel 7, »Daten«, genauer kennen.

Es ordnet Elemente je nach dem Wert der Orientation-Property in Spalten (Default) oder Zeilen an. Mit der MaximumRowsOrColumns-Property legen Sie fest, bei welcher Anzahl an Zeilen/Spalten ein Umbruch erfolgen soll. Mit den Properties ItemWidth und ItemHeight definieren Sie die Zellengröße.

Die aus dem VariableSizedWrapGrid bekannten Attached Properties RowSpan und ColumnSpan besitzt das WrapGrid nicht. Deshalb ist es nur ein WrapGrid und kein **VariableSized**WrapGrid. Das bedeutet, dass alle Kinder im WrapGrid gleich groß sind.

> **Hinweis**
> Falls Sie bereits mit der WPF entwickelt haben, kennen Sie vielleicht das WrapPanel. Das WrapGrid ist die WinRT-Variante des WrapPanels.

Im Gegensatz zum VariableSizedWrapGrid unterstützt das WrapGrid aufgrund der VirtualizingPanel-Basisklasse Virtualisierung. Das bedeutet, dass die Performanz bei großen Datenmengen weiterhin gut ist, da das UI für nicht sichtbare Elemente nicht aufbereitet wird. Erst wenn die Elemente in den sichtbaren Bereich gelangen, wird auch das UI für sie erzeugt. Zuvor werden diese Elemente »virtualisiert«.

Das »VirtualizingStackPanel«

Das VirtualizingStackPanel funktioniert ähnlich wie das StackPanel, lässt sich allerdings auch nur in einem ItemsControl einsetzen. Das VirtualizingStackPanel stapelt Elemente vertikal (Default) oder horizontal, je nach Wert der Orientation-Property. Es virtualisiert die Kindelemente, was es auch für größere Datenmengen noch performant macht.

> **Hinweis**
> Das VirtualizingStackPanel wird per Default intern von der ListBox und der ListView verwendet. Die ListBox lernten Sie bereits in Kapitel 4, »Controls«, kennen. Die ListView ist ebenfalls ein ItemsControl, mit dem wir uns jedoch erst in Kapitel 7, »Daten«, beschäftigen werden.

Das »CarouselPanel«

Das CarouselPanel ordnet alle Elemente nacheinander an. Es ist das Default-Panel der ComboBox. Es lässt sich mit keinem anderen ItemsControl verwenden.

> **Hinweis**
> Die ComboBox haben wir in Kapitel 4, »Controls«, betrachtet.

5.4 Layout der Elemente auf einer Page

In diesem Abschnitt schauen wir uns an, wie das Layout von Elementen auf einer Page sein sollte. Dazu werfen wir zuerst einen Blick auf das Ausrichtungsgitter im Designer von Visual Studio, bevor wir uns die Anordnung des Headers und des Inhalts einer Page näher ansehen. Im letzten Teil dieses Abschnitts lernen Sie zudem die von Microsoft empfohlenen Schriftgrößen kennen.

5.4.1 Das Ausrichtungsgitter von Visual Studio

Öffnen Sie Ihre *MainPage.xaml*-Datei oder eine andere Page in Visual Studio im Designer, finden Sie in der linken unteren Ecke neben der Zoom-Einstellung einen Button zum Einblenden des Ausrichtungsgitters. Abbildung 5.26 zeigt diesen Button.

Abbildung 5.26 Im Designer von Visual Studio lässt sich in der linken unteren Ecke das Ausrichtungsgitter anzeigen.

Aktivieren Sie den Button aus Abbildung 5.26, zeigt der Designer von Visual Studio das in Abbildung 5.27 dargestellte Ausrichtungsgitter an.

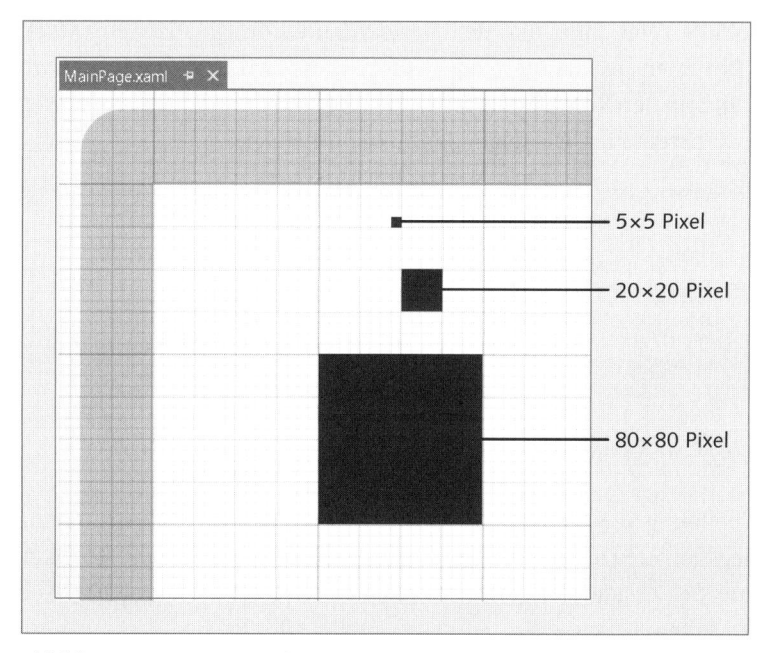

Abbildung 5.27 Das Ausrichtungsgitter und die Einheiten

Das Ausrichtungsgitter besteht aus Quadraten verschiedener Größe. Das kleinste Quadrat ist – wie Abbildung 5.27 zeigt – 5 × 5 (geräteunabhängige) Pixel groß. Es wird auch als *Sub-Unit* (Untereinheit) bezeichnet.

> **Hinweis**
> Gegebenenfalls müssen Sie im Designer von Visual Studio etwas hineinzoomen, damit die Linien der Sub-Units sichtbar werden.

Das mittlere Quadrat hat eine Größe von 20 × 20 Pixeln. Dies wird als *Unit* (Einheit) bezeichnet. Das große Quadrat besteht aus 4 Units und ist somit 80 × 80 geräteunabhängige Pixel groß.

5.4.2 Das Layout einer Page

Das klassische Layout einer Page sieht für den Header eine Höhe von 7 Units vor. Im vorigen Abschnitt haben Sie gelernt, dass eine Unit 20 × 20 Pixel hat; somit entsprechen 7 Units 140 Pixeln.

Bereits in Kapitel 2, »Das Programmiermodell«, haben Sie gesehen, dass die *MainPage.xaml*-Datei in einem leeren Projekt nur das minimale Gerüst enthält. Es ist sinnvoll, die Datei durch eine neue Page mit der *Standardseite*-Vorlage zu ersetzen. Die mit dieser Vorlage erstellte Page enthält bereits einen Titel und Navigationsunterstützung. Abbildung 5.28 zeigt eine mit der *Standardseite*-Vorlage erzeugte *MainPage.xaml*-Datei. Beachten Sie, wie der Header exakt 7 Units bzw. 140 Pixel einnimmt. Werfen Sie einen Blick in den XAML-Code, sehen Sie diese 140 Pixel auch in der ersten RowDefinition des Wurzel-Grids, wie folgender Ausschnitt zeigt:

```xml
<Grid Style="{StaticResource LayoutRootStyle}">
  <Grid.RowDefinitions>
    <RowDefinition Height="140"/>
    <RowDefinition Height="*"/>
  </Grid.RowDefinitions>
  ...
</Grid>
```

Listing 5.17 Die erste »RowDefinition« einer »Standardseite« ist für den Header.

Beachten Sie in Abbildung 5.28 auch den im Header enthaltenen Titel. Die Grundlinie des Titel-Textes liegt genau 5 Units (100 Pixel) vom oberen Rand bzw. 2 Units (40 Pixel) vom unteren Rand des Headers entfernt. Ebenso hat der Titel 6 Units (120 Pixel) Abstand zur linken Seite.

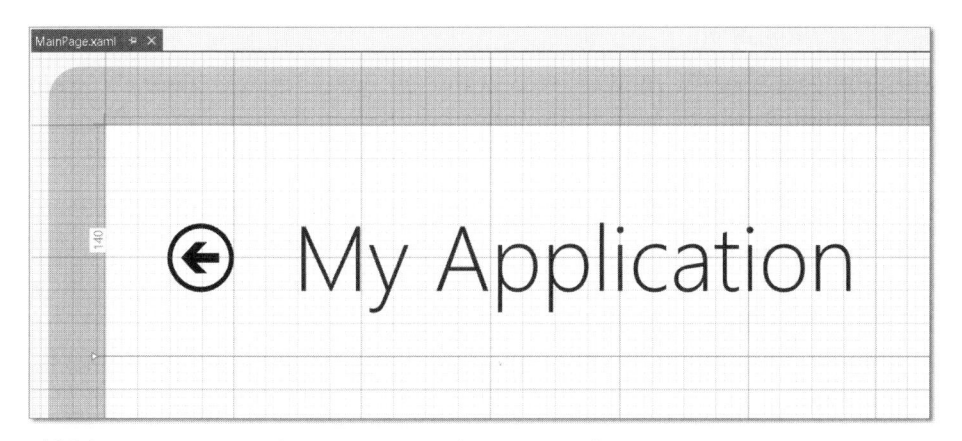

Abbildung 5.28 Der Header nimmt 7 Units bzw. 140 Pixel ein.

Schauen wir uns jetzt den Inhalt einer Page an. Der Inhalt startet direkt unter dem Header und hat somit 7 Units (140 Pixel) Abstand zum oberen Rand. Abbildung 5.29 verdeutlicht dies. Wie auch der Titel hat der Inhalt einer Windows Store App einen Abstand von 6 Units (120 Pixel) zur linken Seite.

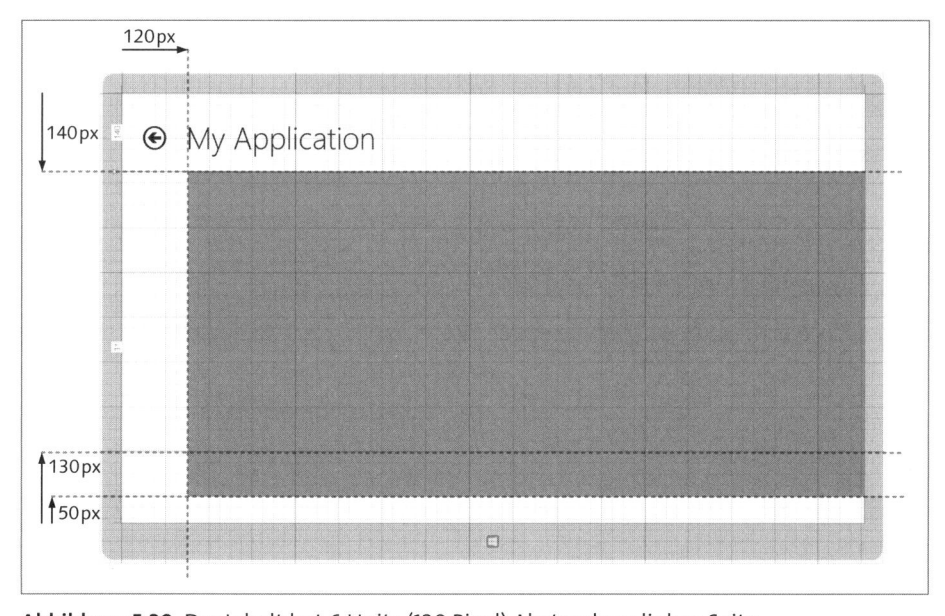

Abbildung 5.29 Der Inhalt hat 6 Units (120 Pixel) Abstand zur linken Seite.

Beachten Sie in Abbildung 5.29 auch den unteren Abstand des Inhalts. Lässt sich Ihre Anwendung horizontal scrollen, sollte der untere Abstand zwischen 2,5 Units (50 Pixel) und 6,5 Units (130 Pixel) liegen. Bei einer vertikal scrollbaren Anwendung nutzen Sie natürlich den Raum und definieren keinen unteren Rand.

5.4.3 Schriftgrößen

Microsoft empfiehlt für Windows Store Apps bestimmte Schrittgrößen. Als Schrift selbst kommt dabei üblicherweise *Segoe UI* zum Einsatz. Die üblichen Größen und Ihr Einsatzgebiet:

- **42 pt Segoe UI Light:** Eignet sich für den Seitentitel und sehr wichtige UI-Elemente, die nur aus einem oder zwei Worten auf einer Zeile bestehen.
- **20 pt Segoe UI Light:** Ist geeignet für Textelemente, die klar und deutlich sichtbar sein müssen und ebenfalls auf eine Zeile passen.
- **11 pt Segoe UI Semilight:** Diese Größe verwenden Sie für den meisten Text in Ihrer Anwendung.
- **9 pt Segoe UI:** Dies ist die kleinste Größe ist für kurze Textelemente, wie die Beschriftungen von Buttons.

Die einzelnen Schrittgrößen sind in Abbildung 5.30 dargestellt.

Abbildung 5.30 Die üblichen Schrittgrößen einer Windows Store App

In XAML werden Größen nicht in Points (pt), sondern in geräteunabhängigen Pixeln (px) eingegeben. Daher müssen Sie die `FontSize`-Property in XAML von Points in Pixel umrechnen. 1 Point entspricht genau 1 1/3 geräteunabhängigen Pixeln. So definieren Sie beispielsweise für 42 pt eine `FontSize` von 56 px. Nachfolgend die Umrechnungen:

- 42 pt – 56 px
- 20 pt – 26,667 px
- 11 pt – 14,667 px
- 9 pt – 12 px

Anstatt die `FontSize`-Property eines Elements direkt in XAML zu setzen, können Sie auch den Weg über das Eigenschaften-Fenster von Visual Studio wählen. Das Eigenschaften-Fenster bietet den Vorteil, dass sich die `FontSize` auch in Points statt in Pixeln eingeben lässt; Abbildung 5.31 verdeutlicht dies. Links wird für einen `TextBlock` die `FontSize` »42 pt« eingegeben. Wird die ⏎-Taste gedrückt, werden die 42 pt automatisch in die in Abbildung 5.31 auf der rechten Seite angezeigten 56 px umgewandelt.

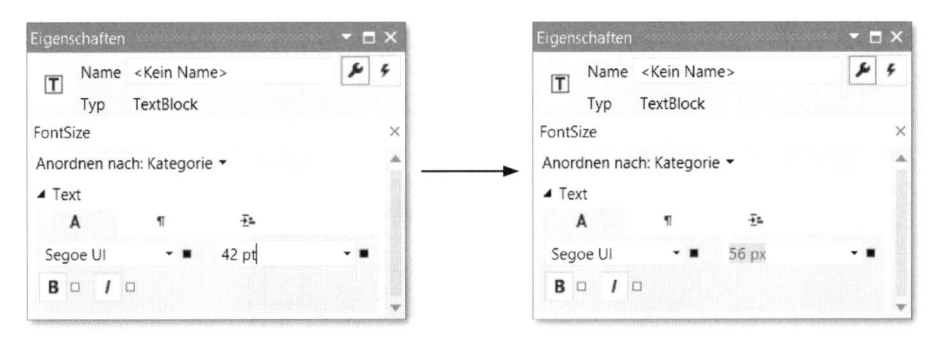

Abbildung 5.31 Im »Eigenschaften«-Fenster lässt sich die Schriftgröße in der Einheit Points (pt) eingeben. Sie wird dann in Pixel (px) umgewandelt.

> **Hinweis**
>
> Um Ihre App sehr individuell zu gestalten, können Sie natürlich auch andere Schriften und Schriftgrößen wählen. Hier wurde der Standard dargestellt.

5.5 Die Ansichten einer Windows Store App

Für Windows Store Apps existieren verschiedene Ansichten. Um Ihre App erfolgreich im Windows Store zu veröffentlichen, muss Ihre App verschiedene dieser Ansichten unterstützen. Welche Ansichten es gibt und wie Sie diese Ansichten in Ihrer eigenen App anwenden, erfahren Sie in diesem Abschnitt.

5.5.1 Die Ansichten »Snapped«, »Filled« und Co.

Für eine Windows Store App gibt es die vier verschiedenen Ansichten *FullScreenLandscape* (Querformat), *FullScreenPortrait* (Hochformat), *Snapped* (angedockt) und *Filled*. Abbildung 5.32 zeigt die vier Ansichten anhand der FriendStorage-App.

Beachten Sie in Abbildung 5.32, dass die FriendStorage-App in der Ansicht SNAPPED eine listenartige Darstellung der Freunde nutzt. Auch der Titel ist wesentlich kleiner. Die Ansichten einer Windows Store App sind über die Werte in der Aufzählung `ApplicationViewState` (**Namespace:** `Windows.UI.ViewManagement`) definiert:

▸ `FullScreenLandscape`: Die App nimmt den vollen Platz ein und wird im Querformat angezeigt.

▸ `FullScreenPortrait`: Die App nimmt den vollen Platz ein und wird im Hochformat angezeigt.

- Snapped: Die App ist links oder rechts angedockt. Die Breite der App beträgt in diesem Zustand immer 320 geräteunabhängige Pixel.
- Filled: Die App füllt den Bereich neben einer gesnappten App aus.

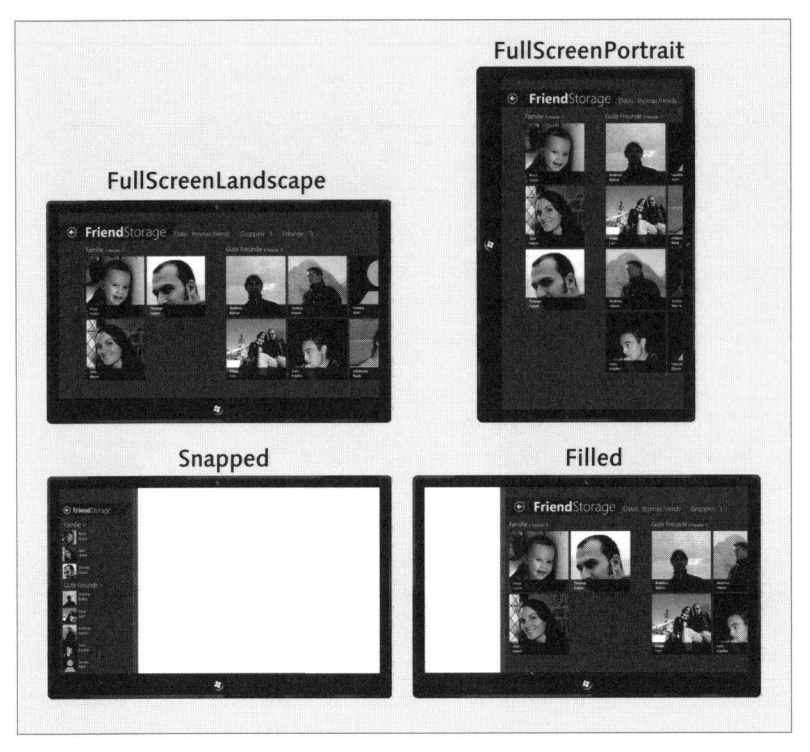

Abbildung 5.32 Die verschiedenen Ansichten einer Windows Store App

In welcher Ansicht sich Ihre App gerade befindet, fragen Sie über die statische Value-Property der ApplicationView-Klasse (Namespace: Windows.UI.ViewManagement) ab:

ApplicationViewState state = ApplicationView.Value;

Die Ansichten *Snapped* und *Filled* erlauben dem Benutzer, zwei Apps gleichzeitig zu betrachten. Abbildung 5.33 zeigt die App FriendStorage im Zustand *Snapped* und die App SkyDrive im Zustand *Filled*.

Achtung

Ist Ihre App in der Ansicht *Snapped*, werfen manche WinRT-APIs Exceptions. Möchten Sie beispielsweise in der *Snapped*-Ansicht mit dem FileOpenPicker eine Datei öffnen, erhalten Sie eine Exception. Das können Sie vermeiden, indem Sie zunächst prüfen, ob sich Ihre App in der Ansicht *Snapped* befindet.

Anschließend können Sie versuchen, Ihre App mit der statischen Methode TryUnsnap der ApplicationView-Klasse wieder in eine »normale« Ansicht zu versetzen.

if (ApplicationView.TryUnsnap()){ ... }

Die TryUnsnap-Methode gibt true zurück, wenn das »Unsnappen« erfolgreich war. Damit es erfolgreich ist, muss die App zwingend im Vordergrund sein.

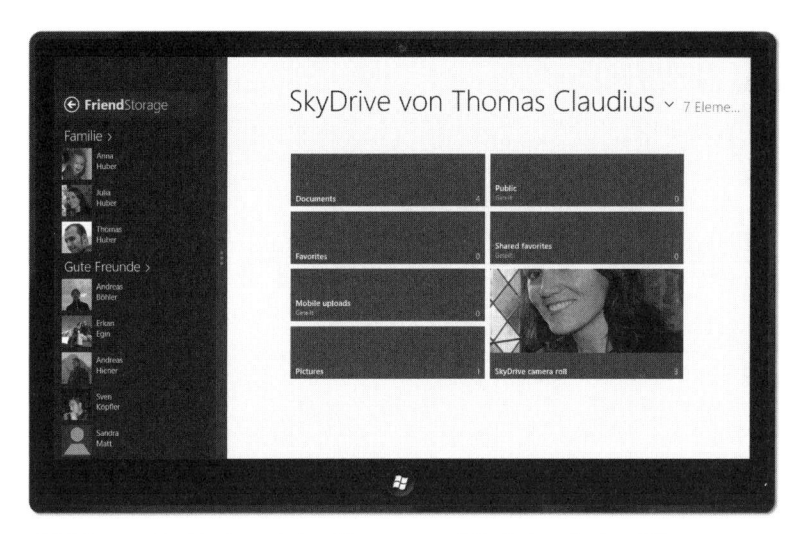

Abbildung 5.33 Die Apps FriendStorage und SkyDrive sind geöffnet.

Schauen wir uns jetzt an, wie Sie die verschiedenen Ansichten in Ihrer eigenen Windows Store App unterstützen.

5.5.2 Die Ansichten in der eigenen App unterstützen

Damit die Seiten Ihrer App verschiedene Ansichten unterstützen, ist etwas Logik notwendig, um verschiedene VisualStates zu ermöglichen. Diese Logik ist in der Klasse LayoutAwarePage bereits enthalten. Die Klasse LayoutAwarePage haben Sie in Kapitel 2, »Das Programmiermodell«, bereits kennengelernt. Erstellen Sie ein neues Projekt mit der *Leere App*-Vorlage, löschen Sie die *MainPage.xaml*-Datei, und fügen Sie, wie in Kapitel 2 gezeigt, eine neue Page mit der *Standardseite*-Vorlage dazu. Diese Page ist dann vom Typ LayoutAwarePage.

> **Hinweis**
>
> Die beiden anderen Projektvorlagen *Raster-App* und *Geteilte App* besitzen per Default nur LayoutAwarePage-Instanzen.

Listing 5.18 zeigt den Default-Inhalt einer Seite, die mit der *Standardseite*-Vorlage erzeugt wurde. Bis auf den Inhalt der Attached Property `VisualStateManager.VisualStateGroups` haben Sie bereits alles in Kapitel 2 gesehen. Die `VisualStateGroups`-Property enthält eine `VisualStateGroup`. Die `VisualStateGroup` besitzt vier `VisualState`-Elemente, eines für jede Ansicht der App. Beachten Sie, dass die `VisualState`-Elemente mit Hilfe von Animationen bestimmte Properties setzen. In der *FullScreenPortrait*-Ansicht wird die `Style`-Property des `backButtons` gesetzt. In der *Snapped*-Ansicht wird ebenfalls die `Style`-Property des `backButtons` gesetzt, zusätzlich die `Style`-Property des `pageTitles`. Durch die `Styles` werden beispielsweise in der *Snapped*-Ansicht der Button und der Titel kleiner.

```xml
<common:LayoutAwarePage ...>
  ...
  <Grid Style="{StaticResource LayoutRootStyle}">
    ...
    <Grid>
      ...
      <Button x:Name="backButton" .../>
      <TextBlock x:Name="pageTitle" ..."/>
    </Grid>

    <VisualStateManager.VisualStateGroups>
      <VisualStateGroup x:Name="ApplicationViewStates">
        <VisualState x:Name="FullScreenLandscape"/>
        <VisualState x:Name="Filled"/>
        <VisualState x:Name="FullScreenPortrait">
          <Storyboard>
            <ObjectAnimationUsingKeyFrames
              Storyboard.TargetName="backButton"
              Storyboard.TargetProperty="Style">
              <DiscreteObjectKeyFrame KeyTime="0"
                Value="{StaticResource PortraitBackButtonStyle}"/>
            </ObjectAnimationUsingKeyFrames>
          </Storyboard>
        </VisualState>
        <VisualState x:Name="Snapped">
          <Storyboard>
            <ObjectAnimationUsingKeyFrames
              Storyboard.TargetName="backButton"
              Storyboard.TargetProperty="Style">
              <DiscreteObjectKeyFrame KeyTime="0"
                Value="{StaticResource SnappedBackButtonStyle}"/>
            </ObjectAnimationUsingKeyFrames>
```

```
                <ObjectAnimationUsingKeyFrames
                    Storyboard.TargetName="pageTitle"
                    Storyboard.TargetProperty="Style">
                    <DiscreteObjectKeyFrame KeyTime="0"
                        Value="{StaticResource
                                SnappedPageHeaderTextStyle}"/>
                </ObjectAnimationUsingKeyFrames>
            </Storyboard>
        </VisualState>
      </VisualStateGroup>
    </VisualStateManager.VisualStateGroups>
  </Grid>
</common:LayoutAwarePage>
```

Listing 5.18 Inhalt einer mit der »Standardseite«-Vorlage erzeugten Page

> **Hinweis**
>
> Zum Setzen der Properties in einem Visual State werden Animationen verwendet. Mehr zu Animationen in Kapitel 21, »Animationen«.

Natürlich können Sie jetzt in den VisualStates die Properties weiterer Elemente Ihrer Page verändern, indem Sie den XAML-Code anpassen. Doch üblicherweise machen Sie diese Anpassungen über den Designer und das Gerätefenster. Das Gerätefenster blenden Sie in Visual Studio über den in Abbildung 5.34 gezeigten Hauptmenüpunkt ENTWURF • GERÄTEFENSTER ein. Das ENTWURF-Menü ist allerdings nur sichtbar, wenn tatsächlich eine Page im Designer von Visual Studio geöffnet ist.

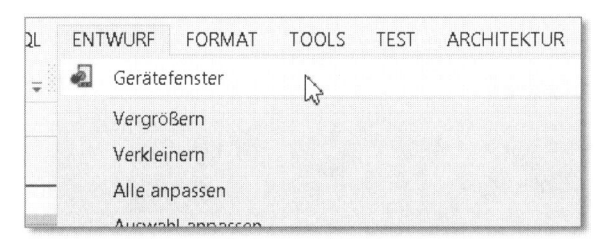

Abbildung 5.34 Das Gerätefenster blenden Sie über das »Entwurf«-Menü ein.

Abbildung 5.35 zeigt das Gerätefenster. Im oberen Punkt ANSICHT lassen sich über die vier Buttons im Designer die Ansichten FULLSCREENLANDSCAPE, FILLED, SNAPPED und FULLSCREENPORTRAIT aktivieren, alternativ auch über die darunter platzierte Combobox VISUELLER ZUSTAND. Das Gerätefenster enthält weitere Einstellmöglichkeiten für den Designer, wie beispielsweise die Auflösung. Für die Ansichten ist jedoch die Checkbox ZUSTANDSAUFZEICHNUNG AKTIVIEREN sehr interessant. Deren Funktionsweise schauen wir uns jetzt an.

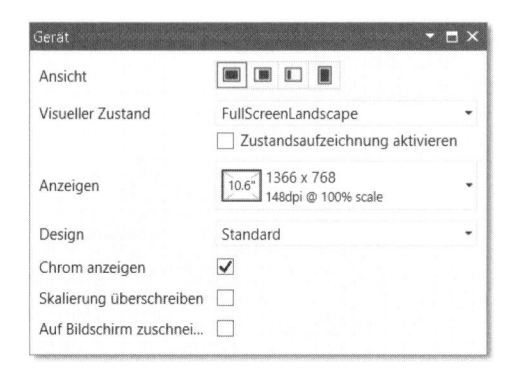

Abbildung 5.35 Das Gerätefenster ermöglicht die verschiedenen Ansichten im Designer.

Damit wir etwas Verwertbares für die verschiedenen Ansichten haben, fügen wir in der Page aus Listing 5.18 folgenden Inhalt ein:

```
<ScrollViewer Grid.Row="1">
  <StackPanel x:Name="stackPanel" Orientation="Horizontal">
    <Image Source="thomas.jpg" Width="200" Height="200" .../>
    <Image Source="thomas.jpg" Width="200" Height="200" .../>
    <Image Source="thomas.jpg" Width="200" Height="200" .../>
  </StackPanel>
</ScrollViewer>
```

Listing 5.19 K05\24 ViewStates\MainPage.xaml

Abbildung 5.36 zeigt die *MainPage.xaml* mit dem Inhalt aus Listing 5.19 in der Ansicht *FullScreenLandscape*.

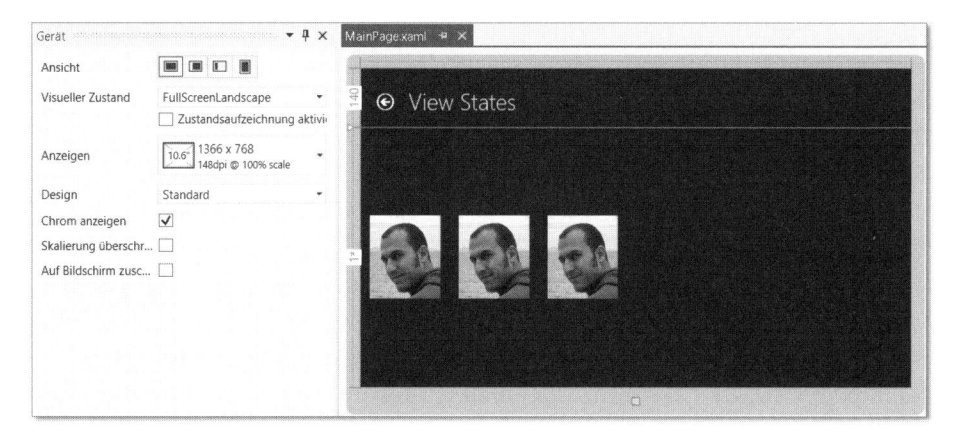

Abbildung 5.36 Die »MainPage« in der Ansicht »FullScreenLandscape«

In Abbildung 5.37 wurde die Ansicht auf *Snapped* gestellt. Beachten Sie, wie die Bilder weiterhin horizontal gestapelt werden. Dies wollen wir jetzt ändern. Dazu selektieren wir im Gerätefenster die Checkbox ZUSTANDSAUFZEICHNUNG AKTIVIEREN.

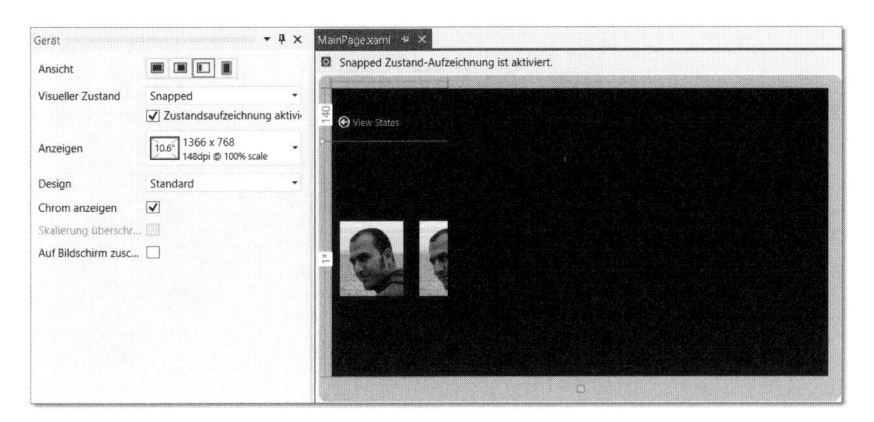

Abbildung 5.37 Die »MainPage« in der Ansicht »Snapped«

Ist die Checkbox ZUSTANDSAUFZEICHNUNG AKTIVIEREN selektiert, können Sie Änderungen vornehmen, die nur für die gewählte Ansicht gelten. Doch Vorsicht, das gilt nicht, wenn Sie die Änderungen direkt im XAML-Code durchführen. Stattdessen sollten Sie die Änderungen nur über das Eigenschaftsfenster von Visual Studio vornehmen.

In diesem Beispiel soll für die Ansicht *Snapped* die Orientation-Property des Stack-Panels mit den Bildern auf Vertical gesetzt werden. Dazu selektieren Sie zuerst das StackPanel im Designer. Dabei hilft das in Abbildung 5.38 auf der linken Seite gezeigte DOKUMENTGLIEDERUNG-Fenster. Dieses Fenster blenden Sie über das Hauptmenü ANSICHT • WEITERE FENSTER • DOKUMENTGLIEDERUNG ein. Selektieren Sie darin das STACKPANEL, und setzen Sie anschließend im EIGENSCHAFTEN-Fenster wie in Abbildung 5.38 auf der rechten Seite gezeigt die ORIENTATION-Property des STACKPANELS auf VERTICAL.

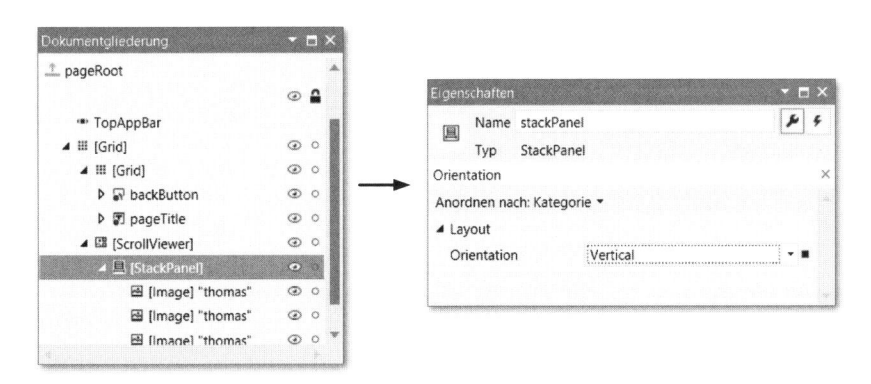

Abbildung 5.38 Setzen Sie die »Orientation«-Property des StackPanels auf »Vertical«.

Abbildung 5.39 zeigt das Ergebnis. In der *Snapped*-Ansicht werden die Bilder jetzt nicht mehr nebeneinander, sondern untereinander angeordnet.

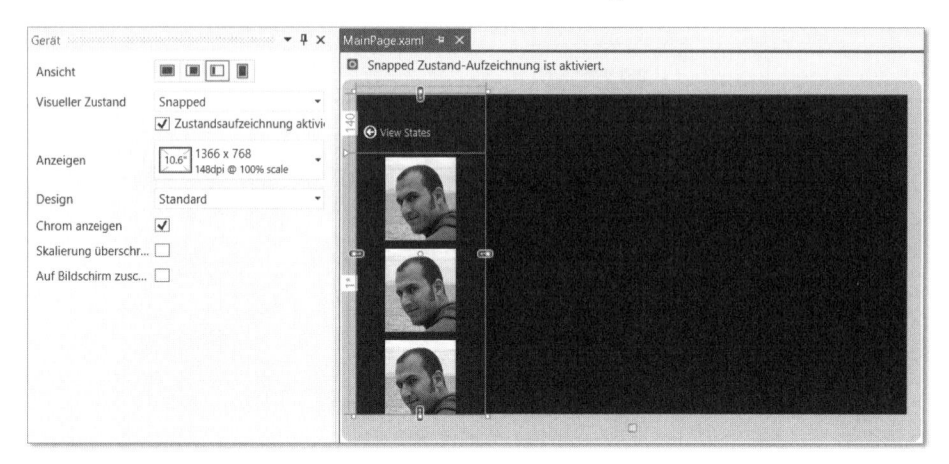

Abbildung 5.39 Die »Snapped«-Ansicht ordnet die Bilder untereinander an.

Werfen Sie erneut einen Blick in das DOKUMENTGLIEDERUNG-Fenster. Die Elemente, deren Properties für den aktuell aufgezeichneten Zustand geändert wurden, besitzen einen kleinen roten Kreis im Icon. Abbildung 5.40 zeigt dies für die Elemente BACK-BUTTON, PAGETITLE und STACKPANEL. Beachten Sie, wie auch die geänderten Properties sichtbar sind, die ein Sternchen-Icon enthalten. Beim STACKPANEL ist dies die angepasste ORIENTATION-Property.

Abbildung 5.40 Die Dokumentgliederung zeigt die geänderten Properties an.

Werfen wir einen Blick auf den XAML-Code, der durch die Anpassungen in der Zustandsaufzeichnung erstellt wurde. Listing 5.20 zeigt die Ausschnitte der *Main-*

Page.xaml-Datei. Im oberen Teil sehen Sie, dass das StackPanel automatisch mit einem Namen versehen wurde. Der Name ist hier stackPanel. Im VisualState-Element für die Ansicht Snapped wurde eine weitere Animation eingefügt. Diese setzt die Orientation-Property des StackPanels auf den Wert Vertical.

```xml
<ScrollViewer Grid.Row="1">
  <StackPanel x:Name="stackPanel" Orientation="Horizontal">
    ...
  </StackPanel>
</ScrollViewer>
<VisualStateManager.VisualStateGroups>
  <VisualStateGroup x:Name="ApplicationViewStates">
    ...
    <VisualState x:Name="Snapped">
      <Storyboard>
        ...
        <ObjectAnimationUsingKeyFrames
        Storyboard.TargetProperty="(StackPanel.Orientation)"
        Storyboard.TargetName="stackPanel">
          <DiscreteObjectKeyFrame KeyTime="0">
            <DiscreteObjectKeyFrame.Value>
              <Orientation>Vertical</Orientation>
            </DiscreteObjectKeyFrame.Value>
          </DiscreteObjectKeyFrame>
        </ObjectAnimationUsingKeyFrames>
      </Storyboard>
    </VisualState>
  </VisualStateGroup>
</VisualStateManager.VisualStateGroups>
```

Listing 5.20 K05\24 ViewStates\MainPage.xaml

5.5.3 Die Drehungen Ihrer App

Ihre App kann sich im Querformat, Hochformat, gedrehten Querformat oder gedrehten Hochformat befinden. Diese Orientierungen bzw. Drehungen finden Sie in der *Package.appxmanifest*-Datei Ihres Projekts, wie Abbildung 5.41 zeigt.

Per Default ist keine Auswahl getroffen, was dieselbe Auswirkung hat, wie wenn alle Drehungen ausgewählt wären: Ihre Anwendung unterstützt alle Drehungen. Sie rotiert dabei automatisch. Sie sollten den Inhalt so gestalten, dass er sich auch automatisch anpasst. Dies ist in einer *Standardseite* bereits der Fall, da das darin definierte Grid zwei Zeilen definiert – die erste Zeile für den Header mit einer Höhe von

140 Pixeln, die zweite für den Inhalt mit einer Höhe von einem Stern. Der Stern sorgt dafür, dass diese zweite Zeile automatisch höher wird, wenn sich das Gerät und somit auch Ihre Anwendung im Hochformat befinden.

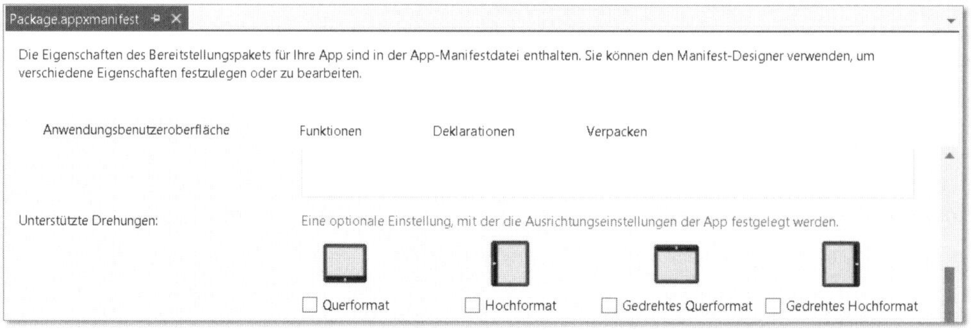

Abbildung 5.41 Die Drehungen Ihrer App

Selektieren Sie in der *Package.appxmanifest*-Datei einzelne Drehungen, um die unterstützten Drehungen einzuschränken. Selektieren Sie beispielsweise lediglich die Drehung QUERFORMAT, wird Ihre App nur diese Drehung unterstützen. Wird das Endgerät ins Hochformat gedreht, wird Ihre App weiterhin im Querformat bleiben. Sie müssen dann folglich für eine erfolgreiche Zertifizierung im Windows Store nur die Ansichten *FullScreenLandscape*, *Filled* und *Snapped* unterstützen, da die Ansicht *FullScreenPortrait* in Ihrer Anwendung nicht aktiv wird.

> **Achtung**
>
> Der Simulator berücksichtigt die Einstellungen in der *Package.appxmanifest*-Datei bezüglich der Drehungen nicht. Er dreht Ihre App auch dann ins Hochformat, wenn Sie explizit nur die Drehung QUERFORMAT ausgewählt haben. Das liegt daran, dass der Simulator keine echte Drehung durchführt, sondern die Bildschirmgröße ändert.
>
> Sie sollten daher die Drehungen auf einem Endgerät testen, das Drehungen mit dem entsprechenden Sensor unterstützt.

> **Hinweis**
>
> In welcher Drehung sich Ihre Ansicht befindet, prüfen Sie über die statische Property `CurrentOrientation` der Klasse `DisplayProperties` (**Namespace:** `Windows.Graphics.Display`). Diese gibt einen Wert der Aufzählung `DisplayOrientations` zurück: `Landscape`, `LandscapeFlipped`, `None`, `Portrait` oder `PortraitFlipped`.

5.6 Layout in FriendStorage

In diesem letzten Abschnitt schauen wir uns nur noch zwei Layouteigenschaften von FriendStorage an. Dazu werfen wir einen Blick auf die *OverviewPage.xaml*-Datei, die in FriendStorage die Übersicht einer geöffneten *.friends*-Datei anzeigt. Wir beschäftigen uns zuerst mit dem Seitentitel und betrachten dann die Ansichten *FullScreenLandscape* und *Snapped*.

5.6.1 Der Header

In Abbildung 5.42 sehen Sie den Header der `OverviewPage` von FriendStorage. Neben dem Titel werden im Header Informationen über die geöffnete *.friends*-Datei und die darin enthaltenen Gruppen und Freunde angezeigt.

Abbildung 5.42 Der Seitentitel der »OverviewPage« von FriendStorage

Listing 5.21 zeigt die entsprechenden Ausschnitte aus der *OverviewPage.xaml*-Datei. Im Root-`Grid` ist für den Titel eine `RowDefinition` mit 140 Pixeln definiert. In dieser Zeile wird ein `Grid` für den Seitentitel platziert. Das `Grid` enthält drei Spalten. Über die ersten beiden Spalten ist das `Rectangle` definiert, das hinter dem Zurück-Button und dem Titel »FriendStorage« liegt. Beachten Sie, dass die `RenderTransform`-Property des `Rectangles` ein `SkewTransform`-Objekt enthält. Die `AngleX`-Property ist auf -30 gesetzt, womit das `Rectangle` wie in Abbildung 5.42 zu sehen windschief dargestellt wird.

Neben dem `Rectangle` enthält das Titel-`Grid` noch den `backButton` und zwei `TextBlock`-Elemente. Der `backButton` befindet sich in der ersten, der `TextBlock` mit dem Titel `FriendStorage` in der zweiten und der `TextBlock` mit den Informationen zur geöffneten Datei in der dritten Spalte.

```
<common:LayoutAwarePage ...>
  ...
  <Grid Style="{StaticResource LayoutRootStyle}">
    <Grid.RowDefinitions>
      <RowDefinition Height="140"/>
      <RowDefinition Height="*"/>
    </Grid.RowDefinitions>
```

```xml
<!-- Seitentitel -->
<Grid>
  <Grid.ColumnDefinitions>
    <ColumnDefinition Width="Auto"/>
    <ColumnDefinition Width="Auto"/>
    <ColumnDefinition Width="*"/>
  </Grid.ColumnDefinitions>
  <Rectangle x:Name="pageTitleRect" Grid.ColumnSpan="2"
    Height="70"  Margin="0,0,0,25" Width="510"
    HorizontalAlignment="Left" VerticalAlignment="Bottom"
    Fill="DarkRed">
    <Rectangle.RenderTransform>
      <SkewTransform AngleX="-30"/>
    </Rectangle.RenderTransform>
  </Rectangle>
  <Button x:Name="backButton" Click="GoBack" .../>
  <TextBlock x:Name="pageTitle" ... Grid.Column="1"...>
    <Bold>Friend</Bold>Storage</TextBlock>
  <TextBlock x:Name="pageSubTitle" Margin="-10 0 0 40"
    Grid.Column="2" ...>
    <Run Text="Datei: "/>...
    <Run Text="Gruppen: "/>...
    <Run Text="Freunde: "/>...
  </TextBlock>
  </Grid>
  </Grid>
</common:LayoutAwarePage>
```

Listing 5.21 FriendStorage\View\OverviewPage.xaml

Hinweis

Der eigentliche Inhalt dieser Seite wird über das `GridView`-Control definiert. Mehr dazu erfahren Sie in Kapitel 7, »Daten«, und jetzt beim Blick auf die *Snapped*-Ansicht.

5.6.2 Die »Snapped«-Ansicht

Die unterschiedlichen Ansichten einer Windows Store App haben wir in diesem Kapitel bereits betrachtet. Sie haben auch gelernt, wie Sie in Visual Studio über das GERÄTEFENSTER die einzelnen Ansichten konfigurieren können.

FriendStorage stellt den Inhalt in der `OverviewPage` in den Ansichten *FullScreenLandscape*, *FullScreenPortrait* und *Filled* mit einem `GridView`-Control dar. In der Ansicht *Snapped* wird der Inhalt in einer `ListView` angezeigt. Abbildung 5.43 verdeutlicht dies.

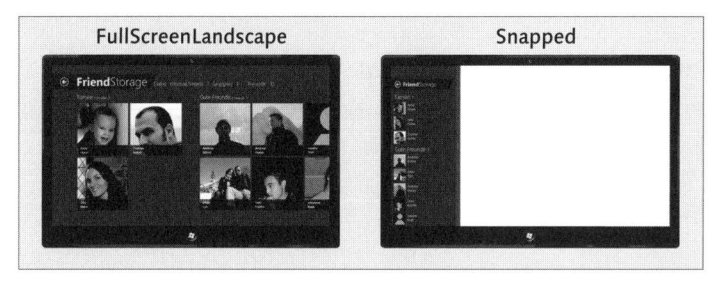

Abbildung 5.43 Die Ansichten »FullScreenLandScape« und »Snapped« der »OverviewPage«

Die Controls `GridView` und `ListView` lernen Sie in Kapitel 7, »Daten«, näher kennen. An dieser Stelle schauen wir uns lediglich an, wie FriendStorage die Controls ein- und ausblendet. Dazu enthält Listing 5.22 die entsprechenden Codeausschnitte aus der Datei *OverviewPage.xaml*.

Das Root-`Grid` definiert zwei Zeilen. Die erste Zeile mit 140 Pixeln ist für den im vorigen Abschnitt betrachteten Header. Die zweite Zeile mit einem Stern ist für den Inhalt. Aufgrund des Sterns nimmt der Inhalt den restlichen Platz ein. Als Inhalt in der zweiten Zeile sind ein `SemanticZoom`-Control und eine `ListView` mit den Namen `semanticZoom` und `friendListView` definiert. Das `SemanticZoom`-Control enthält eine `GridView` zum Darstellen der Freundesgruppen.

> **Hinweis**
>
> Das `SemanticZoom`-Control erlaubt dem Benutzer, Inhalt semantisch zu Zoomen. Dazu arbeitet es eng mit den Controls `GridView` und `ListView` zusammen. Mehr dazu lesen Sie in Kapitel 7, »Daten«.

Beachten Sie in Listing 5.22, dass die `Visibility`-Property der `ListView` auf `Collapsed` gesetzt ist, womit diese per Default nicht sichtbar ist.

Im unteren Teil von Listing 5.22 sehen Sie, wie im Zustand `Snapped` die `Visibility`-Property der `friendListView` auf `Visible` gesetzt wird. Gleichzeitig wird die `Visibility`-Property des `semanticZoom`-Elements auf `Collapsed` gesetzt. Dadurch ist wie in Abbildung 5.43 gezeigt in der *Snapped*-Ansicht nicht die `GridView`, sondern die `ListView` sichtbar.

```
<common:LayoutAwarePage ...>
  ...
  <Grid Style="{StaticResource LayoutRootStyle}">
```

```xml
        <Grid.RowDefinitions>
          <RowDefinition Height="140"/>
          <RowDefinition Height="*"/>
        </Grid.RowDefinitions>
        ...
        <SemanticZoom x:Name="semanticZoom" Grid.Row="1">
          <SemanticZoom.ZoomedInView>
            <GridView ...>...</GridView>
          </SemanticZoom.ZoomedInView>
          <SemanticZoom.ZoomedOutView>
            ...
          </SemanticZoom.ZoomedOutView>
        </SemanticZoom>

        <ListView x:Name="friendListView" Grid.Row="1"
          Visibility="Collapsed"...>
          ...
        </ListView>

        <VisualStateManager.VisualStateGroups>
          <VisualStateGroup x:Name="ApplicationViewStates">
            ...
            <VisualState x:Name="Snapped">
              <Storyboard>
                ...
                <ObjectAnimationUsingKeyFrames
                  Storyboard.TargetName="friendListView"
                  Storyboard.TargetProperty="Visibility">
                  <DiscreteObjectKeyFrame KeyTime="0"
                    Value="Visible"/>
                </ObjectAnimationUsingKeyFrames>
                <ObjectAnimationUsingKeyFrames
                  Storyboard.TargetName="semanticZoom"
                  Storyboard.TargetProperty="Visibility">
                  <DiscreteObjectKeyFrame KeyTime="0"
                    Value="Collapsed"/>
                </ObjectAnimationUsingKeyFrames>
              </Storyboard>
            </VisualState>
          </VisualStateGroup>
        </VisualStateManager.VisualStateGroups>
      </Grid>
</common:LayoutAwarePage>
```

Listing 5.22 FriendStorage\View\OverviewPage.xaml

5.7 Zusammenfassung

Der Layoutprozess besteht aus zwei Schritten, Measure und Arrange. In Subklassen von FrameworkElement überschreiben Sie die Methoden MeasureOverride und ArrangeOverride, um am Layoutprozess teilzunehmen.

Mit einer Kombination der Properties Margin, HorizontalAlignment und VerticalAlignment steuern Sie die Positionierung Ihres Elements innerhalb eines Panels.

Mit der Visibility-Property steuern Sie die Sichtbarkeit Ihrer Elemente. Der Default ist Visibility.Visible. Verwenden Sie Visibility.Collapsed, damit das Element weder sichtbar ist noch Platz im Layoutprozess reserviert.

Die Klasse FrameworkElement besitzt eine RenderTransform-Property vom Typ Transform. Weisen Sie der RenderTransform-Property ein Transform-Objekt zu, um Ihr Element zu rotieren, zu skalieren, zu stauchen oder zu verschieben.

Neben Transformationen gibt es Projektionen, mit denen Sie Ihre Elemente dreidimensional auf den Bildschirm projizieren. Weisen Sie dazu der Projection-Property eine PlaneProjection oder eine Matrix3DProjection zu.

Die Klasse Panel nimmt über die Children-Property mehrere UIElemente auf. Die WinRT besitzt einige Subklassen von Panel, die bekanntesten sind StackPanel, Canvas oder Grid. In der Praxis ist es üblich, verschiedene Panels ineinander zu verschachteln, um das gewünschte Layout zu erhalten.

Für das Layout der Elemente auf einer Page enthält der Designer von Visual Studio ein Ausrichtungsgitter. Der Header hat üblicherweise eine Höhe von 7 Units (140 Pixeln). Die Schrift hat ihre Basislinie 5 Units (100 Pixel) vom oberen Rand entfernt. Der Abstand von links beträgt sowohl für den Titel als auch für den Inhalt 6 Units (120 Pixel). Auch die verschiedenen Standard-Schriftgrößen haben Sie kennengelernt: 42 pt für den Titel, 20 pt für deutlich hervorzuhebende Textelemente, 11 pt für Text in Ihrer App und 9 pt für Labels wie Button-Beschriftungen.

Eine Windows Store App kann in verschiedenen Ansichten betrachtet werden: *FullScreenLandscape*, *Filled*, *Snapped*, *FullScreenPortrait*. Über VisualStates unterstützen Sie die einzelnen Ansichten. Das Gerätefenster von Visual Studio hilft Ihnen dabei. Welche Drehungen für Ihre Windows Store App erlaubt sind, bestimmen Sie über das *Package.appxmanifest*.

Im letzten Abschnitt haben Sie ein paar Layoutdetails der FriendStorage-Anwendung kennengelernt. Im Titel haben wir eine Transformation verwendet, um ein Rectangle windschief darzustellen. FriendStorage unterstützt auch die verschiedenen Ansichten. Bei der *Snapped*-Ansicht wird eine GridView aus- und eine ListView eingeblendet.

Im nächsten Kapitel nehmen wir die Dependency Properties genauer unter die Lupe. Beim `Canvas` und beim `Grid` haben Sie bereits eine Form von Dependency Properties kennengelernt, die sogenannten Attached Properties (beispielsweise `Canvas.TopProperty` und `Grid.RowProperty`).

Kapitel 6
Dependency Properties

Die WinRT hat aus der WPF/Silverlight das Konzept der Dependency Properties übernommen. Dies sind Properties, die im System registriert werden und die Grundlage für Data Binding, Animationen und Styles bilden.

Das Einführungskapitel dieses Buches hat Ihnen bereits einen kurzen Blick auf die Dependency Properties gewährt. Dependency Properties sind in der WinRT die Voraussetzung für Data Binding, Animationen oder Styles.

Im letzten Kapitel, »Layout«, haben wir auch die sogenannten Attached Properties intensiv genutzt. Beispielsweise haben wir auf den Kindelementen eines Grids die Grid.Row-Property oder die Grid.Column-Property gesetzt, auch das sind Dependency Properties. Es ist an der Zeit, dass Sie die dahinterliegende Logik kennenlernen, um für professionelle Programmieransätze gewappnet zu sein. Daher erläutere ich in diesem Kapitel alle Details sowie das Implementieren von eigenen Dependency Properties.

> **Hinweis**
>
> Falls Sie mit den Dependency Properties aus der WPF bereits vertraut sind, sollten Sie dieses Kapitel dennoch kurz überfliegen. Die Implementierung der Dependency Properties in der WinRT ist wie jene von Silverlight viel schlanker als die der WPF. So gibt es beispielsweise nur stark vereinfachte Metadaten und keinen ValidateValueCallback.

Die Funktionalität für Dependency Properties ist in zwei Klassen implementiert, mit deren Hilfe sich gewöhnliche Properties zu Dependency Properties erweitern lassen. Die beiden Klassen DependencyObject und DependencyProperty schauen wir uns in Abschnitt 6.1 an. Zusätzlich erfahren Sie hier mehr dazu, wie genau eine Dependency Property ihren Wert ermittelt.

Bei Dependency Properties wird generell zwischen zwei Arten unterschieden:

- Dependency Properties, die durch eine klassische .NET-Property gekapselt werden. Sie werden auch einfach als **Dependency Properties** bezeichnet.

▸ Dependency Properties, die durch zwei statische Methoden (Get und Set) gekapselt werden. Dabei wird die Property nicht auf Objekten der Klasse gesetzt, die die Dependency Property definiert, sondern auf Objekten anderer Klassen. Diese Properties, die auf Objekten anderer Klassen gesetzt werden, werden als **Attached Properties** bezeichnet.

Die durch eine .NET-Property gekapselte Dependency Property ist Teil von Abschnitt 6.2, »Dependency Properties«. Hier lernen Sie die Funktionsweise und das Implementieren einer Dependency Property näher kennen.

Die zweite Variante, die Attached Properties, zeige ich in Abschnitt 6.3. Dazu erstellen wir ein Panel, das die gleiche Funktion wie das Canvas hat und zum Ausrichten der Kindelemente die Attached Properties Left und Top definiert.

6.1 Die Grundlagen

Die für Dependency Properties benötigte Funktionalität ist in zwei Klassen untergebracht. Die erste Klasse, DependencyObject, haben Sie in Kapitel 2, »Das Programmiermodell«, bei den wichtigsten Klassen aus der UI-Klassenhierarchie der WinRT bereits etwas kennengelernt. DependencyObject ist Basisklasse von UIElement und erbt direkt von Object. Die zweite Klasse, DependencyProperty, erbt ebenfalls direkt von Object, hat allerdings keine Subklassen. Abbildung 6.1 zeigt die Klassenhierarchie.

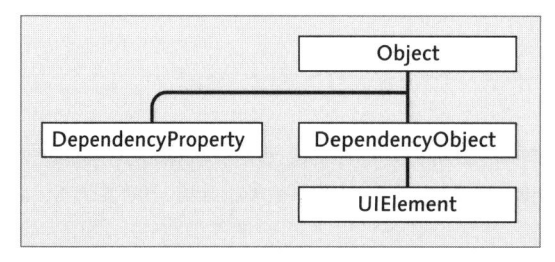

Abbildung 6.1 »DependencyObject« und »DependencyProperty« in der Klassenhierarchie der WinRT

In diesem Abschnitt schauen wir uns die beiden Klassen DependencyObject und DependencyProperty näher an, bevor Sie ein paar Details zum Ermitteln des Wertes einer Dependency Property erfahren.

6.1.1 Die Klassen »DependencyObject« und »DependencyProperty«

Die Klasse DependencyProperty definiert den Schlüssel zum Wert einer Dependency Property. Beim späteren Implementieren von Dependency Properties und Attached Properties erfahren Sie mehr über die Methoden dieser Klasse. Merken Sie sich hier lediglich, dass eine DependencyProperty-Instanz vereinfacht gesehen nur den Schlüssel zum eigentlichen Wert darstellt.

Alle zentralen UI-Klassen der WinRT erben von DependencyObject, so beispielsweise UIElement und damit auch indirekt FrameworkElement.

DependencyObject definiert zum Setzen und Abfragen einer Dependency Property die Methoden SetValue und GetValue. Die beiden Methoden haben folgende Signatur:

```
void SetValue(DependencyProperty dp, object value)
object GetValue(DependencyProperty dp)
```

Betrachten Sie die Signaturen der beiden Methoden, und denken Sie daran, dass eine DependencyProperty-Instanz lediglich den Schlüssel zum eigentlichen Wert darstellt. Sie müssen kein Genie sein, um zu ahnen, dass eine DependencyObject-Instanz vereinfacht gesehen die Werte von Dependency Properties intern in einer Art IDictionary-Instanz unter dem entsprechenden Schlüssel abspeichert. Auf die Werte dieser IDictionary-Instanz greifen Sie mit den Methoden SetValue und GetValue zu, indem Sie den Schlüssel, der immer eine DependencyProperty-Instanz ist, übergeben.

Das Grid und seine Attached Properties habe ich bereits in der Einleitung dieses Kapitels erwähnt. Unter anderem definiert die Grid-Klasse die Attached Property Row. Das öffentliche statische Feld Grid.RowProperty ist vom Typ DependencyProperty und lässt sich folglich als Schlüssel an SetValue und GetValue übergeben:

```
Button btn = new Button();
Btn.SetValue(Grid.RowProperty,1);
```

Während des Layoutprozesses kann das Grid intern in der Methode ArrangeOverride auf jedem Kindelement mit GetValue die entsprechenden Werte abholen, die es für das Layout benötigt. Dazu wird an GetValue einfach der Schlüssel Grid.RowProperty übergeben:

```
int row = (int)child.GetValue(Grid.RowProperty);
```

Wie es intern in der Klasse DependencyObject vereinfacht aussieht, zeigt Abbildung 6.2. Dabei werden die Property-Werte als Schlüssel-Wert-Paar in einer DependencyObject-Instanz in einer Art IDictionary abgespeichert. Auf die Werte wird mit den Methoden SetValue und GetValue zugegriffen.

> **Hinweis**
> Da die Klasse DependencyObject für das Speichern und Verwalten von Dependency Properties zuständig ist, können auch nur Objekte vom Typ DependencyObject Werte einer Dependency Property speichern.

DependencyObject	
Schlüssel (DependencyProperty)	**Wert**
FrameworkElement.WidthProperty	90.0
Control.IsEnabledProperty	true
Grid.RowProperty	1
...	...

SetValue   GetValue

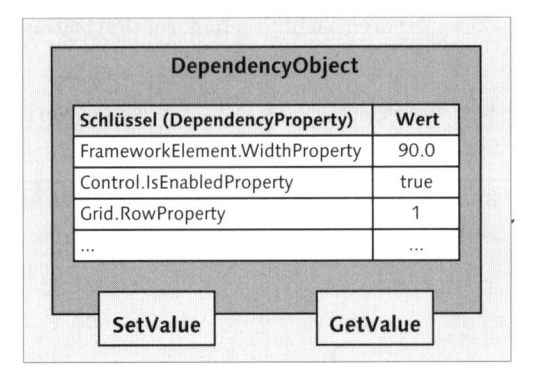

Abbildung 6.2 Die »DependencyObject«-Klasse mit den Methoden »SetValue« und »GetValue«

Tatsächlich sieht es in der DependencyObject-Klasse etwas komplexer aus als in Abbildung 6.2, denn der Wert einer Dependency Property ist »abhängig« – daher *Dependency* Property – von verschiedenen Quellen. Die Ermittlung des Wertes einer Dependency Property ist somit nicht ganz so einfach wie eben dargestellt. Es ist an der Zeit, in die Details einzutauchen, bevor wir in den nächsten Abschnitten das Implementieren von Dependency Properties und Attached Properties unter die Lupe nehmen.

Achtung
Objekte vom Typ DependencyObject lassen sich nur auf dem UI-Thread erstellen. Auch die Dependency Properties von DependencyObject-Instanzen lassen sich nur auf dem UI-Thread auslesen und setzen.

6.1.2 Ermittlung des Wertes einer Dependency Property

Die im vorherigen Abschnitt gezeigte Darstellung, dass eine DependencyObject-Instanz die gesetzten Dependency Properties einfach in Form einer IDictionary-Instanz speichert, ist stark vereinfacht. So kann der Wert einer Dependency Property beispielsweise durch eine Animation, einen Style oder lokal gesetzt werden. Darüber hinaus besitzen Dependency Properties einen Default-Wert.

All diese unterschiedlichen Quellen, die den finalen Wert einer Dependency Property bestimmen, müssen zur Laufzeit entsprechend ermittelt und priorisiert werden. Beispielsweise muss ein lokaler Wert immer Vorrang vor jenem Wert aus einem Style haben, ansonsten ließe sich eine Property, für die bereits in einem Style ein Wert definiert wurde, nicht lokal setzen. Folgender Codeausschnitt verdeutlicht dies anhand der Background-Property einer TextBox. Es wird einmal ein lokaler Wert (Gray) gesetzt und einmal ein Wert in einem Style (Red). Der lokale Wert hat Vorrang vor jenem aus dem Style; die TextBox wird somit mit grauem Hintergrund dargestellt:

```xml
<Grid ...>
  <Grid.Resources>
    <Style TargetType="TextBox">
      <Setter Property="Background" Value="Red"/>
    </Style>
  </Grid.Resources>
  <TextBox Text="Vorrangsrecht" Background="Gray"/>
</Grid>
```

Listing 6.1 K06\01 VerschiedeneQuellen\MainPage.xaml

> **Hinweis**
>
> Mehr zu Styles erfahren Sie in Kapitel 11, »Styles und Templates«.

Tabelle 6.1 zeigt die möglichen Quellen einer Dependency Property in der WinRT. Die Quellen sind dabei nach dem Vorrangsrecht sortiert. Die Animation mit dem höchsten Recht steht ganz oben, der Default-Wert mit dem niedrigsten Recht ganz unten.

Quelle	Beschreibung
Animation	Eine Animation kann den Wert einer Dependency Property beeinflussen. Die Animation hat Vorrang vor einem lokal gesetzten Wert.
lokaler Wert	Ein lokal gesetzter Wert. Dies ist ein Wert, der in XAML direkt auf dem Element oder in C# durch Aufruf der Methode SetValue gesetzt wird. Auch ein Wert, der über ein Data Binding oder über die StaticResource-Markup-Extension gesetzt wurde, gilt als lokaler Wert.
Template-Wert	Diese Quelle trifft nur für Elemente zu, die Teil eines ControlTemplates oder DataTemplates sind. Darin lassen sich Properties mit einem sogenannten TemplateBinding setzen. Für Elemente, die Sie direkt in Ihrer Page nutzen, taucht diese Quelle nicht auf. Sie ist daher in den meisten Fällen zu vernachlässigen.
Style-Setter	Die Setter eines Styles können auch Werte für Dependency Properties definieren. Diese können vom lokalen Wert aufgrund des Vorrangrechts »übersteuert« werden.

Tabelle 6.1 Die Quellen für den Wert einer Dependency Property, sortiert nach Vorrangsrecht. Der oberste Eintrag hat das höchste Vorrangsrecht.

Quelle	Beschreibung
Vererbung	Der Wert einer Dependency Property wird über den Element Tree vererbt. Dies ist beispielsweise bei der FontSize-Property der Fall.
Default-Wert	Das niedrigste Vorrangsrecht hat der in den Metadaten der Dependency Property definierte Default-Wert.

Tabelle 6.1 Die Quellen für den Wert einer Dependency Property, sortiert nach Vorrangsrecht. Der oberste Eintrag hat das höchste Vorrangsrecht. (Forts.)

Legen wir jetzt mit dem Implementieren von Dependency Properties los und schauen uns dabei die Gründe dafür an, eine Property überhaupt als Dependency Property zu implementieren.

> **Hinweis**
> Die Logik zum Ermitteln eines Wertes einer Dependency Property ist in den Klassen DependencyObject und DependencyProperty untergebracht. Diese Logik wird auch oft als *Property Engine* oder *Property System* bezeichnet.

6.2 Dependency Properties

Fast alle Properties von Elementen der WinRT sind als Dependency Property implementiert. Auch in Ihren eigenen Klassen können Sie Properties als Dependency Property implementieren. Ein großer Vorteil, den eine Dependency Property gegenüber einer klassisch implementierten Property bietet, ist ihr bereits integrierter Benachrichtigungsmechanismus für Änderungen. Dadurch ist eine Dependency Property ohne weiteres als Quelle für ein Data Binding geeignet.

Darüber hinaus stehen viele Möglichkeiten der WinRT eben nur jenen Properties zur Verfügung, die als Dependency Property implementiert sind. Die zentralen Möglichkeiten sind in Tabelle 6.2 aufgelistet. Wollen Sie eine Property mit einem dieser in Tabelle 6.2 dargestellten »Services« verwenden, hat sich die Frage »Warum als Dependency Property implementieren?« erledigt – Sie müssen die Property dann als Dependency Property implementieren.

In den folgenden Abschnitten zeige ich das Implementieren einer Dependency Property. Ich gehe auf alle Möglichkeiten ein, und diese Möglichkeiten müssen Sie als professioneller WinRT-Entwickler kennen.

Service	Beschreibung
Animationen	Die WinRT besitzt integrierte Unterstützung für Animationen. Allerdings lassen sich nur Werte von Dependency Properties animieren.
Data Binding	Die Ziel-Property eines Data Bindings, die an den Wert der Quell-Property gebunden wird, muss zwingend als Dependency Property implementiert sein. Mehr dazu lesen Sie in Kapitel 7, »Daten«.
Styles	Ein Style ist eine Zusammenfassung von mehreren Property-Werten. Ein solcher Style kann dann einem FrameworkElement zugewiesen werden, wodurch die Properties des FrameworkElements auf die im Style definierten Werte gesetzt werden. Allerdings lassen sich in einem Style nur Properties setzen, die als Dependency Property implementiert sind.

Tabelle 6.2 Funktionen der WinRT, die nur für Dependency Properties zur Verfügung stehen

6.2.1 Implementieren einer Dependency Property

Das Implementieren einer Dependency Property schauen wir uns im Folgenden an der FirstName-Property einer einfachen Klasse Friend an. Die FirstName-Property ist vom Typ string. Klassisch erstellen Sie eine solche Property mit einem privaten Feld und dem CLR-Wrapper mit den get- und set-Accessoren. Folgender Codeausschnitt zeigt dies:

```
public class Friend
{
  private string _firstName;
  public string FirstName
  {
    get { return _firstName; }
    set { _firstName = value; }
  }
}
```

C# bietet auch die Möglichkeit der sogenannten *Automation Properties*. Dabei generiert der Compiler das private Feld für Sie:

```
public class Friend
{
  public string FirstName { get; set; }
}
```

Um von den Möglichkeiten – wie Styles, Animationen oder Ziel eines Data Bindings – Gebrauch zu machen, reicht die oben gezeigte klassische Implementierung der FirstName-Property nicht aus. Stattdessen muss die FirstName-Property als Dependency Property implementiert werden. Dazu muss die Friend-Klasse von DependencyObject erben. Anschließend kann die Property wie in Listing 6.2 gezeigt als Dependency Property erstellt werden.

```
public class Friend:DependencyObject
{
  public static readonly DependencyProperty FirstNameProperty =
    DependencyProperty.Register("FirstName", typeof(string),
              typeof(Friend), new PropertyMetadata(null));
  public string FirstName
  {
    get { return (string)GetValue(FirstNameProperty); }
    set { SetValue(FirstNameProperty, value); }
  }
}
```

Listing 6.2 »FirstName«-Property als Dependency Property implementiert

Betrachten wir die Details der Dependency Property aus Listing 6.2. Es wird zunächst ein öffentliches statisches Readonly-Feld FirstNameProperty vom Typ DependencyProperty erstellt. Dieses Feld dient als Schlüssel zum eigentlichen Wert. Per Konvention enden statischen Felder, die eine DependencyProperty-Instanz referenzieren, immer mit dem Suffix Property. Wie Sie in Listing 6.2 erkennen, wird das Feld initialisiert, indem auf der Klasse DependencyProperty die statische Methode Register aufgerufen wird.

Die statische Register-Methode verlangt als ersten Parameter den Namen der Eigenschaft als String. Dieser Name entspricht dabei konventionsgemäß dem Namen des statischen Feldes, allerdings ohne den Zusatz Property. Als zweiten Parameter verlangt die Register-Methode den Typ der Eigenschaft (hier string) und als dritten Parameter den Typ, der die Dependency Property besitzt. Dies ist immer die Klasse, in der die Dependency Property definiert wurde (hier die Klasse Friend). Im vierten Parameter werden Metadaten festgelegt. Als Default-Wert wird an den Konstruktor der PropertyMetadata-Klasse der Wert null übergeben. Mehr zu den Metadaten erfahren Sie im nächsten Abschnitt.

Die Register-Methode gibt ein DependencyProperty-Objekt zurück, in Listing 6.2 wird eine Referenz auf dieses Objekt im Feld FirstNameProperty gespeichert. Aus C#-Sicht ist das statische, initialisierte Feld FirstNameProperty für die Implementierung einer Dependency Property bereits ausreichend. Den Wert der FirstName-Property können

Sie einfach setzen, indem Sie die `GetValue`- und `SetValue`-Methoden mit dem »Schlüssel« `Friend.FirstNameProperty` verwenden. Damit die Dependency Property allerdings auch in XAML gesetzt werden kann, muss sie zwingend durch eine .NET-Property gekapselt werden. Auch aus C#-Sicht ist die Dependency Property angenehmer zu verwenden, wenn die Aufrufe von `SetValue` und `GetValue` durch eine .NET-Property gekapselt werden und Sie statt des Aufrufs dieser Methoden einfach die .NET-Property verwenden können.

Die .NET-Property heißt wie das öffentliche statische Feld, allerdings ohne das Suffix `Property`. Der Name der .NET-Property entspricht somit dem ersten Parameter, der an die `Register`-Methode übergeben wurde. In Listing 6.2 heißt die Property folglich `FirstName`. Die .NET-Property kapselt lediglich die Aufrufe der Methoden `GetValue` und `SetValue` und enthält keinen weiteren Code. Aus C# kann die `FirstName`-Property nun auf zwei Wegen gesetzt werden, entweder über die .NET-Property oder über die `SetValue`-Methode aus der Klasse `DependencyObject`:

```
var friend = new Friend();
friend.SetValue(Friend.FirstNameProperty, "Thomas");

// oder anstatt SetValue über die .NET-Property
friend.FirstName = "Thomas";
```

> **Hinweis**
>
> Die .NET-Property darf außer den Aufrufen von `SetValue` und `GetValue` keinerlei weiteren Code besitzen. Validierungen und Sonstiges werden in einer später gezeigten Callback-Methode durchgeführt. In C# kann ein Benutzer statt auf die .NET-Property auch direkt auf die `SetValue`- und `GetValue`-Methoden zugreifen, er könnte somit in den set- und get-Accessoren implementierte Prüfungen umgehen.

Die als Dependency Property implementierte `FirstNameProperty` lässt sich nun beispielsweise auch durch ein Data Binding setzen, was mit einer normalen .NET-Property nicht möglich wäre. Wenn Sie die in Kapitel 7, »Daten«, gezeigte Syntax zum Erstellen eines Data Bindings in C# kennenlernen, werden Sie sehen, dass es nur mit einer Dependency Property geht, da die `SetBinding`-Methode eine solche verlangt. Hier nur ein kleiner Vorgeschmack:

```
var binding = new Binding();
...
var friend = new Friend();
BindingOperations.SetBinding(friend,
  Friend.FirstNameProperty, binding);
```

Bevor wir uns die Metadaten anschauen, noch ein kleiner Tipp zur Übersicht: Viele Entwickler finden den Code lesbarer, wenn die statischen `DependencyProperty`-Felder im statischen Konstruktor initialisiert werden. Listing 6.3 zeigt dies für die `Friend`-Klasse. Die Funktionalität ist exakt dieselbe wie in Listing 6.2.

```
public class Friend:DependencyObject
{
  public static readonly DependencyProperty FirstNameProperty;
  static Friend()
  {
    FirstNameProperty =
      DependencyProperty.Register("FirstName", typeof(string),
                  typeof(Friend), new PropertyMetadata(null));
  }
  public string FirstName
  {
    get { return (string)GetValue(FirstNameProperty); }
    set { SetValue(FirstNameProperty, value); }
  }
}
```

Listing 6.3 Initialisierung im statischen Konstruktor

> **Tipp**
>
> Visual Studio verfügt für Dependency Properties über das Code-Snippet `propdp`. Tippen Sie in einer Klasse in Visual Studio `propdp`, und drücken Sie die Taste ⇥ (wenn IntelliSense offen ist, einfach zweimal drücken), dann wird ein Gerüst bestehend aus einem öffentlichen statischen Readonly-Feld vom Typ `DependencyProperty` und mit einer .NET-Property als Wrapper erstellt.

6.2.2 Metadaten der Klasse »DependencyProperty«

Der vierte Parameter der statischen `Register`-Methode der Klasse `DependencyProperty` ist vom Typ `PropertyMetadata`. Mit der Klasse `PropertyMetadata` lassen sich ein Default-Wert und ein `PropertyChangedCallback` für die Dependency Property angeben. Dazu definiert `PropertyMetadata` zwei Konstruktoren:

```
public PropertyMetadata(object defaultValue)
public PropertyMetadata(object defaultValue,
                  PropertyChangedCallback callback)
```

Der Default-Wert ist jener Wert, den Sie erhalten, wenn aufgrund des in Abschnitt 6.1.2, »Ermittlung des Wertes einer Dependency Property«, gezeigten Vorrangsrechts kein Wert ermittelt werden konnte. Dann gibt die in DependencyObject definierte GetValue-Methode den Default-Wert zurück. Der PropertyChangedCallback kapselt eine Methode, die immer dann aufgerufen wird, wenn sich die Property ändert. Der Delegate hat folgende Signatur:

```
PropertyChangedCallback(DependencyObject d,
                        DependencyPropertyChangedEventArgs e)
```

In einer mit dem PropertyChangedCallback-Delegate gekapselten Methode erhalten Sie als ersten Parameter das DependencyObject, auf dem die DependencyProperty gesetzt wurde. Als zweiten Parameter erhalten Sie eine DependencyPropertyChangedEventArgs-Instanz. Diese hat in den Properties OldValue und NewValue (beide vom Typ object) den alten und den neuen Wert.

Listing 6.4 zeigt die Friend-Klasse mit der FirstName-Property. Beim Registrieren werden mit dem PropertyMetadata-Konstruktor für die FirstName-Property der Default-Wert (-) und der OnFirstNameChanged-Callback definiert. Die Methode OnFirstNameChanged zeigt beispielhaft, wie Sie darin verschiedene Dinge prüfen.

```
public class Friend:DependencyObject
{
  public static readonly DependencyProperty FirstNameProperty;
  static Friend()
  {
    FirstNameProperty =
      DependencyProperty.Register("FirstName", typeof(string),
        typeof(Friend),
        new PropertyMetadata("-", OnFirstNameChanged));
  }
  public string FirstName
  {
    get { return (string)GetValue(FirstNameProperty); }
    set { SetValue(FirstNameProperty, value); }
  }
  public static void OnFirstNameChanged(
    DependencyObject obj,DependencyPropertyChangedEventArgs e)
  {
    var friend = obj as Friend;
    if (friend != null)
    {
      if(e.NewValue=="Thomas")
      {
        // Ihre spezielle Logik für den Wert "Thomas"
        ...
```

```
            }
          }
        }
}
```

Listing 6.4 Dependency Property mit Default-Wert und »PropertyChangedCallback«

> **Hinweis**
>
> Im `PropertyChangedCallback` bringen Sie auch Validierungen und Sonstiges unter. Zusätzliche Callbacks, wie der `ValidateValueCallback` oder `CoerceValueCallback` aus der WPF, gibt es in der WinRT für Dependency Properties nicht.

6.2.3 Lokal gesetzte Werte lesen und löschen

Ein Wert, den Sie in XAML direkt auf dem Element oder in C# über die `SetValue`-Methode setzen, wird als *lokaler Wert* bezeichnet. Einen solchen lokalen Wert entfernen Sie wieder, indem Sie die in `DependencyObject` definierte `ClearValue`-Methode aufrufen.

```
var friend = new Friend();
friend.SetValue(Friend.FirstNameProperty, "Thomas");

string name = (string)friend.GetValue(Friend.FirstNameProperty);
// name enthält den Wert "Thomas"

friend.ClearValue(Friend.FirstNameProperty);
name = (string)friend.GetValue(Friend.FirstNameProperty);
// name enthält den Wert "-", der in Listing 6.4 als Default-Wert
// definiert wurde
```

Wird ein lokaler Wert entfernt, wird der Wert für die Dependency Property wieder neu ermittelt. Der Wert kann dann beispielsweise auch wieder von einem `Style` kommen.

> **Hinweis**
>
> Die Klasse `DependencyObject` definiert noch die Methode `ReadLocalValue`. Diese gibt den lokal gesetzten Wert zurück, falls ein solcher existiert. Ansonsten gibt die Methode eine `null`-Referenz zurück. Als Parameter nimmt die Methode natürlich auch eine `DependencyProperty`-Instanz entgegen:
>
> `object ReadLocalValue(DependencyProperty dp)`

6.2.4 Blick auf existierende Dependency Properties

Jetzt, wo Sie die Details von Dependency Properties kennen, sollten Sie die Klassen der WinRT und ihre statischen Mitglieder näher betrachten.

> **Hinweis**
>
> Im Gegensatz zur WPF/Silverlight speichert die WinRT DependencyProperty-Instanzen nicht in statischen Readonly-Feldern ab, sondern in statischen Readonly-Properties. Das macht beim Verwenden keinen Unterschied. Von der Implementierung ist in folgender Variante der Friend-Klasse der Unterschied fett dargestellt.
>
> ```
> public class Friend : DependencyObject
> {
>   public static DependencyProperty
>     FirstNameProperty {get;private set; }
>   static Friend()
>   {
>     FirstNameProperty =
>       DependencyProperty.Register("FirstName", ...);
>   }
>   public string FirstName
>   {
>     get { return (string)GetValue(FirstNameProperty); }
>     set { SetValue(FirstNameProperty, value); }
>   }
> }
> ```
>
> **Doch Achtung:** Wenn Sie eine WinRT-Komponente erstellen, dürfen Sie in Klassen keine öffentlichen Instanzvariablen erstellen. In einer WinRT-Komponente sind Sie somit zwingend auf eine Property zum Speichern der DependencyProperty-Instanz angewiesen, wie dies in oberem Codeausschnitt der Fall ist. Mehr zu WinRT-Komponenten lesen Sie in Kapitel 12, »Eigene Controls und WinRT-Komponenten«.

Bei den WinRT-Klassen sind alle statischen Properties mit der Endung Property DependencyProperty-Instanzen. Durch die Kapselung mit einer klassischen Property lassen sich die Dependency Properties ganz gewöhnlich verwenden:

```
var txt = new TextBox();
txt.Text = "Wow!";
```

Intern macht die Text-Property der TextBox nichts anderes, als SetValue mit dem entsprechenden Schlüssel aufzurufen. Alternativ wäre somit auch ein Aufruf von SetValue möglich:

```
txt.SetValue(TextBox.TextProperty, "Wow!");
```

6.3 Attached Properties

Den ersten und schwierigsten Teil dieses Kapitel haben Sie bereits hinter sich. Sie kennen die Details zu Dependency Properties, die aus einem öffentlichen statischen Readonly-Feld vom Typ DependencyProperty und einer .NET-Property als Wrapper für die Methoden SetValue und GetValue bestehen.

Neben diesen Dependency Properties gibt es die Attached Properties. Sie sind eine andere Art von Dependency Properties und werden nicht auf Objekten der Klasse gesetzt, die das DependencyProperty-Feld und damit den Schlüssel zum eigentlichen Wert besitzt, sondern auf Objekten anderer Klassen. Dies wird insbesondere im Zusammenhang mit Layout-Panels verwendet. Dort wird die in einem Panel definierte Dependency Property nicht auf dem Panel selbst, sondern auf den Kindelementen gesetzt. Die Property wird an die Kindelemente »angehängt« – daher *Attached* Property.

> **Hinweis**
>
> In der deutschsprachigen MSDN-Dokumentation werden die Attached Properties als *angefügte Eigenschaften* bezeichnet.

Damit eine Dependency Property auf Objekten anderer Klassen gesetzt werden kann, muss die Dependency Property zwingend eine spezielle Implementierung vorweisen. Logischerweise spricht man dabei von der Implementierung als Attached Property.

Im Folgenden zeige ich, wie Sie Attached Properties implementieren. Anschließend erstellen wir mit dem aus Kapitel 5, »Layout«, erworbenen Wissen ein eigenes Panel namens SimpleCanvas, das die Logik des Canvas simuliert.

6.3.1 Implementieren einer Attached Property

Wie auch eine gewöhnliche Dependency Property enthält eine Attached Property ein öffentliches statisches Feld vom Typ DependencyProperty. Damit XAML allerdings die Attached Property mit der Attached-Property-Syntax verwenden kann, müssen neben dem statischen DependencyProperty-Feld zwei statische Methoden in der Form Set[PropertyName] und Get[PropertyName] existieren, wobei Sie [PropertyName] durch den Namen Ihrer Property ersetzen. Eine .NET-Property als Wrapper wird bei Attached Properties nicht implementiert, da die Property auf Objekten anderer Klassen gesetzt werden soll und nicht auf einem Objekt der Klasse, die das DependencyProperty-Feld definiert.

Die Set- und Get-Methoden haben die folgende Signatur:

```
void Set[PropertyName](DependencyObject obj, object value)
object Get[PropertyName](DependencyObject obj)
```

Falls Ihre Attached Property nicht auf jedem beliebigen DependencyObject gesetzt werden soll, lassen sich in den Set- und Get-Methoden auch konkretere Typen angeben. Nachfolgend die Set-Methode der Left-Property der Canvas-Klasse, die als Parameter die Typen UIElement und double verlangt.

```
public static void SetLeft(UIElement element, double length)
{
  element.SetValue(LeftProperty, length);
}
```

In der SetLeft-Methode wird auf dem Element, das hineingegeben wird, die SetValue-Methode mit der Canvas.LeftProperty aufgerufen. Folglich stehen Ihnen in C# zwei Möglichkeiten offen, auf einem Element die Canvas.LeftProperty zu setzen:

```
element.SetValue(Canvas.LeftProperty, 20.0);
```

oder

```
Canvas.SetLeft(element, 20.0);
```

In XAML lässt sich die Attached Property mit der Attached-Property-Syntax setzen. Dabei wird der Klassenname der Klasse angegeben, die die Attached Property mit den Set- und Get-Methoden enthält. Diesem Klassennamen werden ein Punkt und der Property-Name angehängt:

```xml
<Canvas>
  <Button Canvas.Left="50" Content="Attached Props im Canvas"/>
</Canvas>
```

Nun implementieren wir einen vereinfachten Klon der Canvas-Klasse. Die Canvas-Klasse besitzt die Attached Properties Left und Top. Unser Klon, die Klasse SimpleCanvas, enthält auch diese Attached Properties. Bevor wir im nächsten Abschnitt die SimpleCanvas-Klasse komplett implementieren, soll hier zunächst lediglich die Left-Property als Attached Property implementiert werden.

> **Tipp**
> Auch für Attached Properties besitzt Visual Studio ein Code-Snippet. Tippen Sie in einer Klasse propa ein, und drücken Sie die Taste ⇥ (gegebenenfalls mehrmals), wird automatisch ein Gerüst für eine Attached Property aus einem Readonly-Feld vom Typ DependencyProperty und mit zwei statischen Methoden erstellt.

In Listing 6.5 wird die Klasse `SimpleCanvas` von `Panel` abgeleitet und mit einer `Left`-`Property` versehen, die als Attached Property implementiert ist.

```
public class SimpleCanvas : Panel
{
  public static readonly DependencyProperty LeftProperty;
  static SimpleCanvas()
  {
    LeftProperty = DependencyProperty.RegisterAttached("Left",
      typeof(double), typeof(SimpleCanvas),
      new PropertyMetadata(0.0));
  }
  public static double GetLeft(UIElement element)
  {
    return (double)element.GetValue(LeftProperty);
  }
  public static void SetLeft(UIElement element, double value)
  {
    element.SetValue(LeftProperty, value);
  }
}
```

Listing 6.5 Die »LeftProperty« des »SimpleCanvas«

Die `LeftProperty` können Sie direkt beim Deklarieren registrieren oder wie in Listing 6.5 im statischen Konstruktor. Letzteres sorgt für mehr Übersicht. Beachten Sie in Listing 6.5, dass zum Registrieren der `DependencyProperty`-Instanz die statische `RegisterAttached`-Methode aufgerufen wird. Diese Methode hat exakt die gleichen Parameter wie die `Register`-Methode. Sie nimmt intern lediglich Optimierungen für Attached Properties vor. Es wird als erster Parameter der Name der Property, als zweiter Parameter der Typ der Property, als dritter Parameter der Besitzer der Property und als vierter Parameter ein `PropertyMetadata`-Objekt mit einem Default-Wert übergeben.

> **Hinweis**
> Verwenden Sie zum Initialisieren von Attached Properties auf jeden Fall stets die `RegisterAttached`-Methode, zum Initialisieren von gewöhnlichen Dependency Properties die `Register`-Methode.

Neben dem statischen Feld werden in Listing 6.5 die statischen Methoden `SetLeft` und `GetLeft` implementiert. Diese machen nichts anderes, als auf dem übergebenen

DependencyObject die SetValue- bzw. GetValue-Methode mit dem Schlüssel LeftProperty aufzurufen.

Wie auch für die .NET-Property bei gewöhnlichen Dependency Properties gilt für die Set- und Get-Methoden der Grundsatz, außer dem Aufruf von SetValue bzw. GetValue keinen weiteren Code zu implementieren. Sie können nach wie vor direkt SetValue aufrufen, anstatt die statische Methode zu verwenden. Für zusätzliche Prüfungen kommt hier auch wieder der PropertyChangedCallback ins Spiel. Dieser Callback wird auch für weitere Logik benötigt.

Das SimpleCanvas muss einen Layoutprozess auslösen, wenn sich die Left-Property auf einem Kindelement ändert. Dazu geben Sie beim Registrieren der Left-Property einen PropertyChangedCallback an.

> **Hinweis**
>
> In der WPF enthalten die Metadaten von Dependency Properties diverse Einstellungsmöglichkeiten. Dazu gibt es dort Subklassen von PropertyMetadata. So kann in der WPF über die Metadaten definiert werden, ob bei einer Änderung der Dependency Property ein Layoutprozess ausgelöst wird. Die Metadaten der WinRT nehmen nur einen Default-Wert und einen PropertyChangedCallback auf. Das Auslösen eines Layoutprozesses bei einer Änderung der Property muss somit im PropertyChanged-Callback erfolgen, wie ich es in Listing 6.6 zeige.

In Listing 6.6 wird der PropertyChangedCallback OnLeftChanged angegeben. Darin werden auf dem SimpleCanvas die Methoden InvalidateMeasure, InvalidateArrange und UpdateLayout aufgerufen, um den Layoutprozess auszulösen.

```
static SimpleCanvas()
{
  LeftProperty = DependencyProperty.RegisterAttached("Left",
    typeof(double), typeof(SimpleCanvas),
    new PropertyMetadata(0.0,OnLeftChanged));
}
public static void OnLeftChanged(
  DependencyObject obj, DependencyPropertyChangedEventArgs e)
{
  var simpleCanvas = VisualTreeHelper.GetParent(obj)
                    as SimpleCanvas;
  if (simpleCanvas != null)
  {
    simpleCanvas.InvalidateMeasure();
```

```
    simpleCanvas.InvalidateArrange();
    simpleCanvas.UpdateLayout();
  }
}
```

Listing 6.6 »PropertyChangedCallback« zum Auslösen des Layoutprozesses

Beachten Sie in Listing 6.6, wie Sie im `PropertyChangedCallback OnLeftChanged` an die `SimpleCanvas`-Instanz gelangen. Das als Parameter erhaltene `DependencyObject` ist nicht das `SimpleCanvas`, sondern das Element, auf dem die Attached Property `Left`-`Property` gesetzt wurde, üblicherweise ein Kindelement des `SimpleCanvas`. Aus diesem Grunde wird die statische `GetParent`-Methode der `VisualTreeHelper`-Klasse verwendet, um das direkte Elternelement auszulesen. Befindet sich das Element, auf dem die `LeftProperty` gesetzt wurde, in einem `SimpleCanvas`, ist das direkte Elternelement das `SimpleCanvas`. Dieses wird in Listing 6.6 in der lokalen Variablen `simpleCanvas` gespeichert, um anschließend darauf die zum Auslösen des Layoutprozesses benötigten Methoden aufzurufen.

> **Tipp**
>
> Im `PropertyChangedCallback` einer Attached Property lassen sich auf dem Objekt, auf dem die Attached Property gesetzt wird, auch Event Handler registrieren. Dies ist ein ziemlich mächtiges Werkzeug. Werden im `PropertyChangedCallback` einer Attached Property Event Handler registriert, bezeichnet man die Attached Property auch als *Attached Behaviors*. Ein solches Attached Behavior finden Sie in Abschnitt 8.3.2, »Event mit ›Command‹ verbinden«.

6.3.2 Ein einfaches Panel mit Attached Properties

Es ist an der Zeit, den Blick für das Ganze nicht zu verlieren. In Listing 6.7 wird die Klasse `SimpleCanvas` mit den Attached Properties `Left` und `Top` erstellt. Beachten Sie die `PropertyChangedCallbacks` für beide Properties. Sie enthalten beide denselben Code und lösen bei jeder Änderung dieser Properties den Layoutprozess auf dem `SimpleCanvas` aus.

```
public class SimpleCanvas : Panel
{
  public static readonly DependencyProperty LeftProperty;
  public static readonly DependencyProperty TopProperty;
  static SimpleCanvas()
  {
    LeftProperty = DependencyProperty.RegisterAttached("Left",
```

```
      typeof(double), typeof(SimpleCanvas),
      new PropertyMetadata(0.0, OnLeftChanged));
  TopProperty = DependencyProperty.RegisterAttached("Top",
      typeof(double), typeof(SimpleCanvas),
      new PropertyMetadata(0.0, OnTopChanged));
}
public static double GetLeft(UIElement element)
{
  return (double)element.GetValue(LeftProperty);
}
public static void SetLeft(UIElement element, double value)
{
  element.SetValue(LeftProperty, value);
}
public static void OnLeftChanged(
  DependencyObject obj, DependencyPropertyChangedEventArgs e)
{
  var simpleCanvas = VisualTreeHelper.GetParent(obj)
                      as SimpleCanvas;
  if (simpleCanvas != null)
  {
    simpleCanvas.InvalidateMeasure();
    simpleCanvas.InvalidateArrange();
    simpleCanvas.UpdateLayout();
  }
}
public static double GetTop(UIElement element)
{
  return (double)element.GetValue(TopProperty);
}
public static void SetTop(UIElement element, double value)
{
  element.SetValue(TopProperty, value);
}
public static void OnTopChanged(
  DependencyObject obj, DependencyPropertyChangedEventArgs e)
{
  var simpleCanvas = VisualTreeHelper.GetParent(obj)
                      as SimpleCanvas;
  if (simpleCanvas != null)
  {
    simpleCanvas.InvalidateMeasure();
    simpleCanvas.InvalidateArrange();
    simpleCanvas.UpdateLayout();
  }
```

```csharp
    }
    protected override Size MeasureOverride(Size availableSize)
    {
      foreach (UIElement element in this.Children)
      {
        element.Measure(new Size(double.PositiveInfinity,
                                 double.PositiveInfinity));
      }
      return base.MeasureOverride(availableSize);
    }
    protected override Size ArrangeOverride(Size finalSize)
    {
      Point location = new Point();
      foreach (UIElement child in this.Children)
      {
        location.X = GetLeft(child);
        location.Y = GetTop(child);
        child.Arrange(new Rect(location, child.DesiredSize));
      }
      return base.ArrangeOverride(finalSize);
    }
  }
}
```

Listing 6.7 K06\03 AttachedProperties\SimpleCanvas.cs

In der Methode MeasureOverride (Listing 6.7) wird lediglich die Measure-Methode auf den Kindelementen aufgerufen, damit diese ihre gewünschte Größe erhalten.

In ArrangeOverride wird auf die Methoden GetLeft und GetTop der SimpleCanvas-Klasse zugegriffen, um die Werte der Kindelemente zu ermitteln. Natürlich könnten Sie auch direkt auf GetValue zugreifen, müssten dann allerdings das Ergebnis noch in einen double casten. Die statischen Get-Methoden führen das Casting in einen double bereits aus. Somit werden die statischen Methoden anstatt GetValue verwendet. ArrangeOverride liest also die auf den Kindelementen gesetzte Left- und Top-Property aus und positioniert die Kindelemente mit ihrer DesiredSize an dieser Stelle.

In Listing 6.8 wird eine Instanz der in Listing 6.7 erstellten SimpleCanvas-Klasse genutzt. Zur Children-Property werden ein Button und zwei TextBox-Elemente hinzugefügt. Auf diesen beiden Elementen werden die Attached Properties Left und Top gesetzt.

```xml
<local:SimpleCanvas Background="Gray" Width="300" Height="120">
  <Button Content="Das SimpleCanvas"
    local:SimpleCanvas.Left="20"/>
```

```xml
<TextBox Text="funktioniert!" local:SimpleCanvas.Left="20"
    local:SimpleCanvas.Top="60"/>
<TextBox Text="8-)" local:SimpleCanvas.Left="200"
    local:SimpleCanvas.Top="60"/>
</local:SimpleCanvas>
```

Listing 6.8 K06\03 AttachedProperties\MainPage.xaml

Wie Listing 6.8 zeigt, lassen sich die als Attached Properties implementierten Dependency Properties Left und Top der SimpleCanvas-Klasse einfach auf den Elementen im SimpleCanvas setzen. Abbildung 6.3 zeigt das SimpleCanvas. Beachten Sie, dass in Listing 6.8 auf dem Button die Top-Property nicht gesetzt wurde. Folglich wird der in den Metadaten definierte Default-Wert verwendet, der 0.0 ist. Der Button wird somit ganz oben angeordnet, was Abbildung 6.3 zeigt.

Abbildung 6.3 Das erstellte »SimpleCanvas« mit drei Kindelementen

6.4 Zusammenfassung

In diesem Kapitel haben Sie die Details zu Dependency Properties kennengelernt. Dependency Properties werden Ihnen beim Entwickeln von Windows Store Apps sehr oft begegnen. Manchmal auch unbewusst, da Sie es nicht zwingend merken, dass Sie mit einer Dependency Property arbeiten.

Dependency Properties lassen sich auf zwei Arten implementieren:

- Als Dependency Property bestehend aus einem public static readonly-Feld vom Typ DependencyProperty und einer .NET-Property, die die Aufrufe von GetValue und SetValue kapselt. Die DependencyProperty-Instanz initialisieren Sie mit der statischen Register-Methode.
- Als Attached Property bestehend aus einem public static readonly-Feld vom Typ DependencyProperty und den statischen Methoden Set[Propertyname] und Get[Propertyname]. Die DependencyProperty-Instanz initialisieren Sie mit der statischen RegisterAttached-Methode.

Die beiden zentralen Klassen, die bei Dependency Properties ins Spiel kommen, sind DependencyObject und DependencyProperty. Eine DependencyProperty-Instanz definiert den Schlüssel zu einem Wert, der in einem DependencyObject gespeichert ist.

`DependencyObject` definiert zum Zugriff auf eine Dependency Property die Methoden `SetValue` und `GetValue`. Um einen mit `SetValue` lokal gesetzten Wert zu löschen, rufen Sie die Methode `ClearValue` auf und übergeben auch dort die `DependencyProperty`-Instanz als Schlüssel.

Die Implementierung einer Dependency Property bringt viele Vorteile:

- Die Property hat einen integrierten Benachrichtigungsmechanismus, ist somit als Source für ein Data Binding verwendbar.
- Die Property hat einen Default-Wert.
- Die Property kann mit Animationen verwendet werden.
- Die Property kann in `Styles` gesetzt werden.
- Die Property kann als Ziel eines Data Bindings verwendet werden.
- Die Property kann als Attached Property implementiert und somit auf Objekten anderer Klassen gesetzt werden.

In der .NET-Property einer Dependency Property wie auch in den statischen `Set`- und `Get`-Methoden einer Attached Property sollten Sie keinerlei Programmlogik außer dem Aufruf von `SetValue` und `GetValue` unterbringen. Weitere Logik, wie Validierung oder sonstige Prüfungen oder das Setzen anderer Properties, bringen Sie im `PropertyChangedCallback` unter, den Sie beim Registrieren der Dependency Property angeben.

Da Dependency Properties abhängig von vielen Quellen sind, definiert die WinRT eine Vorrangsskala. Beispielsweise hat ein lokal gesetzter Wert Vorrang vor einem Wert aus einem `Style`. Der Wert aus einem `Style` hat wiederum Vorrang vor dem Default-Wert.

Im nächsten Kapitel schauen wir uns den Umgang mit Daten in Ihrer Windows Store App an. Das dabei verwendete Data Binding setzt voraus, dass die Ziel-Property vom Typ Dependency Property ist.

Kapitel 7
Daten

In diesem Kapitel lernen Sie das Data Binding und dessen mögliche Quellen kennen. Nach einem Blick auf »DataTemplates«, mit denen Sie Ihre Daten visualisieren, lernen Sie mit der »ListView« und der »GridView« die zentralen Daten-Controls der WinRT kennen.

Fast jede Anwendung benötigt irgendeine Form von Daten. Die WinRT unterstützt Sie mit einem ausgereiften Data-Binding-Modell, das der Schwerpunkt dieses Kapitels ist. Mit einem Data Binding können Sie eine Dependency Property an eine gewöhnliche .NET-Property, an eine andere Dependency Property oder an ein ganzes Objekt binden. Dadurch entfällt das Programmieren von Event Handlern, und Ihr Code wird weitaus kompakter.

Im ersten Abschnitt dieses Kapitels betrachten wir das Data Binding und wie Sie es in C# und in XAML erstellen. Zudem lernen Sie die `Binding`-Klasse genauer kennen und erhalten viele Hintergrundinformationen. Sie erfahren auch, wie Sie ein Data Binding debuggen.

In Abschnitt 7.2, »Datenquellen eines Data Bindings«, lesen Sie, wie Sie Properties an verschiedene Datenquellen binden, wie Dependency Properties, einfache .NET-Properties, logische Ressourcen oder relative Quellen.

Das Binden an Collections ist Teil von Abschnitt 7.3, »Data Binding an Collections«. Sie lesen hier, wie Sie Ihre Collections mit einem Benachrichtigungsmechanismus ausstatten und welche .NET- und WinRT-Interfaces es dazu gibt. Darüber hinaus lernen Sie die `DefaultViewModel`-Property der `LayoutAwarePage` kennen und lesen mehr zu CollectionViews. CollectionViews sind ein sehr wichtiges Konzept beim Binden an Collections. Eine CollectionView weiß unter anderem, welches Element in einer Collection selektiert ist. Sie bietet zudem die Grundlage zum Darstellen von gruppierten Daten.

Wie Sie Ihren Daten mit `DataTemplate`s ein Aussehen verleihen, lesen Sie in Abschnitt 7.4, »Daten mit DataTemplates visualisieren«.

In Abschnitt 7.5 erfahren Sie alles Wissenswerte zu den Daten-Controls der WinRT: `FlipView`, `ListView`, `GridView` und `SemanticZoom`. Diese Controls machen die typische Windows Store App aus. Sie lernen hier, wie Sie die Controls verwenden, wie Sie

Daten mit CollectionViews gruppiert darstellen, wie Sie einen semantischen Zoom bauen und wie Sie Daten inkrementell nachladen.

Im letzten Abschnitt schauen wir uns die Daten in FriendStorage an. Neben den Datenklassen lernen Sie den Einsatz von CollectionViews, `DataTemplates`, `ListView`, `GridView` und `SemanticZoom` kennen.

7.1 Data Binding

Mit einem Data Binding binden Sie den Wert einer Dependency Property an den Wert einer anderen Property. In diesem Abschnitt schauen wir uns die Grundlagen zum Data Binding an. Dazu erstellen wir als Erstes ein Data Binding in XAML und C#. Anschließend lernen Sie die `Binding`-Klasse, die `DataContext`-Property, die `Path`-Property, die Richtung des Data Bindings und viele weitere Details kennen, die bei einem Data Binding von Bedeutung sind. Am Ende dieses Abschnitts lesen Sie, wie Sie ein Data Binding debuggen.

7.1.1 Data Binding in XAML

Ein Data Binding wird durch die Klasse `Binding` (Namespace: `Windows.UI.Xaml.Data`) definiert, die sich in XAML als Markup-Extension verwenden lässt. In einem einfachen Fall wird eine Dependency Property eines Elements an die eines anderen Elements gebunden.

In Listing 7.1 wird die `Text`-Property einer `TextBox` an die `Value`-Property eines `Slider`-Elements gebunden. Dazu wird der `Text`-Property der `TextBox` mittels Markup-Extension ein `Binding`-Objekt zugewiesen. Die `ElementName`-Property des `Binding`-Objekts wird auf den Namen des `Slider`s gesetzt und die `Path`-Property auf den Wert `Value`.

```
<TextBox Text="{Binding ElementName=sliSource,Path=Value}"/>
<Slider x:Name="sliSource" Minimum="0" Maximum="100" Value="0"/>
```

Listing 7.1 K07\01 BindingInXaml\MainPage.xaml

Die `Text`-Property der `TextBox` wird aufgrund des Data Bindings bei jeder Änderung der `Value`-Property des `Slider`s aktualisiert.

Ein Data Binding erstellen Sie üblicherweise direkt in XAML. Allerdings ist es auch möglich, ein Data Binding über das EIGENSCHAFTEN-Fenster von Visual Studio zu erstellen. Selektieren Sie dazu in XAML oder im Designer das Zielelement, auf dem Sie eine Property binden möchten. Klicken Sie im EIGENSCHAFTEN-Fenster auf das kleine Quadrat hinter der Property. Es öffnet sich das in Abbildung 7.1 dargestellte Menü. Neben zahlreichen Funktionen enthält es den Menüpunkt DATENBINDUNG

ERSTELLEN... Dieser Menüpunkt öffnet einen Dialog, mit dem Sie Ihr Data Binding zusammenklicken können.

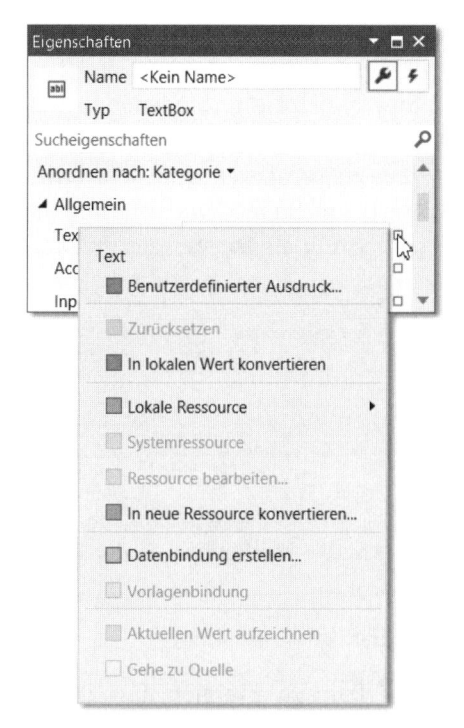

Abbildung 7.1 Auch über das »Eigenschaften«-Fenster von Visual Studio lässt sich ein Data Binding erstellen.

> **Hinweis**
>
> Auch in Blend finden Sie das in Abbildung 7.1 gezeigte kleine Quadrat hinter den Properties. Ein Klick auf das Quadrat öffnet in Blend ebenfalls ein Menü mit den wichtigsten Funktionen zu einer Property.

Anstatt die Markup-Extension in der Attribut-Syntax zu verwenden, ist in XAML auch ein Objektelement möglich. Die TextBox in Listing 7.2 ist analog zu der TextBox aus Listing 7.1.

```
<TextBox>
  <TextBox.Text>
    <Binding ElementName="sliSource" Path="Value"/>
  </TextBox.Text>
</TextBox>
```

Listing 7.2 K07\02 BindingInXamlObjectElement\MainPage.xaml

7.1.2 Data Binding in C#

Im Folgenden definieren wir das in Listing 7.1 in XAML erzeugte Data Binding in C#. Dazu erzeugen wir in Listing 7.3 zunächst ein Binding-Objekt. Anstatt die ElementName-Property des Binding-Objekts zu setzen, wie dies in Listing 7.1 und Listing 7.2 der Fall ist, können Sie in C# direkt die Source-Property auf die zu bindende Instanz setzen. In Listing 7.3 wird der Source-Property die Slider-Instanz zugewiesen. Der Path-Property des Binding-Objekts wird ein PropertyPath-Objekt mit dem String Value zugewiesen. Auf der TextBox namens txtTarget wird die Methode SetBinding aufgerufen, die als Erstes eine DependencyProperty und als Zweites das erzeugte Binding-Objekt entgegennimmt. Fertig.

```
var b = new Binding();
b.Source = sliSource;
b.Path = new PropertyPath("Value");
txtTarget.SetBinding(TextBox.TextProperty, b);
```

Listing 7.3 K07\03 BindingInCSharp\MainPage.xaml.cs

Die in Listing 7.3 auf der TextBox aufgerufene SetBinding-Methode ist in der Klasse FrameworkElement definiert und hat folgende Signatur:

```
public void SetBinding(DependencyProperty dp,BindingBase binding)
```

In der SetBinding-Methode ist schon die Einschränkung zu erkennen, dass das Ziel eines Data Bindings, in Listing 7.3 die Text-Property der TextBox, zwingend eine Dependency Property sein muss.

Die SetBinding-Methode in FrameworkElement kapselt lediglich den Aufruf der statischen Methode SetBinding der BindingOperations-Klasse, die folgende Signatur hat:

```
public static void SetBinding(DependencyObject target,
  DependencyProperty dp, BindingBase binding)
```

Anstatt der Zeile

```
txtTarget.SetBinding(TextBox.TextProperty, b);
```

ist somit auch Folgendes möglich und gleichbedeutend:

```
BindingOperations.SetBinding(txtTarget, TextBox.TextProperty, b);
```

Hinweis

Die SetBinding-Methode der Klasse FrameworkElement ist lediglich als Vereinfachung gedacht, um in C# auf einem FrameworkElement ein Data Binding zu definieren. Für DependencyObject-Instanzen, die nicht von FrameworkElement erben, müssen Sie die statische SetBinding-Methode der BindingOperations-Klasse verwenden.

7.1.3 Die »Binding«-Klasse im Detail

Schauen wir uns die Binding-Klasse (Namespace: Windows.UI.Xaml.Data) genauer an. Sie erbt über die Klasse BindingBase von DependencyObject und definiert ein Data Binding.

Als Target (Ziel) eines Data Bindings kann nur eine Dependency Property verwendet werden. Das Target ist dabei die Dependency Property, auf der in XAML die Binding-Markup-Extension gesetzt wird. Oder aus Sicht von C# jene Dependency Property, die als Argument an die SetBinding-Methode übergeben und so mit einem Binding verbunden wird.

Die Source (Quelle) eines Data Bindings kann anders als das Target auch eine gewöhnliche .NET-Property sein.

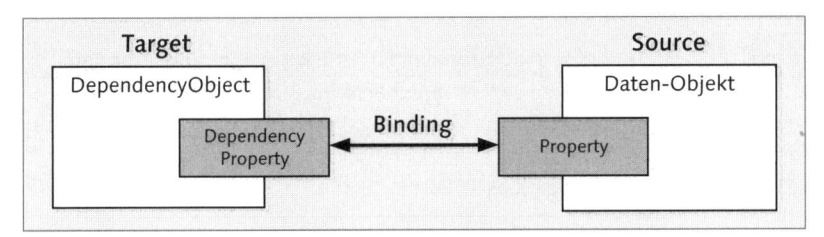

Abbildung 7.2 Beim Data Binding wird eine Dependency Property an eine andere Property gebunden.

Hinweis

Quelle und Ziel werden in diesem Kapitel immer als *Source* (Quelle) und *Target* (Ziel) bezeichnet. Wird an eine Property der Quelle gebunden, wird sie im Folgenden auch als *Source-Property* bezeichnet.

Die Klasse Binding erbt von BindingBase und besitzt eine Menge Properties. BindingBase selbst definiert keine öffentlichen Properties und ist direkt von DependencyObject abgeleitet. Tabelle 7.1 zeigt die Properties der Binding-Klasse.

Property	Beschreibung
ElementName	Wird in XAML verwendet, um ein Element als Quelle des Data Bindings festzulegen. Dann lässt sich die Property eines Elements an die eines anderen Elements binden.
Mode	Die Richtung des Data Bindings. Vom Typ der Aufzählung BindingMode, die die Werte OneWay, OneTime und TwoWay definiert

Tabelle 7.1 Die Properties der »Binding«-Klasse

Property	Beschreibung
Path	Der Pfad zur Property des Datenobjekts (Source). Nicht vom Typ string, sondern vom Typ PropertyPath
RelativeSource	Definiert den Pfad zu einer zum Target relativen Quelle.
Source	Die zu verwendende Datenquelle (Source). Wird üblicherweise in C# zum Setzen der Quelle verwendet.
Converter	Ein Objekt vom Typ IValueConverter, das Daten von der Source zum Target und zurück zur Source konvertiert.
ConverterLanguage	Definiert einen optionalen Parameter, der in die Methoden des IValueConverter gegeben wird, um bei der Konvertierung die Sprache zu beachten. Vom Typ string
ConverterParameter	Definiert einen optionalen Parameter, der in die Methoden des IValueConverter gegeben wird. Vom Typ Object und somit frei wählbar

Tabelle 7.1 Die Properties der »Binding«-Klasse (Forts.)

7.1.4 Die Source-Angabe

Um für ein Data Binding eine Source anzugeben, stehen Ihnen drei Properties zur Verfügung, von denen Sie pro Binding-Instanz nur eine setzen:

- ElementName
- RelativeSource
- Source

Die ElementName-Property ist für XAML gedacht, um auf einfache Weise an eine Property eines benannten Elements zu binden. In C# wird üblicherweise die Source-Property gesetzt, doch anstatt

```
Binding b = new Binding();
b.Source = sliSource
```

ist in C# auch Folgendes möglich:

```
Binding b = new Binding();
b.ElementName = sliSource.Name;
```

7.1.5 Der »DataContext«

Die Klasse FrameworkElement definiert eine DataContext-Property vom Typ Object. Ist auf einer Binding-Instanz weder die ElementName- noch die RelativeSource- oder die

Source-Property gesetzt, verwendet das Data Binding den DataContext als Quelle. Dazu schaut die Binding-Instanz in die DataContext-Property des Target-Elements. Ist diese null, wird die DataContext-Property des Elternelements geprüft. Ist diese ebenfalls null, geht es im Element Tree wieder eine Stufe nach oben, bis schließlich ein Wert gefunden wurde oder das Wurzelelement (üblicherweise die Page) erreicht wurde.

Aufgrund dieser Tatsache kann die DataContext-Property auf einem höher liegenden Element gesetzt werden und steht dann in den darunterliegenden Elementen zur Verfügung. Binding-Objekte auf diesen tiefer liegenden Elementen müssen lediglich die Path-Property setzen, um sich an Properties des im DataContext enthaltenen Objekts zu binden.

> **Hinweis**
>
> Auch bei gesetztem DataContext können Sie natürlich weiterhin auf Ihrem Binding-Objekt eine der Properties ElementName, RelativeSource oder Source setzen, um für Ihr Binding-Objekt eine andere Source als jene des DataContexts zu verwenden.

Listing 7.4 zeigt den Konstruktor der MainPage einer WinRT-Anwendung. Darin wird der DataContext-Property der MainPage ein neues Friend-Objekt zugewiesen. Die Klasse Friend besitzt die Properties FirstName und LastName, die in Listing 7.4 auf Anna und Huber gesetzt werden.

```
public MainPage()
{
  InitializeComponent();
  this.DataContext = new Friend { FirstName = "Anna",
                                  LastName = "Huber" };
}
```

Listing 7.4 K07\04 DerDataContext\MainPage.xaml.cs

Da sich im DataContext der MainPage das Friend-Objekt befindet, kann sich jedes Element in der MainPage an dieses Objekt binden. Listing 7.5 zeigt zwei TextBox-Objekte aus der *MainPage.xaml*-Datei, deren Text-Properties an die Properties des Friend-Objekts gebunden sind.

```
<TextBox Text="{Binding Path=FirstName}"/>
<TextBox Text="{Binding Path=LastName}"/>
```

Listing 7.5 K07\04 DerDataContext\MainPage.xaml

Beachten Sie in Listing 7.5, dass auf keiner der beiden Binding-Instanzen eine der Properties ElementName, Source und RelativeSource gesetzt ist. Es wird somit das Friend-Objekt aus dem DataContext als Source verwendet.

> **Tipp**
>
> Auch ein Binding ohne Path-Property ist möglich. Folgendes Binding bindet sich direkt an das im DataContext enthaltene Objekt, welches in diesem Fall eine IEnumerable-Instanz sein sollte:
>
> `<ListBox ItemsSource="{Binding}">...</ListBox>`

> **Hinweis**
>
> Üblicherweise setzen Sie ein komplexeres Objekt in den DataContext Ihrer Page. Die Elemente in Ihrer Page binden sich dann an das Objekt im DataContext. So ist es beim Model-View-ViewModel-Pattern (MVVM) der Fall, das ich in Kapitel 8, »Commands und MVVM«, genauer beschreiben werde.

Geben Sie die Path-Property in der Binding-Markup-Extension als erste Property an, können Sie die Angabe von Path= auch weglassen. In Listing 7.5 ist dies der Fall; außer der Path-Property wird dort gar keine andere Property gesetzt. Anstatt {Binding Path= FirstName} ist somit auch folgende Variante möglich:

`<TextBox Text="{Binding FirstName}"/>`

> **Hinweis**
>
> Am Anfang dieses Kapitels habe ich in Listing 7.1 folgendes Binding gezeigt:
>
> `<TextBox Text="{Binding ElementName=sliSource,Path=Value}"/>`
>
> Hier ist die Path-Property als zweite Property angegeben und somit zwingend notwendig. Setzen Sie zuerst die Path-Property und dann die ElementName-Property, ist die Angabe von Path= wieder optional, woraus sich folgende zwei möglichen Varianten ergeben:
>
> `<TextBox Text="{Binding Path=Value,ElementName=sliSource}"/>`
> `<TextBox Text="{Binding Value,ElementName=sliSource}"/>`

7.1.6 Die »Path«-Property im Detail

Die wohl meistgesetzte Property eines Binding-Objekts ist die Path-Property. Sie ist vom Typ PropertyPath und definiert den Pfad zur Source, an die gebunden wird.

Während in XAML zum Setzen der Path-Property ein einfacher String angegeben wird, wird in C# explizit ein PropertyPath-Objekt erzeugt. Natürlich wird auch in XAML im Hintergrund ein PropertyPath-Objekt erzeugt.

Warum wird hier ein PropertyPath-Objekt und kein einfacher String verwendet? Die Antwort auf diese Frage ist recht einfach: Der angegebene Pfad kann relativ komplex sein und benötigt zur Auflösung im Hintergrund etwas Logik und Reflection. All das erledigt die Klasse PropertyPath.

Mit der Path-Property lassen sich unterschiedlichste Pfade angeben. Folgend ein paar Beispiele:

- Path=PropertyName
  Es wird an die Property PropertyName im aktuellen Source-Objekt gebunden. Dabei kann PropertyName auf eine gewöhnliche .NET-Property oder eine Dependency Property verweisen.
- Path=PropertyName.Subpropertyname
  Es wird an eine auf dem aktuellen Source-Objekt definierte Sub-Property gebunden. Der Pfad kann beliebig tief verschachtelt werden.
- Path=(OwnerType.AttachedPropertyName)
  Es wird an eine auf dem aktuellen Source-Objekt gesetzte Attached Property gebunden. Listing 7.6 zeigt ein kleines Beispiel. Wird der Slider bewegt, verschiebt sich das Rectangle aufgrund der geänderten Canvas.Top-Property.

```
<Canvas>
  <Slider Value="{Binding ElementName=rect,
    Path=(Canvas.Top),Mode=TwoWay}"
    Minimum="50" Maximum="200" .../>
  <Rectangle x:Name="rect" Canvas.Top="50" Width="40"
    Height="40" Fill="White"/>
</Canvas>
```

Listing 7.6 K07\05 BindingPathAttachedProp\MainPage.xaml

- Path=PropertyName[n]
  Es wird an einen Indexer gebunden, beispielsweise Path=Items[0].

Die hier gezeigten Pfadmöglichkeiten lassen sich beliebig verschachteln. Das Interessante dabei ist, dass die Typumwandlung (Casting) von der WinRT durchgeführt wird. Es lassen sich einfach mehrere verschachtelte Properties hintereinanderschreiben. Beispielsweise greift der Pfad aus Listing 7.7 auf die Content-Property des zweiten Elements ([1]) aus der Items-Property einer ListBox zu. Ein Casting in ein ContentControl ist zum Zugriff auf die Content-Property des zweiten Elements nicht notwendig, das übernimmt das Data Binding für Sie.

```
<TextBlock Text="{Binding ElementName=listBox,
                  Path=Items[1].Content}" .../>
```

Listing 7.7 K07\06 BindingPathVerschachtelt\MainPage.xaml

7.1.7 Die Richtung des Data Bindings

Mit der Mode-Property der Binding-Klasse legen Sie die Flussrichtung eines Data Bindings fest. Die Mode-Property ist vom Typ der Aufzählung BindingMode, die drei Werte definiert: OneTime, OneWay und TwoWay. Abbildung 7.3 zeigt die Flussrichtungen für die drei Werte.

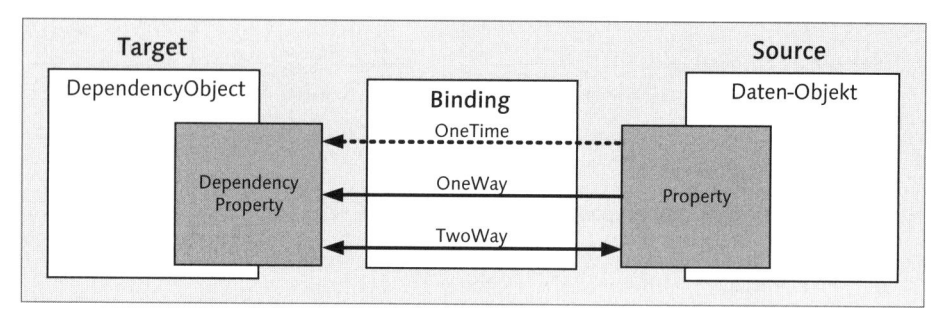

Abbildung 7.3 Die Richtungen eines Data Bindings

Schauen wir uns die in Abbildung 7.3 dargestellten Werte der BindingMode-Aufzählung genauer an:

- **OneTime**: Die Target-Property wird einmalig mit dem Wert der Source-Property initialisiert. Folgende Änderungen werden nicht mehr berücksichtigt.
- **OneWay**: Die Target-Property wird aktualisiert, wenn sich die Source-Property ändert. Das ist der Default-Wert der Mode-Property.
- **TwoWay**: Die Target-Property wird aktualisiert, wenn sich die Source-Property ändert. Umgekehrt wird die Source-Property aktualisiert, wenn sich die Target-Property ändert.

Die Mode-Property eines Data Bindings setzen Sie üblicherweise beim Binden von Eingabe-Controls auf TwoWay. Binden Sie beispielsweise die Text-Property einer TextBox mit einem TwoWay-Binding, wird ein geänderter Wert auch wieder in die Source-Property zurückgeschrieben.

Schauen wir uns die Auswirkung der Mode-Property an einem kleinen Beispiel an. In Listing 7.8 wird die Text-Property (Target) einer TextBox an die Value-Property (Source) eines Sliders gebunden. Die Mode-Property des Binding-Objekts ist auf OneWay gesetzt, was dem Default-Wert entspricht.

```
<!-- Target -->
<TextBox Text="{Binding ElementName=sli,
                Path=Value,Mode=OneWay}"/>
<!-- Source -->
<Slider x:Name="sli" Minimum="0" Maximum="100" Value="0"/>
```

Listing 7.8 K07\07 BindingModes\MainPage.xaml

Die TextBox aus Listing 7.8 wird aktualisiert, sobald der Slider bewegt wird (siehe Abbildung 7.4). Umgekehrt reagiert der Slider allerdings nicht auf Änderungen des Textes der TextBox, da der Fluss eben nur in eine Richtung geht (OneWay).

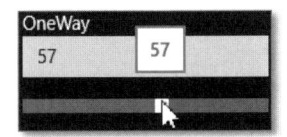

Abbildung 7.4 Im »OneWay«-Binding wird die TextBox (Target) mit dem Wert des Sliders (Source) aktualisiert.

Wird als Mode OneTime angegeben, wird die Text-Property mit dem Wert der Value-Property des Sliders initialisiert. Der Text ist dann 0 und ändert sich beim Verschieben des Sliders nicht mehr.

Mit dem Mode TwoWay wird die Text-Property der TextBox immer aktualisiert, sobald sich die Value-Property des Sliders ändert. Umgekehrt wird die Value-Property des Sliders aktualisiert, wenn sich die Text-Property der TextBox ändert. Die Quelle wird von der TextBox allerdings erst dann aktualisiert, wenn diese den Fokus verliert.

> **Hinweis**
>
> In der WPF/Silverlight besitzt die Binding-Klasse noch die UpdateSourceTrigger-Property. Mir ihr lässt sich beispielsweise festlegen, dass eine TextBox die Quelle nicht erst beim Verlieren des Fokus, sondern sofort nach jeder Änderung aktualisiert. In der WinRT gibt es die UpdateSourceTrigger-Property (noch) nicht.

7.1.8 Debugging von Data Bindings

Ein Data Binding wirft keine Exception, wenn der Pfad oder die angegebene Quelle nicht gefunden wurde. Folgender Code läuft beispielsweise fehlerfrei ab, obwohl das Slider-Element keine Valu-, sondern eine Value-Property besitzt.

```xml
<StackPanel>
    <Slider x:Name="slider" Value="30"/>
    <TextBox Text="{Binding ElementName=slider,Path=Valu}"/>
</StackPanel>
```

Listing 7.9 K07\08 BindingDebugging\MainPage.xaml

Um den Fehler zu entdecken, sollten Sie einen Blick in das Ausgabefenster von Visual Studio werfen. Das Ausgabefenster öffnen Sie über das Hauptmenü ANSICHT • AUS-

GABE. Abbildung 7.5 zeigt das Ausgabefenster mit dem aus Listing 7.9 generierten Fehler. Der Fehler sagt, dass die `Valu`-Property auf dem `Slider` nicht gefunden wurde.

```
Ausgabe
Ausgabe anzeigen von: Debuggen
Error: BindingExpression path error: 'Valu' property not found on 'Windows.UI.Xaml.Controls.Slider'.
BindingExpression: Path='Valu' DataItem='Windows.UI.Xaml.Controls.Slider'; target element is
'Windows.UI.Xaml.Controls.TextBox' (Name='null'); target property is 'Text' (type 'String')
```

Abbildung 7.5 Das Ausgabefenster von Visual Studio zeigt den Binding-Fehler an.

Neben dem Ausgabefenster bietet die WinRT eine weitere Möglichkeit, fehlerhaften Data Bindings auf die Spur zu kommen. Die Klasse `Application` besitzt eine `DebugSettings`-Property, die ein `DebugSettings`-Objekt enthält. Dieses Objekt enthält Einstellungen für Ihre App, die genutzt werden, wenn Ihre App mit einem Debugger ausgeführt wird. Dies ist standardmäßig der Fall, wenn Sie Ihre App aus Visual Studio starten.

Neben ein paar Properties enthält das `DebugSettings`-Objekt ein `BindingFailed`-Event. Das tritt auf, wenn ein Data Binding fehlschlägt, wie das in Listing 7.9 der Fall ist. Über die `Message`-Property der `BindingFailedEventArgs` erhalten Sie den Fehler, der dem im Ausgabefenster in Abbildung 7.5 angezeigten entspricht. Sie könnten den Fehler beispielsweise in eine Log-Datei schreiben oder einfach einen `MessageDialog` anzeigen. In Listing 7.10 wird genau das gemacht. Im Konstruktor des App-Objekts wird ein Event Handler für das `BindingFailed`-Event installiert. Im Event Handler wird die Fehlernachricht mit einem `MessageDialog` angezeigt.

```
sealed partial class App : Application
{
  public App()
  { ...
    this.DebugSettings.BindingFailed +=
      DebugSettings_BindingFailed;
  }
  private async void DebugSettings_BindingFailed(object sender,
    BindingFailedEventArgs e)
  {
    await new MessageDialog(e.Message).ShowAsync();
  }
  ...
}
```

Listing 7.10 K07\08 BindingDebugging\App.xaml.cs

7.2 Datenquellen eines Data Bindings

Wie ich bereits im vorigen Abschnitt erwähnt habe, wird als Datenquelle eines Data Bindings entweder die Property `ElementName`, `RelativeSource` oder `Source` gesetzt. Setzen Sie keine der drei Properties, werden die Daten aus der `DataContext`-Property des Elements oder eines im Element Tree höher liegenden Elements geladen.

Für ein Data Binding kommen verschiedene Quellen in Frage: eine Dependency Property, eine gewöhnliche .NET-Property, eine logische Ressource, eine zu konvertierende Property und Properties des aktuellen Elements, sogenannte *relative Quellen*.

> **Hinweis**
> Mit der gezeigten `Path`-Property der `Binding`-Klasse können Sie Ihre Property natürlich auch an einen Indexer oder eine Sub-Property eines Objekts binden.

Die Details zu den einzelnen Quellen schauen wir uns in diesem Abschnitt an. Das Data Binding an Collections folgt im nächsten Abschnitt.

7.2.1 Binding an Dependency Properties

Das Data Binding an eine Dependency Property funktioniert ohne weiteres, da Dependency Properties über einen integrierten Benachrichtigungsmechanismus verfügen. Dies ist eine ihrer großen Stärken. Wenn Sie Ihre eigenen Klassen von `DependencyObject` ableiten und alle Properties als Dependency Property implementieren, sind Ihre Klassen als Source für ein Data Binding bestens geeignet.

> **Achtung**
> Wenn Sie Ihre Datenklassen von `DependencyObject` ableiten und alle Properties als Dependency Property implementieren, sind Ihre Klassen zwar bestens als Source für ein Data Binding geeignet, aber bei Multithreading-Szenarien kommt es eventuell zu Problemen. `DependencyObject`-Instanzen lassen sich nur auf dem UI-Thread erstellen. Ebenso lassen sich Dependency Properties nur auf dem UI-Thread auslesen und setzen.

7.2.2 Binding an .NET-Properties

Wenn Sie Ihre Dependency Property an eine einfache .NET-Property binden und der Binding-Mode `OneWay` oder `TwoWay` ist, muss die .NET-Property über einen Benachrichtigungsmechanismus verfügen. Nur dann bekommt das Data Binding Änderungen mit und kann entsprechend synchronisieren.

.NET-Properties statten Sie mit einem Mechanismus für Benachrichtigungen aus, indem Sie in der Klasse, die die .NET-Properties enthält, das Interface INotifyProperty-Changed (**Namespace:** System.ComponentModel) implementieren. Dieses Interface definiert lediglich das Event PropertyChanged:

```
public interface INotifyPropertyChanged{
  event PropertyChangedEvent Handler PropertyChanged
}
```

Das PropertyChanged-Event lösen Sie bei jeder Änderung aus, üblicherweise immer im set-Accessor jeder Property und eventuell an weiteren Stellen. Über die PropertyChangedEventArgs geben Sie den Namen der geänderten Property an. Ein Data Binding lauscht auf das PropertyChanged-Event und aktualisiert die Target-Property beim Auftreten des Events.

> **Hinweis**
>
> Sie werden in diesem Abschnitt noch die in einem Windows-Store-App-Projekt verfügbare Klasse BindableBase kennenlernen. Sie enthält eine Default-Implementierung von INotifyPropertyChanged und lässt sich als Basisklasse für Ihre Datenklassen nutzen. Doch starten wir mit den Grundlagen, bevor wir uns BindableBase ansehen.

Werfen wir einmal einen Blick auf ein Beispiel. Stellen Sie sich vor, Sie entwickeln eine Friend-Klasse mit der Property FirstName, die Sie in einem Data Binding verwenden möchten. Sie implementieren das Interface INotifyPropertyChanged, damit Änderungen propagiert werden. Listing 7.11 zeigt dies. Zum Auslösen des PropertyChanged-Events wurde die kleine Hilfsmethode Changed eingebaut. Sie wird vom set-Accessor der FirstName-Property aufgerufen und löst das PropertyChanged-Event aus.

```
public class Friend : INotifyPropertyChanged
{
  private string _firstName;
  public string FirstName
  {
    get { return _firstName; }
    set
    {
      _firstName = value;
      Changed("FirstName");
    }
  }
  public event PropertyChangedEventHandler PropertyChanged;
```

```
  private void Changed(string propertyName)
  {
    var handler = PropertyChanged;
    if (handler != null)
      handler(this, new PropertyChangedEventArgs(propertyName));
  }
}
```

Listing 7.11 K07\09 NotifyPropertyChanged\Friend.cs

Um nun die Friend-Klasse zu testen, wird eine Instanz der DataContext-Property der MainPage zugewiesen:

```
public MainPage()
{
  InitializeComponent();
  this.DataContext = new Friend { FirstName = "Thomas" };
}
```

Listing 7.12 K07\09 NotifyPropertyChanged\MainPage.xaml.cs

Die Elemente in der *MainPage.xaml*-Datei lassen sich jetzt einfach an die Properties der Friend-Instanz binden, die sich ja im DataContext befindet. In Listing 7.13 wird lediglich eine TextBox an die FirstName-Property gebunden:

```
<StackPanel ...>
  <TextBox Text="{Binding FirstName}"/>
  <Button Content="Vorname ändern" Click="Button_Click"/>
</StackPanel>
```

Listing 7.13 K07\09 NotifyPropertyChanged\MainPage.xaml

Listing 7.13 enthält auch einen Button. In dessen Click-Event-Handler wird die FirstName-Property des Friend-Objekts wie folgt geändert:

```
private void Button_Click(object sender, RoutedEventArgs e)
{
  var friend = (Friend)this.DataContext;
  friend.FirstName = "Julia";
}
```

Listing 7.14 K07\09 NotifyPropertyChanged\MainPage.xaml.cs

Aufgrund der Tatsache, dass die Friend-Klasse das INotifyPropertyChanged-Interface implementiert, wird beim Setzen der FirstName-Property in Listing 7.14 das PropertyChanged-Event geworfen. Auf das Event lauscht das in Listing 7.13 auf der Text-Property erstellte Data Binding. Es aktualisiert die Text-Property der TextBox, die auf den Wert Julia gesetzt wird. Ohne INotifyPropertyChanged bliebe der Text der TextBox auf Thomas stehen.

> **Hinweis**
> Falls Sie sich fragen, wie das native Data Binding der WinRT das Interface INotifyPropertyChanged aus dem Namespace System.ComponentModel des .NET für Windows Store Apps kennen kann, liegen Sie goldrichtig. Das geht nämlich gar nicht.
> In Wirklichkeit lebt INotifyPropertyChanged nativ in der WinRT im Namespace Windows.UI.Xaml.Data. Die Language Projection für .NET sorgt dafür, dass beim Verwenden des .NET für Windows Store Apps eine Zuordnung auf das gleichnamige Interface im Namespace System.ComponentModel stattfindet. Damit ist das INotifyPropertyChanged-Interface beim Verwenden von C# im aus WPF/Silverlight gewohnten Namespace.
> Auch bei anderen Interfaces, wie beispielsweise INotifyCollectionChanged, wird eine native Variante via Language Projection auf eine .NET-Variante gemappt. Mehr zur Language Projection lesen Sie in Kapitel 1, »Einführung in Windows 8, WinRT und .NET«.

»INotifyPropertyChanged« und das »CallerMemberName«-Attribut

Das .NET für Windows Store Apps enthält das CallerMemberName-Attribut. Dieses lässt sich auf einem optionalen string-Parameter einer Methode setzen. Wird die Methode aufgerufen, ist der Parameter automatisch mit dem Namen des Aufrufers gefüllt.

Bei der vorigen Implementierung von INotifyPropertyChanged in Listing 7.11 wurde im Setter der FirstName-Property deren Name als String-Literal an die Changed-Methode übergeben. Sobald sich durch ein Refactoring der Propertyname ändert, muss auch der String angepasst werden. Dies wird in der Praxis oft vergessen. Das CallerMemberName-Attribut schafft hier Abhilfe, was Sie in Listing 7.15 sehen. Der string-Parameter der Changed-Methode wird optional (durch null-Zuweisung) und mit dem CallerMemberName-Attribut ausgestattet. In der FirstName-Property wird nun kein String-Literal mehr verwendet, sondern die Changed-Methode wird einfach ohne Parameter aufgerufen, den Rest erledigt der Compiler für uns. Er übergibt der Changed-Methode in diesem Fall den String FirstName.

```
public class Friend : INotifyPropertyChanged
{
  private string _firstName;
  public string FirstName
```

```
    {
      get { return _firstName; }
      set
      {
        _firstName = value;
        Changed();
      }
    }
    public event PropertyChangedEventHandler PropertyChanged;
    private void Changed([CallerMemberName] string
      propertyName = null)
    {
      ...
    }
}
```

Listing 7.15 K07\10 NotifyPropertyChangedCallerMemberName\Friend.cs

Die »BindableBase«-Klasse

Sobald Sie zu Ihrem Projekt eine *Standardseite* hinzufügen oder Ihr Projekt gleich mit der Vorlage *Raster-App* oder *Geteilte App* erstellen, finden Sie im Ordner *Common* die Datei *BindableBase.cs*. Darin befindet sich die in Listing 7.16 dargestellte abstrakte Klasse BindableBase. Wie Sie sehen, implementiert die Klasse INotifyPropertyChanged. Die Methode OnPropertyChanged wird zum Auslösen des PropertyChanged-Events genutzt. Für den string-Parameter nutzt sie das bereits gezeigte CallerMemberName-Attribut.

```
public abstract class BindableBase : INotifyPropertyChanged
{
  public event PropertyChangedEventHandler PropertyChanged;
  protected bool SetProperty<T>(ref T storage, T value,
    [CallerMemberName] String propertyName = null)
  {
    if (object.Equals(storage, value)) return false;
    storage = value;
    this.OnPropertyChanged(propertyName);
    return true;
  }
  protected void OnPropertyChanged([CallerMemberName] string
    propertyName = null)
  {
    var eventHandler = this.PropertyChanged;
```

```
      if (eventHandler != null)
      {
        eventHandler(this,
          new PropertyChangedEventArgs(propertyName));
      }
    }
  }
}
```
Listing 7.16 K07\11 NotifyPropertyChangedBindableBase\Common\BindableBase.cs

Interessant ist in Listing 7.16 die generische `SetProperty`-Methode. Diese erlaubt es, aus der Subklasse mit einer Zeile ein Feld (`storage`-Parameter) auf einen Wert (`value`-Parameter) zu setzen und in diesem Rahmen auch gleich das `PropertyChanged`-Event auszulösen.

Die `Friend`-Klasse mit der `FirstName`-Property lässt sich mit `BindableBase` als Basis wie in Listing 7.17 gezeigt implementieren. Im Setter der `FirstName`-Property wird lediglich die `SetProperty`-Methode der Basisklasse `BindableBase` aufgerufen. Und wie Sie in Listing 7.16 gesehen haben, setzt diese Methode in diesem Fall das `_firstName`-Feld auf den übergebenen Wert. Die `SetProperty`-Methode löst mit Hilfe des in Listing 7.16 zu sehenden `CallerMemberName`-Attributs auch das `PropertyChanged`-Event für die `FirstName`-Property aus.

```
public class Friend : BindableBase
{
  private string _firstName;
  public string FirstName
  {
    get { return _firstName; }
    set
    {
      SetProperty(ref _firstName, value);
    }
  }
}
```
Listing 7.17 K07\11 NotifyPropertyChangedBindableBase\Friend.cs

7.2.3 Binding an logische Ressourcen

An Elemente aus den logischen Ressourcen binden Sie sich, indem Sie die `Source`-Property des `Binding`-Objekts mit der Markup-Extension `StaticResource` setzen. Mit der `Path`-Property definieren Sie wie bisher die Eigenschaft, an die Sie sich binden möchten.

In Listing 7.18 wird die Text-Property einer TextBox an die FirstName-Property der logischen Ressource friend gebunden.

```xml
<StackPanel ...>
  <StackPanel.Resources>
    <local:Friend x:Key="friend" FirstName="Thomas"/>
  </StackPanel.Resources>
  <TextBox Text="{Binding
    Source={StaticResource friend},Path=FirstName}"/>
</StackPanel>
```

Listing 7.18 K07\12 BindingLogischeRessourcen\MainPage.xaml

> **Hinweis**
> Mehr zu logischen Ressourcen lesen Sie in Kapitel 10, »Ressourcen«.

7.2.4 Binding an Quellen unterschiedlichen Typs

Entspricht bei einem Data Binding der Typ der Target-Property nicht dem Typ der Source-Property, müssen die Werte konvertiert werden. Dazu wird die Converter-Property des Binding-Objekts verwendet. Sie nimmt ein IValueConverter-Objekt entgegen, das die Methoden Convert und ConvertBack enthält, um die Daten entsprechend zu konvertieren. Abbildung 7.6 zeigt die Funktionsweise.

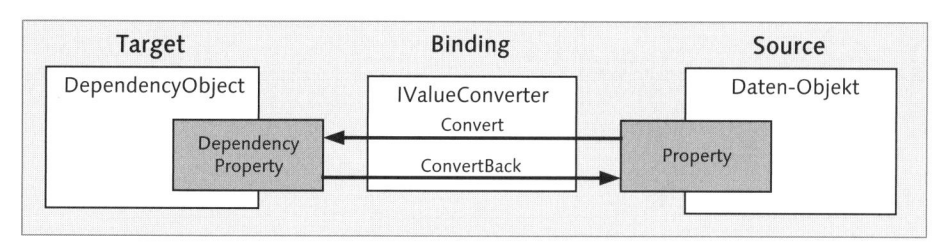

Abbildung 7.6 Ein »IValueConverter« konvertiert die Daten in einem Data Binding.

Beachten Sie in Abbildung 7.6, dass die ConvertBack-Methode nur dann benötigt wird, wenn die Source aktualisiert wird. Dies ist nur der Fall, wenn Sie ein TwoWay-Binding haben. Aus diesem Grund wird die Methode ConvertBack oft gar nicht implementiert, da viele IValueConverter nur in einem OneWay-Binding verwendet werden.

Schauen wir uns ein einfaches Beispiel eines IValueConverter an. Stellen Sie sich folgendes Data Binding vor:

```
<StackPanel ...>
  <CheckBox x:Name="checkBox" IsChecked="True"/>
  <Image Source="thomas.jpg" Width="200" Height="200"
    Visibility="{Binding ElementName=checkBox,Path=IsChecked}"/>
</StackPanel>
```

Listing 7.19 Data Binding einer Property vom Typ »Visibility« an eine Property vom Typ bool

Die Visibility-Property (Target) des Image-Elements ist an die IsChecked-Property (Source) der CheckBox gebunden. Doch die Visibility-Property ist vom Typ der Aufzählung Visibility, die IsChecked-Property dagegen vom Typ bool?. Zur Laufzeit wird allerdings keine Exception geworfen. Stattdessen finden Sie im Ausgabefenster von Visual Studio den Hinweis, dass die IsChecked-Property der CheckBox vom Typ bool? nicht in einen Wert der Aufzählung Visibility konvertiert werden kann. Eine klare Aufgabe für einen IValueConverter, der die Daten konvertiert.

Listing 7.20 zeigt die Klasse BooleanToVisibilityConverter. In der Convert-Methode wird der als erster Parameter erhaltene Wert geprüft. Dies ist der vom Data Binding ermittelte Wert. Ist er vom Typ bool und true, wird der Wert Visible zurückgegeben, ansonsten der Wert Collapsed. Aus der ConvertBack-Methode wird true zurückgegeben, wenn der erhaltene Wert vom Typ der Aufzählung Visibility ist und den Wert Visible darstellt. Ansonsten wird false zurückgegeben. Bedenken Sie, dass die ConvertBack-Methode nur von TwoWay-Bindings genutzt wird.

```
public sealed class BooleanToVisibilityConverter :
  IValueConverter
{
  public object Convert(object value, Type targetType,
    object parameter, string language)
  {
    return (value is bool && (bool)value) ?
      Visibility.Visible : Visibility.Collapsed;
  }
  public object ConvertBack(object value, Type targetType,
    object parameter, string language)
  {
    return value is Visibility
      && (Visibility)value == Visibility.Visible;
  }
}
```

Listing 7.20 K07\13 BindingValueConverter\Common\BooleanToVisibilityConverter.cs

7.2 Datenquellen eines Data Bindings

Der in Listing 7.20 dargestellte BooleanToVisibilityConverter ist im *Common*-Ordner Ihres Projektes enthalten, sobald Sie zu Ihrem Projekt eine *Standardseite* hinzufügen oder Ihr Projekt gleich mit der Vorlage *Raster-App* oder *Geteilte App* erstellen. Abbildung 7.7 zeigt einen Ausschnitt des *Common*-Ordners. Neben der bereits gezeigten BindableBase-Klasse und der LayoutAwarePage befinden sich darin unter anderem die beiden Converter BooleanToVisibilityConverter und BooleanNegationConverter.

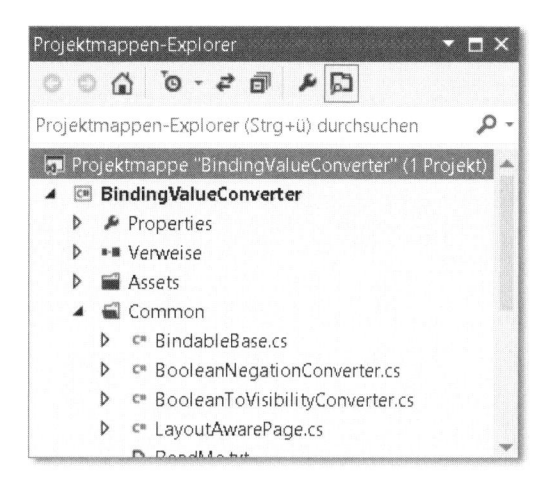

Abbildung 7.7 Der »Common«-Ordner enthält bereits zwei Converter.

Mit dem BooleanToVisibilityConverter lässt sich jetzt wie in Listing 7.21 gezeigt die Visibility-Property des Image-Elements an die IsChecked-Property (Source) der CheckBox binden. Dazu wird der Converter in den Ressourcen des StackPanels erstellt und mit Hilfe des x:Key-Attributs mit dem Schlüssel boolToVisibilityConv versehen. Der Converter-Property des Bindings wird die BooleanToVisibilityConverter-Instanz mit Hilfe der StaticResource-Markup-Extension zugewiesen.

```
<StackPanel ...>
  <StackPanel.Resources>
    <common:BooleanToVisibilityConverter
      x:Key="boolToVisibilityConv"/>
  </StackPanel.Resources>
  <CheckBox x:Name="checkBox" IsChecked="True"/>
  <Image Source="thomas.jpg" Width="200" Height="200"
    Visibility="{Binding ElementName=checkBox,Path=IsChecked,
    Converter={StaticResource boolToVisibilityConv}}"/>
</StackPanel>
```

Listing 7.21 K07\13 BindingValueConverter\MainPage.xaml

> **Hinweis**
>
> Anstatt den Converter in den Ressourcen des `StackPanel`s zu definieren, wird er üblicherweise in den Ressourcen der `Page` oder sogar in den Ressourcen des `Application`-Objekts definiert. Bei Letzterem lässt er sich dann in jeder Page via `StaticResource` referenzieren. Mehr zu Ressourcen lesen Sie in Kapitel 10, »Ressourcen«.

7.2.5 Binding an relative Quellen

Neben den Properties `ElementName` und `Source` besitzt die `Binding`-Klasse die Property `RelativeSource` vom Typ `RelativeSource`. Die Klasse `RelativeSource` besitzt lediglich eine Property namens `Mode` vom Typ der Aufzählung `RelativeSourceMode`, die drei Werte enthält:

- **None**: Kein Modus. Microsoft empfiehlt, diesen Wert nicht zu verwenden, sondern stattdessen immer einer der beiden Werte `Self` oder `TemplatedParent` zu nutzen.
- **Self**: Das Element, auf dem das Data Binding definiert wird, dient gleichzeitig als Quelle für das Data Binding. Dadurch lässt sich eine Property eines Elements an eine Property desselben Elements binden.
- **TemplatedParent**: Verweist auf das Element, auf dem das `ControlTemplate` angewendet wird. Der Mode `TemplatedParent` wird nur auf Elementen in einem `ControlTemplate` unterstützt und ist ähnlich wie die Markup-Extension `TemplateBinding`.

Schauen wir uns die beiden Möglichkeiten `Self` und `TemplatedParent` kurz an. Vorweg gilt es zu erwähnen, dass die `RelativeSource`-Klasse auch eine Markup-Extension ist.

Mit dem Mode »Self« an eine Property des Target-Elements binden

Um die Source eines Data Binding auf das Target-Element zu setzen, auf dem das Data Binding anwendet wird, verwenden Sie den Mode `Self`:

`{Binding RelativeSource={RelativeSource Mode=Self}}`

Die explizite Angabe von `Mode=` ist optional. Folgende Variante ist somit auch möglich:

`{Binding RelativeSource={RelativeSource Self}}`

Der Mode `Self` ist praktisch, wenn Sie eine Property eines Elements an eine andere Property desselben Elements binden möchten. Ohne den Mode `Self` müssten Sie dem Element einen Namen geben, den Sie in der ElementName-Property des Binding-Objekts verwenden.

In Listing 7.22 wird die Background-Property (Target) einer TextBox an die eigene Text-Property (Source) gebunden.

```
<TextBox Background="{Binding
  RelativeSource={RelativeSource Mode=Self},Path=Text}"/>
```

Listing 7.22 K07\14 RelativeSourceSelf\MainPage.xaml

Wird in die TextBox aus Listing 7.22 der Text Green geschrieben, hat die TextBox einen grünen Hintergrund. Der eingegebene String wird dabei von der WinRT automatisch in einen Brush umgewandelt; ein IValueConverter ist nicht notwendig.

> **Hinweis**
>
> Die LayoutAwarePage-Klasse nutzt den RelativeSourceMode Self, um sich an die eigene DefaultViewModel-Property zu binden. Mehr dazu lesen Sie in Abschnitt 7.3.4, »›IObservableMap‹ in der ›LayoutAwarePage‹«, und in Kapitel 8, »Commands und MVVM«.

»TemplatedParent« für Templates

Um in einem ControlTemplate an eine Property des Elements zu binden, auf das das ControlTemplate angewendet wird, verwenden Sie üblicherweise die Markup-Extension TemplateBinding. Allerdings funktioniert ein TemplateBinding nur dann, wenn Sie an eine Dependency Property binden. Beim Binden an gewöhnliche .NET-Properties erhalten Sie einen Laufzeitfehler. Folglich nutzen Sie in einem ControlTemplate zum Binden an gewöhnliche .NET-Properties des Elements, auf das das ControlTemplate angewendet wird, ein normales Data Binding. Setzen Sie die RelativeSource-Property dabei auf eine RelativeSource-Instanz mit dem Mode TemplatedParent.

Bei einer Dependency Property haben Sie die Qual der Wahl und können sowohl das TemplateBinding als auch ein normales Binding mit RelativeSource verwenden.

Listing 7.23 zeigt ein einfaches ControlTemplate eines Buttons. Im ControlTemplate befindet sich eine Ellipse, deren Fill-Property an die Background-Property des Buttons gebunden ist. Dazu wurde ein Binding mit einer RelativeSource verwendet.

```
<Button Content="Hello" Background="Red">
  <Button.Template>
    <ControlTemplate TargetType="Button">
      <Grid>
        <Ellipse Fill="{Binding RelativeSource=
```

```
                {RelativeSource TemplatedParent},Path=Background}"/>
                ...
        </Grid>
      </ControlTemplate>
  </Button.Template>
</Button>
```

Listing 7.23 K07\15 RelativeSourceTemplatedParent\MainPage.xaml

Da die Background-Property als Dependency Property implementiert ist, lässt sich die Fill-Property der Ellipse aus Listing 7.23 auch wie folgt binden:

```
<Ellipse Fill="{TemplateBinding Background}"/>
```

7.3 Data Binding an Collections

In diesem Abschnitt schauen wir uns die Details zum Data Binding an Collections an. In diesem Zusammenhang werfen wir zunächst einmal einen Blick auf den Benachrichtigungsmechanismus mit INotifyCollectionChanged, IObservableVector<T> und IObservableMap<K,V>, bevor wir die CollectionViews für das Currency-Management näher betrachten.

7.3.1 Benachrichtigung mit »INotifyCollectionChanged«

Ist die ItemsSource-Property eines ItemsControls an eine Collection gebunden, muss diese Collection beim Hinzufügen und Löschen von Daten einen Benachrichtigungsmechanismus bereitstellen, damit das Data Binding darauf reagieren kann. Ohne den Benachrichtigungsmechanismus bleiben die gebundenen Elemente der Collection weiterhin im ItemsControl sichtbar, auch wenn sie bereits gelöscht wurden.

Damit das Data Binding Änderungen mitbekommt, muss Ihre Collection das Interface INotifyCollectionChanged (**Namespace:** System.Collections.Specialized) implementieren, das lediglich ein Event definiert:

```
public interface INotifyCollectionChanged
{
  event NotifyCollectionChangedEventHandler CollectionChanged;
}
```

Das CollectionChanged-Event lösen Sie aus, wenn beispielsweise Objekte zu Ihrer Collection hinzugefügt oder aus ihr gelöscht werden. Die zum Event gehörenden NotifyCollectionChangedEventArgs verfügen unter anderem über eine Action-Property vom Typ der Aufzählung NotifyCollectionChangedAction. Die Aufzählung definiert die Werte Add, Remove, Replace, Move und Reset, aufgrund deren das Data Binding der WinRT weiß, was zu tun ist.

Glücklicherweise müssen Sie das Interface INotifyCollectionChanged nicht selbst implementieren. Im Namespace System.Collections.ObjectModel finden Sie die pfannenfertige Klasse ObservableCollection<T>. Schauen wir uns ein Beispiel an.

Listing 7.24 zeigt den XAML-Code einer einfachen Oberfläche bestehend aus einem StackPanel mit einem Button und einer ListView. Beachten Sie, dass die ItemsSource-Property der ListView gebunden ist. Es ist keine explizite Source angegeben, sie verwendet somit die Daten aus dem DataContext.

```
<StackPanel ...>
  <Button Content="Löschen" Click="Button_Click" Margin="5"/>
  <ListView ItemsSource="{Binding}" DisplayMemberPath="FirstName"
    x:Name="listView" Margin="5" Height="300"/>
</StackPanel>
```

Listing 7.24 K07\16 NotifyCollectionChanged\MainPage.xaml

Listing 7.25 zeigt die Codebehind-Datei. Im Konstruktor wird die LoadData-Methode aufgerufen, die eine ObservableCollection<Friend> mit vier Friend-Objekten zurückgibt. Die Collection wird in der _friends-Variablen gespeichert und der DataContext-Property zugewiesen. Dadurch werden die »vier Freunde« in der ListView aus Listing 7.24 angezeigt. Im Event Handler Button_Click wird das aktuell in der ListView selektierte Friend-Objekt aus der _friends-Collection entfernt.

```
public sealed partial class MainPage : Page
{
  private ObservableCollection<Friend> _friends;
  public MainPage()
  {
    this.InitializeComponent();
    _friends = LoadData();
    this.DataContext = _friends;
  }

  private ObservableCollection<Friend> LoadData()
  {
    return new ObservableCollection<Friend>
    {
      new Friend{FirstName="Julia"},
      new Friend{FirstName="Thomas"},
      new Friend{FirstName="Erkan"},
      new Friend{FirstName="Chrissi"}
    };
  }
```

```
    private void Button_Click(object sender, RoutedEventArgs e)
    {
      var friend = listView.SelectedItem as Friend;
      if (friend != null)
      {
        _friends.Remove(friend);
      }
    }
}
```

Listing 7.25 K07\16 NotifyCollectionChanged\MainPage.xaml.cs

Der Aufruf der Remove-Methode im Event Handler Button_Click löst auf der _friends-Collection das CollectionChanged-Event aus, wodurch die daran gebundene ListView die Ansicht aktualisiert.

> **Tipp**
>
> Ersetzen Sie in Listing 7.25 die ObservableCollection<Friend> durch List<Friend>. Sie werden dann sehen, dass die ListView nach dem Löschen die Elemente weiterhin anzeigt, da sie nicht mitbekommen hat, dass etwas mit der Collection passiert ist.

7.3.2 Benachrichtigung mit »IObservableVector«

Die WinRT enthält mit dem Interface IObservableVector<T> eine Alternative zu INotifyCollectionChanged. IObservableVector<T> erweitert IList<T> um einen Benachrichtigungsmechanismus. Dazu definiert IObservableVector<T> lediglich das VectorChanged-Event:

```
public interface IObservableVector<T> : IList<T>
{
  event VectorChangedEventHandler<T> VectorChanged;
}
```

Listing 7.26 Das Interface »IObservableVector<T>«

> **Hinweis**
>
> Tatsächlich erweitert das Interface IObservableVector<T> das Interface IVector<T>. Jedoch wird das WinRT-Interface IVector<T> (Namespace: Windows.Foundation.Collections) im .NET für Windows Store Apps via Language Projection dem Interface IList<T> zugeordnet. IObservableVector<T> sieht somit beim Entwickeln mit C# genauso so aus wie in Listing 7.26 gezeigt.

Das Data Binding der WinRT kommt sowohl mit INotifyCollectionChanged als auch mit IObservableVector<T> zurecht. Das .NET für Windows Store Apps enthält allerdings keine Implementierung von IObservableVector<T>. Sie sollten daher beim Verwenden von C#/VB das aus WPF/Silverlight bekannte Interface INotifyCollectionChanged nutzen, da Ihnen hier die bereits gezeigte Klasse ObservableCollection<T> zur Verfügung steht.

> **Hinweis**
>
> Falls Sie dennoch zum Erweitern Ihres Knowhows an IObservableVector<T> interessiert sind, finden Sie dazu in den Beispielen auf der Buch-DVD im Ordner *K07\17 DerObservableVector* ein kleines Projekt mit einer Implementierung von IObservableVector<T> für .NET.
>
> Falls Sie eine App mit XAML und C++ entwickeln, steht Ihnen die Klasse Platform::Collections::Vector zur Verfügung, die IObservableVector<T> implementiert.
>
> Auch die später in Abschnitt 7.3.5 gezeigte Klasse ICollectionView erweitert IObservableVector<T>.

7.3.3 Benachrichtigung mit »IObservableMap«

Die WinRT enthält mit IObservableMap<K,V> ein Interface, das IDictionary<K,V> um einen Benachrichtigungsmechanismus erweitert. Dazu definiert IObservableMap<K,V> das MapChanged-Event:

```
public interface IObservableMap<K, V> : IDictionary<K, V>
{
  event MapChangedEventHandler<K, V> MapChanged;
}
```

Listing 7.27 Das Interface »IObservableMap<K,V>«

> **Hinweis**
>
> Tatsächlich erweitert das Interface IObservableMap<K,V> das Interface IMap<K,V>. Jedoch wird das WinRT-Interface IMap<K,V> (Namespace: Windows.Foundation.Collections) im .NET für Windows Store Apps via Language Projection dem Interface IDictionary<K,V> zugeordnet. IObservableMap<K,V> sieht somit beim Entwickeln mit C# genauso so aus wie in Listing 7.27 gezeigt.

Das Interface `IObservableMap<K,V>` stellt ein sehr interessantes Interface dar, da sich damit auch `IDictionary<K,V>`-Collections mit einem Benachrichtigungsmechanismus ausstatten lassen, der vom Data Binding der WinRT verwendet wird. Obwohl weder die WinRT noch .NET eine Implementierung von `IObservableMap<K,V>` besitzen, müssen Sie selbst keine schreiben. Stattdessen sollten Sie im *Common*-Ordner in die Datei *LayoutAwarePage.cs* schauen. Diese enthält im unteren Teil die private Klasse `ObservableDictionary<K,V>`, die `IObservableMap<K,V>` bereits implementiert, wie Listing 7.28 zeigt.

```
public class LayoutAwarePage : Page
{
  ...
  private class ObservableDictionary<K,V>:IObservableMap<K,V>
  {
    ...
  }
}
```

Listing 7.28 K07\18 DieObservableMap\Common\LayoutAwarePage.cs.

Um Ihnen das Zusammenspiel von `IObservableMap<K,V>` und dem Data Binding aufzuzeigen, wird ein neues Projekt erstellt. Darin wird die `ObservableDictionary<K,V>`-Klasse in eine separate Datei ausgelagert und `public` gemacht:

```
public class ObservableDictionary<K, V> : IObservableMap<K, V>
{ ... }
```

Listing 7.29 K07\18 DieObservableMap\ObservableDictionary.cs

In Listing 7.30 sehen Sie einen XAML-Ausschnitt der Beispielanwendung. Darin sind ein `Button` und eine `ListView` definiert. Beachten Sie, dass die `ItemsSource`-Property der `ListView` an eine `Friends`-Property gebunden ist. Da auf dem Binding weder `ElementName` noch `Source` oder `RelativeSource` gesetzt sind, wird an die `Friends`-Property aus dem `DataContext` gebunden.

```
<StackPanel ...>
  <Button Content="Freunde laden" Click="Button_Click" .../>
  <ListView ItemsSource="{Binding Friends}"
    DisplayMemberPath="FirstName"/>
</StackPanel>
```

Listing 7.30 K07\18 DieObservableMap\MainPage.xaml

Listing 7.31 zeigt die Codebehind-Datei. Im Konstruktor wird eine `ObservableDictionary<string,object>`-Instanz erzeugt, in einer Instanzvariablen gespeichert und der

DataContext-Property zugewiesen. Im Event Handler Button_Click wird unter dem Schlüssel Friends eine neue Collection mit Freunden zum ObservableDictionary hinzugefügt. Wird der Button geklickt, zeigt die ListView aus Listing 7.30 die Freunde an, da die ObservableDictionary-Instanz das Data Binding mit Hilfe des MapChanged-Interface benachrichtigt.

```
public sealed partial class MainPage : Page
{
  private ObservableDictionary<string, object> _dictionary;
  public MainPage()
  {
    this.InitializeComponent();
    _dictionary = new ObservableDictionary<string, object>();
    this.DataContext = _dictionary;
  }
  private void Button_Click(object sender, RoutedEventArgs e)
  {
    _dictionary["Friends"] = new ObservableCollection<Friend>
    {
      new Friend{FirstName="Julia"},
      ...
    };
  }
}
```

Listing 7.31 K07\18 DieObservableMap\MainPage.xaml.cs

7.3.4 »IObservableMap« in der »LayoutAwarePage«

Wie im vorigen Abschnitt erwähnt, enthält die LayoutAwarePage-Klasse eine Implementierung von IObservableMap<K,V>. Diese Implementierung nutzt die LayoutAwarePage-Klasse für die eigene, als Dependency Property implementierte DefaultViewModel-Property:

```
public class LayoutAwarePage : Page
{ ...
  public LayoutAwarePage()
  {
    ...
    DefaultViewModel = new ObservableDictionary<String,Object>();
    ...
  }
  protected IObservableMap<String,Object> DefaultViewModel
```

```
{
  get { ... } set { ... }
}
...
}
```
Listing 7.32 K07\19 DieObservableMapLayoutAwarePage\Common\LayoutAwarePage.cs

Eine Seite, die von `LayoutAwarePage` erbt, hat in XAML automatisch den `DataContext` gesetzt. Listing 7.33 zeigt dies. Die `DataContext`-Property wird mit dem `RelativeSourceMode Self` an die `DefaultViewModel`-Property der `LayoutAwarePage`-Instanz gebunden.

```
<common:LayoutAwarePage ...
  DataContext="{Binding DefaultViewModel,
    RelativeSource={RelativeSource Self}}" ...>
  ...
  <StackPanel ...>
    <Button Content="Freunde laden" Click="Button_Click" .../>
    <ListView ItemsSource="{Binding Friends}"
      DisplayMemberPath="FirstName" .../>
  </StackPanel>
  ...
  </Grid>
</common:LayoutAwarePage>
```
Listing 7.33 K07\19 DieObservableMapLayoutAwarePage\MainPage.xaml

Beachten Sie, dass Listing 7.33 auch den `Button` und die `ListView` aus dem vorigen Beispiel enthält. Wie auch im vorigen Beispiel (Listing 7.30) ist die `ItemsSource`-Property der `ListView` an eine `Friends`-Property gebunden. Bedenken Sie, dass jetzt die `DefaultViewModel`-Property im `DataContext` steckt. Listing 7.34 zeigt die Codebehind-Datei. Im `Click`-Event-Handler des `Buttons` wird in der `DefaultViewModel`-Property unter dem Schlüssel `Friends` eine `ObservableCollection<Friend>` gespeichert. Da die `DefaultViewModel`-Property im `DataContext` steckt, wird diese Collection folglich in der `ListView` aus Listing 7.34 angezeigt.

```
public sealed partial class MainPage :
  DieObservableMapLayoutAwarePage.Common.LayoutAwarePage
{ ...
  private void Button_Click(object sender, RoutedEventArgs e)
  {
    DefaultViewModel["Friends"] =
      new ObservableCollection<Friend>
```

```
    {
      new Friend{FirstName="Julia"},
      ...
    };
  }
}
```

Listing 7.34 K07\19 DieObservableMapLayoutAwarePage\MainPage.xaml.cs

---

Hinweis

Die `DefaultViewModel`-Property der `LayoutAwarePage`-Klasse begegnet Ihnen nochmals Kapitel 8, »Commands und MVVM«.

7.3.5 CollectionViews

Collections selbst enthalten lediglich die Daten, sie haben jedoch keine Information über das aktuell selektierte Element. Für diese und weitere Funktionalität gibt es die sogenannten *CollectionViews*, die sich zu jeder beliebigen Collection erstellen lassen. Eine CollectionView ist ein Objekt, das das in Listing 7.35 dargestellte ICollection-View-Interface (Namespace: `Windows.UI.Xaml.Data`) implementiert.

Das ICollectionView-Interface hat unter anderem eine `CurrentItem`- und eine `CurrentPosition`-Property. Darüber sind das selektierte Element und seine Position definiert. Mit diversen Move-Methoden wie `MoveCurrentToNext` oder `MoveCurrentToPrevious` können Sie durch die Elemente navigieren.

```
public interface ICollectionView : IObservableVector<object>,
  IList<object>, IEnumerable<object>
{
  IObservableVector<object> CollectionGroups { get; }
  object CurrentItem { get; }
  int CurrentPosition { get; }
  bool HasMoreItems { get; }
  bool IsCurrentAfterLast { get; }
  bool IsCurrentBeforeFirst { get; }
  event EventHandler<object> CurrentChanged;
  event CurrentChangingEventHandler CurrentChanging;
  IAsyncOperation<LoadMoreItemsResult>
    LoadMoreItemsAsync(uint count);
  bool MoveCurrentTo(object item);
  bool MoveCurrentToFirst();
```

```
    bool MoveCurrentToLast();
    bool MoveCurrentToNext();
    bool MoveCurrentToPosition(int index);
    bool MoveCurrentToPrevious();
}
```

Listing 7.35 Das Interface »ICollectionView«

Um für Ihre Collection eine ICollectionView zu erstellen, nutzen Sie die CollectionViewSource-Klasse (Namespace: Windows.UI.Xaml.Data). Erstellen Sie eine Instanz, und weisen Sie der Source-Property Ihre Collection zu. In der View-Property finden Sie dann die zugehörige ICollectionView.

Eine CollectionViewSource-Instanz können Sie sowohl in C# als auch in XAML erstellen. XAML ist der übliche Weg. Bevor wir uns beide Varianten ansehen, beschäftigen wir uns mit den weiteren Properties der CollectionViewSource-Klasse, die in Tabelle 7.2 dargestellt sind.

Property	Beschreibung
Source	Vom Typ object. Weisen Sie dieser Property Ihre Collection zu.
View	Die erzeugte ICollectionView-Instanz erhalten Sie über diese Readonly-Property.
IsSourceGrouped	Setzen Sie diese Property auf true, wenn die Daten in der Source-Property gruppiert sind. Das Gruppieren kommt bei den Controls ListView und GridView zum Einsatz. Mehr dazu lesen Sie in Abschnitt 7.5.5, »Daten gruppieren«.
ItemsPath	Sind die Daten gruppiert, kann eine Gruppe entweder eine Collection sein, die die Kindelemente direkt enthält, oder die Gruppe kann eine gewöhnliche Klasse sein, die die Kindelemente in einer bestimmten Property enthält. Beim letzten Fall geben Sie mit der ItemsPath-Property jene Property an, die die Kindelemente enthält. Dadurch weiß die CollectionViewSource, wo sie in Ihrer Klasse diese Kindelemente findet. Mehr dazu beim Gruppieren von Daten in Abschnitt 7.5.5.

Tabelle 7.2 Die Properties der »CollectionViewSource«-Klasse

CollectionView in C# erstellen

Wir erstellen im Folgenden eine CollectionView in C#, bevor wir das Gleiche in XAML machen. Dazu nutzen wir das kleine, in Abbildung 7.8 dargestellte UI. Links befindet sich eine ListView mit den Freunden, rechts zwei TextBox-Elemente, die den Vor- und

Nachnamen des selektierten Freundes anzeigen. Im oberen Teil sind zwei Buttons, mit denen Sie sich in der Collection vor- und zurückbewegen.

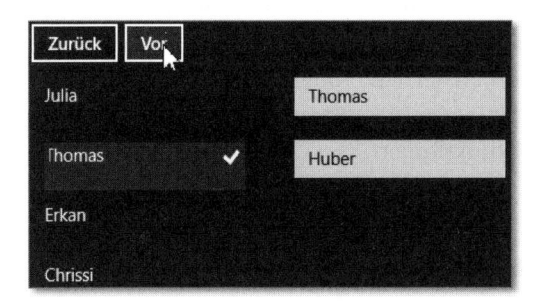

Abbildung 7.8 Eine kleine Master-Detail-Ansicht mit CollectionViews

In der Codebehind-Datei der `MainPage` wird in der `OnNavigatedTo`-Methode eine `ObservableCollection<Friend>` geladen. Listing 7.36 zeigt, dass dazu die `LoadFriends`-Methode genutzt wird, deren Implementierung wir hier nicht näher betrachten. In Listing 7.36 wird eine `CollectionViewSource`-Instanz erzeugt und in der Instanzvariablen `friendsViewSource` gespeichert. Der `Source`-Property wird die geladene `ObservableCollection<Friend>`-Collection zugewiesen. In der `View`-Property befindet sich jetzt die passende `ICollectionView`, die der `DataContext`-Property der `MainPage` zugewiesen wird.

```
public sealed partial class MainPage : Page
{
  CollectionViewSource friendsViewSource;
  ...
  protected override void OnNavigatedTo(NavigationEventArgs e)
  {
    ObservableCollection<Friend> friends = LoadFriends();

    friendsViewSource = new CollectionViewSource();
    friendsViewSource.Source = friends;
    this.DataContext = friendsViewSource.View;
  }
  ...
}
```

Listing 7.36 K07\20 DieCollectionViewInCSharp\MainPage.xaml.cs

Listing 7.37 zeigt den XAML-Code der `MainPage`. Die `ItemsSource`-Property einer `ListView` ist an die im `DataContext` enthaltene `ICollectionView` gebunden. Über die `DisplayMemberPath`-Property ist festgelegt, dass von den `Friend`-Objekten die `FirstName`-Property angezeigt wird. Zwei `TextBox`-Elemente binden ihre `Text`-Properties an die Properties `FirstName` und `LastName`. Doch Moment, im `DataContext` befindet sich doch die ICollectionView und nicht ein Friend-Objekt?! Das Data Binding schaut zunächst auf der ICollectionView nach der Property FirstName bzw. LastName. Diese wird nicht gefunden. Dann bemerkt das Data Binding, dass das Objekt im DataContext eine ICollectionView ist. Es schaut folglich in die CurrentItem-Property und sucht auf dem aktuell selektierten Element nach den Properties FirstName bzw. LastName. Im Fall von Listing 7.37 steckt in der CurrentItem-Property der ICollectionView eine Friend-Instanz, womit das Binding funktioniert.

```
<StackPanel Orientation="Horizontal">
  <Button Content="Zurück" Click="ButtonPrevious_Click"/>
  <Button Content="Vor" Click="ButtonNext_Click"/>
</StackPanel>
<ListView ItemsSource="{Binding}"
  DisplayMemberPath="FirstName" .../>
<StackPanel Grid.Column="1" Grid.Row="1" ...>
  <TextBox Text="{Binding FirstName}" .../>
  <TextBox Text="{Binding LastName}" .../>
</StackPanel>
```

Listing 7.37 K07\20 DieCollectionViewInCSharp\MainPage.xaml

> **Hinweis**
>
> Sie können beim Data Binding in Listing 7.37 die CurrentItem-Property der ICollectionView auch explizit wie folgt angeben:
>
> `<TextBox Text="{Binding CurrentItem.FirstName}" .../>`

Damit das Navigieren über die in Abbildung 7.8 sichtbaren Buttons funktioniert, sind für diese noch zwei Event Handler notwendig. Diese nutzen, wie Listing 7.38 zeigt, die in der Instanzvariablen friendsViewSource gespeicherte CollectionViewSource-Instanz. Auf der in der View-Property enthaltenen ICollectionView werden zum Navigieren die Methoden MoveCurrentToPrevious und MoveCurrentToPrevious aufgerufen. Damit ist die App komplett.

```
private void ButtonPrevious_Click(object sender, ...)
{
  friendsViewSource.View.MoveCurrentToPrevious();
}
private void ButtonNext_Click(object sender, ...)
{
  friendsViewSource.View.MoveCurrentToNext();
}
```

Listing 7.38 K07\20 DieCollectionViewInCSharp\MainPage.xaml.cs

> **Hinweis**
>
> In diesem Beispiel wurde in Listing 7.36 mit folgenden Zeilen die ICollectionView in den DataContext der MainPage gesetzt:
>
> this.DataContext = friendsViewSource.View;
>
> Alternativ können Sie anstatt der ICollectionView auch direkt die CollectionView-Source-Instanz in den DataContext setzen:
>
> this.DataContext = friendsViewSource;
>
> Die in XAML definierten Data Bindings müssen Sie nicht ändern. Das Data Binding ist so clever, dass es merkt, wenn die Quelle eine CollectionViewSource-Instanz ist. Es nimmt sich dann automatisch die in der View-Property gespeicherte ICollectionView als Quelle.

CollectionView in XAML erstellen

Üblicherweise wird eine CollectionViewSource-Instanz nicht wie im vorigen Abschnitt in C#, sondern in XAML erzeugt. Im Folgenden schauen wir uns das an und nehmen dazu das im vorigen Abschnitt betrachtete Beispiel. In der OnNavigatedTo-Methode wird der DataContext-Property der MainPage direkt die ObservableCollection<Friend> zugewiesen:

```
protected override void OnNavigatedTo(NavigationEventArgs e)
{
  ObservableCollection<Friend> friends = LoadFriends();
  this.DataContext = friends;
}
```

Listing 7.39 K07\21 DieCollectionViewInXAML\MainPage.xaml.cs

In den Ressourcen der MainPage wird in Listing 7.40 die CollectionViewSource-Instanz erstellt. Mit dem x:Name-Attribut wird der Name friendsViewSource vergeben, über den die CollectionViewSource-Instanz referenziert werden kann. Die Source-Property wird an die im DataContext enthaltene ObservableCollection<Friend> gebunden.

Die ListView und die TextBox-Elemente binden sich jetzt an die in den Ressourcen enthaltene CollectionViewSource, wie ich dies in Abschnitt 7.2.3 beim Binding an logische Ressourcen gezeigt habe. Das Data Binding nimmt in Listing 7.40 automatisch die in der CollectionViewSource enthaltene ICollectionView als Quelle, womit der XAML-Code funktioniert und fertig ist.

```xml
<Page ...>
  <Page.Resources>
    <CollectionViewSource x:Name="friendsViewSource"
      Source="{Binding}"/>
  </Page.Resources>
  <Grid ...> ...
    <StackPanel Orientation="Horizontal">
      <Button Content="Zurück" Click="ButtonPrevious_Click"/>
      <Button Content="Vor" Click="ButtonNext_Click"/>
    </StackPanel>
    <ListView ItemsSource="{Binding Source={StaticResource
      friendsViewSource}}" DisplayMemberPath="FirstName"
      .../>
    <StackPanel Grid.Column="1" Grid.Row="1" ...>
      <TextBox Text="{Binding Source={StaticResource
        friendsViewSource},Path=FirstName}" .../>
      <TextBox Text="{Binding Source={StaticResource
        friendsViewSource},Path=LastName}" .../>
    </StackPanel>
  </Grid>
</Page>
```

Listing 7.40 K07\21 DieCollectionViewInXAML\MainPage.xaml

Auf Ressourcen setzen Sie üblicherweise mit dem x:Key-Attribut einen Schlüssel. In Listing 7.40 wurde die CollectionViewSource-Instanz allerdings mit dem x:Name-Attribut versehen. Dies ist eine Alternative zum x:Key-Attribut, bei der zusätzlich eine Instanzvariable erstellt wird, die in der Codebehind-Datei verfügbar ist. Somit kann diese Instanzvariable mit der CollectionViewSource-Instanz weiterhin in den Click-Event-Handlern der Buttons zum Navigieren verwendet werden, wie folgender Ausschnitt zeigt:

```
private void ButtonPrevious_Click(object sender, ...)
{
  friendsViewSource.View.MoveCurrentToPrevious();
}
```

Listing 7.41 K07\21 DieCollectionViewInXAML\MainPage.xaml.cs

> **Hinweis**
>
> Mehr zum Thema Ressourcen, zur StaticResource-Markup-Extension und zu den Attributen x:Key und x:Name lesen Sie in Kapitel 10, »Ressourcen«.

7.4 Daten mit DataTemplates visualisieren

Enthält ein `ItemsControl` wie die `ListView` keine `UIElemente`, werden die Objekte mit dem Ergebnis der `ToString`-Methode dargestellt. Sie haben zwei Möglichkeiten, dem entgegenzuwirken:

- Setzen Sie die `DisplayMemberPath`-Property auf eine Property Ihres Datenobjekts.
- Weisen Sie der `ItemTemplate`-Property ein `DataTemplate` zu.

Die erste Möglichkeit haben wir bereits öfter verwendet. Im vorigen Abschnitt haben wir beispielsweise mit der `DisplayMemberPath`-Property festgelegt, dass von den `Friend`-Objekten in einer `ListView` die Werte der `FirstName`-Properties angezeigt werden. In diesem Abschnitt schauen wir uns die mächtigere Variante mit `DataTemplates` an. Ich zeige Ihnen dabei auch, wie Sie mit einem `DataTemplateSelector` für spezielle Objekte dynamisch ein anderes `DataTemplate` auswählen.

7.4.1 Das DataTemplate

Um die Funktionalität eines `DataTemplates` zu zeigen, stellen wir in den `DataContext` einer neu erstellten Page eine `ObservableCollection<Friend>`. Die `Friend`-Klasse besitzt hier die Properties `FirstName` und `LastName`:

```
protected override void OnNavigatedTo(NavigationEventArgs e)
{
    this.DataContext = LoadFriends();
}
private ObservableCollection<Friend> LoadFriends()
{
  return new ObservableCollection<Friend>
  {
    new Friend{FirstName="Julia",LastName="Huber"},
    new Friend{FirstName="Thomas",LastName="Huber"},
    ...
  }
}
```

Listing 7.42 K07\22 DasDataTemplate\MainPage.xaml.cs

Im XAML-Code wird die `ItemsSource`-Property einer `ListView` an die im `DataContext` enthaltene `ObservableCollection<Friend>` gebunden, wie Listing 7.43 zeigt. Der `ItemTemplate`-Property der `ListView` wird ein `DataTemplate` zugewiesen. Im DataTemplate haben Sie wiederum alle Elemente der WinRT Verfügung, um ein Aussehen für die Objekte – in diesem Fall `Friend`-Objekte – zu definieren.

In Listing 7.43 wird im `DataTemplate` ein `StackPanel` mit zwei `TextBlock`-Elementen definiert. Der erste `TextBlock` hat für die `FontWeight`-Property den Wert `Bold`.

Die beiden `TextBlock`-Elemente sind an die Properties `FirstName` und `LastName` gebunden. Im `DataContext` eines `DataTemplates` steht immer das Element, für das das `DataTemplate` genutzt wird. In diesem Beispiel ist das immer ein `Friend`-Objekt. Somit kann wie in Listing 7.43 direkt an die Properties `FirstName` und `LastName` gebunden werden.

```xml
<ListView ItemsSource="{Binding}" Width="200">
  <ListView.ItemTemplate>
    <DataTemplate>
      <StackPanel Margin="10">
        <TextBlock Text="{Binding FirstName}" FontWeight="Bold"/>
        <TextBlock Text="{Binding LastName}"/>
      </StackPanel>
    </DataTemplate>
  </ListView.ItemTemplate>
</ListView>
```

Listing 7.43 K07\22 DasDataTemplate\MainPage.xaml

Abbildung 7.9 zeigt die `ListView` aus Listing 7.43. Es ist schön zu erkennen, wie die `Friend`-Objekte aufgrund des `DataTemplates` mit fettem Vornamen und dem Nachnamen darunter dargestellt werden.

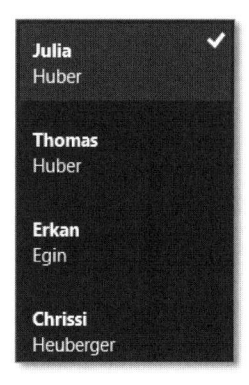

Abbildung 7.9 Die »ListView« stellt die Freunde gemäß »DataTemplate« dar.

> **Hinweis**
>
> Beim Betrachten der Controls `FlipView`, `ListView` und `GridView` in Abschnitt 7.5, »Daten-Controls der WinRT«, lernen Sie auch etwas komplexere `DataTemplates` kennen, die beispielsweise noch ein `Image`-Element enthalten.

7.4.2 Der DataTemplateSelector

In manchen Fällen möchten Sie für bestimmte Elemente ein anderes `DataTemplate` anzeigen. Dies erreichen Sie mit einer Subklasse von `DataTemplateSelector`, die wir uns hier ansehen.

Definieren Sie zunächst Ihre verschiedenen `DataTemplates`, üblicherweise als logische Ressource.

> **Hinweis**
>
> Die Details zu logischen Ressourcen lesen Sie in Kapitel 10, »Ressourcen«.

In Listing 7.44 werden in den App-Ressourcen zwei `DataTemplates` für `Friend`-Objekte erstellt. Jenes mit dem Schlüssel `friendTemplate` ist das gleiche wie aus dem vorigen Abschnitt. Es stellt zwei `TextBlock`-Elemente untereinander dar. Das mit dem Schlüssel `thomasTemplate` stellt die zwei `TextBlock`-Elemente nebeneinander dar, die `Orientation`-Property des `StackPanels` ist `Horizontal`. Zudem nutzen die `TextBlock`-Elemente im `thomasTemplate` eine sehr große Schrift.

```xaml
<Application.Resources>
  <ResourceDictionary>
    <ResourceDictionary.MergedDictionaries>
      <ResourceDictionary>
        <DataTemplate x:Key="friendTemplate">
          <StackPanel Margin="10">
            <TextBlock Text="{Binding FirstName}"
              FontWeight="Bold"/>
            <TextBlock Text="{Binding LastName}"/>
          </StackPanel>
        </DataTemplate>
        <DataTemplate x:Key="thomasTemplate">
          <StackPanel Orientation="Horizontal" Margin="10">
            <TextBlock Text="{Binding FirstName}" FontSize="56"
              FontWeight="Bold"/>
            <TextBlock Text="{Binding LastName}" FontSize="56"
              Margin="10 0 0 0"/>
          </StackPanel>
        </DataTemplate>
      </ResourceDictionary>
      ...
    </ResourceDictionary.MergedDictionaries>
  </ResourceDictionary>
</Application.Resources>
```

Listing 7.44 K07\23 DerDataTemplateSelector\App.xaml

Um die Auswahllogik zu programmieren, erstellen Sie eine Subklasse von DataTemplateSelector und überschreiben die SelectTemplateCore-Methode. Sie erhalten als Parameter unter anderem das Objekt, für das ein DataTemplate verlangt wird. Werten Sie das Objekt aus, und geben Sie das entsprechende DataTemplate zurück.

Listing 7.45 zeigt die FriendDataTemplateSelector-Klasse. Sie erbt von DataTemplateSelector und überschreibt die SelectTemplateCore-Methode. Das erhaltene Objekt muss zunächst in ein Friend-Objekt gecastet werden. Anschließend wird die FirstName-Property geprüft. Enthält diese den String Thomas, wird aus den App-Ressourcen das thomasTemplate zurückgegeben. Enthält die FirstName-Property einen anderen Wert, wird aus den App-Ressourcen das friendTemplate zurückgegeben.

```csharp
public class FriendDataTemplateSelector : DataTemplateSelector
{
  protected override DataTemplate SelectTemplateCore(object item,
    DependencyObject container)
  {
    Friend friend = item as Friend;
    if (friend == null)
      throw new ArgumentException("item must be of type friend");

    var isThomas = friend.FirstName == "Thomas";
    if (isThomas)
      return (DataTemplate)
        Application.Current.Resources["thomasTemplate"];
    else
      return (DataTemplate)
        Application.Current.Resources["friendTemplate"];
  }
}
```

Listing 7.45 K07\23 DerDataTemplateSelector\FriendDataTemplateSelector.cs

Im letzten Schritt müssen Sie Ihrem ItemsControl den FriendDataTemplateSelector bekannt machen. Dazu weisen Sie diesen der ItemTemplateSelector-Property zu, wie Listing 7.46 anhand der ListView zeigt.

```xml
<ListView ItemsSource="{Binding}" Width="500">
  <ListView.ItemTemplateSelector>
    <local:FriendDataTemplateSelector/>
  </ListView.ItemTemplateSelector>
</ListView>
```

Listing 7.46 K07\23 DerDataTemplateSelector\MainPage.xaml

Im `DataContext` von Listing 7.46 ist die hier über die Codebehind-Datei geladene, im vorigen Abschnitt gezeigte `ObservableCollection<Friend>`. Die `ListView` ruft jetzt für jedes `Friend`-Objekt die `SelectTemplateCore`-Methode des `FriendDataTemplateSelectors` auf. Somit wird, wie in Abbildung 7.10 gezeigt, das `Friend`-Objekt mit dem Vornamen *Thomas* anders dargestellt.

Abbildung 7.10 Der »DataTemplateSelector« stellt »Thomas« anders dar.

7.5 Daten-Controls der WinRT

In Kapitel 4, »Controls«, haben Sie bereits die `ItemsControl`-Klasse und die Subklassen `ComboBox` und `ListBox` kennengelernt. In diesem Abschnitt sehen wir uns weitere `ItemsControls` an, die das typische Windows 8-Feeling Ihrer Windows Store App ausmachen. Dies sind die Controls `FlipView`, `ListView` und `GridView`. Wie Abbildung 7.11 zeigt, erben alle drei direkt oder indirekt von der in Kapitel 4 bereits beschriebenen Klasse `Selector`. `Selector` definiert Properties wie `SelectedItem` und `SelectedIndex` und natürlich das Event `SelectionChanged`.

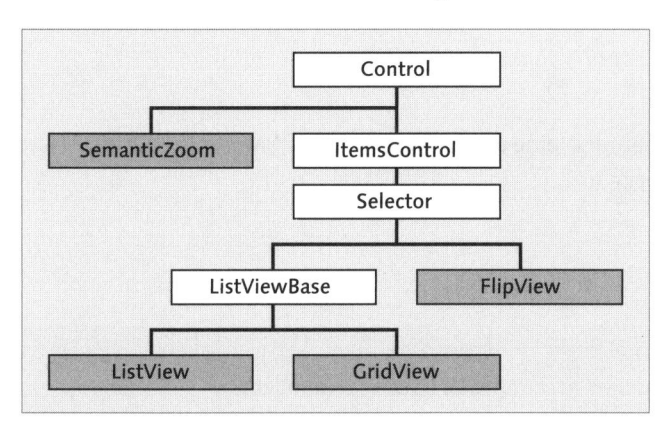

Abbildung 7.11 Die Controls »FlipView«, »ListView«, »GridView« und »SemanticZoom«

In Abbildung 7.11 sehen Sie zudem die direkt von Control abgeleitete Klasse Semantic-Zoom. Diese wird zum semantischen Zoomen verwendet und spielt stark mit der ListView und GridView zusammen. Auch sie sehen wir uns in diesem Abschnitt an. Im letzten Teil gehen wir noch auf das inkrementelle Laden von Daten ein, das insbesondere bei einer Anbindung von Web- oder Cloud-Diensten interessant ist.

Für die folgenden Beispiele verwenden wir eine Friend-Klasse mit den Properties FirstName und ImageSource:

```
public class Friend : BindableBase
{
  private string _firstName;
  private ImageSource _imageSource;

  public string FirstName
  {
    get { return _firstName; }
    set { SetProperty(ref _firstName, value); }
  }
  public ImageSource ImageSource
  {
    get { return _imageSource; }
    set { SetProperty(ref _imageSource, value); }
  }
}
```

Listing 7.47 Die »Friend«-Klasse für die folgenden Beispiele

> **Hinweis**
>
> Die ImageSource-Klasse stellt eine Quelle für ein Bild dar. Die Source-Property des Image-Elements nimmt ein ImageSource-Objekt entgegen und kann dieses anzeigen. Mehr zur ImageSource-Klasse in Kapitel 19, »2D-Grafik«.

Die Klasse FriendLoader definiert eine statische LoadFriends-Methode, die eine Liste mit Friend-Objekten zurückgibt:

```
public class FriendLoader
{
  public static List<Friend> LoadFriends(){ ... }
}
```

Listing 7.48 Die »FriendLoader«-Klasse lädt eine Liste mit Freunden.

Legen wir los und starten wir mit der FlipView.

7.5.1 Die »FlipView«

Die FlipView stellt immer genau ein einziges Element einer Collection dar. Sie erlaubt dem Benutzer, durch die Elemente der Collection zu blättern (»flippen«). Die Klasse definiert selbst keine öffentlichen Mitglieder und erbt somit alles Notwendige von ItemsControl bzw. deren Subklasse Selector. Schauen wir uns ein kleines Beispiel an. Dazu stellen wir die List<Friend> in den DataContext der MainPage:

```
protected override void OnNavigatedTo(NavigationEventArgs e)
{
  this.DataContext = FriendLoader.LoadFriends();
}
```

Listing 7.49 K07\24 DieFlipView\MainPage.xaml.cs

Die FlipView wird an die Liste im DataContext gebunden, wie Listing 7.50 zeigt. Die ItemTemplate-Property enthält ein DataTemplate. Darin sind in einem Grid ein Image und eine Border definiert. Da das Grid keine Spalten- und keine Zeilendefinitionen hat, wird die Border über das Image gezeichnet. Die Border wird allerdings mit der VerticalAlignment-Property an den unteren Rand des Grids geschoben. In der Border befindet sich ein TextBlock, dessen Text-Property an die FirstName-Property des Friend-Objekts gebunden ist. Die Source-Property des Image-Elements ist an die ImageSource-Property des Friend-Objekts gebunden.

```
<FlipView ItemsSource="{Binding}" ... Width="300" Height="300">
  <FlipView.ItemTemplate>
    <DataTemplate>
      <Grid>
        <Image Source="{Binding ImageSource}"/>
        <Border Background="#55000000"
          VerticalAlignment="Bottom">
          <TextBlock Text="{Binding FirstName}" .../>
        </Border>
      </Grid>
    </DataTemplate>
  </FlipView.ItemTemplate>
</FlipView>
```

Listing 7.50 K07\24 DieFlipView\MainPage.xaml

Zur Laufzeit zeigt die FlipView genau ein Friend-Objekt mit dem DataTemplate aus Listing 7.50 an, was in Abbildung 7.12 zu sehen ist. Sobald der Benutzer den Mauszeiger über die FlipView bewegt, werden ihm wie in Abbildung 7.12 links und rechts Pfeiltasten angezeigt, mit denen er durch die Collection navigieren kann.

Abbildung 7.12 Mit den Pfeil-Buttons wird durch die Liste navigiert.

Bedient der Benutzer die `FlipView` mit dem Finger, kann er mit einer seitlichen Wischbewegung durch die Collection navigieren. Die Übergänge zwischen den Elementen sind dabei fließend, wie Abbildung 7.13 zeigt.

Abbildung 7.13 Mit einer Wischbewegung ist der Übergang auf das nächste Element fließend.

> **Tipp**
>
> Sie können auch eine vertikale `FlipView` erstellen. Setzen Sie dazu einfach die `ItemsPanelTemplate`-Property auf ein vertikales `Panel`:
>
> ```
> <FlipView.ItemsPanel>
>   <ItemsPanelTemplate>
>     <VirtualizingStackPanel Orientation="Vertical"/>
>   </ItemsPanelTemplate>
> </FlipView.ItemsPanel>
> ```

7.5.2 Die Klasse »ListViewBase«

Die Klassen ListView und GridView erben beide von der Klasse ListViewBase. Diese Klasse definiert zahlreiche Mitglieder; die interessantesten möchte ich Ihnen an dieser Stelle verraten, bevor wir uns anschließend auf die beiden Controls ListView und GridView stürzen.

Sehr interessant ist die Property SelectionMode vom Typ der Aufzählung ListView-SelectionMode. Die Aufzählung enthält folgende Werte:

- **None**: Es lassen sich keine Elemente selektieren.
- **Single** (Default): Es lässt sich nur ein einziges Element auswählen.
- **Multiple**: Es lassen sich mehrere Elemente durch einfaches Antippen/Anklicken auswählen.
- **Extended**: Es lassen sich mehrere Elemente auswählen. Allerdings wird im Gegensatz zum Wert Multiple beim Antippen/Anklicken immer nur ein Element selektiert. Weitere Elemente werden mit der rechten Maustaste oder mit einer Wischgeste selektiert.

Mit dem Event ItemClick können Sie reagieren, wenn ein Element angetippt/angeklickt wird. Allerdings findet das Event nur dann statt, wenn Sie die IsItemClick-Enabled-Property auf true setzen. Das schauen wir uns jetzt anhand der ListView an.

> **Hinweis**
> Die ListViewBase-Klasse definiert mit der Property CanDragItems und dem Event DragItemsStarting die zentrale Logik zum Starten einer Drag-and-Drop-Aktion. Mehr zum Drag & Drop in Windows Store Apps lesen Sie in Kapitel 9, »Input-Events«.

7.5.3 Die »ListView«

Die von ListViewBase abgeleitete ListView-Klasse ordnet Elemente in einer Liste an. Die ListView-Klasse selbst definiert keine öffentlichen Mitglieder, sie erbt alles von der Basisklasse.

> **Hinweis**
> Die ListView kommt häufig zum Einsatz, wenn sich eine Windows Store App in der *Snapped*-Ansicht befindet. Mehr dazu lesen Sie in Kapitel 5, »Layout«. Dort sehen Sie auch, dass auch FriendStorage die Freunde in der *Snapped*-Ansicht mit einer ListView darstellt.

Listing 7.51 enthält eine `ListView`, deren `ItemsSource`-Property an die im `DataContext` enthaltene `List<Friend>` gebunden ist. Die `ItemTemplate`-Property enthält ein `DataTemplate`, das ein `Image`-Element und einen `TextBlock` nebeneinander darstellt. Wie auch im vorigen Abschnitt zur `FlipView` ist die `Source`-Property des `Image`-Elements an die `ImageSource`-Property des `Friend`-Objekts gebunden und die `Text`-Property des `TextBlocks` an die `FirstName`-Property.

```xml
<ListView ItemsSource="{Binding}" ...>
  <ListView.ItemTemplate>
    <DataTemplate>
      <Grid>
        <Grid.ColumnDefinitions>
          <ColumnDefinition Width="Auto"/>
          <ColumnDefinition/>
        </Grid.ColumnDefinitions>
        <Image Source="{Binding ImageSource}"
          Width="50" Height="50" Margin="5"/>
        <TextBlock Text="{Binding FirstName}"
          Grid.Column="1" Margin="10" FontSize="30"/>
      </Grid>
    </DataTemplate>
  </ListView.ItemTemplate>
</ListView>
```

Listing 7.51 K07\25 DieListView\MainPage.xaml

In Abbildung 7.14 sehen Sie die `ListView` aus Listing 7.51. Das `Friend`-Objekt *Julia* habe ich angetippt, womit es selektiert ist.

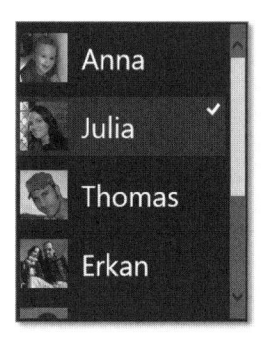

Abbildung 7.14 Die »ListView« stellt Elemente in einer Liste dar.

Oftmals möchten Sie beim Antippen/-klicken eines Elements eine Aktion auslösen oder zu einer bestimmten Seite navigieren. Setzen Sie dazu die aus `ListViewBase` geerbte `IsItemClickEnabled`-Property auf `true`, und definieren Sie einen Event Handler für das `ItemClick`-Event:

```
<ListView ItemsSource="{Binding}" IsItemClickEnabled="True"
  ItemClick="ListView_ItemClick" ...> ... </ListView>
```
Listing 7.52 K07\25 DieListView\MainPage.xaml

Im Event Handler erhalten Sie über die `ClickedItem`-Property der `ItemClickEventArgs` das angeklickte Element. Nutzen Sie es beispielsweise, um zu einer Detailseite zu navigieren. FriendStorage macht dies, wie Sie später beim Betrachten der Daten in FriendStorage in Abschnitt 7.6 noch sehen werden. In folgendem Event Handler wird beim Klicken einfach eine Nachricht mit dem `MessageDialog` angezeigt:

```
private async void ListView_ItemClick(object sender,
  ItemClickEventArgs e)
{
  var friend = (Friend)e.ClickedItem;
  await new MessageDialog(friend.FirstName
    + " wurde angeklickt").ShowAsync();
}
```
Listing 7.53 K07\25 DieListView\MainPage.xaml.cs

> **Achtung**
> Hat die `IsItemClickEnabled`-Property den Wert `true`, so werden Elemente beim Antippen/-klicken nicht mehr selektiert. Sie lassen sich allerdings immer noch mit der rechten Maustaste oder durch eine Wischbewegung auswählen. Falls Sie dies nicht erlauben möchten, setzen Sie die `SelectionMode`-Property auf Ihrer `ListView` auf den Wert `None`.

7.5.4 Die »GridView«

Die `GridView` stellt Elemente in einer Art Rasteransicht dar. Sie erbt wie auch die `ListView` von `ListViewBase` und definiert selbst keine öffentlichen Mitglieder.

Listing 7.54 enthält eine `GridView`, deren `ItemsSource`-Property an die im `DataContext` enthaltene `List<Friend>` gebunden ist. Die `ItemTemplate`-Property enthält das bereits in der `FlipView` verwendete `DataTemplate`. Mit der `ItemsPanel`-Property wird festgelegt, dass die `GridView` zum Positionieren der Elemente ein `WrapGrid` verwendet. Das `WrapGrid` ist zwar schon das per Default verwendete `Panel`, aber auf diese Weise lässt sich mit den Properties `ItemHeight` und `ItemWidth` die Höhe und Breite der Elemente in der `GridView` festlegen.

```xml
<GridView ItemsSource="{Binding}">
  <GridView.ItemsPanel>
    <ItemsPanelTemplate>
      <WrapGrid ItemHeight="300" ItemWidth="300"  />
    </ItemsPanelTemplate>
  </GridView.ItemsPanel>
  <GridView.ItemTemplate>
    <DataTemplate>
      <Grid>
        <Image Source="{Binding ImageSource}"/>
        <Border Background="#55000000"
          VerticalAlignment="Bottom">
          <TextBlock Text="{Binding FirstName}" Margin="10" .../>
        </Border>
      </Grid>
    </DataTemplate>
  </GridView.ItemTemplate>
</GridView>
```

Listing 7.54 K07\26 DieGridView\MainPage.xaml

In Abbildung 7.15 sehen Sie die `GridView` aus Listing 7.54. Die Elemente werden in einer Rasteransicht angeordnet.

Abbildung 7.15 Die »GridView« zeigt Elemente in einer Rasteransicht an.

> **Tipp**
>
> In Listing 7.54 wurde die `ItemsPanel`-Property der `GridView` gesetzt, um auf dem darin enthaltenen `WrapGrid` die Größe der Elemente anzugeben. Alternativ könnten Sie auf Ihrer `GridView` die aus `ItemsControl` geerbte `ItemContainerStyle`-Klasse setzen. Darin definieren Sie wie folgt einen `Style`, der die Breite und Höhe für Ihre Elemente festlegt:

```
<GridView.ItemContainerStyle>
  <Style TargetType="GridViewItem">
    <Setter Property="Width" Value="300"/>
    <Setter Property="Height" Value="300"/>
  </Style>
</GridView.ItemContainerStyle>
```

Mehr zu Styles lesen Sie in Kapitel 11, »Styles und Templates«.

7.5.5 Daten gruppieren

Die Klasse `ItemsControl` und somit auch die indirekten Subklassen `ListView` und `GridView` unterstützen gruppierte Daten. In diesem Abschnitt schauen wir uns das Gruppieren anhand unserer `Friend`-Objekte in einer `GridView` an. Dazu definieren die zusätzliche Klasse `FriendGroup`, die in der `Friends`-Property eine Liste mit `Friend`-Objekten enthält. In der `GroupName`-Property enthält sie den Gruppennamen:

```
public class FriendGroup
{
  public string GroupName { get; set; }
  public List<Friend> Friends { get; set; }
}
```

Listing 7.55 K07\27 DieGridViewGruppiert\Data\FriendGroup.cs

Die `FriendLoader`-Klasse erweitern wir um eine `LoadFriendGroups`-Methode, die uns eine Liste mit `FriendGroup`-Instanzen zurückgibt. Wie folgender Ausschnitt zeigt, erzeugen wir darin die zwei Gruppen `Familie` und `Freunde`.

```
public class FriendLoader
{
  public static List<FriendGroup> LoadFriendGroups()
  {
    return new List<FriendGroup>
    {
      new FriendGroup
      {
          GroupName ="Familie",
          Friends = new List<Friend> { ... }
      },
      new FriendGroup
      {
        GroupName = "Freunde",
```

```
            Friends = new List<Friend>{ ... }
        }
      };
   }
}
```

Listing 7.56 K07\27 DieGridViewGruppiert\Data\FriendLoader.cs

In der Codebehind-Datei der `MainPage` wird die `DataContext`-Property auf die via `LoadFriendGroups`-Methode geladene `List<FriendGroup>` gesetzt:

```
protected override void OnNavigatedTo(NavigationEventArgs e)
{
   this.DataContext = FriendLoader.LoadFriendGroups();
}
```

Listing 7.57 K07\27 DieGridViewGruppiert\MainPage.xaml.cs

Und jetzt kommen wir wieder mit der bereits betrachteten `CollectionViewSource`-Klasse in Kontakt. In den Ressourcen der `MainPage` wird eine `CollectionViewSource`-Instanz mit dem Namen `friendGroupViewSource` erzeugt, was Sie in Listing 7.58 sehen. Die `Source`-Property wird an die im `DataContext` enthaltene `List<FriendGroup>` gebunden. Die `IsSourceGrouped`-Property ist auf `true` gesetzt, da es sich um gruppierte Daten handelt. Um der `CollectionViewSource` mitzuteilen, wo sich die Kindelemente der `FriendGroup` befinden, wird die `ItemsPath`-Property auf den Wert `Friends` gesetzt, denn die `FriendGroup` speichert die zu ihr gehörenden `Friend`-Objekte in der `Friends`-Property:

```
<Page.Resources>
   <CollectionViewSource x:Name="friendGroupViewSource"
   Source="{Binding}" IsSourceGrouped="True" ItemsPath="Friends"/>
</Page.Resources>
```

Listing 7.58 K07\27 DieGridViewGruppiert\MainPage.xaml

Tipp

Stellen wir uns vor, die `FriendGroup`-Klasse wäre selbst eine Collection, die die Freunde direkt enthält:

```
public class FriendGroup : List<Friend>
{
   public string GroupName { get; set; }
}
```

Dann lassen Sie die in Listing 7.58 gesetzte ItemsPath-Property einfach weg, da die CollectionViewSource die Friend-Objekte so findet. Mehr dazu später beim Gruppieren mit einem LINQ-Statement.

Mit der CollectionViewSource sind wir jetzt so weit, dass wir eine gruppierte ListView oder GridView erstellen können. Wir wagen uns hier an die GridView, deren ItemsSource-Property in Listing 7.59 an die CollectionViewSource-Instanz aus den Ressourcen (Listing 7.58) gebunden ist. Die ItemsPanel-Property wird auf ein horizontales StackPanel gesetzt, damit die Gruppen horizontal angeordnet werden. Die ItemTemplate-Property enthält das bereits bekannte DataTemplate zum Darstellen einer Friend-Instanz.

Und jetzt kommt der spannende Teil von Listing 7.59: Für gruppierte Daten weisen Sie der GroupStyle-Property (geerbt aus ItemsControl) ein GroupStyle-Objekt zu. Das GroupStyle-Objekt besitzt eine HeaderTemplate-Property. Darin wird in Listing 7.59 ein DataTemplate für den Header definiert. Im DataContext dieses DataTemplates befindet sich die FriendGroup-Instanz, womit sich die Text-Property des TextBlocks direkt an deren GroupName-Property der FriendGroup-Instanz binden lässt. Mit der Panel-Property legen Sie das Panel für die Elemente in der Gruppe fest; in diesem Beispiel ist das das Panel für die Friend-Objekte. In Listing 7.59 wird ein VariableSizedWrapGrid festgelegt, das den Friend-Objekten mit den Properties ItemWidth und ItemHeight eine Größe von 300 × 300 geräteunabhängigen Pixeln gibt.

```xml
<GridView ItemsSource="{Binding
  Source={StaticResource friendGroupViewSource}}">
  <GridView.ItemsPanel>
    <ItemsPanelTemplate>
      <StackPanel Orientation="Horizontal" />
    </ItemsPanelTemplate>
  </GridView.ItemsPanel>
  <GridView.ItemTemplate>
    <DataTemplate>
      <Grid>
        <Image Source="{Binding ImageSource}"/>
        <Border Background="#55000000" ...>
          <TextBlock Text="{Binding FirstName}" .../>
        </Border>
      </Grid>
    </DataTemplate>
  </GridView.ItemTemplate>
  <GridView.GroupStyle>
    <GroupStyle>
```

```xml
      <GroupStyle.HeaderTemplate>
        <DataTemplate>
          <Border BorderBrush="White" BorderThickness="2" ...>
            <TextBlock Text="{Binding GroupName}" .../>
          </Border>
        </DataTemplate>
      </GroupStyle.HeaderTemplate>
      <GroupStyle.Panel>
        <ItemsPanelTemplate>
          <VariableSizedWrapGrid ItemWidth="300"
            ItemHeight="300"/>
        </ItemsPanelTemplate>
      </GroupStyle.Panel>
    </GroupStyle>
  </GridView.GroupStyle>
</GridView>
```

Listing 7.59 K07\27 DieGridViewGruppiert\MainPage.xaml

In Abbildung 7.16 sehen Sie die `GridView` aus Listing 7.59. Die `Friend`-Objekte sind wie erwartet in den zwei Gruppen Familie und Freunde gruppiert.

Abbildung 7.16 Die Daten in der »GridView« werden gruppiert dargestellt.

> **Tipp**
>
> Die `GroupStyle`-Klasse definiert noch ein paar weitere Properties, darunter die interessante `HidesIfEmpty`-Property. Setzen Sie sie auf `true`, damit leere Gruppen nicht angezeigt werden.

> **Achtung**
>
> In Listing 7.59 enthält die `ItemsPanel`-Property der `GridView` ein horizontales Stack-Panel, damit die Gruppen nebeneinander angezeigt werden. Folgend der Ausschnitt aus Listing 7.59:
>
> ```
> <GridView.ItemsPanel>
>   <ItemsPanelTemplate>
>     <StackPanel Orientation="Horizontal"/>
>   </ItemsPanelTemplate>
> </GridView.ItemsPanel>
> ```
>
> Setzen Sie diese Property nicht auf ein horizontales `StackPanel`, kann es je nach Anzahl der Elemente und Anzahl an Zeilen dazu führen, dass nicht alle Elemente dargestellt werden, da per Default die Größe der ersten Gruppe auch für die nachfolgenden Gruppen genutzt wird. Mit einem horizontalen `StackPanel` für die Gruppen lösen Sie dieses Problem.

In der Praxis haben Sie oft eine flache Liste von Daten, die Sie nach einem bestimmten Kriterium gruppieren möchten. Dazu können Sie im .NET für Windows Store Apps natürlich die Language Integrated Query (LINQ) verwenden. Werfen wir ein Blick auf ein Beispiel.

Stellen wir uns dazu vor, wir hätten keine `FriendGroup`-Klasse, sondern einfach eine Liste mit `Friend`-Objekten, eine `List<Friend>`. Auf dieser Liste können wir mit der in LINQ enthaltenen Extension-Methode `GroupBy` eine Gruppierung vornehmen. Listing 7.60 gruppiert auf diese Weise die Freunde nach dem ersten Buchstaben der `FirstName`-Property und weist die so erstellten Gruppen dem `DataContext` der `MainPage` zu.

```
List<Friend> friends = FriendLoader.LoadFriends();
this.DataContext = friends.GroupBy(f => f.FirstName[0]);
```

Listing 7.60 K07\28 DieGridViewGruppiertLinq\MainPage.xaml.cs

Der Rückgabewert der `GroupBy`-Methode ist im Fall von Listing 7.60 ein `IEnumerable<IGrouping<char,Friend>>`-Objekt, also eine Liste mit `IGrouping<char,Friend>`-Objekten, die folglich eine Gruppe darstellen. Das `IGrouping`-Interface (Namespace: `System.Linq`) aufgelöst mit den durch unsere Abfrage erzeugten generischen Parametern `char` und `Friend` sieht wie folgt aus:

```
public interface IGrouping<char, Friend> : IEnumerable<Friend>,
  IEnumerable
{
  char Key { get; }
}
```

Da eine `IGrouping`-Instanz selbst eine Collection mit `Friend`-Objekten ist, ist das Setzen der `ItemsPath`-Property auf der `CollectionViewSource`-Instanz in Listing 7.61 nicht notwendig. Die `Source`-Property wird an die im `DataContext` enthaltene Liste vom Typ `IEnumerable<IGrouping<char,Friend>>` gebunden und die `IsSourceGrouped`-Property auf `true` gesetzt.

```xml
<Page.Resources>
  <CollectionViewSource x:Name="friendGroupViewSource"
    Source="{Binding}" IsSourceGrouped="True"/>
</Page.Resources>
```

Listing 7.61 K07\28 DieGridViewGruppiertLinq\MainPage.xaml

Die `GridView` kann unverändert aus Listing 7.59 übernommen werden. Der einzige Unterschied ist jetzt, dass eine Gruppe durch ein `IGrouping`-Objekt und nicht durch eine `FriendGroup`-Instanz repräsentiert wird. Somit muss der `TextBlock` im `HeaderTemplate` des `GroupStyles` angepasst werden. Das Binding der `Text`-Property soll sich nicht mehr an die `GroupName`-Property einer `FriendGroup`-Instanz, sondern an die `Key`-Property des jetzt im `DataContext` des `DataTemplates` enthaltenen `IGrouping`-Objekts binden:

```xml
<GroupStyle.HeaderTemplate>
  <DataTemplate>
    <Border BorderBrush="White" BorderThickness="2" Margin="10">
      <TextBlock Text="{Binding Key}" FontSize="30" .../>
    </Border>
  </DataTemplate>
</GroupStyle.HeaderTemplate>
```

Listing 7.62 K07\28 DieGridViewGruppiertLinq\MainPage.xaml

Abbildung 7.17 Die Freunde sind nach dem ersten Buchstaben gruppiert.

Wird die Anwendung gestartet, werden die einzelnen Freunde wie in Abbildung 7.17 zu sehen nach dem ersten Buchstaben des Vornamens gruppiert.

> **Tipp**
> Sicherlich ist Ihnen aufgefallen, dass die Gruppen und Freunde in Abbildung 7.17 nicht alphabetisch sortiert sind. Auch dies könnten Sie über eine LINQ-Abfrage realisieren:
> ```
> this.DataContext = friends.OrderBy(f=>f.FirstName).GroupBy(
>   f => f.FirstName[0]);
> ```

7.5.6 Semantisches Zoomen

Der optische Zoom ist aus grafischen Anwendungen bekannt. Beispielsweise wird in ein hochauflösendes Bild hereingezoomt. Als *semantischer Zoom* wird das Hereinzoomen in Daten bezeichnet. Das Ziel des semantischen Zooms ist es, den Benutzer nicht mit allen Details zu verunsichern, sondern ihm eine leicht verdauliche Übersicht zu zeigen. Hat er sich darin orientiert, kann er in die Details eintauchen.

Die WinRT enthält speziell für den semantischen Zoom die direkt von Control abgeleitete Klasse SemanticZoom. Über die Properties ZoomedInView und ZoomedOutView legen Sie die zwei Ansichten für den hereingezoomten (Details) und den herausgezoomten (Übersicht) Zustand fest. Beide Properties sind vom Typ des Interface ISemanticZoomInformation. Das Interface wird von der ListViewBase-Klasse implementiert, womit sich die ListView und die GridView in einem SemanticZoom-Element nutzen lassen.

Schauen wir uns ein Beispiel an und setzen dazu eine Liste von FriendGroup-Instanzen in den DataContext. Die FriendGroup-Klasse wurde beim Gruppieren von Daten im vorigen Abschnitt gezeigt:

```
this.DataContext = FriendLoader.LoadFriendGroups();
```

In der MainPage wird in Listing 7.63 in den Ressourcen eine CollectionViewSource-Instanz mit dem Namen friendGroupViewSource erstellt. Wie beim Gruppieren bereits gezeigt, wird die Source-Property an die im DataContext enthaltene List<FriendGroup> gebunden. Die IsSourceGrouped-Property wird auf true gesetzt. Mit der ItemsPath-Property wird die Friends-Property der FriendGroup-Instanzen als Quelle für die Kinder angegeben.

```
<Page.Resources>
  <CollectionViewSource x:Name="friendGroupViewSource"
   Source="{Binding}" IsSourceGrouped="True" ItemsPath="Friends"/>
</Page.Resources>
```

Listing 7.63 K07\29 DerSemanticZoom\MainPage.xaml

In der MainPage wird ein SemanticZoom-Element erstellt, wie Listing 7.64 zeigt. Der ZoomedInView wird eine GridView zugewiesen, deren ItemsSource-Property an die CollectionViewSource-Instanz aus den Ressourcen gebunden ist. Die GridView entspricht eins zu eins der GridView, die wir beim Gruppieren von Daten in Listing 7.59 erstellt haben. Die Details müssen wir somit nicht erneut betrachten. Wir konzentrieren uns stattdessen auf die der ZoomedOutView-Property zugewiesene ListView.

```xaml
<SemanticZoom>
  <SemanticZoom.ZoomedInView>
    <GridView ItemsSource="{Binding
      Source={StaticResource friendGroupViewSource}}">
      ...
    </GridView>
  </SemanticZoom.ZoomedInView>
  <SemanticZoom.ZoomedOutView>
    <ListView ItemsSource="{Binding Source={StaticResource
      friendGroupViewSource},Path=CollectionGroups}" ...>
      ...
    </ListView>
  </SemanticZoom.ZoomedOutView>
</SemanticZoom>
```

Listing 7.64 K07\29 DerSemanticZoom\MainPage.xaml

In Listing 7.65 sehen Sie die Details der ListView, die der ZoomedOutView-Property des SemanticZoom-Elements zugewiesen wird. Das Binding der ItemsSource-Property verwendet als Quelle die CollectionViewSource-Instanz aus den Ressourcen. Wie bereits zuvor erwähnt, ist das Binding so clever, dass es aus der CollectionViewSource-Instanz die in der View-Property enthaltene ICollectionView als Quelle nutzt. Und das ICollectionView-Interface definiert eine CollectionGroups-Property, die die Gruppen enthält. An diese CollectionGroups-Property bindet sich die ItemsSource-Property der ListView in Listing 7.65. Die ListView zeigt folglich für jede Gruppe ein Element an.

Die ItemTemplate-Property definiert ein DataTemplate, das den Wert der GroupName-Property anzeigt. In der ItemsPanel-Property ist ein horizontales StackPanel zum Anordnen der Gruppen definiert.

```xaml
<SemanticZoom.ZoomedOutView>
  <ListView ItemsSource="{Binding Source={StaticResource
    friendGroupViewSource},Path=CollectionGroups}"
    VerticalAlignment="Center">
    <ListView.ItemTemplate>
```

```xml
        <DataTemplate>
          <Border BorderBrush="White" BorderThickness="2">
            <TextBlock Text="{Binding Group.GroupName}" .../>
          </Border>
        </DataTemplate>
      </ListView.ItemTemplate>
      <ListView.ItemsPanel>
        <ItemsPanelTemplate>
          <StackPanel Orientation="Horizontal"/>
        </ItemsPanelTemplate>
      </ListView.ItemsPanel>
    </ListView>
</SemanticZoom.ZoomedOutView>
```

Listing 7.65 K07\29 DerSemanticZoom\MainPage.xaml

Die `CollectionGroups`-Property einer gruppierten `ICollectionView` enthält die gruppierten Objekte in Form von `ICollectionViewGroup`-Instanzen. Listing 7.66 zeigt das Interface. Die eigentliche Gruppe – in unserem Beispiel die `FriendGroup`-Instanz – ist in der `Group`-Property einer `ICollectionViewGroup`-Instanz gespeichert. Aus diesem Grund ist die `Text`-Property des `TextBlocks` aus Listing 7.65 an `Group.GroupName` gebunden. Es wird auf die in der `Group`-Property gespeicherte `FriendGroup`-Instanz zugegriffen und von dieser die `GroupName`-Property genutzt.

```csharp
public interface ICollectionViewGroup
{
  object Group { get; }
  IObservableVector<object> GroupItems { get; }
}
```

Listing 7.66 Das »ICollectionViewGroup«-Interface

Wird die Anwendung gestartet, sehen wir die in Abbildung 7.18 dargestellte `GridView`, die keinen Unterschied zur gruppierten `GridView` ohne das `SemanticZoom`-Element aufweist. Fast keinen Unterschied. Rechts unten im Eck befindet sich der ZOOMOUT-BUTTON. Wird dieser angeklickt oder zieht der Benutzer auf der `GridView` zwei Finger zusammen (Pinch-Geste), wird herausgezoomt.

Im herausgezoomten Zustand wird die in Abbildung 7.19 dargestellte horizontale `ListView` angezeigt. Klickt der Benutzer hier eine Gruppe an, zoomt das `SemanticZoom`-Element automatisch wieder in die `GridView` aus Abbildung 7.18 hinein. Sollte sich die angeklickte Gruppe außerhalb des sichtbaren Bereichs befinden, scrollt das `SemanticZoom`-Element automatisch an die passende Stelle.

Abbildung 7.18 Die »GridView« wird mit dem »ZoomoutButton« angezeigt.

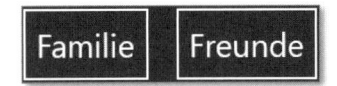

Abbildung 7.19 Die herausgezoomte Ansicht zeigt lediglich die Gruppen an.

Das SemanticZoom-Element besitzt weitere Mitglieder: Setzen Sie die IsZoomOutButton-Enabled-Property auf false, falls Sie den ZOOMOUTBUTTON nicht anzeigen möchten. Setzen Sie die IsZoomedInViewActive-Property auf false, um von Anfang an die herausgezoomte Ansicht anzuzeigen. Nutzen Sie die Methode ToggleActiveView, um selbst die Anzeige umzuschalten. Setzen Sie die CanChangeViews-Property auf false, um das Umschalten zu unterbinden. Der Benutzer kann die View dann nicht mehr wechseln, und ein Aufruf der Methode ToggleActiveView löst eine Exception aus. Daher sollten Sie vor dem Aufruf der ToggleActiveView-Methode die CanChangeViews-Property prüfen.

Mit den Events ViewChangeStarted und ViewChangeCompleted reagieren Sie – falls notwendig – auf eine Änderung der Ansicht.

7.5.7 Inkrementelles Laden von Daten

Die Controls ListView und GridView unterstützen dank ihrer gemeinsamen Basisklasse ListViewBase das inkrementelle Laden von Daten. Inkrementelles Laden bedeutet, dass die Daten nur teilweise geladen werden. Wird in der ListView/GridView gescrollt, werden weitere Daten nachgeladen. Dies ist insbesondere dann spannend, wenn Daten aus dem Web geladen werden. In diesem Abschnitt schauen wir uns ein Beispiel anhand der `ListView` an.

Damit das inkrementelle Laden ermöglicht wird, muss die Collection mit den Datenobjekten das Interface `ISupportIncrementalLoading` implementieren:

```
public interface ISupportIncrementalLoading
{
  bool HasMoreItems { get; }
  IAsyncOperation<LoadMoreItemsResult>
    LoadMoreItemsAsync(uint count);
}
```

Listing 7.67 Das Interface »ISupportIncrementalLoading«

Über die in `ISupportIncrementalLoading` definierte `HasMoreItems`-Property gibt eine Collection an, dass noch mehr Elemente nachgeladen werden können. Zum Nachladen ruft die `ListView` auf der Collection die `LoadMoreItemsAsync`-Methode mit der benötigten Menge auf. Die `LoadMoreItemsAsync`-Methode lädt die Objekte und gibt ein `LoadMoreItemsResult`-Objekt zurück, dessen `Count`-Property die tatsächlich geladene Menge enthält. Diese kann kleiner sein als die von der `ListView` angefragte Menge, denn die `ListView` sieht nur, dass die `HasMoreItems`-Property der Collection den Wert `true` hat. Sie fragt vielleicht nochmals 20 Objekte an, aber auf dem Server sind nur noch 2 weitere verfügbar. So weit zur Theorie.

Von `ISupportIncrementalLoading` gibt es keine Implementierung. Allerdings lässt sich einfach eine eigene Klasse bauen. In Listing 7.68 wird die Klasse `IncrementalFriendCollection` erstellt, die das Nachladen simulieren soll. Sie erbt von `ObservableCollection<Friend>` und implementiert `ISupportIncrementalLoading`.

Die `MaxFriends`-Property gibt die verfügbaren `Friend`-Objekte an und ist in Listing 7.68 hartkodiert auf den Wert 100. In einem produktiven Projekt würden Sie diesen Wert eventuell durch einen Webservice-Aufruf holen, der wiederum eine `Select count(*)`-Abfrage auf eine Tabelle ausführt.

Solange die `Count`-Property der Collection kleiner als die `MaxFriends`-Property ist, gibt die `HasMoreItems`-Property den Wert `true` zurück. Das heißt, es können noch Objekte nachgeladen werden.

In der `LoadMoreItemsAsync`-Methode wird zunächst eine Variable namens `numberOfUnloadedItems` erstellt. Sie speichert, wie viele Elemente noch nicht geladen wurden. Zu ihrer Berechnung wird die `Count`-Property der Collection von der `MaxFriends`-Property subtrahiert. Als Nächstes wird die Variable `itemsToLoadForThisCall` erstellt. Sie nimmt den kleineren Wert aus den Variablen `numberOfUnloadedItems` und `count`; Letztere ist jene aus dem Methoden-Parameter. Das heißt, wenn die `ListView` beispielsweise 20 Friend-Objekte nachladen möchte (count-Parameter), aber numberOfUnloadedItems nur noch 5 ist, dann enthält die Variable itemsToLoadForThisCall den Wert 5. Mit diesem Wert wird in Listing 7.68 die Methode InternalLoadAsync aufgerufen, deren Rückgabewert direkt aus der LoadMoreItemsAsync-Methode zurückgegeben wird.

```
public class IncrementalFriendCollection :
  ObservableCollection<Friend>, ISupportIncrementalLoading
{
  public int MaxFriends { get { return 100; } }
  public bool HasMoreItems
  {
    get { return this.Count < MaxFriends; }
  }
  public IAsyncOperation<LoadMoreItemsResult>
    LoadMoreItemsAsync(uint count)
  {
    int numberOfUnloadedItems = MaxFriends - this.Count;
    int itemsToLoadForThisCall =
      (int)Math.Min(count, numberOfUnloadedItems);
    return InternalLoadAsync(itemsToLoadForThisCall)
      .AsAsyncOperation();
  }
  ...
}
```

Listing 7.68 K07\30 InkrementellesLaden\IncrementalFriendCollection.cs

Die in Listing 7.68 aufgerufene InternalLoadAsync-Methode ist in Listing 7.69 dargestellt. Beachten Sie, dass sie ein Task<LoadMoreItemsResult> zurückgibt. In Listing 7.68 wird aus diesem Task mit der Extension-Methode AsAsyncOperation ein IAsyncOperation<LoadMoreItemsResult>-Objekt erstellt. Schauen wir uns jetzt den Inhalt der InternalLoadAsync-Methode an.

> **Hinweis**
> Die Extension-Methode AsAsyncOperation wandelt die Task-Instanz aus dem .NET für Windows Store Apps in eine IAsyncOperation-Instanz der WinRT um.

Die InternalLoadAsync-Methode enthält eine for-Schleife, die so oft durchlaufen wird, wie die als Parameter erhaltene itemsToLoad-Variable festlegt. In der for-Schleife wird zunächst mit der statischen Delay-Property der Task-Klasse 100 Millisekunden gewartet, um die Dauer eines Nachladevorgangs zu simulieren. Anschließend wird ein neues Friend-Objekt erzeugt und mit der Add-Methode zur Collection hinzugefügt. Da dieser Code asynchron und somit nicht auf dem UI-Thread ausgeführt wird, muss der Aufruf der Add-Methode auf unserer Subklasse von ObservableCollection an den UI-Thread delegiert werden. Dazu wird die Dispatcher-Property des Window-Objekts und dessen RunAsync-Methode genutzt. In der FirstName-Property des Friend-Objekts wird immer die aktuelle Anzahl in der Collection + 1 gespeichert. + 1, da dieser Code ausgeführt wird, bevor das Friend-Objekt selbst hinzugefügt wird.

Am Ende der Methode wird eine LoadMoreItemsResult-Instanz erzeugt, deren Count-Property den Wert der tatsächlich geladenen Elemente enthält. Damit ist die Klasse IncrementalFriendCollection fertig.

```
async Task<LoadMoreItemsResult> InternalLoadAsync(int itemsToLoad)
{
  for (int i = 0; i < itemsToLoad; i++)
  {
    // Künstlich etwas Verzögerung einbauen, um den
    // Nachladevorgang für Web-Ressourcen besser zu simulieren
    await Task.Delay(100);

    await Window.Current.Dispatcher.RunAsync(
      CoreDispatcherPriority.Normal,
      () => this.Add(new Friend {
              FirstName = "Thomas der " + (this.Count + 1) }));
  }
  return new LoadMoreItemsResult { Count = (uint)itemsToLoad };
}
```

Listing 7.69 K07\30 InkrementellesLaden\IncrementalFriendCollection.cs

Zum Testen der IncrementalFriendCollection erzeugen wir in der OnNavigatedTo-Methode der MainPage eine neue Instanz dieser Collection und weisen sie der DataContext-Property zu:

```
protected override void OnNavigatedTo(NavigationEventArgs e)
{
  this.DataContext = new IncrementalFriendCollection();
}
```

Listing 7.70 K07\30 InkrementellesLaden\MainPage.xaml.cs

Listing 7.71 zeigt den wichtigen Teil der MainPage. Ein TextBlock ist an die Count-Property der im DataContext enthaltenen IncrementalFriendCollection gebunden. Dadurch wissen wir, wie viele Friend-Objekte tatsächlich geladen wurden. Die ItemsSource-Property einer ListView ist direkt an die IncrementalFriendCollection gebunden. Die ListView zeigt via DisplayMemberPath-Property die Vornamen der Friend-Objekte an.

```xml
<StackPanel Orientation="Horizontal" Margin="20">
  <TextBlock Text="Geladene Freunde: " FontSize="20"/>
  <TextBlock Text="{Binding Count}" FontSize="20"/>
  ...
</StackPanel>
<ListView ItemsSource="{Binding}" DisplayMemberPath="FirstName"
  Height="400" Width="200".../>
```

Listing 7.71 K07\30 InkrementellesLaden\MainPage.xaml

Wird die Anwendung gestartet, erscheint die in Abbildung 7.20 links dargestellte `ListView`. Wie der `TextBlock` und die Größe des Schiebebalkens der `ScrollBar` zeigen, wurden 16 `Friend`-Objekte geladen. Die weiteren Darstellungen der `ListView` in Abbildung 7.20 zeigen, was passiert, wenn der Benutzer weiter nach unten scrollt. Es werden weitere Elemente nachgeladen, der Schiebebalken der `ScrollBar` wird kleiner. Ganz rechts sind schließlich die 100 Freunde geladen, womit der Schiebebalken der `ScrollBar` unten stehen bleibt und keine weiteren `Friend`-Objekte mehr nachgeladen werden. Die `HasMoreItems`-Property unserer `IncrementalFriendCollection` hat den Wert `false` angenommen.

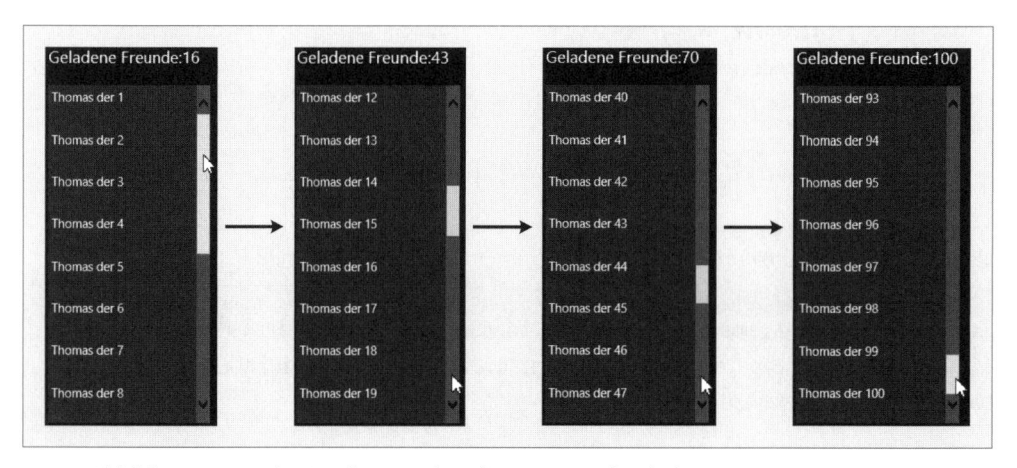

Abbildung 7.20 Beim Scrollen werden die Daten nachgeladen.

> **Tipp**
>
> Die `ListViewBase`-Klasse – Basisklasse der `ListView` und der `GridView` – definiert noch die beiden Properties `IncrementalLoadingThreshold` und `IncrementalLoadingTrigger`. Mit der Property `IncrementalLoadingThreshold` bestimmen Sie die Schwellenwerte, bei denen Daten nachgeladen werden. Mit der Property `IncrementalLoadingTrigger` legen Sie den Auslöser fest, der Default-Wert ist `Edge`.

> **Hinweis**
>
> Das ICollectionView-Interface besitzt ebenfalls die Property HasMoreItems und die Methode LoadMoreItemsAsync. Falls also die zur ICollectionView-Instanz gehörende Collection ISupportIncrementalLoading implementiert, wird dies auch von der ICollectionView unterstützt und an entsprechende Controls wie die ListView oder GridView weitergegeben.

7.6 Daten in FriendStorage

Auch in FriendStorage kommen CollectionViewSource-Instanzen, DataTemplates, IValueConverter, ListViews, GridViews, SemanticZoom-Elemente und sogar das Validieren von Daten zum Einsatz. In diesem Abschnitt schauen wir ein paar dieser Details an. Doch zuvor werfen wir einen Blick auf die genutzten Model-Klassen.

7.6.1 Die Model-Klassen von FriendStorage

FriendStorage verwendet für die Datenobjekte die Klassen FriendGroup, Friend und Address. Alle erben von BindableBase und haben dadurch auch das Interface INotifyPropertyChanged. FriendStorage nutzt zudem zwei Subklassen von ObservableCollection<T>: Die FriendCollection und die FriendGroupCollection. Abbildung 7.21 zeigt die Klassen im Klassendiagramm.

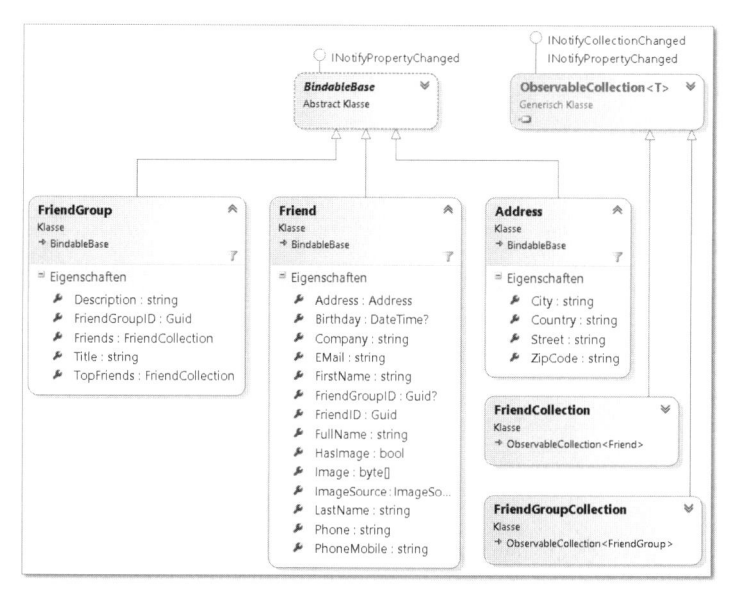

Abbildung 7.21 Die Datenklassen von FriendStorage

Beachten Sie die `FriendGroup`-Klasse. Sie besitzt eine `Friends`- und eine `TopFriends`-Property. Während in der `Friends`-Property alle `Friend`-Objekte dieser Gruppe gespeichert sind, enthält die `TopFriends`-Property lediglich die ersten 12 Freunde. Letztere kann somit für eine Übersicht genutzt werden, damit diese nicht überladen wirkt.

Die Daten lädt und speichert FriendStorage in Form einer als XML serialisierten `FriendGroupCollection` in einer *.friends*-Datei. Die Zugriffe auf die *.friends*-Datei sind in der Klasse `FriendDataSource` gekapselt. Ist eine Datei geöffnet, lässt sich beispielsweise mit der `LoadFriendGroupsAsync`-Methode die `FriendGroupCollection` laden. Mehr zur `FriendDataSource`-Klasse von FriendStorage erläutere ich in Kapitel 13, »Dateien, Streams und Serialisierung«. Legen wir jetzt los und schauen uns die weiteren Details an.

7.6.2 Die »CollectionViewSource«

Die `OverviewPage` von FriendStorage lädt in der `LoadState`-Methode mit der erwähnten `FriendDataSource`-Klasse die `FriendGroupCollection`. Diese wird in der `DefaultViewModel`-Property der `LayoutAwarePage` unter dem Schlüssel `Groups` gespeichert:

```
protected async override void LoadState(...)
{
  var friendGroups = await
    FriendDataSource.Current.LoadFriendGroupsAsync();
  this.DefaultViewModel["Groups"] = friendGroups;
  ...
}
```

Listing 7.72 FriendStorage\View\OverviewPage.xaml.cs

In den Ressourcen der `OverviewPage` wird die in Listing 7.73 dargestellte `CollectionViewSource`-Instanz erstellt. Beachten Sie, dass die Kindelemente aus der `TopFriends`-Property der jeweiligen `FriendGroup`-Instanz geladen werden. Wie bereits erwähnt, enthält diese maximal 12 `Friend`-Objekte.

```
<Page.Resources>
  <CollectionViewSource x:Name="friendGroupsViewSource"
    Source="{Binding Groups}" IsSourceGrouped="true"
    ItemsPath="TopFriends"/>
</Page.Resources>
```

Listing 7.73 FriendStorage\View\OverviewPage.xaml

In der `OverviewPage` befindet sich ein `SemanticZoom`-Element, das für die `ZoomedInView` eine `GridView` enthält (siehe Listing 7.74). Diese nutzt die `CollectionViewSource` aus

Listing 7.73 als Quelle. Dadurch enthält sie maximal 12 Friend-Objekte, was dem Benutzer eine bessere Übersicht über seine Gruppen gibt. Über den Header einer Gruppe kann der Benutzer die genaue Anzahl von Objekten erkennen, wie Abbildung 7.22 zeigt, und somit gegebenenfalls durch einen Klick auf den Header zur entsprechenden Gruppe navigieren. Doch dazu mehr in Abschnitt 7.6.4.

```
<SemanticZoom x:Name="semanticZoom" Grid.Row="1">
  <SemanticZoom.ZoomedInView>
    <GridView
       x:Name="friendGridView"
       ItemsSource="{Binding Source={StaticResource
         friendGroupsViewSource}}"
       ItemTemplate="{StaticResource
         friendDataTemplateLarge}"...> ...
    </GridView>
  </SemanticZoom.ZoomedInView>
  ...
</SemanticZoom>
```
Listing 7.74 FriendStorage\View\OverviewPage.xaml

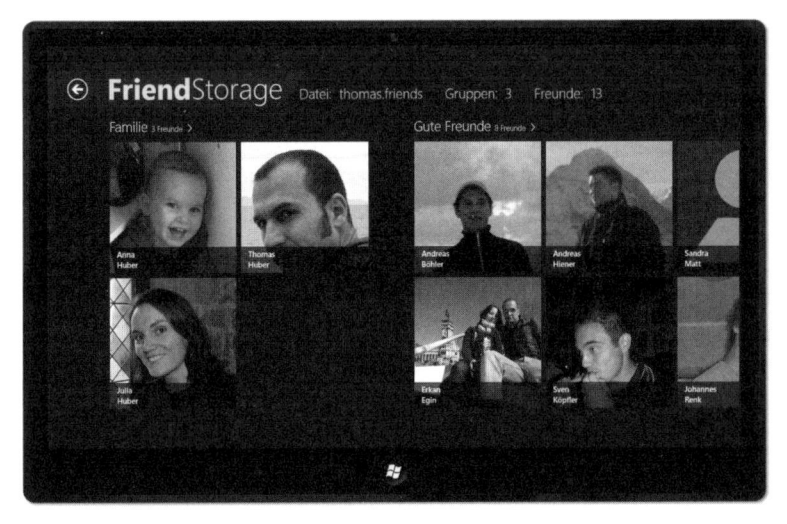

Abbildung 7.22 Die »OverviewPage« von FriendStorage

7.6.3 DataTemplates & Converter

Haben Sie die GridView der OverviewPage in Listing 7.74 genau betrachtet, haben Sie vielleicht bemerkt, dass die ItemTemplate-Property der GridView ein als Ressource definiertes DataTemplate mit dem Schlüssel friendDataTemplateLarge referenziert. Dieses DataTemplate ist wie folgt in den App-Ressourcen definiert:

```xml
<DataTemplate x:Key="friendDataTemplateLarge">
  <Grid Width="250" Height="250" >
    <Border ...>
      <Grid>
        <Image Source="{Binding ImageSource}" ...
          Visibility="{Binding HasImage,Converter={StaticResource
            boolToVisibilityConverter}}"/>
        <Image Source="/Images/DefaultImage.png" ...
          Visibility="{Binding HasImage,Converter={StaticResource
            boolToVisibilityInvertedConverter}}"/>
      </Grid>
    </Border>
    <StackPanel VerticalAlignment="Bottom" ...>
      <TextBlock Text="{Binding FirstName}" .../>
      <TextBlock Text="{Binding LastName}" .../>
    </StackPanel>
  </Grid>
</DataTemplate>
```

Listing 7.75 FriendStorage\App.xaml

Das `DataTemplate` aus Listing 7.75 enthält unter anderem zwei `Image`-Elemente, deren `Visibility`-Properties an die `HasImage`-Property der jeweiligen `Friend`-Instanz gebunden sind. Beide Data Bindings nutzen einen `IValueConverter`.

Das erste `Image` wird angezeigt, wenn `HasImage` den Wert `true` hat. Die `Source`-Property ist an die `ImageSource`-Property des jeweiligen `Friend`-Objekts gebunden.

Das zweite `Image` enthält in der `Source`-Property ein Default-Bild. Das `Image`-Element wird angezeigt, wenn `HasImage` den Wert `false` hat. Um den Wert `false` in den Wert `Visible` der `Visibility`-Aufzählung zu konvertieren, wird hier der als Ressource erstellte `BooleanToVisibilityInvertedConverter` genutzt. Dessen `Convert`-Methode ist wie folgt definiert:

```csharp
public sealed class BooleanToVisibilityInvertedConverter :
  IValueConverter
{
  public object Convert(object value, ...)
  {
    return (value is bool && (bool)value) ? Visibility.Collapsed
      : Visibility.Visible;
  }
  ...
}
```

Listing 7.76 FriendStorage\Converter\BooleanToVisibilityInvertedConverter.cs

Betrachten Sie die `GridView` in der `OverviewPage` in Abbildung 7.23, so sehen Sie, dass für Freunde ohne Bild das Default-Bild angezeigt wird.

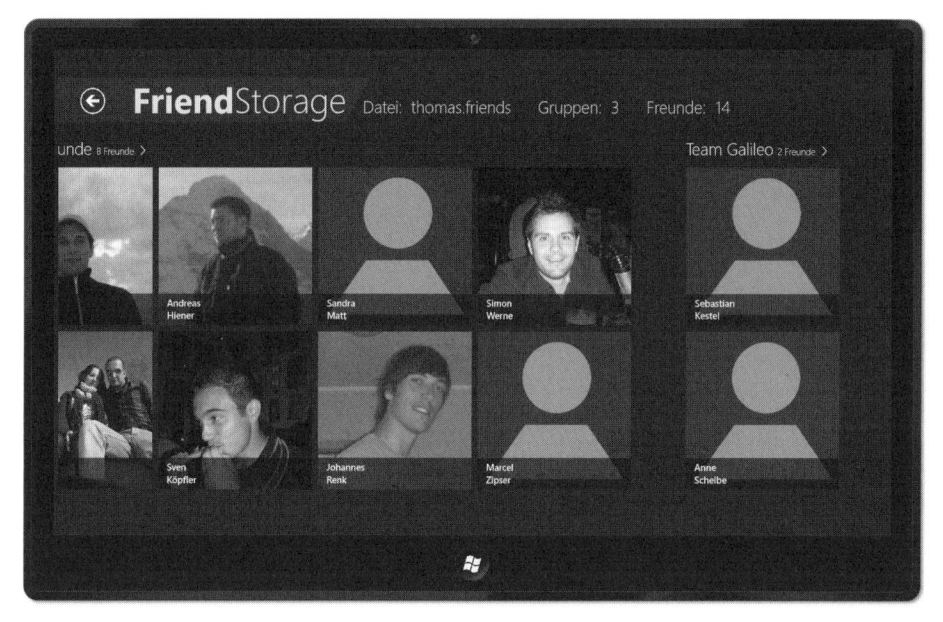

Abbildung 7.23 Für Freunde ohne Bild wird das Default-Image dargestellt.

7.6.4 »ListView«, »GridView« und »SemanticZoom«

Die `OverviewPage` von FriendStorage nutzt ein `SemanticZoom`-Element. In der `ZoomedInView`-Property ist die teilweise bereits gezeigte `GridView` enthalten. Listing 7.77 zeigt ein paar weitere Details dieser `GridView`. Beachten Sie, dass auf der `GridView` selbst ein Event Handler für das `ItemClick`-Event definiert ist. Klickt der Benutzer ein `Friend`-Objekt an, wird dieser Event Handler ausgelöst.

Des Weiteren ist die `HeaderTemplate`-Property des `GroupStyle`-Objekts interessant. Im zugewiesenen `DataTemplate` ist ein `Button` enthalten, für dessen `Click`-Event der Event Handler `ButtonHeader`-Click definiert ist. Schauen wir uns die beiden Event Handler an.

```
<SemanticZoom ...>
  <SemanticZoom.ZoomedInView>
    <GridView ... ItemsSource="{Binding Source={StaticResource
      friendGroupsViewSource}}"
      ItemClick="friendView_ItemClick" ...
      ItemTemplate="{StaticResource friendDataTemplateLarge}"
      IsSwipeEnabled="false" IsItemClickEnabled="True">
      ...
```

```xml
        <GridView.GroupStyle>
          <GroupStyle>
            <GroupStyle.HeaderTemplate>
              <DataTemplate>
                <Grid Margin="1,0,0,6">
                  <Button Click="ButtonHeader_Click" ...>
                    <StackPanel Orientation="Horizontal">
                      <TextBlock ...>
                        <Run Text="{Binding Title}"/>
                        <Run Text="{Binding Friends.Count}".../>
                        <Run Text=" Freunde" FontSize="14.667"/>
                      </TextBlock>
                      ...
                    </StackPanel>
                  </Button>
                </Grid>
              </DataTemplate>
            </GroupStyle.HeaderTemplate>
            ...
          </GroupStyle>
        </GridView.GroupStyle>
      </GridView>
    </SemanticZoom.ZoomedInView>
    ...
</SemanticZoom>
```

Listing 7.77 FriendStorage\View\OverviewPage.xaml

Listing 7.78 zeigt den Event Handler `friendView_ItemClick`. Die `FriendID`-Property des angeklickten `Friend`-Objekts wird ausgelesen und in der lokalen Variablen `friendId` gespeichert. Anschließend wird zur `FriendDetailPage` navigiert. Die `friendId` wird als Parameter übergeben, damit die `FriendDetailPage` diesen Freund anzeigen kann.

```
void friendView_ItemClick(object sender, ItemClickEventArgs e)
{
  var friendId = ((Friend)e.ClickedItem).FriendID;
  this.Frame.Navigate(typeof(FriendDetailPage), friendId);
}
```

Listing 7.78 FriendStorage\View\OverviewPage.xaml.cs

Listing 7.79 zeigt den `ButtonHeader_Click`-Event-Handler. Darin wird aus dem `DataContext` die zugehörige `FriendGroup` ausgelesen und zur `FriendGroupDetailPage` navigiert. Die ID der FriendGroup wird als Parameter übergeben, damit die Friend-GroupDetailPage weiß, welche Gruppe sie anzeigen muss.

```
void ButtonHeader_Click(object sender, RoutedEventArgs e)
{
  var group = ((FrameworkElement)sender).DataContext
    as FriendGroup;
  this.Frame.Navigate(typeof(FriendGroupDetailPage),
    group.FriendGroupID);
}
```

Listing 7.79 FriendStorage\View\OverviewPage.xaml.cs

> **Tipp**
> Eine Übersicht der Navigation von FriendStorage finden Sie bei Bedarf in Kapitel 2, »Das Programmiermodell«.

Schauen wir uns jetzt die ListView an, die in der ZoomedOutView-Property des Semantic-Zoom-Elements enthalten ist. Listing 7.80 zeigt diese ListView. Die ItemsSource-Property ist an die CollectionGroups-Property der ICollectionView gebunden. Die ItemTemplate-Property enthält ein sehr spannendes DataTemplate. Ein TextBlock zeigt die Title-Property der FriendGroup an. Im DataTemplate ist ein weiteres Items-Control enthalten, dessen ItemsSource-Property an die Friends-Property der Friend-Group gebunden ist.

Das ItemsControl selbst enthält wiederum in der eigenen ItemTemplate-Property ein DataTemplate, das ein Image-Element enthält, dessen Source-Property an die Image-Source-Property des jeweiligen Friend-Objekts gebunden ist. Es werden folglich die Bilder der Friend-Objekte dargestellt. Beachten Sie, dass die ItemsPanel-Property des ItemsControl ein horizontales WrapGrid enthält, das maximal vier Elemente in einer Zeile darstellt.

Am Ende von Listing 7.80 wird noch die ItemsPanel-Property der ListView gesetzt. Das horizontale VirtualizingStackPanel sorgt für eine horizontale Anordnung der Gruppen.

```xml
<SemanticZoom.ZoomedOutView>
  <ListView ... ItemsSource="{Binding Source={StaticResource
    friendGroupsViewSource},Path=CollectionGroups}" ...>
    <ListView.ItemTemplate>
      <DataTemplate>
        <Grid Width="216">
          <Grid.RowDefinitions>
```

```xml
            <RowDefinition Height="Auto"/>
            <RowDefinition/>
          </Grid.RowDefinitions>
          <TextBlock Text="{Binding Group.Title}" .../>
          <Canvas Grid.Row="1" ...>
            <ItemsControl
               ItemsSource="{Binding Group.Friends}">
              <ItemsControl.ItemTemplate>
                <DataTemplate>
                  <Grid Width="50" Height="50" Margin="2">
                    <Image Source="{Binding ImageSource}"
                       .../> ...
                  </Grid>
                </DataTemplate>
              </ItemsControl.ItemTemplate>
              <ItemsControl.ItemsPanel>
                <ItemsPanelTemplate>
                  <WrapGrid Orientation="Horizontal"
                     ItemWidth="54" ItemHeight="54"
                     MaximumRowsOrColumns="4"/>
                </ItemsPanelTemplate>
              </ItemsControl.ItemsPanel>
            </ItemsControl>
          </Canvas>
        </Grid>
      </DataTemplate>
    </ListView.ItemTemplate>
    <ListView.ItemsPanel>
      <ItemsPanelTemplate>
        <VirtualizingStackPanel Orientation="Horizontal"/>
      </ItemsPanelTemplate>
    </ListView.ItemsPanel>
  </ListView>
</SemanticZoom.ZoomedOutView>
```

Listing 7.80 FriendStorage\View\OverviewPage.xaml

Abbildung 7.24 zeigt die `ListView` und das `SemanticZoom`-Element aus Listing 7.80 im Einsatz. Der Benutzer hat herausgezoomt und sieht eine Übersicht seiner Gruppen.

> **Hinweis**
>
> Auch in der *Snapped*-Ansicht verwendet die FriendStorage-App eine `ListView`. Mehr zur *Snapped*-Ansicht lesen Sie in Kapitel 5, »Layout«.

Abbildung 7.24 Die »ZoomedOut«-Ansicht der »OverviewPage«

7.6.5 Validieren von Daten

Das Data Binding in der WPF und in Silverlight bietet verschiedene Validierungsmöglichkeiten mit Interfaces wie `IDataErrorInfo` oder `INotifyDataErrorInfo`. In der WinRT gibt es diese Möglichkeiten nicht. Das heißt, Sie bauen sich das Validieren von Benutzereingaben selbst zusammen. Die `FriendEditPage` von FriendStorage wird zum Erstellen und Bearbeiten von `Friend`-Objekten genutzt. Klickt der Benutzer den SPEICHERN-Button, wird folgender Event Handler aufgerufen:

```
async void btnSave_Click(object sender, RoutedEventArgs e)
{
  if (!await Validate())
  {
    errorBorder.Visibility = Visibility.Visible;
    return;
  }
  errorBorder.Visibility = Visibility.Collapsed;
  ...
}
```

Listing 7.81 FriendStorage\View\FriendEditPage.xaml.cs

Die in Listing 7.81 aufgerufene `Validate`-Methode prüft verschiedene Eingabefelder und setzt bei Fehlern die `Text`-Property eines `TextBlocks`. Dieser `TextBlock` ist im Element namens `errorBorder` enthalten. Listing 7.81 zeigt, dass die `errorBorder` bei

Fehlern eingeblendet wird. Tauchen beim Speichern keine Fehler auf, wird sie ausgeblendet.

Abbildung 7.25 zeigt die `FriendEditPage` in Aktion. Dabei wurde ein ungültiger Geburtstag eingegeben und der SPEICHERN-Button geklickt. Im oberen Bereich der Seite wird die Fehlermeldung mit dem entsprechenden Hinweis angezeigt.

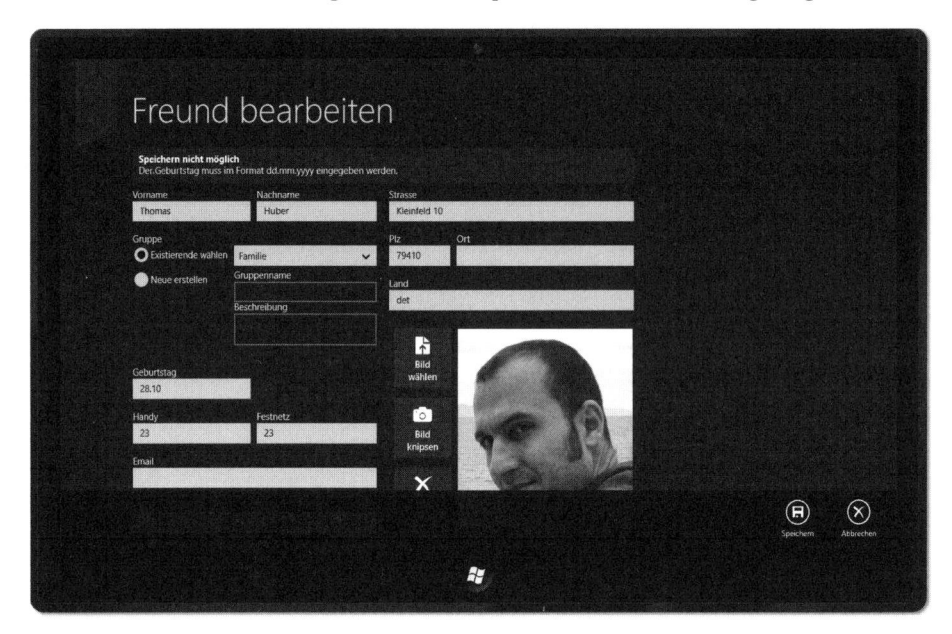

Abbildung 7.25 Ein Validierungsfehler auf der »FriendEditPage«

> **Tipp**
> Falls Sie komplexe Eingabemasken haben und die Logik besser vom UI trennen möchten, sollten Sie auch das im nächsten Kapitel gezeigte Model-View-ViewModel-Pattern (MVVM) in Erwägung ziehen.

7.7 Zusammenfassung

Wie Sie in diesem Kapitel gesehen haben, ist das Data Binding der WinRT sehr mächtig. Im Gegensatz zum Data Binding in der WPF/Silverlight bietet es allerdings keine integrierten Validierungsmöglichkeiten. Sie haben anhand der FriendStorage-App gesehen, wie Sie dies auf eine eigene Art lösen können.

Um eine Source für ein Data Binding anzugeben, setzen Sie auf dem `Binding`-Objekt eine der Properties `ElementName`, `RelativeSource` oder `Source`. Ist auf einem `Binding`-

Objekt keine der drei Properties gesetzt, durchsucht das Binding aufwärts im Element Tree die `DataContext`-Property der Elemente. Sobald diese irgendwo nicht null ist, verwendet das `Binding` den `DataContext` als Source.

Die Target-Property eines `Binding`s muss eine Dependency Property sein. Das `Binding` unterstützt drei verschiedene Modes: `OneTime`, `OneWay` und `TwoWay`. Nur beim Mode `TwoWay` werden Daten auch wieder zurück in die Source geschrieben. Der Mode `OneWay` ist der Default-Wert.

Wenn als Source eines Data Bindings eine Dependency Property vorliegt, besitzt diese bereits den integrierten Benachrichtigungsmechanismus. Damit auch gewöhnliche .NET-Properties über Änderungen informieren, muss die Klasse mit den .NET-Properties das Interface `INotifyPropertyChanged` implementieren.

Für Collections gibt es das Interface `INotifyCollectionChanged`, das darüber informiert, wenn Elemente zur Collection hinzugefügt oder gelöscht werden. Mit der Klasse `ObservableCollection<T>` gibt es bereits eine fertige Implementierung von `INotifyCollectionChanged`.

Für Collections lassen sich `ICollectionView`-Instanzen erstellen, die den Zeiger auf das selektierte Element (`CurrentItem`-Property) einer Collection enthalten. Zudem besitzt eine `ICollectionView` verschiedene Methoden zum Navigieren und stellt die Basis für gruppierte Daten dar. Eine `ICollectionView` erhalten Sie mit der `CollectionViewSource`-Klasse. Setzen Sie die `Source`-Property auf Ihre Collection, und lesen Sie aus der `View`-Property die zugehörige `ICollectionView` aus. Üblicherweise erstellen Sie die `CollectionViewSource`-Klasse in XAML als Ressource.

Mit `DataTemplate`s geben Sie Ihren Daten ein Aussehen. Weisen Sie ein `DataTemplate` beispielsweise der `ItemTemplate`-Property eines `ItemsControl`s zu. Sie finden in den Elementen der WinRT zahlreiche andere Properties, die ein `DataTemplate` entgegennehmen. Es geht dabei immer darum, zu definieren, wie Objekte dargestellt werden, die nicht von `UIElement` erben.

Die WinRT-Controls `FlipView`, `ListView` und `GridView` machen eine typische Windows Store App aus. Die `ListView` und `GridView` lassen sich zudem in einem `SemanticZoom`-Element nutzen.

Anhand der FriendStorage-App haben Sie den Einsatz einiger in diesem Kapitel vorgestellter Möglichkeiten gesehen. Während wir hier das Binden der Daten näher betrachtet haben, lernen Sie im nächsten Kapitel Commands und das Model-View-ViewModel-Pattern (MVVM) kennen. Das MVVM-Pattern macht intensiven Gebrauch vom Data Binding. Bei dem Pattern wird Ihre View nur über Data Bindings mit der eigentlichen UI-Logik – dem sogenannten ViewModel – verbunden.

Kapitel 8
Commands und MVVM

Mit Commands lassen sich Aktionen auf einem semantisch höheren Level behandeln als mit Events. Commands bilden neben dem Data Binding zudem die Grundlage für das Model-View-ViewModel-Pattern.

Die WinRT besitzt eine kleine, einfache Implementierung des Command-Patterns. Obwohl es sehr schlicht ist, bietet es die Grundlage zur Umsetzung des im WPF-/Silverlight-Umfeld bewährten Model-View-ViewModel-Patterns.

In diesem Kapitel lernen Sie im ersten Abschnitt 8.1 das ICommand-Interface kennen. Wir schauen uns anschließend die Klassen an, die ein Command auslösen können, bevor wir ein kleines Beispiel betrachten.

In Abschnitt 8.2 erfahren Sie alles Notwendige zum Model-View-ViewModel-Pattern (kurz MVVM). Das MVVM-Pattern ist eine moderne Abwandlung des Model-View-Controller-Patterns (MVC) und stammt ursprünglich aus der WPF. Es basiert auf Commands und Data Binding und hat das Ziel, das UI (XAML) möglichst strikt von der Codebehind-Datei zu trennen.

Beim Einsatz des MVVM-Patterns treffen Sie eventuell auf ein paar Herausforderungen: Wie zeigen Sie Dialoge aus dem ViewModel an, wie lösen Sie von einem beliebigen Event ein Command aus, oder wie navigieren Sie in Ihrer Windows Store App aus dem ViewModel heraus zu einer anderen Seite? Diese Herausforderungen meistern wir in Abschnitt 8.3, »MVVM-Herausforderungen bei Windows Store Apps«.

Im letzten Abschnitt dieses Kapitels lesen Sie, wie die DefaultViewModel-Property der LayoutAwarePage-Klasse funktioniert und wie Sie im MVVM-Pattern einzuordnen ist. Sie erhalten auch einen kleinen Einblick, wie FriendStorage die DefaultViewModel-Property einsetzt.

8.1 Commands

Ein Command ist ein Objekt, dessen Klasse das ICommand-Interface implementiert. Ausgelöst werden kann ein Command von ButtonBase-Subklassen. Nachfolgend schauen wir uns die Details dazu an.

8.1.1 Das »ICommand«-Interface

Ein Objekt vom Typ ICommand (Namespace: System.Windows.Input) definiert ein Command. Das Interface ICommand enthält zwei Methoden und ein Event:

```
public interface ICommand
{
  public bool CanExecute(object parameter);
  public void Execute(object parameter);
  public event EventHandler CanExecuteChanged;
}
```

Die Methode CanExecute gibt true zurück, wenn das Command ausgeführt werden kann. Die Methode Execute führt das Command aus. Beide Methoden nehmen einen Parameter vom Typ object entgegen.

Das Event CanExecuteChanged wird von einem ICommand dann gefeuert, wenn sich der Rückgabewert der Methode CanExecute ändert.

> **Hinweis**
>
> Das ICommand-Interface liegt in der WinRT im Namespace Windows.UI.Xaml.Input. Via Language Projection wird es beim Verwenden des .NET für Windows Store Apps dem gleichnamigen Interface aus dem Namespace System.Windows.Input zugeordnet.

8.1.2 Objekte zum Ausführen von Commands

Die Klasse ButtonBase definiert die Properties Command (Typ: ICommand) und CommandParameter (Typ: object.). Wir betrachten diese Properties im Folgenden stellvertretend anhand der Klasse Button.

Die Command-Property nimmt ein ICommand entgegen. Beim Klicken eines Buttons wird die Execute-Methode des zugewiesenen ICommand-Objekts ausgeführt. Falls neben der Command-Property auch die CommandParameter-Property gesetzt ist, wird dieser Wert als Parameter an die Execute-Methode übergeben.

Wird die Command-Property auf dem Button gesetzt, prüft dieser sofort den Rückgabewert der CanExecute-Methode. Basierend auf dem Rückgabewert setzt er automatisch seine eigene IsEnabled-Property. Der Button »hängt« sich intern zudem an das CanExecuteChanged-Event. Sobald dieses ausgelöst wird, ruft er die CanExecute-Methode des ICommand-Objekts erneut auf, um mit dem Rückgabewert seine IsEnabled-Property zu aktualisieren. Sobald das ICommand also nicht ausgeführt werden kann, wird der Button automatisch deaktiviert.

8.1.3 Ein Command-Beispiel

In diesem Abschnitt implementieren wir ein Command, das die Anzeige eines MessageDialogs ermöglicht. Legen wir los.

Zum Implementieren eines Commands erstellen Sie eine Klasse, die das ICommand-Interface implementiert. In Listing 8.1 wird die Klasse ShowMessageCommand erstellt. Beachten Sie zunächst die Execute-Methode. Darin wird eine MessageDialog-Instanz erstellt. Der Parameter der Execute-Methode wird an den Konstruktor übergeben und der MessageDialog angezeigt.

Die CanExecute-Methode gibt hartkodiert den Wert true zurück, da das Command immer ausführbar sein soll. Da sich der Rückgabewert der CanExecute-Methode für dieses Command nie ändert, ist das Auslösen des CanExecuteChanged-Events nicht notwendig.

```
public class ShowMessageCommand : ICommand
{
  public bool CanExecute(object parameter)
  {
    return true;
  }
  public event EventHandler CanExecuteChanged;
  public async void Execute(object parameter)
  {
    var dlg = new MessageDialog((string)parameter);
    await dlg.ShowAsync();
  }
}
```

Listing 8.1 K08\01 CommandBeispiel\ShowMessageCommand.cs

Um das in Listing 8.1 erstellte ShowMessageCommand zu nutzen, wird eine Instanz der Command-Property eines Buttons zugewiesen:

```
<Button Content="Klick mich" CommandParameter="Hallo Thomas">
  <Button.Command>
    <local:ShowMessageCommand/>
  </Button.Command>
</Button>
```

Listing 8.2 K08\01 CommandBeispiel\MainPage.xaml

Wird der Button aus Listing 8.2 angeklickt, wird die Execute-Methode des Show-MessageCommands ausgeführt. Der MessageDialog wird mit dem Text Hallo Thomas angezeigt, da dieser Text in Listing 8.2 der `CommandParameter`-Property des `Button`s zugewiesen wurde.

8.2 Das Model-View-ViewModel-Pattern (MVVM)

Aufbauend auf Commands und dem Data Binding hat sich im XAML-Umfeld (WPF/Silverlight) das *Model-View-ViewModel*-Pattern (MVVM) etabliert. Es stellt eine moderne Variante des *Model-View-Controller*-Patterns (MVC) dar und erlaubt eine bessere Trennung von UI-Design und UI-Logik. Dadurch wird die Arbeit zwischen Designern und Entwicklern vereinfacht. Zudem lässt sich die UI-Logik besser in Unit-Tests prüfen.

In den folgenden Abschnitten betrachten wir zuerst das gute alte MVC-Pattern, bevor wir uns die Idee des MVVM-Patterns ansehen und ein kleines MVVM-Beispiel betrachten. Zum Abschluss lesen Sie ein paar Details zu den MVVM-Herausforderungen bei Windows Store Apps.

8.2.1 Die Idee des Model-View-Controller-Patterns (MVC)

Das Model-View-Controller-Pattern (MVC) ist wohl eines der bekanntesten Entwurfsmuster der objektorientierten Programmierung. Im Jahr 1979 wurde es erstmals beschrieben. Damals kam es zunächst zusammen mit der Programmiersprache Smalltalk zum Einsatz.

Das MVC-Pattern schlägt eine Client-Architektur vor, die sich aus drei Hauptkomponenten zusammensetzt:

- **Model:** das Datenmodell
- **View:** die Benutzeroberfläche (UI)
- **Controller:** die Programmsteuerung

Die Ziele des MVC-Patterns sind neben einem übersichtlichen Anwendungsdesign die einfache Pflege und Erweiterbarkeit der Software. Zudem sollen sich einzelne Komponenten wiederverwenden lassen. So kann beispielsweise zu einem bestehenden Controller eine neue View erstellt werden.

Abbildung 8.1 zeigt die Abhängigkeit der einzelnen Komponenten beim MVC-Pattern. Die View kennt sowohl den Controller als auch das Model. Der Controller wiederum kennt nur das Model. Das Model selbst kennt weder die View noch den Controller.

Betrachten wir die einzelnen Komponenten etwas genauer. Das Model enthält die Daten, die in der Anwendung bzw. in einem bestimmten Anwendungsfall angezeigt werden sollen. Dazu muss das Model einen Benachrichtigungsmechanismus bereitstellen, der dafür sorgt, dass sich Änderungen am Model beobachten lassen. Wie aus den Abhängigkeiten in Abbildung 8.1 ersichtlich ist, weiß das Model nichts darüber, wie es angezeigt oder verändert wird. Es kennt weder die View noch den Controller.

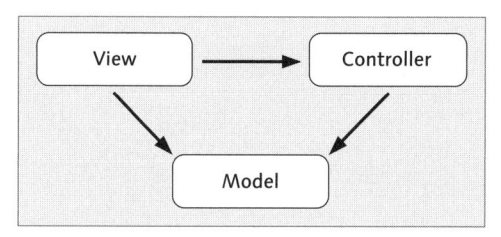

Abbildung 8.1 Die Abhängigkeiten beim Model-View-Controller-Pattern

Die View übernimmt die Darstellung der relevanten Daten und reagiert auf die Änderungsnachrichten des Models. Benutzereingaben gibt die View direkt an den Controller weiter. Der Controller nimmt diese Benutzereingaben entgegen und reagiert auf diese. Er steuert den Ablauf der Applikation und ist der Logik der Benutzeroberfläche sehr nahe. Der Controller kennt die View allerdings nicht. Er aktualisiert das Model. Die View bekommt diese Änderungen durch den Benachrichtigungsmechanismus des Models mit.

Unter Pattern-Experten gibt es verschiedene Auffassungen zur genauen Rolle des Controllers. Ebenso hat die Erfahrung gezeigt, dass eine strikte Trennung von View und Controller bei den heute verwendeten UI-Frameworks oft nicht möglich ist, da die meisten UI-Controls sowohl die Anzeige als auch die Bearbeitung der Daten erlauben. Aus diesem Grund werden in der Praxis View und Controller häufig zusammengefasst. Diese Variante des MVC-Patterns ist auch unter dem Namen *Document-View-Pattern* bekannt.

8.2.2 Die Idee des Model-View-ViewModel-Patterns (MVVM)

Das Model-View-ViewModel-Pattern (MVVM) ist eine neuere Variante des MVC-Patterns. Die Ziele des MVVM-Patterns sind eine lose Kopplung von UI-Design (Benutzeroberfläche) und UI-Logik (Event Handler & Co.). Dadurch ist eine bessere Zusammenarbeit mit Designern möglich, die Blend verwenden. Zudem lässt sich die UI-Logik besser mit Unit-Tests überprüfen.

Das MVVM-Pattern basiert auf drei Komponenten:

- **View:** die Benutzeroberfläche (XAML + Codebehind)
- **ViewModel:** eine Klasse, die das Model kapselt und Properties bereitstellt, an die sich die View binden kann
- **Model:** das Datenmodell; üblicherweise Klassen, die lediglich die Daten enthalten

Abbildung 8.2 zeigt die Abhängigkeit der Komponenten im MVVM-Pattern. Das View-Model kennt das Model, aber nicht die View. Die View kennt das ViewModel. Das Model kennt weder die View noch das ViewModel.

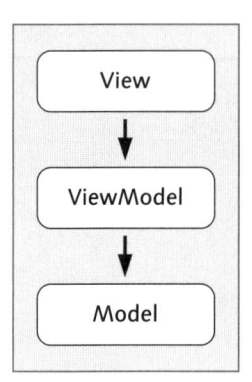

Abbildung 8.2 Die Abhängigkeiten beim Model-View-ViewModel-Pattern

Schauen wir uns die einzelnen Komponenten genauer an. Das Model spielt im MVVM-Pattern dieselbe Rolle wie das Model im MVC-Pattern. Es kapselt die Daten, die je nach Applikation in unterschiedlichen Formaten – wie beispielsweise Entity-Klassen oder XML – vorliegen können und häufig von einer Geschäftslogikschicht erzeugt und verarbeitet werden.

Auch die Aufgabe der View, das Darstellen von Daten, ist im MVVM- und MVC-Design identisch. Die View enthält alle grafischen Elemente des User-Interface, wie `Buttons`, `TextBox`-Elemente und sonstige Controls. Die View wird beim Verwenden des .NET für Windows Store Apps deklarativ in XAML erstellt.

Die Logik für die View wird im ViewModel implementiert. Eine ViewModel-Instanz wird der `DataContext`-Property der View zugewiesen. Via Data Binding verbindet sich die View mit dem ViewModel. Dabei stellt das ViewModel der View prinzipiell zwei Arten von Properties zur Verfügung:

- **Daten-Properties** enthalten die von der View benötigten Daten.
- **Command-Properties** enthalten `ICommand`-Instanzen, über die die View Logik ausführen kann

Das ViewModel enthält auch jegliche Logik, um Benutzereingaben zu behandeln. Benutzereingaben werden zwar von der View entgegengenommen, dann aber via Data Binding an das ViewModel weitergeleitet und dort behandelt. Damit übernimmt das ViewModel auch einen großen Teil der Funktionalität, die beim MVC-Pattern im Controller angesiedelt war.

Trotz der Nähe zum User-Interface enthält das ViewModel keinerlei grafische Elemente. Alle ViewModel-Klassen sollten vielmehr so implementiert werden, dass sie sich auch ohne die View instantiieren und somit testen lassen. Wird das MVVM-Pattern konsequent umgesetzt, lässt sich dadurch ein großer Teil des Codes in Unit-Tests einbinden.

8.2.3 Ein MVVM-Beispiel

An dieser Stelle vermittelt Ihnen eine kleine Anwendung den Grundgedanken des MVVM-Patterns. Abbildung 8.3 zeigt das UI der Anwendung. Es werden Vorname und Nachname eines Friend-Objekts angezeigt. Mit den Buttons ZURÜCK und VORWÄRTS kann durch die dahinterliegende ObservableCollection<Friend> navigiert werden.

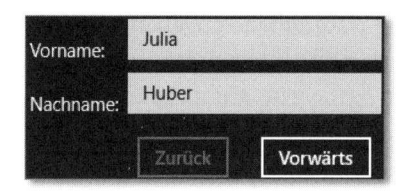

Abbildung 8.3 Eine einfache MVVM-Anwendung

Schauen wir uns den Code der Anwendung an. Listing 8.3 zeigt den Konstruktor der MainPage. Beachten Sie, wie darin eine MainViewModel-Instanz der DataContext-Property zugewiesen wird.

```
public MainPage()
{
  this.InitializeComponent();
  this.DataContext = new MainViewModel();
}
```

Listing 8.3 K08\02 MVVMPattern\MainPage.xaml.cs

Listing 8.4 zeigt den XAML-Code der Oberfläche, die in Abbildung 8.3 dargestellt ist. In einem Grid befinden sich zwei TextBlocks, zwei TextBox-Elemente und ein Stack-Panel. Beachten Sie, dass die Text-Properties der beiden TextBox-Objekte an die Werte einer CurrentFriend-Property gebunden sind.

Im StackPanel befinden sich die beiden Buttons zum Vor- und Zurücknavigieren. Die Command-Properties der beiden Buttons sind an die Properties PreviousCommand und NextCommand gebunden.

```
<Grid ...>
  ...
  <TextBlock Text="Vorname:" .../>
  <TextBox Text="{Binding CurrentFriend.FirstName}" .../>
  <TextBlock Text="Nachname:" .../>
```

```xml
    <TextBox Text="{Binding CurrentFriend.LastName}" .../>
    <StackPanel Orientation="Horizontal" ...>
      <Button Content="Zurück"
        Command="{Binding PreviousCommand}" .../>
      <Button Content="Vorwärts"
        Command="{Binding NextCommand}" .../>
    </StackPanel>
  </Grid>
```

Listing 8.4 K08\02 MVVMPattern\MainPage.xaml

Da die Data Bindings in Listing 8.4 keine explizite Datenquelle angeben, erhalten sie die Daten aus der `DataContext`-Property. Und darin wurde im Konstruktor der `MainPage` eine `MainViewModel`-Instanz gespeichert (Listing 8.3). Auf diese Weise wird die View mit dem `ViewModel` über Data Bindings verbunden. Die Codebehind-Datei der `MainPage` enthält keinerlei spezifischen Code außer dem in Listing 8.3 gezeigten Konstruktor.

Das ViewModel, in diesem Beispiel eine Instanz der Klasse `MainViewModel`, besitzt die entsprechenden Properties, an die sich die Elemente in der View binden können. Bevor wir allerdings einen Blick auf die Klasse `MainViewModel` werfen, schauen wir uns die Klasse `DelegateCommand` an, die in diesem Beispiel das `ICommand`-Interface implementiert.

Listing 8.5 zeigt die `DelegateCommand`-Klasse. Der Konstruktor nimmt einen `Action<object>`-Delegate und einen `Predicate<object>`-Delegate entgegen. Die Delegates werden in den Klassenvariablen `_execute` und `_canExecute` gespeichert. In der von `ICommand` vorgeschriebenen `Execute`-Methode wird nun einfach der `_execute`-Delegate ausgeführt. In der `CanExecute`-Methode wird der `_canExecute`-Delegate ausgeführt. Das `DelegateCommand` besitzt zudem die Methode `Invalidate`, um von außen das `CanExecuteChanged`-Event auszulösen.

```csharp
public class DelegateCommand : ICommand
{
  private readonly Action<object> _execute;
  private readonly Predicate<object> _canExecute;

  public DelegateCommand(Action<object> execute,
    Predicate<object> canExecute = null)
  {
    if (execute == null)
      throw new ArgumentNullException("execute cannot be null");
    _execute = execute;
    _canExecute = canExecute;
  }
```

```
public void Invalidate()
{
  var handler = CanExecuteChanged;
  if (handler != null)
    handler(this, new EventArgs());
}
public event EventHandler CanExecuteChanged;
public void Execute(object parameter)
{
  _execute(parameter);
}
public bool CanExecute(object parameter)
{
  if (_canExecute == null)
    return true;
  return _canExecute(parameter);
}
}
```

Listing 8.5 K08\02 MVVMPattern\Command\DelegateCommand.cs

Kommen wir jetzt zum `MainViewModel`. Die Klasse `MainViewModel` muss einen Benachrichtigungsmechanismus haben, damit die Data Bindings die View bei jeweiligen Änderungen aktualisieren können. Für diesen Benachrichtigungsmechanismus haben Sie in Kapitel 7, »Daten«, das `INotifyPropertyChanged`-Interface und die Klasse `BindableBase` aus dem *Common*-Ordner kennengelernt. Da `BindableBase` das Interface `INotifyPropertyChanged` bereits implementiert, ist es eine gute Basisklasse für ein ViewModel wie das hier dargestellte `MainViewModel`.

Listing 8.6 zeigt die `MainViewModel`-Klasse. Im Konstruktor wird die `_friends`-Variable initialisiert und die `LoadData`-Methode aufgerufen. `LoadData` fügt lediglich ein paar `Friend`-Objekte zur `ObservableCollection<Friend>` hinzu.

> **Hinweis**
>
> Die `Friend`-Klasse besitzt lediglich die zwei Properties `FirstName` und `LastName`.

Sind die Daten geladen, werden im Konstruktor die beiden `ICommand`-Properties `NextCommand` und `PreviousCommand` mit `DelegateCommand`-Instanzen initialisiert. Beachten Sie, dass dem `DelegateCommand`-Konstruktor gleich die beiden Methoden für `Execute` und `CanExecute` übergeben werden.

Das `MainViewModel` besitzt eine Readonly-Property `CurrentFriend`, die das aktuell selektierte `Friend`-Objekt enthält. Die View bzw. die beiden in XAML definierten `TextBox`-Elemente aus Listing 8.4 verwenden diese Property und zeigen die `First-Name`- und `LastName`-Property des darin gespeicherten `Friend`-Objekts an. Beachten Sie auch die `CurrentIndex`-Property. Sie definiert den aktuellen Index des `CurrentFriend`-Objekts. Wird die `CurrentIndex`-Property gesetzt, dann wird neben der `SetProperty`-Methode zusätzlich die `OnPropertyChanged`-Methode der `BindableBase`-Klasse aufgerufen, um auch ein `PropertyChanged`-Event für die `CurrentFriend`-Property auszulösen. Dadurch werden die Data Bindings die Werte der beiden `TextBox`-Elemente aktualisieren.

Kommen wir jetzt zu den beiden Commands. Die Commands werden über die Properties `NextCommand` und `PreviousCommand` bereitgestellt. Die Command-Properties der beiden `Button`-Elemente aus Listing 8.4 sind an diese beiden Properties des `MainView-Models` gebunden. Klickt der Benutzer den VORWÄRTS-Button, wird die Methode `OnNextExecuted` aufgerufen. Darin wird die `CurrentIndex`-Property um eins hochgezählt und die Methode `InvalidateCommands` aufgerufen. `InvalidateCommands` ruft auf den beiden Commands die in Listing 8.5 im `DelegateCommand` implementierte `Invalidate`-Methode auf, die nichts anderes macht, als das `CanExecuteChanged`-Event auszulösen. Dadurch prüfen die beiden `Buttons` aus der View erneut den Rückgabewert von `CanExecute`, womit im `MainViewModel` die Methoden `OnNext-CanExecute` und `OnPreviousCanExecute` aufgerufen werden und die `IsEnabled`-Property der `Buttons` aktualisiert wird.

```
public class MainViewModel : BindableBase
{
  private ObservableCollection<Friend> _friends;
  private int _currentIndex = -1;

  public MainViewModel()
  {
    _friends = new ObservableCollection<Friend>();
    LoadData();
    CurrentIndex = 0;
    NextCommand = new DelegateCommand(OnNextExecuted,
                                      OnNextCanExecute);
    PreviousCommand = new DelegateCommand(OnPreviousExecuted,
                                          OnPreviousCanExecute);
  }
  public int CurrentIndex
  {
    get { return _currentIndex; }
    private set
```

```csharp
    {
      SetProperty(ref _currentIndex, value);
      OnPropertyChanged("CurrentFriend");
    }
  }
  public Friend CurrentFriend
  {
    get
    {
      if (_currentIndex > -1)
        return _friends[_currentIndex];
      return null;
    }
  }
  public ICommand NextCommand { get; private set; }
  public ICommand PreviousCommand { get; private set; }

  void OnNextExecuted(object parameter)
  {
    CurrentIndex++;
    InvalidateCommands();
  }
  bool OnNextCanExecute(object parameter)
  {
    return CurrentIndex < _friends.Count - 1;
  }
  void OnPreviousExecuted(object parameter)
  {
    CurrentIndex--;
    InvalidateCommands();
  }
  bool OnPreviousCanExecute(object parameter)
  {
    return CurrentIndex > 0;
  }
  private void InvalidateCommands()
  {
    ((DelegateCommand)PreviousCommand).Invalidate();
    ((DelegateCommand)NextCommand).Invalidate();
  }
  private void LoadData()
```

```
    {
      _friends.Add(new Friend { FirstName = "Julia",
                                LastName = "Huber" });
      _friends.Add(new Friend { FirstName = "Erkan",
                                LastName = "Egin" });
      _friends.Add(new Friend { FirstName = "Thomas",
                                LastName = "Huber" });
    }
}
```
Listing 8.6 K08\02 MVVMPattern\ViewModel\MainViewModel.cs

Abbildung 8.4 zeigt, was passiert, wenn der Benutzer zum letzten Element der `ObservableCollection<Friend>` navigiert. Die Methode `OnNextCanExecute` wird den Wert `false` zurückgeben, wodurch der VORWÄRTS-Button deaktiviert wird.

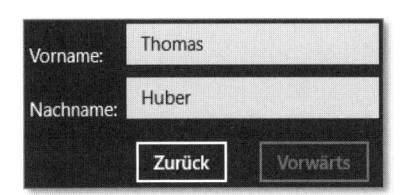

Abbildung 8.4 Beim letzten Element ist der »Vorwärts«-Button deaktiviert.

Dieses kleine Model-View-ViewModel-Beispiel hat gezeigt, wie Sie Ihre View von der dahinterliegenden Logik entkoppeln, indem Sie über Properties einer ViewModel-Klasse Daten und Commands bereitstellen. Die View kann somit über Data Bindings das ViewModel verwenden. Beachten Sie, dass die `MainViewModel`-Klasse aus diesem Beispiel die View nicht kennt. Aufgrund dieser Unabhängigkeit ist das `MainViewModel` für Unit-Tests geeignet.

8.3 MVVM-Herausforderungen bei Windows Store Apps

Beim Einsatz des MVVM-Patterns gibt es verschiedene Herausforderungen. Eine dieser Herausforderungen ist das Anzeigen von Dialogen aus dem ViewModel heraus. Damit Ihr ViewModel weiterhin für Unit-Tests geeignet ist, sollten Sie Dialoge immer über eine Art Serviceklasse anzeigen. Wie dies geht, lesen Sie hier.

Eine weitere Herausforderung ist es, dass lediglich `ButtonBase` eine `Command`-Property enthält. Eventuell möchten Sie vielleicht ein `ICommand` ausführen, wenn in einer `ListView` ein Element angeklickt wird. Leider gibt es auf der `ListView` keine `Command`-Property. Eine Lösung bietet hier ein Attached Behavior, das wir uns in diesem Abschnitt anschauen.

Die letzte Herausforderung, die wir hier betrachten, ist die Navigation zu einer anderen Page Ihrer Anwendung aus dem ViewModel heraus. Hier wird analog zum Anzeigen von Dialogen auf eine Serviceklasse gesetzt. Auf geht's.

8.3.1 Dialoge aus dem ViewModel

Zeigen Sie aus Ihrem ViewModel einen Dialog an, lässt sich das ViewModel nicht mehr in Unit-Tests benutzen, da der Dialog die Testmethode blockiert. Daher sollten Sie die Anzeige eines Dialogs aus Ihrem ViewModel auslagern. Dies erreichen Sie mit Hilfe eines Interface. Schauen wir uns ein Beispiel an, bei dem aus dem ViewModel heraus ein MessageDialog angezeigt werden soll. Über den MessageDialog entscheidet der Benutzer in diesem Beispiel, ob er eine Friend-Instanz wirklich löscht oder nicht.

Im ersten Schritt wird das in Listing 8.7 dargestellte Interface IMessageDialogService erstellt. Es definiert eine Methode ShowMessageDialog, die den Inhalt, den Titel und die IUICommands des anzuzeigenden MessageDialogs entgegennimmt.

```
public interface IMessageDialogService
{
  Task<IUICommand> ShowMessageDialog(string content,
    string title, IList<IUICommand> commands);
}
```

Listing 8.7 K08\03 DialogAusViewModel\MessageDialogService.cs

In Listing 8.8 sehen Sie das MainViewModel. Dessen Konstruktor nimmt eine IMessageDialogService-Instanz entgegen und speichert sie in einer Instanzvariablen. Mit dem DeleteCommand wird die OnDelete-Methode zum Löschen eines Freundes ausgeführt. In der OnDelete-Methode befindet sich der spannende Teil. Darin wird zunächst eine Liste mit den zwei UICommands Ja und Nein erstellt. Anschließend wird die ShowMessageDialog-Methode der IMessageDialogService-Instanz aufgerufen. Es werden der Inhalt, der Titel und die zuvor erstellte Liste mit den UICommands übergeben. Mit Hilfe des await-Schlüsselworts wird das asynchron als Rückgabewert erhaltene IUICommand in einer Variablen gespeichert. Das IUICommand wird in einer if-Verzweigung ausgewertet. Hat der Benutzer auf JA geklickt, wird der selektierte Freund gelöscht.

```
public class MainViewModel : BindableBase
{
  private IMessageDialogService _messageDialogService;
  public MainViewModel(IMessageDialogService
    messageDialogService)
  {
    _messageDialogService = messageDialogService;
    ...
```

```
      DeleteCommand = new DelegateCommand(OnDelete, OnCanDelete);
    }
    ...
    public ICommand DeleteCommand { get; private set; }
    private async void OnDelete(object parameter)
    {
      var commands = new List<IUICommand>
      {
        new UICommand{ Label="Ja",Id=1},
        new UICommand{ Label="Nein",Id=2}
      };
      var uiCommand =
       await _messageDialogService.ShowMessageDialog(
      string.Format("Möchten Sie den Freund {0} wirklich löschen?",
                    SelectedFriend.FirstName),
        "Achtung", commands);
      if ((int)uiCommand.Id == 1)
      {
        Friends.Remove(SelectedFriend);
        ((DelegateCommand)DeleteCommand).Invalidate();
      }
    }
    ...
}
```

Listing 8.8 K08\03 DialogAusViewModel\ViewModel\MainViewModel.cs

Für die Anwendung wird eine `MessageDialogService`-Klasse implementiert, die Sie in Listing 8.9 sehen. In der `ShowMessageDialog`-Methode wird eine `MessageDialog`-Instanz mit den erhaltenen Parametern erstellt. Anschließend wird auf der `Message-Dialog`-Instanz die `ShowAsync`-Methode aufgerufen. Das Ergebnis von `ShowAsync` wird aus der `ShowMessageDialog`-Methode zurückgegeben.

```
public class MessageDialogService:IMessageDialogService
{
  public Task<IUICommand> ShowMessageDialog(string content,
    string title, IList<IUICommand> commands)
  {
    var dlg = new MessageDialog(content, title);
    foreach (var command in commands)
      dlg.Commands.Add(command);
    return dlg.ShowAsync().AsTask();
  }
}
```

Listing 8.9 K08\03 DialogAusViewModel\MessageDialogService.cs

> **Hinweis**
>
> Die ShowAsync-Methode der MessageDialog-Klasse gibt in der WinRT eine IAsyncOperation<IUICommand> zurück. In Listing 8.9 wird dieser Rückgabewert mit der Extension-Methode AsTask in ein Task<IUICommand> umgewandelt. Die Extension-Methode AsTask ist Teil des .NET für Windows Store Apps. Sie ist in der Klasse WindowsRuntimeSystemExtensions (**Namespace:** System) definiert.

In der MainPage lässt sich jetzt einfach eine MessageDialogService-Instanz erstellen und dem Konstruktor des MainViewModels übergeben:

```
public MainPage()
{
  this.InitializeComponent();
  var messageDialogService = new MessageDialogService();
  this.DataContext = new MainViewModel(messageDialogService);
}
```

Listing 8.10 K08\03 DialogAusViewModel\MainPage.xaml.cs

Damit wäre die Herausforderung gelöst: Die Abhängigkeit zum Dialog ist aus Ihrem ViewModel verschwunden. Für einen Unit-Test können Sie jetzt einfach eine weitere Implementierung von IMessageDialogService erstellen. Darin zeigen Sie dann keinen MessageDialog an, sondern geben Sie einfach direkt das für Ihren Test benötigte IUICommand zurück.

> **Tipp**
>
> Anstatt die MessageDialogService-Instanz wie in Listing 8.10 manuell zu instantiieren, werden in der Praxis oft sogenannte *Dependency-Injection-Frameworks (DI-Framework)* eingesetzt. Wie der Name sagt, werden »Abhängigkeiten hineingespritzt«. In unserem Beispiel würde das bedeuten, dass Sie das DI-Framework nach einer MainViewModel-Instanz fragen. Die im Konstruktor verlangte IMessageDialogService-Instanz wird dann automatisch durch das DI-Framework »injected« (»hineingespritzt«). Damit dies funktioniert, besitzen DI-Frameworks ein zentrales Register, wo Sie Interfaces konkreten Implementierungen zuordnen. Darin müsste für dieses Beispiel das Interface IMessageDialogService der Implementierung MessageDialogService zugeordnet werden.

8.3.2 Event mit »Command« verbinden

Lediglich ButtonBase besitzt eine Command-Property. Doch vielleicht möchten Sie ein ICommand Ihres ViewModels ausführen, wenn auf einem bestimmten Element ein bestimmtes Event auftritt, beispielsweise beim `ItemClick`-Event einer `ListView`. Jetzt stehen Sie vor der Herausforderung, dass es auf der `ListView` keine `Command`-Property gibt.

Eine einfache Lösung wäre ein ganz gewöhnlicher Event Handler in der Codebehind-Datei. Damit die Logik im ViewModel bleibt, sollten Sie bei dieser Lösung im Event Handler die Aufrufe direkt an Ihr ViewModel weiterleiten.

Anstatt einen Event Handler in der Codebehind-Datei zu definieren, bietet ein Attached Behavior eine weitaus elegantere Lösung. Ein Attached Behavior ist eine Attached Property, die auf dem Element, auf dem sie gesetzt wird, Event Handler für bestimmte Events registriert. Die Attached Property bietet somit ein an das Element »angefügtes Verhalten« (= Attached Behavior).

Werfen wir ein Blick auf ein Beispiel. Nehmen wir dazu das bereits erwähnte `ItemClick`-Event der `ListView`-Klasse. Um dieses Event mit einem `ICommand` des ViewModels zu verbinden, wird die Klasse `ItemClickBehavior` erstellt. In Listing 8.11 sehen Sie den Ausschnitt der Klasse, der die Attached Property `Command` vom Typ `ICommand` definiert. Beachten Sie, dass die Methoden `GetCommand` und `SetCommand` typisiert sind. Sie verlangen beide eine `ListViewBase`-Instanz. `ListViewBase` stellt die Basisklasse von `ListView` und `GridView` dar und definiert das `ItemClick`-Event.

```
public class ItemClickBehavior
{
  public static ICommand GetCommand(ListViewBase obj)
  {
    return (ICommand)obj.GetValue(CommandProperty);
  }
  public static void SetCommand(ListViewBase obj, ICommand value)
  {
    obj.SetValue(CommandProperty, value);
  }
  public static readonly DependencyProperty CommandProperty =
    DependencyProperty.RegisterAttached("Command",
      typeof(ICommand), typeof(ItemClickBehavior),
      new PropertyMetadata(null, OnCommandChanged));
  ...
}
```

Listing 8.11 K08\04 EventToCommand\Behavior\ItemClickBehavior.cs

Beachten Sie in Listing 8.11, dass für die Attached Property `Command` in den Metadaten ein `OnCommandChanged`-Callback registriert ist. Diesen Callback finden Sie in Listing 8.12. Im `OnCommandChanged`-Callback wird geprüft, ob die Attached Property `Command` auf einem `ListViewBase`-Objekt gesetzt wurde. Falls nein, wird die Methode verlassen, ansonsten geht es weiter. Dabei wird zunächst ein eventuell bereits bestehender Event Handler für das `ItemClick`-Event entfernt. Dies verhindert, dass bei einer Änderung der Attached Property plötzlich mehrere Event Handler am `ItemClick`-Event hängen. Ist der neue Wert der Attached Property nicht `null` – er enthält somit eine `ICommand`-Instanz –, wird ein Event Handler für das `ItemClick`-Event der `ListViewBase`-Instanz registriert.

Im `ItemClick`-Event-Handler wird über die zur Attached Property gehörende `GetCommand`-Methode das auf der `ListViewBase`-Instanz gesetzte `ICommand` ausgelesen. Auf dem `ICommand` wird die `Execute`-Methode aufgerufen. Als Parameter werden die `ItemClickEventArgs` übergeben. Damit ist die `ItemClickBehavior`-Klasse fertig.

```
public class ItemClickBehavior
{
  ...
  private static void OnCommandChanged(DependencyObject o,
    DependencyPropertyChangedEventArgs e)
  {
    var listViewBase = o as ListViewBase;
    if (listViewBase == null) return;
    listViewBase.ItemClick -= listViewBase_ItemClick;
    if (e.NewValue != null)
      listViewBase.ItemClick += listViewBase_ItemClick;
  }
  private static void listViewBase_ItemClick(object sender,
    ItemClickEventArgs e)
  {
    var listViewBase = (ListViewBase)sender;
    ICommand cmd = GetCommand(listViewBase);
    cmd.Execute(e);
  }
}
```

Listing 8.12 K08\04 EventToCommand\Behavior\ItemClickBehavior.cs

> **Hinweis**
>
> Anstatt wie in Listing 8.12 die `ItemClickEventArgs` direkt als Parameter an die `Execute`-Methode des `ICommands` zu übergeben, können Sie sich natürlich auch eine eigene Klasse bauen, die die Informationen enthält, die Sie in Ihrem ViewModel benötigen. Übergeben Sie dann eine Instanz Ihrer eigenen Klasse an die `Execute`-Methode des `ICommands`.

Die `ItemClickBehavior`-Klasse lässt sich jetzt in XAML verwenden. Dazu habe ich in Listing 8.13 auf dem `Page`-Element ein entsprechendes Namespace-Mapping mit dem Alias `behavior` eingefügt. Auf der `ListView` lässt sich über diesen Alias die `ItemClick`-`Behavior`-Klasse nutzen. Die Attached Property `Command` wird dabei an das `Friend`-`ClickedCommand` gebunden.

```xml
<Page ... xmlns:behavior="using:EventToCommand.Behavior" ...>
  ...
  <ListView ItemsSource="{Binding Friends}"
    DisplayMemberPath="FirstName" IsItemClickEnabled="True"
    behavior:ItemClickBehavior.Command="{Binding
      FriendClickedCommand}"/>
  ...
</Page>
```

Listing 8.13 K08\04 EventToCommand\MainPage.xaml

Listing 8.14 zeigt die verwendete `MainViewModel`-Klasse. Das `FriendClickedCommand` führt die Methode `OnFriendClicked` aus. Darin lassen sich jetzt die vom `ItemClickBehavior` übergebenen `ItemClickEventArgs` auswerten, um das geklickte `Friend`-Objekt zu erhalten.

```csharp
public class MainViewModel : BindableBase
{
  public MainViewModel()
  { ...
    FriendClickedCommand = new DelegateCommand(OnFriendClicked);
  }
  ...
  public ICommand FriendClickedCommand { get; private set; }
  private void OnFriendClicked(object parameter)
  {
    var eventArgs = (ItemClickEventArgs)parameter;
    var friend = eventArgs.ClickedItem as Friend;
    ...
  }
  ...
}
```

Listing 8.14 K08\04 EventToCommand\ViewModel\MainViewModel.cs

Hinweis

Das hier dargestellte ItemClickBehavior funktioniert nur mit dem ItemClick-Event der ListViewBase-Klasse. Sie können natürlich für jedes Event, das Sie an ein Command Ihres ViewModels weiterleiten möchten, eine weitere solche Klasse erstellen. Es gibt jedoch auch die Möglichkeit, mit etwas Reflection eine generische Behavior-Klasse zu erstellen, die mit beliebigen Events umgehen kann. Die Implementierung ist etwas komplexer; Sie finden ein Beispiel zum Selbststudium im Ordner *K08\05 EventToCommandGeneric*. Das Beispiel enthält eine Klasse EventToCommandBehavior, mit der sich ein beliebiges Event mit einem Command verbinden lässt. Dazu definiert die Klasse EventToCommandBehavior zwei Attached Properties, RoutedEvent und Command. Folgender Codeausschnitt zeigt, wie sich damit ein Command mit dem ItemClick-Event der ListView verbinden lässt:

```
<ListView ...
behavior:EventToCommandBehavior.RoutedEvent="ItemClick"
behavior:EventToCommandBehavior.Command="{Binding
  FriendClickedCommand}" .../>
```

8.3.3 Navigation im ViewModel

Möchten Sie aus dem ViewModel heraus zu einer anderen Page navigieren, stehen Sie vor der Herausforderung, dass die Navigation in den Klassen Frame und Page implementiert und somit Teil der View ist. Um im ViewModel keine Abhängigkeit zur View zu schaffen, wird wie auch beim Anzeigen von Dialogen ein Interface genutzt:

```
public interface INavigationService
{
  bool Navigate(Type sourcePageType);
  bool Navigate(Type sourcePageType, object parameter);
  void GoBack();
}
```

Listing 8.15 K08\06 NavigationInViewModel\NavigationService.cs

Listing 8.16 zeigt die Klasse NavigationService, die das Interface INavigationService aus Listing 8.15 implementiert. In den Methoden wird aus der Content-Property des Window-Objekts die Frame-Instanz ausgelesen. Auf der Frame-Instanz werden dann die entsprechenden Methoden Navigate und GoBack aufgerufen.

```
public class NavigationService : INavigationService
{
  public bool Navigate(Type sourcePageType)
```

```csharp
    {
      return ((Frame)Window.Current.Content).Navigate(
          sourcePageType);
    }
    public bool Navigate(Type sourcePageType, object parameter)
    {
      return ((Frame)Window.Current.Content).Navigate(
          sourcePageType, parameter);
    }
    public void GoBack()
    {
      ((Frame)Window.Current.Content).GoBack();
    }
}
```

Listing 8.16 K08\06 NavigationInViewModel\NavigationService.cs

Listing 8.17 zeigt ein `MainViewModel`, das im Konstruktor einen `INavigationService` entgegennimmt und diesen in einer Instanzvariablen speichert. Das `MainViewModel` enthält das bereits im vorigen Abschnitt gezeigte `FriendClickedCommand`. Wird dieses ausgeführt, wird die `OnFriendClicked`-Methode aufgerufen und das geklickte `Friend`-Objekt über die erhaltenen `ItemClickEventArgs` ermittelt. Anschließend wird die `INavigationService`-Instanz genutzt, um zur `FriendDetailPage` zu navigieren. Als Parameter wird das geklickte `Friend`-Objekt übergeben, damit die Detailseite es anzeigen kann.

```csharp
public class MainViewModel : BindableBase
{
  private INavigationService _navigationService;
  public MainViewModel(INavigationService navigationService)
  {
    _navigationService = navigationService;
    ...
    FriendClickedCommand = new DelegateCommand(OnFriendClicked);
  }
  ...
  public ICommand FriendClickedCommand { get; private set; }
  private void OnFriendClicked(object parameter)
  {
    var eventArgs = (ItemClickEventArgs)parameter;
    var friend = eventArgs.ClickedItem as Friend;
```

```
    _navigationService.Navigate(typeof(FriendDetailPage),
       friend);
  }
  ...
}
```

Listing 8.17 K08\06 NavigationInViewModel\ViewModel\MainViewModel.cs

Aufgrund der Entkopplung der Navigation können Sie jetzt speziell für einen Unit-Test eine INavigationService-Implementierung schreiben. Im Test prüfen Sie dann beispielsweise, ob beim Ausführen eines Commands die Navigation zur entsprechenden Seite stattfindet und ob dabei die korrekten Daten übergeben werden.

8.3.4 Sonstige Herausforderungen

Setzen Sie in Ihren Windows Store App das MVVM-Pattern ein, begegnen Sie vielleicht weiteren Herausforderungen. Sehr wichtig ist dabei immer Ihr gesunder Menschenverstand. Manchmal ist es einfacher und auch produktiver, etwas in der Codebehind-Datei statt im ViewModel zu implementieren. Oftmals liegt das daran, dass der Einsatz des MVVM-Patterns die Komplexität auch etwas erhöhen kann, insbesondere bei kleineren Apps.

Bei komplexen Pages mit vielen Eingaben und notwendigen Validierungen macht sich dagegen ein ViewModel fast immer bezahlt. Wenn Sie also eine Enterprise-App entwickeln, ist der Einsatz des MVVM-Patterns gewiss eine gute Wahl.

Behalten Sie einfach im Hinterkopf: MVVM ist lediglich ein Pattern, ein Entwurfsmuster. Es ist kein Muss. Falls Sie es einsetzen, sollten Sie es nicht so strikt handhaben, dass die Codebehind-Datei Ihrer Page niemals Code enthalten darf und alles zwingend im ViewModel implementiert sein muss. Das sollte zwar das Ziel sein, jedoch nicht um jeden Preis. Stattdessen müssen Sie je nach Szenario abwägen, welcher für Sie der bessere Weg ist.

Es ist auch eine Mischform denkbar, bei der Sie für komplexe Pages ein ViewModel einsetzen und bei einfacheren Pages die Logik in der Codebehind-Datei implementieren.

8.4 Das »DefaultViewModel« der »LayoutAwarePage«

FriendStorage nutzt kein MVVM-Pattern, stellt jedoch die Daten für die View über den DataContext bereit. Dazu nutzt es die DefaultViewModel-Property der LayoutAwarePage-Klasse. Die DefaultViewModel-Property haben Sie bereits in Kapitel 7, »Daten«, etwas kennengelernt. In diesem Abschnitt schauen wir uns die Details zur DefaultViewModel-Property nochmals an und stellen sie unserem aufgebauten

MVVM-Wissen gegenüber. Anschließend betrachten wir, wie die `DefaultViewModel`-Property in FriendStorage eingesetzt wird.

8.4.1 Details der »DefaultViewModel«-Property

Die `LayoutAwarePage`-Klasse besitzt eine `DefaultViewModel`-Property vom Typ `IObservableMap<String,Object>`. Diese Property haben Sie in Kapitel 7, »Daten«, bereits kennengelernt:

```
public class LayoutAwarePage : Page
{ ...
  protected IObservableMap<String,Object> DefaultViewModel
  {
    get { ... } set { ... }
  }
  ...
}
```

Listing 8.18 Die »DefaultViewModel«-Property der »LayoutAwarePage«

Eine `LayoutAwarePage` hat ihren `DataContext` auf die eigene `DefaultViewModel`-Property gesetzt:

```
<common:LayoutAwarePage ...
  DataContext="{Binding DefaultViewModel,
    RelativeSource={RelativeSource Self}}" ...>
  ...
</common:LayoutAwarePage>
```

Listing 8.19 Der »DataContext« einer »LayoutAwarePage« ist auf die »DefaultViewModel«-Property gesetzt.

Da die `DefaultViewModel`-Property mit `IObservableMap` auch `IDictionary` implementiert, lassen sich unter verschiedenen Schlüsseln beliebige Objekte hinterlegen. In Listing 8.20 werden die zwei Schlüssel `Titel` und `Fussballclubs` definiert. Darunter werden ein `String` und eine `List<string>` gespeichert.

```
public sealed partial class MainPage :
  DefaultViewModelLayoutAwarePage.Common.LayoutAwarePage
  { ...
    protected override void LoadState(Object navigationParameter,
      Dictionary<String, Object> pageState)
    {
      this.DefaultViewModel["Titel"] =
        "Thomas' Lieblingsvereine";
```

```
        this.DefaultViewModel["Fussballclubs"] =
            new List<string>{"SC Freiburg","Fortuna Düsseldorf" ...};
    }
    ...
}
```

Listing 8.20 K08\07 DefaultViewModelLayoutAwarePage\MainPage.xaml.cs

Listing 8.21 zeigt einen Ausschnitt der View. Ein TextBlock und eine ListView nutzen die zwei Schlüssel Titel und Fussballclubs, die in Listing 8.20 in der DefaultViewModel-Property definiert wurden.

```xml
<StackPanel ...>
  <TextBlock Text="{Binding Titel}" FontSize="20"/>
  <ListView ItemsSource="{Binding Fussballclubs}"/>
</StackPanel>
```

Listing 8.21 K08\07 DefaultViewModelLayoutAwarePage\MainPage.xaml

8.4.2 Die »DefaultViewModel«-Property und MVVM

Die DefaultViewModel-Property der LayoutAwarePage kann natürlich unter einem Schlüssel eine gewöhnliche ViewModel-Instanz speichern, die für die View Daten und Commands bereitstellt. Ob Sie dafür aber wirklich einen Schlüssel der DefaultViewModel-Property setzen oder ob Sie stattdessen den DataContext der LayoutAwarePage direkt auf Ihre eigene ViewModel-Instanz setzen, steht Ihnen völlig frei.

Wie der vorige Abschnitt gezeigt hat, können Sie natürlich auch direkt Ihre Daten in der DefaultViewModel-Property unter mehreren Schlüsseln speichern. Das ist völlig in Ordnung. Bei komplexen Seiten birgt dies jedoch die Gefahr, dass sich die Logik und eventuell auch das Laden von Daten etwas zerstreut. Daher sollten Sie immer mit gesundem Menschenverstand abwägen, ob eine ViewModel-Klasse für die Page sinnvoll ist oder ob die DefaultViewModel-Property okay ist. Bedenken Sie, dass ein ViewModel bei komplexen Pages die Komplexität verringern kann, dass es testbar ist etc. Bei einfachen Pages kann ein ViewModel dagegen die Komplexität eher etwas steigern. Zudem müssen einfache Pages nicht zwingend via Unit-Tests testbar sein, womit das direkte Bereitstellen von Daten über die DefaultViewModel-Property vollkommen in Ordnung ist. Dies trifft genau auf die FriendStorage-Anwendung zu. Sie legt die Daten für die View in der DefaultViewModel-Property ab; schauen wir es uns an.

> **Tipp**
>
> Bedenken Sie wieder: MVVM ist nur ein Pattern. Setzen Sie es nicht um jeden Preis ein, sondern da, wo Sie es für sinnvoll halten.

8.4.3 Die Verwendung in FriendStorage

FriendStorage nutzt die `DefaultViewModel`-Property der `LayoutAwarePage`-Klasse. An dieser Stelle betrachten wir dies beispielhaft an der in Abbildung 8.5 dargestellten `OverviewPage`.

Abbildung 8.5 Die »OverviewPage« von FriendStorage

Die `OverviewPage` von FriendStorage enthält im Header den Namen der geöffneten Datei und die Anzahl der darin enthaltenen Gruppen und Freunde. Im Inhaltsbereich der `OverviewPage` ist eine `GridView`, die die Gruppen und Freunde darstellt. Schauen wir uns den Code an.

Listing 8.22 zeigt die Codebehind-Datei der `OverviewPage`. In der `LoadState`-Methode wird via `FriendDataSource`-Klasse die Collection `friendGroups` geladen. Sie enthält `FriendGroup`-Instanzen. Die Collection wird unter dem Schlüssel `Groups` zur `DefaultViewModel`-Property hinzugefügt. Im nächsten Schritt wird unter dem Schlüssel `CustomHeaderInfo` ein anonymes Objekt mit dem Properties `OpenedFile`, `GroupCount` und `FriendCount` hinzugefügt.

```
public sealed partial class OverviewPage :
  FriendStorage.Common.LayoutAwarePage
{
  ...
  protected override async void LoadState(Object
    navigationParameter, Dictionary<String, Object> pageState)
  {
```

8.4 Das »DefaultViewModel« der »LayoutAwarePage«

```csharp
      var friendGroups =
        await FriendDataSource.Current.LoadFriendGroupsAsync();
      this.DefaultViewModel["Groups"] = friendGroups;
      this.DefaultViewModel["CustomHeaderInfo"] = new
      {
        OpenedFile = FriendDataSource.Current.OpenedFile,
        GroupCount = friendGroups.Count,
        FriendCount = friendGroups.SelectMany(
          fg => fg.Friends).Count()
      };
      appBar.IsOpen = friendGroups.Count == 0;
    }
    ...
}
```

Listing 8.22 FriendStorage\View\OverviewPage.xaml.cs

In Listing 8.23 sehen Sie den XAML-Teil der `OverviewPage`. Die in den Ressourcen definierte `CollectionViewSource` bindet sich an die Collection mit `FriendGroup`-Instanzen, die in Listing 8.22 im `DefaultViewModel` unter dem Schlüssel `Groups` gespeichert wurde. Die `GridView` am Ende von Listing 8.23 nutzt diese `CollectionViewSource` als Quelle.

Für die Informationen im Header binden sich mehrere `Run`-Elemente eines `TextBlocks` an die Properties des anonymen Objekts, das in Listing 8.22 im `DefaultViewModel` unter dem Schlüssel `CustomHeaderInfo` gespeichert wurde.

```xml
<common:LayoutAwarePage ...>
  <Page.Resources>
    <CollectionViewSource
            x:Name="friendGroupsViewSource"
            Source="{Binding Groups}" .../>
  </Page.Resources>
    ...
  <Grid>
      ...
    <Button x:Name="backButton" Click="GoBack" .../>
    <TextBlock x:Name="pageTitle" ...>
      <Bold>Friend</Bold>Storage
    </TextBlock>

    <TextBlock x:Name="pageSubTitle"...>
      <Run Text="Datei: "/>
      <Run Text="{Binding
        CustomHeaderInfo.OpenedFile.Name}"/>
```

```
            <Run Text="    "/>
            <Run Text="Gruppen: "/>
            <Run Text="{Binding CustomHeaderInfo.GroupCount}" />
            <Run Text="    "/>
            <Run Text="Freunde: "/>
            <Run Text="{Binding CustomHeaderInfo.FriendCount}"/>
        </TextBlock>
    </Grid>

    ...
    <GridView
        x:Name="itemGridView"
        ItemsSource="{Binding Source={StaticResource
            friendGroupsViewSource}}" ...>...
    </GridView>
    ...
</common:LayoutAwarePage>
```

Listing 8.23 FriendStorage\View\OverviewPage.xaml

8.5 Zusammenfassung

Die Command-Infrastruktur der WinRT ist sehr einfach gestrickt. Die Klasse `ButtonBase` definiert eine `Command`-Property vom Typ `ICommand`. Das zugewiesene `ICommand` wird ausgelöst, wenn der Benutzer den `Button` klickt.

Mit dem Model-View-ViewModel-Pattern haben Sie in diesem Kapitel eine moderne Abwandlung des Model-View-Controller-Patterns (MVC) kennengelernt. Die View (XAML) wird über Data Binding mit dem ViewModel verbunden. Das ViewModel stellt dazu Properties bereit, die Daten und Commands enthalten. Ziel des Model-View-ViewModel-Patterns ist es, das UI von der UI-Logik zu entkoppeln.

Mit der `DefaultViewModel`-Property definiert die `LayoutAwarePage`-Klasse bereits eine MVVM-ähnliche Unterstützung. Für einfache Szenarien ist die `DefaultViewModel`-Property geeignet. Bei komplexeren Pages sollten Sie eine eigenständige ViewModel-Klasse vorziehen.

Sie haben in diesem Kapitel gelernt, wie Sie ein Event mit einem Command verbinden. Im nächsten Kapitel sehen wir uns die Events der WinRT genauer an. Dabei lernen Sie sämtliche Input-Events rund um Touch, Maus und Tastatur näher kennen.

Kapitel 9
Input-Events

In der WinRT wurden für die Eingaben via Touch, Stift und Maus einheitliche Events erstellt. Neben diesen Events lernen Sie in diesem Kapitel den Umgang mit der Tastatur kennen, erfahren mehr zu Drag & Drop und zu den nach oben blubbernden Routed Events.

Events sind ein gängiges Konzept in der .NET Programmierung, um ein Objekt zu benachrichtigen, wenn etwas passiert. Auch in der WinRT gibt es zahlreiche Events. In diesem Kapitel schauen wir uns die Input-Events an, mit denen Sie in Ihrer App auf Benutzereingaben via Touch, Maus oder Tastatur reagieren.

Die Input-Events der WinRT sind in der UIElement-Klasse als Routed Events implementiert. Routed Events blubbern im Element Tree nach oben. Es lassen sich somit auf verschiedenen Ebenen im Element Tree Event Handler installieren. Bevor wir uns folglich verschiedene Events zu Touch, Maus und Tastatur anschauen, lernen Sie in Abschnitt 9.1 die Details zu Routed Events kennen.

In Abschnitt 9.2 lesen Sie mehr zu den Input-Events für Touch-, Stift- und Maus-Eingaben. Diese drei Eingabearten werden in der WinRT in einheitlichen Events zusammengefasst. So behandeln Sie das Antippen mit dem Finger, das Antippen mit einem Stift und einen Mausklick über das Tapped-Event. Es stehen Ihnen drei verschiedene Arten von Events zur Verfügung, mit denen Sie Touch-, Stift- und Maus-Eingaben behandeln: **Gesten-Events**, **Pointer-Events** und **Manipulation-Events**. Alle drei Arten lernen Sie in Abschnitt 9.2, »Touch-, Stift- und Maus-Eingaben«, kennen.

In Abschnitt 9.3, »Tastatur«, mache ich Sie mit den Tastatur-Events KeyUp und KeyDown vertraut. Wir betrachten hier auch den Fokus und die beiden Events GotFocus und LostFocus. Zudem erfahren Sie, wie Sie die Tab-Reihenfolge der Elemente in Ihrer Windows Store App steuern.

Im letzten Abschnitt dieses Kapitels, »9.4«, lernen Sie die Drag-and-Drop-Funktionalität mit den Routed Events DragEnter, DragOver, DragLeave und Drop kennen. In diesem Zusammenhang schauen wir uns auch die Clipboard-Klasse an, mit der Sie Daten in der Zwischenablage speichern.

9.1 Routed Events

Ein Routed Event blubbert vom auslösenden Element durch den Element Tree nach oben in Richtung Wurzelelement. Das bedeutet, dass jedes Element auf dieser Route einen Event Handler für das Routed Event installieren kann und dieser dann aufgerufen wird. In diesem Abschnitt schauen wir uns die Details an.

9.1.1 Die Routed Events der WinRT

Die Input-Events der WinRT sind als Routed Events in der Klasse UIElement implementiert. Tabelle 9.1 zeigt diese Routed Events, die ich hier in Kategorien eingeordnet habe. Die einzelnen Kategorien lernen Sie in späteren Abschnitten dieses Kapitels genauer kennen.

Kategorie	Event	Argumente
Gesten-Events (Abschnitt 9.2.2)	Tapped	TappedEventRoutedArgs
	DoubleTapped	DoubleTappedRoutedEventArgs
	RightTapped	RightTappedRoutedEventArgs
	Holding	HoldingRoutedEventArgs
Pointer-Events (Abschnitt 9.2.3)	PointerPressed	PointerRoutedEventArgs
	PointerReleased	PointerRoutedEventArgs
	PointerCanceled	PointerRoutedEventArgs
	PointerEntered	PointerRoutedEventArgs
	PointerExited	PointerRoutedEventArgs
	PointerMoved	PointerRoutedEventArgs
	PointerCaptureLost	PointerRoutedEventArgs
	PointerWheelChanged	PointerRoutedEventArgs
Manipulation-Events (Abschnitt 9.2.4)	ManipulationStarting	ManipulationStartingRoutedEventArgs
	ManipulationStarted	ManipulationStartedRoutedEventArgs
	ManipulationInertiaStarting	ManipulationInertiaStartingRoutedEventArgs
	ManipulationDelta	ManipulationDeltaRoutedEventArgs
	ManipulationCompleted	ManipulationCompletedRoutedEventArgs

Tabelle 9.1 Die in der »UIElement«-Klasse definierten Routed Events

Kategorie	Event	Argumente
Tastatur-Events (Abschnitt 9.3.1)	KeyDown	KeyRoutedEventArgs
	KeyUp	KeyRoutedEventArgs
Fokus-Events (Abschnitt 9.3.2)	GotFocus	RoutedEventArgs
	LostFocus	RoutedEventArgs
Drag-and-Drop-Events (Abschnitt 9.4)	DragEnter	DragEventArgs
	DragLeave	DragEventArgs
	DragOver	DragEventArgs
	Drop	DragEventArgs

Tabelle 9.1 Die in der »UIElement«-Klasse definierten Routed Events (Forts.)

Jedes Routed Event hat eine Argument-Klasse vom Typ RoutedEventArgs oder vom Typ einer Subklasse von RoutedEventArgs. In Tabelle 9.1 sind diese Argument-Klassen für jedes Event dargestellt.

Die Klasse RoutedEventArgs gibt Aufschluss über die tatsächliche Quelle eines Routed Events. Das schauen wir uns jetzt im nächsten Abschnitt anhand des PointerPressed-Events an.

> **Tipp**
>
> Für die in Tabelle 9.1 dargestellten Events definiert die indirekt von UIElement abgeleitete Klasse Control die typischen On-Methoden, die sich in Subklassen überschreiben lassen, um an einem Event teilzunehmen. Beispielsweise gibt es zum Event Pointer-Pressed eine Methode OnPointerPressed. Das Überschreiben der OnPointerPressed-Methode ist eine Alternative zum Installieren eines klassischen Event Handlers für das PointerPressed-Event.

9.1.2 Sender und Quelle bei Routed Events

Anhand eines kleinen Beispiels schauen wir uns im Folgenden die Funktionsweise von Routed Events an und kommen dabei speziell auf die RoutedEventArgs zu sprechen. Diese geben nämlich Rückschluss auf das Element, das tatsächlich das Routed

Event ausgelöst hat. In klassischen .NET Events ist dies immer in der sender-Variablen, bei Routed Events ist dies jedoch nicht zwingend der Fall. Legen wir los.

Listing 9.1 zeigt ein einfaches Grid, das ein Border-Element enthält. Im Border-Element befindet sich wiederum ein Image-Element. Beachten Sie, dass für das Grid, für die Border und für das Image ein Event Handler für das PointerPressed-Event definiert ist. Das Grid enthält zudem ein ItemsControl. Dieses ist hier allerdings nur zum Auswerten bzw. Darstellen der Daten gedacht und zur Betrachtung der Routed Events an für sich nicht von Bedeutung.

```xml
<Grid PointerPressed="Grid_PointerPressed" ...>
  <Grid.RowDefinitions> ... </Grid.RowDefinitions>
  <Border PointerPressed="Border_PointerPressed"
    BorderBrush="White" ...>
    <Image PointerPressed="Image_PointerPressed"
      Width="200" Height="200" Source="lieblingsmuetze.jpg"/>
  </Border>
  ...
  <ItemsControl ItemsSource="{Binding}" Grid.Row="2">
    ...
  </ItemsControl>
</Grid>
```

Listing 9.1 K09\01 RoutedEventBasics\MainPage.xaml

In der Codebehind-Datei des Beispiels ist in Listing 9.2 eine Collection von EventInfo-Elementen als Klassenvariable definiert. Die Collection wird im Konstruktor initialisiert. Die EventInfo-Klasse ist ebenfalls in der Codebehind-Datei definiert und dient lediglich zum Halten der ermittelten Daten. Dazu hat diese Klasse vier Properties: EventHandler, Sender, OriginalSource und Handled, alle vom Typ string. Zur Handled-Property kommen wir später.

In der MainPage-Klasse gibt es eine AddEventInfo-Methode, die zur Collection ein neues EventInfo-Objekt hinzufügt. Beachten Sie jetzt die Event Handler des Grids, der Border und des Images. Alle drei rufen lediglich die AddEventInfo-Methode auf, wodurch eine EventInfo-Instanz mit den Informationen in der _eventInfos-Collection gespeichert wird. Diese Collection wird vom ItemsControl in Listing 9.1 dargestellt. Die in den Event Handlern verwendete PointerRoutedEventArgs-Klasse ist eine Subklasse von RoutedEventArgs. Letztere ist Basis für alle Event-Argumente bei Routed Events. RoutedEventArgs stellt lediglich die Property OriginalSource (Typ: object) zur Verfügung. Darin finden Sie die eigentliche Quelle des Events.

```csharp
public sealed partial class MainPage : Page
{
  private ObservableCollection<EventInfo> _eventInfos;
  public MainPage()
  {
    this.InitializeComponent();
    _eventInfos = new ObservableCollection<EventInfo>();
    this.DataContext = _eventInfos;
  }
  private void Grid_PointerPressed(object sender,
    PointerRoutedEventArgs e)
  {
    AddEventInfo(sender, e);
  }
  private void Border_PointerPressed(object sender,
    PointerRoutedEventArgs e)
  {
    AddEventInfo(sender, e);
  }
  private void Image_PointerPressed(object sender,
    PointerRoutedEventArgs e)
  {
    AddEventInfo(sender, e);
  }
  void AddEventInfo(object sender, PointerRoutedEventArgs e,
    [CallerMemberName] string handler = null)
  {
    _eventInfos.Add(new EventInfo
    {
      EventHandler = handler,
      Sender = sender.GetType().Name,
      OriginalSource = e.OriginalSource.GetType().Name,
      Handled = e.Handled.ToString()
    });
  }
  ...
}
public class EventInfo
{
  public string EventHandler { get; set; }
```

```
    public string Sender { get; set; }
    public string OriginalSource { get; set; }
    public string Handled { get; set; }
}
```

Listing 9.2 K09\01 RoutedEventBasics\MainPage.xaml.cs

> **Hinweis**
>
> Die `AddEventInfo`-Methode aus Listing 9.2 verwendet für den dritten, optionalen Parameter das `CallerMemberName`-Attribut. Beim Aufruf der `AddEventInfo`-Methode wird dieser Parameter in Listing 9.2 nie angegeben, womit der Compiler immer die aufrufende Methode einfügt. Dies sind in Listing 9.2 die Methoden `Grid_PointerPressed`, `Border_PointerPressed` oder `Image_PointerPressed`.

Die Anwendung ist jetzt fertig und bereit, um die Funktionalität der Routed Events zu testen. Abbildung 9.1 zeigt die Applikation. Im oberen Teil ist das `Image`-Element, das von der `Border` umgeben wird. Die `Border` wiederum liegt im `Grid`. Der Mauszeiger befindet sich im `Image`-Element, und es wurde darauf geklickt. Die ermittelten Daten sind im `ItemsControl` zu sehen. Das Blubbern beginnt beim `Image`, geht hoch zur `Border` und dann zum `Grid`. In der `sender`-Variablen eines Event Handlers steckt dabei immer das Element, auf dem der Event Handler definiert wurde. In der `OriginalSource`-Property der `PointerRoutedEventArgs` steckt dagegen immer das Element, das der Ursprung des Routed Events ist. In diesem Fall ist das das `Image`.

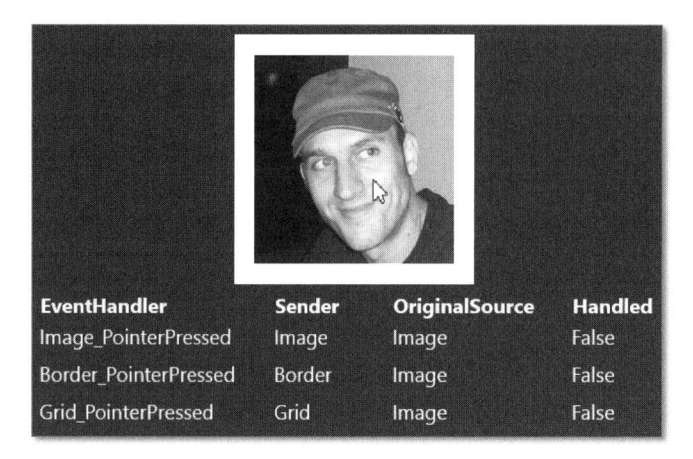

Abbildung 9.1 Es wurde in das Bild geklickt, womit das »PointerPressed«-Event nach oben blubbert.

9.1.3 Die »Handled«-Property

Die spezifischen RoutedEventArgs für die Routed Events der WinRT, beispielsweise die PointerRoutedEventArgs des PointerPressed-Events, definieren eine Handled-Property. Diese Handled-Property lässt sich in einem Event Handler auf true setzen, wodurch weitere Event Handler auf der Route nicht mehr aufgerufen werden. Das Event wird dadurch als »behandelt« markiert. Beispielsweise könnten Sie den Event Handler Image_PointerPressed aus Listing 9.2 auch wie folgt definieren:

```
private void Image_PointerPressed(object sender,
  PointerRoutedEventArgs e)
{
  e.Handled = true;
  AddEventInfo(sender, e);
}
```

Listing 9.3 Die »Handled«-Property wurde auf »true« gesetzt.

Wird jetzt auf das Image geklickt, wird lediglich dieser Event Handler aufgerufen, was Sie in Abbildung 9.2 sehen. Die Event Handler von im Element Tree höher liegenden Elementen, wie jener der Border und jener des Grids, werden nicht mehr aufgerufen.

Abbildung 9.2 Das Event wurde als »behandelt« markiert und blubbert somit nicht weiter nach oben.

Verschiedene Elemente in der WinRT markieren Routed Events als behandelt. Beispielsweise behandelt die Button-Klasse das PointerPressed-Event und löst das eigene Click-Event aus. Auf im Element Tree höher liegenden Elementen kommt das blubbernde PointerPressed-Event somit nicht mehr an. Aus C#-Sicht gibt es allerdings eine Möglichkeit, auf im Element Tree höher liegenden Elementen einen Event Handler zu installieren, der auch für bereits behandelte Routed Events aufgerufen wird. Wie dies geht, schauen wir uns jetzt bei einem Blick auf die Details der Routed Events an.

9.1.4 Routed Events im Detail

Von der Implementierung her verfolgt ein Routed Event ein ähnliches Prinzip wie eine Dependency Property. Bei Dependency Properties gibt es einen Schlüssel. Dies ist eine `DependencyProperty`-Instanz, die in einem öffentlich statischen Readonly-Feld (oder einer Readonly-Property) mit dem Suffix `Property` gespeichert wird. Für ein Routed Event gibt es ebenfalls einen Schlüssel, der in einem öffentlich statischen Readonly-Feld gespeichert wird. Allerdings hat das Feld das Suffix `Event`, und der Typ des Feldes ist `RoutedEvent`.

Um in C# einen Event Handler hinzuzufügen, definiert die Klasse `UIElement` die Methode `AddHandler`. Zum Entfernen gibt es die Methode `RemoveHandler`. Folgend die Signaturen der beiden Methoden:

```
void AddHandler(RoutedEvent routedEvent,
                object handler,
                bool handledEventsToo)
void RemoveHandler(RoutedEvent routedEvent,
                   object handler)
```

Wie erwähnt, finden Sie die `RoutedEvent`-Instanz in statischen Mitgliedern mit dem Suffix `Event`. Aus C#-Sicht haben Sie anstatt der Methoden `AddHandler` und `RemoveHandler` auch die Möglichkeit, einen Event Handler wie üblich mit += hinzuzufügen und mit -= zu entfernen. Beachten Sie allerdings den dritten Parameter der `AddHandler`-Methode genauer. Geben Sie `true` an, wird Ihr Event Handler auch dann aufgerufen, wenn das Routed Event schon behandelt wurde. Schauen wir uns hierzu ein kleines Beispiel an. Listing 9.4 zeigt die simple Oberfläche, die einen `Button` enthält. Die `Button`-Klasse markiert das `PointerPressed`-Event intern als behandelt.

```
<Page x:Class="AddHandlerCSharp.MainPage" ...>
  <Grid ...>
    <Button Content="Markiert PointerPressed als behandelt" .../>
  </Grid>
</Page>
```

Listing 9.4 K09\02 AddHandlerCSharp\MainPage.xaml

Listing 9.5 zeigt die Codebehind-Datei. Im Konstruktor wird mit += ein Event Handler für das `PointerPressed`-Event auf der `Page` hinzugefügt. Im Event Handler wird ein `MessageDialog` angezeigt.

```
public sealed partial class MainPage : Page
{
  public MainPage()
```

```
  {
    this.InitializeComponent();
    this.PointerPressed += MainPage_PointerPressed;
  }
  async void MainPage_PointerPressed(object sender,
    PointerRoutedEventArgs e)
  {
    var dlg = new MessageDialog("Jippie! :-)");
    await dlg.ShowAsync();
  }
}
```

Listing 9.5 Der Event Handler wird mit »+=« hinzugefügt.

Klickt der Benutzer auf den Button, wird der Event Handler aus Listing 9.5 nie ausgeführt, da das Routed Event PointerPressed vom Button intern als behandelt markiert wird. Damit der Event Handler dennoch ausgeführt wird, muss er anstatt mit += mit der in UIElement definierten AddHandler-Methode hinzugefügt werden. Listing 9.6 zeigt, wie dies funktioniert. Beachten Sie dabei, dass als erster Parameter der Schlüssel für das Event übergeben wird, als zweiter der Delegate und als dritter Parameter der Wert true. Nur durch den dritten Parameter wird der Event Handler auch für bereits behandelte Events aufgerufen:

```
public MainPage()
{
  this.InitializeComponent();
  this.AddHandler(UIElement.PointerPressedEvent,
    new PointerEventHandler(MainPage_PointerPressed), true);
}
```

Listing 9.6 K09\02 AddHandlerCSharp\MainPage.xaml.cs

Hinweis

In XAML haben Sie keine Möglichkeit, einen Event Handler zu definieren, der auch für schon behandelte Routed Events aufgerufen wird. Dies ist nur in C# mit der AddHandler-Methode möglich.

Damit genug zu Routed Events. Schauen wir uns jetzt die einzelnen Events und weitere wichtige Funktionen für die Eingaben genauer an.

> **Hinweis**
>
> Mit den Routed Events haben Sie jetzt genügend Informationen, um die statischen Mitglieder von `UIElement`-Subklassen der WinRT zu verstehen.
>
> - Es gibt statische Properties mit dem Suffix `Property`, wie beispielsweise `VisibilityProperty`. Dies sind Schlüssel für Dependency Properties. Sie lassen sich mit den aus `DependencyObject` geerbten Instanz-Methoden `SetValue` und `GetValue` nutzen.
> - Es gibt statische Properties mit dem Suffix `Event`, wie beispielsweise `KeyDown`-Event. Dies sind Schlüssel für Routed Events. Sie lassen sich mit den in `UIElement` definierten Methoden `AddHandler` und `RemoveHandler` verwenden.
> - Es gibt statische Methoden beginnend mit `Get` und `Set`, wie auf dem `Grid` beispielsweise `GetRow` und `SetRow`. Dies sind Methoden, um Attached Properties zu setzen. Sie lassen sich alternativ zum Aufruf von `SetValue` und `GetValue` verwenden.
> - Es gibt je nach Klasse eventuell noch sonstige statische Mitglieder.

9.2 Touch-, Stift- und Maus-Eingaben

In Windows Store Apps verwenden Sie für Touch-, Stift- und Maus-Eingaben dieselben Events. Beispielsweise verwenden Sie das `Tapped`-Event, um beim Antippen Ihres `UIElement`s oder auch beim Anklicken mit der Maus etwas Logik auszuführen.

Das Prinzip beim Entwickeln einer Windows Store App lautet *Touch First*. Das bedeutet, dass Sie Ihre App für Touch-Eingaben programmieren. Ihre App darf keine Funktionen enthalten, die nur mit der Maus oder nur mit der Tastatur erreichbar sind. Da die für Touch-Eingaben verwendeten Events allerdings auch bei Maus-Eingaben ausgelöst werden, müssen Sie beim Touch-First-Ansatz meist keine zusätzliche Logik programmieren, um in Ihrer App auch die Maus zu unterstützen. Sie schlagen somit zwei Fliegen (Touch und Maus) mit einer Klappe. Dennoch haben Sie auch die Möglichkeit, auf spezifische Funktionen eines Eingabegerätes zu reagieren, wie beispielsweise bei der Maus auf das Drehen des Mausrads.

> **Hinweis**
>
> Auch wenn im Folgenden oft nur von Touch-Eingaben gesprochen wird, sind damit sowohl Eingaben mit dem Finger als auch Eingaben mit einem Stift gemeint. Dennoch können Sie in den Events beide Eingabetypen unterscheiden, wie Sie in Abschnitt 9.2.3 sehen werden.

Für Touch-, Stift- und Maus-Eingaben stehen Ihnen drei Arten von Events zur Verfügung: **Gesten-Events**, **Pointer-Events** und **Manipulation-Events**. Bevor wir uns diese Arten und ihre Aufgaben in diesem Abschnitt genauer anschauen, werfen wir einen Blick auf die gängigen Gesten in einer Windows Store App.

9.2.1 Die Gesten in Windows Store Apps

Wie bereits erwähnt, lautet das Prinzip für Windows Store Apps *Touch First*. Sie bauen Ihre App so, dass sich jede Funktion über Touch-Eingaben erreichen und Ihre App sich mit dem Finger optimal bedienen lässt.

Bei Touch-Eingaben gibt es für Windows Store Apps ein paar typische Gesten, die Sie in Abbildung 9.3 sehen.

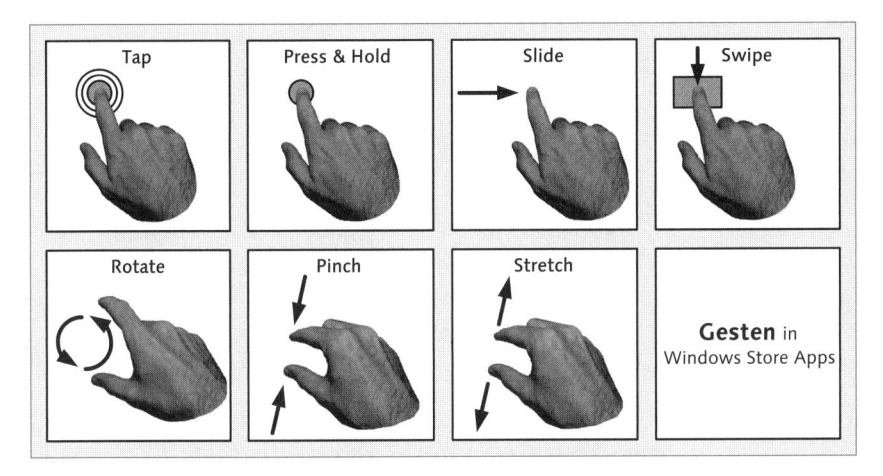

Abbildung 9.3 Gesten in Windows Store Apps

In Tabelle 9.2 finden Sie für jede der in Abbildung 9.3 dargestellten Gesten eine kleine Beschreibung. Zudem listet die Tabelle auf, wo diese Gesten typischerweise eingesetzt werden.

Geste	Beschreibung	Einsatz
Tap (Antippen)	Genau ein Finger berührt den Bildschirm und wird wieder losgelassen.	Führt die primäre Aktion eines Elements aus, beispielsweise beim `Button` ein Command.
Press & Hold (Drücken & Halten)	Genau ein Finger berührt den Bildschirm und bleibt darauf.	Zeigt dem Benutzer weitere Informationen an oder öffnet ein Kontextmenü.

Tabelle 9.2 Gängige Gesten in Windows Store Apps

Geste	Beschreibung	Einsatz
Slide (Gleiten)	Ein oder mehrere Finger berühren den Bildschirm und werden in dieselbe Richtung bewegt.	Wird meist verwendet, um in einer Liste zu scrollen.
Swipe (Wischen)	Ein oder mehrere Finger berühren den Bildschirm und werden in dieselbe Richtung bewegt. Im Gegensatz zum Slide findet die Bewegung nur über eine sehr kleine Distanz statt.	Wird zum Selektieren von Elementen in einer `ListView` oder `GridView` genutzt.
Rotate (Rotieren)	Zwei oder mehrere Finger berühren den Bildschirm und werden im oder gegen den Uhrzeigersinn bewegt.	Wird zum Rotieren eines `UIElement`s verwendet.
Pinch (Einklemmen)	Zwei oder mehrere Finger berühren den Bildschirm und werden näher zusammen bewegt.	Wird zum Verkleinern von Elementen genutzt. Auch das in Kapitel 7, »Daten«, gezeigte `SemanticZoom`-Element nutzt diese Geste, um herauszuzoomen.
Stretch (Strecken)	Zwei oder mehrere Finger berühren den Bildschirm und werden weiter auseinander bewegt.	Wird zum Vergrößern von Elementen genutzt. Das `SemanticZoom`-Element nutzt diese Geste, um hineinzuzoomen.

Tabelle 9.2 Gängige Gesten in Windows Store Apps (Forts.)

Um die in Tabelle 9.2 dargestellten Gesten in Ihrer App zu nutzen, stehen Ihnen drei Arten von Events zur Verfügung:

▶ **Gesten-Events:** Mit diesen High-Level-Events, wie `Tapped`, `DoubleTapped`, `RightTapped` und `Holding`, reagieren Sie auf einfache Touch- und Maus-Eingaben.

▶ **Pointer-Events:** Mit diesen Low-Level-Events, wie `PointerPressed` oder `PointerMoved`, reagieren Sie auf komplexere Interaktionen mit einem oder mehreren Fingern, wie z. B. das Sliden. Die Pointer-Events funktionieren für Touch- und Maus-Eingaben und ersetzen in der WinRT traditionelle Maus-Events wie `MouseLeftButtonDown`.

▶ **Manipulation-Events:** Mit diesen Low-Level-Events, wie `ManipulationStarted`, `ManipulationDelta` und `ManipulationCompleted`, reagieren Sie auf Multi-Touch-Eingaben. Multi-Touch bedeutet, dass für die Eingaben mehrere Finger eingesetzt werden. Setzen Sie diese Events für Gesten wie Pinch, Stretch oder Rotate ein.

In den folgenden Abschnitten lernen Sie die drei Arten von Events kennen.

> **Hinweis**
>
> Viele Controls der WinRT unterstützen automatisch typische Gesten. Beispielsweise lässt sich in der `GridView` ein Element mit einer Swipe-Geste selektieren, ohne dass Sie dazu etwas programmieren müssen. Ein `SematicZoom`-Element unterstützt zum Hinein- und Herauszoomen die Pinch-/Stretch-Geste.

> **Tipp**
>
> Falls Sie keinen Bildschirm für Multi-Touch-Eingaben besitzen, können Sie Ihre App auch einfach im Simulator debuggen und darin verschiedene Gesten ausführen. Wählen Sie auf der rechten Seite des Simulators beispielsweise den FINGEREINGABEMODUS »VERKLEINERN/VERGRÖSSERN« aus, und Sie können mit dem Mausrad die Gesten PINCH und STRETCH ausführen. Wählen Sie stattdessen den FINGEREINGABEMODUS »DREHUNG« aus, können Sie mit dem Mausrad eine Rotate-Geste ausführen.

9.2.2 Gesten-Events

Die `UIElement`-Klasse enthält die High-Level-Gesten-Events `Tapped`, `DoubleTapped`, `RightTapped` und `Holding`, um auf einfache Touch- und Maus-Eingaben zu reagieren. Beispielsweise wird das `Tapped`-Event ausgelöst, wenn etwas angetippt/angeklickt wurde.

> **Hinweis**
>
> Diese Gesten-Events sind für die Eingabe mit genau einem Finger bzw. für die Eingabe mit dem Mauszeiger gedacht.

Im Hintergrund verwendet die `UIElement`-Klasse die Low-Level-Pointer-Events, um entsprechende Gesten wie das Antippen/Anklicken eines Elements zu erkennen. Die `UIElement`-Klasse löst beispielsweise nach den Low-Level-Pointer-Events `PointerPressed` und `PointerReleased` das `Tapped`-Event aus, wenn der Benutzer zwischen den beiden Pointer-Events den Finger oder die Maus nicht bedeutend verschoben hat und man somit von einem Antippen/Anklicken sprechen kann.

> **Tipp**
> Sie sollten prinzipiell immer die Gesten-Events nutzen. Erst wenn Sie damit für Ihre Umsetzung nicht genügend Spielraum haben, greifen Sie zu den im nächsten Abschnitt beschriebenen Pointer-Events.

Event	Beschreibung
Tapped	Wird ausgelöst, wenn ein Element angetippt/angeklickt wurde.
DoubleTapped	Wird ausgelöst, wenn ein Element zweimal hintereinander angetippt/angeklickt (Doppelklick) wurde.
RightTapped	Tritt auf, wenn ein Element mit der rechten Maustaste angeklickt wurde. Tritt bei Touch-Eingaben nach dem Holding-Event auf, wenn der Finger auf einem Element gehalten und dann wieder losgelassen wird.
Holding	Während die anderen drei Events beim Loslassen des Fingers auftreten, tritt das Holding-Event auf, wenn der Finger für einen bestimmten Zeitraum auf dem Element bleibt. Wird der Finger dann losgelassen, wird das RightTapped-Event ausgelöst. Das Holding-Event wird für Maus-Eingaben nicht ausgelöst.

Tabelle 9.3 Die Gesten-Events der »UIElement«-Klasse

Mit den Gesten-Events können Sie typische Windows-Store-Apps-Gesten umsetzen: Nutzen Sie das Tapped-Event für die Tap-Geste und die Events RightTapped und Holding für die Press-and-Hold-Geste.

Für die einzelnen Events aus Tabelle 2.3 finden Sie in der UIElement-Klasse die Properties IsTapEnabled, IsDoubleTapEnabled, IsRightTapEnabled und IsHolding. Setzen Sie die jeweilige Property auf false, um das Auslösen des entsprechenden Gesten-Events zu unterbinden. Dies kann sinnvoll sein, wenn beispielsweise ein Elternelement, wie ein ItemsControl, das Event behandeln soll. Es ist auch sinnvoll, wenn Sie statt der Gesten-Events die Pointer-Events nutzen. Beispielsweise wird das Tapped-Event für kleine Bewegungen das PointerMoved-Event verzögern, um ein Antippen/Anklicken zu erkennen. Falls Sie nur mit den Pointer-Events arbeiten, ist dies bestimmt nicht gewünscht. Dann können Sie zum Unterbinden der Gesten-Erkennung einfach IsTapEnabled auf false setzen.

Die RoutedEventArgs-Subklassen für die vier Events enthalten alle eine Methode GetPosition, die die Position (Point) relativ zu einem UIElement zurückgibt. Geben Sie als

Parameter eine `null`-Referenz an die `GetPosition`-Methode, um die Position relativ zum Fenster zu erhalten. Ebenfalls finden Sie in den `RoutedEventArgs`-Subklassen die Property `PointerDeviceType` vom Typ der gleichnamigen Aufzählung. Diese enthält die Werte `Touch`, `Pen` und `Mouse`. Sie können damit folglich auswerten, ob das Event durch eine Berührungs-, Stift- oder Maus-Eingabe ausgelöst wurde.

9.2.3 Pointer-Events

Mit den Low-Level-Pointer-Events reagieren Sie auf komplexere Touch-Eingaben mit dem Finger/dem Stift oder auf Eingaben mit der Maus. Das bedeutet, die Events für die Eingabearten Touch, Stift und Maus sind in der WinRT unter den Pointer-Events zusammengefasst. Die Pointer-Events entsprechen dabei weitestgehend den Maus-Events, wie sie von anderen Frameworks wie der WPF/Silverlight bekannt sind.

Ein Touch-, Stift- oder Maus-Kontakt wird bei Pointer-Events immer von einem `Pointer`-Objekt repräsentiert. Im Folgenden spreche ich daher statt von »Fingern«, »Stiften« und »Mauszeigern« oft auch nur von »Pointern«.

> **Hinweis**
>
> Ein `Pointer`-Objekt finden Sie in der `Pointer`-Property der `PointerRoutedEventArgs`, die mit jedem Pointer-Event verwendet werden. Sie lesen gleich mehr zur `PointerRoutedEventArgs`-Klasse.

Tabelle 9.4 zeigt die Pointer-Events der `UIElement`-Klasse mit einer kurzen Beschreibung.

Event	Beschreibung
`PointerPressed`	Wird ausgelöst, wenn auf ein Element gedrückt wird.
`PointerReleased`	Wird ausgelöst, wenn ein Pointer im Bereich eines Elements losgelassen wird.
`PointerMoved`	Tritt auf, wenn der Pointer im Bereich eines Elements bewegt wird.
`PointerEntered`	Tritt auf, wenn der Pointer in den Bereich eines Elements hineinbewegt wird.
`PointerExited`	Tritt auf, wenn der Pointer aus dem Bereich eines Elements herausbewegt wird.

Tabelle 9.4 Die Pointer-Events der »UIElement«-Klasse

Event	Beschreibung
PointerCanceled	Tritt auf, wenn der Pointer den Kontakt auf unnatürliche Weise verliert, z.B. wenn der Benutzer die Auflösung seines Geräts ändert.
PointerCaptureLost	Pointer lassen sich auch einfangen, um beispielsweise ein PointerReleased-Event zu erhalten, wenn der Pointer außerhalb eines Elements losgelassen wird. Den »eingefangenen« Pointer können Sie allerdings auch verlieren, und das bekommen Sie über das PointerCaptureLost-Event mit. Mehr dazu später beim Einfangen von Pointern.
PointerWheelChanged	Tritt auf, wenn der Benutzer am Mausrad dreht.

Tabelle 9.4 Die Pointer-Events der »UIElement«-Klasse (Forts.)

Alle Pointer-Events verwenden als Argumente eine PointerRoutedEventArgs-Instanz. Diese Klasse schauen wir uns jetzt zusammen mit der Pointer-Klasse näher an, bevor wir das Einfangen von Pointern, das Verschieben von Elementen, das Behandeln des Mausrads und das Anzeigen spezifischer Mauszeiger mit Pointer-Events näher betrachten.

> **Hinweis**
>
> Mit den Pointer-Events lassen sich prinzipiell alle Gesten einer Windows Store App umsetzen. Doch für Gesten mit einem Finger wie Tap sind die Gesten-Events sinnvoll. Für Gesten wie Rotate oder Pin/Stretch sind die im nächsten Abschnitt gezeigten Manipulation-Events zu empfehlen.

Die »PointerRoutedEventArgs«

Neben der für Routed Events wichtigen Handled-Property besitzen die PointerRoutedEventArgs zwei öffentliche Properties:

- **Pointer** gibt das Pointer-Objekt zurück, das das Event ausgelöst hat.
- **KeyModifiers** gibt einen Wert der VirtualKeyModifiers-Aufzählung zurück und informiert Sie über gedrückte Tasten: None, Control, Menu, Shift, Windows. Die VirtualKeyModifiers-Aufzählung ist mit dem Flags-Attribut versehen, womit auch mehrere Werte mit dem bitweisen Oder kombiniert sein können.

Die Klasse Pointer (Namespace: Windows.UI.Xaml.Input) repräsentiert einen Touch-, Stift- oder Maus-Kontakt. Die Pointer-Klasse enthält die Property PointerDeviceType

9.2 Touch-, Stift- und Maus-Eingaben

vom Typ der gleichnamigen Aufzählung. Darüber ermitteln Sie, ob das Event durch `Touch`, `Pen` oder `Mouse` ausgelöst wurde.

Die `Pointer`-Klasse besitzt auch eine Property namens `PointerId` (Typ: `uint`). Darüber erhalten Sie eine vom System generierte Ganzzahl, die den `Pointer` eindeutig identifiziert. Insbesondere wenn mehrere Finger den Bildschirm berühren, ist die `PointerId` interessant.

> **Hinweis**
>
> Wird der Bildschirm mit mehreren Fingern berührt, findet für jeden Finger ein `PointerPressed`-Event statt. Dabei wird für jeden Finger eine eindeutige `PointerId` generiert. Mit dieser `PointerId` können Sie dann beispielsweise im `PointerReleased`-Event prüfen, welcher Finger losgelassen wurde. In den Buch-Beispielen finden Sie im Ordner *K09\03 PointerIds* eine kleine App, die Ihnen für sämtliche auf dem Bildschirm enthaltenen Finger die entsprechenden `PointerIds` anzeigt.

Neben den beiden Properties `Pointer` und `KeyModifiers` besitzt die `PointerRoutedEventArgs`-Klasse noch zwei öffentliche Methoden mit folgender Signatur:

```
PointerPoint GetCurrentPoint(UIElement relativeTo)
IList<PointerPoint> GetIntermediatePoints (UIElement relativeTo)
```

Mit der Methode `GetCurrentPoint` erhalten Sie ein `PointerPoint`-Objekt relativ zu einem `UIElement`. Geben Sie als Parameter anstatt eines `UIElements` den Wert `null` an, um ein `PointerPoint`-Objekt relativ zu Ihrer App zu erhalten.

Mit der Methode `GetIntermediatePoints` erhalten Sie eine Liste mit historischen von `PointerPoint`-Objekten von vorherigen Events und dem `PointerPoint`-Objekt des aktuellen Events. Damit können Sie komplexere Gesten des Benutzers feststellen.

Bevor wir uns jetzt an ein paar Szenarien mit Pointer-Events wagen, schauen wir uns die `PointerPoint`-Klasse noch genauer an.

Die Klasse `PointerPoint` (Namespace: `Windows.UI.Xaml.Input`) stellt viele Informationen über das mit einem Touch-, Stift- oder Maus-Kontakt assoziierte `Pointer`-Objekt bereit. So finden Sie in der `Position`-Property (Typ: `Point`) die Position des `Pointers`. Die `IsInContact`-Property ist `true`, wenn der Touch-, Stift- oder Maus-Kontakt gedrückt ist. Im `PointerPressed`-Event ist die Property immer `true`. Im `PointerMoved`-Event beim Verwenden der Maus nur dann, wenn die Maustaste auch wirklich gedrückt ist. Im `PointerReleased`-Event ist die Property für alle Eingabearten immer `false`.

In der `PointerDevice`-Property der `PointerPoint`-Klasse finden Sie eine `PointerDevice`-Instanz. Diese enthält unter anderem Informationen über die maximalen

Berührungskontakte (MaxContacts-Property), über das verwendete Zeigergerät (PointerDeviceType-Property) und über die Größe des zur Eingabe verwendbaren Bildschirmbereichs (ScreenRect-Property).

Eine weitere interessante Property der PointerPoint-Klasse ist die Properties-Property. Diese enthält ein PointerPointProperties-Objekt, das zahlreiche weitere Informationen bietet. Bei mehreren Touch-Berührungen finden Sie über die IsPrimary-Property die primäre Berührung heraus. Für Maus-Eingaben finden Sie im PointerPointProperties-Objekt zahlreiche Properties wie IsLeftButtonPressed, IsMiddleButtonPressed oder IsRightButtonPressed. Reagieren Sie mit dem PointerWheelChanged-Event auf Eingaben mit dem Mausrad, finden Sie die notwendigen Informationen in den Properties IsHorizontalMouseWheel und MouseWheelDelta. Dazu gleich mehr.

> **Tipp**
>
> Manchmal möchten Sie die Pointer-Events nicht für ein bestimmtes Element, sondern für Ihr App-Fenster erhalten. Sie finden dazu in der CoreWindow-Klasse ebenfalls verschiedene Events wie PointerPressed und PointerReleased. Sie können somit wie folgt einen Event Handler installieren:
>
> `Window.Current.CoreWindow.PointerPressed += CoreWin_PtPressed;`
>
> Die Events der CoreWindow-Klasse verwenden allerdings keine PointerRoutedEventArgs, sondern PointerEventArgs. Diese enthalten in der CurrentPoint-Property das PointerPoint-Objekt.

Den Pointer einfangen (»PointerCapture«)

Das »Einfangen von Pointern« ist ein wichtiges Konzept. An dieser Stelle erfahren Sie, was das Problem ist, wenn Sie den Pointer nicht einfangen, und lernen anschließend, wie Sie ihn einfangen.

Beginnen wir mit dem Problem. Stellen Sie sich vor, Sie haben ein einfaches Rectangle. Rectangle ist eine indirekte Subklasse von UIElement, die ein Rechteck darstellt. Für das Rectangle definieren Sie einen roten Hintergrund und zwei Event Handler für die Events PointerPressed und PointerReleased:

```
<Rectangle Fill="Red" Width="100" Height="100"
  PointerPressed="Rectangle_PointerPressed"
  PointerReleased="Rectangle_PointerReleased"/>
```

Listing 9.7 In XAML wird ein »Rectangle« mit zwei Event Handlern definiert.

In der Codebehind-Datei wird in Rectangle_PointerPressed der Fill-Property ein weißer SolidColorBrush zugewiesen, in Rectangle_PointerReleased wieder ein roter:

```
void Rectangle_PointerPressed(object sender,
  PointerRoutedEventArgs e)
{
  (sender as Rectangle).Fill = new SolidColorBrush(Colors.White);
}
void Rectangle_PointerReleased(object sender,
  PointerRoutedEventArgs e)
{
  (sender as Rectangle).Fill = new SolidColorBrush(Colors.Red);
}
```

Listing 9.8 In der Codebehind-Datei wird die »Fill«-Property des Rectangles geändert.

Folgendes Problem tritt jetzt auf: Tippt/Klickt der Benutzer auf das Rectangle, wird der Fill-Property in Rectangle_PointerPressed ein weißer SolidColorBrush zugewiesen. Das Rectangle wird weiß dargestellt. So weit, so gut. Bleibt der Benutzer allerdings mit dem Finger auf dem Bildschirm – beim Bedienen mit der Maus hält er die Maustaste gedrückt –, bewegt jetzt den Pointer (Finger/Stift/Mauszeiger) über den Rand des Rectangles hinaus und lässt außerhalb des Rectangles den Finger/die Maustaste los, wird das PointerReleased-Event nicht gefeuert. Das Rectangle bleibt weiß. Nur wenn der Benutzer den Pointer (Finger/Stift/Mauszeiger) innerhalb des Rectangle-Objekts loslässt, wird Rectangle_PointerReleased aufgerufen und das Rectangle wieder rot dargestellt.

Wollen Sie auch auf das PointerReleased-Event reagieren, wenn der Pointer außerhalb Ihres Rectangles liegt, müssen Sie den Pointer »einfangen«.

Zum »Einfangen« des Pointers definiert die UIElement-Klasse die Methode CapturePointer, die folgende Signatur hat:

```
bool CapturePointer(Pointer value)
```

Haben Sie auf einem Element die CapturePointer-Methode aufgerufen und war der Rückgabewert true, haben Sie den Pointer erfolgreich »eingefangen«. Das Element erhält auch dann Touch-/Maus-Eingaben, wenn sich der Pointer nicht direkt über dem Element befindet.

> **Hinweis**
>
> Ein Pointer lässt sich nur einfangen, wenn er gedrückt ist, was beispielsweise bei der Maus nicht zwingend der Fall ist. Für nicht gedrückte Pointer gibt die CapturePointer-Methode false zurück.
>
> Typischerweise fangen Sie einen Pointer in einem Event Handler für das PointerPressed-Event ein. In diesem Event Handler ist ein Pointer immer gedrückt.

Um einen eingefangenen Pointer wieder freizugeben, definiert die UIElement-Klasse die Methode ReleasePointerCapture, die Sie üblicherweise im PointerReleased-Event-Handler aufrufen.

> **Tipp**
>
> Bei Eingaben mit mehreren Fingern können Sie natürlich mehrere Pointer einfangen. Neben der ReleasePointerCapture-Methode, mit der Sie einen einzelnen Pointer freigeben, finden Sie in der Klasse UIElement die Methode ReleasePointerCaptures. Mit ihr geben Sie alle »eingefangenen« Pointer eines UIElements frei.

Kommen wir zurück zu unserem Rectangle-Element. Neben den Event Handlern für PointerPressed und PointerReleased ist in Listing 9.9 ein Event Handler für das PointerCaptureLost-Event definiert. Beachten Sie, wie im PointerPressed-Event-Handler der Pointer mit der CapturePointer-Methode eingefangen wird. Dabei wird der Rückgabewert direkt in einer if-Verzweigung geprüft. Innerhalb der if-Anweisung wird die Fill-Property des Rectangles auf Weiß gesetzt.

Im PointerReleased-Event-Handler wird die Methode ReleasePointerCapture aufgerufen. Dadurch wird automatisch der Event Handler für das PointerCaptureLost-Event aufgerufen, der die Fill-Property des Rectangles wieder auf Red setzt.

```
void Rectangle_PointerPressed(object sender,
  PointerRoutedEventArgs e)
{
  if ((sender as Rectangle).CapturePointer(e.Pointer))
  {
    (sender as Rectangle).Fill =
      new SolidColorBrush(Colors.White);
  }
}
void Rectangle_PointerCaptureLost(object sender,
  PointerRoutedEventArgs e)
{
  (sender as Rectangle).Fill = new SolidColorBrush(Colors.Red);
}
void Rectangle_PointerReleased(object sender,
  PointerRoutedEventArgs e)
{
  (sender as Rectangle).ReleasePointerCapture(e.Pointer);
}
```

Listing 9.9 K09\04 PointerCapturing\MainPage.xaml.cs

Klickt der Benutzer in das `Rectangle`, wird es weiß dargestellt. Bewegt er jetzt den Pointer aus dem `Rectangle` heraus und lässt ihn dann los, findet aufgrund des eingefangenen Pointers das `PointerReleased`-Event statt. Der Pointer wird durch einen Aufruf der `ReleasePointerCapture`-Methode wieder freigegeben, wodurch das `PointerCaptureLost`-Event ausgelöst wird, das das `Rectangle` wieder rot dargestellt. Genau dieser Punkt hat ohne das Einfangen der Maus nicht geklappt. Doch warum wurde in Listing 9.9 zusätzlich ein Event Handler für das `PointerCaptureLost`-Event hinzugefügt? Das `Rectangle` hätte doch auch gleich im `PointerReleased`-Event -Handler wieder auf Rot gesetzt werden können?

Der Grund dafür liegt darin, dass Sie einen `Pointer` auch an ein anderes Element verlieren können oder das Betriebssystem Ihnen den Pointer »klaut«. Dann wird der `PointerReleased`-Event-Handler nie aufgerufen. Allerdings erfahren Sie über das `PointerCaptureLost`-Event immer, dass Sie den Pointer verloren haben. Daher ist in Listing 9.9 für dieses Event ein Event-Handler definiert.

Achtung

Sie sollten nie davon ausgehen, dass das `PointerReleased`-Event immer in Kombination mit einem `PointerPressed`-Event ausgelöst wird. Arbeiten Sie für Ihre professionelle Windows Store App immer auch mit den Events `PointerCanceled` und `PointerCaptureLost`.

In der Praxis wird das Einfangen von Pointern oft verwendet, wenn sich Elemente verschieben lassen. Dazu kommt das `PointerMoved`-Event zum Einsatz. Schauen wir uns ein Beispiel an.

Elemente mit »PointerMoved« verschieben

Das Verschieben von Elementen mit dem `PointerMoved`-Event wird oft als *Drag & Drop* bezeichnet, obwohl es kein »echtes« Drag & Drop, sondern eben nur ein Neupositionieren ist. »Echtes« Drag & Drop behandele ich in Abschnitt 9.4.2, »Drag & Drop in der WinRT«. Hier schauen wir uns das Verschieben von Elementen mit dem `PointerMoved`-Event an.

Zum Verschieben kommt auch das im vorherigen Abschnitt beschriebene Pointer-Capturing zum Einsatz, dessen Bezeichnung so viel wie »Pointer-Einfangen« bedeutet. Das `PointerMoved`-Event hat die im vorigen Abschnitt beschriebenen `PointerRoutedEventArgs`. Deren `GetCurrentPoint`-Methode ist in diesem Event interessant, da Sie aus der `Position`-Property des zurückgegebenen `PointerPoint`-Objekts die Position des Pointers ermitteln können.

Schauen wir uns ein kleines Beispiel an, in dem sich Bilder zu einem Canvas hinzufügen und anschließend mit der Maus verschieben lassen. Folgender Codeausschnitt zeigt den Inhalt der in XAML definierten Page, die lediglich ein Canvas enthält:

```
<Canvas x:Name="canvas"  PointerPressed="canvas_PointerPressed"
  Grid.Row="1" Background="Yellow"/>
```

Listing 9.10 K09\05 ElementeVerschieben\MainPage.xaml

Im Event Handler für das PointerPressed-Event wird ein neues Image-Element mit einer Höhe und Breite von 100 erzeugt, wie Listing 9.11 zeigt. Die Source-Property wird auf das zum Projekt hinzugefügte Bild *muetze.png* gesetzt.

Die Canvas.ZIndex-Property wird auf dem Image-Element mit der auf Klassenebene deklarierten Variable _zIndex gesetzt. Dadurch erscheint das Image im Vordergrund, falls bereits weitere Image-Elemente im Canvas liegen.

Jetzt kommt eine interessante Stelle. Für die Events PointerPressed, PointerReleased und PointerMoved werden auf dem erzeugten Image-Objekt Event Handler installiert. Diese schauen wir uns gleich an. Das Image wird leicht transparent gemacht, indem die Opacity-Property auf einen kleineren Wert als 1 gesetzt wird.

Im letzten Abschnitt des PointerPressed-Event-Handlers wird das Image positioniert. Dazu wird die GetCurrentPoint-Methode aufgerufen und die Position relativ zum Canvas ermittelt. Beachten Sie, dass dazu direkt auf die Position-Property des von der GetCurrentPoint-Methode zurückgegebenen PointerPoint-Objekts zugegriffen wird. Anschließend werden die Werte für die Properties Canvas.Left und Canvas.Top auf dem Image verwendet, das dann zur Children-Property des Canvas hinzugefügt wird.

```
void canvas_PointerPressed(object sender,
  PointerRoutedEventArgs e)
{
  var image = new Image
  {
    Width = 100, Height = 100,
    Source = new BitmapImage(new Uri("ms-appx:///muetze.png"))
  };

  // Image in den Vordergrund bringen
  Canvas.SetZIndex(image, _zIndex++);

  // Event Handler für das Image installieren
  image.PointerPressed += image_PointerPressed;
  image.PointerReleased += image_PointerReleased;
  image.PointerMoved += image_PointerMoved;
```

```
    // Image leicht transparent machen
    image.Opacity = 0.8;

    // Image positionieren
    var pos = e.GetCurrentPoint(canvas).Position;
    Canvas.SetLeft(image, pos.X - (image.Width / 2));
    Canvas.SetTop(image, pos.Y - (image.Height / 2));

    // Image zum Canvas hinzufügen
    canvas.Children.Add(image);
}
```

Listing 9.11 K09\05 ElementeVerschieben\MainPage.xaml.cs

Betrachten wir jetzt die drei Event Handler, die in Listing 9.11 für ein hinzugefügtes Image-Element installiert werden. Listing 9.12 zeigt den Event Handler für das PointerPressed-Event auf dem Image. Vor dem Event Handler sind zusätzlich die Klassenvariablen der MainPage dargestellt, damit Sie auch diese im Blick haben.

Die Transparenz auf einem geklickten Image wird entfernt, indem die Opacity-Property auf 1 gesetzt wird. Die Pointer-Position relativ zum Bild wird in der Klassenvariablen _imageOffset gespeichert. Dies ist später beim Verschieben wichtig, da dort die genaue Stelle benötigt wird, an der das Image »angepackt« wurde. Im Folgenden wird die _isDragging-Klassenvariable auf true gesetzt und das Image durch Setzen von Canvas.ZIndex in den Vordergrund gebracht. Am Ende wird der Pointer mit der CapturePointer-Methode eingefangen und die Handled-Property auf true gesetzt. Letzteres ist notwendig, da ansonsten aufgrund des Blubberns von Routed Events auch der Event Handler des Canvas aufgerufen wird, der nochmals ein Image-Element hinzufügen würde. Dies soll aber nur geschehen, wenn auf einen leeren Bereich im Canvas geklickt wird, nicht jedoch beim Klicken auf ein Image.

```
private int _zIndex;
private Point _imageOffset;
private bool _isDragging;
void image_PointerPressed(object sender,PointerRoutedEventArgs e)
{
    var image = sender as Image;

    // auf nicht-transparent setzen
    image.Opacity = 1;

    // Position des Pointers relativ zum Bild speichern
    _imageOffset = e.GetCurrentPoint(image).Position;

    // isDragging auf true setzen für MouseMove
    _isDragging = true;
```

```
// Image in den Vordergrund bringen
Canvas.SetZIndex(image, _zIndex++);

// Den Pointer einfangen. Bei schnellen Bewegungen kann der
// Pointer aus dem Image bewegt werden. Damit die Pointer-
// Events weiterhin stattfinden, wird der Pointer eingefangen.
image.CapturePointer(e.Pointer);

// als behandelt markieren, damit nicht noch der
// PointerPressed-Event-Handler des Canvas aufgerufen wird.
e.Handled = true;
}
```

Listing 9.12 K09\05 ElementeVerschieben\MainPage.xaml.cs

Wurde auf ein Image-Element gedrückt – ob per Touch oder Maus –, lässt sich dieses dank dem PointerMoved-Event-Handler aus Listing 9.13 verschieben. Dort wird zunächst die _isDragging-Variable geprüft. Sie sorgt dafür, dass nicht jedes Image-Element verschoben wird, sobald sich der Pointer darüber befindet. Sie wird im Event Handler Pointer-Pressed auf true und im Event Handler PointerReleased auf false gesetzt.

Nach der erfolgreichen Prüfung der _isDragging-Variablen wird die Position des Pointers relativ zum Canvas ermittelt. Anschließend werden auf dem Image-Element lediglich die Properties Canvas.Left und Canvas.Top gesetzt, wodurch das Image verschoben wird. Beachten Sie dabei allerdings genau, wie zum Setzen von Canvas.Left und Canvas.Top die _imageOffset-Variable verwendet wird, die im PointerPressed-Event-Handler in Listing 9.12 gesetzt wurde.

Canvas.Left und Canvas.Top beziehen sich auf die linke obere Ecke eines Elements. Wurde das Image-Element genau oben links angeklickt, hat _imageOffset für X und Y den Wert 0. Dann ist es beim Setzen von Canvas.Left und Canvas.Top richtig, einfach die Pointer-Position relativ zum Canvas zu verwenden. Wurde das Image allerdings beispielsweise in der Mitte angeklickt, sollte der Pointer auch beim Verschieben in der Mitte des Image-Elements bleiben. Dies wird erreicht, indem in Listing 9.13 von der Pointer-Position relativ zum Canvas das _imageOffset abgezogen wird.

> **Hinweis**
>
> Beachten Sie im PointerPressed-Event-Handler in Listing 9.12 den Aufruf der Capture-Pointer-Methode. Bewegt der Benutzer den Finger/den Stift/die Maus sehr schnell, kann es sein, dass der Pointer für kurze Zeit außerhalb des Bildes liegt. Das Einfangen des Pointers mit der CapturePointer-Methode sorgt dafür, dass das PointerMoved-Event für das Image dann dennoch stattfindet. Das Image wird folglich wieder unter der Maus platziert, auch wenn der Pointer für kurze Zeit außerhalb des Image-Elements lag.

9.2 Touch-, Stift- und Maus-Eingaben

> Schauen Sie sich das Beispiel auf der Buch-DVD an, und kommentieren Sie den in Listing 9.12 gezeigten Aufruf von CapturePointer aus. Sie werden dann beim schnellen Bewegen des Fingers/des Stiftes/der Maus feststellen, dass das ausgewählte Image-Element einfach liegen bleibt. Ohne den eingefangenen Pointer findet kein Pointer-Moved-Event mehr statt, sobald der Pointer aufgrund der schnellen Bewegungen für Bruchteile von Sekunden außerhalb des Image-Elements ist.
>
> Diese Funktion ist eines der häufigsten Einsatzgebiete für das Einfangen von Pointern mit Hilfe der CapturePointer-Methode.

```
void image_PointerMoved(object sender, PointerRoutedEventArgs e)
{
  if (_isDragging)
  {
    var image = sender as Image;

    // Position relativ zum Canvas ermitteln
    var pos = e.GetCurrentPoint(canvas).Position;

    // image-Element neu positionieren
    Canvas.SetLeft(image, pos.X - _imageOffset.X);
    Canvas.SetTop(image, pos.Y - _imageOffset.Y);
  }
}
```

Listing 9.13 K09\05 ElementeVerschieben\MainPage.xaml.cs

Listing 9.14 zeigt den Event Handler für das PointerReleased-Event. Darin wird das »losgelassene« Image wieder leicht transparent dargestellt, der Pointer freigegeben und die _isDragging-Variable auf false gesetzt.

```
void image_PointerReleased(object sender,
  PointerRoutedEventArgs e)
{
  var image = sender as Image;

  // Bild wieder leicht transparent machen
  image.Opacity = 0.8;

  // Pointer freigeben und isDragging auf false setzen
  image.ReleasePointerCapture(e.Pointer);
  _isDragging = false;
}
```

Listing 9.14 K09\05 ElementeVerschieben\MainPage.xaml.cs

Abbildung 9.4 zeigt die Anwendung in Aktion. Es wurden sechs Bilder zum Canvas hinzugefügt. Ein Bild wird gerade mit der Maus verschoben. Aufgrund der im Event Handler image_PointerPressed auf den Wert 1 gesetzten Opacity-Property wird es etwas kräftiger dargestellt.

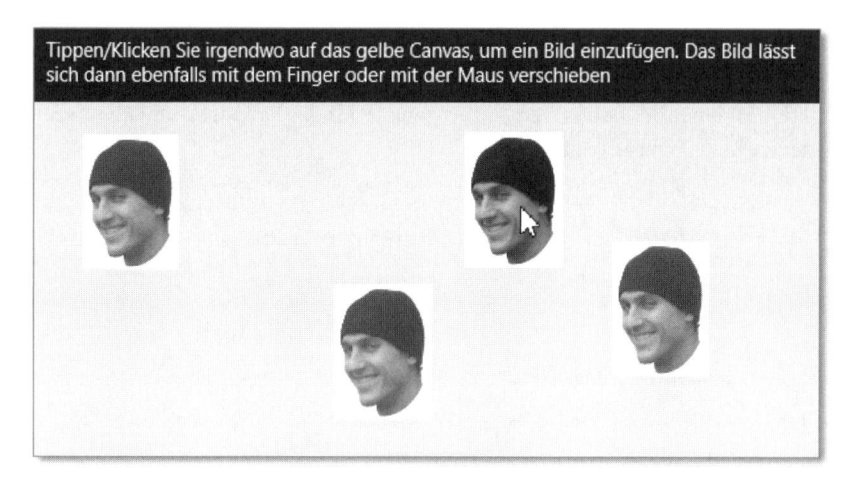

Abbildung 9.4 Elemente mit der Maus verschieben

Das Mausrad

Die Klasse UIElement definiert das PointerWheelChanged-Event, mit dessen Hilfe Sie auf Eingaben mit dem Mausrad reagieren. Das Event verwendet wie auch alle anderen Pointer-Events die PointerRoutedEventArgs. Rufen Sie auf der PointerRoutedEventArgs-Instanz die GetCurrentPoint-Methode auf, um das PointerPoint-Objekt zu erhalten. Dieses hat in der Properties-Property ein PointerPointProperties-Objekt, das wiederum die Properties IsHorizontalMouseWheel und MouseWheelDelta besitzt. Die IsHorizontalMouseWheel-Property ist true, falls die Eingabe von einem gekippten und somit horizontalen Mausrad erfolgt. Die MouseWheelDelta-Property gibt die Anzahl der Stopps an, um die das Mausrad gedreht wurde. (Die Anzahl wird wie auch in der WPF intern mit dem Faktor 120 multipliziert und in der MouseWheelDelta-Property gespeichert.) In vielen Fällen ist es nur interessant, ob die MouseWheelDelta-Property positiv oder negativ ist. Sie ist positiv, wenn der Benutzer das Mausrad von sich wegdreht.

Hinweis
Einige Elemente haben bereits integrierte Unterstützung für das Mausrad. So scrollt der ScrollViewer den Inhalt beispielsweise selbständig, wenn der Benutzer am Mausrad dreht. Ebenfalls unterstützt er das Scrollen über Touch-Eingaben.

Schauen wir uns ein kleines Beispiel an. Listing 9.15 enthält ein Grid mit einem Image-Element. Auf dem Grid ist ein Event Handler für das PointerWheelChanged-Event definiert:

```xml
<Grid PointerWheelChanged="Grid_PointerWheelChanged" ...> ...
  <Image x:Name="image" Source="lieblingsmuetze.jpg"
    Height="200"/>
</Grid>
```

Listing 9.15 K09\06 PointerWheel\MainPage.xaml

Listing 9.16 zeigt den Event Handler. Darin wird geprüft, ob die MouseWheelDelta-Property positiv oder negativ ist. Dementsprechend werden zur height-Variablen, die die Höhe des Image-Elements enthält, 20 Einheiten hinzugefügt oder abgezogen. Anschließend wird die height-Variable »justiert«, falls der Wert kleiner 10 oder größer 400 ist, bevor die Height-Property des Image-Elements mit diesem Wert neu gesetzt wird. Bewegt der Benutzer das Mausrad, vergrößert oder verkleinert er damit das Image-Element.

```csharp
private void Grid_PointerWheelChanged(object sender,
  PointerRoutedEventArgs e)
{
  PointerPoint pointerPoint = e.GetCurrentPoint(null);
  int delta = pointerPoint.Properties.MouseWheelDelta;
  var height = image.ActualHeight;
  if (delta > 0)
    height += 20;
  else
    height -= 20;
  // Höhe soll zwischen 10 und 400 liegen
  height = Math.Max(10, Math.Min(400, height));
  image.Height = height;
}
```

Listing 9.16 K09\06 PointerWheel\MainPage.xaml.cs

Der Mauszeiger

In der WinRT hat ein Element leider keine Cursor-Property. Stattdessen finden Sie auf der CoreWindow-Klasse eine PointerCursor-Property, um den Mauszeiger für das ganze Fenster zu setzen. Der PointerCursor-Property weisen Sie dazu einfach eine neue CoreCursor-Instanz (Namespace: Windows.UI.Core) zu. Folgende Zeile zeigt beispielsweise einen Wait-Mauszeiger an.

```csharp
Window.Current.CoreWindow.PointerCursor =
  new CoreCursor(CoreCursorType.Wait, 0);
```

Wie Sie sehen, nimmt der CoreCursor-Konstruktor einen Wert der Aufzählung CoreCursorType entgegen. Die Aufzählung enthält neben Wait weitere Werte wie Arrow, Cross, Hand oder Help. Als zweiter Parameter wird eine Ressourcen-ID verlangt. An dieser Stelle können Sie immer eine 0 übergeben. Erst wenn Sie als CoreCursorType den Wert Custom übergeben, wird diese Ressourcen-ID interessant, um einen angepassten Cursor zu laden. Für die Standardwerte ist die ID dagegen uninteressant.

Typischerweise möchten Sie in Ihrer Windows Store App den Mauszeiger nicht für das ganze Fenster, sondern nur für einzelne Elemente ändern. Dazu nutzen Sie die Pointer-Events PointerEntered und PointerExited. Sehen wir uns ein Beispiel an. In Listing 9.17 ist ein Image-Element deklariert, das einen Hand-Mauszeiger anzeigen soll, wenn sich die Maus darüber befindet. Dazu definiert das Image-Element für die beiden Events PointerEntered und PointerExited Event Handler.

```
<Image Source="anna.jpg" Width="100" Height="100"
  PointerEntered="Image_PointerEntered"
  PointerExited="Image_PointerExited"/>
```

Listing 9.17 K09\07 PointerCursor\MainPage.xaml

Listing 9.18 zeigt die Event Handler. Im PointerEntered-Event-Handler wird ein Hand-Cursor erstellt, im PointerExited-Event-Handler der übliche Arrow-Cursor.

```
void Image_PointerEntered(object sender,PointerRoutedEventArgs e)
{
  Window.Current.CoreWindow.PointerCursor =
    new CoreCursor(CoreCursorType.Hand, 0);
}
void Image_PointerExited(object sender, PointerRoutedEventArgs e)
{
  Window.Current.CoreWindow.PointerCursor =
    new CoreCursor(CoreCursorType.Arrow, 0);
}
```

Listing 9.18 K09\07 PointerCursor\MainPage.xaml.cs

In Abbildung 9.5 sehen Sie die Anwendung in Aktion. Wird der Mauszeiger über das Image-Element bewegt, wird nicht mehr der Pfeil-Mauszeiger, sondern der Hand-Mauszeiger angezeigt.

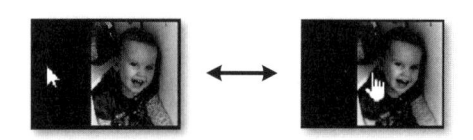

Abbildung 9.5 Über dem Image-Element wird der Hand-Cursor angezeigt.

9.2.4 Manipulation-Events

Für Eingaben mit mehreren Fingern sind die Manipulation-Events gedacht. Sie unterstützen Gesten wie Rotate, Pinch, Stretch und auch das Verschieben von Elementen. Zusätzlich unterstützen Manipulation-Events die Trägheit (*Inertia*). Lässt der Benutzer beispielsweise während einer Rotation die Finger vom Bildschirm los, wird das Element aufgrund seiner Trägheit noch etwas weiter rotieren. Neben der Trägheit bieten Manipulation-Events auch Informationen über die Geschwindigkeit (*Velocity*) einer Manipulation.

Für eine Geste in einer Windows Store Apps finden mehrere Manipulation-Events statt. Jede Geste startet dabei mit einem ManipulationStarted-Event, beispielsweise wenn der Benutzer den Bildschirm berührt. Anschließend finden ein oder mehrere ManipulationDelta-Events statt. Beispielsweise rotiert der Benutzer ein Element mit mehreren Fingern. Am Ende wird das ManipulationCompleted-Event ausgelöst, sobald die Interaktion mit dem UIElement beendet ist.

Tabelle 9.5 zeigt die in der Klasse UIElement definierten Manipulation-Events mit einer kurzen Beschreibung.

Event	Beschreibung
ManipulationStarting	Die Verarbeitungsengine für die Manipulationen wird zum ersten Mal erstellt.
ManipulationStarted	Eine Touch- oder Maus-Eingabe beginnt, ein UIElement zu manipulieren.
ManipulationInertiaStarting	Das Eingabegerät verliert während der Manipulation den Kontakt mit dem UIElement – beispielsweise werden die Finger losgelassen –, und die Trägheit (Inertia) startet. Wird ein UIElement rotiert, dreht es sich beim Loslassen der Finger während dieser Rotation aufgrund der Trägheit noch etwas weiter.
ManipulationDelta	Tritt immer dann auf, wenn sich die Position von Finger/Stift/Maus während einer Manipulation verändert. Auch während der Trägheit wird dieses Event ausgelöst, um Ihr Element anzupassen.
ManipulationCompleted	Tritt auf, wenn die Manipulation und die Trägheit (Inertia) abgeschlossen sind.

Tabelle 9.5 Die Manipulation-Events der »UIElement«-Klasse

Das wohl wichtigste Event ist das `ManipulationDelta`-Event. Darin erhalten Sie die Änderungen einer Manipulation über die `ManipulationDeltaRoutedEventArgs`. Hier einige der wichtigsten Properties aus dieser Klasse:

- `Cumulative` enthält ein `ManipulationDelta`-Objekt mit den Änderungen seit dem Start der Manipulation.
- `Delta` enthält ein `ManipulationDelta`-Objekt mit den Änderungen seit dem letzten Aufruf des `ManipulationDelta`-Events.
- `IsInertial` gibt `true` zurück, falls die Manipulation nur noch aufgrund der Trägheit (Inertia) stattfindet.
- `Container` gibt das `UIElement` zurück, das als Container für die Manipulation betrachtet wird.
- `Velocities` gibt die Geschwindigkeiten an. Gibt ein `ManipulationVelocities`-Objekt zurück, das in verschiedenen Properties die Dreh-, Skalierungs- und lineare Geschwindigkeit enthält.
- `PointerDeviceType` ist vom Typ der gleichnamigen und Ihnen bereits bekannten Aufzählung, die das Eingabegerät zurückgibt: `Touch`, `Pen`, `Mouse`.

> **Hinweis**
> Neben den ganzen Properties enthält die Klasse `ManipulationDeltaRoutedEventArgs` eine `Complete`-Methode. Darüber schließen Sie eine Manipulation direkt ab. Es findet dann allerdings auch keine Trägheit statt.

Beachten Sie die beiden Properties `Cumulative` und `Delta` der `ManipulationDelta`-`RoutedEventArgs`-Klasse. Sie geben beide ein `ManipulationDelta`-Objekt zurück, das in vier Properties die Informationen über die Manipulation enthält:

- `Expansion`: `float`-Wert mit dem Abstand zwischen den Finger-Kontakten in geräteunabhängigen Pixeln. Ändert sich der Wert von 100 auf 150, finden Sie hier den Wert 50.
- `Scale`: `float`-Wert mit dem Abstand zwischen den Finger-Kontakten in Prozent. Ändert sich der Wert von 100 auf 150, finden Sie hier den Wert 1.5.
- `Rotate`: `float`-Wert mit der Änderung des Drehungswinkels in Grad
- `Translation`: Point-Objekt mit der Änderung der X/Y-Koordinaten

So weit, so gut. Jetzt kennen Sie alle Informationen über die Manipulation-Events. Damit Ihr `UIElement` allerdings überhaupt die entsprechenden Manipulation-Events auslöst und sich mit verschiedenen Gesten bearbeiten lässt, müssen Sie auf Ihrem Element zwingend die `ManipulationMode`-Property setzen. Diese ist vom Typ der Aufzählung `ManipulationModes`, die die folgenden Werte enthält:

- **None**: Keine Manipulationen werden ausgeführt.
- **TranslateX**: Das Verschieben auf der X-Achse ist erlaubt.
- **TranslateY**: Das Verschieben auf der Y-Achse ist erlaubt.
- **TranslateRailsX**: Das Verschieben auf der X-Achse ist in einem speziellen Schienen-Modus erlaubt.
- **TranslateRailsY**: Das Verschieben auf der Y-Achse ist in einem speziellen Schienen-Modus erlaubt.
- **Scale**: Das Skalieren ist erlaubt.
- **Rotate**: Das Rotieren ist erlaubt.
- **TranslateInertia**: Beim Verschieben wird Trägheit angewendet.
- **RotateInertia**: Beim Rotieren wird Trägheit angewendet
- **ScaleInertia**: Beim Skalieren wird Trägheit angewendet
- **All**: Es werden alle Manipulation-Modes aktiviert.
- **System**: Vom System reservierte Manipulation-Modes werden aktiviert. Dies ist der Default-Wert, bei dem Ihre Event Handler für die Manipulation-Events nicht aufgerufen werden.

Die `ManipulationModes`-Aufzählung enthält das `Flags`-Attribut, womit Sie mehrere Werte mit dem bitweisen Oder verknüpfen können.

> **Tipp**
>
> In XAML können Sie mehrere Werte einer Aufzählung, die mit dem `Flags`-Attribut versehen ist, wie folgt mit einem Komma getrennt angeben:
>
> `<Image ManipulationMode="Rotate,Scale" ... />`

Schauen wir uns jetzt ein Beispiel an. Dazu definieren wir in XAML das in Listing 9.19 dargestellte `Image`-Element. Beachten Sie, dass die `ManipulationMode`-Property auf den Wert `All` gesetzt ist. Zudem ist ein Event Handler für das `ManipulationDelta`-Event definiert, und die `RenderTransform`-Property enthält ein `CompositeTransform`-Objekt mit dem Namen `transform`.

```
<Image Source="lieblingsmuetze.jpg" Width="300" Height="300"
  RenderTransformOrigin="0.5 0.5" ManipulationMode="All"
  ManipulationDelta="Image_ManipulationDelta">
  <Image.RenderTransform>
    <CompositeTransform x:Name="transform"/>
  </Image.RenderTransform>
</Image>
```

Listing 9.19 K09\08 ManipulationEvents\MainPage.xaml

Listing 9.20 zeigt den `ManipulationDelta`-Event-Handler aus der Codebehind-Datei. Darin werden die Delta-Werte aus den `ManipulationDeltaRoutedEventArgs` verwendet, um das in XAML definierte `CompositeTransform`-Objekt anzupassen. Folglich lässt sich das `Image`-Element bzw. dessen Transformation jetzt über Fingergesten verändern.

```
void Image_ManipulationDelta(object sender,
  ManipulationDeltaRoutedEventArgs e)
{
  transform.TranslateX += e.Delta.Translation.X;
  transform.TranslateY += e.Delta.Translation.Y;
  transform.ScaleX *= e.Delta.Scale;
  transform.ScaleY *= e.Delta.Scale;
  transform.Rotation += e.Delta.Rotation;
}
```

Listing 9.20 K09\08 ManipulationEvents\MainPage.xaml.cs

Abbildung 9.6 zeigt die Anwendung in Aktion. Das `Image`-Element wurde mit einer Stretch-Geste etwas größer gemacht und durch eine Rotate-Geste um ca. 45° gedreht.

Abbildung 9.6 Das Image-Element lässt sich mit der Rotate-Geste drehen.

In diesem Beispiel wurde auf dem zu transformierenden `Image`-Element ein Event Handler für das `ManipulationDelta`-Event installiert. Wenn Sie in Ihrer App wie in diesem Beispiel eine Skalierung erlauben, kann dies dazu führen, dass der Benutzer das `Image`-Element so klein macht, dass er es anschließend mit seinen Fingern nicht mehr greifen kann.

Aus diesem Grund werden die Event Handler oft nicht direkt auf dem zu manipulierenden Element, sondern auf einem Elternelement installiert, beispielsweise auf einem `Grid`, in dem sich das `Image`-Element befindet. Das `Grid` behält seine Größe bei und kann somit alle Manipulationen entgegennehmen, um das Image entsprechend zu transformieren. Dies funktioniert auch dann, wenn das Image beliebig klein ist. Doch falls Sie dies so machen, sollten Sie unbedingt darauf achten, dass das Grid *hit-test-visible* ist. Und das schauen wir uns jetzt im nächsten Abschnitt an.

9.2.5 Touch- und Maus-Events nur bei »IsHitTestVisible«

Ob ein Element für die Eingaben via Touch, Stift oder Maus sichtbar ist, wird als *hit-test-visible* bezeichnet – zu Deutsch »Treffer-Test-sichtbar«. Damit ein UIElement für diese Eingaben sichtbar ist und dadurch die in diesem Abschnitt dargestellten Gesten-, Pointer- und Manipulation-Events auslöst, gibt es ein paar Voraussetzungen:

1. Die IsHitTestVisible-Property des UIElements muss true sein. Das ist der Default-Wert
2. Die Visibility-Property des UIElements muss Visible sein.
3. Die Background- oder Fill-Property darf nicht null sein. Setzen Sie die Background- oder Fill-Property explizit auf den Wert Transparent, um Touch-/Stift-/Maus-Eingaben in Form vom Gesten-/Pointer-/Manipulation-Events zu erhalten.
4. Falls es sich um eine Control-Subklasse handelt, muss die IsEnabled-Property true sein.

In manchen Fällen ist es gewünscht, dass ein Element für das Hit-Testing und somit für Touch-/Stift-/Maus-Eingaben »unsichtbar« ist. Setzen Sie dazu die IsHitTestVisible-Property explizit auf false. Schauen wir ein kleines Beispiel an, bei dem wir folgenden XAML-Code verwenden:

```
<Grid Width="200" Height="200">
  <Button Content="Click" Click="Button_Click" .../>
  <Image Source="lieblingsmuetze.jpg" Opacity="0.5" .../>
  ...
</Grid>
```

Listing 9.21 K09\09 HitTestVisible\MainPage.xaml

Das Image wird in Listing 9.21 nach dem Button zum Grid hinzugefügt. Die Opacity-Property hat den Wert 0.5, wodurch das Image halbtransparent dargestellt den Button überdeckt. Abbildung 9.7 zeigt, wie es aussieht. Versucht der Benutzer, den Button anzuklicken, wird nichts passieren, da das Image-Element in der Z-Reihenfolge über dem Button liegt und sämtliche Touch-/Stift-/Maus-Eingaben abfängt.

Sobald allerdings auf dem Image-Element die IsHitTestVisible-Property auf false gesetzt wird, reagiert es nicht mehr auf die Touch-/Stift-/Maus-Eingaben:

```
<Image IsHitTestVisible="False" .../>
```

Jetzt reagiert der Button wieder auf Maus-Eingaben, obwohl er unter dem Image-Element liegt. Der Button erhält das PointerPressed-Event, wodurch er sein eigenes Click-Event auslösen kann.

Abbildung 9.7 Der Button liegt hinter dem Image-Element.

> **Hinweis**
>
> Wie in den Voraussetzungen erwähnt, lassen sich Elemente ohne Hintergrund nicht antippen/anklicken. Insbesondere bei Layout-Panels werden Sie dies antreffen, da ihre Background-Property per Default null ist. Setzen Sie sie auf Transparent oder auf einen anderen Brush, um auch beim Tippen/Klicken in einen leeren Bereich des Panels Events wie PointerPressed zu erhalten.

9.2.6 Hit-Testing

Passend zur zuvor beschriebenen Property IsHitTestVisible hat die VisualTreeHelper-Klasse eine statische Methode namens FindElementsInHostCoordinates, die alle Elemente an einem Punkt oder in einem bestimmten Bereich auf Ihrer Oberfläche ermittelt. Das wird als sogenanntes *Hit-Testing* bezeichnet. Auf diesem Weg lässt sich prüfen, ob ein Element ein anderes Element berührt. Dies ist insbesondere in Spielen wichtig, aber kann auch für die Prüfung einer Touch-/Stift-/Maus-Eingabe sinnvoll sein. Daher möchte ich Ihnen diese Funktionalität hier ebenfalls kurz aufzeigen.

> **Hinweis**
>
> Die Klasse VisualTreeHelper ist nützlich, um den Visual Tree abzulaufen. Sie definiert dazu statische Methoden wie GetChild oder GetParent. Mehr zum Ablaufen des Visual Tree mit dieser Klasse finden Sie am Ende von Kapitel 3, »XAML«.

Von der statischen Methode FindElementsInHostCoordinates der Klasse VisualTreeHelper gibt es insgesamt vier Überladungen:

```
IEnumerable<UIElement> FindElementsInHostCoordinates(
  Point intersectingPoint, UIElement subtree)
IEnumerable<UIElement> FindElementsInHostCoordinates(
  Point intersectingPoint, UIElement subtree,
  bool includeAllElements)
IEnumerable<UIElement> FindElementsInHostCoordinates(
  Rect intersectingRect, UIElement subtree)
IEnumerable<UIElement> FindElementsInHostCoordinates(
  Rect intersectingRect, UIElement subtree,
  bool includeAllElements)
```

Listing 9.22 Die Überladungen der »FindElementsInHostCoordinates«-Methode der »VisualTreeHelper«-Klasse

Die ersten beiden Überladungen prüfen, ob bestimmte Elemente unter einem Punkt liegen. Der Punkt muss dabei relativ zur App angegeben werden. Das im zweiten Parameter übergebene UIElement und alle darin enthaltenen Elemente werden geprüft. Die zweite Überladung nimmt zusätzlich einen bool-Parameter entgegen. Übergeben Sie true, damit die Methode auch jene Elemente zurückgibt, die nicht Hit-Test-Visible sind.

Die zwei letzten Überladungen unterscheiden sich lediglich im ersten Parameter. Statt eines Punkts wird ein Rect-Objekt angegeben. Das Rect-Objekt definiert einen Punkt und eine Größe. Mit dieser Überladung prüfen Sie, welche Elemente eine Fläche (das Rect-Objekt) schneiden.

Schauen wir uns beide Varianten mit einem Point- und einem Rect-Objekt an zwei simplen Beispielen an. Beginnen wir mit jener Überladung, die das Point-Objekt als ersten Parameter entgegennimmt.

Hit-Testing an einem Punkt (»Point«)

Listing 9.23 zeigt ein Canvas mit drei Image-Elementen. Beachten Sie, dass auf dem Canvas ein Event Handler für das PointerPressed-Event definiert ist.

```
<Grid Background="{StaticResource
  ApplicationPageBackgroundThemeBrush}">
  <Grid.RowDefinitions> ... </Grid.RowDefinitions>
  <Canvas x:Name="canvas" Background="LightGray" ...
    PointerPressed="canvas_PointerPressed">
    <Image x:Name="anna" Source="Images/anna.jpg" ...
      Opacity="0.8"/>
    <Image x:Name="julia" Source="Images/julia.jpg" ...
      Opacity="0.8"/>
    <Image x:Name="thomas" Source="Images/thomas.jpg" ...
```

```
        Opacity="0.8"/>
    </Canvas>
    ...
    <ItemsControl Grid.Row="2" x:Name="itemsControl" .../>
</Grid>
```

Listing 9.23 K09\10 HitTestPoint\MainPage.xaml

In Listing 9.24 sehen Sie den Event Handler `canvas_PointerPressed`. Darin wird die Mausposition relativ zur App ermittelt, indem die `GetCurrentPoint`-Methode mit einer null-Referenz aufgerufen wird. In derselben Zeile wird der Wert der `Position`-Property des zurückgegebenen `PointerPoint`-Objekts in der `pos`-Variablen gespeichert. Anschließend werden das ermittelte `Point`-Objekt und die `MainPage` der Anwendung (`this`) an die statische `FindElementsInHostCoordinates`-Methode der `VisualTreeHelper`-Klasse übergeben.

Das so erhaltene `IEnumerable<UIElement>`-Objekt enthält alle visuellen Elemente, die sich unter dem angegebenen Punkt (`pos`-Variable) und damit unterhalb des Pointers befinden. Das `IEnumerable<UIElement>`-Objekt wird in einer foreach-Schleife durchlaufen, und Informationen über die ermittelten Elemente werden zu dem in Listing 9.23 definierten `ItemsControl` hinzugefügt.

```
private void canvas_PointerPressed(object sender,
  PointerRoutedEventArgs e)
{
  // Pointer-Position relativ zur App ermitteln
  Point pos = e.GetCurrentPoint(null).Position;

  // Alle Elemente unter der Position ermitteln
  IEnumerable<UIElement> elements =
    VisualTreeHelper.FindElementsInHostCoordinates(pos, this);

  // ItemsControl mit Element-Typen und -Namen füllen
  itemsControl.Items.Clear();
  foreach (UIElement element in elements)
  {
    string elementType = element.GetType().Name;
    string elementName = ((FrameworkElement)element).Name;

    string toAdd = elementType;
    if (!string.IsNullOrEmpty(elementName))
      toAdd += " (" + elementName + ")";
    itemsControl.Items.Add(toAdd);
  }
}
```

Listing 9.24 K09\10 HitTestPoint\MainPage.xaml.cs

In Abbildung 9.8 sehen Sie die App. Die drei Bilder im Canvas liegen übereinander. Beachten Sie genau, wo sich der Mauszeiger befindet: Er ist über den Bildern *julia.jpg* und *anna.jpg*, nicht jedoch über dem Bild *thomas.jpg*. Genau an dieser Stelle wurde geklickt, wodurch das ItemsControl mit den ermittelten Elementen gefüllt wird. Wie Sie dort sehen, befindet sich der Mauszeiger neben diesen zwei Bildern auch über dem Canvas, über dem Grid und über der MainPage.

Beachten Sie in Abbildung 9.8 auch die Reihenfolge der Elemente. Das in der Z-Reihenfolge an oberster Stelle liegende Element wurde als Erstes zum ItemsControl hinzugefügt (*julia.jpg*). Folglich ist das erste Element, das Sie in dem durch Aufruf von FindElementsInHostCoordinates erhaltenen IEnumerable<UIElement>-Objekt finden, auch das in der Z-Reihenfolge höchste. Die Collection ist sortiert. In Abbildung 9.8 ist das hinterste Element die MainPage; diese wurde auch als Letztes in der Collection gefunden und somit als Letztes zum ItemsControl hinzugefügt.

Abbildung 9.8 Hit-Testing an einem Punkt

> **Hinweis**
>
> Das erste Element im IEnumerable<UIElement>-Objekt ist auch jenes, für das beispielsweise das PointerPressed-Event ausgelöst wird. Andere Elemente erhalten dieses Event nur, wenn sie im Element Tree höher liegen und somit vom Blubbern des Routed Events profitieren.

Werfen wir jetzt einen Blick auf das Hit-Testing mit einem Rect-Objekt.

Hit-Testing für einen Bereich (»Rect«)

Die andere Überladung der FindElementsInHostCoordinates-Methode nimmt als ersten Parameter anstelle eines Point-Objekts ein Rect-Objekt entgegen, als zweiten

Parameter ebenfalls das `UIElement`, bei dem die Suche beginnen soll. Die Methode ermittelt alle Elemente, die die Fläche des `Rect`-Objekts schneiden.

Listing 9.25 zeigt ein `Canvas`. Darin befinden sich ein `Image`-Element namens `image` und zwei `Border`-Elemente.

```
<Canvas x:Name="canvas">
  <Image x:Name="image" ManipulationMode="TranslateX,TranslateY"
    ManipulationDelta="image_ManipulationDelta"
    Source="thomas.jpg" .../>
  <Border Background="Gray" Width="400" Height="200"
    Canvas.Top="150" Canvas.Left="200">
    <TextBlock Text="Bewegen Sie das Bild mit Ihrem Finger/der
      Maus. Das Bild kann nicht in die grauen Rahmen bewegt
      werden..." .../>
  </Border>
  <Border Background="Gray" Width="200" Height="500"
    Canvas.Left="800"/>
</Canvas>
```

Listing 9.25 K09\11 HitTestRect\MainPage.xaml

Dank des in Listing 9.25 deklarierten `ManipulationDelta`-Event-Handlers auf dem `Image` lässt sich dieses bewegen. Die `ManipulationMode`-Property zeigt, dass es sich sowohl horizontal als auch vertikal verschieben lässt. An dieser Stelle ist der Code zum Verschieben allerdings (noch) nicht interessant. Wichtiger ist die Stelle, die prüft, ob das `Image`-Element eines der beiden `Border`-Elemente berührt. Dafür gibt es in der Codebehind-Datei die Methode `HasHitBorderElement`, die in Listing 9.26 dargestellt ist.

In der Methode `HasHitBorderElement` wird zunächst die Position des `Image`-Elements relativ zur App ermittelt. Dies geschieht mit der `TransformToVisual`-Methode, die wir uns in Kapitel 5, »Layout«, angesehen haben. Anschließend wird ein `Rect`-Objekt mit dieser Position und der Größe des `Image`-Elements erstellt. Das `Rect`-Objekt wird an die statische `FindElementsInHostCoordinates`-Methode der `VisualTreeHelper`-Klasse übergeben. Die Suche beginnt dabei im `Canvas`, das als zweiter Parameter übergeben und damit als Startelement für die Suche angegeben wird. Die gefundenen `UIElement`-Instanzen werden durchlaufen. Befindet sich ein `Border`-Element darin, gibt die Methode `true` zurück, ansonsten `false`.

```
private bool HasHitBorderElement()
{
  Point imagePosition =
    image.TransformToVisual(null).TransformPoint(new Point());
```

```
  var rect = new Rect(imagePosition, new Size(image.ActualWidth,
    image.ActualHeight));
  IEnumerable<UIElement> elements =
    VisualTreeHelper.FindElementsInHostCoordinates(rect, canvas);

  bool borderHit = false;
  foreach (UIElement element in elements)
  {
    if (element is Border)
    {
      borderHit = true;
      break;
    }
  }
  return borderHit;
}
```

Listing 9.26 K09\11 HitTestRect\MainPage.xaml.cs

Mit der `HasHitBorderElement`-Methode lässt sich die Verschiebelogik des `Image`-Elements so bauen, dass es nie ein `Border`-Element überschreiten kann. Listing 9.27 zeigt diese Logik für das horizontale Verschieben. Das `Image`-Element wird verschoben, dann wird geprüft, ob es ein `Border`-Element berührt. Ist dies der Fall, wird das Verschieben nach und nach in der `while`-Schleife »reduziert«, bis das `Image`-Element kein `Border`-Element mehr berührt.

```
private void SetImageLeftPosition(double oldLeft, double newLeft)
{
  if (oldLeft == newLeft)
    return;
  Canvas.SetLeft(image, newLeft);
  while (HasHitBorderElement())
  {
    if (newLeft > oldLeft)
      newLeft--;
    else
      newLeft++;
    Canvas.SetLeft(image, newLeft);
  }
}
```

Listing 9.27 K09\11 HitTestRect\MainPage.xaml.cs

Abbildung 9.9 zeigt die Anwendung. Das Image-Element lässt sich mit dem Finger, dem Stift oder der Maus beliebig verschieben, kann jedoch aufgrund des Hit-Testings nicht über die Border-Elemente (grau) geschoben werden.

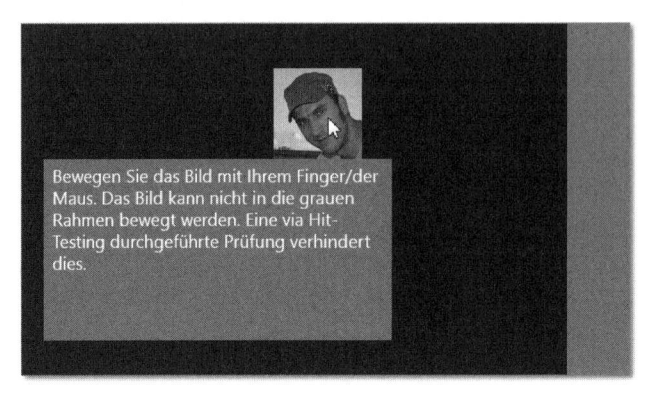

Abbildung 9.9 Das Bild kann dank Hit-Testing nicht über die grauen Elemente geschoben werden.

Hinweis

Das Hit-Testing mit einem Rect-Objekt ist ein gängiges Konzept für Spiele. Auf diese Weise prüfen Sie beispielsweise in einem 2D-Jump-and-Run-Spiel, ob Ihre Figur gerade den Boden oder ein Hindernis berührt.

Am Ende von Kapitel 21, »Animationen«, finden Sie ein kleines Jump-and-Run-Spiel namens »Super Thomas«. Dort sehen Sie genau eine solche Hit-Testing-Implementierung mit der VisualTreeHelper-Klasse und deren FindElementsInHostCoordinates-Methode.

9.2.7 Touch-/Maus-Verfügbarkeit abfragen

Im Namespace Windows.Device.Input finden Sie die Klassen TouchCapabilities, MouseCapabilities und KeyboardCapabilities, mit denen Sie die Verfügbarkeit und weitere Merkmale eines Eingabegerätes abfragen können. Erzeugen Sie dazu einfach eine Instanz der jeweiligen Klasse, und prüfen Sie die Properties.

Die MouseCapabilities-Klasse hat beispielsweise die Property MousePresent, mit der Sie prüfen, ob eine Maus angeschlossen ist. Die Property gibt allerdings keinen bool-Wert, sondern wie auch viele andere Properties einen Integer zurück. Ist dieser ungleich 0, ist eine Maus vorhanden, ansonsten ist keine Maus vorhanden. Diese Regel gilt auch für die anderen Properties, die ebenfalls nicht vom Typ bool, sondern vom Typ int sind. Mit den Properties VerticalWheelPresent und HorizontalWheel-

Present prüfen Sie, ob ein vertikales und ein horizontales Mausrad verfügbar sind. Mit der Property `SwapButtons` erfahren Sie, ob der Benutzer in der SYSTEMSTEUERUNG die Maustasten getauscht hat, da er eventuell Linkshänder ist. Die `NumberOfButtons`-Property gibt Ihnen die Anzahl der Maustasten zurück.

Die `TouchCapabilities`-Klasse enthält nur zwei Properties: Mit `TouchPresent` prüfen Sie, ob ein Touch-Eingabegerät verfügbar ist. Mit der `Contacts`-Property erfahren Sie die maximale Anzahl an gleichzeitigen Kontakten.

Die `KeyboardCapabilities`-Klasse besitzt lediglich die `KeyboardPresent`-Property, um die Verfügbarkeit einer Tastatur abzufragen.

Listing 9.28 zeigt eine Methode aus der Beispiel-App *K09\12 DevicesCheck*. Darin werden die Fähigkeiten der Maus abgefragt und in einem `string` gespeichert. Dieser `string` wird am Ende der Methode der `Text`-Property des `TextBlocks` namens txtMouse zugewiesen.

```
private void CheckMouseCapabilities()
{
  var mouseCapabilities = new MouseCapabilities();
  string text = string.Format("MousePresent: {0}\n",
    mouseCapabilities.MousePresent != 0 ? "ja" : "nein");
  text += string.Format("VerticalWheelPresent: {0}\n",
    mouseCapabilities.VerticalWheelPresent != 0 ? "ja" : "nein");
  text += string.Format("HorizontalWheelPresent: {0}\n",
    mouseCapabilities.HorizontalWheelPresent != 0 ? "ja":"nein");
  text += string.Format("SwapButtons: {0}\n",
    mouseCapabilities.SwapButtons != 0 ? "ja" : "nein");
  text += string.Format("NumberOfButtons: {0}\n",
    mouseCapabilities.NumberOfButtons);
  txtMouse.Text = text;
}
```

Listing 9.28 *K09\12 DevicesCheck\MainPage.xaml.cs*

In Abbildung 9.10 sehen Sie die Ausgabe von Listing 9.28 im Simulator. Es ist eine Maus mit zwei Tasten vorhanden, allerdings ohne vertikales und ohne horizontales Mausrad. In der Abbildung sehen Sie auch die Ausgaben für die Klassen `TouchCapabilities` und `KeyboardCapabilities`.

Auf der rechten Seite der App in Abbildung 9.10 sehen Sie eine Auflistung der verfügbaren Zeigergeräte (POINTERDEVICES). Dazu gehören Touch, Stift und Maus. Wie Sie sehen, ist im Simulator ein Touch-Gerät integriert, das fünf Kontakte unterstützt. Zudem wird eine Maus verwendet, die nicht integriert ist, da ich sie über USB angeschlossen habe. Sie unterstützt maximal einen Kontakt.

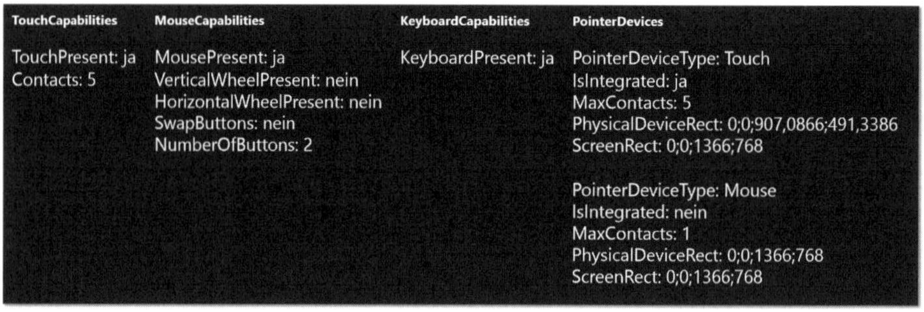

```
TouchCapabilities     MouseCapabilities              KeyboardCapabilities   PointerDevices

TouchPresent: ja      MousePresent: ja               KeyboardPresent: ja    PointerDeviceType: Touch
Contacts: 5           VerticalWheelPresent: nein                            IsIntegrated: ja
                      HorizontalWheelPresent: nein                          MaxContacts: 5
                      SwapButtons: nein                                     PhysicalDeviceRect: 0;0;907,0866;491,3386
                      NumberOfButtons: 2                                    ScreenRect: 0;0;1366;768

                                                                            PointerDeviceType: Mouse
                                                                            IsIntegrated: nein
                                                                            MaxContacts: 1
                                                                            PhysicalDeviceRect: 0;0;1366;768
                                                                            ScreenRect: 0;0;1366;768
```

Abbildung 9.10 Die Ausgaben im Simulator

Die Ermittlung der verfügbaren Zeigergeräte erfolgt über die ebenfalls im Namespace `Windows.Devices.Input` enthaltene Klasse `PointerDevice`. Diese besitzt die statische Methode `GetPointerDevices`, die Ihnen eine Liste mit den verfügbaren `PointerDevice`-Instanzen zurückgibt. Ein `PointerDevice` besitzt die Property `PointerDeviceType` vom Typ der gleichnamigen und bereits bekannten Aufzählung mit den Werten `Touch`, `Pen` und `Mouse`. Darüber hinaus können Sie beispielsweise über die `IsIntegrated`-Property feststellen, ob das Zeigergerät eingebaut oder extern angeschlossen ist. Über die `MaxContacts`-Property prüfen Sie die maximalen Kontakte.

Folgender Codeausschnitt zeigt die Methode, die für die in Abbildung 9.10 zu sehende Darstellung der Pointer-Devices verwendet wurde:

```
private void ListPointerDevices()
{
  string text = "";
  foreach (PointerDevice pointerDevice in
    PointerDevice.GetPointerDevices())
  {
    text += string.Format("PointerDeviceType: {0}\n",
      pointerDevice.PointerDeviceType);
    text += string.Format("IsIntegrated: {0}\n",
      pointerDevice.IsIntegrated ? "ja" : "nein");
    text += string.Format("MaxContacts: {0}\n",
      pointerDevice.MaxContacts);
    text += string.Format("PhysicalDeviceRect: {0}\n",
      pointerDevice.PhysicalDeviceRect);
    text += string.Format("ScreenRect: {0}\n",
      pointerDevice.ScreenRect);
    text += "\n";
  }
  txtPointerDevices.Text = text;
}
```

Listing 9.29 K09\12 DevicesCheck\MainPage.xaml.cs

9.3 Tastatur

Wie bereits erwähnt, lautet das Prinzip beim Entwickeln einer Windows Store App *Touch First*. Dennoch sollte sich Ihre Windows Store App natürlich auch mit der Tastatur bedienen lassen. In diesem Abschnitt sehen wir uns die Tastatur-Events, den Fokus und die Tab-Reihenfolge an. Zudem erfahren Sie, wie Sie die Tastatur-Verfügbarkeit abfragen und auf das Einblenden der Soft-Tastatur reagieren.

9.3.1 Events

Gibt der Benutzer Daten mit der Tastatur ein, werden die folgenden zwei Routed Events auf dem fokussierten Element ausgelöst:

- **KeyDown** tritt auf, wenn eine Taste gedrückt wird.
- **KeyUp** tritt auf, wenn eine Taste losgelassen wird.

Damit ein Element diese beiden Events auslösen kann, muss es den Fokus haben. Mehr zum Fokus im nächsten Abschnitt.

In beiden Events erhalten Sie eine KeyRoutedEventArgs-Instanz. Die wichtigste Property dieser Klasse ist die Key-Property vom Typ der Aufzählung VirtualKey (Namespace: Windows.System). Diese Aufzählung enthält Werte wie A, B, C, F1, F2, Shift, Control, Enter, Left, Right, Up, Down oder Number1, Number2, um nur einige zu nennen. Damit können Sie folglich abfragen, welche Tasten gedrückt wurden. Folgender Codeausschnitt prüft, ob die ⌈Pfeil nach oben⌉-Taste gedrückt wurde, und zeigt dann einen MessageDialog an:

```
async void Element_KeyDown(object sender, KeyRoutedEventArgs e)
{
  if (e.Key == VirtualKey.Up)
    await new MessageDialog("Es geht bergauf").ShowAsync();
}
```

Listing 9.30 Der »MessageDialog« wird beim Drücken der »Pfeil nach oben«-Taste angezeigt.

Möchten Sie Ihre App mit Shortcuts (Tastenkürzel) ausstatten, kann es zum Problem werden, dass die beiden Events KeyDown und KeyUp nur ausgelöst werden, wenn ein Element den Fokus hat. Sie können zwar auf Ihrer Page einen Event Handler für KeyDown installieren, da das Event vom fokussierten Element nach oben blubbert. Allerdings muss dann zwingend ein Element fokussiert sein, damit Ihre Shortcuts funktionieren.

> **Hinweis**
> Sie finden in den Buch-Beispielen im Ordner *K09\13 KeyboardShortCutsVariante1* eine App, die das Problem aufzeigt.

Aus diesem Grund möchte ich an dieser Stelle noch erwähnen, dass Sie in der CoreWindow-Klasse ebenfalls die Events KeyDown und KeyUp finden. Diese werden immer unabhängig davon ausgelöst, ob ein Control den Fokus hat oder nicht. Die Events der CoreWindow-Klasse verwenden allerdings keine KeyRoutedEventArgs, sondern KeyEventArgs. Diese enthalten in der VirtualKey-Property die Taste, die das Event ausgelöst hat.

Bei Shortcuts müssen Sie zusätzlich herausfinden, ob noch eine andere Taste gedrückt ist. Dies machen Sie über die GetKeyState-Methode, die ebenfalls in der CoreWindow-Klasse enthalten ist. Sie hat folgende Signatur:

```
CoreVirtualKeyStates GetKeyState(VirtualKey virtualKey)
```

Die CoreVirtualKeyStates-Aufzählung enthält die Werte None, Down und Locked. Die Aufzählung ist mit dem Flags-Attribut ausgestattet. Es lassen sich somit mehrere Werte mit dem bitweisen Oder verknüpfen. Aus diesem Grund sollten Sie beim Überprüfen den gewünschten Wert mit dem bitweisen Und auslesen. Schauen wir uns ein Beispiel an.

> **Tipp**
> Da Sie überall in Ihrer App auf das CoreWindow zugreifen können, können Sie mit der GetKeyState-Methode auch in einem beliebigen Event Handler prüfen, ob eine bestimmte Taste gedrückt ist:
>
> ```
> var keyStates =
>   Window.Current.CoreWindow.GetKeyState(VirtualKey.Control);
> ```

Listing 9.31 zeigt die Codebehind-Datei der Beispiel-App aus dem Ordner *K09\14 KeyboardShortCutsVariante2*. Darin wird auf die Tastenkürzel Ctrl + S zum Speichern und Ctrl + P zum Drucken reagiert. Dazu wird im Konstruktor der MainPage auf dem CoreWindow ein Event Handler für das KeyUp-Event installiert. Darin wird zunächst mit der GetKeyState-Methode geprüft, ob die Ctrl-Taste gedrückt ist. Beachten Sie, dass dazu das bitweise Und verwendet wird. Falls die Ctrl-Taste nicht gedrückt ist, wird die Methode verlassen. Ist sie gedrückt und wurde zusätzlich die S-Taste gedrückt, wird die Save-Methode aufgerufen. Beim Drücken der P-Taste wird die Print-Methode aufgerufen.

9.3 Tastatur

```csharp
public sealed partial class MainPage : Page
{
  public MainPage()
  {
    this.InitializeComponent();
    Window.Current.CoreWindow.KeyUp += CoreWindow_KeyUp;
  }
  void CoreWindow_KeyUp(CoreWindow sender, KeyEventArgs e)
  {
    CoreVirtualKeyStates keyStates =
      sender.GetKeyState(VirtualKey.Control);
    var downState = CoreVirtualKeyStates.Down;

    // Wert mit bitweisem UND herausholen und dann vergleichen
    if ((keyStates & downState) != downState)
      return;

    switch (e.VirtualKey)
    {
      case VirtualKey.S:
        Save();
        break;
      case VirtualKey.P:
        Print();
        break;
    }
  }
  ...
}
```

Listing 9.31 K09\14 KeyboardShortCutsVariante2\MainPage.xaml.cs

Hinweis

Falls Sie noch tiefer in die Tastatur-Events eintauchen möchten, sollten Sie sich auch das `AcceleratorKeyActivated`-Event der `CoreDispatcher`-Klasse ansehen. Darin können Sie über die `AcceleratorKeyEventArgs` prüfen, ob beispielsweise eine Zeichen- oder Systemtaste gedrückt wurde.

Die `LayoutAwarePage`-Klasse nutzt das `AcceleratorKeyActivated`-Event, um das Navigieren mit der Tastatur zu ermöglichen. So kann der Benutzer beispielsweise durch Drücken der Tasten Alt und Pfeil nach links zurücknavigieren. Mehr zur Navigation lesen Sie in Kapitel 2, »Das Programmiermodell«.

9.3.2 Der Fokus

Das in Ihrer App fokussierte Element erhalten Sie über die statische Methode Get-FocusedElement der Klasse FocusManager.

Für den Fokus selbst definiert die Klasse UIElement die beiden Routed Events Got-Focus und LostFocus. GotFocus wird gefeuert, wenn das Element den Fokus erhält. Beide Routed Events verwenden die Klasse RoutedEventArgs direkt. Es gibt keine spezifische Subklasse und damit auch keine Handled-Property, um ein solches Event als behandelt zu markieren.

Mit der in der Klasse Control definierten Focus-Methode fokussieren Sie ein Control. Die Methode nimmt einen Wert der Aufzählung FocusState entgegen, die vier Werte enthält:

- **Unfocused**: Das Control hat keinen Fokus.
- **Pointer**: Das Control erhielt den Fokus durch eine Pointer-Eingabe (Touch, Stift, Maus)
- **Keyboard**: Das Control erhielt den Fokus durch die Tastatur, üblicherweise durch Drücken der Tab-Taste.
- **Programmatic**: Das Control erhielt den Fokus durch einen programmatischen Aufruf. Diesen Wert übergeben Sie, wenn Sie an einer Stelle im Code den Fokus auf ein bestimmtes Control setzen.

Ob und wodurch ein Element fokussiert wurde, können Sie über die in der Control-Klasse definierte FocusState-Property prüfen. Sie ist ebenfalls vom Typ der FocusState-Aufzählung.

Die Focus-Methode gibt true zurück, wenn das Setzen des Fokus auf einem Control erfolgreich war. Damit sich ein Control fokussieren lässt, müssen ein paar Voraussetzungen zutreffen:

- Die Visibility-Property muss den Wert true haben.
- Die IsTabStop-Property muss den Wert true haben.
- Die IsEnabled-Property muss den Wert true haben.
- Das Control muss bereits geladen und somit im Visual Tree sein.

Während die ersten drei Voraussetzungen für typische Controls wie die TextBox bereits standardmäßig erfüllt sind, ist die letzte Voraussetzung interessant. Typischerweise möchten Sie bei der ersten Anzeige Ihrer Page eine bestimmte TextBox fokussieren. Dazu müssen Sie sicherstellen, dass die TextBox auch geladen und im Visual Tree ist. Der Visual Tree wird allerdings erst beim Zeichnen aufgebaut. Folgende Variante im Konstruktor klappt somit nicht, da zu diesem Zeitpunkt der Visual Tree noch nicht aufgebaut ist:

```csharp
public MainPage()
{
  this.InitializeComponent();
  textBox.Focus(FocusState.Programmatic);
}
```

Listing 9.32 Fokussieren im Konstruktor klappt nicht.

Die Lösung ist das Loaded-Event Ihrer MainPage. Das Loaded-Event wird aufgerufen, wenn die MainPage geladen und der Visual Tree somit aufgebaut ist. Folgende Variante funktioniert, um die TextBox zu fokussieren.

```csharp
public sealed partial class MainPage : Page
{
  public MainPage()
  {
    this.InitializeComponent();
    this.Loaded += MainPage_Loaded;
  }
  void MainPage_Loaded(object sender, RoutedEventArgs e)
  {
    textBox.Focus(FocusState.Programmatic);
  }
  ...
}
```

Listing 9.33 K09\DerFokus\MainPage.xaml.cs

9.3.3 Der Fokus in FriendStorage

Auch FriendStorage nutzt die im vorigen Abschnitt gezeigte Variante mit dem Loaded-Event, um beim Anzeigen der FriendEditPage die TextBox zur Eingabe des Vornamens zu fokussieren, falls diese noch leer ist. Statt eines gewöhnlichen Event Handlers wird eine Lambda-Expression eingesetzt:

```csharp
public FriendEditPage()
{
  this.InitializeComponent();
  this.Loaded += (s, e) =>
  {
    if (_friend != null
        && string.IsNullOrWhiteSpace(_friend.FirstName))
    {
      txtFirstName.Focus(FocusState.Programmatic);
```

        }
    };
}
```

**Listing 9.34** FriendStorage\View\FriendEditPage.xaml.cs

Wird die `FriendEditPage` angezeigt, ist die `TextBox` zur Eingabe des Vornamens fokussiert, was Sie in Abbildung 9.11 sehen können. Aufgrund der fokussierten `TextBox` erscheint bei einer nicht vorhandenen Hardware-Tastatur die in Abbildung 9.11 ebenfalls dargestellte Soft-Tastatur.

**Abbildung 9.11** Die TextBox zur Eingabe des Vornamens ist fokussiert.

### 9.3.4 Die Tab-Reihenfolge

Im Zusammenhang mit dem Fokus ist auch die Tab-Reihenfolge in einer Windows Store App interessant. Die Tab-Reihenfolge bestimmt, welches Element beim Drücken der ⇥-Taste als nächstes den Fokus bekommt. Damit zu einem `Control` mittels ⇥-Taste navigiert werden kann, muss es natürlich fokussierbar sein, womit die im vorigen Abschnitt genannten Voraussetzungen für den Fokus wieder gelten.

Für die Tab-Reihenfolge definiert die Klasse `Control` die Property `TabIndex` vom Typ `int`. Sie hat standardmäßig den Wert `int.MaxValue` (2147483647). Das bedeutet, dass die Navigation via ⇥-Taste automatisch in der Reihenfolge stattfindet, in der Sie Ihre Controls in XAML deklariert haben. In den meisten Fällen ist dies die gewünschte Reihenfolge. Falls Sie die Reihenfolge ändern möchten, setzen Sie ein-
```

fach die `TabIndex`-Property auf entsprechenden Elementen auf andere Werte. Üblicherweise beginnen Sie mit der 1.

Zum Steuern der Tab-Reihenfolge definiert die `Control`-Klasse zusätzlich die Property `TabNavigation` (Typ: `KeyboardNavigationMode`). Sie bestimmt, wie der `TabIndex` und damit die Tab-Navigation innerhalb eines `Controls` funktionieren. Die Aufzählung `KeyboardNavigationMode` enthält drei Werte:

- **Local** (Default-Wert): Auf den Elementen innerhalb des Controls werden die `TabIndex`-Angaben lokal betrachtet. Beispielsweise kann das Control in einem Grid sein und dort selbst den `TabIndex` zwei haben. Die Elemente innerhalb des Controls können wieder `TabIndex`-Werte beginnend bei eins haben und werden durchlaufen, sobald das Control den Fokus erhält. Nach dem letzten Kindelement geht der Fokus aus dem Control heraus zum nächsten Control im `Grid`.
- **Cycle**: Die Kindelemente im Control werden durchlaufen. Nach dem letzten Element kehrt der Fokus wieder zum ersten Kindelement innerhalb des Controls zurück. Der Fokus »läuft« somit innerhalb des Controls »im Kreis«.
- **Once**: Das Control als Ganzes erhält nur einmalig den Fokus. Beim erneuten Drücken der ⇥-Taste springt der Fokus wieder heraus.

9.3.5 Tastatur-Verfügbarkeit abfragen

Die Klassen aus dem Namespace `Windows.Device.Input` haben Sie bereits in Abschnitt 9.2.7, »Touch-/Maus-Verfügbarkeit abfragen«, kennengelernt. Mit den Klassen `TouchCapabilities`, `MouseCapabilities` und `KeyboardCapabilities` fragen Sie die Verfügbarkeit des entsprechenden Eingabegeräts ab. Ob eine Tastatur verfügbar ist, prüfen Sie mit der `KeyboardPresent`-Property der Klasse `KeyboardCapabilities`:

```
var keyboardCapabilities = new KeyboardCapabilities();
string text = string.Format("KeyboardPresent: {0}\n",
  keyboardCapabilities.KeyboardPresent != 0 ? "ja" : "nein");
```

Listing 9.35 K09\12 DevicesCheck\MainPage.xaml.cs

9.3.6 Die Soft-Tastatur

Die Soft-Tastatur wird angezeigt, sobald ein Control zur Texteingabe, wie beispielsweise die `TextBox`, den Fokus erhält und am Gerät keine Hardware-Tastatur angeschlossen ist.

In Kapitel 4, »Controls«, haben Sie beim Betrachten der `TextBox` bereits deren `InputScope`-Property kennengelernt. Mit ihr lässt sich festlegen, was für eine Soft-Tastatur angezeigt wird. Setzen Sie die Property in XAML beispielsweise auf den Wert `Search`, wird statt der ⌊Eingabe⌉- eine ⌊Suchen⌉-Taste angezeigt. Beim Wert `Number` wird eine speziell auf Zahlen zugeschnittene Variante der Soft-Tastatur angezeigt.

Neben diesen Einstellungen können Sie auch reagieren, wenn die Soft-Tastatur ein- und ausgeblendet wird, um beispielsweise Ihre Elemente anders anzuordnen. Dazu nutzen Sie die Klasse `InputPane` (Namespace: `Windows.UI.ViewManagement`). `InputPane` heißt »Eingabebereich«. Dies ist der Bereich, der von der Soft-Tastatur benötigt wird.

Über die in der Klasse `InputPane` definierte statische Methode `GetForCurrentView` erhalten Sie eine `InputPane`-Instanz, die die Events `Showing` und `Hiding` besitzt. Beide Events nutzen die `InputPaneVisibilityEventArgs`-Klasse. Sie besitzt lediglich zwei Properties:

- `OccludedRect`: Gibt ein `Rect`-Objekt zurück, das den Fensterbereich definiert, der von der Soft-Tastatur eingenommen wird.
- `EnsuredFocusedElementInView`: Setzen Sie diese Property auf `true`, falls Sie selbst dafür sorgen möchten, dass das fokussierte Element im sichtbaren Bereich bleibt. Doch Vorsicht, die WinRT wird dann beim Einblenden der Soft-Tastatur nichts mehr unternehmen, um das fokussierte Element in einen sichtbaren Bereich zu bringen; die Verantwortung liegt dann ganz in Ihren Händen.

Wie Sie anhand der Beschreibung der `EnsuredFocusedElementInView`-Property erkennen, besitzt die WinRT etwas Logik, damit ein fokussiertes Element auch dann sichtbar bleibt, wenn die Soft-Tastatur eingeblendet wird. Diese Logik können Sie ausschalten, indem Sie im `Showing`-Event-Handler die `EnsuredFocusedElementInView`-Property auf `true` setzen und Ihre eigene Logik implementieren.

Werfen wir einen Blick auf ein kleines Beispiel. Schauen wir uns dabei zuerst die Logik der WinRT an, die das fokussierte Element im sichtbaren Bereich hält. Dazu wird die in Listing 9.36 dargestellte Oberfläche erstellt. In einem `Grid` ist in einer Spalte ein `StackPanel`, in der anderen ein `Image`-Element. Das `StackPanel` wird mit der `VerticalAlignment`-Property am unteren Rand platziert. Es enthält einen `Button` und eine `TextBox`. Wird die `TextBox` fokussiert, blendet die WinRT die Soft-Tastatur ein.

```
<Grid ...>
  <Grid.ColumnDefinitions> ... </Grid.ColumnDefinitions>
  <StackPanel x:Name="stackPanel" VerticalAlignment="Bottom">
    <Button Content="Super Sache :-)" Margin="10"/>
    <TextBox Text="Hier den Fokus hinsetzen, damit die
      Soft-Tastatur erscheint ..." .../>
  </StackPanel>
  <Image Source="anna.jpg" Grid.Column="1"/>
</Grid>
```

Listing 9.36 Eine einfache Oberfläche zum Testen der Soft-Tastatur

Abbildung 9.12 zeigt die App links im normalen Zustand. Rechts wurde in die `TextBox` getippt, wodurch die Soft-Tastatur eingeblendet wird. Damit die fokussierte `TextBox` weiterhin sichtbar bleibt, schiebt die WinRT in diesem Beispiel die komplette `MainPage` nach oben, was Sie am Bild der kleinen Anna gut erkennen.

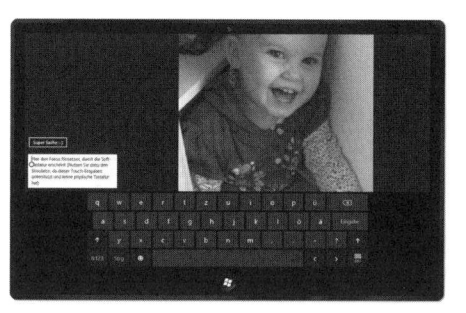

Abbildung 9.12 Wird die Soft-Tastatur eingeblendet, verschiebt die WinRT die Anwendung einfach nach oben.

Möchten Sie ein anderes Verhalten, nutzen Sie die erwähnte Klasse `InputPane`. Listing 9.37 zeigt den möglichen Inhalt einer zum XAML-Code aus Listing 9.36 passenden Codebehind-Datei. Im Konstruktor der `MainPage` werden auf der `InputPane`-Instanz Event Handler für die Events `Showing` und `Hiding` installiert. Die `EnsuredFocusedElementInView`-Property der `InputPaneVisibilityEventArgs` wird in beiden Event Handlern auf `true` gesetzt, um das Verhalten der WinRT auszuschalten. Im `Showing`-Event-Handler wird das `StackPanel` zudem am oberen Rand ausgerichtet, im `Hiding`-Event-Handler wieder am unteren Rand.

```
public sealed partial class MainPage : Page
{
  public MainPage()
  {
    this.InitializeComponent();
    InputPane.GetForCurrentView().Showing += InputPane_Showing;
    InputPane.GetForCurrentView().Hiding += InputPane_Hiding;
  }
  void InputPane_Showing(InputPane sender,
    InputPaneVisibilityEventArgs args)
  {
    args.EnsuredFocusedElementInView = true;
    stackPanel.VerticalAlignment = VerticalAlignment.Top;
  }
  void InputPane_Hiding(InputPane sender,
    InputPaneVisibilityEventArgs args)
  {
    args.EnsuredFocusedElementInView = true;
```

```
        stackPanel.VerticalAlignment = VerticalAlignment.Bottom;
    }
}
```

Listing 9.37 K09\16 SoftKeyboard\MainPage.xaml.cs

Abbildung 9.13 zeigt die App links im normalen Zustand. Rechts wurde in die TextBox getippt, wodurch die Soft-Tastatur eingeblendet wird. Die WinRT schiebt aufgrund der in Listing 9.37 gesetzten EnsuredFocusedElementInView-Property die komplette MainPage jetzt nicht mehr nach oben, was Sie am Bild der kleinen Anna erkennen. Das Bild bleibt an seiner Stelle. Es wird lediglich das StackPanel mit dem Button und der TextBox am oberen Rand platziert. Genau so, wie dies in der eigenen Logik in Listing 9.37 definiert wurde.

Abbildung 9.13 Wird die Soft-Tastatur eingeblendet, wird lediglich das StackPanel mit dem Button und der TextBox nach oben verschoben.

9.4 Drag & Drop und das Clipboard

In diesem Abschnitt lernen Sie, wie Sie mit den Drag-and-Drop-Events ein Drag-and-Drop-Szenario implementieren. Wir schauen uns zudem die Clipboard-Klasse an, mit der Sie Daten im Clipboard (Zwischenablage) speichern.

Sowohl die Drag-and-Drop-Events als auch die Clipboard-Klasse verwenden für die Daten ein DataPackage-Objekt. Wir starten somit mit einem Blick auf die Klasse Data-Package, bevor wir Drag & Drop und die Zwischenablage betrachten.

9.4.1 Die »DataPackage«-Klasse

Möchten Sie Drag-and-Drop-Logik implementieren, das Clipboard verwenden oder wie in Kapitel 16, »Contracts und Extensions«, gezeigt Daten zwischen Anwendungen austauschen (*Share-Contract*), kommen Sie an der DataPackage-Klasse nicht vorbei. Es ist immer ein DataPackage-Objekt, das per Drag & Drop, an das Clipboard und an andere Apps übergeben wird.

Die aus dem Namespace `Windows.ApplicationModel.DataTransfer` stammende `DataPackage`-Klasse unterstützt verschiedene Dokument-Formate: Bitmap, HTML, RTF, Text, Uri und `StorageItem`s (Dateien und Verzeichnisse). Um ein entsprechendes Dokument in einem `DataPackage`-Objekt zu speichern, definiert die `DataPackage`-Klasse die Methoden `SetBitmap`, `SetHtmlFormat`, `SetRtf`, `SetStorageItems`, `SetText` und `SetUri`. Es kann auch die Methode `SetData` aufgerufen werden, die folgende Signatur hat:

```
void SetData(string formatId, object value)
```

Für den ersten Parameter übergeben Sie üblicherweise einen String, den Sie in den statischen Properties der Klasse `StandardDataFormats` finden: `Bitmap`, `Html`, `Rtf`, `StorageItems`, `Text` oder `Uri`. Erst wenn Sie eigene Formate speichern, übergeben Sie Ihren eigenen String-Wert.

> **Hinweis**
>
> Die `SetData`-Methode unterstützt nur einfache Datentypen und Implementierungen von `IRandomAccessStream`, `IStorageItem` oder `IUri`. Wie Sie Ihr Datenobjekt in einem `IRandomAccessStream` verpacken, schauen wir uns gleich im Drag-and-Drop-Beispiel an.

Um die Werte aus dem `DataPackage` auszulesen, rufen Sie die `GetView`-Methode auf. Sie gibt ein `DataPackageView`-Objekt zurück, das Methoden wie `GetBitmapAsync`, `GetHtmlFormatAsync`, `GetRtfAsync`, `GetStorageItemsAsync`, `GetTextAsync` und `GetUriAsync` hat. Sie finden auch eine `GetDataAsync`-Methode, die wieder einen `formatId`-String entgegennimmt. Bevor Sie allerdings irgendwelche Daten abrufen, sollten Sie mit der `Contains`-Methode prüfen, ob die Daten überhaupt vorhanden sind. Die Methode hat folgende Signatur:

```
bool Contains(string formatId);
```

Auch hier übergeben Sie üblicherweise einen String, den Sie in den statischen Properties der Klasse `StandardDataFormats` finden. Nur beim Drag & Drop ist es oft ein eigener String für Ihre speziellen Datenobjekte. Schauen wir uns ein Beispiel an.

> **Hinweis**
>
> Speichern Sie ein Format in einem `DataPackage`, muss eine andere App, die das `DataPackage` erhält, das Format natürlich kennen. Daher gibt es die `StandardDataFormats`-Klasse, die beim Clipboard und beim in Kapitel 16, »Contracts und Extensions« gezeigten Share-Contract fast immer zum Einsatz kommt. Beim Drag & Drop befinden Sie sich dagegen immer in Ihrer eigenen App. Sie können und sollten somit für Ihre eigenen Datenobjekte auch eigene Strings verwenden.

9.4.2 Drag & Drop in der WinRT

Beim Drag & Drop gibt es üblicherweise ein Element als Quelle und ein anderes Element als Ziel. Starten wir mit dem Zielelement, bevor wir uns das Quellelement und ein kleines Beispiel ansehen.

Das Zielelement

Damit ein Element als Zielelement fungieren kann, setzen Sie auf dem Element die AllowDrop-Property auf true. Sie finden zudem die folgenden Drag & Drop-Events in der Klasse UIElement:

Event	Beschreibung
DragEnter	Tritt auf, wenn der Pointer mit etwas »in der Hand« über das UIElement bewegt wird.
DragLeave	Tritt auf, wenn der Pointer mit etwas »in der Hand« vom UIElement wegbewegt wird.
DragOver	Tritt auf, wenn der Pointer mit etwas »in der Hand« sich über dem UIElement befindet und bewegt wurde. Tritt somit mehrmals auf, ähnlich wie das PointerMoved-Event.
Drop	Tritt auf, wenn der Finger, der Stift oder die linke Maustaste mit etwas »in der Hand« über dem UIElement losgelassen wird.

Tabelle 9.6 Die Drag-and-Drop-Events der »UIElement«-Klasse

Alle vier Events habe ich am Anfang dieses Kapitels bei den Routed Events bereits erwähnt. Sie verwenden die von RoutedEventArgs abgeleiteten DragEventArgs. Die Klasse DragEventArgs definiert selbst zwei Properties:

- **Handled**, um das Routed Event als behandelt zu markieren.
- **Data**; darin ist das DataPackage-Objekt gespeichert.

Neben den beiden Properties enthält die DragEventArgs-Klasse die Methode GetPosition. Sie gibt die Position relativ zu einem UIElement zurück. Das wird dann interessant, wenn Sie Elemente an einer bestimmten Stelle »droppen« möchten.

Das Quellelement

Üblicherweise haben Sie zum Starten einer Drag-and-Drop-Aktion eine Methode wie DoDragDrop. In der WinRT ist dies allerdings nicht der Fall. In der WinRT wird eine Drag-and-Drop-Aktion von einer ListView oder von einer GridView gestartet. Dazu definiert die gemeinsame Basisklasse ListViewBase mit der Property CanDragItems und dem Event DragItemsStarting die zentrale Logik zum Starten einer Drag-and-Drop-Aktion.

> **Hinweis**
> Mehr Infos zur Klasse `ListViewBase` und ihren beiden Subklassen `ListView` und `GridView` finden Sie in Kapitel 7, »Daten«.

Setzen Sie auf Ihrer `ListView` die `CanDragItems`-Property auf `true`, damit der Benutzer die Elemente aus der `ListView` »herausziehen« kann. Installieren Sie zudem einen Event Handler für das `DragItemsStarting`-Event, um herauszufinden, welches der Elemente in der `ListView` herausgezogen wurde. Außerdem legen Sie im Event Handler die im `DataPackage` enthaltenen Daten für die Drag-and-Drop-Aktion fest. Dazu erhalten Sie in diesem `DragItemsStarting`-Event eine Instanz der Klasse `DragItemsStartingEventArgs`. Sie enthält drei Properties:

- **Cancel**: Setzen Sie diese Property auf `true`, um die Drag-and-Drop-Aktion abzubrechen.
- **Data** enthält das `DataPackage`, in dem Sie Ihre Daten speichern.
- **Items** ist vom Typ `IList<object>`. Enthält die aus der `ListView`/`GridView` herausgezogenen Objekte.

Schauen wir uns ein Beispiel an.

Ein Drag-and-Drop-Beispiel

Abbildung 9.14 zeigt die kleine App, die wir uns hier ansehen. Auf der linken Seite befindet sich eine `ListView` mit `Friend`-Objekten. Diese lassen sich auf den rechteckigen Bereich (ein `Grid`) »droppen«.

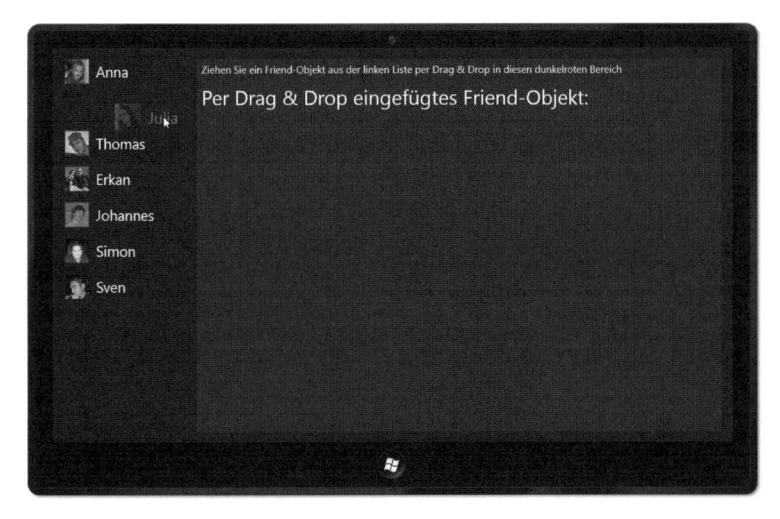

Abbildung 9.14 Die »Friend«-Objekte können via Drag & Drop im rechten Bereich eingefügt werden.

Starten wir an dieser Stelle mit der `ListView`. In der Codebehind-Datei der `MainPage` wird in der `OnNavigatedTo`-Methode mit Hilfe der `FriendLoader`-Klasse eine Liste mit `Friend`-Objekten in den `DataContext` gestellt. Die Details der `FriendLoader`-Klasse schauen wir uns hier nicht näher an.

```
protected async override void OnNavigatedTo(...)
{
  this.DataContext = await FriendLoader.LoadFriends();
}
```

Listing 9.38 K09\17 DragNDrop\MainPage.xaml.cs

Im XAML-Code bindet sich die `ListView` an die im `DataContext` enthaltene List <Friend>. Beachten Sie in Listing 9.38, dass auf der `ListView` die `CanDragItems`-Property auf true gesetzt ist. Dadurch lassen sich die `Friend`-Objekte in der `ListView` bereits herausziehen. Ebenfalls ist ein Event Handler für das Event `DragItemsStarting` definiert.

```
<ListView ItemsSource="{Binding}" CanDragItems="True"
  DragItemsStarting="ListView_DragItemsStarting">
  <ListView.ItemTemplate>
    <DataTemplate>
      <Grid>
        <Grid.ColumnDefinitions> ... </Grid.ColumnDefinitions>
        <Image Source="{Binding ImageSource}" .../>
        <TextBlock Text="{Binding FirstName}" .../>
      </Grid>
    </DataTemplate>
  </ListView.ItemTemplate>
</ListView>
```

Listing 9.39 K09\17 DragNDrop\MainPage.xaml

Listing 9.40 zeigt den Event Handler für das `DragItemsStarting`-Event. Aus den `DragItemsStartingEventArgs` wird das `Friend`-Objekt herausgelesen. Hat das `Friend`-Objekt den Vornamen »Thomas«, wird die Aktion abgebrochen. »Thomas« lässt sich somit nicht herausziehen. Für alle anderen wird der else-Block ausgeführt. Darin wird die herausgezogene `Friend`-Instanz mit Hilfe des `DataContractSerializers` in einen `InMemoryRandomAccessStream` serialisiert. Unter dem Format `Friend` wird dieser Stream im `DataPackage` durch einen Aufruf der `SetData`-Methode gespeichert.

```
private void ListView_DragItemsStarting(object sender,
  DragItemsStartingEventArgs e)
{
  if (e.Items.Count != 1)
    return;
```

```
    var friend = e.Items[0] as Friend;
    // Der Freund Thomas soll sich nicht herausziehen lassen
    if (friend.FirstName == "Thomas")
    {
      e.Cancel = true;
    }
    else
    {
      // Friend in IRandomAccessStream serialisieren
      var stream = new InMemoryRandomAccessStream();
      var serializer = new DataContractSerializer(typeof(Friend));
      serializer.WriteObject(stream.AsStreamForWrite(), friend);

      // Stream in DataPackage speichern
      e.Data.SetData("Friend", stream);
    }
  }
}
```
Listing 9.40 K09\17 DragNDrop\MainPage.xaml.cs

Schauen wir uns jetzt das Grid an, das als Zielelement für die Drag-and-Drop-Aktion verwendet wird. Listing 9.41 zeigt, dass auf dem Grid die AllowDrop-Property auf true gesetzt ist. Außerdem sind Event Handler für die Events Drop, DragEnter und DragLeave definiert.

```
<Grid x:Name="grid" AllowDrop="True" Drop="Grid_Drop" DragEnter=
"Grid_DragEnter" DragLeave="Grid_DragLeave" ...>
  <Grid.RowDefinitions> ... </Grid.RowDefinitions>
  <TextBlock Text="Ziehen Sie ein Friend-Objekt aus ..." .../>
  <TextBlock  Grid.Row="1" FontSize="40" Margin="10">
    Per Drag'n'Drop eingefügtes Friend-Objekt: <Run
      Text="{Binding FirstName}"/>
  </TextBlock>
  <Image Source="{Binding ImageSource}" Grid.Row="2" .../>
</Grid>
```
Listing 9.41 K09\17 DragNDrop\MainPage.xaml

Listing 9.42 zeigt die beiden Event Handler für die Events DragEnter und DragLeave. Darin wird lediglich die Hintergrundfarbe des Grids geändert.

```
private void Grid_DragEnter(object sender, DragEventArgs e)
{
  grid.Background = new SolidColorBrush(Colors.Gray);
}
```

```
private void Grid_DragLeave(object sender, DragEventArgs e)
{
  grid.Background = new SolidColorBrush(Colors.DarkRed);
}
```

Listing 9.42 K09\17 DragNDrop\MainPage.xaml.cs

Wird ein Friend-Objekt über das Grid gezogen, wird das Grid dank dem Code aus Listing 9.42 grau statt dunkelrot, was Sie in Abbildung 9.15 aufgrund des Schwarzweißdrucks mehr oder weniger gut erkennen können.

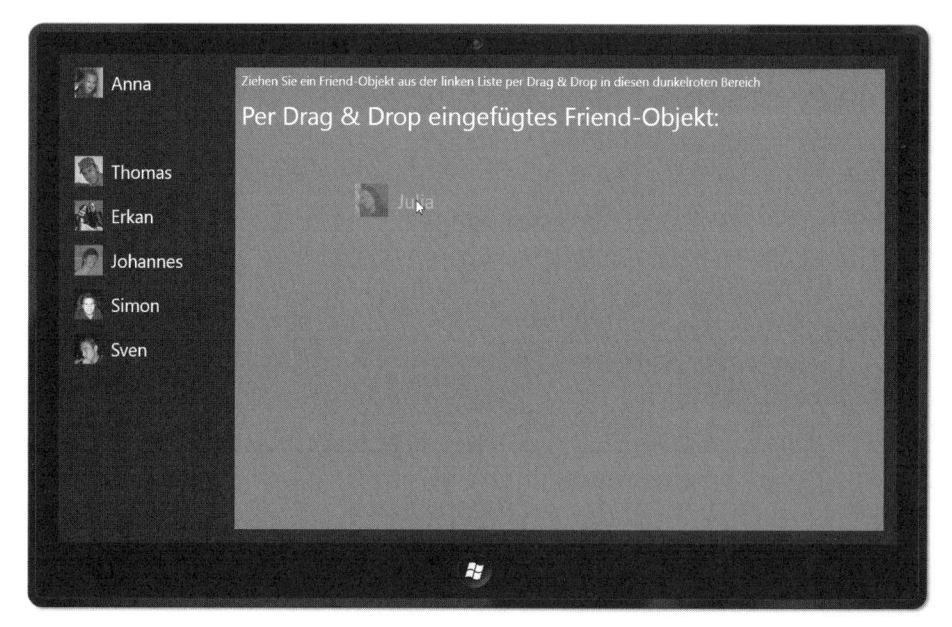

Abbildung 9.15 Das Grid wird grau, wenn ein Element hineingezogen wird.

Listing 9.43 zeigt den Drop-Event-Handler. Darin wird zunächst die zum DataPackage gehörende DataPackageView ausgelesen, die den Zugriff auf die Inhalte des DataPackages gewährt. Mit der Contains-Methode wird geprüft, ob das Format Friend in der DataPackageView enthalten ist. Wenn ja, wird auf der DataPackageView die GetDataAsync-Methode mit diesem Format aufgerufen. Aus dem erhaltenen IRandomAccessStream wird die Friend-Instanz mit dem DataContractSerializer herausgelesen und schließlich der DataContext-Property des Grids zugewiesen. Zuletzt wird die Background-Property des Grids wieder auf Dunkelrot gesetzt.

```
private async void Grid_Drop(object sender, DragEventArgs e)
{
  DataPackageView view = e.Data.GetView();
  if (view.Contains("Friend"))
  {
    var stream = await view.GetDataAsync("Friend")
      as IRandomAccessStream;
    var serializer = new DataContractSerializer(typeof(Friend));
    var friend = serializer.ReadObject(
      stream.GetInputStreamAt(0).AsStreamForRead()) as Friend;
    grid.DataContext = friend;
  }
  grid.Background = new SolidColorBrush(Colors.DarkRed);
}
```

Listing 9.43 K09\17 DragNDrop\MainPage.xaml.cs

Die im Grid enthaltenen Elemente TextBlock und Image zeigen aufgrund ihrer Data Bindings (siehe Listing 9.41) und dem jetzt im DataContext enthaltenen Friend-Objekt das Bild und den Vornamen dieses Friend-Objekts an, was Abbildung 9.16 zeigt. Das Friend-Objekt wurde erfolgreich via Drag & Drop eingefügt.

Abbildung 9.16 Das »Friend«-Objekt wurde via Drag & Drop eingefügt.

> **Achtung**
>
> In diesem Abschnitt haben wir die SetData-Methode des DataPackages verwendet, um das Friend-Objekt darin zu speichern. Dazu wurde das Friend-Objekt serialisiert. Beim Auslesen im Drop-Event-Handler wurde es wieder deserialisiert. Daraus ergeben sich zwei Dinge, die Sie bedenken sollten:
>
> ▶ Die Friend-Klasse muss serialisierbar sein.
> ▶ Beim Deserialisieren erhalten Sie nicht dieselbe, sondern eine neue Friend-Instanz, die dieselben Property-Werte wie die ursprüngliche Friend-Instanz hat.
>
> Falls Sie einer der beiden Punkte stört, müssen Sie die Logik anders bauen. Sie könnten die Friend-Instanz in einer Instanz der MainPage speichern und im Drop-Event-Handler darauf zugreifen. Oder Sie speichern die Friend-Instanz in den Properties des Data-Packages und greifen im Drop-Event-Handler wieder darauf zu:
>
> e.Data.Properties.Add("Friend", friend);
>
> Dies ist ein möglicher Weg, allerdings ist der hier gezeigte mit der SetData der sauberste. Versuchen Sie also, wo möglich diese Variante zu nutzen. Gegebenenfalls übergeben Sie statt der ganzen Objekte eben nur IDs, dann haben Sie das Problem mit der Serialisierung auch nicht, sondern können die IDs beispielsweise mit der SetText-Methode im DataPackage abspeichern.

9.4.3 Einfaches Neuordnen via Drag & Drop

Die Klassen ListView und GridView unterstützen auch das Neuordnen von Kindern via Drag & Drop. Das Schöne dabei ist, dass diese Funktionalität sehr einfach zu benutzen ist, da Sie gar nicht mit DataPackages hantieren müssen. Setzen Sie die CanDragItems-Property auf true, damit der Benutzer Elemente aus Ihrer ListView »herausziehen« kann. Setzen Sie die AllowDrop-Property auf true, damit er die herausgezogenen Elemente an einer anderen Stelle auf die ListView droppen kann. Setzen Sie zudem die CanReorderItems-Property auf true, damit die ListView die Elemente nach dem Droppen neu anordnet. Das war's. Folgender Codeausschnitt zeigt eine ListView, die durch das Setzen der fett dargestellten Properties das Neuordnen der Elemente unterstützt:

```
<ListView ItemsSource="{Binding}" CanDragItems="True"
  CanReorderItems="True" AllowDrop="True">
  <ListView.ItemTemplate>
    <DataTemplate>
      <Grid Width="200" Height="200">
        <Image Source="{Binding ImageSource}"/>
```

```xml
            <Border VerticalAlignment="Bottom" ...>
              <TextBlock Text="{Binding FirstName}" .../>
            </Border>
          </Grid>
        </DataTemplate>
      </ListView.ItemTemplate>
</ListView>
```

Listing 9.44 K09\18 DragNDropReorder\MainPage.xaml

Abbildung 9.17 zeigt die `ListView` aus Listing 9.44 in Aktion. Links wird Anna »herausgezogen«. Im mittleren Teil sehen Sie, wie Sie nach unten zwischen Julia und mich gezogen wird. Dabei werden die Elemente für Julia und mich mit einer kleinen Animation auseinandergeschoben. Wenn Sie den mittleren Teil in Abbildung 9.17 genau betrachten, erkennen Sie, dass das Element für Julia weiter oben und das Element für Thomas weiter unten platziert ist. Dem Benutzer wird auf diese Weise signalisiert, wo die gerade »in der Hand« gehaltene Anna beim Loslassen platziert wird. Auf der rechten Seite in Abbildung 9.17 sehen Sie das Ergebnis.

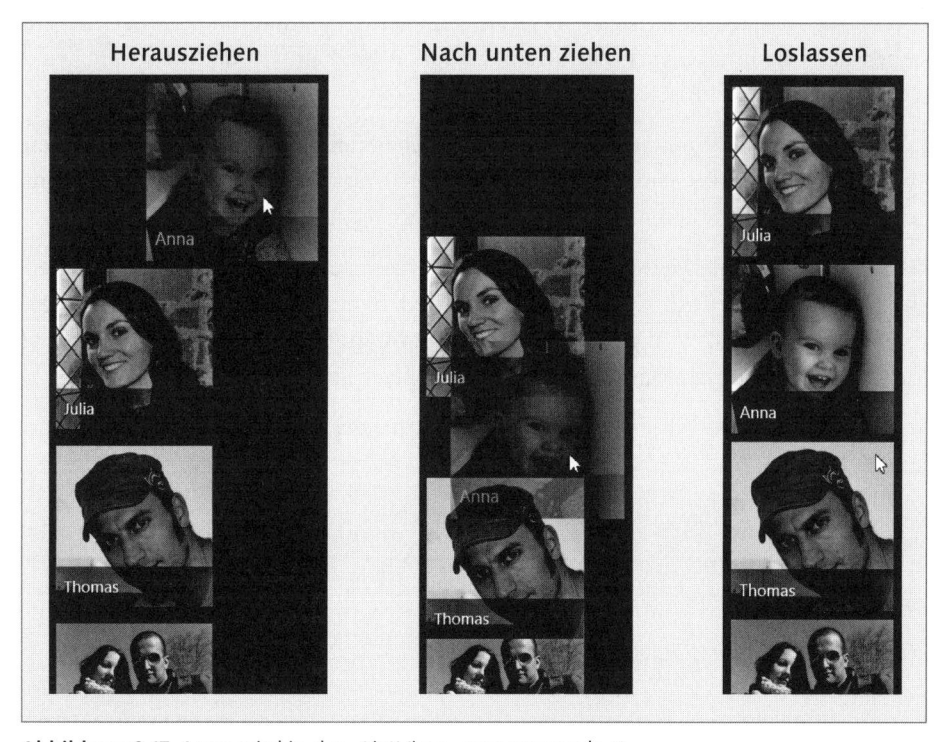

Abbildung 9.17 Anna wird in der »ListView« neu angeordnet.

> **Achtung**
>
> Setzen Sie die `ItemsSource`-Property auf eine `ObservableCollection<T>`. Im Fall von Listing 9.44 enthält die `ListView` eine `ObservableCollection<Friend>`. Falls Sie beispielsweise eine `List<Friend>` zuweisen, funktioniert das Neupositionieren nicht.

9.4.4 Das Clipboard

Das Clipboard verwendet wie auch das Drag & Drop `DataPackages`. Zum Speichern/Auslesen von Daten aus der Zwischenablage hat die `Clipboard`-Klasse (Namespace: `Windows.ApplicationModel.DataTransfer`) zwei statische Methoden mit folgender Signatur:

```
void SetContent(DataPackage content);
DataPackageView GetContent();
```

Darüber hinaus finden Sie in der `Clipboard`-Klasse die statische Methode `Clear` zum Löschen des Inhalts der Zwischenablage. Mit der statischen Methode `Flush` stellen Sie sicher, dass die Inhalte auch nach dem Schließen Ihrer App in der Zwischenablage bleiben.

Falls Sie auf Änderungen der Zwischenablage reagieren möchten, können Sie einen Event Handler für das ebenfalls in der `Clipboard`-Klasse enthaltene statische Event `ContentChanged` installieren. Sehen wir uns ein einfaches Beispiel an.

Listing 9.45 zeigt eine Methode, in der der Text `Thomas` in die Zwischenablage gespeichert wird. Dazu wird ein `DataPackage` erstellt und darauf die `SetText`-Methode aufgerufen. Anschließend wird die `DataPackage`-Instanz mit der statischen `SetContent`-Methode der `Clipboard`-Klasse in der Zwischenablage gespeichert.

```
void ButtonSet_Click(object sender, RoutedEventArgs e)
{
  var package = new DataPackage();
  package.SetText("Thomas");
  Clipboard.SetContent(package);
}
```

Listing 9.45 K09\19 DasClipboard\MainPage.xaml.cs

Listing 9.46 zeigt eine Methode, in der der Inhalt der Zwischenablage ausgelesen wird. Mit der statischen `GetContent`-Methode der `Clipboard`-Klasse wird die `DataPackageView`-Instanz ausgelesen. Mit deren `Contains`-Methode wird geprüft, ob sich Text in der Zwischenablage befindet. Beachten Sie, wie dazu die `StandardDataFormats`-Klasse eingesetzt wird. Befindet sich kein Text in der Zwischenablage, wird ein `MessageDialog` angezeigt. Ansonsten wird der Text mit der `GetTextAsync`-Methode ausgelesen und der `Text`-Property einer `TextBox` zugewiesen.

```
async void ButtonGet_Click(object sender, RoutedEventArgs e)
{
  DataPackageView view = Clipboard.GetContent();
  if (!view.Contains(StandardDataFormats.Text))
  {
    var dialog = new MessageDialog("Kein Text im Clipboard");
    await dialog.ShowAsync();
  }
  else
  {
    string text = await view.GetTextAsync();
    textBox.Text = text;
  }
}
```

Listing 9.46 K09\19 DasClipboard\MainPage.xaml.cs

9.5 Zusammenfassung

Routed Events blubbern im Element Tree nach oben. Die `RoutedEventArgs` besitzt die Property `OriginalSource`, in der Sie das Element finden, das das Routed Event ausgelöst hat. Spezifischere `RoutedEventArgs`, wie beispielsweise die `PointerRoutedEventArgs`, besitzen zusätzlich eine `Handled`-Property, die Sie auf `true` setzen, um das Event als behandelt zu markieren.

Die Input-Events der WinRT sind als Routed Events implementiert.

In der WinRT werden Touch-, Stift- und Maus-Eingaben unter einheitlichen Events zusammengefasst. Sie finden für diese Eingaben drei Arten von Events:

- **Gesten-Events**: Mit diesen High-Level-Events – wie `Tapped`, `DoubleTapped`, `RightTapped` und `Holding` – reagieren Sie auf einfache Touch- und Maus-Eingaben.
- **Pointer-Events**: Mit diesen Low-Level-Events, wie `PointerPressed` oder `PointerMoved`, reagieren Sie auf komplexere Interaktionen mit einem oder mehreren Fingern.
- **Manipulation-Events**: Mit diesen Low-Level-Events – wie `ManipulationStarted`, `ManipulationDelta` und `ManipulationCompleted` – reagieren Sie auf Multi-Touch-Eingaben zum Skalieren oder Rotieren von Elementen.

Für die Eingaben mit der Tastatur haben Sie die Events `KeyUp` und `KeyDown` kennengelernt. In diesem Zusammenhang waren auch die beiden Events `GotFocus` und `LostFocus` interessant.

Ein fokussiertes Element erhalten Sie über die statische Methode `GetFocusedElement` der Klasse `FocusManager`. Zudem finden Sie in der `Control`-Klasse die Property `FocusState`, die den Fokus-Zustand eines Controls mitteilt.

Für Drag-and-Drop-Funktionalität nutzen Sie auf dem Zielelement die Routed Events `DragEnter`, `DragOver`, `DragLeave` und `Drop`. Setzen Sie dazu auch die `AllowDrop`-Property auf true. Als Quellelement dient die `ListView` oder `GridView`. Setzen Sie deren `CanDragItems`-Property auf `true`, und installieren Sie zum Starten der Drag-and-Drop-Aktion einen Event Handler für das `DragItemsStarting`-Event.

Sowohl das Drag & Drop als auch das Clipboard verwenden ein `DataPackage` zum Transferieren von Daten.

Im nächsten Kapitel schauen wir uns Ressourcen genauer an. Dadurch lassen sich beispielsweise `Brush`es zentral ablegen und in XAML von unterschiedlichen Stellen referenzieren.

Kapitel 10
Ressourcen

Logische Ressourcen sind zentral abgelegte Objekte wie Brushes, die Sie in XAML referenzieren können. In diesem Kapitel lesen Sie zudem, wie Sie binäre Ressourcen (Bilder) richtig nutzen und wie Sie Ihre App mit String-Ressourcen für mehrere Sprachen lokalisieren.

Wird im Zusammenhang mit XAML von Ressourcen gesprochen, sind die hier als »logische Ressourcen« bezeichneten Ressourcen gemeint. Logische Ressourcen sind Objekte, die Sie in XAML als Ressource definieren und an verschiedenen Stellen in XAML referenzieren können. Dadurch entfällt das Kopieren von XAML-Code an verschiedene Stellen. Oft sind solche als Ressource definierte Objekte Brush-Instanzen oder die im nächsten Kapitel beschriebenen Styles. Logische Ressourcen sind ein aus WPF/Silverlight bekanntes Konzept, das wir in Abschnitt 10.1, »Logische Ressourcen«, betrachten.

In Abschnitt 10.2 lernen Sie den Umgang mit binären Ressourcen kennen. Als binäre Ressourcen werden nichtausführbare Dateien bezeichnet, wie beispielsweise Bilder oder XML-Dateien. Wie Sie binäre Ressourcen in Ihre App integrieren und laden, erfahren Sie hier. Ebenso lernen Sie, wie Sie Ihre Bilder für unterschiedliche Skalierungen optimieren. Dabei werfen wir auch einen Blick auf die verschiedenen Logos Ihrer Windows Store App.

Wie Sie Ihre Windows Store App mehrsprachig gestalten, zeige ich Ihnen im letzten Abschnitt dieses Kapitels, »10.3«. Dies ist insbesondere dann ein wichtiger Punkt, wenn Sie Ihre App über den Windows Store in verschiedenen Ländern anbieten möchten.

10.1 Logische Ressourcen

In diesem Abschnitt schauen wir uns an, wie Sie logische Ressourcen definieren und verwenden, wie die Suche nach Ressourcen genau funktioniert und wie Sie logische Ressourcen in separate Dateien auslagern. Sie erfahren zudem, was es mit der auf App-Ebene definierten Datei *StandardStyles.xaml* auf sich hat und wie Sie Ihre Ressourcen für verschiedene Themes definieren.

10.1.1 Logische Ressourcen definieren und verwenden

Die Klasse `FrameworkElement` definiert eine `Resources`-Property (Typ: `ResourceDictionary`). In dieser `Resources`-Property lassen sich Objekte unter einem bestimmten Schlüssel abspeichern. Im Element Tree tiefer liegende Elemente können diese Ressourcen dann auf einfache Weise unter der Angabe des Schlüssels referenzieren.

Listing 10.1 zeigt ein kleines Beispiel, das Sie bereits in Kapitel 1, »Einführung in Windows 8, WinRT und .NET«, kennengelernt haben. In der `Resources`-Property eines `StackPanels` wird ein `SolidColorBrush`-Objekt unter dem Schlüssel `defaultBrush` erstellt. Der `SolidColorBrush` hat die Farbe Hellblau. Im `StackPanel` befinden sich zwei `TextBox`-Objekte, die den `SolidColorBrush` für Ihre `Background`-Property referenzieren.

```xml
<StackPanel>
  <StackPanel.Resources>
    <SolidColorBrush x:Key="defaultBrush" Color="LightBlue"/>
  </StackPanel.Resources>
  <TextBox Background="{StaticResource defaultBrush}" .../>
  <TextBox Background="{StaticResource defaultBrush}" .../>
</StackPanel>
```

Listing 10.1 K01\03 Ressourcen\MainPage.xaml

Zum Referenzieren von Ressourcen wird in XAML die Markup-Extension `StaticResource` verwendet. Diese geben Sie, gefolgt vom Schlüssel der Ressource, in einem geschweiften Klammernpaar an. In Listing 10.1 wird die `StaticResource`-Markup-Extension mit dem Schlüssel `defaultBrush` in einem geschweiften Klammerpaar der `Background`-Property der beiden `TextBox`-Elemente zugewiesen. Beide `TextBox`-Elemente verwenden somit denselben `SolidColorBrush` und werden folglich hellblau dargestellt.

Anstatt des in Listing 10.1 verwendeten `SolidColorBrushs` lässt sich jede beliebige Klasse in den Ressourcen instantiieren, sofern sie einen parameterlosen, öffentlichen Konstruktor (Default-Konstruktor) besitzt. Sie haben in XAML somit zwei Möglichkeiten, auf ein Objekt zuzugreifen:

- mit einem Data Binding (beschrieben in Kapitel 7, »Daten«)
- mit der `StaticResource`-Markup-Extension, mit der Sie als logische Ressourcen definierte Objekte referenzieren können

---

Hinweis

Eine logische Ressource lässt sich auch in einem Data Binding verwenden. Dazu setzen Sie die `Source`-Property des `Bindings` mit der `StaticResource`-Markup-Extension. Mehr dazu lesen Sie in Kapitel 7, »Daten«, beim Binden an logische Ressourcen.

Anstatt den XAML-Code zum Referenzieren einer Ressource von Hand zu tippen, können Sie dies auch über das EIGENSCHAFTEN-Fenster von Visual Studio generieren. Selektieren Sie dazu in XAML oder im Designer das Zielelement, auf dem Sie eine Property mit einer Ressource setzen möchten. Klicken Sie im EIGENSCHAFTEN-Fenster auf das kleine Quadrat hinter der Property. Es öffnet sich das in Abbildung 10.1 dargestellte Menü. Neben zahlreichen Funktionen enthält es den Menüpunkt LOKALE RESSOURCE. Dieser Menüpunkt zeigt für eine selektierte TextBox aus Listing 10.1 den als Ressource definierten defaultBrush an.

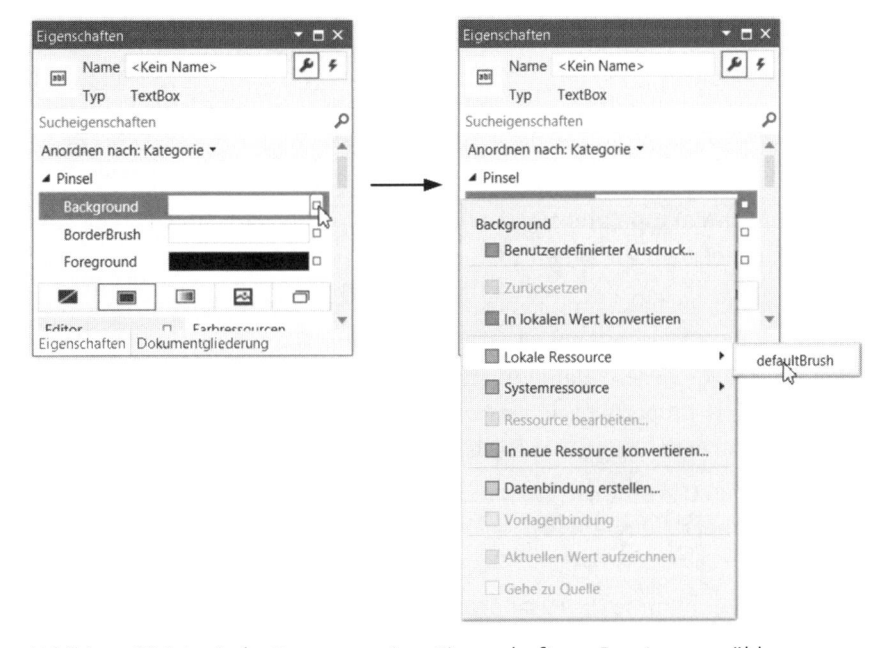

Abbildung 10.1 Logische Ressourcen im »Eigenschaften«-Fenster auswählen

Anstelle des x:Key-Attributs können Sie auf einer Ressource auch das x:Name-Attribut setzen. Die Ressource lässt sich dann nach wie vor mit der StaticResource-Markup-Extension referenzieren. Zudem wird beim Verwenden des x:Name-Attributs eine Instanzvariable erstellt, mit der Sie aus der Codebehind-Datei auf das Ressourcenobjekt zugreifen können.

> **Hinweis**
>
> Das x:Name-Attribut können Sie beispielsweise einsetzen, wenn Sie in den Ressourcen für Ihre Collection ein CollectionViewSource-Objekt erstellen. Durch das x:Name-Attribut können Sie in der Codebehind-Datei auf das CollectionViewSource-Objekt zugreifen und so durch die Collection navigieren. Mehr dazu lesen Sie in Abschnitt 7.3.5, »CollectionViews«.

> Das `x:Name`-Attribut kommt auch zum Einsatz, wenn Sie in Blend eine Animation erstellen. Die erstellte Animation wird von Blend als Ressource mit dem `x:Name`-Attribut in Ihre Anwendung eingefügt. In der Codebehind-Datei lässt sich die Animation dann direkt über eine Variable verwenden. Wie Sie Animationen in Blend erstellen, lesen Sie in Kapitel 21, »Animationen«.

10.1.2 Die Suche nach Ressourcen

Die `Resources`-Property vom Typ `ResourceDictionary` wird in der WinRT von zwei Klassen definiert:

- `FrameworkElement`
- `Application`

Die `StaticResource`-Markup-Extension sucht Ressourcen aufwärts im Element Tree. Die Suche läuft dabei auf drei Ebenen ab:

- **Element Tree:** Die Suche beginnt in der `Resources`-Property des Elements, auf dem die `StaticResource`-Markup-Extension verwendet wurde. Die Suche läuft aufwärts im Element Tree. Auf jedem Element, das auf dem Pfad zum Wurzelelement liegt, wird die `Resources`-Property nach dem entsprechenden Schlüssel durchsucht. Der durchsuchte Pfad wird übrigens auch als *Ressourcenpfad* bezeichnet.
- **Application-Objekt:** Wurde die Ressource im Element Tree nicht gefunden, wird die `Resources`-Property des `Application`-Objekts nach dem entsprechenden Schlüssel durchsucht.
- **Systemressourcen:** Wurde die Ressource im `Application`-Objekt nicht gefunden, wird in den Systemressourcen nachgeschaut. Zu den Systemressourcen zählen die Default-Styles von Controls sowie die Theme-Ressourcen der WinRT. Wird der mit `StaticResource` angegebene Schlüssel auch in den Theme-Ressourcen nicht gefunden, erhalten Sie eine Exception. Mehr zu den Theme-Ressourcen in Abschnitt 10.1.5.

Abbildung 10.2 verdeutlicht den Suchpfad der Ressourcen. Jedes Element im Element Tree hat eine `Resources`-Property. Es wird aufwärts im Element Tree gesucht. Wurde die Ressource nicht gefunden, wird in der `Resources`-Property des `Application`-Objekts gesucht. Wird auf der `TextBox` eine Ressource mit `StaticResource` referenziert, beginnt die Suche in der `Resources`-Property der `TextBox`, geht zum `Grid`, zur `MainPage` und schließlich zum `Application`-Objekt. Ist auch dort die Ressource nicht vorhanden, wird in den Systemressourcen gesucht.

In der `Resources`-Property der `Application`-Objekts (*App.xaml*-Datei) erstellen Sie Ressourcen, die Sie in der gesamten Anwendung in mehreren `Pages` benötigen. War die Suche nach einer Ressource im Element Tree nicht erfolgreich, wird die `Resources`-Property des `Application`-Objekts durchsucht.

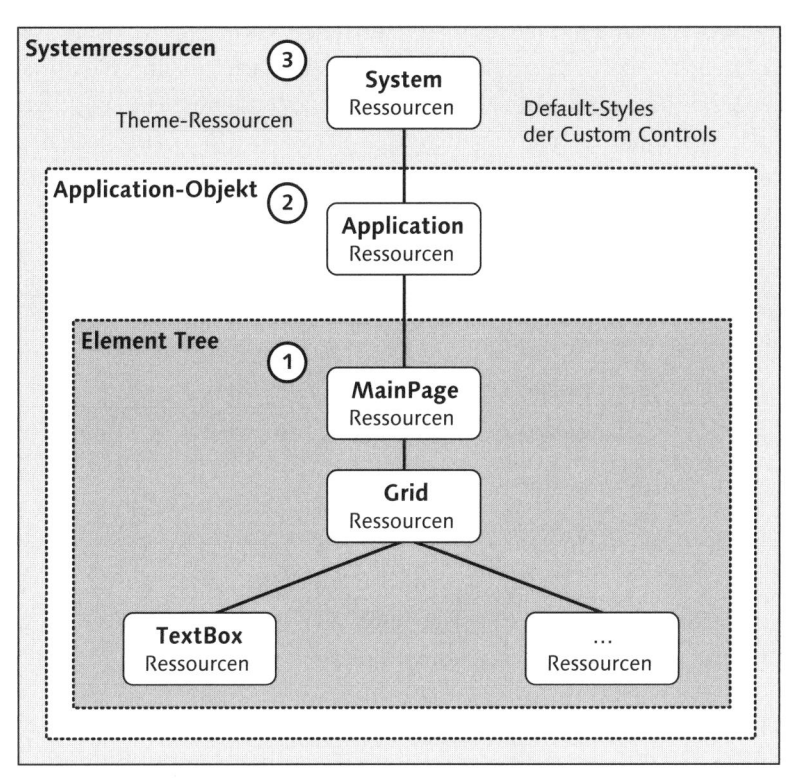

Abbildung 10.2 Die Suche nach logischen Ressourcen

> **Tipp**
>
> In der Praxis ist es üblich, Ressourcen mit demselben Schlüssel auf unterschiedlichen Ebenen zu definieren. Beispielsweise erstellen Sie in den Application-Ressourcen eine Ressource defaultBackgroundBrush, die von den Elementen in Ihrer Anwendung via StaticResource-Markup-Extension referenziert wird. In einer spezifischen Page können Sie ebenfalls eine Ressource mit demselben Schlüssel definieren, damit die Elemente von genau dieser Page eben eine andere Hintergrundfarbe erhalten.

10.1.3 Ressourcen in separate Dateien auslagern

Zur besseren Strukturierung Ihrer Anwendung lassen sich Ressourcen auch in separate XAML-Dateien auslagern. Eine solche separate XAML-Datei hat als Wurzelelement ein ResourceDictionary.

Die Klasse ResourceDictionary besitzt zum Auslagern von Ressourcen die Source-Property (Typ: System.Uri). Damit lässt sich ein ResourceDictionary aus einer separaten XAML-Datei in eine ResourceDictionary-Instanz laden.

Um eine separate XAML-Datei mit Ressourcen zu erstellen, klicken Sie in Visual Studio im Projektmappen-Explorer mit der rechten Maustaste auf Ihr Windows-Store-App-Projekt. Aus dem Kontextmenü wählen Sie den Menüpunkt Hinzufügen • Neues Element... Im dadurch geöffneten Neues Element Hinzufügen-Dialog wählen Sie wie in Abbildung 10.3 dargestellt links den Punkt Windows Store aus. Selektieren Sie dann das Ressourcenwörterbuch, und vergeben Sie einen Namen für Ihre Datei.

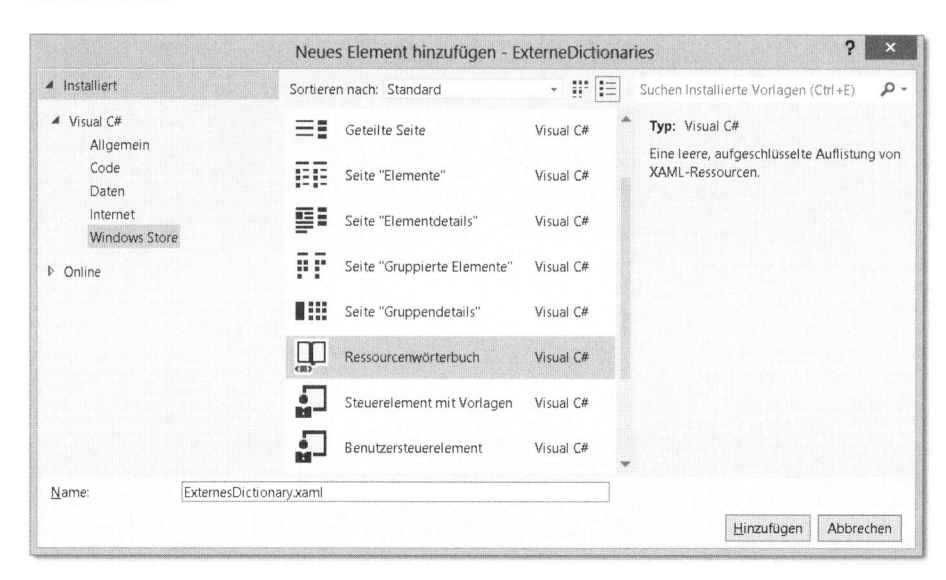

Abbildung 10.3 Ein neues »Ressourcenwörterbuch« wird hinzugefügt.

Im Dialog aus Abbildung 10.3 wurde der Name *ExternesDictionary.xaml* angegeben. Nach einem Klick auf den Hinzufügen-Button wird die Datei zum Projekt hinzugefügt. Abbildung 10.4 zeigt den Projektmappen-Explorer.

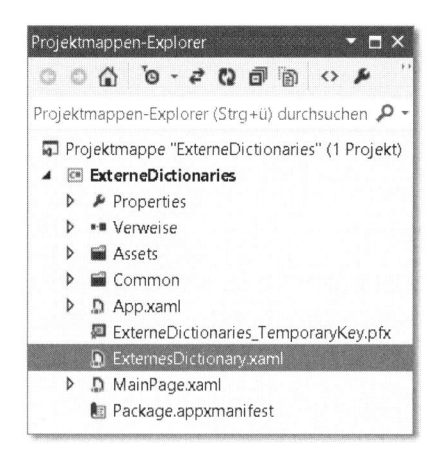

Abbildung 10.4 Die Datei »ExternesDictionary.xaml« befindet sich im Projekt.

Die Datei *ExternesDictionary.xaml* hat als Wurzelelement ein `ResourceDictionary`. Nach dem Hinzufügen befinden sich darin noch keine Kindelemente. Im Falle des in Abbildung 10.4 dargestellten Projekts wurde ein `LinearGradientBrush` unter dem Schlüssel `backgroundBrush` hinzugefügt:

```
<ResourceDictionary
xmlns="http://schemas.microsoft.com/winfx/2006/xaml/presentation"
xmlns:x="http://schemas.microsoft.com/winfx/2006/xaml"
xmlns:local="using:ExterneDictionaries">
  <LinearGradientBrush x:Key="backgroundBrush" EndPoint="0 1">
    <GradientStop Color="DarkGray" Offset="0"/>
    <GradientStop Color="Gray" Offset="0.5"/>
    <GradientStop Color="Black" Offset="0.5"/>
  </LinearGradientBrush>
</ResourceDictionary>
```

Listing 10.2 K10\02 ExterneDictionaries\ExternesDictionary.xaml

In XAML lässt sich die *ExternesDictionary.xaml*-Datei einfach mit dem Dateinamen referenzieren, wie Listing 10.3 zeigt. In der `Resources`-Property der `Page` wird ein `ResourceDictionary` erzeugt, dessen `Source`-Property auf den Pfad des externen `ResourceDictionary` gesetzt wird. Elemente in dieser `Page`, wie eben die in Listing 10.3 definierte `TextBox`, können somit die Ressource `backgroundBrush` verwenden.

```
<Page ...>
  <Page.Resources>
    <ResourceDictionary Source="ExternesDictionary.xaml"/>
  </Page.Resources>
  <Grid Background="White">
    <TextBox Background="{StaticResource backgroundBrush}" .../>
  </Grid>
</Page>
```

Listing 10.3 K10\02 ExterneDictionaries\MainPage.xaml

Neben der `Source`-Property besitzt die Klasse `ResourceDictionary` eine Property namens `MergedDictionaries` vom Typ `IList<ResourceDictionary>`. Zur Merged-Dictionaries-Property lassen sich mehrere `ResourceDictionary`-Instanzen hinzufügen, die üblicherweise auch aus separaten Dateien geladen werden. Die Inhalte der `ResourceDictionary`-Instanzen werden dann zu einem einzigen `ResourceDictionary` zusammengeführt – daher der Name »Merged« Dictionaries.

Das in Abbildung 10.5 dargestellte Projekt »MergedDictionaries« enthält im Ordner *Resources* zwei XAML-Dateien mit `ResourceDictionary`-Deklarationen.

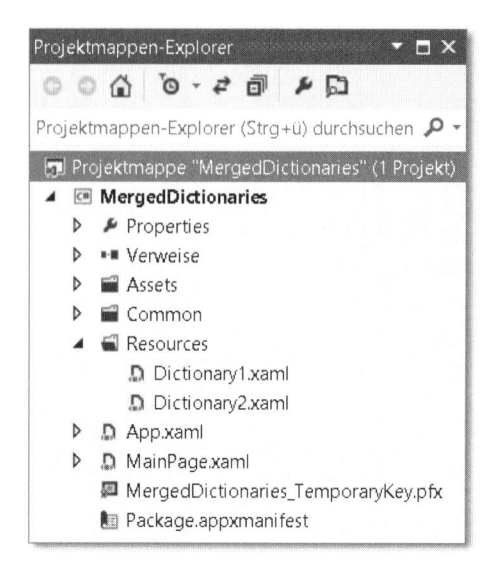

Abbildung 10.5 Das Projekt »MergedDictionaries« enthält im Ordner »Resources« zwei »ResourceDictionaries«.

Die *Dictionary1.xaml*-Datei enthält ein `ResourceDictionary` mit einem `SolidColorBrush`, der unter dem Schlüssel `foregroundBrush` gespeichert ist:

```
<ResourceDictionary ...>
  <SolidColorBrush x:Key="foregroundBrush" Color="White"/>
</ResourceDictionary>
```

Listing 10.4 K10\03 MergedDictionaries\Resources\Dictionary1.xaml

In der *Dictionary2.xaml*-Datei ist ebenfalls ein `SolidColorBrush` definiert, der hier unter dem Schlüssel `backgroundBrush` gespeichert ist:

```
<ResourceDictionary ...>
  <SolidColorBrush x:Key="backgroundBrush" Color="Red"/>
</ResourceDictionary>
```

Listing 10.5 K10\03 MergedDictionaries\Resources\Dictionary2.xaml

In der *MainPage.xaml*-Datei wird in den Ressourcen ein `ResourceDictionary` erstellt. Mit der `MergedDictionaries`-Property werden die beiden Dateien *Dictionary1.xaml* und *Dictionary2.xaml* zu diesem einen `ResourceDictionary` zusammengeführt, wie Listing 10.6 zeigt. Die `Page` enthält eine `TextBox`, die für die Properties `Foreground` und `Background` die Ressourcen aus den beiden zusammengeführten `ResourceDictionary`s verwendet.

```xml
<Page ...>
  <Page.Resources>
    <ResourceDictionary>
      <ResourceDictionary.MergedDictionaries>
        <ResourceDictionary Source="Resources/Dictionary1.xaml"/>
        <ResourceDictionary Source="Resources/Dictionary2.xaml"/>
      </ResourceDictionary.MergedDictionaries>
    </ResourceDictionary>
  </Page.Resources>
  <StackPanel Background="Black">
    <TextBox Foreground="{StaticResource foregroundBrush}"
      Background="{StaticResource backgroundBrush}" .../>
  </StackPanel>
</Page>
```

Listing 10.6 K10\03 MergedDictionaries\MainPage.xaml

Hinweis

Es kann vorkommen, dass die zur MergedDictionaries-Property hinzugefügten ResourceDictionary-Instanzen Ressourcen mit demselben Schlüssel definieren. Sie erhalten in einem solchen Fall keine Exception. Stattdessen gewinnt immer die Ressource aus jener ResourceDictionary-Instanz, die in der Reihenfolge weiter hinten zur MergedDictionaries-Property hinzugefügt wurde. In Listing 10.6 ist dies das ResourceDictionary mit der Datei *Dictionary2.xaml*.

10.1.4 Die Ressourcen auf App-Ebene

Werfen Sie einen Blick in die *App.xaml*-Datei eines neu erstellten Windows-Store-App-Projekts. Darin wird der Resources-Property bereits ein ResourceDictionary zugewiesen:

```xml
<Application ...>
  <Application.Resources>
    <ResourceDictionary>
      <ResourceDictionary.MergedDictionaries>
        <ResourceDictionary Source="Common/StandardStyles.xaml"/>
      </ResourceDictionary.MergedDictionaries>
    </ResourceDictionary>
  </Application.Resources>
</Application>
```

Listing 10.7 Die »App.xaml«-Datei

Das in Listing 10.7 in der *App.xaml*-Datei angegebene `ResourceDictionary` enthält in der `MergedDictionaries`-Property wiederum ein `ResourceDictionary`, das aus der Datei *StandardStyles.xaml* im *Common*-Ordner geladen wird. Die Datei *StandardStyles.xaml* ist nichts anderes als ein im vorigen Abschnitt gezeigtes externes `ResourceDictionary`-Objekt, das in eine separate Datei ausgelagert ist. Somit finden Sie in der Datei *StandardStyles.xaml* als Wurzelelement ebenfalls ein `ResourceDictionary`. Darin enthalten sind diverse Styles, unter anderem für die Titel einer Seite und für zahlreiche App Bar-Buttons:

```
<ResourceDictionary ...>
  ...
  <Style x:Key="PageHeaderTextStyle" ...> ... </Style>
  <Style x:Key="PageSubheaderTextStyle" ...> ... </Style>
  ...
</ResourceDictionary>
```

Listing 10.8 Die Datei »Common/StandardStyles.xaml«

> **Hinweis**
>
> Mehr zur *StandardStyles.xaml*-Datei lesen Sie in Kapitel 11, »Styles und Templates«.

Um in Ihrem Projekt Ihre eigenen anwendungsweiten Ressourcen in der *App.xaml*-Datei unterzubringen, fügen Sie einfach weitere `ResourceDictionary`-Instanzen zur `MergedDictionaries`-Property dazu. Bedenken Sie, dass Sie für Ihre eigenen `ResourceDictionary`-Instanzen nicht zwingend eine separate *.xaml*-Datei erstellen müssen. Sie können die Ressourcenobjekte auch direkt darin definieren, wie folgender Codeausschnitt anhand der Ressourcen `foregroundBrush` und `backgroundBrush` zeigt:

```
<Application.Resources>
  <ResourceDictionary>
    <ResourceDictionary.MergedDictionaries>
      <ResourceDictionary>
        <SolidColorBrush x:Key="foregroundBrush" Color="White"/>
        <SolidColorBrush x:Key="backgroundBrush" Color="Red"/>
      </ResourceDictionary>
      <ResourceDictionary Source="Common/StandardStyles.xaml"/>
    </ResourceDictionary.MergedDictionaries>
  </ResourceDictionary>
</Application.Resources>
```

Listing 10.9 K10\04 AppRessourcen\App.xaml

10.1.5 Theme-Ressourcen

Wenn Sie ein neues Projekt erstellen, lädt das in der *MainPage.xaml*-Datei definierte `Grid` für die eigene `Background`-Property eine Ressource namens `ApplicationPageBackgroundThemeBrush`:

```
<Page ...>
  <Grid Background="{StaticResource
    ApplicationPageBackgroundThemeBrush}">
  </Grid>
</Page>
```

Listing 10.10 Das Grid der »MainPage.xaml«-Datei

Hinweis

Auch bei der `LayoutAwarePage` nutzt das Wurzel-`Grid` den `ApplicationPageBackgroundThemeBrush`. Dies ist allerdings nicht auf den ersten Blick ersichtlich, denn das `Grid` referenziert lediglich für die eigene `Style`-Property eine Ressource namens `LayoutRootStyle`:

`<Grid Style="{StaticResource LayoutRootStyle}">...</Grid>`

Die Ressource `LayoutRootStyle` ist in der *StandardStyles.xaml*-Datei (im *Common*-Ordner Ihres Projekts) enthalten, die wie bereits gezeigt in der Datei *App.xaml* in die `Application`-Ressourcen geladen wird.

Folgender Codeausschnitt zeigt die Ressource `LayoutRootStyle` aus der *StandardStyles.xaml*-Datei. Wie Sie sehen, setzt der `Style` die `Background`-Property des `Panels` auf die Ressource `ApplicationPageBackgroundThemeBrush`:

```
<Style x:Key="LayoutRootStyle" TargetType="Panel">
  <Setter Property="Background" Value="{StaticResource
    ApplicationPageBackgroundThemeBrush}"/>
  ...
</Style>
```

Wenn Sie Ihr Projekt nach der Ressource `ApplicationPageBackgroundThemeBrush` absuchen, werden Sie diese Ressource weder im Element Tree noch in den `Application`-Ressourcen finden. Diese Ressource ist eine Systemressource der WinRT. Selektieren Sie das `Grid` in XAML oder im Designer, und klicken Sie wie in Abbildung 10.6 im Eigenschaften-Fenster auf das kleine Quadrat hinter der `Background`-Property. Es öffnet sich das in Abbildung 10.6 dargestellte Menü, das den Menüpunkt System-ressourcen enthält. Dieser Menüpunkt ermöglicht eine Auswahl aus den Systemressourcen. Er zeigt in Abbildung 10.6 zudem an, dass die `Background`-Property die Systemressource `ApplicationPageBackgroundThemeBrush` verwendet.

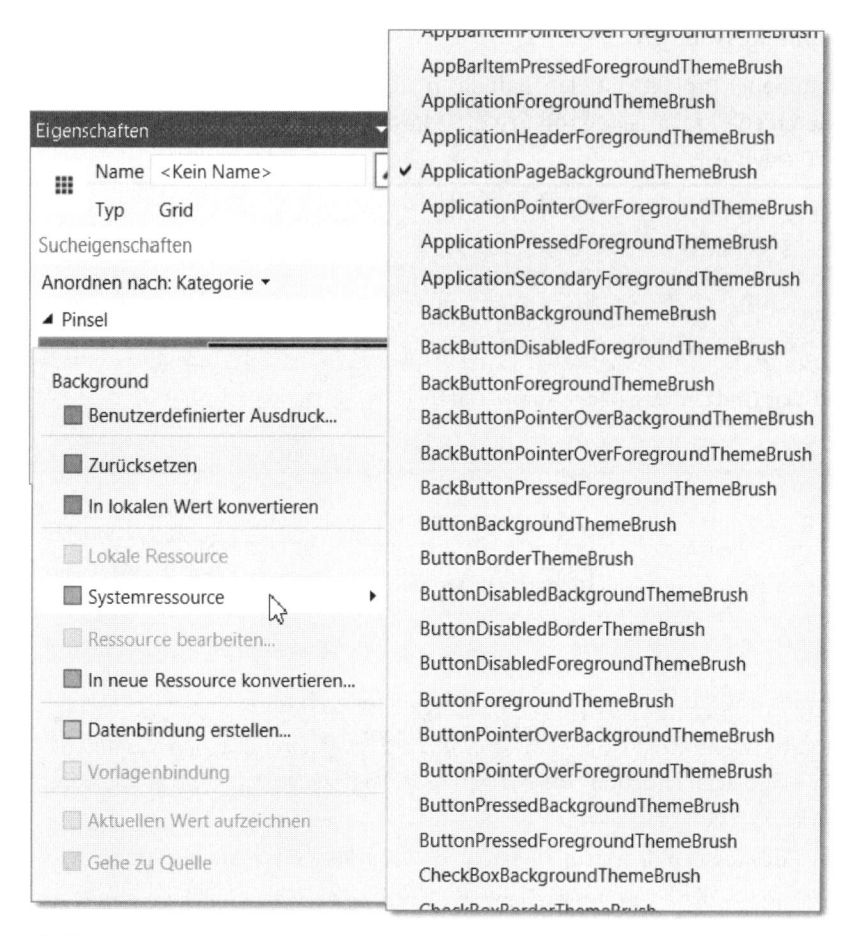

Abbildung 10.6 Systemressourcen lassen sich über das »Eigenschaften«-Fenster auswählen.

Die Systemressourcen geben je nach dem Theme Ihrer App unterschiedliche Werte zurück. Die WinRT unterstützt zwei Standard-Themes. Welches Ihre App nutzt, stellen Sie auf Ihrem `Application`-Objekt (*App.xaml*-Datei) mit der `RequestedTheme`-Property ein. Diese ist vom Typ der Aufzählung `ApplicationTheme`, die folgende zwei Werte enthält:

- `Dark` (Default): Ihre App wird mit dunklem Hintergrund und heller Schrift angezeigt.
- `Light`: Ihre App wird mit hellem Hintergrund und dunkler Schrift angezeigt.

Listing 10.11 zeigt, wie Sie die Property in der *App.xaml*-Datei nutzen:

```
<Application RequestedTheme="Dark">...</Application>
```

Listing 10.11 In der »App.xaml«-Datei stellen Sie das Theme ein.

Damit Sie Ihre Anwendung nicht jedes Mal starten müssen, um die Unterschiede zwischen den Themes Dark und Light zu betrachten, können Sie bereits im Designer von Visual Studio das gewünschte Theme betrachten. Öffnen Sie dazu das GERÄT-Fenster über das Hauptmenü ENTWURF • GERÄTEFENSTER.

> **Hinweis**
> Der Menüpunkt ENTWURF ist nur sichtbar, wenn Sie auch den Designer geöffnet haben.

Abbildung 10.7 zeigt links das GERÄT-Fenster und rechts den Designer mit einer geöffneten Page. Im GERÄT-Fenster wählen Sie aus der Combobox DESIGN das gewünschte Theme aus. Abbildung 10.7 zeigt die Möglichkeiten. Per Default ist STANDARD ausgewählt, womit das Theme aus der RequestedTheme-Property des Application-Objekts zum Einsatz kommt. Wählen Sie DUNKEL oder HELL für die Themes Dark und Light aus. Wie Sie in Abbildung 10.7 sehen, gibt es noch weitere Designmöglichkeiten mit hohem Kontrast. Der Benutzer kann in den PC-EINSTELLUNGEN von Windows 8 unter dem Punkt ERLEICHTERTE BEDIENUNG festlegen, dass Windows 8 und die Apps mit hohem Kontrast dargestellt werden, womit diese Designs zum Einsatz kommen.

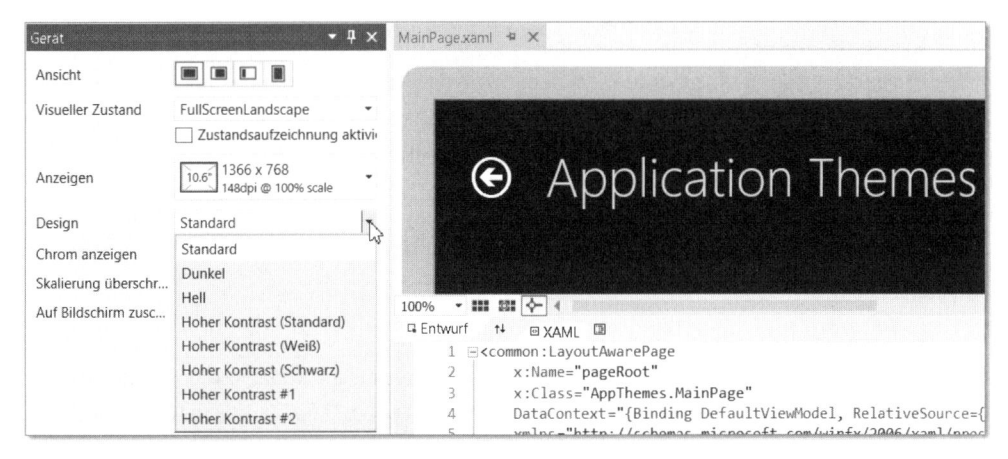

Abbildung 10.7 Mit dem »Gerät«-Fenster legen Sie das Design/Theme fest.

Betrachten Sie die Page im Designer von Abbildung 10.7, sehen Sie, dass der Hintergrund dunkel und die Schrift hell ist. Dies ist das Dark-Theme. In Abbildung 10.8 wurde im GERÄT-Fenster das Design auf den Wert HELL gestellt, womit die Page mit hellem Hintergrund und dunkler Schrift dargestellt wird, was dem Light-Theme entspricht.

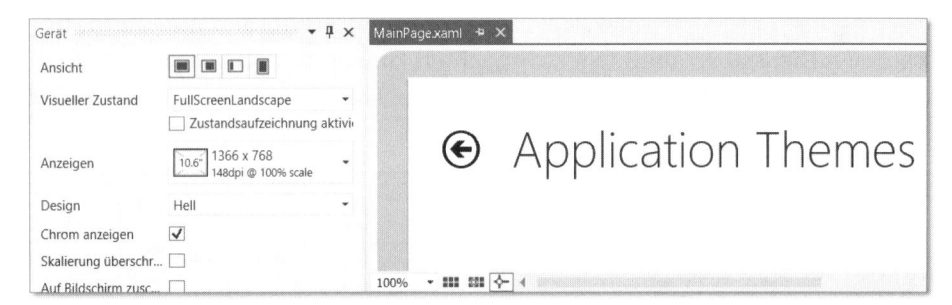

Abbildung 10.8 Das Design wurde auf »Hell« gestellt.

> **Tipp**
> Falls sich die im Designer angezeigte Oberfläche nach einer Änderung des Designs im GERÄT-Fenster nicht aktualisieren sollte, hilft es, wenn Sie die Scrollbars des Designers leicht bewegen.

Sicherlich fragen Sie sich, wie eine mit der StaticResource-Markup-Extension referenzierte Ressource, wie die am Anfang dieses Abschnitts gezeigte Ressource ApplicationPageBackgroundThemeBrush, abhängig vom Theme unterschiedliche Werte zurückgeben kann. Dies erfolgt über eine weitere Property der ResourceDictionary-Klasse, die ThemeDictionaries-Property (Typ: IDictionary<object,object>). Zu dieser Property wird je Theme eine ResourceDictionary-Instanz hinzugefügt. Jede ResourceDictionary-Instanz enthält dann dieselben Schlüssel. Im Beispiel der Systemressourcen enthält beispielsweise jede themespezifische ResourceDictionary-Instanz eine Ressource namens ApplicationPageBackgroundThemeBrush. Schauen wir uns dies an.

Die in Abb. 10.6 ersichtlichen Systemressourcen sind in der Datei *themeresources.xaml* definiert, die sich in folgendem Ordner befindet:

C:\Program Files (x86)\Windows Kits\8.0\Include\WinRT\Xaml\Design

Die *themeresources.xaml*-Datei enthält ein ResourceDictionary, das wiederum für jedes Theme in der ThemeDictionaries-Property ein ResourceDictionary enthält. Listing 10.12 zeigt einen Ausschnitt der *themeresources.xaml*-Datei. In der ThemeDictionaries-Property sind drei ResourceDictionary-Instanzen mit den Schlüsseln Default (entspricht dem Dark-Theme), HighContrast und Light definiert. Beachten Sie, dass jede dieser ResourceDictionary-Instanzen die Ressource ApplicationPageBackgroundThemeBrush definiert. Für die Color-Property des unter diesem Schlüssel gespeicherten SolidColorBrushs sind pro Theme jedoch unterschiedliche Werte festgelegt. Abhängig vom aktiven Theme lädt die WinRT die entsprechende Ressource.

```xml
<ResourceDictionary ...>
  <ResourceDictionary.ThemeDictionaries>
    <ResourceDictionary x:Key="Default">...
      <SolidColorBrush
        x:Key="ApplicationPageBackgroundThemeBrush"
        Color="#FF1D1D1D" /> ...
    </ResourceDictionary>
    <ResourceDictionary x:Key="HighContrast"> ...
      <SolidColorBrush
        x:Key="ApplicationPageBackgroundThemeBrush"
        Color="{StaticResource SystemColorWindowColor}" /> ...
    </ResourceDictionary>
    <ResourceDictionary x:Key="Light"> ...
      <SolidColorBrush
        x:Key="ApplicationPageBackgroundThemeBrush"
        Color="#FFFFFFFF" /> ...
    </ResourceDictionary>
  </ResourceDictionary.ThemeDictionaries>
</ResourceDictionary>
```

Listing 10.12 C:\Program Files (x86)\Windows Kits\8.0\Include\WinRT\Xaml\Design\themeresources.xaml

Die `ThemeDictionaries`-Property steht nicht nur den Systemressourcen zur Verfügung. Auch in Ihrem eigenen `ResourceDictionary` können Sie die `ThemeDictionaries`-Property nutzen, um von der Theme-Funktionalität der WinRT Gebrauch zu machen. Listing 10.13 zeigt ein kleines Beispiel. In der `Resources`-Property der `Page` wird ein `ResourceDictionary` erstellt, dessen `ThemeDictionaries`-Property wiederum drei `ResourceDictionary`s enthält. Als Schlüssel werden für die drei `ResourceDictionary`s die vorgegebenen Theme-Namen `Default` (entspricht dem `Dark`-Theme), `Light` und `HighContrast` verwendet. Jedes `ResourceDictionary` enthält die beiden Ressourcen `foreground` und `background`, die von der in der `Page` enthaltenen `TextBox` via `StaticResource` referenziert werden. Je nachdem, welches Theme aktiv ist, lädt die WinRT die entsprechenden Ressourcen.

```xml
<Page ...>
  <Page.Resources>
    <ResourceDictionary>
      <ResourceDictionary.ThemeDictionaries>
        <ResourceDictionary x:Key="Default">
          <SolidColorBrush x:Key="foreground" Color="White"/>
          <SolidColorBrush x:Key="background" Color="DarkRed"/>
        </ResourceDictionary>
        <ResourceDictionary x:Key="Light">
```

```xml
        <SolidColorBrush x:Key="foreground" Color="Black"/>
        <SolidColorBrush x:Key="background" Color="White" />
      </ResourceDictionary>
      <ResourceDictionary x:Key="HighContrast">
        <SolidColorBrush x:Key="foreground" Color="Red" />
        <SolidColorBrush x:Key="background" Color="White" />
      </ResourceDictionary>
    </ResourceDictionary.ThemeDictionaries>
  </ResourceDictionary>
 </Page.Resources>
 <StackPanel ...>
   <TextBox Foreground="{StaticResource foreground}"
     Background="{StaticResource background}" .../>
 </StackPanel>
</Page>
```

Listing 10.13 K10\06 ThemeRessourcen\MainPage.xaml

10.1.6 Custom Resources

Neben den bisher gezeigten Ressourcen, die sich mit der `StaticResource`-Markup-Extension referenzieren lassen, gibt es sogenannte Custom Resources. Dies sind Ihre speziellen Ressourcen, die Sie mit der `CustomResource`-Markup-Extension referenzieren.

Custom Resources werden nicht in der `Resources`-Property von Elementen oder des `Application`-Objekts abgelegt. Stattdessen erstellen Sie eine Subklasse von `CustomXamlResourceLoader` (Namespace: `Windows.UI.Xaml.Resources`) und überschreiben die `GetResource`-Methode. Sie erhalten als Parameter unter anderem den mit der `CustomResource`-Markup-Extension gesetzten Schlüssel, den Sie zum Ermitteln Ihrer speziellen Ressource einsetzen können:

```csharp
public class MyCustomResourceLoader : CustomXamlResourceLoader
{
  protected override object GetResource(string resourceId, ...)
  {
    if (resourceId == "foregroundBrush")
    {
      return new SolidColorBrush(Colors.White);
    }
    ...
  }
}
```

Listing 10.14 K10\07 CustomRessourcen\MyCustomResourceLoader.cs

Damit die `MyCustomResourceLoader`-Klasse zur Laufzeit bekannt ist, wird vor dem Anzeigen der `MainPage` in der *App.xaml*-Datei eine Instanz der statischen Property Current der `CustomXamlResourceLoader`-Klasse zugewiesen:

```
CustomXamlResourceLoader.Current = new MyCustomResourceLoader();
```

Listing 10.15 K10\07 CustomRessourcen\App.xaml

Jetzt lässt sich in XAML die `CustomResource`-Markup-Extension verwenden, womit die `GetResource`-Methode der `MyCustomResourceLoader`-Klasse aufgerufen und die entsprechende Ressource geladen wird:

```
<TextBox Foreground="{CustomResource foregroundBrush}" .../>
```

Listing 10.16 K10\07 CustomRessourcen\MainPage.xaml

10.1.7 Logische Ressourcen in FriendStorage

Auch FriendStorage verwendet zahlreiche logische Ressourcen. Typische logische Ressourcen sind Styles und Converter. Folgender Ausschnitt zeigt einen in den `Application`-Ressourcen definierten Converter:

```
<Application.Resources>
  <ResourceDictionary>
    <ResourceDictionary.MergedDictionaries>
      <ResourceDictionary>
        <common:BooleanToVisibilityConverter
          x:Key="boolToVisibilityConverter"/>
        ...
      </ResourceDictionary>
      ...
    </ResourceDictionary.MergedDictionaries>
  </ResourceDictionary>
</Application.Resources>
```

Listing 10.17 FriendStorage\App.xaml

Unter anderem wird der Converter in der `OverviewPage` von einem `Image`-Element verwendet:

```
<Image Source="{Binding ImageSource}" ...Visibility="{Binding HasImage,
Converter={StaticResource boolToVisibilityConverter}}"/>
```

Listing 10.18 FriendStorage\View\OverviewPage.xaml

Da der Converter in den `Application`-Ressourcen definiert ist, lässt er sich natürlich auch in anderen Pages nutzen.

10.2 Binäre Ressourcen

Als binäre Ressourcen werden nicht ausführbare Dateien bezeichnet. Prinzipiell gibt es zwei Arten binärer Ressourcen:

- **Dateiressourcen:** Dies sind Bilder, XML-Dateien und sonstige Dateien.
- **Eingebettete Ressourcen:** Dies sind Ressourcen, die in einer Containerdatei eingebettet sind. Bei der WinRT werden Strings zum Lokalisieren Ihrer App in *.resw*-Dateien eingebettet.

Wie Sie Ihre App mit String-Ressourcen lokalisieren, lesen Sie in Abschnitt 10.3. In diesem Abschnitt betrachten wir die Dateiressourcen. Dabei lernen Sie, wie Sie auf Bilder zugreifen, wie Sie Ihre Bilder für verschiedene Skalierungen optimieren und wie Sie die Logos Ihrer Windows Store App festlegen und anpassen.

10.2.1 Binäre Ressourcen hinzufügen und laden

Sie können aus Ihrer App auf binäre Ressourcen aus dem Web, dem App-Package oder dem App-Zustand zugreifen. Diese Varianten schauen wir uns hier anhand von Bild-Dateien an.

> **Hinweis**
> Mit der entsprechenden Funktion im *Package.appxmanifest* können Sie natürlich auch direkt auf Dateien zugreifen, die beispielsweise im *Bilder*-Ordner des Benutzers liegen. Mehr dazu in Kapitel 13, »Dateien, Streams und Serialisierung«.

Um auf ein Bild im Web zuzugreifen, können Sie der Source-Property des Image-Elements direkt einen URI zuweisen:

```
<Image Source="http://www.thomasclaudiushuber.com/thomas.png"/>
```

> **Hinweis**
> Um eine Ressource vom Web zu laden – wie das Bild in oberer Codezeile –, muss im *Package.appxmanifest* die Funktion *Internet (Client)* selektiert sein. Diese Funktion ist in neuen Projekten standardmäßig selektiert.

Anstatt Bilder aus dem Web zu laden, können Sie sie auch in Ihre App integrieren. Klicken Sie dazu einfach mit der rechten Maustaste im Projektmappen-Explorer auf Ihr Projekt oder auf einen Ordner Ihres Projekts. Wählen Sie aus dem Kontextmenü den Menüpunkt Hinzufügen • Vorhandenes Element... aus, und selektieren Sie ein Bild. In Abbildung 10.9 wurde das Bild *thomas.jpg* zum Ordner *Images* hinzugefügt. Im EIGENSCHAFTEN-Fenster sehen Sie den BUILDVORGANG, der den Wert INHALT hat. Dadurch wird das Bild beim Kompilieren in das App-Package eingefügt.

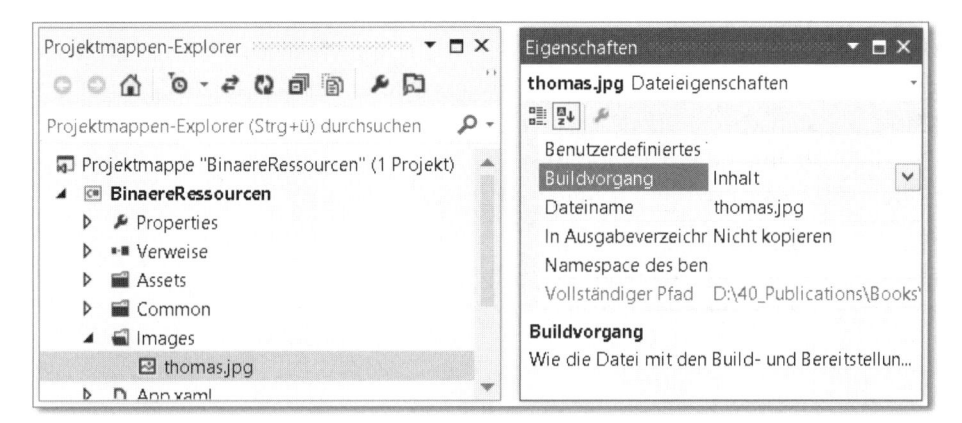

Abbildung 10.9 Bilder packen Sie mit dem Buildvorgang »Inhalt« in die App.

Um die in Abbildung 10.9 eingefügte Datei *thomas.jpg* aus dem XAML-Code in der *MainPage.xaml*-Datei zu referenzieren, können Sie wie folgt einen relativen Pfad angeben:

```
<Image Source="Images/thomas.jpg"/>
```

Listing 10.19 K10\08 BinaereRessourcen\MainPage.xaml

> **Hinweis**
>
> Bedenken Sie, dass der in Listing 10.19 genutzte Pfad relativ zu dem Dokument ist, in dem der XAML-Code steht. In diesem Fall ist der Pfad relativ zur *MainPage.xaml*-Datei.

Um auf Dateien relativ zum App-Package selbst zuzugreifen, geben Sie mit einem / die Wurzel des App-Packages an. Das Bild aus Abbildung 10.9 lässt sich somit auch relativ zum App-Package wie folgt laden:

```
<Image Source="/Images/thomas.jpg"/>
```

Der obere Pfad mit dem / ist eine von der WinRT unterstützte Abkürzung, die Ihnen etwas kürzeren XAML-Code erlaubt. Doch Sie können natürlich auch die ausführliche Variante des Pfades angeben. Diese nutzt das WinRT-eigene URI-Schema *ms-appx*, das speziell entworfen wurde, um auf Dateien im App-Package zuzugreifen. Folgende Zeile lädt das Bild aus Abbildung 10.9 mit dem *ms-appx*-Schema der WinRT. Beachten

Sie, dass mit *ms-appx://* der URI gestartet wird und anschließend mit */Images/ thomas.jpg* der Pfad von der Wurzel des App-Packages folgt:

```
<Image Source="ms-appx:///Images/thomas.jpg"/>
```

Um in C# Bilder oder sonstige Dateien aus Ihrem App-Package zu laden, nutzen Sie genau den oberen URI mit dem Schema *ms-appx*. Rufen Sie dazu auf der StorageFile-Klasse die statische Methode GetFileFromApplicationUriAsync mit dem entsprechenden URI auf. Sie erhalten eine StorageFile-Instanz, mit der Sie auf die Datei zugreifen können. Listing 10.20 zeigt, wie auf diese Weise ein Bild geladen wird:

```
var storageFile =
  await StorageFile.GetFileFromApplicationUriAsync(
    new Uri("ms-appx:///Images/thomas.jpg"));
var bitmapImage = new BitmapImage();
bitmapImage.SetSource(await
  storageFile.OpenAsync(FileAccessMode.Read));
image.Source = bitmapImage;
```

Listing 10.20 K10\10 BinaereInCSharp\MainPage.xaml.cs

Mit der Methode GetFileFromApplicationUriAsync können Sie eine beliebige Ressourcendatei in Ihrem App-Package öffnen – Bilder, XML-Dateien, Textdateien usw. Doch speziell für Bilder haben Sie auch eine andere Möglichkeit als die in Listing 10.20 gezeigte. Denn die in Listing 10.20 verwendete BitmapImage-Klasse besitzt auch einen Konstruktor, der bereits ein Uri-Objekt entgegennimmt. Sie können somit den Code aus Listing 10.20 zum Laden eines Bildes auch wie folgt schreiben:

```
image.Source =
  new BitmapImage(new Uri("ms-appx:///Images/thomas.jpg"));
```

> **Hinweis**
> Die abgekürzte Variante des Pfades ohne *ms-appx* ist in C# nicht möglich. In C# werden nur absolute Pfade unterstützt.

Eventuell möchten Sie in Ihrem Projekt ein Bild aus einer Klassenbibliothek laden. Dazu geben Sie einen Pfad in der Form */KlassenbibliothekName/IhrVerzeichnis/ IhrBild.jpg* an. Auch hier stellt der erste / die Wurzel des App-Packages dar. Anschließend geht es in die Klassenbibliothek und dort zum Bild *IhrBild.jpg* im Order *IhrVerzeichnis*.

Abbildung 10.10 zeigt ein Beispiel. In einer Projektmappe sind zwei Projekte definiert. In der »TomLib« ist im Ordner *Images* das Bild *thomas.jpg* enthalten.

10.2 Binäre Ressourcen

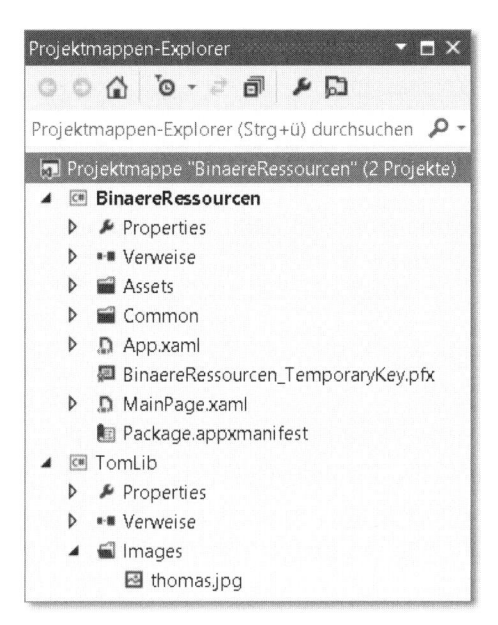

Abbildung 10.10 Eine Klassenbibliothek enthält ein Bild.

Um in der *MainPage.xaml* auf das Bild zuzugreifen, geben Sie den Pfad beginnend mit dem App-Package (/) gefolgt von der `TomLib` wie folgt an:

```
<Image Source="/TomLib/Images/thomas.jpg"/>
```

Listing 10.21 K10\09 BinaereAusLibrary\BinaereRessourcen\MainPage.xaml

Wie bereits zuvor gezeigt, ist der obere Pfad mit dem beginnenden / eine von der WinRT unterstützte Abkürzung. Die ausführliche, in XAML alternative Variante nutzt das *ms-appx*-Schema und sieht wie folgt aus:

```
<Image Source="ms-appx:///TomLib/Images/thomas.jpg"/>
```

Bedenken Sie, dass das *ms-appx*-Schema in C# zwingend erforderlich ist.

Mit dem URI-Schema *ms-appx* erlaubt die WinRT den Zugriff auf Ressourcen im App-Package. Für den Zugriff auf Dateien, die Sie in den App-Daten gespeichert haben, definiert die WinRT das URI-Schema *ms-appdata*. Die Daten Ihrer App können Sie in einem lokalen, in einem Roaming- oder in einem temporären Ordner speichern.

Auf Dateien im lokalen Ordner greifen Sie mit der Angabe `local` zu:

```
<Image Source="ms-appdata:///local/Images/thomas.jpg"/>
```

Auf Dateien im Roaming-Ordner greifen Sie mit der Angabe `roaming` zu:

```
<Image Source="ms-appdata:///roaming/Images/thomas.jpg"/>
```

Auf Dateien im temporären Ordner greifen Sie mit der Angabe temp zu:

`<Image Source="ms-appdata:///`**`temp`**`/Images/thomas.jpg"/>`

> **Hinweis**
>
> Wie Sie Dateien in den verschiedenen *ms-appdata*-Verzeichnissen speichern, lesen Sie in Kapitel 13, »Dateien, Streams und Serialisierung«.

10.2.2 Bilder für verschiedene Skalierungen

Windows 8 unterstützt Bildschirme mit unterschiedlicher Pixeldichte. Die Pixeldichte wird gemessen in *Dots per Inch* (DPI). So hat beispielsweise ein 10,6"-Tablet mit einer Auflösung von 1.366 × 768 Pixeln eine Pixeldichte von 148 DPI. Ein 10,6"-Tablet mit einer Auflösung von 1.920 × 1.080 hat 207 DPI, und ein 10,6"-Tablet mit einer Auflösung von 2.560 × 1.440 hat 277 DPI.

Damit Ihre Anwendung auf Tablets mit einer höheren Pixeldichte nicht winzig klein dargestellt wird, skaliert die WinRT Ihre Anwendung automatisch hoch. Es gibt dabei drei Skalierungen:

- **100 %:** Es findet keine Skalierung statt. Entweder ist die Auflösung kleiner als 1.920 × 1.080 Pixel oder die Pixeldichte kleiner als 174 DPI – oder beides. Dies ist beispielsweise beim 10,6"-Tablet mit einer Auflösung von 1366 × 768 und 148 DPI der Fall.
- **140 %:** Auf Geräten mit einer Auflösung von mindestens 1.920 × 1.080 Pixeln und mindestens 174 DPI findet eine 140 %-Skalierung statt. Dies ist beim 10,6"-Tablet mit einer Auflösung von 1.920 × 1.080 der Fall, da hier auch 207 DPI erreicht werden.
- **180 %:** Auf Geräten mit einer Auflösung von mindestens 2.560 × 1.440 Pixeln und mindestens 240 DPI findet eine 180 %-Skalierung statt. Dies ist beim 10,6"-Tablet mit einer Auflösung von 2.560 × 1.440 der Fall, da hier 277 DPI erreicht werden.

> **Hinweis**
>
> Für das im *Package.appxmanifest* definierte Logo, das kleine Logo und das optionale breite Logo können Sie zusätzlich eine Skalierung von 80 % festlegen. Mehr zu den Logos in Abschnitt 10.2.3, »Die Logos Ihrer Windows Store App«.

Die Elemente der WinRT werden vektorbasiert gezeichnet und passen sich somit optimal an eine höhere Skalierung an. Allerdings gilt dies nicht für Ihre Bilder wie

JPEGs oder Bitmaps. Die WinRT wird zwar auch Ihre Bilder skalieren, allerdings kann Ihr für 100 % erstelltes Bild bei einer Skalierung auf 180 % von den zusätzlich zur Verfügung stehenden physischen Pixeln keinen Gebrauch machen. Ist Ihr Bild beispielsweise 600 × 600 Pixel groß, stehen ihm bei einer Skalierung auf 180 % plötzlich 1.080 × 1.080 Pixel zur Verfügung. Damit Ihr Bild bei einer höheren Pixeldichte auch wirklich schärfer dargestellt wird, hinterlegen Sie es speziell für die unterschiedlichen Skalierungen in verschiedenen Größen. Dazu erstellen Sie Ihr Bild mit einer Größe von 100 %, 140 % und 180 %. Benennen Sie Ihr Bild – als Beispiel nehmen wir das Bild *thomas.jpg* – für die verschiedenen Auflösungen nach folgendem Schema:

- *thomas.**scale-100**.jpg*
- *thomas.**scale-140**.jpg*
- *thomas.**scale-180**.jpg*

Falls Sie Ihre Bilder zusätzlich für die Hoher-Kontrast-Einstellung von Windows 8 optimieren möchten, fügen Sie zwei weitere Bild-Varianten in der 100%-Skalierung mit der zusätzlichen Kontrastangabe ein:

- *thomas.scale-100_**contrast-black**.jpg*
- *thomas.scale-100_**contrast-white**.jpg*

Achten Sie darauf, dass Ihre Bilder für die verschiedenen Skalierungen im selben Ordner liegen. Haben Sie Ihre Bilder wie oben gezeigt benannt, können Sie das Bild in XAML einfach mit *thomas.jpg* referenzieren. Die WinRT lädt automatisch das Bild mit der passenden Skalierung und dem richtigen Kontrast. Schauen wir uns ein Beispiel an.

> **Hinweis**
>
> Die Angaben *scale-100*, *scale-140*, *scale-180*, *contrast-black* und *contrast-white* im Dateinamen werden auch als *Qualifizierer* bezeichnet. Es lassen sich auch mehrere Qualifizierer angeben, die dann mit einem Unterstrich getrennt werden: *thomas.scale-100_contrast-black.jpg*.

Zum *Images*-Ordner des in Abbildung 10.11 dargestellten Projekts habe ich das *thomas*-Bild in drei Skalierungen hinzugefügt:

- *thomas.scale-100.jpg* – Auflösung des Bildes: 600 × 600 Pixel
- *thomas.scale-140.jpg* – Auflösung des Bildes: 840 × 840 Pixel
- *thomas.scale-180.jpg* – Auflösung des Bildes: 1.080 × 1.080 Pixel

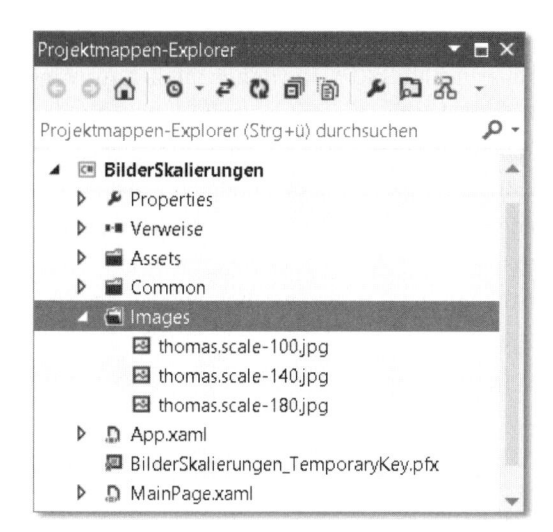

Abbildung 10.11 Das Bild »thomas.jpg« liegt in drei Skalierungen vor.

Um das Bild aus XAML oder C# zu referenzieren, werden alle Qualifizierer weggelassen. In XAML lässt sich das Bild somit wie folgt laden:

```
<Image Source="Images/thomas.jpg" Width="600" Height="600"/>
```

Listing 10.22 K10\11 BilderSkalierungenDatei\MainPage.xaml

Basierend auf der Skalierung wird die WinRT aus dem *Images*-Ordner des Projekts automatisch das korrekte Bild laden. Damit Sie dies testen können, habe ich auf die jeweiligen Bilder zusätzlich die Texte 100, 140 und 180 geschrieben.

> **Hinweis**
>
> Auch in C# lässt sich das Bild wie zuvor gezeigt mit dem *ms-appx*-Schema ohne die Angabe des *scale*-Qualifizierers referenzieren:
>
> ```
> var storageFile =
>   await StorageFile.GetFileFromApplicationUriAsync(
>     new Uri("ms-appx:///Images/thomas.jpg"));
> ```

Starten Sie die Anwendung zum Testen der Skalierungen im Simulator. Dieser wird per Default wie in Abbildung 10.12 mit einem 10,6"-Bildschirm und einer Auflösung von 1.366 × 768 Pixeln gestartet. Beachten Sie anhand der sichtbaren 100, dass die WinRT das Bild *thomas.scale-100.jpg* geladen hat.

Abbildung 10.12 Bei der Auflösung 1.366 × 768 auf 10,6" skaliert die WinRT den Inhalt auf 100 %.

Stellen Sie im Simulator die Auflösung auf einen 10,6"-Bildschirm mit 2.560 × 1.440 Pixeln um. Starten Sie die App anschließend neu. Die WinRT lädt jetzt, wie Sie in Abbildung 10.13 anhand der 180 sehen, das zu dieser Skalierung passende Bild *thomas.scale-180.jpg*.

Abbildung 10.13 Bei der Auflösung 2.560 × 1.440 auf 10,6" skaliert die WinRT den Inhalt auf 180 %.

Anstatt die ganzen Skalierungen im Simulator zu testen, können Sie sie auch zur Designzeit betrachten. Öffnen Sie dazu Ihre *.xaml*-Datei im Designer von Visual

Studio. Im GERÄT-Fenster (Menü ENTWURF • GERÄTEFENSTER) finden Sie unter dem Punkt ANZEIGEN eine Combobox mit entsprechender Einstellung, wie Abbildung 10.14 zeigt. Beachten Sie, dass Ihnen die Combobox neben der Auflösung die entsprechende Skalierung mit 100 %, 140 % oder 180 % anzeigt.

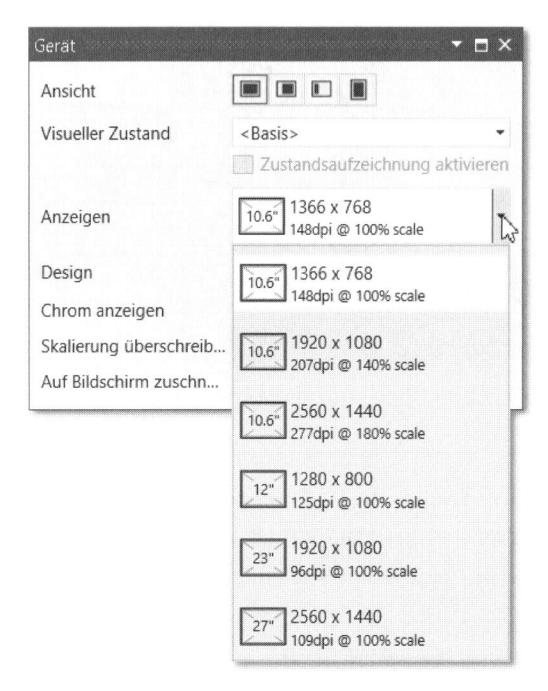

Abbildung 10.14 Zur Designzeit lässt sich im »Gerät«-Fenster die Auflösung einstellen.

Die für die WinRT benötigten Skalierungsinformationen Ihrer Bilder haben wir bisher im Dateinamen untergebracht, beispielsweise *thomas.scale-180.jpg*. Neben dem Dateinamen haben Sie die Möglichkeit, der WinRT diese Skalierungsinformationen über einen Ordner namens *scale-100*, *scale-140* oder *scale-180* mitzuteilen. Abbildung 10.15 zeigt ein Projekt, das analog zum vorigen Projekt ist, jedoch statt Dateinamen Ordner verwendet. Wie zuvor lässt sich das Bild ohne die Angabe der Skalierung wie folgt referenzieren:

```
<Image Source="Images/thomas.jpg" .../>
```

> **Tipp**
> Es gibt weitere Qualifizierer für Ressourcen. Beispielsweise verwenden Sie für das Logo einer Datei den *targetsize*-Qualifizierer, um das Logo für unterschiedliche Größen zu optimieren. Den *targetsize*-Qualifizierer lernen Sie in Kapitel 16, »Contracts und Extensions«, bei den Dateizuordnungen kennen.

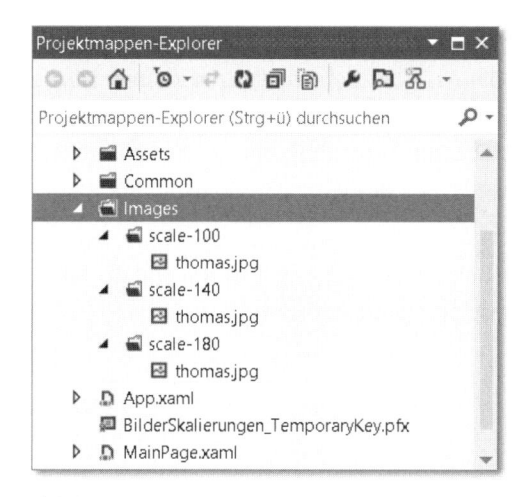

Abbildung 10.15 Die Skalierungsinformationen stecken hier im Ordnernamen.

Falls Sie Ihre Bilder aus dem Web laden, müssen Sie dynamisch in C# das Bild mit der entsprechenden Größe laden. Um in C# herauszufinden, in welcher Skalierung Ihre App angezeigt wird, nutzen Sie die statische Property ResolutionScale der Klasse DisplayProperties (**Namespace**: Windows.Graphics.Display). Die ResolutionScale-Property ist vom Typ der gleichnamigen Aufzählung, die vier Werte enthält:

- **Invalid**: Die Skalierung des Displays ist ungültig.
- **Scale100Percent**: Ihre App wurde nicht skaliert.
- **Scale140Percent**: Ihre App wurde auf 140 % skaliert.
- **Scale180Percent**: Ihre App wurde auf 180 % skaliert.

In Ihrem Code können Sie folglich mit einer einfachen switch-Anweisung entsprechende Bilder basierend auf der Skalierung laden. Folgendes Listing gibt einen kleinen Einblick:

```
switch (DisplayProperties.ResolutionScale)
{
  case ResolutionScale.Scale100Percent:
    image.Source = new BitmapImage(new Uri(
      "http://www.thomasclaudiushuber.com/thomas600x600.jpg"));
    break;
  case ResolutionScale.Scale140Percent:
    image.Source = new BitmapImage(new Uri(
      "http://www.thomasclaudiushuber.com/thomas840x840.jpg"));
    break;
  ...
}
```

Listing 10.23 K10\13 SkalierungInCSharp\MainPage.xaml.cs

10.2.3 Die Logos Ihrer Windows Store App

Ihre Windows Store App enthält verschiedene Logos im *Assets*-Ordner. Öffnen Sie die *Package.appxmanifest*-Datei, sehen Sie darin unter dem Tab ANWENDUNGSBENUTZEROBERFLÄCHE die Pfade zu den Logo-Dateien, wie Abbildung 10.16 anhand der *Logo.png*-Datei zeigt. Auf der linken Seite gibt es eine kleine Filterlogik, in Abbildung 10.16 ist darin das LOGO ausgewählt.

Sie können Ihre Bilder natürlich in einem beliebigen Ordner platzieren und die Pfade in der *Package.appxmanifest*-Datei dementsprechend anpassen.

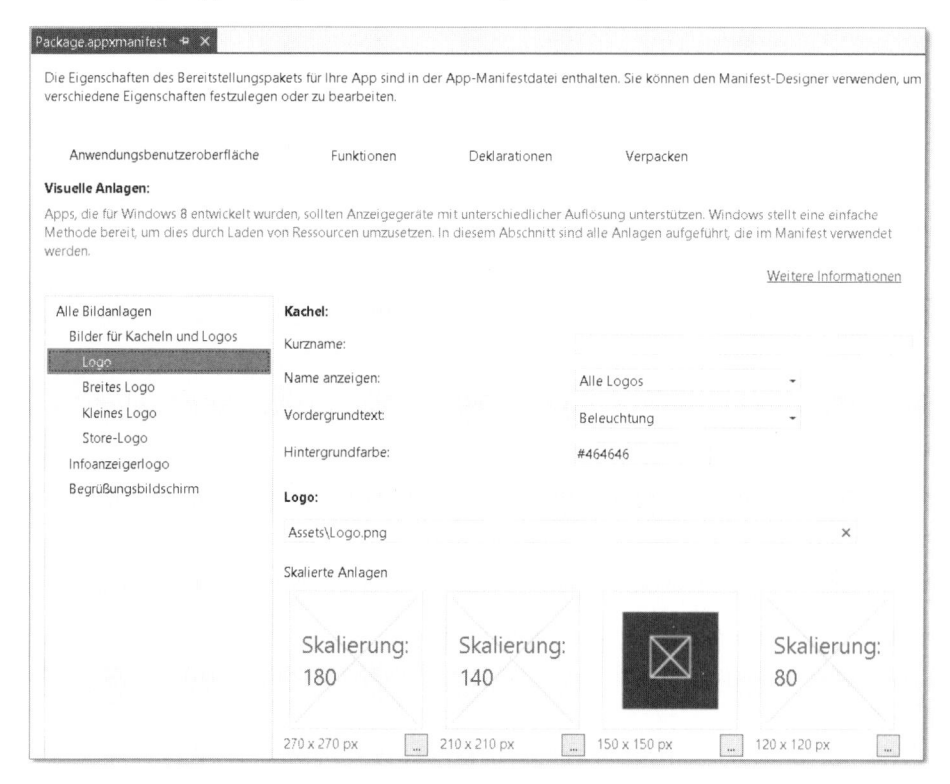

Abbildung 10.16 Die Logos im »Package.appxmanifest«

Insgesamt können Sie für Ihre App sechs verschiedene Logos hinterlegen:

▶ **Logo:** Dies ist die quadratische Kachel Ihrer Anwendung, die auf dem Startbildschirm von Windows 8 angezeigt wird.

▶ **Breites Logo:** Die breite Kachel für Ihre Anwendung, die sich auf dem Startbildschirm anzeigen lässt. Dieses Bild ist optional.

▶ **Kleines Logo:** Das kleine Logo wird angezeigt, wenn Sie unter Windows 8 nach Apps suchen und Ihre App aufgelistet wird. Ebenfalls wird das Logo verwendet, wenn Ihre App beim Verwenden der Suchfunktionalität der Charms Bar als durchsuchbare App angezeigt wird. Auch wenn Sie Ihre Tile (Kachel) mit Live-Informationen füttern, wird auf der Tile das kleine Logo angezeigt.

- **Store-Logo:** Mit diesem Bild wird Ihre App im Windows Store aufgelistet.
- **Infoanzeigerlogo:** Das Infoanzeigerlogo wird nur auf dem gesperrten Bildschirm von Windows 8 angezeigt, falls Ihre App hierfür irgendwelche Informationen bietet.
- **Begrüßungsbildschirm:** Das Bild wird beim Starten Ihrer App als Begrüßungsbildschirm angezeigt.

Hinweis

Wie Sie Ihre Tile (Kachel) mit Live-Informationen füttern und wie das kleine Logo und das Infoanzeigerlogo zum Einsatz kommen, lesen Sie in Kapitel 17, »Tiles, Badges und Toasts«.

Tipp

Zum Laden der MainPage Ihrer App haben Sie 5 Sekunden Zeit. Falls es länger dauert, sollten Sie dem Benutzer anzeigen, dass ein Vorgang im Gange ist. Erstellen Sie dazu eine Page in Ihrem Projekt, die so aussieht wie der Splashscreen (Begrüßungsbildschirm). Statt zur MainPage navigieren Sie dann zu Ihrer eigenen Splashscreen-Seite, welche Lade-Informationen anzeigt. Wo genau Sie das Logo platzieren, erfahren Sie über die LaunchActivatedEventArgs der OnLaunch-Methode der App-Klasse (*App.xaml.cs*).

Die LaunchActivatedEventArgs besitzen eine SplashScreen-Property, die ein SplashScreen-Objekt zurückgibt. Es hat die Property ImageLocation, die ein Rect-Objekt zurückgibt. Es informiert Sie darüber, an welcher Stelle Sie das Logo platzieren müssen, damit Ihre Seite genauso aussieht wie der Standard-Splashscreen Ihrer App.

Damit Ihre App wirklich professionell wirkt, sollten Sie Ihre Logos auch für die verschiedenen Auflösungen aufbereiten. Es wird zwar nur die 100%-Auflösung benötigt, aber die App soll ja unter einem hochauflösenden Display gestochen scharf wirken.

Nutzen Sie für die verschiedenen Auflösungen die im vorigen Abschnitt gezeigte Technik mit dem *scale*-Qualifizierer im Dateinamen. Dabei geben Sie die Bilder in der *Package.appxmanifest*-Datei ohne den *scale*-Qualifizierer an. Sie können die Bilder auch direkt über den *Package.appxmanifest*-Designer hinzufügen. Wie Sie in Abbildung 10.16 erkennen, zeigt dieser bereits die verschiedenen Auflösungen für ein bestimmtes Logo an. Fügen Sie über den *Package.appxmanifest*-Designer eine Logo-Datei hinzu, wird die Datei von Visual Studio automatisch mit dem richtigen *scale*-Qualifizierer benannt.

> **Tipp**
> Der *Package.appxmanifest*-Designer zeigt auch einen Fehler in Form eines roten Kreises mit einem weißen Kreuz an, falls eine Logo-Datei nicht die richtige Größe hat.

Tabelle 10.1 zeigt in einer kleinen Übersicht, welche Logos Sie in welcher Größe in Ihre App integrieren sollten. Beachten Sie, dass Sie für die ersten drei Logos ebenfalls eine Skalierung von 80 % definieren sollten.

Bildname	Benötigt	80 %	100 %	140 %	180 %
Logo	nur 100 %	120 × 120	**150 × 150**	210 × 210	270 × 270
breites Logo	optional	248 × 120	310 × 150	434 × 210	558 × 270
kleines Logo	nur 100 %	24 × 24	**30 × 30**	42 × 42	54 × 54
Store-Logo	nur 100 %	–	**50 × 50**	70 × 70	90 × 90
Infoanzeiger-logo	optional	–	24 × 24	34 × 34	43 × 43
Begrüßungsbildschirm	nur 100 %	–	**620 × 300**	868 × 420	1.116 × 540

Tabelle 10.1 Die Auflösungen der verschiedenen Bilder

Schauen wir uns anhand der FriendStorage-App an, wie es nach der Skalierung im *Assets*-Ordner aussieht.

> **Hinweis**
> Im *Package.appxmanifest*-Designer können Sie die verschiedenen Logos direkt mit den verschiedenen Skalierungen betrachten und auch einfügen. Diese Funktion kam allerdings erst mit dem Update 1 für Visual Studio 2012 hinzu. Ohne das Update 1 zeigt Visual Studio 2012 im *Package.appxmanifest*-Designer nur den Dateinamen eines Logos an. Sie müssen die entsprechenden Dateien für die verschiedenen Skalierungen von Hand im PROJEKTMAPPEN-EXPLORER erstellen.

10.2.4 Die Logos von FriendStorage

In FriendStorage sind die Logos für die verschiedenen Auflösungen hinterlegt. Abbildung 10.17 zeigt den *Assets*-Ordner von FriendStorage im PROJEKTMAPPEN-EXPLORER.

In Abbildung 10.18 sehen Sie die *Package.appxmanifest*-Datei. Unter dem Tab ANWENDUNGSBENUTZEROBERFLÄCHE wurde das LOGO ausgewählt. Beachten Sie, wie das Logo für die verschiedenen Skalierungen angezeigt wird. Der Logo-Name ist dabei wie gewöhnlich ohne die in Abbildung 10.17 erkennbaren *scale*-Qualifizierer angegeben. Die WinRT lädt je nach Auflösung das passend skalierte Logo.

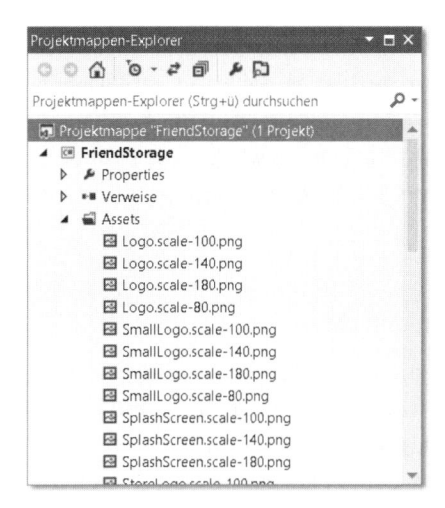

Abbildung 10.17 FriendStorage hat die Logos für die unterschiedlichen Skalierungen hinterlegt.

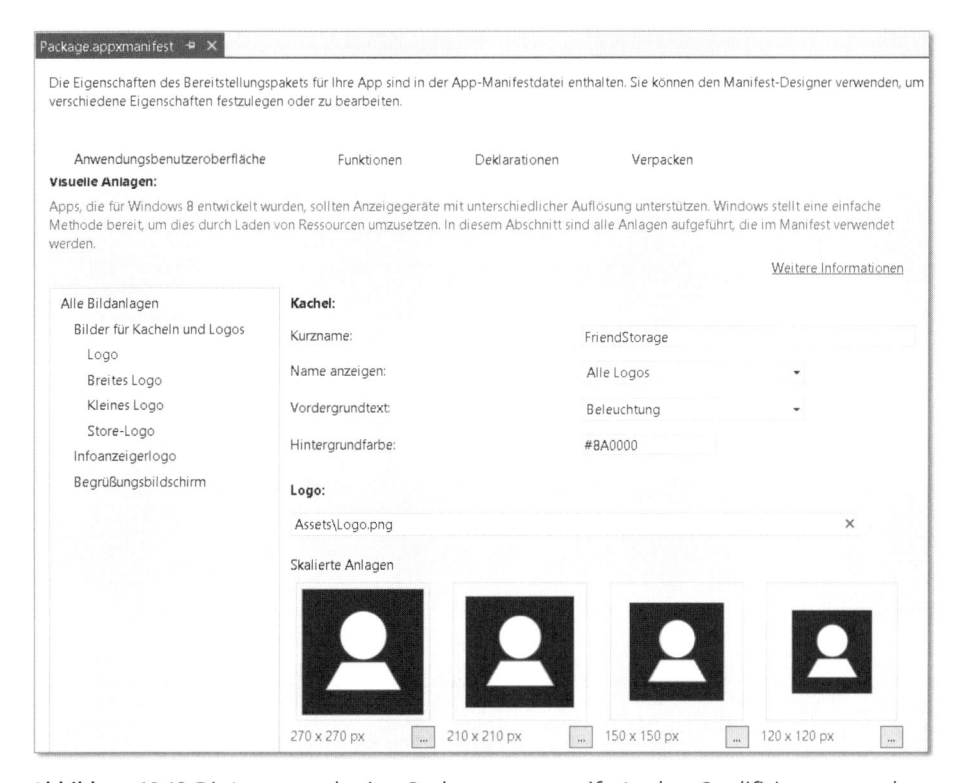

Abbildung 10.18 Die Logos werden im »Package.appxmanifest« ohne Qualifizierer angegeben.

10.3 Lokalisierung

Wie bereits erwähnt, teilen sich binäre Ressourcen in Dateiressourcen und eingebettete Ressourcen auf. Dateiressourcen haben wir im vorigen Abschnitt anhand der Bilder betrachtet. Eingebettete Ressourcen sind in einer Art Containerdatei eingebettet. Bei der WinRT sind diese eingebetteten Ressourcen Strings, die Sie in *.resw*-Dateien einbetten. Mit mehreren *.resw*-Dateien lässt sich eine lokalisierte App erstellen, die mehrere Sprachen unterstützt. In diesem Abschnitt schauen wir uns die Funktionsweise an, damit Ihre App auf den Verkauf in verschiedenen Ländern bestens vorbereitet ist.

10.3.1 Strings in ».resw«-Dateien definieren und laden

Strings lassen sich in einer *.resw*-Datei platzieren. Erstellen Sie pro Sprache eine *.resw*-Datei, um Ihre App zu lokalisieren. Schauen wir uns ein Beispiel an und starten von vorn. Erstellen Sie dazu ein neues Projekt, und fügen Sie im PROJEKTMAPPEN-EXPLORER einen Ordner *Strings* hinzu. In diesem Ordner erstellen Sie einen weiteren Ordner *de-DE*, der die String-Ressourcen für die deutsche Sprache in der Region Deutschland enthalten soll.

> **Tipp**
>
> Falls Sie den Ordner für alle Regionen verwenden möchten, in denen Deutsch gesprochen wird, nennen Sie ihn einfach nur *de*.
>
> Folgender Link enthält eine Übersicht der möglichen Sprachordner:
> *http://msdn.microsoft.com/de-de/library/windows/apps/jj657969.aspx*.

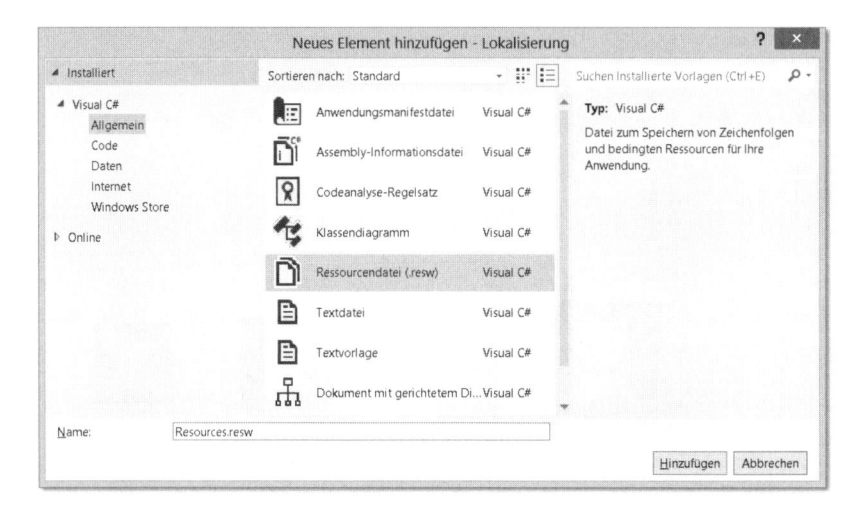

Abbildung 10.19 Im Dialog wird die Ressourcendatei (».resw«) ausgewählt.

10.3 Lokalisierung

Klicken Sie im PROJEKTMAPPEN-EXPLORER mit der rechten Maustaste auf den *de-DE*-Ordner, und wählen Sie aus dem Kontextmenü den Punkt HINZUFÜGEN • NEUES ELEMENT aus.

Im geöffneten Dialog selektieren Sie wie in Abbildung 10.19 links die Gruppe ALLGEMEIN. Wählen Sie im Hauptbereich die RESSOURCENDATEI (.RESW) aus. Behalten Sie den vorgeschlagenen Namen *Resources.resw*, und bestätigen Sie den Dialog mit dem HINZUFÜGEN-Button.

Die Projektstruktur sollte jetzt wie im PROJEKTMAPPEN-EXPLORER in Abbildung 10.20 aussehen.

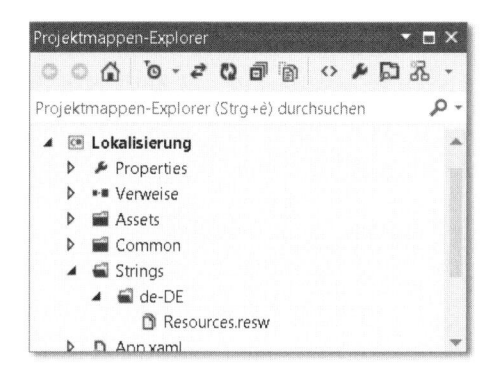

Abbildung 10.20 Im Ordner »de-DE« befindet sich die »Resources.resw«-Datei.

Doppelklicken Sie auf die hinzugefügte *Resources.resw*-Datei im PROJEKTMAPPEN-EXPLORER. Sie erhalten eine Designansicht, die Ihnen erlaubt, Strings unter einem bestimmten Schlüssel hinzuzufügen. Abbildung 10.21 zeigt den Designer. Es wurden zwei Strings unter den Schlüsseln *Cancel* und *Save* hinzugefügt.

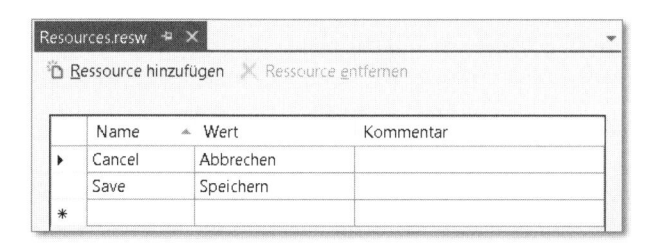

Abbildung 10.21 Der Designer zum Editieren von ».resw«-Dateien

---

Tipp

Falls Sie bereits mit .NET lokalisierte Apps erstellt haben, sind Ihnen die *.resx*-Dateien sicherlich bekannt. Eine *.resw*-Datei hat dasselbe Format wie eine *.resx*-Datei. Allerdings kann eine *.resw*-Datei lediglich Strings enthalten.

> Falls Sie eine existierende *.resx*-Datei haben, die nur Strings enthält, können Sie die Dateiendung einfach in *.resw* umbenennen.
>
> Sowohl *.resx*- als auch *.resw*-Dateien basieren auf XML, womit Sie die Dateien auch im XML-Editor betrachten können.

Nachdem Sie die Ressourcen zu Ihrer App unter dem Ordner *de-DE* hinzugefügt haben, setzen Sie im *Package.appxmanifest* diese Sprache als Standardsprache. Die Einstellung nehmen Sie wie in Abbildung 10.22 gezeigt unter dem Tab ANWENDUNGSOBERFLÄCHE vor.

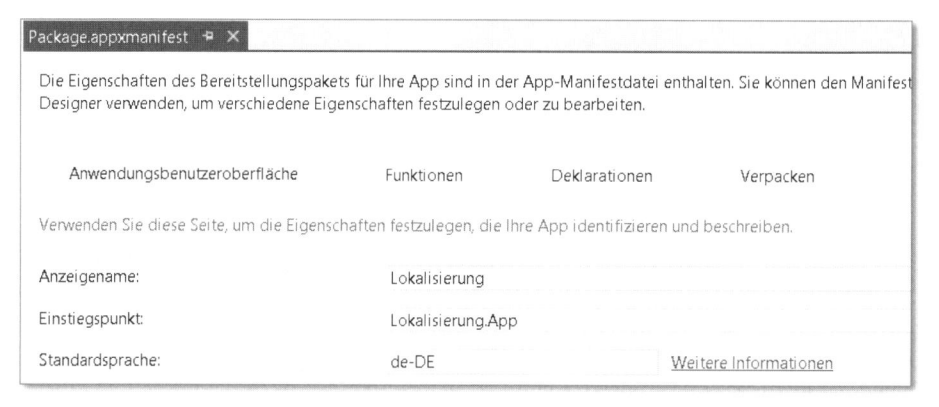

Abbildung 10.22 Die Standardsprache definieren Sie im »Package.appxmanifest«.

Der Benutzer kann in der SYSTEMSTEUERUNG von Windows 8 mehrere Sprachen definieren und priorisieren. Findet die WinRT in Ihrer App zu keiner Sprache des Benutzers eine passende Ressource, werden die Ressourcen zu der im *Package.appxmanifest* definierten Standardsprache geladen. Dies wird insbesondere interessant, wenn Sie mehrere Sprachen unterstützen. Doch dazu gleich mehr. Soweit sind die Ressourcen für *de-DE* fertig angelegt.

Zum Laden der Ressourcen erstellen Sie eine `ResourceLoader`-Instanz (Namespace: `Windows.ApplicationModel.Resources`). Rufen Sie auf der Instanz die Methode `GetString` auf. Für den übergebenen Schlüssel erhalten Sie den entsprechenden Wert.

In diesem Beispiel werden die beiden definierten Strings für den Inhalt zweier `Buttons` genutzt. Dazu werden die beiden `Buttons` in der *MainPage.xaml*-Datei mit den Namen `btnSave` und `btnCancel` erstellt. Listing 10.24 zeigt den Konstruktor aus der Codebehind-Datei. Die `Content`-Properties der beiden `Buttons` werden auf die in der *Resources.resw*-Datei definierten Strings mit den Schlüsseln `Save` und `Cancel` gesetzt.

```
public MainPage()
{
  this.InitializeComponent();
```

```
    var loader = new ResourceLoader();
    btnSave.Content = loader.GetString("Save");
    btnCancel.Content = loader.GetString("Cancel");
}
```

Listing 10.24 K10\14 LokalisierungOrdner\MainPage.xaml.cs

Tipp

Beim Kompilieren werden alle *.resw*-Dateien durch das von Visual Studio genutzte Tool *MakePRI* zu einer einzigen Datei zusammengefasst. Diese Datei wird *Package Resource Index* (PRI) genannt und wird zu Ihrem App-Package hinzugefügt. Zur Laufzeit greifen Sie auf die Ressourcen mit der in Listing 10.24 gezeigten Klasse ResourceLoader zu.

Die ResourceLoader-Klasse lädt Ressourcen per Default aus Dateien, die Sie *Resources.resw* benannt haben. Sie sollten daher bei diesem Dateinamen bleiben. Falls Sie in Ihrem Projekt dennoch unterschiedliche Dateien haben möchten, beispielsweise eine *Errors.resw*-Datei für Fehlermeldungen, dann müssen Sie beim Erstellen des ResourceLoaders darauf achten, dass er die Ressourcen dann auch aus dieser Datei lädt. Im Falle der *Errors.resw*-Datei erzeugen Sie den ResourceLoader wie folgt:

```
var loader = new ResourceLoader("Errors");
```

Um Ihre Windows Store App für weitere Sprachen aufzurüsten, fügen Sie weitere Sprachordner mit *Resources.resw*-Dateien zu Ihrem Projekt hinzu. Abbildung 10.23 zeigt das Beispielprojekt mit den weiteren Ordnern *en-US* und *fr-FR*. Die jeweiligen *Resources.resw*-Dateien enthalten ebenfalls die Schlüssel Cancel und Save, allerdings natürlich mit den Werten in der jeweiligen Sprache. Der C#-Code aus Listing 10.24 wird jetzt gemäß den Spracheinstellungen des Benutzers die entsprechenden Ressourcen laden.

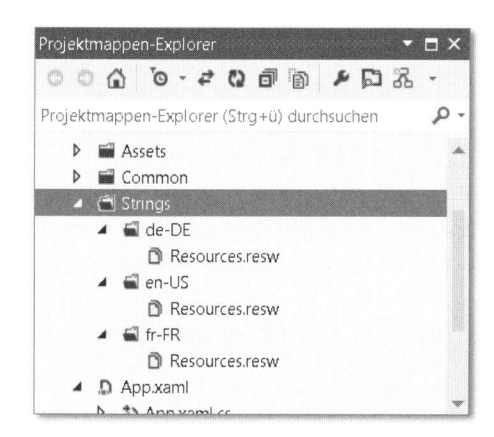

Abbildung 10.23 Das Projekt unterstützt jetzt mehrere Sprachen.

Um die unterschiedlichen Sprachen Ihrer App zu testen, stellen Sie die jeweilige Sprache vor dem Starten der App in der SYSTEMSTEUERUNG ein. Klicken Sie dazu in der SYSTEMSTEUERUNG auf die Kategorie ZEIT, SPRACHE UND REGION. In dieser Kategorie klicken Sie auf SPRACHE, um die Spracheinstellungen zu öffnen.

> **Hinweis**
>
> Falls Sie die SYSTEMSTEUERUNG nicht in der Kategorieansicht, sondern in der Symbolansicht betrachten, können Sie direkt auf das Symbol SPRACHE klicken, um die Spracheinstellungen zu öffnen.

In den Spracheinstellungen fügen Sie die zu testenden Sprachen hinzu. Achten Sie darauf, dass sich die Sprache, die Sie testen möchten, ganz oben befindet. In Abbildung 10.24 ist dies Französisch in der Region Frankreich (*fr-FR*).

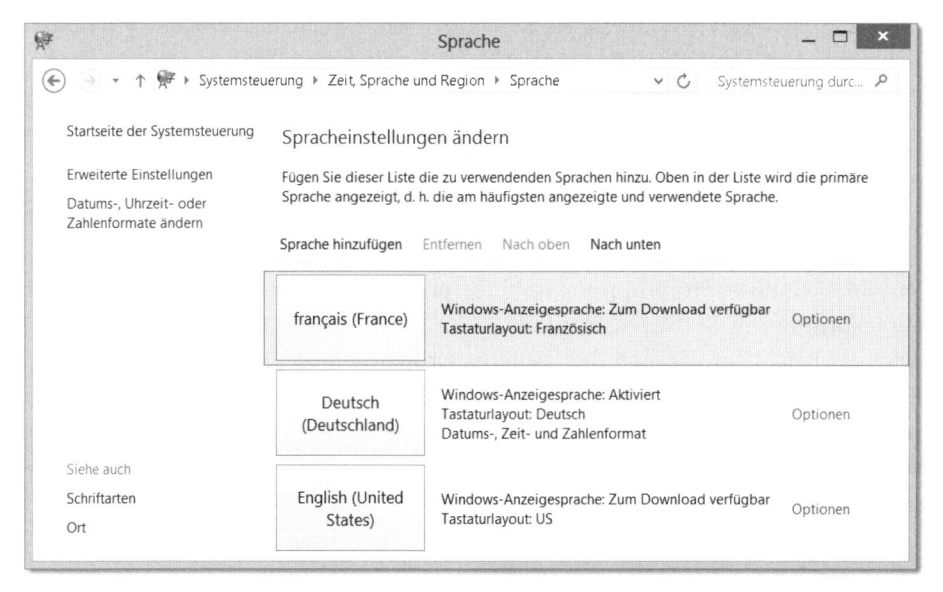

Abbildung 10.24 Die Sprache Französisch für die Region Frankreich ist als primäre Sprache gesetzt.

Wird die Anwendung mit den Spracheinstellungen aus Abbildung 10.24 gestartet, enthalten die zwei in der *MainPage.xaml*-Datei definierten `Buttons` französische Texte.

Abbildung 10.25 Die Buttons enthalten französische Texte.

Schieben Sie in den Spracheinstellungen aus Abbildung 10.24 die Sprache ENGLISH (UNITED STATES) nach oben und starten Sie die App erneut, sehen Sie die Buttons wie in Abbildung 10.26 mit den englischen Texten.

Abbildung 10.26 Die Buttons enthalten englische Texte.

Falls Ihre Windows Store App die oberste Sprache der SYSTEMSTEUERUNG nicht unterstützt, schaut die App nach der nächsten Sprache in dieser Liste. Wird keine der Sprachen aus der SYSTEMSTEUERUNG unterstützt, wird die im *Package.appxmanifest* definierte Standardsprache verwendet.

> **Hinweis**
> Im Namespace `Windows.ApplicationModel.Resources.Core` finden Sie weitere Klassen, die Ihnen noch mehr Zugriffsmöglichkeiten auf die Ressourcen erlauben. So können Sie beispielsweise selbst die Sprache angeben, zu der Sie die Ressourcen laden möchten. Sie finden in den Beispielen im Ordner *K10\18 SpezifischeSpracheLaden* eine App, die auf diese Weise das Umschalten der Sprache über eine `ComboBox` erlaubt.

> **Tipp**
> Auch wenn Sie Ihre App nicht mehrsprachig gestalten möchten, ist es zu empfehlen, die Strings in eine *.resw*-Datei zu schreiben, diese in einem Sprachordner zu platzieren und im *Package.appxmanifest* die Standardsprache auf diesen Sprachordner zu setzen. Dann haben Sie später eine einfache Möglichkeit, Ihre App um mehrere Sprachen zu erweitern.

10.3.2 Den Dateinamen zum Lokalisieren nutzen

Im vorigen Abschnitt haben wir die *Resources.resw*-Dateien in Ordnern platziert. Dabei enthielten die Ordner die Informationen über Sprache und Region. Diese Informationen lassen sich allerdings auch in den Dateinamen packen. Nutzen Sie dazu einen Qualifizierer, der mit *lang-* beginnt und anschließend die Sprache und die (optionale) Region enthält. Abbildung 10.27 zeigt das Projekt aus dem vorigen Abschnitt. Dabei werden die *Resources.resw*-Dateien nicht über Ordner, sondern über den Dateinamen lokalisiert. Die Funktionsweise des Projekts bleibt die gleiche.

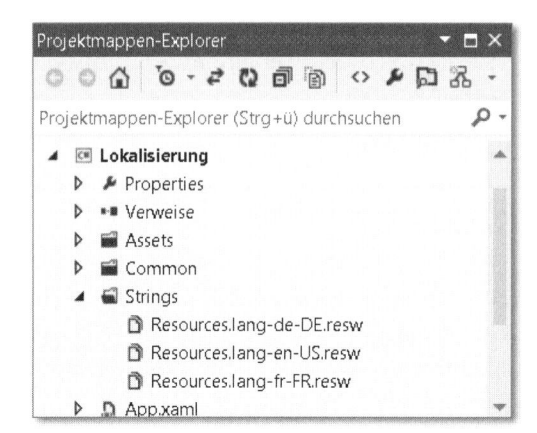

Abbildung 10.27 Die Ressourcen werden über den Dateinamen lokalisiert.

Tatsächlich ist die Angabe der Sprache ein Qualifizierer wie der Ihnen bereits bekannte *scale*-Qualifizierer. Und tatsächlich können Sie diesen *lang*-Qualifizierer auch mit dem *scale*-Qualifizierer kombinieren, um beispielsweise Ihre Bilder zu lokalisieren. Einzelne Qualifizierer definieren Sie entweder über eine Ordnerstruktur oder im Dateinamen getrennt mit einem Unterstrich. Abbildung 10.28 zeigt ein Projekt mit Bildern, die sowohl den *lang*- als auch den *scale*-Qualifizierer nutzen.

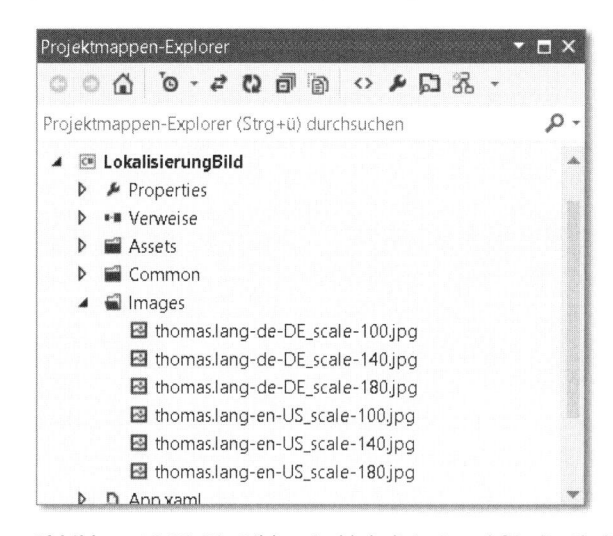

Abbildung 10.28 Die Bilder sind lokalisiert und für die Skalierungen optimiert.

Im XAML-Code referenzieren Sie das Bild ohne die Qualifizierer; die WinRT lädt dann die passende Ressource für Sie:

```
<Image Source="Images/thomas.jpg" .../>
```

Listing 10.25 K10\16 LokalisierungBild\MainPage.xaml

10.3.3 Elemente via »x:Uid« mit Ressourcen verbinden

In den vorigen Abschnitten haben wir die `GetString`-Methode der `ResourceLoader`-Klasse verwendet, um die Strings aus den *.resw*-Dateien zu laden. Alternativ dazu können Sie die Properties Ihrer Elemente auch direkt mit den Strings der *.resw*-Datei füttern. Setzen Sie dazu auf Ihrem Element das `x:Uid`-Attribut auf einen Wert, der im Ressourcenschlüssel verwendet wird:

```
<TextBlock x:Uid="textBlockFirstName"/>
```

Listing 10.26 K10\17 RessourcenMitUid\MainPage.xaml

In der *.resw*-Datei nutzen Sie jetzt den Wert des `x:Uid`-Attributs. Abbildung 10.29 zeigt, wie für das Element mit der Uid `textBlockFirstName` die Properties `FontSize` und `Text` gesetzt werden.

Name	Wert	Kommentar
textBlockFirstName.FontSize	56	
textBlockFirstName.Text	Vorname	

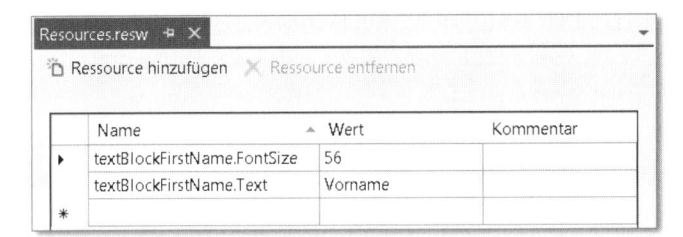

Abbildung 10.29 Mit der Uid setzen Sie bestimmte Properties des Elements.

Wird die Anwendung gestartet, wird der `TextBlock` mit der Schrittgröße 56 und dem Text *Vorname* angezeigt.

10.4 Zusammenfassung

Die Klassen `FrameworkElement` und `Application` besitzen eine `Resources`-Property, zu der Sie Objekte mit einem Schlüssel hinzufügen, um die Objekte als Ressourcen zu verwenden. Üblicherweise wird die `Resources`-Property in XAML gesetzt, der Schlüssel wird dann mit dem `x:Key`-Attribut angegeben. Auf eine Ressource greifen Sie zu, indem Sie die Markup-Extension `StaticResource` mit dem entsprechenden Schlüssel verwenden.

Die Suche nach logischen Ressourcen geht durch den Element Tree in Richtung Wurzelelement. Wird die Ressource auf dem Ressourcenpfad im Element Tree nicht gefunden, geht die Suche in der `Resources`-Property des `Application`-Objekts weiter. Wird sie auch dort nicht gefunden, wird in den Systemressourcen nachgeschaut.

Logische Ressourcen lassen sich in separate Dateien auslagern. Dazu wird die `Source`-Property der `ResourceDictionary`-Klasse auf eine externe XAML-Datei gesetzt, die als Wurzelelement ein `ResourceDictionary`-Element hat.

Sie haben in diesem Kapitel die zwei Arten von binären Ressourcen kennengelernt:

- **Dateiressourcen:** Dies sind Bilder, XML-Dateien und sonstige Dateien.
- **Eingebettete Ressourcen:** Dies sind Ressourcen, die in einer Containerdatei eingebettet sind. Bei der WinRT werden Strings zum Lokalisieren Ihrer App in *.resw*-Dateien eingebettet.

Fügen Sie Bilder zu Ihrem Projekt hinzu, werden sie mit dem Buildvorgang *Inhalt* versehen und somit zu Ihrem App-Package hinzugefügt.

Auf Bilder Ihres App-Packages greifen Sie aus XAML mit einem relativen Pfad zu. Dabei ist der Pfad zum Bild relativ zu dem Dokument, das Ihren XAML-Code enthält. Starten Sie Ihren Pfad mit einem /, um relativ zum App-Package nach einer Ressource zu suchen.

In C# greifen Sie auf Ihre Ressourcen mit der statischen Methode `GetFileFromApplicationUriAsync` der `StorageFile`-Klasse zu. Dabei sind keine relativen Pfade erlaubt. Nutzen Sie stattdessen das auch von XAML unterstützte URI-Schema *ms-appx*, um auf Dateien aus Ihrem App-Package zuzugreifen. Für Dateien aus den App-Daten nutzen Sie das URI-Schema *ms-appdata*.

Da die WinRT Ihre Anwendungen je nach Pixeldichte und Auflösung auf 100 %, 140 % oder 180 % skaliert, sollten Sie Ihre Bilder auch für diese Skalierungen mitliefern. Legen Sie Ihre Bilder dazu in einen Ordner Ihres Projekts, und benennen Sie sie dazu wie folgt mit dem *scale*-Qualifizierer:

thomas.scale-100.jpg, *thomas.scale-140.jpg* und *thomas.scale-180.jpg*.

Referenzieren Sie die Bilder aus XAML und C# weiterhin ohne den Qualifizierer, das heißt in oberem Fall einfach mit *thomas.jpg*; die WinRT pickt sich dann das zur Auflösung passende Bild heraus.

Ihre Logos sollten Sie für Ihre professionelle Windows Store App auch in verschiedenen Auflösungen aufbereiten. Auch hier geben Sie die Bilder in der *Package.appxmanifest*-Datei ohne die Qualifizierer an. Die WinRT lädt das Logo mit der passenden Auflösung automatisch.

String-Ressourcen platzieren Sie in *.resw*-Dateien. Erstellen Sie pro Sprache einen Sprachordner mit einer *.resw*-Datei. Denken Sie auch daran, in der *Package.appxmanifest*-Datei die Default-Sprache Ihrer Windows Store App zu setzen.

Im nächsten Kapitel schauen wir uns Styles genauer an. Ein Style definiert Werte für Dependency Properties. Damit diese »Wertesammlung« von mehreren Elementen verwendet werden kann, wird ein Style üblicherweise als logische Ressource erstellt.

Kapitel 11
Styles und Templates

Mit Styles lassen sich Werte für mehrere Properties eines Elements definieren. Mit einem Template bestimmen Sie das Aussehen eines Controls oder das Aussehen von Daten. Styles und Templates können Sie kombinieren, um Ihrer Anwendung ein individuelles Design zu geben.

Mit einem Style definieren Sie Werte für Dependency Properties. Ein Style ist dabei eine Instanz der Klasse Style (Namespace: Windows.UI.Xaml). Dank der im vorherigen Kapitel beschriebenen Funktionalität von logischen Ressourcen lässt sich ein Style auf mehrere Elemente anwenden, um somit durchgängig die gleichen Property-Werte zu setzen und ein einheitliches Design zu schaffen.

Ein Style wird oft verwendet, um die Template-Property eines Controls zu setzen. Mit einem Template lässt sich unter anderem das Aussehen eines Controls neu und somit total anders definieren.

In diesem Kapitel erfahren Sie alles Wissenswerte über Styles und Templates. Wir starten dazu in Abschnitt 11.1 mit Styles. Von expliziten und impliziten Styles bis hin zur Vererbung von Styles erfahren Sie alle notwendigen Details. In diesem Rahmen werfen wir auch einen Blick auf die *StandardStyles.xaml*-Datei, die sich in Ihrem Windows-Store-App-Projekt per Default im Ordner *Common* befindet.

In Abschnitt 11.2 lernen Sie die verschiedenen Arten von Templates kennen. Dabei gehe ich speziell auf das ControlTemplate ein. Es definiert das Aussehen eines Controls und wird dessen Template-Property zugewiesen.

11.1 Styles

In diesem Abschnitt erläutere ich zunächst die Grundlagen zur Klasse Style und zeige Ihnen dann, wie Sie Styles als logische Ressource einsetzen und bestehende Styles erweitern. Sie erhalten auch einen Einblick in die *StandardStyles.xaml*-Datei, die sich per Default im *Common*-Ordner Ihres Windows Store Apps-Projekts befindet.

11.1.1 Die Style-Grundlagen

Mit einem Style definieren Sie Werte für Dependency Properties. Ein Style ist dabei ein Objekt der Klasse Style (Namespace: Windows.UI.Xaml), die direkt von Dependency-Object abgeleitet ist.

Die Klasse FrameworkElement definiert eine Property Style, der sich ein Style-Objekt zuweisen lässt. Schauen wir uns ein Beispiel an. Folgender Ausschnitt erstellt eine dunkelrote, vertikal zentrierte TextBox mit weißer Schrift und einer Breite von 200 Pixeln:

```xml
<TextBox Background="DarkRed" Foreground="White" Width="200"
  VerticalAlignment="Center" Text="Eine einfache TextBox"/>
```

Anstatt die Properties lokal auf der TextBox zu setzen, können Sie sie auch über einen Style setzen. Dazu weisen Sie der Style-Property der TextBox ein Style-Objekt zu, das die Werte für die entsprechenden Dependency Properties festlegt:

```xml
<TextBox Text="Eine einfache TextBox">
  <TextBox.Style>
    <Style TargetType="TextBox">
      <Setter Property="Background" Value="DarkRed"/>
      <Setter Property="Foreground" Value="White"/>
      <Setter Property="Width" Value="200"/>
      <Setter Property="VerticalAlignment" Value="Center"/>
    </Style>
  </TextBox.Style>
</TextBox>
```

Listing 11.1 K11\01 InlineStyle\MainPage.xaml

Die TextBox aus Listing 11.1 sehen Sie in Abbildung 11.1.

Abbildung 11.1 Eine gestylte TextBox

Wie Listing 11.1 zeigt, besitzt die Style-Klasse eine TargetType-Property. Diese müssen Sie zwingend setzen. In Listing 11.1 wurde die TextBox als Zieltyp angegeben. Die Style-Klasse definiert eine Setters-Property, zu der sich Setter hinzufügen lassen. Die Setters-Property ist auf der Style-Klasse mit dem ContentProperty-Attribut als Default-Property markiert. Dadurch können Sie in XAML das Property-Element <Style.Setters> wie in Listing 11.1 einfach weglassen.

Die Setter-Klasse definiert lediglich zwei Properties: die Property-Property vom Typ DependencyProperty und die Value-Property vom Typ object. Mit einer Setter-Instanz definieren Sie folglich den Wert für eine Dependency Property. Normale

.NET-Properties lassen sich in Styles nicht setzen. Die Dependency Property wird in XAML einfach als String angegeben. Die WinRT sucht die Dependency Property in der Klasse, die in der TargetType-Property des Styles angegeben wurde.

Falls Sie mit einem Setter eine Attached Property setzen möchten, geben Sie dies in derselben Weise an, wie wenn Sie die Attached Property direkt auf dem Element setzen würden. Folgender Setter setzt die Attached Property Grid.Column auf den Wert 1.

```
<Setter Property="Grid.Column" Value="1"/>
```

> **Hinweis**
> Ein lokal gesetzter Style wie in Listing 11.1 wird auch als *Inline-Style* bezeichnet.

Obwohl ein lokal gesetzter Style wie Listing 11.1 möglich ist, ist es natürlich viel sinnvoller, einen Style als logische Ressource zu definieren, um ihn dann für die Style-Property mehrerer Elemente zu verwenden.

11.1.2 Styles als logische Ressource definieren

Definieren Sie einen Style als logische Ressource, so werden zwei Arten von Styles unterschieden:

- **Explizite Styles:** Auf dem Style in den Ressourcen setzen Sie das x:Key-Attribut. Der Style muss dadurch auf Elementen mit der StaticResource-Markup-Extension explizit referenziert werden.
- **Implizite Styles:** Auf dem Style in den Ressourcen lassen Sie das x:Key-Attribut weg, Sie setzen lediglich die TargetType-Property. Dadurch wird der Style implizit von allen Elementen des entsprechenden TargetTypes referenziert.

Betrachten wir ein Beispiel für beide Arten. Starten wir dazu mit den expliziten Styles.

Explizite Styles

Listing 11.2 zeigt ein StackPanel mit drei TextBox-Elementen. Die Resources-Property des StackPanels enthält einen Style mit dem Schlüssel txtStyle. Die ersten zwei TextBox-Elemente referenzieren diesen Style mit der Markup-Extension StaticResource. Die dritte TextBox referenziert den Style nicht. Sie wird gewöhnlich dargestellt, wie Abbildung 11.2 zeigt.

```
<StackPanel Width="200">
  <StackPanel.Resources>
    <Style x:Key="txtStyle" TargetType="TextBox">
      <Style.Setters>
        <Setter Property="Background" Value="DarkRed"/>
```

```xml
            <Setter Property="Foreground" Value="White"/>
            <Setter Property="Margin" Value="5"/>
        </Style.Setters>
      </Style>
   </StackPanel.Resources>
   <TextBox Style="{StaticResource txtStyle}" Text="Gestylt"/>
   <TextBox Style="{StaticResource txtStyle}" Text="Gestylt"/>
   <TextBox Text="Normale TextBox"/>
</StackPanel>
```

Listing 11.2 K11\02 ExpliziterStyle\MainPage.xaml

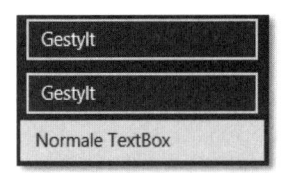

Abbildung 11.2 Zwei gestylte und eine normale TextBox

Implizite Styles

Bei einem impliziten Style lassen Sie das x:Key-Attribut einfach weg. Der Style wird dadurch implizit auf alle im Element Tree tiefer liegenden Elemente angewendet, die vom entsprechenden in der TargetType-Property angegebenen Typ sind.

Listing 11.3 ist analog zu Listing 11.2, allerdings wird für die TextBox-Elemente ein impliziter Style als Ressource des StackPanels definiert. Beachten Sie, dass dazu das x:Key-Attribut einfach weggelassen wird.

Die ersten zwei TextBox-Elemente in Listing 11.3 verwenden automatisch den in den Ressourcen des StackPanels definierten Style. Beachten Sie, dass die TextBox-Elemente ihre Style-Property nicht mehr explizit mit der Markup-Extension StaticResource setzen müssen, um den Style zu erhalten.

Auf der dritten TextBox wird die Style-Property mit der Markup-Extension x:Null explizit auf null gesetzt. Dadurch verwendet die dritte TextBox den impliziten Style nicht und wird folglich ganz normal dargestellt. Das Ergebnis von Listing 11.3 entspricht somit dem in Abbildung 11.2 dargestellten.

```xml
<StackPanel Width="200">
   <StackPanel.Resources>
      <Style TargetType="TextBox">
        <Style.Setters>
            <Setter Property="Background" Value="DarkRed"/>
            <Setter Property="Foreground" Value="White"/>
            <Setter Property="Margin" Value="5"/>
```

```
      </Style.Setters>
    </Style>
  </StackPanel.Resources>
  <TextBox Text="Gestylt"/>
  <TextBox Text="Gestylt"/>
  <TextBox Style="{x:Null}" Text="Normale TextBox"/>
</StackPanel>
```

Listing 11.3 K11\03 ImpliziterStyle\MainPage.xaml

Im Hintergrund verwendet die WinRT bei impliziten Styles das in der TargetType-Property angegebene Type-Objekt. Die Elemente der WinRT suchen automatisch in den Ressourcen nach einem Style, der als Schlüssel ihr Type-Objekt hat. Auf diese Weise finden Sie den impliziten Style.

Dass die WinRT bei impliziten Styles als Schlüssel das Type-Objekt des in der TargetType-Property angegebenen Typs verwendet, können Sie einfach prüfen, indem Sie einen impliziten Style in C# erstellen. Genau dies macht der Codeausschnitt in Listing 11.4. Beachten Sie, dass der Style unter dem Schlüssel typeof(TextBox) zu den Ressourcen des StackPanels hinzugefügt wird. Dadurch wird er automatisch von den im StackPanel enthaltenen TextBox-Elementen aufgefunden.

```
var style = new Style(typeof(TextBox));
style.Setters.Add(new Setter { ... });
...
stackPanel.Resources.Add(typeof(TextBox), style);
```

Listing 11.4 K11\04 ImpliziterStyleInCSharp\MainPage.xaml

11.1.3 Bestehende Styles erweitern

Neben den Properties TargetType und Setters definiert die Style-Klasse eine BasedOn-Property vom Typ Style. Damit lassen sich bestehende Styles erweitern, und Sie können eine Art Vererbungshierarchie aufbauen. Basiert ein neuer Style auf einem bestehenden, erbt er die Setter-Objekte von diesem.

Die Resources-Property des StackPanels in Listing 11.5 enthält zwei Styles. Der erste Style (baseStyle) definiert für die Background-Property den Wert DarkRed und für die Foreground-Property den Wert White. Der zweite Style (specificStyle) definiert Werte für die Properties Margin und FontWeight. Auf dem Style-Element wird der BasedOn-Property mittels Markup-Extension StaticResource der zuvor definierte Style (baseStyle) zugewiesen. Somit besitzt der specificStyle alle Setter des baseStyles und seine eigenen. Das StackPanel enthält lediglich zwei TextBox-Elemente, von denen eines den baseStyle und eines den specificStyle verwendet.

```xml
<StackPanel Width="200" Margin="10">
  <StackPanel.Resources>
    <Style x:Key="baseStyle" TargetType="TextBox">
      <Style.Setters>
        <Setter Property="Background" Value="DarkRed"/>
        <Setter Property="Foreground" Value="White"/>
      </Style.Setters>
    </Style>
    <Style x:Key="specificStyle" TargetType="TextBox"
      BasedOn="{StaticResource baseStyle}">
      <Style.Setters>
        <Setter Property="Margin" Value="5"/>
        <Setter Property="FontWeight" Value="Bold"/>
      </Style.Setters>
    </Style>
  </StackPanel.Resources>
  <TextBox Style="{StaticResource baseStyle}" Text="baseStyle"/>
  <TextBox Style="{StaticResource specificStyle}"
    Text="specificStyle"/>
</StackPanel>
```

Listing 11.5 K11\05 BasedOnStyles\MainPage.xaml

In Abbildung 11.3 sehen Sie das StackPanel aus Listing 11.5. Auch die untere TextBox mit dem Text specificStyle wird mit einem dunkelroten Hintergrund und weißem Text dargestellt. Dies ist im baseStyle definiert. Darüber hinaus hat die untere TextBox einen Rand von fünf Pixeln, und der Text wird fett (bold) dargestellt. Dies sind Eigenschaften aus dem specificStyle.

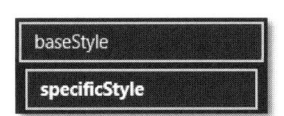

Abbildung 11.3 Zwei TextBoxen, die aufeinander basierende Styles nutzen

Styles lassen sich, wie in Listing 11.5 demonstriert, mit der BasedOn-Property beliebig tief verschachteln. Wird in einem spezifischen Style ein Wert für eine Dependency Property festgelegt, die bereits in einem generellen Style definiert wurde, hat der Wert des spezifischen Styles Vorrang. Dies ist ähnlich einem »Override« bei klassischer Vererbung.

> **Achtung**
> Wollen Sie zur Laufzeit einen Style ändern, gibt es ein paar Einschränkungen. Wurde der Style bereits der BasedOn-Property eines anderen Styles zugewiesen oder wird

der Style bereits von einem Element verwendet, ist die Readonly-Property IsSealed des Styles true. Der Style kann nicht mehr verändert werden. Zuvor hat die IsSealed-Property den Wert false, wodurch beliebige Änderungen möglich sind.

11.1.4 Weitere Properties, die Styles entgegennehmen

Bisher haben wir Styles immer nur der Style-Property von FrameworkElementen zugewiesen. Betrachten Sie die verschiedenen Elemente der WinRT allerdings etwas genauer, werden Sie feststellen, dass es noch weitere Properties vom Typ Style gibt. Beispielsweise definiert die Klasse ItemsControl die ItemContainerStyle-Property vom Typ Style. Weisen Sie dieser Property einen Style zu, um damit Eigenschaften der Elemente im ItemsControl zu setzen. Als TargetType geben Sie das entsprechende Containerelement an: Bei der ComboBox das ComboBoxItem, bei der ListView das List-ViewItem oder bei der GridView das GridViewItem, um ein paar Beispiele zu nennen.

Listing 11.6 zeigt eine GridView, die die Elemente mit Hilfe des ItemContainerStyles 300 × 300 Einheiten groß und mit einem Rand von 10 Einheiten darstellt.

```
<GridView ItemsSource="{Binding}">
  <GridView.ItemContainerStyle>
    <Style TargetType="GridViewItem">
      <Setter Property="Width" Value="300"/>
      <Setter Property="Height" Value="300"/>
    </Style>
  </GridView.ItemContainerStyle>
  <GridView.ItemTemplate>
    <DataTemplate>
      ...
    </DataTemplate>
  </GridView.ItemTemplate>
</GridView>
```

Listing 11.6 K11\06 DerItemContainerStyle\MainPage.xaml

Hinweis
Styles als logische Ressourcen zu definieren ist der übliche Weg, wenn Sie die Style-Property von Elementen setzen. Für andere Properties vom Typ Style, wie die Item-ContainerStyle-Property, ist es dagegen durchaus üblich, den Style wie in Listing 11.6 lokal zu setzen.

11.1.5 Die »StandardStyles.xaml«-Datei

Erstellen Sie ein neues Windows-Store-App-Projekt, finden Sie im *Common*-Ordner Ihres Projekts die Datei *StandardStyles.xaml*. Diese Datei enthält ein `ResourceDictionary`, das standardmäßig in den App-Ressourcen (*App.xaml*-Datei) eingebunden ist.

> **Hinweis**
>
> Wie Sie in separate Dateien ausgelagerte `ResourceDictionary`-Instanzen einbinden, lesen Sie in Kapitel 10, »Ressourcen«. Dabei wird außerdem gezeigt, wie die *Standard-Styles.xaml*-Datei eingebunden ist.

Die *StandardStyles.xaml*-Datei enthält verschiedene `Styles`, insbesondere `Styles` für die `Buttons` in der `AppBar`. Listing 11.7 zeigt einen kleinen Ausschnitt. Darin sind der `AppBarButtonStyle` und der von ihm erbende `EditAppBarButtonStyle` zu sehen.

```xml
<Style x:Key="AppBarButtonStyle" TargetType="ButtonBase">
  ...
</Style>
...
<Style x:Key="EditAppBarButtonStyle" TargetType="ButtonBase"
  BasedOn="{StaticResource AppBarButtonStyle}">
  <Setter Property="AutomationProperties.AutomationId"
    Value="EditAppBarButton"/>
  <Setter Property="AutomationProperties.Name" Value="Edit"/>
  <Setter Property="Content" Value="&#xE104;"/>
</Style>
```

Listing 11.7 Die Datei »StandardStyles.xaml« aus dem »Common«-Ordner

Die meisten `Styles` in der *StandardStyles.xaml*-Datei sind standardmäßig auskommentiert. Wenn Sie einen bestimmten `Style` benötigen, kommentieren Sie den XAML-Code einfach ein, und referenzieren Sie den `Style` mit der `StaticResource`-Markup-Extension. Schauen wir uns dies jetzt anhand der FriendStorage-App an, die auch den in Listing 11.7 gezeigten `EditAppBarButtonStyle` nutzt.

> **Tipp**
>
> Falls Sie Ihre eigenen Styles erstellen, ist es zu empfehlen, diese nicht mit in die *StandardStyles.xaml*-Datei, sondern in eine eigene *.xaml*-Datei mit einem `Resource-Dictionary` zu packen. Damit wissen Sie genau, was Sie für Ihr Projekt angepasst haben und was dem Standard entspricht. Gegebenenfalls leiten Sie Ihre `Styles` mit der `BasedOn`-Property von `Styles` aus der *StandardStyles.xaml*-Datei ab.

11.1.6 Styles in FriendStorage

FriendStorage verwendet hauptsächlich die Styles aus der *StandardStyles.xaml*-Datei. Listing 11.8 zeigt einen kleinen Ausschnitt der AppBar der FriendDetailPage. Die drei darin enthaltenen Buttons verwenden die in der *StandardStyles.xaml*-Datei definierten Styles AddFriendAppBarButtonStyle, DeleteAppBarButtonStyle und EditAppBarButtonStyle.

```
<AppBar>
  <StackPanel ...>
    <Button ... Style="{StaticResource
      AddFriendAppBarButtonStyle}" ... /> ...
    <Button ... Style="{StaticResource
      DeleteAppBarButtonStyle}" ... /> ...
    <Button ... Style="{StaticResource
      EditAppBarButtonStyle}" ... />
  </StackPanel>
</AppBar>
```

Listing 11.8 FriendStorage\View\FriendDetailPage.xaml

In Abbildung 11.4 sehen Sie die AppBar. Die drei Buttons werden gemäß den verwendeten Styles dargestellt.

Abbildung 11.4 Die AppBarButtons verwenden die StandardStyles.

11.1.7 Styles im Visual Studio Designer referenzieren

Anstatt Styles von Hand in XAML durch Eingeben der StaticResource-Markup-Extension zu referenzieren, können Sie im Designer von Visual Studio auch einfach auf ein Element rechtsklicken, beispielsweise auf einen Button. Wählen Sie aus dem Kontextmenü den Punkt VORLAGE BEARBEITEN • RESSOURCE ANWENDEN, und Sie erhalten eine Auflistung der verfügbaren Styles. Von den Styles in der *StandardStyles.xaml*-Datei müssen Sie natürlich die Kommentarzeichen entfernen, damit sie in diesem Menü erscheinen.

Abbildung 11.5 zeigt das Kontextmenü anhand der FriendStorage-App. Dabei wurde mit der rechten Maustaste auf den Button in der App Bar der FriendDetailPage geklickt. Wie die Auflistung der Styles im Kontextmenü zeigt, befindet sich vor dem bereits selektierten Style ein Häkchen. In der Abbildung 11.5 ist dies der AddFriend-AppBarButtonStyle.

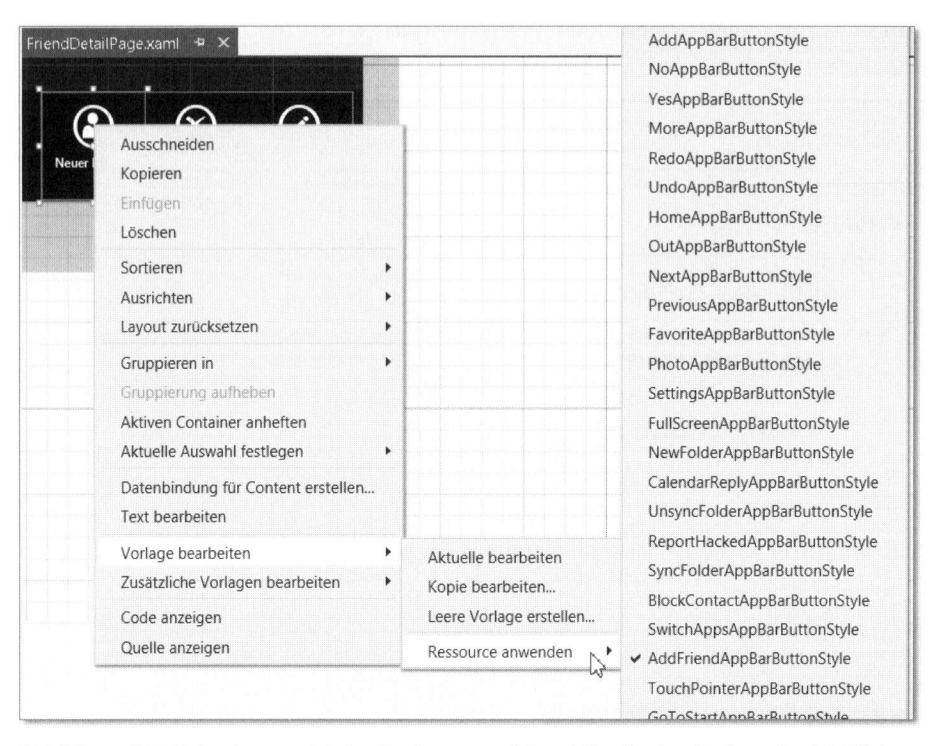

Abbildung 11.5 Styles lassen sich im Designer von Visual Studio durch einen Rechtsklick auf ein Element auswählen.

11.2 Templates

Ein Template ist eine Vorlage. In der WinRT gibt es drei Arten von Templates, die über die folgenden Klassen definiert werden:

- **ItemsPanelTemplate**: definiert das Panel, das von einem ItemsControl – beispielsweise einer ListView oder GridView – zum Anordnen der Kindelemente verwendet wird.
- **DataTemplate**: definiert das Aussehen für Daten. Beispielsweise weisen Sie der ItemTemplate-Property eines ItemsControls ein DataTemplate zu, damit die Kindelemente mit diesem Aussehen dargestellt werden.
- **ControlTemplate**: beschreibt das Aussehen eines Controls. Weisen Sie der Template-Property Ihres Controls ein ControlTemplate zu, um ein komplett neues Aussehen zu definieren.

> **Hinweis**
> Wenn über Templates gesprochen wird, sind damit meist die ControlTemplates gemeint.

Alle drei Template-Klassen leiten von der Klasse FrameworkTemplate ab. Abbildung 11.6 zeigt die Klassenhierarchie.

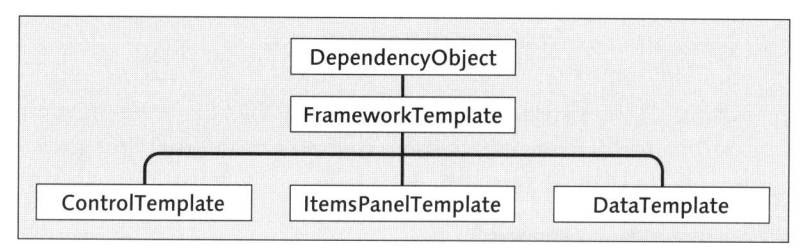

Abbildung 11.6 Die Klassenhierarchie der Templates in der WinRT

In den folgenden Abschnitten schauen wir uns das DataTemplate, das ItemsPanelTemplate und insbesondere das ControlTemplate genauer an.

11.2.1 »DataTemplate« und »ItemsPanelTemplate«

Mit einem DataTemplate definieren Sie ein Aussehen für Ihre Daten. Es gibt verschiedene Properties, die ein DataTemplate entgegennehmen. Die wohl bekannteste ist die ItemTemplate-Property eines ItemsControls.

Mit einem ItemsPanelTemplate bestimmen Sie das von einem ItemsControl zum Positionieren der Kindelemente genutzte Panel. Schauen wir uns ein Beispiel an.

Listing 11.9 zeigt eine ListView. Die ItemsSource-Property ist an eine im DataContext enthaltene List<Friend>-Instanz gebunden. Mit einem der ItemTemplate-Property zugewiesenen DataTemplate wird ein Aussehen für die Friend-Instanzen definiert. Mit der ItemsPanel-Property und dem darin enthaltenen ItemsPanelTemplate wird das Panel festgelegt, das zum Anordnen der Friend-Objekte genutzt wird. In Listing 11.9 ist dies ein horizontales StackPanel.

```
<ListView ItemsSource="{Binding}" VerticalAlignment="Top">
  <ListView.ItemTemplate>
    <DataTemplate>
      <StackPanel Margin="10">
        <TextBlock Text="{Binding FirstName}" FontWeight="Bold"/>
        <TextBlock Text="{Binding LastName}"/>
      </StackPanel>
```

```xml
      </DataTemplate>
    </ListView.ItemTemplate>
    <ListView.ItemsPanel>
      <ItemsPanelTemplate>
        <StackPanel Orientation="Horizontal"/>
      </ItemsPanelTemplate>
    </ListView.ItemsPanel>
</ListView>
```

Listing 11.9 K11\07 DasDataUndItemsPanelTemplate\MainPage.xaml

Abbildung 11.7 zeigt die `ListView` aus Listing 11.9. Die `Friend`-Objekte werden mit dem im `DataTemplate` definierten Aussehen dargestellt und zudem aufgrund der gesetzten `ItemsPanel`-Property horizontal angeordnet.

Abbildung 11.7 Die ListView ordnet die Elemente horizontal an und stellt sie mit dem angegebenen DataTemplate dar.

> **Hinweis**
>
> `DataTemplates` haben wir bereits intensiv in Kapitel 7, »Daten«, betrachtet. Sie finden dort weitere Beispiele.

11.2.2 Das Aussehen von Controls mit ControlTemplates anpassen

Auf einem Control setzen Sie üblicherweise Properties wie `Background` und `Foreground`, um es nach Ihren Bedürfnissen anzuzeigen. Allerdings wird das Control auch nach dem Setzen dieser Properties immer noch seine grundlegende Darstellung beibehalten.

Falls Sie das Control komplett neu zeichnen möchten – beispielsweise möchten Sie einen dreieckigen Button –, ersetzen Sie das Aussehen des Controls. Dazu besitzt die Klasse `Control` eine Property namens `Template`, der Sie ein `ControlTemplate` zuweisen.

Ein `ControlTemplate` beschreibt den Visual Tree und damit das Aussehen eines Controls. Da das Aussehen im `ControlTemplate` von der eigentlichen Logik des Controls getrennt ist, wird auch von »lookless« Controls gesprochen.

> **Hinweis**
>
> Jedes Control hat bereits ein Aussehen, da pro Control ein ControlTemplate in einem Default-Style definiert ist. Beim Implementieren eines Custom Controls in Kapitel 12, »Eigene Controls und WinRT-Komponenten«, werden Sie diesen Default-Style und das darin enthaltene ControlTemplate erstellen. In diesem Kapitel lesen Sie in Abschnitt 11.2.8, »Der Default-Style mit dem ›ControlTemplate‹«, wie Sie den Default-Style eines WinRT-Controls und das darin enthaltene ControlTemplate ansehen.

Folgender Codeausschnitt setzt die Template-Property eines Button-Elements. Das ControlTemplate besteht dabei aus einem gelben Border-Element, das wiederum einen TextBlock mit dem Text Das einfache Template enthält.

```xml
<Button Content="Ein einfacher Button" Padding="10"
  Background="White" Foreground="Black" BorderBrush="Gray">
  <Button.Template>
    <ControlTemplate TargetType="Button">
      <Border CornerRadius="5" Background="Black"
        BorderBrush="Yellow" BorderThickness="3">
        <TextBlock Text="Das einfache Template"
          Margin="10" Foreground="Yellow"/>
      </Border>
    </ControlTemplate>
  </Button.Template>
</Button>
```

Listing 11.10 Ein einfaches ControlTemplate für einen Button

Abbildung 11.8 zeigt den Button aus oberem Codeausschnitt, der aufgrund der im ControlTemplate auf dem Border-Element gesetzten CornerRadius-Property mit leicht runden Ecken dargestellt wird.

Abbildung 11.8 Der Button wird wie im ControlTemplate definiert mit leicht runden Ecken dargestellt.

Der Button hat das Aussehen eines gewöhnlichen Buttons verloren; der Visual Tree besteht jetzt aus der Border und dem TextBlock. Beachten Sie in Listing 11.10, dass auf dem Button auch Properties wie Content, Padding oder Background gesetzt wurden. Diese haben allerdings keinen Einfluss auf das Aussehen, da sie im ControlTemplate nicht beachtet werden. Stattdessen wurde im ControlTemplate alles hartkodiert. Wie

Sie auf die Werte im `ControlTemplate` reagieren, schauen wir uns jetzt im nächsten Abschnitt an.

> **Hinweis**
>
> Sobald ein Control angezeigt wurde, kommen Sie mit der Klasse `VisualTreeHelper` auch an die im `ControlTemplate` definierten Elemente heran. Ein Beispiel zum Ablaufen des Visual Trees mit der Klasse `VisualTreeHelper` finden Sie in Abschnitt 3.9, »Object und Visual Tree«.

11.2.3 Das »ControlTemplate« mit »TemplateBindings« verbinden

Um im `ControlTemplate` die Werte der Properties zu nutzen, die auf dem `Control` selbst gesetzt wurden, verwenden Sie die Markup-Extension `TemplateBinding`. Damit lassen sich Properties der Elemente im `ControlTemplate` an die Properties des Controls binden, auf das das Template letztendlich angewendet wird.

In folgendem Codeausschnitt sind im `ControlTemplate` sowohl einige Properties der `Border` als auch des `TextBlocks` mit der `TemplateBinding`-Markup-Extension an die Properties des `Buttons` gebunden:

```xml
<Button Content="Ein einfacher Button" Padding="10"
  Background="White" Foreground="Black" BorderBrush="Gray">
  <Button.Template>
    <ControlTemplate TargetType="Button">
      <Border CornerRadius="10"
        Background="{TemplateBinding Background}"
        BorderBrush="{TemplateBinding BorderBrush}"
        BorderThickness="{TemplateBinding BorderThickness}">
        <TextBlock Text="{TemplateBinding Content}"
          Margin="{TemplateBinding Padding}"
          Foreground="{TemplateBinding Foreground}"/>
      </Border>
    </ControlTemplate>
  </Button.Template>
</Button>
```

Listing 11.11 Ein ControlTemplate mit TemplateBindings

Dank den `TemplateBindings` werden die auf dem `Button` gesetzten Properties im `ControlTemplate` beachtet. Der `Button` wird somit wie in Abbildung 11.9 mit weißem Hintergrund, schwarzer Schrift, grauem Rahmen und einem `Padding` von 10 Einheiten dargestellt.

Abbildung 11.9 Ein Button mit einem angepassten ControlTemplate

Beachten Sie, dass im ControlTemplate in Listing 11.11 die Text-Property des Text-Blocks an die Content-Property des Buttons gebunden ist. Die Content-Property ist allerdings vom Typ object, da der Button das flexible Inhaltsmodell unterstützt. Sobald auf dem Button aus Listing 11.11 jedoch etwas anderes als ein String als Content gesetzt wird – beispielsweise ein Panel –, zeigt das Template den Inhalt nicht mehr an.

Die Klasse Button erbt die Content-Property von der Klasse ContentControl. Für die ControlTemplates von ContentControls und ItemsControls gibt es ein jeweils ein spezielles Element, das Sie im ControlTemplate definieren sollten.

»Content« von »ContentControls«

In einem ControlTemplate eines ContentControls verwenden Sie ein ContentPresenter-Element zum Anzeigen des Inhalts. Damit unterstützt Ihr ControlTemplate auch flexiblen Inhalt und nicht nur einen bestimmten Typ.

Das ControlTemplate in Listing 11.12 verdeutlicht dies. Neben der Content-Property ist der im ControlTemplate enthaltene ContentPresenter an ein paar weitere Properties gebunden, die somit eine Auswirkung haben, wenn Sie sie auf dem Button setzen.

```xml
<Button Content="Ein einfacher Button" Padding="10"
  Background="White" Foreground="Black" BorderBrush="Gray">
  <Button.Template>
    <ControlTemplate TargetType="Button">
      <Border CornerRadius="10"
        Background="{TemplateBinding Background}"
        BorderBrush="{TemplateBinding BorderBrush}"
        BorderThickness="{TemplateBinding BorderThickness}">
        <ContentPresenter Content="{TemplateBinding Content}"
          ContentTemplate="{TemplateBinding ContentTemplate}"
          HorizontalAlignment="{TemplateBinding
            HorizontalContentAlignment}"
          VerticalAlignment="{TemplateBinding
            VerticalContentAlignment}"
          Margin="{TemplateBinding Padding}"/>
      </Border>
    </ControlTemplate>
  </Button.Template>
</Button>
```

Listing 11.12 K11\08 EinfachesControlTemplate\MainPage.xaml

> **Hinweis**
> Sie finden in der WinRT weitere solche »Platzhalter«-Elemente wie `ContentPresenter` und `ItemsPresenter`. Das Template eines `ScrollViewers` enthält beispielsweise einen `ScrollContentPresenter`.

> **Hinweis**
> In der Praxis bearbeiten Sie im Grunde das Default-Template und beginnen nicht bei null. Dann sehen Sie gleich, welche Elemente darin sind. Warum starten wir hier dann bei null? Das Default-Template eines `Button`s ist bereits mehrere Seiten lang. Wir klären zuerst die Grundlagen an einfachen Beispielen. Später erfahren Sie, wie Sie die Default-Templates anschauen. Mit dem hier vermittelten Wissen können Sie diese dann auch lesen, auch wenn sie über mehrere Seiten gehen.

»Items« von »ItemsControls«

Wenn Sie das `ControlTemplate` eines `ItemsControls` erstellen, fügen Sie ein `ItemsPresenter`-Element in Ihr `ControlTemplate` ein. An der Stelle im Visual Tree des `ControlTemplates`, an der Sie das `ItemsPresenter`-Element platzieren, wird beim Verwenden des Templates automatisch das in der `ItemsPanel`-Property (von `ItemsControl`) definierte `Panel` eingefügt.

11.2.4 Das Template in einen Style auslagern

Es ist in der Praxis üblich, die `Template`-Property in einem `Style` zu setzen. Obwohl sich ein `ControlTemplate` auch alleinstehend als logische Ressource definieren und via `StaticResource`-Markup-Extension der `Template`-Property eines Elements zuweisen lässt, wird die `Template`-Property meist in einem `Style` gesetzt.

Listing 11.13 zeigt einen impliziten `Style` für `Button`s. Beachten Sie, dass im `Style` neben der `Template`-Property auch gleich ein paar weitere Properties wie `Foreground`, `Background` und `Margin` gesetzt werden.

Im `StackPanel`, das den `Style` in den Ressourcen enthält, befinden sich zwei `Buttons`, die jetzt entsprechend dargestellt werden.

```xml
<StackPanel>
  <StackPanel.Resources>
    <Style TargetType="Button">
      <Setter Property="Padding" Value="10"/>
      <Setter Property="Foreground" Value="Black"/>
      <Setter Property="Background" Value="White"/>
```

```xml
    <Setter Property="BorderBrush" Value="Gray"/>
    <Setter Property="Margin" Value="2"/>
    <Setter Property="Template">
      <Setter.Value>
        <ControlTemplate TargetType="Button">
          <Border CornerRadius="10" ...>
            ...
          </Border>
        </ControlTemplate>
      </Setter.Value>
    </Setter>
  </Style>
 </StackPanel.Resources>
 <Button Content="Buttons mit" FontWeight="Bold"/>
 <Button Content="speziellen Templates"/>
</StackPanel>
```

Listing 11.13 K11\09 ControlTemplateInStyle\MainPage.xaml

Abbildung 11.10 zeigt die beiden Buttons aus Listing 11.13. Aufgrund des impliziten Styles erhalten sie beide das ControlTemplate, und ihr Aussehen ist entsprechend angepasst.

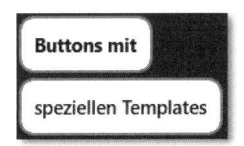

Abbildung 11.10 Beide Buttons erhalten das ControlTemplate über den Style.

11.2.5 Templates in Blend und Visual Studio erstellen

Während das Erstellen einfacher ControlTemplates von Hand durchaus üblich ist, kreieren Sie komplexere ControlTemplates üblicherweise in Blend. Oft wird in Blend auch eine Kopie des Default-Styles erstellt, der das Standard-ControlTemplate enthält, das dann angepasst wird. Eine solche Kopie lässt sich übrigens auch in Visual Studio anlegen. Wenn Sie das Gerüst eines ControlTemplates haben, können Sie es natürlich wieder effektiv von Hand editieren.

In diesem Abschnitt erhalten Sie einen kleinen Einblick in das Erstellen von ControlTemplates mit Blend und Visual Studio. Wir starten mit Blend.

Um Ihr Projekt in Blend zu öffnen, klicken Sie in Visual Studio im PROJEKTMAPPEN-EXPLORER mit der rechten Maustaste auf Ihr Projekt. Wählen Sie aus dem Kontextmenü den Menüpunkt IN BLEND ÖFFNEN...

11 Styles und Templates

> **Hinweis**
>
> Es ist durchaus üblich, dass Sie ein und dasselbe Projekt in Visual Studio und in Blend gleichzeitig offen haben. Blend bietet in einigen Fällen mehr Möglichkeiten; es unterstützt beispielsweise die im nächsten Abschnitt betrachteten Visual States.
>
> Speichern Sie Ihr Projekt in Blend ab, bemerkt Visual Studio die Änderungen und lädt es neu. Umgekehrt funktioniert das genauso.

Klicken Sie in Blend mit der rechten Maustaste auf Ihr Element. In Abbildung 11.11 wird auf einen der beiden im vorigen Abschnitt erstellten Buttons geklickt. Aus dem Kontextmenü wählen Sie wie in der Abbildung den Menüpunkt VORLAGE BEARBEITEN • AKTUELLE BEARBEITEN.

> **Hinweis**
>
> Der Menüpunkt AKTUELLE BEARBEITEN ist nur aktiv, wenn Sie bereits ein ControlTemplate erstellt haben. Ansonsten können Sie mit dem Menüpunkt KOPIE BEARBEITEN... auch eine Kopie des Default-Styles erstellen und das Standard-ControlTemplate betrachten und anpassen.

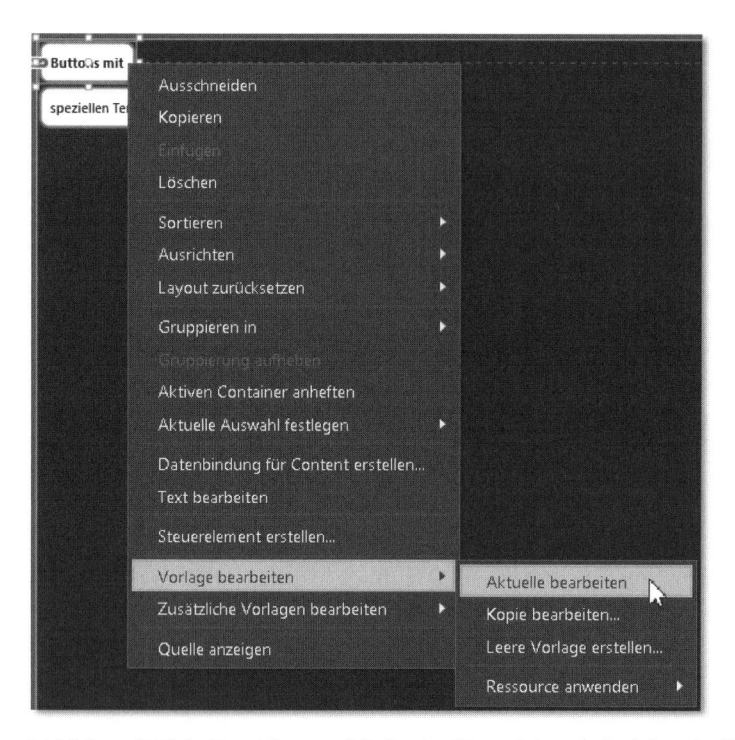

Abbildung 11.11 In Blend lassen sich ControlTemplates einfach bearbeiten.

Haben Sie den Menüpunkt in Abbildung 11.11 angeklickt, befinden Sie sich in der TEMPLATE-Ansicht. Dies erkennen Sie im oberen Teil des Editors, wie Abbildung 11.12 zeigt. Klicken Sie in Abbildung 11.12 auf [BUTTON], um die TEMPLATE-Ansicht wieder zu verlassen.

Abbildung 11.12 Die »Template«-Ansicht finden Sie im oberen Teil des Editors.

Dass Sie sich in der TEMPLATE-Ansicht befinden, sehen Sie in Blend auch anhand des in Abbildung 11.13 dargestellten OBJEKTE UND ZEITACHSEN-Fensters. Darin ist zudem die Struktur des ControlTemplates sichtbar. Klicken Sie in diesem Fenster auf den nach oben zeigenden kleinen Pfeil, um die TEMPLATE-Ansicht zu verlassen.

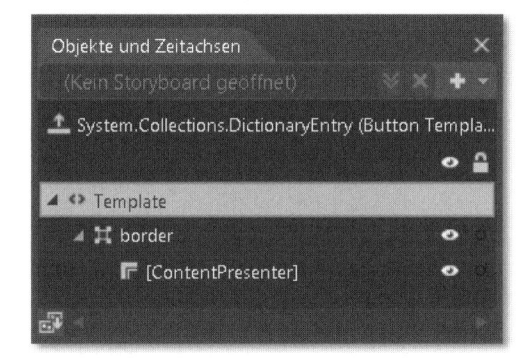

Abbildung 11.13 In Blend können Sie die Struktur des ControlTemplates betrachten.

Im in Abbildung 11.13 dargestellten OBJEKTE UND ZEITACHSEN-Fenster lassen sich Elemente prima selektieren, manchmal etwas einfacher als im Designer. Wird in Abbildung 11.13 beispielsweise die Border ausgewählt, können Sie deren Eigenschaften im EIGENSCHAFTEN-Fenster betrachten.

> **Tipp**
> Auf die Elemente im OBJEKTE UND ZEITACHSEN-Fenster (Abbildung 11.13) können Sie auch mit der rechten Maustaste klicken. Es erscheint dasselbe Kontextmenü, wie wenn Sie das Element im Designer mit der rechten Maustaste anklicken (Abbildung 11.11). Dies ist insbesondere interessant, wenn Sie sich nicht in der TEMPLATE-Ansicht befinden und im OBJEKTE UND ZEITACHSEN-Fenster die Struktur Ihrer kompletten Page dargestellt wird.

11   Styles und Templates

Wie auch im EIGENSCHAFTEN-Fenster von Visual Studio ist in jenem von Blend hinter jeder Property ein kleines Quadrat. Ein Klick darauf öffnet ein Menü mit verschiedenen Möglichkeiten für die entsprechende Property. Befindet sich Blend in der TEMPLATE-Ansicht, ist darunter auch die Möglichkeit, ein `TemplateBinding` zu erstellen.

Abbildung 11.14 zeigt dies anhand der `Background`-Property des `Border`-Elements. Ein Klick auf das kleine Quadrat öffnet das Menü. Unter dem Menüpunkt VORLAGENBINDUNG werden mögliche Properties angezeigt. Darin sehen Sie in Abbildung 11.14, dass die `Background`-Property der `Border` bereits an die `Background`-Property des jeweiligen `Buttons` gebunden ist.

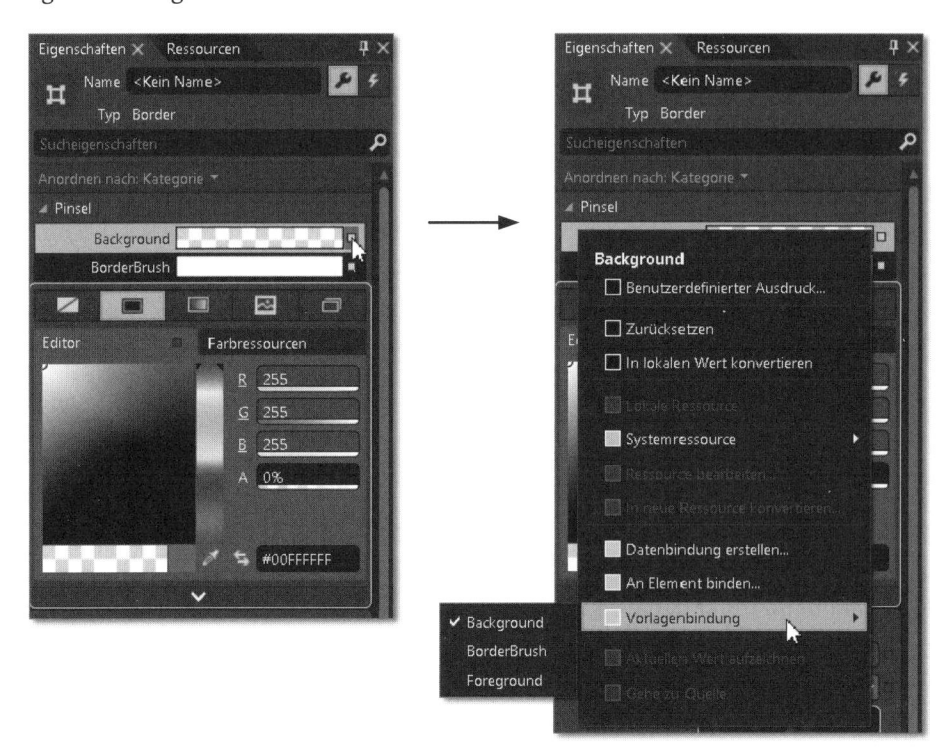

Abbildung 11.14 Ein »TemplateBinding« können Sie auch in Blend erstellen.

Auch in Visual Studio haben Sie die Möglichkeit, ein `ControlTemplate` zu erstellen oder zu bearbeiten. Klicken Sie im Designer oder im DOKUMENTGLIEDERUNG-Fenster mit der rechten Maustaste auf ein Element. Es öffnet sich das in Abbildung 11.15 dargestellte Kontextmenü. Darin finden Sie wie in Blend den Menüpunkt VORLAGE BEARBEITEN • AKTUELLE BEARBEITEN. Auch die weiteren Menüpunkte wie KOPIE BEARBEITEN... sind verfügbar.

Abbildung 11.15 Auch in Visual Studio lässt sich ein Template bearbeiten.

Wurde der Menüpunkt VORLAGE BEARBEITEN • AKTUELLE BEARBEITEN in Abbildung 11.15 selektiert, befindet sich der Designer von Visual Studio in der TEMPLATE-Ansicht. Sie sehen dies im DOKUMENTGLIEDERUNG-Fenster, das jetzt wie in Abbildung 11.16 dargestellt die Struktur des Templates zeigt. Wie auch in Blend verlassen Sie die TEMPLATE-Ansicht durch einen Klick auf den nach oben zeigenden kleinen Pfeil.

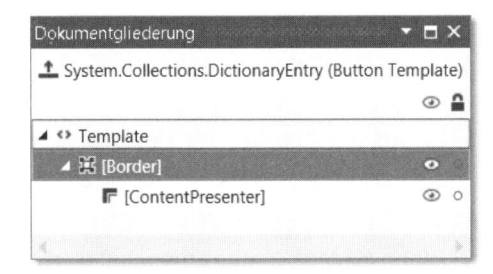

Abbildung 11.16 Im »Dokumentgliederung«-Fenster sehen Sie das Template.

Wählen Sie im DOKUMENTGLIEDERUNG-Fenster oder im Designer ein Element des ControlTemplates aus, beispielsweise wie in Abbildung 11.16 die Border. Im EIGENschaften-Fenster können Sie dann wie in Blend ein TemplateBinding erstellen, indem Sie hinter der jeweiligen Property auf das kleine Quadrat klicken. Im geöffneten Menü finden Sie unter dem Menüpunkt Vorlagenbindung analog zu Blend eine Auswahl möglicher Properties. Darin ist im Beispiel mit der Border in Abbildung 11.17 zu sehen, dass die Background-Property der Border bereits an die Background-Property des jeweiligen Buttons gebunden ist.

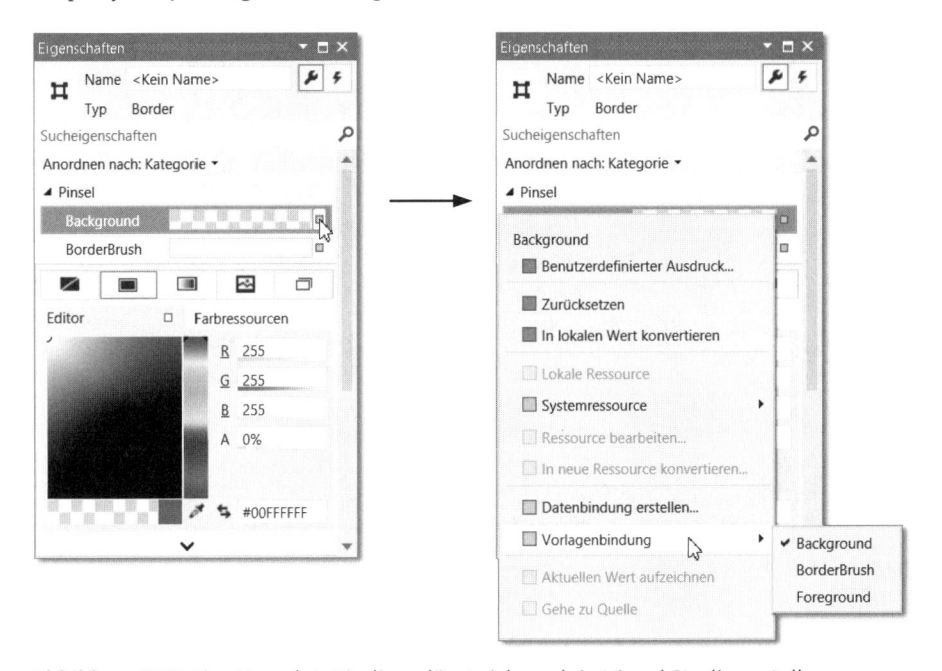

Abbildung 11.17 Ein »TemplateBinding« lässt sich auch in Visual Studio erstellen.

Wie dieser Abschnitt gezeigt hat, bietet auch Visual Studio einige Möglichkeiten bezüglich ControlTemplates. Was Visual Studio im Gegensatz zu Blend jedoch nicht unterstützt, sind die für ControlTemplates sehr wichtigen Visual States.

11.2.6 Auf Visual States reagieren

Das Aussehen der bisher erstellten Button-Templates ist statisch. Bewegt der Benutzer die Maus über den Button oder drückt er den Button, verändert sich dessen Erscheinungsbild nicht. Um das Aussehen anzupassen, kommen die Visual States (= visuelle Zustände) ins Spiel. Ein Control unterstützt verschiedene Visual States, wie beispielsweise PointerOver oder Focused. Für einen solchen Visual State lassen sich im ControlTemplate speziell benannte Animationen definieren, die ausgeführt werden, wenn der Visual State aktiv ist.

Im Gegensatz zu Visual Studio bietet Blend direkte Unterstützung für Visual States. Dazu enthält Blend das in Abbildung 11.18 dargestellte STATUS-Fenster. In Abbildung 11.18 wird das ControlTemplate eines Buttons editiert. Es sind im STATUS-Fenster somit die Visual States des Buttons zu sehen, die sich in die zwei Gruppen COMMON-STATES und FOCUSSTATES aufteilen.

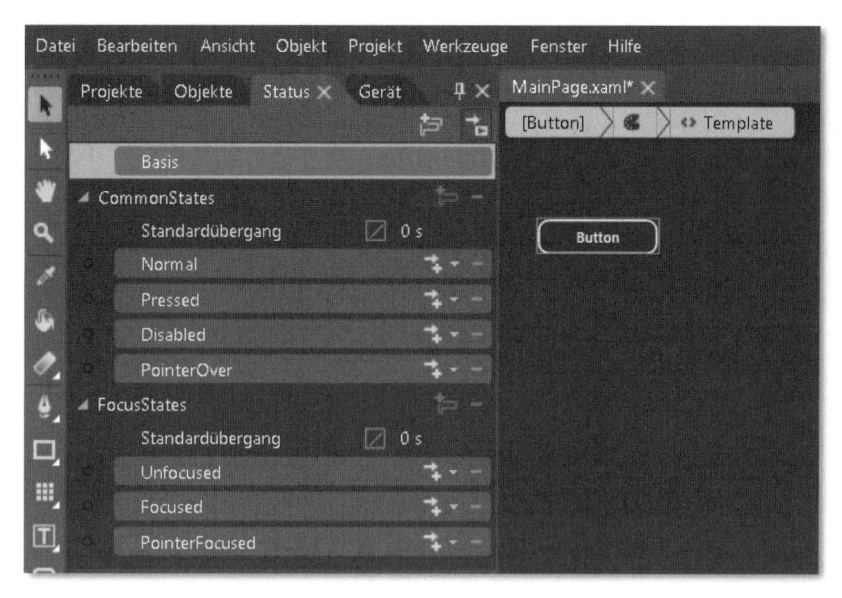

Abbildung 11.18 Die VisualStates finden Sie in Blend im »Status«-Fenster.

Aus jeder Gruppe ist immer genau ein Visual State aktiv. So sind bei einem Button ein Visual State der CommonStates-Gruppe und ein Visual State der FocusStates-Gruppe aktiv. Navigieren Sie mit der [⇥]-Taste zu einem Button, sind die Visual States Normal (Gruppe CommonStates) und Focused (Gruppe FocusStates) aktiv. Bewegen Sie die Maus über den Button, sind die Visual States MouseOver (Gruppe CommonStates) und Focused (Gruppe FocusStates) aktiv.

Um in Blend das Aussehen des ControlTemplates für einen bestimmten Zustand zu definieren, wählen Sie im STATUS-Fenster den entsprechenden Zustand aus und editieren Ihr Element ganz normal. Die geänderten Properties werden automatisch für diesen Zustand übernommen. Sind Sie fertig, wählen sie im STATUS-Fenster wieder den Zustand BASIS aus. Dieser Zustand ist übrigens auch in Abbildung 11.18 selektiert.

In Abbildung 11.19 wird ein ControlTemplate für Buttons editiert. Beachten Sie, dass im STATUS-Fenster der Zustand POINTEROVER selektiert ist. Der Designer zeigt an, dass die Zustands-Aufzeichnung aktiviert ist. Die Background-Property des im Template enthaltenen Border-Elements wird für den PointerOver-Zustand auf Rot gesetzt.

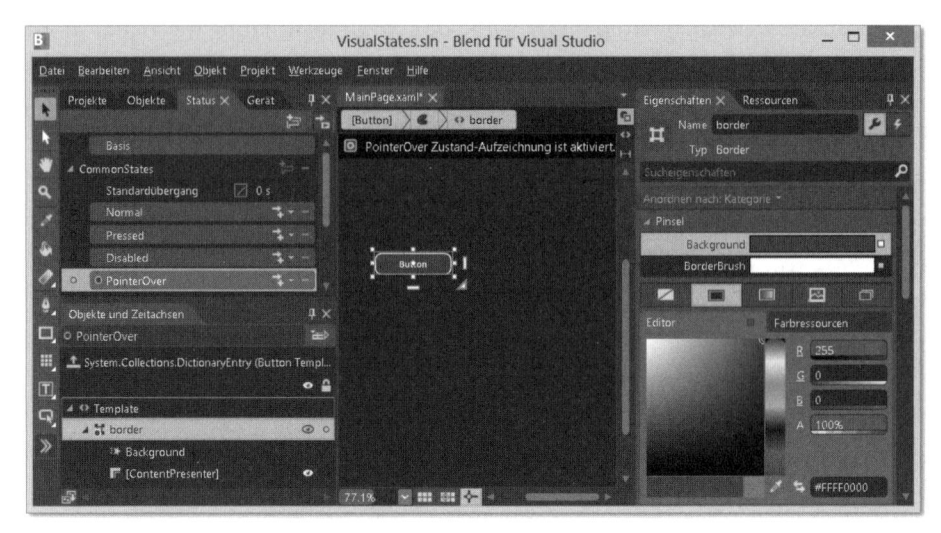

Abbildung 11.19 Im »PointerOver«-Zustand wird die »Background«-Property auf Rot gesetzt.

Für den Basis-Zustand wird die Background-Property des im Template enthaltenen Border-Elements auf Weiß gesetzt. Wird das Projekt gestartet, reagiert der Button jetzt entsprechend. Sobald die Maus über dem Button ist, wird er rot dargestellt, wie Abbildung 11.20 zeigt.

Abbildung 11.20 Im Zustand »PointerOver« wird der Button rot dargestellt.

> **Hinweis**
>
> Sie können in den einzelnen Zuständen keine Properties verändern, die über ein TemplateBinding mit dem Control verbunden sind. Aus diesem Grund wurde in Abbildung 11.19 das TemplateBinding von der Background-Property des Border-Elements entfernt. Für den Basis-Zustand wurde die Farbe Weiß definiert, für den Pointer-Over-Zustand die Farbe Rot.
>
> Jetzt reagiert das Template natürlich nicht mehr darauf, wenn auf einem Button, der das Template verwendet, die Background-Property gesetzt wird. Der Button ist immer weiß und im PointerOver-Zustand immer rot. Wenn Sie das Template für eine spezifische App bauen, ist das vollkommen in Ordnung. Bauen Sie das Template zum Einsatz in verschiedenen Apps, sollten Sie das TemplateBinding auf der Border belassen.

Zum Darstellen der unterschiedlichen Zustände können Sie in Ihrem `ControlTemplate` zusätzliche Elemente platzieren, die Sie dann abändern. Platzieren Sie beispielsweise ein fast transparentes, weißes `Rectangle` über Ihrem Inhalt, das Sie nur im Zustand `PointerOver` einblenden. Dann wirkt es, als würde der `Button` etwas leuchten. Ihren Ideen sind keine Grenzen gesetzt.

Werfen wir einen Blick auf den von Blend generierten Code. Um im `ControlTemplate` Visual States zu unterstützen, wird auf dem Wurzelelement des `ControlTemplates` die in der Klasse `VisualStateManager` definierte Attached Property `VisualStateGroups` gesetzt. Listing 11.14 verdeutlicht dies anhand des eben erstellten `ControlTemplates` für `Buttons`. Die `Border` bildet das Wurzelelement des `ControlTemplates`. Auf ihr ist die Attached Property `VisualStateManager.VisualStateGroups` gesetzt:

```xaml
<ControlTemplate TargetType="Button">
  <Border x:Name="border" CornerRadius="10"
          Background="White"...>
    <VisualStateManager.VisualStateGroups>
      <VisualStateGroup x:Name="CommonStates">
        <VisualState x:Name="Normal"/>
        <VisualState x:Name="Pressed"/>
        <VisualState x:Name="Disabled"/>
        <VisualState x:Name="PointerOver"> ... </VisualState>
      </VisualStateGroup>
      <VisualStateGroup x:Name="FocusStates"/>
    </VisualStateManager.VisualStateGroups>
    <ContentPresenter Content="{TemplateBinding Content}" .../>
  </Border>
</ControlTemplate>
```

Listing 11.14 K11\10 VisualStates\MainPage.xaml

Innerhalb der Attached Property `VisualStateGroups` sind in Listing 11.14 zwei `VisualStateGroup`-Elemente. Mit dem `x:Name`-Attribut sind genau die Namen vergeben, die zu den Visual-State-Gruppen der `Button`-Klasse passen, `CommonStates` und `FocusStates`.

Innerhalb eines `VisualStateGroup`-Elements werden für jeden Zustand `VisualState`-Elemente hinzugefügt. Auf diesen `VisualState`-Elementen ist wieder das `x:Name`-Attribut gesetzt, dessen Werte jenen den Visual States der `Button`-Klasse entsprechen.

> **Tipp**
>
> Beachten Sie, dass in Listing 11.14 die Visual States der `FocusStates`-Gruppe nicht definiert sind. Sie können nur die Zustände definieren, bei denen Sie auch eine Änderung des Aussehens hervorrufen möchten.
>
> Es ist auch vollkommen legitim, beispielsweise nur die Visual States `PointOver` und `Normal` zu definieren. Wenn Sie für `Pressed` und `Disabled` kein spezielles Erscheinungsbild haben wollen, lassen Sie diese `VisualState`-Elemente einfach weg.
>
> Anstatt die Elemente komplett wegzulassen, deklarieren viele Entwickler auch ein leeres Element, wie dies in Listing 11.14 bei den Zuständen `Normal`, `Pressed` und `Disabled` der Fall ist. Auch Blend erstellt diese leeren Elemente nach folgender Regel: Sobald Sie für einen Zustand eine Animation definieren, erstellt Blend für alle anderen in derselben Gruppe enthaltenen Zustände ein leeres `VisualState`-Element. Der Code in Listing 11.14 wurde ja in Blend erstellt.

In einem `VisualState`-Element definieren Sie mit einem `Storyboard` eine Animation, die eine Property eines Elements im `ControlTemplate` ändert. Das `Storyboard` wird dabei der Default-Property des `VisualState`-Elements zugewiesen, der `Storyboard`-Property.

Folgender Codeausschnitt zeigt das `VisualState`-Element für den `PointerOver`-Visual-State. Ein `Storyboard` enthält die von Blend durch Ändern der `Background`-Property (Abbildung 11.19) erstellte `ColorAnimation`. Diese färbt die in Listing 11.14 definierte `Border` rot, wie dies bereits in Abbildung 11.20 gezeigt wurde.

```
<VisualState x:Name="PointerOver">
  <Storyboard>
    <ColorAnimation Duration="0" To="Red"
      Storyboard.TargetProperty=
      "(Border.Background).(SolidColorBrush.Color)"
      Storyboard.TargetName="border" d:IsOptimized="True"/>
  </Storyboard>
</VisualState>
```

Listing 11.15 K11\10 VisualStates\MainPage.xaml

> **Hinweis**
>
> Die `Background`-Property der `Border` ist vom Typ `Brush`, die `ColorAnimation` kann jedoch nur `Color`-Objekte animieren. Daher hat Blend in Listing 11.15 die `TargetProperty` des `Storyboards` etwas seltsam, aber durchaus logisch gesetzt. Mit `(Border.Background)` wird zunächst die `Background`-Property der `Border` angesprochen. Dann wird mit `.(SolidColorBrush.Color)` die `Color`-Property des in der `Background`-Property gespeicherten `SolidColorBrush`s angesprochen, die somit das Ziel der Animation ist.

Wie Sie anhand des Visual States `PointerOver` sehen, ist ein `VisualState` nichts anderes als eine Animation, die abläuft, wenn ein `Control` einen bestimmten Zustand erreicht. Die Animation beziehungsweise ihr Visual State muss dabei einen bestimmten Namen im `ControlTemplate` haben, damit sie vom `Control` gefunden wird.

> **Hinweis**
>
> Falls Sie sich fragen, wo die Information der von einem `Control` unterstützten Visual States eigentlich enthalten ist, so ist diese Frage berechtigt. Auf Ihren eigenen Controls teilen Sie Tools wie Blend Ihre unterstützten Visual States mit, indem Sie auf der Klasse `TemplateVisualStateAttribute` (Namespace: `Windows.UI.Xaml`) setzen. Im Fall des `Button`s sähe das wie folgt aus:
>
> ```
> [TemplateVisualStateAttribute(Name = "Normal",
>                               GroupName = "CommonStates")]
> [TemplateVisualStateAttribute(Name = "PointerOver",
>                               GroupName = "CommonStates")]
> [TemplateVisualStateAttribute(Name = "Focused",
>                               GroupName = "FocusStates")]
> ...
> public class Button : ButtonBase { ... }
> ```
>
> Beim Blick auf die `Button`-Klasse der WinRT sehen Sie diese Attribute allerdings nicht. Das bedeutet, dass die Zustände der Standard-WinRT-Controls hartkodiert in Expression Blend enthalten sind. Um an die Zustände heranzukommen, erstellen Sie das `ControlTemplate` entweder in Blend, oder Sie erzeugen in Visual Studio durch Rechtsklick auf das Control eine Kopie des existierenden `ControlTemplate`s. Wählen Sie dazu aus dem Kontextmenü den Punkt VORLAGE BEARBEITEN • KOPIE BEARBEITEN...
>
> Für Ihre eigenen Controls nutzen Sie das `TemplateVisualStateAttribute`. Wie Sie zudem die interne Logik bauen, um Ihre Controls mit Visual States ausstatten, erfahren Sie in Kapitel 12, »Eigene Controls und WinRT-Komponenten«.

> **Hinweis**
>
> Visual States verwenden Animationen. Wir konzentrieren uns hier allerdings auf die Funktionsweise der Visual States und nicht auf die der Animationen. Mehr Details zu Animationen finden Sie in Kapitel 21, »Animationen«.

Die `VisualStateGroup`-Klasse hat eine Property `States`, zu der die bisherigen `VisualState`-Elemente hinzugefügt wurden. Das Property-Element `VisualStateGroup.States>` wurde nicht genutzt, da die `States`-Property auf der Klasse mit dem `ContentProperty`-`Attribute` als Default-Property gesetzt ist. Somit ist das Property-Element optional:

```
[ContentProperty(Name = "States")] ...
public sealed class VisualStateGroup : DependencyObject
```

Neben der `States`-Property definiert die Klasse `VisualStateGroup` die Property `Transitions`. Zu dieser Property lassen sich `VisualTransition`-Elemente hinzufügen, um Animationen für Zustandsübergänge zu definieren.

Während ein `VisualState` eine Animation definiert, die abläuft, sobald ein bestimmter Zustand aktiv ist, definiert eine `VisualTransition` einen Zustandsübergang.

Diese Transitions lassen sich in Blend ebenfalls über das STATUS-Fenster erstellen. Ein Mausklick auf den Pfeil mit dem Plus genügt, um die entsprechenden Zustandsübergänge anzuzeigen, wie Abbildung 11.21 zeigt. Eine Auswahl eines Zustandsübergangs erstellt das entsprechende `VisualTransition`-Element in XAML.

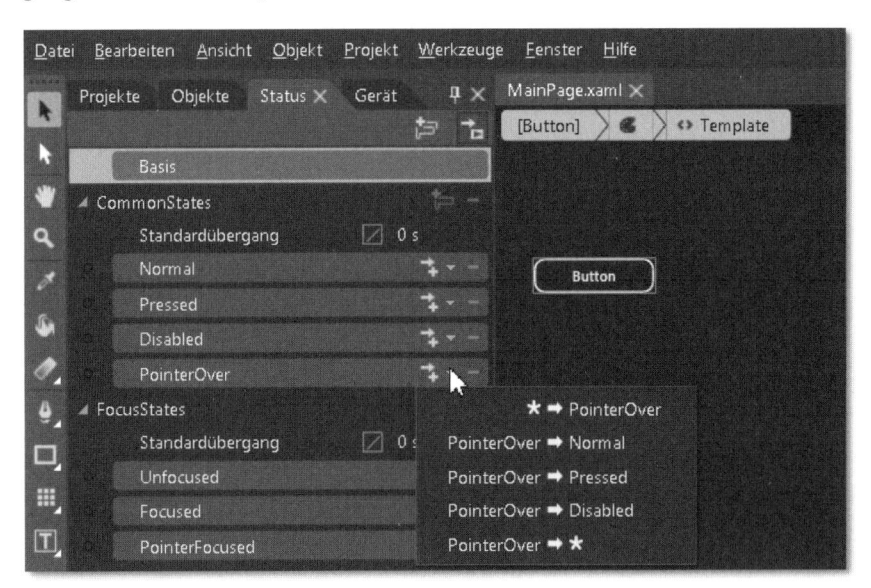

Abbildung 11.21 Transitions erstellen Sie im »Status«-Fenster von Blend.

Eine `VisualTransition` enthält in den Properties `From` und `To` die Namen der Visual States. Mit der `GeneratedDuration`-Property bestimmen Sie die Dauer des Zustandsübergangs. Optional weisen Sie der `Storyboard`-Property ein `Storyboard` mit einer Animation für den Zustandsübergang zu. Weisen Sie kein `Storyboard` zu, wird die Animation für den Zustandsübergang vom `VisualStateManager` automatisch erstellt, solange die zugehörigen `VisualState`s eine der folgenden Animationen enthalten:

- `ColorAnimation` oder `ColorAnimationUsingKeyFrames`
- `DoubleAnimation` oder `DoubleAnimationUsingKeyFrames`
- `PointAnimation` oder `PointAnimationUsingKeyFrames`

Betrachten wir unseren `PointerOver`-Visual-State aus Listing 11.15, ist darin eine `ColorAnimation`-Animation. Perfekt! Für diese kann der `VisualStateManager` die Werte berechnen. Listing 11.16 zeigt die `CommonStates`-Gruppe mit einer in Blend erstellten `VisualTransition`. Bewegt der Benutzer die Maus über den `Button`, wird dieser nicht abrupt, sondern dank der `VisualTransition` innerhalb von einer Sekunde rot dargestellt. Abbildung 11.22 zeigt die Auswirkung der Transition.

```xml
<VisualStateGroup x:Name="CommonStates">
  <VisualStateGroup.Transitions>
    <VisualTransition GeneratedDuration="0:0:1"
      To="PointerOver"/>
  </VisualStateGroup.Transitions>
  ...
  <VisualState x:Name="PointerOver">
    <Storyboard>
      <ColorAnimation Storyboard.TargetProperty=
        "(Border.Background).(SolidColorBrush.Color)"
        Storyboard.TargetName="border" To="Red" Duration="0:0:0"/>
    </Storyboard>
  </VisualState>
</VisualStateGroup>
```

Listing 11.16 K11\11 VisualTransitions\MainPage.xaml

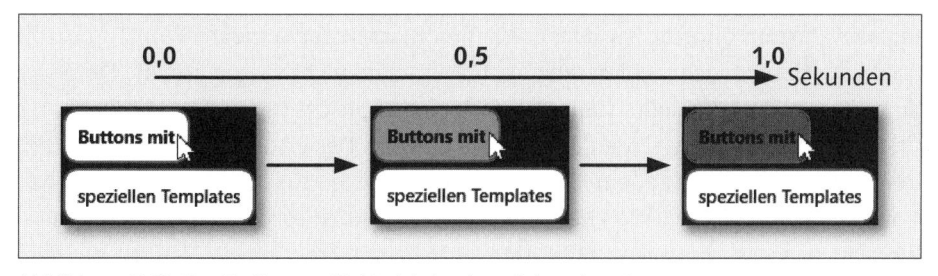

Abbildung 11.22 Der Button verfärbt sich in einer Sekunde rot.

Zum Abschluss der `VisualTransition`-Klasse schauen wir uns die Properties `From` und `To` noch genauer an. Wenn Sie `From` oder `To` nicht setzen, wird der Default-Wert * verwendet. Dies wurde in Listing 11.16 von Blend so gemacht. Folgende Varianten sind möglich:

- **From und To sind gesetzt:** Die Animation läuft genau für den Zustandsübergang vom `From`-VisualState in den `To`-VisualState.
- **Nur From ist gesetzt:** Die Animation läuft immer, wenn der `From`-Visual-State verlassen wird, da für die `To`-Property der Default-Wert * verwendet wird.

- **Nur To ist gesetzt:** Die Animation läuft immer, wenn das Control in den To-Visual-State kommt, da für die From-Property der Default-Wert * verwendet wird.
- **Weder From noch To sind gesetzt:** Die Animation läuft, wann immer eine Zustandsänderung in der entsprechenden VisualStateGroup stattfindet. Eine solche Transition wird auch als *Default-Transition* bezeichnet. From und To erhalten den Default-Wert *.

11.2.7 Template Parts beachten

Mit einem TemplateBinding lassen sich Elemente aus dem ControlTemplate an Eigenschaften des Controls binden. Mit den Visual States kann im ControlTemplate auf visuelle Zustände reagiert werden. Doch in manchen Fällen reichen diese »Verbindungen« zwischen Control und ControlTemplate nicht aus. Daher gibt es für Controls auch die Möglichkeit, in ihrem ControlTemplate nach Elementen mit einem bestimmten Namen zu suchen. Wird ein Element mit dem vom Control vorgegebenen Namen im ControlTemplate gefunden, kann das Control dieses Element beispielsweise in einer Instanzvariablen speichern und Event Handler für Events des Elements registrieren. Wie die Interna funktionieren, erfahren Sie beim Erstellen eines Custom Controls in Kapitel 12, »Eigene Controls und WinRT-Komponenten«.

Ob ein Control ein oder mehrere benannte Elemente im ControlTemplate erwartet, teilt das Control in der WPF/Silverlight auf Klassenebene über das Attribut TemplatePartAttribute mit. In der WinRT finden Sie dieses Attribut ebenfalls, um es auf Ihren eigenen Custom Controls zu setzen. Auf den Klassen der Standard-WinRT-Controls ist das Attribut jedoch nicht gesetzt, womit Sie auch nicht wissen, wie die Elemente zu benennen sind. Sie sollten daher einfach eine Kopie des Default-ControlTemplates erstellen und diese betrachten. Klicken Sie dazu im Designer von Visual Studio mit der rechten Maustaste auf ein Element, und wählen Sie aus dem Kontextmenü den Punkt Vorlage bearbeiten • Kopie bearbeiten... Auf diese Art finden Sie beispielsweise heraus, dass die ProgressBar im Default-ControlTemplate ein Element mit dem Namen ProgressBarIndicator erwartet. Mit diesem Wissen lässt sich einfach ein neues Template erstellen.

Listing 11.17 enthält ein StackPanel mit zwei ProgressBars und einem Slider. Die Value-Properties der beiden ProgressBars sind an jene des Sliders gebunden. Die erste ProgressBar verwendet ein eigenes ControlTemplate. Darin ist lediglich ein weißes Grid definiert, das wiederum ein rotes Rectangle mit einem Rand von 2 Einheiten enthält. Das rote Rectangle hat den von der ProgressBar im ControlTemplate erwarteten Namen ProgressBarIndicator.

```
<StackPanel Width="200">
  <ProgressBar Value="{Binding ElementName=sli,Path=Value}"
    Height="20" Margin="10">
```

```xml
    <ProgressBar.Template>
      <ControlTemplate TargetType="ProgressBar">
        <Grid Background="White">
          <Rectangle Fill="Red" Margin="2"
            x:Name="ProgressBarIndicator"/>
        </Grid>
      </ControlTemplate>
    </ProgressBar.Template>
  </ProgressBar>
  <ProgressBar Value="{Binding ElementName=sli,Path=Value}" .../>
  <Slider x:Name="sli" IsThumbToolTipEnabled="False"/>
</StackPanel>
```

Listing 11.17 K11\12 TemplateParts\MainPage.xaml

Zur Laufzeit findet die ProgressBar im ControlTemplate das rote Rectangle mit dem Namen ProgressBarIndicator. Wird die Value-Property verändert, passt die ProgressBar die Größe des Rectangles entsprechend an, wie Abbildung 11.23 zeigt.

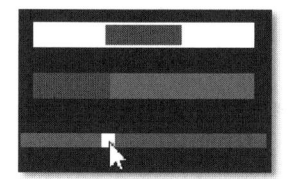

Abbildung 11.23 Die erste ProgressBar nutzt ein spezielles »ControlTemplate«.

Hinweis
Für WPF-/Silverlight-Anwendungen enthält Blend zum Editieren/Erstellen von ControlTemplates ein PARTS-Fenster, in dem die vom Control verlangten Elemente mit den erwarteten Namen aufgelistet sind. Für Windows Store Apps gibt es dieses PARTS-Fenster leider nicht.

11.2.8 Der Default-Style mit dem »ControlTemplate«

Jedes Control hat bereits ein Aussehen, da pro Control ein ControlTemplate in einem Default-Style definiert ist. Dieser Default-Style ist ressourcentechnisch auf Systemebene angesiedelt. Er lässt sich somit in den App-Ressourcen oder in den Ressourcen im Element Tree überschreiben, indem Sie einen impliziten Style erstellen.

Sowohl in Blend als auch in Visual Studio lässt sich der Default-Style ansehen. Klicken Sie dazu im Designer mit der rechten Maustaste auf ein Control, und wählen Sie aus

dem Kontextmenü den Menüpunkt VORLAGE BEARBEITEN • KOPIE BEARBEITEN...
Alternativ dazu können Sie auch die *generic.xaml*-Datei aus folgendem Ordner betrachten:

C:\Program Files (x86)\Windows Kits\8.0\Include\WinRT\Xaml\Design

Die *generic.xaml*-Datei enthält ein `ResourceDictionary` mit allen Default-Styles und den darin enthaltenen `ControlTemplate`s der WinRT. Ein Blick in die Datei lohnt sich, wenn Sie Ihr Wissen bezüglich Styles und Templates noch weiter ausbauen möchten.

11.3 Zusammenfassung

Mit einem `Style` lassen sich Werte für mehrere Dependency Properties definieren. Dazu kann ein `Style` in der `Setters`-Property ein oder mehrere `Setter`-Objekte enthalten. Ein `Setter`-Objekt definiert den Wert für eine Dependency Property. Die Klasse `FrameworkElement` besitzt eine `Style`-Property, der ein `Style`-Objekt zugewiesen werden kann.

Ein `Style` wird meist als logische Ressource definiert. Dabei wird zwischen expliziten und impliziten Styles unterschieden: Setzen Sie auf dem Style die `TargetType`-Property und das `x:Key`-Attribut, muss der Style auf Elementen explizit mit der `StaticResource`-Markup-Extension referenziert werden. Setzen Sie auf dem Style nur die `TargetType`-Property und lassen das `x:Key`-Attribut weg, wird der `Style` von den Elementen des in der `TargetType`-Property angegebenen Typs implizit verwendet, vorausgesetzt, die Elemente liegen im Element Tree tiefer als die Ressource bzw. der als Ressource definierte `Style`.

Die WinRT unterstützt drei Arten von Templates: `ControlTemplate`, `ItemsPanelTemplate` und `DataTemplate`. Das `ItemsPanelTemplate` definiert das `Panel`, das von einem `ItemsControl` zum Anordnen der Items verwendet wird. Das `DataTemplate` definiert das Aussehen für Daten-Elemente. Ein `ControlTemplate` definiert das Aussehen eines Controls. Die Verbindung zwischen Control und `ControlTemplate` findet über die Markup-Extension `TemplateBinding` statt.

Controls besitzen »visuelle Zustände«. In einem `ControlTemplate` reagieren Sie auf die »visuellen Zustände«, indem Sie auf dem Wurzelelement die Attached Property `VisualStateGroups` der `VisualStateManager`-Klasse setzen. Die Visual States lassen sich in Blend recht einfach erstellen und anpassen.

Einige Controls erwarten im `ControlTemplate` bestimmte Elemente. Die `ProgressBar`-Klasse sucht beispielsweise im `ControlTemplate` nach einem Element mit dem Namen `ProgressBarIndicator`.

Jedes Control besitzt standardmäßig ein `ControlTemplate`, ansonsten wäre es nicht sichtbar. Dieses `ControlTemplate` wird über den Default-Style geladen, der ressourcentechnisch auf Systemebene angesiedelt ist. Er lässt sich somit in den App-Ressourcen oder den Ressourcen des Element Trees überschreiben.

Im nächsten Kapitel haben Sie erneut mit Styles und Templates zu tun. Beim Erstellen eines Custom Controls kommen Sie mit dem Default-Style und dem darin enthaltenen `ControlTemplate` in Kontakt. Sie erfahren, wie Sie im Hintergrund Visual States unterstützen und wie Sie in Ihrem Control `TemplateParts` beachten.

Kapitel 12
Eigene Controls und WinRT-Komponenten

Die WinRT unterstützt zwei Arten von Controls: User Controls und Custom Controls. In diesem Kapitel werden wir diese beiden Arten erstellen, und Sie lesen auch, wie Sie Ihre Controls als WinRT-Komponente kompilieren, damit sie auch für native C++-Apps verfügbar sind.

Die WinRT enthält viele Controls, die Sie in Kapitel 4, »Controls«, und in Kapitel 7, »Daten«, kennengelernt haben. Obwohl sich das Aussehen dieser Controls mit den in Kapitel 11, »Styles und Templates«, beschriebenen `ControlTemplate`s beliebig anpassen lässt, gibt es natürlich immer noch Gründe, ein eigenes Control zu implementieren. Einige davon lauten:

- Ihre Anwendung benötigt ein Control, das so noch nicht verfügbar ist.
- Sie wollen die Logik eines Controls erweitern und leiten daher beispielsweise eine eigene Klasse von `TextBox` ab.
- Sie wollen die Komplexität in Ihrer Anwendung einschränken, indem Sie bestimmte Teile in einem eigenen Control kapseln.

In der WinRT lassen sich zwei Arten von Controls entwickeln, User Controls und Custom Controls. Im deutschsprachigen Visual Studio werden diese beiden Arten als *Benutzersteuerelement* (User Control) und *Steuerelement mit Vorlagen* (Custom Control) bezeichnet. Aufgrund der Ähnlichkeit der beiden deutschen Begriffe verwende ich in diesem Buch durchgehend die englischen Begriffe *User Control* und *Custom Control*.

User Controls eignen sich zum Gruppieren einzelner Controls. Im Gegensatz zum Custom Control unterstützt ein User Control jedoch keine `ControlTemplate`s. User Controls erstellen wir in Abschnitt 12.1, »User Controls«.

Ein Custom Controls legen Sie an, wenn Ihr Control `ControlTemplate`s unterstützen soll. Durch Austauschen des `ControlTemplate`s lässt sich das Aussehen eines Custom Controls komplett neu definieren. Auch wenn Sie Standard-Controls, wie `Button` oder `TextBox`, erweitern, erstellen Sie üblicherweise ein Custom Control. In Abschnitt 12.2, »Custom Controls«, finden Sie alle notwendigen Informationen zum Erstellen eines Custom Controls.

Möchten Sie Ihre C#-Klassen auch Entwicklern zur Verfügung stellen, die ihre Apps nativ in C++ oder mit JavaScript schreiben, erstellen Sie dazu eine WinRT-Komponente. Auch Ihre in C# entwickelten Controls lassen sich somit super an C++-Entwickler weitergeben. Mehr zu den WinRT-Komponenten erfahren Sie in Abschnitt 12.3.

Im letzten Abschnitt dieses Kapitels lernen Sie ein paar der Controls aus der Friend-Storage-App kennen.

12.1 User Controls

Ein User Control eignet sich zum Gruppieren einzelner Controls. Im Gegensatz zum Custom Control unterstützt ein User Control allerdings keine ControlTemplates. Stattdessen besteht es aus einer XAML-Datei und einer Codebehind-Datei.

In diesem Abschnitt erstellen wir das in Abbildung 12.1 dargestellte User Control. Es besteht aus zwei Buttons und einem Image-Element. Bevor wir loslegen, werfen wir noch einen Blick auf die Klasse UserControl.

Abbildung 12.1 Das zu erstellende UserControl

> **Hinweis**
>
> In Abschnitt 12.2, »Custom Controls«, werden wir das in Abbildung 12.1 dargestellte User Control als Custom Control implementieren. Es unterstützt dann zusätzlich ControlTemplates.

12.1.1 Die Klasse UserControl

Ein User Control erbt von der Klasse UserControl, die wiederum von Control abgeleitet ist. Die Klasse UserControl definiert lediglich die Content-Property vom Typ UIElement. Die Content-Property ist auf Klassenebene mit dem ContentProperty-

Attribute als Default-Property gesetzt. Der Inhalt eines `UserControl`s lässt sich somit ohne das Property-Element `<UserControl.Content>` wie folgt setzen:

```
<UserControl ...>
   <!-- Hier Ihr Inhalt, üblicherweise ein Panel -->
</UserControl>
```

Der `Content`-Property eines `UserControl`s wird meist ein `Panel` zugewiesen, ansonsten ließe sich nur ein Element im `UserControl` unterbringen. Fügen Sie zu Ihrem Projekt ein neues `UserControl` hinzu, enthält dieses standardmäßig bereits ein `Grid` in der `Content`-Property.

Es ist in der Praxis nicht unüblich, dass ein `UserControl` ein `Panel` enthält und darin wiederum andere `UserControl`-Instanzen enthalten sind. Sie können die Struktur beliebig verschachteln.

Da ein `UserControl` andere Elemente enthalten kann, kristallisieren sich zwei Vorteile heraus, die ein `UserControl` bietet:

- Komplexe Teile in einem User-Interface lassen sich in User Controls packen, um die Wartbarkeit zu erhöhen. Die Komplexität kann im `UserControl` gekapselt werden.
- Zusammengehörige Controls lassen sich mit einem `UserControl` gruppieren. Dadurch lassen sich die zusammengehörenden Controls einfacher an verschiedenen Stellen Ihrer Anwendung wiederverwenden.

Stellen Sie sich beim zweiten Punkt beispielsweise das in Abbildung 12.1 erwähnte Control zum Auswählen und Entfernen eines Bildes vor. Es kann immer wieder verwendet werden, ohne dass die einzelnen `Button`s und das `Image`-Element kopiert werden müssen. Schauen wir uns jetzt die Details zum Erstellen und Einsetzen dieses User Controls an.

12.1.2 Ein User Control hinzufügen

Um ein User Control zu erstellen, klicken Sie im PROJEKTMAPPEN-EXPLORER von Visual Studio mit der rechten Maustaste auf Ihr Projekt. Wählen Sie aus dem Kontextmenü den Menüpunkt HINZUFÜGEN • NEUES ELEMENT... Im geöffneten Dialog selektieren Sie wie in Abbildung 12.2 unter der Kategorie WINDOWS STORE das BENUTZERSTEUERELEMENT. Vergeben Sie einen Namen für Ihr User Control, und bestätigen Sie den Dialog mit dem HINZUFÜGEN-Button. In Abbildung 12.2 wurde der Name `ImageEditControl` vergeben.

Nachdem Sie den Dialog aus Abbildung 12.2 bestätigt haben, sehen Sie in Ihrem Projekt das User Control. Wie Abbildung 12.3 zeigt, besteht das User Control aus einer XAML- und einer Codebehind-Datei.

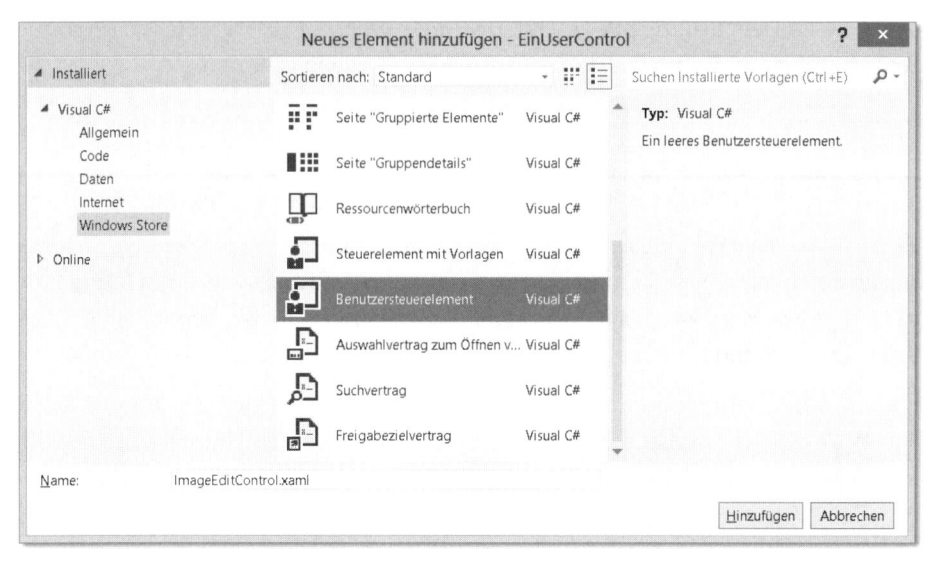

Abbildung 12.2 Ein neues User Control (»Benutzersteuerelement«) wird hinzugefügt.

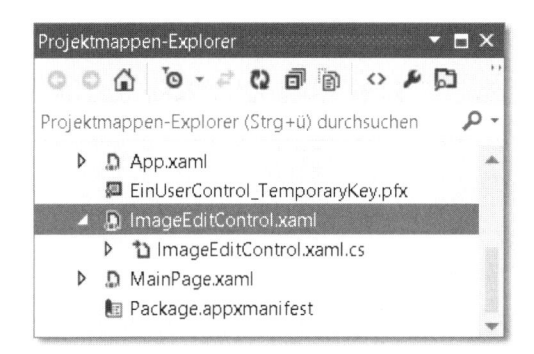

Abbildung 12.3 Das User Control besteht aus einer XAML- und einer Codebehind-Datei.

In der erstellten *ImageEditControl.xaml*-Datei befindet sich ein UserControl-Element als Wurzelelement. Darin enthalten ist lediglich ein Grid, wie folgender Codeausschnitt zeigt:

```
<UserControl x:Class="EinUserControl.ImageEditControl" ...>
  <Grid>
  </Grid>
</UserControl>
```

Listing 12.1 Der Inhalt der XAML-Datei

In der Codebehind-Datei ist die Klasse ImageEditControl mit einem Default-Konstruktor definiert. Die Klasse erbt von UserControl:

```csharp
public sealed partial class ImageEditControl : UserControl
{
  public ImageEditControl()
  {
    this.InitializeComponent();
  }
}
```

Listing 12.2 Der Inhalt der Codebehind-Datei

Das User Control ähnelt der `MainPage` Ihrer Windows Store App, die ebenfalls aus einer XAML- und einer Codebehind-Datei besteht.

> **Hinweis**
>
> Tatsächlich ist die `MainPage` auch ein `UserControl`, da die Klasse `MainPage` von `Page` und `Page` wiederum von `UserControl` erbt.

12.1.3 Aussehen und Logik implementieren

In diesem Abschnitt implementieren wir das Aussehen und die Logik unseres `ImageEditControls`. Das Control soll eine bindbare `ImageSource`-Property haben, die das Bild enthält. Wie Sie aus Kapitel 6, »Dependency Properties«, wissen, lässt sich eine Property nur dann als Ziel eines Data Bindings verwenden, wenn die Property als Dependency Property implementiert ist. Aus diesem Grund erstellen wir in der Codebehind-Datei die Dependency Property `ImageSource`:

```csharp
public sealed partial class ImageEditControl : UserControl
{
  ...
  public ImageSource ImageSource
  {
    get { return (ImageSource)GetValue(ImageSourceProperty); }
    set { SetValue(ImageSourceProperty, value); }
  }
  public static readonly DependencyProperty ImageSourceProperty =
    DependencyProperty.Register("ImageSource",
    typeof(ImageSource), typeof(ImageEditControl),
    new PropertyMetadata(null));
  ...
}
```

Listing 12.3 K12\01 UserControl\ImageEditControl.xaml.cs

In der in Listing 12.4 dargestellten XAML-Datei wird das UI definiert. Für das ImageEditControl werden im Grid ein Image-Element und ein StackPanel mit zwei Buttons platziert. Um die Source-Property des Image-Elements mit der ImageSource-Property aus der Codebehind-Datei (Listing 12.3) zu verbinden, haben Sie prinzipiell zwei Möglichkeiten:

- Sie geben dem Image-Element im UI einen Namen. In der Codebehind-Datei geben Sie beim Registrieren der ImageSource-Dependency-Property einen PropertyChangedCallback an. In diesem Callback weisen Sie der Source-Property Ihres ImageElements den neuen Wert Ihrer ImageSource-Dependency-Property zu.
- Sie geben Ihrem ImageEditControl in XAML einen Namen, indem Sie auf dem Wurzelelement (UserControl) das x:Name-Attribut setzen. Dann können Sie sich innerhalb des XAML-Codes direkt an die Properties des ImageEditControls binden. So können Sie die Source-Property des Image-Elements direkt an die ImageSource-Property des ImageEditControls binden, es ist kein zusätzlicher C#-Code ist notwendig.

In Listing 12.4 wurde die zweite Variante verwendet. Auf dem Wurzelelement wurde der Name root vergeben. Die Source-Property des Image-Elements nutzt das jetzt unter dem Namen root referenzierbare ImageEditControl als Quelle und bindet sich an dessen ImageSource-Property.

```xml
<UserControl x:Class="EinUserControl.ImageEditControl" ...
  x:Name="root">
  <Grid>
    <Grid.RowDefinitions>
      <RowDefinition Height="Auto"/>
      <RowDefinition/>
    </Grid.RowDefinitions>
    <StackPanel Orientation="Horizontal">
      <Button Content="Bild wählen" Click="ButtonChoose_Click"
        Width="150"/>
      <Button Content="Bild entfernen" Click="ButtonRemove_Click"
        Width="150"/>
    </StackPanel>
    <Image Grid.Row="1" Source="{Binding ElementName=root,
      Path=ImageSource}" VerticalAlignment="Top"
      HorizontalAlignment="Left"/>
  </Grid>
</UserControl>
```

Listing 12.4 K12\01 UserControl\ImageEditControl.xaml

Beachten Sie in Listing 12.4 die beiden Buttons. Sie definieren beide für das Click-Event je einen Event Handler. Die Event Handler werden in der Codebehind-Datei implementiert, die Sie in Listing 12.5 komplett sehen.

Im ButtonChoose_Click-Event-Handler wird dem Benutzer ein FileOpenPicker zum Auswählen einer *.jpg*-Datei angezeigt. Aus der erhaltenen Datei wird ein BitmapImage erzeugt und der ImageSource-Property zugewiesen. Im ButtonRemove_Click-Event-Handler wird lediglich die ImageSource-Property auf null gesetzt.

```
public sealed partial class ImageEditControl : UserControl
{
  public ImageEditControl()
  {
    this.InitializeComponent();
  }
  public ImageSource ImageSource
  {
    get { return (ImageSource)GetValue(ImageSourceProperty); }
    set { SetValue(ImageSourceProperty, value); }
  }
  public static readonly DependencyProperty ImageSourceProperty =
    DependencyProperty.Register("ImageSource",...);
  private async void ButtonChoose_Click(object sender, ...)
  {
    var picker = new FileOpenPicker
    {
      CommitButtonText = "Bild wählen",
      SuggestedStartLocation = PickerLocationId.PicturesLibrary,
      ViewMode = PickerViewMode.Thumbnail
    };
    picker.FileTypeFilter.Add(".jpg");
    StorageFile storageFile = await picker.PickSingleFileAsync();
    if (storageFile == null) return;
    IRandomAccessStream stream =
      await storageFile.OpenAsync(FileAccessMode.Read);
    var bitmapImage = new BitmapImage();
    bitmapImage.SetSource(stream);
    ImageSource = bitmapImage;
  }
  private void ButtonRemove_Click(object sender, ...)
  {
    ImageSource = null;
  }
}
```

Listing 12.5 K12\01 UserControl\ImageEditControl.xaml.cs

> **Hinweis**
>
> Die Details zum `FileOpenPicker` und zum Lesen und Schreiben von Dateien erfahren Sie in Kapitel 13, »Dateien, Streams und Serialisierung«.

12.1.4 Das erstellte User Control einsetzen

In diesem Abschnitt setzen wir das erstellte `ImageEditControl` in einer kleinen Anwendung ein. Die Anwendung soll links eine `ListView` mit `Friend`-Objekten anzeigen. Daneben ein `ImageEditControl`, mit dem der Benutzer das Bild des selektierten `Friend`-Objekts ändern kann. Bevor wir loslegen, werfen wir einen kleinen Blick auf die Daten-Klassen.

Ein `Friend`-Objekt wird von der `Friend`-Klasse repräsentiert, die die Properties `FirstName` und `ImageSource` enthält:

```
public class Friend : BindableBase
{ ...
  public string FirstName{ get { ... } set { ... } }
  public ImageSource ImageSource{ get { ... } set { ... } }
}
```

Listing 12.6 K12\01 UserControl\Data\Friend.cs

Die Klasse `FriendLoader` enthält die statische Methode `LoadFriends`, die eine `List<Friend>` zurückgibt:

```
public class FriendLoader
{
  public static List<Friend> LoadFriends(){ ... }
}
```

Listing 12.7 K12\01 UserControl\Data\FriendLoader.cs

In der Codebehind-Datei der `MainPage` wird in der `OnNavigatedTo`-Methode die `DataContext`-Property gesetzt. Zugewiesen wird die von der statischen `LoadFriends`-Methode zurückgegebene `List<Friend>`-Instanz:

```
protected override void OnNavigatedTo(NavigationEventArgs e)
{
  this.DataContext = FriendLoader.LoadFriends();
}
```

Listing 12.8 K12\01 UserControl\MainPage.xaml.cs

In Listing 12.9 sehen Sie den XAML-Code der MainPage. In den Ressourcen wird eine CollectionViewSource mit dem Namen friendViewSource erstellt. Ihre Source-Property ist an die im DataContext enthaltene List<Friend>-Instanz gebunden.

Die MainPage enthält ein Grid mit einer ListView und einem ImageEditControl. Die ItemsSource-Property der ListView ist an die CollectionViewSource gebunden. Wenn Sie Kapitel 7, »Daten«, gelesen haben, wissen Sie, dass das Data Binding sich dabei automatisch an die View-Property der CollectionViewSource-Instanz bindet. Die View-Property enthält eine ICollectionView.

Die ImageSource-Property des ImageEditControls nutzt als Quelle ebenfalls die CollectionViewSource und bindet sich an die ImageSource-Property. Das Data Binding greift dabei auch wieder auf die ICollectionView zu, nimmt aus deren CurrentItem-Property das selektierte Friend-Objekt und nutzt dessen ImageSource-Property als Quelle. Es wird also die ImageSource-Property des ImageEditControls an die Image-Source-Property des selektierten Friend-Objekts gebunden.

```xml
<Page x:Class="EinUserControl.MainPage" ...>
  <Page.Resources>
    <CollectionViewSource x:Name="friendViewSource"
      Source="{Binding}"/>
  </Page.Resources>
  <Grid ...>
    <Grid.ColumnDefinitions> ... </Grid.ColumnDefinitions>
    <ListView ItemsSource="{Binding Source={StaticResource
      friendViewSource}}" ...>
      <ListView.ItemTemplate>
        <DataTemplate>
          <Grid> ...
            <Image Source="{Binding ImageSource}" .../>
            <TextBlock Text="{Binding FirstName}" .../>
          </Grid>
        </DataTemplate>
      </ListView.ItemTemplate>
    </ListView>
    <local:ImageEditControl ImageSource="{Binding
      Source={StaticResource friendViewSource},
      Path=ImageSource,Mode=TwoWay}" Grid.Column="1" .../>
  </Grid>
</Page>
```

Listing 12.9 K12\01 UserControl\MainPage.xaml

Abbildung 12.4 zeigt die Anwendung im Einsatz. Das ImageEditControl zeigt das Bild des selektierten Friend-Objekts an. Das Bild lässt sich zudem über die beiden Buttons des ImageEditControls ändern oder entfernen.

Abbildung 12.4 Mit dem »ImageEditControl« lässt sich das Bild des selektierten Freundes ändern.

> **Tipp**
>
> In manchen Fällen möchten Sie prüfen, ob Ihr Control im Designer von Visual Studio angezeigt wird. Nutzen Sie dazu die statische Property `DesignModeEnabled` der Klasse `DesignMode` (Namespace: `Windows.ApplicationModel`). Die Property gibt `true` zurück, wenn Ihr Control im Designer angezeigt wird, und `false`, wenn die Anwendung ausgeführt wird.

12.2 Custom Controls

Custom Controls unterstützen im Gegensatz zu User Controls die sogenannten `ControlTemplate`s. Während die Logik in C# implementiert wird, wird das Aussehen losgelöst in XAML in einem `ControlTemplate` definiert. Dieses `ControlTemplate` lässt sich dann ersetzen, um das Aussehen des Controls anzupassen.

Ein Custom Control entwickeln Sie üblicherweise, wenn Sie Ihr Control in verschiedenen Apps einsetzen möchten. Dann können Sie in jeder App ein anderes Aussehen festlegen.

Ein Custom Control erbt standardmäßig direkt von der Klasse `Control`. Die Klasse `Control` haben Sie in Kapitel 4, »Controls«, bereits kennengelernt.

> **Hinweis**
>
> Sie erstellen auch dann ein Custom Control, wenn Sie von einer existierenden `Control`-Klasse wie `Button`, `TextBox`, `ItemsControl`, `ContentControl` etc. oder eben `Control` ableiten.

Im vorigen Abschnitt haben wir das User Control `ImageEditControl` erstellt. In diesem Abschnitt erstellen wir das gleiche Control, diesmal jedoch als Custom Control. Sie lernen neben dem Erstellen des `ControlTemplates` und dem Definieren von `TemplateBindings` und `TemplateParts` auch das Implementieren von Visual States kennen.

12.2.1 Bibliothek mit einem Custom Control anlegen

Custom Controls erstellen Sie meist in einer eigenen Klassenbibliothek, damit Sie sie in verschiedenen Apps wiederverwenden können. Aus diesem Grunde packen wir unser `ImageEditControl` auch gleich in eine eigene Bibliothek. Erstellen Sie dazu ein neues Projekt, wählen Sie wie in Abbildung 12.5 links die Kategorie WINDOWS STORE aus, und selektieren Sie darin die KLASSENBIBLIOTHEK. Vergeben Sie einen Namen; in Abbildung 12.5 ist dies »TomLib«.

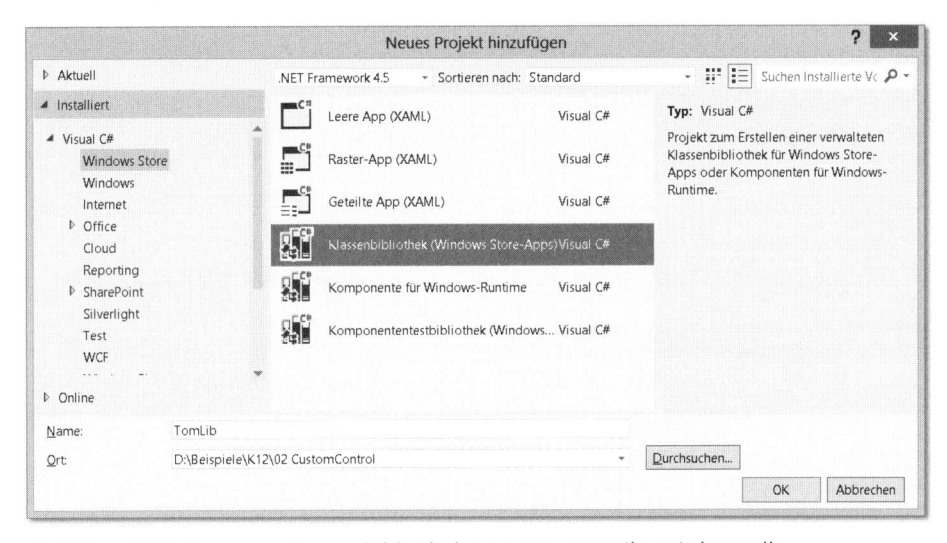

Abbildung 12.5 Eine neue Klassenbibliothek namens »TomLib« wird erstellt.

Nachdem die Bibliothek `TomLib` erstellt wurde, entfernen Sie im PROJEKTMAPPEN-EXPLORER zunächst die standardmäßig eingefügte *Class1.cs*-Datei. Klicken Sie im PROJEKTMAPPEN-EXPLORER anschließend mit der rechten Maustaste auf Ihr Projekt, und wählen Sie aus dem Kontextmenü HINZUFÜGEN • NEUES ELEMENT... Der in Abbildung 12.6 dargestellte Dialog öffnet sich.

Wählen Sie wieder die Kategorie WINDOWS STORE aus, und selektieren Sie das Custom Control, das in der deutschen Visual-Studio-Version STEUERELEMENT MIT VORLAGEN heißt. Vergeben Sie den Namen »ImageEditControl«, und bestätigen Sie den Dialog mit HINZUFÜGEN.

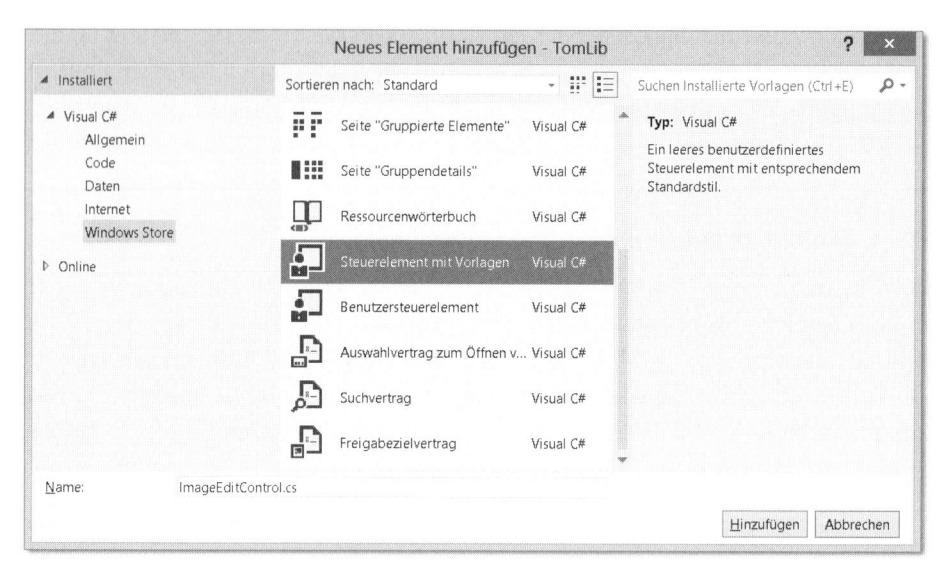

Abbildung 12.6 Ein neues Custom Controls namens »ImageEditControl« wird zum Projekt hinzugefügt.

Nachdem Sie den Dialog aus Abbildung 12.6 mit HINZUFÜGEN bestätigt haben, hat Ihre Klassenbibliothek die in Abbildung 12.7 gezeigte Struktur. Für das `ImageEditControl` wurden die zwei Dateien *Generic.xaml* und *ImageEditControl.cs* hinzugefügt.

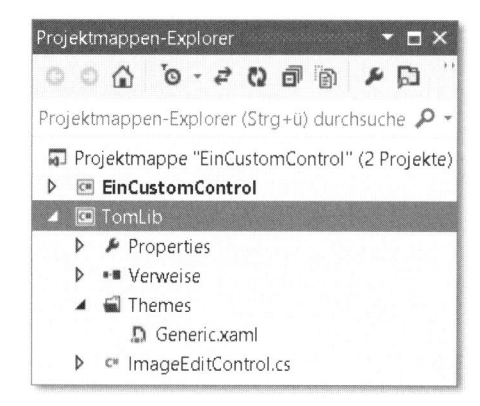

Abbildung 12.7 Die Struktur der Klassenbibliothek mit dem hinzugefügten Custom Control

> **Hinweis**
>
> Neben der `TomLib` sehen Sie im PROJEKTMAPPEN-EXPLORER in Abbildung 12.7 das Projekt `EinCustomControl`. Dieses Projekt ist ein gewöhnliches Windows-Store-App-Projekt, das später zum Testen des `ImageEditControls` verwendet wird.

Die Datei *Generic.xaml* enthält den zum ImageEditControl gehörenden Default-Style. Darin wird die Template-Property gesetzt, damit das ImageEditControl ein Aussehen hat. In der *ImageEditControl.cs*-Datei implementieren Sie die Logik des ImageEdit-Controls. Schauen wir uns den Inhalt der beiden Dateien kurz an, wie er standardmäßig von Visual Studio erstellt wird.

Listing 12.10 zeigt die *Generic.xaml*-Datei. Das Wurzelelement ist ein ResourceDictionary. Es enthält einen Style mit dem TargetType ImageEditControl. Das x:Key-Attribut ist auf dem Style nicht gesetzt, womit es sich um einen impliziten Style handelt. Dieser Style ist der sogenannte Default-Style. Er ist aus Sicht der logischen Ressourcen auf Systemebene angesiedelt und lässt sich in den Application-Ressourcen (*App.xaml*-Datei) oder in den Ressourcen im Element Tree überschreiben. Mehr zum Überschreiben des Default-Styles lesen Sie in Abschnitt 12.2.8, »Neuer Style mit anderem Template«.

> **Hinweis**
>
> Die *Generic.xaml*-Datei befindet sich immer im *Themes*-Ordner. Dieser stammt aus der WPF. In der WPF können Sie im *Themes*-Ordner Windows themespezifische Styles in Dateien wie *Aero.NormalColor.xaml* oder *Classic.xaml* definieren. Ist das Windows-Aero-Theme aktiv, dann wird automatisch der Style aus der Datei *Aero.NormalColor.xaml* genutzt. In der WinRT gibt es diese Unterstützung für Windows Themes nicht. Somit ist im *Themes*-Ordner immer nur die *Generic.xaml*-Datei enthalten.

Der Style in Listing 12.10 setzt lediglich die Template-Property, damit das ImageEditControl ein Aussehen hat. Das zugewiesene ControlTemplate besteht allerdings nur aus einem Border-Element, das via TemplateBinding an ein paar Properties des Controls gebunden ist. Dieses ControlTemplate werden wir gleich erweitern.

```xml
<ResourceDictionary ... xmlns:local="using:TomLib">
  <Style TargetType="local:ImageEditControl">
    <Setter Property="Template">
      <Setter.Value>
        <ControlTemplate TargetType="local:ImageEditControl">
          <Border Background="{TemplateBinding Background}"
            BorderBrush="{TemplateBinding BorderBrush}"
            BorderThickness="{TemplateBinding BorderThickness}">
          </Border>
        </ControlTemplate>
      </Setter.Value>
    </Setter>
  </Style>
</ResourceDictionary>
```

Listing 12.10 Der Default-Inhalt der Datei »Generic.xaml«

> **Hinweis**
> Wenn Sie zur `TomLib` weitere Custom Controls hinzufügen, so werden deren Default-Styles ebenfalls in die *Generic.xaml*-Datei geschrieben.

Neben der *Generic.xaml*-Datei wurde beim Anlegen des `ImageEditControl`s die Datei *ImageEditControl.cs* erstellt. Listing 12.11 zeigt den Inhalt dieser Datei. Die `ImageEditControl`-Klasse erbt von `Control`. Im Konstruktor wird die `DefaultStyleKey`-Property auf das zur `ImageEditControl`-Klasse gehörende `Type`-Objekt gesetzt.

```
public sealed class ImageEditControl : Control
{
  public ImageEditControl()
  {
    this.DefaultStyleKey = typeof(ImageEditControl);
  }
}
```

Listing 12.11 Der Default-Inhalt der Datei »ImageEditControl.cs«

Der Wert der `DefaultStyleKey`-Property stellt die Verbindung zum Default-Style in der *Generic.xaml*-Datei her. Wie Sie aus Kapitel 11, »Styles und Templates«, wissen, verwendet ein `Style`, dessen `x:Key`-Attribut nicht gesetzt ist, automatisch den Wert der `TargetType`-Property für das `x:Key`-Attribut. Die `TargetType`-Property und somit auch der Schlüssel des in Listing 12.10 erstellten `Styles` enthalten das `Type`-Objekt der `ImageEditControl`-Klasse – das `x:Key`-Attribut ist in Listing 12.10 ja nicht gesetzt. Dieses `Type`-Objekt wird in Listing 12.11 auch der `DefaultStyleKey`-Property zugewiesen. Darüber ist somit die Verbindung zwischen der `ImageEditControl`-Klasse und dem Default-Style hergestellt.

> **Hinweis**
> Die Klasse `ImageEditControl` erbt direkt von `Control`, wie Listing 12.11 zeigt. Falls Sie von einer spezifischeren Klasse ableiten möchten, wie beispielsweise `TextBox` oder `ListView`, passen Sie die Klassendefinition einfach entsprechend an und ersetzen die `Control`-Klasse durch die spezifische Klasse.

Auch wenn das `ImageEditControl` noch keine Logik enthält, lässt es sich bereits verwenden. Setzen Sie lediglich ein paar Properties, die im `ControlTemplate` mittels `TemplateBinding` auf das `Border`-Element übertragen werden, und das `ImageEditControl` wird mit den entsprechenden Werten als einfaches Viereck angezeigt:

```
<local:ImageEditControl Background="White" BorderBrush="Green"
BorderThickness="5" Width="100" Height="100" Margin="15"/>
```

Starten wir jetzt mit dem Implementieren des Aussehens und der Logik.

12.2.2 Das Template erstellen

Das Aussehen des `ImageEditControls` wird im `ControlTemplate` definiert, das in der *Generic.xaml*-Datei enthalten ist. Listing 12.12 zeigt das angepasste `ControlTemplate` des `ImageEditControls`. Im Border-Element ist ein `Grid` definiert, das ein `Image`-Element und ein `StackPanel` mit zwei `Buttons` enthält.

```
<ResourceDictionary ... xmlns:local="using:TomLib">
  <Style TargetType="local:ImageEditControl">
    <Setter Property="Template">
      <Setter.Value>
        <ControlTemplate TargetType="local:ImageEditControl">
          <Border Background="{TemplateBinding Background}"
            BorderBrush="{TemplateBinding BorderBrush}"
            BorderThickness="{TemplateBinding BorderThickness}">
            <Grid>
              <Grid.RowDefinitions> ... </Grid.RowDefinitions>
              <StackPanel Orientation="Horizontal">
                <Button Content="Bild wählen" .../>
                <Button Content="Bild entfernen" .../>
              </StackPanel>
              <Image Grid.Row="1" .../>
            </Grid>
          </Border>
        </ControlTemplate>
      </Setter.Value>
    </Setter>
  </Style>
</ResourceDictionary>
```

Listing 12.12 K12\02 CustomControl\TomLib\Themes\Generic.xaml

Das Aussehen des `ImageEditControls` ist fertig. Jetzt muss die Logik implementiert und mit den Elementen im `ControlTemplate` verbunden werden. Starten wir mit dem Implementieren der `ImageSource`-Property.

> **Achtung**
>
> Die *Generic.xaml*-Datei wird von Visual Studio standardmäßig in einer Codierung gespeichert, die keine Umlaute unterstützt. Verwenden Sie in der Datei Umlaute, führt dies zu Kompilierfehlern. In Listing 12.12 ist beispielsweise das ä in dem Button-Inhalt Bild wählen enthalten.
>
> Damit auch Umlaute unterstützt werden, speichern Sie die *Generic.xaml*-Datei als UTF-8-Datei ab. Gehen Sie dazu wie folgt vor: Öffnen Sie die *Generic.xaml*-Datei in Visual Studio. Wählen Sie aus dem Hauptmenü den Menüpunkt DATEI • THEMES\ GENERIC.XAML SPEICHERN UNTER... Im geöffneten Speichern-Dialog finden Sie auf dem SPEICHERN-Button einen nach unten zeigenden kleinen Pfeil. Klicken Sie ihn an, und wählen Sie aus dem geöffneten Menü den Menüpunkt MIT CODIERUNG SPEICHERN... Selektieren Sie als Codierung UNICODE (UTF-8 OHNE SIGNATUR).

12.2.3 Dependency Properties und Template Bindings erstellen

In der ImageEditControl-Klasse wird die in Listing 12.13 dargestellte Dependency Property ImageSource implementiert.

```
public sealed class ImageEditControl : Control
{
  ...
  public ImageSource ImageSource
  {
    get { return (ImageSource)GetValue(ImageSourceProperty); }
    set { SetValue(ImageSourceProperty, value); }
  }
  public static readonly DependencyProperty ImageSourceProperty =
    DependencyProperty.Register("ImageSource",
      typeof(ImageSource), typeof(ImageEditControl),
      new PropertyMetadata(null));
  ...
}
```

Listing 12.13 K12\02 CustomControl\TomLib\ImageEditControl.cs

> **Hinweis**
>
> Die Implementierung der ImageSource-Property ist analog zu derjenigen der Image-Source-Property des im vorigen Abschnitt erstellten User Controls.

Um mit dem im `ControlTemplate` definierten `Image`-Element den Inhalt der `Image-Source`-Property anzuzeigen, verwenden Sie ein `TemplateBinding`. Binden Sie damit wie folgt die `Source`-Property des `Image`-Elements an die `ImageSource`-Property des `ImageEditControls`:

```xml
<Image Grid.Row="1" Source="{TemplateBinding ImageSource}"
  VerticalAlignment="Top" HorizontalAlignment="Left"/>
```

Listing 12.14 K12\02 CustomControl\TomLib\Themes\Generic.xaml

12.2.4 Template Parts definieren

Im `ControlTemplate` des `ImageEditControls` sind zwei `Buttons` definiert, um ein Bild zu wählen oder zu löschen. Auf diesen `Buttons` lassen sich jedoch keine Event Handler definieren, da es bei einem Custom Control keine Codebehind-Datei gibt. Anstatt Event Handler zu definieren, geben Sie den beiden `Buttons` eindeutige Namen. In der `ImageEditControl`-Klasse können Sie dann nach diesen benannten `Buttons` suchen und sie in einer Instanzvariablen speichern.

Die benannten Elemente, nach denen ein Control im `ControlTemplate` sucht, werden *Template Parts* genannt. Ihre Namen starten konventionsgemäß mit `PART_`. Nach dieser Konvention sind in Listing 12.15 auch die beiden `Buttons` benannt.

```xml
<StackPanel Orientation="Horizontal">
  <Button Content="Bild wählen" x:Name="PART_ButtonChoose"
    Width="150" />
  <Button Content="Bild entfernen" x:Name="PART_ButtonRemove"
    Width="150" />
</StackPanel>
```

Listing 12.15 K12\02 CustomControl\TomLib\Themes\Generic.xaml

In der *ImageEditControl.cs*-Datei werden wie in Listing 12.16 gezeigt zwei Instanzvariablen zum Speichern der beiden `Buttons` erstellt. Zudem werden die beiden Konstanten `PartButtonChooseName` und `PartButtonRemoveName` erstellt, die die Namen der `Buttons` aus dem ControlTemplate enthalten.

```csharp
public sealed class ImageEditControl : Control
{
  private Button _btnChoose;
  private Button _btnRemove;
  private const string PartButtonChooseName="PART_ButtonChoose";
  private const string PartButtonRemoveName="PART_ButtonRemove";
  ...
}
```

Listing 12.16 K12\02 CustomControl\TomLib\ImageEditControl.cs

Jetzt müssen die Buttons aus dem ControlTemplate ausgelesen werden. Dazu nutzen Sie die in der Control-Klasse definierte GetTemplateChild-Methode; diese hat folgende Signatur:

`protected DependencyObject GetTemplateChild(string childName)`

Die Methode GetTemplateChild sollten Sie erst aufrufen, wenn das ControlTemplate und die darin enthaltenen Elemente auch tatsächlich erstellt wurden. Diesen Zeitpunkt »erwischen« Sie, indem Sie die OnApplyTemplate-Methode überschreiben.

Die OnApplyTemplate-Methode wird aufgerufen, sobald auf ein Control ein ControlTemplate angewendet wird. OnApplyTemplate wird ebenfalls aufgerufen, wenn zur Laufzeit das ControlTemplate dynamisch geändert wird, indem die Template-Property neu gesetzt wird.

Listing 12.17 zeigt die überschriebene OnApplyTemplate-Methode der ImageEditControl-Klasse. Darin werden die beiden Methoden InitButtonChoose und InitButtonMove aufgerufen. Da beide sehr ähnlich sind, ist in Listing 12.17 lediglich die InitButtonChoose-Methode dargestellt. Darin wird die GetTemplateChild-Methode mit dem in der Konstanten PartButtonChooseName gespeicherten Namen aufgerufen. Der Rückgabewert wird in einen Button gecastet und in der _btnChoose-Variablen gespeichert. Wurde der Button im ControlTemplate gefunden und ist die _btnChoose-Variable somit nicht null, wird der Event Handler ButtonChoose_Click zum Click-Event hinzugefügt.

Beachten Sie in Listing 12.17, dass vor dem Aufruf der GetTemplateChild-Methode der Click-Event-Handler entfernt wird, falls die _btnChoose-Variable nicht null ist. Durch diese Logik wird gewährleistet, dass beim Zuweisen eines neuen Templates keine Event Handler die nicht mehr referenzierten Buttons aus dem vorigen Template am Leben halten. Bahn frei für den Garbage Collector.

```
protected override void OnApplyTemplate()
{
  base.OnApplyTemplate();

  InitButtonChoose();
  InitButtonRemove();
}
private void InitButtonChoose()
{
  if (_btnChoose != null)
    _btnChoose.Click -= ButtonChoose_Click;
  _btnChoose = this.GetTemplateChild(PartButtonChooseName)
    as Button;
  if (_btnChoose != null)
```

```
    _btnChoose.Click += ButtonChoose_Click;
}
private void InitButtonRemove()
{
  ...
}
```

Listing 12.17 K12\02 CustomControl\TomLib\ImageEditControl.cs

Damit haben wir das `ControlTemplate` mit der Logik verbunden. Die beiden in Listing 12.18 dargestellten Event Handler `ButtonChoose_Click` und `ButtonRemove_Click` werden ausgeführt, sobald auf die `Buttons` aus dem `ControlTemplate` geklickt wird. Der Code der Event Handler entspricht dem des im vorigen Abschnitt erstellten User Controls.

```
private async void ButtonChoose_Click(object sender, ...)
{
  var picker = new FileOpenPicker { ... };
  ...
  IRandomAccessStream stream = ...;
  var bitmapImage = new BitmapImage();
  bitmapImage.SetSource(stream);
  ImageSource = bitmapImage;
}
private void ButtonRemove_Click(object sender, RoutedEventArgs e)
{
  ImageSource = null;
}
```

Listing 12.18 K12\02 CustomControl\TomLib\ImageEditControl.cs

Damit ein Entwickler, der das `ImageEditControl` verwendet, weiß, welche Elemente er im `ControlTemplate` wie benennen muss, werden auf der `ImageEditControl`-Klasse rein zur Information `TemplatePartAttribute` definiert. Listing 12.19 zeigt dies. Beachten Sie, dass für die Namen die in der `ImageEditControl`-Klasse verwendeten Konstanten verwendet werden.

```
[TemplatePart(Name = PartButtonChooseName,
  Type = typeof(Button))]
[TemplatePart(Name = PartButtonRemoveName,
  Type = typeof(Button))]
public sealed class ImageEditControl : Control
{ ...
  private const string PartButtonChooseName="PART_ButtonChoose";
```

```
    private const string PartButtonRemoveName="PART_ButtonRemove";
    ...
}
```
Listing 12.19 K12\02 CustomControl\TomLib\ImageEditControl.cs

> **Hinweis**
>
> Die `TemplatePartAttribute` können auch wichtig für Werkzeuge wie Blend sein. Bei der WPF/Silverlight zeigt Blend die `TemplateParts` basierend auf diesen Attributen beim Editieren eines `ControlTemplates` an. Bei Windows Store Apps gibt es diese Unterstützung in Blend noch nicht.

12.2.5 Visual States implementieren

Im diesem Abschnitt implementieren wir im `ImageEditControl` vier Visual States: einerseits die States `HasImage` und `NoImage` aus der Gruppe `ImageStates`, andererseits die States `Focused` und `Unfocused` aus der Gruppe `FocusStates`. Dazu definieren wir auf der Klasse `ImageEditControl` wie in Listing 12.20 gezeigt die entsprechenden `TemplateVisualStateAttribute`.

```
[TemplateVisualState(GroupName = "ImageStates",
                    Name = "HasImage")]
[TemplateVisualState(GroupName = "ImageStates",
                    Name = "NoImage")]
[TemplateVisualState(GroupName = "FocusStates",
                    Name = "Focused")]
[TemplateVisualState(GroupName = "FocusStates",
                    Name = "Unfocused")]
[TemplatePart(Name = PartButtonChooseName,
              Type = typeof(Button))]
[TemplatePart(Name = PartButtonRemoveName,
              Type = typeof(Button))]
public sealed class ImageEditControl : Control { ... }
```
Listing 12.20 K12\03 CustomControlMitVisualStates\TomLib\ImageEditControl.cs

> **Hinweis**
>
> Die Gruppennamen sollten immer das Suffix `States` enthalten, wie das in Listing 12.20 bei den Gruppen `ImageStates` und `FocusStates` der Fall ist.

Wie auch die `TemplatePartAttribute` dienen die `TemplateVisualStateAttribute` nur als Information für Entwickler und Tools. Blend ermöglicht im STATUS-Fenster bei gesetzten `TemplateVisualStateAttribute`n das Erstellen von Animationen für Visual States. Ohne die `TemplateVisualStateAttribute` würden die Visual States trotzdem funktionieren, ließen sich in Blend allerdings nicht über das STATUS-Fenster bearbeiten.

> **Hinweis**
>
> Das STATUS-Fenster von Blend haben Sie bereits in Kapitel 11, »Styles und Templates«, kennengelernt. Sie werden es in diesem Kapitel in Abschnitt 12.2.8, »Neuer Style mit anderem Template«, erneut sehen, wenn wir in Blend für das `ImageEditControl` ein neues `ControlTemplate` erstellen.

Um das `ImageEditControl` in einen Zustand zu versetzen, wird die statische `GoToState`-Methode der `VisualStateManager`-Klasse aufgerufen, die folgende Signatur besitzt:

```
public static bool GoToState(Control control, string stateName,
  bool useTransitions);
```

Rufen Sie die `GoToState`-Methode von diversen Stellen in Ihrem Code auf, verlieren Sie den Überblick, wann sich Ihr Control in welchen Zuständen befindet. Richtig, »Zuständen« und nicht »Zustand«. Aus jeder Gruppe ist immer genau ein Zustand aktiv.

Anstatt die `GoToState`-Methode von diversen Stellen aufzurufen, sollten Sie in Ihrem Control eine private `ChangeVisualState`-Methode erstellen, die Ihr Control in die entsprechenden Zustände versetzt.

In Listing 12.21 sehen Sie die `ChangeVisualState`-Methode des `ImageEditControls`. Darin wird die `GoToState`-Methode für jede `VisualStateGroup` einmal aufgerufen: einmal für die `ImageStates` und einmal für die `FocusStates`.

```
public sealed class ImageEditControl : Control
{ ...
  private bool _isFocused;
  ...
  private void ChangeVisualState(bool useTransitions)
  {
    // ImageStates-Gruppe
    var hasImage = ImageSource != null;
    if (hasImage)
    {
```

```
        VisualStateManager.GoToState(this, "HasImage",
          useTransitions);
      }
      else
      {
        VisualStateManager.GoToState(this, "NoImage",
          useTransitions);
      }
      // FocusStates-Gruppe
      if (_isFocused)
      {
        VisualStateManager.GoToState(this, "Focused",
          useTransitions);
      }
      else
      {
        VisualStateManager.GoToState(this, "Unfocused",
          useTransitions);
      }
    }
  }
}
```

Listing 12.21 K12\03 CustomControlMitVisualStates\TomLib\ImageEditControl.cs

> **Hinweis**
> Wie die in Listing 12.21 verwendete Instanzvariable _isFocused gesetzt wird, schauen wir uns gleich in Listing 12.24 an.

Um das ImageEditControl vor der Anzeige gleich in einen Zustand zu versetzen, wird am Ende der in Listing 12.22 dargestellten OnApplyTemplate-Methode die ChangeVisualState-Methode aufgerufen.

```
protected override void OnApplyTemplate()
{
  base.OnApplyTemplate();
  InitButtonChoose();
  InitButtonRemove();

  ChangeVisualState(false);
}
```

Listing 12.22 K12\03 CustomControlMitVisualStates\TomLib\ImageEditControl.cs

Beachten Sie, dass in Listing 12.22 an die ChangeVisualState-Methode ein false übergeben wird. Es finden somit keine Animationen für Zustandsübergänge statt. Beim ersten Anzeigen des Controls soll dies so sein, bei späteren Übergängen allerdings nicht mehr. Somit wird bei allen anderen Aufrufen von ChangeVisualState ein true übergeben, damit auch im ControlTemplate definierte VisualTransition-Animationen ausgeführt werden.

Listing 12.23 zeigt den für die ImageSource-Property erstellten PropertyChangedCallback namens OnImageSourceChanged. Darin wird die ChangeVisualState-Methode aufgerufen, da sich der Zustand des Controls geändert hat.

```
public static readonly DependencyProperty ImageSourceProperty =
  DependencyProperty.Register("ImageSource", typeof(ImageSource),
    typeof(ImageEditControl), new PropertyMetadata(null,
      OnImageSourceChanged));
private static void OnImageSourceChanged(DependencyObject obj,
  DependencyPropertyChangedEventArgs e)
{
  var imageEditControl = obj as ImageEditControl;
  imageEditControl.ChangeVisualState(true);
}
```

Listing 12.23 K12\03 CustomControlMitVisualStates\TomLib\ImageEditControl.cs

Um auch die FocusStates korrekt zu setzen, werden die Methoden OnGotFocus und OnLostFocus überschrieben. Wie Listing 12.24 zeigt, wird in den beiden Methoden die _isFocused-Variable entsprechend gesetzt und anschließend die ChangeVisualState-Methode aufgerufen.

```
protected override void OnGotFocus(RoutedEventArgs e)
{
  base.OnGotFocus(e);
  _isFocused = true;
  ChangeVisualState(true);
}
protected override void OnLostFocus(RoutedEventArgs e)
{
  base.OnLostFocus(e);
  _isFocused = false;
  ChangeVisualState(true);
}
```

Listing 12.24 K12\03 CustomControlMitVisualStates\TomLib\ImageEditControl.cs

Aus Codesicht ist die Visual-State-Unterstützung fertig. Jetzt sollte natürlich das ControlTemplate entsprechend angepasst werden, um auf die verschiedenen Zustände zu reagieren.

12.2.6 Im »ControlTemplate« auf Visual States reagieren

Um im ControlTemplate auf Visual States zu reagieren, wird in der *Generic.xaml*-Datei die Attached Property VisualStateManager.VisualStateGroups gesetzt. Listing 12.25 zeigt dies. Zudem wird in Listing 12.25 im ControlTemplate ein Rectangle namens focusRectangle eingefügt, das dem Benutzer anzeigen soll, wenn das ImageEditControl den Fokus hat. Das ControlTemplate enthält auch ein weiteres Image-Element namens defaultImage. Ist das ImageEditControl im Zustand NoImage, soll dieses defaultImage angezeigt werden.

```xml
<ControlTemplate TargetType="local:ImageEditControl">
  <Border ...>
    <Grid> ...
      <Rectangle x:Name="focusRectangle" Grid.RowSpan="2"
        Fill="White" Opacity="0.2"/>
      ...
      <Image ... Source="{TemplateBinding ImageSource}" .../>
      <Image ... x:Name="defaultImage"
        Source="/TomLib/DefaultImage.png" .../>
    </Grid>
    <VisualStateManager.VisualStateGroups>
      ...
    </VisualStateManager.VisualStateGroups>
  </Border>
</ControlTemplate>
```

Listing 12.25 K12\03 CustomControlMitVisualStates\TomLib\Themes\Generic.xaml

Listing 12.26 zeigt den Inhalt der Attached Property VisualStateManager.VisualStateGroups. Darin werden zwei VisualStateGroup-Elemente für die Gruppen ImageStates und FocusStates deklariert.

Die Visibility-Property des Elements namens defaultImage wird im NoImage-Visual-State auf den Wert Visible, im HasImage-Visual-State auf den Wert Collapsed gesetzt.

Hat das ImageEditControl den Fokus, wird die Opacity-Property des Elements focusRectangle auf 0.2 gesetzt. Beim Visual State Unfocused wird die Opacity auf 0 gesetzt, womit das Element nicht mehr sichtbar ist.

```xml
<VisualStateManager.VisualStateGroups>
  <VisualStateGroup x:Name="ImageStates">
    <VisualState x:Name="NoImage">
      <Storyboard>
        <ObjectAnimationUsingKeyFrames
          Storyboard.TargetName="defaultImage"
          Storyboard.TargetProperty="Visibility">
          <DiscreteObjectKeyFrame KeyTime="0:0:0"
            Value="Visible"/>
        </ObjectAnimationUsingKeyFrames>
      </Storyboard>
    </VisualState>
    <VisualState x:Name="HasImage">
      <Storyboard>
        <ObjectAnimationUsingKeyFrames
          Storyboard.TargetName="defaultImage"
          Storyboard.TargetProperty="Visibility">
          <DiscreteObjectKeyFrame KeyTime="0:0:0"
            Value="Collapsed"/>
        </ObjectAnimationUsingKeyFrames>
      </Storyboard>
    </VisualState>
  </VisualStateGroup>
  <VisualStateGroup x:Name="FocusStates">
    <VisualState x:Name="Focused">
      <Storyboard>
        <DoubleAnimation
          Storyboard.TargetName="focusRectangle"
          Storyboard.TargetProperty="Opacity"
          To="0.2" Duration="0:0:0"/>
      </Storyboard>
    </VisualState>
    <VisualState x:Name="Unfocused">
      <Storyboard>
        <DoubleAnimation
           Storyboard.TargetName="focusRectangle"
          Storyboard.TargetProperty="Opacity"
          To="0" Duration="0:0:0"/>
      </Storyboard>
    </VisualState>
  </VisualStateGroup>
</VisualStateManager.VisualStateGroups>
```

Listing 12.26 K12\03 CustomControlMitVisualStates\TomLib\Themes\Generic.xaml

Mit den definierten Visual States ist das Control komplett und bereit für einen kleinen Test.

> **Hinweis**
> Anstatt die `Opacity`-Property des `focusRectangles` in Listing 12.26 im Zustand `Unfocused` auf 0 zu setzen, könnten Sie auch die `Visibility`-Property auf `Collapsed` setzen. Die `Opacity`-Property bietet den Vorteil, dass sie sich mit einer `VisualTransition` für einen Zustandsübergang animieren lässt, um das `focusRectangle` beispielsweise innerhalb einer halben Sekunde animiert einzublenden.

12.2.7 Das Control testen

Es ist an der Zeit, das erstellte `ImageEditControl` zu testen. Dazu wird zum Windows-Store-App-Projekt `EinCustomControl` ein Verweis auf die `TomLib` mit dem `ImageEditControl` hinzugefügt. Abbildung 12.8 zeigt die Struktur der Projektmappe.

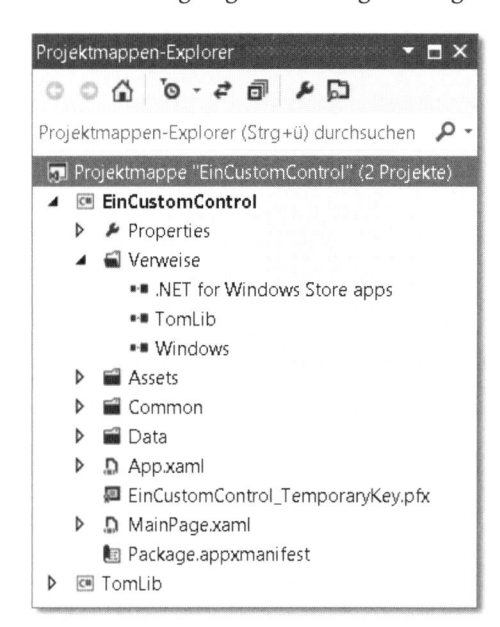

Abbildung 12.8 Das »EinCustomControl«-Projekt referenziert die »TomLib«.

Wie auch zuvor beim User Control wird hier zum Testen eine `List<Friend>`-Instanz in den `DataContext` der `MainPage` gestellt. Dazu wird in der `OnNavigatedTo`-Methode die statische `LoadFriends`-Methode der `FriendLoader`-Klasse genutzt, die eine `List<Friend>`-Instanz zurückgibt:

```
protected override void OnNavigatedTo(NavigationEventArgs e)
{
  this.DataContext = FriendLoader.LoadFriends();
}
```
Listing 12.27 K12\03 CustomControlMitVisualStates\EinCustomControl\MainPage.xaml.cs

In XAML wird der Namespace `TomLib` mit dem Alias `tomlib` hinzugefügt. Das ImageEditControl lässt sich dann wie in Listing 12.28 mit diesem Alias nutzen. Die ImageSource-Property des `ImageEditControl`s wird in Listing 12.28 an die ImageSource-Property des selektierten Friend-Objekts gebunden.

```
<Page x:Class="EinCustomControl.MainPage" ...
  xmlns:tomlib="using:TomLib" ...>
  <Page.Resources>
    <CollectionViewSource x:Name="friendViewSource"
      Source="{Binding}"/>
  </Page.Resources>
  <Grid ...> ...
    <ListView ItemsSource="{Binding Source={StaticResource
      friendViewSource}}" ...> ...
    </ListView>
    <tomlib:ImageEditControl ImageSource="{Binding
      Source={StaticResource friendViewSource},
      Path=ImageSource,Mode=TwoWay}" .../>
  </Grid>
</Page>
```
Listing 12.28 K12\03 CustomControlMitVisualStates\EinCustomControl\MainPage.xaml

Wird die Anwendung gestartet, zeigt das `ImageEditControl` das Bild des selektierten Friend-Objekts an, was Sie in Abbildung 12.9 sehen. Das Bild lässt sich zudem über die beiden Buttons des `ImageEditControl`s ändern oder entfernen.

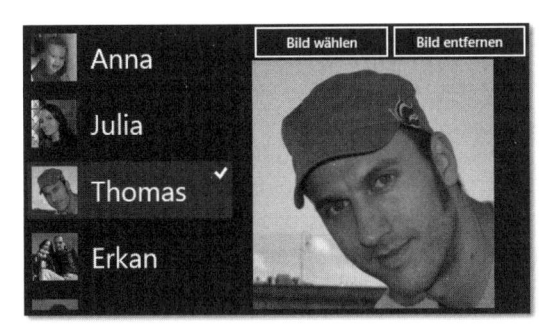

Abbildung 12.9 Das »ImageEditControl« zeigt das Bild des selektierten Freundes an.

Abbildung 12.10 zeigt das `ImageEditControl` in den Zuständen `NoImage` und `Focused`. Das Bild des selektierten `Friend`-Objekts wurde entfernt, wodurch das `ImageEditControl` im Zustand `NoImage` ist. Wie im `ControlTemplate` definiert, wird jetzt das `defaultImage` angezeigt.

Das `ImageEditControl` ist zudem fokussiert. Es zeigt im Hintergrund das `focusRectangle` des `ControlTemplates` an, womit es etwas heller wirkt als der Rest der Anwendung.

Abbildung 12.10 Das »ImageEditControl« befindet sich jetzt in den Visual States »NoImage« und »Focused«.

Bis auf die Visual States hat das als Custom Control erstellte `ImageEditControl` jetzt exakt die gleiche Funktionalität wie das im vorigen Abschnitt erstellte User Control. Doch im Gegensatz zum User Control bietet ein Custom Control die Möglichkeit, über ein `ControlTemplate` ein neues Aussehen festzulegen.

> **Hinweis**
>
> Visual States werden typischerweise in Custom Controls eingesetzt. Allerdings lassen sie sich auch in User Controls nutzen. Mehr dazu später in Abschnitt 12.4.2 bei einem Blick auf das von FriendStorage eingesetzte `ImageEditControl`, das ein User Control mit Visual States ist.

12.2.8 Neuer Style mit anderem Template

Das als Custom Control erstellte `ImageEditControl` lässt sich jetzt einfach mit einem neuen `ControlTemplate` ausstatten. In Abbildung 12.11 wurde die *MainPage.xaml*-Datei mit dem darin enthaltenen `ImageEditControl` in Blend geöffnet. Ein Rechtsklick auf das `ImageEditControl` zeigt das in Abbildung 12.11 dargestellte Kontextmenü an, über das sich eine Kopie des `ControlTemplates` erstellen lässt.

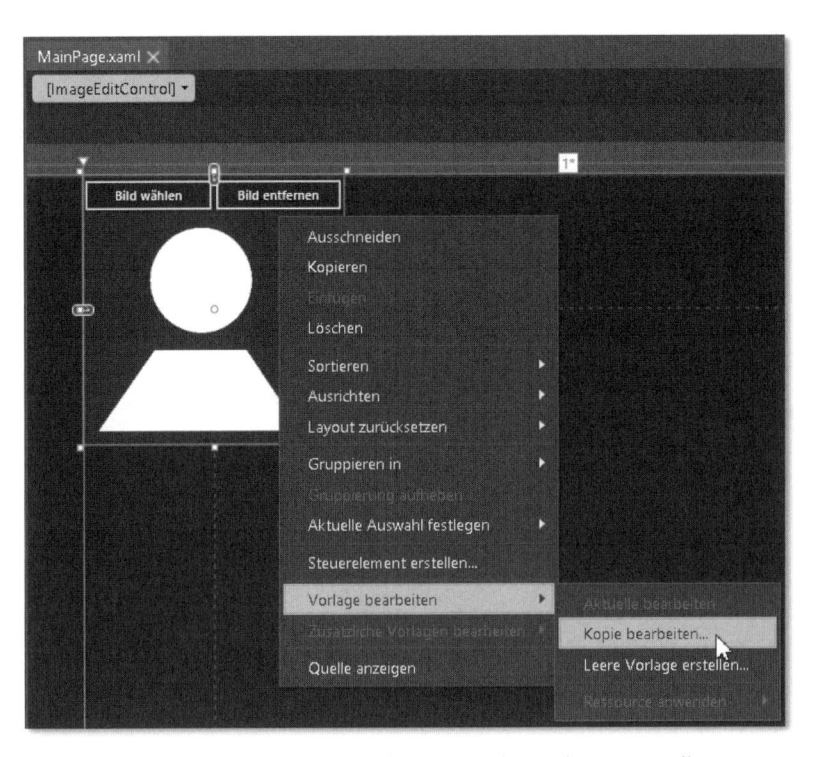

Abbildung 12.11 In Blend eine Kopie des »ControlTemplates« erstellen.

Nachdem in Abbildung 12.11 der Menüpunkt VORLAGE BEARBEITEN • KOPIE BEARBEITEN... angeklickt wurde, erscheint der in Abbildung 12.12 gezeigte Dialog. Darin wird definiert, dass das ControlTemplate in den Ressourcen der Page in einem expliziten Style namens MyImageEditControlStyle erstellt wird.

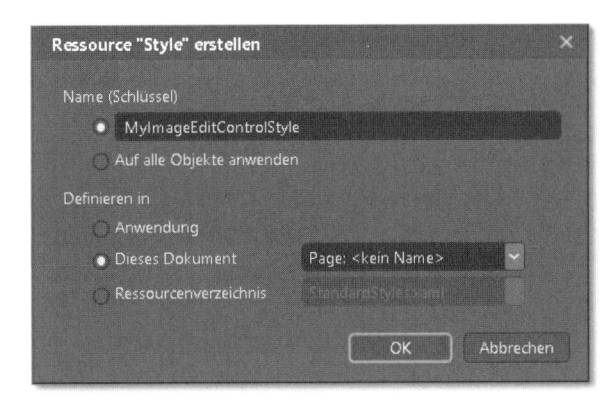

Abbildung 12.12 Das ControlTemplate wird im Style »MyImageEditControlStyle« erstellt.

Wird der Dialog aus Abbildung 12.12 bestätigt, befinden Sie sich in der TEMPLATE-Ansicht. Das STATUS-Fenster von Blend zeigt dabei die verschiedenen Visual States des `ImageEditControl`s an, wie Sie es in Abbildung 12.13 sehen. Beachten Sie, dass im STATUS-Fenster die zwei auf dem `ImageEditControl` via `TemplateVisualStateAttribute` definierten Gruppen `FocusStates` und `ImageStates` mit ihren jeweiligen Zuständen zu sehen sind.

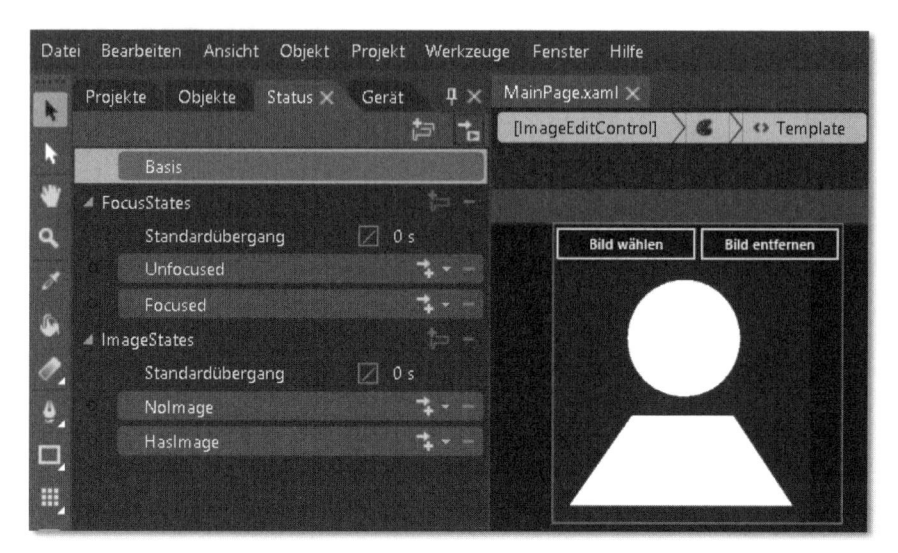

Abbildung 12.13 Das »Status«-Fenster zeigt die Visual States an.

Ich habe in Blend das `ControlTemplate` angepasst und das Projekt anschließend abgespeichert. In den Ressourcen der `Page` befindet sich jetzt der in Listing 12.29 zu sehende `MyImageEditControlStyle`. Wie Sie erkennen, weist dieser der `Template`-Property ein neues `ControlTemplate` zu. Auf die Details des Templates gehe ich hier nicht näher ein.

```
<Page.Resources>
  <CollectionViewSource x:Name="friendViewSource"
    Source="{Binding}"/>
  <Style x:Key="MyImageEditControlStyle"
    TargetType="tomlib:ImageEditControl">
    <Setter Property="Template">
      <Setter.Value>
        <ControlTemplate TargetType="tomlib:ImageEditControl">
          ...
        </ControlTemplate>
      </Setter.Value>
    </Setter>
  </Style>
</Page.Resources>
```

Listing 12.29 K12\04 CustomControlRestyled\EinCustomControl\MainPage.xaml

Das in der `MainPage` enthaltene `ImageEditControl` referenziert den expliziten `Style` aus Listing 12.29 mit der `StaticResource`-Markup-Extension:

```
<tomlib:ImageEditControl
   Style="{StaticResource MyImageEditControlStyle}" .../>
```

Abbildung 12.14 zeigt das `ImageEditControl` mit dem neuen `ControlTemplate` im Einsatz. Die beiden `Button`s werden links statt oben und mit einem anderen Aussehen angezeigt.

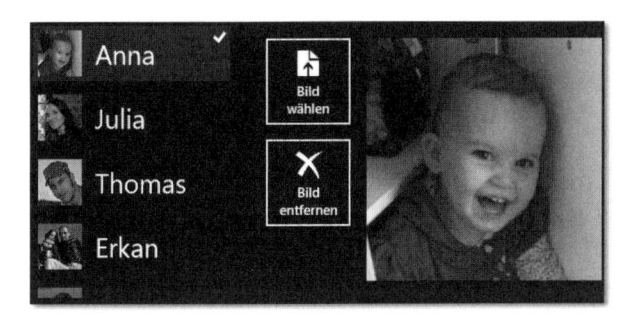

Abbildung 12.14 Das »ImageEditControl« mit angepasstem »ControlTemplate«.

Ist kein Bild selektiert, wird das Default-Image angezeigt. In Abbildung 12.15 ist das `ImageEditControl` zudem fokussiert. Im `Focused`-Visual-State wird das `ImageEditControl` von einer leicht gestrichelten Linie umrandet.

Abbildung 12.15 Das »ImageEditControl« in den Zuständen »NoImage« und »Focused«

12.3 WinRT-Komponenten

Mit C# können Sie statt einer Klassenbibliothek auch eine WinRT-Komponente erstellen. Eine WinRT-Komponente ähnelt einer Klassenbibliothek. Im Gegensatz zur Klassenbibliothek lässt sie sich jedoch auch in C++ oder in JavaScript verwenden.

Für WinRT-Komponenten gibt es ein paar Einschränkungen, die wir uns in diesem Abschnitt ansehen, bevor wir eine einfache WinRT-Komponente erstellen. Anschließend erstellen wir die im vorigen Abschnitt implementierte `TomLib` mit dem Custom Control `ImageEditControl` als WinRT-Komponente, damit sich dieses Control auch in einer nativen C++-App einsetzen lässt.

12.3.1 Einschränkungen für WinRT-Komponenten

Für Ihre öffentlichen Klassen in einer WinRT-Komponente gibt es ein paar Einschränkungen, die wir uns hier ansehen. Diese Einschränkungen ergeben sich unter anderem daraus, dass Sie in C# Typen aus dem .NET für Windows Store Apps nutzen, die in der WinRT nicht verfügbar sind. Da C++ und JavaScript kein .NET für Windows Store Apps nutzt, klingt es logisch, dass beispielsweise die öffentlichen Mitglieder Ihrer Klassen nur WinRT-Typen zurückgeben dürfen.

> **Hinweis**
>
> Für nicht öffentliche Klassen, die Sie lediglich innerhalb der WinRT-Komponente verwenden, gelten die hier gezeigten Einschränkungen nicht.

Der Compiler zeigt Ihnen einen Fehler an, falls Sie die Einschränkungen nicht beachten. Die wichtigsten Einschränkungen sind:

- Jede öffentliche Klasse muss `sealed` sein. Von ihr kann folglich nicht geerbt werden. Falls Sie eine Art Polymorphie unterstützen möchten, erstellen Sie dazu öffentliche Interfaces, die Sie in Ihren Klassen implementieren.
- Öffentliche Klassen und Interfaces dürfen nicht generisch sein.
- Öffentliche Klassen können öffentliche Properties, Methoden und Events haben. Öffentliche Instanz- und Klassenvariablen sind in öffentlichen Klassen hingegen nicht erlaubt.
- Die Parameter und Rückgabewerte der öffentlichen Mitglieder Ihrer Klassen müssen WinRT-Typen sein. Sie dürfen hier keine Typen des .NET für Windows Store Apps verwenden, da diese in nativem C++ und in JavaScript logischerweise nicht bekannt ist.
- Öffentliche Strukturen (`struct`) dürfen nur öffentliche Felder und keine anderen Mitglieder haben. Diese öffentlichen Felder müssen einfache Datentypen wie `int`, `double`, `bool` (*Value Types*) oder `string` enthalten.
- Alle öffentlichen Typen müssen einen Root-Namespace haben, der dem Assembly-Namen entspricht. Das macht Visual Studio standardmäßig für Sie. Dieser Root-Namespace darf nicht `Windows` lauten.

Einer der wichtigsten Punkte ist sicherlich, dass die öffentlichen Mitglieder nur WinRT-Typen zurückgeben. Dabei hilft Ihnen allerdings wieder die in Kapitel 1,

»Einführung in Windows 8, WinRT und .NET«, ausführlich dargestellte Language Projection. Sie wandelt einfache Datentypen wie int, double, bool (*Value Types*) oder strings automatisch um. Sie wandelt auch ein paar komplexere Datentypen um: Geben Sie beispielsweise aus einer Methode eine IList<T> zurück, sorgt die Language Projection dafür, dass die WinRT-Komponente tatsächlich das WinRT-Interface IVector<T> zurückgibt. Folgende in Kapitel 1 bereits gezeigte Tabelle zeigt die wichtigsten dieser Mappings.

Windows-Runtime-Typ	.NET-Typ
IIterable<T>	IEnumerable<T>
IIterator<T>	IEnumerator<T>
IVector<T>	IList<T>
IVectorView<T>	IReadOnlyList<T>
IMap<K,V>	IDictionary<TKey,TValue>
IMapView<K,V>	IReadOnlyDictionary<TKey,TValue>
IBindableIterable	IEnumerable
IBindableVector	IList
Windows.UI.Xaml.Data.INotifyPropertyChanged	System.ComponentModel.INotifyPropertyChanged
Windows.UI.Xaml.Data.PropertyChangedEventHandler	System.ComponentModel.PropertyChangedEventHandler
Windows.UI.Xaml.Data.PropertyChangedEventArgs	System.ComponentModel.PropertyChangedEventArgs

Tabelle 12.1 Mapping zwischen WinRT- und .NET-Typen

Neben den implizit durch die Language Projection vorgenommenen Mappings gibt es auch Stellen, an denen Sie Extension-Methoden nutzen, die .NET- in WinRT-Typen konvertieren. Haben Sie beispielsweise eine asynchrone Methode implementiert, die ein Task<int> zurückgibt, erhalten Sie einen Compilerfehler, da die Task-Klasse aus dem .NET für Windows Store Apps stammt. Statt des Task<int> geben Sie aus der asynchronen Methode eine IAsyncOperation<int>-Instanz zurück. IAsyncOperation<int> ist ein WinRT-Interface. Um Ihr Task<int>-Objekt in eine IAsyncOperation<int>-Instanz umzuwandeln, nutzen Sie die Extension-Methode AsAsyncOperation. Schauen wir uns die Details an einem kleinen Beispiel an.

12.3.2 Eine einfache WinRT-Komponente erstellen

Zum Erstellen einer WinRT-Komponente erzeugen Sie in Visual Studio ein neues Projekt. Im in Abbildung 12.16 dargestellten NEUES PROJEKT-Dialog haben Sie unter der links ausgewählten Kategorie WINDOWS STORE die für Windows Store Apps verfügbaren Vorlagen. Darunter befindet sich die Vorlage KOMPONENTE FÜR WINDOWS-RUNTIME. In Abbildung 12.16 wurde diese Vorlage ausgewählt und der Name »FriendLoaderComponent« vergeben.

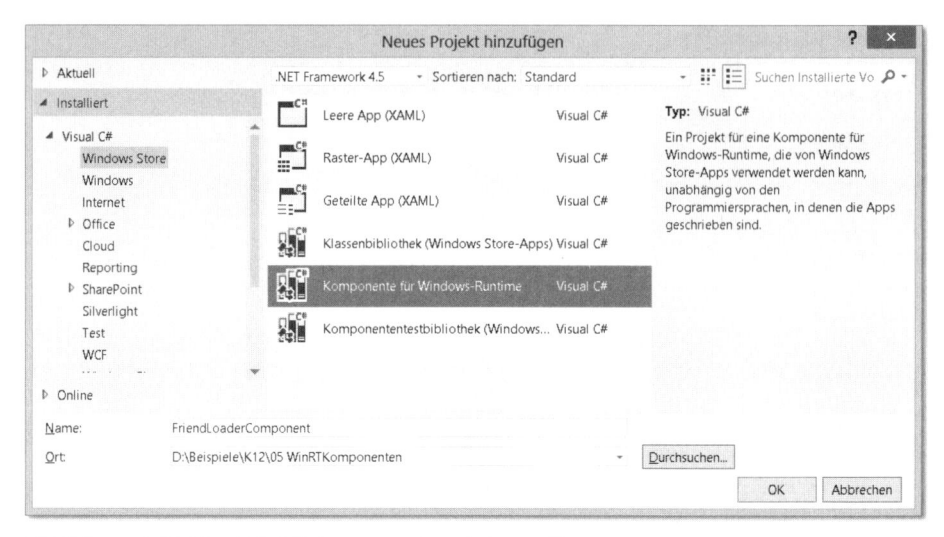

Abbildung 12.16 Eine WinRT-Komponente wird erstellt.

Haben Sie den Dialog aus Abbildung 12.16 bestätigt, erhalten Sie ein normales Projekt. Rechtsklicken Sie im PROJEKTMAPPEN-EXPLORER von Visual Studio auf das Projekt, und wählen Sie aus dem Kontextmenü den Menüpunkt EIGENSCHAFTEN aus. In den Projekteigenschaften sehen Sie, dass unter dem AUSGABETYP jetzt wie in Abbildung 12.17 der Wert KOMPONENTE FÜR WINDOWS-RUNTIME ausgewählt ist.

Abbildung 12.17 Der Ausgabetyp ist eine »Komponente für Windows-Runtime«.

Nachdem die Komponente `FriendLoaderComponent` erstellt wurde, entfernen Sie im PROJEKTMAPPEN-EXPLORER zunächst die standardmäßig eingefügte *Class1.cs*-Datei. Wir erstellen hier zunächst eine Klasse `Friend`, die die Properties `FirstName` und `ImageSource` hat und das `INotifyPropertyChanged`-Interface implementiert. Beachten Sie, dass die Klasse `sealed` ist:

```
public sealed class Friend : INotifyPropertyChanged
{
  private string _firstName;
  private ImageSource _imageSource;
  public string FirstName { get { ... } set { ... } }
  public ImageSource ImageSource { get { ... } set { ... } }
  public event PropertyChangedEventHandler PropertyChanged;
  void OnPropertyChanged([CallerMemberName] string
    propertyName = null){ ... }
}
```

Listing 12.30 K12\05 WinRTKomponenten\FriendLoaderComponent\Friend.cs

Wir erstellen eine weitere Klasse namens `FriendLoader`, die eine öffentliche statische Methode enthalten soll, die eine Liste mit `Friend`-Objekten zurückgibt. Folgender Codeausschnitt zeigt die Klasse mit der `LoadFriends`-Methode:

```
public sealed class FriendLoader
{
  public static List<Friend> LoadFriends()
  {
    return new List<Friend>
    {
      new Friend
      {
        FirstName = "Anna",
        ImageSource = new BitmapImage(new Uri(
        "ms-appx:///FriendLoaderComponent/Images/annahuber.jpg"))
      },
      ...
    };
  } ...
}
```

Listing 12.31 Die »LoadFriends«-Methode gibt eine »List<Friend>« zurück.

Beim Kompilieren werden Sie einen Fehler enthalten, da die `LoadFriends`-Methode eine `List<Friend>` zurückgibt. Die `List<T>`-Klasse stammt aus dem .NET für Windows

Store Apps. Doch sie implementiert das ILi st<T>-Interface, das durch die Language Projection auf das WinRT-Interface IVector<T> gemappt wird. Geben Sie aus der Methode folglich keine List<Friend>, sondern wie in Listing 12.32 eine IList<Friend> zurück, und Sie können die WinRT-Komponente erfolgreich kompilieren.

```
public sealed class FriendLoader
{
  public static IList<Friend> LoadFriends()
  { ... }
  ...
}
```

Listing 12.32 K12\05 WinRTKomponenten\FriendLoaderComponent\FriendLoader.cs

Als Beispiel erstellen wir in der FriendLoader-Klasse eine weitere Methode namens LoadFriendsAsync, die das asynchrone Laden von Freunden simulieren soll und dafür zwei Sekunden in Anspruch nimmt:

```
public static Task<IList<Friend>> LoadFriendsAsync()
{
  var friendList = LoadFriends();
  var task = Task.Factory.StartNew(() =>
  {
    // Eine simulierte Verzögerung einbauen.
    Task.Delay(2000);
    return friendList;
  });
  return task;
}
```

Listing 12.33 Die »LoadFriendsAsync«-Methode gibt einen »Task« zurück.

Beim Kompilieren erhalten Sie wieder einen Fehler, da die Task<T>-Klasse aus dem .NET für Windows Store Apps stammt. Geben Sie statt des Task<T>-Objekts eine IAsyncOperation<T> zurück. Eine solche Instanz erstellen Sie aus Ihrem Task<T>-Objekt mit der Extension-Methode AsAsyncOperation. Listing 12.34 zeigt die korrigierte Variante von Listing 12.33, die sich fehlerfrei kompilieren lässt.

```
public static IAsyncOperation<IList<Friend>>
  LoadFriendsAsync()
{
  var friendList = LoadFriends();
  var task = Task.Factory.StartNew(() =>
  {
```

```
    // Eine simulierte Verzögerung einbauen.
    Task.Delay(2000);
    return friendList;
  });
  return task.AsAsyncOperation();
}
```

Listing 12.34 K12\05 WinRTKomponenten\FriendLoaderComponent\FriendLoader.cs

Damit ist die WinRT-Komponente fertig. Werfen Sie nach dem Kompilieren einen Blick ins Ausgabeverzeichnis. Wie Abbildung 12.18 zeigt, wird für Ihre WinRT-Komponente eine *.winmd*-Datei erstellt.

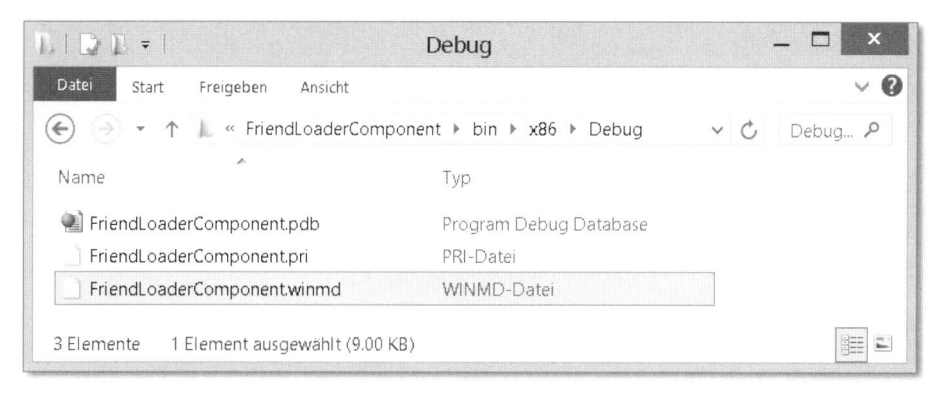

Abbildung 12.18 Für die Komponente wird eine ».winmd«-Datei erstellt.

Die *.winmd*-Datei können Sie wie in Kapitel 1, »Einführung in Windows 8, WinRT und .NET«, gezeigt mit dem IL DASM-Tool öffnen. Sie werden darin sehen, dass die WinRT für jede Klasse ein Interface generiert. Für die Friend-Klasse das IFriendClass-Interface, für die FriendLoader-Klasse die beiden Interfaces IFriendLoaderClass und IFriendLoaderStatic. Erstes enthält Instanzmitglieder, Zweites enthält die statischen Mitglieder. In IFriendLoaderStatic finden Sie folglich die beiden statischen Methoden LoadFriends und LoadFriendsAsync. Im IL DASM-Tool können Sie auch erkennen, dass LoadFriends eine IVector<Friend>-Instanz zurückgibt. Die in Listing 12.32 zurückgegebene IList<Friend> wurde folglich durch die Language Projection dem nativen WinRT-Interface IVector<Friend> zugeordnet.

12.3.3 Die Komponente in einer C++-App einsetzen

Zum Testen der jetzt erstellten WinRT-Komponente erstellen wir eine native Windows Store App mit C++, die den Namen CPlusPlusApp bekommt. Es ergibt sich die in Abbildung 12.19 dargestellte Struktur.

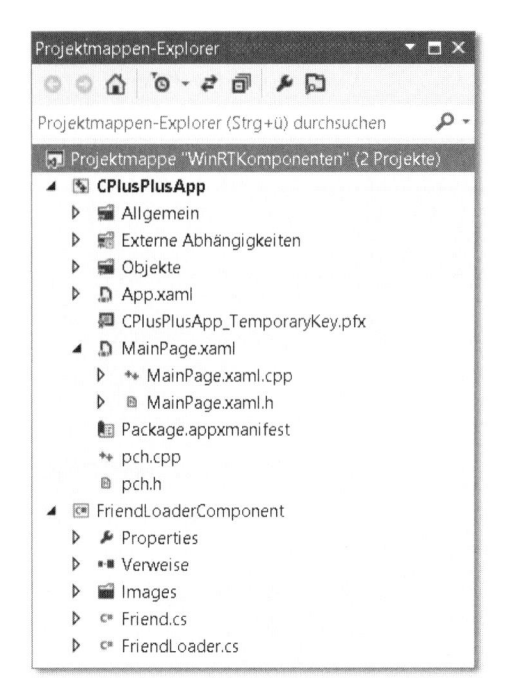

Abbildung 12.19 Eine C++-App wurde hinzugefügt.

In der C++-App fügen wir durch einen Rechtsklick auf das Projekt über den Kontextmenüpunkt VERWEISE... einen Verweis zur FriendLoaderComponent hinzu. Anschließend lassen sich die in der WinRT-Komponente enthaltenen öffentlichen Mitglieder verwenden. So könnte wie in folgendem Listing die asynchrone LoadFriendsAsync-Methode aufgerufen werden. Beachten Sie, dass in nativem C++ das WinRT-Interface IVector und nicht wie in C# IList verwendet wird.

```
void MainPage::OnNavigatedTo(NavigationEventArgs^ e)
{
  auto friendListOp = FriendLoader::LoadFriendsAsync();
  auto friendListTask = create_task(friendListOp);
  friendListTask.then([this] (IVector<Friend^>^ friends)
  {
    DataContext= friends;
  });
}
```

Listing 12.35 Die »LoadFriendsAsync«-Methode wird aufgerufen.

Statt der asynchronen Methode verwenden wir für das Beispiel hier die synchrone LoadFriends-Methode der FriendLoader-Klasse. Das Ergebnis wird der DataContext-Property der MainPage zugewiesen:

```cpp
void MainPage::OnNavigatedTo(NavigationEventArgs^ e)
{
  DataContext = FriendLoader::LoadFriends();
}
```

Listing 12.36 K12\05 WinRTKomponenten\CPlusPlusApp\MainPage.xaml.cpp

Im XAML-Code der C++-App lässt sich jetzt wie auch in den vorigen Abschnitten dieses Kapitels in C# eine `CollectionViewSource` erstellen, die sich hier an die im `DataContext` enthaltene `IVector<Friend>`-Instanz bindet. Listing 12.37 zeigt dies. In der `MainPage` ist zudem eine `ListView` enthalten, die die `Friend`-Objekte darstellt.

```xml
<Page x:Class="CPlusPlusApp.MainPage" ...>
  <Page.Resources>
    <CollectionViewSource x:Name="friendViewSource"
                          Source="{Binding}"/>
  </Page.Resources>
  <Grid ...>
    ...
    <ListView ItemsSource="{Binding Source={StaticResource
      friendViewSource}}" ...>
      <ListView.ItemTemplate>
        <DataTemplate>
          <Grid> ...
            <Image Source="{Binding ImageSource}" .../>
            <TextBlock Text="{Binding FirstName}" .../>
          </Grid>
        </DataTemplate>
      </ListView.ItemTemplate>
    </ListView>
  </Grid>
</Page>
```

Listing 12.37 K12\05 WinRTKomponenten\CPlusPlusApp\MainPage.xaml

Abbildung 12.20 zeigt die C++-App. Die aus der WinRT-Komponente geladenen `Friend`-Objekte werden in der `ListView` angezeigt.

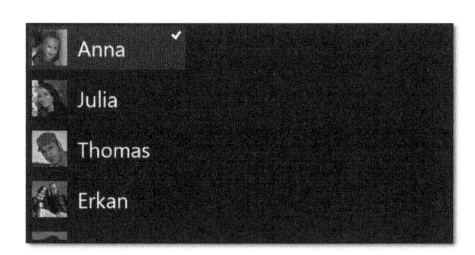

Abbildung 12.20 Die C++-App zeigt die »Friend«-Objekte in einer »ListView«.

Neben der ListView würde sich jetzt optimal das in diesem Kapitel erstellte Custom Control ImageEditControl eignen, um das Bild des selektierten Friend-Objekts zu ändern oder zu entfernen. Schauen wir uns an, wie sich das in C# erstellte ImageEdit-Control auch in C++ einsetzen lässt.

12.3.4 Ein Custom Control als WinRT-Komponente erstellen

In einer WinRT-Komponente können Sie auch Custom Controls erstellen. An dieser Stelle möchten wir allerdings das im vorigen Abschnitt bereits erstellte ImageEdit-Control verwenden, das in der Klassenbibliothek TomLib erstellt wurde. Um das Control zu nutzen, öffnen Sie einfach die Eigenschaften der TomLib-Klassenbibliothek und ändern wie in Abbildung 12.21 den AUSGABETYP von KLASSENBIBLIOTHEK in KOMPONENTE FÜR WINDOWS-RUNTIME.

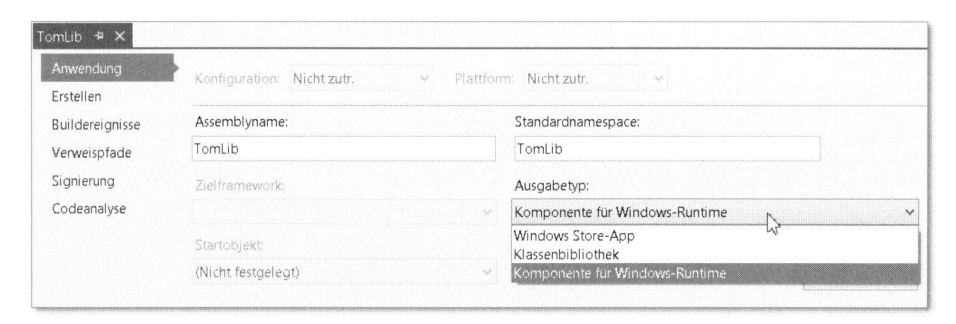

Abbildung 12.21 Der Ausgabetyp der »TomLib«-Bibliothek wurde geändert.

Beim Kompilieren werden Sie einen Fehler erhalten, der besagt, dass öffentliche Klassen in WinRT-Komponenten keine öffentlichen Klassenvariablen enthalten dürfen. Eine solche öffentliche Klassenvariable ist in der ImageEditControl-Klasse als Teil der ImageSource-Dependency Property allerdings enthalten, wie Listing 12.38 zeigt.

```
public static readonly DependencyProperty ImageSourceProperty =
  DependencyProperty.Register("ImageSource", typeof(ImageSource),
    typeof(ImageEditControl), new PropertyMetadata(null, ...));
```

Listing 12.38 Eine öffentliche Klassenvariable für die »ImageSource«-Property

Um das ImageEditControl zu kompilieren, ändern Sie die öffentliche Klassenvariable wie in Listing 12.39 in eine öffentliche Property um. Da die Property statisch ist, können Sie sie wie in Listing 12.39 im statischen Konstruktor initialisieren.

```
static ImageEditControl()
{
  ImageSourceProperty = DependencyProperty.Register(
```

```
    "ImageSource", typeof(ImageSource), typeof(ImageEditControl),
    new PropertyMetadata(null,OnImageSourceChanged));
}
public static DependencyProperty ImageSourceProperty
{ get; private set; }
```

Listing 12.39 K12\05 WinRTKomponenten\TomLib\ImageEditControl.cs

Jetzt lässt sich die WinRT-Komponente erfolgreich kompilieren. Fügen Sie in der C++-App einen Verweis auf die TomLib hinzu, können Sie das darin in C# erstellte ImageEditControl in XAML ganz gewöhnlich einsetzen, wie folgender Codeausschnitt aus der MainPage der C++-App zeigt:

```
<Page ... xmlns:tomlib="using:TomLib" ... >
  <Page.Resources>
    <CollectionViewSource x:Name="friendViewSource"
                          Source="{Binding}"/>
  </Page.Resources>
  <Grid ...> ...
    <ListView ItemsSource="{Binding Source={StaticResource
      friendViewSource}}"> ... </ListView>
    <tomlib:ImageEditControl ImageSource="{Binding
      Source={StaticResource friendViewSource},
      Path=ImageSource,Mode=TwoWay}" .../>
  </Grid>
</Page>
```

Listing 12.40 K12\05 WinRTKomponenten\CPlusPlusApp\MainPage.xaml

Wird die Anwendung gestartet, werden nun die aus der FriendLoaderComponent geladenen Friend-Instanzen angezeigt. Das in der nun ebenfalls als WinRT-Komponente erstellten TomLib enthaltene ImageEditControl zeigt wie in Abbildung 12.22 das Bild des selektierten Friend-Objekts an.

Abbildung 12.22 Das »ImageEditControl« wird in der C++-App eingesetzt.

12.4 Controls in FriendStorage

Auch in FriendStorage werden ein paar User Controls eingesetzt. Die FriendEditPage nutzt das AddressControl und das ImageEditControl, um die Adresse und das Bild eines Friend-Objekts zu bearbeiten. Hier ein kleiner Ausschnitt aus der FriendEditPage:

```
<Grid Grid.Row="1" Grid.Column="2">
  ...
  <controls:AddressControl DataContext="{Binding Friend.Address}"
    Margin="0 0 0 20"/>
  <controls:ImageEditControl Image="{Binding
    Friend.Image,Mode=TwoWay}" Grid.Row="1"/>
</Grid>
```

Listing 12.41 FriendStorage\View\FriendEditPage.xaml

Abbildung 12.23 zeigt die FriendEditPage im Einsatz. Die rechte Spalte enthält im oberen Teil das AddressControl, das die Eingabe von Straße, Postleitzahl, Ort und Land erlaubt. Darunter befindet sich das ImageEditControl, mit dem sich ein Bild wählen, knipsen oder entfernen lässt.

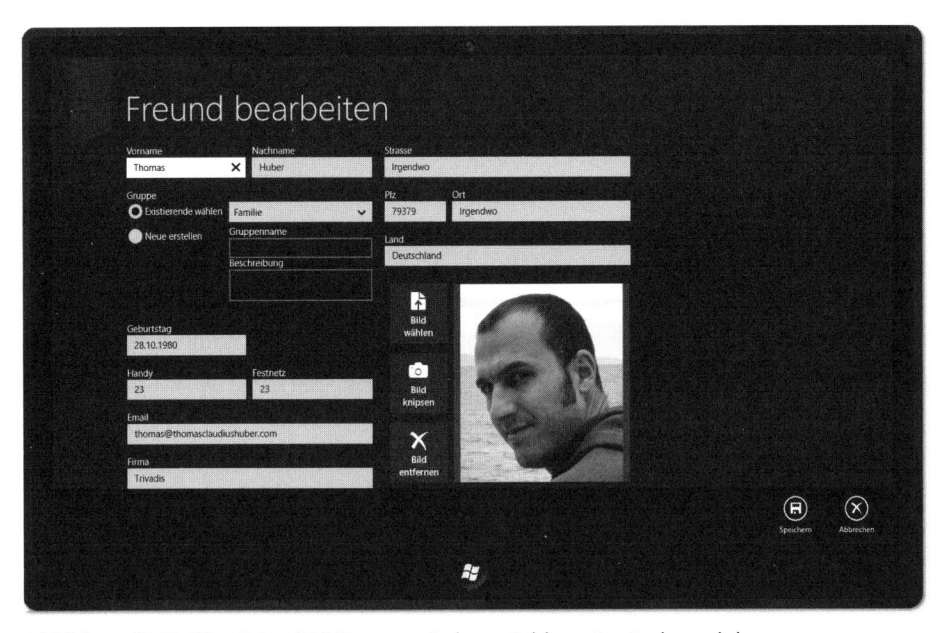

Abbildung 12.23 Die »FriendEditPage« mit dem »AddressControl« und dem »ImageEditControl«

In diesem Abschnitt schauen wir uns ein paar Details der beiden Controls an.

12.4.1 Das Control für die Adresse

Die `DataContext`-Property des `Address`-Controls wird in der `FriendEditPage` an die `Address`-Property des im `DataContext` enthaltenen `Friend`-Objekts gebunden:

```
<controls:AddressControl DataContext="{Binding Friend.Address}"
  Margin="0 0 0 20"/>
```

Listing 12.42 FriendStorage\View\FriendEditPage.xaml

Die `Address`-Property der `Friend`-Klasse ist vom Typ der Klasse `Address`, die die Properties `Street`, `ZipCode`, `City` und `Country` enthält, alle vom Typ `string`.

Die Codebehind-Datei des `AddressControls` enthält keinerlei Logik. In XAML sind vier `TextBox`-Elemente definiert, die sich an die Properties des im `DataContext` enthaltenen `Address`-Objekts binden:

```
<UserControl x:Class="FriendStorage.Controls.AddressControl"...>
  <Grid>
    <Grid.RowDefinitions> ... </Grid.RowDefinitions>
    <Grid.ColumnDefinitions> ... </Grid.ColumnDefinitions>
    <TextBlock   Text="Straße" FontSize="14.667"/>
    <TextBox Grid.Row="1" Grid.ColumnSpan="3"
      Text="{Binding Street,Mode=TwoWay}" .../>

    <TextBlock Grid.Row="2" Text="Plz" FontSize="14.667"/>
    <TextBox Grid.Row="3"
      Text="{Binding ZipCode,Mode=TwoWay}" .../>
    <TextBlock Grid.Row="2" Grid.Column="2" Text="Ort" .../>
    <TextBox Grid.Row="3" Grid.Column="2"
      Text="{Binding City,Mode=TwoWay}" .../>
    <TextBlock Grid.Row="4" Text="Land" FontSize="14.667"/>
    <TextBox Grid.Row="5" Grid.ColumnSpan="3"
      Text="{Binding Country,Mode=TwoWay}"/>
  </Grid>
</UserControl>
```

Listing 12.43 FriendStorage\Controls\AddressControl.xaml

Da das `AddressControl` keinerlei Logik in der Codebehind-Datei besitzt, wird es folglich in FriendStorage lediglich dazu eingesetzt, existierende `TextBlock`- und `TextBox`-Objekte zu einem Control zusammenzufassen. Dadurch wird der XAML-Code in der `FriendEditPage` kompakter und übersichtlicher.

12.4.2 Das »ImageEditControl«

Neben dem `AddressControl` verwendet die `FriendEditPage` von FriendStorage das User Control `ImageEditControl`. Die Image-Property des `ImageEditControls` wird in der `FriendEditPage` an die Image-Property des im `DataContext` enthaltenen Friend-Objekts gebunden:

```
<controls:ImageEditControl Image="{Binding
  Friend.Image,Mode=TwoWay}" .../>
```

Listing 12.44 FriendStorage\View\FriendEditPage.xaml

Das Besondere am `ImageEditControl` ist, dass es ein User Control ist, aber den `VisualStateManager` für die Zustände `HasImage` und `NoImage` einsetzt. Abbildung 12.24 zeigt das `ImageEditControl` im Zustand `NoImage`. Beachten Sie, dass der `Button` zum Entfernen des Bildes deaktiviert ist und ein Default-Bild angezeigt wird.

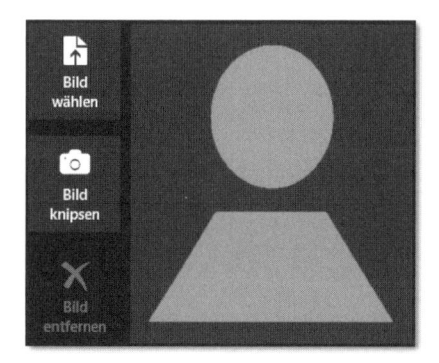

Abbildung 12.24 Das »ImageEditControl« im Zustand »NoImage«

In Abbildung 12.25 sehen Sie das `ImageEditControl` im Zustand `HasImage`. Der `Button` zum Entfernen des Bildes ist jetzt aktiviert. Anstelle des Default-Bildes wird das Bild des `Friend`-Objekts angezeigt.

Abbildung 12.25 Das »ImageEditControl« im Zustand »HasImage«

Schauen wir uns den Code kurz an. Listing 12.45 zeigt die Codebehind-Datei des `Image-EditControl`s. Im `OnLoaded`-Event-Handler wird die `ChangeVisualState`-Methode aufgerufen, um das Control bei der ersten Anzeige in den richtigen Zustand zu versetzen. Die `ChangeVisualState`-Methode wird auch im `ProperyChangedCallback` der `Image`-Dependency Property aufgerufen.

In der `ChangeVisualState`-Methode selbst wird die statische GoToState-Methode der `VisualStateManager`-Klasse verwendet, um das `ImageEditControl` in den Zustand `HasImage` oder `NoImage` zu versetzen.

```
public sealed partial class ImageEditControl : UserControl
{
  public ImageEditControl()
  {
    this.InitializeComponent();
    this.Loaded += OnLoaded;
  }
  void OnLoaded(object sender, RoutedEventArgs e)
  {
    ChangeVisualState(false);
  }
  ...
  public static readonly DependencyProperty ImageProperty =
    DependencyProperty.Register(...,
    new PropertyMetadata(null, OnImageChanged));
  private async static void OnImageChanged(DependencyObject obj,
    DependencyPropertyChangedEventArgs e)
  {
    var imageEditControl = obj as ImageEditControl;
    ...
    imageEditControl.ChangeVisualState(true);
  }
  private void ChangeVisualState(bool useTransitions)
  {
    var hasImage = Image != null;
    if (hasImage)
    {
      VisualStateManager.GoToState(this, "HasImage",
        useTransitions);
    }
    else
    {
```

```
      VisualStateManager.GoToState(this, "NoImage",
         useTransitions);
    }
  }
  ...
}
```

Listing 12.45 FriendStorage\Controls\ImageEditControl.xaml.cs

Listing 12.46 zeigt die XAML-Datei des `ImageEditControls`. Der `Button` zum Entfernen des Bildes und das `Image`-Element zum Anzeigen des Default-Bildes haben die Namen `btnRemove` bzw. `defaultImage`. Auf dem im `UserControl` enthaltenen `Grid` ist die Attached Property `VisualStateManager.VisualStateGroups` gesetzt. Für den Zustand `NoImage` wird das `defaultImage` sichtbar gemacht und die `IsEnabled`-Property des `btnRemove` auf `false` gesetzt. Im Zustand `HasImage` wird das `defaultImage` ausgeblendet und die `IsEnabled`-Property des `btnRemove` auf `true` gesetzt.

```xml
<UserControl ...>
  <Grid>
    <Grid.ColumnDefinitions> ... </Grid.ColumnDefinitions>
    <StackPanel> ...
      <Button Click="ButtonChooseClick"> ... </Button>
      <Button Click="ButtonTakeClick" > ... </Button>
      <Button Click="ButtonRemoveClick" x:Name="btnRemove">
        ...
      </Button>
    </StackPanel>
    <Border Grid.Column="1" ...>
      <Grid>
        <Image x:Name="image"/>
        <Image x:Name="defaultImage"
           Source="/Images/DefaultImage.png" .../>
      </Grid>
    </Border>
    <VisualStateManager.VisualStateGroups>
      <VisualStateGroup x:Name="ImageStates">
        <VisualState x:Name="NoImage">
          <Storyboard>
            <ObjectAnimationUsingKeyFrames
              Storyboard.TargetName="defaultImage"
              Storyboard.TargetProperty="Visibility">
              <DiscreteObjectKeyFrame ... Value="Visible"/>
            </ObjectAnimationUsingKeyFrames>
            <ObjectAnimationUsingKeyFrames
```

```
              Storyboard.TargetName="btnRemove"
              Storyboard.TargetProperty="IsEnabled">
            <DiscreteObjectKeyFrame ... Value="False"/>
          </ObjectAnimationUsingKeyFrames>
        </Storyboard>
      </VisualState>
      <VisualState x:Name="HasImage">
        <Storyboard>
          <ObjectAnimationUsingKeyFrames
              Storyboard.TargetName="defaultImage"
              Storyboard.TargetProperty="Visibility">
            <DiscreteObjectKeyFrame ... Value="Collapsed"/>
          </ObjectAnimationUsingKeyFrames>
          <ObjectAnimationUsingKeyFrames
              Storyboard.TargetName="btnRemove"
              Storyboard.TargetProperty="IsEnabled">
            <DiscreteObjectKeyFrame ... Value="True"/>
          </ObjectAnimationUsingKeyFrames>
        </Storyboard>
      </VisualState>
    </VisualStateGroup>
  </VisualStateManager.VisualStateGroups>
  </Grid>
</UserControl>
```

Listing 12.46 FriendStorage\Controls\ImageEditControl.xaml

12.5 Zusammenfassung

In der WinRT lassen sich zwei Arten von Controls entwickeln, User Controls und Custom Controls. Im deutschsprachigen Visual Studio werden diese beiden Arten als *Benutzersteuerelement* (User Control) und *Steuerelement mit Vorlagen* (Custom Control) bezeichnet.

User Controls eignen sich zum Gruppieren einzelner Controls. Im Gegensatz zum Custom Control unterstützt ein User Control jedoch keine `ControlTemplate`s.

Ein Custom Control legen Sie an, wenn Ihr Control `ControlTemplate`s unterstützen soll. Durch Austauschen des `ControlTemplate`s lässt sich das Aussehen eines Custom Controls komplett neu definieren. Um Ihr Template mit Ihrem C#-Code zu verbinden, nutzen Sie `TemplateBindings` und `TemplateParts`. Mit dem `VisualStateManager` implementieren Sie visuelle Zustände für Ihr Control. In Blend kann ein Designer das UI für diese Zustände über das STATUS-Fenster anpassen.

Möchten Sie Ihre C#-Klassen und Controls auch Entwicklern zur Verfügung stellen, die ihre Apps nativ in C++ oder mit JavaScript schreiben, erstellen Sie dazu eine WinRT-Komponente. Für die öffentlichen Mitglieder einer WinRT-Komponente gibt es ein paar Einschränkungen. So müssen öffentliche Klassen `sealed` sein, und ihre Mitglieder dürfen nur WinRT-Typen zurückgeben. Wie Sie gelernt haben, unterstützt Sie hier die Language Projection, die beispielsweise vom .NET-Interface `IList<T>` eine Zuordnung zum WinRT-Interface `IVector<T>` macht.

Beim Implementieren des `ImageEditControl`s sind Sie in diesem Kapitel bereits mit dem `FileOpenPicker` zum Selektieren einer Bild-Datei in Kontakt gekommen. Im nächsten Kapitel sehen wir uns an, wie Sie aus Ihrer Windows Store App auf Dateien zugreifen und wie Sie die Klassen `FileOpenPicker` und `FileSavePicker` einsetzen.

Kapitel 13
Dateien, Streams und Serialisierung

In diesem Kapitel lesen Sie, wie Sie auf Dateien und Ordner zugreifen. Darüber hinaus lernen Sie die Streams der WinRT näher kennen und erfahren, wie Sie Ihre Objekte serialisieren und deserialisieren.

Viele Apps benötigen den Zugriff auf Dateien und Ordner, beispielsweise zum Speichern von Einstellungen oder zum Einlesen on Daten. In diesem Kapitel lernen Sie alles Notwendige zum Umgang mit Dateien und Ordnern kennen.

Dazu starten wir in Abschnitt 13.1 mit den Grundlagen des Dateizugriffs. Neben den zentralen Klassen aus dem Windows.Storage-Namespace lernen Sie, wie Sie Dateien und Ordner erstellen und löschen.

In Abschnitt 13.2, »Programmatischer Zugriff«, greifen wir programmatisch auf verschiedene Ordner zu. Einige Ordner benötigen spezielle Funktionen im *Package. appxmanifest*. Was alles möglich ist und wie es geht, erfahren Sie hier.

Anstatt programmatisch auf die Ordner und Dateien des Benutzers zuzugreifen, können Sie auch die im Namespace Windows.Storage.Pickers enthaltenen Picker-Klassen nutzen, die Sie in Abschnitt 13.3, »Zugriff via Picker«, kennenlernen: FileOpenPicker, FileSavePicker und FolderPicker.

Beim Arbeiten mit Dateien werden Sie nicht um Streams herumkommen. Dabei stehen Ihnen als C#-Entwickler die Streams der WinRT und jene aus dem .NET für Windows Store Apps zur Verfügung. Einen Überblick erhalten Sie in Abschnitt 13.4, »Streams«.

Wie Sie Dateien suchen oder eine Liste der kürzlich verwendeten Dateien verwalten, lesen Sie in Abschnitt 13.5, »Weitere Dateioperationen«. Wie Sie Ihre Objekte in eine Datei serialisieren, erläutere ich in Abschnitt 13.6, »Serialisierung«.

Am Ende des Kapitels werfen wir noch einen Blick auf FriendStorage. FriendStorage speichert die Gruppen mit Freunden in einer *.friends*-Datei. Wie Sie diese laden und speichern und wie Sie eine Liste mit den kürzlich verwendeten *.friends*-Dateien verwalten, lesen Sie in Abschnitt 13.7, »Dateien in FriendStorage«.

> **Hinweis**
>
> Die WinRT unterstützt standardmäßig keine lokale Datenbank. Allerdings gibt es Datenbanken, die auf dem in diesem Kapitel gezeigten Dateizugriff aufbauen. Eine davon ist die *SQLite*-Datenbank. Sie erlaubt das Speichern und Abfragen von Daten in einer einzigen Datei. Die SQLite-Datenbank steht als separater Download zur Verfügung.

13.1 Grundlagen des Dateizugriffs

Die zentralen Klassen für den Zugriff auf Dateien und Ordner befinden sich im Namespace Windows.Storage. Nach einem Blick auf diese Klassen und weitere Sub-Namespaces von Windows.Storage starten wir mit den typischen Aufgaben, wie Dateien erstellen/lesen/löschen und Ordner erstellen/löschen usw. Los geht's.

13.1.1 Der »Windows.Storage«-Namespace

Im Namespace Windows.Storage finden Sie die Klassen, mit denen Sie auf Dateien und Ordner zugreifen. Folgend die wohl wichtigsten fünf:

- ApplicationData: Stellt den Zugriff auf die lokalen, die Roaming. und die temporären App-Daten bereit. Mehr zu diesen verschiedenen App-Daten lesen Sie in Abschnitt 13.2.1, »App-Daten (lokale, Roaming-, temporäre)«. Die Klasse ist als Singleton implementiert, eine Instanz erhalten Sie über die statische Current-Property. Sie finden darauf Properties wie LocalFolder, RoamingFolder oder TempFolder, alle vom Typ StorageFolder. Auf diese Ordner haben Sie uneingeschränkten Zugriff.

- KnownFolders: Stellt den Zugriff auf verschiedene Verzeichnisse wie *Bilder*, *Musik* und *Videos* bereit. Auch auf Wechseldatenträger wie USB-Sticks können Sie zugreifen. Dazu besitzt diese Klasse statische Properties wie PicturesLibrary, MusicLibrary, VideosLibrary oder RemovableDevices, allesamt vom Typ StorageFolder. Beachten Sie, dass Sie zum Zugriff die entsprechende Funktion im *Package.appxmanifest* deklariert haben müssen. Mehr dazu lesen Sie in Abschnitt 13.2, »Programmatischer Zugriff«.

- StorageFile: Repräsentiert eine Datei. Hat Properties wie Name, Path und FileType, die den Dateinamen, -pfad und die -erweiterung zurückgeben. Die Klasse enthält auch diverse Methoden zum Umgang mit einer Datei, wie CopyAsync, DeleteAsync, MoveAsync oder RenameAsync. Die wichtigste ist jedoch OpenAsync, mit der Sie die Datei öffnen, um mit einem IRandomAccessStream in sie zu schreiben oder aus ihr zu lesen. Die Klasse implementiert das Interface IStorageFile, das die gängigen Mitglieder wie beispielsweise die OpenAsync-Methode enthält.

- **StorageFolder**: Repräsentiert einen Ordner und implementiert das Interface IStorageFolder. Hat Properties wie Name und Path, die den Ordnernamen und den -pfad zurückgeben. Die Klasse enthält wichtige Methoden zum Umgang mit Dateien und Ordnern. Mit CreateFileAsync erstellen Sie eine Datei im Ordner, mit CreateFolderAsync erstellen Sie einen Unterordner. Zum Erforschen des Ordners können Sie mit der Methode GetFileAsync eine bestimmte Datei laden. Mit der GetFilesAsync-Methode laden Sie alle Dateien. Analog dazu gibt es für Unterordner die Methoden GetFolderAsync und GetFoldersAsync. Die Klassen StorageFile und StorageFolder implementieren beide das Interface IStorageItem. Dieses definiert unter anderem die Properties Name und Path. Auf einem StorageFolder finden Sie auch die Methode GetItemsAsync, die Ihnen eine Liste mit IStorageItem-Objekten zurückgibt. Dies sind alle Dateien und Ordner, die im aktuellen StorageFolder enthalten sind. Zum Umbenennen Ihres Ordners verwenden Sie die Methode RenameAsync, zum Löschen die Methode DeleteAsync. Die StorageFolder-Klasse implementiert das Interface IStorageFolder, das die gängigen Mitglieder wie beispielsweise die GetFilesAsync-Methode enthält.

- **FileIO**: Diese statische Klasse stellt statische Hilfsmethoden zum Lesen und Schreiben von Dateien (StorageFiles) bereit. Beispielsweise schreiben und lesen Sie mit den Methoden WriteTextAsync und ReadTextAsync Text in eine/aus einer Datei.

Der Namespace Windows.Storage besitzt einige Sub-Namespaces. Tabelle 13.1 zeigt eine Übersicht der wichtigsten.

Namespace	Beschreibung
Windows.Storage	Enthält die bereits erwähnten Klassen wie StorageFile und StorageFolder zum Verwalten von Dateien, Ordnern und App-Daten.
Windows.Storage.AccessCache	Erlaubt das Erstellen einer Liste mit den kürzlich verwendeten Dateien (*Most Recently Used*, MRU).
Windows.Storage.Compression	Enthält die Klassen Compressor und Decompressor, mit denen Sie Streams auf einfache Weise mit verschiedenen Algorithmen komprimieren und dekomprimieren.
Windows.Storage.FileProperties	Die Klassen aus diesem Namespace erlauben den Zugriff auf die Eigenschaften einer Datei oder eines Ordners.

Tabelle 13.1 »Windows.Storage« und wichtige Sub-Namespaces

Namespace	Beschreibung
Windows.Storage.Pickers	Enthält die WinRT-»Dialoge« FileOpenPicker, FileSavePicker und FolderPicker. Mit diesen kann der Benutzer eine Datei öffnen, speichern und Ordner auswählen. Mehr zu den Pickern lesen Sie in Abschnitt 13.3, »Zugriff via Picker«.
Windows.Storage.Search	Enthält Klassen, die beispielsweise eine Suche nach Dateien mit einem bestimmten Filter unterstützen.
Windows.Storage.Streams	Enthält die Streams der WinRT sowie Klassen zum Lesen von und Schreiben in Streams. Näheres zu Streams erfahren Sie in Abschnitt 13.4.

Tabelle 13.1 »Windows.Storage« und wichtige Sub-Namespaces (Forts.)

13.1.2 Datei erstellen, lesen und löschen

Zum Erstellen einer Datei rufen Sie auf einem `StorageFolder`-Objekt die `CreateFileAsync`-Methode mit dem gewünschten Dateinamen auf. Als Rückgabewert erhalten Sie eine `StorageFile`-Instanz, in die Sie schreiben können.

> **Hinweis**
>
> Zum Erstellen/Lesen von Dateien habe ich in diesem Abschnitt den programmatischen Weg gewählt. Dabei stehen nur bestimmte Ordner, wie der lokale App-Ordner (`ApplicationData.Current.LocalFolder`), zur Verfügung. Mehr zu den verschiedenen Ordnern, auf die Sie programmatisch zugreifen können, lesen Sie in Abschnitt 13.2.
>
> Anstelle des programmatischen Zugriffs können Sie auch mit den Picker-Klassen `FileOpenPicker`, `FileSavePicker` und `FolderPicker` auf Dateien und Ordner zugreifen. Einzelheiten zu diesen Klassen erläutere ich in Abschnitt 13.3, »Zugriff via Picker«.

Folgende Methode erstellt im lokalen Anwendungsordner die Datei *userData.txt*. Mit der statischen `WriteTextAsync`-Methode der `FileIO`-Klasse wird etwas Text in die Datei geschrieben:

```
private async void btnWriteFile_Click(object sender, ...)
{
  StorageFolder folder = ApplicationData.Current.LocalFolder;
  StorageFile file =
```

```
    await folder.CreateFileAsync("userData.txt");
  await FileIO.WriteTextAsync(file,
    "Nur ein kleiner Text für die Datei");
}
```

Listing 13.1 Erstellen einer neuen Datei mit etwas Text

Existiert die Datei *userData.txt* bereits, wirft der Code aus Listing 13.1 beim Aufruf der `CreateFileAsync`-Methode eine Exception. Um dies zu umgehen, können Sie entweder zuvor prüfen, ob die Datei bereits existiert, oder eine Überladung der `CreateFileAsync`-Methode aufrufen. Die erste Variante, zu prüfen, ob eine Datei existiert, lernen Sie im nächsten Abschnitt kennen, die zweite Variante mit dem weiteren Parameter sehen wir uns hier an. Die zwei Varianten der `CreateFileAsync`-Methode:

```
IAsyncOperation<StorageFile> CreateFileAsync(string desiredName)
IAsyncOperation<StorageFile> CreateFileAsync(string desiredName,
  CreationCollisionOption options)
```

Die zweite Variante der `CreateFileAsync`-Methode nimmt neben dem gewünschten Dateinamen einen zusätzlichen Parameter vom Typ der Aufzählung `CreationCollisionOption` entgegen. Damit bestimmen Sie, was passiert, wenn im aktuellen Ordner bereits eine Datei mit dem gewünschten Namen existiert. Die Werte der Aufzählung lauten:

- **GenerateUniqueName**: Falls bereits eine Datei mit dem gewünschten Namen existiert, wird dem Namen Ihrer Datei eine Zahl angefügt, um Ihre Datei eindeutig zu machen.
- **ReplaceExisting**: Falls bereits eine Datei mit dem gewünschten Namen existiert, wird die existierende Datei durch die neue ersetzt.
- **FailIfExists**: Falls bereits eine Datei mit dem gewünschten Namen existiert, erhalten Sie eine Exception. Das ist der Default-Wert.
- **OpenIfExists**: Falls bereits eine Datei mit dem gewünschten Namen existiert, erhalten Sie die Datei als Rückgabewert der `CreateFileAsync`-Methode.

In Listing 13.2 wird die Überladung der `CreateFileAsync`-Methode benutzt. Es wird der Wert `ReplaceExisting` übergeben, womit die *userData.txt*-Datei einfach ersetzt wird, falls sie bereits existiert.

```
private async void btnWriteFile_Click(object sender,...)
{
  StorageFolder folder = ApplicationData.Current.LocalFolder;
  StorageFile file = await folder.CreateFileAsync("userData.txt",
    CreationCollisionOption.ReplaceExisting);
```

```
      await FileIO.WriteTextAsync(file, "Nur ein kleiner Text ...");
      ...
}
```

Listing 13.2 K13\01 DateiOperationen\MainPage.xaml.cs

Um auf eine existierende Datei zuzugreifen, nutzen Sie auf dem StorageFolder die GetFileAsync-Methode mit dem Dateinamen. Den Text des so erhaltenen Storage-Files können Sie mit der ReadTextAsync-Methode der FileIO-Klasse auslesen, wie folgende Methode zeigt:

```
private async void btnReadFile_Click(object sender, ...)
{
   StorageFolder folder = ApplicationData.Current.LocalFolder;
   StorageFile file = await folder.GetFileAsync("userData.txt");
   string text = await FileIO.ReadTextAsync(file);
   ...
}
```

Listing 13.3 K13\01 DateiOperationen\MainPage.xaml.cs

Anstatt zum Schreiben und Lesen mit der FileIO-Klasse zu arbeiten, können Sie ein StorageFile auch mit Streams bearbeiten. Den Stream auf ein StorageFile erhalten Sie, indem Sie die Datei mit der OpenAsync-Methode öffnen. Sie gibt ein IRandomAccessStream-Objekt zurück und verlangt als Parameter einen Wert der FileAccess-Mode-Aufzählung: Zum Lesen übergeben Sie den Wert Read, zum Schreiben den Wert ReadWrite.

Listing 13.4 zeigt eine Variante zum Schreiben der Datei *userData.txt*, die den IRandomAccessStream nutzt. Beachten Sie, dass auf dem StorageFile die OpenAsync-Methode aufgerufen wird, um den IRandomAccessStream zu erhalten. Da in die Datei geschrieben werden soll, wird an die OpenAsync-Methode der Wert ReadWrite übergeben. In den erhaltenen IRandomAccessStream wird mit Hilfe der DataWriter-Klasse ein Text geschrieben.

```
async void btnWriteFileDataWriter_Click(object sender, ...)
{
   StorageFolder folder = ApplicationData.Current.LocalFolder;
   StorageFile file = await folder.CreateFileAsync("userData.txt",
      CreationCollisionOption.ReplaceExisting);

   using(IRandomAccessStream stream =
      await file.OpenAsync(FileAccessMode.ReadWrite))
   {
      using (var dataWriter = new DataWriter(stream))
      {
```

```
      dataWriter.WriteString("Nur ein kleiner Text für ...");
      await dataWriter.StoreAsync();
    }
  }
  ...
}
```

Listing 13.4 K13\01 DateiOperationen\MainPage.xaml.cs

Listing 13.5 zeigt die Variante zum Lesen einer Datei via Streams. Beachten Sie, dass der `OpenAsync`-Methode zum Lesen der Wert `Read` übergeben wird. Aus dem erhaltenen `IRandomAccessStream` wird mit Hilfe der `DataReader`-Klasse der Text ausgelesen und in der `text`-Variablen gespeichert.

```
async void btnReadFileDataReader_Click(object sender, ...)
{
  StorageFolder folder = ApplicationData.Current.LocalFolder;
  StorageFile file = await folder.GetFileAsync("userData.txt");

  string text = "";
  using (IRandomAccessStream stream =
    await file.OpenAsync(FileAccessMode.Read))
  {
    using (var dataReader = new DataReader(stream))
    {
      var count = await dataReader.LoadAsync((uint)stream.Size);
      text = dataReader.ReadString(count);
    }
  }
  ...
}
```

Listing 13.5 K13\01 DateiOperationen\MainPage.xaml.cs

> **Hinweis**
>
> Dies war ein kurzer Einblick in Streams. Mehr zu den Streams der WinRT und den im .NET für Windows Store Apps verfügbaren Streams lesen Sie in Abschnitt 13.4, »Streams«.

Zum Löschen einer Datei enthält die `StorageFile`-Klasse die Methode `DeleteAsync`. Diese besitzt eine Überladung, die einen Wert der `StorageDeleteOption`-Aufzählung entgegennimmt:

```
IAsyncAction DeleteAsync()
IAsyncAction DeleteAsync(StorageDeleteOption option)
```

Die `StorageDeleteOption` hat lediglich zwei Werte:

- **Default**: Die Datei wird in den Papierkorb verschoben, wie dies beim Löschen von Dateien unter Windows üblich ist. Wenn Sie die `DeleteAsync`-Methode ohne Parameter aufrufen, wird ebenfalls dieser Wert verwendet.
- **PermanentDelete**: Die Datei wird nicht in den Papierkorb verschoben, sondern permanent gelöscht.

> **Achtung**
>
> Dass eine Datei in den Papierkorb verschoben wird, trifft nur zu, wenn sich die Datei nicht in einem App-Ordner (lokal, Roaming, temporär) befindet. Die Dateien im App-Ordner werden beim Aufruf der `DeleteAsync`-Methode immer permanent gelöscht.

Neben den hier gezeigten Methoden finden Sie auf der `StorageFile`-Klasse weitere Methoden, beispielsweise zum Kopieren, Verschieben und Umbenennen: `CopyAsync`, `MoveAsync` und `RenameAsync`.

> **Tipp**
>
> Möchten Sie aus Ihrer App für einen bestimmten Dateityp das Default-Programm starten, nutzen Sie dazu die `Launcher`-Klasse (Namespace: `Windows.System`). Sie besitzt die statische Methode `LaunchFileAsync`, die eine `IStorageFile`-Instanz entgegennimmt.

13.1.3 Prüfen, ob eine Datei existiert

Auf der `StorageFolder`-Klasse gibt es keine Methode wie `FileExists`, mit der Sie prüfen können, ob eine Datei existiert. Eine solche Methode könnte hilfreich sein, wenn Sie beispielsweise vor dem Lesen einer Datei prüfen möchten, ob die Datei überhaupt existiert. Denn ein Aufruf der `GetFileAsync`-Methode wirft eine `FileNotFoundException`, wenn die Datei nicht vorhanden ist. Sie haben dennoch prinzipiell zwei Möglichkeiten zu prüfen, ob eine Datei existiert:

- Sie fangen einfach die `FileNotFoundException` in einem `catch`-Block ab. Beim Auftreten der Exception wissen Sie, dass die Datei nicht existiert.
- Sie machen eine Abfrage auf das Verzeichnis, um eine bestimmte Datei zu suchen. Dies können Sie beispielsweise mit LINQ machen (Language Integrated Query).

Listing 13.6 zeigt die Variante mit dem Abfangen der Exception. Ist die Datei *userData.txt* nicht vorhanden, wird die `FileNotFoundException` abgefangen.

13.1 Grundlagen des Dateizugriffs

```csharp
async void btnFileExistsException_Click(object sender, ...)
{
  StorageFolder folder = ApplicationData.Current.LocalFolder;
  StorageFile file = null;
  try
  {
    file = await folder.GetFileAsync("userData.txt");
  }
  catch (FileNotFoundException ex) { }
  if (file == null) { /* nicht gefunden */ }
  else { /* gefunden */ }
}
```

Listing 13.6 K13\01 DateiOperationen\MainPage.xaml.cs

Listing 13.7 zeigt die Variante mit einem LINQ-Statement. Dazu wird auf dem Storage-Folder die Methode GetFilesAsync aufgerufen, um eine Liste mit allen darin enthaltenen Dateien (IStorageFiles) zu erhalten. Mit der Methode SingleOrDefault wird das IStorageFile herausgesucht, das den Namen *userData.txt* hat. Falls keines mit einem solchen Namen existiert, gibt diese Methode eine null-Referenz zurück.

```csharp
async void btnFileExistsLinq_Click(object sender, ...)
{
  StorageFolder folder = ApplicationData.Current.LocalFolder;
  IReadOnlyList<IStorageFile> files =
    await folder.GetFilesAsync();
  IStorageFile file =
    files.SingleOrDefault(f => f.Name == "userData.txt");

  if (file == null) { /* nicht gefunden */ }
  else { /* gefunden */ }
}
```

Listing 13.7 K13\01 DateiOperationen\MainPage.xaml.cs

Mit diesem Wissen können Sie sich natürlich problemlos Ihre eigene Extension-Methode bauen. Listing 13.8 zeigt die Extension-Methode FileExists, die sich für IStorageFolder-Objekte nutzen lässt. Sie liest alle Dateien des Ordners aus und prüft mit der Extension-Methode Any, ob eine Datei mit dem als Parameter erhaltenen Namen existiert.

```csharp
public static class StorageFolderExtensions
{
  public async static Task<bool> FileExists(
    this IStorageFolder folder, string fileName)
```

```
    {
      IReadOnlyList<IStorageFile> files =
        await folder.GetFilesAsync();
      return files.Any(f => f.Name == "userData.txt");
    }
}
```

Listing 13.8 K13\01 DateiOperationen\StorageFolderExtensions.cs

Listing 13.9 zeigt den Einsatz der in Listing 13.8 definierten Extension-Methode. Auf einem StorageFolder lässt sich jetzt einfach die FileExists-Methode erwarten. In Listing 13.9 wird der Rückgabewert in einer if-Verzweigung verwendet.

```
async void btnFileExistsLinqExtensionMethod_Click(..., ...)
{
  StorageFolder folder = ApplicationData.Current.LocalFolder;
  if (await folder.FileExists("userData.txt"))
  { /* gefunden */ }
  else { /* nicht gefunden */ }
}
```

Listing 13.9 K13\01 DateiOperationen\MainPage.xaml.cs

Hinweis

Anstatt mit LINQ können Sie auch nach einer Datei suchen, indem Sie die Klassen aus dem Namespace Windows.Storage.Search verwenden. Mehr dazu in Abschnitt 13.5.1, »Dateien suchen«.

13.1.4 Ordner erstellen und löschen

Zum Erstellen eines Ordners rufen Sie auf einem StorageFolder-Objekt die CreateFolderAsync-Methode auf:

```
StorageFolder localFolder = ApplicationData.Current.LocalFolder;
StorageFolder folder =
  await localFolder.CreateFolderAsync("Fussball");
```

Listing 13.10 K13\02 OrdnerOperationen\MainPage.xaml.cs

Wie auch bei der CreateFileAsync-Methode gibt es eine Überladung, die einen Wert der bereits beim Erstellen von Dateien beschriebenen CreationCollisionOption-Aufzählung entgegennimmt:

```
IAsyncOperation<StorageFolder> CreateFolderAsync(
  string desiredName);
IAsyncOperation<StorageFolder> CreateFolderAsync(
  string desiredName, CreationCollisionOption options);
```

Wie auch die `DeleteAsync`-Methode der Klasse `StorageFile` besitzt jene der Klasse `StorageFolder` eine Überladung, die einen Wert der `StorageDeleteOption`-Aufzählung entgegennimmt:

```
IAsyncAction DeleteAsync()
IAsyncAction DeleteAsync(StorageDeleteOption option)
```

Mit dem Wert `PermanentDelete` wird ein Ordner permanent gelöscht, ohne dass er in den Papierkorb verschoben wird.

13.1.5 Elemente im Ordner auslesen

Zum Auslesen der Dateien in einem Ordner definiert die Klasse `StorageFolder` die Methode `GetFilesAsync`. Folgender Codeausschnitt liest die Dateien der Bildbibliothek des Benutzers aus und fügt die Namen zu einer `ListView` hinzu.

```
private async void btnReadFiles_Click(object sender, ...)
{
  listView.Items.Clear();
  StorageFolder folder = KnownFolders.PicturesLibrary;
  IReadOnlyCollection<IStorageFile> files =
    await folder.GetFilesAsync();
  foreach (var file in files)
  {
    listView.Items.Add(file.Name);
  }
}
```

Listing 13.11 K13\02 OrdnerOperationen\MainPage.xaml.cs

Zum Auslesen der Unterordner definiert die Klasse `StorageFolder` die Methode `GetFoldersAsync`. Folgender Codeausschnitt liest die Ordner der Bildbibliothek des Benutzers aus und fügt die Namen zu einer `ListView` hinzu:

```
private async void btnReadFolders_Click(object sender, ...)
{
  listView.Items.Clear();
  StorageFolder folder = KnownFolders.PicturesLibrary;
  IReadOnlyCollection<IStorageFolder> folders =
    await folder.GetFoldersAsync();
```

```
  foreach (var f in folders)
  {
    listView.Items.Add(f.Name);
  }
}
```

Listing 13.12 K13\02 OrdnerOperationen\MainPage.xaml.cs

Die Klasse `StorageFolder` definiert auch die Methode `GetItemsAsync`. Darüber erhalten Sie alle Dateien und Ordner, die sich in dem `StorageFolder` befinden. Der Rückgabewert `GetItemsAsync`-Methode ist eine Liste mit `IStorageItem`-Instanzen. Listing 13.13 liest so alle Elemente aus. In der `foreach`-Schleife wird geprüft, ob es sich um ein `IStorageFile` handelt. Analog dazu können Sie auch prüfen, ob es sich um einen `IStorageFolder` handelt.

```
private async void btnReadFilesAndFolders_Click(..., ...)
{
  listView.Items.Clear();
  StorageFolder folder = KnownFolders.PicturesLibrary;
  IReadOnlyCollection<IStorageItem> items =
    await folder.GetItemsAsync();
  foreach (var item in items)
  {
    string itemType = "Ordner: ";
    if (item is IStorageFile)
      itemType = "Datei: ";
    listView.Items.Add(itemType+item.Name);
  }
}
```

Listing 13.13 K13\02 OrdnerOperationen\MainPage.xaml.cs

In diesem Abschnitt haben wir programmatisch auf die Bildbibliothek des Benutzers zugegriffen. Dazu benötigen wir in der *Package.appxmanifest*-Datei eine Funktion. Wie dies aussieht und auf welche anderen Ordner programmatisch zugegriffen werden kann, schauen wir uns jetzt an.

13.2 Programmatischer Zugriff

Beim programmatischen Zugriff auf das Dateisystem nutzen Sie die Klassen `ApplicationData`, `DownloadsFolder` und `KnownFolders`. Sie können allerdings nur auf bestimmte Ordner zugreifen. Das komplette Dateisystem des Benutzers ist aus Sicherheitsgründen nicht verfügbar. Zudem gibt es für bestimmte Ordner ein paar Voraussetzungen, um darauf zugreifen zu können. Tabelle 13.2 zeigt eine Übersicht der verfügbaren Ordner. Sie sehen, wie Sie darauf zugreifen können und welche Einschränkungen oder Voraussetzungen es gibt.

Ordner	Zugriff mit	Einschränkung/Voraussetzung
App-Daten (lokale, Roaming- und temporäre)	Properties des `Application-Data`-Objekts: `LocalFolder`, `LocalSettings`, `RoamingFolder`, `RoamingSettings`, `TempFolder`	keine
Installationsordner/App-Package	`InstalledLocation`-Property des `Package`-Objekts	nur lesen
Downloads-Ordner	statische Methoden der `DownloadsFolder`-Klasse	nur schreiben
Bildbibliothek	statische `PicturesLibrary`-Property der `KnownFolders`-Klasse	*Bildbibliothek*-Funktion muss im *Package.appxmanifest* aktiviert sein.
Musikbibliothek	statische `MusicLibrary`-Property der `KnownFolders`-Klasse	*Musikbibliothek*-Funktion muss im *Package.appxmanifest* aktiviert sein.
Videobibliothek	statische `VideosLibrary`-Property der `KnownFolders`-Klasse	*Videobibliothek*-Funktion muss im *Package.appxmanifest* aktiviert sein.
Dokumentbibliothek	statische `DocumentsLibrary`-Property der `KnownFolders`-Klasse	*Dokumentbibliothek*-Funktion muss im *Package.appxmanifest* aktiviert sein. Zudem müssen im *Package.appxmanifest* die Dateitypzuordnungen deklariert sein, da der Zugriff auf die angegebenen Dateitypen beschränkt ist.
Wechselspeichergeräte	statische `RemovableDevices`-Property der `KnownFolders`-Klasse	*Wechselspeichergeräte*-Funktion muss im *Package.appxmanifest* aktiviert sein. Zudem müssen im *Package.appxmanifest* die Dateitypzuordnungen deklariert sein, da der Zugriff auf die angegebenen Dateitypen beschränkt ist.

Tabelle 13.2 Die programmatisch verfügbaren Ordner

Ordner	Zugriff mit	Einschränkung/Voraussetzung
Homegroup	statische HomeGroup-Property der KnownFolders-Klasse	Im *Package.appxmanifest* muss mindestens eine der folgenden Funktionen aktiviert sein: *Bildbibliothek, Musikbibliothek, Videobibliothek*.
Media-Server-Geräte	statische MediaServer-Devices-Property der KnownFolders-Klasse	Im *Package.appxmanifest* muss mindestens eine der folgenden Funktionen aktiviert sein: *Bildbibliothek, Musikbibliothek, Videobibliothek*.
UNC-Dateien und -Ordner	statische Methoden GetFileFromPathAsync und GetFolderFromPathAsync der Klassen StorageFile und StorageFolder	Im *Package.appxmanifest* müssen verschiedene Funktionen aktiviert sein. Zudem müssen im *Package.appxmanifest* die Dateityzuordnungen deklariert sein, da der Zugriff auf die angegebenen Dateitypen beschränkt ist.

Tabelle 13.2 Die programmatisch verfügbaren Ordner (Forts.)

Im Folgenden schauen wir uns den Zugriff auf die einzelnen Ordner an.

> **Hinweis**
>
> Anstelle des programmatischen Zugriffs können Sie auch mit den Picker-Klassen FileOpenPicker, FileSavePicker und FolderPicker auf Dateien und Ordner zugreifen. Da hier der Benutzer selbst eine Datei oder einen Ordner auswählt, gibt es keinerlei Einschränkungen – es steht das ganze Dateisystem zur Verfügung. Mehr zu den Pickern lesen Sie in Abschnitt 13.3, »Zugriff via Picker«.

13.2.1 App-Daten (lokale, Roaming-, temporäre)

Die App-Daten sind Daten, die Sie mit Ihrer App abspeichern, beispielsweise Einstellungen. Da die App-Daten zu Ihrer App gehören, werden sie auch als *Anwendungsspeicher* bezeichnet.

Mit der Klasse ApplicationData greifen Sie auf die App-Daten zu, die sich in *lokale*, *Roaming-* und *temporäre* Dateien und Einstellungen aufteilen. Auf die Ordner der App-Daten haben Sie uneingeschränkten Zugriff. Im Folgenden sehen wir uns an, wie Sie auf die Dateien zugreifen. Starten wir mit den lokalen Dateien und Einstellungen.

Lokale App-Daten

Der Ordner für die lokalen App-Daten ist privat und isoliert, so dass keine andere Windows Store App darauf zugreifen kann. Der Ordner ist zudem lokal auf einem Gerät vorhanden. Er wird nicht mit anderen Geräten synchronisiert. In den lokalen App-Daten speichern Sie beispielsweise Anwendungseinstellungen ab. Falls Sie ein Spiel entwickeln, eignen sich die lokalen App-Daten zum Speichern des aktuellen Spielfortschritts.

> **Hinweis**
>
> Die lokalen App-Daten sind das Pendant zum *Isolated Storage* aus der WPF/Silverlight. Deinstalliert der Benutzer Ihre App, sind auch die lokalen App-Daten weg. Bei einem Update der App bleiben sie dagegen erhalten.

Auf die lokalen App-Daten greifen Sie mit der LocalFolder-Property des ApplicationData-Objekts zu:

```
StorageFolder folder = ApplicationData.Current.LocalFolder;
```

Sie können in dem Ordner weitere Unterordner und beliebige Dateien erstellen, wie Sie dies in den Grundlagen am Anfang dieses Kapitels gelernt haben. Physisch befindet sich der Ordner für die lokalen App-Daten unter folgendem Pfad, wobei Sie *BenutzerName* und *PackageName* durch den Namen des Benutzers und den Namen des App-Packages ersetzen:

C:\Users\BenutzerName\AppData\Local\Packages\PackageName

> **Hinweis**
>
> Den Namen des App-Packages Ihrer App finden Sie im Projekt in der PACKAGE.APPXMANIFEST-Datei unter dem Tab VERPACKEN. Darin ist der Paketname sichtbar, der standardmäßig eine GUID enthält. Mehr zum Verpacken lesen Sie in Kapitel 22, »Verpacken und veröffentlichen«.

Anstatt den Pfad selbst zusammenzusetzen, können Sie auch einfach auf die Path-Property des StorageFolder-Objekts zugreifen:

```
string path = ApplicationData.Current.LocalFolder.Path;
```

Im Fall von FriendStorage lautet der Pfad auf meinem PC wie folgt:

C:\Users\Thomas\AppData\Local\Packages\ThomasClaudiusHuber.FriendStorage_dnn5zaxfasp2e

Abbildung 13.1 zeigt die Struktur des oberen Pfads. Wie Sie sehen, sind darin die Ordner *LocalState*, *RoamingState* und *TempState* für die lokalen, die Roaming- und die temporären App-Daten enthalten. Mit der `LocalFolder`-Property der `ApplicationData`-Klasse greifen Sie auf den *LocalState*-Ordner zu, mit der `RoamingFolder`-Property auf den *RoamingState*-Ordner und mit der `TempFolder`-Property auf den *TempState*-Ordner.

> **Hinweis**
>
> Im vorigen Abschnitt haben Sie gelernt, wie Sie Dateien erstellen, lesen und löschen. Dabei wurde in den lokalen App-Daten die *userData.txt*-Datei erstellt. Jetzt kennen Sie auch den Pfad zu dieser Datei und können sie auch direkt betrachten.

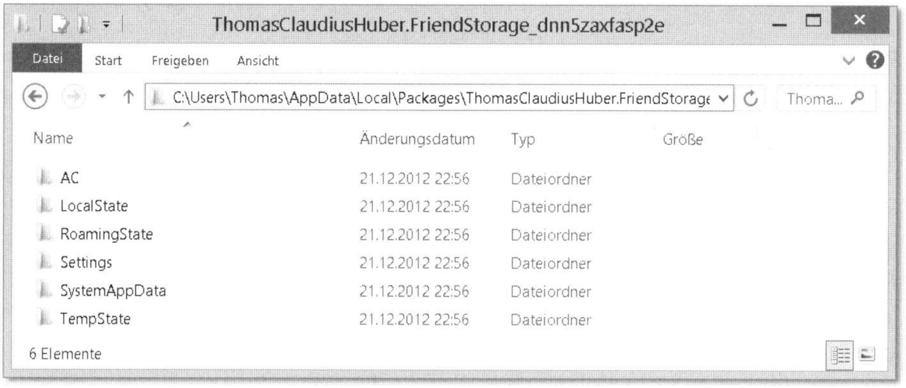

Abbildung 13.1 Die Struktur des Ordners mit den App-Daten

In XAML können Sie auf Dateien in den lokalen App-Daten mit dem URI *ms-appdata:///local/* zugreifen. Legen Sie die Datei *thomas.jpg* ab, können Sie wie folgt darauf zugreifen:

```
<Image Source="ms-appdata:///local/thomas.jpg"/>
```

> **Hinweis**
>
> In Kapitel 10, »Ressourcen«, haben Sie den URI *ms-appx:///* kennengelernt, mit dem Sie auf Dateien aus dem App-Package zugreifen. Der URI *ms-appdata://* wird für die lokalen, für die Roaming- und für die temporären App-Daten genutzt.

Neben dem lokalen Ordner haben Sie auch die Möglichkeit, einfache lokale Einstellungen abzuspeichern. Dazu besitzt die Klasse `ApplicationData` die `LocalSettings`-Property vom Typ `ApplicationDataContainer`. Dieser Container wiederum besitzt

eine Values-Property vom Typ IPropertySet. Dieses Interface erweitert IDictionary
<string, object>, womit es unter String-Schlüsseln beliebige Objekte speichern
kann. Folgende Zeile speichert unter dem String nickName den Wert Thomas ab:

```
ApplicationData.Current.LocalSettings.Values["nickName"] =
  "Thomas";
```

Listing 13.14 K13\03 AppDatenLokal\MainPage.xaml.cs

Zum Auslesen greifen Sie einfach wieder via Indexer auf die Einstellung zu. Ist die
Einstellung nicht vorhanden, erhalten Sie eine null-Referenz:

```
private async void ButtonReadSetting_Click(object sender, ...)
{
  string nickName = (string)
    ApplicationData.Current.LocalSettings.Values["nickName"];
  if (nickName != null) { /* Einstellung vorhanden */ }
  else { /* Einstellung nicht vorhanden * / }
}
```

Listing 13.15 K13\03 AppDatenLokal\MainPage.xaml.cs

In der LocalSettings-Property lassen sich nur einfache Werte wie strings, int, bool
etc. abspeichern, aber keine komplexen Objekte wie beispielsweise Friend-Objekte.
Der Grund dafür liegt im Serialisieren/Deserialisieren der Daten. Allerdings haben
Sie mit der Klasse ApplicationDataCompositeValue die Möglichkeit, mehrere einfache
Werte zu einer einzigen Einstellung zusammenzufassen:

```
var fullName =new  ApplicationDataCompositeValue();
fullName["FirstName"] = "Thomas";
fullName["LastName"] = "Huber";
ApplicationData.Current.LocalSettings.Values["fullName"] =
  fullName;
```

Listing 13.16 K13\03 AppDatenLokal\MainPage.xaml.cs

> **Hinweis**
>
> Falls Sie wirklich komplexe Objekte speichern müssen, nutzen Sie die LocalFolder-
> Property und serialisieren Ihr Objekt in eine Datei. Mehr zum Serialisieren erfahren Sie
> in Abschnitt 13.6, »Serialisierung«.

Die zur LocalSetttings-Property hinzugefügten Einstellungen werden im *Settings*-
Ordner in der Datei *settings.dat* gespeichert. Der *Settings*-Ordner liegt im selben Pfad

wie die Ordner *LocalState*, *RoamingState* und *TempState*. Sie sehen ihn in Abbildung 13.1 neben diesen Ordnern.

> **Hinweis**
> Die *settings.dat*-Datei ist in einem Format gespeichert, das Sie zum Betrachten in den Registry Editor (*regedit.exe*) importieren können. Darin sehen Sie dann, dass die Datei zwei Ordner mit Einstellungen enthält: einen für lokale und einen für Roaming-Einstellungen.

Möchten Sie alle App-Daten entfernen, nutzen Sie die `ClearAsync`-Methode der `ApplicationData`-Klasse:

```
await ApplicationData.Current.ClearAsync();
```

Diese löscht per Default alle Daten (lokal, Roaming- und temporär). Die `ClearAsync`-Methode besitzt auch eine Überladung, die einen Wert der `ApplicationDataLocality`-Aufzählung entgegennimmt, um nicht alle App-Daten, sondern nur bestimmte zu löschen. Die Aufzählung enthält folgende Werte: `Local`, `Roaming` und `Temporary`. Mit dem Wert `Local` löschen Sie sowohl die lokalen Dateien im `LocalFolder` als auch die lokalen Einstellungen in den `LocalSettings`.

> **Achtung**
> Die App-Daten sind zwar isoliert, so dass andere Windows Store Apps nicht darauf zugreifen können. Aber wie Sie in Abbildung 13.1 sehen, können Sie im Windows-Explorer einfach auf die Daten zugreifen. Die Daten sind dabei nicht verschlüsselt. Dies sollten Sie bei sensiblen Daten bedenken und sich eventuell selbst um eine Verschlüsselung der Daten kümmern.

Roaming-App-Daten

Die Roaming-App-Daten werden im Gegensatz zu den lokalen App-Daten automatisch von Windows in die Cloud synchronisiert. Hat der Benutzer Ihre App auf verschiedenen Rechnern installiert und meldet er sich an jedem Rechner mit seinem Microsoft-Konto an, sind diese Roaming-App-Daten auch auf jedem Rechner verfügbar. Der Benutzer kann somit beispielsweise auf seinem PC in Ihrer App eine Einstellung vornehmen, die er später auf seinem Tablet ebenfalls sieht. Oder er kann auf seinem PC eine Aufgabe in Ihrer App beginnen, Sie speichern den Stand der Aufgabe in den Roaming-App-Daten ab, Windows synchronisiert diese in die Cloud, und der Benutzer kann folglich die Aufgabe auf seinem Tablet fortführen.

Das Schöne für Sie als Entwickler ist, dass Sie für die Synchronisation über die Cloud nichts weiter tun müssen, als Ordner und Dateien in den Roaming-App-Daten zu speichern. Die tatsächliche Synchronisation mit der Cloud übernimmt Windows für Sie.

Die in der Cloud gespeicherten Daten bleiben erhalten, solange der Benutzer die App innerhalb von 30 Tagen wieder benutzt und somit erneut auf die Cloud zugreift. Auch wenn er die App deinstalliert, bleiben die Roaming-App-Daten in der Cloud 30 Tage lang erhalten. Beim erneuten Installieren der App erhält er die Daten wieder, falls er in dieser 30-Tages-Frist liegt. Erst wenn 30 Tage kein Zugriff auf die Cloud stattgefunden hat, werden die Roaming-App-Daten gelöscht.

Auf die Roaming-App-Daten greifen Sie mit der `RoamingFolder`-Property des `ApplicationData`-Objekts zu:

```
StorageFolder folder = ApplicationData.Current.RoamingFolder;
```

Sie können wie auch bei den lokalen App-Daten weitere Unterordner und beliebige Dateien erstellen. Allerdings sollten Sie darauf achten, dass Ordner- und Dateinamen nicht mit einem Leerzeichen beginnen, da ansonsten keine Synchronisation stattfindet.

So wie es für die lokalen App-Einstellungen eine `LocalSettings`-Property gibt, gibt es für die Roaming-App-Einstellungen eine `RoamingSettings`-Property im `ApplicationData`-Objekt. Die Verwendung ist so wie bei der lokalen Variante.

Windows garantiert keine sofortige Synchronisation. Abhängig von der Verbindung kann diese auch länger dauern. Für sehr wichtige, zeitkritische Einstellungen gibt es eine Einstellung mit hoher Priorität. Alles, was Sie tun müssen, ist, eine Einstellung mit dem Schlüssel `HighPriority` zu definieren. Folgende Zeile speichert den String `Thomas` darin:

```
ApplicationData.Current.RoamingSettings.Values["HighPriority"] =
   "Thomas";
```

Anstelle eines einfachen `string`s können Sie mit der `ApplicationDataCompositeValue`-Klasse auch zusammengesetzte Einstellungen darin speichern, wie ich dies in Listing 13.16 gezeigt habe.

> **Achtung**
>
> Die `HighPriority`-Einstellung darf 8 Kilobyte nicht übersteigen. Ansonsten wird sie nicht mehr mit hoher Priorität in die Cloud synchronisiert.
>
> Ebenso gibt es eine Einschränkung für die gesamten Roaming-Daten (`RoamingFolder` und `RoamingSettings`). Diese dürfen den in der `RoamingStorageQuota`-Property des `ApplicationData`-Objekts angegebenen Wert nicht übersteigen, ansonsten wird nichts mehr synchronisiert. Erst wenn der Wert wieder unterschritten wird, synchronisiert Windows Ihre Daten in die Cloud.

Hat der Benutzer Ihre App auf mehreren Geräten geöffnet, kann er die Daten in der Cloud natürlich in einer Instanz ändern, und die andere sollte dies ohne einen Neustart bemerken. Dazu enthält die ApplicationData-Klasse das DataChanged-Event. Es tritt genau dann auf, wenn Windows neue Daten aus der Cloud geladen hat.

Listing 13.17 zeigt den Einsatz des DataChanged-Events. In der OnNavigateTo-Methode wird ein Event Handler installiert, in der OnNavigatedFrom-Methode wird derselbe Event Handler deinstalliert. Wurde zur Seite navigiert, ist er folglich aktiv. Da das DataChanged-Event nicht im UI-Thread stattfindet, enthält der Event Handler in Listing 13.17 als Erstes eine if-Verzweigung, die prüft, ob der Event Handler auf dem UI-Thread aufgerufen wurde. Falls nein, wird innerhalb der if-Verzweigung der Event Handler mit Hilfe des CoreDispatchers erneut aufgerufen, allerdings auf dem UI-Thread. Anschließend wird aus dem RoamingSettings die HighPriority-Einstellung ausgelesen und in einer TextBox angezeigt.

> **Hinweis**
>
> Mehr Informationen zum CoreDispatcher und zur Dispatcher-Property finden Sie in Kapitel 2, »Das Programmiermodell«.

```
public sealed partial class MainPage : Page
{
  protected override void OnNavigatedTo(NavigationEventArgs e)
  { ...
    ApplicationData.Current.DataChanged += OnDataChanged;
    ApplicationData.Current.SignalDataChanged();
  }
  protected override void OnNavigatedFrom(NavigationEventArgs e)
  {
    ApplicationData.Current.DataChanged -= OnDataChanged;
  }
  async void OnDataChanged(ApplicationData sender, object args)
  {
    if (!Dispatcher.HasThreadAccess)
    {
      await Dispatcher.RunAsync(CoreDispatcherPriority.Normal,
        () =>
        {
          OnDataChanged(sender, args);
        });
      return;
    }
```

```
    // Nickname-Setting lesen
    var obj = ApplicationData.Current.RoamingSettings.Values[
      "HighPriority"];
    txtNickName.Text = obj == null ? "" : obj.ToString();
    ...
  }
  ...
}
```

Listing 13.17 K13\04 AppDatenRoaming\MainPage.xaml.cs

Beachten Sie in Listing 13.17 in der `OnNavigatedTo`-Methode auch den Aufruf der `SignalDataChanged`-Methode. Damit können Sie das `DataChanged`-Event manuell auslösen. Das eignet sich insbesondere dann, wenn Sie einfach beim Starten der Anwendung die Daten wie auch bei einer Änderung über das `DataChanged`-Event laden möchten. Da das `DataChanged`-Event beim Starten nicht stattfindet, lösen Sie es einfach manuell mit dieser Methode aus.

> **Tipp**
>
> In XAML können Sie auf Dateien in den Roaming-App-Daten mit dem URI *ms-appdata:///roaming/* zugreifen, für die Datei *thomas.jpg* wie folgt:
>
> `<Image Source="ms-appdata:///roaming/thomas.jpg"/>`

Temporäre App-Daten

Neben den lokalen und den Roaming-App-Daten gibt es temporäre App-Daten. Diese können Sie verwenden, wenn Sie während einer Session bestimmte temporäre Daten speichern möchten. Sichern Sie beispielsweise irgendwelche aufwendig ermittelten Suchergebnisse in einer Art Cache.

Die Verfügbarkeit der temporären App-Daten ist nicht gewährt. Windows kann die Daten beim Durchführen von Wartungsarbeiten jederzeit löschen. Auch der Benutzer kann eine Datenträgerbereinigung durchführen, womit die temporären Daten entfernt werden.

Auf die temporären App-Daten greifen Sie mit der `TemporaryFolder`-Property des `ApplicationData`-Objekts zu:

`StorageFolder folder = ApplicationData.Current.TemporaryFolder;`

In XAML können Sie auf Dateien in den temporären App-Daten mit dem URI *ms-appdata:///temp/* zugreifen, für die Datei *thomas.jpg* wie folgt:

`<Image Source="ms-appdata:///temp/thomas.jpg"/>`

13.2.2 Installationsordner/App-Package

Auf die Dateien in Ihrem App-Package können Sie mit dem URI *ms-appx:///* lesend zugreifen. Diesen URI haben Sie in Kapitel 10, »Ressourcen«, kennengelernt. In C# laden Sie wie folgt das Bild *thomas.jpg*, das sich in Ihrem Projekt im Ordner *Images* befindet:

```
var storageFile =
  await StorageFile.GetFileFromApplicationUriAsync(
    new Uri("ms-appx:///Images/thomas.jpg"));
```

Listing 13.18 K13\06 AppInstalledLocation\MainPage.xaml.cs

Anstatt den URI zu nutzen, können Sie auch auf den Installationsordner zugreifen. Diesen erhalten Sie über die InstalledLocation-Property der Package-Instanz (Namespace: Windows.ApplicationModel). Folgender Ausschnitt lädt auf diese Weise wie auch der Code in Listing 13.18 das Bild *thomas.jpg*, das sich in Ihrem Projekt im Ordner *Images* befindet. Beachten Sie, wie dabei auch die statische GetFileFromPathAsync-Methode zum Einsatz kommt, um ein StorageFile an einem bestimmten Pfad zu laden.

```
StorageFolder installFolder = Package.Current.InstalledLocation;
string installPath = installFolder.Path;
StorageFile file =
  await StorageFile.GetFileFromPathAsync(installPath
                                    + @"\Images\thomas.jpg");
```

Listing 13.19 K13\06 AppInstalledLocation\MainPage.xaml.cs

> **Tipp**
>
> Die StorageFolder-Klasse besitzt ebenfalls eine statische Methode GetFolderFromPathAsync, um einen StorageFolder von einem bestimmten Pfad zu laden. Wie auch bei der StorageFile-Klasse wird die entsprechende Zugriffsberechtigung vorausgesetzt.

13.2.3 »Downloads«-Ordner

Aus Ihrer App können Sie auch Dateien im *Downloads*-Ordner von Windows abspeichern – allerdings nur speichern, nicht wieder lesen. Zum Speichern enthält die Klasse DownloadsFolder die statischen Methoden CreateFileAsync und CreateFolderAsync. Beide haben eine Überladung, die neben dem Namen einen Wert der CreationCollisionOption-Aufzählung entgegennimmt. Jedoch werden von den vier in der Aufzählung vorhandenen Werten nur die Werte `GenerateUniqueName` und `FailIfExists` unterstützt. Für andere Werte erhalten Sie eine Exception.

> **Hinweis**
>
> Eine Beschreibung der Werte der `CreationCollisionOption`-Aufzählung finden Sie in Abschnitt 13.1.2, »Datei erstellen, lesen und löschen«, beim Erstellen von Dateien.

Folgender Codeausschnitt erstellt im *Downloads*-Ordner die Datei *download.txt*:

```
StorageFile file =
  await DownloadsFolder.CreateFileAsync("download.txt",
    CreationCollisionOption.GenerateUniqueName);
```

Listing 13.20 K13\07 DownloadsOrdner\MainPage.xaml.cs

Werfen Sie einen Blick in den *Downloads*-Ordner, werden Sie sehen, dass für Ihre Windows Store App ein Ordner erstellt wird, der dann die von Ihnen erstellten Ordner und Dateien enthält.

13.2.4 Bild-/Musik-/Videobibliothek

Zum Erstellen, Lesen und Löschen von Dateien in weiteren Ordnern hat die Klasse `KnownFolders` statische Properties, die alle vom Typ `StorageFolder` sind:

- `PicturesLibrary`: Zugriff auf die Bildbibliothek
- `MusicLibrary`: Zugriff auf die Musikbibliothek
- `VideosLibrary`: Zugriff auf die Videobibliothek
- `DocumentsLibrary`: Zugriff auf die Dokumentbibliothek
- `RemovableDevices`: Zugriff auf Wechselspeichergeräte
- `HomeGroup`: Zugriff auf Ordner der Heimnetzgruppe
- `MediaServerDevices`: Zugriff auf den Geräteordner eines Medienservers

Alle Ordner der `KnownFolders`-Klasse haben gemeinsam, dass sie im *Package.appxmanifest* gewisse Funktionen voraussetzen. Ansonsten erhalten Sie beim Zugriff eine Exception.

In diesem Abschnitt schauen wir uns den Zugriff auf die Bild-, Musik- und Videobibliothek an, bevor wir in den nächsten Abschnitten auf die Dokumentbibliothek, die Wechselspeichergeräte, die Heimnetzgruppe und den Geräteordner eines Medienservers zugreifen.

Für den Zugriff auf die Bildbibliothek des Benutzers aktivieren Sie in der *Package.appxmanifest*-Datei wie in Abbildung 13.2 gezeigt die Funktion BILDBIBLIOTHEK.

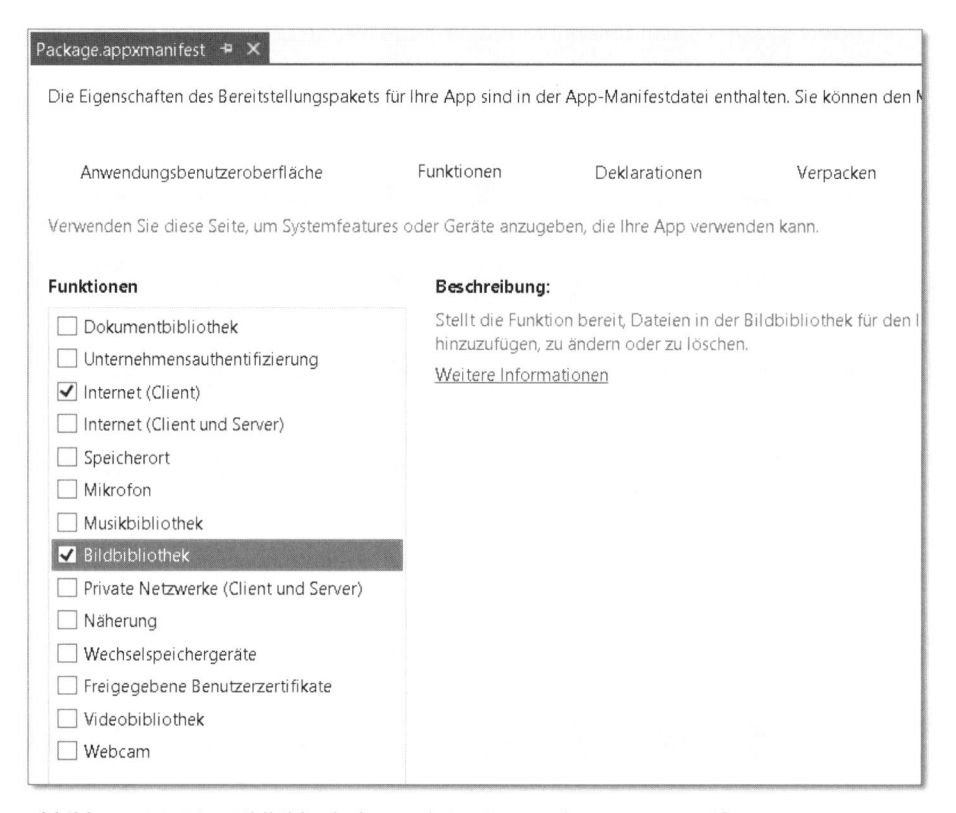

Abbildung 13.2 Die »Bildbibliothek«-Funktion im »Package.appxmanifest«

Ist die Funktion aktiviert, können Sie mit der `PicturesLibrary`-Property der `Known-Folders`-Klasse auf den `StorageFolder` der Bildbibliothek zugreifen. Sie können darin Dateien und Ordner erstellen, löschen, ändern etc.

> **Hinweis**
>
> Beachten Sie in Abbildung 13.2 auch die weiteren Funktionen, die zum Zugriff auf den entsprechenden Ordner mit der `KnownFolders`-Klasse zu aktivieren sind: MUSIKBIBLIOTHEK, VIDEOBIBLIOTHEK und DOKUMENTBIBLIOTHEK und WECHSELSPEICHERGERÄTE.

Listing 13.21 zeigt einen Event Handler, der die Dateien aus der Bildbibliothek ausliest, indem auf dem in der `PicturesLibrary`-Property steckenden `StorageFolder` die `GetFilesAsync`-Methode aufgerufen wird. Die so erhaltenen `StorageFiles` werden in einer `foreach`-Schleife durchlaufen und mit der `OpenAsync`-Methode geöffnet. Der resultierende `IRandomAccessStream` wird an die `SetSource`-Methode einer erzeugten `BitmapImage`-Instanz übergeben, die wiederum zu einer `GridView` hinzugefügt wird. Die `GridView` zeigt die Bilder im UI an.

```
private async void ButtonLoadImages_Click(object sender, ...)
{
  gridView.Items.Clear();
  var files =
    await KnownFolders.PicturesLibrary.GetFilesAsync();
  foreach (StorageFile file in files)
  {
    using (var stream =
      await file.OpenAsync(FileAccessMode.Read))
    {
      var bitmap = new BitmapImage();
      bitmap.SetSource(stream);
      gridView.Items.Add(bitmap);
    }
  }
}
```

Listing 13.21 K13\08 BildBibliothek\MainPage.xaml.cs

Der Zugriff auf die Musik- und die Videobibliothek funktioniert analog zum Zugriff auf die Bildbibliothek: Aktivieren Sie die Funktion im *Package.appxmanifest*, und verwenden Sie die entsprechende Property der KnownFolders-Klasse (MusicLibrary und VideoLibrary).

13.2.5 Dokumentbibliothek

Um auf die Dokumentbibliothek des Benutzers zuzugreifen, müssen Sie im *Package.appxmanifest* neben der Funktion *Dokumentbibliothek* eine oder mehrere Dateitypzuordnungen erstellen. Sie können nur Dateien von zugeordneten Dateitypen ändern, erstellen oder löschen.

> **Achtung**
> Wenn Sie Ihre App über den Windows Store verteilen, ist der Zugriff auf die Dokumentbibliothek des Benutzers nur gestattet, wenn Sie ein Unternehmens-Entwicklerkonto für den Windows Store haben. Neben dem Unternehmens-Entwicklerkonto steht das Entwicklerkonto für Einzelpersonen zur Auswahl. Mehr dazu lesen Sie in Kapitel 22, »Verpacken und veröffentlichen«.

Zum Erstellen einer Dateitypzuordnung wechseln Sie im *Package.appxmanifest* auf den Tab DEKLARATIONEN. Wählen Sie unter VERFÜGBARE DEKLARATIONEN die DATEITYPZUORDNUNGEN aus, und klicken Sie auf den HINZUFÜGEN-Button. Anschließend finden Sie in den UNTERSTÜTZTEN DEKLARATIONEN wie in Abbildung 13.3 die

DATEITYPZUORDNUNGEN. Geben Sie mindestens einen Namen für Ihre Zuordnung und einen Dateityp ein. In Abbildung 13.3 wurde der Name »text« vergeben und der DATEITYP *.txt* erfasst.

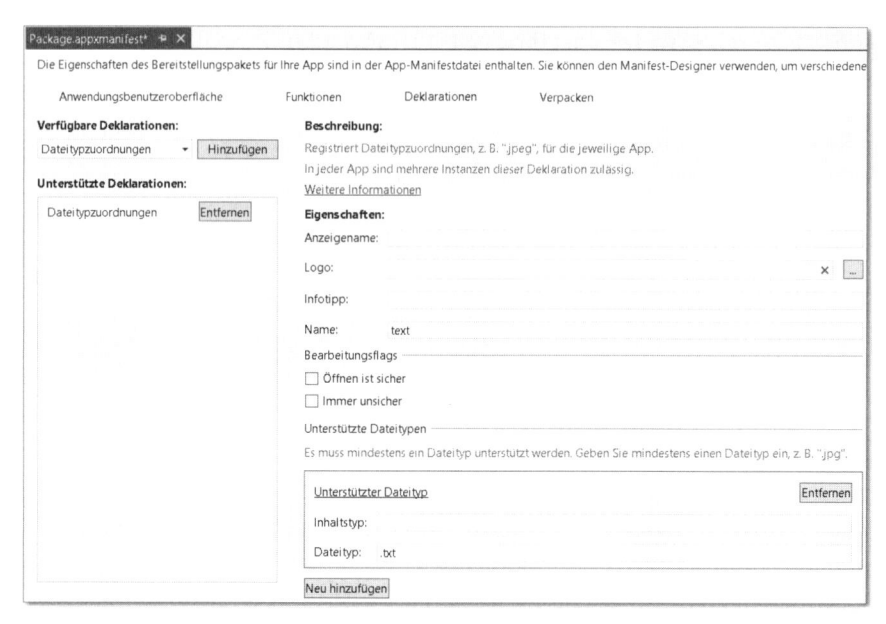

Abbildung 13.3 Eine Dateitypzuordnung für ».txt«-Dateien

> **Hinweis**
>
> Der Name einer Dateitypzuordnung kann als eine Art Gruppe angesehen werden. Es lassen sich darunter mehrere Dateitypen zusammenfassen, indem Sie den in Abbildung 13.3 am unteren Rand sichtbaren NEU HINZUFÜGEN-Button für weitere Dateitypen nutzen. Beispielsweise vergeben Sie für Bilder den Namen »Bitmap« und erstellen dann mehrere Dateitypen wie *.bmp*, *.png*, *.jpg* usw. Dies ist auch der Grund, warum Sie im *Package.appxmanifest* ein Dateitypzuordnung**en**-Element hinzufügen.

Mit der hinzugefügten Zuordnung können Sie jetzt *.txt*-Dateien in der Dokumentbibliothek lesen, hinzufügen, ändern und löschen. Folgender Code erstellt die Datei *topApps.txt*:

```
StorageFolder folder = KnownFolders.DocumentsLibrary;
StorageFile file =
  await folder.CreateFileAsync("topApps.txt",
    CreationCollisionOption.ReplaceExisting);
await FileIO.WriteTextAsync(file, "FriendStorage ;-)");
```

Listing 13.22 K13\11 DokumentBibliothek\MainPage.xaml.cs

Lesen Sie auf dem StorageFolder die Dateien mit der Methode GetFilesAsync aus, erhalten Sie nur jene Dateien, für die Sie auch eine Dateitypzuordnung im *Package. appxmanifest* erstellt haben. Die Ordner können Sie dagegen natürlich alle auslesen, indem Sie die Methode GetFoldersAsync nutzen. Folgender Code liest mit der GetItemsAsync-Methode alle Ordner und Dateien in der Dokumentbibliothek aus. Testen Sie das Beispiel, werden Sie feststellen, dass zwar alle Ordner, jedoch nur *.txt*-Dateien gefunden werden, und dies auch nur deshalb, da für diesen Dateityp in Abbildung 13.3 eine Dateitypzuordnung erstellt wurde.

```
private async void ButtonRead_Click(object sender, ...)
{ ...
  StorageFolder folder = KnownFolders.DocumentsLibrary;
  IReadOnlyCollection<IStorageItem> items =
    await folder.GetItemsAsync();
  foreach (var item in items)
  {
    string itemType = "Ordner: ";
    if (item is IStorageFile)
      itemType = "Datei: ";
    listView.Items.Add(itemType + item.Name);
  }
}
```

Listing 13.23 K13\11 DokumentBibliothek\MainPage.xaml.cs

13.2.6 Wechselspeichergeräte (USB, CD, DVD etc.)

Mit der RemovableDevices-Property der KnownFolders-Klasse haben Sie Zugriff auf Dateien und Ordner von USB-Sticks, externen Festplatten oder beispielsweise DVD-Laufwerken. Aktivieren Sie dazu im *Package.appxmanifest* die Funktion WECHSELSPEICHERGERÄTE. Darüber hinaus müssen Sie jeden Dateityp, auf den Sie zugreifen möchten, in der *Package.appxmanifest*-Datei zuordnen. Wie dies funktioniert, habe ich im vorigen Abschnitt bei der Dokumentbibliothek beschrieben.

Sind die Funktion und mindestens eine Dateitypzuordnung im *Package.appxmanifest* erstellt, kann es losgehen. Der StorageFolder der RemovableDevices-Property enthält für jedes Wechselspeichergerät einen eigenen StorageFolder. Sie können diesen Ordner somit wie folgt iterieren, um auf alle Geräte zuzugreifen:

```
StorageFolder rootFolder = KnownFolders.RemovableDevices;
var deviceFolders = await rootFolder.GetFoldersAsync();
foreach (StorageFolder folder in deviceFolders)
{ ... }
```

Listing 13.24 K13\12 Wechselspeichergeraete\MainPage.xaml.cs

> **Tipp**
>
> Oft ist es wichtig zu erkennen, wann beispielsweise ein USB-Stick ein- oder ausgesteckt wird. Dazu können Sie die DeviceWatcher-Klasse (Namespace: Windows.Devices. Enumeration) verwenden. Ich beschreibe sie näher in Kapitel 18, »Geräte und Sensoren«.

13.2.7 »Homegroup«

Mit der HomeGroup-Property der KnownFolders-Klasse greifen Sie auf die Bild-, Musik- und/oder Videobibliothek der Rechner zu, die sich in Ihrer Heimnetzgruppe befinden. Damit dies funktioniert, müssen Sie im *Package.appxmanifest* Ihrer App mindestens eine der Funktionen *Bildbibliothek*, *Musikbibliothek* oder *Videobibliothek* aktiviert haben.

> **Hinweis**
>
> Die Dokumentbibliothek von anderen Rechnern ist in Windows Store Apps leider nicht verfügbar. Lediglich die Bild-, Musik- und Videobibliothek stehen zur Verfügung.

Im StorageFolder der HomeGroup-Property finden Sie mit der GetFoldersAsync-Methode je Benutzer einen Ordner. In jedem dieser Benutzerordner finden Sie wiederum für die verschiedenen Geräte je einen Ordner. Pro Gerät finden Sie dann je nach aktivierter Funktion im *Package.appxmanifest* Ordner für die Bibliotheken Bilder, Musik und Videos. Laufen Sie folglich einfach die Ordnerhierarchie ab, um sich ein Bild davon zu machen. Sie finden auf der Buch-DVD ein Beispiel im Ordner *K13\13 Heimnetzgruppe*.

13.2.8 Media-Server-Geräte

Mit der MediaServicesDevices-Property der KnownFolders-Klasse greifen Sie auf die Bild-/Musik- und/oder Videobibliotheken von Medienservern in Ihrem Netzwerk zu. Damit dies funktioniert, müssen Sie wie auch bei der Heimnetzgruppe im *Package.appxmanifest* Ihrer App mindestens eine der Funktionen *Bildbibliothek*, *Musikbibliothek* oder *Videobibliothek* aktiviert haben.

13.2.9 Zugriff auf UNC-Dateien und Ordner

Mit der statischen Methode GetFileFromPathAsync der Klasse StorageFile können Sie ein StorageFile von einem UNC-Pfad (Uniform Naming Convention) laden. Nutzen Sie die statische GetFolderFromPathAsync-Methode der StorageFolder-Klasse, um einen StorageFolder von einem UNC-Pfad zu laden.

Damit das Ganze klappt, müssen Sie im *Package.appxmanifest* folgende Funktionen aktivieren:

- Private Netzwerke (Client und Server)
- Internet (Client) oder Internet (Client und Server)
- Falls Sie in einer Domäne mit einer Domänenanmeldung arbeiten, aktivieren Sie zusätzlich die Funktion Unternehmensauthentifizierung.

Neben den Funktionen müssen Sie im *Package.appxmanifest* mindestens eine Dateitypzuordnung deklarieren. Der Zugriff ist auf die im *Package.appxmanifest* angegebenen Dateitypen beschränkt.

> **Hinweis**
>
> Die Funktion Unternehmensauthentifizierung ist nur möglich, wenn Sie ein Unternehmens-Entwicklerkonto für den Windows Store haben. Neben dem Unternehmens-Entwicklerkonto steht das Entwicklerkonto für Einzelpersonen zur Auswahl. Mehr dazu in Kapitel 22, »Verpacken und veröffentlichen«.

13.3 Zugriff via Picker

Im vorigen Abschnitt haben Sie den programmatischen Zugriff auf Dateien und Ordner kennengelernt. Daneben gibt es die Möglichkeit, die Auswahl von Dateien und Ordnern dem Benutzer zu überlassen. Dies machen Sie mit sogenannten Pickern. In Windows Store Apps gibt es nicht wie in der WPF/Silverlight eine `OpenFileDialog`-Klasse. Stattdessen kommen zum Öffnen/Speichern von Dateien und zum Auswählen eines Ordners die auf Touch-Eingaben ausgerichteten Picker aus dem Namespace `Windows.Storage.Pickers` zum Einsatz: `FileOpenPicker`, `FileSavePicker` und `FolderPicker`. Diese Picker haben gegenüber dem programmatischen Zugriff ein paar Vorteile:

- Die Auswahl ist nicht auf bestimmte Ordner oder Dateien beschränkt. Der Benutzer kann jede beliebige Datei von seinem System auswählen.
- Sie benötigen in Ihrem *Package.appxmanifest* keine Funktion, um beispielsweise auf Dateien in der Bildbibliothek zuzugreifen.

> **Tipp**
>
> Falls es sich mit dem Bedienkonzept Ihrer Windows Store App vereinbaren lässt, sollten Sie die hier vorgestellten Picker-Klassen einem programmatischen Zugriff auf die Dateien vorziehen.

Auf den folgenden Seiten sehen wir uns die drei Picker-Klassen an.

> **Achtung**
> Befindet sich Ihre Windows Store App in der *Snapped*-Ansicht (siehe Kapitel 5, »Layout«), werfen alle Picker-Klassen beim Anzeigen eine Exception. Daher sollten Sie vor der Anzeige eines Pickers immer prüfen, ob sich Ihre App in der *Snapped*-Ansicht befindet. Dies machen Sie mit der statischen Value-Property der Klasse Application-View (Namespace: Windows.UI.ViewManagement). Die ApplicationView-Klasse enthält zudem die statische TryUnsnap-Methode, mit der Sie versuchen können, Ihre App aus der *Snapped*-Ansicht zu »befreien«. War dies erfolgreich, gibt die Methode true zurück. Folgende if-Anweisung eignet sich somit zum Prüfen, ob sich ein Picker anzeigen lässt:
>
> ```
> if (ApplicationView.Value != ApplicationViewState.Snapped
>  || ApplicationView.TryUnsnap())
> {
>   // Picker kann angezeigt werden
> }
> ```

13.3.1 »FileOpenPicker«

Mit dem FileOpenPicker kann der Benutzer eine oder mehrere Dateien auswählen. Erzeugen Sie dazu eine Instanz dieser Klasse. Mit der CommitButtonText-Property setzen Sie den Text, der in der geöffneten Ansicht auf dem Button zum Bestätigen der Auswahl angezeigt wird.

Mit der ViewMode-Property bestimmen Sie, wie der FileOpenPicker angezeigt wird. Die Property ist vom Typ der Aufzählung PickerViewMode, die die zwei Werte List (Listenansicht) und Thumbnail (Miniaturbildansicht) enthält.

Mit der SuggestedStartLocation setzen Sie den Speicherort, an dem der FileOpenPicker geöffnet wird. Die Property ist vom Typ der Aufzählung PickerLocationId, die folgende Werte enthält: Desktop, ComputerFolder, Downloads, PicturesLibrary, MusicLibrary, VideosLibrary, DocumentsLibrary, HomeGroup.

Alle bisher erwähnten Properties sind optional. Zwingend notwendig ist jedoch mindestens ein Wert in der FileTypeFilter-Property des FileOpenPickers, ansonsten erhalten Sie beim Anzeigen des Pickers eine Exception. Fügen Sie mit der Add-Methode Werte wie .jpg, .bmp, .docx usw. hinzu, um die Auswahl dieser Dateien zu ermöglichen.

> **Tipp**
> Falls Sie wirklich eine Auswahl aller Dateien ermöglichen möchten, fügen Sie einfach den Wert * zur FileTypeFilter-Property hinzu:
>
> ```
> picker.FileTypeFilter.Add("*");
> ```

Enthält Ihr `FileOpenPicker` in der `FileTypeFilter`-Property mindestens einen Wert, können Sie ihn anzeigen. Verwenden Sie dazu eine der beiden folgenden Methoden:

- **PickSingleFileAsync**: zur Auswahl einer Datei. Nutzen Sie das `await`-Schlüsselwort, und Sie erhalten das ausgewählte `StorageFile`. Hat der Benutzer den Vorgang abgebrochen, ist der Rückgabewert der Methode `null`.
- **PickMultipleFilesAsync**: zur Auswahl mehrerer Dateien. Nutzen Sie das `await`-Schlüsselwort, und Sie erhalten eine Liste der ausgewählten `StorageFiles`. Hat der Benutzer den Vorgang abgebrochen, erhalten Sie eine leere Liste.

Listing 13.25 zeigt ein Beispiel zur Auswahl einer Datei. Beachten Sie, wie auf dem `FileOpenPicker` direkt beim Erstellen die Properties `CommitButtonText`, `SuggestedStartLocation` und `ViewMode` gesetzt werden. Zur `FileTypeFilter`-Property werden die Dateitypen `.bmp`, `.jpg` und `.png` hinzugefügt. Anschließend wird die `PickSingleFileAsync`-Methode aufgerufen, womit der Benutzer den in Abbildung 13.4 dargestellten Bildschirminhalt sieht. Klickt er dort auf ABBRECHEN, gibt die `PickSingleFileAsync`-Methode eine `null`-Referenz zurück. Wählt er dagegen ein Bild aus und bestätigt dies mit dem Button BILD WÄHLEN, gibt die `PickSingleFileAsync`-Methode das entsprechende `StorageFile` zurück. Mit diesem wird in Listing 13.25 eine `BitmapImage`-Instanz gefüllt, die als Quelle für ein im UI enthaltenes `Image`-Element dient.

```
async void ButtonOpenFile_Click(object sender, RoutedEventArgs e)
{ ...
  var picker = new FileOpenPicker
  {
    CommitButtonText = "Bild wählen",
    SuggestedStartLocation = PickerLocationId.PicturesLibrary,
    ViewMode = PickerViewMode.Thumbnail
  };
  picker.FileTypeFilter.Add(".bmp");
  picker.FileTypeFilter.Add(".jpg");
  picker.FileTypeFilter.Add(".png");

  StorageFile file = await picker.PickSingleFileAsync();

  // file ist null, wenn der Benutzer den Vorgang abgebrochen hat
  if (file == null) return;

  var bitmapImage = new BitmapImage();
  bitmapImage.SetSource(
    await file.OpenAsync(FileAccessMode.Read));
  image.Source = bitmapImage;
}
```

Listing 13.25 K13\15 FileOpenPicker\MainPage.xaml.cs

Beachten Sie in Abbildung 13.4, dass auch der Button zum Bestätigen den in Listing 13.25 in der `CommitButtonText`-Property angegebenen Text enthält.

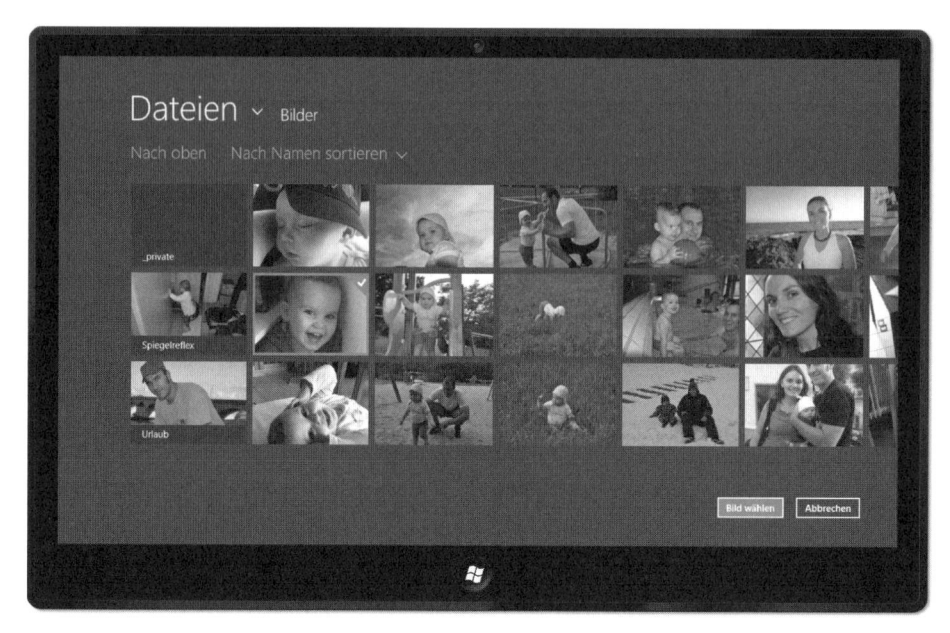

Abbildung 13.4 Der »FileOpenPicker« im »Thumbnail«-View-Modus

Setzen Sie in Listing 13.25 die `ViewMode`-Property des `FileOpenPickers` auf den Wert `List`, erhalten Sie die in Abbildung 13.5 gezeigte Darstellung.

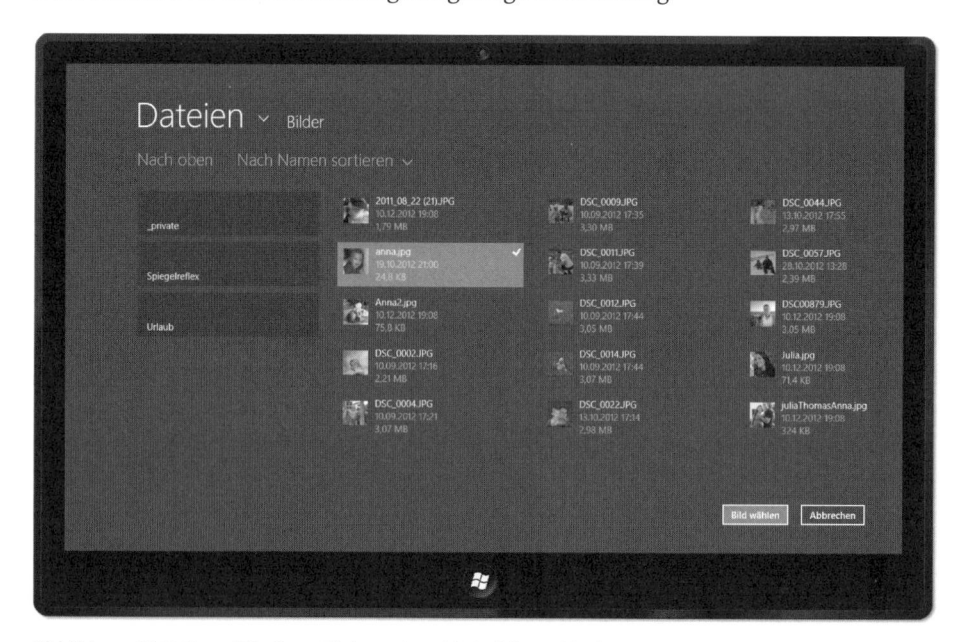

Abbildung 13.5 Der »FileOpenPicker« im »List«-View-Modus

> **Hinweis**
>
> Der `FileOpenPicker` erlaubt auch die Auswahl von Dateien aus anderen Apps. Dabei erscheinen jene Apps in der Auswahl, die den *Dateiöffnungsauswahl*-Contract implementiert haben. Mehr zu den sogenannten Contracts lesen Sie in Kapitel 16, »Contracts und Extensions«.

13.3.2 »FileSavePicker«

Mit dem `FileSavePicker` kann der Benutzer wählen, unter welchem Ordner und mit welchem Namen er eine Datei abspeichert. Wie auch der `FileOpenPicker` besitzt diese Klasse die Properties `CommitButtonText` und `SuggestedStartLocation`. Darüber hinaus geben Sie über die Property `DefaultFileExtension` die Dateierweiterung an und schlagen dem Benutzer mit der `SuggestedFileName`-Property einen Dateinamen vor.

> **Tipp**
>
> Statt der `SuggestedFileName`-Property einen Namen zuzuweisen, können Sie auch der `SuggestedSaveFile`-Property eine `StorageFile`-Instanz zuweisen, falls Sie bereits eine existierende Datei haben.

Alle bisher erwähnten Properties sind optional. Zwingend notwendig ist jedoch mindestens ein Wert in der `FileTypeChoices`-Property des `FileSavePickers`, ansonsten erhalten Sie beim Anzeigen des Pickers eine Exception. Die `FileTypeChoices`-Property ist vom Typ `IDictionary<string, IList<string>>`. Bei der Add-Methode geben sie somit als ersten Wert eine Kategorie an, die der Benutzer auswählen kann, und als zweiten Wert eine Liste der verfügbaren Dateitypen. Wir sehen uns gleich ein Beispiel an.

Enthält die `FileTypeChoices`-Property mindestens einen Wert, können Sie den `FileSavePicker` durch einen Aufruf der `PickSaveFileAsync`-Methode anzeigen. Sie erhalten das ausgewählte `StorageFile`. Hat der Benutzer den Vorgang abgebrochen, ist der Rückgabewert der Methode `null`.

Listing 13.26 zeigt ein Beispiel für einen `FileSavePicker`. Beachten Sie insbesondere, wie zur `FileTypeChoices`-Property zwei Kategorien hinzugefügt werden. Die Kategorie *JPEG* enthält die Dateitypen *.jpg* und *.jpeg*, die Kategorie *Bitmap* den Dateityp *.bmp*. Anschließend wird der Picker mit der `PickSaveFileAsync`-Methode angezeigt. In das erhaltene `StorageFile` wird mit der `FileIO`-Klasse ein `byte[]` hineingeschrieben.

```
private async void Button_Click(object sender, RoutedEventArgs e)
{ ...
  var picker = new FileSavePicker
  {
    CommitButtonText = "Bild speichern",
    DefaultFileExtension = ".jpg",
    SuggestedFileName = "thomas.jpg",
    SuggestedStartLocation = PickerLocationId.PicturesLibrary
  };
  picker.FileTypeChoices.Add("JPEG",
    new List<string> { ".jpg", ".jpeg" });
  picker.FileTypeChoices.Add("Bitmap",
    new List<string> { ".bmp" });
  StorageFile file = await picker.PickSaveFileAsync();

  // file ist null, wenn der Benutzer den Vorgang abgebrochen hat
  if (file == null) return;

  byte[] image = await GetImageBytesAsync();
  await FileIO.WriteBytesAsync(file, image);
}
```

Listing 13.26 K13\16 FileSavePicker\MainPage.xaml.cs

Abbildung 13.6 zeigt den FileSavePicker aus Listing 13.26. Wie Sie sehen, kann der Benutzer die beiden Kategorien JPEG und BITMAP auswählen.

Abbildung 13.6 Der »FileSavePicker« zum Abspeichern einer Datei

13.3.3　»FolderPicker«

Mit dem `FolderPicker` kann der Benutzer einen Ordner auswählen. Die Klasse ist sehr ähnlich wie der `FileOpenPicker`, da sie ebenfalls die Properties `CommitButtonText`, `SuggestedStartLocation`, `ViewMode` und `FileTypeFilter` besitzt. Auch hier muss der `FileTypeFilter` mindestens einen Wert enthalten. Obwohl sich nur Ordner auswählen lassen, bestimmen Sie mit der `FileTypeFilter`-Property, welche Dateien im `FolderPicker` angezeigt werden.

Zum Anzeigen des `FolderPickers` rufen Sie die `PickSingleFolderAsync`-Methode auf. Hat der Benutzer eine Auswahl getroffen, erhalten Sie eine `StorageFolder`-Instanz, ansonsten eine `null`-Referenz.

Listing 13.27 zeigt ein kleines Beispiel des `FolderPickers`. Bevor er mit der `PickSingleFolderAsync`-Methode angezeigt wird, werden die Properties gesetzt. Beachten Sie, dass zur `FileTypeFilter`-Property der Wert * hinzugefügt wurde, womit der `FolderPicker` alle Dateien anzeigt.

```
private async void Button_Click(object sender, RoutedEventArgs e)
{ ...
  var picker = new FolderPicker
  {
    CommitButtonText = "Ordner wählen",
    SuggestedStartLocation = PickerLocationId.PicturesLibrary,
    ViewMode = PickerViewMode.Thumbnail
  };
  picker.FileTypeFilter.Add("*");
  StorageFolder folder = await picker.PickSingleFolderAsync();

  // folder ist null, wenn der Benutzer
  // den Vorgang abgebrochen hat.
  if (folder == null) return;

  var items = await folder.GetItemsAsync();
  ...
}
```

Listing 13.27 K13\17 FolderPicker\MainPage.xaml.cs

Abbildung 13.7 zeigt den `FolderPicker` aus Listing 13.27. Die Ähnlichkeit mit dem `FileOpenPicker` ist verblüffend. Allerdings lassen sich eben nur Ordner auswählen.

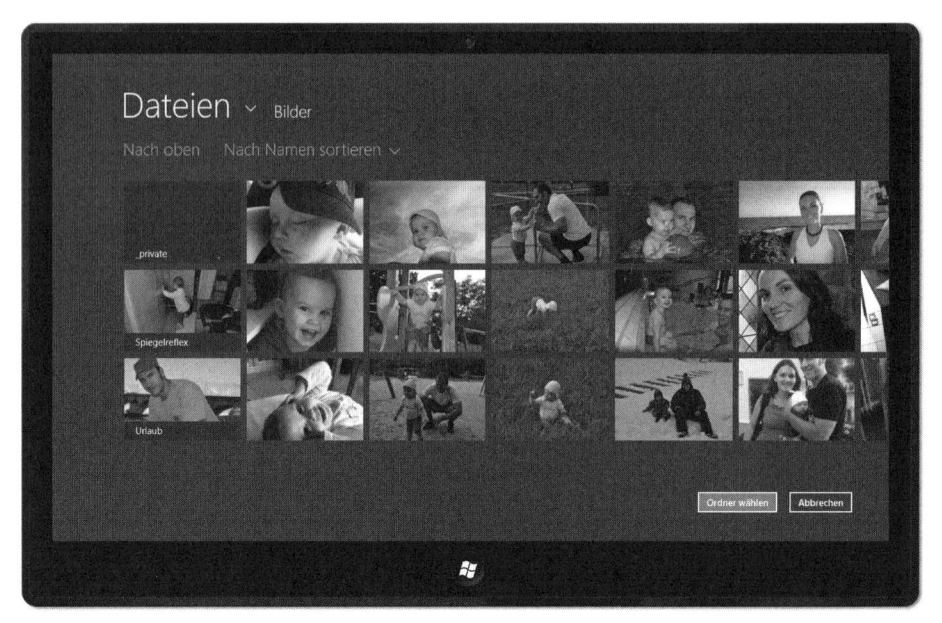

Abbildung 13.7 Der »FolderPicker« ermöglicht die Auswahl eines Ordners.

> **Tipp**
>
> Die hier dargestellten Picker verwenden Sie, um dem Benutzer eine Auswahl von Dateien und Ordnern zu ermöglichen. Im Namespace Windows.ApplicationModel.Contacts finden Sie die Klasse ContactPicker, mit der Sie dem Benutzer die Auswahl eines Kontaktes erlauben.
>
> Der ContactPicker funktioniert sehr ähnlich wie die hier dargestellten Picker: Er hat eine CommitButtonText-Property, mit der Sie den Text des Buttons zum Bestätigen der Auswahl festlegen. Zum Auswählen eines Kontaktes gibt es die Methode PickSingle-ContactAsync. Sie gibt eine ContactInformation-Instanz mit den Kontaktinformationen zurück. Mit der PickMultipleContactsAsync-Methode ermöglichen Sie dem Benutzer die Auswahl mehrerer Kontakte.

13.4 Streams

Beim Entwickeln von Windows Store Apps können Sie sowohl mit den WinRT-Streams als auch mit ein paar aus .NET bekannten Streams arbeiten. In diesem Abschnitt erhalten Sie einen kleinen Einblick.

> **Hinweis**
>
> Als *Stream* wird eine Abstraktion von einer Folge von Bytes bezeichnet, die beispielsweise aus einer Datei, von einem Eingabegerät oder einem Socket kommt. Sie können in einen Stream schreiben und von ihm lesen.

13.4.1 Die WinRT-Streams

Die Streams der WinRT befinden sich im Namespace `Windows.Storage.Streams`. Das zentrale Mitglied ist das `IRandomAccessStream`-Interface. Random Access bedeutet, dass dieses Interface einen Stream repräsentiert, der den Zugriff auf die Daten an einer beliebigen Position erlaubt. Im Gegensatz zum Random Access steht ein sequentieller Zugriff, der nur das sequentielle Lesen/Schreiben erlaubt.

Das `IRandomAccessStream`-Interface sehen Sie in Listing 13.28. Mit den Properties `CanRead` und `CanWrite` erfahren Sie, ob Sie den Stream lesen oder schreiben können. Oft ist auch beides möglich. Die Property `Size` gibt die Größe des Streams zurück, die Property `Position` die aktuelle Position. Mit der `Seek`-Methode können Sie die Position anpassen.

```csharp
public interface IRandomAccessStream : IDisposable, IInputStream,
  IOutputStream
{
  bool CanRead { get; }
  bool CanWrite { get; }
  ulong Position { get; }
  ulong Size { get; set; }

  IRandomAccessStream CloneStream();
  IInputStream GetInputStreamAt(ulong position);
  IOutputStream GetOutputStreamAt(ulong position);
  void Seek(ulong position);
}
```

Listing 13.28 Das Interface »IrandomAccessStream«

Wie Sie in Listing 13.28 sehen, erhalten sie mit der `GetInputStreamAt`-Methode einen Eingabestream (`IInputStream`), aus dem Sie mit der `DataReader`-Klasse die Bytes lesen können. Mit der Methode `GetOutputStreamAt` erhalten Sie einen `IOutputStream`, in den Sie mit der `DataWriter`-Klasse Bytes schreiben können. Beachten Sie, dass das `IRandomAccessStream`-Interface selbst bereits `IInputStream` und `IOutputStream` erweitert. Sie können somit auch direkt einen `IRandomAccessStream` an die Konstruktoren der `DataReader`- und `DataWriter`-Klassen übergeben.

Einen IRandomAccessStream erhalten Sie beispielsweise, wenn Sie ein StorageFile mit der OpenAsync-Methode öffnen. Dabei wird eine Instanz der Klasse FileRandomAccessStream zurückgegeben, die eben IRandomAccessStream implementiert. Sie können selbst auch beispielsweise einen InMemoryRandomAccessStream erstellen, um im Speicher ein byte[] in einen Stream zu schreiben.

Zum Lesen und Schreiben eines Streams nutzen Sie die Klassen DataWriter und DataReader. Alternativ nutzen Sie die beiden Interfaces IInputStream und IOutputStream direkt. Falls Ihnen beides nicht zusagt, können Sie auch die aus .NET bekannten Klassen StreamWriter, StreamReader, BinaryWriter und BinaryReader nutzen. Auf den nächsten Seiten sehen wir uns ein paar der möglichen Varianten an.

13.4.2 »DataWriter« und »DataReader«

Zum Schreiben in einen IRandomAccessStream nutzen Sie die Klasse DataWriter. Mit der WriteString-Methode schreiben Sie einen Text in den Stream. Rufen Sie wie in folgendem Codeausschnitt am Ende die StoreAsync-Methode auf, um eventuell gepufferte Daten in den Stream zu schreiben.

```
using (IRandomAccessStream stream =
  await storageFile.OpenAsync(FileAccessMode.ReadWrite))
{
  using (var dataWriter = new DataWriter(stream))
  {
    dataWriter.WriteString("Nur ein kleiner Text für ...");
    await dataWriter.StoreAsync();
  }
}
```

Listing 13.29 K13\18 WinRTStreams\MainPage.xaml.cs

Zum Lesen aus einem IRandomAccessStream nutzen Sie die Klasse DataReader. Laden Sie zuerst mit der LoadAsync-Methode die gewünschte Anzahl an Bytes in den Puffer, und lesen Sie den Text anschließend mit der ReadString-Methode aus. Folgender Codeausschnitt lädt den ganzen Stream mit der LoadAsync-Methode in den Puffer und liest den darin enthaltenen String aus:

```
using (IRandomAccessStream stream =
  await storageFile.OpenAsync(FileAccessMode.Read))
{
  using (var dataReader = new DataReader(stream))
  {
    var count = await dataReader.LoadAsync((uint)stream.Size);
```

```
    text = dataReader.ReadString(count);
  }
}
```
Listing 13.30 K13\18 WinRTStreams\MainPage.xaml.cs

Zum Schreiben eines `byte`-Arrays nutzen Sie die `WriteBytes`-Methode des `Data-Writer`s. Zum Lesen eines `byte`-Arrays verwenden Sie die `ReadBytes`-Methode des `DataReader`s.

13.4.3 »IInputStream«, »IOutputStream«

Anstatt mit den Klassen `DataWriter` und `DataReader` zu arbeiten, können Sie auch direkt die Interfaces `IInputStream` und `IOutputStream` nutzen. `IInputStream` beschreibt einen Stream, von dem gelesen werden kann. Das Interface definiert zum Lesen lediglich die `ReadAsync`-Methode:

```
public interface IInputStream : IDisposable
{
  IAsyncOperationWithProgress<IBuffer, uint> ReadAsync(
    IBuffer buffer, uint count, InputStreamOptions options);
}
```
Listing 13.31 Das »IInputStream«-Interface

`IOutputStream` beschreibt einen Stream, in den geschrieben werden kann. Das Interface definiert zum Schreiben die `WriteAsync`-Methode:

```
public interface IOutputStream : IDisposable
{
  IAsyncOperation<bool> FlushAsync();
  IAsyncOperationWithProgress<uint, uint> WriteAsync(
    IBuffer buffer);
}
```
Listing 13.32 Das »IOutputStream«-Interface

Wie Sie in beiden Interfaces sehen, wird eine `IBuffer`-Instanz verwendet, in die geschrieben oder von der gelesen wird. Diese `IBuffer`-Instanz stellt einen Puffer für Bytes bereit. Sie können einen Stream entweder komplett in einen solchen Puffer oder auch in kleineren Paketen in kleinere Puffer lesen. Wir schauen uns das Interface gleich näher an.

Um aus einem `string` ein `IBuffer`-Objekt zu erhalten, nutzen Sie die statische Methode `ConvertStringToBinary` der Klasse `CryptographicBuffer` (Namespace:

Windows.Security.Cryptography). Folgender Codeausschnitt schreibt einen kleinen Text in einen IOutputStream.

```
string text = "Nur ein kleiner Text für die Datei...";
using (IRandomAccessStream stream =
  await storageFile.OpenAsync(FileAccessMode.ReadWrite))
{
  IBuffer buffer =
    CryptographicBuffer.ConvertStringToBinary(text,
      BinaryStringEncoding.Utf8);
  using (IOutputStream outputStream =
    stream.GetOutputStreamAt(0))
  {
    await outputStream.WriteAsync(buffer);
    await outputStream.FlushAsync();
  }
}
```

Listing 13.33 K13\18 WinRTStreams\MainPage.xaml.cs

Zum Lesen eines `IInputStreams` erstellen Sie sich eine `Buffer`-Instanz (Namespace: `Windows.Storage.Streams`) und nutzen diese für die `ReadAsync`-Methode der `IInput-Stream`-Instanz. Mit der statischen Methode `ConvertBinaryToString` der Klasse `CryptographicBuffer` konvertieren Sie den gefüllten `IBuffer` in einen `string`:

```
string text = "";
using (IRandomAccessStream stream =
  await storageFile.OpenAsync(FileAccessMode.Read))
{
  IBuffer buffer =
    new Windows.Storage.Streams.Buffer((uint)stream.Size);
  using (IInputStream inputStream = stream.GetInputStreamAt(0))
  {
    await inputStream.ReadAsync(buffer, (uint)stream.Size,
      InputStreamOptions.None);
  }
  text = CryptographicBuffer.ConvertBinaryToString(
    BinaryStringEncoding.Utf8, buffer);
}
```

Listing 13.34 K13\18 WinRTStreams\MainPage.xaml.cs

13.4.4 Das »IBuffer«-Interface

Das Interface `IBuffer` stellt einen Puffer für Bytes bereit. Es hat nur zwei Properties. Die `Capacity`-Property enthält die maximale Anzahl an Bytes, die sich im Puffer speichern lassen. Die Length-Property enthält die Anzahl der tatsächlich gespeicherten Bytes im Puffer. Diese Anzahl ist kleiner oder gleich der Capacity-Property:

```
public interface IBuffer
{
    uint Capacity { get; }
    uint Length { get; set; }
}
```

Listing 13.35 Das Interface »IBuffer«

Arbeiten Sie direkt mit den ReadAsync- und WriteAsync-Methoden der Interfaces IInputStream und IOutputStream, benötigen Sie einen solchen Puffer. Mit der Klasse Buffer finden Sie eine Implementierung des Interface. Um allerdings mit einer IBuffer-Instanz arbeiten zu können, benötigen Sie eine using-Direktive für den Namespace System.Runtime.InteropServices.WindowsRuntime. Darin ist die statische Klasse WindowsRuntimeBufferExtensions enthalten, die zahlreiche Extension-Methoden für das IBuffer-Interface und byte-Arrays enthält. So können Sie beispielsweise mit der AsBuffer-Extension-Methode ein byte-Array in einen IBuffer konvertieren, wie folgendes Beispiel zum Speichern eines byte-Arrays in einem Stream zeigt:

```
byte[] byteArray = await GetImageBytesAsync();
IBuffer buffer = byteArray.AsBuffer();
using (IRandomAccessStream stream =
  await storageFile.OpenAsync(FileAccessMode.ReadWrite))
{
  using (IOutputStream outputStream =
    stream.GetOutputStreamAt(0))
  {
    await outputStream.WriteAsync(buffer);
    await outputStream.FlushAsync();
  }
}
```

Listing 13.36 K13\WinRTStreams\MainPage.xaml.cs

Zum Lesen können Sie direkt eine Instanz der Buffer-Klasse erstellen und diese an die ReadAsync-Methode eines IInputStreams übergeben. Um aus Ihrem IBuffer-Objekt wieder ein byte[] zu erhalten, nutzen Sie wie in folgendem Listing die Extension-Methode ToArray.

```
byte[] byteArray;
using (IRandomAccessStream stream =
  await storageFile.OpenAsync(FileAccessMode.Read))
{
```

```
  var buffer =
    new Windows.Storage.Streams.Buffer((uint)stream.Size);
  using (IInputStream inputStream = stream.GetInputStreamAt(0))
  {
    await inputStream.ReadAsync(buffer, (uint)stream.Size,
      InputStreamOptions.None);
  }
  byteArray = buffer.ToArray();
}
```

Listing 13.37 K13\18 WinRTStreams\MainPage.xaml.cs

> **Hinweis**
>
> Auch die FileIO-Klasse, die zahlreiche Hilfsmethoden zum Lesen und Schreiben von Dateien enthält, kann mit Puffern umgehen. Sie hat die Methoden ReadBufferAsync und WriteBufferAsync.

13.4.5 »IRandomAccessStream« und »byte[]«

In der Praxis taucht oft die Aufgabe auf, einen IRandomAccessStream in ein byte[] umzuwandeln und auch umgekehrt. Die Klasse in Listing 13.38 enthält zwei Extension-Methoden, die zeigen, wie es geht.

Die Methode AsRandomAccessStreamAsync wandelt ein byte[] in einen IRandomAccess-Stream um. Dazu erstellt sie zuerst einen InMemoryRandomAccessStream. Das als Parameter erhaltene byte[] wird mit der AsBuffer-Methode in einen IBuffer umgewandelt und direkt an die WriteAsync-Methode des Streams übergeben. Bevor der Stream zurückgegeben wird, wird der Puffer mit der Methode FlushAsync geleert und die Position mit dessen Seek-Methode auf 0 gesetzt.

Die Methode AsByteArrayAsync wandelt einen IRandomAccessStream in ein byte[] um. Dazu erstellt sie eine Buffer-Instanz und liest den Stream mit der im IInputStream-Interface definierten ReadAsync-Methode in diese Buffer-Instanz. Mit der Extension-Methode ToArray wird die Buffer-Instanz in ein byte[] umgewandelt und zurückgegeben.

```
public static class RandomAccessStreamExtensions
{
  public static async Task<IRandomAccessStream>
    AsRandomAccessStreamAsync(this byte[] byteArray)
  {
    var stream = new InMemoryRandomAccessStream();
```

```
    await stream.WriteAsync(byteArray.AsBuffer());
    await stream.FlushAsync();
    stream.Seek(0);
    return stream;
  }
  public static async Task<byte[]> AsByteArrayAsync(
    this IRandomAccessStream stream)
  {
    IBuffer buffer =
      new Windows.Storage.Streams.Buffer((uint)stream.Size);
    await stream.ReadAsync(buffer,(uint)stream.Size,
      InputStreamOptions.None);
    return buffer.ToArray();
  }
}
```

Listing 13.38 K13\18 WinRTStreams\RandomAccessStreamExtensions.cs

Listing 13.39 zeigt den Einsatz der in Listing 13.38 definierten Extension-Methode `AsRandomAccessStreamAsync`. Zum Anzeigen eines Bildes wird ein `byte[]` mit der Methode in einen `IRandomAccessStream` umgewandelt.

```
byte[] byteArray = ...;
using(IRandomAccessStream s =
  await byteArray.AsRandomAccessStreamAsync())
{
  var bitmap = new BitmapImage();
  bitmap.SetSource(s);
  image.Source = bitmap;
}
```

Listing 13.39 K13\18 WinRTStreams\MainPage.xaml.cs

13.4.6 WinRT- und .NET-Streams

Die Streams der WinRT sind im Namespace `Windows.Storage.Streams` enthalten. Wenn Sie mit C# entwickeln, stehen Ihnen im .NET für Windows Store Apps weitere Streams zur Verfügung. Diese finden Sie im Namespace `System.IO`. Darin enthalten sind unter anderem die Klasse `Stream` und weitere aus .NET bekannte Klassen zum Lesen und Schreiben vom Streams: `StreamWriter`, `StreamReader`, `BinaryWriter` und `BinaryReader`.

Im Namespace `System.IO` finden Sie auch die Klasse `WindowsRuntimeStorageExtensions`, die Extension-Methoden für die Interfaces `IStorageFile` und `IStorageFolder` enthält.

So können Sie beispielsweise direkt auf einem `IStorageFile` die `OpenStreamFor-WriteAsync`-Methode zum Schreiben mit den .NET-Streams aufrufen, falls Sie diese lieber als die gezeigten WinRT-Varianten verwenden. Mit `OpenStreamForReadAsync` lesen Sie eine Datei/einen Ordner mit den .NET-Streams.

Der Namespace `System.IO` enthält eine weitere Klasse mit zahlreichen Extension-Methoden: `WindowsRuntimeStreamExtensions`. Darin sind Methoden wie `AsInputStream` und `AsOutputStream` enthalten, mit denen Sie einen .NET-Stream (`Stream`) in einen WinRT-Stream (`IInputStream` / `IOutputStream`) umwandeln. Auch der umgekehrte Weg ist möglich: Mit der Methode `AsStream` wandeln Sie einen `IRandomAccessStream` (WinRT) in einen `Stream` (.NET) um. Die Methode `AsStreamForRead` wandelt einen `IInputStream` (WinRT) in einen `Stream` (.NET) um, die Methode `AsStreamForWrite` einen `IOutputStream` (WinRT) in einen `Stream` (.NET).

Folgender Codeausschnitt zeigt, wie Sie einen `IRandomAccessStream` mit der Methode `AsStream` in einen .NET-Stream umwandeln und anschließend mit einem `StreamWriter` etwas Text in den `Stream` schreiben:

```
using (IRandomAccessStream stream = ...)
{
  using (Stream netStream = stream.AsStreamForWrite())
  {
    using (var streamWriter = new StreamWriter(netStream))
    {
      await streamWriter.WriteLineAsync("Nur ein kleiner ...");
    }
  }
}
```

Listing 13.40 Zum Schreiben werden die .NET-Klassen eingesetzt.

Falls Sie eine `StorageFile`-Instanz haben, können Sie sie zum Schreiben mit der Extension-Methode `OpenStreamForWriteAsync` öffnen, um auch hier einen `StreamWriter` einzusetzen:

```
using (Stream netStream =
  await storageFile.OpenStreamForWriteAsync())
{
  using (var streamWriter = new StreamWriter(netStream))
  {
    await streamWriter.WriteLineAsync("Nur ein ...");
  }
}
```

Listing 13.41 K13\18 WinRTStreams\MainPage.xaml.cs

Zum Schreiben von binären Daten nutzen Sie in .NET üblicherweise die `Binary-Writer`-Klasse. Diese ist im .NET für Windows Store Apps auch verfügbar. Wie folgt können Sie beispielsweise ein `byte`-Array in einen Stream schreiben:

```
using (Stream netStream = await storageFile.OpenStreamForReadAsync())
{
  using (var binaryWriter = new BinaryWriter(netStream))
  {
    binaryWriter.Write(byteArray);
  }
}
```

Listing 13.42 K13\18 WinRTStreams\MainPage.xaml.cs

13.5 Weitere Dateioperationen

Mit den Sub-Namespaces von `Windows.Storage` haben Sie viele weitere Möglichkeiten, mit Dateien zu arbeiten. An dieser Stelle schauen wir uns noch das Suchen von Dateien sowie das Erstellen einer Liste mit kürzlich verwendeten Dateien an.

13.5.1 Dateien suchen

Im Namespace `Windows.Storage.Search` finden Sie Klassen, die Sie bei der Suche nach Dateien und Ordnern unterstützen. Um eine Abfrage zu erstellen, sind verschiedene Methoden der `StorageFolder`-Klasse der zentrale Anlaufpunkt: `CreateFileQuery`, `CreateFileQueryWithOptions`, `CreateFolderQuery` und `CreateFolderQueryWithOptions`. Die Dateimethoden geben ein `StorageFileQueryResult`-Objekt zurück, die Ordner-Methoden ein `StorageFolderQueryResult`-Objekt.

Folgender Codeausschnitt durchsucht alle .txt-Dateien der Dokumentbibliothek einschließlich aller Unterordner nach dem Text »Thomas Huber«. Beachten Sie, wie diese Suchoptionen mit einem `QueryOptions`-Objekt definiert werden. Dieses `QueryOptions`-Objekt wird an die `CreateFileQueryWithOptions`-Methode übergeben. Auf dem erhaltenen `StorageFileQueryResult`-Objekt werden die Dateien mit der `GetFilesAsync`-Methode ausgelesen.

```
StorageFolder folder = KnownFolders.DocumentsLibrary;
var queryOptions = new QueryOptions(CommonFileQuery.OrderByName,
  new List<string> { ".txt" });
queryOptions.FolderDepth = FolderDepth.Deep;
queryOptions.ApplicationSearchFilter = "Thomas Huber";
StorageFileQueryResult result =
  folder.CreateFileQueryWithOptions(queryOptions);
var storageFiles = await result.GetFilesAsync();
```

Listing 13.43 K13\19 DateiSuche\MainPage.xaml.cs

> **Hinweis**
>
> Die in Listing 13.43 auf dem QueryOptions-Objekt gesetzte ApplicationSearch-Filter-Property nimmt eine Abfrage in der Form der *Advanced Query Syntax (AQS)* entgegen. Diese Syntax erlaubt auch das Abfragen von Dateieigenschaften. Sie wird auch vom Windows-Explorer unterstützt. Eine Beschreibung der Advanced Query Syntax würde den Rahmen an dieser Stelle sprengen. Werfen Sie bei Gelegenheit einen Blick in die MSDN-Bibliothek:
>
> *http://msdn.microsoft.com/library/windows/apps/bb266512*

13.5.2 Kürzlich verwendete Dateien

Im Namespace Windows.Storage.AccessCache finden Sie die Klasse StorageApplicationPermissions. Sie enthält die statische Property MostRecentlyUsedList (Typ: StorageItemMostRecentlyUsedList), die Sie verwenden können, um Ihre kürzlich verwendeten Dateien abzurufen. Wenn Sie in Ihrer App eine Datei öffnen, fügen Sie die StorageFile-Instanz mit der Add-Methode zur MostRecentlyUsedList hinzu:

```
StorageFile file = await picker.PickSingleFileAsync();
StorageApplicationPermissions.MostRecentlyUsedList.Add(file);
```

Listing 13.44 Ein »StorageFile« wird zur »MostRecentlyUsedList« hinzugefügt.

Die MostRecentlyUsedList speichert nicht das StorageFile selbst ab, sondern einen AccessListEntry. Dieser enthält in der Token-Property einen eindeutigen string, das sogenannte *Token*, und in der Metadata-Property optionale Metadaten (Typ: string). Die Add-Methode der MostRecentlyUsedList gibt das Token zurück. Eine Überladung nimmt auch die optionalen Metadaten entgegen:

```
public string Add(IStorageItem file);
public string Add(IStorageItem file, string metadata);
```

Das Token benötigen Sie, um wieder auf eine Datei zuzugreifen. Sie können sich das Token entweder in den lokalen App-Daten speichern, oder Sie durchlaufen einfach wie in Listing 13.45 sämtliche Einträge der MostRecentlyUsedList. Greifen Sie dazu auf die Entries-Property zu, die eine Liste mit den AccessListEntry-Instanzen enthält. In Listing 13.45 werden diese Einträge durchlaufen. Die Liste in der MostRecentlyUsedList-Property enthält eine GetFileAsync-Methode. Wird das Token des AccessListEntry-Objekts übergeben, erhalten Sie das entsprechende StorageFile. In Listing 13.45 wird dieses StorageFile zu einer Liste hinzugefügt, die am Ende der Methode der ItemsSource-Property einer ListView zugewiesen wird.

```csharp
private async Task RefreshListViewAsync()
{
  var storageFiles = new List<StorageFile>();
  foreach (AccessListEntry entry in
    StorageApplicationPermissions.MostRecentlyUsedList.Entries)
  {
    try
    {
      var storageFile =
        await StorageApplicationPermissions
          .MostRecentlyUsedList.GetFileAsync(entry.Token);
      storageFiles.Add(storageFile);
    }
    catch (FileNotFoundException)
    {
      StorageApplicationPermissions
        .MostRecentlyUsedList.Remove(entry.Token);
    }
  }
  listView.ItemsSource = storageFiles;
}
```

Listing 13.45 K13\20 KuerzlichVerwendet\MainPage.xaml.cs

Ein `ItemClick`-Event-Handler der in Listing 13.45 gefüllten `ListView` könnte wie folgt aussehen:

```csharp
async void listView_ItemClick(object sender,ItemClickEventArgs e)
{
  var storageFile = (StorageFile)e.ClickedItem;
  string text =await  FileIO.ReadTextAsync(storageFile);
  ...
}
```

Listing 13.46 K13\20 KuerzlichVerwendet\MainPage.xaml.cs

Hochinteressant an der `MostRecentlyUsedList` ist, dass Sie auf die darin gespeicherten `StorageFile`-Instanzen vollen Zugriff haben, auch nachdem die App geschlossen und wieder geöffnet wurde. Das heißt, der Benutzer könnte beispielsweise mit dem `FileOpenPicker` eine Datei von irgendwo auswählen, Sie speichern die Datei in der `MostRecentlyUsedList` und können so beim nächsten Start auf die Datei zugreifen, ohne den Benutzer nochmals mit dem `FileOpenPicker` fragen zu müssen. Aufgrund dieser Berechtigung (*Permission*) heißt die Klasse mit der `MostRecentlyUsedList`-Property auch `StorageApplication`**`Permissions`**.

In der `MostRecentlyUsedList`-Property lassen sich maximal 25 Einträge speichern. Speichern Sie den 26. Eintrag, fliegt ein anderer aus der Liste. Die Verwaltung übernimmt Windows für Sie.

Die `MostRecentlyUsedList`-Property ist dafür gedacht, die kürzlich verwendeten Dateien zu speichern. Falls Sie ein Szenario haben, wo der Benutzer beim ersten Start Ihrer App mit dem `FileOpenPicker` beispielsweise 200 Dateien auswählen kann und Sie beim nächsten Öffnen Ihrer App wieder auf diese 200 Dateien zugreifen möchten, wäre es natürlich für den Benutzer mühsam, die Dateien erneut auszuwählen. Speichern Sie dazu die Dateien in der statischen `FutureAccessList`-Property der `StorageApplicationPermissions`-Klasse. Diese erlaubt bis zu 1.000 Einträge. Wie auch bei der `MostRecentlyUsedList`-Property können Sie auf die einmal hinzugefügten Dateien einfach wieder zugreifen.

13.6 Serialisierung

Möchten Sie Ihre Objekte in Dateien abspeichern (serialisieren), um sie beim nächsten Start Ihrer App wieder zu laden (deserialisieren), stehen Ihnen beim Entwickeln mit C# verschiedene Möglichkeiten zur Verfügung. Zwei sehen wir uns in diesem Abschnitt an.

13.6.1 Der »DataContractSerializer«

Die primäre Variante zum Serialisieren/Deserialisieren von Daten in Windows Store Apps ist der `DataContractSerializer` (**Namespace**: `System.Runtime.Serialization`). Setzen Sie dazu auf der zu serialisierenden Klasse das `DataContract`-Attribut und auf den zu serialisierenden Properties das `DataMember`-Attribut. Listing 13.47 zeigt eine `Friend`-Klasse, die zum Serialisieren vorbereitet ist.

```
[DataContract]
public class Friend
{
  [DataMember]
  public string FirstName { get; set; }

  [DataMember]
  public string LastName { get; set; }

  [IgnoreDataMember]
  public string FullName
  {
    get
    {
```

```
      return string.Format("{0} {1}", FirstName, LastName);
    }
  }
}
```

Listing 13.47 K13\21 DataContractSerializer\Friend.cs

Um eine `Friend`-Instanz zu speichern, erzeugen Sie eine `DataContractSerializer`-Instanz. Übergeben Sie dem Konstruktor wie in Listing 13.48 den Typ des zu serialisierenden `Friend`-Objekts. Anschließend rufen Sie auf dem `DataContractSerializer` die `WriteObject`-Methode auf, um das `Friend`-Objekt in einen `Stream` zu schreiben.

```
private async Task SaveFriendAsync(Friend friend)
{
  StorageFile storageFile = ...;
  using (Stream stream =
    await storageFile.OpenStreamForWriteAsync())
  {
    var serializer = new DataContractSerializer(typeof(Friend));
    serializer.WriteObject(stream, friend);
  }
}
```

Listing 13.48 K13\21 DataContractSerializer\MainPage.xaml.cs

Um ein `Friend`-Objekt wieder aus einem Stream zu lesen, erzeugen Sie wie auch beim Schreiben einen `DataContractSerializer`. Rufen Sie die `ReadObject`-Methode auf. Übergeben Sie den `Stream`, und Sie erhalten das darin gespeicherte `Friend`-Objekt:

```
Friend friend = null; ...
using (Stream stream =
  await storageFile.OpenStreamForReadAsync())
{
  var serializer = new DataContractSerializer(typeof(Friend));
  friend = serializer.ReadObject(stream) as Friend;
}
```

Listing 13.49 K13\21 DataContractSerializer\MainPage.xaml.cs

13.6.2 Der »XmlSerializer«

Im Namespace `System.Xml.Serialization` steht Ihnen auch der aus .NET bekannte `XmlSerializer` zur Verfügung. Auf Ihrem Datenobjekt müssen Sie keine Attribute setzen. Sie können allerdings verschiedene Attribute setzen, wie beispielsweise das `XmlIgnore`-Attribut zum Ignorieren eines Elements:

```csharp
public class Friend
{
  public string FirstName { get; set; }
  public string LastName { get; set; }
  [XmlIgnore]
  public string FullName
  {
    get
    {
      return string.Format("{0} {1}", FirstName, LastName);
    }
  }
}
```
Listing 13.50 K13\22 XmlSerializer\Friend.cs

Es gibt weitere Attribute, wie XmlElement oder XmlAttribut, mit denen Sie bestimmen können, ob eine Property Ihrer Klasse als Element oder Attribut nach XML serialisiert wird. Ebenfalls können Sie darüber den Namen des Elements/Attributs festlegen.

> **Hinweis**
>
> Auf Ihrem Datenobjekt können Sie auch das Interface IXmlSerializable implementieren, um wirklich ganz genau zu bestimmen, was beim Serialisieren/Deserialisieren gemacht wird.

Um eine Friend-Instanz zu speichern, erzeugen Sie eine XmlSerializer-Instanz. Übergeben Sie dem Konstruktor wie in Listing 13.51 den Typ des zu serialisierenden Friend-Objekts. Anschließend rufen Sie auf dem XmlSerializer die Serialize-Methode auf, um das Friend-Objekt in einen Stream zu schreiben.

```csharp
using (Stream stream =
  await storageFile.OpenStreamForWriteAsync())
{
  var serializer = new XmlSerializer(typeof(Friend));
  serializer.Serialize(stream, friend);
}
```
Listing 13.51 K13\22 XmlSerializer\MainPage.xaml.cs

Um ein Friend-Objekt wieder aus einem Stream zu lesen, erzeugen Sie wie auch beim Schreiben einen XmlSerializer. Rufen Sie die Deserialize-Methode auf. Übergeben Sie den Stream, und Sie erhalten das darin gespeicherte Friend-Objekt.

```
using (Stream stream =
  await storageFile.OpenStreamForReadAsync())
{
  var serializer = new XmlSerializer(typeof(Friend));
  friend = serializer.Deserialize(stream) as Friend;
}
```
Listing 13.52 K13\22 XmlSerializer\MainPage.xaml.cs

13.7 Dateien in FriendStorage

FriendStorage speichert die Freunde in *.friends*-Dateien. Wie diese Dateien auf der MainPage dem FileSavePicker erstellt und mit der FriendDataSource-Klasse verwaltet werden, sehen wir uns im Folgenden an. Zudem werfen wir einen Blick darauf, wie FriendStorage die kürzlich verwendeten Dateien nutzt.

13.7.1 »MainPage«, »FileSavePicker« und »FileOpenPicker«

In Abbildung 13.8 sehen Sie die MainPage von FriendStorage. Darüber kann der Benutzer eine neue *.friends*-Datei erstellen, eine bestehende *.friends*-Datei öffnen oder eine der zuletzt verwendeten *.friends*-Dateien auswählen.

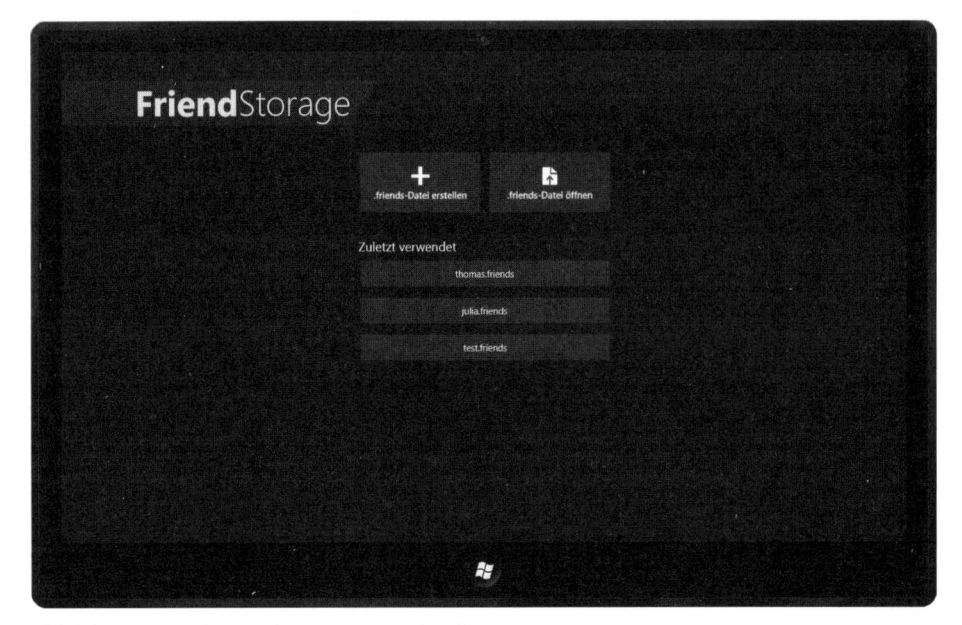

Abbildung 13.8 Die »MainPage« von FriendStorage

Klickt er auf den Button zum Erstellen einer neuen *.friends*-Datei, wird der Event Handler aus Listing 13.53 ausgeführt. Darin wird zunächst geprüft, ob die MainPage in der Snapped-Ansicht angezeigt wird. Falls ja, wird mit der TryUnsnap-Methode versucht, die *Snapped*-Ansicht zu verlassen. Wenn das nicht gelingt, wird dem Benutzer eine Nachricht angezeigt und der Event Handler verlassen. Befindet sich die MainPage nicht in der *Snapped*-Ansicht, wird ein FileSavePicker für *.friends*-Dateien angezeigt. Die erhaltene StorageFile-Instanz wird der OpenedFile-Property der FriendData-Source-Klasse zugewiesen und an die AddToMostRecentlyUsed-Methode der MainPage übergeben. Dann wird zur OverviewPage navigiert, die den Inhalt der *.friends*-Datei anzeigt.

```
private async void ButtonCreateFileClick(object sender, ...)
{
  if (ApplicationView.Value == ApplicationViewState.Snapped
      && !ApplicationView.TryUnsnap())
  {
    await new MessageDialog("In der Snapped-Ansicht nicht
      möglich").ShowAsync();
    return;
  }
  var picker = new FileSavePicker
  {
    CommitButtonText = ".friends-Datei erstellen",
    DefaultFileExtension = ".friends",
    SuggestedStartLocation = PickerLocationId.DocumentsLibrary
  };
  picker.FileTypeChoices.Add("Friends-Dateien", new List<string>
  { ".friends" });
  var storageFile = await picker.PickSaveFileAsync();
  if (storageFile == null) return;
  FriendDataSource.Current.OpenedFile = storageFile;
  AddToMostRecentlyUsed(storageFile);
  this.Frame.Navigate(typeof(OverviewPage));
}
```

Listing 13.53 FriendStorage\MainPage.xaml.cs

Der Code zum Öffnen einer existierenden *.friends*-Datei ist ähnlich; Listing 13.54 zeigt den Event Handler. Es wird ein FileOpenPicker verwendet. Beachten Sie, dass die letzten vier Zeilen exakt denen aus Listing 13.53 entsprechen.

```
private async void ButtonOpenFileClick(object sender, ...)
{
  if (ApplicationView.Value == ApplicationViewState.Snapped ...)
```

```
  { ... }
  var picker = new FileOpenPicker { ... };
  picker.FileTypeFilter.Add(".friends");

  var storageFile = await picker.PickSingleFileAsync();
  if (storageFile == null) return;
  FriendDataSource.Current.OpenedFile = storageFile;
  AddToMostRecentlyUsed(storageFile);
  this.Frame.Navigate(typeof(OverviewPage));
}
```

Listing 13.54 FriendStorage\MainPage.xaml.cs

13.7.2 »FriendDataSource«, Streams und »DataContractSerializer«

Die beiden im vorigen Abschnitt gezeigten Event Handler zum Erstellen und Öffnen einer *.friends*-Datei setzen die OpenedFile-Property der FriendDataSource-Klasse. Ausschnitte dieser Klasse sehen Sie in Listing 13.55. Sie besitzt eine Instanzvariable vom Typ FriendGroupCollection, in der die in der *.friends*-Datei enthaltenen FriendGroup-Instanzen gespeichert werden. Diese Variable wird _friendGroups**Cache** genannt, da der Inhalt zum schnelleren Zugriff nach einmaligem Lesen der Datei im Speicher in dieser Variablen gehalten wird.

Gefüllt wird die _friendGroupsCache-Variable in der LoadFriendGroupsAsync-Methode. Darin wird zuerst geprüft, ob die OpenedFile-Property ein StorageFile enthält. Ist der Cache bereits gesetzt, wird er zurückgegeben. Ansonsten wird das StorageFile geöffnet. Hat der Stream eine Länge von 0, bedeutet das, dass eine neue *.friends*-Datei erstellt wurde. Somit wird hier eine neue FriendGroupCollection erstellt. Ansonsten wird der Stream mit der DeserializeFile-Methode ausgelesen. Am Ende wird der Inhalt der jetzt gesetzten _friendGroupsCache-Variablen zurückgegeben.

```
public class FriendDataSource
{ ...
  private FriendGroupCollection _friendGroupsCache;
  ...
  public async Task<FriendGroupCollection>
    LoadFriendGroupsAsync()
  {
    if (OpenedFile == null) return null;
    if (!_invalidateCache && _friendGroupsCache != null)
      return _friendGroupsCache;

    using (var stream =
      await OpenedFile.OpenStreamForReadAsync())
    {
```

```csharp
      if (stream.Length == 0)
        _friendGroupsCache = new FriendGroupCollection();
      else
        _friendGroupsCache = DeserializeFile(stream);
    }
    _invalidateCache = false;
    return _friendGroupsCache;
  }
  ...
}
```

Listing 13.55 FriendStorage\DataModel\FriendDataSource.cs

Listing 13.56 zeigt die `DeserializeFile`-Methode. Darin wird der `Stream` mit einem `GZipStream` (Namespace: `System.IO.Compression`) dekomprimiert. Mit dem `DataContractSerializer` werden die Daten aus dem `Stream` deserialisiert. Die erhaltene `FriendGroupCollection` wird zurückgegeben.

```csharp
private FriendGroupCollection DeserializeFile(Stream stream)
{
  using (var zipStream = new GZipStream(stream,
    CompressionMode.Decompress))
  {
    var serializer =
      new DataContractSerializer(typeof(FriendGroupCollection));
    return serializer.ReadObject(zipStream)
      as FriendGroupCollection;
  }
}
```

Listing 13.56 FriendStorage\DataModel\FriendDataSource.cs

Navigiert der Benutzer von der `MainPage` zur `OverviewPage`, kann die `OverviewPage` auf der `FriendDataSource` einfach die `LoadFriendGroupsAsync`-Methode aufrufen, um die Liste mit den `FriendGroup`-Instanzen zu erhalten. Folgender Codeausschnitt zeigt die `LoadState`-Methode der `OverviewPage`:

```csharp
protected async override void LoadState(Object
  navigationParameter, Dictionary<String, Object> pageState)
{
  var friendGroups =
    await FriendDataSource.Current.LoadFriendGroupsAsync();
  this.DefaultViewModel["Groups"] = friendGroups;
  ...
}
```

Listing 13.57 FriendStorage\View\OverviewPage.xaml.cs

13.7 Dateien in FriendStorage

Wird ein Friend-Objekt hinzugefügt oder geändert, wird die gecachte FriendGroup-Collection gespeichert. Dies geschieht über die Commit-Methode der FriendData-Source-Klasse. Sie verwendet die WriteBytesAsync-Methode der Klasse FileIO:

```
public async Task Commit()
{
  _friendGroupsCache =
    OrderFriendGroupsCache(_friendGroupsCache);
  await FileIO.WriteBytesAsync(OpenedFile,
    SerializeFile(_friendGroupsCache));
}
```

Listing 13.58 FriendStorage\DataModel\FriendDataSource.cs

Die in Listing 13.58 aufgerufene SerializeFile-Methode serialisiert die FriendGroup-Collection in ein byte[]. Sie ist in Listing 13.59 dargestellt. Es wird ein MemoryStream erstellt, in den mit einem GZipStream geschrieben wird. Dieser GZipStream wird mit der WriteObject-Methode einer DataContractSerializer-Instanz verwendet. Dabei wird die FriendGroupCollection in den GZipStream geschrieben. Damit befindet sich jetzt im MemoryStream eine komprimierte und serialisierte FriendGroupCollection. Mit der ToArray-Methode werden die Bytes des MemoryStreams in ein byte[] geschrieben, das aus der Methode zurückgegeben wird.

```
private byte[] SerializeFile(FriendGroupCollection
  friendGroupCollection)
{
  using (var memoryStream = new MemoryStream())
  {
    using (var zipStream = new GZipStream(memoryStream,
      CompressionMode.Compress))
    {
      var serializer = new DataContractSerializer(
        typeof(FriendGroupCollection));
      serializer.WriteObject(zipStream, friendGroupCollection);
    }
    return memoryStream.ToArray();
  }
}
```

Listing 13.59 FriendStorage\DataModel\FriendDataSource.cs

Werfen Sie einen tieferen Blick in die FriendDataSource-Klasse, finden Sie weitere Methoden, um mit LINQ-Statements die in der FriendGroupCollection enthaltenen Daten abzufragen. Folgend die beiden Methoden GetFriendGroupByIdAsync und GetFriendByIdAsync:

```csharp
public async Task<FriendGroup> GetFriendGroupByIdAsync(
  Guid friendGroupID)
{
  if (_friendGroupsCache == null)
  {
    await LoadFriendGroupsAsync();
  }
  return _friendGroupsCache.Single(friendGroup =>
    friendGroup.FriendGroupID.Equals(friendGroupID));
}
public async Task<Friend> GetFriendByIdAsync(Guid friendID)
{
  if (_friendGroupsCache == null)
  {
    await LoadFriendGroupsAsync();
  }
  return _friendGroupsCache.SelectMany(friendGroup =>
    friendGroup.Friends).Single(friend =>
      friend.FriendID.Equals(friendID));
}
```

Listing 13.60 FriendStorage\DataModel\FriendDataSource.cs

Navigiert der Anwender in der App zur `FriendDetailPage`, wird lediglich die `friendID` als Parameter übergeben. Mit der `GetFriendByIdAsync`-Methode der `FriendDataSource`-Klasse kann die `FriendDetailPage` das passende `Friend`-Objekt laden, wie folgender Ausschnitt der `LoadState`-Methode zeigt:

```csharp
protected override void LoadState(Object navigationParameter,
  Dictionary<String, Object> pageState)
{ ...
  var friendID = (Guid)navigationParameter;
  var friend = await FriendDataSource.Current
    .GetFriendByIdAsync(friendID);
  ...
  this.flipView.SelectedItem = friend;
}
```

Listing 13.61 FriendStorage\View\FriendDetailPage.xaml.cs

13.7.3 Kürzlich verwendete ».friends«-Dateien

Wie Sie in Abbildung 13.8 gesehen haben, zeigt FriendStorage auf der `MainPage` die zuletzt verwendeten Dateien an. Öffnet der Benutzer eine *friends*-Datei, wird die in der `MainPage` enthaltene `AddToMostRecentlyUsed`-Methode aufgerufen:

```
private void AddToMostRecentlyUsed(StorageFile storageFile)
{
  StorageApplicationPermissions.MostRecentlyUsedList
    .AddOrReplace(storageFile.Name, storageFile,
      DateTime.UtcNow.Ticks.ToString());
}
```
Listing 13.62 FriendStorage\MainPage.xaml.cs

Die Methode aus Listing 13.62 ruft auf der Liste in der MostRecentlyUsedList-Property die AddOrReplace-Methode auf. Diese nimmt das Token, das StorageFile und die Metadaten entgegen; sie hat folgende Signatur:

```
public void AddOrReplace(string token, IStorageItem file,
  string metadata)
```

Als Token wird in Listing 13.62 der Dateiname verwendet. Dadurch kann dieser Dateiname nur einmal in der Liste vorkommen. Werden Dateien mit demselben Namen aus verschiedenen Ordnern geöffnet, befindet sich nur die zuletzt geöffnete Datei in der Liste, da der Dateiname als Token genutzt wird. Falls Sie alle Dateien in der Liste haben möchten, erstellen Sie beispielsweise mit einer Guid ein eindeutiges Token.

> **Hinweis**
>
> Die Add-Methode der MostRecentlyUsedList, die einfach ein StorageFile entgegennimmt, erstellt das Token auch mit einer Guid.

Beachten Sie, dass in Listing 13.62 als Metadaten die Ticks der aktuellen Zeit übergeben werden. Dadurch lassen sich beim Laden der MainPage die AccessListEntry-Objekte in der MostRecentlyUsedList-Property nach diesen Ticks absteigend sortieren, was Sie in Listing 13.63 sehen. So wird sichergestellt, dass das neueste Element ganz oben ist. Die AccessListEntry-Objekte werden in dieser Reihenfolge in einer foreach-Schleife durchlaufen. Die ausgelesenen StorageFiles werden zu einer Liste hinzugefügt, die am Ende der DefaultViewModel-Property der MainPage zugewiesen wird. Beachten Sie in Listing 13.63 auch, dass nicht mehr gefundene Dateien mit der Remove-Methode aus der MostRecentlyUsedList entfernt werden.

```
protected async override void LoadState(Object
  navigationParameter, Dictionary<String, Object> pageState)
{
  var storageFiles = new List<StorageFile>();
  foreach (AccessListEntry entry in
    StorageApplicationPermissions.MostRecentlyUsedList
    .Entries.OrderByDescending(e => long.Parse(
```

```
        string.IsNullOrEmpty(e.Metadata) ? "0" : e.Metadata)))
  {
    try
    {
      var storageFile = await StorageApplicationPermissions
        .MostRecentlyUsedList.GetFileAsync(entry.Token);
      storageFiles.Add(storageFile);
    }
    catch (FileNotFoundException)
    {
      StorageApplicationPermissions.MostRecentlyUsedList
        .Remove(entry.Token);
    }
  }
  this.DefaultViewModel["lastUsedFiles"] = storageFiles;
}
```

Listing 13.63 FriendStorage\MainPage.xaml.cs

Die Liste mit den kürzlich verwendeten StorageFiles wurde am Ende von Listing 13.63 der DefaultViewModel-Property der MainPage zugewiesen. Dazu wurde der Schlüssel lastUsedFiles genutzt. Listing 13.64 zeigt die ListView, die sich an diese Liste mit StorageFiles bindet. Beachten Sie die DisplayMemberPath-Property, die dafür sorgt, dass der Name der StorageFiles angezeigt wird.

```
<ListView ItemsSource="{Binding lastUsedFiles}" ...
  ItemClick="lastUsedFilesListView_ItemClick"
  DisplayMemberPath="Name">
  ...
</ListView>
```

Listing 13.64 FriendStorage\MainPage.xaml

Listing 13.65 zeigt den Event Handler für das ItemClick-Event der in Listing 13.64 definierten ListView. Interessant ist daran, dass die AddToMostRecentlyUsed erneut aufgerufen wird. Dadurch wird gewährleistet, dass sich diese Datei beim nächsten Besuch auf der MainPage ganz oben in der Liste der kürzlich verwendeten Dateien befindet, denn die AddToMostRecentlyUsed-Methode setzt intern wieder die Metadaten auf die aktuelle Zeit (Ticks).

```
private void lastUsedFilesListView_ItemClick(object sender,
  ItemClickEventArgs e)
{
  var storageFile = (StorageFile)e.ClickedItem;
  FriendDataSource.Current.OpenedFile = storageFile;
```

```
    // Nochmals zu den kürzlich verwendeten Dateien hinzufügen,
    // damit die Datei in der Liste wieder ganz oben ist.
    AddToMostRecentlyUsed(storageFile);

    this.Frame.Navigate(typeof(OverviewPage));
}
```

Listing 13.65 FriendStorage\MainPage.xaml.cs

13.8 Zusammenfassung

Im Namespace `Windows.Storage` befinden sich die zentralen Klassen zum Umgang mit Dateien und Ordnern. Die Klasse `ApplicationData` enthält die Properties `LocalFolder`, `RoamingFolder` und `TemporaryFolder`, mit denen Sie auf lokale, Roaming- oder temporäre App-Daten zugreifen. Die Klasse `DownloadsFolder` enthält statische Methoden, um Dateien im *Downloads*-Ordner des Benutzers zu erstellen. Die Klasse `KnownFolders` enthält statische Properties, die Zugriff auf Ordner wie die Bildbibliothek oder die Musikbibliothek bieten. Beachten Sie, dass Sie dazu die entsprechende Funktion im *Package.appxmanifest* benötigen.

Eine Datei wird durch die `StorageFile`-Klasse repräsentiert. Mit der `OpenAsync`-Methode erhalten Sie einen `IRandomAccessStream` zum Schreiben und Lesen der Datei. Die `StorageFolder`-Klasse repräsentiert einen Ordner. Zum Erstellen von Dateien und Unterordnern enthält sie die Methoden `CreateFileAsync` und `CreateFolderAsync`. Zum Auslesen der im Ordner enthaltenen Dateien und Unterordner gibt es die Methoden `GetFilesAsync` und `GetFoldersAsync`.

Anstatt programmatisch auf die Ordner und Dateien des Benutzers zuzugreifen, können Sie auch die im Namespace `Windows.Storage.Pickers` enthaltenen Picker-Klassen nutzen: `FileOpenPicker`, `FileSavePicker` und `FolderPicker`. Sie haben den Vorteil, dass Sie im *Package.appxmanifest* keine Funktionen benötigen.

Die Streams der WinRT befinden sich im Namespace `Windows.Storage.Streams`. Das zentrale Element ist das Interface `IRandomAccessStream`. Ein solches Objekt erhalten Sie, wenn Sie beispielsweise ein `StorageFile` mit der `OpenAsync`-Methode öffnen. Zum Lesen und Schreiben verwenden Sie die Klassen `DataReader` und `DataWriter`. Alternativ nutzen Sie die in den Interface `IInputStream` und `IOutputStream` enthaltenen Methoden `ReadAsync` und `WriteAsync`. Falls Sie lieber die aus .NET bekannten Streams nutzen, werfen Sie einen Blick in den `System.IO`-Namespace. Darin ist die Klasse `Stream` enthalten. Zum Lesen und Schreiben gibt es die aus .NET bekannten Klassen `StreamReader`, `StreamWriter`, `BinaryReader` und `BinaryWriter`. Das Konvertieren von WinRT-Streams zu .NET-Streams und zurück erfolgt über zahlreiche Extension-Methoden, die in der Klasse `WindowsRuntimeStreamExtensions` (Namespace: `System.IO`) definiert sind.

In den Sub-Namespaces von Windows.Storage finden Sie weitere Logik. Mit den Klassen aus dem Namespace Windows.Storage.Search suchen Sie Dateien. Mit der StorageApplicationPermissions-Klasse aus dem Namespace Windows.Storage.AccessCache verwalten Sie eine Liste der kürzlich verwendeten Dateien.

Zum Serialisieren Ihrer Objekte haben Sie mehrere Möglichkeiten. Der DataContractSerializer ist der primäre Weg. Darüber hinaus steht Ihnen beispielsweise der aus .NET bekannte XmlSerializer zur Verfügung.

Im nächsten Kapitel lernen Sie die verschiedenen Zustände kennen, in denen sich Ihre App während ihres Lebenszyklus befinden kann. Dabei kann es beispielsweise wichtig sein, beim Terminieren Ihrer App bestimmte Informationen abzuspeichern, um beim erneuten Öffnen den Zustand der App wieder herzustellen. Zum Speichern dieser Informationen eignen sich die lokalen App-Daten, die Sie in diesem Kapitel kennengelernt haben.

Kapitel 14
App-Lebenszyklus und -Einstellungen

In diesem Kapitel lernen Sie die verschiedenen Zustände kennen, die Ihre App während ihres Lebenszyklus durchläuft. Außerdem erfahren Sie, wie Sie die verfügbaren Einstellungen für Ihre App in die entsprechende Charms-Bar-Funktion von Windows 8 integrieren.

Ihre App durchläuft in ihrem Lebenszyklus verschiedene Zustände. Befindet sie sich im Vordergrund, ist sie im Zustand *Running*. Wechselt der Benutzer zu einer anderen App, wird sie zum Sparen von Ressourcen in den Zustand *Suspended* versetzt. In diesem Zustand bleibt sie zwar im Arbeitsspeicher, bekommt jedoch keine Prozessorzeit mehr. Im Zustand *Suspended* kann Windows Ihre App jederzeit terminieren und somit aus dem Arbeitsspeicher entfernen. Ihre App befindet sich dann im Zustand *Terminated*. Wechselt der Benutzer wieder zu Ihrer App, müssen Sie die Navigation und die Sessiondaten wiederherstellen, damit der Benutzer die zuletzt betrachtete Page mit den von ihm eingegebenen Daten wieder sieht. Um den Navigationszustand und die Sessiondaten wiederherstellen zu können, müssen Sie beides natürlich erst einmal speichern.

Zum Speichern und Wiederherstellen des Navigationszustands und der Sessiondaten eignen sich die im vorigen Kapitel gezeigten lokalen App-Daten. Die Klassen `SuspensionManager` und `LayoutAwarePage` unterstützen Sie dabei. Was die beiden Klassen genau machen und wie Sie sie einsetzen, lesen Sie in Abschnitt 14.1, »Lebenszyklus und Zustand«. Doch zuvor lernen Sie die verschiedenen Zustände, in denen sich Ihre App befinden kann, näher kennen. Am Ende des Abschnitts werfen wir einen Blick auf den Lebenszyklus der FriendStorage-App.

Im zweiten Teil des Kapitels geht es um die Einstellungen Ihrer App. Die Einstellungen einer Windows Store App öffnet der Benutzer über die Charms Bar, die er mit einer Wischgeste vom Bildschirmrand oder mit der Tastenkombination ⊞ + C einblendet. Wie Sie eigene Einstellungen integrieren und komplexere Einstellungen mit einem `Popup` ermöglichen, lesen Sie in Abschnitt 14.2, »Einstellungen«.

14.1 Lebenszyklus und Zustand

Ihre App durchläuft in Ihrem Lebenszyklus verschiedene Zustände und kann sogar terminiert werden. Beim Terminieren und erneuten Aktivieren sollten Sie den vori-

14 App-Lebenszyklus und -Einstellungen

gen Navigationszustand und die eingegebenen Daten des Benutzers wiederherstellen. In diesem Abschnitt lernen Sie alle notwendigen Details kennen. Wir starten dazu mit dem Lebenszyklus einer Windows Store App.

14.1.1 Der Lebenszyklus einer Windows Store App

Ihre Windows Store App durchläuft in ihrem Lebenszyklus verschiedene Zustände, die Sie in Abbildung 14.1 sehen.

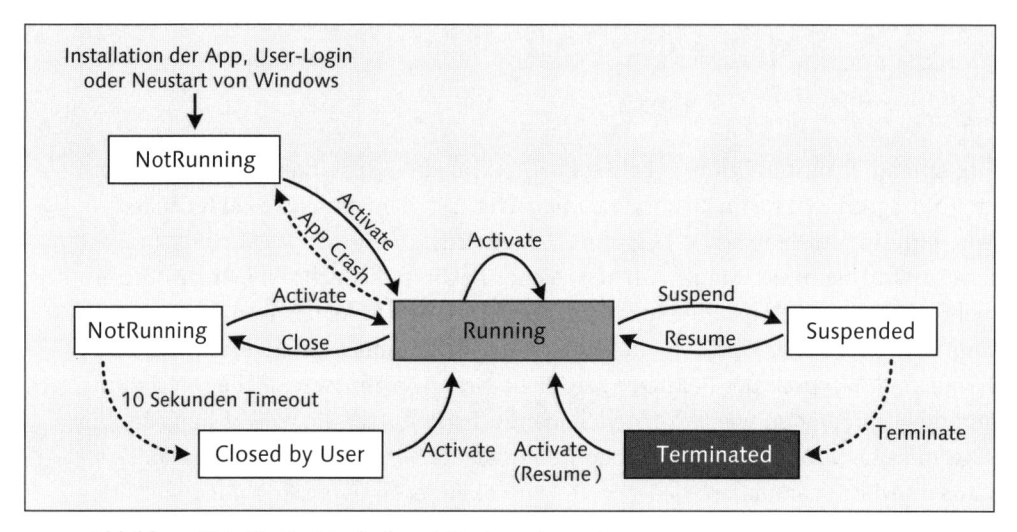

Abbildung 14.1 Die Zustände Ihrer Windows Store App

Wurde Ihre App installiert, hat sich ein neuer Benutzer eingeloggt oder wurde Windows neu gestartet, befindet sich die App im Zustand *NotRunning*. Klickt der Benutzer auf die Live Tile Ihrer App, wird sie aktiviert und gestartet. Sie ist jetzt im Vordergrund und befindet sich im Zustand *Running*. Stürzt Ihre App ab, ist Sie wieder im Zustand *NotRunning*. Schließt der Benutzer Ihre App über die Geste oder via ⌈Alt⌋ + ⌈F4⌋, wird sie ebenfalls in den Zustand *NotRunning* versetzt. Wird die App nach dem Schließen nicht innerhalb von 10 Sekunden wieder aktiviert, versetzt Windows sie in den Zustand *ClosedByUser*.

Ist Ihre App im Vordergrund, befindet sie sich im Zustand *Running*. Der Benutzer kann in diesem Zustand Ihre App erneut aktivieren, indem er beispielsweise eine Suche über die Charms Bar ausführt. Neben dem normalen Weg über die Live Tile gibt es weitere Wege, eine App zu aktivieren. Einer davon ist die Suche, die Sie in Kapitel 16, »Contracts und Extensions«, kennenlernen.

Wechselt der Benutzer zu einer anderen Anwendung, wird Ihre App in den Zustand *Suspended* gesetzt. Im Zustand *Suspended* wird kein Code ausgeführt, allerdings bleibt Ihre App im Arbeitsspeicher. Sobald der Benutzer wieder zu Ihrer App wechselt und diese somit wieder im Vordergrund ist, wird sie fortgeführt (*Resume*) und kommt wieder in den Zustand *Running*.

> **Hinweis**
> Im Zustand *Suspended* wird kein Code ausgeführt. Allerdings bleibt Ihre App im Arbeitsspeicher; sie bekommt lediglich keine Prozessorzeit. Obwohl im Zustand *Suspended* kein Code ausgeführt wird, sind dennoch weiterhin ein paar Dinge möglich. Dazu gehört beispielsweise das Ausführen von Hintergrundaufgaben (*Background-Tasks*). Da diese in Windows registriert werden, sind sie auch im Zustand *Suspended* ausführbar. Mehr zu den Background-Tasks lesen Sie in Kapitel 16, »Contracts und Extensions«. Auch das Herunterladen von Daten ist im Zustand *Suspended* mit der `BackgroundDownloader`-Klasse möglich. Diese lernen Sie im nächsten Kapitel kennen.

Während sich Ihre App im Hintergrund und somit im Zustand *Suspended* befindet, kann Windows Ihre App zu jeder Zeit terminieren. Dies geschieht beispielsweise, wenn zu wenig Arbeitsspeicher zur Verfügung steht. Ihre App wird beendet und erhält den Status *Terminated*. Sie ist jetzt nicht mehr im Arbeitsspeicher. Blättert der Benutzer allerdings mit einer Wischgeste vom linken Bildschirmrand durch die geöffneten Apps, taucht Ihre App weiterhin darunter auf. Wechselt er zu Ihrer App, erwartet er natürlich, dass Ihre App immer noch die Seite anzeigt, die er zuletzt betrachtet hat. Er erwartet auch, dass die darin von ihm eingegebenen Daten immer noch da sind. Da Ihre App allerdings im Zustand *Terminated* – im Gegensatz zum Zustand *Suspended* – nicht mehr im Arbeitsspeicher ist, müssen Sie die Navigation zur ursprünglichen Seite und die eingegebenen Daten selbst wiederherstellen. Doch dafür müssen Sie diese als *Sessiondaten* bezeichneten Daten natürlich zuerst einmal abspeichern. Wo Sie Ihren Code unterbringen, um den Navigationszustand und die Sessiondaten zu speichern und wiederherzustellen, sehen wir uns jetzt an.

> **Hinweis**
> Beim Entwickeln mit Visual Studio können Sie Ihre App in den Zustand *Terminated* versetzen, um das Verhalten zu testen. Mehr dazu lesen Sie in Abschnitt 14.1.6, »Eine Beispiel-App in Visual Studio testen«.

14.1.2 Daten speichern im »Suspended«-Event

Wechselt der Benutzer von Ihrer App zu einer anderen App, befindet sich Ihre App im Zustand *Suspended*. In diesem Zustand kann Windows Ihre App terminieren. Ob und wann Windows Ihre App terminiert, können Sie allerdings nicht wissen. Aus diesem Grund sollten Sie immer alle notwendigen Sessiondaten zum Herstellen der aktuellen

Session beim Übergang in den *Suspended*-Zustand abspeichern. Falls Ihre App terminiert wird, können Sie die Daten wieder laden, zur entsprechenden Seite navigieren und die vom Benutzer in Textboxen eingegebenen Werte wieder anzeigen. Im Idealfall merkt der Benutzer keinen Unterschied, ob er Ihre App aus dem *Suspended*- oder dem *Terminated*-Zustand aktiviert.

Die `Application`-Klasse enthält das Event `Suspending`, das auftritt, wenn Ihre App in den *Suspended*-Zustand versetzt wird. In diesem Event speichern Sie die Navigationshierarchie und die eingegebenen Daten ab. Standardmäßig enthält die *App.xaml.cs*-Datei bereits einen Event Handler für das `Suspending`-Event. Ein `TODO`-Kommentar weist Sie darauf hin, dass Sie den Anwendungszustand speichern sollten, wie folgender Codeausschnitt zeigt:

```
sealed partial class App : Application
{
  public App()
  {
    this.InitializeComponent();
    this.Suspending += OnSuspending;
  }
  ...
  private void OnSuspending(object sender, SuspendingEventArgs e)
  {
    var deferral = e.SuspendingOperation.GetDeferral();
    // TODO: Anwendungszustand speichern und alle
    // Hintergrundaktivitäten beenden
    deferral.Complete();
  }
}
```

Listing 14.1 Die »OnSuspending«-Methode in der »App.xaml.cs«-Datei

Im *Suspended*-Zustand wird kein Code mehr ausgeführt. Um sicherzustellen, dass aus der `OnSuspending`-Methode asynchron aufgerufener Code zum Speichern Ihres Anwendungszustands noch zu Ende ausgeführt wird, wird in Listing 14.1 auf der `SuspendingOperation`-Property der `SuspendingEventArgs` die `GetDeferral`-Methode aufgerufen. Diese gibt ein `SuspendingDeferral`-Objekt zurück, das das Versetzen der App in den *Suspended*-Zustand verzögert. Sobald Sie die Daten gespeichert haben, rufen Sie auf dem `SuspendingDeferral`-Objekt die `Complete`-Methode auf.

> **Achtung**
>
> Sie haben nicht endlos Zeit, um den Anwendungszustand zu speichern. Es bleiben Ihnen genau 5 Sekunden. Da Sie die Navigation und die Daten üblicherweise in den lokalen App-Daten speichern, sind 5 Sekunden jedoch eine sehr lange Zeit.

> **Hinweis**
>
> Ein *Deferral*-Objekt gibt es in der WinRT an diversen Stellen. Es ist dann notwendig, wenn Sie in einer Methode, wie dem in Listing 14.1 dargestellten OnSuspending-Event-Handler, andere asynchrone Methoden aufrufen. Da Sie das Deferral-Objekt mit der GetDeferral-Methode abfragen, weiß die WinRT, dass eventuell gerade noch ein oder mehrere asynchrone Methoden ausgeführt werden. Mit dem Aufruf der Complete-Methode bestätigen Sie, dass alle asynchronen Vorgänge abgeschlossen sind. Diese Implementierung wird auch als *Deferral-Pattern* bezeichnet.
>
> Wenn Sie nur synchrone Methoden-Aufrufe haben, benötigen Sie nicht zwingend das Deferral-Objekt. Da es jedoch auch keinen Nachteil birgt, ist es empfehlenswert, es in allen Events zu nutzen, in denen es verfügbar ist.

14.1.3 Daten laden in der »OnLaunched«-Methode

Betrachten Sie die Zustände aus Abbildung 14.1, sehen Sie, dass es vier Zustände gibt, von denen Ihre App in den Zustand *Running* kommen kann. Was Sie dabei machen sollten, ist Folgendes:

- *NotRunning* und *ClosedByUser*: Sie starten die App mit Default-Daten auf der Startseite. Sie müssen dazu nichts weiter tun.
- *Suspended*: Die App wird da fortgeführt, wo der Benutzer sie verlassen hat. Da die App immer noch im Arbeitsspeicher ist, müssen Sie auch hier nichts weiter tun. Allerdings möchten Sie gegebenenfalls irgendwelche Netzwerkverbindungen auffrischen. Nutzen Sie dazu das Resuming-Event der Application-Klasse.
- *Terminated*: Die App war im Zustand *Suspended* und wurde dann von Windows terminiert. Beim Aktivieren sollten Sie den vorigen, im Suspending-Event der Application-Klasse gespeicherten Zustand wiederherstellen, damit der Benutzer da weitermachen kann, wo er aufgehört hat.

Wie Sie sehen, ist der *Terminated*-Zustand der einzige, bei dem Sie wirklich aktiv werden sollten. Startet der Benutzer die Anwendung, wird die OnLaunched-Methode der Application-Klasse aufgerufen. Diese ist in der *App.xaml.cs*-Datei überschrieben. Für den Fall, dass die App vom Zustand *Terminated* in den Zustand *Running* versetzt wird, enthält die überschriebene OnLaunched-Methode bereits eine if-Verzweigung mit einem kleinen TODO-Kommentar, wie Listing 14.2 zeigt.

```
sealed partial class App : Application
{ ...
  protected override void OnLaunched(
    LaunchActivatedEventArgs args)
```

```csharp
{
  Frame rootFrame = Window.Current.Content as Frame;
  if (rootFrame == null)
  {
    rootFrame = new Frame();
    if (args.PreviousExecutionState ==
      ApplicationExecutionState.Terminated)
    {
      //TODO: Zustand von zuvor angehaltener Anwendung laden
    }
    Window.Current.Content = rootFrame;
  }
  if (rootFrame.Content == null)
  {
    if (!rootFrame.Navigate(typeof(MainPage), args.Arguments))
    {
      throw new Exception("Failed to create initial page");
    }
  }
  Window.Current.Activate();
}
...
}
```

Listing 14.2 Die »OnLaunched«-Methode in der »App.xaml.cs«-Datei

Die PreviousExecutionState-Property der LaunchActivatedEventArgs ist vom Typ der Aufzählung ApplicationExecutionState. Die Aufzählung aus dem Namespace Windows.ApplicationModel.Activation enthält die Werte für die unterschiedlichen Zustände Ihrer App, die Ihnen bereits bekannt sind: NotRunning, Running, Suspended, Terminated und ClosedByUser.

> **Hinweis**
>
> Die OnLaunched-Methode wird aufgerufen, wenn Ihre App normal durch einen Klick auf die Live Tile (Kachel) aktiviert wurde. Daneben gibt es weitere Möglichkeiten, Ihre App zu aktivieren. Auch bei diesen weiteren Möglichkeiten sollten Sie den Anwendungszustand wiederherstellen, falls Ihre App zuvor terminiert wurde.
>
> Beispielsweise öffnet der Benutzer eine Datei, die mit Ihrer App verknüpft ist. Dazu überschreiben Sie in der App-Klasse die OnFileActivated-Methode. Die FileActivatedEventArgs enthalten ebenfalls eine PreviousExecutionState-Property, die den vorigen Zustand der App enthält.

> Ein anderes Beispiel ist das Durchsuchen Ihrer App mit der Suchfunktion der Charms Bar. Dazu überschreiben Sie in der App-Klasse die OnSearchActivated-Methode. Auch die hier verfügbaren SearchActivatedEventArgs besitzen eine PreviousExecutionState-Property, mit der Sie den vorigen Zustand Ihrer App ermitteln können.
>
> Die entsprechenden Event Args in einer Aktivierungsmethode implementieren das Interface IActivatedEventArgs. Dieses Interface definiert neben der PreviousExecutionState-Property eine Kind-Property. Darüber erhalten Sie die Aktivierungsart in Form eines Wertes der Aufzählung ActivationKind. Beim Aktivieren über eine Datei oder über die Suche enthält die Property den Wert File bzw. Search.
>
> Mehr zum Verknüpfen und Aktivieren Ihrer App mit einer Datei und zur Suchfunktion lesen Sie in Kapitel 16, »Contracts und Extensions«.

Jetzt wissen Sie, wo Sie die Navigation und die eingegebenen Daten speichern und laden. Sehen wir uns jetzt an, wie Sie das machen.

14.1.4 Der »SuspensionManager«

Zum Speichern und Laden des Anwendungszustands nutzen Sie die Logik der Klassen SuspensionManager und LayoutAwarePage. Bevor wir ein Beispiel bauen, sehen wir uns zunächst an, was beide Klassen bieten.

Hinweis

Sie lernen hier die Details des SuspensionManagers zum Verständnis kennen. In Abschnitt 14.1.7, »Die App aus dem ›Terminated‹-Zustand herstellen«, werden Sie sehen, dass der Einsatz der SuspensionManager-Klasse sehr einfach ist.

Die SuspensionManager-Klasse wird zum *Common*-Ordner Ihres Projekts hinzugefügt, sobald Sie eine Page mit einer anderen Seitenvorlage als der *Leere Seite*-Vorlage erstellen. Haben Sie Ihr Projekt mit der Projektvorlage *Raster-App* oder *Geteilte App* erstellt, ist die Klasse standardmäßig schon im *Common*-Ordner enthalten und im Projekt eingebaut.

Die SuspensionManager-Klasse enthält Logik, um den Navigationszustand und die Sessiondaten Ihrer App zu speichern, wenn diese in den *Suspended*-Zustand versetzt wird. Falls Ihre App terminiert wird, können Sie beim erneuten Aktivieren den Zustand mit der SuspensionManager-Klasse wiederherstellen.

Zum Speichern des Navigationszustands registrieren Sie mit der statischen RegisterFrame-Methode Ihren Frame. Dazu geben Sie auch einen Schlüssel als String an. Da Sie üblicherweise nur einen Frame haben, wird oft der Schlüssel AppFrame vergeben:

```
public static void RegisterFrame(Frame frame,
  string sessionStateKey)
```

Die Sessiondaten speichern Sie in der statischen `SessionState`-Property der `SuspensionManager`-Klasse. Diese ist vom Typ `Dictionary<string,object>`. Unter einem Schlüssel lässt sich ein Objekt abspeichern. Da die Objekte allerdings im Hintergrund beim Speichern mit dem `DataContractSerializer` serialisiert werden, sollten Sie einfache Typen wie `strings`, `int`, `bool` etc. verwenden. Falls Sie doch komplexe Typen nutzen, fügen Sie sie zuvor zur `KnownTypes`-Property der `SuspensionManager`-Klasse hinzu.

> **Hinweis**
> Komplexe Typen fügen Sie üblicherweise im App-Konstruktor zur `KnownTypes`-Property hinzu. Ein Beispiel sehen Sie in Abschnitt 14.1.9, »Der Lebenszyklus in FriendStorage«, anhand der FriendStorage-App.

Ist der `Frame` registriert und haben Sie Ihre Sessiondaten in der `SessionState`-Property erfasst, können Sie zum Speichern die `SaveAsync`-Methode aufrufen. Listing 14.3 zeigt diese Methode. Im ersten Teil wird der Navigationszustand der registrierten Frames gespeichert. Im zweiten Teil wird der Inhalt der `SessionState`-Property mit einem `DataContractSerializer` in einen `MemoryStream` serialisiert. Im dritten und letzten Teil wird der Inhalt des `MemoryStreams` in eine Datei in den lokalen App-Daten geschrieben. Der Name der Datei stammt aus der auf Klassenebene definierten Konstante `sessionStateFilename`.

```
private const string sessionStateFilename = "_sessionState.xml";
public static async Task SaveAsync()
{
  try
  {
    // Navigationszustand für alle registrierten Rahmen speichern
    foreach (var weakFrameReference in _registeredFrames)
    {
      Frame frame;
      if (weakFrameReference.TryGetTarget(out frame))
      {
        SaveFrameNavigationState(frame);
      }
    }
    // Sitzungszustand synchron serialisieren ...
    MemoryStream sessionData = new MemoryStream();
```

```
      DataContractSerializer serializer =
        new DataContractSerializer(
          typeof(Dictionary<string, object>), _knownTypes);
      serializer.WriteObject(sessionData, _sessionState);

      // Einen Ausgabedatenstrom für die SessionState-Datei abrufen
      // und den Zustand asynchron schreiben
      StorageFile file = await ApplicationData.Current.LocalFolder
        .CreateFileAsync(sessionStateFilename,
          CreationCollisionOption.ReplaceExisting);
      using (Stream fileStream =
        await file.OpenStreamForWriteAsync())
      {
        sessionData.Seek(0, SeekOrigin.Begin);
        await sessionData.CopyToAsync(fileStream);
        await fileStream.FlushAsync();
      }
    }
    catch (Exception e)
    {
      throw new SuspensionManagerException(e);
    }
  }
```

Listing 14.3 Die »SaveAsync«-Methode der Klasse »SuspensionManager«

Zum Speichern des Navigationszustands wird in Listing 14.3 die SaveFrameNavigationState-Methode aufgerufen. Sie nutzt die GetNavigationState-Methode der Frame-Klasse, die den Navigationszustand als String zurückgibt:

```
private static void SaveFrameNavigationState(Frame frame)
{
  var frameState = SessionStateForFrame(frame);
  frameState["Navigation"] = frame.GetNavigationState();
}
```

Listing 14.4 Die »SaveFrameNavigationState«-Methode der Klasse »SuspensionManager«

Beachten Sie in Listing 14.4 die SessionStateForFrame-Methode. Beim Registrieren eines Frames mit der bereits erwähnten RegisterFrame-Methode übergeben Sie einen Schlüssel für diesen Frame. In der SessionState-Property des SuspensionManagers wird unter diesem Schlüssel ein Dictionary<string,object> abgelegt. Dieses erlaubt es, für einen bestimmten Frame Daten zu speichern. Dieses Frame-spezifische Dictionary wird mit der SessionStateForFrame-Methode ermittelt und in Listing 14.4

in der `frameState`-Variablen gespeichert. Unter dem Schlüssel `Navigation` wird der Navigationszustand abgespeichert.

> **Achtung**
>
> Die `GetNavigationState`-Methode der `Frame`-Klasse serialisiert die an eine Seite übergebenen Parameter. Haben Sie komplexe Objekte übergeben, führt diese Methode zu einer Exception, da sie diese Objekte nicht serialisieren kann. Daher sollten Sie bei der Navigation darauf achten, dass Sie als Parameter nur einfache Datentypen – wie `string`, `int` oder `Guid` – übergeben, damit sich der Navigationszustand serialisieren lässt.

Zum Wiederherstellen des Navigationszustands und der Sessiondaten besitzt die Klasse `SuspensionManager` die Methode `RestoreAsync`. Diese deserialisiert zuerst die Sessiondaten in die `SessionState`-Property und stellt anschließend den Navigationszustand der registrierten Frames wieder her, wie Listing 14.5 zeigt.

```
public static async Task RestoreAsync()
{
  _sessionState = new Dictionary<String, Object>();
  try
  {
    // Eingabedatenstrom für die SessionState-Datei abrufen
    StorageFile file = await ApplicationData.Current.LocalFolder
      .GetFileAsync(sessionStateFilename);
    using (IInputStream inStream =
      await file.OpenSequentialReadAsync())
    {
      // Sitzungszustand deserialisieren
      DataContractSerializer serializer =
        new DataContractSerializer(
          typeof(Dictionary<string, object>), _knownTypes);
      _sessionState = (Dictionary<string, object>)
        serializer.ReadObject(inStream.AsStreamForRead());
    }
    // Alle registrierten Rahmen ... wiederherstellen
    foreach (var weakFrameReference in _registeredFrames)
    {
      Frame frame;
      if (weakFrameReference.TryGetTarget(out frame))
      {
        frame.ClearValue(FrameSessionStateProperty);
        RestoreFrameNavigationState(frame);
```

```
      }
    }
  }
  catch (Exception e)
  {
    throw new SuspensionManagerException(e);
  }
}
```

Listing 14.5 Die »RestoreAsync«-Methode der Klasse »SuspensionManager«

Zum Wiederherstellen des Navigationszustands wird in Listing 14.6 die Restore-FrameNavigationState-Methode aufgerufen. Diese nutzt die SetNavigationState-Methode der Frame-Klasse, die den Navigationszustand des Frames aus einem String wiederherstellt, wie folgender Ausschnitt zeigt:

```
private static void RestoreFrameNavigationState(Frame frame)
{
  var frameState = SessionStateForFrame(frame);
  if (frameState.ContainsKey("Navigation"))
  {
    frame.SetNavigationState((String)frameState["Navigation"]);
  }
}
```

Listing 14.6 Die »RestoreFrameNavigationState«-Methode der Klasse »SuspensionManager«

Beachten Sie, dass in Listing 14.6 wieder die SessionStateForFrame-Methode zum Einsatz kommt. Diese gibt das in der SessionState-Property unter dem Schlüssel des Frames gespeicherte Dictionary<string,object> zurück, das in Listing 14.6 in der frameState-Variablen gespeichert wird. Unter dem Schlüssel Navigation wird der Navigationszustand ausgelesen. Dieser wurde in Listing 14.4 unter diesem Schlüssel abgespeichert.

Damit haben Sie die zentrale Logik der SuspensionManager-Klasse kennengelernt. Bevor wir uns ansehen, wie Sie die SuspensionManager-Klasse richtig einsetzen, werfen wir einen Blick auf die LayoutAwarePage-Klasse.

14.1.5 Die »LayoutAwarePage«

Erstellen Sie eine neue Page mit der *Standardseite*-Vorlage, enthält die Page die in Listing 14.7 dargestellten Methoden LoadState und SaveState. Wie Sie sehen, erhalten Sie in beiden Methoden einen Parameter namens pageState vom Typ Dictionary<string,object>. In diesem Dictionary können Sie die Daten der Page speichern und laden, um die Seite erfolgreich wiederherzustellen. Sehen wir uns die Details an.

```
public sealed partial class MainPage :
  AppZustand.Common.LayoutAwarePage
{
  protected async override void LoadState(Object
    navigationParameter, Dictionary<String, Object> pageState)
  {
  }
  protected override void SaveState(
    Dictionary<String, Object> pageState)
  {
  }
}
```

Listing 14.7 Eine mit der »Standardseite«-Vorlage erstellte Page

Listing 14.8 zeigt die überschriebene `OnNavigatedTo`-Methode in der `LayoutAwarePage`-Klasse. Darin wird mit der `SessionStateForFrame`-Methode der `SuspensionManager`-Klasse das Frame-spezifische `Dictionary<string,object>` ausgelesen und in der `frameState`-Variablen gespeichert. Für die Page wird ein Schlüssel erstellt, der sich aus dem String `Page-` und der Navigationstiefe des Frames (`BackStackDepth`-Property) zusammensetzt. Der Schlüssel wird in der Instanzvariablen `_pageKey` gespeichert.

Wurde zu einer neuen Instanz der Seite navigiert (`NavigationMode.New`), wird an die `LoadState`-Methode für den `pageState`-Parameter der Wert `null` übergeben. Dies ist folglich immer der Fall, wenn zum ersten Mal zur Seite navigiert wird.

Wurde im Navigationsstapel vor- oder zurücknavigiert, wird ein unter dem `_pageKey` gespeichertes `Dictionary<string,object>` aus dem `frameState` ausgelesen und an die `LoadState`-Methode übergeben.

```
public class LayoutAwarePage : Page
{ ...
  private String _pageKey;
  protected override void OnNavigatedTo(NavigationEventArgs e)
  { ...
    var frameState =
      SuspensionManager.SessionStateForFrame(this.Frame);
    this._pageKey = "Page-" + this.Frame.BackStackDepth;

    if (e.NavigationMode == NavigationMode.New)
    {
      ...
```

```csharp
      // Den Navigationsparameter an die neue Seite übergeben
      this.LoadState(e.Parameter, null);
    }
    else
    {
      // Den Navigationsparameter und den beibehaltenen
      // Seitenzustand an die Seite übergeben, dabei die gleiche
      // Strategie verwenden wie zum Laden des angehaltenen
      // Zustands und zum erneuten Erstellen von im Cache
      // verworfenen Seiten
      this.LoadState(e.Parameter,
        (Dictionary<String, Object>)frameState[this._pageKey]);
    }
  }
  protected virtual void LoadState(Object navigationParameter,
    Dictionary<String, Object> pageState)
  {
  }
  ...
}
```

Listing 14.8 Die »OnNavigatedTo«-Methode der »LayoutAwarePage«-Klasse

In Listing 14.8 wurde in der überschriebenen OnNavigatedTo-Methode die _pageKey-Klassenvariable gesetzt. Listing 14.9 zeigt die überschriebene OnNavigatedFrom-Methode der LayoutAwarePage-Klasse. Darin wird zuerst mit der SessionStateForFrame-Methode der SuspensionManager-Klasse das Frame-spezifische Dictionary<string, object> ausgelesen und in der frameState-Variablen gespeichert. Es wird ein neues Dictionary<string,object> erstellt und in der Variablen pageState gespeichert. Dieses Dictionary wird an die virtuelle SaveState-Methode übergeben. Es kann somit von einer Subklasse, wie die in Listing 14.7 dargestellte MainPage, gefüllt werden. Nach dem Aufruf der SaveState-Methode wird in Listing 14.9 das pageState-Dictionary im frameState-Dictionary unter dem in der Variablen _pageKey definierten Schlüssel gespeichert.

```csharp
public class LayoutAwarePage : Page
{ ...
  protected override void OnNavigatedFrom(NavigationEventArgs e)
  {
    var frameState =
      SuspensionManager.SessionStateForFrame(this.Frame);
    var pageState = new Dictionary<String, Object>();
    this.SaveState(pageState);
```

```
      frameState[_pageKey] = pageState;
  }
  protected virtual void SaveState(Dictionary<String, Object>
    pageState)
  {
  }
  ...
}
```

Listing 14.9 Die »OnNavigatedFrom«-Methode der »LayoutAwarePage«-Klasse

Damit haben Sie die Logik der `LayoutAwarePage`-Klasse zum Speichern und Laden des Seitenzustands kennengelernt. Sehen wir uns jetzt anhand einer kleinen Beispiel-App an, wie Sie die Logik nutzen.

14.1.6 Eine Beispiel-App in Visual Studio testen

In diesem Abschnitt untersuchen wir den Code der in Abbildung 14.2 dargestellten Beispiel-App, bevor wir diese bezüglich des *Terminated*-Zustands in Visual Studio testen.

Die App besteht aus den beiden Seiten `MainPage` und `DetailPage`. Die `MainPage` enthält eine `ListView` mit `Friend`-Objekten. Wird eines dieser `Friend`-Objekte angeklickt, navigiert die App zur `DetailPage`. Auf der `DetailPage` kann der Vorname des gewählten `Friend`-Objekts editiert werden. Die Änderung wird mit den Buttons aus der App Bar entweder übernommen oder verworfen.

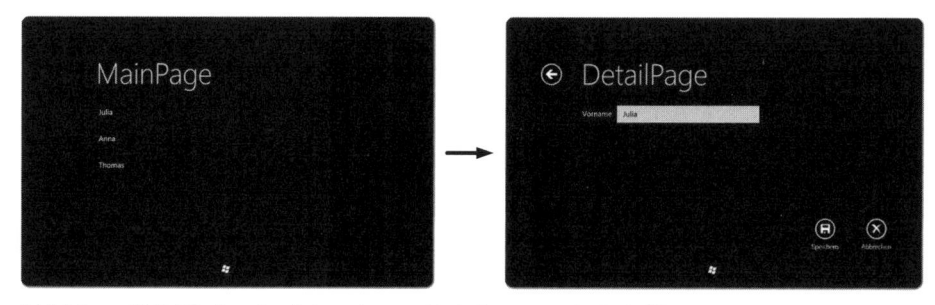

Abbildung 14.2 Die App bestehend aus »MainPage« und »DetailPage«

Im Folgenden werfen wir einen Blick auf die Datenquelle, die `MainPage` und die `DetailPage`, bevor wir die App in Visual Studio testen.

»Friend« und »FriendDataSource«

Die Daten der Beispiel-App liegen in Form von `Friend`-Objekten vor. Die Klasse enthält die beiden Properties `Id` und `FirstName`:

```
[DataContract]
public class Friend
{
  [DataMember]
  public int Id { get; set; }

  [DataMember]
  public string FirstName { get; set; }
}
```

Listing 14.10 K14\01 AppZustand\Friend.cs

Friend-Objekte werden mit der Klasse FriendDataSource geladen und gespeichert. Zum Laden wird die in Listing 14.11 enthaltene LoadFriendsAsync-Methode genutzt. Die Methode gibt eine List<Friend> zurück. Diese Liste wird aus der Datei *friends.txt* aus den lokalen App-Daten gelesen. Beachten Sie, dass die Datei mit der Option OpenIfExists erstellt wird. Falls bereits eine Datei existiert, wird folglich ihr Inhalt geladen. Hat die Datei einen Inhalt, wird er mit dem DataContractSerializer deserialisiert und in der _friendList-Variablen gespeichert, ansonsten wird in der Methode einfach eine neue Liste mit drei Freunden erstellt und in der _friendList-Variablen gespeichert. Am Ende wird der Inhalt der _friendList-Variablen zurückgegeben.

Beachten Sie, dass die LoadFriendsAsync-Methode am Anfang prüft, ob die _friendList-Variable bereits gefüllt ist. Falls ja, wird direkt deren Inhalt zurückgegeben.

```
public class FriendDataSource
{
  private static FriendDataSource _current;
  private List<Friend> _friendList;
  private FriendDataSource() { }

  public static FriendDataSource Current
  {
    get
    {
      if (_current == null)
        _current = new FriendDataSource();
      return _current;
    }
  }
  public async Task<List<Friend>> LoadFriendsAsync()
  {
    if (_friendList != null)
      return _friendList;
```

```
      var file = await ApplicationData.Current.LocalFolder
        .CreateFileAsync("friends.txt",
          CreationCollisionOption.OpenIfExists);
      _friendList = new List<Friend>();
    using (var stream = await file.OpenStreamForReadAsync())
    {
      bool initialized = false;
      if (stream.Length > 0)
      {
        try
        {
          var serializer = new DataContractSerializer(
            typeof(List<Friend>));
          _friendList = serializer.ReadObject(stream)
            as List<Friend>;
          initialized = true;
        }
        catch { }
      }
      if(!initialized)
      {
        // Inhalt initialisieren
        _friendList = new List<Friend>{
          new Friend{Id=1,FirstName="Julia"},
          new Friend{Id=2,FirstName="Anna"},
          new Friend{Id=3,FirstName="Thomas"}
        };
      }
    }
    return _friendList;
  }
  ...
}
```

Listing 14.11 K14\01 AppZustand\FriendDataSource.cs

Neben der `LoadFriendsAsync`-Methode besitzt die `FriendDataSource`-Klasse die `GetFriendByIdAsync`-Methode, die das Laden eines `Friend`-Objekts via `Id` erlaubt:

```
public async Task<Friend> GetFriendByIdAsync(int id)
{
  if (_friendList == null)
    await LoadFriendsAsync();
  return _friendList.Single(f => f.Id == id);
}
```

Listing 14.12 K14\01 AppZustand\FriendDataSource.cs

Mit der `UpdateFriendAsync`-Methode wird ein `Friend`-Objekt gespeichert, wie folgender Codeausschnitt zeigt.

```
public async Task UpdateFriendAsync(Friend friend)
{
  if (_friendList == null)
    await LoadFriendsAsync();
  var dbFriend = _friendList.Single(f => f.Id == friend.Id);
  dbFriend.FirstName = friend.FirstName;
  await SaveAsync();
}
```

Listing 14.13 K14\01 AppZustand\FriendDataSource.cs

Am Ende der in Listing 14.13 dargestellten `UpdateFriendAsync`-Methode wird die `SaveAsync`-Methode aufgerufen. Listing 14.14 zeigt diese private Methode der `FriendDataSource`-Klasse. Darin wird die in der `_friendList`-Variablen enthaltene `List<Friend>` mit einem `DataContractSerializer` in die *friends.txt*-Datei serialisiert.

```
private async Task SaveAsync()
{
  var file = await ApplicationData.Current.LocalFolder
    .CreateFileAsync("friends.txt",
      CreationCollisionOption.OpenIfExists);
  using (var stream = await file.OpenStreamForWriteAsync())
  {
    var serializer = new DataContractSerializer(
      typeof(List<Friend>));
    serializer.WriteObject(stream, _friendList);
    await stream.FlushAsync();
  }
}
```

Listing 14.14 K14\01 AppZustand\FriendDataSource.cs

Die »MainPage«

Die `MainPage` lädt in der Codebehind-Datei die Liste mit Freunden. Dazu wird in der `LoadState`-Methode die `LoadFriendsAsync`-Methode der `FriendDataSource`-Klasse aufgerufen, wie die Codebehind-Datei in Listing 14.15 zeigt. Die erhaltene `List<Friend>` wird in der `DefaultViewModel`-Property der `LayoutAwarePage` unter dem Schlüssel `Friends` abgespeichert.

```
public sealed partial class MainPage :
  AppZustand.Common.LayoutAwarePage
{ ...
```

```
protected async override void LoadState(Object
  navigationParameter, Dictionary<String, Object> pageState)
{
  this.DefaultViewModel["Friends"] =
    await FriendDataSource.Current.LoadFriendsAsync();
}
...
}
```

Listing 14.15 K14\01 AppZustand\MainPage.xaml.cs

In der in Listing 14.16 dargestellten *MainPage.xaml*-Datei ist eine `ListView` definiert, deren `ItemsSource`-Property an den Schlüssel `Friends` der `DefaultViewModel`-Property gebunden ist. Sie erhält somit die `List<Friend>`-Instanz als Quelle und zeigt aufgrund der gesetzten `DisplayMemberPath`-Property die Vornamen der darin enthaltenen `Friend`-Instanzen an.

```
<ListView ItemsSource="{Binding Friends}"
  DisplayMemberPath="FirstName"
  IsItemClickEnabled="True" ItemClick="ListView_ItemClick" .../>
```

Listing 14.16 K14\01 AppZustand\MainPage.xaml

Auf der `ListView` in Listing 14.16 ist ein Event Handler für das `ItemClick`-Event definiert; die Implementierung sehen Sie in Listing 14.17. Darin wird mit der `Navigate`-Methode der `Frame`-Klasse zur `DetailPage` navigiert. Als Parameter wird die `Id` des angeklickten `Friend`-Objekts übergeben.

```
void ListView_ItemClick(object sender, ItemClickEventArgs e)
{
  var friend = (Friend)e.ClickedItem;
  this.Frame.Navigate(typeof(DetailPage), friend.Id);
}
```

Listing 14.17 K14\01 AppZustand\MainPage.xaml.cs

> **Hinweis**
>
> Beachten Sie, dass in Listing 14.17 die `Id` des `Friend`-Objekts und nicht das `Friend`-Objekt selbst übergeben wird. Es ist wichtig, dass Sie als Parameter an die `Navigate`-Methode einfache Datentypen übergeben. Nur einfache Datentypen können von der `Frame`-Klasse zum Speichern des Navigationszustands serialisiert werden.

Die »DetailPage«

Listing 14.18 zeigt die Codebehind-Datei der `DetailPage`. In der `LoadState`-Methode wird die als Parameter erhaltene Id ausgelesen und in der `friendId`-Variablen gespeichert. Mit der `GetFriendByIdAsync`-Methode der `FriendDataSource`-Klasse wird die zugehörige `Friend`-Instanz geladen und in der Instanzvariablen `_friend` gespeichert. Der Wert der `FirstName`-Property wird der `Text`-Property der `TextBox txtFirstName` zugewiesen.

Wird in der App Bar auf den Button zum Speichern geklickt, wird der in Listing 14.18 enthaltene Event Handler `btnSave_Click` aufgerufen. Der Wert der `Text`-Property der `TextBox txtFirstName` wird der `FirstName`-Property des in der Instanzvariablen `_friend` gespeicherten `Friend`-Objekts zugewiesen. Mit der `UpdateFriendAsync`-Methode der `FriendDataSource`-Klasse wird die `Friend`-Instanz gespeichert. Nach dem Speichern wird mit der `GoBack`-Methode der `Frame`-Klasse zurück zur `MainPage` navigiert.

```csharp
public sealed partial class DetailPage :
  AppZustand.Common.LayoutAwarePage
{
  private Friend _friend;

  protected async override void LoadState(Object
    navigationParameter, Dictionary<String, Object> pageState)
  {
    int friendId = (int)navigationParameter;
    _friend = await FriendDataSource.Current
      .GetFriendByIdAsync(friendId);
    txtFirstName.Text = _friend.FirstName;
  }

  protected override void SaveState(Dictionary<String, Object> pageState)
  {

  }

  private async void btnSave_Click(object sender, ...)
  {
    _friend.FirstName = txtFirstName.Text;
    await FriendDataSource.Current.UpdateFriendAsync(_friend);
    this.Frame.GoBack();
  }
  ...
}
```

Listing 14.18 K14\01 AppZustand\DetailPage.xaml.cs

So weit, so gut. Testen wir jetzt die App in Visual Studio.

14 App-Lebenszyklus und -Einstellungen

Testen in Visual Studio

Zum Testen der App und insbesondere des *Terminated*-Zustands enthält Visual Studio in der Symbolleiste die in Abbildung 14.3 dargestellte Combobox. Die entsprechende Symbolleiste blenden Sie über das Hauptmenü Ansicht • Symbolleisten • Debugspeicherort ein.

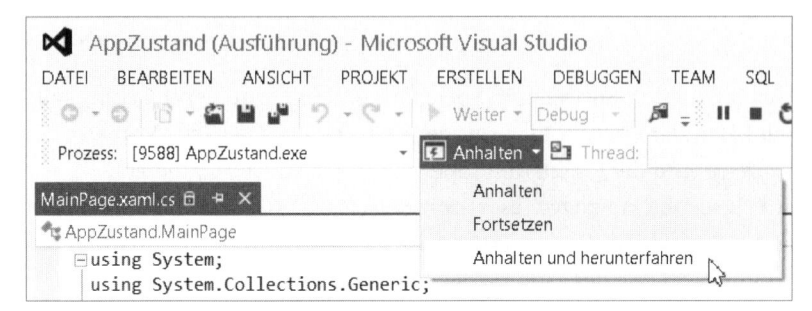

Abbildung 14.3 Die Zustände in Visual Studio testen

Wie Sie sehen, enthält die Combobox drei Werte:

- Anhalten: Die App wird in den Zustand *Suspended* versetzt.
- Fortsetzen: Die App wird in den Zustand *Running* versetzt, wenn sie zuvor im Zustand *Suspended* war
- Anhalten und herunterfahren: Die App wird in den Zustand *Suspended* und anschließend in den Zustand *Terminated* versetzt.

Zum Testen des *Terminated*-Zustands starten Sie Ihre Anwendung aus Visual Studio. Wählen Sie aus der Combobox den Punkt Anhalten und herunterfahren aus. Ihre App wird terminiert. Starten Sie die App erneut, wird sie nun aus dem Zustand *Terminated* in den Zustand *Running* versetzt.

> **Tipp**
>
> Sie können in der OnLaunched-Methode in der App-Klasse (*App.xaml.cs*-Datei) einen Breakpoint setzen. Beenden Sie die App mit dem Punkt Anhalten und herunterfahren. Starten Sie die App erneut. Sie werden in der OnLaunched-Methode sehen, dass die PreviousExecutionState-Property der LaunchActivatedEventArgs den Wert Terminated enthält.

Beim Testen der Beispiel-App fällt jetzt Folgendes auf: Selektiert der Benutzer auf der MainPage ein Friend-Objekt, navigiert die App zur DetailPage. Dort kann der Benutzer den Vornamen ändern. An dieser Stelle sollten Sie zum Testen die Änderung nicht speichern, sondern die App terminieren. Beim Erneuten Start der App wird wieder die MainPage angezeigt; die eingegebenen Daten sind verloren. Eigentlich sollte die

App beim erneuten Starten die DetailPage (Navigationszustand) mit den vorgenommenen Änderungen (Sessiondaten) anzeigen. Wie dies funktioniert, sehen wir uns jetzt an.

14.1.7 Die App aus dem »Terminated«-Zustand wiederherstellen

In diesem Abschnitt speichern und laden wir den Navigationszustand und die Sessiondaten der Beispiel-App mit Hilfe der Klassen SuspensionManager und LayoutAwarePage.

Zum Speichern des Zustands wird in der OnSuspending-Methode der App-Klasse die SaveAsync-Methode der SuspensionManager-Klasse aufgerufen. Diese speichert den Navigationszustand aller registrierten Frames sowie die Sessiondaten.

```
sealed partial class App : Application
{
  public App()
  {
    this.InitializeComponent();
    this.Suspending += OnSuspending;
  }
  ...
  private async void OnSuspending(object sender,
    SuspendingEventArgs e)
  {
    var deferral = e.SuspendingOperation.GetDeferral();
    await SuspensionManager.SaveAsync();
    deferral.Complete();
  }
}
```

Listing 14.19 K14\01 AppZustand\App.xaml.cs

> **Hinweis**
>
> Da Sie nicht wissen, ob Windows Ihre App terminiert oder nicht, müssen Sie die Daten speichern, wenn Ihre App in den Zustand *Suspended* versetzt wird. Dazu nutzen Sie wie in Listing 14.19 das Suspending-Event der App-Klasse.

Beim Starten der Anwendung wird in der OnLaunched-Methode der erstellte Frame registriert. Dazu wird die in Listing 14.20 zusehende RegisterFrame-Methode der SuspensionManager-Klasse aufgerufen. Als Schlüssel wird für den Frame der string AppFrame übergeben.

Wurde die App aus dem Zustand *Terminated* gestartet, wird die `RestoreAsync`-Methode des `SuspensionManagers` aufgerufen. Diese stellt den Navigationszustand aller registrierten `Frames` wieder her und lädt die gespeicherten Sessiondaten.

```csharp
sealed partial class App : Application
{ ...
  protected async override void OnLaunched(
    LaunchActivatedEventArgs args)
  {
    Frame rootFrame = Window.Current.Content as Frame;
    if (rootFrame == null)
    {
      rootFrame = new Frame();
      SuspensionManager.RegisterFrame(rootFrame,
                                     "AppFrame");
      if (args.PreviousExecutionState ==
        ApplicationExecutionState.Terminated)
      {
        try
        {
          await SuspensionManager.RestoreAsync();
        }
        catch (SuspensionManagerException)
        {
          // Fehler beim Wiederherstellen des Zustands.
          // Annehmen, dass kein Zustand vorhanden ist,
          // und fortfahren
        }
      }
      // Den Rahmen im aktuellen Fenster platzieren
      Window.Current.Content = rootFrame;
    }
    ...
    Window.Current.Activate();
  }
  ...
}
```

Listing 14.20 K14\01 AppZustand\App.xaml.cs

Testen Sie jetzt die Beispiel-App. Wurde zur `DetailPage` navigiert und die App terminiert, wird beim nächsten Start der App auch wieder die `DetailPage` angezeigt, da der Navigationszustand wiederhergestellt wird. Beim Wiederherstellen erhalten Sie in der `LoadState`-Methode der `DetailPage` wie auch beim gewöhnlichen Aufruf aus der `MainPage` als Parameter die `Id` des anzuzeigenden `Friend`-Objekts. Diese Übergabeparameter werden von der Frame-Klasse beim Speichern und Laden des Navigationszustands mit serialisiert bzw. deserialisiert.

Der Navigationszustand ist somit abgeschlossen. Was jetzt noch fehlt, ist das Speichern und Laden des auf der DetailPage eingegebenen Wertes für die TextBox. Der Benutzer kann darin den Vornamen eines Friend-Objekts anpassen. Wurde der Vorname geändert, aber noch nicht im Friend-Objekt gespeichert, sollten Sie diesen geänderten Wert auch speichern und wiederherstellen.

Zum Speichern wird die aus der LayoutAwarePage-Klasse überschriebene SaveState-Methode genutzt. Darin erhalten Sie für Ihre Page ein Dictionary<string,object>. In diesem Dictionary wird in Listing 14.21 unter dem Schlüssel firstName der Text der TextBox txtFirstName gespeichert.

```
protected override void SaveState(
  Dictionary<String, Object> pageState)
{
  pageState["firstName"] = txtFirstName.Text;
}
```

Listing 14.21 K14\01 AppZustand\DetailPage.xaml.cs

In der LoadState-Methode erhalten Sie die für die Page gespeicherten Werte als Parameter in Form eines Dictionary<string,object> namens pageState. In Listing 14.22 wird geprüft, ob das pageState-Dictionary nicht null ist und ob es den Schlüssel firstName enthält. Falls ja, wird der Text der TextBox txtFirstName auf den darin gespeicherten Wert gesetzt.

```
protected async override void LoadState(Object
  navigationParameter, Dictionary<String, Object> pageState)
{
  int friendId = (int)navigationParameter;
  _friend = await FriendDataSource.Current
    .GetFriendByIdAsync(friendId);
  txtFirstName.Text = _friend.FirstName;
  if (pageState != null && pageState.ContainsKey("firstName"))
  {
    txtFirstName.Text = pageState["firstName"].ToString();
  }
}
```

Listing 14.22 K14\01 AppZustand\DetailPage.xaml.cs

Starten Sie jetzt die App. Ändern Sie den Namen des Friend-Objekts in der DetailPage, und terminieren Sie die App. Beim erneuten Starten der App wird die DetailPage mit Ihrer Änderung angezeigt. Die App funktioniert jetzt so, wie es der Benutzer erwartet. Er merkt keinen Unterschied, ob die App aus dem Zustand *Suspended* oder aus dem Zustand *Terminated* aktiviert wurde.

14.1.8 Die »Raster-App«-Vorlage

Erstellen Sie ein neues Projekt mit der Vorlage *Raster-App* oder *Geteilte App*, werden Sie sehen, dass in der *App.xaml.cs* bereits alles implementiert ist, um mit dem `Suspension-Manager` den Navigationszustand und die Sessiondaten zu laden und zu speichern.

Auch die einzelnen Pages enthalten Logik, um Ihren Zustand zu speichern. Listing 14.23 zeigt die Codebehind-Datei der `ItemDetailPage`, die in einem Projekt enthalten ist, das mit der *Raster-App*-Vorlage erstellt wurde. Das UI enthält eine `FlipView` namens `flipView`, mit der sich die einzelnen Elemente durchblättern lassen. In der `SaveState`-Methode wird die `UniqueId`-Property des in der `FlipView` selektierten Elements unter dem Schlüssel `SelectedItem` abgespeichert. In der `LoadState`-Methode wird geprüft, ob das `pageState`-Dictionary ungleich `null` ist und den `SelectedItem`-Schlüssel enthält. Falls ja, wird die im `navigationParameter` enthaltene ID durch jene aus dem `pageState`-Dictionary ersetzt. So wird Folgendes sichergestellt: Navigiert der Benutzer zur `ItemDetailPage`, wechselt dort via `FlipView` zu einem anderen Element und wird die App dann terminiert, wird beim erneuten Start wieder das Element angezeigt, zu dem der Benutzer via `FlipView` gewechselt hat.

```
public sealed partial class ItemDetailPage :
  RasterApp.Common.LayoutAwarePage
{
  protected override void LoadState(Object navigationParameter,
    Dictionary<String, Object> pageState)
  {
    // Zulassen, dass das anfänglich anzuzeigende Element vom
    // gespeicherten Seitenzustand überschrieben wird
    if (pageState!=null && pageState.ContainsKey("SelectedItem"))
    {
      navigationParameter = pageState["SelectedItem"];
    }
    var item =
      SampleDataSource.GetItem((String)navigationParameter);
    ...
    this.flipView.SelectedItem = item;
  }
  protected override void SaveState(
    Dictionary<String, Object> pageState)
  {
    var selectedItem =
      (SampleDataItem)this.flipView.SelectedItem;
    pageState["SelectedItem"] = selectedItem.UniqueId;
  }
}
```

Listing 14.23 Die »ItemDetailPage« der »Raster-App«-Vorlage

> **Tipp**
>
> Die Vorlagen *Raster-App* und *Geteilte App* sollten Sie sich unbedingt anschauen, wenn Sie mehr zum Speichern und Wiederherstellen des Navigationszustands und der Sessiondaten lernen möchten. In Kapitel 2, »Das Programmiermodell«, finden Sie eine Übersicht der beiden Vorlagen.

14.1.9 Der Lebenszyklus in FriendStorage

Die Navigation der FriendStorage-App haben Sie bereits in Kapitel 2, »Das Programmiermodell«, kennengelernt. Abbildung 14.4 zeigt nochmals die einzelnen Seiten der App.

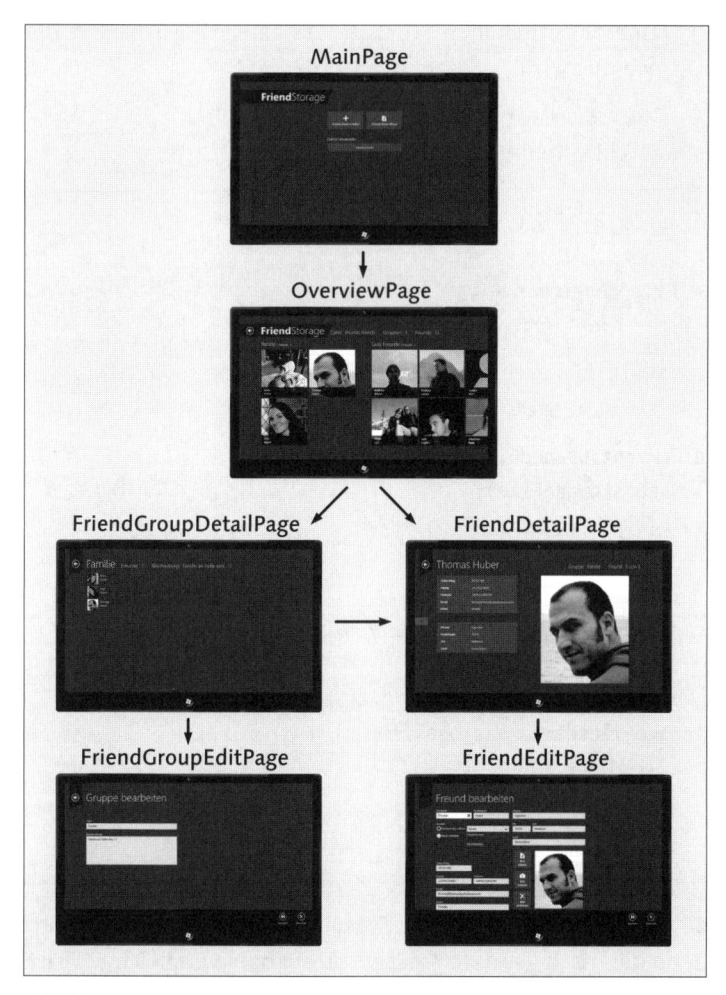

Abbildung 14.4 Die Seiten der FriendStorage-App

Gestartet wird die FriendStorage-App auf der `MainPage`, wo der Benutzer eine *.friends*-Datei öffnen oder erstellen kann. Ist eine *.friends*-Datei geöffnet und wird die App terminiert, muss beim erneuten Aktivieren der App die *.friends*-Datei erneut geladen werden. Dies ist der erste Punkt, den wir uns hier ansehen. Der zweite Punkt ist die `FriendEditPage`. Darauf lässt sich ein `Friend`-Objekt bearbeiten. Wird die App terminiert, muss beim erneuten Aktivieren der App das bearbeitete `Friend`-Objekt mit den vom Benutzer noch nicht gespeicherten Änderungen geladen werden. Beginnen wir mit dem ersten Punkt, dem erneuten Laden der *.friends*-Datei.

Sicherstellen, dass die ».friends«-Datei wieder geladen wird

Wird auf der `MainPage` eine *.friends*-Datei erstellt oder geöffnet, wird das zugehörige `StorageFile`-Objekt der `OpenedFile`-Property der `FriendDataSource`-Klasse zugewiesen. Listing 14.24 zeigt dies anhand des Codes zum Öffnen einer *.friends*-Datei. Beachten Sie auch, dass der Name des erhaltenen `StorageFiles` als `string`-Token in der `MostRecentlyUsedList` verwendet wird.

```csharp
public sealed partial class MainPage :
  FriendStorage.Common.LayoutAwarePage
{ ...
  private async void ButtonOpenFileClick(object sender, ...)
  { ...
    var picker = new FileOpenPicker { ... };
    picker.FileTypeFilter.Add(".friends");

    var storageFile = await picker.PickSingleFileAsync();
    if (storageFile == null) return;

    FriendDataSource.Current.OpenedFile = storageFile;
    AddToMostRecentlyUsed(storageFile);
    this.Frame.Navigate(typeof(OverviewPage));
  }
  ...
  private void AddToMostRecentlyUsed(StorageFile storageFile)
  {
  StorageApplicationPermissions.MostRecentlyUsedList
    .AddOrReplace(storageFile.Name, storageFile,
      DateTime.UtcNow.Ticks.ToString());
}
```

Listing 14.24 FriendStorage\MainPage.xaml.cs

Listing 14.25 zeigt die `OpenedFile`-Property der `FriendDataSource`-Klasse. Im set-Accessor wird geprüft, ob die frisch gesetzte _openedFile-Variable ungleich `null` ist.

Wenn ja, wird der Name des darin gespeicherten StorageFiles in den lokalen App-Settings unter dem Schlüssel OpenedFileToken gespeichert.

```
public class FriendDataSource
{ ...
  private StorageFile _openedFile;
  ...
  public StorageFile OpenedFile
  {
    get { return _openedFile; }
    set
    { ...
      _openedFile = value;
      // Token speichern, falls die App von Windows terminiert
      // wird. Es wird in der RestoreAsync-Methode verwendet.
      if (_openedFile != null)
      {
        ApplicationData.Current.LocalSettings
          .Values["OpenedFileToken"] = _openedFile.Name;
      }
      else
      {
        ApplicationData.Current.LocalSettings
          .Values.Remove("OpenedFileToken");
      }
    }
  }
  ...
}
```

Listing 14.25 FriendStorage\DataModel\FriendDataSource.cs

Wird die FriendStorage-App terminiert und erneut gestartet, kann die FriendData-Source-Klasse die zuvor verwendete Datei über das in Listing 14.25 gespeicherte OpenedFileToken wieder öffnen. Diese Logik ist in der in Listing 14.26 dargestellten RestoreAsync-Methode der FriendDataSource-Klasse implementiert. Das Token wird ausgelesen und zum Laden der Datei an die GetFileAsync-Methode der MostRecentlyUsedList übergeben. Das erhaltene StorageFile wird direkt der OpenedFile-Property zugewiesen.

```
public async Task RestoreAsync()
{
  if (ApplicationData.Current.LocalSettings.Values
    .ContainsKey("OpenedFileToken"))
```

```
    {
      string token = (string)ApplicationData.Current.LocalSettings
        .Values["OpenedFileToken"];
      OpenedFile = await StorageApplicationPermissions
        .MostRecentlyUsedList.GetFileAsync(token);
    }
}
```

Listing 14.26 FriendStorage\DataModel\FriendDataSource.cs

Damit FriendStorage beim Aktivieren aus dem *Terminated*-Zustand die Datei auch wieder öffnet, muss die RestoreAsync-Methode der FriendDataSource-Klasse aufgerufen werden. Listing 14.27 zeigt die entsprechende Stelle in der Methode EnsureMainPageCreated, die direkt von der OnLaunched-Methode aufgerufen wird. Unmittelbar bevor der SuspensionManager seine RestoreAsync-Methode aufruft, wird die RestoreAsync-Methode der FriendDataSource-Klasse aufgerufen. Fertig.

```
protected async override void OnLaunched(
  LaunchActivatedEventArgs args)
{
  await EnsureMainPageCreated(args);
}
...
private async Task EnsureMainPageCreated(
  IActivatedEventArgs args)
{
  Frame rootFrame = Window.Current.Content as Frame;
  if (rootFrame == null)
  {
    rootFrame = new Frame();
    SuspensionManager.RegisterFrame(rootFrame, "AppFrame");
    if (args.PreviousExecutionState ==
      ApplicationExecutionState.Terminated)
    {
      try
      {
        await FriendDataSource.Current.RestoreAsync();
        await SuspensionManager.RestoreAsync();
      }
      catch (SuspensionManagerException)
      { }
    }
    ...
```

```
    Window.Current.Content = rootFrame;
  }
  ...
  Window.Current.Activate();
}
```

Listing 14.27 FriendStorage\App.xaml.cs

Hinweis

Da eine App über verschiedene Arten aktiviert werden kann, ist es sinnvoll, gemeinsame Logik der verschiedenen Aktivierungen in eine separate Methode auszulagern. Genau das ist die Aufgabe der in Listing 14.27 dargestellten Methode EnsureMainPageCreated. Sie wird in der App-Klasse von FriendStorage auch von der überschriebenen OnSearchActivated-Methode aufgerufen, um auch bei der Aktivierung über die Suche sicherzustellen, dass die MainPage erstellt wurde. Dadurch kann der Benutzer immer, egal wie die App aktiviert wurde, zur MainPage zurückkehren.

Mehr zur Suche und der OnSearchActivated-Methode lesen Sie in Kapitel 16, »Contracts und Extensions«.

Die Daten der FriendEditPage wiederherstellen

In der FriendEditPage wird entweder ein neues Friend-Objekt erstellt oder ein bestehendes editiert. Das hängt davon ab, ob die Page mit einer Guid (friendId) als Parameter oder ohne aufgerufen wird. Listing 14.28 zeigt die Logik in der LoadState-Methode. In beiden Fällen wird ein neues Friend-Objekt erzeugt, das in der Instanzvariablen _friend gespeichert wird. Dieses Friend-Objekt dient nur zum Editieren. Es wird am Ende der LoadState-Methode der DefaultViewModel-Property zugewiesen, damit die Elemente im UI sich daran binden können. Erst wenn der Benutzer speichert, werden die Daten übernommen.

Wird die App terminiert, soll das editierte Friend-Objekt mit den Sessiondaten gespeichert werden, damit die FriendEditPage in genau dem Zustand wiederhergestellt werden kann. In Listing 14.28 sehen Sie, wie das pageState-Dictionary auf den Wert editedFriend geprüft wird. Ist dieser Wert vorhanden, wird das darin gespeicherte Friend-Objekt genutzt.

```
public sealed partial class FriendEditPage :
  FriendStorage.Common.LayoutAwarePage
{
  private Friend _friend;
  ...
  protected async override void LoadState(Object
```

```csharp
      navigationParameter, Dictionary<String, Object> pageState)
{
  var friendId = navigationParameter as Guid?;
  var isNew = friendId == null;

  if (isNew)
  {
    this.pageTitle.Text = "Freund erstellen";
    _friend = new Friend();
    ...
  }
  else
  {
    this.pageTitle.Text = "Freund bearbeiten";
    var originalFriend = await FriendDataSource.Current
      .GetFriendByIdAsync(friendId.Value);
    _friend = new Friend
    {
      FriendID = originalFriend.FriendID,
      FriendGroupID = originalFriend.FriendGroupID,
      Birthday = originalFriend.Birthday,
      Company = originalFriend.Company,
      ...
    };
    ...
  }
  if (pageState != null
    && pageState.ContainsKey("editedFriend"))
  {
    // Falls die Anwendung terminiert wurde, wird das editierte
    // Friend-Objekt mit allen vorgenommenen Änderungen geladen
    _friend = (Friend)pageState["editedFriend"];
    ...
  }
  ...
  this.DefaultViewModel["Friend"] = _friend;
  ...
}
...
}
```

Listing 14.28 FriendStorage\View\FriendEditPage.xaml.cs

Listing 14.29 zeigt die SaveState-Methode der FriendEditPage. Darin wird das Friend-Objekt im pageState-Dictionary abgespeichert.

```csharp
public sealed partial class FriendEditPage :
  FriendStorage.Common.LayoutAwarePage
{
  private Friend _friend;
  ...
  protected override void SaveState(
    Dictionary<string, object> pageState)
  {
    pageState["editedFriend"] = _friend;
    ...
  }
  ...
}
```
Listing 14.29 FriendStorage\View\FriendEditPage.xaml.cs

Da im pageState-Dictionary eine Friend-Instanz gespeichert wird, muss der SuspensionManager die Friend-Klasse kennen, damit er die Friend-Instanz serialisieren kann. Dazu wird die Friend-Klasse zur KnownTypes-Property des SuspensionManagers hinzugefügt. Dies erfolgt im Konstruktor des App-Objekts, wie folgender Codeausschnitt zeigt:

```csharp
sealed partial class App : Application
{
  public App()
  {
    this.InitializeComponent();
    this.Suspending += OnSuspending;

    ...
    SuspensionManager.KnownTypes.Add(typeof(Friend));
    SuspensionManager.KnownTypes.Add(typeof(Address));
  }
  ...
}
```
Listing 14.30 FriendStorage\App.xaml.cs

14.2 Einstellungen

Die Einstellungen für Ihre App ruft der Benutzer über die Charms Bar auf. Wie Sie eigene Einstellungen integrieren und komplexere Einstellungen mit einem Popup ermöglichen, lesen Sie in diesem Abschnitt. Dazu starten wir mit einem Blick auf die Klasse SettingsPane, die das zentrale Element ist.

14.2.1 Die Klasse »SettingsPane«

Klickt der Benutzer in der Charms Bar auf EINSTELLUNGEN, öffnen sich die Einstellung der aktuell laufenden App. Abbildung 14.5 zeigt dies. Die EINSTELLUNGEN zeigen standardmäßig den Punkt BERECHTIGUNGEN an. Darüber kann der Benutzer steuern, was eine App alles darf.

> **Hinweis**
> Die Berechtigungen zeigen die Funktionen, die eine App im *Package.appxmanifest* deklariert hat, wie beispielsweise den Zugriff auf die Bildbibliothek des Benutzers.

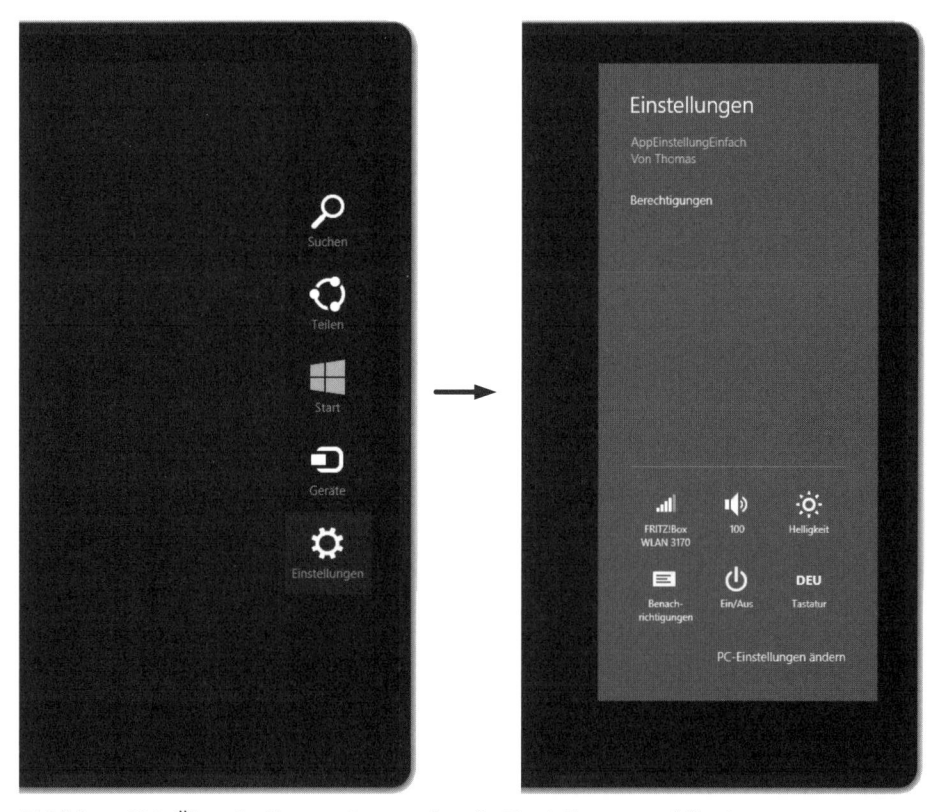

Abbildung 14.5 Über die Charms Bar werden die Einstellungen geöffnet.

Um neben dem Punkt BERECHTIGUNGEN eigene Einstellungen anzuzeigen, nutzen Sie die Klasse SettingsPane aus dem Namespace Windows.UI.ApplicationSettings. Sie enthält folgende drei statische Mitglieder:

▶ GetForCurrentView: Gibt Ihnen eine SettingsPane-Instanz für das aktuelle Fenster zurück.

- **Show**: Damit können Sie aus dem Code die EINSTELLUNGEN öffnen. Doch Vorsicht: Sollte sich Ihre App in der *Snapped*-Ansicht befinden, erhalten Sie beim Aufruf der Methode eine Exception.
- **Edge**: Readonly-Property vom Typ der Aufzählung SettingsEdgeLocation, die die Werte Left und Right enthält. Die Property informiert Sie darüber, ob die EINSTELLUNGEN am linken oder am rechten Bildschirmrand angezeigt werden.

Rufen Sie die Show-Methode auf, sollten Sie mit der ApplicationView-Klasse wie folgt prüfen, ob sich Ihre App in der *Snapped*-Ansicht befindet:

```
if (ApplicationView.Value != ApplicationViewState.Snapped)
{
  SettingsPane.Show();
}
```

Listing 14.31 K14\02 AppEinstellungEinfach\MainPage.xaml.cs

Die GetForCurrentView-Methode gibt Ihnen eine SettingsPane-Instanz zurück. Die SettingsPane-Klasse besitzt nur ein nicht statisches Mitglied, das dann verfügbar ist: Das CommandsRequested-Event. Es tritt auf, wenn die Einstellungen durch den Benutzer via Charms Bar oder durch einen Aufruf der statischen Show-Methode der SettingsPane-Klasse geöffnet werden.

Hinweis

Installiert Ihre App einen Event Handler für das CommandsRequested-Event, spricht man auch davon, dass Ihre App den *Settings*-Contract (Vertrag) implementiert. Neben dem *Settings*-Contract gibt es weitere Contracts. Meist ähneln die dabei verwendeten Klassen der Klasse SettingsPane, da sie auch eine GetForCurrentView-Methode und ein Event enthalten. Sie lernen sie in Kapitel 16, »Contracts und Extensions«, kennen.

Im CommandsRequested-Event können Sie eigene Einstellungen initialisieren und anzeigen. Wie das geht, sehen wir uns jetzt an.

14.2.2 Eigene Einstellungen anzeigen

Mit der statischen GetForCurrentView-Methode erhalten Sie das SettingsPane-Objekt für das aktuelle Fenster. Um eigene Einstellungen zu definieren, installieren Sie einen Event Handler für das CommandsRequested-Event. Listing 14.32 zeigt das in der LoadState-Methode. Beachten Sie, dass der Event Handler beim Verlassen der Seite in der SaveState-Methode wieder deinstalliert wird.

> **Hinweis**
> Manche Entwickler installieren Event Handler in der OnNavigatedTo-Methode und deinstallieren sie in der OnNavigatedFrom-Methode. Da die LayoutAwarePage die OnNavigatedTo-Methode überschreibt und darin die LoadState-Methode aufruft, können Sie Ihre Event Handler auch in der LoadState-Methode installieren. Gleich verhält es sich mit dem Deinstallieren. Die SaveState-Methode wird von der LayoutAwarePage in der überschriebenen OnNavigatedFrom aufgerufen. Die SaveState-Methode kann somit auch anstatt OnNavigatedFrom verwendet werden.

```
public sealed partial class MainPage :
  AppEinstellungEinfach.Common.LayoutAwarePage
{ ...
  protected override void LoadState(...)
  {
    SettingsPane.GetForCurrentView().CommandsRequested
      += OnCommandsRequested;
  }
  protected override void SaveState(...)
  {
    SettingsPane.GetForCurrentView().CommandsRequested
      -= OnCommandsRequested;
  }
  void OnCommandsRequested(SettingsPane sender,
    SettingsPaneCommandsRequestedEventArgs args)
  {
  }
}
```

Listing 14.32 Event Handler sollten beim Wegnavigieren wieder deinstalliert werden; hier in der »SaveState«-Methode.

Wie Sie in Listing 14.32 sehen, erhalten Sie im CommandsRequested-Event eine SettingsPaneCommandsRequestedEventArgs-Instanz. Diese Klasse besitzt lediglich die Request-Property, die ein SettingsPaneCommandsRequest-Objekt zurückgibt. Zur ApplicationCommands-Property dieses Objekts fügen Sie mit der Add-Methode SettingCommand-Instanzen hinzu, um Ihre eigenen Einstellungen zu definieren.

Die Klasse SettingCommand implementiert das Interface IUICommand, das auch vom PopupMenu und dem MessageDialog verwendet wird.

> **Hinweis**
>
> Das `PopupMenu` und den `MessageDialog` habe ich in Kapitel 4, »Controls«, zusammen mit dem `IUICommand`-Interface beschrieben.

Das Interface `IUICommand` ist in Listing 14.33 dargestellt. Es enthält eine Id-Property, der Sie ein `object` zum Unterscheiden mehrerer `IUICommands` zuweisen. Oft ist dies ein Integer-Wert. Die Label-Property nimmt den anzuzeigenden Text entgegen. Der Invoked-Property weisen Sie einen Delegate zu, der die vom `IUICommand` auszuführende Logik enthält.

```
public interface IUICommand
{
  object Id { get; set; }
  UICommandInvokedHandler Invoked { get; set; }
  string Label { get; set; }
}
```

Listing 14.33 Das Interface »IUICommand« aus der WinRT

Die Klasse `SettingsCommand` besitzt nur einen einzigen Konstruktor, der die Werte für alle drei Properties verlangt:

```
public SettingsCommand(object settingsCommandId, string label,
  UICommandInvokedHandler handler)
```

Jetzt kennen Sie alle verfügbaren Klassen und Methoden, um Ihre Einstellungen zu integrieren. Sehen wir uns an, wie Sie ein Command hinzufügen.

Listing 14.34 zeigt einen Event Handler für das `CommandsRequested`-Event der `SettingsPane`-Klasse. Darin wird ein neues `SettingsCommand` mit dem Text Synchronisation aktivieren erzeugt. Das `SettingsCommand` wird zur `ApplicationCommands`-Property des `SettingsPaneCommandsRequest`-Objekts hinzugefügt. Der definierte `UICommandInvokedHandler` kapselt die `OnSyncActivate`-Methode, die als Parameter das ausgeführte `IUICommand` enthält.

> **Tipp**
>
> Da Sie in der behandelnden Methode das `IUICommand` als Parameter erhalten, können Sie eine einzige Methode für mehrere `SettingsCommands` verwenden. In der Methode können Sie die `SettingsCommands` anhand der von Ihnen gesetzten Id-Property unterscheiden.

```csharp
void OnCommandsRequested(SettingsPane sender,
  SettingsPaneCommandsRequestedEventArgs args)
{
  string label = "Synchronisation aktivieren";
  if (AppSettings.IsSyncActivated)
    label = "Synchronisation deaktivieren";
  var handler = new UICommandInvokedHandler(OnSyncActivate);
  var command = new SettingsCommand(1, label, handler);
  args.Request.ApplicationCommands.Add(command);
}
private void OnSyncActivate(IUICommand command)
{
  AppSettings.IsSyncActivated = !AppSettings.IsSyncActivated;
  ...
}
```

Listing 14.34 K14\02 AppEinstellungEinfach\MainPage.xaml.cs

Beachten Sie in Listing 14.34, dass vom SettingsCommand eine Property der App-Settings-Klasse gesetzt wird. Die AppSettings-Klasse vereinfacht über die IsSync-Activated-Property lediglich das Speichern und Laden der Einstellung aus den lokalen App-Settings. Listing 14.35 zeigt die Klasse. Eine solche Klasse ist insbesondere empfehlenswert, wenn Sie viele Einstellungen haben.

```csharp
public class AppSettings
{
  public static bool IsSyncActivated
  {
    get
    {
      bool isActivated = false;
      if(ApplicationData.Current.LocalSettings
          .Values.ContainsKey("IsSyncActivated"))
      {
        isActivated = (bool)ApplicationData.Current.LocalSettings
          .Values["IsSyncActivated"];
      }
      return isActivated;
    }
    set
    {
      ApplicationData.Current.LocalSettings
```

```
        .Values["IsSyncActivated"] = value;
    }
  }
}
```
Listing 14.35 K14\02 AppEinstellungEinfach\AppSettings.cs

Wird die App gestartet und die Einstellungen über die Charms Bar geöffnet, erscheint jetzt der neue Punkt SYNCHRONISATION AKTIVIEREN, wie Abbildung 14.6 zeigt. Ein Klick darauf ändert den Wert der `IsSyncActivated`-Property der `AppSettings`-Klasse.

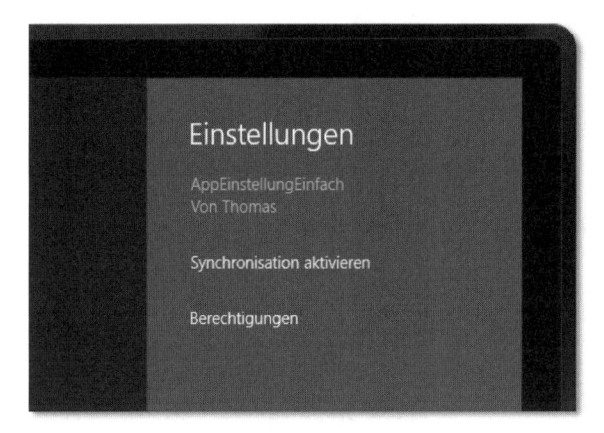

Abbildung 14.6 Die »Synchronisation aktivieren«-Einstellung wird angezeigt.

14.2.3 Komplexe Einstellungen mit einem Popup

Oftmals reicht eine einfach anklickbare Einstellung wie im vorigen Abschnitt nicht aus. Klicken Sie beispielsweise in den EINSTELLUNGEN auf BERECHTIGUNGEN, öffnet sich wie in Abbildung 14.7 ein neues Fenster mit den Detaileinstellungen zu den Berechtigungen. Darunter kann der Benutzer beispielsweise den Zugriff auf die Webcam einstellen.

> **Hinweis**
> Damit in Abbildung 14.7 unter den Berechtigungen die Webcam sichtbar ist, wurde im *Package.appxmanifest* die Funktion Webcam aktiviert. Mehr zum Zugriff auf die Webcam lesen Sie in Kapitel 20, »Multimedia«.

Beachten Sie in Abbildung 14.7 auch, dass der Header der BERECHTIGUNGEN-Ansicht einen Zurück-Button enthält. Klickt der Benutzer ihn an, gelangt er zurück zu den in Abbildung 14.7 links dargestellten EINSTELLUNGEN.

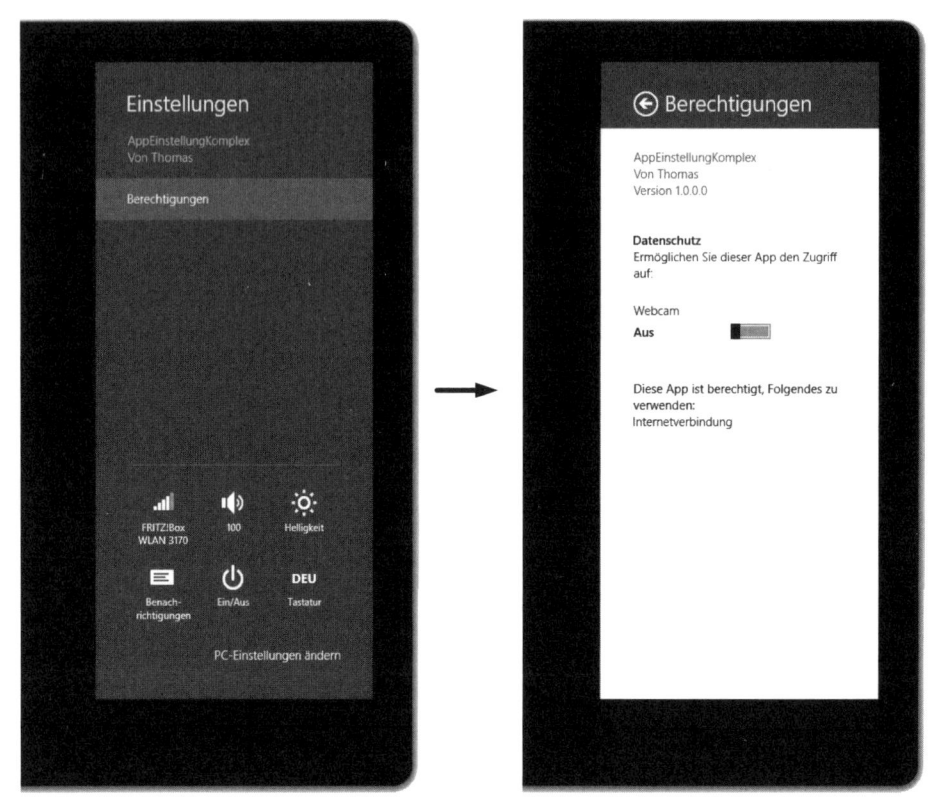

Abbildung 14.7 Ein Klick auf »Berechtigungen« öffnet eine neue Ansicht.

Um selbst eine solche Detailansicht für komplexere Einstellungen zu definieren, gibt es leider kein vorgefertigtes Control. Stattdessen verwenden Sie ein User Control in Kombination mit einem Popup.

Fügen Sie als Erstes ein UserControl zu Ihrem Projekt hinzu. In diesem Beispiel wird der Name SyncSettingsControl vergeben, da es die Einstellungen für eine Synchronisation enthalten soll. Setzen Sie die Width-Property des Controls entweder auf 346 oder auf 646 Pixel. Dies wird von den UI-Richtlinien Microsofts vorgeschrieben. Je nach Anforderungen können Sie folglich schmale oder breitere Einstellungen anzeigen. Das SyncSettingsControl verwendet den Wert 346, wie Listing 14.36 zeigt.

Für den Header geben die UI-Richtlinien eine Höhe von 80 Einheiten an, was die Höhe der ersten RowDefinition aus Listing 14.36 erklärt. Der Header enthält ein Grid mit dem Zurück-Button und einem TextBlock mit dem Text Synchronisation. Da der Zurück-Button etwas kleiner als auf einer normalen Page dargestellt wird, wurde in den Ressourcen des SyncSettingsControls der Style SettingsBackButtonStyle definiert. Um den Blick auf das Wesentliche zu fokussieren, möchte ich an dieser Stelle nicht näher auf den Style eingehen.

Das `SyncSettingsControl` enthält ein `StackPanel` mit einer `TextBox` und einem `ToggleSwitch`. Beachten Sie, dass auf beiden Controls Event Handler definiert sind. Diese speichern die Einstellungen sofort in den lokalen App-Daten. In Windows Store Apps werden Einstellungen üblicherweise sofort übernommen und nicht erst über eine Art ÜBERNEHMEN-Button gespeichert.

> **Hinweis**
> Auf die beiden Event Handler zum Speichern gehe ich an dieser Stelle nicht ein. Sie verwenden eine `AppSettings`-Klasse, wie wir sie auch im vorigen Abschnitt beim Anzeigen eigener Einstellungen genutzt haben.

```xml
<UserControl
    x:Class="AppEinstellungKomplex.SyncSettingsControl" ...
    Width="346">
  <UserControl.Resources>
    <Style x:Key="SettingsBackButtonStyle" TargetType="Button">
      ...
    </Style>
  </UserControl.Resources>
  <Border BorderBrush="DarkRed" BorderThickness="1,0,0,0">
    <Grid ...>
      <Grid.RowDefinitions>
        <RowDefinition Height="80"/>
        <RowDefinition Height="*"/>
      </Grid.RowDefinitions>

      <!-- Zurück-Button und Titel -->
      <Border Background="DarkRed">
        <StackPanel Orientation="Horizontal"
          Margin="40, 32, 17, 13">
          <Button Click="BackButton_Clicked"
            Style="{StaticResource SettingsBackButtonStyle}"/>
          <TextBlock Text="Synchronisation" FontSize="24.6667"
            FontFamily="Segoe UI" FontWeight="SemiLight" .../>
        </StackPanel>
      </Border>
      <!-- Der Inhalt mit den Einstellungen -->
      <ScrollViewer Grid.Row="1" ...>
        <Grid Margin="40,33,40,39">
          <StackPanel x:Name="FlyoutContent">
            <TextBlock Text="Nickname" .../>
            <TextBox x:Name="txtNickName"
```

```
                TextChanged="txtNickName_TextChanged" />
              <ToggleSwitch x:Name="switchSync"
                Header="automatische Synchronisation"
                Toggled="switchSync_Toggled" .../>
            </StackPanel>
          </Grid>
        </ScrollViewer>
      </Grid>
    </Border>
</UserControl>
```

Listing 14.36 K14\03 AppEinstellungKomplex\SyncSettingsControl.xaml

Abbildung 14.8 zeigt das in Listing 14.36 definierte `SyncSettingsControl` im Designer von Visual Studio. Jetzt geht es darum, das `SyncSettingsControl` korrekt einzublenden.

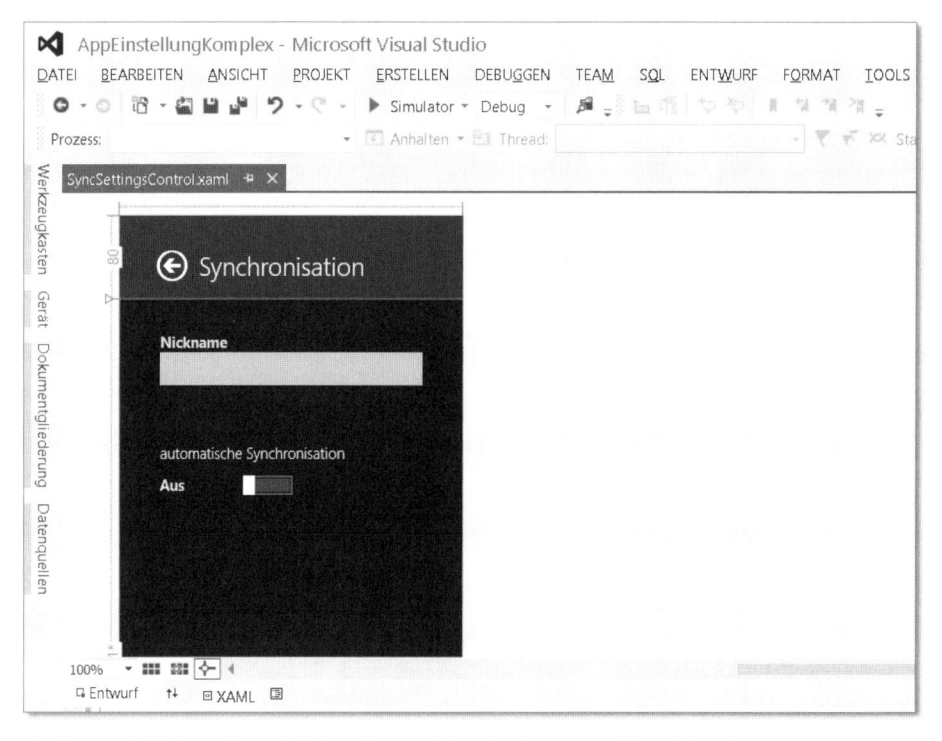

Abbildung 14.8 Das »SyncSettingsControl« im Designer von Visual Studio

Zum Einblenden des `SyncSettingsControls` wird ein `Popup` verwendet. Damit es sich richtig platzieren lässt, sind in Listing 14.37 in der `MainPage` drei Instanzvariablen definiert. Die `windowBounds`-Variable enthält die Position und Größe des Fensters. Sie wird im Konstruktor der `MainPage` initialisiert. Die `settingsWidth`-Variable enthält die bereits im SyncSettingsControl definierte Breite von 346 Einheiten. In der settings-Popup-Variablen wird die später erstellte Popup-Instanz gespeichert.

```
public sealed partial class MainPage :
  AppEinstellungKomplex.Common.LayoutAwarePage
{
  private Rect windowBounds;
  private double settingsWidth = 346;
  private Popup settingsPopup;

  public MainPage()
  {
    this.InitializeComponent();
    windowBounds = Window.Current.Bounds;
    ...
  }
  ...
}
```

Listing 14.37 K14\03 AppEinstellungKomplex\MainPage.xaml.cs

Listing 14.38 zeigt den Event Handler für das CommandsRequested-Event der Settings-Pane Klasse. Darin wird ein SettingsCommand mit dem Text Synchronisation hinzugefügt. Das SettingsCommand wird die Methode OnShowSyncSettings aufrufen.

```
private void OnCommandsRequested(SettingsPane sender,
  SettingsPaneCommandsRequestedEventArgs args)
{
  var handler = new UICommandInvokedHandler(OnShowSyncSettings);
  var command = new SettingsCommand(1, "Synchronisation",
    handler);
  args.Request.ApplicationCommands.Add(command);
}
```

Listing 14.38 K14\03 AppEinstellungKomplex\MainPage.xaml.cs

Listing 14.39 zeigt die OnShowSyncSettings-Methode, die vom SettingsCommand aufgerufen wird. Darin wird im ersten Teil ein Popup erstellt. Zur ChildTransitions-Property des Popups wird eine PaneThemeTransition hinzugefügt, damit das gleich der Child-Property des Popups zugewiesene SyncSettingsControl animiert vom Bildschirmrand »hineinfliegt«.

> **Hinweis**
>
> Mehr zur PaneThemeTransition und zu Transitions im Allgemeinen lesen Sie in Kapitel 21, »Animationen«.

Das `SyncSettingsControl` wird erstellt und der `Child`-Property des `Popups` zugewiesen. Das `Popup` wird mit den Properties `HorizontalOffset` und `VerticalOffset` relativ zum Fenster positioniert, bevor es durch das Setzen der `IsOpen`-Property auf den Wert `true` angezeigt wird.

```csharp
private void OnShowSyncSettings(IUICommand command)
{
  // Ein Popup erstellen, das das
  // SyncSettingsControl enthalten wird.
  settingsPopup = new Popup();
  settingsPopup.Closed += OnPopupClosed;
  Window.Current.Activated += OnWindowActivated;
  settingsPopup.IsLightDismissEnabled = true;
  settingsPopup.Width = settingsWidth;
  settingsPopup.Height = windowBounds.Height;

  // Eine PaneThemeTransition hinzufügen,
  // damit das Popup animiert hineinfliegt
  settingsPopup.ChildTransitions = new TransitionCollection();
  settingsPopup.ChildTransitions.Add(new PaneThemeTransition()
  {
    Edge = (SettingsPane.Edge == SettingsEdgeLocation.Right) ?
      EdgeTransitionLocation.Right : EdgeTransitionLocation.Left
  });

  // Die SyncSettingsControl mit derselben Größe
  // des Popups erstellen.
  var settingsControl = new SyncSettingsControl ();
  settingsControl.Width = settingsPopup.Width;
  settingsControl.Height = settingsPopup.Height;

  // SyncSettingsControl im Popup platzieren
  settingsPopup.Child = settingsControl;

  // Den Ort des Popups festlegen
  settingsPopup.HorizontalOffset =
    SettingsPane.Edge == SettingsEdgeLocation.Right
      ? (windowBounds.Width - settingsWidth) : 0;
  settingsPopup.VerticalOffset = 0;

  // Das Popup anzeigen
  settingsPopup.IsOpen = true;
}
```

Listing 14.39 K14\03 AppEinstellungKomplex\MainPage.xaml.cs

Beachten Sie in Listing 14.39, dass auf dem `Popup` der Event Handler `OnPopupClosed` für das `Closed`-Event installiert wurde. Ebenfalls wurde auf dem aktuellen `Window`-Objekt der Event Handler `OnWindowActivated` für das `Activated`-Event installiert. Listing 14.40 zeigt beide Event Handler. In `OnWindowActivated` wird geprüft, ob das Fenster deaktiviert wurde. Falls ja, wird das `Popup` geschlossen. In `OnPopupClosed` wird lediglich der Event Handler `OnWindowActivated` entfernt, da dieser bei einem erneuten Aufruf der Sync-Einstellungen wieder hinzugefügt wird.

```
void OnWindowActivated(object sender, WindowActivatedEventArgs e)
{
  if (e.WindowActivationState ==
    CoreWindowActivationState.Deactivated)
  {
    settingsPopup.IsOpen = false;
  }
}
void OnPopupClosed(object sender, object e)
{
  Window.Current.Activated -= OnWindowActivated;
}
```

Listing 14.40 K14\03 AppEinstellungKomplex\MainPage.xaml.cs

Abbildung 14.9 zeigt die fertig implementierten Einstellungen. Klickt der Benutzer in den EINSTELLUNGEN auf SYNCHRONISATION, wird das `SyncSettingsControl` mit weiteren Details angezeigt.

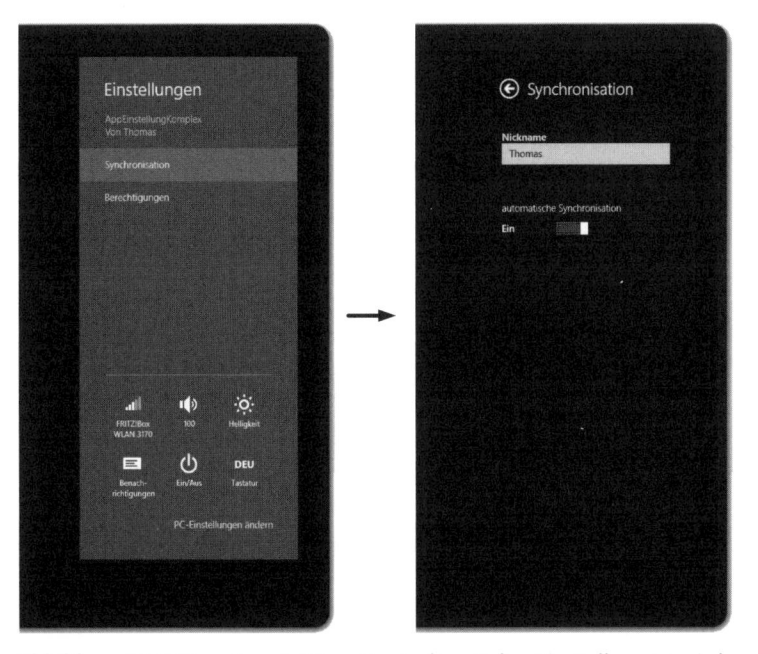

Abbildung 14.9 Das »SyncSettingsControl« mit den Einstellungen wird angezeigt.

Klickt der Benutzer auf dem `SyncSettingsControl` auf den Zurück-Button, sollten wieder die normalen Einstellungen angezeigt werden. Dazu verwendet der Zurück-Button des `SyncSettingsControls` den in Listing 14.41 dargestellten Event Handler. Darin wird zuerst das `Popup` geschlossen. Falls die App nicht gesnappt ist, werden wieder die Einstellungen durch einen Aufruf der statischen `Show`-Methode der `SettingsPane`-Klasse angezeigt.

```
private void BackButton_Clicked(object sender, RoutedEventArgs e)
{
  // Das Popup schliessen
  Popup parent = this.Parent as Popup;
  if (parent != null)
  {
    parent.IsOpen = false;
  }
  // Falls die App nicht gesnappt ist,
  // werden die Einstellungen wieder angezeigt
  if (ApplicationView.Value != ApplicationViewState.Snapped)
  {
    SettingsPane.Show();
  }
}
```

Listing 14.41 K14\03 AppEinstellungKomplex\SyncSettingsControl.xaml.cs

---

Tipp

Sehen Sie sich den Code des Beispiels in Visual Studio an, werden Sie im Konstruktor des `SyncSettingsControls` weitere Logik finden, die dafür sorgt, dass der Inhalt des `SyncSettingsControls` beim Anzeigen auch mit einer kleinen Animation »hineinfliegt«. Dies ist mit einer Transition realisiert. Mehr zu Transitions lesen Sie in Kapitel 21, »Animationen«.

14.3 Zusammenfassung

Ihre App durchläuft in Ihrem Lebenszyklus verschiedene Zustände. Befindet sie sich im Vordergrund, ist sie im Zustand *Running*. Wechselt der Benutzer zu einer anderen App, wird sie zum Sparen von Ressourcen in den Zustand *Suspended* versetzt. In diesem Zustand bleibt sie zwar im Arbeitsspeicher, bekommt jedoch keine Prozessorzeit mehr. Im Zustand *Suspended* kann Windows Ihre App jederzeit terminieren und somit aus dem Arbeitsspeicher entfernen. Ihre App befindet sich dann im Zustand

Terminated. Wechselt der Benutzer wieder zu Ihrer App, müssen Sie die Navigation und die Sessiondaten wiederherstellen, damit der Benutzer wieder die zuletzt betrachtete Page mit den von ihm eingegebenen Daten sieht. Um den Navigationszustand und die Sessiondaten wiederherstellen zu können, müssen Sie beides natürlich erst einmal speichern.

Zum Speichern und Wiederherstellen nutzen Sie die in diesem Kapitel gezeigten Klassen SuspensionManager und LayoutAwarePage. Für den Navigationszustand registrieren Sie Ihren Frame in der OnLaunched-Methode des App-Objekts mit einem Aufruf der statischen RegisterFrame-Methode der SuspensionManager-Klasse.

Wurde Ihre App aus dem *Terminated*-Zustand gestartet, stellen Sie den Navigationszustand und eventuell gespeicherte Sessiondaten wieder her, indem Sie die RestoreAsync-Methode der SuspensionManager-Klasse aufrufen.

Zum Speichern des Navigationszustands und der Sessiondaten rufen Sie in der OnSuspending-Methode des App-Objekts die statische SaveAsync-Methode der SuspensionManager-Klasse auf. Sie speichert den Navigationszustand aller registrierter Frames und das in der SessionState-Property enthaltene Dictionary<string,object> ab. Die Daten werden dabei mit dem DataContractSerializer in eine Datei in den lokalen App-Daten serialisiert. Damit sich der Navigationszustand der Frames serialisieren lässt, dürfen Sie beim Navigieren zu verschiedenen Seiten nur einfache Datentypen, wie int, string oder Guid, als Parameter übergeben.

Die Klasse LayoutAwarePage enthält die virtuellen Methoden LoadState und SaveState. In beiden erhalten Sie als Parameter ein Dictionary<string,object>-Objekt, mit dem Sie die Daten Ihrer Page wiederherstellen bzw. speichern können. Fügen Sie komplexe Objekte hinzu, sollten Sie deren Typen zuvor zur KnownTypes-Property des SessionManagers hinzufügen, da ansonsten die Serialisierung fehlschlägt.

Die EINSTELLUNGEN einer Windows Store App öffnet der Benutzer über die Charms Bar. Mit der Klasse SettingsPane können Sie eigene Einstellungen integrieren. Lesen Sie dazu die SettingsPane-Instanz für das aktuelle Fenster mit der statischen GetForCurrentView-Methode der SettingsPane-Klasse aus. Installieren Sie einen Event Handler für das CommandsRequested-Event, und fügen Sie über die SettingsPaneCommandsRequestedEventArgs eigene SettingCommand-Objekte hinzu.

Im nächsten Kapitel, »Services und Kommunikation«, lesen Sie, wie Sie Webservices aufrufen und Inhalte herunterladen. Dabei lernen Sie auch die Klasse BackgroundDownloader kennen. Mit ihr laden Sie Dateien aus dem Web herunter. Das Besondere ist, dass der Code für den Download auch dann ausgeführt wird, wenn sich Ihre App im Zustand *Suspended* befindet. Somit kann der Benutzer einfach zu einer anderen App wechseln, während Ihre App im Hintergrund etwas herunterlädt.

Kapitel 15
Services und Kommunikation

In diesem Kapitel lernen Sie, wie Sie aus Ihrer Windows Store App auf das Internet zugreifen und mit verschiedenen Services via HTTP-Anfragen, WCF (SOAP), OData oder RSS kommunizieren. Sie erfahren, wie Sie Dateien im Hintergrund herunterladen und vieles mehr.

In einer Windows Store App laden Sie Ihre Daten üblicherweise von einem Service, der natürlich auch Teil einer Cloud-Anwendung sein kann. In diesem Kapitel lernen Sie die verschiedenen Möglichkeiten kennen.

In Abschnitt 15.1, »Der Zugriff auf das Internet«, erfahren Sie, welche Funktionen im *Package.appxmanifest* für den Zugriff auf das Internet und private Netzwerke wichtig sind. Sie lesen zudem, wie Sie prüfen, ob das Gerät, auf dem Ihre App ausgeführt wird, gerade mit dem Internet verbunden ist.

In Abschnitt 15.2 lernen Sie das Abfragen verschiedener Services kennen, von einfachen HTTP-Anfragen über WCF-Services (SOAP), WCF-Data-Services (OData) bis hin zu RSS und AtomPub.

Während Ihre App im *Suspended*-Zustand ist, erhält sie keine Prozessorzeit. Dennoch lassen sich mit einem sogenannten *Background-Transfer* Daten im Hintergrund sowohl herunter- als auch hochladen. Wie dies funktioniert, erfahren Sie in Abschnitt 15.3, »Background-Transfer«.

Möchten Sie mit einem Service kommunizieren, der ein proprietäres Protokoll verwendet, so stehen Ihnen mit der WinRT auch Sockets zur Verfügung: TCP-, UDP- und Web-Sockets. Mehr dazu in Abschnitt 15.4, »Sockets«.

Neben den Möglichkeiten der WinRT und jenen des .NET für Windows Store Apps haben Sie noch weitere, um Ihre App mit Diensten zu verbinden. Einen kleinen Einblick finden Sie in Abschnitt 15.5, »Weitere SDKs und Möglichkeiten«.

> **Hinweis**
>
> Sie haben in Kapitel 13, »Dateien, Streams und Serialisierung«, bereits gelesen, wie Sie App-Daten im Roaming-Verzeichnis speichern können, damit sie automatisch in die Cloud geladen werden. Zum Synchronisieren von Einstellungen und anderen Daten zwischen verschiedenen Geräten eines Benutzers ist somit kein eigener Service notwendig. Die Daten müssen lediglich in dem Roaming-Verzeichnis gespeichert werden.

15.1 Der Zugriff auf das Internet

Um auf das Internet zuzugreifen, benötigen Sie die entsprechende Funktion im *Package.appxmanifest*. Welche verschiedenen Funktionen relevant sind, erfahren Sie in diesem Abschnitt. Darüber hinaus lernen Sie, wie Sie mit der Klasse Network-Information Verbindungsinformationen auslesen.

15.1.1 Die Funktionen im »Package.appxmanifest«

In Abbildung 15.1 sehen Sie den Tab FUNKTIONEN im Designer für die *Package.appxmanifest*-Datei. Wie Sie bereits wissen, ist die Funktion INTERNET (CLIENT) standardmäßig aktiviert. Dadurch können Sie Services abfragen und auf das Internet zugreifen, ohne dass Sie etwas ändern müssen. Falls Sie nicht auf das Internet zugreifen müssen, sollten Sie die Funktion entfernen.

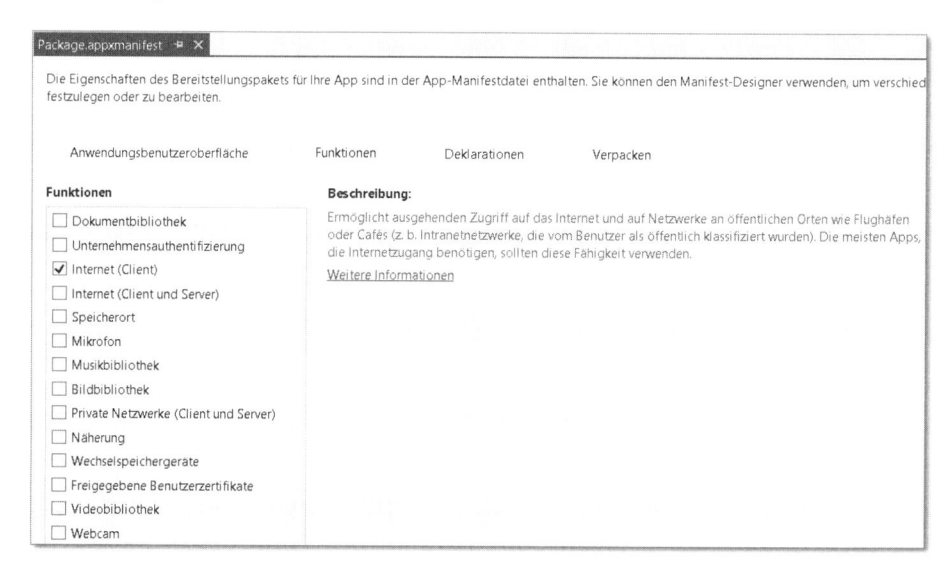

Abbildung 15.1 Die Funktionen im »Package.appxmanifest«

> **Hinweis**
>
> Microsoft hat die Funktion INTERNET (CLIENT) standardmäßig aktiviert, da es sich aus Entwicklersicht in einem frisch erstellten Windows-Store-App-Projekt doch etwas komisch anfüllt, wenn man zum Zugriff auf das Internet erst noch die Funktion im *Package.appxmanifest* aktivieren muss.

Betrachten Sie die Funktionen in Abbildung 15.1 genauer. Neben der Funktion INTERNET (CLIENT) gibt es noch weitere, die bei der Kommunikation sehr interessant sind. Hier eine Auflistung der Funktionen:

- **Internet (Client):** Erlaubt den ausgehenden Zugriff auf das Internet und auf öffentliche Netzwerke.
- **Internet (Client und Server):** Erlaubt den ein- und ausgehenden Zugriff auf das Internet und auf öffentliche Netzwerke. Diese Funktion ist eine Obermenge der Funktion *Internet (Client)*, daher müssen Sie beim Aktivieren dieser Funktion die Funktion *Internet (Client)* nicht auch noch aktivieren.
- **Private Netzwerke (Client und Server):** Erlaubt den ein- und ausgehenden Zugriff auf private Netzwerke, die der Benutzer als Heim- oder Arbeitsplatznetzwerk festgelegt hat.

Achtung

Wenn Sie eine der Funktionen *Internet (Client)*, *Internet (Client und Server)* oder *Private Netzwerke (Client und Server)* aktiviert haben, müssen Sie Ihre App mit einem Link zu einer Datenschutzrichtlinie versehen. Haben Sie keine Datenschutzrichtlinie, wird Ihre App nicht für den Windows Store zugelassen.

Die Datenschutzrichtlinie soll den Benutzer darüber informieren, was Sie mit der Verbindung machen, ob Sie eventuell persönliche Daten speichern etc. Die Datenschutzrichtlinie ist dabei üblicherweise eine einfache HTML-Seite, die beispielsweise auf Ihrem Server liegt. In den Einstellungen Ihrer App platzieren Sie einen Link zu dieser HTML-Seite. Wie Sie eine Einstellung einfügen, lesen Sie in Kapitel 14, »App-Lebenszyklus und -Einstellungen«. Was in der Datenschutzrichtlinie zu stehen hat, können Sie in der Onlinedokumentation lesen. Es ist auch zu empfehlen, sich bestehende Apps anzusehen. Öffnen Sie beispielsweise den Internet Explorer (Windows Store App), und wählen Sie in der Charms Bar die Funktion EINSTELLUNGEN. In den EINSTELLUNGEN klicken Sie auf INFO und wählen darin den Menüpunkt INTERNET EXPLORER-DATENSCHUTZBESTIMMUNGEN ONLINE LESEN. Sie erhalten die Datenschutzrichtlinie des Internet Explorers.

15.1.2 Verbindungsinformationen

Mit der Klasse `NetworkInformation` (Namespace: `Windows.Networking.Connectivity`) erhalten Sie Informationen über sämtliche Netzwerkverbindungen.

Mit der Methode `GetInternetConnectionProfile` erhalten Sie beispielsweise die `ConnectionProfile`-Instanz, die zur aktuellen Internet-Verbindung gehört. Falls keine Verbindung zum Internet besteht, gibt die Methode eine `null`-Referenz zurück. Sie können somit wie in Listing 15.1 einfach prüfen, ob eine Verbindung zum Internet besteht, bevor Sie Ihre Services aufrufen.

```csharp
private void ButtonCheckConnection_Click(object sender, ...)
{
  ConnectionProfile connectionProfile =
    NetworkInformation.GetInternetConnectionProfile();
  if (connectionProfile == null)
  {
    // keine Verbindung zum Internet
  }
  else
  {
    // mit dem Internet verbunden
  }
}
```

Listing 15.1 K15\01 NetzwerkInformation\MainPage.xaml.cs

Mit der statischen `GetConnectionProfiles`-Methode der `NetworkInformation`-Klasse erhalten Sie alle Verbindungen, die derzeit auf dem Rechner eingerichtet sind. Eine `ConnectionProfile`-Instanz enthält viele nützliche Properties und Methoden. Die Property `ProfileName` gibt beispielsweise den Namen der Verbindung zurück.

Rufen Sie auf der `ConnectionProfile`-Instanz die Methode `GetConnectionCost` auf, und Sie erhalten eine `ConnectionCost`-Instanz. Diese besitzt unter anderem die boolesche Property `Roaming`. Damit können Sie prüfen, ob Ihre App gerade mit einer Roaming-Verbindung ausgeführt wird und ein Zugriff auf das Internet eventuell Mehrkosten für den Benutzer verursacht. Sie könnten den Benutzer nach einer Prüfung der `Roaming`-Property warnen, falls diese den Wert `true` enthält.

Die Klasse `NetworkInformation` enthält auch das Event `NetworkStatusChanged`. Es wird ausgelöst, sobald sich der Status einer Verbindung ändert.

15.2 Services abfragen

In diesem Abschnitt sehen wir uns an, wie Sie Services abfragen. Dazu starten wir mit einfachen HTTP-Anfragen, bevor wir auf WCF-Services und WCF-Data-Services zugreifen und schließlich RSS-Feeds lesen.

15.2.1 HTTP-Anfragen

Mit der Klasse `HttpClient` (Namespace: `System.Net.Http`) führen Sie die typischen HTTP-Anfragen aus: GET, POST, PUT und DELETE. Dazu definiert die Klasse die Methoden `GetAsync`, `PostAsync`, `PutAsync` und `DeleteAsync`. Für spezielle Anfragen enthält die `HttpClient`-Klasse zudem die Methode `SendAsync`.

Der wohl meist genutzte Befehl ist der GET-Befehl. Damit können Sie auf einfache Weise Dateien aus dem Web herunterladen. Falls Sie bereits wissen, ob Sie ein byte[], einen Stream oder einen string laden möchten, stehen Ihnen neben der allgemeinen GetAsync-Methode die spezifischen Methoden GetByteArrayAsync, GetStreamAsync und GetStringAsync zur Verfügung. Folgender Codeausschnitt lädt den Inhalt der Datei *geheimnis.txt* mit Hilfe der GetStringAsync-Methode in eine string-Variable:

```
var client = new HttpClient();
string content = await client.GetStringAsync(
  "http://www.thomasclaudiushuber.com/geheimnis.txt");
```

Listing 15.2 Download des Inhalts der »geheimnis.txt«-Datei

Manche Web-Anwendungen unterscheiden Anfragen anhand des vom Client gesendeten User-Agents. Der User-Agent enthält die Information über den Browser, der die Anfrage gestellt hat. Je nach Browser kann eine Web-Anwendung dann unterschiedliche Ergebnisse liefern. Folgender Codeausschnitt zeigt, wie Sie mit der DefaultRequestHeaders-Property der HttpClient-Klasse einen User-Agent hinzufügen, der dem des Internet Explorers 10 entspricht. Sämtliche Anfragen sehen für den Server somit so aus, als ob Sie vom Internet Explorer 10 erfolgt wären:

```
var client = new HttpClient();
client.DefaultRequestHeaders.Add("user-agent", "Mozilla/5.0
  (compatible; MSIE 10.0; Windows NT 6.1; Trident/6.0)");
```

Listing 15.3 Für den Server sehen die Anfragen aus, als ob sie von einem Internet Explorer 10 gestellt werden.

Verwenden Sie zum Laden der Daten die GetAsync-Methode, erhalten Sie ein HttpResponseMessage-Objekt. Dieses enthält zahlreiche Informationen. Beispielsweise finden Sie in der StatusCode-Property den Status der Anfrage in Form eines Wertes der Aufzählung HttpStatusCode. Die Werte der Aufzählung sind den typischen http-Statuscodes zugeordnet, hier lediglich ein paar dieser Werte: OK (200), BadRequest (400), NotFound (404).

Mit der Property IsSuccessStatusCode können Sie einfach prüfen, ob die Anfrage erfolgreich war. Dies ist analog zu der Prüfung, ob die StatusCode-Property den Wert OK enthält. Mit der Methode EnsureSuccessStatusCode lösen Sie eine Exception aus, falls die Anfrage nicht erfolgreich war.

Den eigentlichen Inhalt der Antwort finden Sie in der Content-Property des HttpResponseMessage-Objekts. Sie ist vom Typ HttpContent. Diese Klasse enthält Methoden wie ReadAsByteArrayAsync, ReadAsStreamAsync und ReadAsStringAsync, um den Inhalt auszulesen.

Listing 15.4 zeigt einen Codeausschnitt, der den Inhalt der *geheimnis.txt*-Datei mit der `GetAsync`-Methode herunterlädt. Zur Veranschaulichung habe ich vor dem Aufruf der `GetAsync`-Methode auch den User-Agent für den Internet Explorer 10 gesetzt. Auf dem erhaltenen `HttpResponseMessage`-Objekt wird die `EnsureSuccessStatusCode`-Methode aufgerufen, um bei einem Fehler eine Exception auszulösen. Auf dem in der `Content`-Property gespeicherten `HttpContent`-Objekt wird die `ReadAsStringAsync`-Methode aufgerufen, mit der der `string` ausgelesen wird.

```csharp
try
{
  var client = new HttpClient();
  client.DefaultRequestHeaders.Add("user-agent", "Mozilla/5.0
    (compatible; MSIE 10.0; Windows NT 6.1; Trident/6.0)");
  HttpResponseMessage response = await client.GetAsync(
    "http://www.thomasclaudiushuber.com/geheimnis.txt");
  response.EnsureSuccessStatusCode();
  string content = await response.Content.ReadAsStringAsync();
  textBox.Text = content;
}
catch (Exception ex)
{
  var dlg = new MessageDialog(ex.Message);
  dlg.ShowAsync();
}
```

Listing 15.4 K15\01 HttpRequest\MainPage.xaml.cs

Da Sie mit der `HttpClient`-Klasse den URI dynamisch bestimmen können, eignet sie sich auch zum Abfragen von REST-basierten Services. REST-basierte Services erlauben das Abfragen von Daten durch die Angabe verschiedener URIs.

> **Hinweis**
>
> Neben der `HttpRequest`-Klasse steht Ihnen zum Herunterladen von Dateien die Klasse `BackgroundDownloader` zur Verfügung. Sie ist insbesondere dann hilfreich, wenn Sie größere Dateien herunterladen, da der Download-Vorgang auch im Hintergrund ausgeführt wird, wenn sich Ihre App im *Suspended*-Zustand befindet. Mehr zum BackgroundDownloader lesen Sie in Abschnitt 15.3.1, »Download«.

15.2.2 WCF-Services

Das .NET für Windows Store Apps enthält eine Untermenge der Windows Communication Foundation (WCF) aus dem .NET Framework 4.5. Damit können Sie wie aus einer .NET-Anwendung auf WCF-Services zugreifen.

> **Hinweis**
>
> Aus Ihrer Windows Store App können Sie natürlich auch klassische SOAP-Services aufrufen. Falls Sie diese Services in .NET schreiben, verwenden Sie dafür die Windows Communication Foundation (WCF). Sie können die Services auch in einer anderen Technologie, wie bspw. Java, schreiben. Ihre Windows Store App verwendet dann wie auch bei der WCF die WSDL-Datei (Web Service Definition Language), um die clientseitigen Proxy-Klassen zu generieren.

Im .NET für Windows Store Apps sind beispielsweise lediglich die folgenden, aus der WCF bekannten Bindings verfügbar:

- `BasicHttpBinding`
- `NetHttpBinding`
- `NetTcpBinding`
- `CustomBinding`

Weitere Informationen über die genauen Inhalte der WCF im .NET für Windows Store Apps können Sie der Dokumentation unter *http://dev.windows.com/apps* entnehmen. Sehen wir uns hier das Erstellen und Anbinden eines WCF-Services an. Dazu erzeugen wir zuerst eine Windows Store App namens »WCFService.Client«. Aktivieren Sie im NEUES PROJEKT-Dialog die Checkbox PROJEKTMAPPENVERZEICHNIS ERSTELLEN, und vergeben Sie wie in Abbildung 15.2 den Projektmappennamen »WCFService«.

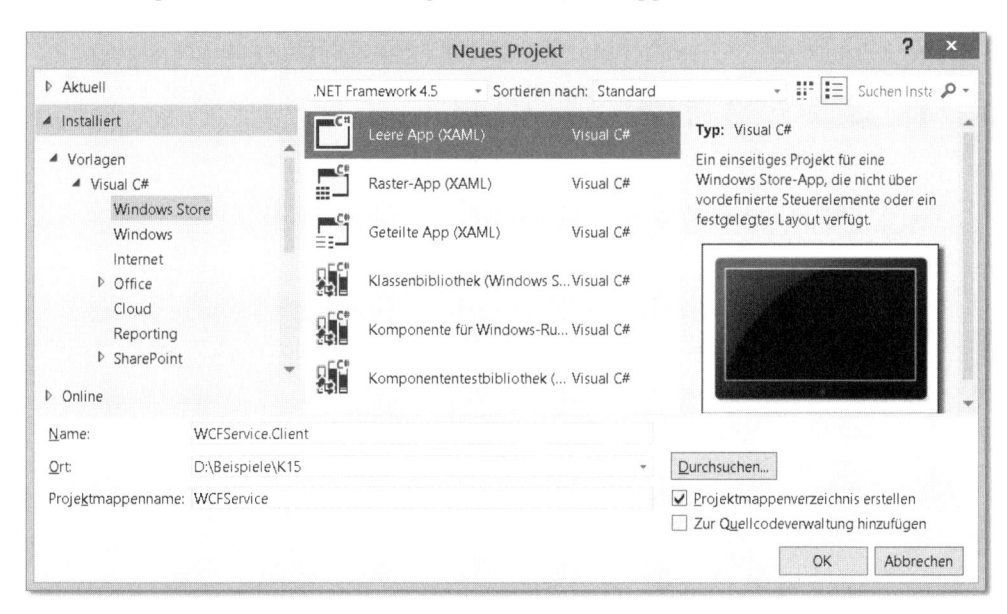

Abbildung 15.2 Eine neue Windows Store App wird erstellt.

Klicken Sie im PROJEKTMAPPEN-EXPLORER mit der rechten Maustaste auf die Projektmappe, und wählen Sie aus dem Kontextmenü den Menüpunkt HINZUFÜGEN • NEUES PROJEKT... aus. Wählen Sie wie in Abbildung 15.3 unter dem Punkt INTERNET die LEERE ASP.NET-WEBANWENDUNG aus, und vergeben Sie den Namen »WCFService.Web«.

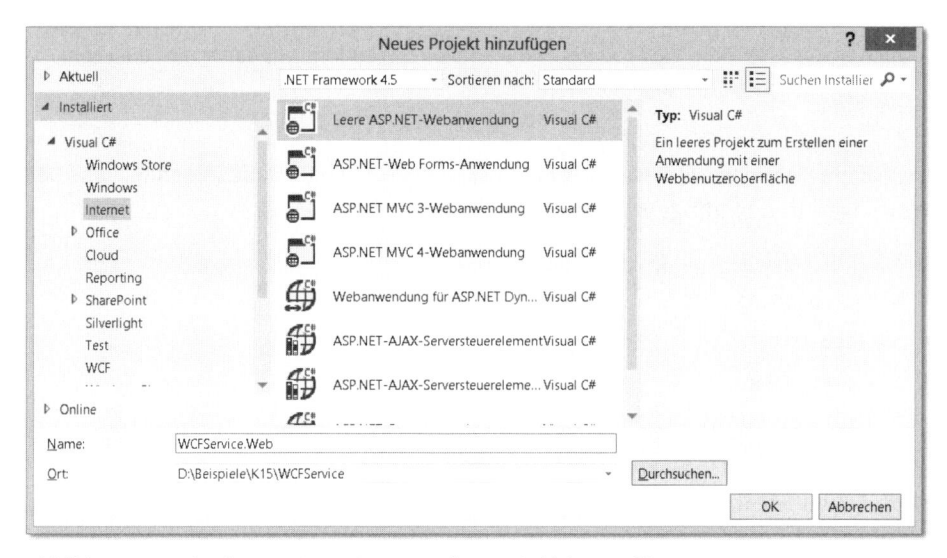

Abbildung 15.3 Eine leere ASP.NET-Anwendung wird hinzugefügt.

Die Projektmappe hat nun die in Abbildung 15.4 gezeigte Struktur. Jetzt lässt sich im Web-Projekt ein WCF-Service hinzufügen, auf den die Windows Store App zugreift.

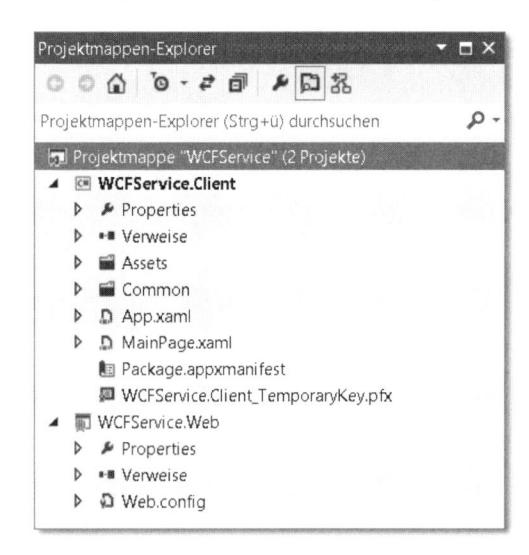

Abbildung 15.4 Die Struktur der Projektmappe mit den beiden Projekten

Den WCF-Service erstellen

Im ASP.NET-Projekt wird folgende Friend-Klasse hinzugefügt und mit dem DataContract-Attribut zum Serialisieren ausgestattet:

```
[DataContract]
public class Friend
{
  [DataMember]
  public string FirstName { get; set; }

  [DataMember]
  public string LastName { get; set; }
}
```

Listing 15.5 K15\03 WCFService\WCFService.Web\Friend.cs

Klicken Sie im PROJEKTMAPPEN-EXPLORER mit der rechten Maustaste auf das ASP.NET-Projekt, und wählen Sie aus dem Kontextmenü den Menüpunkt HINZUFÜGEN • NEUES ELEMENT... Unter dem Punkt INTERNET wählen Sie wie in Abbildung 15.5 den WCF-DIENST aus. Vergeben Sie den Namen »FriendService«.

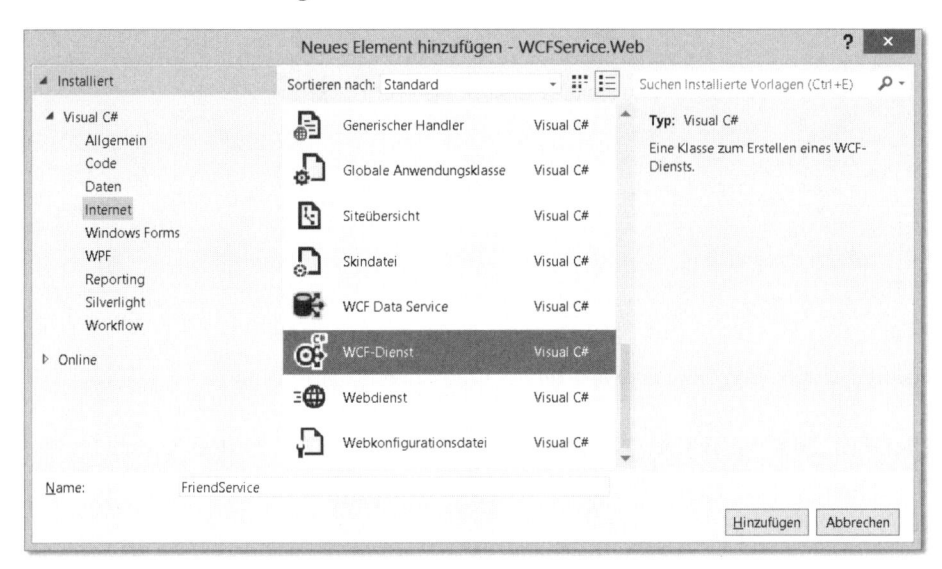

Abbildung 15.5 Ein WCF-Dienst wird zum ASP.NET-Projekt hinzugefügt.

Im erstellten Interface IFriendService wird die Methode LoadFriends definiert, die eine Liste mit Friend-Objekten in Form einer IEnumerable<Friend>-Instanz zurückgibt:

```
[ServiceContract]
public interface IFriendService
```

```
{
  [OperationContract]
  IEnumerable<Friend> LoadFriends();
}
```

Listing 15.6 K15\03 WCFService\WCFService.Web\IFriendService.cs

In der Implementierung des `IFriendService`-Interface wird in der `LoadFriends`-Methode eine Liste mit vier `Friend`-Objekten erstellt und zurückgegeben, was Listing 15.7 zeigt. Anstatt die Liste in der Methode zu erstellen, könnten Sie die `Friend`-Objekte auch von einer Datenbank oder einer anderen Quelle laden. Aber zum Konsumieren des WCF-Services aus einer Windows Store App macht dies keinen Unterschied.

```
public class FriendService : IFriendService
{
  public IEnumerable<Friend> LoadFriends()
  {
    // Anstatt die Daten hier händisch zu erzeugen, könnten sie
    // natürlich auch aus einer Datenbank geladen werden.
    List<Friend> friends = new List<Friend>
    {
      new Friend{FirstName="Julia",LastName="Baier"},
      new Friend{FirstName="Thomas",LastName="Huber"},
      new Friend{FirstName="Andreas",LastName="Böhler"},
      new Friend{FirstName="Fabienne",LastName="Böhler"}
    };
    return friends;
  }
}
```

Listing 15.7 K15\03 WCFService\WCFService.Web\FriendService.svc.cs

Damit ist die serverseitige Variante erledigt. Der erstellte WCF-Service kann jetzt von der Windows Store App konsumiert werden.

Den WCF-Service aus der Windows Store App nutzen

Zum Konsumieren des WCF-Services klicken Sie im PROJEKTMAPPEN-EXPLORER im Windows-Store-App-Projekt mit der rechten Maustaste auf den VERWEISE-Ordner. Wählen Sie aus dem Kontextmenü den Menüpunkt DIENSTVERWEIS HINZUFÜGEN... Klicken Sie im geöffneten Dialog (Abbildung 15.6) auf den ERMITTELN-Button, womit der FriendService automatisch gefunden wird. Vergeben Sie einen Namespace für die generierten Proxy-Klassen. In Abbildung 15.6 ist dies der Namespace SERVICEREF. Über den Button ERWEITERT... können Sie weitere Einstellungen vornehmen. Unter anderem können Sie bestimmen, welche Typen von Collections in den Proxy-Klassen generiert werden.

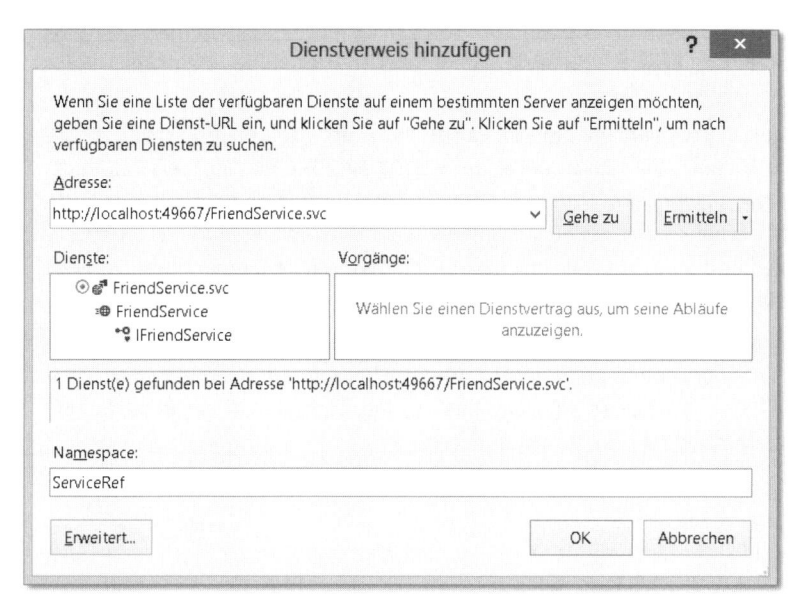

Abbildung 15.6 Im Windows Store App wird eine Referenz auf den »FriendService« hinzugefügt.

> **Tipp**
> Falls es mit dem Hinzufügen nicht auf Anhieb klappt, erstellen Sie die Projektmappe neu, und versuchen Sie es erneut.

Nach dem Hinzufügen der Service-Referenz kann die dadurch automatisiert erstellte FriendServiceClient-Klasse instantiiert werden. Sie besitzt eine LoadFriendsAsync-Methode, die sich erwarten lässt und eine ObservableCollection<Friend> zurückgibt. Auf diese Weise lassen sich die Friend-Objekte vom WCF-Service laden. In Listing 15.8 wird die geladene ObservableCollection<Friend> der ItemsSource-Property einer ListView zugewiesen.

```
private async void Button_Click(object sender, RoutedEventArgs e)
{
  var client = new FriendServiceClient();
  ObservableCollection<Friend> friends =
    await client.LoadFriendsAsync();
  listView.ItemsSource = friends;
}
```

Listing 15.8 K15\03 WCFService\WCFService.Client\MainPage.xaml.cs

> **Hinweis**
>
> In Windows Store Apps gibt es keine Config-Datei für die WCF-Endpunkte. Falls Sie Anpassungen an den WCF-Endpunkten vornehmen möchten, müssen Sie die Anpassungen direkt in C# ausführen.
>
> Dazu ist die generierte Client-Klasse – im Fall des hier dargestellten Projekts die Klasse `FriendServiceClient`, die sich in der Datei *K15\03 WCFService\WCFService.Client\Service References\ServiceRef\Reference.cs* befindet – partiell und enthält eine partielle Methode namens `ConfigureEndpoint`. Sie können somit eine weitere partielle Klasse erstellen und darin die `ConfigureEndpoint`-Methode implementieren, um den Endpunkt zu konfigurieren.
>
> Falls Sie beispielsweise einen anderen Endpunkt definieren möchten und zudem einen gesicherten WCF-Service haben, der zur Authentifizierung Benutzername und Passwort verlangt, können Sie diese Informationen in einer partiellen Klasse in der `ConfigureEndpoint`-Methode wie folgt konfigurieren:
>
> ```csharp
> public partial class FriendServiceClient
> {
>   static partial void ConfigureEndpoint(ServiceEndpoint
>     serviceEndpoint, ClientCredentials clientCredentials)
>   {
>     serviceEndpoint.Address = new EndpointAddress(
>       "http://prod.thomasclaudiushuber.com/Service.svc");
>     clientCredentials.UserName.UserName = "thomas";
>     clientCredentials.UserName.Password = "geheim :-)";
>   }
> }
> ```

15.2.3 WCF-Data-Services (OData)

Die WCF-Data-Services – ehemals unter dem Namen ADO.NET-Data-Services bekannt – sind WCF-Services, die das *Open Data Protocol* (*OData*) nutzen. OData ist ein REST-basiertes Protokoll. REST steht für **Re**presentational **S**tate *Transfer* und erlaubt den Zugriff auf unterschiedliche Daten über die URL. Die Daten an für sich werden dabei im Format XML oder JSON geliefert.

Wenn Sie serverseitig .NET einsetzen und einen OData-basierten Service implementieren, dann ist dies ein WCF-Data-Service. Allerdings ist das OData-Protokoll nicht Microsoft-spezifisch. Es gibt auch serverseitige Bibliotheken für Java oder PHP.

Auch für die Client-Seite stehen verschiedene OData-Bibliotheken zur Verfügung. So gibt es welche für Java, für PHP, für JavaScript, für iOS und eben auch für Windows Store Apps.

> **Hinweis**
> Mehr zu OData lesen Sie unter *www.odata.org*.

In diesem Abschnitt erfahren Sie anhand eines kleinen Projekts, wie Sie einen WCF-Data-Service erstellen und aus einer Windows Store App auf ihn zugreifen.

Den WCF-Data-Service erstellen

Wie auch im vorigen Abschnitt zum WCF-Service erstellen wir in diesem Beispiel ein leeres ASP.NET-Projekt, das hier den Namen »WCFDataService.Web« hat. Es soll den WCF-Data-Service enthalten. Der WCF-Data-Service gibt die Inhalte einer Tabelle aus einer SQL-Server-Datenbank zurück. Starten wir mit dem Erstellen der Datenbank.

Klicken Sie im PROJEKTMAPPEN-EXPLORER mit der rechten Maustaste auf das Web-Projekt, und wählen Sie aus dem Kontextmenü den Menüpunkt HINZUFÜGEN • ASP.NET-ORDNER HINZUFÜGEN • APP_DATA. Der ASP.NET-Ordner *App_Data* wird zu Ihrem Web-Projekt hinzugefügt.

Klicken Sie im PROJEKTMAPPEN-EXPLORER mit der rechten Maustaste auf den APP_DATA-Ordner, und wählen Sie aus dem Kontextmenü HINZUFÜGEN • NEUES ELEMENT... Der in Abbildung 15.7 dargestellte Dialog erscheint. Wählen Sie links den Punkt DATEN und als Vorlage SQL SERVER-DATENBANK. In Abbildung 15.7 wird die Datenbank unter dem Namen *FriendStore.mdf* hinzugefügt.

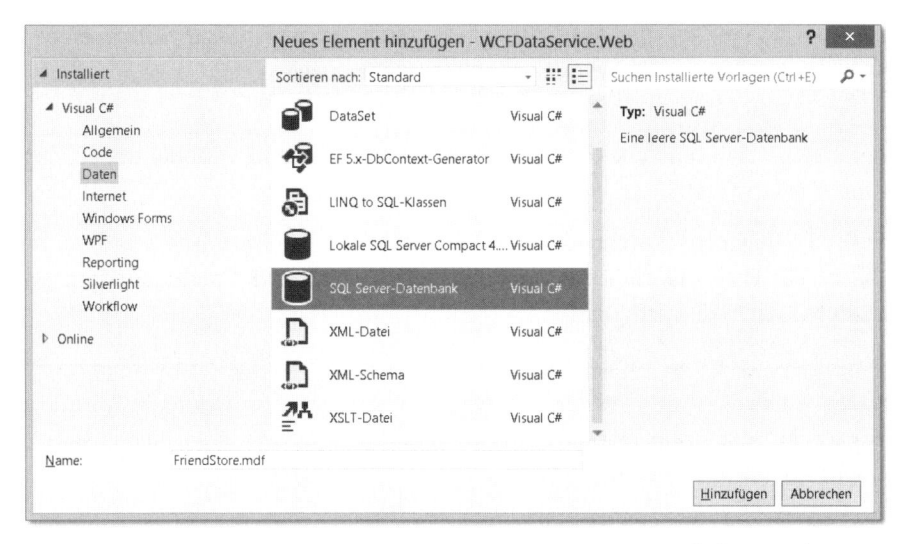

Abbildung 15.7 Die SQL-Server-Datenbank wird zum ASP.NET-Projekt hinzugefügt.

Doppelklicken Sie im PROJEKTMAPPEN-EXPLORER auf die *FriendStore.mdf*-Datei, öffnet sich die Datenbank im SERVER-EXPLORER von Visual Studio. Dort lassen sich

Tabellen anlegen. Für dieses Beispiel habe ich lediglich die Tabelle »Friend« angelegt. Abbildung 15.8 zeigt die Tabelle im SERVER-EXPLORER von Visual Studio.

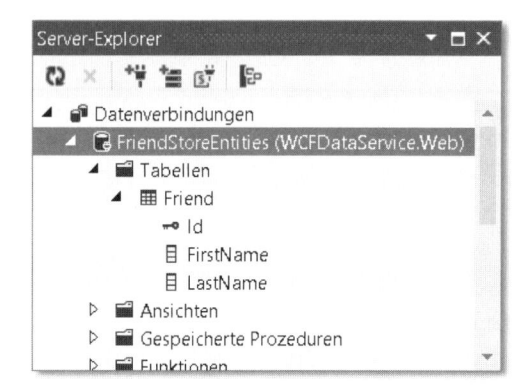

Abbildung 15.8 Die angelegte Tabelle »Friend« im Server-Explorer

Damit ist die Datenbank erstellt. Zum Test sollten Sie in die »Friend«-Tabelle manuell noch ein paar Daten eingegeben, um diese später mit dem WCF-Data-Service abzufragen.

> **Hinweis**
>
> Damit Sie die Datenbank auf die hier dargestellte Weise nutzen können, muss die Express Version des SQL Servers installiert sein.
>
> Sie können das im folgenden Abschnitt erstellte Entity Model natürlich auch für eine Standalone-Datenbank vom Typ SQL Server oder Oracle erstellen.

Mit der erstellten Datenbank können wir uns jetzt an das Entity Model wagen, das vom anschließend erstellten WCF-Data-Service verwendet wird.

Das Entity Framework wurde ursprünglich als Teil von .NET eingeführt. Seit der Version 4.1 ist das Entity Framework allerdings kein Teil von .NET mehr, sondern als separates NuGet-Paket verfügbar.

> **Hinweis**
>
> Falls Sie mit NuGet nicht vertraut sind, finden Sie auf der offiziellen Seite unter folgendem Link weitere Informationen:
>
> *http://docs.nuget.org/docs/start-here/overview*

Um das NuGet-Paket für das Entity Framework zu installieren, klicken Sie im PROJEKT-MAPPEN-EXPLORER im ASP.NET-Projekt mit der rechten Maustaste auf VERWEISE. Wählen Sie aus dem Kontextmenü den Menüpunkt NUGET-PAKETE VERWALTEN... Im

15.2 Services abfragen

sich öffnenden Dialog wählen Sie wie in Abbildung 15.9 das Entity Framework aus und klicken auf den INSTALLIEREN-Button.

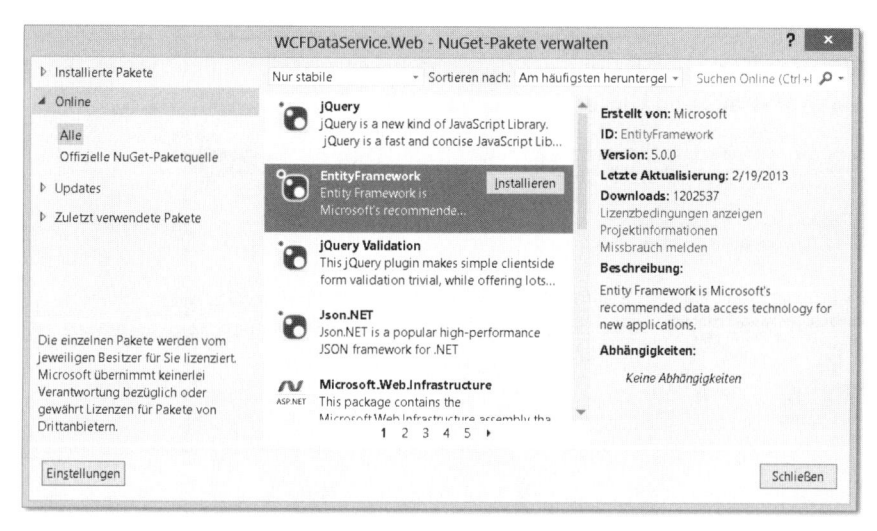

Abbildung 15.9 Das NuGet-Paket »EntityFramework« installieren

Ist das NuGet-Paket installiert, klicken Sie mit der rechten Maustaste auf das ASP.NET-Projekt. Wählen Sie aus dem Kontextmenü den Punkt HINZUFÜGEN • NEUES ELEMENT... Im geöffneten Dialog wählen Sie links DATEN aus und selektieren darin wie in Abbildung 15.10 gezeigt das ADO.NET ENTITY DATA MODEL. In Abbildung 15.10 wird das Entity Model mit dem Namen *FriendStoreModel.edmx* zum Projekt hinzugefügt.

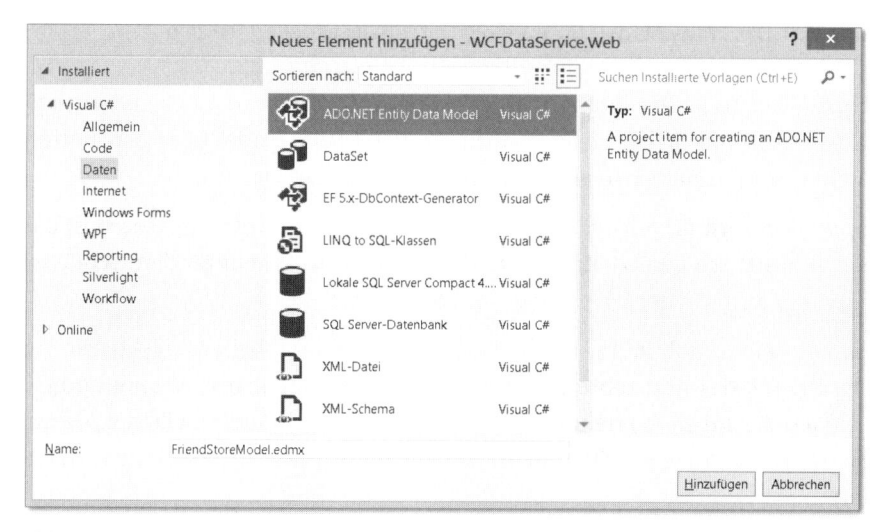

Abbildung 15.10 Das Entity Model namens »FriendStoreModel« wird zum ASP.NET-Projekt hinzugefügt.

Unmittelbar nach dem Bestätigen des Dialogs aus Abbildung 15.10 erscheint der in Abbildung 15.11 dargestellte Assistent. Dieser fragt, was das erstellte Entity Model enthalten soll.

Da auf die *FriendStore.mdf*-Datenbank zugegriffen werden soll, wählen Sie GENERATE FROM DATABASE aus und klicken auf WEITER.

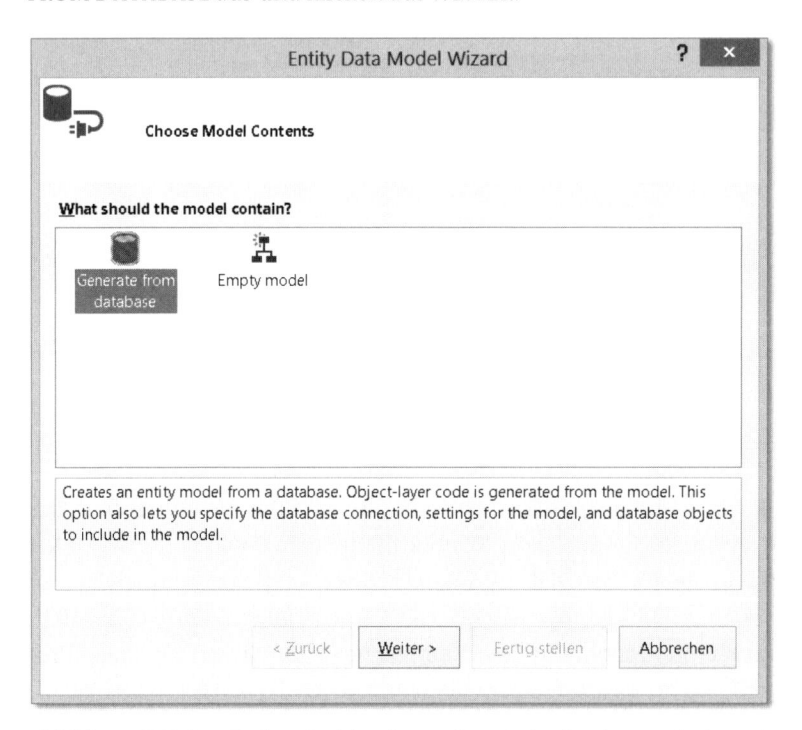

Abbildung 15.11 Das Entity Model soll aus einer Datenbank generiert werden.

Im nächsten Fenster in Abbildung 15.12 ist bereits automatisch die *FriendStore.mdf*-Datei ausgewählt. An dieser Stelle können Sie das Entity Model über den Button NEUE VERBINDUNG... auch von einer anderen Datenbank generieren.

Für dieses Beispiel ist die *FriendStore.mdf*-Datei allerdings in Ordnung. Unten ist das Häkchen automatisch gesetzt, und der Connection-String wird unter dem Schlüssel `FriendStoreEntities` in der *Web.config*-Datei gespeichert.

Nachdem Sie wie in Abbildung 15.12 die Datenbank gewählt haben, selektieren Sie im nächsten Teil des Assistenten die Objekte aus der Datenbank. Abbildung 15.13 zeigt, wie ich die Tabelle »Friend« ausgewählt habe. Alles andere belassen Sie auf den Standardeinstellungen. Mit dem Button FERTIGSTELLEN wird das Entity Model generiert.

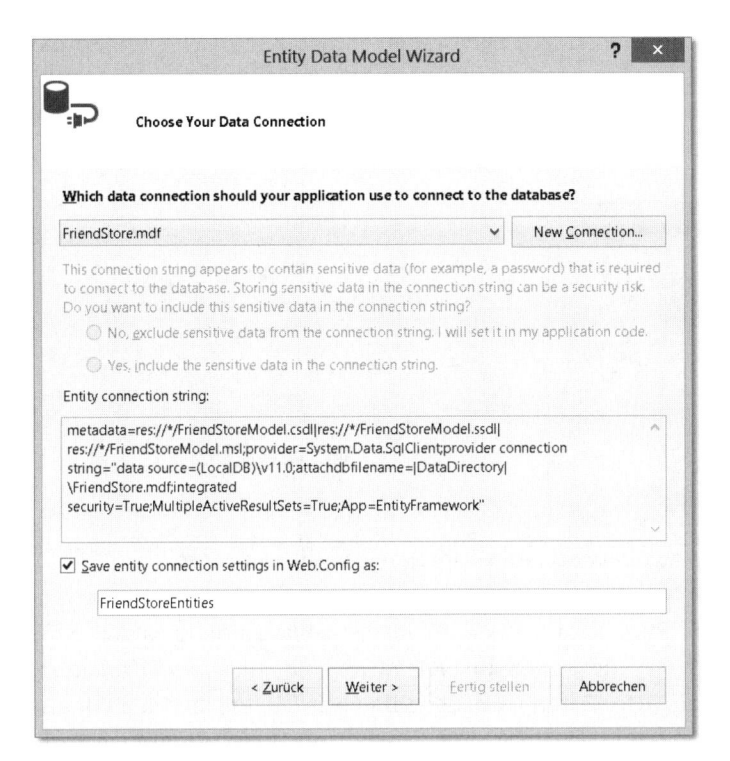

Abbildung 15.12 Die »FriendStore.mdf«-Datenbank wird zum Generieren des Entity Models verwendet.

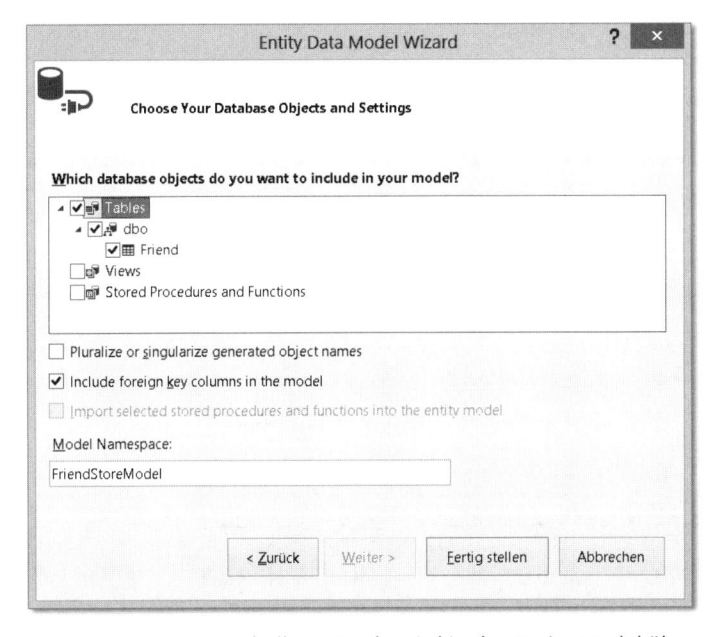

Abbildung 15.13 Die Tabelle »Friend« wird in das Entity Model übernommen.

Haben Sie den Dialog aus Abbildung 15.13 bestätigt, enthält Ihr ASP.NET-Projekt das Entity Model mit dem Namen *FriendStoreModel.edmx*. Doppelklicken Sie auf die Datei im PROJEKTMAPPEN-EXPLORER, öffnet sich der in Abbildung 15.14 dargestellte Designer. Darin lässt sich die Struktur der »Friend«-Tabelle nochmals betrachten.

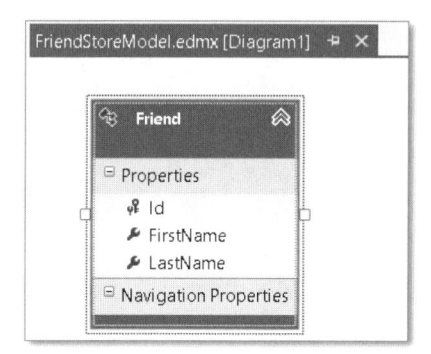

Abbildung 15.14 Das »FriendStoreModel.edmx« im Designer von Visual Studio

Abbildung 15.15 zeigt den PROJEKTMAPPEN-EXPLORER von Visual Studio. Im ASP.NET-Projekt befinden sich jetzt die Datenbank *FriendStore.mdf* und das *FriendStoreModel.edmx*, mit dem auf diese Datenbank zugegriffen wird. Damit sind alle Voraussetzungen erfüllt, um jetzt für das Entity Model *FriendStoreModel.edmx* einen WCF-Data-Service zu erstellen.

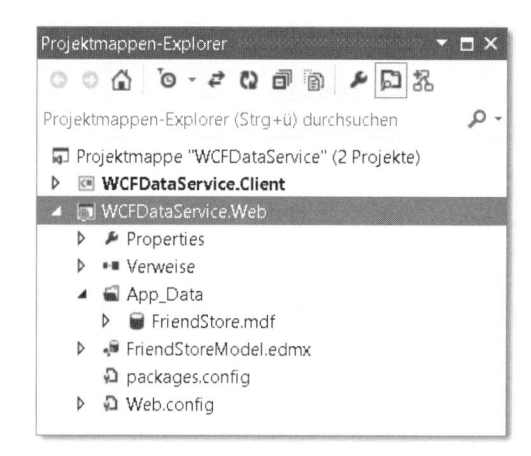

Abbildung 15.15 Das ASP.NET-Projekt mit Datenbank und Entity Model

> **Hinweis**
>
> Unter *http://msdn.com/data/ef* finden Sie ausführliche Informationen zum Entity Framework.

Um zum ASP.NET-Projekt einen WCF-Data-Service hinzuzufügen, klicken Sie im PROJEKTMAPPEN-EXPLORER mit der rechten Maustaste auf das ASP.NET-Projekt. Wählen Sie aus dem Kontextmenü den Punkt HINZUFÜGEN • NEUES ELEMENT... Im geöffneten Dialog wählen Sie wie in Abbildung 15.16 unter dem Punkt INTERNET den WCF DATA SERVICE aus. Vergeben Sie den Namen »FriendStoreService.svc«.

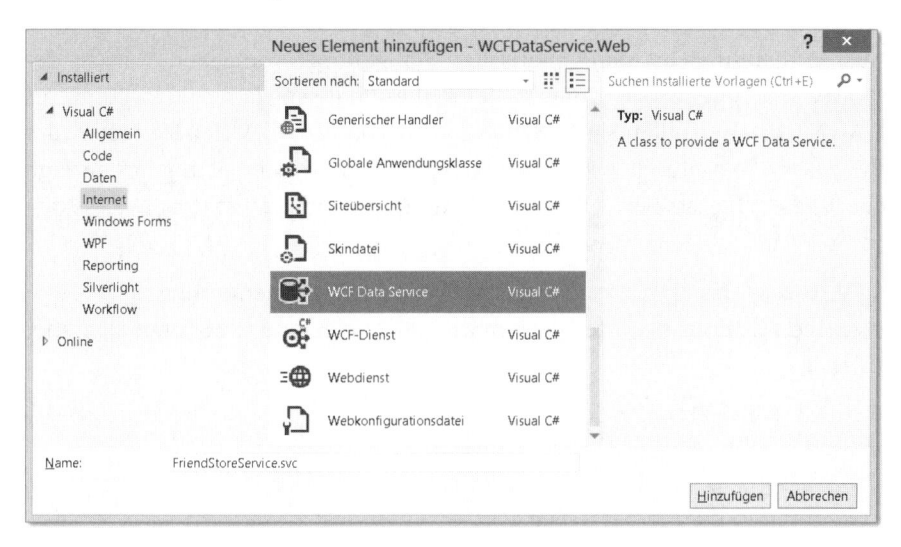

Abbildung 15.16 Der Data-Service »FriendStoreService.svc« wird angelegt.

Nachdem Sie den Dialog aus Abbildung 15.16 bestätigt haben, erhalten Sie in Ihrem Projekt wie bei einem klassischen WCF-Service eine *.svc*-Datei und eine zugehörige Codebehind-Datei (*.cs*). Die *.cs*-Datei enthält standardmäßig den in Listing 15.9 dargestellten C#-Code. Darin ist mit Kommentaren vermerkt, was Sie zu tun haben.

```
public class FriendStoreService :
  DataService< /* TODO: put your data source class name here */ >
{
  // This method is called only once to
  // initialize service-wide policies.
  public static void InitializeService(
    DataServiceConfiguration config)
  {
    // TODO: set rules to indicate which entity sets and service
    // operations are visible, updatable, etc.
    // Examples:
    // config.SetEntitySetAccessRule("MyEntityset",
    //    EntitySetRights.AllRead);
    // config.SetServiceOperationAccessRule("MyServiceOperation",
    //    ServiceOperationRights.All);
    config.DataServiceBehavior.MaxProtocolVersion =
```

```
            DataServiceProtocolVersion.V3;
    }
}
```

Listing 15.9 Default-Inhalt eines WCF-Data-Services

Die in Listing 15.9 dargestellte FriendStoreService-Klasse erbt von DataService<T>. Sie müssen hier zunächst den generischen Typ-Parameter angeben. Dies ist der vom Entity Model generierte Kontext, der in diesem Beispiel FriendStoreEntities heißt. Als Nächstes erstellen Sie die Sicherheitsmechanismen. Rufen Sie dazu in der InitializeService-Methode wie in den TODO-Kommentaren in Listing 15.9 gezeigt, auf der DataServiceConfiguration-Instanz die Methoden SetEntitySetAccessRule und SetServiceOperationAccessRule auf.

Listing 15.10 zeigt die für dieses Beispiel verwendete Implementierung des FriendStoreService. Alle Entities dürfen gelesen werden, und es sind alle Service-Operationen zulässig.

```
public class FriendStoreService :
  DataService<FriendStoreEntities>
{
  public static void InitializeService(
    DataServiceConfiguration config)
  {
    config.SetEntitySetAccessRule("*", EntitySetRights.AllRead);
    config.SetEntitySetAccessRule("*", EntitySetRights.All);
    config.DataServiceBehavior.MaxProtocolVersion =
      DataServiceProtocolVersion.V3;
  }
}
```

Listing 15.10 K15\04 WCFDataService\WCFDataService.Web\FriendStoreService.svc.cs

Damit ist der WCF-Data-Service fertig. Er lässt sich jetzt testen. Klicken Sie im PROJEKTMAPPEN-EXPLORER mit der rechten Maustaste auf den FRIENDSTORESERVICE.SVC, und wählen Sie aus dem Kontextmenü den Punkt IN BROWSER ANZEIGEN. Hat alles funktioniert, erhalten Sie die vom FriendStoreService bereitgestellten Daten wie in Abbildung 15.17 in XML-Form zurück. Daran erkennen Sie jetzt, dass der Service eine Collection von Friend-Entities bereitstellt.

> **Hinweis**
>
> Betrachten Sie das XML in Abbildung 15.17 genau, werden Sie vielleicht feststellen, dass es Teile des bekannten ATOM-Formats verwendet.

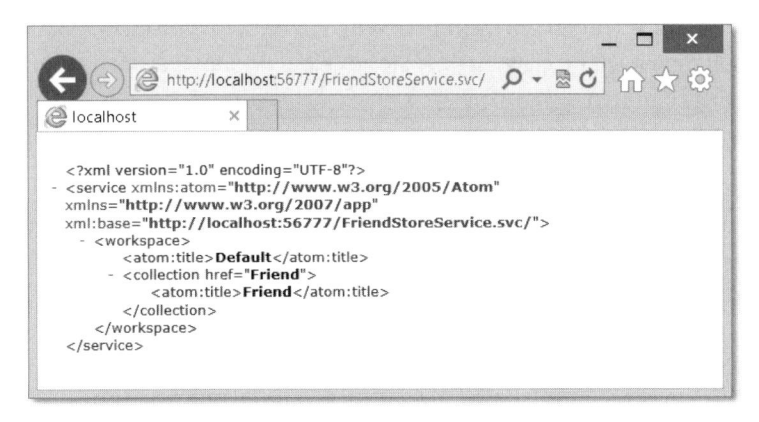

```
<?xml version="1.0" encoding="UTF-8"?>
<service xmlns:atom="http://www.w3.org/2005/Atom"
xmlns="http://www.w3.org/2007/app"
xml:base="http://localhost:56777/FriendStoreService.svc/">
    <workspace>
        <atom:title>Default</atom:title>
        <collection href="Friend">
            <atom:title>Friend</atom:title>
        </collection>
    </workspace>
</service>
```

Abbildung 15.17 Der WCF-Data-Service gibt seine Daten wieder.

Der erstellte WCF-Data-Service lässt sich jetzt wie für REST üblich über die URL abfragen. Schauen wir uns ein paar Beispiele an. Wie Sie in Abbildung 15.17 erkennen, ist das `collection`-Element mit einem `href`-Attribut versehen, das den Wert `Friend` enthält. Sie erhalten somit mit folgender URL alle Freunde aus der Datenbank:

http://localhost:56777/FriendStoreService.svc/Friend

Die Abfragen über die URL gehen noch weiter. Beispielsweise erhalten Sie mit folgender URL den Freund mit der `Id` 2:

http://localhost:56777/FriendStoreService.svc/Friend(2)

Abbildung 15.18 zeigt das Ergebnis der oberen URL. Das `Friend`-Objekt, dessen `Id` den Wert 2 hat, wird zurückgegeben.

```
<?xml version="1.0" encoding="utf-8" ?>
<entry xml:base="http://localhost:56777/FriendStoreService.svc/" xmlns="http://www.w3.org/2005/Atom"
    xmlns:d="http://schemas.microsoft.com/ado/2007/08/dataservices"
    xmlns:m="http://schemas.microsoft.com/ado/2007/08/dataservices/metadata">
    <id>http://localhost:56777/FriendStoreService.svc/Friend(2)</id>
    <category term="FriendStoreModel.Friend"
        scheme="http://schemas.microsoft.com/ado/2007/08/dataservices/scheme" />
    <link rel="edit" title="Friend" href="Friend(2)" />
    <title />
    <updated>2013-02-19T23:29:06Z</updated>
    <author>
        <name />
    </author>
    <content type="application/xml">
        <m:properties>
            <d:Id m:type="Edm.Int32">2</d:Id>
            <d:FirstName>Julia</d:FirstName>
            <d:LastName>Huber</d:LastName>
        </m:properties>
    </content>
</entry>
```

Abbildung 15.18 Das »Friend«-Objekt mit der ID 2 wurde selektiert.

Die Abfragen über die URL erlauben noch einiges mehr. Ein Blick in die MSDN-Dokumentation lohnt sich. Sehen wir uns jetzt an, wie Sie aus einer Windows Store App auf den WCF-Data-Service zugreifen.

Den WCF-Data-Service aus der Windows Store App nutzen

Aus Ihrer Windows Store App können Sie auf den WCF-Data-Service mit der HttpClient-Klasse zugreifen und die verschiedenen URLs aufrufen. Das erhaltene XML-Dokument verarbeiten Sie dann mit Ihrem eigenen Code. Dieser Ansatz funktioniert, ist allerdings eher umständlich. Stattdessen sollten Sie zum Zugriff auf den WCF-Data-Service die Client-Library für Windows Store Apps nutzen.

Die Client-Library laden Sie als Setup-Datei unter folgenden Link herunter:

http://www.microsoft.com/en-us/download/details.aspx?id=30714

Stimmen Sie bei der Installation wie in Abbildung 15.19 den Lizenzbedingungen zu, und klicken Sie auf INSTALLIEREN.

Abbildung 15.19 Die Client-Library für WCF-Data-Services wird installiert.

Ist die Client-Library für WCF-Data-Services installiert, können Sie in Ihrem Windows-Store-App-Projekt einen WCF-Data-Service auf genau die gleiche Weise hinzufügen, wie Sie auch einen normalen WCF-Service hinzufügen. Klicken Sie mit der rechten Maustaste auf den VERWEISE-Ordner. Wählen Sie aus dem Kontextmenü den Menüpunkt DIENSTVERWEIS HINZUFÜGEN..., und gehen Sie so wie beim Hinzufügen eines WCF-Services vor.

Die erstellten Proxy-Klassen sehen bei einem WCF-Data-Service allerdings anders aus. Zudem werden Sie in Ihrer Windows Store App ein paar Verweise sehen, die auf die Komponenten der Client-Library zeigen.

> **Hinweis**
> Das Verwenden von WCF-Data-Services aus einer Windows Store App entspricht demjenigen aus einer WPF- oder Silverlight-Anwendung.

Nachdem die Service-Referenz für den *FriendStoreService.svc* zur Windows Store App hinzugefügt wurde, sind die generierten Klassen Friend und FriendStoreEntities verfügbar. Letztere enthält die Logik, um auf den WCF-Data-Service zuzugreifen, während die Friend-Klasse einfach eine Entität repräsentiert.

Listing 15.11 zeigt den Click-Event-Handler eines Buttons zum Laden der Friend-Objekte. Darin wird zunächst eine Instanz der generierten FriendStoreEntities-Klasse erstellt. Als Konstruktorparameter müssen Sie den Uri angeben, unter dem der WCF-Data-Service zu finden ist.

Die FriendStorageEntities-Klasse erbt von DataServiceContext (Namespace: System.Data.Services.Client) und stellt den Kontext zum Service dar. Das heißt, über eine Instanz dieser Klasse werden die Service-Operationen ausgeführt. Die FriendStorageEntities-Klasse enthält in diesem Beispiel die Property Friend. Die Property Friend ist vom Typ DataServiceQuery<Friend> und stellt somit eine Abfrage (*Query*) an den WCF-Data-Service bereit.

In Listing 15.11 wird die Abfrage der Friend-Property in der query-Variablen gespeichert. Die DataServiceQuery<T>-Klasse definiert zum Starten der Abfrage die Methode BeginExecute mit folgender Signatur:

```
public IAsyncResult BeginExecute(AsyncCallback callback,
                                 object state);
```

Falls Sie mit .NET vor der async/await-Revolution schon asynchron programmiert haben, dürfte Ihnen diese für einen asynchronen Aufruf übliche Signatur bekannt vorkommen. Sie übergeben einen AsyncCallback und optional ein beliebiges Objekt als state. Der AsyncCallback wird aufgerufen, wenn die asynchrone Operation fertig ist. In Listing 15.11 wird die OnLoadFriendsCompleted-Methode als Callback-Methode und die query als state übergeben.

In der Callback-Methode erhalten sie eine IAsyncResult-Instanz als Parameter. Diese enthält in der AsyncState-Property das Objekt, das Sie als zweiten Parameter an BeginExecute übergeben haben, in diesem Fall die DatServiceQuery<Friend>. Die DatServiceQuery<Friend> wird in der query-Variablen gespeichert. Auf der DatServiceQuery<Friend>–Instanz wird die Methode EndExecute aufgerufen. Als Parameter wird die IAsyncResult-Instanz übergeben. Die Methode gibt ein IEnumerable<Friend> zurück.

Diese `IEnumerable<Friend>` wird in Listing 15.11 in einer `List<Friend>` »verpackt«, die der `ItemsSource`-Property einer `ListView` zugewiesen wird. Da der Callback der Query nicht auf dem UI-Thread stattfindet, wird der Zugriff auf die `ItemsSource`-Property der `ListView` an den Dispatcher delegiert.

```csharp
private async void Button_Click(object sender, RoutedEventArgs e)
{
  var ctx = new FriendStoreEntities(new Uri(
    "http://localhost:56777/FriendStoreService.svc",
    UriKind.Absolute));
  DataServiceQuery<Friend> query = ctx.Friend;
  query.BeginExecute(OnLoadFriendsCompleted, query);
}
private void OnLoadFriendsCompleted(IAsyncResult iar)
{
  var query = iar.AsyncState as DataServiceQuery<Friend>;
  IEnumerable<Friend> friends = query.EndExecute(iar);
  var handler =
    Dispatcher.RunAsync(CoreDispatcherPriority.Normal, () =>
    {
      listView.ItemsSource = new List<Friend>(friends);
    });
}
```

Listing 15.11 K15\04 WCFDataService\WCFDataService.Client\MainPage.xaml.cs

Falls Sie jetzt beispielsweise eine Abfrage machen möchten, um lediglich das `Friend`-Objekt zu laden, dessen `Id`-Property den Wert 2 enthält, können Sie dazu einfach LINQ verwenden. Listing 15.12 zeigt ein kleines Beispiel dazu. Nur der fett dargestellte Code ist im Gegensatz zum Code aus Listing 15.11 geändert.

```csharp
private async void Button_Click(object sender, RoutedEventArgs e)
{
  var ctx = new FriendStoreEntities(new Uri(
    "... /FriendStoreService.svc", UriKind.Absolute));
  DataServiceQuery<Friend> query = (DataServiceQuery<Friend>)
                                   (from f in ctx.Friend
                                    where f.Id == 2
                                    select f);
  query.BeginExecute(OnLoadFriendsCompleted, query);
}
```

Listing 15.12 Beispiel für eine »Where«-Bedingung

> **Tipp**
>
> Die Client-Library generiert aus dem LINQ-Statement aus Listing 15.12 die entsprechende URL für den Service-Aufruf. Falls Sie damit etwas »spielen« möchten, sollten Sie sich einen HTTP-Sniffer installieren. Ein recht bekannter HTTP-Sniffer ist Fiddler2. Mehr dazu finden Sie unter *http://www.fiddler2.com*.

> **Hinweis**
>
> Die mit Silverlight bekanntgewordenen WCF RIA Services werden in Windows Store Apps nicht direkt unterstützt. Allerdings haben Sie auch bei den WCF RIA Services die Möglichkeit, OData-Endpunkte zu definieren.

15.2.4 Syndication (RSS und AtomPub)

Zum Zugriff auf RSS-Feeds finden Sie im Namespace `Windows.Web.Syndication` zahlreiche Klassen, darunter die Klasse `SyndicationClient`. Sie besitzt die Methode `RetrieveFeedAsync`, um einen `SyndicationFeed` zu laden. Der `SyndicationFeed` besitzt wiederum eine Property `Items`, die die einzelnen Einträge eines RSS-Feeds in Form von `SyndicationItems` enthält.

Listing 15.13 zeigt einen kleinen Ausschnitt, in dem der RSS-Feed meines Blogs geladen wird. Der Code stammt aus der ersten Windows Store App dieses Buches, die wir in Kapitel 2, »Das Programmiermodell«, erstellt haben.

```
var uri =
  new Uri("http://www.thomasclaudiushuber.com/blog/feed/");
var client = new SyndicationClient();
SyndicationFeed feed = await client.RetrieveFeedAsync(uri);
listView.ItemsSource = feed.Items;
```

Listing 15.13 K02\01 ThomasBlogreader\MainPage.xaml.cs

Um Inhalte eines Weblogs zu erstellen, zu ändern oder zu löschen, hat sich die Atom-Programmierschnittstelle namens AtomPub bewährt. Auch dafür enthält die WinRT im Namespace `Windows.Web.AtomPub` ein paar Klassen. Die wichtigste ist die Klasse `AtomPubClient`, mit der Sie beispielsweise einen Blogeintrag veröffentlichen können.

15.3 Background-Transfer

Im vorigen Kapitel haben Sie gelesen, dass Ihre App vom Zustand *Running* in den Zustand *Suspended* versetzt wird, sobald der Benutzer von Ihrer App wegnavigiert.

Im Zustand *Suspended* erhält Ihre App keine Rechenleistung und kann keinen Code ausführen. Dennoch gibt es ein paar Ausnahmen. Eine solche Ausnahme sind die beiden Klassen BackgroundDownloader und BackgroundUploader (**Namespace:** Windows. Networking.BackgroundTransfer) zum Herunter- und Hochladen von Dateien.

Insbesondere bei größeren oder bei mehreren Dateien ist es sinnvoll, diese im Hintergrund herunterzuladen. In diesem Abschnitt sehen wir uns den Down- und Upload mit den Background-Transfer-Klassen an.

15.3.1 Download

Zum Herunterladen von Dateien können Sie den HttpClient verwenden. Falls Sie jedoch Dateien im Hintergrund herunterladen möchten, nutzen Sie die Klasse BackgroundDownloader.

Für einen Download im Hintergrund erzeugen Sie eine BackgroundDownloader-Instanz. Erstellen Sie mit der Methode CreateDownload eine DownloadOperation. Die CreateDownload-Methode nimmt einen Uri und ein IStorageFile entgegen:

```
public DownloadOperation CreateDownload(Uri uri,
  IStorageFile resultFile)
```

Der Uri ist die Adresse für die Datei, die heruntergeladen werden soll. Das IStorageFile ist die lokale Zieldatei. Die als Rückgabewert erhaltene DownloadOperation starten Sie mit der StartAsync-Methode. Über die Progress-Property können Sie jederzeit den Fortschritt der DownloadOperation abfragen. Die Progress-Property ist vom Typ BackgroundDownloadProgress, der wiederum Properties wie BytesReceived und TotalBytesToReceive enthält.

Sehen wir uns ein kleines Beispiel an und implementieren die App aus Abbildung 15.20, die beim Klicken auf den DOWNLOAD STARTEN-Button die Datei *http://www.thomasclaudiushuber.com/largePic.jpg* herunterlädt.

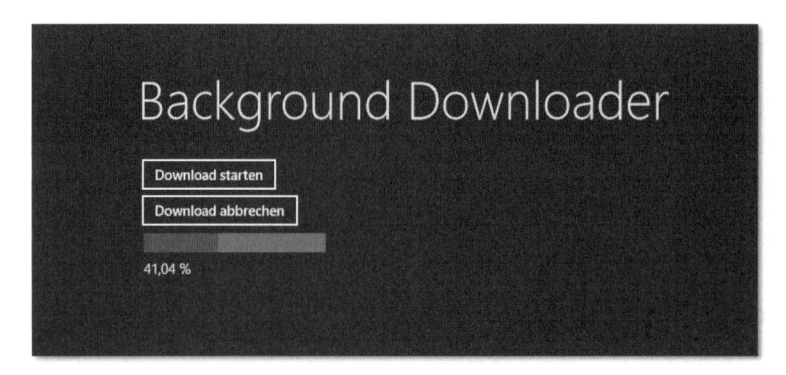

Abbildung 15.20 Download einer Datei aus dem Web

Listing 15.14 zeigt den Event Handler des `Button`s zum Starten des Downloads. Darin wird ein `Uri` erstellt, der auf die herunterzuladende Datei zeigt. In der Bildbibliothek des Benutzers wird die Datei *thomas.jpg* erstellt, in der das heruntergeladene Bild gespeichert wird. Eine `BackgroundDownloader`-Instanz wird erstellt und auf ihr die `CreateDownload`-Methode mit dem `Uri` und dem `StorageFile` aufgerufen. Die erhaltene `DownloadOperation` wird zur Ausführung an die Methode `ExecDownload` übergeben, die wir uns jetzt ansehen.

```csharp
private async void ButtonDownload_Click(object sender, ...)
{ ...
  var uri = new Uri(
    "http://www.thomasclaudiushuber.com/largePic.jpg");
  var storageFile = await
    KnownFolders.PicturesLibrary.CreateFileAsync(
      "thomas.jpg", CreationCollisionOption.GenerateUniqueName);
  var downloader = new BackgroundDownloader();
  DownloadOperation downloadOperation =
    downloader.CreateDownload(uri, storageFile);
  await ExecDownload(downloadOperation);
}
```

Listing 15.14 K15\05 BackgroundDownloader\MainPage.xaml.cs

Listing 15.15 zeigt die Methode `ExecDownload`. Darin wird auf der `DownloadOperation`-Instanz die `StartAsync`-Methode aufgerufen. Mit der `AsTask`-Extension-Methode werden ein `CancellationToken` und ein `Progress`-Objekt für den Fortschritt angegeben. Das `CancellationToken` stammt von dem auf Klassenebene definierten `CancellationTokenSource`-Objekt. Mit dessen Hilfe lässt sich der Download-Vorgang abbrechen.

Mit dem Progress-Objekt wurde die `OnProgressChanged`-Methode angegeben, in der sich somit der Fortschritt des Downloads überwachen lässt. Beachten Sie, wie darin ein `TextBlock` und eine `ProgressBar` aktualisiert werden.

```csharp
CancellationTokenSource _cancellationTokenSource =
  new CancellationTokenSource();

private async Task ExecDownload(
  DownloadOperation downloadOperation)
{
  try
  {
    await downloadOperation.StartAsync()
      .AsTask(_cancellationTokenSource.Token,
        new Progress<DownloadOperation>(OnProgressChanged));
  }
```

```
      catch (TaskCanceledException ex)
      {
        txtInfo.Text = "Abgebrochen";
      }
    }
    private void OnProgressChanged(
      DownloadOperation downloadOperation)
    {
      double percent = 0;
      if (downloadOperation.Progress.TotalBytesToReceive > 0)
      {
        percent = downloadOperation.Progress.BytesReceived * 100.0
          / downloadOperation.Progress.TotalBytesToReceive;
      }
      var handler =
        Dispatcher.RunAsync(CoreDispatcherPriority.Normal, () =>
      {
        txtInfo.Text = string.Format("{0:0.00} %", percent);
        progressBar.Value = percent;
      });
    }
```

Listing 15.15 K15\05 BackgroundDownloader\MainPage.xaml.cs

Listing 15.16 zeigt den Event Handler des `Button`s zum Abbrechen. Darin wird auf dem `CancellationTokenSource`-Objekt die `Cancel`-Methode aufgerufen, bevor das Objekt mit der `Dispose`-Methode aufgeräumt wird. Damit ein erneuter Download funktioniert, wird der Klassenvariablen `_cancellationTokenSource` eine neue `CancellationTokenSource`-Instanz zugewiesen.

```
private void ButtonCancel_Click(object sender, RoutedEventArgs e)
{
  _cancellationTokenSource.Cancel();
  _cancellationTokenSource.Dispose();

  _cancellationTokenSource = new CancellationTokenSource();
}
```

Listing 15.16 K15\05 BackgroundDownloader\MainPage.xaml.cs

Damit kennen Sie die Grundlagen zum Herunterladen von Dateien mit dem `BackgroundDownloader`. Die Klasse bietet Ihnen viele weitere Möglichkeiten. Falls für einen Download beispielsweise ein Berechtigungsnachweis notwendig ist, sollten Sie sich die Properties `ServerCredential` und `ProxyCredential` ansehen.

Klären wir jetzt, wieso der Download auch dann funktioniert, wenn Ihre App im *Suspended*-Zustand ist und somit keine Prozessorzeit bekommt. Der Grund ist recht einfach: Wird mit der `BackgroundDownloader`-Klasse ein Download gestartet, erstellt die WinRT einen komplett neuen Prozess für diesen Download. Dieser Prozess wird somit auch dann ausgeführt, wenn Ihre App im *Suspended*-Zustand ist. Im Fall der hier erstellten Beispiel-App namens »DerBackgroundDownloader« können wir uns das einfach im TASK-MANAGER ansehen.

Abbildung 15.21 zeigt den bei einem Download zusätzlich existierenden Prozess DERBACKGROUNDDOWNLOADER DOWNLOAD/UPLOAD HOST. Klicken Sie im TASK-MANAGER mit der rechten Maustaste auf den Prozess, und wählen Sie aus dem Kontextmenü wie in Abbildung 15.21 den Menüpunkt ZU DETAILS WECHSELN.

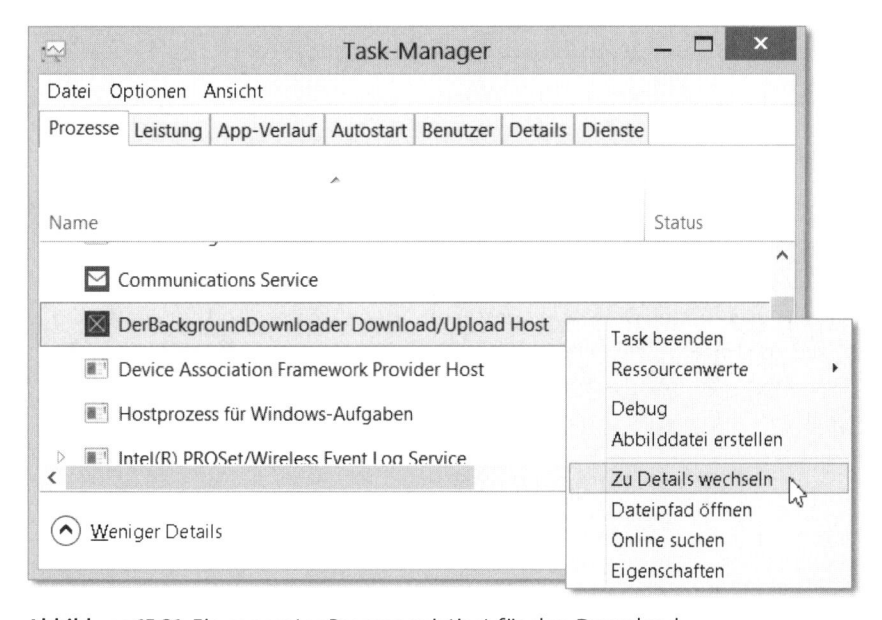

Abbildung 15.21 Ein separater Prozess existiert für den Download.

> **Hinweis**
>
> Der Prozess heißt übrigens *Download/Upload Host*, da er nicht nur vom `BackgroundDownloader`, sondern auch vom im nächsten Abschnitt betrachteten `BackgroundUploader` verwendet wird.

Abbildung 15.22 zeigt die Details, nämlich die ausgeführte *BackgroundTransferHost.exe*-Datei. Sie ist letztendlich für die im Hintergrund transferierten Dateien zuständig.

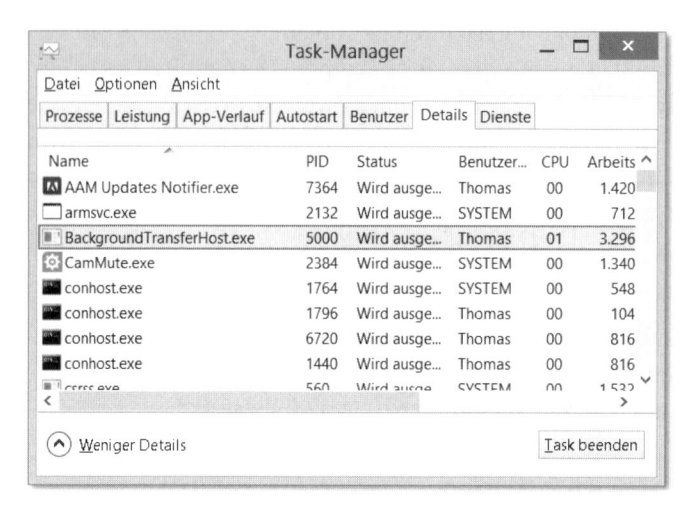

Abbildung 15.22 Die Datei »BackgroundTransferHost.exe« führt die Down- und Uploads aus.

> **Achtung**
> Wenn Windows Ihre App im Zustand *Suspended* terminiert, dann werden auch die im Hintergrund ausgeführten Downloads gestoppt. Sie können beim Fortführen der App die Downloads wieder starten, indem Sie auf den DownloadOperation-Objekten die StartAsync-Methode erneut aufrufen. Die aktiven DownloadOperation-Objekte erhalten Sie mit der statischen Methode GetCurrentDownloadsAsync der BackgroundDownloader-Klasse.

15.3.2 Upload

Das Hochladen von Dateien im Hintergrund erfolgt ähnlich wie das Herunterladen. Erzeugen Sie eine BackgroundUploader-Instanz, und erstellen Sie mit der Methode CreateUpload eine UploadOperation. Die CreateUpload-Methode nimmt einen Uri und ein IStorageFile entgegen:

```
public UploadOperation CreateUpload(Uri uri,
    IStorageFile sourceFile)
```

Der Uri ist die Adresse, zu der die Datei hochgeladen werden soll. Das IStorageFile ist die hochzuladende Quelldatei. Die als Rückgabewert erhaltene UploadOperation starten Sie mit der StartAsync-Methode. Über die Progress-Property können Sie jederzeit den Fortschritt der UploadOperation abfragen. Die Progress-Property ist vom Typ BackgroundUploadProgress, der wiederum Properties wie BytesSent und TotalBytesToSend enthält.

Sehen wir uns ein Beispiel an und implementieren eine App zum Hochladen einer Datei. Neben einer Windows Store App erstellen wir dazu auch ein leeres ASP.NET-Projekt, das eine hochgeladene Datei entgegennehmen soll. Dazu fügen wir zum ASP.NET-Projekt einen generischen Handler hinzu, an den die Windows Store App die Datei sendet. Klicken Sie dazu im PROJEKTMAPPEN-EXPLORER mit der rechten Maustaste auf das ASP.NET-Projekt, und wählen Sie im Kontextmenü HINZUFÜGEN • NEUES ELEMENT... Im Dialog wählen Sie als Vorlage GENERISCHER HANDLER und vergeben wie in Abbildung 15.23 den Namen »UploadHandler.ashx«.

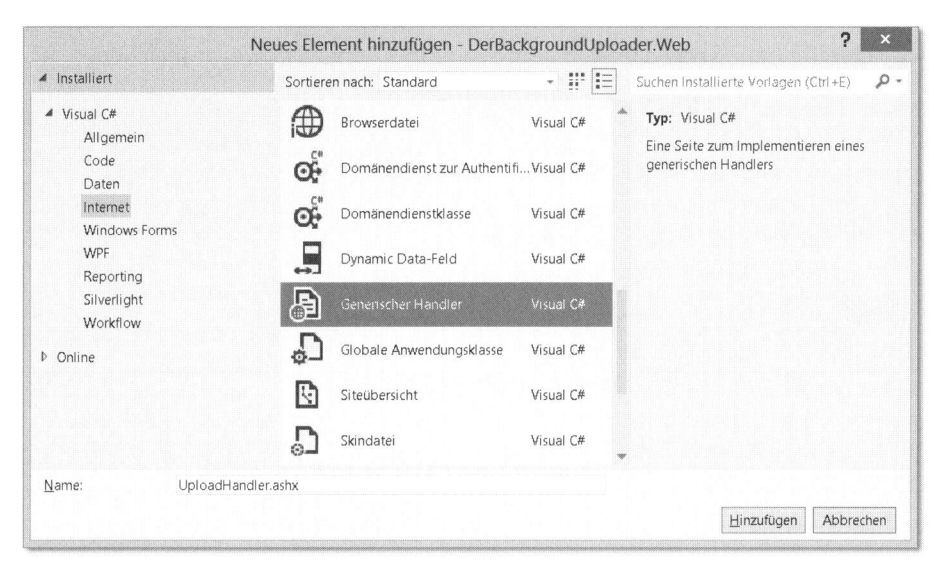

Abbildung 15.23 Der generische Handler »UploadHandler.ashx« wird zum ASP.NET-Projekt hinzugefügt.

Neben dem *UploadHandler.ashx* wird im Web-Projekt der Ordner *Uploads* erstellt, in dem die hochgeladenen Dateien gespeichert werden.

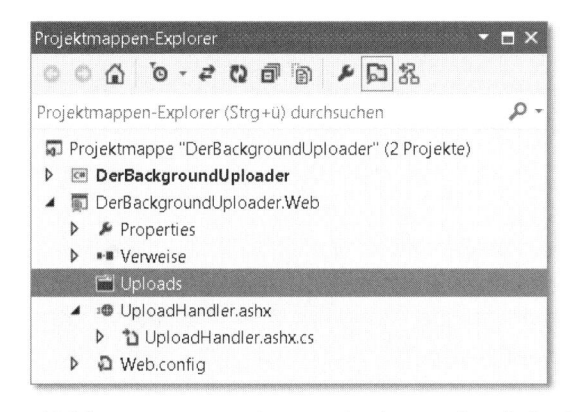

Abbildung 15.24 Im Ordner »Uploads« werden die hochgeladenen Dateien gespeichert.

Implementieren wir jetzt den `UploadHandler`, bevor wir uns an die Windows Store App wagen. Dazu wird die bereits von der Vorlage erstellte `ProcessRequest`-Methode mit dem Code aus Listing 15.17 aufgefüllt. Die `ProcessRequest`-Methode erhält als Parameter eine `HttpContext`-Instanz. Diese hat diverse Properties; interessant ist hier die `Request`-Property vom Typ `HttpRequest`. Wir gehen davon aus, dass der Request einen `Filename`-Header hat, der den Dateinamen der hochzuladenden Datei enthält. Der Name wird in Listing 15.17 in der `fileName`-Variablen gespeichert. Anschließend wird der Inhalt der `InputStream`-Property des `HttpRequest`s mit einem `BinaryReader` ausgelesen und im `byte[]`-Array namens `file` gespeichert. Mit einem `FileStream` wird dieses `byte[]`-Array dann auf dem Server im Ordner *Uploads* gespeichert.

```
public class UploadHandler : IHttpHandler
{
  public void ProcessRequest(HttpContext context)
  {
    HttpRequest request = context.Request;
    string fileName = request.Headers["Filename"];

    byte[] file = new byte[request.InputStream.Length];
    using (BinaryReader br =
      new BinaryReader(request.InputStream))
    {
      br.Read(file, 0, file.Length);
    }
    using (FileStream fs =
      File.Create(context.Server.MapPath("~/Uploads/"+fileName)))
    {
      fs.Write(file, 0, file.Length);
    }
  }
  ...
}
```

Listing 15.17 K15\06 BackgroundUploader\DerBackgroundUploader.Web\ UploadHandler.ashx.cs

> **Hinweis**
>
> Beachten Sie in Listing 15.17, dass zum Speichern der Pfad mit der `MapPath`-Methode der `Server`-Property der `HttpContext`-Instanz ermittelt wird. Diese Methode gibt den physischen Pfad auf dem Server zurück, der dem virtuellen Pfad *~/Uploads/...* entspricht. Die `Server`-Property ist übrigens vom Typ `HttpServerUtility` und unter ASP.NET-Entwicklern bekannt.

15.3 Background-Transfer

Damit zur Windows Store App. Diese enthält einen Button zum Hochladen einer Datei. Listing 15.18 zeigt den Event Handler. Mit einem `FileOpenPicker` wählt der Benutzer eine *.jpg*-Datei aus. Es wird ein `BackgroundUploader` erstellt. Mit der `SetRequestHeader`-Methode wird der Dateiname unter dem `Filename`-Header abgespeichert und somit mit an den Server bzw. an den *UploadHandler.ashx* gesendet. Für diesen *UploadHandler.ashx* wird ein `Uri` erstellt. Dieser wird zusammen mit dem `StorageFile` an die `CreateUpload`-Methode des `BackgroundUploader`s übergeben. Das erhaltene `UploadOperation`-Objekt wird an die `ExecUpload`-Methode übergeben, die den Upload ausführt.

```
private async void ButtonUpload_Click(object sender, ...)
{
  var picker = new FileOpenPicker();
  picker.FileTypeFilter.Add(".jpg");
  var file = await picker.PickSingleFileAsync();
  if (file == null) return;

  var uploader = new BackgroundUploader();
  uploader.SetRequestHeader("Filename", file.Name);

  var uri = new Uri("http://localhost:51747/UploadHandler.ashx");
  UploadOperation uploadOperation =
    uploader.CreateUpload(uri, file);
  string response = await ExecUpload(uploadOperation);
  txtInfo.Text = string.Format("Fertig: {0}", response);
}
```

Listing 15.18 K15\06 BackgroundUploader\DerBackgroundUploader\MainPage.xaml.cs

Listing 15.19 zeigt die `ExecUpload`-Methode. Sie ruft auf der `UploadOperation` die `StartAsync`-Methode auf, um den Upload zu starten. Mit der `AsTask`-Extension-Methode werden ein `CancellationToken` und ein `Progress`-Objekt für den Fortschritt angegeben. Dies ist analog zum im vorigen Abschnitt gezeigten Download und wird nur benötigt, wenn Sie den Upload abbrechen möchten und auch den Fortschritt überwachen möchten. Am Ende wird der Status des Uploads zurückgegeben, der in Listing 15.18 in einem `TextBlock` dargestellt wird.

```
private async Task<string> ExecUpload(UploadOperation upload)
{
  await upload.StartAsync().AsTask(
    _cancellationTokenSource.Token,
    new Progress<UploadOperation>(OnProgressChanged));

  ResponseInformation response = upload.GetResponseInformation();
  return response.StatusCode.ToString();
}
```

Listing 15.19 K15\06 BackgroundUploader\DerBackgroundUploader\MainPage.xaml.cs

In Listing 15.20 sehen Sie noch die `OnProgressChanged`-Methode. Sie ist fast identisch mit jener, die wir beim Download im vorigen Abschnitt verwendet haben. Beachten Sie, dass hier eben die Properties des Fortschritts der `UploadOperation` wie `TotalBytesToSend` und `BytesSent` verwendet werden.

```
private void OnProgressChanged(UploadOperation uploadOperation)
{
  double percent = 0;
  if (uploadOperation.Progress.TotalBytesToSend > 0)
  {
    percent = uploadOperation.Progress.BytesSent * 100.0
      / uploadOperation.Progress.TotalBytesToSend;
  }
  var handler =
    Dispatcher.RunAsync(CoreDispatcherPriority.Normal, () =>
    {
      txtInfo.Text = string.Format("{0:0.00} %", percent);
      progressBar.Value = percent;
    });
}
```

Listing 15.20 K15\06 BackgroundUploader\DerBackgroundUploader\MainPage.xaml.cs

15.4 Sockets

Neben den gezeigten Kommunikationsarten ist in einer Windows Store App auch die Low-Level-Kommunikation über Sockets möglich. Dabei werden die Low-Level-Protokolle TCP und UDP unterstützt. Auch die bidirektionale Kommunikation über Web-Sockets ist möglich. Die WinRT besitzt dazu im Namespace `Windows.Networking.Sockets` folgende Klassen:

- `StreamSocket`: Wird verwendet, um mit einem TCP-Socket zu kommunizieren.
- `StreamSocketListener`: Wird verwendet, um in einer Windows Store App auf eingehende TCP-Verbindungen zu lauschen. Wenn Sie diese Klasse einsetzen, benötigen Sie im *Package.appxmanifest* entweder die Funktion *Internet (Client & Server)* oder *Private Netzwerke (Client und Server)*.
- `DatagramSocket`: Wird verwendet, um mit einem UDP Socket zu kommunizieren.
- `MessageWebSocket`: Wird verwendet, um Nachrichten mit einem Web-Socket zu lesen und zu schreiben.
- `StreamWebSocket`: Wird verwendet, um Streams mit einem Web-Socket zu lesen und zu schreiben.

> **Hinweis**
>
> Sockets setzen Sie ein, wenn der anzusprechende Service sich nicht mit einer der gezeigten Möglichkeiten verwenden lässt. Dies ist der Fall, wenn der Service ein spezielles Protokoll verwendet. Da Sie beispielsweise mit TCP-Sockets, wie bereits aus dem Namen hervorgeht, auf TCP-Ebene arbeiten, können Sie jedes beliebige Netzwerkprotokoll auf einer höheren Schicht des OSI-Schichtenmodells abbilden.

Im Folgenden erhalten Sie einen kleinen Einblick in die Welt der TCP- und WebSockets.

15.4.1 TCP-Sockets

In diesem Abschnitt lernen Sie den Einsatz von TCP-Sockets kennen. Dabei soll eine Windows Store App mit einer ebenfalls lokal laufenden Konsolenanwendung kommunizieren.

Starten wir mit der Konsolenanwendung, die quasi den Server darstellt. Die Logik wird in der Klasse `AppServer` abgebildet, die in Listing 15.21 dargestellt ist.

In der `Start`-Methode wird die Klassenvariable `_listener` mit einer neuen `TcpListener`-Instanz initialisiert. Dabei wird der Port `28102` angegeben. Verbindungen werden durch die `OnConnection`-Methode entgegengenommen.

In der `OnConnection`-Methode wird auf dem `TcpClient` die `EndAcceptTcpClient`-Methode aufgerufen, die die `TcpClient`-Instanz der anfragenden Anwendung zurückgibt. Bevor die Anfrage abgearbeitet wird, wird gleich wieder die `BeginAcceptTcpClient`-Methode aufgerufen, um auf erneute Anfragen zu lauschen.

Anschließend wird mit der `GetStream`-Methode auf den `NetworkStream` zugegriffen. Es wird mit einem `StreamReader` Zeichen für Zeichen ausgelesen und zur `message`-Variablen hinzugefügt. Am Ende wird die erhaltene Nachricht an der Konsole ausgegeben.

```
public class AppServer
{
  private TcpListener _listener;
  public void Start()
  {
    Console.WriteLine("Server: startet ...");
    _listener = new TcpListener(IPAddress.Any, 28102);
    _listener.Start();
    _listener.BeginAcceptTcpClient(OnConnection, null);
```

```csharp
      Console.WriteLine("Server: Warte auf Verbindungen ...");
    }
    private void OnConnection(IAsyncResult iar)
    {
      try
      {
        TcpClient client = _listener.EndAcceptTcpClient(iar);

        // auf die nächste Anfrage warten
        _listener.BeginAcceptTcpClient(OnConnection, null);

        var message = "";
        NetworkStream stream = client.GetStream();
        using (var streamReader = new StreamReader(stream))
        {
          while (streamReader.Peek() != -1)
          {
            message += (char)streamReader.Read();
          }
        }
        Console.WriteLine("Nachricht von Client: " + message);
      }
      catch (Exception ex)
      {
        Console.WriteLine(ex.Message);
      }
    }
}
```

Listing 15.21 K15\07 TcpSockets\SocketServer\AppServer.cs

Die `AppServer`-Klasse wird in der `Main`-Methode der Konsolenanwendung instantiiert und ihre `Start`-Methode aufgerufen, womit die Konsolenanwendung auf eingehende Nachrichten auf Port 28102 lauscht:

```csharp
class Program
{
  static void Main(string[] args)
  {
    var server = new AppServer();
    server.Start();
```

```
    Console.ReadLine();
  }
}
```

Listing 15.22 K15\07 TcpSockets\SocketServer\Program.cs

Damit ist die Konsolenanwendung fertig, und wir können die Windows Store App betrachten. Diese verwendet lediglich eine `TextBox` zum Eingeben und einen `Button` zum Senden der Nachricht:

```
<StackPanel ...>
  <TextBox x:Name="textBox" .../>
  <Button Content="Text senden" Click="ButtonSend_Click"/>
</StackPanel>
```

Listing 15.23 K15\07 TcpSockets\TcpSockets.Client\MainPage.xaml

Listing 15.24 zeigt den Event Handler für das `Click`-Event des `Buttons`. Es wird ein neues `StreamSocket` erstellt. Ein `HostName`-Objekt wird instantiiert, das die Adresse des lokalen Rechners (`localhost`) repräsentiert. An dieser Stelle könnten Sie auch eine IP-Adresse angeben. Auf dem `StreamSocket` wird die `ConnectAsync`-Methode mit dem `HostName`-Objekt und dem Port `28102` aufgerufen. Damit ist die Verbindung hergestellt. Mit einem `DataWriter` wird jetzt der Inhalt der `TextBox` in den `OutputStream` des `StreamSocket`s geschrieben. Das war's schon.

```
private async void ButtonSend_Click(object sender, ...)
{
  var socket = new StreamSocket();
  var hostName = new HostName("localhost");
  await socket.ConnectAsync(hostName, "28102");

  using (var writer = new DataWriter(socket.OutputStream))
  {
    writer.WriteString(textBox.Text);
    await writer.StoreAsync();
  }
}
```

Listing 15.24 K15\07 TcpSockets\TcpSockets.Client\MainPage.xaml.cs

In Abbildung 15.25 sehen Sie die App auf der linken Seite in der *Snapped*-View. Es wurde etwas Text eingegeben und auf den Button TEXT SENDEN geklickt. Auf der rechten Seite ist die Konsolenanwendung dargestellt. Wie Sie darin erkennen, wurde der Text erfolgreich über das `StreamSocket` von der Windows Store App an die Konsolenanwendung gesendet.

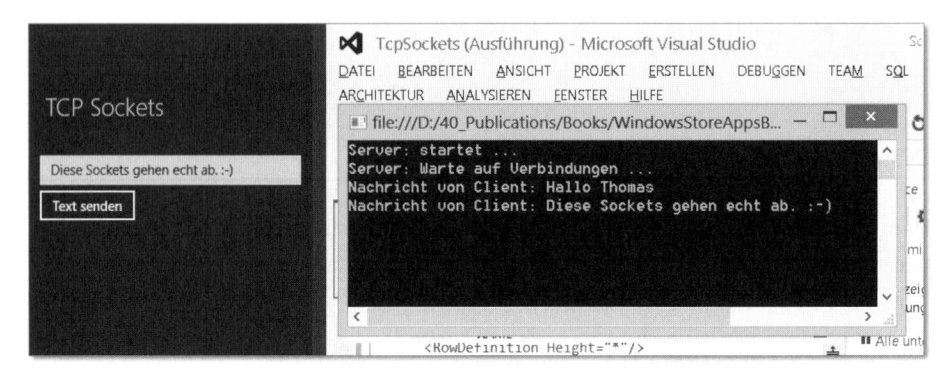

Abbildung 15.25 Die Windows Store App kommuniziert über Sockets mit der Konsolenanwendung.

15.4.2 Web-Sockets

Web-Sockets erlauben eine sehr effiziente, bidirektionale Kommunikation zwischen Client und Server. Bidirektional bedeutet hier, dass sowohl der Client als auch der Server Nachrichten senden und empfangen können.

Beim Einsatz von Web-Sockets findet die Verbindung zum Server zuerst über einen gewöhnlichen HTTP-Handshake statt. War dieser »Handschlag« erfolgreich, findet ein Upgrade zur direkten Verbindung via Web-Sockets statt; das HTT-Protokoll wird dann nicht mehr verwendet.

> **Hinweis**
>
> Das sogenannte *Polling*, bei dem der Client ständig Anfragen an den Server sendet, um zu prüfen, ob neue Daten da sind, lässt sich mit Web-Sockets stark optimieren. Der Client stellt lediglich die Web-Socket-Verbindung zum Server her. Anschließend kann der Server dem Client mitteilen, dass sich Daten geändert haben und er diese neu laden sollte.

Zum Ausprobieren von Web-Sockets benötigen Sie natürlich einen Server. An dieser Stelle verwenden wir den bereits existierenden Server unter der Adresse *ws:// echo.websocket.org*. Dieser Server sendet die an ihn gesendete Information via Web-Sockets direkt zurück an den Client. Das genügt an dieser Stelle, um zu zeigen, wie Sie aus einer Windows Store App Web Sockets einsetzen.

In einer Windows Store App werden dazu eine TextBox für die Eingabe der Nachricht und ein Button zum Senden erstellt. Listing 15.25 zeigt den Click-Event-Handler des Buttons. Zuerst wird ein MessageWebSocket erstellt und der MessageType auf Utf8 gesetzt. Es wird ein Event Handler für das MessageReceived-Event installiert. Das

Event wird ausgelöst, wenn unsere App vom Server eine Nachricht erhält. Dazu gleich mehr.

Die Verbindung zum Server *ws://echo.websocket.org* wird hergestellt, indem auf dem `MessageWebSocket` die `ConnectAsync`-Methode mit diesem URI aufgerufen wird. Anschließend wird, wie auch bereits im vorigen Abschnitt beim TCP-Socket, eine `DataWriter`-Instanz verwendet, um in den `OutputStream` des Sockets zu schreiben.

```
private async void Button_Click(object sender, ...)
{
  var socket = new MessageWebSocket();
  socket.Control.MessageType = SocketMessageType.Utf8;
  socket.MessageReceived += OnMessageReceived;
  await socket.ConnectAsync(
    new Uri("ws://echo.websocket.org"));
  using (var dataWriter = new DataWriter(socket.OutputStream))
  {
    string message = txtMessage.Text;
    dataWriter.WriteString(message);
    await dataWriter.StoreAsync();
    txtResult.Text += "Nachricht gesendet: " + message + "\n";
  }
}
```

Listing 15.25 K15\08 WebSockets\MainPage.xaml.cs

Listing 15.26 zeigt den Event Handler für das `MessageReceived`-Event. Die erhaltenen `MessageWebSocketMessageReceivedEventArgs` besitzen die Methode `GetDataReader`. Sie gibt eine `DataReader`-Instanz zurück, mit der sich die vom Server erhaltene Nachricht auslesen lässt. Diese wird in Listing 15.26 zur `TextBox` namens `txtResult` hinzugefügt.

```
async void OnMessageReceived(MessageWebSocket sender,
  MessageWebSocketMessageReceivedEventArgs args)
{
  using (var dataReader = args.GetDataReader())
  {
    dataReader.UnicodeEncoding = UnicodeEncoding.Utf8;
    string message =
      dataReader.ReadString(dataReader.UnconsumedBufferLength);
    await Dispatcher.RunAsync(CoreDispatcherPriority.Normal,
    ()=>
    {
```

```
        txtResult.Text += "Nachricht empfangen: "
          + message +"\n";
      });
    }
}
```

Listing 15.26 K15\08 WebSockets\MainPage.xaml.cs

Abbildung 15.26 zeigt die Anwendung in Aktion. Die Nachricht »Thomas sagt Hallo!« wurde eingegeben und auf den Button NACHRICHT SENDEN geklickt. Die Nachricht wurde an den Server *ws://echo.websocket.org* gesendet, und die Antwort bzw. das Echo wurde ebenfalls erhalten.

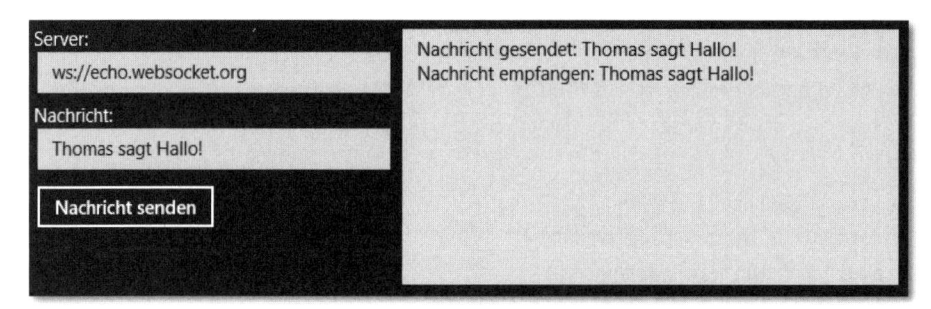

Abbildung 15.26 Die Nachricht wurde via Web-Sockets zurückgesendet.

15.5 Weitere SDKs und Möglichkeiten

Schauen Sie sich im Portal für die Entwicklung von Windows Store Apps unter *http://dev.windows.com/apps* um. Sie finden dort unter dem Menüpunkt DOWNLOADS ein paar weitere SDKs und Möglichkeiten. Hier die meiner Meinung nach zwei wichtigsten, die Sie sich beim Entwickeln von Windows Store Apps mit Services ansehen sollten:

- **Das Live SDK:** Mit dem Live SDK können Sie ein Single Sign On (SSO) implementieren. Dabei nutzen Sie einfach das Microsoft- Konto des Benutzers. Das Live SDK erlaubt Ihnen dann auch, direkt auf SkyDrive oder auf die Hotmail-Inhalte des Benutzers zuzugreifen.

- **Die Azure Mobile Services:** Möchten Sie Ihre Windows Store App mit einem Cloud-Backend ausstatten, sind die Azure Mobile Services ein guter Weg. Damit lassen sich Daten speichern, Benutzer authentifizieren oder sogar die in Kapitel 17, »Tiles, Badges und Toasts«, beschriebenen Push Notifications senden. Mehr zu den Azure Mobile Services inklusive einem Tutorial finden Sie auch direkt unter *http://www.windowsazure.com/en-us/develop/mobile*.

> **Tipp**
> Speziell für die Authentifizierung finden Sie in der WinRT auch viele Klassen. So können Sie mit der Klasse `CredentialPicker` (**Namespace:** `Windows.Security.Credentials.UI`) beispielsweise Benutzername und Passwort abfragen. Mit der Klasse `WebAuthenticationBroker` (**Namespace:** `Windows.Security.Authentication.Web`) können Sie eine Authentifizierung via OAuth durchführen. Ein Blick auf die Klassen der Sub-Namespaces von `Windows.Security` lohnt sich, falls Sie Ihre Windows Store App beispielsweise mit einem Login-Mechanismus ausstatten möchten.

15.6 Zusammenfassung

Zum Zugriff auf das Internet und private Netzwerke benötigen Sie im *Package.appxmanifest* die entsprechende Funktion. Zum Aufrufen von Services ist die standardmäßig aktivierte Funktion *Internet (Client)* ausreichend. Bei einer bidirektionalen Kommunikation mit Sockets benötigen sie eine der Funktionen *Internet (Client und Server)* oder *Private Netzwerke (Client und Server)*.

Mit der Klasse `NetworkInformation` können Sie unter anderem prüfen, ob Sie mit dem Internet verbunden sind. Nutzen Sie dazu die Methode `GetInternetConnectionProfile`. Sie gibt die `ConnectionProfile`-Instanz zurück, die die Internet-Verbindung repräsentiert. Falls keine besteht, erhalten Sie eine `null`-Referenz.

Zum Zugriff auf Services stehen Ihnen verschiedenste Klassen zur Verfügung. Mit der Klasse `HttpClient` können Sie die typischen HTTP-Anfragen GET, POST, PUT und DELETE ausführen. Dazu besitzt die Klasse die Methoden `GetAsync`, `PostAsync`, `PutAsync` und `DeleteAsync`.

Zum Zugriff auf Webservices enthält das .NET für Windows Store Apps eine Untermenge der Windows Communication Foundation (WCF). Es stehen die wichtigsten Bindings zur Verfügung. Sie erstellen die Proxy-Klassen in Ihrer Windows Store App so wie in einer .NET App: Fügen Sie einfach zu Ihrem Projekt einen Dienstverweis hinzu. Im Gegensatz zu .NET-Anwendungen besitzen Windows Store Apps keine *.config*-Datei für die referenzierten Services. Stattdessen erstellen Sie passend zur Proxy-Klasse eine weitere partielle Klasse, in der Sie die partielle Methode `ConfigureEndpoint` implementieren.

Der Zugriff auf Services, die das OData-Protokoll verwenden, wie beispielsweise die WCF-Data-Services, erfolgt analog zum Zugriff auf gewöhnliche WCF-Services, allerdings müssen Sie zuvor die Client-Library für WCF-Data-Services herunterladen und installieren.

Zum Zugriff auf RSS-Feeds finden Sie im Namespace `Windows.Web.Syndication` die Klasse `SyndicationClient`. Den Feed können Sie mit der Methode `RetrieveFeedAsync` laden.

Mit den beiden Klassen `BackgroundDownloader` und `BackgroundUploader` können Sie Dateien im Hintergrund herunter- und hochladen. Die Vorgänge finden in einem separaten Prozess statt, der auch ausgeführt wird, wenn Ihre App im *Suspended*-Zustand ist.

Mit Sockets haben Sie die Möglichkeit, jedes beliebige höhere Netzwerkprotokoll selbst zu implementieren. Sie können somit auf verschiedenste proprietäre Services zugreifen. Es stehen Ihnen TCP-, UDP- und Web-Sockets zur Verfügung.

Für Ihre Windows Store App gibt es weitere SDKs und Möglichkeiten. Beispielsweise ist das Live SDK sehr interessant, da Sie darüber ein Single Sign On (SSO) in Ihrer Windows Store App implementieren können.

In diesem Kapitel haben Sie die Aufrufe verschiedener Services kennengelernt. Anstatt jedoch aus Ihrer App beispielsweise Bilder selbst auf SkyDrive hochzuladen, können Sie unter Windows 8 auch von existierenden Apps Gebrauch machen. Teilen Sie beispielsweise die Bilder aus Ihrer App durch das Implementieren eines *Share*-Contracts mit anderen Apps. Dann kann beispielsweise die SkyDrive-App den Inhalt Ihrer App entgegennehmen und hochladen. Somit implementieren Sie die bereits vorhandene Logik nicht nochmals. Wie ein solcher *Share*-Contract funktioniert, sehen wir uns im nächsten Kapitel an.

Kapitel 16
Contracts und Extensions

Eine Windows Store App tritt mit Contracts und Extensions mit anderen Apps und mit Windows in Verbindung. Lernen Sie, wie Sie Ihre App in die »Suchen«- und »Teilen«-Funktionen der Charms Bar integrieren, wie Sie etwas drucken und vieles mehr.

Eine Windows Store App kann mit anderen Windows Store Apps und auch mit Windows selbst interagieren. Dies geschieht über sogenannte Contracts und Extensions.

Ein *Contract* stellt eine Vereinbarung zwischen einer oder mehreren Apps dar. So kann beispielsweise eine App den *Share*-Contract implementieren, um ihre Inhalte über die TEILEN-Funktion der Charms Bar anderen Apps zur Verfügung zu stellen. Dieser *Share*-Contract ist sehr interessant. Entwickeln Sie beispielsweise eine Foto-App, implementieren Sie das Hochladen der Bilder zu SkyDrive oder das Versenden der Bilder per Mail nicht selbst. Stattdessen implementieren Sie den *Share*-Contract und stellen darüber Ihre Bilder der SkyDrive-App und der Mail-App zur Verfügung.

Der *Share*-Contract ist nur eine Variante; es gibt viele weitere Contracts. Eine Übersicht sowie Informationen über das Implementieren verschiedener Contracts finden Sie in Abschnitt 16.1, »Contracts«.

Neben Contracts gibt es *Extensions*. Eine Extension stellt eine Vereinbarung zwischen einer App und Windows dar. Beispielsweise kann eine App mit der *Dateitypzuordnung*-Extension deklarieren, dass sie einen bestimmten Dateityp unterstützt. Die App wird dann von Windows aktiviert, sobald eine solche Datei geöffnet wird. Mehr zu Extensions lesen Sie in Abschnitt 16.2, »Extensions«.

Die meisten Contracts und Extensions aktivieren Sie in der *Package.appxmanifest*-Datei Ihrer Windows Store App unter dem Tab DEKLARATIONEN. Es gibt jedoch auch einige Contracts, die keine Deklaration benötigen; Sie können direkt die entsprechenden Klassen verwenden. Sehen wir uns die Details an und starten mit den Contracts.

16.1 Contracts

Wie bereits in der Einleitung erwähnt, stellt ein Contract eine Vereinbarung zwischen einer oder mehreren Apps dar. In diesem Abschnitt erhalten Sie eine Übersicht der Contracts, bevor wir uns die Contracts *Share*, *Search* und *Print* ansehen, die alle direkt über die Funktionen der Charms Bar aufgerufen werden.

16.1.1 Übersicht der Contracts

Für Ihre Windows Store App stehen verschiedene Contracts zur Verfügung:

- **Aktualisierung zwischengespeicherter Dateien:** Mit diesem Contract lassen sich bestimmte Dateien aktualisieren, die Ihre App für andere Apps zur Verfügung stellt.
- **Dateiöffnungsauswahl:** Nutzen Sie diesen Contract, um den Inhalt Ihrer App anderen Apps via `FileOpenPicker` zur Verfügung zu stellen.
- **Dateispeicherungsauswahl:** Nutzen Sie diesen Contract, damit andere Apps Daten in Ihrer App speichern können. Ihre App taucht dann im `FileSavePicker` auf.
- **Print:** Implementiert Ihre App den *Print*-Contract, kann der Benutzer über die Geräte-Funktion der Charms Bar einen Druckauftrag auslösen.
- **PlayTo:** Implementiert Ihre App den *PlayTo*-Contract, lassen sich Bilder, Audios und Videos in Ihrem Netzwerk auf entsprechenden Multimedia-Geräten wiedergeben, beispielsweise auf einem TV-Gerät oder auf einer Xbox. Mehr zum *PlayTo*-Contract lesen Sie in Kapitel 20, »Multimedia«.
- **Settings:** Mit dem *Settings*-Contract integrieren Sie die Einstellungen Ihrer App in die Charms Bar. Klickt der Benutzer in der Charms Bar auf die Funktion Einstellungen, können Sie Ihre eigenen Punkte anzeigen. Mehr zum *Settings*-Contract finden Sie in Kapitel 14, »App-Lebenszyklus und -Einstellungen«.
- **Search:** Haben Sie in Ihrer App den *Search*-Contract implementiert, lässt sich Ihre Anwendung über die Suchen-Funktion der Charms Bar durchsuchen.
- **Share-Source:** Mit dem *Share*-Contract (*Source*) kann Ihre App ihre Inhalte mit anderen Apps teilen. Ist der *Share*-Contract (*Source*) implementiert, geschieht dies über die Teilen-Funktion der Charms Bar. Alle Apps, die den Inhalt verarbeiten können, werden dann angezeigt.
- **Share-Target** (Zielfreigabe): Soll Ihre App die Inhalte anderer Apps entgegennehmen, implementieren Sie den *Share*-Contract (*Target*).

Einige Contracts benötigen im *Package.appxmanifest* eine entsprechende Deklaration. Beispielsweise benötigt der *Search*-Contract die in Abbildung 16.1 in der Combobox ganz unten sichtbare Suchen-Deklaration.

Abbildung 16.1 Die Deklarationen im »Package.appxmanifest«

Die Contracts *Print*, *PlayTo*, *Settings* und *Share* (*Source*) benötigen keine Deklaration im *Package.appxmanifest*.

> **Hinweis**
>
> Neben den Contracts sehen Sie in den Deklarationen auch die Extensions. Visual Studio macht zwischen Contracts und Extensions keinen Unterschied.

Auf den folgenden Seiten sehen wir uns die Contracts *Share*, *Search* und *Print* an.

16.1.2 »Share«-Contract (»Source«)

Der *Share*-Contract erlaubt Ihrer App, Inhalte mit anderen Apps zu teilen. Dies geschieht dabei über die TEILEN-Funktion der Charms Bar. Laden Sie beispielsweise Bilder nicht selbst auf SkyDrive hoch, sondern erlauben Sie Ihrer App, die Bilder zu teilen, damit die SkyDrive-App diese entgegennehmen und hochladen kann. Das Gleiche gilt für das Versenden per Mail etc. Sie können durch das Teilen von Inhalten folglich Gebrauch von den existierenden Apps machen. Wie Sie aus Ihrer App Inhalte teilen, sehen wir uns im Folgenden anhand der in diesem Abschnitt erstellten »ShareSource-App« an.

Zum Teilen von Inhalten nutzen Sie die Klasse `DataTransferManager` (Namespace: `Windows.ApplicationModel.DataTransfer`). Mit der statischen `GetForCurrentView`-Methode erhalten Sie das `DataTransferManager`-Objekt für das aktuelle Fenster. Um Inhalte zu teilen, installieren Sie einen Event Handler für das `DataRequested`-Event. Listing 16.1 zeigt das in der `LoadState`-Methode der `MainPage` der »ShareSource-App«. Beachten Sie, dass der Event Handler beim Verlassen der Seite in der `SaveState`-Methode wieder deinstalliert wird.

```
public sealed partial class MainPage :
  ShareSource.Common.LayoutAwarePage
{ ...
  protected async override void LoadState(...)
  {
    DataTransferManager.GetForCurrentView().DataRequested
      += OnDataRequested;
    ...
  }
  protected override void SaveState(...)
  {
    DataTransferManager.GetForCurrentView().DataRequested
      -= OnDataRequested;
  }
  private void OnDataRequested(DataTransferManager sender,
    DataRequestedEventArgs args)
  {
    ...
  }
}
```

Listing 16.1 K16\01 ShareSource\MainPage.xaml.cs

Wie Sie in Listing 16.1 sehen, erhalten Sie im `DataRequested`-Event eine `DataRequestedEventArgs`-Instanz. Diese Klasse besitzt lediglich die `Request`-Property, die ein `DataRequest`-Objekt zurückgibt. Dieses Objekt besitzt eine `Data`-Property vom Typ `DataPackage`. Darüber teilen Sie die Daten Ihrer App. Die Klasse `DataPackage` haben Sie bereits in Kapitel 9, »Input-Events«, kennengelernt. Sie wird auch im Zusammenhang mit dem dort beschriebenen Drag & Drop und mit dem Clipboard verwendet. Im Folgenden nochmals die wichtigsten Details.

Die `DataPackage`-Klasse unterstützt verschiedene Formate: Bitmap, HTML, RTF, Text, URI, `StorageItems` (Dateien), eigene Formate. Um ein entsprechendes Dokument in einem `DataPackage`-Objekt zu speichern, definiert die `DataPackage`-Klasse die Methoden `SetBitmap`, `SetHtmlFormat`, `SetRtf`, `SetStorageItems`, `SetText` und `SetUri`. Es kann auch die Methode `SetData` aufgerufen werden, die folgende Signatur hat:

`void SetData(string formatId, object value)`

Für den ersten Parameter übergeben Sie üblicherweise einen String, den Sie in den statischen Properties der Klasse `StandardDataFormats` finden: `Bitmap`, `Html`, `Rtf`, `StorageItems`, `Text` oder `Uri`. Erst wenn Sie eigene Formate speichern, übergeben Sie keinen konstanten String aus der `StandardDataFormats`-Klasse, sondern Ihren eigenen String.

Neben der `Data`-Property mit dem `DataPackage`-Objekt enthält die `DataRequest`-Klasse die Methode `FailWithDisplayText`. Diese können Sie im Event Handler für das `DataRequested`-Event aufrufen, um einen Fehlertext anzuzeigen, der den Benutzer darüber aufklärt, warum an dieser Stelle kein Inhalt geteilt werden kann.

Listing 16.2 zeigt einen implementierten `DataRequested`-Event-Handler, der Bitmap- und HTML-Inhalte teilt.

Tipp

Versuchen Sie, aus Ihrer App möglichst viele Arten von Inhalt zu teilen. Auf diese Weise können Sie von den meisten Apps profitieren, die Ihren Inhalt entgegennehmen.

Der Benutzer kann in der App in einer `ListView` ein `StorageFile`-Objekt auswählen, das ein Bild enthält. Wurde kein `StorageFile`-Objekt ausgewählt, wird in Listing 16.2 die `FailWithDisplayText`-Methode des `DataRequest`-Objekts aufgerufen und der Event Handler verlassen.

Wurde ein `StorageFile`-Objekt ausgewählt, wird auf dem `DataRequest`-Objekt die `GetDeferral`-Methode aufgerufen. Sie gibt ein `DataRequestDeferral`-Objekt zurück, das die Anfrage verzögert. Sobald Sie die Daten gespeichert haben, rufen Sie auf dem `DataRequestDeferral`-Objekt die `Complete`-Methode auf, was in Listing 16.2 am Ende geschieht.

Zuvor wird auf dem `DataPackage` über dessen `Properties`-Property der `Title` gesetzt. Dieser wird beim Teilen in der Charms Bar angezeigt. Zusätzlich können Sie die `Description`-Property für eine kleine Beschreibung setzen, die dann ebenfalls in der Charms Bar unterhalb des Titels sichtbar ist.

Zum Teilen des Bitmaps wird die `SetBitmap`-Methode des `DataPackages` verwendet. Diese verlangt eine `RandomAccessStreamReference`-Instanz. Die Klasse `RandomAccessStreamReference` besitzt verschiedene statische Methoden, um eine Instanz zu erstellen: CreateFromFile, CreateFromStream und CreateFromUri. Da in diesem Fall bereits eine StorageFile-Instanz vorhanden ist, wird in Listing 16.2 die CreateFromFile-Methode genutzt.

Zum Teilen von HTML-Inhalt wird in Listing 16.2 zunächst die string-Variable htmlFragment erstellt. Darin wird etwas HTML definiert, das ein img-Tag enthält. Das src-Attribut des img-Tags wurde auf die Datei selectedImage.jpg gesetzt. Hier können Sie einen beliebigen Namen definieren. Sie müssen anschließend die Bild-Datei lediglich unter diesem Namen in der ResourceMap des DataPackages platzieren. Beachten Sie, dass dazu wieder die bereits zuvor erstellte RandomAccessStreamReference verwendet wird.

Um aus dem erstellten HTML-Fragment ein richtiges HTML-Dokument mit Header und allem, was dazugehört, zu kreieren, wird das HTML-Fragment der statischen Methode CreateHtmlFormat der HtmlFormatHelper-Klasse übergeben. Der erhaltene HTML-String wird anschließend an die SetHtmlFormat-Methode der DataPackage-Klasse übergeben, um den HTML-Inhalt zu setzen.

Das war's. Testen wir das Ganze.

```
private void OnDataRequested(DataTransferManager sender,
  DataRequestedEventArgs args)
{
  var storageFile = listView.SelectedItem as StorageFile;
  if (storageFile == null)
  {
    args.Request.FailWithDisplayText(
      "Es wurde keine Bild-Datei ausgewählt");
    return;
  }
  var deferral = args.Request.GetDeferral();
  args.Request.Data.Properties.Title = "Bild: "
    + storageFile.Name;

  // 1. Bitmap setzen
  var streamReference =
    RandomAccessStreamReference.CreateFromFile(storageFile);
  args.Request.Data.SetBitmap(streamReference);

  // 2. HTML-Inhalt setzen
  string htmlFragment = "Das Bild " + storageFile.Name
    + " in HTML<br/>"
    + "<img src=\"selectedImage.jpg\"/>";
```

```
    args.Request.Data.ResourceMap.Add("selectedImage.jpg",
        streamReference);
    string html =
        HtmlFormatHelper.CreateHtmlFormat(htmlFragment);
    args.Request.Data.SetHtmlFormat(html);

    // 3.  Setzen Sie weitere Inhalte, falls verfügbar.
    // ...

    deferral.Complete();
}
```

Listing 16.2 K16\01 ShareSource\MainPage.xaml.cs

Wurde in der `ListView` in der erstellten App kein Bild ausgewählt, erscheint beim Teilen der in Listing 16.2 an die `FailWithDisplayText`-Methode übergebene String `Es wurde keine Bild-Datei ausgewählt`, wie Abbildung 16.2 zeigt.

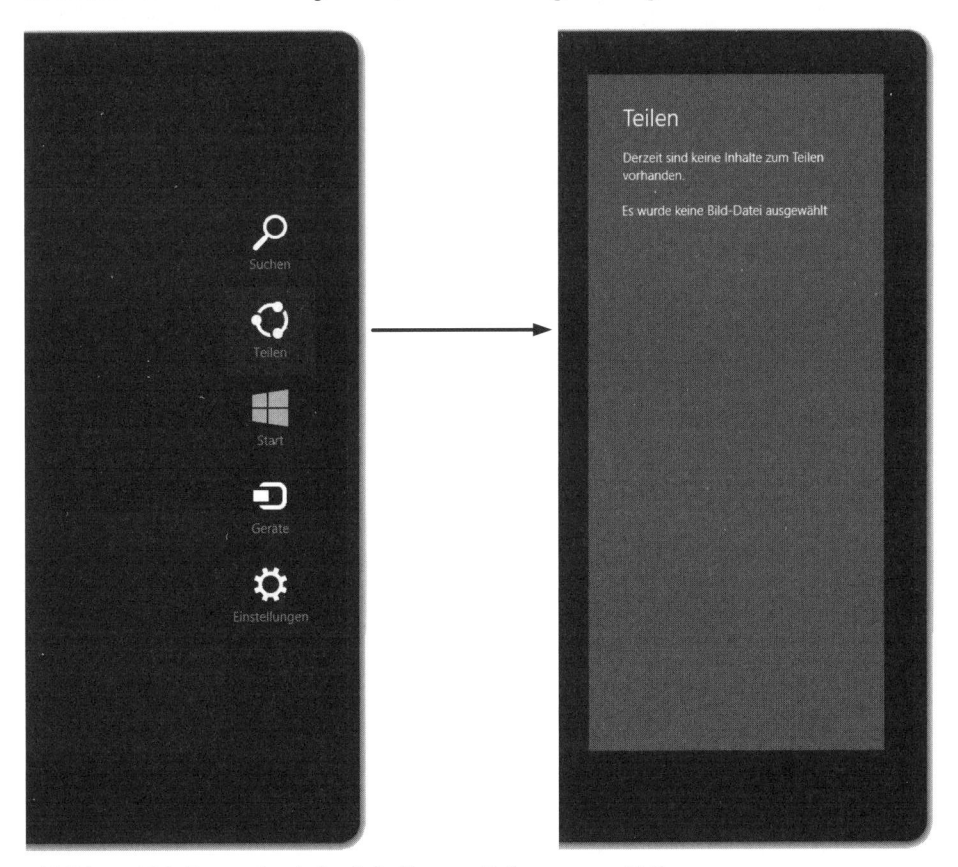

Abbildung 16.2 Es wurden keine Inhalte zum Teilen ausgewählt.

16 Contracts und Extensions

Wurde in der `ListView` ein Bild ausgewählt, erscheinen beim Teilen die Apps, die eben das Bitmap oder den HTML-Inhalt entgegennehmen können. Abbildung 16.3 zeigt hier unter anderem die Anwendungen MAIL und SKYDRIVE.

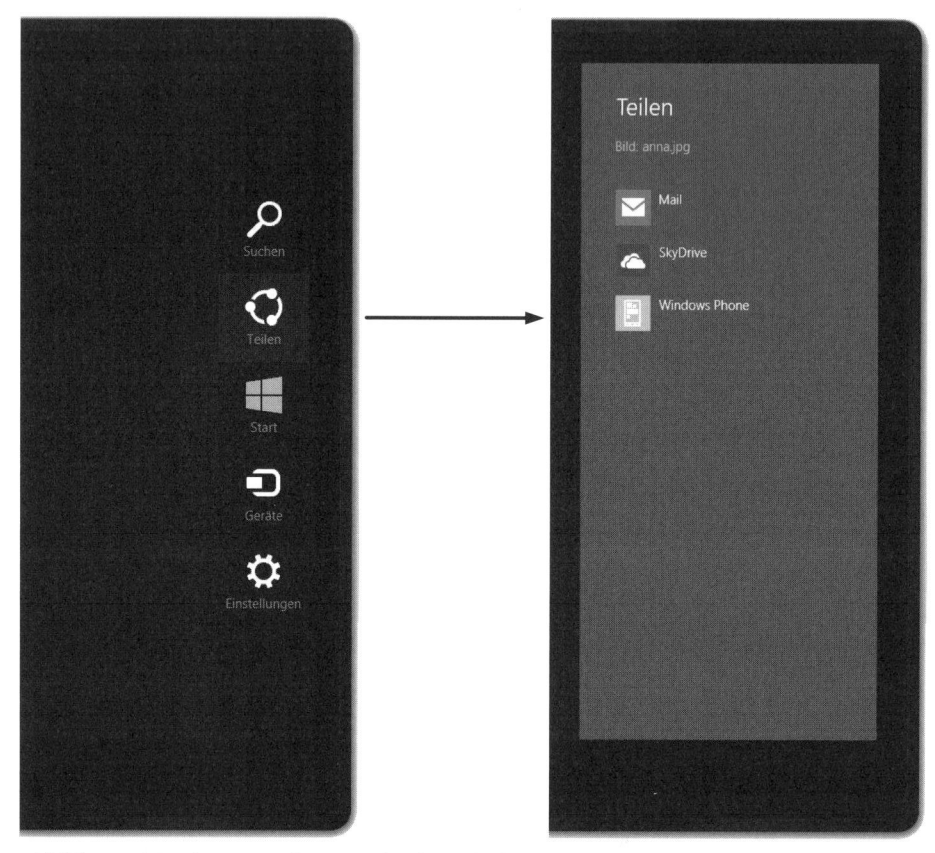

Abbildung 16.3 Die Anwendungen, die den Inhalt entgegennehmen können, werden angezeigt.

Wird in Abbildung 16.3 auf die Mail-App geklickt, wird eine neue Mail erstellt, die den geteilten HTML-Inhalt bekommt. Dabei wird eine spezielle Page der Mail-App angezeigt, aus der Sie die Mail versenden können. Abbildung 16.4 zeigt dies.

> **Tipp**
> Anstatt dem Benutzer das Teilen von Inhalten über die TEILEN-Funktion der Charms Bar zu erlauben, können Sie auch direkt aus Ihrer App einen solchen Vorgang starten. Rufen Sie dazu einfach auf der `DataTransferManager`-Klasse die statische Methode `ShowShareUI` auf.

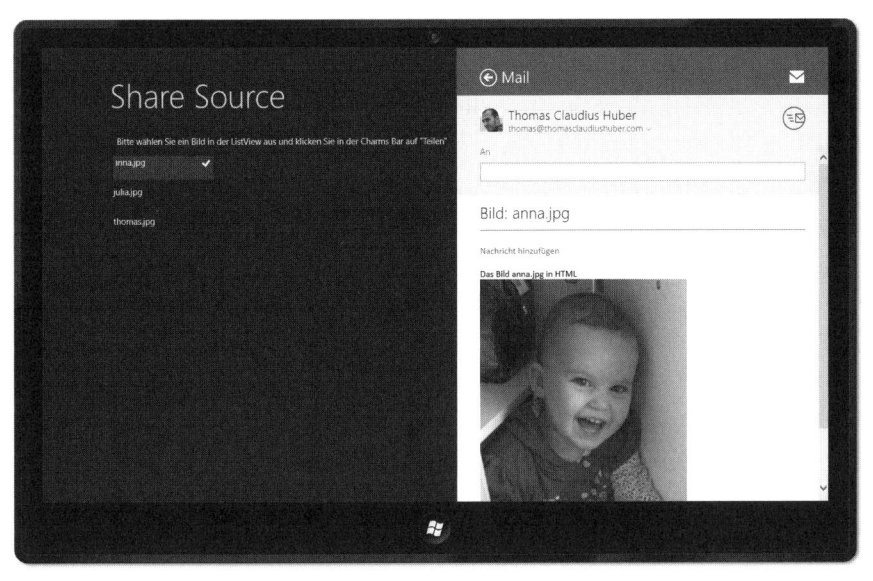

Abbildung 16.4 Die Mail-App hat den geteilten Inhalt entgegengenommen.

Tipp

Während dem Debuggen Ihrer App können Sie beim Teilen unter ganz bestimmten Umständen einen Fehler erhalten. Der Fehler wird in der Teilen-Leiste in der Form »Es ist ein Fehler aufgetreten...« angezeigt. Alle weiteren Teilen-Versuche scheitern dann mit diesem Fehler. Falls dies bei Ihnen der Fall ist, Sie aber sicher sind, dass der von Ihnen geschriebene Code korrekt ist, dann sollten Sie über den Task-Manager den *explorer.exe*-Prozess neu starten. Alternativ können Sie auch Ihren PC neu booten. Danach sollte auch die Teilen-Funktion wieder gehen.

Achtung

Zum Teilen von Inhalten stehen Ihnen im DataRequested-Event 200 ms zur Verfügung. Der Benutzer erwartet ja, dass beim Klicken auf die TEILEN-Funktion der Charms Bar recht zügig die verfügbaren Apps angezeigt werden. Falls Sie viele Bilder oder intensive Berechnungen haben, sollten Sie auf dem DataPackage nicht die Methoden SetBitmapAsync, SetHtmlAsync etc. nutzen. Verwenden Sie stattdessen die Methode SetDataProvider; sie erlaubt auch mehr als 200 ms. Die Methode verlangt neben dem Format einen DataProviderHandler-Delegate. Mehr als 200 ms sind hier möglich, da dieser Delegate erst dann ausgeführt wird, wenn die Ziel-App die Daten anfragt.

16.1.3 »Share«-Contract (»Target«)

Nachdem Sie im vorigen Abschnitt erfahren haben, wie Sie Inhalte aus Ihrer App teilen, lesen Sie in diesem Abschnitt, wie Sie Inhalte anderer Apps entgegennehmen. Dazu sind folgende Schritte notwendig:

1. Fügen Sie im *Package.appxmanifest* die Deklaration *Zielfreigabe* hinzu. Geben Sie dabei entweder Datenformate und/oder Datentypen an. Als Datenformate können Sie beispielsweise Bitmap, Text, HTML oder URI angeben, als Datentypen unter anderem *.jpg* und *.bmp*. Die Datentypen sind dann interessant, wenn StorageItems übergeben werden.
2. Fügen Sie eine neue Seite zu Ihrem Projekt hinzu, die Sie beim Entgegennehmen von Inhalt anzeigen möchten.
3. Überschreiben Sie in der App-Klasse (*App.xaml.cs*) die OnShareTargetActivated-Methode. Erzeugen Sie darin Ihre neue Seite, und aktivieren Sie das Fenster. Über die ShareTargetActivatedEventArgs erhalten Sie die geteilten Inhalte.

Sehen wir uns ein Beispiel an und erzeugen dazu die App »ShareTarget«. Im *Package.appxmanifest* wird die Deklaration ZIELFREIGABE hinzugefügt, was Abbildung 16.5 zeigt. Das Datenformat BITMAP wurde hinzugefügt. Über den Button NEU HINZUFÜGEN lassen sich weitere Datenformate oder auch Dateitypen hinzufügen.

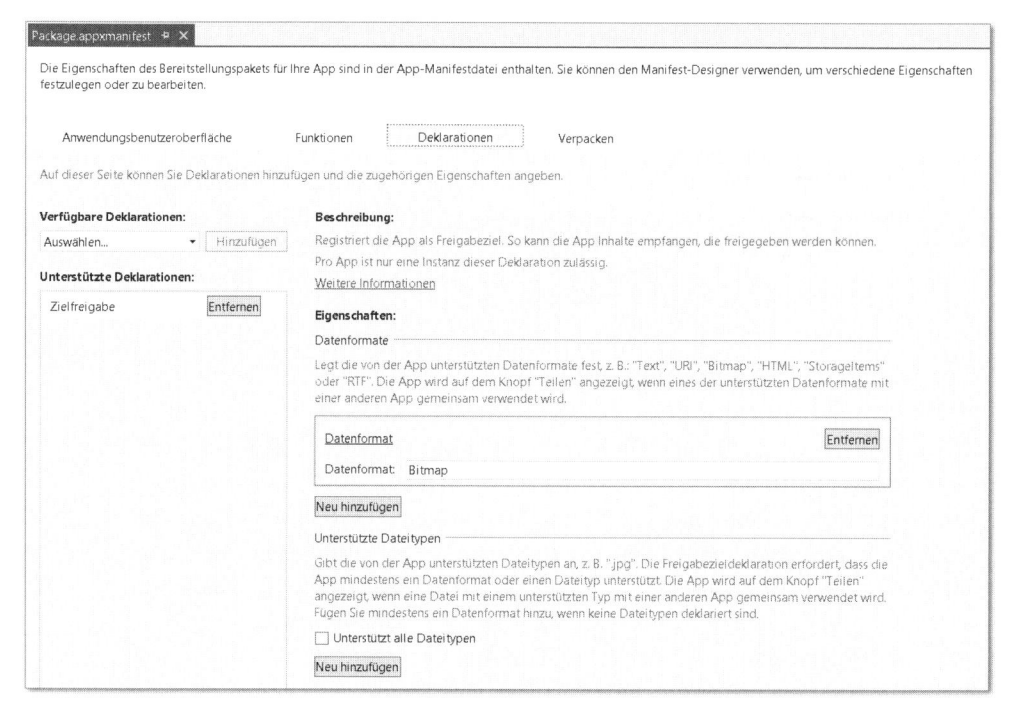

Abbildung 16.5 Die Deklaration »Zielfreigabe« mit dem Datenformat »Bitmap«

Nachdem die Deklaration erstellt ist, fügen Sie eine neue Seite hinzu, die in diesem Beispiel den in Abbildung 16.6 definierten Namen ShareTargetPage erhält.

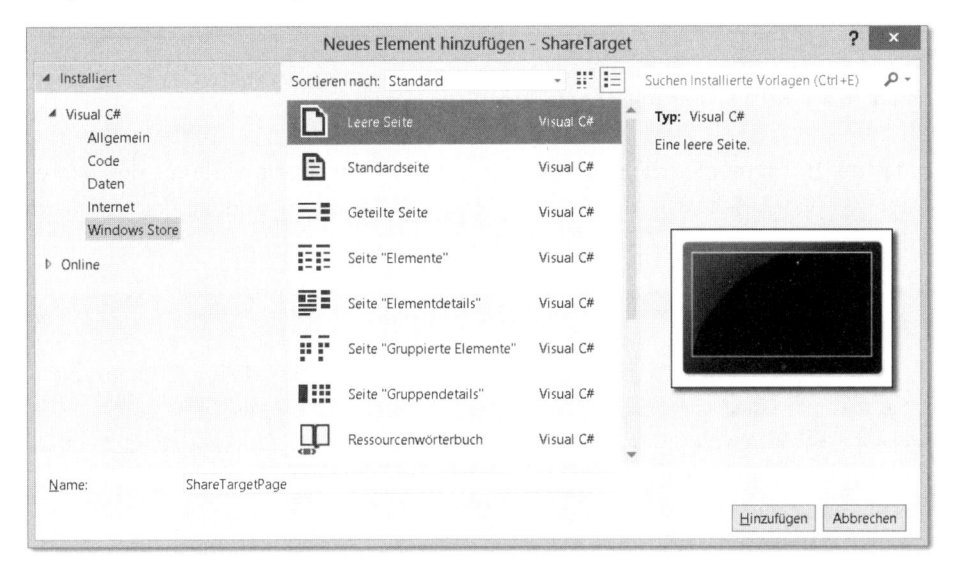

Abbildung 16.6 Die neue Seite »ShareTargetPage« wird zum Projekt hinzugefügt.

In der App-Klasse wird die Methode OnShareTargetActivated überschrieben. Darin wird wie in Listing 16.3 gezeigt die neu erstellte ShareTargetPage instantiiert. Auf Ihr wird die Activate-Methode aufgerufen, die noch zu implementieren ist. Beachten Sie, dass die ShareTargetActivatedEventArgs an die Activate-Methode übergeben werden.

```
sealed partial class App : Application
{
  ...
  protected override void OnShareTargetActivated(
    ShareTargetActivatedEventArgs args)
  {
    var page = new ShareTargetPage();
    page.Activate(args);
  }
}
```

Listing 16.3 K16\02 ShareTarget\App.xaml.cs

In der ShareTargetPage wird in XAML ein Image-Element erstellt, das das geteilte Bitmap anzeigen soll:

```
<StackPanel>
  <TextBlock Text="Das geteilte Bild:" .../>
  <Image x:Name="image" Margin="10"/>
</StackPanel>
```

Listing 16.4 K16\02 ShareTarget\ShareTargetPage.xaml

In Listing 16.5 sehen Sie die erstellte Activate-Methode. Darin wird aus den ShareTargetActivatedEventArgs die DataPackageView ausgelesen und in der Variablen data gespeichert.

> **Hinweis**
>
> Um die Werte aus dem DataPackage auszulesen, rufen Sie die GetView-Methode auf. Sie gibt ein DataPackageView-Objekt zurück, das Methoden wie GetBitmapAsync, GetHtmlFormatAsync, GetRtfAsync, GetStorageItemsAsync, GetTextAsync und GetUriAsync hat. Sie finden auch eine GetDataAsync-Methode, die wieder einen formatId-String entgegennimmt, den Sie in den statischen Properties der Klasse StandardDataFormats finden.
>
> Im Falle der ShareTargetActivatedEventArgs erhalten Sie direkt diese DataPackageView, die quasi einen Readonly-Zugriff auf das DataPackage bietet.

Auf der DataPackageView wird in Listing 16.5 die GetBitmapAsync-Methode aufgerufen. Mit der OpenReadAsync-Methode wird aus der erhaltenen RandomAccessStreamReference der RandomAccessStream ausgelesen. Dieser wird für die SetSource-Methode des erzeugten BitmapImages genutzt. Das BitmapImage wird danach der Source-Property des in XAML definierten Image-Elements namens image zugewiesen.

Damit die ShareTargetPage angezeigt wird, wird sie als Inhalt des aktuellen Fensters gesetzt. Zudem wird auf dem Window-Objekt die Activate-Methode aufgerufen, um das Fenster zu aktivieren.

```
public sealed partial class ShareTargetPage :
  ShareTarget.Common.LayoutAwarePage
{ ...
  internal async void Activate(
    ShareTargetActivatedEventArgs args)
  {
    DataPackageView data = args.ShareOperation.Data;
    RandomAccessStreamReference streamRef =
      await data.GetBitmapAsync();
    var randomAccessStream = await streamRef.OpenReadAsync();

    var bitmap = new BitmapImage();
```

```
    bitmap.SetSource(randomAccessStream);
    image.Source = bitmap;

    Window.Current.Content = this;
    Window.Current.Activate();
  }
}
```

Listing 16.5 K16\02 ShareTarget\ShareTargetPage.xaml.cs

Hinweis

Falls Sie im *Package.appxmanifest* mehrere Datenformate oder Datentypen definiert haben, müssen Sie natürlich prüfen, was letztendlich an Ihre App übergeben wurde. Nutzen Sie dafür die Contains-Methode der DataPackageView, die für die Datenformate wie folgt eingesetzt wird:

```
DataPackageView data = args.ShareOperation.Data;
if (data.Contains(StandardDataFormats.Bitmap))
{
  // ...
}
```

Falls Sie im *Package.appxmanifest* Datentypen definiert haben, dann lesen Sie die StorageItems aus und prüfen anschließend deren Typen:

```
DataPackageView data = args.ShareOperation.Data;
if (data.Contains(StandardDataFormats.StorageItems))
{
  var storageItems = await data.GetStorageItemsAsync();
  // TODO: hier können Sie auf den StorageItem-Objekten
  // prüfen, um was für Typen es sich handelt.
}
```

Das war es schon. Zeit für einen Test. Starten Sie dazu die App, damit sie auf Ihrem Rechner veröffentlicht wird. Sie können sie anschließend wieder schließen. Starten Sie jetzt die im vorigen Abschnitt erstellte »ShareSource-App«, die als Source/Quelle zum Teilen verwendet wird. Die »ShareSource-App« teilt die Datenformate Bitmap und HTML, sie ist somit aufgrund des Bitmap-Formats bestens geeignet.

Selektieren Sie in der ShareSource-App ein Bild, und klicken Sie in der Charms Bar auf die TEILEN-Funktion. Wie Sie in Abbildung 16.7 sehen, wird jetzt neben den bereits im vorigen Abschnitt dargestellten Apps wie MAIL oder SKYDRIVE auch die SHARE-TARGET-App angezeigt.

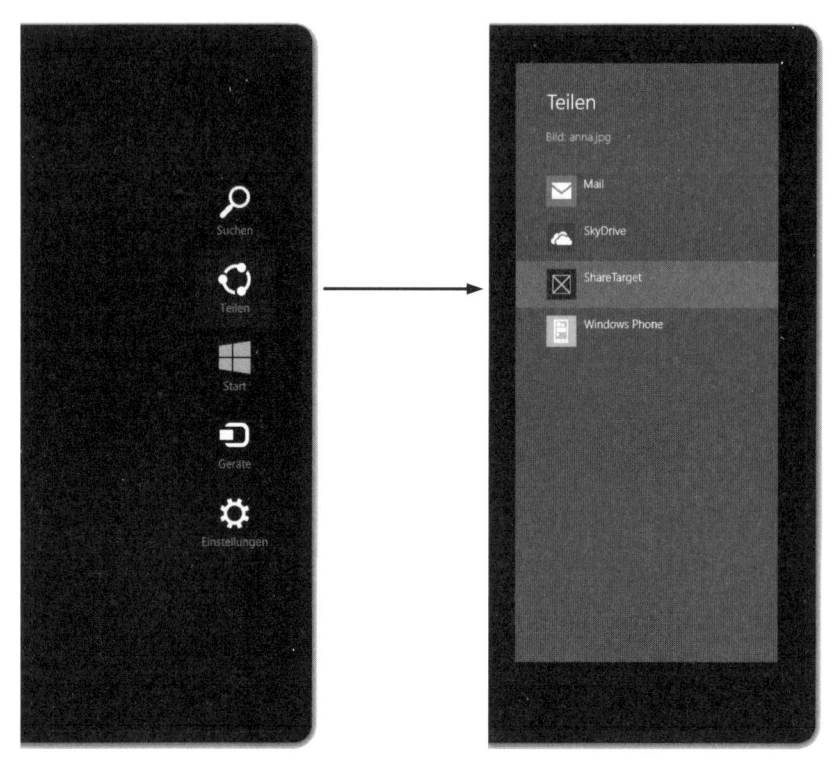

Abbildung 16.7 Die ShareTarget-App wird angezeigt, um das Bitmap entgegenzunehmen.

Haben Sie in Abbildung 16.7 die SHARETARGET-App ausgewählt, wird darin die überschriebene `OnShareTargetActivated`-Methode der `App`-Klasse aufgerufen. Darin haben wir in Listing 16.3 die `ShareTargetPage` erstellt und aktiviert. Somit wird diese Seite angezeigt, was Sie in Abbildung 16.8 sehen. Sie stellt wie erwartet das entgegengenommene Bitmap dar.

Abbildung 16.8 Die »ShareTargetPage« wird angezeigt und stellt das Bitmap dar.

In diesem Abschnitt haben Sie die einzelnen Schritte zum Implementieren des *Share*-Contracts (*Target*) kennengelernt. Visual Studio enthält auch eine Vorlage namens *Freigabezielvertrag*, was Abbildung 16.9 zeigt. Wenn Sie ein solches Element zu Ihrem Projekt hinzufügen, wird alles automatisch erstellt: die *Suchen*-Deklaration, die überschriebene OnShareTargetActivated-Methode in der App-Klasse und die ShareTarget-Page.

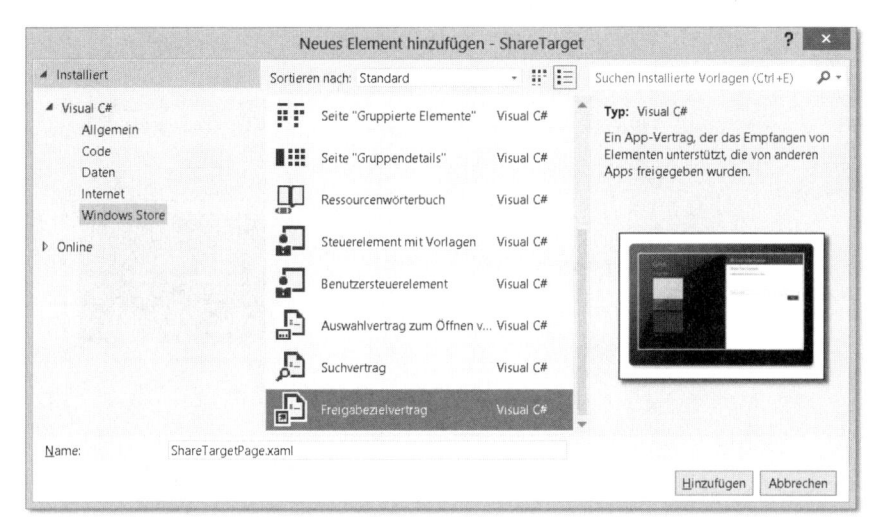

Abbildung 16.9 Die Vorlage »Freigabezielvertrag« erzeugt bereits die ganze Struktur.

16.1.4 »Search«-Contract

Damit sich Ihre App über die SUCHEN-Funktion der Charms Bar durchsuchen lässt, muss sie den *Search*-Contract implementieren. Dazu sind folgende Schritte notwendig:

1. Fügen Sie die *Suchen*-Deklaration im *Package.appxmanifest* hinzu.
2. Überschreiben Sie die OnSearchActivated-Methode in der *App.xaml.cs*-Datei.
3. Fügen Sie eine neue Seite hinzu, die die Suchergebnisse anzeigt. Erzeugen Sie diese Seite aus der OnSearchActivated-Methode. Die SearchActivatedEventArgs, die Sie in der OnSearchActivated-Methode als Parameter enthalten, besitzen eine QueryText-Property. Darin finden Sie die vom Benutzer eingegebene Abfrage.

Wie auch beim *Share*-Contract im vorigen Abschnitt steht Ihnen für den *Search*-Contract in Visual Studio eine Vorlage zur Verfügung, die die oben aufgeführten Schritte ausführt. Zudem wird mit der Vorlage eine Seite mit den Suchergebnissen erstellt, die den UI-Standards entspricht und zudem Filtermöglichkeiten bietet. Sehen wir uns daher in diesem Abschnitt den Weg mit der Vorlage an. Dazu erzeugen wir das Projekt »Search«.

Klicken Sie mit der rechten Maustaste im PROJEKTMAPPEN-EXPLORER auf das Projekt, und wählen Sie aus dem Kontextmenü den Menüpunkt HINZUFÜGEN • NEUES ELEMENT... Wählen Sie wie in Abbildung 16.10 unter dem Punkt WINDOWS STORE die Vorlage SUCHVERTRAG aus. Vergeben Sie für die Suchseite den Namen Search-ResultsPage.

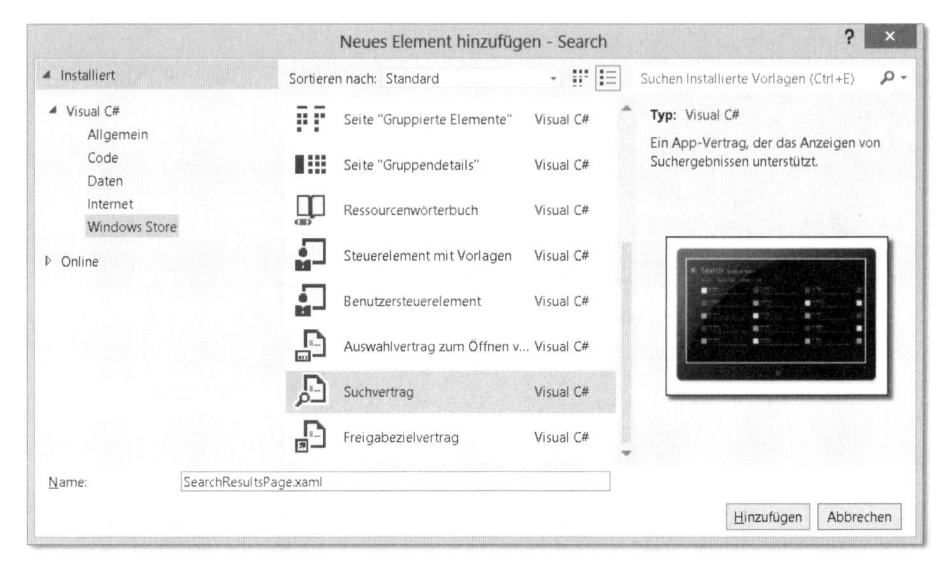

Abbildung 16.10 Der »Search«-Contract wird mit der Vorlage »Suchvertrag« erstellt.

Nachdem Sie den Dialog aus Abbildung 16.10 mit HINZUFÜGEN bestätigt haben, sollten Sie einen Blick in die *Package.appxmanifest*-Datei werfen. Wie Abbildung 16.11 zeigt, wurde die Deklaration SUCHEN hinzugefügt.

Abbildung 16.11 Die Deklaration »Suchen« wurde für den »Search«-Contract hinzugefügt.

In der App-Klasse (*App.xaml.cs*) in Listing 16.6 wurde durch die Vorlage die Methode OnSearchActivated überschrieben. Darin wird geprüft, ob bereits ein Frame existiert. Falls nein, wird einer erstellt.

> **Tipp**
>
> Der Code in der OnSearchActivated-Methode ähnelt jenem aus der OnLaunched-Methode der App-Klasse. Sie können hier gemeinsame Logik in eine separate Methode auslagern, die Sie dann aus OnSearchActivated und OnLaunched aufrufen, um eben keinen doppelten Code zu haben. Insbesondere wenn Sie mit dem SuspensionManager Sessiondaten und den Navigationszustand nach dem Terminieren Ihrer App wiederherstellen, ist es sinnvoll, diesen Code nur an einer Stelle zu haben.
>
> FriendStorage hat den gemeinsamen Code in eine separate Methode ausgelagert, die sicherstellt, dass beim Aktivieren die MainPage erstellt wird und der Navigationszustand und die Sessiondaten wiederhergestellt wurden. Mehr dazu lesen Sie in Abschnitt 16.3.2 beim *Search*-Contract in FriendStorage.

Auf dem Frame wird die Navigate-Methode aufgerufen, um zur SearchResultsPage zu navigieren. Beachten Sie, dass als Parameter die QueryText-Property der SearchActivatedEventArgs (Namespace Windows.ApplicationModel.Activation) übergeben wird. Die QueryText-Property enthält den Suchtext, der somit in der SearchResultsPage zur Verfügung steht. Nach der Navigation wird der Frame als Inhalt des Windows gesetzt und das Window aktiviert.

```
sealed partial class App : Application
{
  ...
  protected async override void OnSearchActivated(
    SearchActivatedEventArgs args)
  {
    // Wenn das Fenster noch keine Rahmennavigation verwendet,
    // eigenen Rahmen einfügen
    var previousContent = Window.Current.Content;
    var frame = previousContent as Frame;

    if (frame == null)
    {
      // Einen Rahmen als Navigationskontext erstellen ...
      frame = new Frame();
      ...
    }
    frame.Navigate(typeof(SearchResultsPage), args.QueryText);
    Window.Current.Content = frame;
```

```
    // Sicherstellen, dass das aktuelle Fenster aktiv ist
    Window.Current.Activate();
  }
}
```

Listing 16.6 K16\03 Search\App.xaml.cs

Bevor wir etwas anpassen, starten wir die App mit dem von der Vorlage erzeugten Code. Klicken Sie wie in Abbildung 16.12 in der Charms Bar auf SUCHEN, und geben Sie beispielsweise »Huber« ein. Beachten Sie in Abbildung 16.12, dass standardmäßig die gerade geöffnete App für die Suche ausgewählt ist. Der Benutzer kann einfach auf eine andere App klicken, um auch diese mit dem bereits eingegebenen Suchbegriff zu durchsuchen.

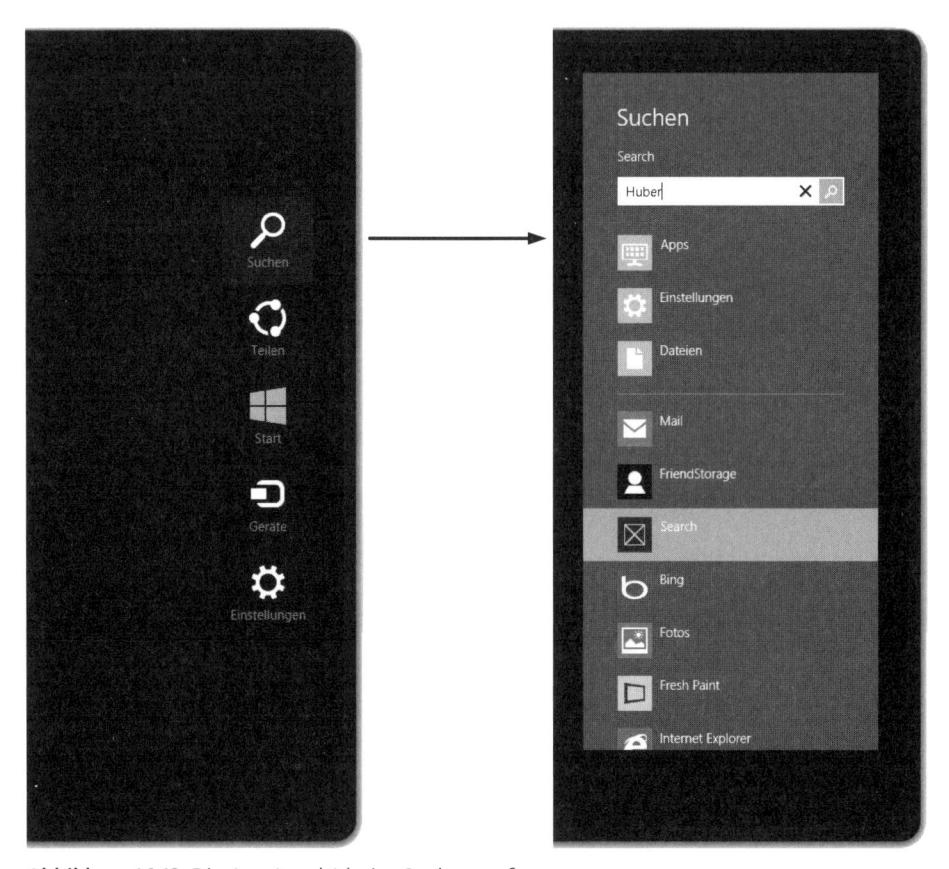

Abbildung 16.12 Die App taucht beim Suchen auf.

Hat der Benutzer in Abbildung 16.12 die ⏎-Taste gedrückt, um die Suche zu starten, wird die in Abbildung 16.13 dargestellte SearchResultsPage angezeigt. Im Header wird nochmals der Suchtext »Huber« dargestellt. Dem Benutzer wird zudem mitgeteilt, dass es keine Suchergebnisse gab.

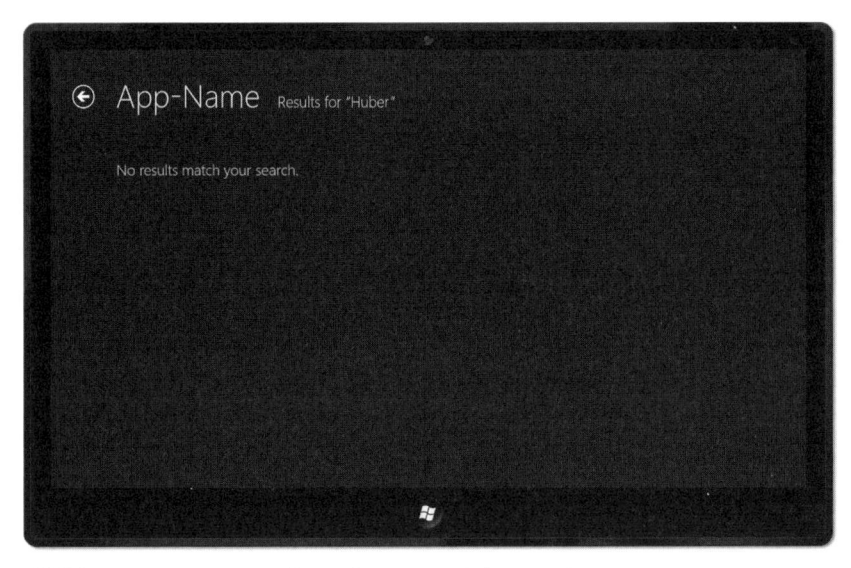

Abbildung 16.13 Die »SearchResultsPage« wird angezeigt.

Sehen wir uns jetzt an, wie wir die SearchResultsPage erweitern, damit sie die Suchergebnisse anzeigt. Die SearchResultsPage enthält per Default eine GridView, die zum Darstellen der Suchergebnisse verwendet wird:

```
<GridView ... ItemTemplate="{StaticResource
   StandardSmallIcon300x70ItemTemplate}">
   ...
</GridView>
```

Listing 16.7 K16\03 Search\SearchResultsPage.xaml.cs

Der ItemTemplate-Property der GridView aus Listing 16.7 wird die Ressource namens StandardSmallIcon300x70ItemTemplate zugewiesen. Diese Ressource finden Sie in der *StandardStyles.xaml*-Datei im *Common*-Ordner Ihres Projekts. Es handelt sich dabei um ein DataTemplate mit folgendem Inhalt:

```
<DataTemplate x:Key="StandardSmallIcon300x70ItemTemplate">
  <Grid Width="294" Margin="6">
    ...
    <Border ... Width="40" Height="40">
      <Image Source="{Binding Image}" Stretch="UniformToFill"/>
    </Border>
    <StackPanel Grid.Column="1" Margin="10,-10,0,0">
      <TextBlock Text="{Binding Title}" .../>
```

```xml
            <TextBlock Text="{Binding Subtitle}" .../>
            <TextBlock Text="{Binding Description}" .../>
        </StackPanel>
    </Grid>
</DataTemplate>
```

Listing 16.8 K16\03 Search\Common\StandardStyles.xaml

Wie aus dem `DataTemplate` aus Listing 16.8 hervorgeht, enthält ein Suchergebnis die Properties `Image`, `Title`, `Subtitle` und `Description`. Also erstellen wir eine Klasse für die Suchergebnisse, die genau diese Properties enthält. Listing 16.9 zeigt die Klasse `ResultItem`.

```csharp
public class ResultItem
{
    public ImageSource Image { get; set; }
    public string Title { get; set; }
    public string Subtitle { get; set; }
    public string Description { get; set; }
}
```

Listing 16.9 K16\03 Search\ResultItem.cs

Hinweis

Anstatt eine eigene Klasse für die Suchergebnisse zu erstellen, können Sie natürlich auch ein komplett anderes `DataTemplate` für die `GridView` der `SearchResultsPage` verwenden. Ihnen stehen alle Wege offen.

In der Codebehind-Datei der `SearchResultsPage` finden Sie den in Listing 16.10 dargestellten Event Handler `Filter_SelectionChanged`. Darin ist ein TODO-Kommentar enthalten, der besagt, dass zur Darstellung der Suchergebnisse dem `DefaultViewModel["Ergebnisse"]` eine Auflistung von Elementen mit bindbaren `Image`-, `Title`-, `Subtitle`- und `Description`-Properties zuzuweisen ist. Mit der in Listing 16.9 definierten Klasse `ResultItem` haben wir bereits eine Klasse mit diesen Properties erstellt.

Achtung

Beim TODO-Kommentar hat sich in der *Suchvertrag*-Vorlage ein kleiner Übersetzungsfehler eingeschlichen. Im Kommentar steht, dass Sie das `DefaultViewModel["`**Ergebnisse**`"]` setzen sollen. Betrachten Sie allerdings den restlichen Code in der `SearchResultsPage`, stellen Sie fest, dass es sich um das `DefaultViewModel["`**Results**`"]` handelt.

In Listing 16.10 wurde der TODO-Kommentar befolgt. Lediglich der fettgedruckte Code wurde eingefügt, der restliche Code stammt aus der Vorlage. Es wird eine Liste mit `ResultItems` erstellt, die anschließend dem `DefaultViewModel["Results"]` zugewiesen wird.

```
void Filter_SelectionChanged(object sender,
  SelectionChangedEventArgs e)
{
  // Ermitteln, welcher Filter ausgewählt wurde
  var selectedFilter = e.AddedItems.FirstOrDefault() as Filter;
  if (selectedFilter != null)
  {
    selectedFilter.Active = true;

    // TODO: Auf die Änderung für den aktiven Filter reagieren,
    // indem this.DefaultViewModel["Ergebnisse"] auf eine
    // Auflistung von Elementen mit bindbaren Image-, Title-,
    // Subtitle- und Description-Eigenschaften festgelegt wird.
    var resultItems = new List<ResultItem>
    {
      new ResultItem{Title="Julia", Subtitle="Huber",
        Description="Mama",Image=GetImageSource("julia")},
      new ResultItem{Title="Anna", Subtitle="Huber",
        Description="Große Schwester",
        Image=GetImageSource("anna")},
      new ResultItem{Title="Sara", Subtitle="Huber",
        Description="Kleine Schwester",
        Image=GetImageSource("sara")},
      new ResultItem{Title="Thomas", Subtitle="Huber",
        Description="Papa",Image=GetImageSource("thomas")},
    };
    DefaultViewModel["Results"] = resultItems;

    // Sicherstellen, dass Ergebnisse gefunden werden
    object results;
    ICollection resultsCollection;
    if (this.DefaultViewModel.TryGetValue("Results", out results)
      && (resultsCollection = results as ICollection) != null
      && resultsCollection.Count != 0)
    {
      VisualStateManager.GoToState(this, "ResultsFound", true);
      return;
    }
  }
}
```

```
  // Informationstext anzeigen,
  // wenn keine Suchergebnisse vorliegen.
  VisualStateManager.GoToState(this, "NoResultsFound", true);
}
```

Listing 16.10 K16\03 Search\SearchResultsPage.xaml.cs

> **Hinweis**
>
> Beachten Sie, dass in Listing 16.10 die `ResultItems` hartkodiert sind und dem Suchtext keine Bedeutung geschenkt wird. In Ihrer realen App nutzen Sie natürlich den Suchtext, um beispielsweise lokale Daten abzufragen oder einen Service aufzurufen. Sie finden den Suchtext in der Property `this.DefaultViewModel["QueryText"]` Ihrer `SearchResultsPage`.
>
> In Abschnitt 16.3.2 sehen wir uns den *Search*-Contract von FriendStorage an, bei dem die Freunde der aktuell geöffneten *.friends*-Datei durchsucht werden.

In Listing 16.10 wurde zum Setzen der `Image`-Property der `ResultItems` die `GetImageSource`-Methode aufgerufen. Diese lädt die Bilder in diesem Beispiel aus dem App-Package. Die Bilder wurden zum Projekt im Ordner *Images* hinzugefügt:

```
private ImageSource GetImageSource(string name)
{
  var imagePath = "ms-appx:///Images/" + name + ".jpg";
  var uri = new Uri(imagePath);
  return new BitmapImage(uri);
}
```

Listing 16.11 K16\03 Search\SearchResultsPage.xaml.cs

Wird die App jetzt erneut über die SUCHEN-Funktion der Charms Bar durchsucht, tauchen auf der `SearchResultsPage` die in Listing 16.10 hartkodierten vier `ResultItems` auf, was Sie in Abbildung 16.14 sehen.

Neben dem Darstellen der Suchergebnisse enthält die `SearchResultsPage` die Möglichkeit zum Erstellen von verschiedenen Filtern. Die Logik dazu finden Sie in der `LoadState`-Methode. Standardmäßig ist lediglich ein Filter erstellt, was Listing 16.12 zeigt. Wie Sie darin erkennen, besitzt ein Filter einen Namen, die Anzahl der Elemente und einen Wert, der angibt, ob der Filter aktiv ist. Für den aktiven Filter wird die in Listing 16.10 bereits gezeigte `Filter_SelectionChanged`-Methode aufgerufen.

```
protected override void LoadState(Object navigationParameter,
  Dictionary<String, Object> pageState)
```

```
{
    var queryText = navigationParameter as String;

    // TODO: Anwendungsspezifische Suchlogik. Der Suchprozess ist
    // verantwortlich für das Erstellen einer Liste mit vom
    // Benutzer wählbaren Ergebniskategorien:
    // filterList.Add(new Filter("<filter name>", <result count>));
    // Nur der erste Filter, normalerweise "Alle", sollte mit
    // "True" als drittes Argument übergeben werden, um in einem
    // aktiven Zustand zu starten. Ergebnisse für den aktiven
    // Filter werden nachfolgend in Filter_SelectionChanged
    // bereitgestellt.
    var filterList = new List<Filter>();
    filterList.Add(new Filter("All", 0, true));

    // Ergebnisse durch das Anzeigemodell kommunizieren
    this.DefaultViewModel["QueryText"] = '\u201c' + queryText
       + '\u201d';
    this.DefaultViewModel["Filters"] = filterList;
    this.DefaultViewModel["ShowFilters"] = filterList.Count > 1;
}
```

Listing 16.12 Standardinhalt der »LoadState«-Methode einer »SearchResultsPage«

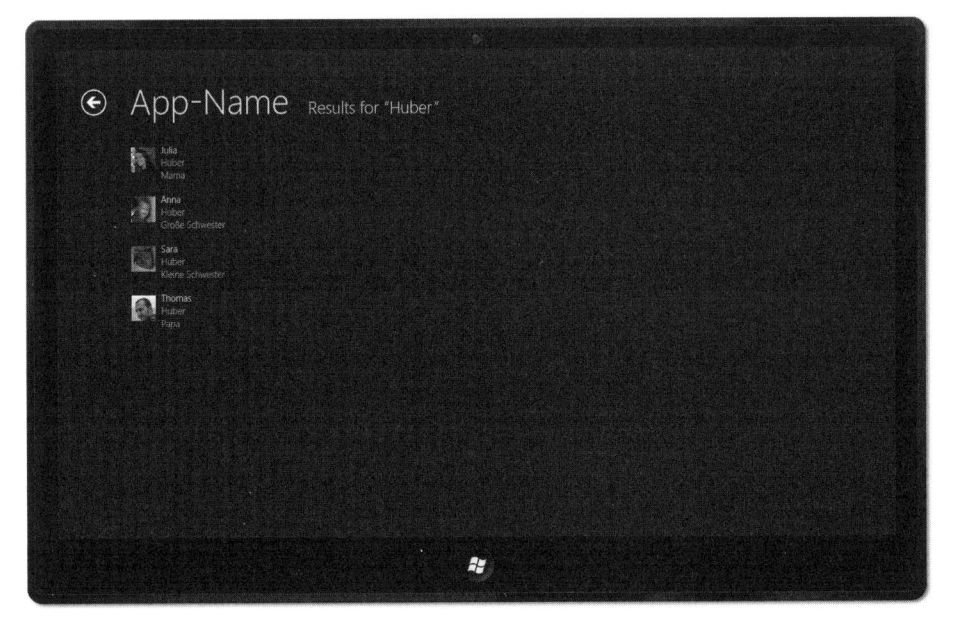

Abbildung 16.14 Die vier »ResultItems« werden in der »SearchResultsPage« angezeigt.

Sie können in der `LoadState`-Methode einfach weitere Filter definieren. Listing 16.13 zeigt ein Beispiel. Achten Sie darauf, auf den folgenden Filtern den dritten Konstruktor-Parameter auf `false` zu setzen, damit standardmäßig der `All`-Filter selektiert ist.

```
protected override void LoadState(Object navigationParameter,
    Dictionary<String, Object> pageState)
{
    var queryText = navigationParameter as String;

    var filterList = new List<Filter>();
    filterList.Add(new Filter("All", 4, true));
    filterList.Add(new Filter("Mädels", 3, false));
    filterList.Add(new Filter("Jungs", 1, false));

    // Ergebnisse durch das Anzeigemodell kommunizieren
    this.DefaultViewModel["QueryText"] = '\u201c' + queryText
        + '\u201d';
    this.DefaultViewModel["Filters"] = filterList;
    this.DefaultViewModel["ShowFilters"] = filterList.Count > 1;
}
```

Listing 16.13 K16\03 Search\SearchResultsPage.xaml.cs

> **Tipp**
>
> Die `Filter`-Klasse selbst ist am Ende der Datei *SearchResultsPage.xaml.cs* definiert. Falls Sie im `Filter_SelectionChanged`-Event-Handler weitere Informationen benötigen, können Sie die `Filter`-Klasse einfach um zusätzliche Properties erweitern. Die FriendStorage-App speichert beispielsweise mit dem Filter direkt das komplette Suchergebnis. Mehr dazu finden Sie in Abschnitt 16.3.2, »›Search‹-Contract«.

Wird jetzt eine Suche über die Charms Bar ausgeführt, wird die `SearchResultsPage` wie in Abbildung 16.15 mit den Filtern angezeigt. Jedes Mal, wenn der Benutzer auf einen Filter tippt, wird der `Filter_SelectionChanged`-Event-Handler aufgerufen. Sie haben darin die Möglichkeit, die Daten entsprechend gefiltert anzuzeigen. Ein Beispiel dazu sehen Sie in Abschnitt 16.3.2 anhand der FriendStorage-App.

Um den Benutzer bei der Suche zu unterstützen, können Sie ihm auch ein paar Vorschläge anzeigen. Nutzen Sie dazu die Klasse `SearchPane` (Namespace: `Windows.ApplicationModel.Search`). Sie repräsentiert die über die Charms Bar geöffnete Suchleiste. Mit der Methode `GetForCurrentView` erhalten Sie die `SearchPane`-Instanz für das Anwendungsfenster.

Die `SearchPane`-Instanz besitzt verschiedene Events. Zum Einfügen von Vorschlägen gibt es das `SuggestionsRequested`-Event. Über die darin erhaltenen `SearchPane-`

`SuggestionsRequestedEventArgs` lassen sich Suchvorschläge hinzufügen. Dazu gleich mehr.

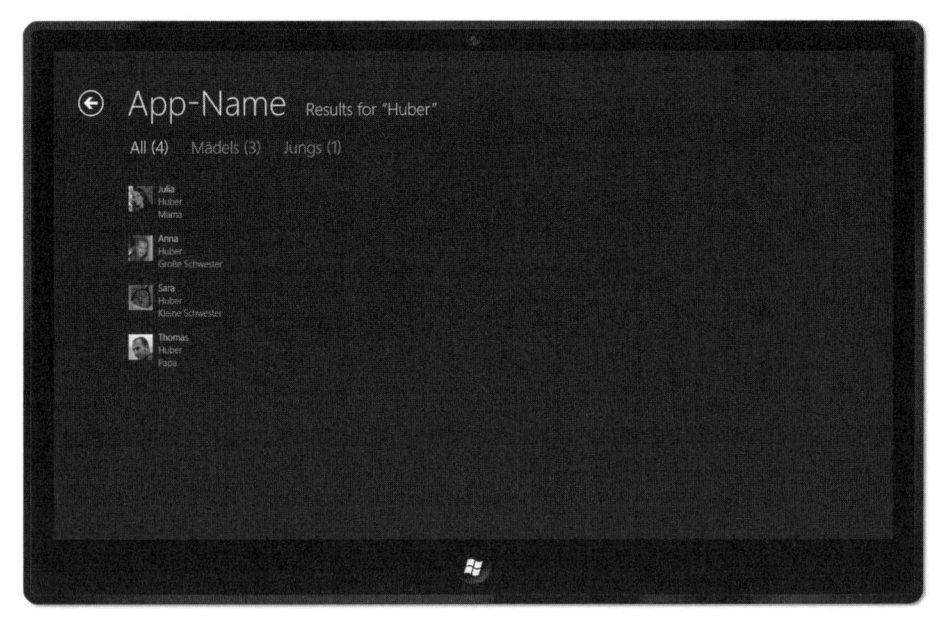

Abbildung 16.15 Die Filter werden im oberen Bereich der »SearchResultsPage« angezeigt.

Damit die Suche auf jeder Seite Ihrer Anwendung zur Verfügung steht, sollten Sie Ihre Logik in der `App`-Klasse unterbringen. Überschreiben Sie darin die Methode `OnWindowCreated`. Sie wird aufgerufen, wenn das Anwendungsfenster erstellt wird. In der `OnWindowCreated`-Methode greifen Sie auf die `SearchPane`-Instanz zu, indem Sie die statische Methode `GetForCurrenView` der `SearchPane`-Klasse aufrufen. Installieren Sie wie in Listing 16.14 einen Event Handler für das `SuggestionsRequested`-Event.

Im Event Handler fügen Sie die Vorschläge ein. Über die `QueryText`-Property der `SearchPaneSuggestionsRequestedEventArgs` erhalten Sie die eingegebene Abfrage. In Listing 16.14 wird damit das in der Instanzvariablen `_names` gespeicherte `string`-Array gefiltert. Mit LINQ werden nur die Namen ausgelesen, die mit dem eingegebenen `QueryText` beginnen. Danach werden die so gefundenen Namen durchlaufen und mit der `AppendQuerySuggestion`-Methode zur `SearchSuggestionCollection` hinzugefügt.

```
sealed partial class App : Application
{ ...
  private string[] _names = new string[] { "Julia", "Anna",
    "Sara", "Sebastian", "Thomas", "Susi" };
  protected override void OnWindowCreated(
    WindowCreatedEventArgs args)
  {
```

```csharp
    SearchPane.GetForCurrentView().SuggestionsRequested
      += SearchPane_SuggestionsRequested;
}
void SearchPane_SuggestionsRequested(SearchPane sender,
  SearchPaneSuggestionsRequestedEventArgs args)
{
  var matches = _names.Where(
    name => name.StartsWith(args.QueryText));
  foreach (string name in matches)
  {
    args.Request.SearchSuggestionCollection
      .AppendQuerySuggestion(name);
  }
 }
}
```

Listing 16.14 K16\04 SearchPane\App.xaml.cs

Starten Sie die App, und wählen Sie in der Charms Bar die Funktion SUCHEN. Geben Sie ein »S« ein. Es werden die im string-Array aus Listing 16.14 mit S beginnenden Namen angezeigt, wie Sie es in Abbildung 16.16 sehen.

Abbildung 16.16 Die Vorschläge werden unterhalb der »TextBox« angezeigt.

16.1.5 »Print«-Contract

Mit dem *Print*-Contract kann der Benutzer Inhalte Ihrer App ausdrucken, indem er die GERÄTE-Funktion der Charms Bar verwendet. Zum Implementieren des *Print*-Contracts nutzen Sie die Klasse PrintManager (**Namespace:** Windows.Graphics.Printing).

> **Hinweis**
> Eine Deklaration im *Package.appxmanifest* ist für den *Print*-Contract nicht notwendig.

Die statische Methode `GetForCurrentView` gibt die `PrintManager`-Instanz für das aktuelle Fenster zurück. Installieren Sie einen Event Handler für das `PrintTaskRequested`-Event. Es wird aufgerufen, sobald der Benutzer in der Charms Bar auf die GERÄTE-Funktion klickt.

Im `PrintTaskRequested`-Event erstellen Sie ein `PrintTask`-Objekt. Dazu nutzen Sie die `CreatePrintTask`-Methode, die Sie auf dem `PrintTaskRequest`-Objekt finden, das wiederum in der `Request`-Property der `PrintTaskRequestedEventArgs` steckt. Listing 16.15 zeigt ein Beispiel.

Die `CreatePrintTask`-Methode nimmt den Titel des Dokuments und einen `PrintTaskSourceRequestedHandler` entgegen. In Listing 16.15 wird direkt eine Lambda-Expression übergeben. Darin wird auf den erhaltenen `PrintTaskSourceRequestedArgs` die `GetDeferral`-Methode aufgerufen, um das Ganze mit dem `PrintTaskSourceRequestedDeferral`-Objekt zu verzögern. Via `Dispatcher` wird auf dem UI-Thread auf den `PrintTaskSourceRequestedArgs` die `SetSource`-Methode aufgerufen. Die `SetSource`-Methode verlangt eine `IPrintDocumentSource`-Instanz. In Listing 16.15 ist diese Instanz in der Klassenvariablen `_printDocument` bzw. in deren `PrintDocument`-Property enthalten. Diese `_printDocument`-Variable sehen wir uns gleich an. Wurde das Dokument via `SetSource`-Methode gesetzt, wird auf dem `PrintTaskSourceRequestedDeferral`-Objekt die `Complete`-Methode aufgerufen.

```
public sealed partial class MainPage :
  Drucken.Common.LayoutAwarePage
{
  ...
  protected override void LoadState(...)
  {
    PrintManager.GetForCurrentView().PrintTaskRequested
      += PrintManager_PrintTaskRequested;
  }
  protected override void SaveState(...)
  {
    PrintManager.GetForCurrentView().PrintTaskRequested
      -= PrintManager_PrintTaskRequested;
  }
  void PrintManager_PrintTaskRequested(PrintManager sender,
    PrintTaskRequestedEventArgs args)
```

```
    {
      PrintTask printTask =
        args.Request.CreatePrintTask("Titel des Doks",
          async (PrintTaskSourceRequestedArgs requestedArgs) =>
          {
            var deferral = requestedArgs.GetDeferral();
            await Dispatcher.RunAsync(
              CoreDispatcherPriority.Normal, () =>
              {
                requestedArgs.SetSource(
                  _printDocument.DocumentSource);
                deferral.Complete();
              });
          });
    }
    ...
}
```

Listing 16.15 K16\04 Drucken\MainPage.xaml.cs

Jetzt wissen Sie, wie Sie mit der Klasse `PrintManager` auf eine Druckanfrage reagieren und wie Sie einen `PrintTask` erstellen.

Den zu druckenden Inhalt bestimmen Sie mit einer `PrintDocument`-Instanz (Namespace: `Windows.UI.Xaml.Printing`). Deren `DocumentSource`-Property haben wir in Listing 16.15 bereits an die `SetSource`-Methode der `PrintTaskSourceRequestedArgs` übergeben. Sehen wir uns hier das Erstellen des `PrintDocument`s an.

Listing 16.16 zeigt den Teil der `MainPage`, der die Instanzvariable `_printDocument` vom Typ `PrintDocument` verwendet. Die Variable wird direkt bei der Deklaration mit einer `PrintDocument`-Instanz initialisiert. Im Konstruktor der `MainPage` werden Event Handler für die Events `AddPages` und `GetPreviewPage` hinzugefügt. Das `AddPages`-Event wird für den eigentlichen Ausdruck verwendet, das `GetPreviewPage`-Event für die Druckvorschau.

> **Hinweis**
>
> Die Druckvorschau mit dem Event Handler für das `GetPreviewPage`-Event sollten Sie nicht als optional, sondern als zwingend erforderlich ansehen. Dem Benutzer wird beim Drucken immer eine Vorschau angezeigt. Haben Sie keinen Event Handler definiert, taucht an der Stelle der Vorschau ein sich drehender `ProgressRing` auf, was etwas fehlerhaft wirkt.

Der `AddPages`-Event-Handler wird zum Drucken verwendet. Darin wird in Listing 16.16 auf dem `PrintDocument` die `AddPage`-Methode hinzugefügt. Die `AddPage`-Methode nimmt ein `UIElement` entgegen, das den Seiteninhalt definiert. Sie können somit zum Drucken alles verwenden, was auch für das UI Ihrer App zur Verfügung steht. In Listing 16.16 wird das an die `AddPage`-Methode übergebene `UIElement` mit der Hilfsmethode `GetUIElementForPage` erstellt. Diese Methode sehen wir uns später an. Wurden alle Seiten hinzugefügt, wird das Dokument mit der `AddPagesComplete`-Methode zum Drucken freigegeben.

Der `GetPreviewPage`-Event-Handler dient für die Druckvorschau. Mit der `SetPreviewPageCount`-Methode des `PrintDocuments` legen Sie die Anzahl der Seiten fest, die in der Druckvorschau angezeigt werden. In Listing 16.16 sind dies drei Seiten. Mit dem zweiten Parameter vom Typ der Aufzählung `PreviewPageCountType` wird angegeben, dass diese Summe die finale Summe und keine Zwischensumme ist. Über die `PageNumber`-Property der `GetPreviewPageEventArgs` erfahren Sie, welche Seite Sie anzeigen müssen. Zum Anzeigen der Seite wird die `SetPreviewPage`-Methode mit dieser `PageNumber` aufgerufen. Als zweiten Parameter verlangt die `SetPreviewPage`-Methode das `UIElement` für die Seite. Auch hier wird wieder die kleine Hilfsmethode `GetUIElementForPage` genutzt, die wir uns jetzt ansehen.

```
public sealed partial class MainPage :
  Drucken.Common.LayoutAwarePage
{
  PrintDocument _printDocument = new PrintDocument();
  public MainPage()
  {
    this.InitializeComponent();
    _printDocument.AddPages += PrintDocument_AddPages;
    _printDocument.GetPreviewPage +=PrintDocument_GetPreviewPage;
  }
  ...
  void PrintDocument_AddPages(object sender, AddPagesEventArgs e)
  {
    _printDocument.AddPage(GetUIElementForPage(1));
    _printDocument.AddPage(GetUIElementForPage(2));
    _printDocument.AddPage(GetUIElementForPage(3));
    _printDocument.AddPagesComplete();
  }
  void PrintDocument_GetPreviewPage(object sender,
    GetPreviewPageEventArgs e)
  {
    _printDocument.SetPreviewPageCount(3,
      PreviewPageCountType.Final);
```

```
    _printDocument.SetPreviewPage(e.PageNumber,
      GetUIElementForPage(e.PageNumber));
  }
  ...
}
```

Listing 16.16 K16\04 Drucken\MainPage.xaml.cs

Listing 16.17 zeigt die kleine Hilfsmethode `GetUIElementForPage`. Darin wird ein `StackPanel` erstellt, zu dessen `Children`-Property eine `Border` hinzugefügt wird. Der `Background`-Property der `Border` wird ein roter `SolidColorBrush` zugewiesen. Die `Child`-Property erhält einen `TextBlock`, der mit Hilfe der `GetNumberAsString`-Methode die Seitennummer anzeigt.

```
public sealed partial class MainPage :
  Drucken.Common.LayoutAwarePage
{
  ...
  private UIElement GetUIElementForPage(int pageNumber)
  {
    var panel = new StackPanel();
    panel.Children.Add(new Border
    {
      Background = new SolidColorBrush(Colors.Red),
      Child = new TextBlock
      {
        Text = "Seite " + GetNumberAsString(pageNumber),
        FontSize = 80,
        FontWeight = FontWeights.Bold,
        Margin = new Thickness(100)
      }
    });
    return panel;
  }
  private string GetNumberAsString(int pageNumber)
  {
    switch (pageNumber)
    {
      case 1:
        return "eins";
      case 2:
        return "zwei";
      case 3:
```

```
            return "drei";
        default:
            return pageNumber.ToString();
      }
    }
}
```

Listing 16.17 K16\04 Drucken\MainPage.xaml.cs

Damit ist ein einfacher Druck implementiert. Starten Sie die App, und klicken Sie in der Charms Bar auf die GERÄTE-Funktion. Es werden die verfügbaren Drucker angezeigt. Abbildung 16.17 zeigt die für meinen Computer verfügbaren Drucker.

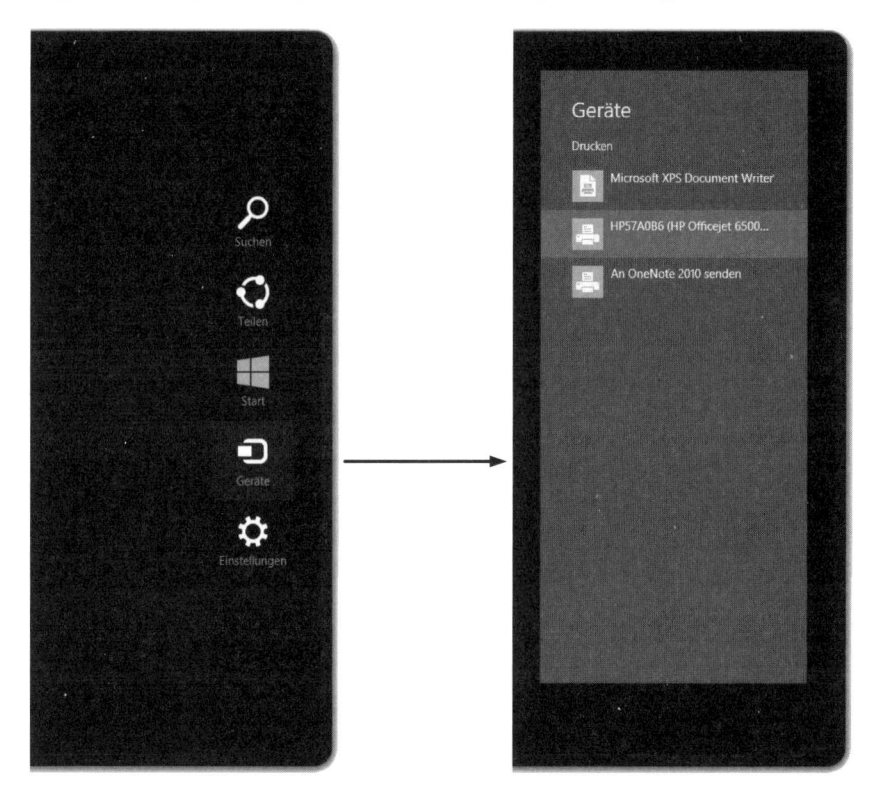

Abbildung 16.17 Die »Geräte«-Funktion der Charms Bar zeigt die verfügbaren Drucker an, wenn die App den »Print«-Contract implementiert hat.

Wurde in Abbildung 16.17 der in meinem Heimnetzwerk verfügbare HP-Drucker ausgewählt, wird die Druckvorschau aus Abbildung 16.18 angezeigt. Darin sind verschiedene Einstellungen verfügbar. Zudem ist zu sehen, wie die Border mit dem TextBlock für die erste Seite in der Druckvorschau angezeigt wird.

Abbildung 16.18 Die Druckvorschau zeigt bereits die erste von drei Seiten.

Es gibt viele weitere Möglichkeiten beim Drucken. Beispielsweise hat die PrintDocument-Klasse noch ein Paginate-Event, das Sie zum Aktualisieren des Inhalts nutzen können, wenn der Benutzer Einstellungen ändert, die sich auf die Seitenzahl auswirken können.

Auch die PrintTask-Klasse besitzt noch ein Completed-Event, das ausgelöst wird, wenn der Druckauftrag abgeschlossen wurde. Über die Completion-Property der PrintTaskCompletedEventArgs prüfen Sie, ob er auch erfolgreich war.

Für die Druckvorschau haben Sie die Möglichkeit, bestehende Einstellungen anzupassen oder sogar eigene Einstellungen zu hinterlegen. Sehen Sie sich dafür die Klassen PrintTask und PrintTaskOptionDetails (**Namespace:** Windows.Graphics.Printing.OptionDetails) näher an.

Listing 16.18 zeigt, wie die in der Druckvorschau verfügbaren Optionen konfiguriert werden. Dazu wird die statische Methode GetFromPrintTaskOptions der Klasse PrintTaskOptionDetails genutzt, um eine PrintTaskOptionDetails-Instanz zu erhalten. Als Parameter nimmt die Methode den Wert der Options-Property der PrintTask-Instanz entgegen. Die PrintTaskOptionDetails-Instanz enthält in der DisplayedOptions-Property die Anzeigeoptionen. Rufen Sie die Clear-Methode auf, um alle Optionen zu entfernen. Mit der Add-Methode fügen Sie neue Optionen hinzu. Die Add-Methode nimmt dabei einen einfachen String entgegen. Strings für die Standardoptionen finden Sie in den statischen Properties der StandardPrintTaskOptions-Klasse.

```
void PrintManager_PrintTaskRequested(PrintManager sender,
  PrintTaskRequestedEventArgs args)
{
  PrintTask printTask = args.Request.CreatePrintTask(...);
  PrintTaskOptionDetails optionDetails =
    PrintTaskOptionDetails.GetFromPrintTaskOptions(
      printTask.Options);
  optionDetails.DisplayedOptions.Clear();
  optionDetails.DisplayedOptions.Add(
    StandardPrintTaskOptions.Orientation);
  optionDetails.DisplayedOptions.Add(
    StandardPrintTaskOptions.MediaSize);
}
```

Listing 16.18 Die verfügbaren Optionen werden konfiguriert.

Anstatt wie in Listing 16.18 mit der StandardPrintTaskOptions-Klasse Standardoptionen hinzuzufügen, können Sie auch komplett eigene Funktionen erstellen. Die Klasse PrintTaskOptionDetails besitzt dazu die beiden Methoden CreateTextOption und CreateItemListOption. Mit der ersten erstellen Sie ein Texteingabefeld. Sie erhalten als Rückgabewert eine PrintCustomTextOptionDetails-Instanz, die weitere Einstellungsmöglichkeiten enthält. Mit der CreateItemListOption-Methode erstellen Sie eine Auswahlliste. Als Rückgabewert erhalten Sie hier eine PrintCustomItemListOptionDetails-Instanz, die unter anderem die AddItem-Methode besitzt, um Elemente zur Auswahlliste hinzuzufügen.

Sowohl die CreateTextOption- als auch die CreateItemListOption-Methode nimmt als ersten Wert eine ID in Form eines Strings entgegen, als zweiten Wert den Anzeigenamen. Die String-ID verwenden Sie danach für die Add-Methode der DisplayedOptions, um die Anzeigeoption auch hinzuzufügen.

Listing 16.19 zeigt ein kleines Beispiel. Es werden mit der Clear-Methode alle Optionen entfernt. Anschließend werden die beiden Methoden CreateTextOption und CreateItemListOption genutzt. Abbildung 16.19 zeigt das Ergebnis. Sowohl das Textfeld mit dem Anzeigenamen TITEL als auch die Auswahlliste mit dem Anzeigenamen ANORDNUNG werden in der Druckvorschau angezeigt.

```
void PrintManager_PrintTaskRequested(PrintManager sender,
  PrintTaskRequestedEventArgs args)
{
```

```csharp
    PrintTask printTask = args.Request.CreatePrintTask(...);
    PrintTaskOptionDetails optionDetails =
      PrintTaskOptionDetails.GetFromPrintTaskOptions(
        printTask.Options);
    optionDetails.DisplayedOptions.Clear();

    // Eigene Text-Option erstellen.
    PrintCustomTextOptionDetails option1 =
      optionDetails.CreateTextOption("optionId1", "Titel");
    optionDetails.DisplayedOptions.Add("optionId1");

    // Eigene Auswahl-Option erstellen
    PrintCustomItemListOptionDetails option2 =
      optionDetails.CreateItemListOption("optionId2", "Anordnung");
    option2.AddItem("itemId1", "horizontal");
    option2.AddItem("itemId2", "vertikal");
    optionDetails.DisplayedOptions.Add("optionId2");
}
```

Listing 16.19 K16\06 Druckoptionen\MainPage.xaml.cs

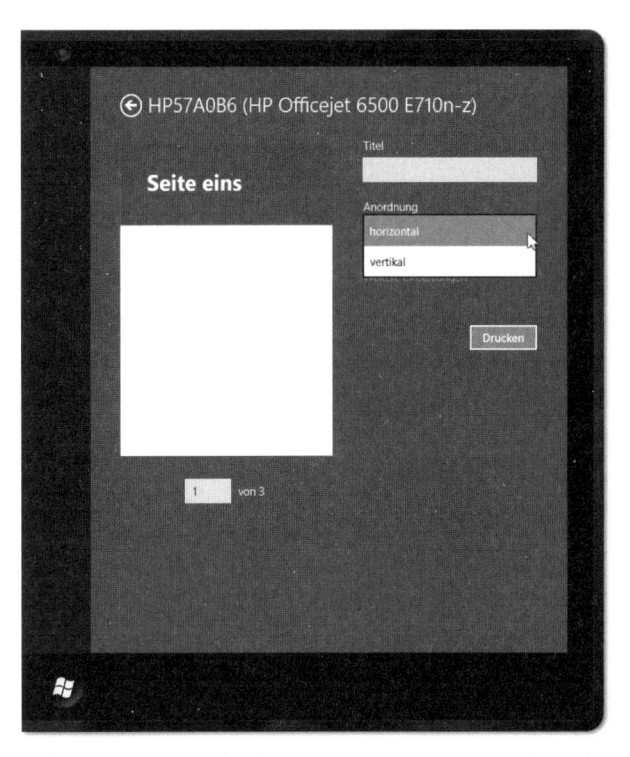

Abbildung 16.19 Die beiden eigenen Optionen »Titel« und »Anordnung« werden angezeigt.

> **Hinweis**
> Über die GERÄTE-Funktion der Charms Bar wird neben dem *Print*-Contract der *PlayTo*-Contract ausgeführt. Dabei werden Medien wie Bilder oder Videos auf andere Geräte im Heimnetzwerk gestreamt. Mehr zum *PlayTo*-Contract lesen Sie in Kapitel 20, »Multimedia«.

16.2 Extensions

Nachdem Sie im vorigen Abschnitt die Contracts kennengelernt haben, sehen wir uns jetzt die Extensions an. Extensions stellen eine Vereinbarung zwischen Ihrer App und Windows dar. In diesem Abschnitt erhalten Sie eine Übersicht der Extensions, bevor wir uns die Extensions *Dateitypzuordnung*, *Autoplay* und *Hintergrundaufgaben* (Background-Tasks) ansehen.

16.2.1 Übersicht der Extensions

Extensions werden alle über den DEKLARATIONEN-Tab im *Package.appxmanifest* gesteuert. Wie Sie im vorigen Abschnitt gelesen haben, ist dies auch bei einigen Contracts der Fall. Nachfolgend finden Sie die Extensions mit einer entsprechenden Beschreibung. Die fettgedruckten Namen entsprechen dabei exakt den Deklarationen im *Package.appxmanifest*:

- **Dateitypzuordnungen:** Mit dieser Extension ordnen Sie einen oder mehrere Dateitypen Ihrer App zu, beispielsweise *.jpg* oder *.txt* oder Ihren eigenen Typ. Doppelklickt der Benutzer in Windows auf eine solche Datei, wird Ihre App aktiviert. Mehr dazu erfahren Sie in Abschnitt 16.2.2, »Dateitypzuordnung und -aktivierung (File Activation)«.
- **Einstellungen für Druckaufgaben:** Diese Extension bietet Ihnen die Möglichkeit, eine eigene Oberfläche zum Drucken anzuzeigen. Ihre App kommuniziert dann direkt mit dem Drucker.
- **Gerät automatisch wiedergeben:** Mit dieser Extension registrieren Sie Ihre App für Geräteereignisse, zum Beispiel das Anschließen einer Kamera. Sie können dann die Inhalte des Geräts wiedergeben.
- **Hintergrundaufgaben:** Die App kann mit dieser Extension auch dann bestimmte Aufgaben ausführen, wenn sie sich im *Suspended*-Zustand und somit im Hintergrund befindet. Näheres dazu finden Sie in Abschnitt 16.2.4, »Hintergrundaufgaben (Background-Tasks)«.

- **Inhalt automatisch wiedergeben:** Mit dieser Extension steht dem Benutzer Ihre App zur Auswahl, wenn er beispielsweise eine CD, DVD oder Blu-ray einlegt. Mehr dazu lesen Sie in Abschnitt 16.2.3, »Automatische Wiedergabe (Autoplay)«.
- **Inhaltsauswahl:** Mit dieser Extension taucht Ihre App im `ContactPicker` auf, damit der Benutzer direkt aus Ihrer App die gewünschten Kontakte auswählen kann.
- **Kameraeinstellungen:** Mit dieser Extension können Sie eine eigene Oberfläche für Kameraeinstellungen erstellen, falls Sie Fotos oder Videos aufnehmen.
- **Kontobildanbieter:** Mit dieser Extension kann der Benutzer Ihre App verwenden, um in Windows 8 ein neues Profilbild zu hinterlegen.
- **Protokoll:** Um bestehende oder eigene Protokolle zu verwenden, nutzen Sie diese Extension. Bestehende Protokolle sind beispielsweise *mailto*, *http* oder *https*. Möchte der Benutzer eine solche Datei öffnen, wird je nach Deklaration auch Ihre App vorgeschlagen.
- **Spiel-Explorer:** Mit dieser Extension können Sie Ihre App in Windows als Spiel registrieren.
- **Zertifikate:** Mit dieser Extension lässt sich ein digitales Zertifikat für Ihre App installieren.

16.2.2 Dateitypzuordnung und -aktivierung (File Activation)

Mit der Deklaration *Dateitypzuordnungen* ordnen Sie, wie der Name der Deklaration bereits sagt, einen oder mehrere Dateitypen Ihrer App zu. Die Deklaration kann mehrmals zum *Package.appxmanifest* hinzugefügt werden. Üblicherweise erstellen Sie eine Deklaration pro Dateityp. Nach dem Hinzufügen einer Deklaration sind mindestens die Felder NAME und DATEITYP auszufüllen, was Abbildung 16.20 zeigt.

> **Hinweis**
>
> Beachten Sie, dass Sie zu einer DATEITYPZUORDNUNGEN-Deklaration über den in Abbildung 16.20 sichtbaren Button NEU HINZUFÜGEN auch mehrere Dateitypen hinzufügen können. Dies ist beispielsweise für *.jpg* und *.jpeg* sinnvoll. Ansonsten erstellen Sie üblicherweise pro Dateityp eine DATEITYPZUORDNUNGEN-Deklaration, um so die Felder wie NAME und ANZEIGENAME spezifisch füllen zu können.

In Abbildung 16.20 sehen Sie verschiedene Felder der DATEITYPZUORDNUNGEN-Deklaration. Die wichtigsten lauten:

- ANZEIGENAME: Dies ist der Anzeigename der Datei. Er wird beispielsweise im Windows-Explorer in der TYP-Spalte angezeigt, wenn der Windows-Explorer in der DETAILS-Ansicht verwendet wird.

- Logo: Das unter Windows angezeigte Bild für diesen Dateityp. Haben Sie kein Bild angegeben, wird das kleine Logo Ihrer App verwendet (*Assets\SmallLogo.png*).
- Infotipp: Der Infotipp wird im Windows-Explorer angezeigt, wenn Sie den Mauszeiger über die Datei bewegen. Es ist quasi ein Tooltip.
- Name: Der Name stellt eine Art ID dar, die von Windows verwendet wird. Er sollte sich daher nicht ändern.
- Bearbeitungsflags: Möchten Sie, dass ein Benutzer auswählen kann, ob Dateien dieses Typs automatisch geöffnet werden, setzen Sie die Checkbox Öffnen ist sicher. Ansonsten setzen Sie die Checkbox Immer unsicher.
- Inhaltstyp: Dies ist der *MIME*-Typ (*Multipurpose Internet Mail Extensions*) für den definierten Dateityp. Der *MIME*-Typ besteht immer aus einem Medientyp wie text, image, video, audio, application usw. und einem Subtyp. Hier ein paar Beispiele für MIME-Typen: text/plain, text/xml, image/jpeg, image/png, video/mpeg, application/msword.
- Dateityp: Die Dateierweiterung für Ihren Typ. Geben Sie sie mit einem Punkt beginnend an, beispielsweise .jpg oder .png.

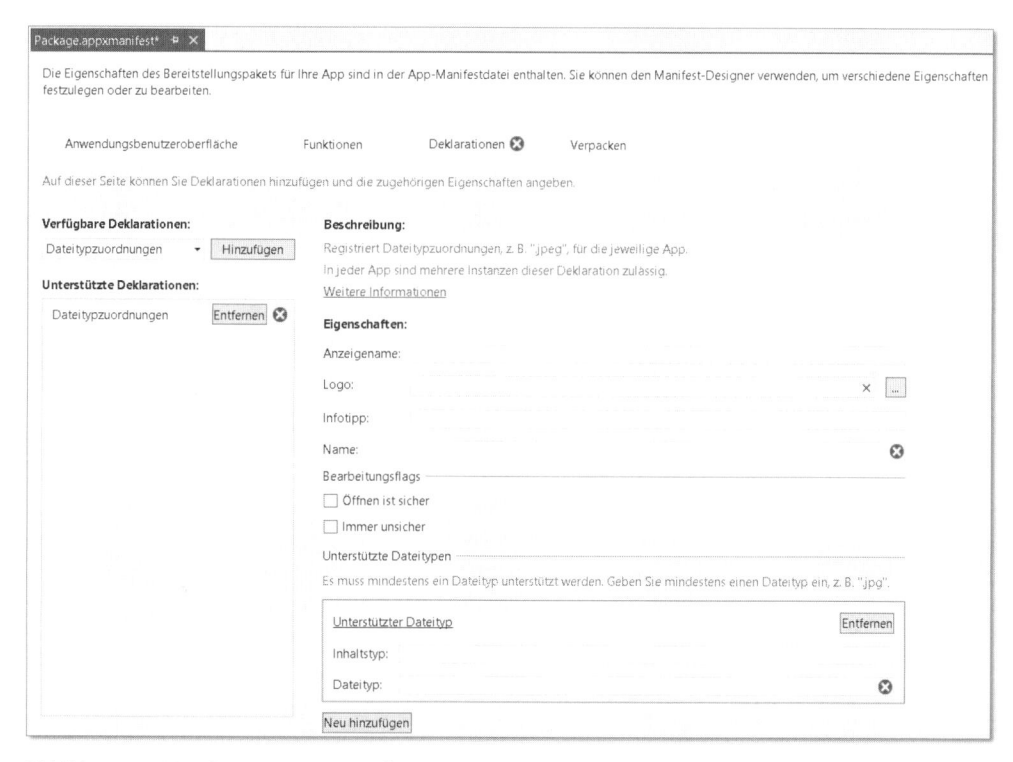

Abbildung 16.20 Die »Dateitypzuordnungen«-Deklaration im »Package.appxmanifest«

16 Contracts und Extensions

Werfen wir den Blick auf ein kleines Beispiel. In einer neuen App füllen Sie dazu im *Package.appxmanifest* die *Dateitypzuordnungen*-Deklaration wie in Abbildung 16.21 gezeigt aus.

Abbildung 16.21 Eine ausgefüllte »Dateitypzuordnungen«-Deklaration

Starten Sie die App, wird der Dateityp in Windows registriert. Wechseln Sie in den Windows-Explorer, und erstellen Sie eine *.thomas*-Datei. Sie sehen das gewählte Logo und beim Darüberfahren mit der Maus auch den definierten Infotipp, was Abbildung 16.22 zeigt.

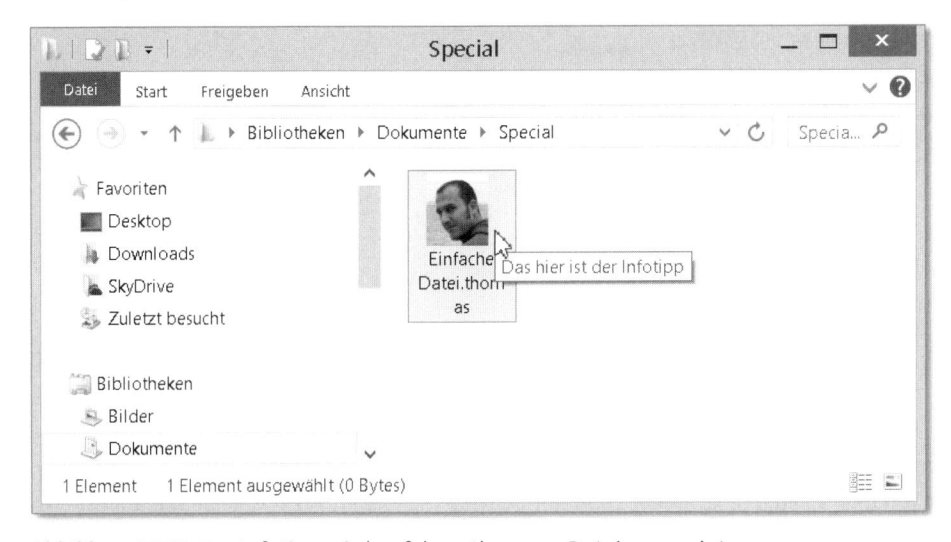

Abbildung 16.22 Der Infotipp wird auf der ».thomas«-Datei angezeigt.

Damit Ihr Logo unter Windows stets scharf aussieht, sollten Sie es in verschiedenen Auflösungen zu Ihrer App hinzufügen: 16 × 16, 32 × 32, 48 × 48 und 256 × 256 Pixel. Nutzen Sie für die verschiedenen Dateien den *targetsize*-Qualifizierer. Geben Sie im *Package.appxmanifest* die Datei *Images/thomas.jpg* an, fügen Sie zum *Images*-Ordner Ihres Projekts folgende Dateien mit der entsprechenden Auflösung hinzu:

- *Images/thomas.targetsize-16.jpg*
- *Images/thomas.targetsize-32.jpg*
- *Images/thomas.targetsize-48.jpg*
- *Images/thomas.targetsize-256.jpg*

Jetzt haben Sie gelernt, wie Sie einen Dateitypen zuordnen können. Das Geniale an einer Dateitypzuordnung ist jedoch, dass Ihre App sich jetzt öffnet, wenn der Benutzer auf eine solche Datei im Windows-Explorer doppelklickt.

> **Hinweis**
> Falls Sie eine Dateitypzuordnung für einen bestehenden Dateitypen wie beispielsweise *.txt* eingerichtet haben, wird Ihre App dem Benutzer beim Öffnen einer solchen Datei neben den anderen verfügbaren Apps für den entsprechenden Dateityp vorgeschlagen.

Um die Inhalte der geöffneten Datei auszuwerten, überschreiben Sie in der App-Klasse (*App.xaml.cs*-Datei) die `OnFileActivated`-Methode. Über die `Files`-Property der `FileActivatedEventArgs` erhalten Sie die geöffnete Datei bzw. die geöffneten Dateien. Listing 16.20 zeigt ein Beispiel.

```
sealed partial class App : Application
{ ...
  protected override void OnFileActivated(
    FileActivatedEventArgs args)
  {
    if (args.Verb == "open")
    {
      foreach (IStorageItem item in args.Files)
      {
        StorageFile file = item as StorageFile;
        // TODO: Datei verarbeiten und entspr. Page anzeigen
      }
    }
  }
}
```

Listing 16.20 Überschreiben der »OnFileActivated«-Methode in der »App.xaml.cs«-Datei

Beachten Sie in Listing 16.20, dass mit einer `if`-Abfrage der Wert der `Verb`-Property der `FileActivatedEventArgs` geprüft wird. Nur wenn die `Verb`-Property den Wert `open` hat, wurde auch eine Datei geöffnet. Da die `OnFileActivated`-Methode auch für die automatische Wiedergabe von Inhalten verwendet wird, sollten Sie die `Verb`-Property immer prüfen, um somit herauszufinden, wie eine Datei geöffnet wurde. Sehen wir uns die automatische Wiedergabe an.

> **Achtung**
>
> Wie auch bei jeder anderen Aktivierung sollten Sie in der überschriebenen `OnFileActivated`-Methode beachten, dass Ihre App eventuell frisch geöffnet wurde und Sie somit den Frame erstellen müssen. Eventuell wurde Ihre App auch terminiert, womit Sie den Navigationszustand und die Sessiondaten wiederherstellen sollten. Mehr dazu lesen Sie in Kapitel 14, »App-Lebenszyklus und -Einstellungen«.

16.2.3 Automatische Wiedergabe (Autoplay)

Fügen Sie in Ihrer App die Deklaration *Inhalt automatisch wiedergeben* hinzu, um zu reagieren, wenn ein USB-Stick, eine Speicherkarte, eine CD, DVD oder Blu-ray eingelegt wird. Mit dieser Deklaration wird eine Startaktion definiert, die folgende drei Werte benötigt:

- VERB: Diese ID können Sie in der überschriebenen `OnFileActivated`-Methode in der `App`-Klasse nutzen, um verschiedene Startaktionen auseinanderzuhalten.
- AKTIONSANZEIGENAME: Dieser Text wird in der von Windows für die automatische Wiedergabe angezeigten Oberfläche verwendet.
- INHALTSEREIGNIS: Hier geben Sie den Namen eines Ereignisses an, für das Sie die Startaktion ausführen möchten.

Für das Inhaltsereignis stehen Ihnen verschiedene Werte zur Verfügung, wie `StorageOnArrival`, `ShowPicturesOnArrival`, `PlayMusicFilesOnArrival`, `PlayVideoFilesOnArrival`, `PlayDVDMovieOnArrival`, `HandleCDBurningOnArrival`, `UnknownContentOnArrival` usw. Eine komplette Auflistung finden Sie in der Dokumentation unter *http://dev.windows.com/apps*.

> **Tipp**
>
> Im *Package.appxmanifest*-Designer finden Sie nach dem Hinzufügen einer Deklaration einen Link namens WEITERE INFORMATIONEN. Dieser ist auch in Abbildung 16.23 ersichtlich. Ein Klick darauf führt Sie direkt an die entsprechende Stelle in der Dokumentation unter *http://dev.windows.com/apps*.

Mit `ShowPicturesOnArrival` legen Sie beispielsweise fest, dass Ihre App zur Auswahl steht, wenn das hinzugefügte Medium im Stammverzeichnis einen Ordner *DCIM*, *AVCHD* oder *PRIVATE\ACHD* enthält, in dem üblicherweise Bilder untergebracht sind.

> **Hinweis**
>
> Das `UnknownContentOnArrival` stellt eine Art »Auffang-Event« dar. Es wird ausgelöst für alle Ereignisse, die für die automatische Wiedergabe in Betracht kommen. Ihre App taucht damit immer in der automatischen Wiedergabe auf, egal, ob es sich um Bilder, Videos oder Sonstiges handelt. Es ist ratsam, dieses Event zu vermeiden. Verwenden Sie nur jene Events, deren Inhalte Ihre App auch verarbeiten kann.

In Abbildung 16.23 wurde im *Package.appxmanifest* die Deklaration INHALT AUTOMATISCH WIEDERGEBEN hinzugefügt. Die Startaktion mit ihren Feldern VERB, AKTIONSANZEIGENAME und INHALTSEREIGNIS wurde entsprechend ausgefüllt.

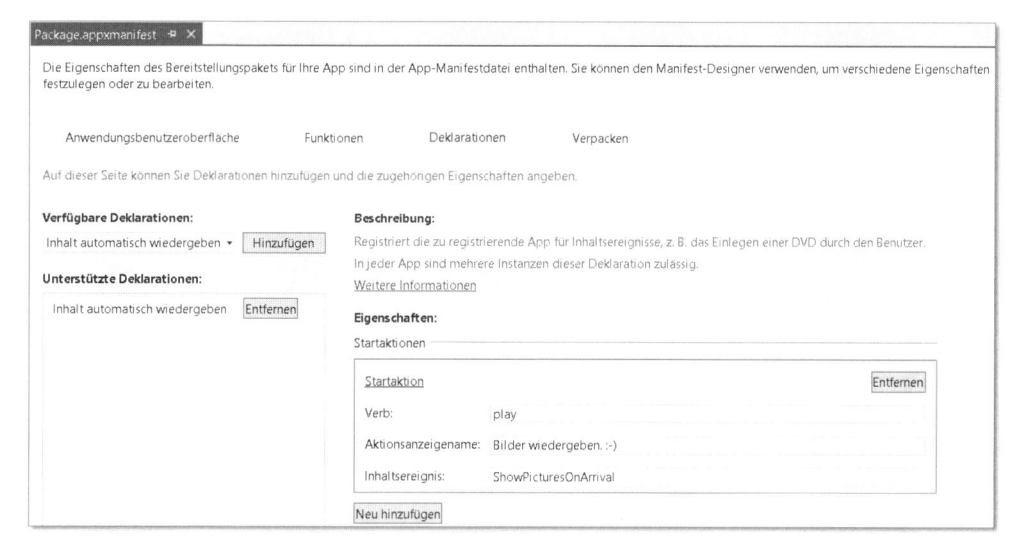

Abbildung 16.23 Eine ausgefüllte »Inhalt automatisch wiedergeben«-Deklaration im »Package.appxmanifest«

Starten Sie jetzt die App, erhalten Sie einen Fehler, der besagt, dass die Funktion WECHSELSPEICHERGERÄTE benötigt wird. Geben Sie diese unter dem Tab FUNKTIONEN im *Package.appxmanifest* wie in Abbildung 16.24 entsprechend an.

Starten Sie die App, und schließen Sie sie wieder. Schließen Sie jetzt eine Kamera an oder einen USB-Stick, der beispielsweise den Ordner *DCIM* mit Bildern enthält. Ich habe hier die Variante mit dem USB-Stick gewählt. Stecke ich ihn ein, erscheint die App unter der Auswahl, so wie in Abbildung 16.25. Beachten Sie dabei, dass der in Abbildung 16.23 im *Package.appxmanifest* eingegebene AKTIONSANZEIGENAME angezeigt wird.

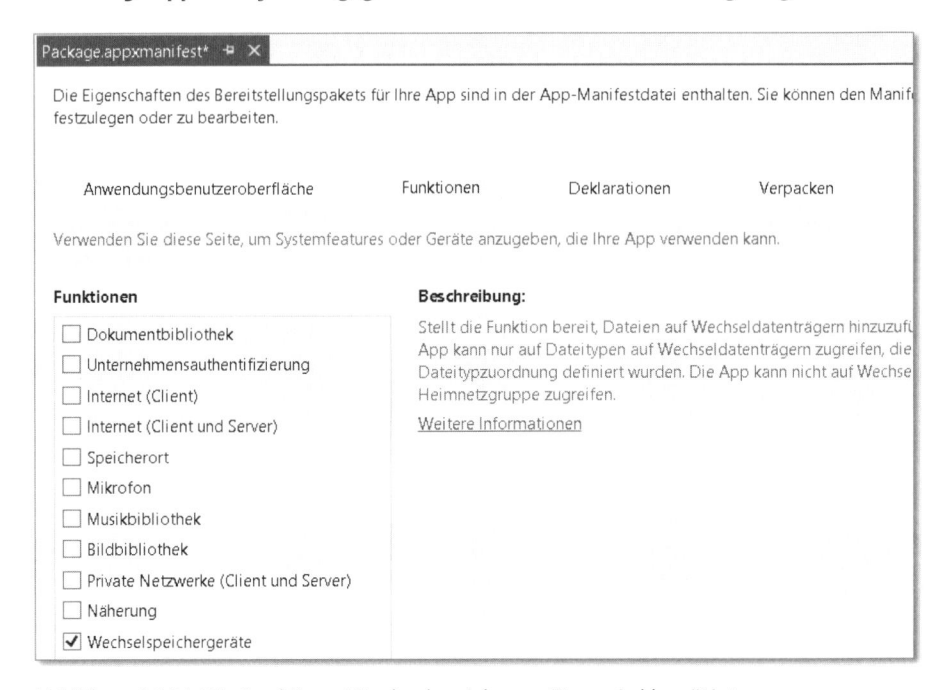

Abbildung 16.24 Die Funktion »Wechselspeichergeräte« wird benötigt.

Abbildung 16.25 Die eigene App taucht auf, um Bilder wiederzugeben.

Wurde Ihre App in Abbildung 16.25 ausgewählt, passiert noch nichts. Auf die entsprechenden Dateien greifen Sie in der überschriebenen `OnFileActivated`-Methode zu. Über die `Verb`-Property der `FileActivatedEventArgs` erhalten Sie die von Ihnen selbst im *Package.appxmanifest* definierte ID für die Startaktion. In Abbildung 16.23

war dies die ID play, die somit in Listing 16.21 abgefragt wird. Anschließend greifen Sie über die Files-Property der FileActivatedEventArgs das Wurzelverzeichnis des USB-Sticks oder der Kamera ab. Sie können jetzt die darin enthaltenen Dateien durchlaufen.

```
protected override void OnFileActivated(
  FileActivatedEventArgs args)
{ ...
  if (args.Verb == "play")
  {
    StorageFolder rootFolder = (StorageFolder)args.Files[0];
    // Dateien verarbeiten
    ...
  }
}
```

Listing 16.21 K16\07 AutoplayExtension\App.xaml.cs

> **Achtung**
> Von dem eingesteckten USB-Stick oder der Kamera kann Ihre App nur jene Dateien auslesen, für die Sie im *Package.appxmanifest* eine *Dateitypzuordnungen*-Deklaration erstellt haben.

> **Tipp**
> Sie können im *Package.appxmanifest* unter der *Inhalt automatisch wiedergeben*-Deklaration mehrere Startaktionen für Ihre App definieren. Ihre App wird dem Benutzer dann mehrmals angezeigt. Verwenden Sie bei Bildern beispielsweise verschiedene Funktionen: *Wiedergeben*, *Importieren*, *Slideshow* usw. Die einzelnen Startaktionen können Sie über den Wert der Verb-Property auseinanderhalten

16.2.4 Hintergrundaufgaben (Background-Tasks)

Mit den sogenannten Background-Tasks können Sie Code auch dann ausführen, wenn Ihre App nicht im Vordergrund, sondern im *Suspended*-Zustand ist. Wie Sie aus Kapitel 14, »App-Lebenszyklus und -Einstellungen«, wissen, erhält Ihre App im *Suspended*-Zustand keine Prozessorzeit. Ein Background-Task wird jedoch in Windows registriert und kann dadurch wie erwähnt auch dann ausgeführt werden, wenn die App eben nicht läuft.

> **Hinweis**
>
> Tatsächlich wird der Code eines Background-Tasks in einem separaten Prozess ausgeführt, nämlich in der *BackgroundTaskHost.exe*.

Ein Background-Task eignet sich zum Ausführen von kleinen Aufgaben, die keine Benutzerinteraktion benötigen, beispielsweise das Abrufen von Mails, das Abrufen und Senden von Chat-Nachrichten usw. Nutzen Sie einen Background-Task nicht, wenn Sie mit dem Benutzer interagieren möchten.

Um einen Background-Task zu erstellen, fügen Sie im *Package.appxmanifest* wie in Abbildung 16.26 die HINTERGRUNDAUFGABEN-Deklaration hinzu.

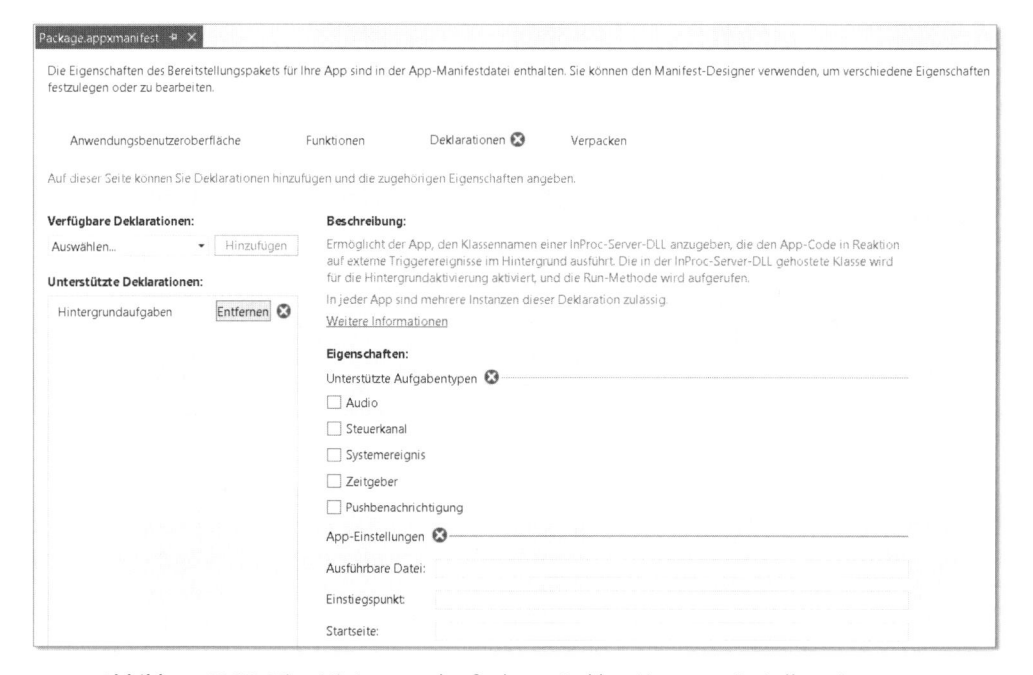

Abbildung 16.26 Die »Hintergrundaufgaben«-Deklaration zum Erstellen eines Background-Tasks

Wie Abbildung 16.26 zeigt, unterstützt ein Background-Task verschiedene Aufgabentypen:

- AUDIO: Mit diesem Aufgabentyp spielen Sie Audiodateien im Hintergrund ab. Dies ist sinnvoll, wenn Sie eine Art Media-Player erstellen. Der Benutzer möchte die Musik auch dann hören, wenn er zu einer anderen App wechselt. Wie Sie Hintergrundmusik abspielen, wie Sie auf Hardwareknöpfe für Play, Pause, Stopp reagieren und vieles mehr lesen Sie in Kapitel 20, »Multimedia«.

- STEUERKANAL: Dieser Aufgabentyp stellt einen Kanal zwischen einem Server und Ihrer App dar. Tatsächlich wird der Kanal jedoch nicht zwischen dem Server und Ihrer App, sondern zwischen dem Server und Windows hergestellt. Dadurch ist es möglich, dass Windows ein eingehendes Packet entgegennimmt und dem Benutzer eine Benachrichtigung anzeigt, beispielsweise dass auf dem Server neue Mails eingegangen sind.
- SYSTEMEREIGNIS: Mit diesem Aufgabentyp wird Ihr Code bei einem bestimmten Systemereignis ausgeführt. Ein solches Systemereignis ist beispielsweise das Herstellen der Verbindung zum Internet.
- ZEITGEBER: Mit diesem Aufgabentyp wird Ihr Code in einem bestimmten zeitlichen Intervall ausgeführt.
- PUSHBENACHRICHTIGUNG: Aktivieren Sie diesen Aufgabentyp, um den Windows Push Notification Service (WNS) zu nutzen, mit dem Sie Nachrichten vom Server an den Client senden. Mehr dazu lesen Sie in Kapitel 17, »Tiles, Badges und Toasts«.

> **Hinweis**
>
> Sie können die *Hintergrundaufgaben*-Deklaration auch mehrmals zu Ihrem *Package.appxmanifest* hinzufügen und dann in der jeweiligen Deklaration den entsprechenden Aufgabentyp wählen. Vielleicht haben Sie auch zwei Deklarationen mit demselben Aufgabentyp, die jedoch verschiedene Implementierungen verwenden. Vermeiden sollten Sie mehrere Deklarationen für ein und dieselbe Implementierung.

Erstellen Sie eine Deklaration mit dem Aufgabentyp *Audio*, müssen Sie nicht viel implementieren, sondern einfach mit der `MediaElement`-Klasse die Audiodatei abspielen. Wie erwähnt lesen Sie mehr dazu in Kapitel 20, »Multimedia«. Für alle anderen Aufgabentypen sind etwas Code und ein paar weitere Schritte notwendig:

- Erstellen Sie einen Background-Task. Das ist eine Klasse, die das Interface `IBackgroundTask` implementiert.
- Setzen Sie die erstellte Klasse im *Package.appxmanifest* als EINSTIEGSPUNKT.
- Registrieren Sie Ihre `IBackgroundTask`-Implementierung in Windows mit Hilfe der `BackgroundTaskBuilder`-Klasse. Bestimmen Sie dabei mit einem `IBackgroundTrigger`, wann Ihre `IBackgroundTask`-Implementierung ausgeführt wird. Mit `IBackgroundConditions` legen Sie weitere Bedingungen fest. Beispielsweise lässt sich definieren, dass das Internet verfügbar sein muss, damit der Code Ihres Background-Tasks überhaupt ausgeführt wird.

Sehen wir uns die einzelnen Schritte an, bevor Sie auch das Debuggen von Background-Tasks näher kennenlernen.

Den Background-Task erstellen

Ein Background-Task ist eine Klasse, die das aus dem Namespace `Windows.ApplicationModel.Background` stammende Interface `IBackgroundTask` implementiert. Das Interface definiert lediglich eine `Run`-Methode:

```
public interface IBackgroundTask
{
  void Run(IBackgroundTaskInstance taskInstance);
}
```

Listing 16.22 Das »IbackgroundTask«-Interface

Ihre `IBackgroundTask`-Implementierung sollten Sie in einer WinRT-Komponente unterbringen, damit sie sich von Windows eigenständig ausführen und laden lässt. Aus diesem Grund fügen wir für das hier betrachtete Beispiel wie in Abbildung 16.27 gezeigt zur Projektmappe eine WinRT-Komponente namens Tasks hinzu. Das Projekt wird vom Windows-Store-App-Projekt referenziert, das den Task letztlich verwendet.

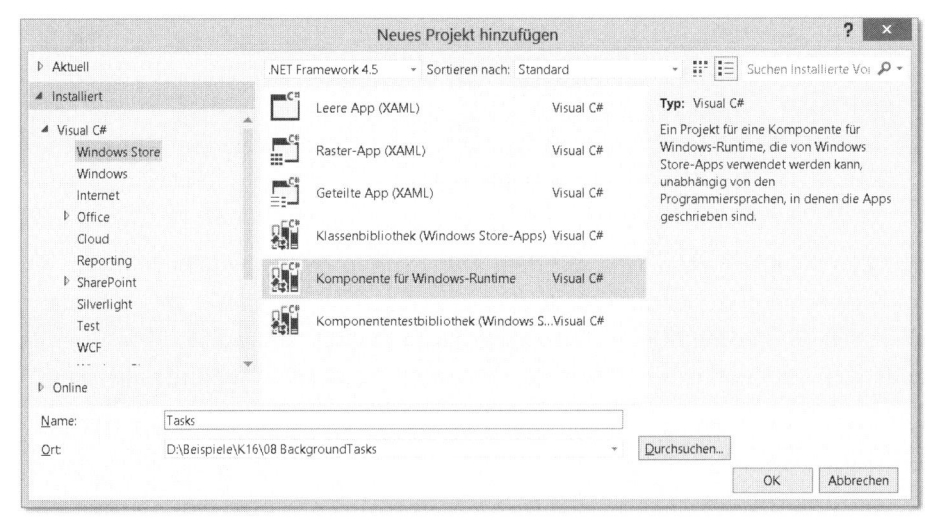

Abbildung 16.27 Background-Tasks werden üblicherweise in einer WinRT-Komponente erstellt.

In der WinRT-Komponente erstellen Sie eine Klasse, die das `IBackgroundTask`-Interface implementiert. Listing 16.23 zeigt die Klasse `SimpleBackgroundTask`. Daran sehen Sie, wie Sie mit dem `Canceled`-Event der `IBackgroundTaskInstance` auf einen Abbruch reagieren können und wie Sie mit der `Progress`-Property den Fortschritt festhalten. Beachten Sie, dass die Klasse – wie für WinRT-Komponenten vorgeschrieben – mit dem `sealed`-Schlüsselwort ausgestattet ist.

```csharp
public sealed class SimpleBackgroundTask : IBackgroundTask
{
  private bool _cancelRequested;
  public void Run(IBackgroundTaskInstance taskInstance)
  {
    // Das Abbrechen des Tasks unterstützen
    taskInstance.Canceled +=
      (sender, reason) => _cancelRequested = true;
    for (uint i = 0; i < 100; i++)
    {
      if (_cancelRequested)
        break;
      // Über den Fortschritt informieren
      taskInstance.Progress = i;
    }
  }
}
```

Listing 16.23 Eine einfache »IbackgroundTask«-Implementierung

Hinweis

Die `Progress`-Property der `IBackgroundTaskInstance` wird von Windows nicht verwendet. Ist Ihre App während der Ausführung des Background-Tasks im Zustand *Running*, können Sie mit Hilfe der `Progress`-Property den Fortschritt anzeigen.

In Listing 16.23 haben Sie eine einfache Implementierung des `IBackgroundTask`-Interface gesehen. Falls Sie in der `Run`-Methode asynchrone Methoden aufrufen möchten, nutzen Sie das `Deferral`-Pattern. Rufen Sie auf dem `IBackgroundTaskInstance`-Objekt die `GetDeferral`-Methode auf, um ein `BackgroundTaskDeferral`-Objekt zu erhalten. Ist Ihr asynchroner Code fertig, rufen Sie auf dem `BackgroundTaskDeferral`-Objekt die `Complete`-Methode auf.

Die `ProgressBackgroundTask`-Klasse aus Listing 16.24 erstellt nach dem Aufruf der `GetDeferral`-Methode einen `ThreadPoolTimer`, der die Methode `OnTimerElapsed` alle 200 Millisekunden aufruft. In der Methode wird die `Progress`-Property der `IBackgroundTaskInstance` hochgezählt. Hat sie den Wert 100 erreicht oder wurde der Task abgebrochen, wird auf dem `BackgroundTaskDeferral`-Objekt die `Complete`-Methode aufgerufen.

```csharp
public sealed class ProgressBackgroundTask : IBackgroundTask
{
  private bool _cancelRequested;
  private BackgroundTaskDeferral _deferral;
  private uint _progress;
  private ThreadPoolTimer _timer;
  IBackgroundTaskInstance _taskInstance;

  public void Run(IBackgroundTaskInstance taskInstance)
  {
    // Task-Instanz in Instanzvariable speichern
    _taskInstance = taskInstance;

    // Das Abbrechen des Tasks unterstützen
    _taskInstance.Canceled +=
      (sender, reason) => _cancelRequested = true;

    // Deferral-Objekt in Instanzvariable speichern
    _deferral = _taskInstance.GetDeferral();

    // Fortschritt auf 0 setzen
    _progress = 0;

    // Timer erstellen und in Instanzvariable speichern
    _timer = ThreadPoolTimer.CreatePeriodicTimer(OnTimerElapsed,
      TimeSpan.FromMilliseconds(200));
  }
  private void OnTimerElapsed(ThreadPoolTimer timer)
  {
    // Wenn Fortschritt größer gleich 100 ist oder
    // abgebrochen wurde, dann wird der Timer beendet
    // und der Task mit der Complete-Methode des
    // Deferral-Objekts abgeschlossen.
    if (_progress >= 100 || _cancelRequested)
    {
      _timer.Cancel();
      _deferral.Complete();
    }
    else
    {
      // Der Fortschritt der Instanz wird erhöht
      _taskInstance.Progress = ++_progress;
    }
  }
}
```

Listing 16.24 K16\08 BackgroundTasks\Tasks\ProgressBackgroundTask.cs

Damit ist der `ProgressBackgroundTask` erstellt. Als Nächstes sehen wir uns die Deklaration im *Package.appxmanifest* an.

Den Einstiegspunkt definieren

Im *Package.appxmanifest* der Windows Store App fügen Sie die Hintergrundaufgaben-Deklaration hinzu. Als Aufgabentyp wählen Sie Systemereignis. Wir werden den Task ausführen, wenn der Benutzer die Zeitzone ändert.

Neben dem Aufgabentyp verlangt Visual Studio entweder das Feld Startseite oder Einstiegspunkt. Geben Sie im Feld Einstiegspunkt den Klassennamen Ihrer `IBackgroundTask`-Implementierung an, einschließlich Namespace. Im Fall der `ProgressBackgroundTask`-Klasse heißt der Namespace `Tasks`. In Abbildung 16.28 sehen Sie die korrekt ausgefüllte Hintergrundaufgaben-Deklaration im *Package.appxmanifest*.

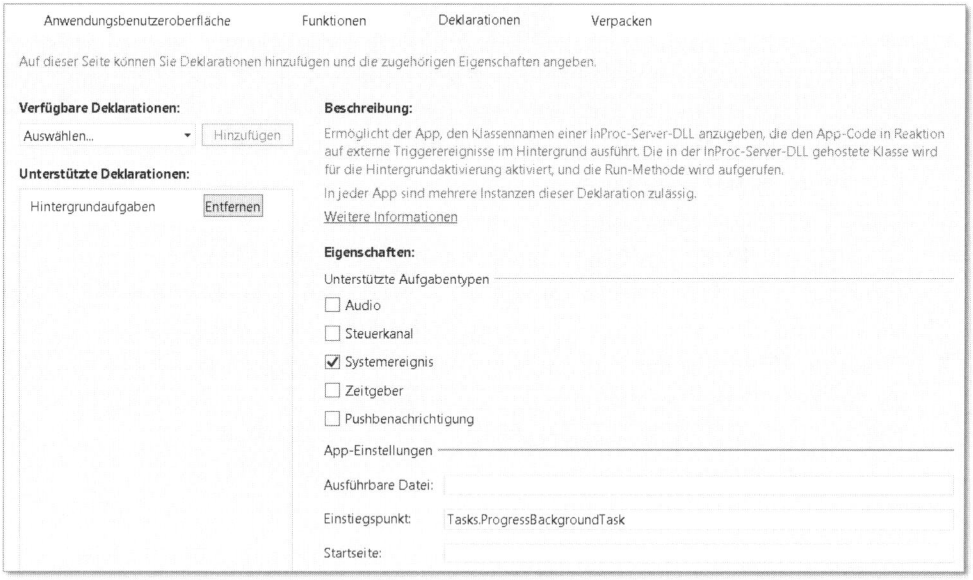

Abbildung 16.28 Die Konfiguration im »Package.appxmanifest«

Den Background-Task registrieren

Ein Background-Task wurde erstellt und im *Package.appxmanifest* deklariert. Damit er ausgeführt wird, muss er noch mit Hilfe der `BackgroundTaskBuilder`-Klasse registriert werden. Erzeugen Sie dazu eine `BackgroundTaskBuilder`-Instanz, und setzen Sie die Properties `Name` und `TaskEntryPoint`. Als `Name` geben Sie üblicherweise den Klassennamen Ihrer Implementierung an. Als `TaskEntryPoint` definieren Sie den Klassennamen mit Namespace, wie wir ihn auch im vorigen Abschnitt im *Package.appxmanifest* angegeben haben.

Jetzt sollten Sie noch festlegen, wann Ihr Background-Task ausgeführt wird. Dazu nutzen Sie die `SetTrigger`-Methode der `BackgroundTaskBuilder`-Klasse. Sie nimmt einen `IBackgroundTrigger` entgegen, der bestimmt, wann der Background-Task ausgeführt wird. Optional können Sie auf der `BackgroundTaskBuilder`-Instanz noch die Methode `AddCondition` aufrufen, um eine `IBackgroundCondition` hinzuzufügen. Welche Klassen `IBackgroundTrigger` und welche `IBackgroundCondition` implementieren, sehen wir uns in den nächsten Abschnitten genauer an.

Haben Sie Ihre `BackgroundTaskBuilder`-Instanz so weit konfiguriert, rufen Sie darauf die `Register`-Methode auf. Dadurch wird der Background-Task im System registriert und entsprechend dem definierten Trigger ausgeführt. Die `Register`-Methode gibt ein `BackgroundTaskRegistration`-Objekt zurück.

Die ganze Logik zum Registrieren eines Background-Tasks können Sie auch einfach in einer Methode verpacken. Listing 16.25 zeigt die Klasse `RegistrationHelper`, die die statische Methode `RegisterBackgroundTask` enthält. Die Methode nimmt den Namen, den `TaskEntryPoint`, den `IBackgroundTrigger` und ein Array von `IBackgroundCondition`-Objekten entgegen. Im ersten Schritt prüft die Methode, ob der Background-Task bereits registriert wurde. Dazu wird auf die statische `AllTasks`-Property der `BackgroundTaskRegistration`-Klasse zugegriffen. Wurde der Background-Task bereits registriert, wird er direkt zurückgegeben. Ansonsten wird eine `BackgroundTaskBuilder`-Instanz erstellt, und die Properties `Name` und `TaskEntryPoint` werden gesetzt. Mit der `SetTrigger`-Methode wird der `IBackgroundTrigger` gesetzt. Wurde ein Array mit `IBackgroundCondition`-Objekten an die `RegisterBackgroundTask`-Methode übergeben, wird auf der `BackgroundTaskBuilder`-Instanz für jede `IBackgroundCondition` die `AddCondition`-Methode aufgerufen. Am Ende wird auf der `BackgroundTaskBuilder`-Instanz die `Register`-Methode aufgerufen und das so erhaltene `BackgroundTaskRegistration`-Objekt aus der Methode zurückgegeben.

```
public class RegistrationHelper
{
  public static BackgroundTaskRegistration
    RegisterBackgroundTask(string name, string taskEntryPoint,
    IBackgroundTrigger trigger,IBackgroundCondition[] conditions)
  {
    // Den Task zurückgeben, falls er bereits registriert ist
    foreach (BackgroundTaskRegistration task
      in BackgroundTaskRegistration.AllTasks.Values)
    {
      if (task.Name == name)
      {
        return task;
      }
    }
```

```csharp
    // TaskBuilder mit dem Namen und dem Einstiegspunkt erstellen
    var taskBuilder = new BackgroundTaskBuilder
    {
      Name = name,
      TaskEntryPoint = taskEntryPoint
    };
    // Den defininierten Trigger hinzufügen
    taskBuilder.SetTrigger(trigger);
    // Die Conditions hinzufügen, falls welche definiert wurden
    if (conditions != null)
    {
      foreach (var condition in conditions)
      {
        taskBuilder.AddCondition(condition);
      }
    }
    // Den Task registrieren und die als Rückgabewert erhaltene
    // BackgroundTaskRegistration aus der Methode zurückgeben.
    return taskBuilder.Register();
  }
}
```

Listing 16.25 K16\08 BackgroundTasks\BackgroundTask\RegistrationHelper.cs

Damit ist alles vorhanden, um einen Background-Task zu registrieren und zu testen. Listing 16.26 zeigt die Codebehind-Datei der MainPage. In der LoadState-Methode wird die RegisterBackgroundTask-Methode der RegistrationHelper-Klasse aufgerufen, um den ProgressBackgroundTask zu registrieren. Als IBackgroundTrigger wird ein SystemTrigger-Objekt übergeben. Mit dem Wert TimeZoneChange der SystemTriggerType-Aufzählung bestimmt der SystemTrigger, dass der Background-Task beim Ändern der Zeitzone ausgelöst wird.

Das als Rückgabewert der RegisterBackgroundTask-Methode erhaltene BackgroundTaskRegistration-Objekt besitzt die Events Progress und Completed. Für beide werden in Listing 16.26 Event Handler definiert. Sie werden ausgeführt, wenn die App im Vordergrund und somit im Zustand *Running* ist. Beachten Sie, dass in den Event Handlern die Dispatcher-Klasse verwendet wird, um das UI zu aktualisieren. Dies aus dem Grund, dass der Aufruf der Event Handler nicht auf dem UI-Thread stattfindet. In den Event Handlern wird lediglich ein in XAML definierter TextBlock namens txtProgress angesprochen. Dessen Text-Property wird entsprechend gesetzt.

```csharp
public sealed partial class MainPage :
  BackgroundTask.Common.LayoutAwarePage
{
  private IBackgroundTaskRegistration _taskRegistration;
  ...
  protected override void LoadState(...)
  {
    _taskRegistration = RegistrationHelper
      .RegisterBackgroundTask("ProgressBackgroundTask",
      "Tasks.ProgressBackgroundTask", new SystemTrigger(
        SystemTriggerType.TimeZoneChange, true), null);
    _taskRegistration.Progress += TaskRegistration_Progress;
    _taskRegistration.Completed += TaskRegistration_Completed;
  }
  void TaskRegistration_Progress(BackgroundTaskRegistration
    sender, BackgroundTaskProgressEventArgs args)
  {
    var handler = Dispatcher.RunAsync(
      CoreDispatcherPriority.Normal, () =>
      {
        txtProgress.Text = args.Progress + " %";
      });
  }

  void TaskRegistration_Completed(BackgroundTaskRegistration
    sender, BackgroundTaskCompletedEventArgs args)
  {
    var handler = Dispatcher.RunAsync(
      CoreDispatcherPriority.Normal, () =>
      {
        txtProgress.Text = "100 % - Completed";
      });
  }
}
```

Listing 16.26 K16\08 BackgroundTasks\BackgroundTask\MainPage.xaml.cs

---

Hinweis

Die BackgroundTaskRegistration-Klasse besitzt noch die Methode Unregister. Mit Ihr können Sie einen registrierten Hintergrund-Task wieder aus dem System entfernen. Geben Sie als Parameter true an, damit ein aktuell ausgeführter Task abgebrochen wird.

So weit ist alles fertig. Um jetzt den Background-Task zu testen, starten Sie die App und klicken in der klassischen Windows-Ansicht rechts unten auf die Uhr. Wählen Sie aus dem Popup den Punkt DATUM- UND UHRZEITEINSTELLUNGEN ÄNDERN, und stellen Sie eine andere Zeitzone ein. Der Background-Task wird ausgeführt. Wechseln Sie zur App, sehen Sie, wie die Prozentzahl hochgezählt wird.

Anstatt den Background-Task über den gewählten Trigger auszulösen, können Sie ihn auch aus Visual Studio starten. Das hat den Vorteil, dass sich der Background-Task auch debuggen lässt. Sie können in Ihrer `IBackgroundTask`-Implementierung beliebige Breakpoints setzen. Um den Task aus Visual Studio auszuführen, starten Sie zunächst Ihre App. Wechseln Sie anschließend zurück zu Visual Studio. In der Combobox, die auch für die in Kapitel 14, »App-Lebenszyklus und -Einstellungen«, beschriebenen Zustände Ihrer App verantwortlich ist, finden Sie alle registrierten Background-Tasks. Abbildung 16.29 zeigt den PROGRESSBACKGROUNDTASK in der Combobox.

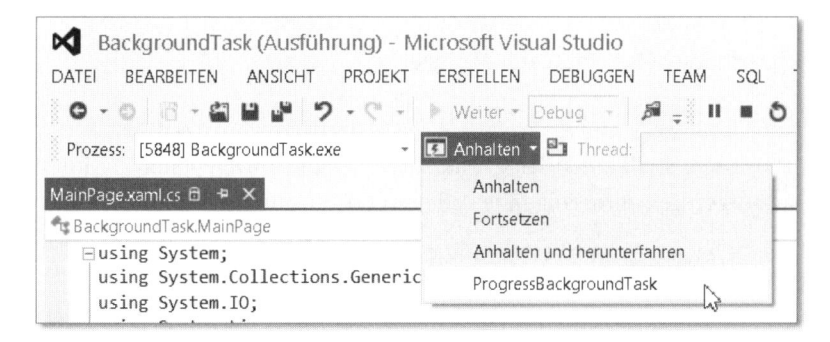

Abbildung 16.29 Die registrierten Background-Tasks tauchen in dieser Combobox auf.

Haben Sie den `ProgressBackgroundTask` in der Combobox aus Abbildung 16.29 ausgewählt, wird er gestartet. Wechseln Sie zurück zur App, sehen Sie, wie die Prozentanzahl hochgezählt wird, was Abbildung 16.30 zeigt.

Abbildung 16.30 Der Background-Task wird ausgeführt.

Trigger und Conditions

Im vorigen Abschnitt haben Sie gelesen, wie Sie einen Background-Task erstellen und registrieren. In diesem Abschnitt sehen wir uns die Klassen näher an, die das Interface IBackgroundTrigger implementieren.

Wann ein Background-Task gestartet wird, wird durch einen IBackgroundTrigger bestimmt. Ein solcher IBackgroundTrigger wird wie im vorigen Abschnitt gezeigt an die SetTrigger-Methode der BackgroundTaskBuilder-Instanz übergeben. Es gibt im Namespace Windows.ApplicationModel.Background sechs Klassen, die das Interface IBackgroundTrigger implementieren:

- MaintenanceTrigger
- TimeTrigger
- SystemTrigger
- PushNotificationTrigger
- NetworkOperatorNotificationTrigger
- NetworkOperatorHotspotAuthenticationTrigger

Sehen wir uns die wichtigsten etwas detaillierter an.

Der MaintenanceTrigger stellt einen Trigger dar, der in einem angegebenen Zeitintervall regelmäßig aufgerufen wird. Folgende Zeile zeigt den Konstruktor:

```
public MaintenanceTrigger(uint freshnessTime, bool oneShot)
```

Sie geben mit dem ersten Parameter die Zeit des Intervalls in Minuten an. Mit dem zweiten Parameter bestimmen Sie, ob Ihre Hintergrundaufgabe nur einmal (true) oder regelmäßig in dem angegebenen Intervall (false) ausgeführt werden soll.

> **Tipp**
>
> Wenn Sie nicht mehr möchten, dass ein Background-Task aufgrund des Triggers regelmäßig ausgeführt wird, können Sie ihn mit der Unregister-Methode der zugehörigen BackgroundTaskRegistration-Instanz jederzeit aus dem System entfernen.

Um den MaintenanceTrigger zu nutzen, muss im *Package.appxmanifest* in der HINTERGRUNDAUFGABEN-Deklaration der Aufgabentyp ZEITGEBER aktiviert sein.

Das Besondere am MaintenanceTrigger ist, dass er nur ausgeführt wird, wenn das Gerät am Strom hängt. Möchten Sie unabhängig davon Ihren Background-Task in einem zeitlichen Intervall ausführen, nutzen Sie den TimeTrigger. Der Konstruktor sieht exakt gleich aus:

```
public TimeTrigger(uint freshnessTime, bool oneShot)
```

Damit Ihr Background-Task mit einem `TimeTrigger` regelmäßig ausgeführt wird, muss der Benutzer Ihre App zu seinem Sperrbildschirm (Lockscreen) hinzufügen. Damit teilt der Benutzer Windows mit, dass er von dieser App regelmäßig aktuelle Inhalte haben möchte, womit Windows den `TimeTrigger` erlaubt. Auch für den `TimeTrigger` ist im *Package.appxmanifest* in der HINTERGRUNDAUFGABEN-Deklaration der Aufgabentyp ZEITGEBER notwendig.

Beim Erstellen des `ProgressBackgroundTask`s haben Sie bereits den `SystemTrigger` kennengelernt. Er erlaubt das Auslösen eines Background-Tasks beim Auftreten eines Systemereignisses. Um einen `SystemTrigger` zu verwenden, muss im *Package.appxmanifest* in der HINTERGRUNDAUFGABEN-Deklaration der Aufgabentyp SYSTEMEREIGNIS aktiviert sein.

Die `SystemTrigger`-Klasse nimmt im Konstruktor einen Wert der `SystemTriggerType`-Aufzählung entgegen. Mit diesem Wert bestimmen Sie, bei welchem Systemereignis der Background-Task gestartet wird. Folgend die Werte der `SystemTriggerType`-Aufzählung:

- `SmsReceived`: Eine SMS-Nachricht wurde empfangen.
- `UserPresent`: Der Benutzer wechselt in den Anwesenheitsmodus. Die App muss sich für diesen Wert auf dem Sperrbildschirm befinden.
- `UserAway`: Der Benutzer wechselt in den Abwesenheitsmodus. Die App muss sich für diesen Wert auf dem Sperrbildschirm befinden.
- `NetworkStateChange`: Die Netzwerkverbindung hat sich geändert, beispielsweise die Kosten oder die Bandbreite.
- `ControlChannelReset`: Ein Steuerkanal wurde zurückgesetzt. Die App muss sich für diesen Wert auf dem Sperrbildschirm befinden.
- `InternetAvailable`: Das Internet wird verfügbar.
- `SessionConnected`: Der Windows Benutzer hat sich eingeloggt. Die App muss sich für diesen Wert auf dem Sperrbildschirm befinden.
- `ServicingComplete`: Die Aktualisierung einer App wurde beendet.
- `LockScreenApplicationAdded`: Zum Sperrbildschirm wurde eine App hinzugefügt.
- `LockScreenApplicationRemoved`: Vom Sperrbildschirm wurde eine App entfernt.
- `TimeZoneChange`: Auf dem Gerät wurde die Zeitzone geändert.
- `OnlineIdConnectedStateChange`: Das mit dem Login verbundene Microsoft-Konto wurde geändert.

Neben dem `SystemTrigger` ist der `PushNotificationTrigger` eine interessante Trigger-Variante. Er wird beim Verwenden von Push Notifications (Benachrichtigungen) ausgelöst, und zwar dann, wenn eine sogenannte Raw Notification eingeht. Eine Raw

Notification ist eine Push Notification ohne UI, was ideal für einen Background-Task ist. Mehr zu Push Notifications lesen Sie im nächsten Kapitel beim Aktualisieren von Tiles.

Conditions

Mit `IBackgroundCondition`-Objekten können Sie festlegen, dass ein Background-Task nur unter bestimmten Bedingungen ausgeführt wird. Rufen Sie für jede `IBackgroundCondition` auf der `BackgroundTaskBuilder`-Klasse die `AddCondition`-Methode auf.

Das Interface `IBackgroundCondition` wird von der Klasse `SystemCondition` implementiert. Die Klasse nimmt im Konstruktor einen Wert der Aufzählung `SystemConditionType` entgegen:

- `UserPresent`: Der Background-Task wird nur ausgeführt, wenn der Benutzer im Anwesenheitsmodus ist.
- `UserNotPresent`: Der Background-Task wird nur ausgeführt, wenn der Benutzer im Anwesenheitsmodus ist.
- `InternetAvailable`: Der Background-Task wird nur ausgeführt, wenn das Internet verfügbar ist.
- `InternetNotAvailable`: Der Background-Task wird nur ausgeführt, wenn das Internet nicht verfügbar ist.
- `SessionConnected`: Der Background-Task wird nur ausgeführt, wenn der Benutzer angemeldet ist.
- `SessionDisconnected`: Der Background-Task wird nur ausgeführt, wenn der Benutzer abgemeldet ist.

> **Hinweis**
>
> Die in diesem Abschnitt erstellte Hilfsmethode `RegisterBackgroundTask` (Listing 16.25) nimmt als Parameter bereits ein Array mit `IBackgroundCondition`-Objekten entgegen. Intern ruft sie für jede `IBackgroundCondition` auf der `BackgroundTaskBuilder`-Instanz die `AddCondition`-Methode auf.

16.3 Contracts und Extensions in FriendStorage

Auch FriendStorage verwendet zahlreiche Contracts und Extensions. In diesem Abschnitt werfen wir einen Blick auf die Contracts *Share* und *Search* sowie auf die *Dateitypzuordnungen*-Extension.

16.3.1 »Share«-Contract

In Listing 16.27 sehen Sie den DataRequested-Event-Handler des DataTransferManagers für die FriendDetailPage. Die FriendDetailPage zeigt eine Friend-Instanz an, die durch den Event Handler aus Listing 16.27 über die TEILEN-Funktion der Charms Bar anderen Apps zur Verfügung gestellt wird. Wie Sie sehen, werden die Formate Bitmap, Text und HTML unterstützt.

```
private async void OnDataRequested(DataTransferManager sender,
  DataRequestedEventArgs args)
{
  var friend = this.flipView.SelectedItem as Friend;

  var deferral = args.Request.GetDeferral();
  args.Request.Data.Properties.Title = "FriendStorage: "
    + friend.FullName;

  RandomAccessStreamReference imageStreamRef = null;
  if (friend.HasImage)
  {
    var stream = new InMemoryRandomAccessStream();
    var writer = new DataWriter(stream);
    writer.WriteBytes(friend.Image);
    await writer.StoreAsync();
    stream.Seek(0);

    imageStreamRef =
      RandomAccessStreamReference.CreateFromStream(stream);
  }

  if (friend.HasImage)
  {
    // 1. Bitmap setzen
    args.Request.Data.SetBitmap(imageStreamRef);
  }
  // 2. Text-Inhalt setzen
  args.Request.Data.SetText(friend.ToString());

  // 3. HTML-Inhalt setzen
  string htmlFragment = string.Format(
    "Vorname: {0}<br/>Nachname: {1}<br/>"
    + "Geburtstag: {2}<br/>Handy: {3}<br/>"
    + "Festnetz: {4}<br/>E-Mail: {5}<br/>"
    + "Firma: {6}<br/>Straße: {7}<br/>"
    + "Plz: {8}<br/>Ort: {9}<br/>"
    + "Land: {10}<br/>",
```

```
      friend.FirstName, friend.LastName, friend.Birthday,
      friend.PhoneMobile, friend.Phone, friend.EMail,
      friend.Company, friend.Address.Street,
      friend.Address.ZipCode, friend.Address.City,
      friend.Address.Country);
  if (friend.HasImage)
  {
    htmlFragment += "<img src=\"friendImage.jpg\"/>";
    args.Request.Data.ResourceMap.Add("friendImage.jpg",
       imageStreamRef);
  }
  string html = HtmlFormatHelper.CreateHtmlFormat(htmlFragment);
  args.Request.Data.SetHtmlFormat(html);

  deferral.Complete();
}
```

Listing 16.27 FriendStorage\View\FriendDetailPage.xaml.cs

Abbildung 16.31 zeigt die `FriendDetailPage` von FriendStorage. Anna wurde ausgewählt und in der Charms Bar bereits die TEILEN-Funktion angeklickt, womit auf der rechten Seite die verschiedenen Apps angezeigt werden, die den Inhalt entgegennehmen können.

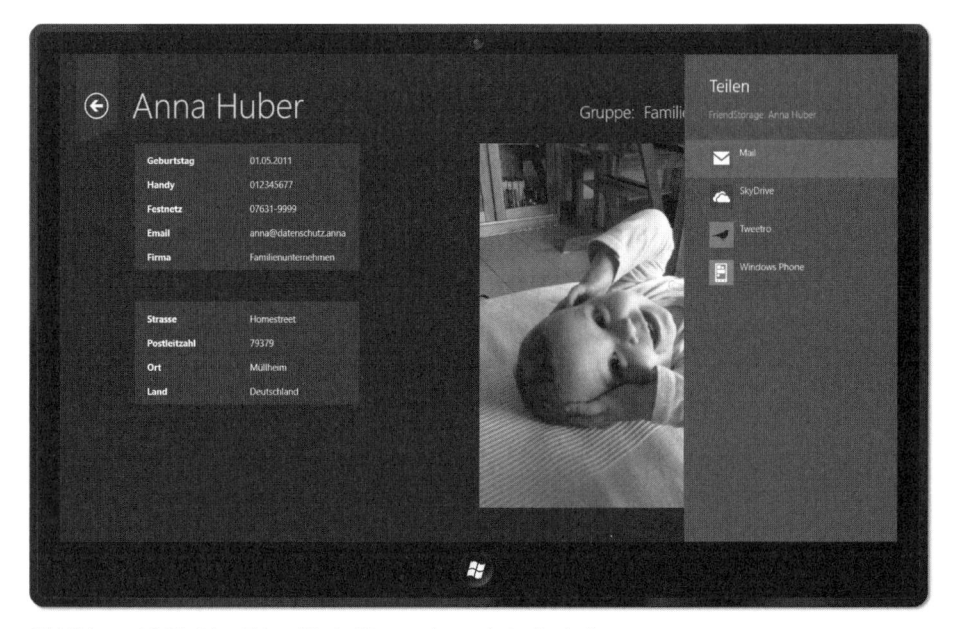

Abbildung 16.31 Die »FriendDetailPage« kann Inhalte teilen.

In Abbildung 16.31 wurde als Ziel der TEILEN-Funktion die Mail-App ausgewählt. In der damit neu erstellten E-Mail werden die Kontaktdaten und das Bild des selektierten `Friend`-Objekts – in diesem Fall Anna – automatisch übernommen, wie Sie in Abbildung 16.32 sehen.

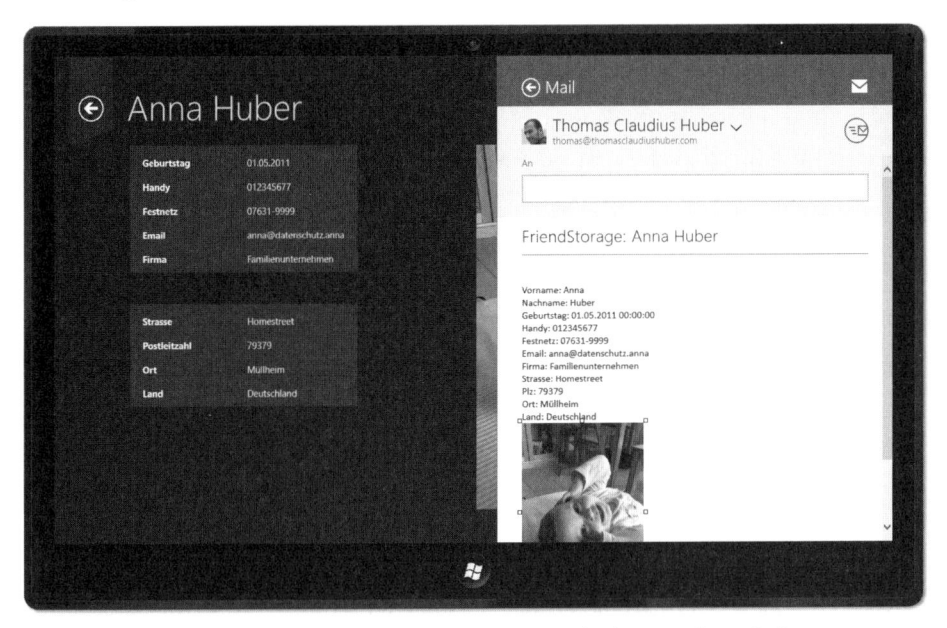

Abbildung 16.32 Die Details des selektierten »Friend«-Objekts wurden mit der Mail-App geteilt.

16.3.2 »Search«-Contract

Die in FriendStorage geöffnete *.friends*-Datei lässt sich auch durchsuchen. Dazu implementiert FriendStorage den *Search*-Contract. Dieser wurde wie in Abschnitt 16.1.4, »›Search‹-Contract«, gezeigt über die Visual-Studio-Vorlage *Suchvertrag* eingefügt. Diese Vorlage erstellt die *Suchen*-Deklaration im *Package.appxmanifest* und fügt die `SearchResultsPage` hinzu. Die in der *App.xaml.cs*-Datei überschriebene `OnSearchActivated`-Methode ruft wie auch die `OnLaunched`-Methode die Methode `EnsureMainPageCreated` auf, was Listing 16.28 zeigt. Dadurch wird sichergestellt, dass bei einer Aktivierung durch die Suche auch die `MainPage` erstellt wird. Der Benutzer kann somit immer zur `MainPage` zurückkehren, um alle Funktionen von FriendStorage zu entdecken.

Nach dem Aufruf der `EnsureMainPageCreated`-Methode wird in der `OnSearchActivated`-Methode zur `SearchResultsPage` navigiert.

```csharp
sealed partial class App : Application
{
  ...
  protected async override void OnLaunched(
    LaunchActivatedEventArgs args)
  {
    await EnsureMainPageCreated(args);
  }
  protected async override void OnSearchActivated(
    SearchActivatedEventArgs args)
  {
    await EnsureMainPageCreated(args);
    var frame = (Frame)Window.Current.Content;
    frame.Navigate(typeof(SearchResultsPage), args.QueryText);
  }
  ...
}
```

Listing 16.28 FriendStorage\App.xaml.cs

Die Visual-Studio-Vorlage *Suchvertrag* erstellt in der `SearchResultsPage` eine `Filter`-Klasse. Diese habe ich in FriendStorage angepasst, damit sie direkt die zum `Filter` gehörenden `Friend`-Objekte speichern kann:

```csharp
private sealed class Filter : FriendStorage.Common.BindableBase
{ ...
  public Filter(String name, ICollection<Friend> friends,
    bool active = false)
  {
    ...
    this.Friends = friends;
    ...
  }
  ...
  public ICollection<Friend> Friends { get; private set; }
}
```

Listing 16.29 FriendStorage\View\SearchResultsPage.xaml.cs

Listing 16.30 zeigt die `LoadState`-Methode der `SearchResultsPage`. Darin wird eine `List<Friend>` namens `searchResult` erstellt. Sie wird mit dem Ergebnis der `Search-FriendsAsync`-Methode der `FriendDataSource`-Klasse gefüllt. Die `SearchFriendsAsync`-

Methode enthält intern etwas LINQ-Code, um die entsprechenden Friend-Objekte zu ermitteln. Wir betrachten sie an dieser Stelle nicht näher.

In Listing 16.30 wird anschließend eine Liste mit Filter-Objekten erstellt. Die Friend-Groups werden durchlaufen. Die in der aktuellen FriendGroup gefundenen Friend-Objekte werden in der groupResult-Variablen gespeichert. Wurden mehr als 0 Freunde gefunden, wird für die aktuelle FriendGroup ein Filter zur filterList hinzugefügt. Beachten Sie, wie dabei die zum Filter gehörenden, in der groupResult-Variablen gespeicherten Friend-Objekte an den Filter-Konstruktor übergeben werden. Der Filter speichert somit direkt das Ergebnis ab.

```
protected async override void LoadState(Object
  navigationParameter, Dictionary<String, Object> pageState)
{
  var queryText = navigationParameter as String;

  var searchResult = new List<Friend>();
  var result =
    await FriendDataSource.Current.SearchFriendsAsync(queryText);
  if (result != null)
    searchResult = result.ToList();

  var filterList = new List<Filter>();
  filterList.Add(new Filter("Alle", searchResult, true));
  var friendGroups =
    await FriendDataSource.Current.LoadFriendGroupsAsync();
  if (friendGroups.Count > 1)
  {
    foreach (var friendGroup in friendGroups)
    {
      var groupResult = searchResult.Where(f => f.FriendGroupID
        .Equals(friendGroup.FriendGroupID)).ToList();
      if (groupResult.Count > 0)
      {
        filterList.Add(
          new Filter(friendGroup.Title,
          groupResult,
          false));
      }
    }
  }
  this.DefaultViewModel["QueryText"]='\u201c'+queryText+'\u201d';
  this.DefaultViewModel["Filters"] = filterList;
  this.DefaultViewModel["ShowFilters"] = filterList.Count > 1;
}
```
Listing 16.30 FriendStorage\View\SearchResultsPage.xaml.cs

Listing 16.31 zeigt den `Filter_SelectionChanged`-Event-Handler, in dem auf die `Friends`-Property des selektierten `Filters` zugegriffen wird. Die darin gespeicherte Collection mit `Friend`-Objekten wird in der `DefaultViewModel`-Property unter dem Schlüssel `Results` gespeichert, womit diese `Friend`-Objekte als Ergebnis angezeigt werden.

```
private void Filter_SelectionChanged(object sender,
   SelectionChangedEventArgs e)
{
  var selectedFilter = e.AddedItems.FirstOrDefault() as Filter;
  if (selectedFilter != null)
  {
    selectedFilter.Active = true;
    this.DefaultViewModel["Results"] = selectedFilter.Friends;
    ...
  }
  ...
}
```

Listing 16.31 FriendStorage\View\SearchResultsPage.xaml.cs

Abbildung 16.33 zeigt die FriendStorage-App, nachdem nach dem Buchstaben »H« gesucht wurde. Beachten Sie im oberen Bereich die erstellten Filter, einmal den ALLE-Filter und dann die Filter für die `FriendGroups` mit Treffern: FAMILIE, GUTE FREUNDE und TEAM GALILEO.

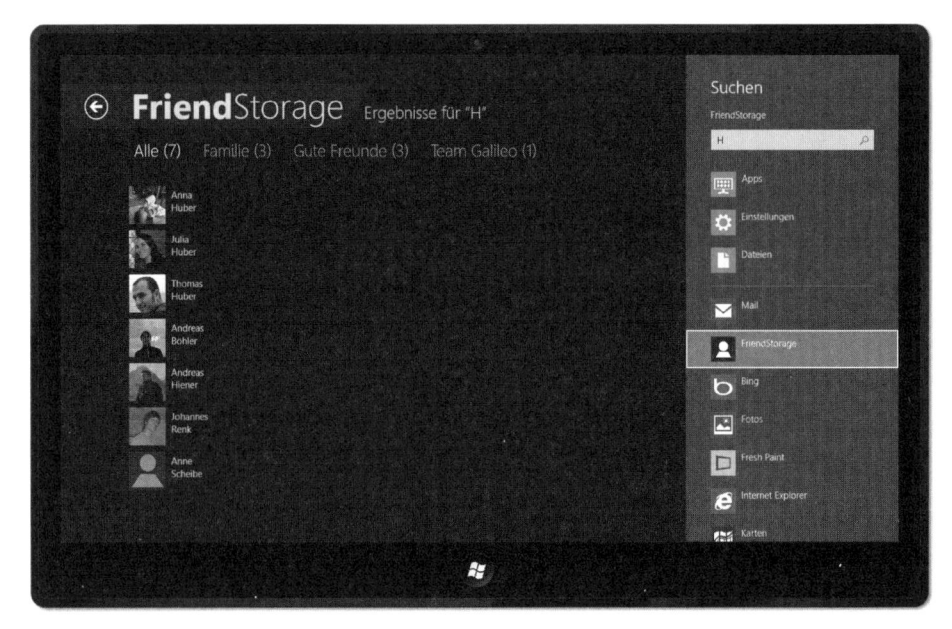

Abbildung 16.33 FriendStorage wurde nach »H« durchsucht.

Klickt der Benutzer in Abbildung 16.33 auf den Filter FAMILIE, werden lediglich die gefundenen Friend-Objekte aus dieser FriendGroup angezeigt, was Sie in Abbildung 16.34 sehen.

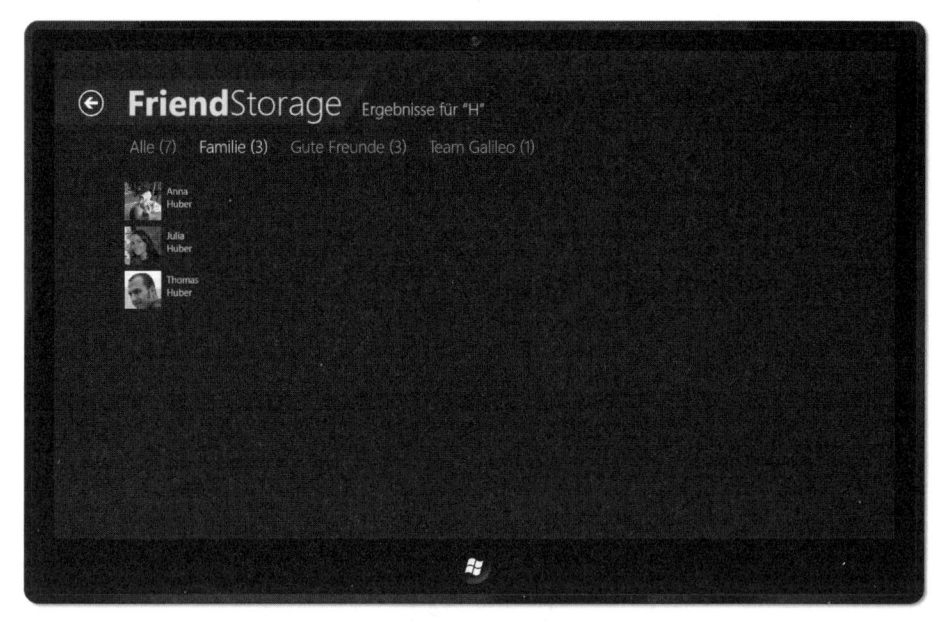

Abbildung 16.34 Der Filter »Familie« wurde ausgewählt.

FriendStorage zeigt in der Suchleiste auch Vorschläge für die Suche an. Dazu ist in der App-Klasse ein Event Handler für das SuggestionsRequested-Event der SearchPane-Klasse registriert. Listing 16.32 zeigt diesen Event Handler. Darin wird von allen gefundenen Friend-Objekten der FullName als Vorschlag für die Suche hinzugefügt.

```
sealed partial class App : Application
{
  ...
  protected override void OnWindowCreated(
    WindowCreatedEventArgs args)
  {
    base.OnWindowCreated(args);
    SearchPane.GetForCurrentView().SuggestionsRequested
      += OnSearchPaneSuggestionsRequested;
  }
  private async void OnSearchPaneSuggestionsRequested(SearchPane
    sender, SearchPaneSuggestionsRequestedEventArgs args)
  {
    var friends = await FriendDataSource.Current
      .SearchFriendsAsync(args.QueryText);
```

```
      foreach (var friend in friends)
      {
        args.Request.SearchSuggestionCollection
          .AppendQuerySuggestion(friend.FullName);
      }
    }
  }
}
```

Listing 16.32 FriendStorage\App.xaml.cs

Abbildung 16.35 zeigt die Suchleiste, nachdem der String »Hub« eingegeben wurde. Es werden alle `Friend`-Objekte vorgeschlagen, die diesen String im Namen enthalten.

Abbildung 16.35 Die Suchvorschläge in FriendStorage

16.3.3 »Dateitypzuordnungen«-Extension

Mit der *Dateitypzuordnungen*-Extension ordnet sich FriendStorage den Dateityp *.friends* zu. Abbildung 16.36 zeigt die Deklaration im *Package.appxmanifest* von FriendStorage.

In Listing 16.33 sehen Sie die überschriebene `OnFileActivated`-Methode in der `App`-Klasse. Darin wird zuerst durch einen Aufruf der `EnsureMainPageCreated`-Methode sichergestellt, dass die `MainPage` erstellt wurde. Danach wird das `StorageFile` ausgelesen und in der `OpenedFile`-Property der `FriendDataSource` gespeichert. Die Datei wird zudem zu den kürzlich verwendeten Dateien hinzugefügt, bevor zur `OverviewPage` navigiert wird. Die `OverviewPage` greift intern in ihrer `LoadState`-Methode auf die `OpenedFile`-Property der `FriendDataSource` zu und zeigt die darin enthaltenen `Friend`-Objekte an. Somit lässt sich eine *.friends*-Datei einfach per Doppelklick öffnen.

```csharp
sealed partial class App : Application
{ ...
  protected async override void OnFileActivated(
    FileActivatedEventArgs args)
  {
    await EnsureMainPageCreated(args);

    var storageFile = args.Files.First() as StorageFile;
    FriendDataSource.Current.OpenedFile = storageFile;

    StorageApplicationPermissions.MostRecentlyUsedList
      .AddOrReplace(storageFile.Name, storageFile,
        DateTime.UtcNow.Ticks.ToString());

    var frame = (Frame)Window.Current.Content;
    frame.Navigate(typeof(OverviewPage));
  }
}
```

Listing 16.33 FriendStorage\App.xaml.cs

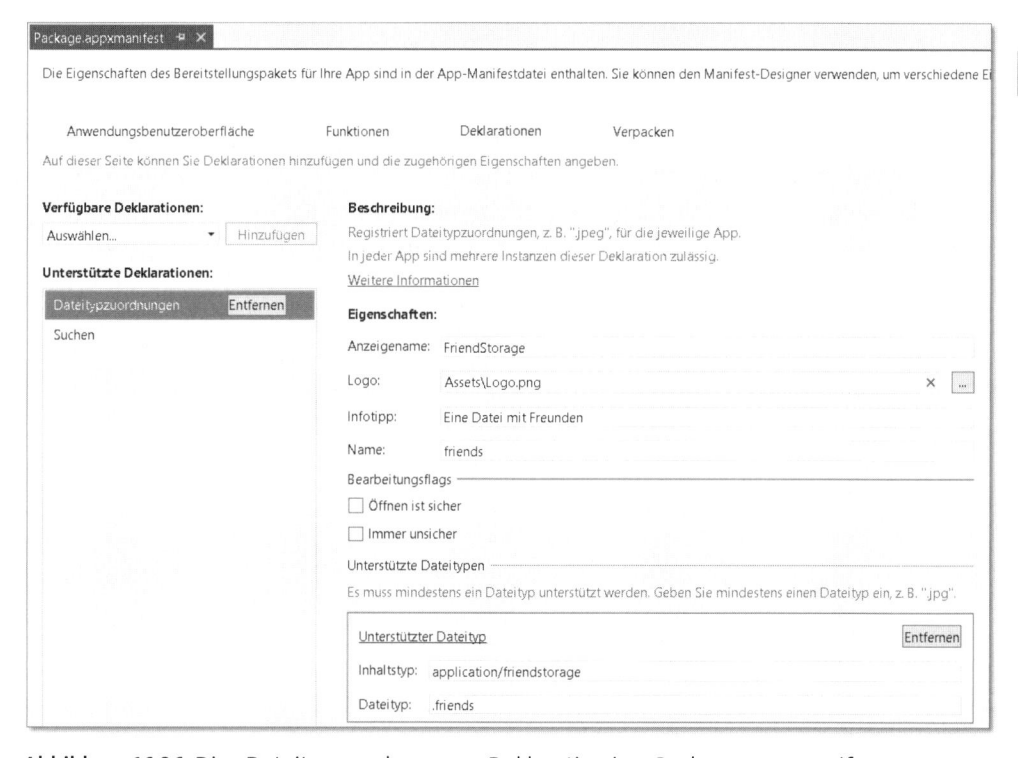

Abbildung 16.36 Die »Dateitypzuordnungen«-Deklaration im »Package.appxmanifest« von FriendStorage

16.4 Zusammenfassung

In diesem Kapitel haben Sie die Contracts und Extensions näher kennengelernt.

Ein Contract stellt eine Vereinbarung zwischen einer oder mehreren Apps dar. Dadurch können Sie als Entwickler direkt Gebrauch von der Logik aus anderen Apps machen. Beispielsweise teilen Sie die Inhalte Ihrer App über den *Share*-Contract. Dann machen Sie sich keine Gedanken darüber, wie die Inhalte per Mail versendet werden, wie Sie auf SkyDrive hochgeladen werden usw. Das ist dann die Aufgabe der Apps, die den Inhalt entgegennehmen. Der *Share*-Contract ist nur eine Variante. Sie haben in diesem Kapitel weitere Contracts kennengelernt, wie *Search* und *Print*. In Kapitel 14, »App-Lebenszyklus und -Einstellungen«, finden Sie den *Settings*-Contract, um die EINSTELLUNGEN-Funktion der Charms Bar auch in Ihrer App zu nutzen. In Kapitel 20, »Multimedia«, lernen Sie zudem den *PlayTo*-Contract kennen, um Bilder und Videos auf andere Geräte in Ihrem Netzwerk zu streamen.

Neben Contracts gibt es Extensions. Eine Extension stellt eine Vereinbarung zwischen einer App und Windows dar. Extensions benötigen immer eine entsprechende Deklaration im *Package.appxmanifest*. In diesem Kapitel haben Sie unter anderem die *Dateitypzuordnungen*-Extension kennengelernt, mit der Sie einen Dateityp Ihrer Anwendung zuordnen. Dadurch wird Ihre Anwendung aktiviert, wenn der Benutzer eine solche Datei öffnen möchte.

Mit Contracts und Extensions integrieren Sie Ihre App bestens in Windows und unterstützen das Zusammenspiel mit anderen Apps. Im nächsten Kapitel erfahren Sie, wie Sie die Live Tile Ihrer App mit aktuellen Informationen ausstatten. Denn bedenken Sie: Die Tile Ihrer App ist deren Aushängeschild.

Kapitel 17
Tiles, Badges und Toasts

Die Tile (»Kachel«) ist das Aushängeschild Ihrer App. Wie Sie auf der Tile Live-Informationen und kleine Badges (Infobilder) anzeigen, lesen Sie in diesem Kapitel. Sie erfahren zudem, wie Sie dem Benutzer aktuelle Nachrichten mit kleinen Popups namens »Toasts« anzeigen.

In diesem Kapitel lesen Sie, wie Sie den Benutzer mit Tiles, Badges und Toasts stets auf dem Laufenden halten. Dazu starten wir in Abschnitt 17.1 mit den *Live Tiles*. Das sind Tiles (Kacheln) auf dem Startbildschirm, die Live-Informationen anzeigen. Sie lernen, wie Sie auf der Tile Text und Bilder anzeigen und welche vordefinierten Templates es gibt. Sie erfahren auch, wie Sie aus Ihrer App weitere Tiles erstellen, wie Sie Updates in einer Warteschlange platzieren und welche weiteren Möglichkeiten Sie zum Aktualisieren einer Tile haben.

In Abschnitt 17.2 lernen Sie die *Badges* kennen. Ein Badge ist ein kleines Infobild, das auf einer Tile angezeigt wird. Sie erfahren, wie Sie in dem Badge eine Zahl oder ein vordefiniertes Symbol anzeigen. Zudem lernen Sie die verschiedenen Möglichkeiten zum Aktualisieren eines Badges kennen.

Als *Toasts* werden kleine Popup-Fenster bezeichnet, die den Benutzer mit aktuellen Informationen versorgen. Toasts werden typischerweise vom Kalender für eine Erinnerung oder von einer Mail-App beim Eingang einer Mail angezeigt. Wie Sie aus Ihrer App Toasts anzeigen, was für Toasts es gibt, wie Sie die Anzeigedauer und den abgespielten Ton anpassen, lesen Sie in Abschnitt 17.3, »Toasts«. Dort erfahren Sie zudem, wie Sie vom Toast zu Ihrer App Startparameter übergeben und welche Anzeigemöglichkeiten es für Toasts gibt.

Sowohl Tiles als auch Badges und Toasts lassen sich durch einen serverseitigen Broadcast aktualisieren. Dieser Broadcast wird als *Push Notification* bezeichnet. Mit einer Push Notification können Sie beispielsweise Ihre Live Tile auf allen Geräten aktualisieren, auf denen Ihre App installiert ist. Und dies wird serverseitig durch Ihren eigenen Webservice im Zusammenspiel mit einer von Microsoft bereitgestellten Infrastruktur ausgelöst. Wie Push Notifications funktionieren und was Sie wissen müssen, um sie erfolgreich einzusetzen, lesen Sie in Abschnitt 17.4, »Push Notifications«.

Der Benutzer hat die Möglichkeit, Apps auf seinem Lockscreen (Sperrbildschirm) zu platzieren. Dabei wird ein Badge und optional auch eine Live Tile angezeigt. Wie Sie Ihre App konfigurieren, damit sie sich auch auf dem Lockscreen platzieren lässt, lesen Sie in Abschnitt 17.5, »Der Lockscreen«.

17.1 Live Tiles

Die Tile (Kachel) stellt das Aushängeschild Ihrer App dar. Sobald Sie darauf Informationen anzeigen, wird von einer *Live Tile* gesprochen. Wie das Anzeigen von Informationen funktioniert, lesen Sie in diesem Abschnitt. Sie lernen zudem die verschiedenen Tile-Templates (Vorlagen) kennen, erfahren, wie Sie mehrere Tiles für Ihre Anwendung anzeigen, und vieles mehr.

17.1.1 Ein Tile-Update mit Text

Der Inhalt Ihrer Live Tile wird durch ein kleines XML-Dokument bestimmt. Es gibt verschiedene Templates, die Sie später noch genau kennenlernen. Listing 17.1 zeigt die Methode `UpdateTile`, die alles enthält, um Ihre Tile zu aktualisieren. Im ersten Schritt wird ein `xml`-String mit dem Template `TileSquareText02` erstellt. Das Template enthält zwei `text`-Elemente: eines für eine Überschrift, das andere für einen kleinen Text. Das XML-Dokument wird auch als *Tile-XML* bezeichnet.

> **Hinweis**
>
> Wie Sie herausfinden, wie ein solches XML-Dokument auszusehen hat, lesen Sie in Abschnitt 17.1.3, »Den ›TileUpdateManager‹ verwenden«.

Im zweiten Schritt wird das Tile-XML in ein `XmlDocument` geladen. Im dritten Schritt wird eine `TileNotification`-Instanz (Namespace: `Windows.UI.Notifications`) erzeugt, dabei wird das `XmlDocument` an den Konstruktor übergeben.

Im vierten Schritt wird die statische Methode `CreateTileUpdaterForApplication` der `TileUpdateManager`-Klasse aufgerufen. Sie gibt die `TileUpdater`-Instanz für die App-Tile zurück. Die `TileUpdater`-Instanz enthält verschiedene interessante Methoden zum Aktualisieren einer Live Tile. Um eine Live Tile direkt zu aktualisieren, wird wie in Listing 17.1 die `Update`-Methode aufgerufen. Diese nimmt das zuvor erstellte `TileNotification`-Objekt entgegen. Fertig.

```csharp
private void UpdateTile()
{
  // 1. Befülltes Template erstellen (Tile-XML)
  string xml = @"
    <tile>
      <visual>
        <binding template='TileSquareText02'>
          <text id='1'>Thomas</text>
          <text id='2'>mit einer kleinen Live Tile</text>
        </binding>
      </visual>
    </tile>";

  // 2. XmlDocument erstellen und Template hineinladen
  var xmlDoc = new XmlDocument();
  xmlDoc.LoadXml(xml);

  // 3. TileNotification erstellen
  var notification = new TileNotification(xmlDoc);

  // 4. TileUpdater erstellen
  TileUpdater updater =
    TileUpdateManager.CreateTileUpdaterForApplication();

  // 5. Die Tile aktualisieren
  updater.Update(notification);
}
```

Listing 17.1 K17\01 LiveTileText\MainPage.xaml.cs

Bevor wir uns die Auswirkung der Methode aus Listing 17.1 auf die Tile ansehen, werfen wir noch einen Blick ins *Package.appxmanifest*. Darin können Sie wie in Abbildung 17.1 unter dem Tab ANWENDUNGSBENUTZEROBERFLÄCHE Einstellungen für die KACHEL vornehmen. In Abbildung 17.1 habe ich den VORDERGRUNDTEXT auf den Wert DUNKEL gestellt. Zudem habe ich die HINTERGRUNDFARBE auf den Wert #FFFF00 gesetzt, was der Farbe Gelb entspricht. Die im *Assets*-Ordner des Projekts enthaltenen Standardlogos *Logo.png* und *SmallLogo.png* habe ich durch die gleichnamigen Dateien von FriendStorage ersetzt. Den Inhalt der neuen *Logo.png*-Datei sehen Sie im unteren Teil von Abbildung 17.1.

Wird die App gestartet, sieht die Tile wie die links in Abbildung 17.2 dargestellte Tile aus. Es wird der Inhalt der *Logo.png*-Datei dargestellt. Zudem wird unten der im *Package.appxmanifest* definierte Anzeigename angezeigt. Falls Sie im *Package.appxmanifest* unter dem Punkt KACHEL einen Kurznamen eingeben – das Feld KURZNAME ist in Abbildung 17.1 zu sehen –, wird dieser Kurzname anstelle des Anzeigenamens auf der Tile angezeigt.

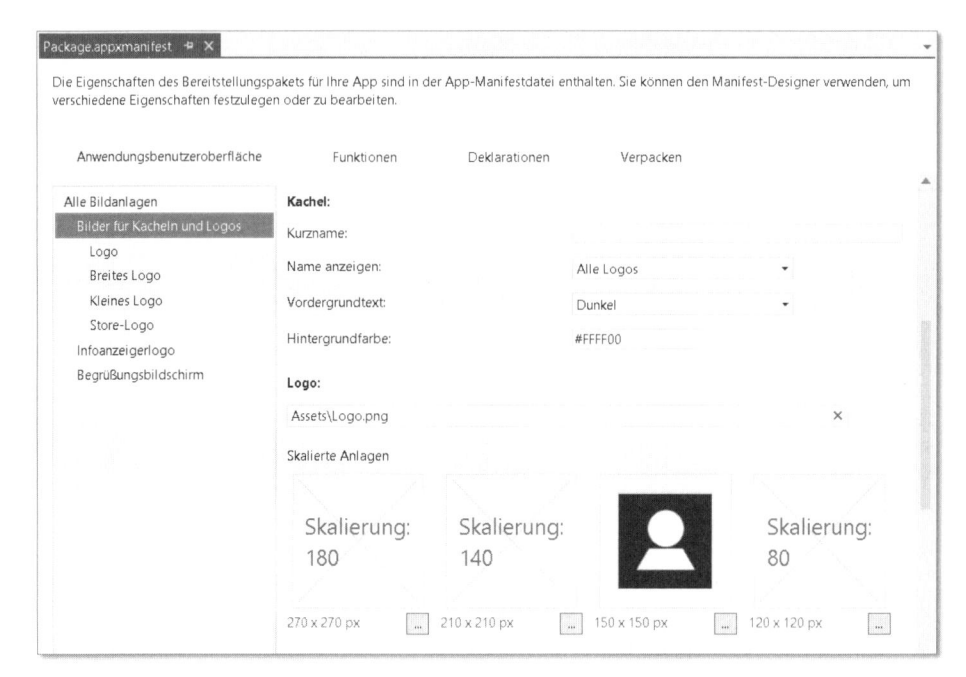

Abbildung 17.1 Im »Package.appxmanifest« gibt es ein paar Einstellungsmöglichkeiten für die Kachel.

Wird jetzt die in Listing 17.1 definierte UpdateTile-Methode ausgeführt, wird die Tile mit Live-Informationen versorgt. Sie wird dann wie in Abbildung 17.2 auf der rechten Seite zu sehen dargestellt. Es werden die in Listing 17.1 angegebenen Texte angezeigt. Links unten sehen Sie das *SmallLogo.png* aus dem *Assets*-Ordner, das im *Package.appxmanifest* als KLEINES LOGO festgelegt ist. Die Hintergrundfarbe sowie die Textfarbe stammen ebenfalls aus dem *Package.appxmanifest*. Dies sind die in Abbildung 17.1 gesetzten Felder VORDERGRUNDTEXT und HINTERGRUNDFARBE.

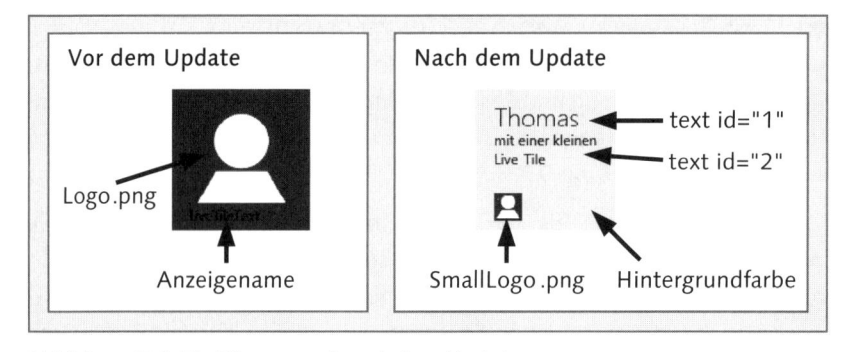

Abbildung 17.2 Die Tile vor und nach dem Update

> **Hinweis**
>
> Falls ein im Tile-XML angegebener Text mehr Platz als verfügbar benötigt, wird er am Ende abgeschnitten. Mit drei Punkten wird dem Benutzer angezeigt, dass der Text eigentlich noch länger als dargestellt ist.

Rufen Sie auf dem `TileUpdater` die `Clear`-Methode auf, werden alle Updates von Ihrer Live Tile entfernt. Es wird wieder der in Abbildung 17.2 links dargestellte Standardinhalt angezeigt.

> **Hinweis**
>
> Der Benutzer kann auf dem Startbildschirm Ihre Live Tile deaktivieren. Sie erhalten in diesem Fall beim Aufruf der `Update`-Methode der `TileUpdater`-Instanz zwar keine Exception, aber eventuell möchten Sie dennoch wissen, ob der Benutzer die Live Tile deaktiviert hat. Nutzen Sie dazu die `Setting`-Property der `TileUpdater`-Instanz. Sie ist vom Typ der Aufzählung `NotificationSetting`, die folgende Werte hat: `Enabled`, `DisabledForApplication`, `DisabledForUser`, `DisabledByGroupPolicy` und `DisabledByManifest`. Die Aufzählung wird auch für die in Abschnitt 17.3 beschriebenen Toasts verwendet.

17.1.2 Ein Tile-Update mit einem Bild

Im vorigen Abschnitt haben Sie ein Tile-Template kennengelernt, das zwei `text`-Elemente besitzt. Es gibt auch Tile-Templates mit `image`-Elementen, mit denen Bildern angezeigt werden. Sehen wir uns ein kleines Beispiel an. Dazu erzeugen wir ein neues Projekt und fügen wie in Abbildung 17.3 zu sehen den Ordner *Images* mit dem Bild *thomas.jpg* hinzu.

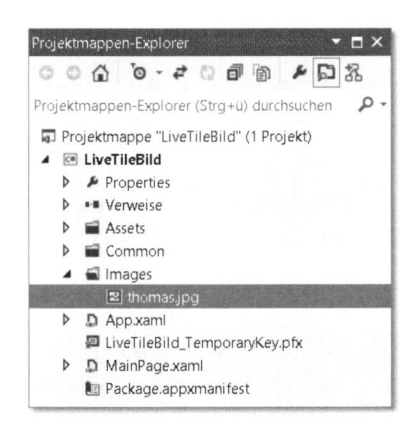

Abbildung 17.3 Das Bild »thomas.jpg« wurde zum Projekt hinzugefügt.

In Listing 17.2 sehen Sie das Tile-XML mit dem Template `TileSquareImage`. Das `src`-Attribut des darin enthaltenen `image`-Elements zeigt auf das Bild im App-Package *Images/thomas.jpg*. Der Rest der `UpdateTile`-Methode ist analog zu jener aus dem vorigen Abschnitt und somit in Listing 17.2 nicht dargestellt.

```
private void UpdateTile()
{
  // 1. Befülltes Template erstellen
  string xml = @"
    <tile>
      <visual>
        <binding template='TileSquareImage'>
          <image id='1' src='Images/thomas.jpg' />
        </binding>
      </visual>
    </tile>";

    ...
}
```

Listing 17.2 K17\02 LiveTileBild\MainPage.xaml.cs

Wird die Tile mit dem Tile-XML aus Listing 17.2 aktualisiert, ist die in Abbildung 17.4 rechts zu sehende Tile das Ergebnis. Links unten wird das *SmallLogo.png* aus dem *Assets*-Ordner angezeigt. Die Tile enthält jetzt als Hintergrund das im `image`-Element angegebene Bild *thomas.jpg*.

Abbildung 17.4 Die Tile vor und nach dem Update

Anstatt das Bild aus dem App-Package wie in Listing 17.2 nur mit *Images/thomas.jpg* zu referenzieren, können Sie natürlich auch das URI-Schema `ms-appx` verwenden:

`<image id='1' src='ms-appx:///Images/thomas.jpg' />`

Das im Tile-Template verwendete Bild kann nicht nur wie in Listing 17.2 aus dem App-Package, sondern auch aus dem Web (`http://`) oder aus den App Daten (`ms-appdata:///`) geladen werden. Mehr zu den App-Daten lesen Sie in Kapitel 13, »Dateien, Streams und Serialisierung«.

> **Achtung**
>
> Ein Bild für eine Live Tile darf eine maximale Auflösung von 1. 024 × 1.024 Pixeln haben und maximal 200 KB groß sein. Es muss zudem vom Typ PNG, JPEG oder GIF sein.

> **Hinweis**
>
> Wird das angegebene Bild nicht gefunden, erhalten Sie keinen Fehler. Es findet einfach kein Update der Tile statt.

17.1.3 Den »TileUpdateManager« verwenden

In den vorigen Abschnitten wurde das XML-Dokument immer direkt in einem String erstellt. Es gibt auch eine Alternative: Rufen Sie die statische GetTemplateContent-Methode der TileUpdateManager-Klasse auf. Sie verlangt als Parameter einen Wert der Aufzählung TileTemplateType und gibt ein XmlDocument mit dem entsprechenden Template zurück. Die Aufzählung TileTemplateType enthält alle möglichen Templates, darunter auch die beiden bereits gezeigten TileSquareText02 und TileSquareImage.

Im erhaltenen XmlDocument pflegen Sie Ihre Daten ein, bevor Sie es für ein Update Ihrer Live Tile verwenden. Listing 17.3 zeigt ein kleines Beispiel, das denselben Output liefert wie jenes aus Listing 17.1. Im ersten Schritt wird die statische GetTemplate-Content-Methode der TileUpdateManager-Klasse aufgerufen. Es wird das Template TileSquareText02 geladen. Das erhaltene XmlDocument mit dem Template wird im zweiten Schritt mit Inhalt gefüllt. Dabei erhalten die beiden text-Elemente etwas Text. Die Schritte 3 bis 5 sind wieder gleich wie in Listing 17.1: TileNotification-Objekt erzeugen, TileUpdater erstellen, TileNotification-Objekt an die Update-Methode übergeben, fertig.

```
private void UpdateTile()
{
  // 1. Template abrufen
  XmlDocument xmlDoc = TileUpdateManager.GetTemplateContent(
    TileTemplateType.TileSquareText02);

  // 2. Template befüllen
  XmlNodeList tileTextElements =
    xmlDoc.GetElementsByTagName("text");
  tileTextElements[0].InnerText = "Thomas";
  tileTextElements[1].InnerText = "mit einer kleinen Live Tile";
```

```csharp
    // 3. TileNotification erstellen
    var notification = new TileNotification(xmlDoc);
    // 4. TileUpdater erstellen
    TileUpdater updater =
      TileUpdateManager.CreateTileUpdaterForApplication();
    // 5. Die Tile aktualisieren
    updater.Update(notification);
}
```

Listing 17.3 K17\02 LiveTileTemplate\MainPage.xaml.cs

Ich persönlich bevorzuge den Weg mit dem XML-String aus Listing 17.1. Damit Sie sich einen Überblick über die verschiedenen XML-Templates verschaffen können, finden Sie in den Buchbeispielen im Ordner *K17\04 TileTemplateContentViewer* die in Abbildung 17.5 dargestellte App. Links sehen Sie alle Werte der `TileTemplateType`-Aufzählung. Für den ausgewählten Wert wird das XML-Template angezeigt.

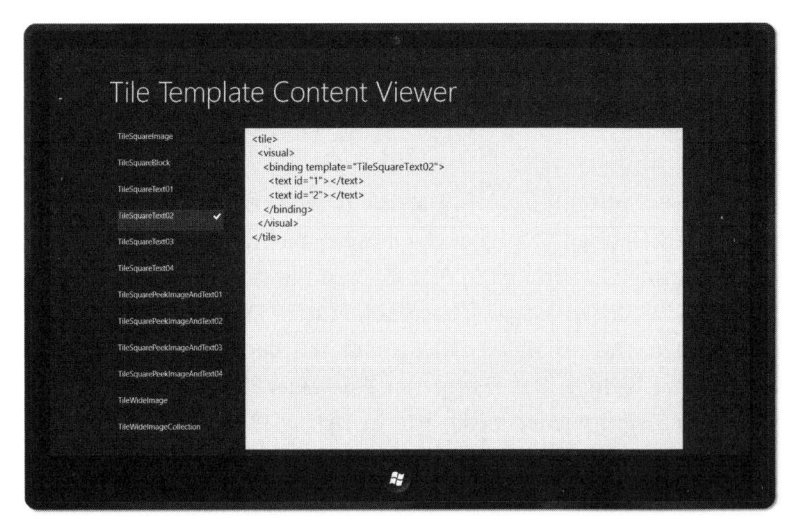

Abbildung 17.5 Die Tile »Template Content Viewer« zeigt die Templates an.

> **Tipp**
>
> Neben dem XML-String und der statischen `GetTemplateContent`-Methode der `TileUpdateManager`-Klasse haben Sie eine weitere Möglichkeit, Ihre Tile-Updates zu erzeugen: Verwenden Sie die *NotificationExtensions*-Bibliothek von Microsoft. Sie kapselt die XML-Strukturen mit richtigen Klassen. Dadurch können Sie bequem Properties setzen, anstatt mit XML zu hantieren. Die Bibliothek finden Sie hier: *http://nuget.org/packages/NotificationsExtensions.WinRT*.

17.1.4 Die verschiedenen Tile-Templates

In diesem Abschnitt sehen wir uns die verschiedenen Templates an. Sie haben im vorigen Abschnitt gelernt, dass sich jedes Template mit der `GetTemplateContent`-Methode der `TileUpdateManager`-Klasse laden lässt. Die Methode nimmt einen Wert der `TileTemplateType`-Aufzählung entgegen, der den Typ des Templates bestimmt. In den Abbildungen in diesem Abschnitt finden Sie als Unterschrift unter der jeweiligen Live Tile den entsprechenden Wert der `TileTemplateType`-Aufzählung.

> **Tipp**
> Alle Live Tiles, die Sie in diesem Abschnitt sehen, können Sie mit der in den Buchbeispielen enthaltenen App *K17\05 TileTemplateTester* ausprobieren und testen.

Beginnen wir mit den Templates für die Square Tiles, bevor wir uns mit den Wide Tiles die breitere Variante ansehen.

Die Werte für die Templates einer Square Tile beginnen in der `TileTemplateType`-Aufzählung immer mit `TileSquare`. In Abbildung 17.6 sehen Sie die Templates `TileSquareBlock`, `TileSquareImage` und `TileSquareText01` bis `TileSquareText04`. Die Templates `TileSquareImage` und `TileSquareText02` haben wir in den vorigen Abschnitten bereits verwendet.

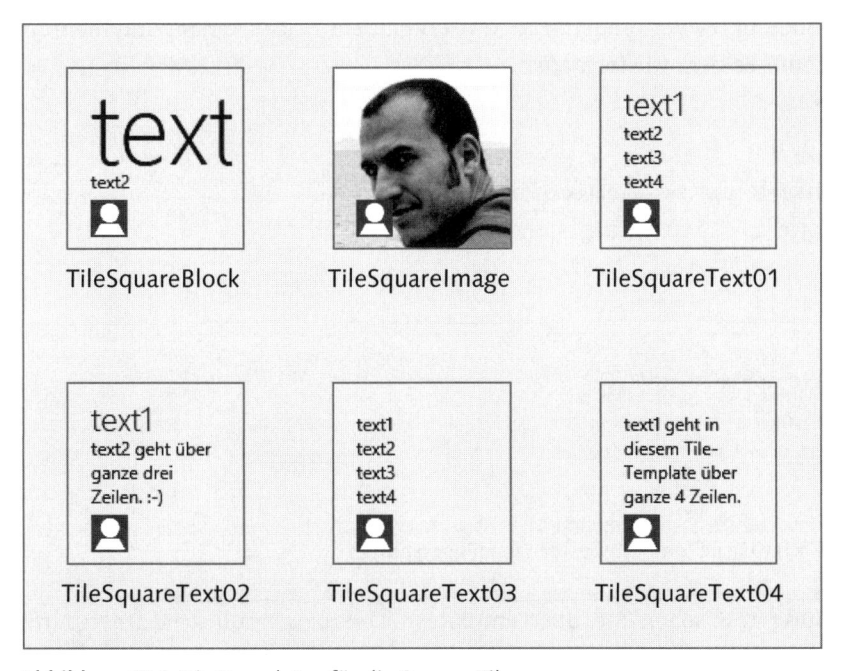

Abbildung 17.6 Die Templates für die Square Tile

17 Tiles, Badges und Toasts

Neben den Templates aus Abbildung 17.6 gibt es für die Square Tile die Templates `TileSquarePeekImageAndText01` bis `TileSquarePeekImageAndText04`. Ein Template mit dem Wort `Peek` bedeutet, dass Windows automatisch zwischen zwei Inhalten hin und her wechselt, in diesem Fall zwischen Bild und Text. Es wird ein kurzer Blick auf das Bild und anschließend ein Blick auf den Text geworfen.

Abbildung 17.7 zeigt das Template `TileSquarePeekImageAndText01`. Das Bild wird nach ein paar Sekunden nach oben verschoben, und der Text wird angezeigt. Beachten Sie, dass das *SmallLogo.png* stehenbleibt. Nach ein paar weiteren Sekunden wird wieder das Bild angezeigt, und so wechseln sich die Inhalte ständig ab.

Abbildung 17.7 Die »Peek«-Templates bringen Bewegung ins Spiel.

Das in Abbildung 17.7 verwendete Tile-XML enthält ein `image`-Element und mehrere `text`-Elemente. Es sieht wie folgt aus:

```xml
<tile>
  <visual>
    <binding template="TileSquarePeekImageAndText01">
      <image id="1" src="Images/thomas.jpg" />
      <text id="1">text1</text>
      <text id="2">text2</text>
      <text id="3">text3</text>
      <text id="4">text4</text>
    </binding>
  </visual>
</tile>
```

Listing 17.4 K17\05 TileTemplateTester\MainPage.xaml.cs

In Abbildung 17.8 sehen Sie die Templates `TileSquarePeekImageAndText01` bis `TileSquarePeekImageAndText04`. Beachten Sie, dass die Inhalte einfach untereinander dargestellt sind. Da die Inhalte auf der Square Tile nicht komplett Platz haben, schiebt Windows die Inhalte immer nach oben und nach unten, wie Abbildung 17.7 es gezeigt hat.

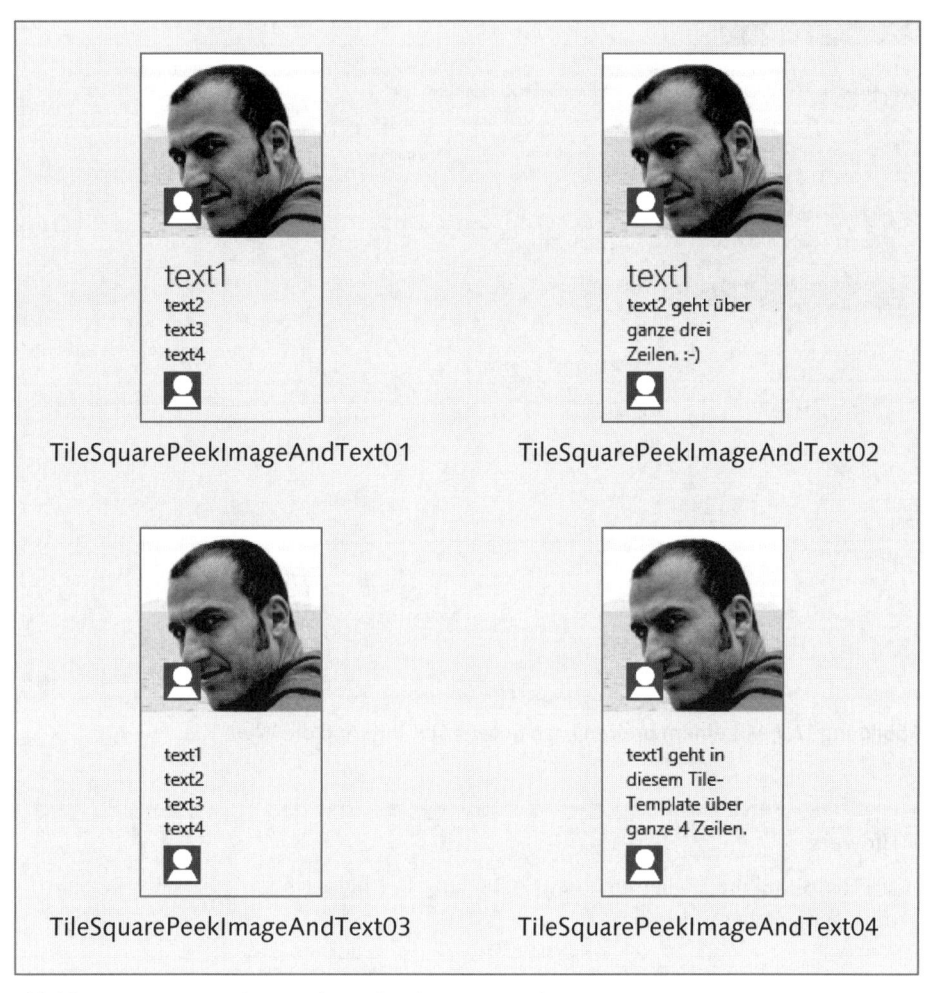

Abbildung 17.8 Die Peek-Templates für die Square Tile

> **Hinweis**
>
> Vielleicht ist es Ihnen beim Betrachten von Abbildung 17.8 bereits aufgefallen: Ein Peek-Template ist von der Darstellung her eine Kombination des `TileSquareImage`-Templates mit je einem der Templates `TileSquareText01` bis `TileSquareText04`.

Damit haben Sie die verfügbaren Templates für Square Tiles kennengelernt. Sehen wir uns jetzt jene für die breitere Variante, die Wide Tiles, an.

Damit Ihre App eine Wide Tile (= breite Kachel) unterstützt, müssen Sie wie in Abbildung 17.9 zu sehen im *Package.appxmanifest* ein Breites Logo definieren. Anschließend wird dieses breite Logo standardmäßig beim Installieren der App verwendet.

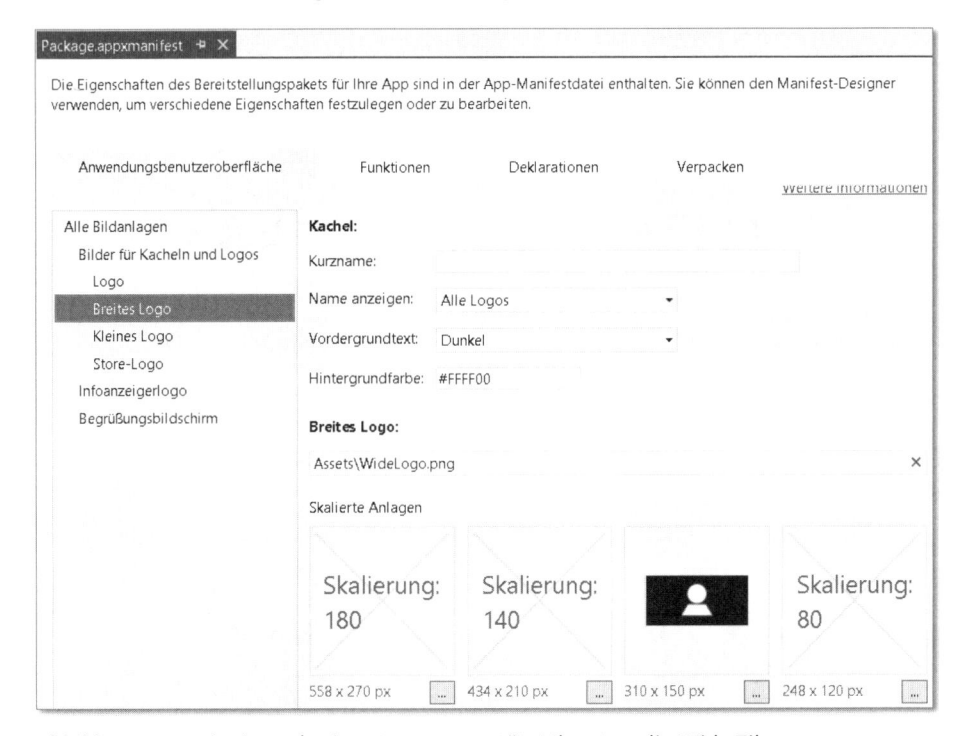

Abbildung 17.9 Mit einem breiten Logo unterstützt Ihre App die Wide Tile.

> **Hinweis**
> Die Logos und die Skalierungen aus Abbildung 17.9 habe ich in Kapitel 10, »Ressourcen«, genauer beschrieben.

Die Werte für die Templates einer Wide Tile beginnen in der TileTemplateType-Aufzählung immer mit TileWide. Für einfache Text-Updates enthält die TileTemplateType-Aufzählung die Templates TileWideText01 bis TileWideText11 sowie die beiden Templates TileWideBlockAndText01 und TileWideBlockAndText02. Abbildung 17.10 zeigt die Templates. Die beiden Templates TileWideBlockAndText01 und TileWideBlockAndText02 entsprechen einer Wide Tile, wie sie beispielsweise von der Kalender-App unter Windows 8 verwendet wird.

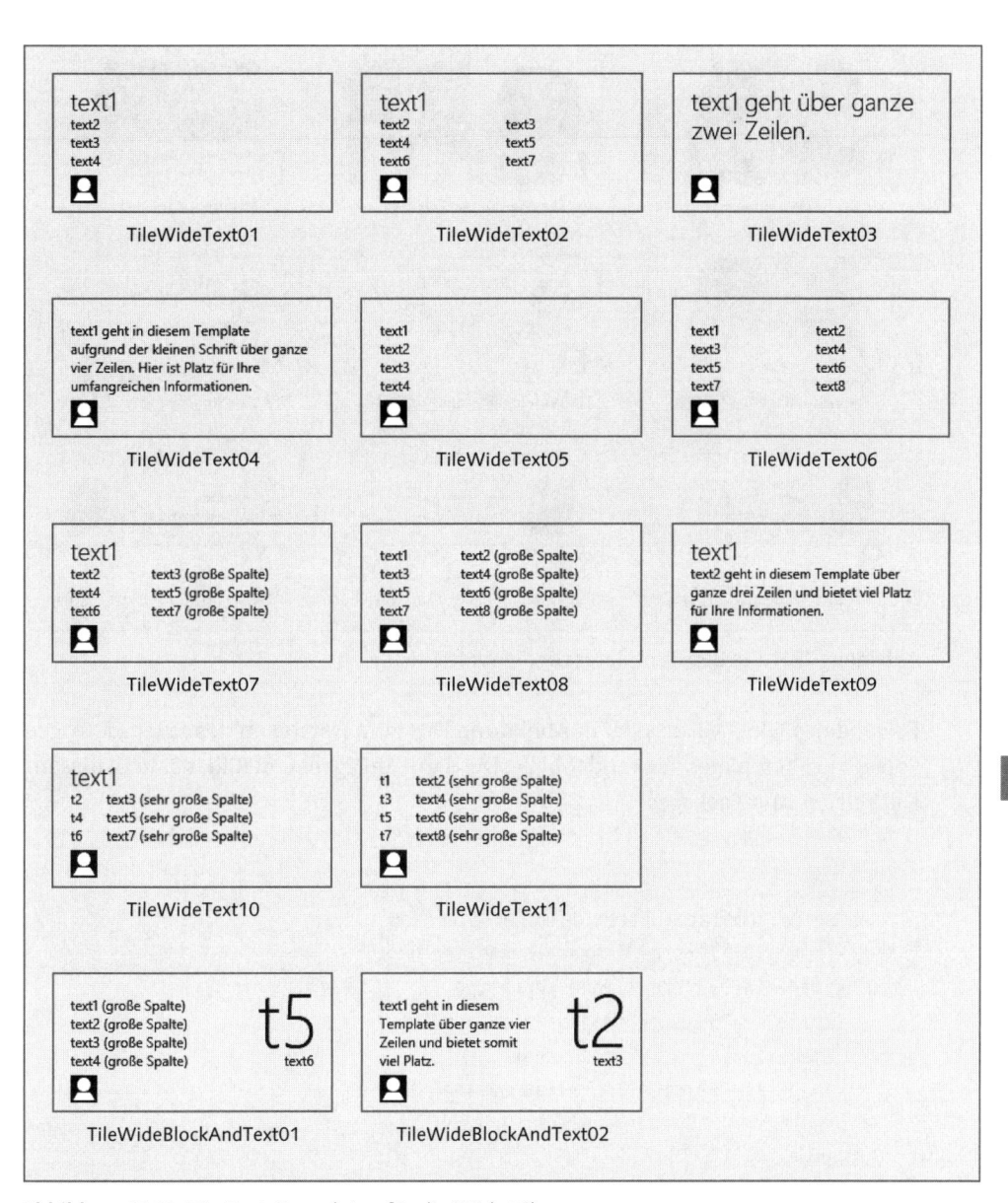

Abbildung 17.10 Die Text-Templates für die Wide Tile

Sobald Sie Bilder anzeigen möchten, kommen die in Abbildung 17.11 dargestellten Templates in Frage.

Abbildung 17.11 Die Bild-Templates für die Wide Tile

Folgend das Tile-XML, das ich in Abbildung 17.11 zum Darstellen des `TileWideImageCollection`-Templates verwendet habe. Die darin angegebenen Bilder sind in diesem Fall Teil des App-Packages:

```
<tile>
  <visual>
    <binding template="TileWideImageCollection">
      <image id="1" src="Images/thomas.jpg" />
      <image id="2" src="Images/anna.jpg" />
      <image id="3" src="Images/julia.jpg" />
      <image id="4" src="Images/sara.jpg" />
      <image id="5" src="Images/anna2.jpg" />
    </binding>
  </visual>
</tile>
```

Listing 17.5 K17\05 TileTemplateTester\MainPage.xaml.cs

Auch für die Wide Tile gibt es sogenannte Peek-Templates, die Sie bereits bei der Square Tile kennengelernt haben. Bei einem Peek-Template zeigt Windows die Inhalte abwechselnd an. Abbildung 17.12 zeigt die Templates `TileWidePeekImage01` bis `TileWidePeekImage06`. Sie stellen eine Art Kombination aus dem `TileWideImage`-Template und verschiedenen Text-Templates dar.

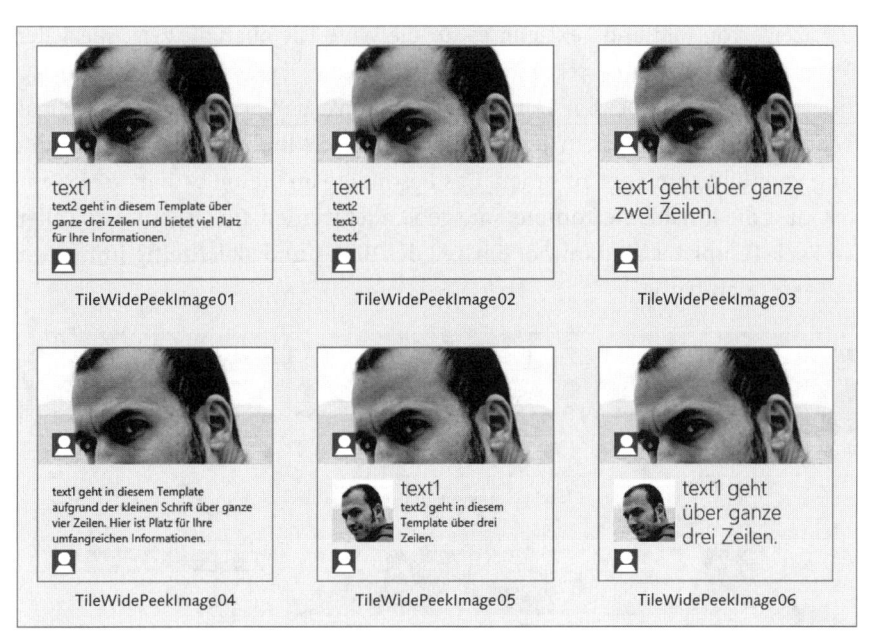

Abbildung 17.12 Die Peek-Templates mit einem Bild

Die Kombinationen aus Abbildung 17.12 gibt es anstatt mit einem Bild auch mit einer Bildersammlung. Das sind dann die in Abbildung 17.13 zu sehenden Templates `TileWidePeekImageCollection01` bis `TileWidePeekImageCollection06`.

Abbildung 17.13 Die Peek-Templates mit einer Bildersammlung

Für die Anzeige von Bild und Text gibt es für die Wide Tile noch die zwei speziellen Peek-Templates namens `TileWidePeekImageAndText01` und `TileWidePeekImageAndText02`. Abbildung 17.14 zeigt die beiden Templates. Ganz links sehen Sie die eine Ansicht, ganz rechts die andere Ansicht. In der Mitte ist der unter Windows flüssig dargestellte Übergang vom Bild zum Text zu sehen. Das Besondere an diesen beiden Peek-Templates ist, dass die Inhalte nie komplett ausgeblendet werden. Im Gegensatz zu allen anderen Peek-Templates sind immer ein Teil des Bildes und gleichzeitig immer ein Teil des Textes sichtbar.

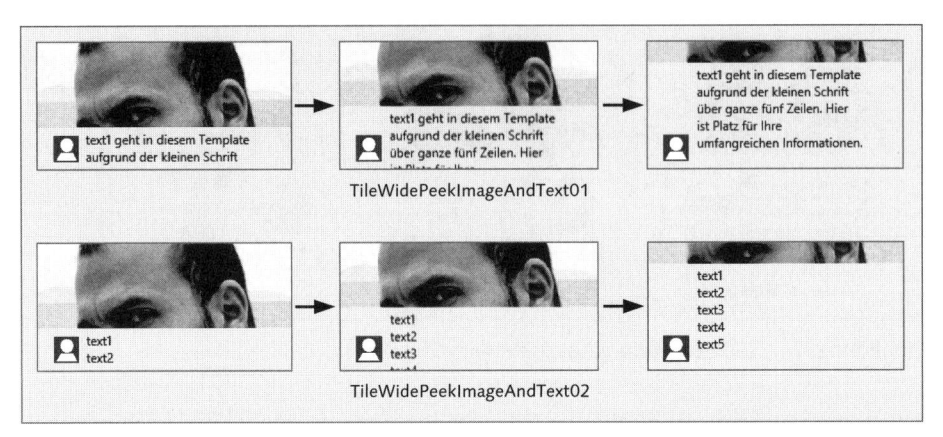

Abbildung 17.14 Zwei spezielle Peek-Templates für die Wide Tile, die die beiden Inhalte nie komplett aus der Sicht schieben

17.1.5 Die Square- und Wide Tile unterstützen

Wenn Ihre App im *Package.appxmanifest* ein Logo für die Wide Tile enthält, wird per Default diese Wide Tile verwendet. Der Benutzer kann jedoch auf seinem Startbildschirm die Wide Tile zu einer Square Tile verkleinern.

Sie als Entwickler wissen nicht, ob der Benutzer die Tile Ihrer App als Wide- oder als Square Tile darstellt. Daher sollten Sie, wenn Ihre App ein Logo für die Wide Tile enthält, Ihre Updates immer sowohl für die Wide Tile als auch für die Square Tile absenden. Dies können Sie ganz einfach machen, indem Sie im Tile-XML nicht nur wie bisher gezeigt ein, sondern zwei `binding`-Elemente definieren: eines für die Square Tile und eines für die Wide Tile.

Listing 17.6 zeigt ein solches Tile-XML. Das erste `binding`-Element ist für die Square Tile und nutzt das `TileSquarePeekImageAndText02`-Template. Das zweite `binding`-Element ist für die Wide Tile und nutzt das `TileWideSmallImageAndText04`-Template.

```
<tile>
  <visual>
    <!-- Square Tile -->
```

```xml
    <binding template="TileSquarePeekImageAndText02">
      <image id="1" src="Images/thomas.jpg"/>
      <text id="1">Thomas</text>
      <text id="2">sagt Live Tiles sind super. :-)</text>
    </binding>
    <!-- Wide Tile -->
    <binding template="TileWideSmallImageAndText04">
      <image id="1" src="Images/thomas.jpg"/>
      <text id="1">Thomas</text>
      <text id="2">sagt Live Tiles sind super. :-)</text>
    </binding>
  </visual>
</tile>
```

Listing 17.6 K17\06 SquareUndWideTile\MainPage.xaml.cs

Haben Sie das Tile-XML via `Update`-Methode des `TileUpdater`s gesendet und ändert der Benutzer danach auf dem Windows-Startbildschirm die Tile-Größe, tauchen die Informationen auch bei der neuen Tile-Größe auf. Genauso sollte es sein.

17.1.6 Weitere Tiles anzeigen (Secondary Tiles)

Die Standard-Tile Ihrer App wird auch als *App-Tile* bezeichnet. Sie können für Ihre App weitere Tiles erstellen. Es wird dann von *Secondary Tiles* gesprochen. Secondary Tiles sind sinnvoll, wenn der Benutzer entweder weitere Informationen auf dem Startbildschirm oder weitere Einstiegsmöglichkeiten in Ihre App haben möchte.

> **Hinweis**
> Der Internet Explorer ist ein typisches Beispiel. Für jede Webseite lässt sich eine weitere Tile erstellen. Wird diese Tile angeklickt, wird der Internet Explorer geöffnet und zeigt genau die entsprechende Webseite an.

Zum Erstellen weiterer Tiles verwenden Sie die Klasse `SecondaryTile` (Namespace: `Windows.UI.StartScreen`). Erzeugen Sie für eine weitere Tile wie in Listing 17.7 eine `SecondaryTile`-Instanz, und weisen Sie der `TileId`-Property eine für Ihre App eindeutige ID in Form eines Strings zu. Mit dieser ID können Sie die `SecondaryTile` später wiederfinden. Der `Arguments`-Property weisen Sie ebenfalls einen String zu. Diese »Argumente« erhalten Sie in der `OnLaunched`-Methode, wenn Ihre App über die `SecondaryTile` gestartet wird. Setzen Sie auch die Properties `ShortName` und `DisplayName`, und weisen Sie der `Logo`-Property eine `Uri`-Instanz zu, die auf eine passende Logo-Datei zeigt. All diese Properties sind zwingend erforderlich.

Optional können Sie auf Ihrer `SecondaryTile`-Instanz weitere Properties setzen. Weisen Sie beispielsweise der `WideLogo`-Property einen `Uri` zu, damit der Benutzer die Tile auch als Wide Tile anzeigen kann. Bestimmen Sie mit der `TileOptions`-Property, wie der Wert der `ShortName`-Property auf der Tile angezeigt wird. Die Property ist vom Typ der Aufzählung `TileOptions`, die Werte wie `None`, `ShowNameOnLogo` oder `ShowNameOnWideLogo` enthält. Die Werte lassen sich mit dem bitweisen Oder verknüpfen.

```
private async Task CreateSecondaryTile()
{
  var tile = new SecondaryTile();

  // Zwingend zu setzende Properties
  tile.TileId = "ThomasId";
  tile.Arguments = "Arguments";
  tile.ShortName = "ShortName";
  tile.DisplayName = "DisplayName";
  tile.Logo = new Uri("ms-appx:///Assets/Logo.png");

  // Optionale Properties
  tile.WideLogo = new Uri("ms-appx:///Assets/WideLogo.png");
  tile.TileOptions = TileOptions.ShowNameOnLogo
    | TileOptions.ShowNameOnWideLogo;

  // Secondary-Tile erstellen
  await tile.RequestCreateAsync();
}
```

Listing 17.7 K17\07 SecondaryTiles\MainPage.xaml

> **Hinweis**
>
> Die `SecondaryTile`-Klasse bietet noch weitere Properties als die in Listing 17.7 gezeigten. Beispielsweise gibt es die Properties `ForegroundText` und `BackgroundColor`. Damit bestimmen Sie, ob der Text hell oder dunkel ist und welche Hintergrundfarbe die Tile hat. Wenn Sie nichts angeben, werden die Werte aus dem *Package.appxmanifest* geerbt, die auch für die App-Tile verwendet werden.

Haben Sie alle gewünschten Properties der `SecondaryTile`-Instanz gesetzt, rufen Sie auf ihr die `RequestCreateAsync`-Methode auf. Dadurch erhält der Benutzer den Dialog aus Abbildung 17.15. Klickt er auf den AN »START« ANHEFTEN-Button, wird die Tile auf dem Startbildschirm erstellt.

Die `RequestCreateAsync`-Methode gibt einen `bool`-Wert zurück. Falls notwendig, prüfen Sie damit, ob der Benutzer die Tile an seinen Startbildschirm angeheftet hat oder nicht.

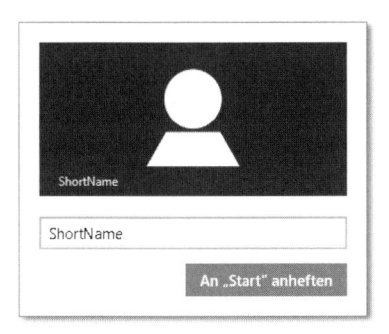

Abbildung 17.15 Dieser Dialog wird dem Benutzer zum Erstellen einer Secondary Tile angezeigt.

> **Hinweis**
>
> Die `RequestCreateAsync`-Methode besitzt eine Überladung, die ein `Point`-Objekt entgegennimmt. Damit können Sie bestimmen, an welcher Stelle der Dialog aus Abbildung 17.15 angezeigt wird.
>
> Darüber hinaus gibt es die Methode `RequestCreateForSelectionAsync`, die für die Positionierung ein `Rect`-Objekt entgegennimmt.

Klickt der Benutzer auf eine Secondary Tile, wird Ihre App gestartet, indem ganz gewöhnlich die `OnLaunched`-Methode der `App`-Klasse (*App.xaml.cs*) aufgerufen wird. Die darin erhaltenen `LaunchActivatedEventArgs` haben in der `TileId`-Property den Wert der `TileId`-Property der `SecondaryTile`-Instanz. In der `Arguments`-Property finden Sie den Wert der `Arguments`-Property der `SecondaryTile`-Instanz. Abbildung 17.16 zeigt dies beim Debuggen. In Listing 17.7 hat die `SecondaryTile`-Instanz die ID `ThomasId` erhalten. Wird die App über diese Tile gestartet, finden Sie die `ThomasId` in der `TileId`-Property der `LaunchActivatedEventArgs`. Basierend darauf können Sie beispielsweise gleich zu einer bestimmten Seite navigieren.

Abbildung 17.16 Die »LaunchActivatedEventArgs« enthalten die »TileId« und die »Arguments« der Secondary Tile.

Secondary Tiles können Sie auch mit Live-Informationen ausstatten. Das Vorgehen ist so wie bei der App-Tile. Lediglich das Erstellen des `TileUpdater`s ist anders.

Rufen Sie zum Erstellen des `TileUpdater`s auf der `TileUpdateManager`-Klasse nicht die statische Methode `CreateTileUpdaterForApplication`, sondern die Methode `CreateTileUpdaterForSecondaryTile` auf. Übergeben Sie als Parameter die `TileId` der `SecondaryTile`, die Sie aktualisieren möchten:

```
TileUpdater updater =
  TileUpdateManager.CreateTileUpdaterForSecondaryTile("ThomasId");
```

Listing 17.8 K17\07 SecondaryTiles\MainPage.xaml.cs

Der Benutzer kann Ihre Secondary Tile über den Startbildschirm jederzeit löschen. Optional können Sie diese Funktionalität auch aus Ihrer App anbieten. Erzeugen Sie dazu ein `SecondaryTile`-Objekt mit der entsprechenden `TileId`, und rufen Sie auf dem Objekt die `RequestDeleteAsync`-Methode auf. Folgende Methode zeigt dies:

```
private async Task DeleteSecondaryTile()
{
  var tile = new SecondaryTile("ThomasId");
  await tile.RequestDeleteAsync();
}
```

Listing 17.9 K17\07 SecondaryTiles\MainPage.xaml.cs

Durch den Aufruf der `RequestDeleteAsync`-Methode wird dem Benutzer der Dialog aus Abbildung 17.17 angezeigt. Klickt er auf den VON »START« LÖSEN-Button, wird die Tile vom Startbildschirm entfernt.

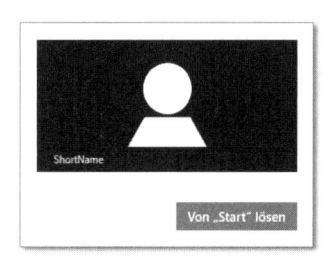

Abbildung 17.17 Dieser Dialog wird dem Benutzer zum Löschen einer Secondary Tile angezeigt.

> **Hinweis**
>
> Wie die `RequestCreateAsync`-Methode besitzt auch die `RequestDeleteAsync`-Methode eine Überladung, die ein `Point`-Objekt entgegennimmt. Damit können Sie bestimmen,

an welcher Stelle der Dialog aus Abbildung 17.17 angezeigt wird. Es gibt auch die
RequestDeleteForSelectionAsync-Methode, die zur Positionierung ein Rect-Objekt
entgegennimmt.

Eventuell möchten Sie prüfen, ob eine bestimmte Secondary Tile existiert. Sinnvoll ist dies beispielsweise vor dem Löschen oder Anlegen. Nutzen Sie dazu die statische Exists-Methode der SecondaryTile-Klasse. Sie nimmt als Parameter einen string entgegen, der die TileId der SecondaryTile repräsentiert:

```
bool exists = SecondaryTile.Exists("thomasId");
```

Die SecondaryTile-Klasse besitzt weitere interessante Mitglieder. Erwähnenswert ist die statische Methode FindAllAsync. Mit ihr erhalten Sie alle SecondaryTile-Instanzen für Ihre App. Sie könnten diese beispielsweise in einer foreach-Schleife durchlaufen und anpassen. Rufen Sie auf einer bereits auf dem Startbildschirm enthaltenen SecondaryTile-Instanz die UpdateAsync-Methode auf, um Ihre Anpassungen zu übernehmen.

17.1.7 Updates einer Tile in Warteschlange einstellen

Bisher haben die Live Tiles in diesem Kapitel immer nur das aktuelle Update angezeigt. Auf Wunsch wechselt die Live Tile immer zwischen den letzten fünf Updates hin und her. Die Live Tile speichert die letzten fünf Updates dann in einer Warteschlange (*Queue*).

Damit dies funktioniert, rufen Sie auf dem TileUpdater die EnableNotificationQueue-Methode mit dem Parameter true auf:

```
TileUpdater updater =
  TileUpdateManager.CreateTileUpdaterForApplication();
updater.EnableNotificationQueue(true);
```

Mit dem Aufruf der EnableNotificationQueue-Methode ist die Warteschlange aktiv. Sie wird erst dann ausgeschaltet, wenn Sie die Methode erneut mit dem Wert false als Parameter aufrufen.

Sobald das sechste Update kommt, wird das älteste Update aus der Warteschlange entfernt. Dies entspricht der typischen Warteschlangenlogik und dem *First-In-First-Out-Prinzip* (FIFO).

In bestimmten Fällen möchten Sie vielleicht ein in der Warteschlange bereits vorhandenes Update nochmals aktualisieren. Stellen Sie sich vor, Sie haben eine App, die Wechselkurse anzeigt. In der Warteschlange steht der Wechselkurs CHF/EUR. Mit einem Update möchten Sie natürlich nicht ein weiteres Element für diesen Wechselkurs in der Warteschlange platzieren, sondern das bestehende anpassen. Damit dies funktioniert, setzen Sie auf Ihrer `TileNotification`-Instanz vor dem Update die `Tag`-Property. Die `Tag`-Property nimmt einen einfachen String entgegen, der Ihre `Tile-Notification` in der Warteschlange identifiziert. Führen Sie ein Update durch, bei dem die `Tag`-Property der `TileNotification`-Instanz einen Wert enthält, der auch bereits in der Warteschlange vorhanden ist, so wird der Eintrag in der Warteschlange durch Ihr neues Update ersetzt.

> **Hinweis**
>
> Die `Tag`-Property finden Sie auch in der `ScheduledTileNotification`-Klasse, die wir bei den im folgenden Abschnitt beschriebenen »geplanten« Updates verwenden werden.

> **Tipp**
>
> Möchten Sie alle Updates aus der Warteschlange entfernen, so rufen Sie auf der `Tile-Updater`-Instanz die `Clear`-Methode auf.

17.1.8 Update-Möglichkeiten einer Tile (inklusive Push Notifications)

Zum Aktualisieren Ihrer Live Tile haben wir bisher die `Update`-Methode der `TileUpdater`-Klasse verwendet. Dies wird auch als *lokales Update* bezeichnet. Zusammen mit dem lokalen Update gibt es insgesamt vier Möglichkeiten, Ihre Live Tile zu aktualisieren:

- **Lokal**: Die App läuft, und Sie aktualisieren die Tile.
- **Geplant** (Scheduled): Sie legen einen Zeitpunkt fest, an dem die Tile aktualisiert wird.
- **Periodisch:** Die Tile wird regelmäßig nach einer bestimmten Zeit durch den Aufruf einer URL aktualisiert. Die URL kann ein Webservice sein.
- **Via Push Notification:** Die Benachrichtigungen werden von einem Cloud-Server an den Client gesendet.

Auf den folgenden Seiten sehen wir uns die vier Varianten genauer an.

> **Hinweis**
>
> Einige der Varianten werden auch zum Aktualisieren der später beschriebenen Badges und Toasts verwendet.

Lokal

Das lokale Aktualisieren einer Live Tile haben Sie in diesem Kapitel bereits kennengelernt. Für ein lokales Update rufen Sie auf dem `TileUpdater` die `Update`-Methode auf und übergeben Ihre `TileNotification`-Instanz.

> **Tipp**
> Ein lokales Update wird ausgeführt, wenn die App läuft. Sie können allerdings die in Kapitel 16, »Contracts und Extensions«, beschriebenen Background-Tasks verwenden, um lokale Updates aus einem Background-Task auszuführen. Dann wird die Tile Ihrer App auch aktualisiert, wenn die App nicht läuft.

Ein lokales Update verfällt per Default nie, da die `ExpirationTime`-Property der `TileNotification`-Instanz standardmäßig `null` ist. Sie können der `ExpirationTime`-Property allerdings ein `DateTimeOffset`-Objekt zuweisen. Damit wird das Update von Windows automatisch nach der angegebenen Zeit wieder entfernt, womit die Tile wieder in ihren Ursprungszustand versetzt wird.

> **Hinweis**
> Bei allen anderen hier betrachteten Update-Möglichkeiten verfällt das Update per Default nach drei Tagen, womit die Live Tile wieder normal dargestellt wird.

Geplant (Scheduled)

Anstatt Ihre Tile direkt durch einen Aufruf der `Update`-Methode des `TileUpdater`s zu aktualisieren, können Sie das Update auch für einen späteren Zeitpunkt planen. Verwenden Sie dazu die `AddToSchedule`-Methode der `TileUpdater`-Instanz. Sie erwartet als Parameter im Gegensatz zur `Update`-Methode kein `TileNotification`-Objekt, sondern ein **Scheduled**`TileNotification`-Objekt.

Die `ScheduledTileNotification`-Klasse nimmt im Konstruktor wie auch die `TileNotification`-Klasse das `XmlDocument` mit dem Tile-XML entgegen. Zusätzlich verlangt der Konstruktor der `ScheduledTileNotification`-Klasse einen zweiten Parameter vom Typ `DateTimeOffset`. Damit bestimmen Sie, wann die Tile aktualisiert wird.

Listing 17.10 zeigt ein kleines Beispiel für ein geplantes Update, das in 10 Sekunden ausgeführt wird. Bis auf die fett markierten Codeteile ist alles so wie bei einem lokalen Update.

```
private void UpdateTile()
{
    // 1. Befülltes Template erstellen
    string xml = @"...";
```

```csharp
// 2. XmlDocument erstellen und Template hineinladen
var xmlDoc = new XmlDocument();
xmlDoc.LoadXml(xml);

// 3. TileNotification erstellen
var notification = new ScheduledTileNotification(xmlDoc,
  DateTime.Now.AddSeconds(10));

// 4. TileUpdater erstellen
TileUpdater updater =
  TileUpdateManager.CreateTileUpdaterForApplication();

// 5. Die Tile zur Planung hinzufügen
updater.AddToSchedule(notification);
}
```

Listing 17.10 K17\08 TileUpdateGeplant\MainPage.xaml.cs

In der Praxis werden Sie sicherlich weitaus mehr als zehn Sekunden für eine Aktualisierung angeben. Aber falls Sie das Beispiel auf der Buch-DVD ausprobieren möchten, sind zehn Sekunden ideal.

> **Hinweis**
> Die geplanten Updates werden natürlich auch dann ausgeführt werden, wenn Ihre App nicht läuft.

Rufen Sie auf dem `TileUpdater` die `GetScheduledTileNotifications`-Methode auf, und Sie erhalten eine Liste der geplanten Updates in Form von `ScheduledTileNotification`-Objekten.

Mit der `RemoveFromSchedule`-Methode des `TileUpdaters` entfernen Sie ein `ScheduledTileNotification`-Objekt aus der Planung.

> **Tipp**
> Die `ScheduledTileNotification`-Klasse besitzt noch eine Id-Property (Typ: `string`), der Sie einen eindeutigen Schlüssel zuweisen können, um das Objekt beispielsweise zum Entfernen wiederzuerkennen.

Periodisch

Sie haben die Möglichkeit, Ihre Live Tile wiederholend in zeitlichen Abständen zu aktualisieren. Dies wird auch als *periodisches Update* bezeichnet. Beim periodischen Update wird das Tile-XML von einem Server bereitgestellt. Der Client ruft es in regelmäßigen Zeitabständen ab und stellt die eventuell neuen Informationen in der Live Tile dar. Dieses Vorgehen entspricht einem klassischen Polling.

> **Hinweis**
> *Polling* bedeutet, dass der Client in regelmäßigen Zeitabständen beim Server »nachschaut« und von dort die neuesten Informationen lädt. Da das periodische Update als kleinstes Intervall eine halbe Stunde unterstützt – dazu gleich mehr –, ist es für kritische Informationen nicht geeignet. Kritische Informationen sind eher ein Fall für die sogenannten Push Notifications, mit denen Sie Nachrichten vom Server zum Client senden. Dazu gleich mehr.

Für ein periodisches Update rufen Sie auf dem `TileUpdater` die `StartPeriodicUpdate`-Methode auf. Sie nimmt als ersten Parameter einen `Uri` entgegen, der auf das Tile-XML auf dem Server zeigt. Dies kann statt einer einfachen Datei auch ein Service sein, der eine solche XML-Datei erzeugt und zurückgibt. Als zweiten Parameter verlangt die Methode einen Wert der Aufzählung `PeriodicUpdateRecurrence`. Damit legen Sie fest, wie oft der `TileUpdater` den `Uri` aufrufen und Updates laden soll. Die Aufzählung hat folgende Werte: `HalfHour`, `Hour`, `SixHours`, `TwelveHours` und `Daily`.

In Listing 17.11 sehen Sie eine Methode, die ein periodisches Update für die Live Tile erstellt. Dabei wird die *tile.xml*-Datei von meinem Server geladen. Ich könnte diese Datei regelmäßig auf dem Server aktualisieren, und die Informationen würden auf all meinen Clients auftauchen.

```
private void UpdateTile()
{
  // 1. TileUpdater erstellen
  TileUpdater updater =
    TileUpdateManager.CreateTileUpdaterForApplication();

  // 2. Periodisches Update erstellen
  updater.StartPeriodicUpdate(
    new Uri("http://www.thomasclaudiushuber.com/tile.xml"),
    PeriodicUpdateRecurrence.HalfHour);
}
```

Listing 17.11 K17\09 TileUpdatePeriodisch\MainPage.xaml.cs

> **Hinweis**
> Eine Überladung der `StartPeriodicUpdate`-Methode hat zusätzlich einen `DateTimeOffset`-Parameter. Damit können Sie bestimmen, ab wann die periodischen Updates starten sollen.

Neben der `StartPeriodicUpdate`-Methode hat die `TileUpdater`-Klasse die `StartPeriodicUpdate`**Batch**-Methode. Sie nimmt nicht nur einen `Uri`, sondern eine Uri-Collection entgegen (`IEnumerable<Uri>`). Sie können darin bis zu fünf `Uri`-Instanzen angeben. Das ist sinnvoll, wenn Sie auf der `TileUpdater`-Instanz mit der `EnableNotificationQueue`-Methode wie in Abschnitt 17.1.7, »Updates einer Tile in Warteschlange einstellen«, beschrieben die Warteschlange einschalten. Die Warteschlange kann bis zu fünf Updates anzeigen, die dann aus den angegebenen `Uri`s stammen.

Um die periodischen Updates zu stoppen, rufen Sie auf der `TileUpdater`-Instanz die `StopPeriodicUpdate`-Methode auf.

Push Notifications

Mit Push Notifications lassen sich Tiles direkt von einem Cloud-Server aktualisieren, und dies auch dann, wenn Ihre App nicht läuft. Push Notifications können Sie auch mit Badges und mit Toasts nutzen. Daher betrachten wir zuerst Badges und Toasts genauer, bevor Sie in Abschnitt 17.4 die Push Notifications für Tiles, Badges und Toasts kennenlernen.

17.2 Badges

Badges sind kleine Informationen, die rechts unten auf einer Tile angezeigt werden. Es spielt dabei keine Rolle, ob es sich um eine Square oder eine Wide Tile handelt. Badges sind dafür gedacht, den Zustand Ihrer App anzuzeigen. Beispielsweise zeigt die Mail-App über ein Badge die Anzahl der neuen Nachrichten an. In diesem Abschnitt lesen Sie, wie Sie ein Badge-Update erstellen, welche vordefinierten Symbole verfügbar sind und was es für prinzipiell für Update-Möglichkeiten gibt.

> **Hinweis**
>
> Badges werden in der deutschen Dokumentation auch als *Infoanzeiger* bezeichnet.

17.2.1 Ein Badge-Update

Ein Badge-Update funktioniert sehr ähnlich wie ein Tile-Update. Folgender Code zeigt ein Badge-Update. Im ersten Schritt wird das Badge-XML zum Anzeigen der Zahl Sieben erstellt. Es wird in ein `XmlDocument` geladen. Danach wird eine `BadgeNotification` erstellt, die im Konstruktor das `XmlDocument` entgegennimmt. Mit der statischen `CreateBadgeUpdaterForApplication`-Methode der `BadgeUpdateManager`-Klasse wird eine `BadgeUpdater`-Instanz erzeugt. Auf ihr wird die `Update`-Methode aufgerufen und die zuvor erstellte `BadgeNotification` übergeben.

```csharp
private void UpdateBadge()
{
  // 1. Befülltes Template erstellen
  string xml = @"<badge value='7'/>";

  // 2. XmlDocument erstellen und Template hineinladen
  var xmlDoc = new XmlDocument();
  xmlDoc.LoadXml(xml);

  // 3. BadgeNotification erstellen
  var notification = new BadgeNotification(xmlDoc);

  // 4. BadgeUpdater erstellen
  BadgeUpdater updater =
    BadgeUpdateManager.CreateBadgeUpdaterForApplication();

  // 5. Badge aktualisieren
  updater.Update(notification);
}
```

Listing 17.12 K17\10 BadgeUpdate\MainPage.xaml.cs

Das Ergebnis der Methode aus Listing 17.12 sehen Sie in Abbildung 17.18. Rechts unten zeigt der Badge die Zahl Sieben an.

Abbildung 17.18 Ein Badge-Update mit der Zahl 7

> **Hinweis**
>
> Sie können auf dem Badge die Zahlen 1 bis 99 darstellen. Geben Sie im Badge-XML eine Zahl an, die größer als 99 ist, so wird sie auf der Tile als 99+ dargestellt.

Rufen Sie auf dem `BadgeUpdater` die `Clear`-Methode auf, um den Badge von der Tile zu entfernen. Alternativ können Sie den Badge auch entfernen, indem Sie ein Update mit dem Wert 0 (Null) oder none ausführen, was Sie in folgenden beiden XML-Templates sehen.

```xml
<badge value="0"/>
<badge value="none"/>
```

Die `BadgeUpdateManager`-Klasse besitzt neben der statischen Methode `CreateBadgeUpdaterForApplication` die ebenfalls statische Methode `CreateBadgeUpdaterForSecondaryTile`. Damit erhalten Sie einen `BadgeUpdater`, mit dem Sie den Badge einer Secondary Tile aktualisieren können.

Wie auch die `TileUpdateManager`-Klasse finden Sie in der `BadgeUpdateManager`-Klasse die statische Methode `GetTemplateContent`. Damit erhalten Sie ein `XmlDocument`, das bereits das XML-Template enthält. Die Methode nimmt einen der zwei verfügbaren Werte der Aufzählung `BadgeTemplateType` entgegen: `BadgeGlyph` oder `BadgeNumber`. Der erste Wert ist für Symbole gedacht – dazu mehr im nächsten Abschnitt –, der zweite Wert für Zahlen. Beide geben jedoch genau das gleiche `XmlDocument` zurück, das folgenden Inhalt hat:

```
<badge value=""/>
```

17.2.2 Die verfügbaren Symbole

Neben der Angabe von Zahlen können Sie im Badge-XML auch vordefinierte Werte angeben, damit ein kleines Infosymbol angezeigt wird. Beispielsweise stellt der Wert `activity` ein solches Symbol dar:

```
<badge value="activity"/>
```

In Abbildung 17.19 finden Sie die elf verfügbaren Werte und die daraus resultierenden Symbole. Beachten Sie, dass sich die Symbole `available`, `away`, `busy` und `unavailable` aufgrund des Schwarzweiß-Drucks in diesem Buch schlecht unterscheiden lassen. Sie sind auf einem farbigen Bildschirm grün, orange, rot und grau.

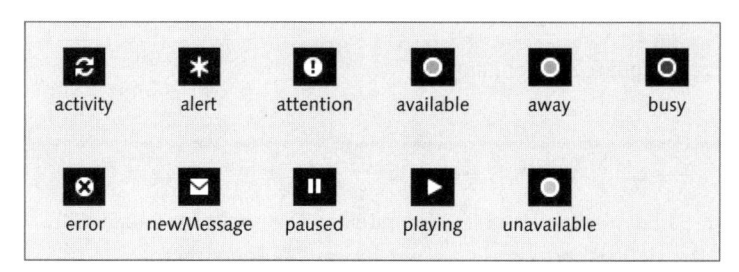

Abbildung 17.19 Die Symbole für ein Badge

17.2.3 Update-Möglichkeiten für Badges

Um Ihr Badge zu aktualisieren, gibt es folgende drei Möglichkeiten:

- **Lokal:** Die App läuft, und Sie aktualisieren das Badge.
- **Periodisch:** Das Badge wird regelmäßig nach einer bestimmten Zeit durch den Aufruf einer URL aktualisiert. Die URL kann ein Webservice sein.

▶ **Via Push Notification:** Die Benachrichtigungen werden von einem Cloud-Server an den Client gesendet.

Die lokale Variante haben Sie mit der `Update`-Methode der `BadgeUpdater`-Klasse bereits kennengelernt. Setzen Sie auf der übergebenen `BadgeNotification`-Instanz die `ExpirationTime`-Property, um zu bestimmen, wann das Badge abläuft. Sie hat per Default den Wert `null`.

Neben der lokalen Variante haben Sie wie auch bei den Tiles das periodische Update, bei dem ein `Uri` via Polling in bestimmten Abständen nach einem Badge-XML abgefragt wird. Für das periodische Update besitzt die Klasse `BadgeUpdater` die Methoden `StartPeriodicUpdate` und `StopPeriodicUpdate`, um ein periodisches Update zu starten und zu stoppen.

> **Hinweis**
> Die beiden Methoden `StartPeriodicUpdate` und `StopPeriodicUpdate` sind analog zu den gleichnamigen Methoden aus der `TileUpdater`-Klasse, die Sie in Abschnitt 17.1.8, »Update-Möglichkeiten einer Tile (inklusive Push Notifications)«, kennengelernt haben.

Die dritte Variante mit den Push Notifications beschreibe ich in Abschnitt 17.4, »Push Notifications«.

17.3 Toasts

Die sogenannten *Toast Notifications*, oder kurz *Toasts*, sind Benachrichtigungen, die in der oberen rechten Ecke des Bildschirms aufpoppen. In diesem Abschnitt lernen Sie neben dem Anzeigen eines Toasts auch die verschiedenen Templates kennen. Sie erfahren zudem, wie Sie die Anzeigedauer und den abgespielten Ton anpassen. Sie erfahren auch, wie Sie vom Toast einen Startparameter an die `OnLaunched`-Methode Ihrer App übergeben, und vieles mehr.

> **Hinweis**
> Der Begriff »Toast« stammt tatsächlich vom Toastbrot. Da die kleinen Benachrichtigungen auf dem Bildschirm wie ein Toastbrot aus dem Toaster aufpoppen, werden Sie eben »Toasts« genannt.

17.3.1 Toasts aktivieren

Damit Ihre App überhaupt Toasts anzeigen kann, setzen Sie im *Package.appxmanifest* unter dem Tab ANWENDUNGSBENUTZEROBERFLÄCHE das Feld TOASTFÄHIG auf den Wert JA. Abbildung 17.20 zeigt die Stelle. Damit Sie die Einstellung sehen können, wählen Sie im linken Bereich entweder wie in Abbildung 17.20 den Punkt ALLE BILDANLAGEN oder den Punkt INFOANZEIGERLOGO.

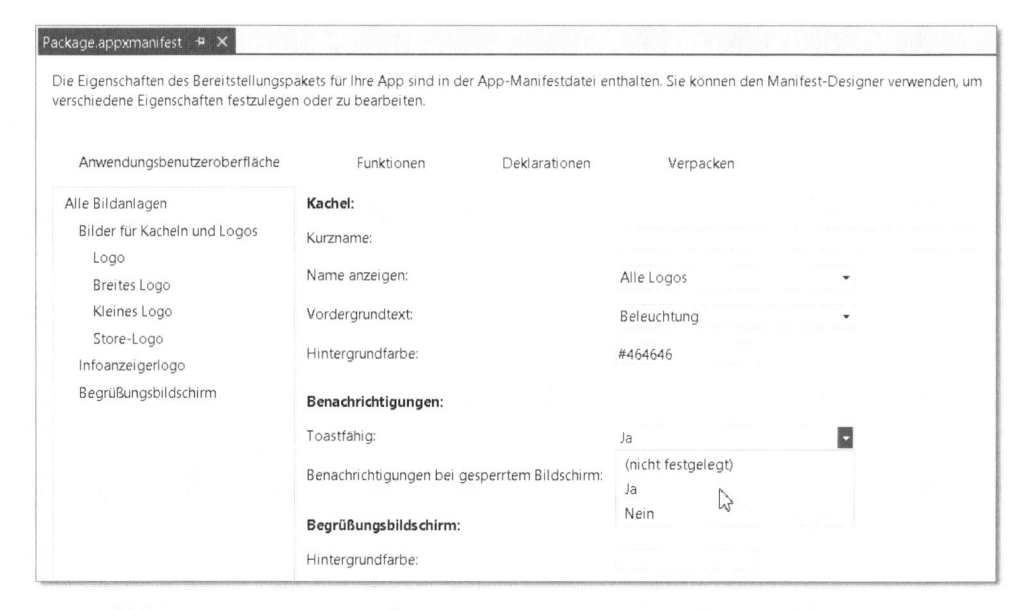

Abbildung 17.20 Die App wird im »Package.appxmanifest« als »toastfähig« markiert.

> **Achtung**
> Haben Sie Ihre App im *Package.appxmanifest* nicht als toastfähig markiert, werden keine Toasts angezeigt.

17.3.2 Ein Toast anzeigen

Das Anzeigen eines Toasts ist sehr ähnlich zum Aktualisieren einer Tile oder eines Badges. Listing 17.13 zeigt die ShowToast-Methode. Im ersten Schritt wird das Toast-XML erstellt. Es ist sehr ähnlich zum Tile-XML, besitzt lediglich als Wurzelelement das toast-Element und hat einen Template-Namen, der mit Toast beginnt. In Listing 17.13 wird das ToastImageAndText01-Template genutzt, das ein image- und ein text-Element enthält. Für das image-Element gelten dieselben Regeln wie für jenes der Tile: Das angegebene Bild muss sich im App-Package (*ms-appx:///*), in den App-Daten (*ms-appdata:///*) oder im Internet (*http://*) befinden. Für das App-Package können Sie auch die abgekürzte Schreibweise wie in Listing 17.13 verwenden.

Im zweiten Schritt wird das Toast-XML in ein `XmlDocument` geladen, das wiederum zum Erstellen einer `ToastNotification`-Instanz genutzt wird. Mit der statischen `CreateToastNotifier`-Methode der `ToastNotificationManager`-Klasse wird eine `ToastNotifier`-Instanz erstellt. Auf ihr wird die `Show`-Methode aufgerufen, um das Toast anzuzeigen.

```
private void ShowToast()
{
  // 1. Befülltes Template erstellen (Toast-XML)
  string xml = @"
    <toast>
      <visual>
        <binding template='ToastImageAndText01'>
          <image id='1' src='Images/thomas.jpg'/>
          <text id='1'>Hallo Thomas, Dein Toastbrot mit Butter
            und Honig ist fertig geschmiert.</text>
        </binding>
      </visual>
    </toast>";

  // 2. XmlDocument erstellen und Template hineinladen
  var xmlDoc = new XmlDocument();
  xmlDoc.LoadXml(xml);

  // 3. ToastNotification erstellen
  var notification = new ToastNotification(xmlDoc);

  // 4. ToastNotifier erstellen
  ToastNotifier notifier =
    ToastNotificationManager.CreateToastNotifier();

  // 5. Das Toast anzeigen
  notifier.Show(notification);
}
```

Listing 17.13 K17\12 ToastNotification\MainPage.xaml.cs

Abbildung 17.21 zeigt das in Listing 17.13 erstellte Toast. Links wird das Bild angezeigt, rechts der Text. Rechts oben ist ein kleines Kreuz zum Schließen. Das Toast verschwindet nach sieben Sekunden allerdings auch von allein, solange der Benutzer nicht den Mauszeiger darüberbewegt. Rechts unten enthält das Toast das *Small-Logo.png* Ihrer App. Das ist sehr wichtig für den Benutzer, um die Toasts verschiedener Apps auseinanderzuhalten.

17 Tiles, Badges und Toasts

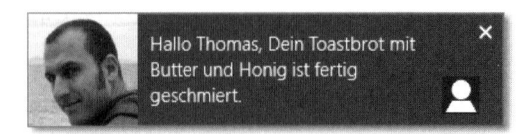

Abbildung 17.21 Ein Toast wird angezeigt.

> **Tipp**
>
> Das Toast beachtet auch die im *Package.appxmanifest* unter dem Tab ANWEN-
> DUNGSBENUTZEROBERFLÄCHE eingestellten Werte für die Felder VORDERGRUNDTEXT
> und HINTERGRUNDFARBE.

17.3.3 Die verschiedenen Toast-Templates

Anstatt wie im vorigen Abschnitt das Toast-XML direkt in einem String zu erstellen, können Sie auch die statische GetTemplateContent-Methode der ToastNotification-Manager-Klasse nutzen. Sie nimmt einen Wert der Aufzählung ToastTemplateType entgegen und gibt ein XmlDocument mit dem entsprechenden Template zurück.

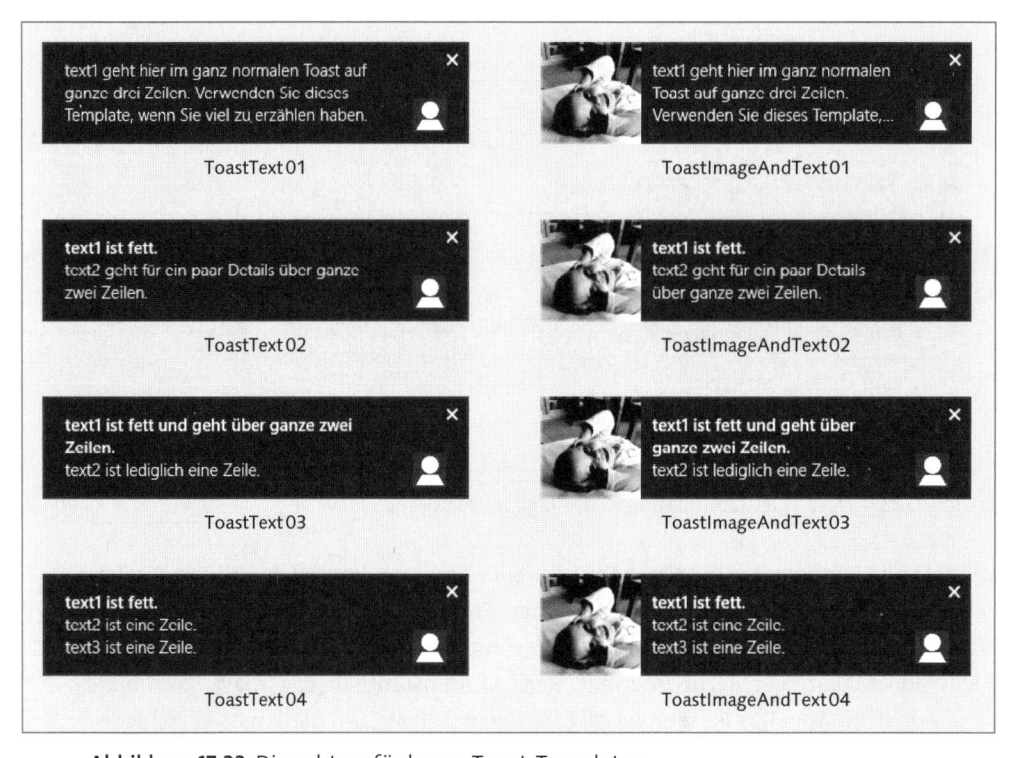

Abbildung 17.22 Die acht verfügbaren Toast-Templates

Die `ToastTemplateType`-Aufzählung enthält acht Werte: `ToastText01` bis `ToastText04` und `ToastImageAndText01` bis `ToastImageAndText04`. Die acht Templates sehen Sie in Abbildung 17.22 in Aktion.

> **Hinweis**
>
> Sie finden in den Buchbeispielen die App *K17\13 ToastTemplateContentViewer*, mit der Sie die XML-Templates für Toasts betrachten können. Mit der App *K17\14 ToastTemplateTester* können Sie sich die in Abbildung 17.22 dargestellten Toasts anzeigen lassen.

17.3.4 Die Anzeigedauer anpassen

Interagiert der Benutzer nicht mit dem Toast, beispielsweise indem er den Mauszeiger darüberbewegt, so wird das Toast nach 7 Sekunden ausgeblendet. Möchten Sie das Toast länger anzeigen, setzen Sie auf dem `toast`-Element im Toast-XML das `duration`-Attribut auf den Wert `long`. Listing 17.14 verdeutlicht dies. Das Toast wird mit diesem Tile-XML jetzt statt 7 ganze 25 Sekunden lang angezeigt.

```
<toast duration="long">
  <visual>
    <binding template="ToastText01">
      <text id="1">Dieses Toast wird
        25 Sekunden lang angezeigt.</text>
    </binding>
  </visual>
</toast>
```

Listing 17.14 Mit dem »duration«-Attribut zeigen Sie ein Toast länger an.

Das `duration`-Attribut unterstützt auch den Wert `short`. Dieser entspricht jedoch den 7 Sekunden, die das Toast auch ohne das `duration`-Attribut angezeigt wird.

> **Tipp**
>
> Möchten Sie aus irgendeinem Grund Ihr Toast vor dem automatischen Ausblenden selbst entfernen, übergeben Sie Ihre `ToastNotification`-Instanz an die `Hide`-Methode des `ToastNotifier`-Objekts.

17.3.5 Den abgespielten Ton anpassen

Standardmäßig wird ein Ton abgespielt, sobald das Toast angezeigt wird. Diesen Ton können Sie anpassen, indem Sie im Toast-XML neben dem `visual`-Element zusätzlich ein `audio`-Element definieren. Mit dem `src`-Attribut definieren Sie, welcher Ton abgespielt wird. Folgendes Toast klingt beim Anzeigen wie eine eingehende Mail:

```
<toast>
  <visual>
    <binding template="ToastText01">
      <text id="1">Dieses Toast hat den Mail-Ton.</text>
    </binding>
  </visual>
  <audio src='ms-winsoundevent:Notification.Mail'/>
</toast>
```

Listing 17.15 K17\15 ToastAudio\MainPage.xaml.cs

Insgesamt gibt es neun verschiedene Werte, die Sie für das `src`-Attribut des `audio`-Elements verwenden können, um andere Töne abzuspielen:

- `ms-winsoundevent:Notification.Default`: Das ist der Standardton, der auch erklingt, wenn Sie das `audio`-Element einfach weglassen.
- `ms-winsoundevent:Notification.IM`: Klingt wie der Eingang einer Sofortnachricht in einem Chat-Programm. IM steht für Instant Messenger.
- `ms-winsoundevent:Notification.Mail`: Klingt wie eine eingehende Mail in der Mail-App.
- `ms-winsoundevent:Notification.Reminder`: Klingt wie eine Erinnerung in der Kalender-App.
- `ms-winsoundevent:Notification.SMS`: Klingt wie eine eingegangene SMS.
- `ms-winsoundevent:Notification.Looping.Alarm`: Dies ist eine Art Weckton.
- `ms-winsoundevent:Notification.Looping.Alarm2`: Dies ist eine weitere Art Weckton.
- `ms-winsoundevent:Notification.Looping.Call`: Dies ist der Ton für einen eingehenden Anruf.
- `ms-winsoundevent:Notification.Looping.Call2`: Dies ist ein weiterer Ton für einen eingehenden Anruf.

Beachten Sie, dass die letzten vier Töne das Wort `Looping` enthalten. Sie funktionieren nur, wenn sie in einer Schleife abgespielt werden. Setzen Sie dazu auf dem `audio`-Element das `loop`-Attribut auf `true`. Zusätzlich setzen die vier Töne voraus, dass das `duration`-Attribut auf dem `toast`-Element den Wert `long` enthält. Ein Beispiel für den Alarm-Ton.

```xml
<toast duration="long">
  <visual> ... </visual>
  <audio src="ms-winsoundevent:Notification.Looping.Alarm"
     loop="true"/>
</toast>
```

Listing 17.16 K17\15 ToastAudio\MainPage.xaml.cs

Neben den ganzen Tönen können Sie auch ein Toast ohne Ton anzeigen. Definieren Sie dazu ein `audio`-Element, und setzen Sie das Attribut `silent` auf den Wert `true`:

```xml
<audio silent="true"/>
```

17.3.6 Startparameter übergeben

Klickt der Benutzer auf das von Ihnen angezeigte Toast, wird die dazugehörige App gestartet. In vielen Anwendungsfällen möchten Sie wissen, welches Toast der Benutzer angeklickt hat, um beispielsweise die entsprechende Mail zu öffnen, um den entsprechenden Kalendereintrag anzuzeigen etc.; viele Anwendungsszenarien sind denkbar.

Um das Toast in Ihrer App wiederzuerkennen, setzen Sie auf dem `toast`-Element das `launch`-Attribut. Weisen Sie dem Attribut einen beliebigen String zu, den Sie verwenden können, um das Toast zu identifizieren. Folgend wird der String `thomasToast` verwendet:

```xml
<toast launch='thomasToast'>
  <visual>
    <binding template='ToastText01'>
      <text id='1'>Thomas</text>
    </binding>
  </visual>
</toast>
```

Listing 17.17 K17\16 ToastLaunch\App.xaml.cs

Klickt der Benutzer das Toast an, wird die App über die `OnLaunched`-Methode der `App`-Klasse aktiviert. Über die `Arguments`-Property der `LaunchActivatedEventArgs` erhalten Sie den Wert, den Sie im Toast-XML im `launch`-Attribut angegeben haben. Sie können somit für dieses Toast spezifische Logik ausführen, was Listing 17.18 zeigt:

```csharp
protected override void OnLaunched(LaunchActivatedEventArgs args)
{ ...
  if (args.Arguments == "thomasToast")
  {
```

```
      // Hier führen Sie etwas aus, wenn das
      // entsprechende Toast angeklickt wurde
    }
    ...
}
```

Listing 17.18 K17\16 ToastLaunch\App.xaml.cs

17.3.7 Anzeigemöglichkeiten für Toasts

Um ein Toast anzuzeigen, haben Sie folgende drei Möglichkeiten:

- **Lokal:** Die App läuft, und Sie zeigen das Toast an.
- **Geplant** (Scheduled): Sie legen einen Zeitpunkt fest, an dem das Toast angezeigt wird.
- **Via Push Notification:** Von einem Cloud-Server wird eine Benachrichtigung an den Client gesendet, durch die ein Toast angezeigt wird.

Sehen wir uns die drei Varianten an.

Lokales Anzeigen

Die lokale Variante haben Sie mit der Show-Methode der ToastNotifier-Klasse bereits kennengelernt. Sehen Sie sich die ToastNotification-Klasse näher an. Sie enthält die bisher noch nicht erwähnten Events Activated, Dismissed und Failed. Das Activated-Event wird ausgelöst, wenn der Benutzer das Toast angeklickt hat. Das Failed-Event teilt Ihnen mit, wenn das Toast nicht angezeigt werden konnte, beispielsweise weil die App im *Package.appxmanifest* nicht als toastfähig markiert wurde oder der Benutzer in der SYSTEMSTEUERUNG die Benachrichtigungen ausgeschaltet hat.

Das Dismissed-Event tritt auf, wenn das Toast wieder verschwunden ist. Die darin enthaltenen ToastDismissedEventArgs besitzen eine Reason-Property vom Typ der Aufzählung ToastDismissalReason. Sie enthält folgende drei Werte:

- **UserCanceled**: Der Benutzer hat das Toast über das kleine X rechts oben geschlossen.
- **ApplicationHidden**: Das Toast wurde explizit durch die App geschlossen, indem auf dem ToastNotifier die Hide-Methode aufgerufen wurde.
- **TimedOut**: Die Anzeigedauer von 7 bzw. für lang angezeigte Toasts von 25 Sekunden war abgelaufen.

Die lokale Variante wird bei Toasts sehr selten eingesetzt, da die App dazu geöffnet sein muss. Stattdessen kommt oft eine der beiden anderen Varianten zum Einsatz, die wir jetzt betrachten.

Geplantes Anzeigen (Scheduled)

Anstatt Ihr Toast direkt durch einen Aufruf der der Show-Methode der ToastNotifier-Klasse anzuzeigen, können Sie die Anzeige auch für einen späteren Zeitpunkt planen. Das Toast wird auch dann angezeigt, wenn der Benutzer Ihre App nicht ausführt. Verwenden Sie für ein geplantes Anzeigen eines Toasts die AddToSchedule-Methode der ToastNotifier-Instanz. Sie erwartet als Parameter im Gegensatz zur Show-Methode kein ToastNotification-Objekt, sondern ein **Scheduled**ToastNotification-Objekt.

> **Hinweis**
>
> Sicherlich fällt Ihnen auf, dass die Schnittstelle den geplanten Tile-Updates sehr ähnelt. Auch die TileUpdater-Klasse hat eine AddToSchedule-Methode, die eine ScheduledTileNotification entgegennimmt.

Die ScheduledToastNotification-Klasse nimmt im Konstruktor wie auch die ToastNotification-Klasse das XmlDocument mit dem Toast-XML entgegen. Zusätzlich verlangt der Konstruktor der ScheduledToastNotification-Klasse einen zweiten Parameter vom Typ DateTimeOffset. Damit bestimmen Sie, wann das Toast angezeigt wird. Listing 17.19 zeigt ein Toast in 10 Sekunden an, was optimal für Sie ist, um die App aus den Buchbeispielen auszuprobieren.

```
private void ShowToast()
{
  // 1. Template befüllen
  string xml = @"<toast> ... </toast>";

  // 1. XmlDocument erstellen und Template hineinladen
  var xmlDoc = new XmlDocument();
  xmlDoc.LoadXml(xml);

  // 2. ToastNotification erstellen
  var notification = new ScheduledToastNotification(xmlDoc,
    DateTime.Now.AddSeconds(10));

  // 3. ToastNotifier erstellen
  ToastNotifier notifier =
    ToastNotificationManager.CreateToastNotifier();

  // 4. Das Toast zur Planung hinzufügen
  notifier.AddToSchedule(notification);
}
```

Listing 17.19 K17\17 ToastGeplant\MainPage.xaml.cs

Rufen Sie auf dem `ToastNotifier` die `GetScheduledToastNotifications`-Methode auf, um eine Liste der geplanten Toasts in Form von `ScheduledToastNotification`-Objekten zu erhalten. Mit der `RemoveFromSchedule`-Methode des `ToastNotifiers` entfernen Sie ein `ScheduledToastNotification`-Objekt aus der Planung.

> **Tipp**
> Die `ScheduledToastNotification`-Klasse besitzt eine `Id`-Property (Typ: `string`), der Sie einen eindeutigen Schlüssel zuweisen können, um das Objekt beispielsweise zum Entfernen wiederzuerkennen.

Eine erwähnenswerte Besonderheit ist eine Konstruktor-Überladung der `ScheduledToastNotification`-Klasse. Sie nimmt zusätzlich zwei Parameter entgegen:

```
public ScheduledToastNotification(XmlDocument content,
  DateTimeOffset deliveryTime, TimeSpan snoozeInterval,
  uint maximumSnoozeCount)
```

Damit können Sie eine Art Weckfunktion erstellen, damit ein Toast mehrmals angezeigt wird. Dazu setzen Sie den `snoozeInterval`-Parameter auf einen Wert, der bis zur nächsten Anzeige vergehen soll. Weisen Sie hier einen Wert zwischen 60 Sekunden und 60 Minuten zu. Mit dem `maximumSnoozeCount`-Parameter legen Sie fest, wie oft das Toast angezeigt wird. Erlaubt sind Werte von 1 bis einschließlich 5.

Push Notifications

Neben dem lokalen und geplanten Anzeigen lassen sich Toasts auch über Push Notifications anzeigen. Wie das geht, sehen wir uns jetzt an.

17.4 Push Notifications

Mit Push Notifications können Sie Benachrichtigungen vom Server an Ihre Clients senden, um serverseitig zu bestimmen, wann eine Tile oder ein Badge aktualisiert wird. Ebenso lassen sich mit einer Push Notification Toasts anzeigen oder sogar Background-Tasks starten. In diesem Abschnitt sehen wir uns die Funktionsweise von Push Notifications an, bevor wir ein kleines Beispielprojekt erstellen und Push Notifications versenden.

17.4.1 Funktionsweise von Push Notifications

Zum Versenden von Push Notifications sind mehrere Schritte notwendig, die Sie in diesem Abschnitt kennenlernen. In Abbildung 17.23 sehen Sie die einzelnen Mitspieler sowie die Schritte zum Versenden einer Push Notification.

Abbildung 17.23 zeigt links das Windows 8-Gerät mit Ihrer App, rechts die involvierten Services. Im oberen Teil sehen Sie den Code, den Sie implementieren, bestehend aus der Windows Store App und einem Webservice. Im unteren Teil sehen Sie die von Microsoft gratis bereitgestellte Infrastruktur. Dazu gehören serverseitig die *Windows Push Notification Services* (WNS). Das ist ein von Microsoft bereitgestellter Cloud-Service, der eine Push Notification versenden kann. Clientseitig wird die Push Notification von der im Windows-Betriebssystem enthaltenen *Notification Client Platform* entgegengenommen und verarbeitet.

> **Hinweis**
>
> Das spannende an Push Notifications ist, dass sie aufgrund der von Microsoft bereitgestellten Cloud-Services (WNS) sehr gut skalieren. Sie können von Ihrem Server aus über WNS Millionen von Clients aktualisieren.

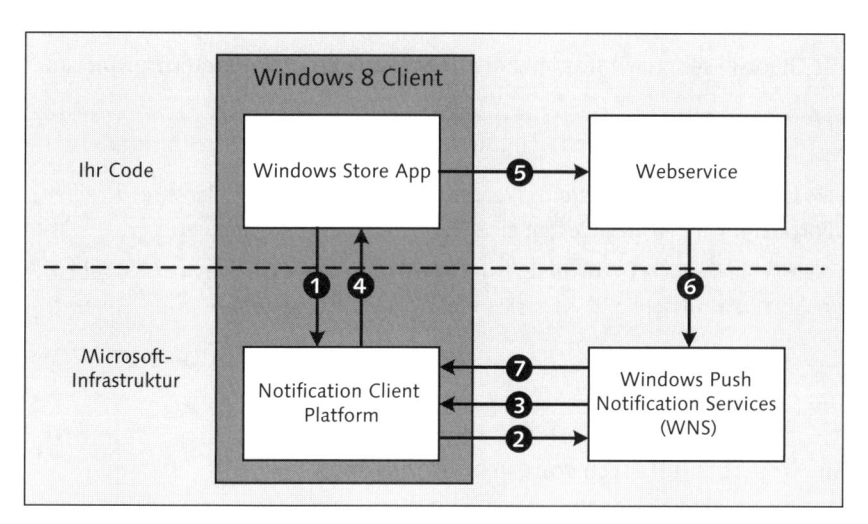

Abbildung 17.23 Zum Versenden von Push Notifications nutzen Sie die frei verfügbare Infrastruktur von Microsoft.

Sehen wir uns die einzelnen Schritte aus Abbildung 17.23 an, die zum Versenden von Push Notifications notwendig sind:

❶ Ihre Windows Store App fordert über eine WinRT-API vom Betriebssystem einen Push Notification Channel an. Im Hintergrund wird die Notification Client Platform des Betriebssystems angefragt.

❷ Die Notification Client Platform ruft die WNS auf, um den sogenannten Channel-URI zu erhalten. Der Channel-URI wird auch als *WNS-URI* bezeichnet, da es der URI ist, um via WNS Ihre Push Notifications zu versenden. Wir sprechen somit im weiteren Verlauf vom WNS-URI.

❸ Der WNS-URI wird von den WNS an die Notification Client Platform gesendet.

❹ Die Windows Store App erhält als Ergebnis des in Schritt 1 angeforderten Push Notification Channels diesen Kanal mit dem WNS-URI, der von der Notification Client Platform ermittelt wurde.

❺ Die Windows Store App ruft den von Ihnen erstellten Webservice auf und übermittelt dabei den WNS-URI an den Webservice.

❻ Zu irgendeinem beliebigen Zeitpunkt ruft der Webservice den erhaltenen WNS-URI auf. Dazu muss sich der Webservice bei den WNS zuerst authentifizieren, bevor er anschließend an den WNS-URI beispielsweise ein Tile-XML übermitteln kann.

❼ Mit dem erhaltenen Tile-XML führen die WNS die Push Notification aus. Dabei senden sie das Tile-XML an alle registrierten Clients. Clientseitig wird das Tile-XML von der Notification Client Platform entgegengenommen. Sie ermittelt, welche Tile von welcher App zu aktualisieren ist, und sorgt für ein Tile-Update.

So weit zur Theorie; sehen wir uns jetzt die Details an einem konkreten Beispiel an.

> **Hinweis**
>
> Den WNS-URI sollten Sie in Ihrem Webservice speichern, beispielsweise in einer Datenbank. Dann können Sie jederzeit eine Push Notification senden.
>
> Ebenso sollten Sie den WNS-URI immer beim App-Start an den Webservice übergeben, da Microsoft nicht ausschließt, dass sich ein WNS-URI für eine App in der Zukunft ändern wird.

17.4.2 Ein Projekt zum Testen von Push Notifications

Zum Testen von Push Notifications ändern wir das Bild etwas ab. Abbildung 17.24 zeigt dies. Statt eines Webservices kommt eine WPF-App namens »Server Simulator« zum Einsatz. Bis auf Schritt fünf entsprechen alle Schritte jenen aus dem vorigen Abschnitt.

Die Windows Store App zeigt nach Schritt 4 in einer Textbox den erhaltenen WNS-URI an. Da es keinen Webservice gibt, wird dieser WNS-URI nicht an einen Webservice gesendet. Stattdessen wird der WNS-URI in Schritt 5 manuell in der WPF-App eingetragen. Darüber hinaus werden in der WPF-App mit der Client-ID und dem Client-Secret die Authentifizierungsdaten für die WNS manuell eingetragen. Diese werden normalerweise im Webservice in einer *.config*-Datei oder in Konstanten gespeichert. Aus der WPF-App werden dann in Schritt 6 die WNS aufgerufen, die daraufhin in Schritt 7 eine Push Notification versenden.

17.4 Push Notifications

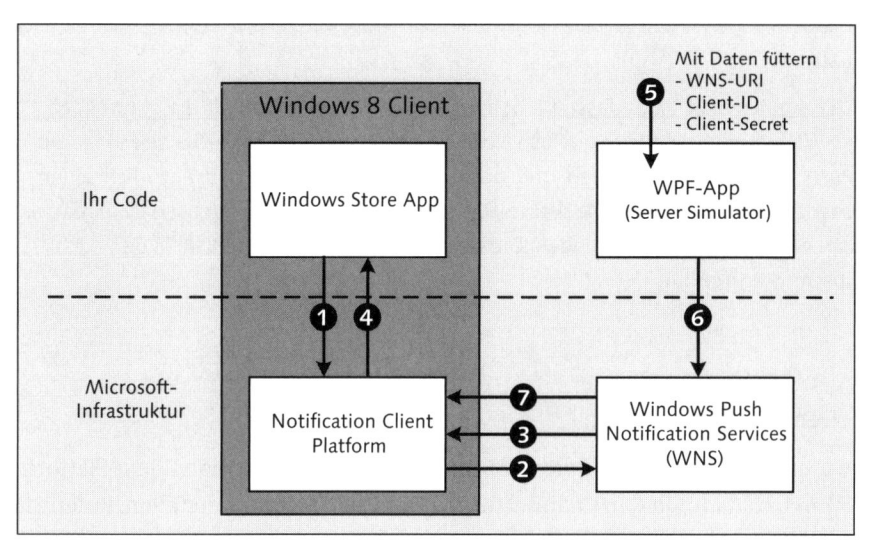

Abbildung 17.24 Statt eines Webservices wird eine WPF-App namens »Server Simulator« eingesetzt.

Die Projektmappe mit der Windows Store App (Client) und der WPF-Anwendung (Server Simulator) sehen Sie in Abbildung 17.25. Werfen wir einen Blick auf den Code und gehen die einzelnen Schritte zum Versenden eines Tile-Updates durch, bevor wir auch ein Badge-Update und ein Toast versenden.

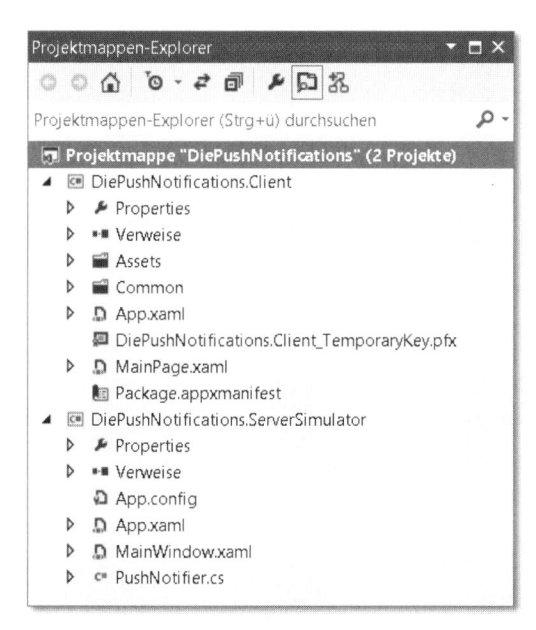

Abbildung 17.25 Die Projektmappe mit der Windows Store App und der WPF-Anwendung

> **Hinweis**
> Die WPF-App enthält eine Klasse namens `PushNotifier`. Sie enthält die ganze Logik, um die WNS zum Versenden von Push Notifications aufzurufen. Falls Sie also eine App mit Push Notifications erstellen und dazu im produktiven Betrieb natürlich einen Webservice anstelle der WPF-App einsetzen, können Sie in Ihrem Webservice einfach die Klasse `PushNotifier` verwenden. Die Details dieser Klasse lernen Sie in den nächsten Abschnitten kennen.

17.4.3 Den Channel erstellen

Sehen wir uns an, wie Sie die Windows Store App mit der Notification Client Platform registrieren und dadurch den Channel für die Push Notifications erstellen. Rufen Sie dazu die statische Methode `CreatePushNotificationChannelForApplicationAsync` der Klasse `PushNotificationManager` (Namespace: `Windows.Networking.PushNotifications`) auf. Die Methode gibt eine `PushNotificationChannel`-Instanz zurück. In Listing 17.20 wird die `CreatePushNotificationChannelForApplicationAsync`-Methode in der `LoadState`-Methode der `MainPage` aufgerufen.

Die `PushNotificationChannel`-Instanz besitzt eine `Uri`-Property vom Typ `string`. Sie enthält den WNS-URI zum Versenden der Push Notifications. Der Wert der `Uri`-Property wird in Listing 17.20 in der `TextBox` namens `txtWNSUri` angezeigt.

```
public sealed partial class MainPage :
  DiePushNotifications.Client.Common.LayoutAwarePage
{ ...
  protected async override void LoadState(...)
  {
    PushNotificationChannel channel =
      await PushNotificationChannelManager
        .CreatePushNotificationChannelForApplicationAsync();

    // Anstatt den Uri hier in einer TextBox anzuzeigen,
    // senden Sie ihn in Ihrer Produktiv-Umgebung an
    // Ihren Webservice.
    txtWNSUri.Text = channel.Uri;
  }
}
```

Listing 17.20 K17\10 PushNotifications\DiePushNotifications.Client\MainPage.xaml.cs

> **Hinweis**
>
> Um einen `PushNotificationChannel` für eine Secondary Tile zu erstellen, rufen Sie auf der `PushNotificationChannelManager`-Klasse die `CreatePushNotificationChannel-ForSecondaryTileAsync`-Methode auf. Sie nimmt als Parameter die Tile-ID entgegen.

17.4.4 Die Authentifizierungsdaten ermitteln

Microsoft stellt die WNS kostenlos zur Verfügung. Allerdings muss sich Ihr Webservice authentifizieren, um via WNS eine Push Notification an Ihre App senden zu können.

Um die Authentifizierungsdaten zu erhalten, müssen Sie Ihre Windows Store App im Windows Store registrieren. Die App muss dabei nicht veröffentlicht werden, es genügt, im Portal unter *http://dev.windows.com/apps* einen App-Namen zu reservieren. Anstatt manuell im Browser zum Portal zu navigieren, können Sie den direkten Link auch über das Hauptmenü von Visual Studio via PROJEKT • STORE • APP-NAME RESERVIEREN... aufrufen.

> **Hinweis**
>
> Zum Reservieren eines App-Namens benötigen Sie ein Entwicklerkonto. Wie Sie ein Entwicklerkonto anlegen und einen App-Namen reservieren, lesen Sie in Kapitel 22, »Verpacken und veröffentlichen«.

Haben Sie im Portal einen App-Namen reserviert, klicken Sie wie in Abbildung 17.26 auf den jetzt verfügbaren Schritt ERWEITERTE FEATURES. Dieser dient unter anderem zum Konfigurieren von Push Notifications.

> **Hinweis**
>
> Die einzelnen Schritte zum Veröffentlichen einer App im Windows Store beschreibe ich in Kapitel 22.

Haben Sie die erweiterten Features geöffnet, finden Sie auf der Seite einen Link namens INFOS ZU PUSH-BENACHRICHTIGUNGEN UND LIVE CONNECT-DIENSTEN. Klicken Sie auf den Link, öffnet sich ein neues Browser-Fenster. Wählen Sie darin wie in Abbildung 17.27 den Menüpunkt AUTHENTIFIZIEREN DES DIENSTS aus. Es werden Ihnen die PAKET-SICHERHEITS-ID (SID) und ein GEHEIMER CLIENTSCHLÜSSEL angezeigt. Notieren Sie sich beide Werte oder lassen Sie die Webseite offen, damit Sie die beiden Werte später in die WPF-Server-Simulator-Anwendung einfügen können.

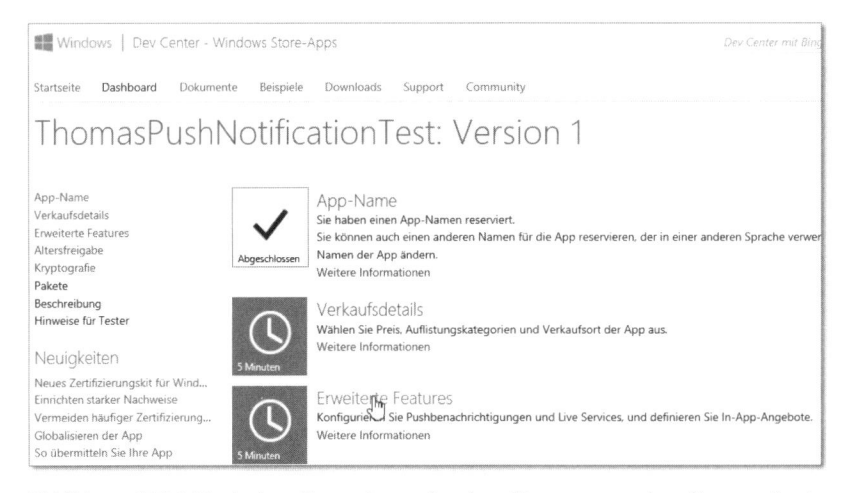

Abbildung 17.26 Nach dem Reservieren des App-Namens werden die erweiterten Features geöffnet.

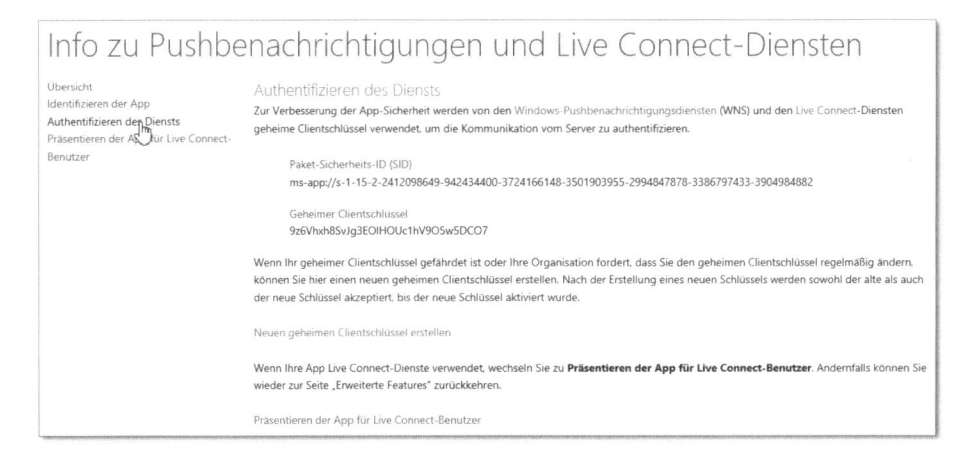

Abbildung 17.27 Die Authentifizierungsdaten für die WNS

Die Paket-Sicherheits-ID wird im Folgenden als *Client-ID* bezeichnet, der geheime Clientschlüssel als *Client-Secret*.

17.4.5 Die App mit dem Store verknüpfen

Damit das lokale App-Projekt die Push Notifications erhält, müssen Sie es mit dem im Portal reservierten App-Namen verknüpfen. Klicken Sie dazu im Projektmappen-Explorer mit der rechten Maustaste auf Ihr Windows Store App-Projekt. Wählen Sie aus dem Kontextmenü den Menüpunkt Store • App mit Store verknüpfen... aus. Dadurch startet ein Assistent, in dem Sie den im Portal hinterlegten Namen auswählen. Der Paketname und die Herausgeberdaten werden dann vom Portal heruntergeladen und in Ihr Projekt integriert.

> **Hinweis**
> Die Details zum Verknüpfen Ihres App-Projekts mit dem Windows Store lesen Sie in Kapitel 22, »Verpacken und veröffentlichen«.

Senden die WNS eine Push Notification, erkennt die clientseitige Notification Client Platform jetzt, dass genau Ihre App zu aktualisieren ist. Damit ist die Windows Store App so weit fertig und bereit zum Empfangen von Push Notifications.

> **Hinweis**
> Wenn Sie das Beispiel von der Buch-DVD probieren, müssen Sie ebenfalls im Windows Store einen App-Namen reservieren und Ihr Windows Store App-Projekt damit verknüpfen. Anschließend können Sie das Beispielprojekt starten und Push Notifications testen.

17.4.6 Die Daten in der WPF-App eintragen

Starten Sie das Beispiel, werden sowohl die Windows Store App als auch die WPF-App namens »Server Simulator« gestartet. Die Windows Store App zeigt den WNS-URI an, den Sie manuell in die entsprechende Textbox der WPF wie in Abbildung 17.28 eintragen. Tragen Sie zudem die in Abschnitt 17.4.4, »Die Authentifizierungsdaten ermitteln«, ermittelten Authentifizierungsdaten ein: die Client-ID (Paket-Sicherheits-ID) und das Client-Secret. In die vierte Textbox schreiben Sie die zu sendende Nachricht.

Abbildung 17.28 Die WPF-App »Server Simulator« wurde mit den notwendigen Daten zum Senden einer Push Notification gefüllt.

Sehen wir uns an, wie ein Tile-Update gesendet wird. Dazu kommt die für dieses Projekt erstellte Klasse `PushNotifier` zum Einsatz, die Sie auch in Ihrem Webservice verwenden können. Sie nimmt im Konstruktor den WNS-URI, die Client-ID und das Client-Secret entgegen und speichert die Informationen in Instanzvariablen ab:

```csharp
public class PushNotifier
{
  private string _wnsUri; // Uri zu den WNS für diese App
  private string _clientId; // Package Security ID (Package SID)
  private string _clientSecret; // Geheimer Clientschlüssel
  ...
  public PushNotifier(string wnsUri, string clientId,
    string clientSecret)
  {
    _wnsUri = wnsUri;
    _clientId = clientId;
    _clientSecret = clientSecret;
  }
  ...
}
```

Listing 17.21 K17\17 PushNotifications\DiePushNotifications.ServerSimulator\PushNotifier.cs

17.4.7 Authentifizieren bei den WNS

Zum Authentifizieren bei den WNS enthält die `PushNotifier`-Klasse die Methode `GetAccessToken`. Sie verwendet die Client-ID und das Client-Secret und authentifiziert sich damit an den URI *https://login.live.com/accesstoken.srf*. Listing 17.22 können Sie entnehmen, wie die an den URI gesendete Nachricht aus Client-ID und Client-Secret zusammengebaut wird.

```csharp
private OAuthToken GetAccessToken()
{
  string clientIdEncoded = HttpUtility.UrlEncode(_clientId);
  string clientSecretEncoded =
    HttpUtility.UrlEncode(_clientSecret);

  var body = string.Format("grant_type=client_credentials"
    + "&client_id={0}&client_secret={1}&scope=notify.windows.com",
      clientIdEncoded,
      clientSecretEncoded);

  using (var client = new WebClient())
  {
```

```
      client.Headers.Add("Content-Type",
        "application/x-www-form-urlencoded");
      string jsonResponse = client.UploadString(
        "https://login.live.com/accesstoken.srf", body);
      OAuthToken oAuthToken = GetOAuthTokenFromJson(jsonResponse);
      return oAuthToken;
  }
}
```

Listing 17.22 K17\17 PushNotifications\DiePushNotifications.ServerSimulator\PushNotifier.cs

In Listing 17.22 wird die erhaltene JSON-Antwort in der `jsonResponse`-Variablen gespeichert. Sie wird an die `GetOAuthTokenFromJson`-Methode übergeben, die aus der JSON-Antwort ein `OAuthToken`-Objekt erstellt, das auch aus der in Listing 17.22 gezeigten `GetAccessToken`-Methode zurückgegeben wird. Die `OAuthToken`-Klasse dient lediglich als Datenklasse; sie ist wie folgt definiert:

```
[DataContract]
public class OAuthToken
{
  [DataMember(Name = "access_token")]
  public string AccessToken { get; set; }

  [DataMember(Name = "token_type")]
  public string TokenType { get; set; }
}
```

Listing 17.23 K17\17 PushNotifications\DiePushNotifications.ServerSimulator\PushNotifier.cs

Listing 17.24 zeigt die `GetOAuthTokenFromJson`-Methode. Sie erzeugt aus der JSON-Nachricht via `DataContractJsonSerializer` das `OAuthToken`-Objekt.

```
private static OAuthToken GetOAuthTokenFromJson(
  string jsonString)
{
  using (var memoryStream =
    new MemoryStream(Encoding.Unicode.GetBytes(jsonString)))
  {
    var serializer =
      new DataContractJsonSerializer(typeof(OAuthToken));
    var oAuthToken =
      (OAuthToken)serializer.ReadObject(memoryStream);
    return oAuthToken;
  }
}
```

Listing 17.24 K17\17 PushNotifications\DiePushNotifications.ServerSimulator\PushNotifier.cs

17.4.8 Ein Tile-Update versenden

Damit ist der Authentifizierungsteil abgeschlossen. Sehen wir uns jetzt das Versenden eines Tile-Updates an.

In Listing 17.25 sehen Sie die `PushNotificationForTile`-Methode der `PushNotifier`-Klasse. Sie nimmt ein Tile-XML entgegen und ruft die private `SendPushNotification`-Methode der `PushNotifier`-Klasse auf. Beachten Sie, dass als Parameter neben dem Tile-XML der String `wns/tile` übergeben wird.

```
public string PushNotificationForTile(string tileXml)
{
  return SendPushNotification(tileXml, "wns/tile");
}
```

Listing 17.25 K17\17 PushNotifications\DiePushNotifications.ServerSimulator\PushNotifier.cs

Die Methode `SendPushNotification` sehen Sie in Listing 17.26. Sie führt als Erstes eine Authentifizierung durch, falls die Instanzvariable `_oAuthToken` der `PushNotifier`-Klasse noch kein `OAuthToken` enthält. Anschließend wird ein `HttpWebRequest` an den WNS-URI erstellt. Beachten Sie, wie der Header `X-WNS-Type` mit dem Wert des Parameters `wnsType` gesetzt wird. Der Parameter enthält in diesem Fall den Wert `wns/tile`, der ja in Listing 17.25 übergeben wurde. Dadurch wird bestimmt, dass es sich um ein Tile-Update handelt.

Mit dem `Authorization`-Header wird das Authentifizierungstoken übergeben, das von den WNS zum erfolgreichen Versenden einer Push Notification erwartet wird. Danach wird das im `xml`-Parameter erhaltene Tile-XML in ein `byte[]` kodiert und in den Request-`Stream` geschrieben. Der HTTP-Statuscode der Anfrage wird aus der `SendPushNotification`-Methode zurückgegeben.

Beachten Sie in Listing 17.26 auch den `catch`-Block, der eine `WebException` abfängt. Falls das `OAuthToken` abgelaufen war, wird ein neues geladen und die Methode `SendPushNotification` nochmals aufgerufen.

```
private string SendPushNotification(string xml, string wnsType)
{
  try
  {
    if (_oAuthToken == null)
    {
      _oAuthToken = GetAccessToken();
    }
```

17.4 Push Notifications

```csharp
    var request = (HttpWebRequest)WebRequest.Create(_wnsUri);
    request.Method = "POST";
    request.ContentType = "text/xml";
    request.Headers = new WebHeaderCollection();
    request.Headers.Add("X-WNS-Type", wnsType);
    request.Headers.Add("Authorization", "Bearer "
      + _oAuthToken.AccessToken);
    byte[] contentInBytes = Encoding.UTF8.GetBytes(xml);
    using (Stream requestStream = request.GetRequestStream())
    {
      requestStream.Write(contentInBytes, 0,
        contentInBytes.Length);
    }
    using (var response = (HttpWebResponse)request.GetResponse())
    {
      return response.StatusCode.ToString();
    }
  }
  catch (WebException webException)
  {
    string exceptionDetails =
      webException.Response.Headers["WWW-Authenticate"];
    if (exceptionDetails.Contains("Token expired"))
    {
      _oAuthToken = GetAccessToken();
      // Einfach nochmal mit neuem Token aufrufen.
      // Microsoft empfiehlt, hier die Anzahl der Versuche
      // beispielsweise mit einer Zählervariablen zu limitieren.
      return SendPushNotification(xml, wnsType);
    }
    else
    {
      throw;
    }
  }
}
```

Listing 17.26 K17\17 PushNotifications\DiePushNotifications.ServerSimulator\PushNotifier.cs

> **Hinweis**
>
> Für den X-WNS-Type-Header gibt es folgende Werte: wns/tile, wns/badge, wns/toast und wns/raw. Den letzten Wert verwenden Sie, wenn Sie mit einer Push Notification clientseitig einen Background-Task anstoßen möchten.
>
> In der Dokumentation unter *http://dev.windows.com/apps* finden Sie weitere Header. So können Sie beispielsweise mit dem Header X-WNS-Tag bei einem Tile-Update den Wert des Tags bestimmen. Das Tag benötigen Sie, wenn Sie ein bestimmtes Update in einer Warteschlange aktualisieren möchten, wie ich es in Abschnitt 17.1.7 beschrieben habe.

Damit sind alle Inhalte der PushNotifier-Klasse zum Versenden eines Tile-Updates geklärt. Die WPF-App Server Simulator kann jetzt mit Hilfe dieser Klasse wie folgt ein Tile-Update via Push Notification versenden:

```
private void ButtonSendTile_Click(...)
{
  // Nachricht an Tile senden
  string tileXml = string.Format(@"
    <tile>
      <visual>
        <binding template='TileSquareText02'>
          <text id='1'>Via Push</text>
          <text id='2'>{0}</text>
        </binding>
      </visual>
    </tile>", txtMessage.Text);

  var pushNotifier = new PushNotifier(txtWnsUri.Text,
    txtClientId.Text, txtClientSecret.Text);
  pushNotifier.PushNotificationForTile(tileXml);
}
```

Listing 17.27 K17\17 PushNotifications\DiePushNotifications.ServerSimulator\ MainWindow.xaml.cs

17.4.9 Badges und Toasts via Push Notification

Zum Versenden von Badge-Updates und zum Anzeigen von Toasts via Push Notifications benötigen Sie lediglich einen anderen X-WNS-Type-Header und natürlich das entsprechend befüllte Badge-XML oder Toast-XML benötigt. Listing 17.28 zeigt die entsprechenden beiden Methoden der PushNotifier-Klasse, die ebenfalls die in Listing 17.26 beschriebene SendPushNotification-Methode aufrufen, als zweiten Parameter aber die Werte wns/badge oder wns/toast übergeben.

```
public string PushNotificationForBadge(string badgeXml)
{
  return SendPushNotification(badgeXml, "wns/badge");
}
public string PushNotificationForToast(string toastXml)
{
  return SendPushNotification(toastXml, "wns/toast");
}
```

Listing 17.28 K17\17 PushNotifications\DiePushNotifications.ServerSimulator\PushNotifier.cs

17.5 Der Lockscreen

In diesem letzten Teil des Kapitels sehen wir uns noch den Lockscreen (Sperrbildschirm) von Windows an. Auf ihm können Sie wie auch auf dem Startbildschirm Tile- und Badge-Updates anzeigen.

17.5.1 Ihre App für den Lockscreen aktivieren

Damit der Benutzer Ihre App zum Lockscreen hinzufügen kann, öffnen Sie im *Package.appxmanifest* den Tab ANWENDUNGSBENUTZEROBERFLÄCHE. Wählen Sie wie in Abbildung 17.29 auf der linken Seite den Punkt INFOANZEIGERLOGO aus. Auf der rechten Seite geben Sie ein Infoanzeigerlogo an, das mindestens für die 100%-Skalierung vorliegen muss, die eine Auflösung von 24 × 24 Pixeln erwartet.

Im rechten oberen Teil sehen Sie in Abbildung 17.29 den Punkt BENACHRICHTIGUNGEN BEI GESPERRTEM BILDSCHIRM. Die Auswahlmöglichkeiten sind INFOANZEIGER (= Badge) und TEXT FÜR INFOANZEIGER UND KACHEL (= Badge und Tile). Im nächsten Abschnitt sehen Sie, dass der Benutzer sieben Apps wählen kann, die ihre Badges auf dem Lockscreen anzeigen, und lediglich eine App, die die Informationen ihrer Wide Tile anzeigt.

In Abbildung 17.29 habe ich den Wert TEXT FÜR INFOANZEIGER UND KACHEL gewählt. Danach verlangt die Validierung des *Package.appxmanifest* auch einen Wert für das breite Logo. Sie müssen folglich eine Wide Tile unterstützen, da deren Informationen dann auf dem Lockscreen angezeigt werden.

Sobald Sie in Abbildung 17.29 gewählt haben, dass Sie auf dem Lockscreen Benachrichtigungen anzeigen möchten, fordert die Validierung des *Package.appxmanifest* in den DEKLARATIONEN eine HINTERGRUNDAUFGABEN-Deklaration. Mit dem darin definierten Background-Task sollten Sie die Informationen aktualisieren. Da in dem hier gezeigten Beispiel allerdings sowohl die Tile als auch das Badge durch ein lokales Update aktualisiert werden sollen, benötigen wir keinen Background-Task. Damit die Validierung des *Package.appxmanifest* dennoch zufrieden ist, wird in Abbildung 17.30 eine HINTERGRUNDAUFGABEN-Deklaration angelegt und in das Einstiegspunkt-Feld lediglich der frei gewählte Wert »Undefiniert« geschrieben. Hier stünde normal der Klassenname einer `IBackgroundTask`-Implementierung.

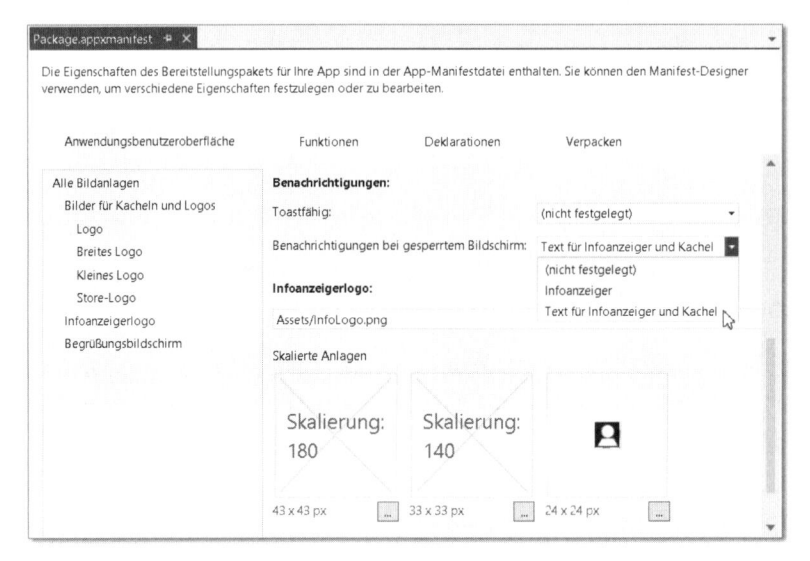

Abbildung 17.29 Die App wird für die Benachrichtigungen bei gesperrtem Bildschirm (= Lockscreen) aktiviert.

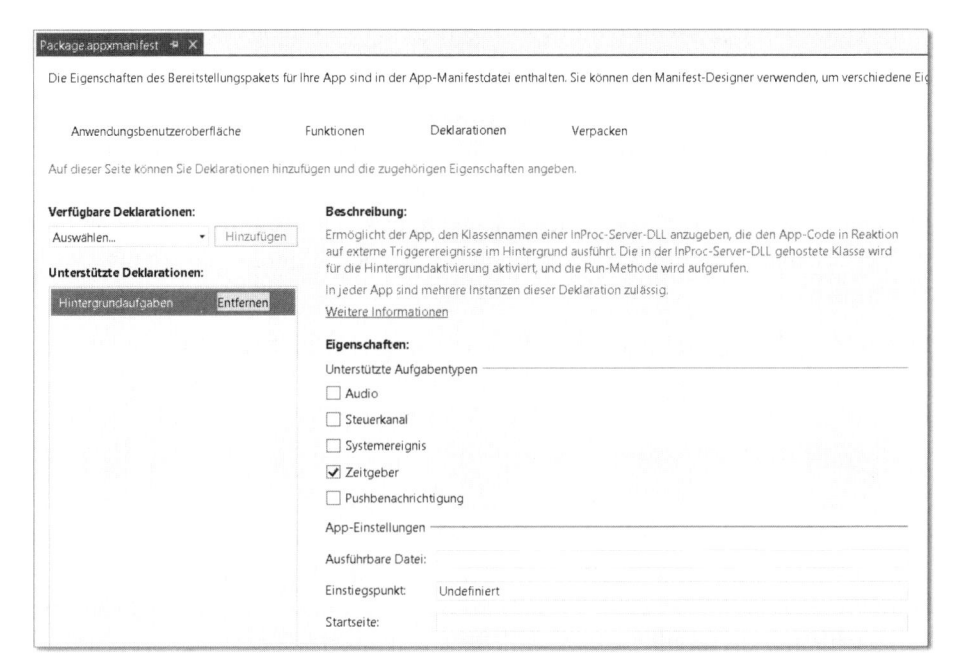

Abbildung 17.30 Es wird eine Hintergrundaufgaben-Deklaration gefordert.

17.5 Der Lockscreen

> **Hinweis**
>
> Wie Sie einen Background-Task implementieren, lesen Sie in Kapitel 16, »Contracts und Extensions«.

Damit ist die App bereit für den Lockscreen.

17.5.2 Die App zum Lockscreen hinzufügen

Wurde die App installiert, kann der Benutzer sie in den PC-EINSTELLUNGEN zum Lockscreen hinzufügen. Abbildung 17.31 zeigt dies. Wie bereits im vorigen Abschnitt erwähnt, kann der Benutzer sieben Apps wählen, die ihre Badges auf dem Lockscreen anzeigen, und lediglich eine, die die Informationen ihrer Wide Tile anzeigt. Die hier verwendete Beispiel-App wurde in Abbildung 17.31 für beides eingetragen.

> **Hinweis**
>
> Nur wenn Sie für die App im *Package.appxmanifest* wie im vorigen Abschnitt gezeigt den Wert TEXT FÜR INFOANZEIGER UND KACHEL gewählt haben, kann sie auch wie in Abbildung 17.31 ausgewählt werden, um den ausführlichen Status anzuzeigen. Der ausführliche Status entspricht dabei einem Update der Wide Tile.

Abbildung 17.31 Die Beispiel-App wurde für den Lockscreen eingetragen.

Tipp

Anstatt darauf zu warten, dass der Benutzer Ihre App in den PC-EINSTELLUNGEN zum Lockscreen hinzufügt, können Sie ihn auch explizit dazu auffordern. Rufen Sie dazu die statische `RequestAccessAsync`-Methode der `BackgroundExecutionManager`-Klasse auf. Der Benutzer erhält dadurch einen Dialog, in dem er aufgefordert wird, Ihre App zum Lockscreen hinzuzufügen. Beachten Sie, dass der Aufruf der `RequestAccessAsync`-Methode den Dialog nur einmal für Ihre App anzeigt. Alle weiteren Aufrufe haben keine Auswirkung. Sie können den Benutzer somit nicht bei jedem Start Ihrer App fragen, ob er sie zum Lockscreen hinzufügen möchte.

17.5.3 Tile- und Badge-Updates senden

Nachdem die App jetzt auf dem Lockscreen platziert ist, können Sie wie in den vorigen Abschnitten dieses Kapitels Tile- und Badge-Updates senden, die dann automatisch auch auf dem Lockscreen angezeigt werden. In Abbildung 17.32 sehen Sie rechts neben der Uhrzeit ein mit dem Template `TileWideText01` gesendetes Tile-Update.

Hinweis

Für die Tile-Updates wird auf dem Lockscreen nur Text angezeigt. Falls Sie ein Tile-Update mit einem Bild senden, erscheint auf dem Lockscreen kein Bild. Senden Sie ein Tile-Update mit einem Bild und Text, erscheint lediglich der Text dieses Updates auf dem Lockscreen.

Im unteren Bereich ist das im vorigen Abschnitt im *Package.appxmanifest* definierte Infoanzeigerlogo zu sehen. Rechts unterhalb dieses Logos wird der Badge angezeigt, der in diesem Fall mit dem folgenden Template aktualisiert wurde:

```
<badge value="7"/>
```

Abbildung 17.32 Der Inhalt des Tile-Updates wird rechts neben der Uhr, der Inhalt des Badge-Updates rechts neben dem Infoanzeigerlogo angezeigt.

> **Hinweis**
> Hier haben Sie einen Einblick erhalten, wie Sie Ihre App zum Lockscreen hinzufügen. Darüber hinaus gibt es weitere Möglichkeiten. So lassen sich beispielsweise auch Secondary Tiles zum Lockscreen hinzufügen. Damit dies funktioniert, setzen Sie die `LockScreenBadgeLogo`-Property der `SecondaryTile`-Instanz. Möchten Sie, dass sich die `SecondaryTile`-Instanz auch zur Anzeige des ausführlichen Status nutzen lässt, setzen Sie die `LockScreenDisplayBadgeAndTileText`-Property auf true.

17.6 Zusammenfassung

In diesem Kapitel haben Sie gelernt, wie Sie den Benutzer mit Tiles, Badges und Toasts stets auf dem Laufenden halten.

Sobald eine Tile Live-Informationen anzeigt, wird Sie als Live Tile bezeichnet. Um eine Tile mit Informationen zu aktualisieren, haben Sie vier Möglichkeiten: lokal, geplant, periodisch und via Push Notification.

Auf Ihrer Tile können Sie ein Badge anzeigen. Neben den Zahlen 1–99 lassen sich auch vordefinierte Symbole anzeigen. Zum Aktualisieren eines Badges gibt es drei Möglichkeiten: lokal, periodisch und via Push Notification.

Als Toasts werden kleine Popup-Fenster bezeichnet, die den Benutzer mit aktuellen Informationen versorgen. Sie können für Toasts verschiedene Töne abspielen und sogar Startparameter an Ihre App übergeben. Damit Ihre App überhaupt Toasts anzeigen kann, müssen Sie diese im *Package.appxmanifest* aktivieren. Zum Anzeigen eines Toasts haben Sie folgende Möglichkeiten: lokal, geplant und via Push Notification.

Sowohl Tiles als auch Badges und Toasts lassen sich durch eine Push Notification aktualisieren. Microsoft stellt für Push Notifications den Cloud-Dienst Windows Push Notification Services (WNS) kostenlos zur Verfügung. Sie müssen sich authentifizieren, bevor Sie Nachrichten an Ihre Clients versenden können.

Im *Package.appxmanifest* Ihrer App können Sie konfigurieren, dass Ihre App auch Informationen in Form von Tiles und Badges auf dem Lockscreen anzeigen kann. Hat der Benutzer Ihre App in den PC-Einstellungen zum Lockscreen hinzugefügt, tauchen dort Tile- und Badge-Updates automatisch auf.

Im nächsten Kapitel sehen wir uns die Geräte und Sensoren näher an, die Sie von Ihrer Windows Store App ansprechen können. Sie lernen, wie Sie eine Standortbestimmung ausführen, wie Sie auf diverse Sensoren wie beispielsweise den Kompass zugreifen und wie Sie angeschlossene Geräte wie USB-Sticks auslesen.

Kapitel 18
Geräte und Sensoren

Sie können in Ihrer Windows Store App Geräteinformationen auslesen, Geräte überwachen und Funktionen wie die Geolocation nutzen. Zudem haben Sie Zugriff auf Sensoren, wie den Beschleunigungsmesser, den Kompass oder den Lichtsensor.

In diesem Kapitel lesen Sie, wie Sie in Ihrer App von der verfügbaren Hardware Gebrauch machen. Dazu gehören das Auslesen und Überwachen der angeschlossenen Geräte sowie das Verwenden verschiedener Sensoren.

In Abschnitt 18.1 sehen wir uns die Geräte näher an. Sie erhalten zunächst einen Überblick der Sub-Namespaces von Windows.Devices. Danach lesen wir Geräteinformationen aus, und Sie erfahren, wie Sie die angeschlossenen Wechselspeichergeräte wie USB-Sticks oder Memory-Cards auslesen und auch auf sie zugreifen. Lesen Sie, wie Sie Geräte überwachen, damit Sie informiert werden, wenn der Benutzer beispielsweise einen USB-Stick ein- oder aussteckt. Am Ende von Abschnitt 18.1 zeige ich, wie Sie mit der Geolocator-Klasse geographisch den Standort des Benutzers bestimmen.

Im zweiten Teil des Kapitels, in Abschnitt 18.2, geht es um Sensoren. Sie lernen, wie Sie die Sensoren aus dem Namespace Windows.Devices.Sensors nutzen. Dies sind die Sensoren Accelerometer (Beschleunigungsmesser), Gyrometer (Bewegungsmesser), Inclinometer (Neigungsmesser), Compass (Kompass), LightSensor (Lichtsensor), OrientationSensor (Ausrichtungssensor) und SimpleOrientationSensor (einfacher Ausrichtungssensor).

> **Hinweis**
> Wie Sie auf die Kamera und das Mikrofon zugreifen, ist nicht Teil dieses Kapitels. Das sehen wir uns in Kapitel 20, »Multimedia«, genauer an.

18.1 Geräte

In diesem Abschnitt betrachten wir die Sub-Namespaces von Windows.Devices, bevor wir die ersten Geräteinformationen auslesen. Nachdem Sie gelernt haben, wie Sie

Geräte überwachen, führen mit der Geolocator-Klasse eine geografische Standortbestimmung durch.

18.1.1 Der »Windows.Devices«-Namespace

Der Windows.Devices-Namespace besitzt selbst keine Mitglieder. Stattdessen hat er die in Tabelle 18.1 dargestellten sieben Sub-Namespaces.

Namespace	Beschreibung
Windows.Devices.Enumeration	Enthält Klassen, um die angeschlossenen Geräte zu durchlaufen. So können Sie dem Benutzer beispielsweise eine Auswahl der verfügbaren Webcams oder Mikrofone anzeigen. Mehr dazu in Abschnitt 18.1.1, »Der ›Windows.Devices‹-Namespace«. Ebenso finden Sie in diesem Namespace die Klasse DeviceWatcher, mit der Sie Änderungen überwachen. So bekommen Sie beispielsweise mit, wenn der Benutzer einen USB-Stick einsteckt. Mehr dazu in Abschnitt 18.1.3, »Geräte überwachen«.
Windows.Devices.Geolocation	Dieser Namespace enthält die Klasse Geolocator, mit der Sie Zugriff auf den aktuellen geografischen Standort des Benutzers erhalten. Näheres dazu in Abschnitt 18.1.4, »Geolocation (Ortung)«.
Windows.Devices.Input	Enthält die für Eingabegeräte wichtigen Klassen wie MouseCapabilities, KeyboardCapabilities oder TouchCapabilities. Mit diesen Klassen erfahren Sie mehr zu den Möglichkeiten des entsprechenden Eingabegeräts. Der Namespace enthält auch die Klasse PointerDevice, mit der Sie die Zeigergeräte zur Eingabe abrufen. Mehr zu diesen Klassen finden Sie in Kapitel 9, »Input-Events«.
Windows.Devices.Portable	Enthält die beiden Klassen ServiceDevice und StorageDevice. Damit greifen Sie auf Dienste (Kalender, Kontakte, Notizen etc.) und den Speicher von tragbaren Windows-Geräten zu (*Windows Portable Devices* oder kurz WPD). In Abschnitt 18.1.2, »Geräteinformationen auslesen«, lernen Sie die StorageDevice-Klasse kennen.

Tabelle 18.1 Die Sub-Namespaces von »Windows.Devices«

Namespace	Beschreibung
Windows.Devices.Printers.Extensions	Enthält Klassen, um auf die Konfiguration eines Ausdrucks zuzugreifen.
Windows.Devices.Sensors	Enthält Klassen, um auf die Sensoren des Geräts zuzugreifen, wie Beschleunigungssensor, Neigungsmesser oder Kompass. Mehr zu den Sensoren lesen Sie in Abschnitt 18.2.
Windows.Devices.Sms	Enthält Klassen, um SMS-Nachrichten (Short Message Service) zu senden, zu empfangen und zu löschen. Die Funktion der Klassen aus diesem Namespace ist jedoch nur für Windows Store Apps von Mobilfunkanbietern oder Hardwareherstellern verfügbar. Diese Apps genießen einen privilegierten Zugriff. Es wird in diesem Zusammenhang auch von *Windows-Store-Device-Apps* oder *Windows-Store-Geräte-Apps* gesprochen.

Tabelle 18.1 Die Sub-Namespaces von »Windows.Devices« (Forts.)

> **Hinweis**
> Windows-Store-Geräte-Apps sind Windows Store Apps von Hardwareherstellern. Diese haben die Möglichkeit, zusätzliche Funktionen zu nutzen, die Ihnen nicht zur Verfügung stehen. So lässt sich beispielsweise auch ein Gerät mit einer Windows Store App im Windows Store verknüpfen. Sobald das Gerät angeschlossen wird, wird die Windows-Store-(Geräte-)App automatisch installiert. Hewlett-Packard (HP) macht das mit seinen Druckern. Falls Sie einen HP-Drucker an Ihr Windows 8-Gerät anschließen, wird automatisch die entsprechende Windows-Store-(Geräte-)App aus dem Windows Store heruntergeladen und installiert.

> **Hinweis**
> Sie finden in anderen Namespaces ebenfalls ein paar Geräteklassen. Beispielsweise enthält der Namespace Windows.Networking.Proximity die Klasse ProximityDevice. Damit können Sie mit anderen Geräten kommunizieren, die sich in der Nähe befinden. Dies geschieht über die sogenannte *Near Field Communication* (NFC). Beachten Sie, dass Sie dazu im *Package.appxmanifest* die Funktion *Näherung* aktivieren müssen.
>
> Im Namespace Windows.Media.Devices finden Sie Klassen wie beispielsweise VideoDeviceController, um Videoaufnahmen zu steuern. Mehr zu Audio und Video lesen Sie in Kapitel 20, »Multimedia«.

18.1.2 Geräteinformationen auslesen

Im Namespace `Windows.Storage.Enumeration` befindet sich die Klasse `DeviceInformation`. Sie enthält die Informationen zu einem am PC angeschlossenen Gerät. Hier ihre wichtigsten Properties:

- `Id` enthält einen String, der die Identität des Geräts darstellt.
- `Name` enthält den Namen des Geräts.
- `IsDefault` ist `true`, wenn es sich um das Standardgerät in seiner Klasse handelt.
- `IsEnabled` ist `true`, wenn das Gerät aktiviert ist.
- `Properties` gibt eine `IReadOnlyDictionary<string,object>`-Instanz mit weiteren gerätespezifischen Eigenschaften zurück.

Die Geräteinformationen lesen Sie mit der statischen `FindAllAsync`-Methode aus. Sie gibt eine `DeviceInformationCollection` zurück, die die `DeviceInformation`-Instanzen zu den gefundenen Geräten enthält. Rufen Sie die Methode ohne Parameter auf, erhalten Sie für alle Geräte die `DeviceInformation`-Instanzen. Verschiedene Überladungen der `FindAllAsync`-Methode erlauben Ihnen, diese Menge einzuschränken. Eine Überladung der Methode nimmt einen Wert der `DeviceClass`-Aufzählung entgegen. Die Aufzählung besitzt folgende Werte:

- `All`: alle Geräte
- `AudioCapture`: alle Mikrofone
- `AudioRender`: alle Lautsprecher
- `PortableStorageDevice`: alle portablen Speichergeräte, wie beispielsweise USB-Sticks
- `VideoCapture`: alle Kameras

Sie können somit mit folgendem Code alle Kameras abfragen und dem Benutzer eine Auswahlliste anzeigen:

```
var videoDevices = await DeviceInformation.FindAllAsync(
  DeviceClass.VideoCapture);
foreach (DeviceInformation videoDevice in videoDevices)
{
  string name = videoDevice.Name;
  // Die Kameras beispielsweise dem Benutzer zur Auswahl anzeigen

}
```

Hat der Benutzer eine Kamera gewählt, können Sie den Wert der `Id`-Property der `DeviceInformation` als Input für die `VideoDeviceId`-Property einer `MediaCaptureInitializationSettings`-Instanz nutzen. Die `MediaCaptureInitializationSettings`-Klasse wird beim Aufnehmen von Audios/Videos zum Initialisieren eingesetzt. Sie besitzt auch eine `AudioDeviceId`-Property für Mikrofone. Wie Sie mit dieser Klasse Audio- und Videodateien aufnehmen, lesen Sie in Kapitel 20, »Multimedia«.

In Kapitel 13, »Dateien, Streams und Serialisierung«, haben Sie bereits die `Removable-Devices`-Property der `KnownFolders`-Klasse kennengelernt, mit der Sie auf Wechselspeichergeräte wie USB-Sticks oder Speicherkarten zugreifen. Mit der Klasse `Device-Information` und der Klasse `StorageDevice` (Namespace: `Windows.Devices.Portable`) haben Sie eine Alternative. Folgender Codeausschnitt weist die Collection mit `Device-Information`-Objekten vom Typ `PortableStorageDevice` der `ItemsSource`-Property einer `ListView` zu. Diese `ListView` zeigt somit sämtliche Wechselspeichergeräte an.

```
private async void ButtonReadDevices_Click(object sender, RoutedEventArgs e)
{
  var deviceInfos = await DeviceInformation
    .FindAllAsync(DeviceClass.PortableStorageDevice);
  listViewPortableDevices.ItemsSource = deviceInfos;
}
```

Listing 18.1 K18\01 DeviceInformation\MainPage.xaml.cs

Listing 18.2 zeigt den Event Handler, der aufgerufen wird, wenn sich die Auswahl der ListView ändert. Das selektierte `DeviceInformation`-Objekt wird in der `deviceInfo`-Variablen gespeichert. Die `StorageDevice`-Klasse besitzt eine statische Methode namens `FromId`. Dieser wird der Wert der `Id`-Property des `DeviceInformation`-Objekts übergeben. Sie gibt das Wurzelverzeichnis des Wechselspeichergeräts in Form einer `StorageFolder`-Instanz zurück. In Listing 18.2 werden auf dieser `StorageFolder`-Instanz alle Ordner mit der `GetFoldersAsync`-Methode ausgelesen und der `Items-Source`-Property einer `ListView` zugewiesen.

```
private async void listBoxPortableDevices_SelectionChanged(...)
{
  var deviceInfo = listViewPortableDevices.SelectedItem
    as DeviceInformation;
  if (deviceInfo != null)
  {
    StorageFolder rootFolder =
      StorageDevice.FromId(deviceInfo.Id);
    var storageFolders = await rootFolder.GetFoldersAsync();
    listViewFiles.ItemsSource = storageFolders;
  }
}
```

Listing 18.2 K18\01 DeviceInformation\MainPage.xaml

Der Code aus Listing 18.2 zeigt folglich alle Ordner an, die beispielsweise im Wurzelverzeichnis eines USB-Sticks enthalten sind. Beachten Sie jedoch, dass Sie für den Code die *Wechselspeichergeräte*-Funktion im *Package.appxmanifest* aktivieren müssen. Sobald Sie auch Dateien vom Wechselspeichergerät lesen möchten, in dem Sie auf dem StorageFolder die Methoden GetFileAsync/GetFilesAsync nutzen, benötigen Sie eine *Dateitypzuordnungen*-Deklaration im *Package.appxmanifest*. Sie können nur die zugeordneten Dateitypen lesen.

> **Hinweis**
>
> Die Anforderungen an die Funktionen und Deklarationen im *Package.appxmanifest* sind die gleichen, als ob Sie die RemovableDevices-Property der KnownFolders-Klasse nutzen. In Kapitel 13, »Dateien, Streams und Serialisierung«, finden Sie mehr zum Lesen von Dateien von einem Wechselspeichergerät.

18.1.3 Geräte überwachen

Der Benutzer kann Geräte jederzeit hinzufügen oder entfernen. Sie können dies mit einer DeviceWatcher-Instanz überwachen. Eine solche Instanz erhalten Sie von der statischen CreateWatcher-Methode der DeviceInformation-Klasse. Rufen Sie die Methode ohne Parameter auf, werden alle Geräte überwacht. Sie können auch wie an die FindAllAsync-Methode einen Wert der DeviceClass-Aufzählung übergeben. So erstellen Sie mit folgender Zeile einen DeviceWatcher für Wechselspeichergeräte:

```
DeviceWatcher watcher = DeviceInformation.CreateWatcher(
  DeviceClass.PortableStorageDevice);
```

Die DeviceWatcher-Klasse bietet verschiedene Events an, auf die Sie reagieren können:

- **Added**: Ein Gerät wurde hinzugefügt.
- **Removed**: Ein Gerät wurde entfernt.
- **Updated**: Ein Gerät wurde aktualisiert.
- **EnumerationCompleted**: Die Geräte wurden nach dem Aufruf der Start-Methode komplett durchlaufen.
- **Stopped**: Die DeviceWatcher-Instanz wurde durch einen Aufruf der Stop-Methode gestoppt.

Damit die Events ausgelöst werden, starten Sie den DeviceWatcher mit der Start-Methode. Dabei werden die bereits angeschlossenen Geräte durchlaufen, und für jedes Gerät wird das Added-Event ausgelöst. Sobald alle bereits angeschlossenen

Geräte durchlaufen wurden, wird das `EnumerationCompleted`-Event ausgelöst. Schließen Sie ein weiteres Gerät an, wird wieder das `Added`-Event ausgelöst.

Mit der `Stop`-Methode stoppen Sie den `DeviceWatcher`, damit die Events nicht mehr ausgelöst werden.

Die Events des `DeviceWatcher`s werden auf einem Worker-Thread ausgelöst. Falls Sie `UIElemente` anpassen, sollten Sie die Arbeit somit an den Dispatcher delegieren, damit auf die `UIElemente` vom UI-Thread zugegriffen wird.

In Listing 18.3 sehen Sie ein kleines Beispiel für einen `DeviceWatcher`. In der `MainPage` wird die Instanzvariable `_deviceInfos` vom Typ `ObservableCollection<DeviceInformation>` deklariert und initialisiert. Ebenfalls wird die `_watcher`-Instanzvariable vom Typ `DeviceWatcher` deklariert.

In der `OnNavigatedTo`-Methode wird die `_deviceInfos`-Collection der `ItemsSource`-Property einer `ListView` zugewiesen, die die vorhandenen Geräte anzeigen soll. Mit der statischen `CreateWatcher`-Methode der `DeviceInformation`-Klasse wird ein `DeviceWatcher` erstellt und in der `_watcher`-Instanzvariablen gespeichert.

Auf dem `DeviceWatcher` werden Event Handler für die Events `Added` und `Removed` registriert, bevor die `Start`-Methode aufgerufen wird. Beachten Sie, dass zuvor an die `CreateWatcher`-Methode der `DeviceClass`-Wert `PortableStorageDevice` übergeben wurde, womit der erhaltene `DeviceWatcher` nur auf das Hinzufügen und Entfernen von Wechselspeichergeräten reagiert.

Die Events des `DeviceWatcher`s werden auf einem Worker-Thread ausgelöst. In Listing 18.3 wird somit der Dispatcher verwendet, um auf dem UI-Thread ein `DeviceInformation`-Objekt zur `_deviceInfos`-Collection hinzuzufügen oder zu entfernen. Beachten Sie, dass Sie im `Added`-Event-Handler direkt das `DeviceInformation`-Objekt als Parameter erhalten. Im `Removed`-Event-Handler erhalten Sie lediglich die `Id`, mit der in Listing 18.3 das entsprechende `DeviceInformation`-Objekt via LINQ aus der `_deviceInfos`-Collection ausgelesen wird.

```
public sealed partial class MainPage : Page
{ ...
  private ObservableCollection<DeviceInformation> _deviceInfos
    = new ObservableCollection<DeviceInformation>();
  private DeviceWatcher _watcher;

  protected override void OnNavigatedTo(NavigationEventArgs e)
  {
    listView.ItemsSource = _deviceInfos;

    _watcher = DeviceInformation
      .CreateWatcher(DeviceClass.PortableStorageDevice);
```

```
    _watcher.Added += OnAdded;
    _watcher.Removed += OnRemoved;
    _watcher.Start();
  }
  void OnAdded(DeviceWatcher sender, DeviceInformation args)
  {
    // Gerät hinzufügen
    Dispatcher.RunAsync(CoreDispatcherPriority.Normal,
        () => { _deviceInfos.Add(args); });
  }
  private void OnRemoved(DeviceWatcher sender,
    DeviceInformationUpdate args)
  {
    // Gerät entfernen
    Dispatcher.RunAsync(CoreDispatcherPriority.Normal,
        () => { _deviceInfos.Remove(
            _deviceInfos.Single(di => di.Id == args.Id)); });
  }
}
```

Listing 18.3 K18\02 DeviceWatcher\MainPage.xaml.cs

18.1.4 Geolocation (Ortung)

Um in Ihrer App herauszufinden, wo sich der Benutzer geographisch gesehen befindet, nutzen Sie die `Geolocator`-Klasse (Namespace: `Windows.Devices.Geolocation`). Die `Geolocator`-Klasse gibt Ihnen die Position basierend auf dem GPS-Signal zurück. Falls das Endgerät keinen GPS-Sensor besitzt, wird die Position mit Hilfe der Netzwerkinformationen ermittelt.

Damit eine Ortung funktioniert, aktivieren Sie zunächst im *Package.appxmanifest* die Funktion *Speicherort*. Danach können Sie mit der `GetGeopositionAsync`-Methode der `Geolocator`-Klasse wie folgt eine Position ermitteln:

```
Geolocator locator = new Geolocator();
Geoposition position = await locator.GetGeopositionAsync();
```

Wie Sie sehen, wird die Position durch eine `Geoposition`-Instanz repräsentiert. Diese besitzt lediglich die beiden Properties `Coordinate` und `CivicAddress`. Die `Coordinate`-Property ist vom Typ `Geocoordinate`. Diese Klasse enthält wiederum folgende Properties:

- **Latitude**: die Länge in Grad (sogenannte Längengrade)
- **Longitude**: die Breite in Grad (sogenannte Breitengrade)

- **Accuracy**: die Genauigkeit der Längen- und Breitengrade in Metern
- **Altitude**: die Höhe des Ortes in Meter
- **AltitudeAccuracy**: die Genauigkeit der Höhe in Meter
- **Speed**: die Geschwindigkeit in Meter pro Sekunde
- **Heading**: die aktuelle Ausrichtung einer Bewegung in Grad in Bezug auf die echte Nordrichtung
- **Timestamp**: der Zeitpunkt, an dem die Position ermittelt wurde

Neben der `Coordinate`-Property enthält die `Geoposition`-Klasse die `CivicAddress`-Property. Sie ist vom Typ der Klasse `CivicAddress`, die selbst wiederum folgende Properties enthält:

- **City**: der Ort der Position
- **Country**: das Land der Position; dargestellt durch zwei Buchstaben gemäß der ISO 3166 (Landeskennzahl)
- **State**: die Provinz der Position, wie Bundesland oder Kanton
- **PostalCode**: die Postleitzahl der Position
- **Timestamp**: der Zeitpunkt, an dem die Position ermittelt wurde

Sie sehen, Sie erhalten zahlreiche Informationen. Konnten einige Werte nicht ermittelt werden, enthalten die Properties der `CivicAddress`-Instanz Leer-Strings.

Wie bereits erwähnt, können Sie mit der `GetGeopositionAsync`-Methode der `Geolocator`-Klasse die Position ermitteln. Falls Sie mitbekommen möchten, wann sich die Position ändert, registrieren Sie einen Event Handler für das `PositionChanged`-Event. Darin erhalten Sie über die `PositionChangedEventArgs` und ihre `Position`-Property die aktuelle `GeoPosition`-Instanz.

Listing 18.4 zeigt ein kleines Beispiel. In der `OnNavigatedTo`-Methode der `MainPage` wird ein `Geolocator`-Objekt in der Instanzvariablen `_locator` gespeichert. Zudem wird ein Event Handler für das `PositionChanged`-Event installiert. Dieser wird nicht auf dem UI-Thread aufgerufen. Zum Anzeigen der `Latitude` und `Longitude`-Werte in zwei `TextBlock`-Elementen wird somit der `CoreDispatcher` verwendet.

```
public sealed partial class MainPage : Page
{ ...
  private Geolocator _locator;
  protected override void OnNavigatedTo(NavigationEventArgs e)
  {
    if (_locator == null)
    {
      _locator = new Geolocator();
    }
```

```csharp
      _locator.PositionChanged += OnPositionChanged;
  }
  void OnPositionChanged(Geolocator sender,
    PositionChangedEventArgs args)
  {
    Dispatcher.RunAsync(CoreDispatcherPriority.Normal, () =>
    {
      txtLatitude.Text =
        args.Position.Coordinate.Latitude.ToString();
      txtLongitude.Text =
        args.Position.Coordinate.Longitude.ToString();
    });
  }
}
```

Listing 18.4 K18\03 Geolocator\MainPage.xaml.cs

Werfen Sie einen Blick auf die Geolocator-Klasse. Sie besitzt ein paar Properties für weitere Einstellungen. Beispielsweise legen Sie mit der MovementThreshold-Property die erforderliche Bewegung in Metern fest, damit der Geolocator das Position-Changed-Event auslöst. Ebenfalls interessant ist die DesiredAccuracy-Property vom Typ der Aufzählung PositionAccuracy. Damit legen Sie die gewünschte Genauigkeit fest. Die Aufzählung hat nur zwei Werte: Default und High. Setzen Sie die Desired-Accuracy-Property auf den Wert High, um eine hohe Genauigkeit zu erreichen. Bedenken Sie jedoch, dass dieser Wert weitaus mehr Akkuleistung benötigt.

Wenn Sie den Geolocator einsetzen, wird der Benutzer beim ersten Start der App gefragt, ob er die Ortung zulassen möchte. Er kann dies verneinen oder sogar in den PC-EINSTELLUNGEN unter dem Punkt DATENSCHUTZ die Ortung ausschalten. Ob eine Ortung funktioniert, können Sie mit der LocationStatus-Property der Geolocator-Klasse prüfen. Sie ist vom Typ der Aufzählung PositionStatus, die Werte wie Ready, Disabled oder NotAvailable enthält. Eine Änderung des Status teilt Ihnen die Geolocator-Klasse über das StatusChanged-Event mit.

> **Hinweis**
> Die Geolocator-Klasse wird oft genutzt, um die Position in einer Karte anzuzeigen. Eine solche Karte können Sie mit Bing Maps in Ihre App integrieren. Dafür gibt es das *Bing Maps SDK for Windows Store Apps*, das Sie hier herunterladen können: *http://go.microsoft.com/fwlink/p/?linkid=268360*. Mehr zu Bing Maps finden Sie auch unter *http://www.bingmapsportal.com*.

> **Tipp**
> Wenn Sie eine Art Navigations-App bauen, sollte der Bildschirm während des Navigierens nicht ausgehen, damit der Benutzer auch sein Ziel findet. Dazu können Sie die Klasse `DisplayRequest` aus dem Namespace `Windows.System.Display` nutzen. In Kapitel 20, »Multimedia«, finden Sie beim Abspielen von Videos ein Beispiel dafür, wie Sie das Ausschalten des Bildschirms verhindern.

18.2 Sensoren

In diesem Abschnitt lernen Sie die Klassen aus dem Namespace `Windows.Devices.Sensors` genauer kennen, die zum Ansprechen verschiedener Sensoren verwendet werden.

18.2.1 Accelerometer (Beschleunigungsmesser)

Mit dem Accelerometer messen Sie die Gravitationskraft (g) Ihres Geräts für die Achsen X, Y und Z. Sie können somit ermitteln, wie das Gerät gehalten wird. Dazu benötigen Sie eine Instanz der `Accelerometer`-Klasse. Eine solche Instanz erhalten Sie mit der statischen `GetDefault`-Methode:

```
Accelerometer accelerometer = Accelerometer.GetDefault();
```

Falls das verwendete Tablet oder der PC kein Accelerometer besitzt, gibt die `GetDefault`-Methode eine `null`-Referenz zurück.

Die aktuellen Werte des Accelerometers rufen Sie mit der `GetCurrentReading`-Methode ab. Sie gibt eine `AccelerometerReading`-Instanz zurück, die folgende Properties besitzt:

- `AccelerationX`: die Gravitationskraft der X-Achse
- `AccelerationY`: die Gravitationskraft der Y-Achse
- `AccelerationZ`: die Gravitationskraft der Z-Achse
- `Timestamp`: der Zeitpunkt, an dem die Werte gemessen wurden

Die Ausrichtung der Achsen sehen Sie in Abbildung 18.1. Die X-Achse verläuft von links nach rechts, die Y-Achse von unten nach oben und die Z-Achse von hinten nach vorn beziehungsweise von der Rückseite des Geräts zur Vorderseite.

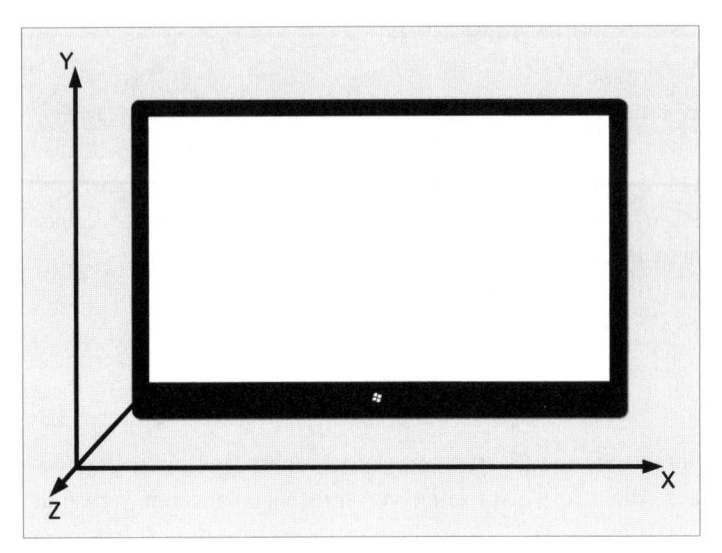

Abbildung 18.1 Die vom Accelerometer verwendeten Achsen

Legen Sie das Gerät mit der Rückseite auf einen Tisch, haben die Properties AccelerationX und AccelerationY den Wert 0. Die AccelerationZ-Property hat den Wert -1, da die Gravitationskraft von vorn nach hinten verläuft, das heißt in dem Fall von der Vorderseite des Geräts zur Rückseite und somit in Richtung negativer Z-Achse.

> **Hinweis**
>
> Alle drei Properties sind vom Typ double und zeigen Werte mit vielen Nachkommastellen an. Wenn ich mein Surface RT mit der Rückseite auf meinen Tisch lege, beträgt die AccelerationZ-Property nicht genau 1, sondern 0,998000047402456. Mehr dazu in dem Beispiel, das Sie später in Abbildung 18.2 sehen.

Die Werte der Properties **AccelerationX**, **AccelerationY** und **AccelerationZ** bewegen sich immer zwischen 2 und 2. Wenn Sie das Gerät wie oben beschrieben mit der Rückseite auf dem Tisch liegen haben, hat die AccelerationZ-Property den Wert 1. Bewegen Sie das Gerät schnell nach oben, wird die auf das Gerät wirkende Gravitationskraft größer. Der Wert der AccelerationZ-Property wird dann je nach Beschleunigung zwischen 1 und 2 liegen.

> **Hinweis**
>
> Stellen Sie sich vor, Sie fahren in einem schnellen Lift nach oben. Wenn der Lift stark genug beschleunigt, zwingt er Sie in die Knie. Die auf Sie wirkende Gravitationskraft ist dann nicht mehr 1 g, sondern eben deutlich größer.

18.2 Sensoren

Möchten Sie ständig die aktuellen Werte des Accelerometers erhalten, um auf Änderungen der Werte reagieren zu können, nutzen Sie statt der GetCurrentReading-Methode das ReadingChanged-Event. Es tritt immer auf, wenn das Accelerometer neue Messwerte meldet. Im ReadingChanged-Event erhalten Sie eine AccelerometerReadingChangedEventArgs-Instanz, die lediglich eine Property namens Reading besitzt. Diese Property enthält ein AccelerometerReading-Objekt, wie es auch von der GetCurrentReading-Methode zurückgegeben wird.

Listing 18.5 zeigt ein kleines Beispiel. In der LoadState-Methode der MainPage wird die Instanzvariable _accelerometer mit einer neuen Accelerometer-Instanz initialisiert. Dazu wird die statische GetDefault-Methode verwendet. Besitzt der PC ein Accelerometer, wird ein Event Handler für das ReadingChanged-Event hinzugefügt. Ansonsten wird der Benutzer mit einer kleinen Nachricht informiert, dass kein Accelerometer verfügbar ist.

Das ReadingChanged-Event wird nicht auf dem UI-Thread, sondern auf einem Worker-Thread aufgerufen. Daher wird im Event Handler OnReadingChanged der CoreDispatcher verwendet, um die ermittelten Werte ein paar in XAML definierten TextBlock-Instanzen zuzuweisen.

```
public sealed partial class MainPage :
  DasAccelerometer.Common.LayoutAwarePage
{ ...
  private Accelerometer _accelerometer;
  protected override void LoadState(...)
  {
    if (_accelerometer == null)
    {
      _accelerometer = Accelerometer.GetDefault();
    }
    if (_accelerometer != null)
    {
      _accelerometer.ReadingChanged += OnReadingChanged;
    }
    else
    {
      txtInfo.Text = "Ihr Gerät besitzt kein Accelerometer";
    }
  }
  void OnReadingChanged(Accelerometer sender,
    AccelerometerReadingChangedEventArgs args)
  {
    Dispatcher.RunAsync(CoreDispatcherPriority.Normal, () =>
    {
```

```
      txtAccelerationX.Text =
        args.Reading.AccelerationX.ToString();
      txtAccelerationY.Text =
        args.Reading.AccelerationY.ToString();
      txtAccelerationZ.Text =
        args.Reading.AccelerationZ.ToString();
      txtTimestamp.Text = args.Reading.Timestamp.ToString();
    });
  }
}
```

Listing 18.5 K18\04 Accelerometer\MainPage.xaml.cs

In Abbildung 18.2 sehen Sie die App aus Listing 18.5. Meinen Surface RT hatte ich mit der Rückseite auf den Tisch gelegt, womit die `AccelerationZ`-Property gegen 1 und die Properties `AccelerationX` und `AccelerationY` gegen 0 gingen.

Das Accelerometer

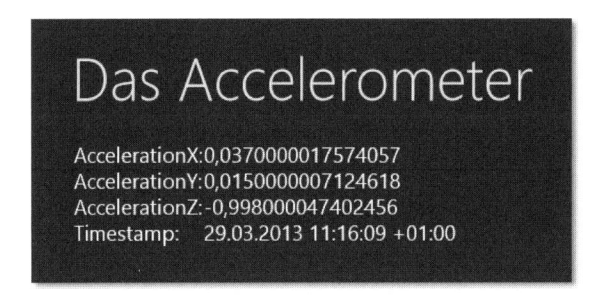

AccelerationX:0,0370000017574057
AccelerationY:0,0150000007124618
AccelerationZ:-0,998000047402456
Timestamp: 29.03.2013 11:16:09 +01:00

Abbildung 18.2 Die Werte des Accelerometers, wenn mein Surface RT mit der Rückseite auf meinem Tisch liegt

In welchem Zeitintervall das `ReadingChanged`-Event bei Änderungen des Sensors aufgerufen wird, bestimmen Sie mit der `ReportInterval`-Property. Weisen Sie ihr die Anzahl an Millisekunden zu, in denen Sie informiert werden möchten. Das Intervall hängt ein wenig von der Hardware ab. Das für den verbauten Accelerometer kleinste Berichtsintervall finden Sie in der Readonly-Property `MinimumReportInterval`.

Hinweis

Die später betrachteten Sensoren sind alle nach demselben Muster aufgebaut. Mit der statischen `GetDefault`-Methode erhalten Sie die Instanz. Mit der `GetCurrentReading`-Methode lesen Sie die aktuellen Messwerte aus. Mit dem `ReadingChanged`-Event reagieren Sie auf Änderungen des Sensors. Mit der `ReportInterval`-Property bestimmen Sie das Intervall in Millisekunden, in dem der Sensor seine Änderungen mit dem `ReadingChanged`-Event mitteilt.

Ein in der Praxis oft vorkommender Anwendungsfall für das Accelerometer ist das Schütteln eines Geräts. Sie könnten dazu im ReadingChanged-Event die Veränderungen der Properties AccelerationX, AccelerationY und AccelerationZ prüfen, um ein Schütteln zu ermitteln. Doch es geht auch einfacher. Die Accelerometer-Klasse besitzt das Shaked-Event. Es wird ausgelöst, sobald ein Schütteln des Geräts festgestellt wurde. Sie müssen sich somit keine Gedanken machen, wie sich die Werte des Accelerometers verändern müssen, damit man von einem Schütteln sprechen kann.

18.2.2 Gyrometer (Bewegungsmesser)

Mit dem Gyrometer ermitteln Sie die Winkelbewegungen eines Geräts. So können Sie beispielsweise feststellen, wenn das Gerät um die Y-Achse gedreht wird.

Nutzen Sie dazu die Gyrometer-Klasse. Sie funktioniert analog zur Accelerometer-Klasse. Mit der statischen GetDefault-Methode erhalten Sie eine Gyrometer-Instanz. Mit der GetCurrentReading-Methode lesen Sie die aktuellen Werte aus. Sie gibt eine GyrometerReading-Instanz zurück. Wie auch beim Accelerometer gibt es ein Reading-Changed-Event und die beiden Properties MinimumReportInterval und ReportInterval. Mit der ReportInterval-Property bestimmen Sie, nach wie vielen Millisekunden das ReadingChanged-Event nach einer Änderung der Werte ausgelöst wird.

In einem Event Handler für das ReadingChanged-Event erhalten Sie eine Gyrometer-ReadingChangedEventArgs-Instanz. Sie hat in ihrer Reading-Property ein Gyrometer-Reading-Objekt, wie es auch von der GetCurrentReading-Methode zurückgegeben wird.

Die GyrometerReading-Klasse besitzt folgende Properties:

- **AngularVelocityX**: die Winkelgeschwindigkeit um die X-Achse in Grad pro Sekunde
- **AngularVelocityY**: die Winkelgeschwindigkeit um die Y-Achse in Grad pro Sekunde
- **AngularVelocityZ**: die Winkelgeschwindigkeit um die Z-Achse in Grad pro Sekunde
- **Timestamp**: der Zeitpunkt, an dem die Werte gemessen wurden

Sie finden in den Beispielen im Ordner *K18\05 Gyrometer* ein kleines Projekt, das die Werte im ReadingChanged-Event ausliest und anzeigt. Listing 18.6 zeigt den dazu verwendeten Event Handler. Das Projekt eignet sich, um etwas mit dem Gyrometer zu spielen und ein Gefühl für diesen Sensor zu bekommen.

```
void OnReadingChanged(Gyrometer sender,
  GyrometerReadingChangedEventArgs args)
{
  Dispatcher.RunAsync(CoreDispatcherPriority.Normal, () =>
  {
    txtAngularVelocityX.Text =
      args.Reading.AngularVelocityX.ToString();
    txtAngularVelocityY.Text =
```

```
      args.Reading.AngularVelocityY.ToString();
    txtAngularVelocityZ.Text =
      args.Reading.AngularVelocityZ.ToString();
    txtTimestamp.Text = args.Reading.Timestamp.ToString();
  });
}
```

Listing 18.6 K18\05 Gyrometer\MainPage.xaml

18.2.3 Inclinometer (Neigungsmesser)

Mit dem Inclinometer messen Sie die Neigungen/Drehungen für die Achsen X, Y und Z. Sie können also erkennen, wenn das Gerät beispielsweise um 45° gedreht wurde. Das Inclinometer wird oft bei 3D-Spielen verwendet. Ein typisches Beispiel ist ein Flugsimulator, der die drei Achsen X, Y und Z dem Höhenleitwerk, dem Quer- und dem Seitenruder des Flugzeugs zuordnet.

Zum Messen der Drehungen verwenden Sie die Klasse `Inclinometer`. Ihre Mitglieder sind die gleichen wie diejenigen der Klasse `Gyrometer`. Mit der statischen Methode `GetDefault` erhalten Sie eine `Inclinometer`-Instanz.

Auf der `Inclinometer`-Instanz können Sie mit der `GetCurrentReading`-Methode die aktuellen Messwerte in Form eines `InclinometerReading`-Objekts ermitteln. Es gibt auch das `ReadingChanged`-Event und die beiden Properties `MinimumReportInterval` und `ReportInterval`. Im `ReadingChanged`-Event erhalten Sie eine `InclinometerReadingChangedEventArgs`-Instanz. Sie hat in ihrer `Reading`-Property ein `InclinometerReading`-Objekt, wie es auch von der `GetCurrentReading`-Methode zurückgegeben wird.

Die `InclinometerReading`-Klasse besitzt folgende Properties:

- `PitchDegrees`: die Rotation in Grad um die X-Achse
- `RollDegrees`: die Rotation in Grad um die Y-Achse
- `YawDegrees`: die Rotation in Grad um die Z-Achse
- `Timestamp`: der Zeitpunkt, an dem die Werte gemessen wurden

In Listing 18.7 sehen Sie einen Event Handler für das `ReadingChanged`-Event. Darin werden die Messwerte den `Text`-Properties von `TextBlock`-Objekten zugewiesen, um diese im UI betrachten zu können.

```
void OnReadingChanged(Inclinometer sender,
  InclinometerReadingChangedEventArgs args)
{
  Dispatcher.RunAsync(CoreDispatcherPriority.Normal, () =>
  {
    txtX.Text = args.Reading.PitchDegrees.ToString();
    txtY.Text = args.Reading.RollDegrees.ToString();
```

```
    txtZ.Text = args.Reading.YawDegrees.ToString();
    txtTimestamp.Text = args.Reading.Timestamp.ToString();
  });
}
```
Listing 18.7 K18\06 Inclinometer\MainPage.xaml.cs

18.2.4 Compass (Kompass)

Mit dem Kompass ermitteln Sie die Ausrichtung Ihres Geräts gegen Norden. Dazu verwenden Sie die `Compass`-Klasse. Sie funktioniert so wie die anderen in diesem Abschnitt vorgestellten Sensoren. Die statische `GetDefault`-Methode gibt eine `Compass`-Instanz zurück. Mit der `GetCurrentReading`-Methode lesen Sie den Messwert einmalig aus. Mit dem `ReadingChanged`-Event werden Sie informiert, sobald sich die Messwerte ändern. Mit den Properties `MinimumReportInterval` und `ReportInterval` bestimmen Sie das Interval in Millisekunden, nach dem das `ReadingChanged`-Event ausgelöst.

Die `GetCurrentReading`-Methode gibt ein `CompassReading`-Objekt mit den aktuellen Messdaten zurück. Ein solches finden Sie auch in der `Reading`-Property der `CompassReadingChangedEventArgs`, die beim `ReadingChanged`-Event verwendet werden. Die `CompassReading`-Klasse hat folgende Properties:

- `HeadingMagneticNorth`: Gibt die Richtung in Grad relativ zum magnetischen Norden an.
- `HeadingTrueNorth`: die Richtung in Grad relativ zum geographischen Norden. Diese Property kann auch `null` sein. Das hängt davon ab, ob der eingebaute Sensor den geographischen Norden unterstützt. Im Surface RT wird dies beispielsweise nicht unterstützt.
- `Timestamp`: Steht für den Zeitpunkt, an dem die Werte gemessen wurden.

Die `HeadingMagneticNorth`-Property hat den Wert 90 (Grad), wenn der Benutzer das Gerät in Richtung Osten ausrichtet. Vom magnetischen Norden bis zum Osten sind es eben 90°. In Richtung Süden sind es 180°, in Richtung Westen 270°. Abbildung 18.3 zeigt die Gradzahlen.

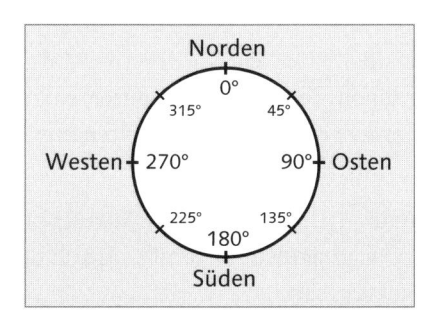

Abbildung 18.3 Die Gradzahlen der »HeadingMagneticNorth«-Property

Sehen wir uns ein kleines Beispiel an. In Listing 18.8 sehen Sie einen Ausschnitt der *MainPage.xaml*-Datei. Darin sind verschiedene `TextBlock`-Elemente deklariert, um die Property-Werte einer `CompassReading`-Instanz anzuzeigen. Im unteren Bereich wird mit der Klasse `Polygon` ein nach oben zeigendes Dreieck erstellt. Beachten Sie, dass die `RenderTransform`-Property des `Polygons` ein `RotateTransform`-Element namens `rotateTransform` enthält. Damit lässt sich das `Polygon` beziehungsweise das Dreieck rotieren.

```xml
<Grid Grid.Row="1" Margin="120 0">
  ...
  <TextBlock Text="MagneticNorth: "/>
  <TextBlock x:Name="txtMagneticNorth" Grid.Column="1"/>
  <TextBlock Text="TrueNorth: " Grid.Row="1"/>
  <TextBlock x:Name="txtTrueNorth" Grid.Row="1" Grid.Column="1"/>
  <TextBlock Text="Timestamp: " Grid.Row="2"/>
  <TextBlock x:Name="txtTimestamp" Grid.Row="2" Grid.Column="1"/>

  ...
  <TextBlock Margin="0 30" Text="Folgendes Dreieck zeigt immer in
    Richtung Norden" Grid.Row="4" Grid.ColumnSpan="2"/>
  <Polygon Points="0,100 50,100 25,0" Fill="Yellow" Width="50"
    Height="100" RenderTransformOrigin="0.5 0.5" ...>
    <Polygon.RenderTransform>
      <RotateTransform x:Name="rotateTransform"/>
    </Polygon.RenderTransform>
  </Polygon>
</Grid>
```

Listing 18.8 K18\07 Compass\MainPage.xaml

> **Hinweis**
>
> Die Klasse `Polygon` begegnet Ihnen im nächsten Kapitel, »2D-Grafik«, nochmals.

In Listing 18.9 sehen Sie die Codebehind-Datei der `MainPage`. In der `LoadState`-Methode wird die Instanzvariable `_compass` mit einem `Compass`-Objekt durch einen Aufruf der `GetDefault`-Methode initialisiert. Ist der Sensor vorhanden, wird ein Event Handler für das `ReadingChanged`-Event registriert.

Im `ReadingChanged`-Event-Handler werden die in XAML definierten `TextBlock`-Elemente mit den Property-Werten der `CompassReading`-Instanz gefüllt. Am Ende wird die `Angle`-Property des `RotateTransform`-Objekts gesetzt.

18.2 Sensoren

```csharp
public sealed partial class MainPage :
  DerCompass.Common.LayoutAwarePage
{
  private Compass _compass;
  ...
  protected override void LoadState(...)
  {
    if (_compass == null)
    {
      _compass = Compass.GetDefault();
    }
    if (_compass != null)
    {
      _compass.ReadingChanged += OnReadingChanged;
    }
    ...
  }
  private void OnReadingChanged(Compass sender,
    CompassReadingChangedEventArgs args)
  {
    Dispatcher.RunAsync(CoreDispatcherPriority.Normal, () =>
    {
      txtMagneticNorth.Text =
        args.Reading.HeadingMagneticNorth.ToString();
      txtTrueNorth.Text =
        args.Reading.HeadingTrueNorth.ToString();
      txtTimestamp.Text = args.Reading.Timestamp.ToString();
      rotateTransform.Angle =
        360 - args.Reading.HeadingMagneticNorth;
    });
  }
}
```

Listing 18.9 K18\07 Compass\MainPage.xaml.cs

Beachten Sie in Listing 18.9, dass die `Angle`-Property des `RotateTransform`-Objekts auf den Wert `360 - args.Reading.HeadingMagneticNorth` gesetzt wird; das Dreieck (Polygon) soll ja immer in Richtung Norden zeigen. Wird das Gerät in Richtung Osten ausgerichtet, hat die `HeadingMagneticNorth`-Property den Wert 90. Damit das Dreieck weiterhin nach Norden zeigt, muss es auf dem Bildschirm nach links ausgerichtet bzw. um 270° rotiert werden. 360 minus 90 ergibt diese 270°. In Abbildung 18.4 sehen Sie genau diesen Fall. Die `HeadingMagneticNorth`-Property hat den Wert 90, das Dreieck ist nach links in Richtung Norden ausgerichtet.

Abbildung 18.4 Das Gerät ist nach Osten ausgerichtet, das Dreieck zeigt in Richtung Norden.

Wird das Gerät nach Süden ausgerichtet, soll das Dreieck auf dem Bildschirm nach unten zeigen. Süden bedeutet, dass die `HeadingMagneticNorth`-Property den Wert 180 hat. Die in Listing 18.9 berechneten 360 minus 180 ergeben 180°, womit das Dreieck bei einer Ausrichtung des Geräts nach Süden um 180° gedreht wird und somit weiterhin in Richtung Norden zeigt.

Wird das Gerät nach Westen ausgerichtet, hat die `HeadingMagneticNorth`-Property den Wert 270. Die in Listing 18.9 berechneten 360 minus 270 ergeben 90°, womit das Dreieck bei einer Ausrichtung des Geräts nach Westen um 90° gedreht wird und somit weiterhin in Richtung Norden zeigt. In Abbildung 18.5 sehen Sie genau diesen Fall. Die `HeadingMagneticNorth`-Property hat den Wert 270, das Dreieck ist nach rechts in Richtung Norden ausgerichtet.

Abbildung 18.5 Das Gerät ist nach Westen ausgerichtet, das Dreieck zeigt in Richtung Norden.

18.2.5 LightSensor (Lichtsensor)

Zum Ermitteln der Beleuchtungsstärke in Lux verwenden Sie die Klasse `LightSensor`. Analog zu den bisher gezeigten Sensoren gibt es die statische `GetDefault`-Methode, die Ihnen eine `LightSensor`-Instanz zurückgibt. Wie auch die anderen Sensor-Klassen besitzt die `LightSensor`-Klasse die Methode `GetCurrentReading`, das `ReadingChanged`-Event und die beiden Properties `MinimumReportInterval` und `ReportInterval`.

Die Messdaten erhalten Sie als Rückgabewert der `GetCurrentReading`-Methode und im `ReadingChanged`-Event in Form einer `LightSensorReading`-Instanz. Diese Klasse besitzt folgende Properties:

- `IlluminanceInLux`: die Beleuchtungsstärke in Lux (lx)
- `Timestamp`: der Zeitpunkt, an dem die Werte gemessen wurden

Sie können damit Ihre App beispielsweise bei wenig Licht in einem Nacht-Modus darstellen.

> **Hinweis**
>
> Falls Sie die Lux-Einheit nicht kennen, erhalten Sie in diesem Hinweiskasten ein paar Anhaltspunkte über verschiedene Lichtquellen und ihre Beleuchtungsstärke in Lux:
>
> - Eine Vollmondnacht hat ca. 0,25 lx.
> - Eine 1 m entfernte Kerze hat ca. 1 lx.
> - Eine Zimmerbeleuchtung hat ca. 500 lx.
> - Im Sommer im Schatten sind es ca. 10.000 lx.
> - An einem hellen Sommertag in der Sonne sind es ca. 100.000 lx.
> - Ein grüner Laser-Pointer (532 nm) mit 5 mW und 3 mm Strahlendurchmesser erreicht ca. 427.000 lx.
>
> Diese Wertangaben stammen von *http://de.wikipedia.org/wiki/Lux_(Einheit)*. Sie finden dort weitere Informationen und Beispiele zur Lux-Einheit.

18.2.6 OrientationSensor (Ausrichtungssensor)

Der OrientationSensor misst die Ausrichtung des Geräts. Er stellt Ihnen eine 3×3-Rotationsmatrix und eine Quaternion zur Verfügung. Damit können Sie beispielsweise die Sicht des Benutzers in 3D-Spielen anpassen.

Die `OrientationSensor`-Klasse ist so wie die anderen Sensor-Klassen aufgebaut: Mit der statischen `GetDefault`-Methode erhalten Sie eine Instanz. Auf der Instanz finden Sie die `GetCurrentReading`-Methode, das `ReadingChanged`-Event und die beiden Properties `MinimumReportInterval` und `ReportInterval`.

Die Messdaten werden in Form einer `OrientationSensorReading`-Instanz bereitgestellt. Die Klasse besitzt folgende Properties:

- `RotationMatrix`: vom Typ `SensorRotationMatrix`. Gibt die 3×3-Rotationsmatrix für die aktuelle Ausrichtung zurück.
- `Quaternion`: vom Typ `SensorQuaternion`. Gibt die Quaternion für die aktuelle Ausrichtung zurück.
- `Timestamp`: Enthält den Zeitpunkt, an dem die Werte gemessen wurden.

Die Klasse `SensorRotationMatrix` besitzt die Properties `M11`, `M12`, `M13`, `M21`, `M22`, `M23`, `M31`, `M32` und `M33`, die die Werte der 3×3-Rotationsmatrix enthalten. Die Klasse `SensorQuaternion` besitzt die Properties `W`, `X`, `Y` und `Z`, die die Quaternion beschreiben. Die Quaternion ist ein mathematisches Konstrukt, mit dem sich der dreidimensionale Raum elegant beschreiben lässt, insbesondere wenn es zu Drehungen kommt.

Der `OrientationSensor` ist für komplexere Szenarien gedacht. Er erfordert auch ein paar tiefgehendere mathematische Kenntnisse. Es wäre an dieser Stelle sicherlich etwas zu weit ausgeholt, Ihnen die 3×3-Rotationsmatrix und die Quaternion zu beschreiben. Diese Kenntnisse können Sie sich in Mathebüchern aneignen. Wenn Sie die mathematischen Grundlagen haben, ist es mit dem OrientationSensor auch kein Problem mehr. Für einfachere Fälle bezüglich der Ausrichtung des Geräts finden Sie im `Windows.Devices.Sensors`-Namespace noch die `SimpleOrientationSensor`-Klasse, die wir uns jetzt ansehen.

> **Hinweis**
>
> Sie finden in den Buchbeispielen im Ordner *K18\09 OrientationSensor* ein kleines Projekt, das die Messwerte des `OrientationSensor`s ausgibt.

18.2.7 SimpleOrientationSensor (Einfacher Ausrichtungssensor)

Um ganz einfache Ausrichtungen zu prüfen, beispielsweise ob das Endgerät auf der Rück- oder auf der Vorderseite liegt, eignet sich die Klasse `SimpleOrientationSensor`. Wie auch bei den anderen Sensoren erhalten Sie mit der statischen `GetDefault`-Methode eine Instanz dieser Klasse. Der Rest der `SimpleOrientationSensor`-Klasse ist im Gegensatz zu den anderen Sensoren allerdings etwas schlichter aufgebaut. Die Klasse definiert selbst nur zwei Instanzmitglieder: Die `GetCurrentOrientation`-Methode und das `OrientationChanged`-Event.

Die `GetCurrentOrientation`-Methode gibt die aktuelle Ausrichtung in Form eines Wertes der Aufzählung `SimpleOrientation` zurück. Dazu gleich mehr. Das `OrientationChanged`-Event wird ausgelöst, sobald sich die Ausrichtung ändert. In einem Event

Handler erhalten Sie die `SimpleOrientationSensorOrientationChangedEventArgs`. Diese besitzen eine `Orientation`- und eine `Timestamp`-Property. Die `Orientation`-Property ist auch vom Typ der Aufzählung `SimpleOrientation` und gibt somit die aktuelle Ausrichtung wieder. Die `Timestamp`-Property gibt den Zeitpunkt an, an dem die Ausrichtung gemessen wurde.

Die `SimpleOrientation`-Aufzählung besitzt folgende Werte:

- **NotRotated**: Das Gerät wird mit der Oberkante nach oben gehalten; genauso, wie ein gewöhnlicher PC-Monitor ausgerichtet ist.
- **Rotated90DegreesCounterclockwise**: Die Oberkante des Geräts zeigt nach rechts. Das Gerät ist um 90° im Uhrzeigersinn gedreht.
- **Rotated180DegreesCounterclockwise**: Die Oberkante des Geräts zeigt nach unten. Das Gerät ist um 180° im Uhrzeigersinn gedreht.
- **Rotated270DegreesCounterclockwise**: Die Oberkante des Geräts zeigt nach links. Das Gerät ist um 270° im Uhrzeigersinn gedreht.
- **Faceup**: Das Gerät liegt auf der Rückseite; typisch, wenn Sie Ihr Tablet auf einen Tisch legen.
- **Facedown**: Das Gerät liegt auf der Vorderseite; typisch, wenn Sie auf dem Rücken liegen und Ihr Tablet benutzen.

Sie finden in den Buchbeispielen im Ordner *K18\10 SimpleOrientationSensor* ein kleines Projekt, das die ermittelte Ausrichtung auf dem Bildschirm ausgibt.

18.3 Zusammenfassung

Sie haben in diesem Kapitel gelernt, wie Sie mit der Klasse `DeviceInformation` (Namespace: `Windows.Storage.Enumeration`) Geräteinformationen auslesen. Die Klasse enthält die statische `FindAllAsync`-Methode, die alle angeschlossenen Geräte zurückgibt. Sie besitzt verschiedene Überladungen, um die Ergebnismenge zu filtern. Eine Überladung nimmt einen Wert der Aufzählung `DeviceClass` entgegen: `All`, `AudioCapture`, `AudioRender`, `PortableStorageDevice` oder `VideoCapture`.

Rufen Sie auf der `DeviceInformation`-Klasse die statische `CreateWatcher`-Methode auf, um einen `DeviceWatcher` zu erstellen. Der `DeviceWatcher` besitzt Events wie `Added`, `Updated` oder `Removed`, mit denen sich die angeschlossenen Geräte überwachen lassen. Starten Sie den `DeviceWatcher` durch einen Aufruf der `Start`-Methode.

Mit der `Geolocator`-Klasse (Namespace: `Windows.Devices.Geolocation`) bestimmen Sie den geographischen Standort des Benutzers. Registrieren Sie einen Event Handler für das `PositionChanged`-Event, um bei jeder Änderung des Standorts informiert zu werden.

Im zweiten Teil dieses Kapitels haben Sie die Sensoren kennengelernt. Die Klassen befinden sich alle im Namespace `Windows.Devices.Sensors`. Die Sensoren funktionieren fast alle genau gleich. Jede Klasse enthält eine statische `GetDefault`-Methode. Diese gibt eine Instanz des Sensors zurück. Falls die Hardware, auf der Ihre App ausgeführt wird, keinen solchen Sensor besitzt, erhalten Sie als Rückgabewert eine `null`-Referenz. Mit der Methode `GetCurrentReading` lesen Sie die aktuellen Messwerte eines Sensors aus. Mit dem Event `ReadingChanged` werden Sie informiert, sobald sich die Messwerte ändern. Über die Event-Argumente erhalten Sie die ermittelten Messwerte.

Im nächsten Kapitel sehen wir uns das Thema 2D-Grafik näher an; Sie haben in diesem Kapitel beim Verwenden des `Compass` die Klasse `Polygon` bereits kennengelernt: Wir haben sie genutzt, um ein Dreieck zu zeichnen. Danach erfahren Sie in Kapitel 20, »Multimedia«, wie Sie auf die Kamera und das Mikrofon des Benutzers zugreifen.

Kapitel 19
2D-Grafik

Die WinRT bietet diverse Möglichkeiten im 2D-Bereich. Von verschiedenen Brushes über die Darstellung einfacher Formen und Geometry-Objekte bis hin zum Laden und Speichern von Bitmaps ist alles enthalten.

Die WinRT enthält verschiedene Brushes für Farben, Farbverläufe und Bilder. Es lassen sich einfache Rechtecke, aber auch komplexe geometrische Formen erstellen. Sie können ein Bitmap in verschiedenen Formaten wie JPEG, BMP oder PNG laden, die einzelnen Pixel und andere Informationen ändern und das Bitmap wieder speichern. All das lesen Sie in diesem Kapitel.

Die WinRT besitzt vier Brushes, mit denen Sie einen Bereich ausfüllen können. Die bekanntesten sind der SolidColorBrush, um einen Bereich mit einer einzigen Farbe zu füllen, und der LinearGradientBrush, mit dem Sie einen Farbverlauf definieren. In Abschnitt 19.1, »Brushes«, lernen Sie diese und weitere Brushes kennen.

In Abschnitt 19.2, »Shapes«, werfen wir einen Blick auf die in der WinRT verfügbaren Shape-Objekte, mit denen Sie einfache Formen wie Rechtecke oder Ellipsen abbilden können. In Abschnitt 19.3, »Geometries«, erfahren Sie alles über die Geometry-Objekte, die eine zweidimensionale Form beschreiben und sich als Input für das Path-Shape verwenden lassen. Damit lassen sich sehr komplexe Objekte darstellen, wie Bögen oder Bézierkurven.

Wie Sie Bilder anzeigen und dynamisch erstellen, lesen Sie in Abschnitt 19.4, »Bitmaps«. Dabei lernen Sie nicht nur die unterschiedlichen Bildquellen kennen, sondern erfahren auch, wie Sie Bitmaps bearbeiten. Neben dem Rotieren werden die Pixel eines Bitmaps verändert, um beispielsweise einen Schwarzweiß-Effekt zu erstellen.

In Abschnitt 19.5, »2D-Grafik in FriendStorage«, erhalten Sie einen kleinen Einblick in die Details von FriendStorage, die die in diesem Kapitel beschriebenen 2D-Grafik-Features verwenden.

19.1 Brushes

Brushes (Pinsel) werden verwendet, um die Foreground-/Background-Property eines Controls zu setzen. Auch die Fill-Property der in Abschnitt 19.2 beschriebenen Shape-Klassen ist vom Typ Brush und definiert deren Füllfarbe.

Die WinRT besitzt vier verschiedene Brushes, die alle direkt oder indirekt von der Klasse Brush (Namespace: Windows.UI.Xaml.Media) erben, wie die Klassenhierarchie in Abbildung 19.1 zeigt. Die Brush-Klasse definiert unter anderem die Opacity-Property, mit der Sie einen Transparenzwert einstellen. Der Wert 0 bedeutet transparent, der Wert 1.0 (Default) bedeutet voll sichtbar.

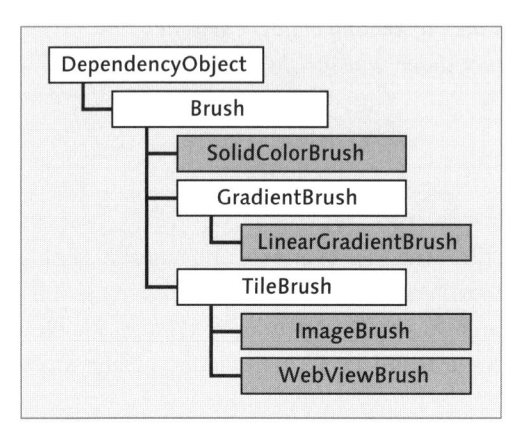

```
DependencyObject
    └── Brush
            ├── SolidColorBrush
            ├── GradientBrush
            │       └── LinearGradientBrush
            └── TileBrush
                    ├── ImageBrush
                    └── WebViewBrush
```

Abbildung 19.1 Die Klassenhierarchie der Brushes

Im Folgenden sehen wir uns die einzelnen Brush-Subklassen genauer an.

19.1.1 Der SolidColorBrush und die Color-Struktur

Der SolidColorBrush füllt einen Bereich mit einer einzigen Farbe aus. Dazu definiert er lediglich eine Property namens Color vom Typ Color. Wenn Sie in XAML eine Property vom Typ Brush setzen, können Sie einfach ein String wie Red zuweisen. Der XAML-Parser erzeugt daraus ein SolidColorBrush-Objekt mit der entsprechenden Farbe:

```
<Rectangle Fill="Red" Width="200" Height="200"/>
```

Es lassen sich auch direkt die RGB-Werte (Rot, Grün, Blau) setzen, um eine Farbe zu definieren. Diese Werte geben Sie hexadezimal an. Folgend die rote Farbe mit RGB-Angabe:

```
<Rectangle Fill="#FF0000" Width="200" Height="200"/>
```

Beide Statements erstellen im Hintergrund ein SolidColorBrush-Objekt mit der entsprechenden Farbe. Die Farbe wird durch die Struktur Color (Namespace: Windows.UI) repräsentiert. Sie hat die Properties R, G, B und A, alle vom Typ byte. R, G, B stellen die Werte für Rot, Grün und Blau dar. Sind alle drei Werte 0, ist die Farbe Schwarz; sind alle drei Werte 255, ist die Farbe Weiß. A definiert den mit der Farbe verwendeten Alpha-Kanal, der für Transparenz benutzt wird. Dabei ist der Wert 0 transparent, der

Wert 255 nicht transparent. Auch in XAML lässt sich der Alpha-Kanal optional vor den RGB-Werten angeben. Folgendes `Rectangle` wird mit einem halbtransparenten Rot dargestellt:

```
<Rectangle Fill="#77FF0000" Width="200" Height="200"/>
```

In C# finden Sie zum Erzeugen von `Color`-Objekten in der `Color`-Struktur die statische Methode `FromArgb`. Oder Sie nutzen die statischen Properties der Klasse `Colors`. Diese haben Namen wie `Red`, `Green`, `Blue`, `Yellow` und geben `Color`-Objekte zurück. In C# können Sie damit einfach einen `SolidColorBrush` wie folgt erstellen:

```
var brush = new SolidColorBrush(Colors.Red);
```

19.1.2 Der LinearGradientBrush

Mit dem `LinearGradientBrush` definieren sie einen linearen Farbverlauf. Die Klasse erbt von der Klasse `GradientBrush`. `GradientBrush` besitzt unter anderem die Property `Gradients` vom Typ `GradientStopCollection`. Sie nimmt einzelne `GradientStop`-Objekte entgegen, die ein bestimmtes Offset und eine `Color` setzen.

Die Klasse `LinearGradientBrush` erweitert `GradientBrush` um die Properties `StartPoint` und `EndPoint`, beide vom Typ `Point`. Das Interessante ist, dass Sie relative Werte verwenden. Der Wert 0,0 entspricht der linken oberen Ecke, der Wert 1,1 der rechten unteren Ecke. Abbildung 19.2 verdeutlicht dies. Gleich verhält es sich mit den `GradientStops`, auch dort geben Sie in der `Offset`-Property relative Werte an. 0 bedeutet direkt am Anfang und 1 am Ende. Natürlich sind auch größere Werte als 0 und 1 möglich, wodurch Start oder Ende des Farbverlaufs außerhalb des sichtbaren Bereichs liegen.

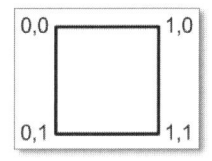

Abbildung 19.2 Das relative Koordinatensystem des LinearGradientBrushes

---

Hinweis

Die Klasse `GradientBrush` besitzt eine Property `MappingMode` vom Typ der Aufzählung `BrushMappingMode`. Darüber legen Sie fest, ob das in Abbildung 19.2 dargestellte relative Koordinatensystem verwendet wird (Default), was dem Wert `RelativeToBoundingBox` entspricht, oder ob Sie gegebenenfalls lieber mit absoluten Koordinaten arbeiten (Wert `Absolute`). Der Wert `RelativeToBoundingBox` hat den Vorteil, dass der Verlauf immer bis zum äußersten Rand geht, auch wenn der Füllbereich vergrößert wird. Sie arbeiten immer mit relativen statt mit absoluten Werten.

Per Default sind `StartPoint` und `EndPoint` eines `LinearGradientBrushes` 0,0 und 1,1, wodurch der Farbverlauf von links oben nach rechts unten geht. Abbildung 19.3 zeigt ein paar verschiedene Start- (S) und Endpunkte (E) des `LinearGradientBrushes` aus folgendem Listing 19.1.

```xml
<LinearGradientBrush StartPoint="0,0" EndPoint="1,1">
  <GradientStop Color="White" Offset="0"/>
  <GradientStop Color="Black" Offset="1"/>
</LinearGradientBrush>
```

Listing 19.1 K20\01 LinearGradientBrushStartEnde\MainPage.xaml

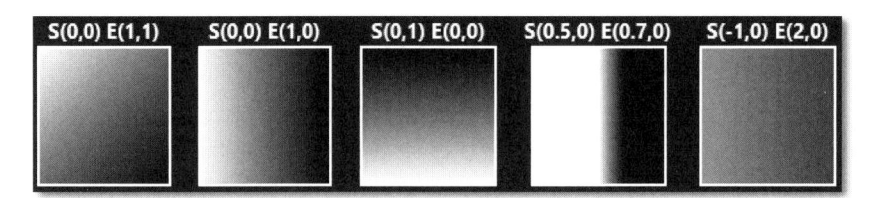

Abbildung 19.3 Verschiedene Start- und Endpunkte eines LinearGradientBrushes

Beachten Sie in Abbildung 19.3 den `LinearGradientBrush` mit dem Startpunkt 0.5,0 und dem Endpunkt 0.7,0. Die Fläche links neben diesem Bereich wird mit Weiß aufgefüllt, die Fläche rechts neben diesem Bereich mit Schwarz. Dies ist über die aus `GradientBrush` geerbte `SpreadMethod`-Property definiert, die vom Typ der Aufzählung `SpreadMethod` ist. Sie enthält die folgenden drei Werte:

- **Pad**: der Default-Wert. Die Fläche wird ab dem Rand mit der äußersten Farbe aufgefüllt.
- **Reflect**: Der Verlauf wird an den Enden wiederholt. Dabei wird er zuerst spiegelverkehrt reflektiert und dann wieder richtig herum gezeichnet.
- **Repeat**: Der Verlauf wird an den Enden wiederholt.

Der folgende `LinearGradientBrush` aus Listing 19.2 setzt die `SpreadMethod`-Property auf der Wert `Reflect`. Er ist in Abbildung 19.4 auch mit den Werten `Pad` und `Repeat` zu sehen.

```xml
<LinearGradientBrush StartPoint="0.5,0" EndPoint="0.7,0"
  SpreadMethod="Reflect">
  <GradientStop Color="White" Offset="0.0"/>
  <GradientStop Color="Black" Offset="1"/>
</LinearGradientBrush>
```

Listing 19.2 K20\02 LinearGradientBrushSpreadMethod\MainPage.xaml

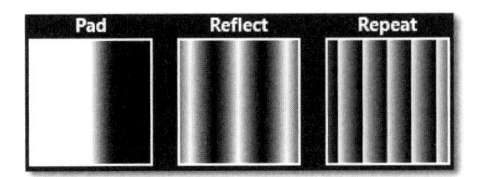

Abbildung 19.4 Die verschiedenen Werte der »SpreadMethod«-Aufzählung

Es ist oft üblich, in einem LinearGradientBrush zwei GradientStops mit demselben Offset-Wert zu definieren. Listing 19.3 zeigt ein Beispiel; der definierte Brush verläuft von White nach DarkGray und geht ab dort direkt mit Black weiter zu LightCoral. Das Ergebnis sehen Sie in Abbildung 19.5.

```xml
<LinearGradientBrush StartPoint="0 0" EndPoint="0 1">
  <GradientStop Color="White" Offset="0"/>
  <GradientStop Color="DarkGray" Offset="0.5"/>
  <GradientStop Color="Black" Offset="0.5"/>
  <GradientStop Color="LightCoral" Offset="1"/>
</LinearGradientBrush>
```

Listing 19.3 K20\03 LinearGradientBrushOffset\MainPage.xaml

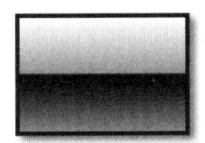

Abbildung 19.5 Ein LinearGradientBrush, der in der Mitte über zwei GradientStops mit gleichem »Offset«-Wert, aber unterschiedlicher Farbe verfügt

> **Hinweis**
> Ein RadialGradientBrush, der zum Erstellen eines kreisförmigen Farbverlaufs eingesetzt wird, ist in der WinRT nicht enthalten.

19.1.3 Der ImageBrush

Mit der Klasse ImageBrush lassen sich Bilder zeichnen. Dazu definiert die ImageBrush-Klasse die ImageSource-Property vom Typ ImageSource. Mit der aus der Klasse TileBrush geerbten Stretch-Property können Sie bestimmen, wie das angegebene Bild zum Füllen der Fläche gestreckt wird.

> **Hinweis**
>
> Die Klasse `ImageSource` enthält keinen öffentlichen Konstruktor. Eine oft verwendete Subklasse ist die Klasse `BitmapImage`, die Sie in Abschnitt 19.4.1, »Bildquellen«, kennenlernen. In XAML lässt sich auch einfach der Pfad zu einem Bild setzen. Der XAML-Parser erstellt dann im Hintergrund die entsprechende `ImageSource`-Instanz für Sie.
>
> Die `Source`-Property des `Image`-Elements ist übrigens auch vom Typ `ImageSource`.

Listing 19.4 zeigt ein `StackPanel`, das in den Ressourcen einen `ImageBrush` enthält, der das Bild *thomas.jpg* pinselt. Das Bild wurde dazu als binäre Ressource ins Projekt eingefügt. Der im `StackPanel` enthaltene `TextBlock` nutzt den `ImageBrush` für die Foreground-Property. Das ebenfalls im `StackPanel` enthaltene `Rectangle` nutzt ihn für die Fill-Property.

```xaml
<StackPanel HorizontalAlignment="Center">
   <StackPanel.Resources>
      <ImageBrush x:Key="imageBrush"
        ImageSource="thomas.jpg"/>
   </StackPanel.Resources>
   <TextBlock Foreground="{StaticResource imageBrush}"
      Text="Thomas" FontSize="200" FontWeight="Bold" .../>
   <Rectangle Fill="{StaticResource imageBrush}" .../>
</StackPanel>
```

Listing 19.4 K20\04 DerImageBrush\MainPage.xaml

Abbildung 19.6 zeigt die Anwendung. Der `TextBlock` und das `Rectangle` sind mit dem Bild »bepinselt«.

Abbildung 19.6 Der ImageBrush wurde für einen TextBlock und ein Rectangle verwendet.

Falls das Bild nicht geladen werden kann oder ein Fehler mit dem Format auftritt, löst der `ImageBrush` sein `ImageFailed`-Event aus. Konnte das Bild erfolgreich geladen und dekodiert werden, wird das `ImageOpened`-Event ausgelöst.

19.1.4 Der WebViewBrush

Mit dem `WebViewBrush` können Sie den Inhalt eines `WebView`-Elements malen. Doch warum sollten Sie das tun? Das `WebView`-Element unterstützt weder Transparenz durch die `Opacity`, noch lässt es sich mit Transformationen rotieren oder stauchen. Falls Sie Webinhalte also beispielsweise transformieren möchten, können Sie sie mit einem `WebViewBrush` auf ein `Rectangle` zeichnen und dann das `Rectangle` nach Belieben transformieren. Zum Zeichnen des Inhalts eines `WebView`-Elements besitzt die Klasse `WebViewBrush` eine `SourceName`-Property, der Sie den Namen des `WebView`-Elements zuweisen.

Doch Vorsicht, der `WebViewBrush` aktualisiert sich nicht von allein, wenn sich der Inhalt des `WebView`-Elements ändert. Rufen Sie zum Aktualisieren auf dem `WebView`-Brush die Methode `Redraw` auf. Schauen wir uns ein kleines Beispiel an.

> **Hinweis**
> Der `WebViewBrush` macht wie eine Art Foto vom `WebView`-Element. Jeder Aufruf der `Redraw`-Methode aktualisiert das Foto.

In Listing 19.5 ist ein `StackPanel` mit einem `Rectangle` und einem `WebView`-Element definiert. Die `WebView` hat den Namen `webView` und die Seite *http://www.thomasclaudiushuber.com* als Quelle. Die `Fill`-Property des `Rectangle`s enthält einen `WebView`-Brush, dessen `SourceName`-Property den Namen `webView` enthält, was dem Namen des `WebView`-Elements entspricht. Das `Rectangle` zeigt somit den Inhalt des `WebView`-Elements an. Beachten Sie, dass das `Rectangle` zudem mit einer `PlaneProjection` um 30° um die Y-Achse gedreht ist.

```
<StackPanel ...>
  <Rectangle ...>
    <Rectangle.Fill>
      <WebViewBrush SourceName="webView" x:Name="webViewBrush"/>
    </Rectangle.Fill>
    <Rectangle.Projection>
      <PlaneProjection RotationY="30"/>
    </Rectangle.Projection>
  </Rectangle>
```

```xml
<WebView x:Name="webView" LoadCompleted="webView_LoadCompleted"
    Source="http://www.thomasclaudiushuber.com" .../>
</StackPanel>
```

Listing 19.5 K20\05 DerWebViewBrush\MainPage.xaml

Auf dem `WebView`-Element ist in Listing 19.5 ein Event Handler für das `LoadCompleted`-Event definiert. Das Event wird ausgelöst, wenn die Seite komplett geladen ist. Listing 19.6 zeigt den Event Handler. Darin wird lediglich die `Redraw`-Methode des `WebView`-`Brush`es aufgerufen, damit dieser den aktuellen Inhalt widerspiegelt.

```csharp
private void webView_LoadCompleted(object sender,
    NavigationEventArgs e)
{
    webViewBrush.Redraw();
}
```

Listing 19.6 K20\05 DerWebViewBrush\MainPage.xaml.cs

Abbildung 19.7 zeigt die App. Unten ist das `WebView`-Element mit der geladenen Seite. Oben das `Rectangle`, das um 30° rotiert ist und dank dem `WebViewBrush` den Inhalt des `WebView`-Elements widerspiegelt.

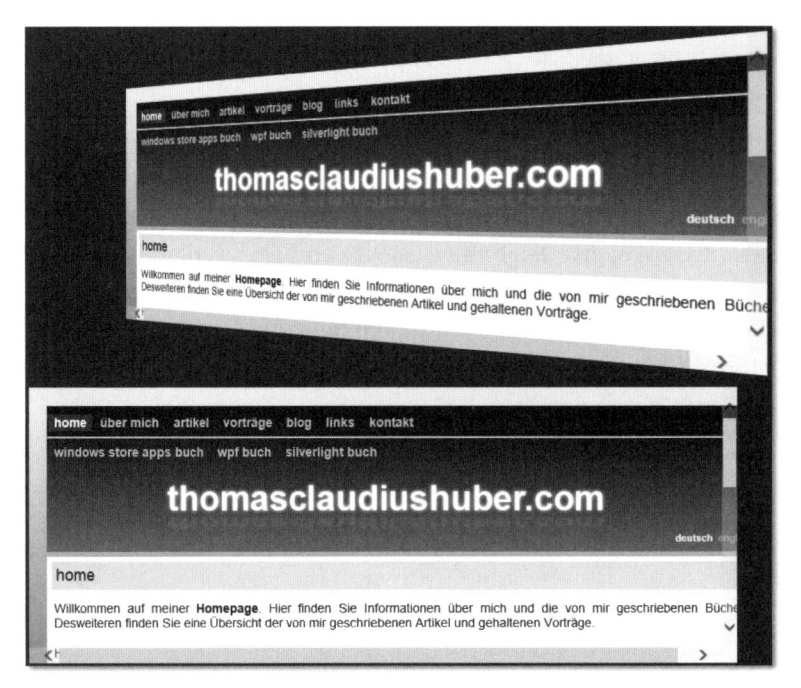

Abbildung 19.7 Der Inhalt der WebView wird auch für die »Fill«-Property des darüberliegenden und mit einer Projection rotierten Rectangles verwendet.

Der WebViewBrush zeigt den Inhalt der WebView auch dann an, wenn deren Visibility-Property den Wert Collapsed enthält. Sie könnten somit ein Rectangle mit dem WebViewBrush für eine Art animiertes und transformiertes Intro nutzen, bevor Sie die eigentliche WebView anzeigen.

> **Tipp**
>
> Der WebViewBrush besitzt noch die Methode SetSource. Diese nimmt als Parameter ein WebView-Element entgegen und erlaubt so das Setzen der WebView in C#. Verwenden Sie also in XAML die SourceName-Property wie in Listing 19.6 und in C# die SetSource-Methode, um das verwendete WebView-Element festzulegen.

19.2 Shapes

Ein Shape bildet eine zweidimensionale Form. Die WinRT enthält sechs verschiedene Shape-Typen, die alle von der Klasse Shape erben und im Namespace Windows.UI.Xaml.Shapes leben. Abbildung 19.8 zeigt die Klassenhierarchie.

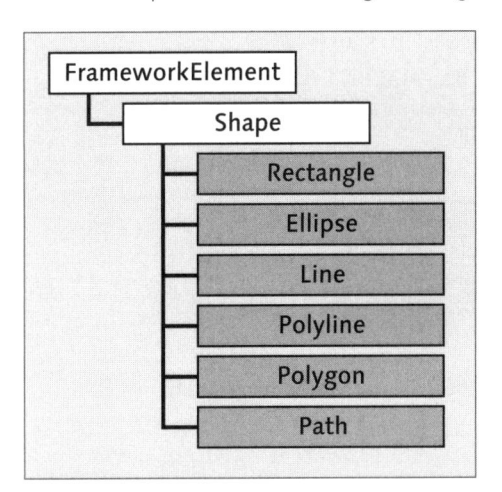

```
FrameworkElement
  └─ Shape
       ├─ Rectangle
       ├─ Ellipse
       ├─ Line
       ├─ Polyline
       ├─ Polygon
       └─ Path
```

Abbildung 19.8 Die Klassenhierarchie der Shapes

Da die Klasse Shape von FrameworkElement erbt, kann sich ein Shape selbst darstellen und besitzt die geerbten Properties wie Width oder Height. Die wichtigsten Properties der Shape-Klasse sind allerdings die Properties Fill und Stroke, beide vom Typ Brush. Fill definiert den Brush für den inneren Bereich eines Shapes, Stroke den Brush für die Rahmenlinie. Die Klasse Shape besitzt weitere Properties, um diese Rahmenlinie anzupassen. Bevor wir uns diese ansehen, werfen wir einen Blick auf die unterschiedlichen Shape-Klassen.

> **Tipp**
>
> Die Shapes werden in der Praxis oft in einem Canvas genutzt. Im Canvas lassen sie sich absolut positionieren, was zum Zeichnen optimal ist. Geben Sie dem Canvas eine Breite und eine Höhe (Width-/Height-Properties), und platzieren Sie es in einer Viewbox, um Ihre Zeichnung auf den verfügbaren Platz zu skalieren.

19.2.1 Das Rectangle

Die Klasse Rectangle wird verwendet, um ein einfaches Rechteck zu zeichnen. Mit den beiden Properties RadiusX und RadiusY bestimmen Sie den Eckradius. Der Default-Wert für beide Properties ist 0.

In Listing 19.7 sind zwei Rectangles definiert. Das untere Rectangle ist genau gleich wie das obere, hat allerdings zusätzlich die Properties RadiusX und RadiusY gesetzt. Sie sehen es in Abbildung 19.9 auf der rechten Seite.

```xaml
<Rectangle Fill="Red" Stroke="White" StrokeThickness="3"
   Width="200" Height="100" Margin="20"/>
<Rectangle Fill="Red" Stroke="White" StrokeThickness="3"
  RadiusX="25" RadiusY="25" Width="200" Height="100" Margin="20"/>
```

Listing 19.7 K20\06 Rectangle\MainPage.xaml

Abbildung 19.9 Zwei Rectangles. Auf dem rechten ist der Eckradius gesetzt.

19.2.2 Die Ellipse

Mit der Klasse Ellipse erzeugen Sie eine Ellipse. Die Klasse definiert selbst keine weiteren Properties. Listing 19.8 zeigt eine einfache Ellipse, die rot gefüllt ist und eine 3 Pixel dicke, weiße Rahmenlinie hat. Die Ellipse ist in Abbildung 19.10 dargestellt.

```xaml
<Ellipse Fill="Red" Stroke="White" StrokeThickness="3"
   Width="200" Height="100" Margin="20"/>
```

Listing 19.8 K20\07 Ellipse\MainPage.xaml

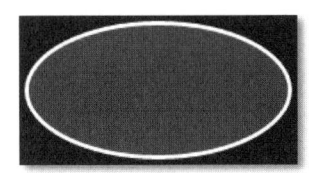

Abbildung 19.10 Eine Ellipse mit einer 3 Pixel dicken Rahmenlinie

19.2.3 Die Line

Mit der Line zeichnen Sie eine gerade Linie zwischen zwei Punkten. Die beiden Punkte definieren Sie mit den Properties X1, Y1 und X2, Y2, die standardmäßig alle 0 sind. Folgender Codeausschnitt zeigt ein Canvas mit zwei Line-Objekten. Das Ergebnis sehen Sie in Abbildung 19.11.

```xaml
<Canvas Background="Gray" Margin="20">
  <Line X1="0" Y1="0" X2="100" Y2="50" Stroke="White"
    StrokeThickness="5"/>
  <Line X2="50" Canvas.Top="50" Stroke="White"
    StrokeThickness="10"/>
</Canvas>
```

Listing 19.9 K20\08 Line\MainPage.xaml

Abbildung 19.11 Zwei Line-Elemente in einem grauen Canvas

19.2.4 Die Polyline

Mit der Klasse Line lässt sich nur eine gerade Linie von Punkt A nach B erstellen. Wollen Sie eine komplexere Linie bestehend aus mehreren Punkten erzeugen, verwenden Sie die Klasse Polyline. Diese besitzt eine Points-Property, zu der Sie mehrere Point-Objekte hinzufügen. Damit definieren Sie die Punkte, durch die die Polyline läuft.

In Listing 19.10 wird eine einfache Polyline aus fünf Punkten erstellt. Die Linie sehen Sie in Abbildung 19.12.

```xaml
<Polyline Points="0,50 40,50 60,0 60,50 100,50" Stroke="White"
  StrokeThickness="3" Margin="20"/>
```

Listing 19.10 K20\09 Polyline\MainPage.xaml

Abbildung 19.12 Eine Polyline bestehend aus fünf Punkten.

19.2.5 Das Polygon

Die Klasse Polygon ist ähnlich zur Klasse Polyline. Sie verfügt auch über eine Points-Property, definiert allerdings keine Linie, sondern eine geschlossene Form mit beliebig vielen Eckpunkten.

Listing 19.11 definiert ein Polygon mit drei Eckpunkten. Folglich wird ein Dreieck dargestellt, was Abbildung 19.13 bestätigt.

```
<Polygon Fill="White" Points="0,0 100,50 0,100"
  Width="100" Height="100"/>
```

Listing 19.11 K20\10 Polygon\MainPage.xaml

Abbildung 19.13 Ein Polygon-Element mit drei Eckpunkten

19.2.6 Die »Stroke«-Properties der »Shape«-Klasse

Die Shape-Klasse enthält zahlreiche Properties, um die Rahmenlinie anzupassen. Tabelle 19.1 zeigt die Properties mit einer kurzen Beschreibung.

Property	Beschreibung
Stroke	Vom Typ Brush. Definiert den Brush, mit dem die Linie gezeichnet wird.
StrokeThickness	Vom Typ double. Legt die Dicke des Stifts fest.
StrokeStartLineCap	Vom Typ der Aufzählung PenLineCap. Regelt die Darstellung des Linienanfangs.
StrokeEndLineCap	Vom Typ der Aufzählung PenLineCap. Regelt die Darstellung des Linienendes.
StrokeDashCap	Vom Typ der Aufzählung PenLineCap. Regelt die Darstellung von Start und Ende eines Striches, wenn die Linie gestrichelt ist.

Tabelle 19.1 Die »Stroke«-Properties der »Shape«-Klasse

Property	Beschreibung
StrokeDashArray	Vom Typ DoubleCollection. Definiert für eine gestrichelte Linie die Längen der Linien und die Längen der Leerräume.
StrokeDashOffset	Vom Typ double. Legt den Versatz fest, der beim Zeichnen einer gestrichelten Linie verwendet wird.
StrokeLineJoin	Vom Typ der Aufzählung PenLineJoin. Legt fest, wie Linien an Ecken ineinander übergehen.
StrokeMiterLimit	Vom Typ double. Legt die mathematische Gehrung fest, die verwendet wird, wenn zwei Linien in spitzem Winkel aufeinandertreffen.

Tabelle 19.1 Die »Stroke«-Properties der »Shape«-Klasse (Forts.)

Die Properties Stroke und StrokeThickness-Properties haben Sie bereits kennengelernt. Mit ihnen bestimmen Sie die Farbe und die Dicke der Rahmenlinie. Im Folgenden schauen wir uns die weiteren Properties aus Tabelle 19.1 genauer an.

StrokeStartLineCap und StrokeEndLineCap

Mit den Properties StrokeStartLineCap und StrokeEndLineCap legen Sie das Aussehen des Anfangs und des Endes der Linie fest. Beide Properties sind vom Typ der Aufzählung PenLineCap, die die Werte Flat, Square, Round und Triangle enthält.

Abbildung 19.14 stellt viermal die gleiche Linie mit verschiedenen Werten für StrokeStartLineCap und StrokeEndLineCap dar. Der helle dünne Strich in der Mitte zeigt dabei die tatsächlich angegebene Länge der Linie.

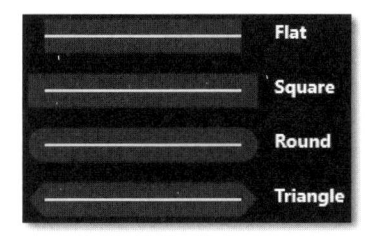

Abbildung 19.14 Verschiedene LineCaps für Anfang und Ende der Linie

StrokeDashArray, StrokeDashOffset und StrokeDashCap

Mit der StrokeDashArray-Property (Typ: DoubleCollection) bestimmen Sie das Muster der Linie. Dabei ist der erste Wert für die Linie, der zweite für die Lücke, der dritte für Linie, der vierte für die Lücke usw.

Das `Line`-Objekt in Listing 19.12 definiert in der `StrokeDashArray`-Property, dass 5 Einheiten Linie und 1 Einheit Lücke gezeichnet werden. Eine Einheit entspricht dabei immer der Dicke der Linie, die in der `StrokeThickness`-Property gesetzt ist. Dadurch bleibt das Muster im Verhältnis bestehen, wenn Sie die Linie mal dicker oder dünner darstellen.

```
<Line X1="300" StrokeThickness="8" Stroke="White"
   StrokeDashArray="5,1" Grid.Row="1"/>
```

Listing 19.12 K20\12 StrokeDashArray\MainPage.xaml

Abbildung 19.15 zeigt ein paar `Line`-Elemente. Jenes aus Listing 19.12 ist an zweiter Stelle zu sehen. Beachten Sie auch das unterste `Line`-Element. Es definiert die Werte 4,1,1 für die `StrokeDashArray`-Property. Das bedeutet, 4 Einheiten Linie, 1 Einheit Lücke, 1 Einheit Linie, 4 Einheiten Lücke, 1 Einheit Linie, 1 Einheit Lücke, 4 Einheiten Linie, 1 Einheit Lücke usw.

Mit der Property `StrokeDashOffset` verschieben Sie das Muster. Setzen Sie die `StrokeDashCap`-Property auf einen Wert der `PenLineCap`-Aufzählung, um Anfang und Enden der einzelnen Striche wie in Abbildung 19.14 gezeigt darzustellen.

Abbildung 19.15 Verschiedene Werte der »StrokeDashArray«-Property

StrokeLineJoin

Mit der `StrokeLineJoin`-Property (Typ: `LineJoin`-Aufzählung) legen Sie fest, wie Linien verbunden werden. Der Default-Wert ist `Miter`. Die Aufzählung `LineJoin` enthält neben `Miter` die Werte `Bevel` (schräg) und `Round` (rund). Abbildung 19.16 zeigt die drei Werte am Rahmen eines `Rectangles`.

Abbildung 19.16 Verschiedene Werte für die »StrokeLineJoin«-Property

StrokeMiterLimit

Treffen zwei Linien in spitzem Winkel aufeinander, lässt sich mit der Property `StrokeMiterLimit` definieren, dass über den Treffpunkt hinaus eine Spitze gebildet wird.

Dies ist natürlich nur dann sinnvoll, wenn der StrokeLineJoin den Wert Miter enthält. Es findet mathematisch gesehen eine Gehrung statt.

Der Default-Wert der StrokeMiterLimit-Property ist 10. Dieser Wert sagt aus, dass bei einem spitzen Winkel die Linie um maximal das Zehnfache der halben Liniendicke verlängert wird. Abbildung 19.17 zeigt zwei Polyline-Objekte mit den Werten 1 und 10 für die StrokeMiterLimit-Properties. Sie sehen, dass beim Wert 10 die Linienenden verlängert und zu einer Spitze zusammengeführt werden.

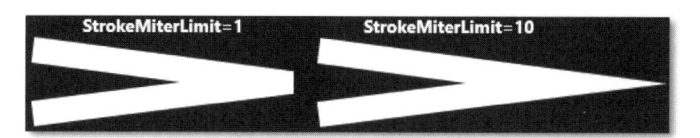

Abbildung 19.17 Die Auswirkung der »StrokeMiterLimit«-Property

19.2.7 Die »Path«-Klasse

Eine Subklasse von Shape haben wir bisher noch nicht betrachtet, und zwar die Klasse Path. Mit einem Path-Objekt lässt sich alles bisher Gesehene auch darstellen, seien es Rechtecke, Ellipsen, Linien oder komplexe Formen. Im Gegensatz zur Line und Polyline können Sie mit einem Path-Objekt auch Kurven erstellen.

Für die gesamte Funktionalität definiert die Path-Klasse selbst lediglich die Data-Property. Sie ist vom Typ Geometry. Und diese Art von Objekten, die Sie somit in einem Path einsetzen können, schauen wir uns jetzt an.

19.3 Geometries

Geometries sind Objekte vom Typ Geometry. Ein Geometry-Objekt beschreibt eine zweidimensionale Form, besitzt jedoch keine Informationen über die Füllfarbe oder die Rahmenlinie.

Die Klasse Geometry definiert keinen öffentlichen Konstruktor, besitzt aber einige Subklassen, wie die Klassenhierarchie in Abbildung 19.18 zeigt.

Die Klasse Geometry (Namespace: Windows.UI.Xaml.Media) enthält unter anderem die Transform-Property, mit der Sie ein Geometry-Objekt rotieren, skalieren, stauchen oder verschieben.

> **Hinweis**
> Mehr Details zu Transformationen finden Sie in Kapitel 5, »Layout«.

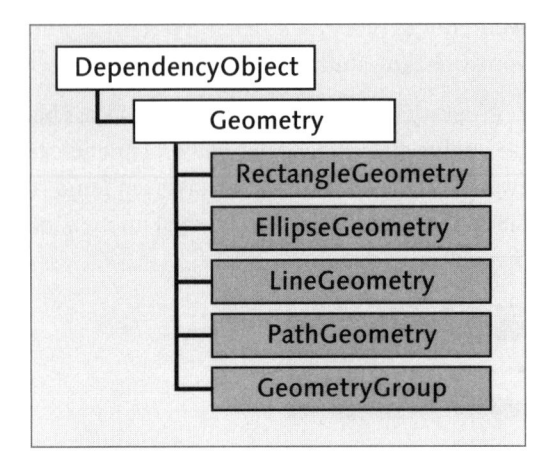

Abbildung 19.18 Die Klassenhierarchie der Geometries

Ein Geometry-Objekt setzen Sie in Kombination mit der Path-Klasse zum Zeichnen ein. Dabei werden die Geometry-Objekte oft mit der GeometryGroup zu einem komplexeren Objekt ausgebaut. Sehen wir uns die Subklassen an.

19.3.1 RectangleGeometry

Die RectangleGeometry-Klasse wird verwendet, um ein Rechteck darzustellen. Über die Rect-Property (Typ: Rect) definieren Sie Position (x,y) und Größe (Breite und Höhe). In Listing 19.13 wird ein Path-Shape erstellt, dessen Data-Property ein RectangleGeometry-Objekt enthält. Beachten Sie, dass das RectangleGeometry-Objekt lediglich die Form beschreibt; die Farbe und die Rahmenlinie kommen vom Path-Objekt.

```
<Path Fill="Red" Stroke="White" StrokeThickness="3">
  <Path.Data>
    <RectangleGeometry Rect="0,0,200,100"/>
  </Path.Data>
</Path>
```

Listing 19.13 K20\15 RectangleGeometry\MainPage.xaml

Abbildung 19.19 zeigt das Path-Shape aus Listing 19.13.

Abbildung 19.19 Das Path-Shape mit einem »RectangleGeometry«-Objekt

> **Tipp**
>
> Ein RectangleGeometry-Objekt können Sie auch für die Clip-Property eines UIElements verwenden, da diese Property vom Typ RectangleGeometry ist. Damit können Sie ein Element »zuschneiden«.

19.3.2 EllipseGeometry

Die Klasse EllipseGeometry definiert eine Ellipse. Über die Property Center (Typ: Point) legen Sie den Mittelpunkt fest. Mit den Properties RadiusX und RadiusY definieren Sie den horizontalen und den vertikalen Radius.

Listing 19.14 enthält ein Path-Element mit einer EllipseGeometry. Der aus der Klasse Geometry geerbten Transform-Property wird ein RotateTransform-Objekt zugewiesen, wodurch die Ellipse um 30 Grad gedreht dargestellt wird, wie Abbildung 19.20 zeigt.

```xaml
<Path Fill="Red" Stroke="White" StrokeThickness="3" Margin="50">
  <Path.Data>
    <EllipseGeometry Center="100,50" RadiusX="100" RadiusY="50">
      <EllipseGeometry.Transform>
        <RotateTransform CenterX="100" CenterY="50" Angle="30"/>
      </EllipseGeometry.Transform>
    </EllipseGeometry>
  </Path.Data>
</Path>
```

Listing 19.14 K20\16 EllipseGeometry\MainPage.xaml

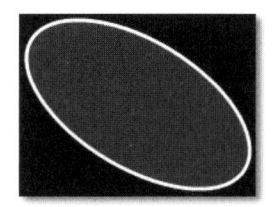

Abbildung 19.20 Eine um 30 Grad rotierte EllipseGeometry

19.3.3 LineGeometry

Mit der Klasse LineGeometry definieren Sie eine Linie. Dazu besitzt sie die beiden Properties StartPoint und EndPoint (beide vom Typ Point). Folgender Ausschnitt erstellt eine Linie vom Punkt 0,0 zum Punkt 200,50:

```
<LineGeometry StartPoint="0,0" EndPoint="200,50"/>
```

Listing 19.15 K20\17 LineGeometry\MainPage.xaml

Um eine Art `Polyline` zu erhalten, gruppieren Sie mehrere `LineGeometry`-Objekte mit der Klasse `GeometryGroup`, die wir uns jetzt ansehen.

19.3.4 GeometryGroup

Wollen Sie ein komplexeres `Geometry`-Objekt bestehend aus einfacheren `Geometry`-Objekten erstellen, verwenden Sie die Klasse `GeometryGroup`. Sie ist selbst vom Typ `Geometry` und hat eine `Children`-Property (Typ: `GeometryCollection`), zu der Sie `Geometry`-Objekte hinzufügen können. Listing 19.16 zeigt ein kleines Beispiel. Die im `Path`-Shape erstellte `GeometryGroup` enthält vier `LineGeometry`- und ein `RectangleGeometry`-Objekt. Abbildung 19.21 zeigt das Ergebnis.

```
<Path Stroke="White" StrokeThickness="3" Margin="20">
  <Path.Data>
    <GeometryGroup>
      <!-- das Dach-->
      <LineGeometry StartPoint="0,100" EndPoint="100,0"/>
      <LineGeometry StartPoint="100,0" EndPoint="200,100"/>

      <!-- das Kreuz-->
      <LineGeometry StartPoint="0,100" EndPoint="200,300"/>
      <LineGeometry StartPoint="200,100" EndPoint="0,300"/>

      <!-- das Haus-->
      <RectangleGeometry Rect="0,100,200,200"/>
    </GeometryGroup>
  </Path.Data>
</Path>
```

Listing 19.16 K20\18 GeometryGroup\MainPage.xaml

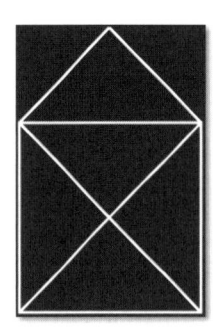

Abbildung 19.21 Eine GeometryGroup mit vier »LineGeometry«- und einem »RectangleGeometry«-Objekt

> **Hinweis**
>
> Die Klasse `GeometryGroup` besitzt noch eine `FillRule`-Property vom Typ der gleichnamigen Aufzählung. Diese enthält die Werte `EvenOdd` und `NonZero`, mit denen Sie den Algorithmus bestimmen, der festlegt, welche Flächen Ihres komplexen Geometrieobjekts gefüllt werden.

19.3.5 PathGeometry

Die Klasse `PathGeometry` ist die komplexeste aller `Geometry`-Klassen. Mit ihr lassen sich komplexe Formen erstellen, die aus Kurven, Linien, Ellipsen, Rechtecken und Bogenlinien bestehen. Ein `PathGeometry`-Objekt besteht dabei aus mehreren `PathFigure`-Objekten, die in der `Figures`-Property gespeichert werden.

Ein `PathFigure`-Objekt besitzt lediglich vier Properties. `IsClosed` legt fest, ob die Figur geschlossen wird. `IsFilled` definiert, ob die `PathFigure` zum Zeichnen, Klicken oder Clipping verwendet wird. Die Property `StartPoint` legt den Anfangspunkt für die Inhalte der Figur fest. Die vierte und wichtigste Property ist die Property `Segments` vom Typ `PathSegmentCollection`. Sie nimmt `PathSegment`-Objekte entgegen, die letztlich die `PathFigure` definieren. Die Klasse `PathSegment` hat keinen öffentlichen Konstruktor, besitzt aber sieben Subklassen:

- `LineSegment` definiert eine einfache Linie.
- `PolyLineSegment` definiert mehrere verbundene Linien.
- `ArcSegment` definiert einen elliptischen Bogen.
- `BezierSegment` definiert eine kubische Bézierkurve (hat zwei Kontrollpunkte).
- `PolyBezierSegment` definiert mehrere verbundene kubische Bézierkurven.
- `QuadraticBezierSegment` definiert eine quadratische Bézierkurve (hat nur einen Kontrollpunkt).
- `PolyQuadraticBezierSegment` definiert mehrere verbundene quadratische Bézierkurven.

Werfen wir einen Blick auf die Subklassen von `PathSegment`.

LineSegment und PolylineSegment

Die `LineSegment`-Klasse enthält lediglich eine `Point`-Property, die den Endpunkt der Linie definiert. Den Startpunkt für das erste `LineSegment` einer `PathFigure` legen Sie durch die `StartPoint`-Property der `PathFigure`-Klasse fest. Das zweite `LineSegment` einer `PathFigure` verwendet als Startpunkt den Endpunkt des ersten `LineSegments` usw.

Mit der Klasse `PolyLineSegment` und ihrer `Points`-Property lassen sich gleich mehrere Punkte angeben, die mit Linien verbunden werden.

ArcSegment

Die `ArcSegment`-Klasse wird verwendet, um einen Bogen zu zeichnen. Dabei setzen Sie auf dem `ArcSegment` die `Point`-Property. Zwischen dem `StartPoint` der `PathFigure` und der `Point`-Property Ihres `ArcSegment`s wird der Bogen gezeichnet. Die Größe des Bogens legen Sie über die `Size`-Property der `ArcSegment`-Klasse fest.

Listing 19.17 enthält ein einfaches `PathGeometry`-Objekt. Beachten Sie, dass der `StartPoint` für das `ArcSegment` auf der `PathFigure` gesetzt ist. Das Ergebnis ist ein kleiner Bogen, der in Abbildung 19.22 dargestellt ist.

```xaml
<Path Stroke="White" StrokeThickness="3" Margin="20">
  <Path.Data>
    <PathGeometry>
      <PathFigure StartPoint="0,0">
        <ArcSegment Point="200,0" Size="150,150"/>
      </PathFigure>
    </PathGeometry>
  </Path.Data>
</Path>
```

Listing 19.17 K20\19 ArcSegment\MainPage.xaml

Abbildung 19.22 Ein mit der Klasse »ArcSegment« erstellter Bogen

Sie finden auf der Klasse `ArcSegment` weitere nützliche Properties. Über `IsLargeArc` bestimmen Sie, ob der dargestellte Bogen größer als 180 Grad ist. Mit der Property `RotationAngle` lässt sich der Bogen auch rotieren. Mit der Property `SweepDirection` legen Sie fest, wie herum der Bogen gezeichnet wird. Mögliche Werte sind `Clockwise` und `Counterclockwise`.

BezierSegment und QuadraticBezierSegment

Mit der Klasse `BezierSegment` erstellen Sie eine Bézierkurve. Sie ist komplexer als die Klasse `QuadraticBezierSegment`, da sie nicht nur einen, sondern zwei Kontrollpunkte besitzt. Kontrollpunkte sind nicht sichtbare Punkte, die zur Beschreibung der Kurve verwendet werden. Die Klasse `BezierSegment` definiert selbst lediglich drei Properties: `Point1`, `Point2` und `Point3`. Während `Point3` den Endpunkt der Kurve bestimmt, enthalten `Point1` und `Point2` die Kontrollpunkte.

19.3 Geometries

> **Hinweis**
>
> Die Klasse QuadraticBezierSegment definiert nur die Properties Point1 und Point2. Dort ist Point2 das Ende der Linie, Point1 der Kontrollpunkt. Die Bezeichnung der Bézierkurve ist übrigens auf ihren Erfinder **Pierre Bézier** zurückzuführen, der sie Anfang der 1960er Jahre entwickelte.

In Listing 19.18 wird ein PathGeometry-Objekt mit zwei PathFigure-Objekten und je einem BezierSegment erstellt. Die beiden BezierSegment-Elemente sind fast identisch, lediglich die y-Koordinaten sind angepasst (Point3-Property) und die x-Werte der beiden Kontrollpunkte ausgetauscht (Properties Point1 und Point2). Folglich macht das zweite BezierSegment eine Schlaufe. In Abbildung 19.23 sind die beiden Kontrollpunkte je BezierSegment eingezeichnet. Die ausgefüllten Kontrollpunkte gehören dabei zur oberen Kurve, die Punkte ohne Füllung zur unteren.

```xml
<Path Stroke="White" StrokeThickness="3" Margin="20">
  <Path.Data>
    <PathGeometry>
      <PathFigure StartPoint="50,0">
        <BezierSegment Point1="0,50" Point2="200,50"
          Point3="150,0"/>
      </PathFigure>
      <PathFigure StartPoint="50,60">
        <BezierSegment Point1="200,110" Point2="0,110"
          Point3="150,60"/>
      </PathFigure>
    </PathGeometry>
  </Path.Data>
</Path>
```

Listing 19.18 K20\20 BezierSegment\MainPage.xaml

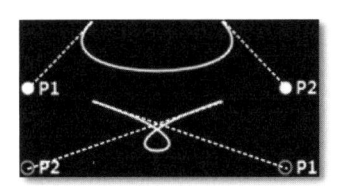

Abbildung 19.23 Zwei Bézierkurven mit ihren beiden Kontrollpunkten

PolyBezierSegment und PolyQuadraticBezierSegment

Die PolyBezierSegment-Klasse besitzt nur eine Points-Property vom Typ PointCollection. Für je drei angegebene Point-Objekte wird eine Bézierkurve erstellt. Dabei definieren die ersten beiden Point-Objekte die Kontrollpunkte und der dritte den Endpunkt und gleichzeitig den Startpunkt für die nächste Bézierkurve.

In Listing 19.19 wird ein PolyBezierSegment definiert, das aus zwei Bézierkurven besteht. Das Ergebnis sehen Sie in Abbildung 19.24.

```xaml
<Path Stroke="White" StrokeThickness="3" Margin="50">
  <Path.Data>
    <PathGeometry>
      <PathFigure StartPoint="0,0">
        <PolyBezierSegment Points="200,50 0,50 100,0
                                   220,-50 50,-50 200,0"/>
      </PathFigure>
    </PathGeometry>
  </Path.Data>
</Path>
```

Listing 19.19 K20\21 PolyBezierSegment\MainPage.xaml

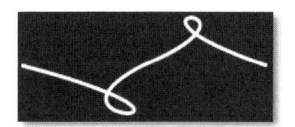

Abbildung 19.24 Zwei mit dem PolyBezierSegment verbundene Bézierkurven

Die Klasse PolyQuadraticBezierSegment besitzt wie auch die Klasse PolyBezierSegment eine Points-Property. Sie erstellt allerdings nicht für jeweils drei, sondern für jeweils zwei Point-Objekte eine quadratische Bézierkurve, da diese ja nur einen Kontrollpunkt hat. Mit den zwei Point-Objekten geben Sie folglich Kontroll- und Endpunkt an. Auch hier bildet der Endpunkt gleichzeitig den Startpunkt für die nächste Kurve.

> **Tipp**
> Wie die Klasse GeometryGroup und übrigens auch die Shapes Polyline und Polygon definiert die Klasse PathGeometry eine FillRule-Property, mit der Sie den Algorithmus setzen, der bestimmt, welche Flächen in Ihrer Grafik gefüllt sind.

19.3.6 Die Path-Markup-Syntax

Da bei komplexen PathGeometry-Objekten der XAML-Code extrem aufgebläht wird, gibt es eine abgekürzte Schreibweise, die als *Path-Markup-Syntax* bezeichnet wird. Diese Syntax erlaubt es, ein Geometry-Objekt mittels Attribut-Syntax zu erstellen.

Listing 19.20 zeigt ein Beispiel. Mit der Path-Markup-Syntax wird eine einfache Bézierkurve erstellt. Mit `M 50,0` wird der Startpunkt angegeben. Mit `C 0,50 200,50 150,0` wird die Bézierkurve mit den zwei Kontrollpunkten und dem Endpunkt (150,0) definiert. Das Ergebnis sehen Sie in Abbildung 19.25.

```
<Path Stroke="White" StrokeThickness="3"
  Data="M 50,0 C 0,50 200,50 150,0" Margin="20"/>
```

Listing 19.20 K20\22 PathMarkupSyntaxBezier\MainPage.xaml

Abbildung 19.25 Eine mit der Path-Markup-Syntax erstellte Bézierkurve

Es gibt mehrere Befehle für die Path-Markup-Syntax, Tabelle 19.2 zeigt eine Übersicht der wichtigsten.

Befehl	Beschreibung
M x,y	Erstellt eine PathFigure und bewegt die Position an den Punkt x,y. Das M steht für »move« (»bewegen«). Dieser Befehl muss der erste Befehl sein.
Fn	Legt die FillRule fest, die verwendet wird: F0 für EventOdd und F1 für NonZero.
Z	Definiert das Ende einer PathFigure und setzt die IsClosed-Property auf true. Um eine PathFigure nicht zu schließen, lassen Sie das Z einfach weg, die PathFigure bleibt dann offen. Sie können in diesem Fall mit M eine neue PathFigure beginnen oder den String mit der Path-Markup-Syntax abschliessen.
L x,y	Definiert ein LineSegment zum Punkt x,y
A sx,sy g f1 f2 x,y	Definiert ein ArcSegment zum Punkt x,y. sx und sy definieren die Radiuswerte für die Size-Property. g enthält den Rotationswinkel in Grad. f1 und f2 ersetzen Sie durch 0 (false) oder 1 (true). f1 definiert den Wert für die Property IsLargeArc, f2 für die Property Clockwise.
C x1,y1 x2,y2 x3,y3	Erstellt ein BezierSegment zum Punkt x3,y3. Dazu werden die Kontrollpunkte x1,y1 und x2,y2 verwendet.

Tabelle 19.2 Die Befehle der Path-Markup-Syntax

Befehl	Beschreibung
Q x1,y1 x2,y2	Erstellt ein QuadraticBezierSegment zum Punkt x2,y2 mit dem Kontrollpunkt x1,y1.
H x	Zieht eine horizontale Linie zum Wert x. Die Y-Koordinate wird von der aktuellen Position genommen.
V y	Zieht eine vertikale Linie zum Wert y. Die X-Koordinate wird von der aktuellen Position genommen.

Tabelle 19.2 Die Befehle der Path-Markup-Syntax (Forts.)

> **Hinweis**
>
> Wenn Sie die Befehle wie in Tabelle 19.2 großschreiben, werden die angegebenen Koordinaten als absolute Koordinaten interpretiert. Schreiben Sie die Befehle klein, damit die angegebenen Koordinaten als relative Koordinaten zur aktuellen Position interpretiert werden. Für die Befehle M und Z hat dies allerdings keine Auswirkung, sie arbeiten immer mit absoluten Koordinaten.

Listing 19.21 erstellt ein einfaches Rechteck, das in Abbildung 19.26 dargestellt ist. Begonnen wird bei 0,0, horizontale Linie zu 100,0, vertikale Linie zu 100,50, horizontale Linie zurück zu 0,50, und mit Z wird die Figur geschlossen.

```
<Path Stroke="White" StrokeThickness="3" Fill="Red"
  Data="M 0,0 H 100 V 50 H 0 Z" Margin="20"/>
```

Listing 19.21 K20\23 PathMarkupSyntaxRect\MainPage.xaml

Abbildung 19.26 Ein mit der Path-Markup-Syntax erstelltes Rectangle

> **Hinweis**
>
> Bei der Path-Markup-Syntax können die Leerzeichen zwischen einem Befehl und einem Wert entfallen. Während in Listing 19.21 beispielsweise zwischen M und 0,0 ein Leerzeichen steht, funktioniert auch folgende Variante ohne Leerzeichen:
>
> ```
> <Path Stroke="White" StrokeThickness="3" Fill="Red"
>   Data="M0,0 H100 V50 H0 Z" Margin="20"/>
> ```

19.4 Bitmaps

In der WinRT finden Sie einige Klassen, die als Bildquelle für ein Image-Element dienen. Ebenso enthält die WinRT Klassen, mit denen Sie auf Bitmaps diverse Operationen durchführen können, wie beispielsweise eine Rotation oder das Verändern einzelner Pixel. Wie das geht, lesen Sie jetzt.

19.4.1 Bildquellen

Sowohl die Source-Property der Klasse Image als auch die ImageSource-Property der Klasse ImageBrush sind vom Typ ImageSource. Die Klasse ImageSource (Namespace: Windows.UI.Xaml.Media) definiert allerdings keinen öffentlichen Konstruktor. Von ihr leiten die Klassen BitmapSource und SurfaceImageSource ab – beide aus dem Namespace System.Windows.Media.Imaging. Beide Klassen haben weitere Subklassen, wie die Klassenhierarchie in Abbildung 19.27 zeigt.

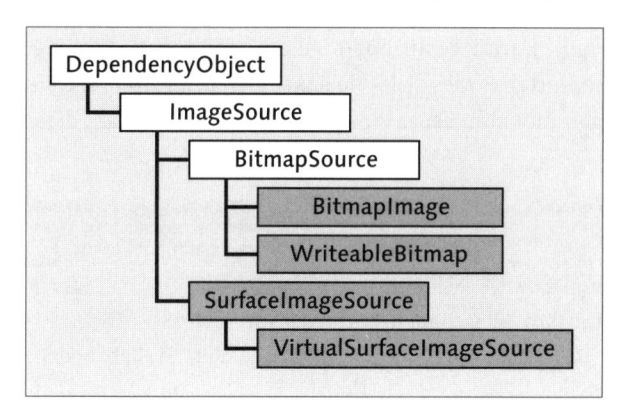

Abbildung 19.27 Die Klassenhierarchie der »ImageSources« (Bildquellen)

Im Folgenden schauen wir uns die Subklassen von ImageSource an.

Die BitmapSource

Die Klasse BitmapSource enthält keinen öffentlichen Konstruktor. Sie nutzen somit immer die Subklassen BitmapImage oder WriteableBitmap. Doch die Klasse BitmapSource definiert ein paar öffentliche Mitglieder, die Sie somit in den Subklassen wiederfinden.

Mit der SetSource-Methode setzen Sie die Quelle einer BitmapSource. Die Methode verlangt einen IRandomAccessStream. Es existiert auch eine asynchrone Variante namens SetSourceAsync. Nachfolgend die Signaturen der beiden öffentlichen Methoden:

```
void SetSource(IRandomAccessStream streamSource)
IAsyncAction SetSourceAsync(IRandomAccessStream streamSource)
```

Über die ebenfalls in der Klasse `BitmapSource` definierten Readonly-Properties `PixelWidth` und `PixelHeight` erhalten Sie die Breite und Höhe des Bitmaps in Pixeln.

Das BitmapImage

Die Klasse `BitmapImage` wird verwendet, um ein Bild anzuzeigen. Um die Quelle einer `BitmapImage`-Instanz zu setzen, haben Sie zwei Möglichkeiten:

- Sie nutzen die `SetSource`-Methode aus der Basisklasse mit einem `IRandomAccessStream`.
- Sie setzen die `UriSource`-Property auf einen `Uri`, der auf ein Bild zeigt.

Für die zweite Möglichkeit können Sie auch die Konstruktor-Überladung der `BitmapImage`-Klasse nutzen, die einen `Uri` entgegennimmt:

```
public BitmapImage(Uri uriSource)
```

Neben der `UriSource`-Property enthält die `BitmapImage`-Klasse die Properties `DecodePixelWidth` und `DecodePixelHeight`. Damit bestimmen Sie die Breite und Höhe des von der `BitmapImage`-Klasse dekodierten Bildes. Falls Sie das Bild in Ihrer App im UI in einer bestimmten Größe anzeigen möchten, ist es empfehlenswert, das Bild auf diese Größe zu dekodieren.

> **Hinweis**
>
> Sie sollten beim Setzen der Properties `DecodePixelWidth` und `DecodePixelHeight` auch die Skalierung Ihrer App beachten. Diese finden Sie mit der statischen `ResolutionScale`-Property der Klasse `DisplayProperties` heraus. Mehr zu den Skalierungen lesen Sie in Kapitel 10, »Ressourcen«.

In der `BitmapImage`-Klasse finden Sie die drei Events `DownloadProgress`, `ImageFailed` und `ImageOpened`. Mit `DownloadProgress` können Sie den Download-Fortschritt beobachten, wenn Sie die `UriSource`-Property auf eine Webadresse setzen. Das `ImageFailed`-Event teilt Ihnen mit, falls das Bild nicht heruntergeladen werden konnte oder ein fehlerhaftes Format vorliegt.

> **Achtung**
>
> Es wird bei einem ungültigen `Uri` oder einem fehlerhaften Format keine Exception geworfen. Einen Fehler bekommen Sie nur mit, wenn Sie einen Event Handler für das `ImageFailed`-Event erstellen. Es ist in produktiven Apps somit immer empfehlenswert, dieses Event zu nutzen.
>
> Sie finden das `ImageFailed`-Event übrigens auch auf dem `Image`-Element.

19.4 Bitmaps

Das `ImageOpened`-Event tritt auf, wenn das Bild erfolgreich heruntergeladen und dekodiert werden konnte.

Schauen wir uns ein kleines Beispiel an, das den Ladefortschritt anzeigt. Dazu erstellen wir in XAML einen `Button`, eine `ProgressBar` und ein `Image`-Element:

```
<Grid ...> ...
  <Button Content="Bild öffnen" Click="Button_Click" .../>
  <ProgressBar x:Name="progressBar" .../>
  <Image x:Name="image" Width="300" .../>
</Grid>
```

Listing 19.22 K20\24 BitmapImageProgress\MainPage.xaml

In der Codebehind-Datei in Listing 19.23 wird im `Click`-Event-Handler ein neues `BitmapImage` erstellt. Die `DecodePixelWidth`-Property wird auf den Wert 300 gesetzt, da das `Image`-Element in Listing 19.22 auch eine Breite von 300 hat. Setzen Sie diese Property nicht, erscheint das geladene Bild in der Oberfläche etwas pixelig, da es dynamisch heruntergerechnet werden muss. Verkleinern Sie es dagegen gleich, indem Sie die `DecodePixelWidth`-Property setzen, bleibt es gestochen scharf.

> **Hinweis**
>
> Beachten Sie, dass in diesem Beispiel zur Einfachheit der Darstellung die verschiedenen Skalierungen einer Windows Store App nicht berücksichtigt werden. Falls Ihre App beispielsweise mit 140 % skaliert wird, würden Sie die `DecodePixelWidth`-Property statt auf 300 auf 420 setzen. Wie bereits erwähnt, lesen Sie in Kapitel 10, »Ressourcen«, mehr zu den Skalierungen.

Auf dem `BitmapImage` werden in Listing 19.23 Event Handler für die Events `DownloadProgress` und `ImageFailed` installiert, bevor die `UriSource`-Property auf eine Webadresse mit einem großen Bild gesetzt wird. Am Ende wird das `BitmapImage` der `Source`-Property des `Image`-Elements zugewiesen.

Im Event Handler für das `DownloadProgress`-Event der `BitmapImage`-Instanz erhalten Sie über die `Progress`-Property der `DownloadProgressEventArgs` den Fortschritt. Dieser wird in Listing 19.23 direkt für die `Value`-Property der in XAML definierten `ProgressBar` genutzt. Im Event Handler für das `ImageFailed`-Event wird dem Benutzer ein `MessageDialog` mit einem eventuell aufgetretenen Fehler angezeigt.

```
public sealed partial class MainPage : Page
{ ...
  private void Button_Click(object sender, RoutedEventArgs e)
  {
    var bi = new BitmapImage();
```

```csharp
      bi.DecodePixelWidth = 300;
      bi.DownloadProgress += bi_DownloadProgress;
      bi.ImageFailed += bi_ImageFailed;
      bi.UriSource =
        new Uri("http://www.thomasclaudiushuber.com/largePic.jpg");
      image.Source = bi;
    }
    private void bi_DownloadProgress(object sender,
      DownloadProgressEventArgs e)
    {
      progressBar.Value = e.Progress;
    }
    private async void bi_ImageFailed(object sender,
      ExceptionRoutedEventArgs e)
    {
      await new MessageDialog(e.ErrorMessage).ShowAsync();
    }
}
```

Listing 19.23 K20\24 BitmapImageProgress\MainPage.xaml.cs

Abbildung 19.28 zeigt die App. Während des Downloadvorgangs zeigt die `ProgressBar` den Fortschritt an. Ist sie gefüllt, wird das geladene Bild angezeigt.

Abbildung 19.28 Die »ProgressBar« zeigt den Downloadfortschritt an.

Anstatt die `UriSource`-Property zu nutzen, können Sie ein `BitmapImage` natürlich auch über die von `BitmapSource` geerbte Methoden `SetSource` befüllen. Listing 19.24 zeigt ein typisches Beispiel. Mit dem `FileOpenPicker` wird eine Bilddatei ausgewählt. Der erhaltene `IRandomAccessStream` wird der `SetSource`-Methode des `BitmapImage` übergeben.

```
private async void ButtonOpenImage_Click(object sender, ...)
{
  var picker = new FileOpenPicker { ... };
  picker.FileTypeFilter.Add(".jpg");
  StorageFile storageFile = await picker.PickSingleFileAsync();
  using (IRandomAccessStream stream =
    await storageFile.OpenAsync(FileAccessMode.Read))
  {
    var bi = new BitmapImage();
    bi.SetSource(stream);
    image.Source = bi;
  }
}
```

Listing 19.24 K20\25 BitmapImageSetSource\MainPage.xaml.cs

Falls Sie Ihre Daten vom Web laden oder aus einer bestimmten Struktur deserialisieren, erhalten Sie üblicherweise ein byte-Array (byte[]). Mit einem DataWriter können Sie es in einen InMemoryRandomAccessStream abfüllen. Der Stream lässt sich dann wiederum wie in Listing 19.25 gezeigt mit der SetSource-Methode der BitmapImage-Klasse verwenden.

```
private async void ButtonOpenByteArray_Click(object sender, ...)
{
  byte[] byteArray = await GetImageAsByteArrayAsync();

  var ms = new InMemoryRandomAccessStream();
  using (var writer = new DataWriter(ms.GetOutputStreamAt(0)))
  {
    writer.WriteBytes(byteArray);
    await writer.StoreAsync();
  }
  ms.Seek(0);

  var bi = new BitmapImage();
  bi.SetSource(ms);
  image.Source = bi;
}
```

Listing 19.25 K20\25 BitmapImageSetSource\MainPage.xaml.cs

Das WriteableBitmap

Neben BitmapImage erbt auch die Klasse WriteableBitmap von BitmapSource. Mit ihr können Sie ein Bild dynamisch schreiben. Dabei erzeugen Sie Pixel für Pixel.

> **Hinweis**
>
> Die aus der WPF/Silverlight bekannte Möglichkeit, direkt ein UIElement in das WriteableBitmap zu schreiben, gibt es in der WinRT in der jetzigen Version noch nicht.

Die WriteableBitmap-Klasse hat lediglich drei Mitglieder: Einen Konstruktor, der die Breite und Höhe in Pixeln entgegennimmt, eine PixelBuffer-Property mit den Pixeldaten und eine Invalidate-Methode, die ein Neuzeichnen des Bitmaps forciert.

Die PixelBuffer-Property ist vom Typ IBuffer. Betrachten Sie das Interface, sehen Sie lediglich die beiden Properties Capacity und Length. Um an die darin enthaltenen Pixeldaten zu kommen, fügen Sie zu Ihrer Klasse eine using-Directive für den Namespace System.Runtime.InteropServices.WindowsRuntime hinzu. Dieser enthält die Klasse WindowsRuntimeBufferExtensions, die ein paar Extension-Methoden enthält, um an die Daten im IBuffer-Objekt zu kommen. Mit ToArray erhalten Sie ein byte[], mit ToStream einen Stream. Auch die umgekehrte Variante ist enthalten. So können Sie auf einem byte[] die AsBuffer-Methode aufrufen, um das byte[] in einen IBuffer umzuwandeln.

Ein byte[] aus dem Puffer oder für den Puffer enthält immer Folgen von vier Bytes in der Reihenfolge Blau, Grün, Rot, Alpha. Werfen wir einen Blick auf ein Beispiel.

In Listing 19.26 wird zu Beginn ein byte[] namens pixelData erstellt. In einer for-Schleife wird immer das jeweilige byte für den Rot-Wert angepasst. Beachten Sie, dass dabei die erwähnte Reihenfolge von Blau, Grün, Rot und Alpha berücksichtigt wird. Im zweiten Schritt wird ein WriteableBitmap erstellt. Auf der PixelBuffer-Property wird die Extension-Methode AsStream verwendet, um mit einem Stream in den Puffer zu schreiben. Dazu wird das pixelData-Array an die Write-Methode übergeben und auf diese Weise in den Puffer geschrieben. Anschließend wird auf dem jetzt gefüllten WriteableBitmap die Invalidate-Methode zum Neuzeichnen aufgerufen, bevor es der Source-Property des Image-Elements zugewiesen wird.

```
protected override void OnNavigatedTo(NavigationEventArgs e)
{
  // 1. Pixeldaten generieren - Grösse 255*255 und je Pixel
  // vier Werte - daher mal 4 -in der Reihenfolge blau, grün,
  // rot, alpha
  byte[] pixelData = new byte[4 * 255 * 255];

  for (int i = 0; i < pixelData.Length; i++)
  {
    if ((i + 1) % 4 == 0)
    {
      pixelData[i] = 255;     // alpha
```

```
      pixelData[i - 1] = (byte)((i / 4) % 255); // rot
      pixelData[i - 2] = 0;    // grün
      pixelData[i - 3] = 0;    // blau
    }
  }
  // 2. Die Pixeldaten in ein WriteableBitmap schreiben.
  var writeableBitmap = new WriteableBitmap(255, 255);
  using (Stream bufferStream =
    writeableBitmap.PixelBuffer.AsStream())
  {
    bufferStream.Seek(0, SeekOrigin.Begin);
    bufferStream.Write(pixelData, 0, (int)bufferStream.Length);
  }
  // 3. Ein Neuzeichnen des WriteableBitmap forcieren.
  writeableBitmap.Invalidate();

  // 4. Das WriteableBitmap dem Image zuweisen.
  image.Source = writeableBitmap;
}
```

Listing 19.26 K20\26 DasWriteableBitmap\MainPage.xaml.cs

Abbildung 19.29 zeigt das in Listing 19.26 erstellte Bild.

Abbildung 19.29 Das mit dem WriteableBitmap erstellte Bild

Da die Klasse WriteableBitmap auch von der BitmapSource erbt und somit natürlich auch eine SetSource-Methode besitzt, können Sie eine WriteableBitmap-Instanz auch mit einem gewöhnlichen Bild befüllen, was Listing 19.27 zeigt. Dabei wird das Bild *thomas.jpg* aus den App-Ressourcen geladen und mit der SetSource-Methode in ein WriteableBitmap geschrieben.

> **Achtung**
> Beachten Sie, dass in Listing 19.27 die Breite und Höhe des `WriteableBitmaps` hartkodiert sind. Falls Sie unterschiedliche Bilder laden, sollten Sie zuerst die Größe des jeweiligen Bildes ermitteln. Dazu können Sie die im nächsten Abschnitt beschriebene `BitmapDecoder`-Klasse verwenden. Sehen Sie sich das Beispiel *K20\27 WritableBitmapBildEinfügen* auf der Buch-DVD an, finden Sie eine auskommentierte Alternative, die das Vorgehen mit der `BitmapDecoder`-Klasse zeigt.

```
protected async override void OnNavigatedTo(...)
{
  var imageUri = new Uri("ms-appx:///thomas.jpg");
  WriteableBitmap writeableBitmap =
    await GetWriteableBitmapFromImageAsync(imageUri);
  image.Source = writeableBitmap;
}
private async Task<WriteableBitmap>
  GetWriteableBitmapFromImageAsync(Uri imageUri)
{
  var storageFile =
    await StorageFile.GetFileFromApplicationUriAsync(imageUri);
  var stream = await storageFile.OpenAsync(FileAccessMode.Read);
  var writeableBitmap = new WriteableBitmap(300, 342);
  writeableBitmap.SetSource(stream);
  return writeableBitmap;
}
```

Listing 19.27 K20\27 WritableBitmapBildEinfügen\MainPage.xaml.cs

Listing 19.28 zeigt einen `Click`-Event-Handler desselben Projekts. Darin werden die Pixeldaten des `WriteableBitmaps` ausgelesen. Beachten Sie, dass dazu die Extension-Methode `ToArray` zum Einsatz kommt. In einer `for`-Schleife werden die Daten durchlaufen. Für die Rot-, Grün- und Blau-Werte wird der Durchschnitt ermittelt und anschließend wieder im Array gespeichert. Dadurch ergibt sich eine Schwarzweiß-Darstellung. Am Ende werden die neuen Pixeldaten in das `WriteableBitmap` geschrieben, und auf dem `WriteableBitmap` wird die `Invalidate`-Methode aufgerufen. Das im UI enthaltene `Image`-Element zeigt das ursprünglich farbige Foto jetzt schwarzweiß an.

```
private void ButtonBlackWhite_Click(object sender, ...)
{
  WriteableBitmap writeableBitmap = image.Source
    as WriteableBitmap;
  byte[] pixelData = writeableBitmap.PixelBuffer.ToArray();
```

```csharp
for (int i = 0; i < pixelData.Length; i++)
{
  if ((i + 1) % 4 == 0)
  {
    // 1. die Alpha-/Rot-/Grün-/Blau-Werte auslesen
    //    (Alpha nur als Beispiel, wird unten nicht benötigt)
    byte aplha = pixelData[i];
    byte red = pixelData[i - 1];
    byte green = pixelData[i - 2];
    byte blue = pixelData[i - 3];

    // 2. Den Durchschnitt von Rot/Grün/Blau berechnen
    //    und für die Pixeldaten Rot/Grün/Blau verwenden.
    //    Dadurch ergibt sich eine Schwarzweiß-Darstellung.
    byte average = (byte)((red + green + blue) / 3);
    pixelData[i - 1] = average; // Rot
    pixelData[i - 2] = average; // Grün
    pixelData[i - 3] = average; // Blau
  }
}

// 3. Die neuen Pixeldaten ins WriteableBitmap schreiben.
using (Stream bufferStream =
  writeableBitmap.PixelBuffer.AsStream())
{
  bufferStream.Seek(0, SeekOrigin.Begin);
  bufferStream.Write(pixelData, 0, (int)bufferStream.Length);
}

// 4. Ein Neuzeichnen des WriteableBitmap forcieren
writeableBitmap.Invalidate();
}
```

Listing 19.28 K20\27 WritableBitmapBildEinfügen\MainPage.xaml.cs

SurfaceImageSource und VirtualSurfaceImageSource

Von `ImageSource` leitet auch die Klasse `SurfaceImageSource` und davon wiederum die Klasse `VirtualSurfaceImageSource` ab. Mit diesen beiden Klassen können Sie DirectX-Inhalte als Quelle für ein `Image`-Element oder für einen `ImageBrush` verwenden.

19.4.2 Bitmap-Operationen

Neben den `ImageSource`-Klassen, die lediglich unterschiedliche Quellen zu einem Bitmap darstellen, gibt es im Namespace `Windows.Graphics.Imaging` Klassen, um

Bitmaps in bestimmten Formaten zu laden und zu schreiben. Dabei lassen sich auch die einzelnen Pixel bearbeiten, transformieren etc. Es sind Ihnen keine Grenzen gesetzt.

Bitmaps laden

Zum Laden verwenden Sie die Klasse `BitmapDecoder`. Der statischen `CreateAsync`-Methode übergeben Sie einen `IRandomAccessStream`, um eine `BitmapDecoder`-Instanz zu erhalten. Eine weitere Überladung nimmt eine `Guid` für das Format entgegen. Diese `Guid` finden Sie in statischen Properties der `BitmapDecoder`-Klasse: `BmpDecoderId`, `GifDecoderId`, `IcoDecoderId`, `JpegDecoderId`, `JpegXRDecoderId`, `PngDecoderId` und `TiffDecoderId`. Die Properties `PixelWidth` und `PixelHeight` informieren Sie über die Größe des geladenen Bildes.

Rufen Sie auf Ihrer `BitmapDecoder`-Instanz die `GetPixelDataAsync`-Methode auf, um eine `PixelDataProvider`-Instanz zu erhalten. Diese besitzt lediglich die Methode `DetachPixelData`, die die Pixeldaten in Form eines `byte[]` zurückgibt. Wie auch beim `WriteableBitmap` liegen diese Daten in Vierer-Blöcken in der Reihenfolge Blau, Grün, Rot, Alpha vor.

Listing 19.29 zeigt die asynchrone Methode `GetImagePixelDataAsync`, die zu einem via `Uri` angegebenen Bild die Pixeldaten in Form eines `byte[]` zurückgibt. Dazu wird intern eine `BitmapDecoder`-Instanz erstellt. Auf dieser Instanz wird die `GetPixelDataAsync`-Methode aufgerufen und auf dem so erhaltenen `PixelDataProvider` die `DetachPixelData`-Methode. Das so erhaltene `byte[]` wird aus der Methode zurückgegeben.

```
private async Task<byte[]> GetImagePixelDataAsync(Uri imageUri)
{
  var storageFile =
    await StorageFile.GetFileFromApplicationUriAsync(imageUri);
  var stream = await storageFile.OpenAsync(FileAccessMode.Read);
  var decoder = await BitmapDecoder.CreateAsync(stream);
  var transform = new BitmapTransform();
  var pixelDataProvider = await decoder.GetPixelDataAsync();
  byte[] pixelData = pixelDataProvider.DetachPixelData();
  return pixelData;
}
```

Listing 19.29 K20\28 BitmapOperationen\MainPage.xaml.cs

Bitmaps speichern

Zum Speichern von Bitmaps verwenden Sie die Klasse `BitmapEncoder`. Der statischen `CreateAsync`-Methode übergeben Sie eine `Guid` für das Format und einen

`IRandomAccessStream`, in den geschrieben werden soll. Die `Guid` finden Sie in statischen Properties der `BitmapEncoder`-Klasse: `BmpEncoderId`, `GifEncoderId`, `JpegEncoderId`, `JpegXREncoderId`, `PngEncoderId` und `TiffEncoderId`.

In der `BitmapEncoder`-Instanz finden Sie zahlreiche Properties. Die Property `BitmapTransform` enthält ein `BitmapTransform`-Objekt. Dieses besitzt verschiedene Properties, um Ihr Bild zu transformieren. Beispielsweise rotieren Sie das Bild mit der `Rotation`-Property, der Sie einen Wert der `BitmapRotation`-Aufzählung zuweisen: `None`, `Clockwise90Degrees`, `Clockwise180Degrees` oder `Clockwise270Degrees`.

Mit der `SetPixelData`-Methode setzen Sie die Pixeldaten (`byte[]`) für das zu speichernde Bild. Dabei müssen Sie neben den Pixeldaten das Pixelformat (`BitmapPixelFormat`-Aufzählung), den Alpha-Modus (`BitmapAlphaMode`-Aufzählung), die Breite, die Höhe und die DPI-Werte übergeben. Die Methoden-Signatur sieht aus wie folgt:

```
void SetPixelData(BitmapPixelFormat pixelFormat,
  BitmapAlphaMode alphaMode, uint width, uint height,
  double dpiX, double dpiY, byte[] pixels)
```

Haben Sie die `SetPixelData`-Methode aufgerufen, stellen Sie mit der `FlushAsync`-Methode sicher, dass alle Daten in den Stream geschrieben wurden. Zeit für ein kleines Beispiel.

Listing 19.30 zeigt die `SaveThomasRotated`-Methode. Sie nimmt als Parameter einen Wert der `BitmapRotation`-Aufzählung entgegen. Zuerst werden mit der in Listing 19.29 betrachteten `GetImagePixelDataAsync`-Methode die Pixeldaten für das in der App enthaltene Bild *thomas.jpg* geladen. Mit einem `FileSavePicker` wird eine *.jpg*-Datei erstellt und mit einem `BitmapEncoder` in den erhaltenen Stream geschrieben. Beachten Sie, wie zum Erstellen der `BitmapEncoder`-Instanz die `CreateAsync`-Methode mit der entsprechenden `Guid` für JPEG-Bilder erstellt wird (`JpegEncoderId`). Anschließend wird die `Rotation`-Property der `BitmapTransform`-Instanz auf den in der Methode `SaveThomasRotated` als Parameter erhaltenen Wert gesetzt. Mit der `SetPixelData`-Methode wird das Bild mit einer Größe von 300 × 342 Pixeln gespeichert.

```
private async Task SaveThomasRotated(BitmapRotation rotation)
{
  var imageUri = new Uri("ms-appx:///thomas.jpg");
  byte[] pixelData = await GetImagePixelDataAsync(imageUri);
  var picker = new FileSavePicker
  {
    CommitButtonText = "Bild speichern",
    DefaultFileExtension = ".jpg",
    SuggestedFileName = "thomas" + rotation + ".jpg"
  };

  picker.FileTypeChoices.Add("Jpg-Datei",
```

```
      new List<string> { ".jpg" });
    StorageFile file = await picker.PickSaveFileAsync();
    if (file == null) return;
    using (var stream =
      await file.OpenAsync(FileAccessMode.ReadWrite))
    {
      BitmapEncoder encoder =
        await BitmapEncoder.CreateAsync(
          BitmapEncoder.JpegEncoderId, stream);
      encoder.BitmapTransform.Rotation = rotation;
      encoder.SetPixelData(BitmapPixelFormat.Bgra8,
        BitmapAlphaMode.Ignore, 300, 342, 96, 96, pixelData);
      await encoder.FlushAsync();
      await stream.FlushAsync();
    }
  }
```

Listing 19.30 K20\28 BitmapOperationen\MainPage.xaml.cs

Die Methode aus Listing 19.30 lässt sich jetzt beispielsweise wie folgt nutzen, um ein um 180° gedrehtes Bild zu speichern:

```
private async void Button180_Click(object sender, ...)
{
  await SaveThomasRotated(BitmapRotation.Clockwise180Degrees);
}
```

Listing 19.31 K20\28 BitmapOperationen\MainPage.xaml.cs

Anstatt ein Bild wie in Listing 19.30 zu drehen, können Sie natürlich auch die Pixeldaten beliebig anpassen. Listing 19.32 zeigt eine Variante. Dabei werden die Werte der geladenen Pixeldaten für Grün und Blau immer auf null gesetzt. Das Bild hat somit beim Speichern mit der BitmapEncoder-Instanz nur noch Rottöne.

```
private async void ButtonRot_Click(object sender, ...)
{
  var imageUri = new Uri("ms-appx:///thomas.jpg");
  byte[] pixelData = await GetImagePixelDataAsync(imageUri);
  for (int i = 0; i < pixelData.Length; i++)

  {
    if ((i + 1) % 4 == 0)
    {
      // Die grünen und blauen Pixeldaten auf 0 setzen,
      // und nur den Alpha- und Rot-Wert behalten.
      // pixelData[i]      // alpha
```

```
      // pixelData[i - 1]    // rot
      pixelData[i - 2] = 0; // grün
      pixelData[i - 3] = 0; // blau
   }
} // 3. Die PixelDaten mit dem BitmapEncoder speichern
var picker = new FileSavePicker { ... };
picker.FileTypeChoices.Add("Jpg-Datei",
   new List<string>{".jpg"});
StorageFile file = await picker.PickSaveFileAsync();
if (file == null) return;

using (var stream =
   await file.OpenAsync(FileAccessMode.ReadWrite))

{
   BitmapEncoder encoder =
      await BitmapEncoder.CreateAsync(
         BitmapEncoder.JpegEncoderId, stream);
   encoder.SetPixelData(BitmapPixelFormat.Bgra8,
      BitmapAlphaMode.Ignore, 300, 342, 96, 96, pixelData);
   await encoder.FlushAsync();
   await stream.FlushAsync();
   }
}
```

Listing 19.32 K20\28 BitmapOperationen\MainPage.xaml.cs

Abbildung 19.30 zeigt links das Originalbild. In der Mitte sehen Sie das mit dem BitmapEncoder um 180° gedrehte Bild, rechts das Bild mit den Rottönen.

Abbildung 19.30 Mit dem »BitmapEncoder« veränderte Bilder

19.5 2D-Grafik in FriendStorage

Auch FriendStorage setzt einige der in diesem Kapitel betrachteten Klassen ein. In diesem Abschnitt schauen wir uns zwei Details an: Das Line-Shape und das Bitmap-Image in FriendStorage.

19.5.1 Das Line-Shape

FriendStorage nutzt das Line-Shape in der AppBar der FriendGroupDetailPage. Es dient dort dazu, den Button zum Erstellen eines neuen Freundes visuell von den beiden Buttons zum Löschen und Bearbeiten einer Gruppe zu trennen. Listing 19.33 zeigt die AppBar der FriendGroupDetailPage. Beachten Sie das Line-Element.

```xml
<Page.BottomAppBar>
  <AppBar>
    <Grid>
      ...
      <StackPanel ...>
        <Button Click="ButtonNewFriendClick"
          x:Name="btnNewFriend" ...>
        </Button>
        <Line Y1="60" Margin="0,10,0,0"
          StrokeThickness="3" Stroke="White"/>
        <Grid>
          <Button ...
            AutomationProperties.Name="Gruppe löschen"/>
          <Popup x:Name="groupDeletePopup" ...> ... </Popup>
        </Grid>
        <Button Click="ButtonEditGroupClick" ...
          AutomationProperties.Name="Gruppe bearbeiten"/>
      </StackPanel>
    </Grid>
  </AppBar>
</Page.BottomAppBar>
```

Listing 19.33 FriendStorage\View\FriendGroupDetailPage.xaml

Abbildung 19.31 zeigt das vertikale Line-Element in der AppBar der FriendGroupDetailPage.

Abbildung 19.31 Die Line in der AppBar der »FriendGroupDetailPage«

19.5.2 Das BitmapImage

FriendStorage nutzt die Klasse Friend als Datenklasse. Friend-Objekte werden mit dem DataContractSerializer in eine Datei serialisiert und aus einer Datei deserialisiert. Die Friend-Klasse hat eine Image-Property vom Typ byte[], die das Bild enthält.

19.5 2D-Grafik in FriendStorage

Diese Property wird in der Datei gespeichert. Für die im UI enthaltenen Image-Elemente ist sie jedoch nicht nützlich, da dort eine ImageSource benötigt wird. Aus diesem Grund besitzt die Friend-Klasse die ImageSource-Property vom Typ ImageSource. Sie kann nur innerhalb der Klasse gesetzt werden, da der set-Accessor private ist.

Wird die Image-Property gesetzt, aktualisiert die UpdateImageSource-Methode auch die ImageSource-Property. Listing 19.34 zeigt dies. Beachten Sie, wie dazu das in der Image-Property enthaltene byte[] mit einem DataWriter in einen InMemoryRandomAccessStream geschrieben wird. Der Stream wird für die SetSource-Methode einer BitmapImage-Instanz genutzt, die der ImageSource-Property der Friend-Instanz zugewiesen wird.

```
[DataContract]
public class Friend : BindableBase
{ ...
  private byte[] _image;
  private ImageSource _imageSource;
  ...
  [DataMember]
  public byte[] Image
  {
    get { return _image; }
    set
    {
      SetProperty(ref _image, value);
      UpdateImageSource();
      OnPropertyChanged("HasImage");
    }
  }

  private async void UpdateImageSource()
  {
    if (Image == null || Image.Length == 0)
    {
      ImageSource = null;
      return;
    }
    var ms = new InMemoryRandomAccessStream();

    using (var dw = new DataWriter(ms.GetOutputStreamAt(0)))
    {
      dw.WriteBytes(Image);
      await dw.StoreAsync();
    }
    ms.Seek(0);
```

```
      var bi = new BitmapImage();
      bi.SetSource(ms);
      ImageSource = bi;
    }

    [IgnoreDataMember]
    public ImageSource ImageSource
    {
      get { return _imageSource; }
      private set
      {
        SetProperty(ref _imageSource, value);
      }
    }
    ...
}
```

Listing 19.34 FriendStorage\DataModel\Friend.cs

In XAML können sich Image-Elemente jetzt einfach an die ImageSource-Property der Friend-Klasse binden, wie folgender Ausschnitt der FriendDetailPage zeigt:

```
<Image Source="{Binding ImageSource}" Grid.Column="3" .../>
```

Listing 19.35 FriendStorage\View\FriendDetailPage.xaml

Abbildung 19.32 zeigt die FriendDetailPage in Aktion. Neben den Daten wird auch das Bild des selektierten Friend-Objekts angezeigt.

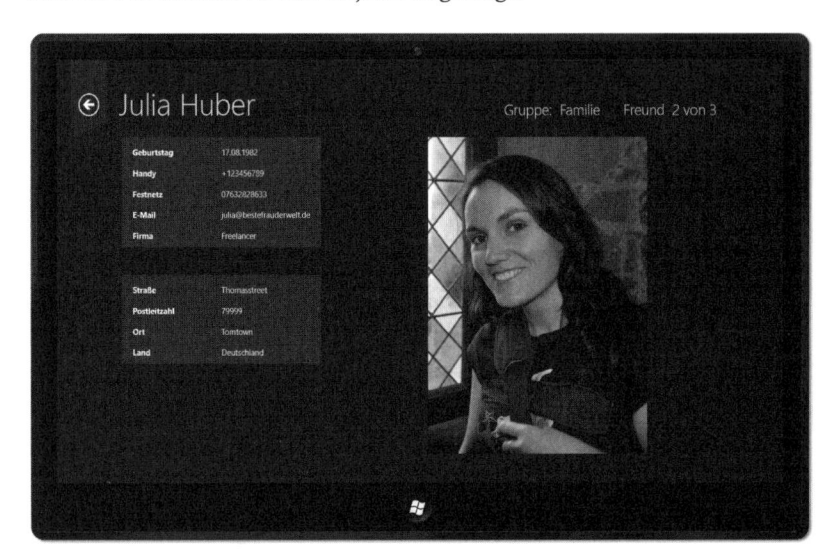

Abbildung 19.32 Das Image verwendet die »ImageSource«-Property der »Friend«-Klasse.

19.6 Zusammenfassung

Die WinRT besitzt vier `Brushes`. Mit dem `SolidColorBrush` füllen Sie einen Bereich mit einer einzigen Farbe (`Color`-Objekt). Mit dem `LinearGradientBrush` definieren Sie einen aus mehreren Farben bestehenden Farbverlauf. Zum Zeichnen von Bildern nutzen Sie den `ImageBrush`, zum Zeichnen des Inhalts einer `WebView` den `WebViewBrush`.

Mit den Shapes haben Sie einfache Formen kennengelernt. Da die Klasse `Shape` von `FrameworkElement` erbt, lässt sich ein `Rectangle` oder eine `Ellipse` ganz einfach in Ihrer Oberfläche platzieren.

`Geometry`-Objekte beschreiben eine zweidimensionale Form. Sie dienen als Input für die `Data`-Property des `Path`-Shapes. Das `RectangleGeometry` lässt sich auch für die `Clip`-Property eines `UIElements` nutzen.

Sowohl die `Source`-Property der Klasse `Image` als auch die `ImageSource`-Property der Klasse `ImageBrush` sind vom Typ `ImageSource`. Sie haben in diesem Kapitel verschiedene Klassen kennengelernt, die von `ImageSource` erben, darunter die beiden Klassen `BitmapImage` und `WriteableBitmap`. Während Sie mit einem `BitmapImage` ein Bild laden, können Sie mit einem `WriteableBitmap` Bilder dynamisch erstellen.

Mit den Klassen `BitmapDecoder` und `BitmapEncoder` aus dem Namespace `Windows.Graphics.Imaging` lassen sich Bitmaps laden und speichern. Sie können dabei Pixel manipulieren und beispielsweise Transformationen vornehmen.

Im nächsten Kapitel schauen wir uns Multimedia an. Dort erfahren Sie, wie Sie Bilder über die Webcam einfangen. Sie lesen auch, wie Sie Bilder von Ihrer Windows Store App mit dem *PlayTo*-Contract auf kompatible TV-Geräte in Ihrem Netzwerk streamen.

Kapitel 20
Multimedia

Das Abspielen von Audio- und Videoinhalten und das Aufnehmen von Foto-, Audio- und Videoinhalten via Webcam und Mikrofon sind Thema dieses Kapitels. Sie lesen zudem, wie Sie Bilder, Audiodateien und Videos von Ihrer Windows Store App auf andere Geräte streamen.

In diesem Kapitel lernen Sie, wie Sie in Ihrer Windows Store App Audio- und Videodateien abspielen, auf die Webcam und das Mikrofon des Benutzers zugreifen und Ihre Inhalte sogar auf andere Geräte streamen.

Um eine Audio- oder Videodatei abzuspielen, nutzen Sie die Klasse `MediaElement`. Diese Klasse lernen Sie in Abschnitt 20.1, »Audio und Video abspielen«, kennen. Sie erfahren dabei auch, wie Sie auf Fehler reagieren, wie Sie das Abspielen steuern, wie Sie Audiodateien weiterhin im Hintergrund abspielen, wenn der Benutzer zu einer anderen App wechselt, wie Sie beim Abspielen von Videos das Ausschalten des Bildschirms verhindern und vieles mehr.

Während es im ersten Abschnitt dieses Kapitels rund um die Wiedergabe geht, dreht sich in Abschnitt 20.2, »Webcam und Mikrofon«, alles um die Aufnahme. Lesen Sie, wie Sie Fotos, Audiodateien und Videos via Webcam und Mikrofon aufnehmen. Hier erfahren Sie auch, wie FriendStorage auf die Webcam zugreift, um ein Bild eines Freundes aufzunehmen.

In Abschnitt 20.3 lernen Sie den *PlayTo*-Contract kennen. Mit ihm streamen Sie aus Ihrer Windows Store App Bilder, Audiodateien und Videos auf andere Geräte in Ihrem lokalen Netzwerk. Diese »anderen Geräte« sind typischerweise multimediafähige TV-Geräte oder eine Xbox.

20.1 Audio und Video abspielen

In diesem Abschnitt sehen wir uns das Abspielen von Audio- und Videodateien mit der Klasse `MediaElement` an. Neben dem einfachen Abspielen lernen Sie, wie Sie auf eventuelle Fehler reagieren, wie Sie den Abspielvorgang steuern, wie Sie Audiodateien im Hintergrund abspielen, wie Sie bei Videos das Ausschalten des Bildschirms verhindern und vieles mehr.

20.1.1 Audio abspielen

Zum Abspielen einer Audiodatei fügen Sie zu Ihrem Projekt eine *.mp3*-Datei hinzu. In der `MainPage` platzieren Sie zum Abspielen der *.mp3*-Datei ein `MediaElement`. Da die Klasse `MediaElement` von `FrameworkElement` erbt, lässt sich eine `MediaElement`-Instanz an jeder beliebigen Stelle im UI platzieren, beispielsweise in einem `Panel`.

Der `Source`-Property (Typ: `Uri`) weisen Sie den Pfad zur *.mp3*-Datei zu, und schon wird die Datei abgespielt. Listing 20.1 zeigt ein einfaches Beispiel.

```
<Grid ...>
  <MediaElement Source="guitarIntro.mp3" Visibility="Collapsed"/>
</Grid>
```

Listing 20.1 K20\01 AudioAbspielen\MainPage.xaml

Das `MediaElement` spielt die der `Source`-Property zugewiesene Datei automatisch ab. Falls Sie dies nicht wünschen, setzen Sie die `AutoPlay`-Property auf `false`. Setzen Sie die `IsLooping`-Property auf `true`, damit die Datei stetig wiederholt wird. Steuern Sie den Abspielvorgang in C# mit Methoden wie `Play`, `Pause` oder `Stop`. Dazu mehr in Abschnitt 20.1.4, »Das Abspielen steuern«.

> **Tipp**
>
> Die Klasse `MediaElement` erbt von `FrameworkElement`. Da Sie allerdings beim Abspielen von Audiodateien nicht wirklich ein visuelles Element haben möchten, können Sie die `Visibility`-Property auch einfach auf `Collapsed` setzen, wie ich es auch in Listing 20.1 gemacht habe.

20.1.2 Video abspielen

Das Abspielen einer Videodatei erfolgt nach dem gleichen Muster wie das Abspielen einer Audiodatei. Fügen Sie eine Videodatei zu Ihrem Projekt hinzu, und platzieren Sie in der `MainPage` ein `MediaElement`. Setzen Sie die `Source`-Property des `MediaElements` auf den Pfad zur Videodatei. In Listing 20.2 heißt die Videodatei *thomasOnGuitar.wmv*.

```
<Grid ...>
  <MediaElement Source="thomasOnGuitar.wmv"
    Width="300" Height="200"/>
</Grid>
```

Listing 20.2 K20\02 VideoAbspielen\MainPage.xaml

Tipp

Um in C# die Quelle eines MediaElements zu setzen, können Sie auch die SetSource-Methode verwenden. Diese nimmt einen IRandomAccessStream mit der Audio- oder Videodatei entgegen. Sie können somit beispielsweise auch den Benutzer mit dem FileOpenPicker eine Datei auswählen lassen.

Als zweiten Parameter verlangt die SetSource-Methode einen string mit dem MIME-Typ. Für Videos geben Sie je nach Format strings wie video/mp4 oder video/x-ms-wmv an, für Audiodateien audio/mp3 oder audio/x-ms-wma. Wenn Sie ein StorageFile-Objekt haben, können Sie auf dessen ContentType-Property zugreifen; sie enthält den korrekten MIME-Typ.

Hinweis

Mit einem MediaElement können Sie alle Formate abspielen, die auch von der Video-App von Windows 8 unterstützt werden. Dazu gehören MP4 und WMV für Videos mit H.264 und VC-1 Codecs und MP3, AAC und WMA für Audiodateien. Sie können sogar in C++ eine eigene Media-Extension-DLL entwickeln und in Ihre App packen, um weitere Formate zu unterstützen. Mehr dazu finden Sie in der Onlinedokumentation unter *http://dev.windows.com/apps*.

20.1.3 Auf Fehler reagieren

Setzen Sie die Source-Property des MediaElements auf eine nicht vorhandene Datei oder auf eine Datei mit einem ungültigen Format, wirft das MediaElement keine Exception. Um einen Fehler mitzubekommen, benötigen Sie einen Event Handler für das MediaFailed-Event:

```
<MediaElement Source="thomasOnGuitar.wmv"
  MediaFailed="MediaElement_MediaFailed" .../>
```

Listing 20.3 K20\03 MediaFailedEvent\MainPage.xaml

Im Event Handler zeigen Sie dem Benutzer dann gegebenenfalls so wie in Listing 20.4 eine Information an.

```
private async void MediaElement_MediaFailed(object sender,
  ExceptionRoutedEventArgs e)
{
  var dlg = new MessageDialog("Die Videodatei wurde nicht "
```

```
          + "gefunden oder konnte nicht geöffnet werden!");
      await dlg.ShowAsync();
}
```

Listing 20.4 K20\03 MediaFailedEvent\MainPage.xaml.cs

In der `ErrorMessage`-Property der `ExceptionRoutedEventArgs` finden Sie die Details zum aufgetretenen Fehler.

20.1.4 Das Abspielen steuern

Um das Abspielen zu steuern, besitzt die Klasse `MediaElement` diverse Methoden und Properties. Mit den Methoden `Play`, `Pause` und `Stop` starten, pausieren und stoppen Sie eine Audio- oder eine Videodatei. Die Property `Position` enthält ein `TimeSpan`-Objekt mit der aktuellen Position, die Property `NaturalDuration` ein `Duration`-Objekt mit der Gesamtdauer. Weisen Sie der `Position`-Property ein `TimeSpan`-Objekt zu, um zu einer bestimmten Zeit zu springen.

Mit der `CurrentState`-Property prüfen Sie den aktuellen Zustand des `MediaElement`s. Die Property ist vom Typ der Aufzählung `MediaElementState`, die die Werte `Closed`, `Opening`, `Buffering`, `Playing`, `Paused` und `Stopped` enthält. Passend dazu gibt es das `CurrentStateChanged`-Event, das bei jeder Änderung der `CurrentState`-Property ausgelöst wird.

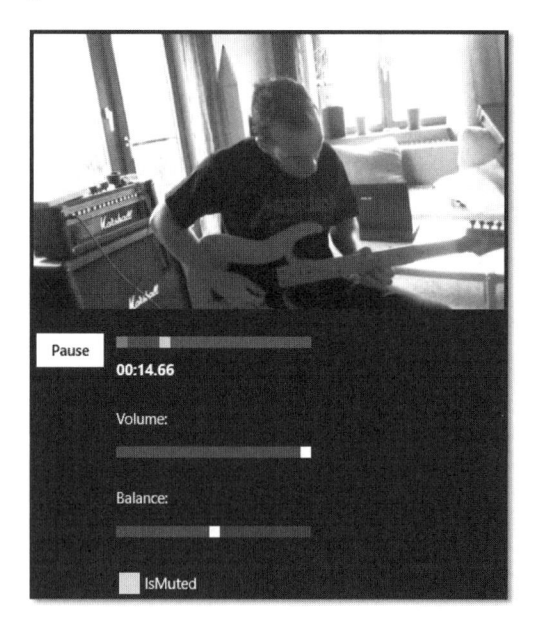

Abbildung 20.1 Ein Video mit den Methoden und Properties der »MediaElement«-Klasse steuern

Beim erfolgreichen Öffnen einer Audio- oder Videodatei wird das MediaOpened-Event ausgelöst. Ist das Ende der Datei erreicht, findet das MediaEnded-Event statt.

Auch zum Steuern der Audioausgabe besitzt die Klasse MediaElement zahlreiche Properties. Mit der Volume-Property definieren Sie die Lautstärke mit einem Wert zwischen 0 und 1. Der Default-Wert ist 0.5. Setzen Sie die IsMuted-Property auf true, um den Ton auszuschalten. Mit Balance legen Sie die Verteilung auf den linken und rechten Lautsprecher fest. Der Default-Wert ist 0. Mit dem Wert -1 wird alles am linken Lautsprecher ausgegeben, mit dem Wert 1 alles am rechten.

Sehen wir uns ein kleines Beispiel an, das einige dieser Properties verwendet. Abbildung 20.1 zeigt das Beispiel. Ein Video läuft in einem MediaElement. Über einen ToggleButton lässt sich das Video pausieren und starten. Mit einem Slider lässt sich die Position verändern. Die aktuelle Position wird zudem als Zeit angezeigt. Lautstärke, Balance und Stummschaltung lassen sich ebenfalls über zwei Slider und eine CheckBox einstellen. Schauen wir uns die Details an.

Das MediaElement der Anwendung aus Abbildung 20.1 ist in Listing 20.5 dargestellt. Es hat den Namen mediaElement und gibt das Video *thomasOnGuitar.wmv* wieder. Die AutoPlay-Property ist auf false gesetzt, damit das Video nicht automatisch abgespielt wird. Zudem sind Event Handler für die Events MediaOpened, MediaEnded und CurrentStateChanged definiert, deren Code wir uns gleich ansehen.

```
<MediaElement x:Name="mediaElement" Source="thomasOnGuitar.wmv"
  AutoPlay="False" MediaOpened="mediaElement_MediaOpened"
  MediaEnded="mediaElement_MediaEnded"
  CurrentStateChanged="mediaElement_CurrentStateChanged" .../>
```

Listing 20.5 K20\04 AbspielenSteuern\MainPage.xaml

Die Oberfläche enthält einen ToggleButton zum Starten und Pausieren des Videos. Auf dem ToggleButton sind Event Handler für die Events Checked und Unchecked definiert:

```
<ToggleButton x:Name="btnPlayPause" Width="75" Content="Play"
  Checked="btnPlayPause_Checked"
  Unchecked="btnPlayPause_Unchecked".../>
```

Listing 20.6 K20\04 AbspielenSteuern\MainPage.xaml

Listing 20.7 zeigt die Event Handler des ToggleButtons. Darin werden auf dem MediaElement die Play- und Pause-Methode aufgerufen, und der Inhalt des ToggleButtons wird entsprechend gesetzt. In Listing 20.7 sehen Sie zudem einen Ausschnitt des MediaEnded-Event-Handlers. Darin wird die IsChecked-Property des ToggleButtons auf false gesetzt, wodurch das Unchecked-Event ausgelöst wird und der ToggleButton wieder den Text Play anzeigt.

```csharp
void mediaElement_MediaEnded(object sender, RoutedEventArgs e)
{
  ...
  btnPlayPause.IsChecked = false;
}
void btnPlayPause_Checked(object sender, RoutedEventArgs e)
{
  mediaElement.Play();
  btnPlayPause.Content = "Pause";
}
void btnPlayPause_Unchecked(object sender, RoutedEventArgs e)
{
  mediaElement.Pause();
  btnPlayPause.Content = "Play";
}
```

Listing 20.7 K20\04 AbspielenSteuern\MainPage.xaml.cs

Sehr interessant ist in Abbildung 20.1 der `Slider` mit der Position. Tatsächlich sind in XAML zwei `Slider` übereinandergelegt, wie Listing 20.8 zeigt. Der `Slider` mit dem Namen `sliderPosCurrent` dient lediglich zur Anzeige der aktuellen Position. Mit dem anderen `Slider` wählt der Benutzer eine bestimmte Position aus.

```xml
<Grid Grid.Row="1" Grid.Column="1" HorizontalAlignment="Left">
  <Slider x:Name="sliderPosSeek"
    ValueChanged="sliderPosSeek_ValueChanged" Width="200"/>
  <Slider x:Name="sliderPosCurrent" IsHitTestVisible="False"
    Opacity="0.7" Width="200"/>
  ...
</Grid>
```

Listing 20.8 K20\04 AbspielenSteuern\MainPage.xaml

Beachten Sie in Listing 20.8, dass auf dem zweiten `Slider` die `IsHitTestVisible`-Property den Wert `false` hat. Dadurch reagiert dieser `Slider` nicht auf Benutzereingaben. Er ist zudem mit der `Opacity`-Property leicht transparent dargestellt.

Um die aktuelle Position des `Slider`s `sliderPosCurrent` in der Codebehind-Datei zu setzen, wird zunächst im `MediaOpened`-Event-Handler die `Maximum`-Property des `Slider`s auf die Länge des Videos in Sekunden gesetzt:

```csharp
private void mediaElement_MediaOpened(object sender, ...)
{
  double totalSeconds =
    mediaElement.NaturalDuration.TimeSpan.TotalSeconds;
```

20.1 Audio und Video abspielen

```
    sliderPosCurrent.Maximum = totalSeconds;
    sliderPosSeek.Maximum = totalSeconds;
}
```

Listing 20.9 K20\04 AbspielenSteuern\MainPage.xaml.cs

Um nun beim Abspielen des Videos die Value-Property des Sliders sliderPosCurrent mit der Position-Property des MediaElements abzugleichen, wird ein DispatcherTimer verwendet. Listing 20.10 zeigt den entsprechenden Ausschnitt der Codebehind-Datei. Im Konstruktor der MainPage wird die Klassenvariable _timer mit einer neuen DispatcherTimer-Instanz initialisiert. Als Interval werden 10 Millisekunden angegeben. Im Tick-Event-Handler des DispatcherTimers wird die Value-Property des Sliders auf die in der Position-Property des MediaElements enthaltenen Sekunden gesetzt.

```
public sealed partial class MainPage : Page
{
  private DispatcherTimer _timer;
  public MainPage()
  {
    InitializeComponent();

    _timer = new DispatcherTimer();
    _timer.Interval = TimeSpan.FromMilliseconds(10);
    _timer.Tick += timer_Tick;
  }

  void timer_Tick(object sender, object e)
  {
    sliderPosCurrent.Value = mediaElement.Position.TotalSeconds;

    // DateTime wird nur für string.Format erstellt
    var dt = new DateTime(mediaElement.Position.Ticks);
    txtPosition.Text = string.Format("{0:mm:ss.ff}", dt);
  }
  ...
}
```

Listing 20.10 K20\04 AbspielenSteuern\MainPage.xaml.cs

> **Hinweis**
>
> Beachten Sie in Listing 20.10, dass im Tick-Event-Handler auch der TextBlock namens txtPosition aktualisiert wird. Dieser zeigt in Abbildung 20.1 die Zeit der aktuellen Position an. Um die Format-Methode der String-Klasse zu verwenden, wurde in Listing 20.10 aus dem TimeSpan-Objekt eine DateTime-Instanz erstellt, die den verwendeten Format-String mm:ss.ff unterstützt.

Wenn Sie Listing 20.10 genau betrachten, werden Sie feststellen, dass die `Start`-Methode des `DispatcherTimers` überhaupt nicht aufgerufen wird. Das passiert im Event Handler für das `CurrentStateChanged`-Event. Listing 20.11 zeigt den Code. Ist das `MediaElement` im Zustand `Playing`, wird der `DispatcherTimer` gestartet, ansonsten gestoppt. Folglich wird die Position des `Sliders` immer dann aktualisiert, wenn das `MediaElement` etwas abspielt.

```csharp
private void mediaElement_CurrentStateChanged(object sender, ...)
{
  switch (mediaElement.CurrentState)
  {
    case MediaElementState.Playing:
      _timer.Start();
      break;
    default:
      _timer.Stop();
      break;
  }
}
```

Listing 20.11 K20\04 AbspielenSteuern\MainPage.xaml.cs

Hinweis

In Listing 20.11 hätte natürlich auch ein `if-else`-Block statt einer `switch`-Anweisung gereicht. Allerdings ist bei Aufzählungen eine `switch`-Anweisung die schönere Variante, da sie einfach zu erweitern ist.

Während der `Slider` `sliderPosCurrent` nur zum Anzeigen der Position dient, ist der `Slider` `sliderPosSeek` dazu gedacht, dem Benutzer eine Auswahl der aktuellen Position zu ermöglichen. Der `sliderPosSeek` liegt direkt unter dem `sliderPosCurrent`, wie Listing 20.8 gezeigt hat. Auf dem `Slider` `sliderPosSeek` ist ein Event Handler für das `ValueChanged`-Event installiert. Darin wird die `Position`-Property des `MediaElements` entsprechend gesetzt, was Sie in Listing 20.12 sehen.

```csharp
private void sliderPosSeek_ValueChanged(object sender,
  RangeBaseValueChangedEventArgs e)
{
  mediaElement.Position =
    TimeSpan.FromSeconds(sliderPosSeek.Value);
  mediaElement.Play();
}
```

Listing 20.12 K20\04 AbspielenSteuern\MainPage.xaml.cs

Im `MediaEnded`-Event-Handler werden die Positionen beider `Slider` wieder auf 0 gesetzt, wodurch das Video erneut abgespielt werden kann:

```
private void mediaElement_MediaEnded(object sender, ...)
{
  sliderPosSeek.Value = 0;
  sliderPosCurrent.Value = 0;
  btnPlayPause.IsChecked = false;
}
```

Listing 20.13 K20\04 AbspielenSteuern\MainPage.xaml.cs

Neben den gezeigten Elementen enthält die App aus Abbildung 20.1 Controls zum Steuern der Properties `Volume`, `Balance` und `IsMuted`. Diese Properties eignen sich bestens für ein Data Binding. Es wird somit kein Code in der Codebehind-Datei benötigt. Listing 20.14 zeigt die entsprechenden Elemente zum Steuern dieser Properties. Der erste `Slider` ist an die `Volume`-Property des `MediaElement`s gebunden. Beachten Sie, dass die `Maximum`-Property des `Slider`s den Wert 1 hat. Der zweite `Slider` ist an die `Balance`-Property des `MediaElement`s gebunden. Beachten Sie auch hier die Properties `Minimum` und `Maximum` des `Slider`s. Die `CheckBox` ist an die `IsMuted`-Property gebunden und kann somit den Ton ausschalten.

```
<StackPanel ...>
  <TextBlock Text="Volume:"/>
  <Slider Width="200" Maximum="1" Value="{Binding
    ElementName=mediaElement,Path=Volume,Mode=TwoWay}" .../>
  <TextBlock Text="Balance:"/>
  <Slider Width="200" Minimum="-1" Maximum="1" Value="{Binding
    ElementName=mediaElement,Path=Balance,Mode=TwoWay}" .../>
  <CheckBox Content="IsMuted" IsChecked="{Binding
    ElementName=mediaElement,Path=IsMuted,Mode=TwoWay}"/>
</StackPanel>
```

Listing 20.14 K20\04 AbspielenSteuern\MainPage.xaml

Tipp

Setzen Sie die `PosterSource`-Property (Typ: `ImageSource`) des `MediaElement`s, um ein Bild (`ImageSource`) anzuzeigen, solange noch kein Video abgespielt wird, beispielsweise während Sie Ihr Video laden. Falls Sie lediglich Audiodateien abspielen, können Sie auf diese Weise das Album-Cover anzeigen.

20.1.5 Audio im Hintergrund abspielen

Sobald der Benutzer von Ihrer App zu einer anderen App wechseln, wird eine abgespielte Audiodatei ausgeblendet und gestoppt. Wechseln der Benutzer wieder zu Ihrer App, wird die Audiodatei wieder eingeblendet und fortgeführt. Dieses Standardverhalten können Sie auch ändern, indem Sie eine Audiodatei im Hintergrund ausführen. Dies ist beispielsweise sinnvoll, wenn Sie eine Art Musik-Player entwickeln.

Damit Ihre Audiodatei im Hintergrund abgespielt wird, müssen Sie drei Voraussetzungen einhalten:

- Setzen Sie die `AudioCategory`-Property des `MediaElement`s auf `BackgroundCapableMedia`.
- Fügen Sie im *Package.appxmanifest* einen Background-Task hinzu.
- Behandeln Sie die vier statischen Events `PlayPressed`, `PausePressed`, `StopPressed` und `PlayPauseTogglePressed` der Klasse `MediaControl`.

Sehen wir uns die Details der drei Voraussetzungen an einem einfachen Beispiel an. Starten wir mit dem Erstellen des `MediaElement`s.

Voraussetzung 1/3: »MediaElement« mit »AudioCategory«-Property

Mit der `AudioCategory`-Property des `MediaElement`s legen Sie fest, wie Windows Ihre abgespielte Audiodatei behandelt. Damit die Audiodatei auch im Hintergrund ausgeführt wird, setzen Sie die Property wie in Listing 20.15 auf den Wert `BackgroundCapableMedia`.

```xml
<MediaElement x:Name="mediaElement"
  AudioCategory="BackgroundCapableMedia"
  Source="guitarIntro.mp3" IsLooping="True"/>
```

Listing 20.15 K20\05 AudioImHintergrund\MainPage.xaml

Voraussetzung 2/3: Background-Task hinzufügen

Im *Package.appxmanifest* erstellen Sie einen Background-Task, indem Sie unter dem Tab DEKLARATIONEN wie in Abbildung 20.2 die Deklaration HINTERGRUNDAUFGABEN hinzufügen. Markieren Sie als UNTERSTÜTZTE AUFGABENTYPEN den Wert AUDIO. Visual Studio verlangt von Ihnen, dass Sie entweder einen Einstiegspunkt oder eine Startseite festlegen. Allerdings wird dies im Fall des Audio-Background-Tasks gar nicht benötigt, Sie können folglich einen Dummy-Wert eintragen. In Abbildung 20.2 wurde als Einstiegspunkt einfach der frei gewählte Wert »audio« eingetragen.

20.1 Audio und Video abspielen

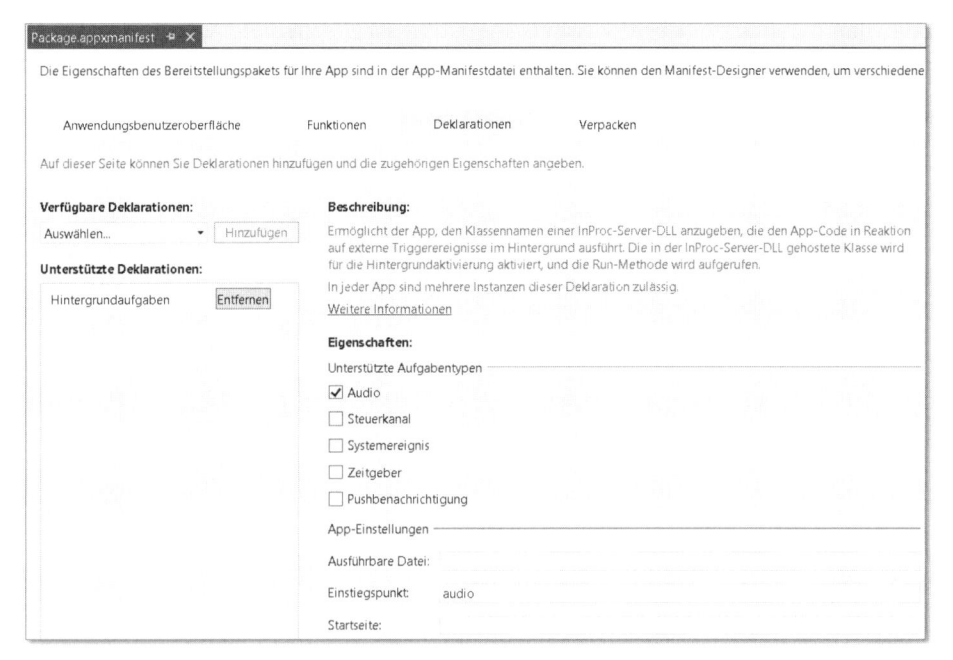

Abbildung 20.2 Ein Background-Task für Audio wurde hinzugefügt.

Voraussetzung 3/3: »MediaControl«-Events behandeln

Nachdem Sie die `AudioCategory`-Property des `MediaElement`s gesetzt und einen Audio-Background-Task hinzugefügt haben, ist die dritte und letzte Voraussetzung, dass Sie die Events `PlayPressed`, `PausePressed`, `StopPressed` und `PlayPauseToggle-Pressed` der Klasse `MediaControl` (Namespace: `Windows.Media`) behandeln. Diese Events werden zum Starten, Pausieren und Stoppen der im Hintergrund ausgeführten Audiodatei genutzt und von Windows direkt ausgelöst. Die Events werden von Windows ausgelöst, wenn die Buttons im Volume-Control gedrückt werden (dazu gleich mehr) oder wenn Hardware-Knöpfe für Play, Pause etc. gedrückt werden. Sehen wir uns ein Beispiel an. Im Konstruktor der `MainPage` werden Event Handler für die vier erwähnten Events hinzugefügt:

```
MediaControl.PlayPauseTogglePressed +=
  MediaControl_PlayPauseTogglePressed;
MediaControl.PlayPressed += MediaControl_PlayPressed;
MediaControl.PausePressed += MediaControl_PausePressed;
MediaControl.StopPressed += MediaControl_StopPressed;
```

Listing 20.16 K20\05 AudioImHintergrund\MainPage.xaml.cs

Die Event Handler werden nicht auf dem UI-Thread aufgerufen. Um darin auf das in Listing 20.15 definierte `MediaElement` zuzugreifen, müssen Sie folglich wie in Listing

20.17 den `CoreDispatcher` verwenden. In Listing 20.17 sehen Sie, wie in den Event Handlern der `MediaControl`-Events lediglich das `MediaElement` manipuliert wird.

```csharp
async void MediaControl_PlayPauseTogglePressed(object sender,...)
{
  await Dispatcher.RunAsync(CoreDispatcherPriority.Normal, () =>
  {
    if (mediaElement.CurrentState == MediaElementState.Playing)
    {
      mediaElement.Pause();
    }
    else
    {
      mediaElement.Play();
    }
  });
}
async void MediaControl_PlayPressed(object sender, object e)
{
  await Dispatcher.RunAsync(CoreDispatcherPriority.Normal, () =>
  {
    mediaElement.Play();
  });
}
async void MediaControl_PausePressed(object sender, object e)
{
  await Dispatcher.RunAsync(CoreDispatcherPriority.Normal, () =>
  {
    mediaElement.Pause();
  });
}
async void MediaControl_StopPressed(object sender, object e)
{
  await Dispatcher.RunAsync(CoreDispatcherPriority.Normal, () =>
  {
    mediaElement.Stop();
  });
}
```

Listing 20.17 K20\05 AudioImHintergrund\MainPage.xaml.cs

Starten Sie jetzt die App, und wechseln Sie zu einer anderen App. Die Musik läuft weiter. Klicken Sie auf die Laut-/Leise-Buttons Ihres Geräts, womit Windows das Volume-Control anzeigt. Dieses enthält jetzt nicht wie üblich nur einen Slider für die Lautstärke, sondern wie in Abbildung 20.3 zusätzlich die Buttons ZURÜCK, WEITER und PLAY/PAUSE. Ebenfalls wird der Titel der App angezeigt. Beachten Sie in Abbildung 20.3, dass die Buttons ZURÜCK und WEITER deaktiviert sind. Dies ändert sich, sobald Sie die Events `PreviousTrackPressed` und `NextTrackPressed` der `MediaControl`-Klasse behandeln.

Abbildung 20.3 Das Volume-Control enthält jetzt ein paar Buttons.

Sie finden in der Klasse `MediaControl` auch Properties, um noch mehr Informationen im Volume-Control anzuzeigen. In Listing 20.18 werden die Properties `TrackName`, `ArtistName` und `AlbumArt` gesetzt. Abbildung 20.4 zeigt das Volume-Control, das diese Inhalte nun darstellt.

```
MediaControl.TrackName = "Julia";
MediaControl.ArtistName = "Thomas Claudius Huber";
MediaControl.AlbumArt = new Uri("ms-appx:///julia.jpg");
```

Listing 20.18 K20\05 AudioImHintergrund\MainPage.xaml.cs

Abbildung 20.4 Track-Name, Artist und Album-Art werden angezeigt.

20.1.6 Video im Vollbildmodus

Zum Anzeigen eines Videos im Vollbildmodus enthält die WinRT keine spezielle Logik. Eine Windows Store App läuft ja bereits im Vollbildmodus. Alles, was Sie tun müssen, ist, Ihr `MediaElement` eben so groß zu machen, dass es den ganzen Platz einnimmt. Dazu gestalten Sie entweder Ihr UI so, dass es immer den ganzen Platz einnimmt, oder Sie geben dem Benutzer beispielsweise über die App Bar eine Option, das `MediaElement` im Vollbildmodus anzuzeigen. Um die Größe des `MediaElement`s zu setzen, verwenden Sie wie folgt die `Window`-Klasse und deren `Bounds`-Property:

```
mediaElement.Width = Window.Current.Bounds.Width;
mediaElement.Height = Window.Current.Bounds.Height;
```

Listing 20.19 Das »MediaElement« wird auf die Größe des Windows gesetzt.

20.1.7 Ausschalten des Bildschirms verhindern

Betrachtet der Benutzer Ihr Video, sollten Sie natürlich verhindern, dass sein Endgerät den Bildschirm abschaltet. Dazu nutzen Sie die Klasse `DisplayRequest` (Namespace: `Windows.System.Display`). Sie besitzt zwei Methoden. Mit der Methode `RequestActive` fordern Sie die dauerhafte Aktivierung des Bildschirms an, um damit das Ausschalten zu verhindern. Mit der Methode `RequestRelease` ziehen Sie Ihre Anforderung zurück, damit sich der Bildschirm wieder ausschalten kann.

Eine `DisplayRequest`-Instanz speichern Sie üblicherweise wie in Listing 20.20 als Instanzvariable. Im Event Handler `ButtonPlay_Click` wird die Instanzvariable initialisiert und die `RequestActive`-Methode aufgerufen. Anschließend wird der Source-Property eines in XAML definierten `MediaElement`s eine Videodatei zugewiesen, womit der Abspielvorgang beginnt.

```
public sealed partial class MainPage : Page
{
  DisplayRequest displayRequest;
  ...
  private async void ButtonPlay_Click(object sender, ...)
  {
    if (displayRequest == null)
    {
      displayRequest = new DisplayRequest();
      displayRequest.RequestActive();
      StorageFile file = await StorageFile
        .GetFileFromApplicationUriAsync(
          new Uri("ms-appx:///thomasOnGuitar.wmv"));
      mediaElement.SetSource(await file
        .OpenAsync(FileAccessMode.Read), "video/x-ms-wmv");
    }
  }
  ...
}
```

Listing 20.20 K20\06 AusschaltenVerhindern\MainPage.xaml.cs

Listing 20.21 zeigt den Event Handler `ButtonStop_Click` zum Stoppen des Videos. Auf dem `DisplayRequest`-Objekt wird die `RequestRelease`-Methode aufgerufen. Danach wird die Instanzvariable auf `null` gesetzt, bevor das Video mit der `Stop`-Methode des `MediaElement`s gestoppt wird.

```
private void ButtonStop_Click(object sender, RoutedEventArgs e)
{
  if (displayRequest != null)
```

```
    {
      displayRequest.RequestRelease();
      displayRequest = null;

      mediaElement.Stop();
    }
  }
}
```

Listing 20.21 K20\06 AusschaltenVerhindern\MainPage.xaml.cs

Tipp

Beim Anzeigen eines Videos im Vollbild möchten Sie eventuell aus Performancegründen prüfen, ob Ihre App über eine Remote-Desktop-Session ausgeführt wird, da dann die Übertragung schleppend sein kann. Nutzen Sie dazu die statische `IsRemote`-Property der Klasse `InteractiveSession` (**Namespace:** `Windows.System.RemoteDesktop`).

20.1.8 Marker, Effekte und mehr

Die Klasse `MediaElement` bietet Ihnen noch weitere Logik. Ein Blick in die Dokumentation lohnt sich. Beispielsweise können Videodateien sogenannte *Video-Marker* enthalten. Diese dienen zum Beispiel dazu, eine Art Inhaltsverzeichnis abzubilden oder an bestimmten Stellen einen Text einzublenden. Greifen Sie im `MediaOpened`-Event auf die `Markers`-Property des `MediaElements` zu, um die verfügbaren Video-Marker auszulesen. Ein Video-Marker ist dabei ein Objekt vom Typ `TimelineMarker`.

Sie können auch einen Event Handler für das `MarkerReached`-Event installieren. Es wird immer ausgelöst, wenn beim Abspielen der Zeitpunkt eines Video-Markers erreicht wurde.

Mit den Methoden `AddAudioEffect` und `AddVideoEffect` bietet die Klasse `MediaElement` auch die Möglichkeit, Effekte hinzuzufügen. Allerdings enthält die WinRT bis jetzt nur einen einzigen Effekt. Dieser erlaubt es, ein Video zu stabilisieren, was hilfreich ist, wenn das Video mit einer Handkamera aufgenommen wurde. Um den Effekt zu verwenden, nutzen Sie die `AddVideoEffect`-Methode, die folgende Signatur hat:

```
void AddVideoEffect(string effectID, bool effectOptional,
  IPropertySet effectConfiguration)
```

Der erste Parameter verlangt eine `effectID`. Den notwendigen String finden Sie in der statischen Property `VideoStabilization` der Klasse `VideoEffects` (**Namespace:** `Windows.Media`). Als zweiten Parameter geben Sie `true` an, damit Ihr Video auch dann abgespielt wird, wenn der Effekt nicht angewendet werden kann. Als dritten Parameter geben Sie optional eine Konfiguration für den Effekt an. Hier ein Beispielaufruf:

```
mediaElement.AddVideoEffect(VideoEffects.VideoStabilization,
    true, null);
```

Bedenken Sie, dass Sie den Effekt vor dem Setzen der `Source`-Property hinzufügen müssen. Ansonsten hat er keine Auswirkung.

> **Hinweis**
> Wie auch mit den Formaten können Sie mit C++ eine eigene Media-Extension-DLL entwickeln, die weitere Effekte enthält.

20.2 Webcam und Mikrofon

In diesem Abschnitt lernen Sie die Klassen kennen, mit denen Sie auf die Webcam und das Mikrofon des Benutzers zugreifen. Um mit der Webcam ein Foto oder Video aufzunehmen, gibt es die Klasse `CameraCaptureUI`. Diese Klasse navigiert zum Aufnehmen zur Kamera-App von Windows. Sie ist sehr einfach zu verwenden.

Auch mit der ebenfalls in diesem Abschnitt beschriebenen Klasse `MediaCapture` können Sie Fotos und Videos aufnehmen. Im Gegensatz zur `CameraCaptureUI`-Klasse navigiert Ihre App nicht zur Kamera-App von Windows, stattdessen erledigen Sie alles Notwendige im Code, um die Aufnahme auszuführen. `MediaCapture` erlaubt zudem das Aufnehmen von Audiodateien und das Aufnehmen von Videos ohne Ton. In Kombination mit einem `CaptureElement` können Sie mit der Klasse `MediaCapture` auch ein Live-Bild einer Webcam in Ihrer App anzeigen.

Sowohl die Klasse `CameraCaptureUI` als auch die Klasse `MediaCapture` setzen entsprechende Funktionen im *Package.appxmanifest* voraus. Diese sehen wir uns jetzt an, bevor wir richtig loslegen.

20.2.1 Die Funktionen im »Package.appxmanifest«

Um auf die Webcam zuzugreifen, deklarieren Sie im *Package.appxmanifest* die Funktion WEBCAM. Möchten Sie stattdessen oder zusätzlich auf das Mikrofon zugreifen, aktivieren Sie wie in Abbildung 20.5 zu sehen die Funktion MIKROFON.

Sie werden später beim Zugriff auf die Webcam und das Mikrofon sehen, dass Sie für bestimmte APIs beide Funktionen, für andere nur eine benötigen. Nehmen Sie beispielsweise mit der Klasse `CameraCaptureUI` ein Video auf, benötigen Sie die Funktion *Webcam* und *Mikrofon*, da Sie den Ton nicht ausstellen können. Mit der Klasse `MediaCapture` können Sie ein Video ohne Ton aufnehmen, womit die Funktion *Webcam* ausreicht.

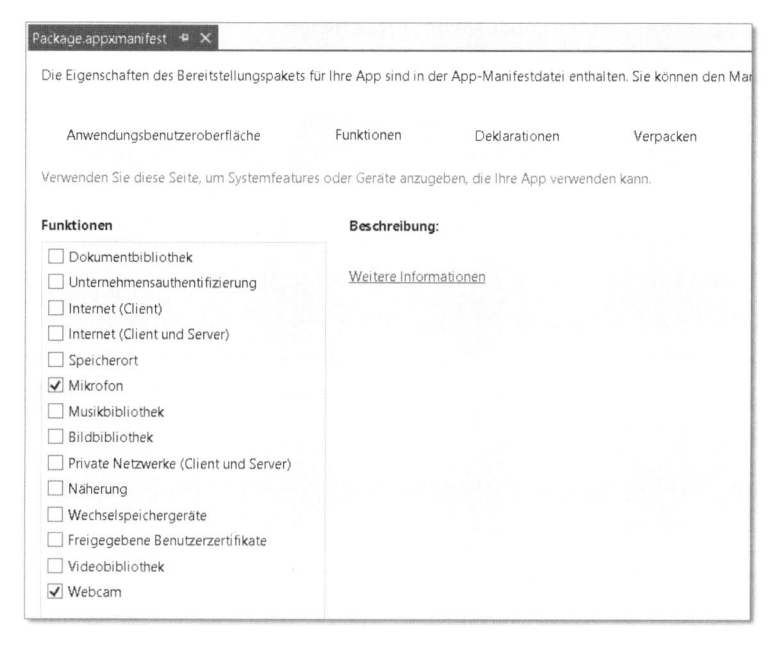

Abbildung 20.5 Die Funktionen »Mikrofon« und »Webcam«

Haben Sie beide Funktionen wie in Abbildung 20.5 gesetzt und öffnet der Benutzer über die Einstellungen in der Charms Bar die BERECHTIGUNGEN, findet er darin eine Option, um Ihrer App den Zugriff auf die Webcam und das Mikrofon zu erlauben. Beachten Sie, dass das eine einzige Option ist, mit der der Benutzer die Webcam und das Mikrofon nur zusammen aktivieren oder deaktivieren kann. Haben Sie in Ihrem *Package.appxmanifest* nur die Funktion *Webcam* aktiviert, steht in den BERECHTIGUNGEN über dem Toggleswitch entsprechend nur WEBCAM und nicht WEBCAM UND MIKROFON.

Abbildung 20.6 In den »Berechtigungen« kann der Benutzer die Webcam und das Mikrofon ein- und ausschalten.

20.2.2 Foto/Video mit »CameraCaptureUI« aufnehmen

Zum Aufnehmen von Fotos und Videos besitzt die `CameraCaptureUI`-Klasse die Methode `CaptureFileAsync`. Die Methode zeigt die Kamera-App von Windows an. Sie gibt ein `StorageFile` mit dem aufgenommenen Foto oder Video zurück. Als Parameter nimmt sie einen Wert der Aufzählung `CameraCaptureUIMode` entgegen:

- `Photo`: Der Benutzer kann in der Kamera-App ein Foto aufnehmen.
- `Video`: Der Benutzer kann in der Kamera-App ein Video aufnehmen.
- `PhotoOrVideo`: Der Benutzer kann in der Kamera-App ein Foto oder Video aufnehmen. Die Kamera-App erlaubt das Umschalten über die App Bar. Über die `ContentType`-Property des erhaltenen `StorageFiles` können Sie prüfen, ob der Benutzer ein Foto oder Video aufgenommen hat.

Bricht der Benutzer den Vorgang ab, erhalten Sie als Rückgabewert der `CaptureFileAsync`-Methode eine `null`-Referenz.

> **Achtung**
> Rufen Sie die `CaptureFileAsync`-Methode auf, während sich Ihre App in der *Snapped*-Ansicht befindet, erhalten Sie eine Exception. Sie sollten daher zuvor mit der `ApplicationView`-Klasse eine entsprechende Prüfung einzubauen und eventuell versuchen, die App aus der *Snapped*-Ansicht zu »befreien«:
>
> ```
> if (ApplicationView.Value != ApplicationViewState.Snapped
>    || ApplicationView.TryUnsnap())
> {
>   // CaptureFileAsync-Methode kann aufgerufen werden
> }
> ```

Sehen wir uns das Aufnehmen eines Fotos und eines Videos an.

Ein Foto aufnehmen

In Listing 20.22 sehen einen `Click`-Event-Handler, der eine `CameraCaptureUI`-Instanz erstellt. Auf der Instanz wird die `CaptureFileAsync`-Methode mit dem Parameter `Photo` aufgerufen, um ein Foto aufzunehmen. Das erhaltene `StorageFile` wird mit der `OpenAsync`-Methode geöffnet und in einem `Image`-Element angezeigt.

```
private async void Button_Click(object sender, RoutedEventArgs e)
{ ...
  var camera = new CameraCaptureUI();
  var storageFile =
    await camera.CaptureFileAsync(CameraCaptureUIMode.Photo);
  if (storageFile == null)
    return;
```

```
    using (var stream =
      await storageFile.OpenAsync(FileAccessMode.Read))
    {
      var bitmap = new BitmapImage();
      bitmap.SetSource(stream);
      image.Source = bitmap;
    }
  }
}
```

Listing 20.22 K20\07 CameraCaptureUIPhoto\MainPage.xaml.cs

Um das Foto aufzunehmen, benötigt Ihre App im *Package.appxmanifest* die Funktion *Webcam*. Haben Sie vergessen, die Funktion hinzuzufügen, zeigt die Capture-FileAsync-Methode die Kamera-App mit dem Inhalt aus Abbildung 20.7 an. Dieser Inhalt wird auch dann angezeigt, wenn Sie die Funktion hinzugefügt haben, aber der Benutzer in den BERECHTIGUNGEN die Webcam deaktiviert hat.

Abbildung 20.7 Entweder wurde die Funktion »Webcam« vergessen, oder der Benutzer hat die Webcam in den »Berechtigungen« deaktiviert.

Existiert die *Webcam*-Funktion im *Package.appxmanifest*, erhält der Benutzer beim erstmaligen Aufruf der CaptureFileAsync-Methode den Dialog aus Abbildung 20.8. Darin entscheidet er, ob die App auf die Webcam zugreifen darf. Dieser Dialog beeinflusst lediglich die in den Einstellungen der App gesetzte Berechtigung für die Webcam. Klickt der Benutzer auf BLOCKIEREN, wird die Kamera-App wie in Abbildung 20.7 angezeigt. Er kann den Zugriff jederzeit wieder über die Einstellungen via Charms Bar erlauben.

Abbildung 20.8 Beim ersten Aufruf der »CaptureFileAsync«-Methode wird dieser Dialog angezeigt.

Klickt der Benutzer auf ZULASSEN, wird die Kamera-App wie in Abbildung 20.9 angezeigt.

Abbildung 20.9 Die Kamera-App

Über die App Bar der Kamera-App kann der Benutzer Kameraoptionen einstellen und eine Timer-Funktion zum Auslösen nutzen. Abbildung 20.10 zeigt die geöffneten KAMERAOPTIONEN. Beachten Sie, dass der VIDEOMODUS-Button in der App Bar deaktiviert ist, da die `CaptureFileAsync`-Methode mit dem Wert `Photo` aufgerufen wurde.

Abbildung 20.10 Die Funktionen in der App Bar der Kamera-App

> **Hinweis**
> Wenn Sie mehrere Kameras haben, enthält die App Bar zum Wechseln der Kamera einen weiteren Button.

Die `CameraCaptureUI`-Klasse besitzt eine `PhotoSettings`-Property, mit der Sie vor dem Aufruf der `CaptureFileAsync`-Methode diverse Einstellungen für ein Foto vornehmen können. Die `PhotoSettings`-Property enthält ein `CameraCaptureUIPhotoCaptureSettings`-Objekt, das wiederum selbst folgende fünf Properties enthält:

- `AllowCropping`: Setzen Sie diese Property auf `false`, damit der Benutzer das Bild nicht zuschneiden kann.
- `CroppedAspectRatio`: Weisen Sie dieser Property ein `Size`-Objekt zu, um das Seitenverhältnis des ausgeschnittenen Bereichs festzulegen. Ist diese Property gesetzt, ist das Zuschneiden des Fotos für den Benutzer nicht mehr optional, sondern zwingend.
- `CroppedSizeInPixels`: Weisen Sie dieser Property ein `Size`-Objekt zu, um die genaue Größe des ausgeschnittenen Bereichs festzulegen. Auch diese Property macht das Zuschneiden zwingend.
- `Format`: Darüber legen Sie das Format fest. Vom Typ der Aufzählung `CameraCaptureUIPhotoFormat`, die die Werte `Jpeg` (Default), `JpegXR` und `Png` enthält.
- `MaxResolution`: Mit dieser Property definieren Sie die maximale Auflösung des aufgenommenen Bildes. Die Property ist vom Typ der Aufzählung `CameraCaptureUIMaxPhotoResolution`, die die Werte `HighestAvailable` (Default), `VerySmallQvga`, `SmallVga`, `MediumXga`, `Large3M` (3 Megapixel) und `Large5M` (5 Megapixel) enthält.

Ein Video aufnehmen

Die Aufnahme eines Videos ist analog zur Aufnahme eines Bildes. An die `CaptureFileAsync`-Methode übergeben Sie lediglich den Wert `Video`. Listing 20.23 zeigt einen `Click`-Event-Handler, der eine `CameraCaptureUI`-Instanz erstellt. Auf der Instanz wird die `CaptureFileAsync`-Methode mit dem Parameter `Video` aufgerufen, um ein Video aufzunehmen. Das erhaltene `StorageFile` wird mit der `OpenAsync`-Methode geöffnet und in einem `MediaElement` abgespielt.

```
private async void Button_Click(object sender, RoutedEventArgs e)
{ ...
  var camera = new CameraCaptureUI();

  var storageFile =
    await camera.CaptureFileAsync(CameraCaptureUIMode.Video);
  if (storageFile == null)
```

```
    return;
  _stream = await storageFile.OpenAsync(FileAccessMode.Read);
  mediaElement.SetSource(_stream, storageFile.ContentType);
}
```

Listing 20.23 K20\08 CameraCaptureUIVideo\MainPage.xaml.cs

Nachdem der Benutzer das Video aufgenommen hat, hat er in der Kamera-App noch die Möglichkeit, das Video zuzuschneiden (*Trimming*) und somit gegebenenfalls etwas zu kürzen.

Wie auch für Fotos lassen sich für Videos vor dem Aufruf der `CaptureFileAsync`-Methode Einstellungen vornehmen. Nutzen Sie dazu die `VideoSettings`-Property des `CameraCaptureUI`-Objekts. Sie enthält ein `CameraCaptureUIVideoCaptureSettings`-Objekt, das wiederum vier Properties besitzt:

- `AllowTrimming`: Setzen Sie diese Property auf `false`, um die `Trimming`-Option auszuschalten.
- `Format`: Darüber legen Sie das Format des Videos fest. Die Property ist vom Typ der Aufzählung `CameraCaptureUIVideoFormat`, die die Werte `Mp4` (Default) und `Wmv` enthält.
- `MaxDurationInSeconds`: Weisen Sie dieser Property einen `float`-Wert zu, um die Aufnahme auf eine maximale Sekundenzahl zu beschränken. Standardmäßig ist die Aufnahme unbeschränkt.
- `MaxResolution`: Mit dieser Property definieren Sie die maximale Auflösung des aufgenommenen Videos. Die Property ist vom Typ der Aufzählung `CameraCaptureUI-MaxVideoResolution`, die die Werte `HighestAvailable` (Default), `LowDefinition`, `StandardDefinition` und `HighDefinition` enthält.

> **Tipp**
> Sie finden im Namespace `Windows.Media.Transcoding` die Klasse `MediaTranscoder`. Mit Ihr können Sie bestehende Videos zuschneiden (= *trimmen*) und sogar in andere Formate umwandeln.

20.2.3 Webcam-Video mit »CaptureElement« einbinden

Um in Ihrer App ein Live-Video der Webcam einzubinden, nutzen Sie ein `CaptureElement`. Die direkt von `FrameworkElement` abgeleitete Klasse definiert selbst lediglich zwei Properties:

- Source: Nimmt das `MediaCapture`-Objekt entgegen, das als Quelle dient. Die `MediaCapture`-Klasse lernen Sie später beim Aufnehmen von Foto-, Video- und Audiodateien noch genauer kennen.
- Stretch: Vom Typ der Aufzählung `Stretch`, mit der Sie das Strecken des Videos festlegen. Die `Stretch`-Aufzählung mit den Werten `None`, `Fill`, `Uniform` und `UniformToFill` wird auch von der `Stretch`-Property der `Viewbox` verwendet. Eine Beschreibung dieser Werte finden Sie in Kapitel 4, »Controls«, beim Betrachten der `Viewbox`.

Da ein `CaptureElement` ein `FrameworkElement` ist, können Sie es an einer beliebigen Stelle in Ihrem UI platzieren:

```
<CaptureElement x:Name="captureElement"
  Width="500" Height="300" .../>
```

Listing 20.24 K20\09 CaptureElement\MainPage.xaml

Listing 20.25 zeigt den `Click`-Event-Handler eines `Buttons`. Beachten Sie, dass als Instanzvariable ein `MediaCapture`-Objekt definiert und initialisiert ist. Bevor das `MediaCapture`-Objekt der `Source`-Property des `CaptureElements` zugewiesen wird, wird auf ihm die `InitializeAsync`-Methode aufgerufen. Dies ist zwingend erforderlich, ansonsten erhalten Sie beim Setzen der `Source`-Property des `CaptureElements` eine Exception. Nach dem Setzen der `Source`-Property wird auf dem `MediaCapture`-Objekt die `StartPreviewAsync`-Methode aufgerufen, mit der das Live-Video von der Webcam im `CaptureElement` angezeigt wird.

```
MediaCapture _capture = new MediaCapture();
private async void Button_Click(object sender, RoutedEventArgs e)
{ ...
  try
  {
    await _capture.InitializeAsync();
    captureElement.Source = _capture;
    await _capture.StartPreviewAsync();
  }
  catch (UnauthorizedAccessException)
  {
    // Kein Zugriff auf die Webcam und das Mikrofon
    ...
  }
  ...
}
```

Listing 20.25 K20\09 CaptureElement\MainPage.xaml.cs

Beachten Sie in Listing 20.25, dass die UnauthorizedAccessException abgefangen wird. Beim allerersten Aufruf der InitializeAsync-Methode wird dem Benutzer ein Dialog angezeigt, mit dem er den Zugriff auf die Webcam und das Mikrofon zulassen oder blockieren kann. Dies ist analog zur CaptureAsync-Methode der CameraCaptureUI-Klasse. Hat der Benutzer den Zugriff blockiert, erhalten Sie im Fall der MediaCapture-Klasse die UnauthorizedAccessException.

Abbildung 20.11 zeigt die App mit dem CaptureElement aus Listing 20.24 in Aktion. Nachdem der Button geklickt und somit der Event Handler aus Listing 20.25 ausgeführt wurde, zeigt das CaptureElement ein Live-Video der Webcam an.

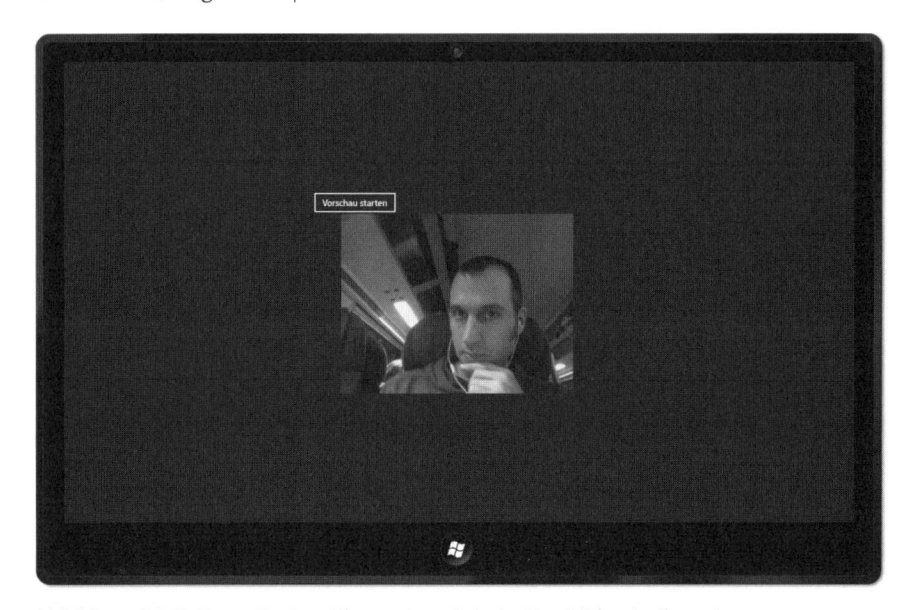

Abbildung 20.11 Das »CaptureElement« zeigt ein Live-Video in Ihrer App an.

Hinweis

Die InitializeAsync-Methode der Klasse MediaCapture benötigt im *Package.appxmanifest* die Funktionen *Webcam* und *Mikrofon*. Optional geben Sie MediaCapture-InitializationSettings als Parameter an. Damit können Sie beispielsweise festlegen, dass das Mikrofon nicht benötigt wird, indem Sie die StreamingCaptureMode-Property wie folgt auf Video setzen:

```
var settings = new MediaCaptureInitializationSettings
{
   StreamingCaptureMode = StreamingCaptureMode.Video
};
await _capture.InitializeAsync(settings);
```

20.2.4 Foto/Video/Audio mit »MediaCapture« aufnehmen

Die Klasse `MediaCapture` lässt sich auch ohne ein `CaptureElement` verwenden. Mit ihr können Sie direkt in Ihrer App Foto-, Video- oder auch Audiodateien aufnehmen. Zum Aufnehmen von Fotos und Videos wird im Gegensatz zur `CameraCaptureUI`-Klasse keine separate Kamera-App angezeigt, sondern es wird alles direkt in Ihrer App erledigt. Das Aufnehmen von Audiodateien ist ein spezielles Merkmal der `MediaCapture`-Klasse. Mit der `CameraCaptureUI`-Klasse ist dies nicht möglich.

Auf den folgenden Seiten sehen wir uns die Varianten zum Aufnehmen von Fotos, Videos und Audiodateien an.

> **Achtung**
> Hat der Benutzer in den Berechtigungen den Zugriff auf das Mikrofon und/oder die Webcam ausgeschaltet, erhalten Sie beim Verwenden der `MediaCapture`-Klasse eine `UnauthorizedAccessException`. Diese sollten Sie in Ihrem Code abfangen. In den folgenden Beispielen ist der entsprechende try-catch-Block aus Übersichtlichkeitsgründen nicht abgebildet.

Ein Foto aufnehmen

Zum Aufnehmen eines Fotos erzeugen Sie zuerst ein `MediaCapture`-Objekt. Initialisieren Sie es mit der `InitializeAsync`-Methode. In Listing 20.26 wird der Methode ein `MediaCaptureInitializationSettings`-Objekt übergeben, dessen `StreamCaptureMode`-Property den Wert `Video` enthält. Mit der `StreamCaptureMode`-Property bestimmen Sie, was aufgenommen wird. Sie ist vom Typ der `StreamCaptureMode`-Aufzählung, die die Werte `AudioAndVideo` (Default), `Audio` und `Video` enthält. Je nachdem, was Sie einstellen, benötigen Sie im *Package.appxmanifest* auch nur die entsprechende Funktion. Beim Wert `Audio` benötigen Sie die Funktion *Mikrofon*, beim Wert `Video` die Funktion *Webcam* und beim Default-Wert `AudioAndVideo` beide Funktionen.

> **Tipp**
> Die `MediaCaptureInitializationSettings`-Klasse besitzt auch die Properties `AudioDeviceId` und `VideoDeviceId`. Damit können Sie bei mehreren verfügbaren Mikrofonen oder Webcams festlegen, welches Mikrofon und welche Webcam verwendet werden soll. Um die ID herauszufinden, verwenden Sie die `DeviceInformation`-Klasse (Namespace: `Windows.Devices.Enumeration`). In Kapitel 18, »Geräte und Sensoren«, finden Sie ein Beispiel.

Nachdem Sie das `MediaCapture`-Objekt initialisiert haben, können Sie wie in Listing 20.26 mit der Methode `CapturePhotoToStreamAsync` ein Bild aufnehmen und in einen

IRandomAccessStream schreiben. Die Methode verlangt als ersten Parameter eine ImageEncodingProperties-Instanz (Namespace: Windows.Media.MediaProperties) und als zweiten Parameter den IRandomAccessStream. Die ImageEncodingProperties-Klasse enthält die statischen Methoden CreateJpeg, CreateJpegXR und CreatePng, die allesamt wiederum ein ImageEncodingProperties-Objekt zurückgeben. In Listing 20.26 wird ein JPEG erstellt, das in einem Image-Element angezeigt wird.

```
MediaCapture _capture;
private async void Button_Click(object sender, RoutedEventArgs e)
{
  _capture = new MediaCapture();
  // Mit diesen Settings wird nur die Funktion "Webcam" im
  // Package.appxmanifest benötigt. Die Funktion "Mikrofon" kann
  // weggelassen werden.
  var settings = new MediaCaptureInitializationSettings
  {
    StreamingCaptureMode = StreamingCaptureMode.Video
  };
  await _capture.InitializeAsync(settings);

  using (var stream = new InMemoryRandomAccessStream())
  {
    await _capture.CapturePhotoToStreamAsync(
      ImageEncodingProperties.CreateJpeg(), stream);
    await stream.FlushAsync();
    stream.Seek(0);

    var bitmap = new BitmapImage();
    bitmap.SetSource(stream);
    image.Source = bitmap;
  }
}
```

Listing 20.26 K20\10 MediaCapturePhoto\MainPage.xaml.cs

Anstatt wie in Listing 20.26 das Foto mit der CapturePhotoToStreamAsync-Methode der MediaCapture-Klasse in einen IRandomAccessStream zu schreiben, können Sie das Foto auch direkt in ein StorageFile speichern. Nutzen Sie dazu die Methode CapturePhotoToStorageFileAsync.

Tipp

Die Klasse MediaCapture besitzt ein Failed-Event, falls Probleme mit der Aufzeichnung auftreten. Sie sollten einen Event Handler für dieses Event registrieren, um auf eventuelle Probleme aufmerksam zu werden.

Ein Video aufnehmen

Zum Aufnehmen eines Videos nutzen Sie die `StartRecordToStreamAsync`-Methode der `MediaCapture`-Klasse. Sie nimmt ein `MediaEncodingProfile` und einen `IRandomAccessStream` entgegen. Die Klasse `MediaEncodingProfile` enthält diverse statische Methoden zum Erstellen einer `MediaEncodingProfile`-Instanz. Für Videos kommen die Methoden `CreateMp4` und `CreateWmv` in Frage. Beide Methoden nehmen als Parameter einen Wert der `VideoEncodingQuality`-Aufzählung entgegen. Die Aufzählung enthält die Werte `Auto`, `HD1080p`, `HD720p`, `Wvga`, `Ntsc`, `Pal`, `Vga` und `Qvga`.

Nachdem Sie mit der `StartRecordToStreamAsync`-Methode die Aufnahme gestartet haben, können Sie sie mit der `StopRecordAsync`-Methode beenden. Anschließend lesen Sie den Stream aus.

Listing 20.27 zeigt ein Beispiel für das Aufnehmen eines Videos. In der Methode `StartRecordAsync` wird die Aufnahme eines WMV-Videos gestartet. Das Video wird in einen `InMemoryRandomAccessStream` geschrieben, der in der Instanzvariablen `_videoStream` gespeichert ist.

In der `StopRecordAsync`-Methode wird auf dem `MediaCapture`-Objekt die `StopRecordAsync`-Methode aufgerufen, womit die Aufnahme beendet wird. Der `InMemoryRandomAccessStream` mit dem Video wird als Quelle für ein `MediaElement` verwendet, womit der Benutzer das eben aufgenommene Video direkt betrachten kann.

```
MediaCapture _capture;
IRandomAccessStream _videoStream;
...
private async Task StartRecordAsync()
{
  _capture = new MediaCapture();
  await _capture.InitializeAsync();

  MediaEncodingProfile profile =
    MediaEncodingProfile.CreateWmv(VideoEncodingQuality.Auto);
  _videoStream = new InMemoryRandomAccessStream();
  await _capture.StartRecordToStreamAsync(profile, _videoStream);
}
private async Task StopRecordAsync()
{
  await _capture.StopRecordAsync();
  await _videoStream.FlushAsync();
  _videoStream.Seek(0);
  mediaElement.SetSource(_videoStream, "video/x-ms-wmv");
}
```

Listing 20.27 K20\11 MediaCaptureVideo\MainPage.xaml.cs

> **Tipp**
>
> Der in Listing 20.27 gezeigte Code nimmt das Video mit Ton auf. Sie benötigen im *Package.appxmanifest* somit die Funktionen *Webcam* und *Mikrofon*. Falls Sie das Video ohne Ton aufnehmen möchten, übergeben Sie folgende Einstellungen an die IntializeAsync-Methode der MediaCapture-Instanz – die Funktion *Mikrofon* wird dann nicht benötigt:
>
> ```
> var settings = new MediaCaptureInitializationSettings
> {
>    StreamingCaptureMode = StreamingCaptureMode.Video
> };
> await _capture.InitializeAsync(settings);
> ```

Wie auch bei Fotos kann die MediaCapture-Klasse Videos direkt in ein StorageFile speichern. Nutzen Sie dazu die Methode StartRecordToStorageFileAsync. Darüber hinaus können Sie mit der Methode StartRecordToCustomSinkAsync sogar in eine benutzerdefinierte Mediensenke schreiben. Eine Mediensenke (*Sink*) ist wieder eine Form von Media Extension.

Möchten Sie an der Kamera verschiedene Einstellungen für die Aufnahme vornehmen, können Sie dazu die VideoDeviceController-Property der MediaCapture-Klasse nutzen. Sie ist vom Typ VideoDeviceController (Namespace: Windows.Media.Devices). Die Klasse enthält verschiedene Properties wie Brightness, Contrast und Zoom. Anstatt die Einstellungen selbst vorzunehmen, können Sie dem Benutzer mit der statischen Show-Methode der Klasse CameraOptionsUI auch das in Abbildung 20.12 gezeigte Fenster anzeigen. Die Show-Methode verlangt dabei Ihr MediaCapture-Objekt:

```
CameraOptionsUI.Show(mediaCapture);
```

Abbildung 20.12 Die Optionen für die Kamera

> **Hinweis**
>
> Wie Sie sehen, zeigt die Show-Methode der CameraOptionsUI-Klasse lediglich die weiteren Optionen für die Kamera an. Wenn Sie die Kamera-App von Windows 8 nutzen und darin die KAMERAOPTIONEN öffnen, finden Sie die in Abbildung 20.12 dargestellten weiteren Optionen unter dem Punkt MEHR.

Eine Audiodatei aufnehmen

Das Aufnehmen einer Audiodatei ist analog zum Aufnehmen einer Videodatei. Nachdem Sie Ihre MediaCapture-Instanz erstellt haben, initialisieren Sie sie mit der IntializeAsync-Methode. Übergeben Sie ein MediaCaptureInitializationSettings-Objekt, das in der StreamingCaptureMode-Property den Wert Audio enthält. Listing 20.28 zeigt dies. Dadurch benötigen Sie im *Package.appxmanifest* nur die Funktion *Mikrofon*, nicht jedoch die Funktion *Webcam*.

Zum Aufnehmen nutzen Sie wie auch beim Video die Methoden StartRecordToStreamAsync und StopRecordAsync. Der einzige Unterschied zum Aufnehmen eines Videos ist die an die Methode StartRecordToStreamAsync übergebene MediaEncodingProfile-Instanz. Die Klasse MediaEncodingProfile enthält diverse statische Methoden zum Erstellen einer solchen Instanz. Für Audioaufnahmen kommen die Methoden CreateM4a, CreateMp3 und CreateWma in Frage. Alle drei Methoden nehmen als Parameter einen Wert der AudioEncodingQuality-Aufzählung entgegen. Die Aufzählung enthält die Werte Auto, High (192 KBit/s), Medium (128 KBits/s) und Low (96 KBits/s). In Listing 20.28 wird die CreateMp3-Methode genutzt und somit eine MP3-Datei aufgenommen.

```
MediaCapture _capture;
IRandomAccessStream _audioStream;
private async Task StartRecordAsync()
{
  _capture = new MediaCapture();
  // Durch die an die InitializeAsync-Methode übergebenen
  // Einstellungen wird im Package.appxmanifest lediglich die
  // Funktion "Mikrofon", nicht jedoch die Funktion "Webcam"
  // benötigt.
  await _capture.InitializeAsync(
    new MediaCaptureInitializationSettings {
      StreamingCaptureMode = StreamingCaptureMode.Audio });

  MediaEncodingProfile profile =
    MediaEncodingProfile.CreateMp3(AudioEncodingQuality.Auto);
```

```csharp
    _audioStream = new InMemoryRandomAccessStream();
    await _capture.StartRecordToStreamAsync(profile, _audioStream);
}
private async Task StopRecordAsync()
{
    await _capture.StopRecordAsync();
    await _audioStream.FlushAsync();
    _audioStream.Seek(0);
    mediaElement.SetSource(_audioStream, "audio/mp3");
}
```

Listing 20.28 K20\12 MediaCaptureAudio\MainPage.xaml.cs

20.2.5 Webcam-Zugriff in FriendStorage

FriendStorage speichert für einen Freund ein Bild ab. Der Benutzer kann auf der Friend-EditPage über das in Abbildung 20.13 dargestellte ImageEditControl ein BILD WÄHLEN, ein BILD KNIPSEN oder das BILD ENTFERNEN.

Abbildung 20.13 Das »ImageEditControl« der »FriendEditPage«

Klickt der Benutzer in Abbildung 20.13 auf BILD KNIPSEN, wird der in Listing 20.29 dargestellte Event Handler ausgeführt. Darin wird geprüft, ob sich die App in der Snapped-Ansicht befindet. Falls ja, wird versucht, die App mit der TryUnsnap-Methode der ApplicationView-Klasse aus dieser Ansicht zu befreien. Klappt dies auch nicht, wird der Event Handler verlassen.

Befindet sich die App nicht in der Snapped-Ansicht, wird eine CameraCaptureUI-Instanz erstellt. Mit der CaptureFileAsync-Methode wird ein Foto aufgenommen. Das erhaltene StorageFile wird an die SetImage-Methode übergeben, die intern die Image-Property des ImageEditControls entsprechend auf das geknipste Foto setzt, vorausgesetzt, das StorageFile ist nicht null.

```
private async void ButtonTakeClick(object sender, ...)
{
  if (ApplicationView.Value == ApplicationViewState.Snapped
      && !ApplicationView.TryUnsnap())
  {
    return;
    // CameraCaptureUI lässt sich in der
    // "Snapped"-Ansicht nicht verwenden.
  }

  var cameraCaptureUI = new CameraCaptureUI();
  var storageFile = await cameraCaptureUI.CaptureFileAsync(
    CameraCaptureUIMode.Photo);
  await SetImage(storageFile);
}
```

Listing 20.29 FriendStorage\Controls\ImageEditControl.xaml.cs

20.3 Der »PlayTo«-Contract

In Kapitel 16, »Contracts und Extensions«, haben Sie bereits verschiedene Contracts kennengelernt. Speziell für Bilder- und Audio-/Videodateien gibt es den *PlayTo*-Contract. Damit streamen Sie Ihre Bilder, Audiodateien und Videos von Ihrer Windows Store App auf andere Geräte, wie TV-Geräte, Audio-Receiver oder typischerweise auf die Xbox. Das andere Gerät muss das Teilen von Inhalten unterstützen und sich im selben lokalen Netzwerk befinden.

> **Tipp**
> In öffentlichen Netzwerken können Sie Geräte zum Streamen auch über den Punkt GERÄTE in den PC-EINSTELLUNGEN hinzufügen.

Sind Geräte verfügbar, die das Streamen von Bildern/Audiodateien/Videos unterstützen, sieht der Benutzer Ihrer App diese Geräte über den GERÄTE-Button der Charms Bar.

> **Hinweis**
> Wie Sie in Kapitel 16, »Contracts und Extensions«, erfahren haben, werden unter dem GERÄTE-Button der Charms Bar auch die verfügbaren Drucker angezeigt, falls die aktuell geöffnete App den ebenfalls bereits in Kapitel 16 beschriebenen *Print*-Contract implementiert.

Zum Implementieren des *PlayTo*-Contracts nutzen Sie die Klasse `PlayToManager` (Namespace: `Windows.Media.PlayTo`), die wir uns in diesem Abschnitt ansehen, bevor wir mit dem Streamen von Bildern und Audio-/Videodateien starten. Sie erfahren dabei auch, wie Sie das Streamen mit einem ganz gewöhnlichen zweiten PC testen können. Dies ist insbesondere hilfreich, wenn Sie kein Gerät haben, das ein *PlayTo*-Szenario unterstützt. Im letzten Teil dieses Abschnitts lesen Sie ein paar weitere Möglichkeiten, die Sie in einem *PlayTo*-Szenario haben.

20.3.1 Der »PlayToManager« und die »PlayToSource«-Instanz

Die Klasse `PlayToManager` enthält eine statische `GetForCurrentView`-Methode, die Ihnen die Instanz für die aktuelle Ansicht zurückgibt. Die `PlayToManager`-Klasse besitzt die beiden Events `SourceRequested` und `SourceSelected`.

Wichtig ist das `SourceRequested`-Event. Die darin erhaltenen `PlayToSourceRequestedEventArgs` besitzen eine Property namens `SourceRequest` vom Typ `PlayToSourceRequest`. Dieses `PlayToSourceRequest`-Objekt wiederum besitzt eine `GetDeferral`-Methode, mit der Sie die Anfrage verzögern, um Ihre Quelle zu setzen. Die `GetDeferral`-Methode gibt ein `PlayToSourceDeferral`-Objekt zurück. Sobald Sie die Quelle gesetzt haben, rufen Sie auf `PlayToSourceDeferral`-Objekt die `Complete`-Methode auf.

Die eigentliche Quelle setzen Sie mit der `SetSource`-Methode des `PlayToSourceRequest`-Objekts. Die `SetSource`-Methode nimmt ein `PlayToSource`-Objekt entgegen, das die zu streamende Quelle enthält. Werfen Sie einen Blick auf die `PlayToSource`-Klasse, sehen Sie, dass sie keinen öffentlichen Konstruktor enthält. Doch wie erzeugen Sie ein solches `PlayToSource`-Objekt?

Die Lösung bieten die Elemente `Image` und `MediaElement`. Zeigen Sie mit dem `Image`-Element ein Bild an, finden Sie das zugehörige `PlayToSource`-Objekt in der `PlayToSource`-Property. Spielen Sie mit dem `MediaElement` eine Audio- oder Videodatei ab, finden Sie auch hier das zugehörige `PlayToSource`-Objekt in der `PlayToSource`-Property. Sehen wir uns beide Varianten an.

Achtung

Das Event `SourceRequested` wird vom `PlayToManager` nicht auf dem UI-Thread ausgelöst. Greifen Sie darin auf ein `Image` oder ein `MediaElement` zu, müssen Sie den `CoreDispatcher` verwenden. Dazu mehr in den folgenden Beispielen.

20.3.2 »PlayTo« mit Bildern

Listing 20.30 zeigt die Codebehind-Datei der `MainPage` einer App, die den *PlayTo*-Contract implementiert. In der `LoadState`-Methode wird der Event Handler

OnSourceRequested für das SourceRequested-Event des PlayToManagers registriert. In der SaveState-Methode wird er wieder deregistriert.

Im Event Handler wird über die PlayToSourceRequestedEventArgs mit der GetDeferral-Methode das PlayToSourceDeferral-Objekt ausgelesen. Anschließend wird der Core-Dispatcher genutzt, um auf dem UI-Thread die SetSource-Methode aufzurufen. Es wird der Inhalt der PlayToSource-Property eines in XAML definierten Image-Elements übergeben. Danach wird die Complete-Methode auf dem PlayToSourceDeferral-Objekt aufgerufen.

```
public sealed partial class MainPage :
  PlayToContractPhoto.Common.LayoutAwarePage
{
  protected override void LoadState(Object navigationParameter,
    Dictionary<String, Object> pageState)
  {
    PlayToManager.GetForCurrentView().SourceRequested
      += OnSourceRequested;
  }

  protected override void SaveState(
    Dictionary<String, Object> pageState)
  {
    PlayToManager.GetForCurrentView().SourceRequested
      -= OnSourceRequested;
  }

  void OnSourceRequested(PlayToManager sender,
    PlayToSourceRequestedEventArgs args)
  {
    var deferral = args.SourceRequest.GetDeferral();
    var handler =
      Dispatcher.RunAsync(CoreDispatcherPriority.Normal, () =>
        {
          // Dieser Aufruf muss auf dem UI-Thread ausgeführt
          // werden, da auf das Image-Element zugegriffen wird.
          args.SourceRequest.SetSource(image.PlayToSource);
          deferral.Complete();
        });
  }
  ...
}
```

Listing 20.30 K20\13 PlayToContractPhoto\MainPage.xaml.cs

Damit ist die App bereit zum Testen. Damit es allerdings etwas spannender wird, ist im UI nicht nur ein Image-Element mit einer statischen Quelle definiert. Stattdessen enthält die App auf der linken Seite eine `ListView` mit verschiedenen Bildern, die Sie in Abbildung 20.14 sehen. Auf der rechten Seite befindet sich das `Image`-Element namens `image`, auf das auch in Listing 20.30 im `SourceRequested`-Event-Handler zugegriffen wird. Wird in der `ListView` ein Bild selektiert, wird die `Source`-Property dieses `Image`-Elements auf das selektierte Bild gesetzt. Kommen wir jetzt zum Testen.

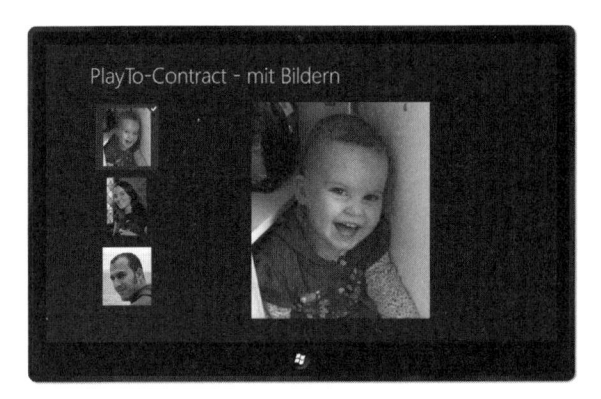

Abbildung 20.14 Die App erlaubt auf der linken Seite die Auswahl eines Bildes.

20.3.3 Testen des »PlayTo«-Contracts

Falls Sie weder eine Xbox noch ein TV-Gerät haben, das in Ihrem lokalen Netzwerk lebt und das Teilen von Inhalten unterstützt, können Sie auch einfach einen zweiten Rechner und den Windows Media Player nutzen. Diese Variante sehen wir uns hier an.

Öffnen Sie auf dem zweiten Rechner den Windows Media Player. Wählen Sie wie in Abbildung 20.15 den Menüpunkt STREAMEN • REMOTESTEUERUNG DES PLAYERS ZULASSEN... aus.

> **Hinweis**
> Damit Sie den Menüpunkt auswählen können, muss der Windows Media Player sich in der Ansicht BIBLIOTHEK befinden. Diese aktivieren Sie über das Hauptmenü via ANSICHT • BIBLIOTHEK oder über das Tastenkürzel [Strg] + [1].

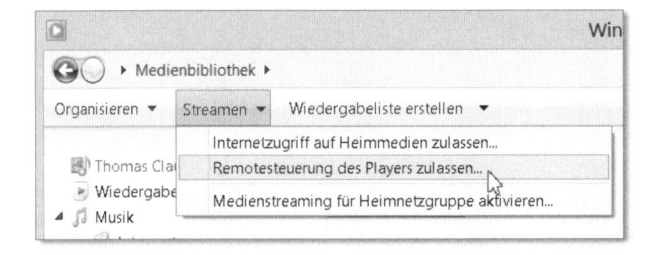

Abbildung 20.15 Menüpunkt »Remotesteuerung des Players zulassen«

Sie erhalten das in Abbildung 20.16 dargestellte Fenster, in dem Sie die Remotesteuerung für das lokale Netzwerk zulassen.

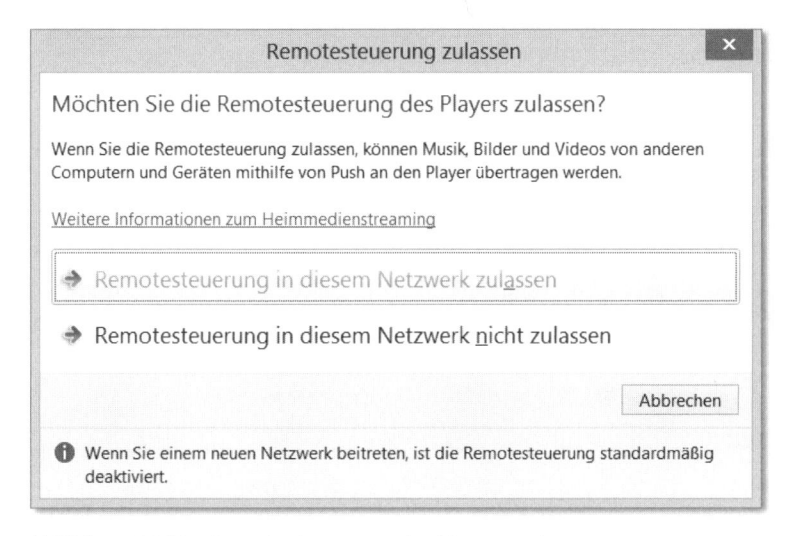

Abbildung 20.16 »Remotesteuerung des Players zulassen«

Schalten Sie den Windows Media Player jetzt in die Ansicht AKTUELLE WIEDERGABE. Nutzen Sie dazu im Hauptmenü ANSICHT • AKTUELLE WIEDERGABE oder das Tastenkürzel [Strg] + [3]. Der Windows Media Player sollte jetzt wie in Abbildung 20.17 aussehen.

Abbildung 20.17 Der Windows Media Player in der Ansicht »aktuelle Wiedergabe«

Wechseln Sie auf dem zweiten Rechner in die SYSTEMSTEUERUNG, und wählen Sie unter der Kategorie HARDWARE UND SOUND den Punkt GERÄT HINZUFÜGEN aus. Es taucht wie in Abbildung 20.18 der DIGITAL MEDIA-PLAYER auf. Der Name

»W520THOMAS« ist der Name meines zweiten Rechners, ein Lenovo-W520-Notebook. Klicken Sie auf WEITER, und das Gerät wird hinzugefügt.

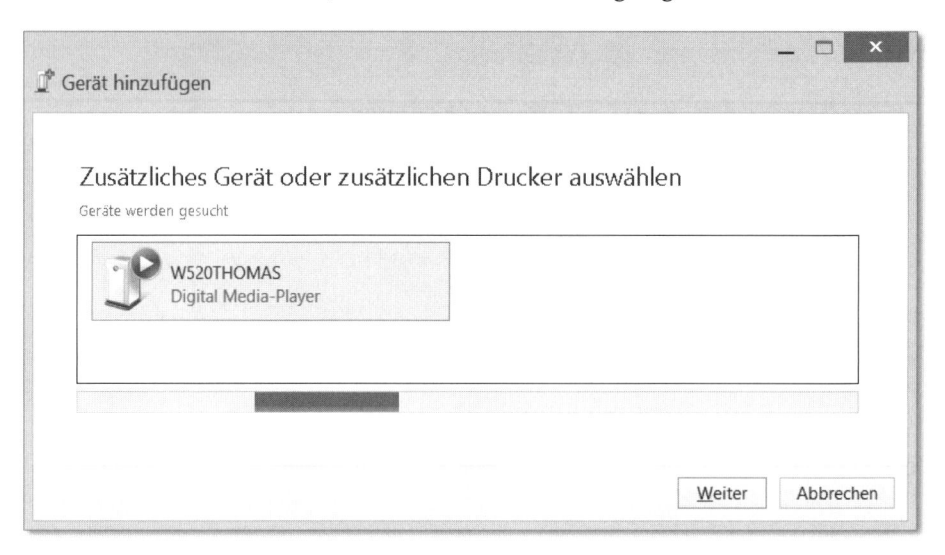

Abbildung 20.18 Der Digital Media-Player wird über die Systemsteuerung hinzugefügt.

Damit haben Sie einen zweiten Rechner als Ziel für die Wiedergabe von Bildern, Audiodateien und Videos eingerichtet.

Jetzt können Sie auf Ihrem primären Rechner oder Ihrem Tablet die App aus dem vorigen Abschnitt testen, die den *PlayTo*-Contract implementiert. Starten Sie dazu die App, und klicken Sie in der Charms Bar auf den GERÄTE-Button. Dadurch wird im Code das `SourceRequested`-Event des `PlayToManager`s ausgelöst, in dessen Event Handler (Listing 20.30) die Bildquelle gesetzt wird. Für den Benutzer werden die Geräte aufgelistet, die Inhalte streamen können.

Wie Sie in Abbildung 20.19 sehen, wird bei mir auf meinem Microsoft Surface der Rechner W520THOMAS aufgelistet. Klicke ich ihn an, wird das Streamen des selektierten Bildes von meiner auf dem Surface ausgeführten Windows Store App zum Rechner W520THOMAS gestartet.

> **Tipp**
> Die Klasse `PlayToManager` besitzt eine statische Methode `ShowPlayToUI`. Darüber zeigen Sie die Oberfläche mit der Auflistung der Geräte zum Streamen direkt aus Ihrer App an.

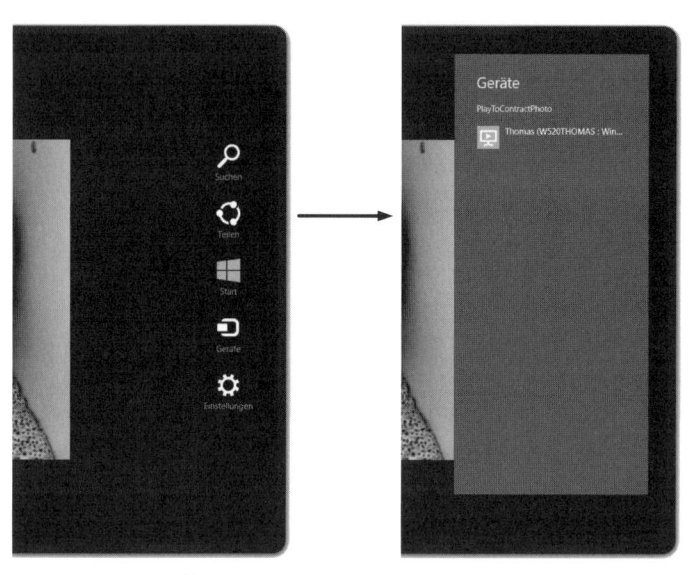

Abbildung 20.19 Über die Charms Bar werden die »Geräte« geöffnet.

Auf dem zweiten Rechner wird im Windows Media Player das auf meinem Surface in der Windows Store App selektierte Bild angezeigt, so wie in Abbildung 20.20.

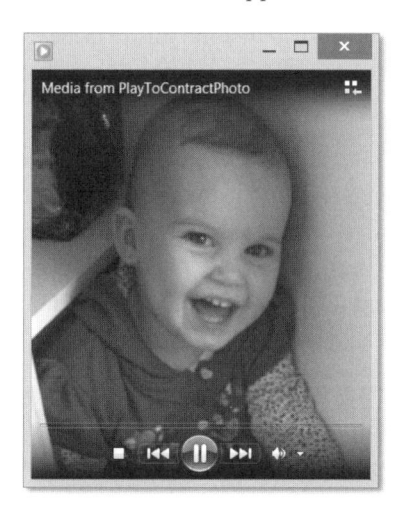

Abbildung 20.20 Das Bild wurde von der Windows Store App zum Windows Media Player auf dem zweiten Rechner gestreamt.

20.3.4 »PlayTo« mit Audio/Video

Das Streamen von Audio und Videoinhalten ist analog zum Streamen von Bildern. Geben Sie im `SourceRequested`-Event-Handler einfach den Inhalt der `PlayToSource`-Property Ihres `MediaElement`s an die `SetSource`-Methode:

```
void OnSourceRequested(PlayToManager sender,
  PlayToSourceRequestedEventArgs args)
{
  var deferral = args.SourceRequest.GetDeferral();
  var handler =
    Dispatcher.RunAsync(CoreDispatcherPriority.Normal, () =>
    {
      // Dieser Aufruf muss auf dem UI-Thread ausgeführt werden
      //, da auf das MediaElement zugegriffen wird.
      args.SourceRequest.SetSource(mediaElement.PlayToSource);
      deferral.Complete();
    });
}
```

Listing 20.31 K20\14 PlayToContractVideo\MainPage.xaml.cs

20.3.5 Weitere Möglichkeiten

Es gibt ein paar weitere Möglichkeiten für *PlayTo*-Szenarien. Beispielsweise enthält die PlayToSource-Klasse eine Next-Property vom Typ PlayToSource. Damit können Sie mehrere PlayToSource-Instanzen aneinanderketten, um beispielsweise eine Wiedergabeliste zu erstellen. Rufen Sie auf einer PlayToSource-Instanz die PlayNext-Methode auf, damit die in der Next-Property sitzende PlayToSource-Instanz auf dem Zielgerät wiedergegeben wird.

Die PlayToSource-Klasse besitzt auch eine Connection-Property. Diese enthält eine PlayToConnection-Instanz, über deren State-Property Sie den Zustand der aktuellen Verbindung zum Zielgerät abfragen können. Die State-Property ist vom Typ der Aufzählung PlayToConnectionState, die die Werte Disconnected, Connected und Rendering enthält. Besteht eine Verbindung, ist der Zustand Connected. Werden auf dem Zielgerät Medien wiedergegeben, ist der Zustand Rendering.

Neben der State-Property besitzt die PlayToConnection-Klasse die drei Events Error, StateChanged und Transferred. Das Error-Event informiert Sie über Fehler. Das StateChanged-Event wird ausgelöst, wenn sich der Wert der State-Property ändert. Das Transferred-Event tritt auf, wenn Sie mehrere PlayToSource-Instanzen mit deren Next-Properties aneinandergekettet haben und ein Wechsel von der Wiedergabe einer PlayToSource-Instanz zur nächsten stattfindet. Dann wird die PlayToConnection-Instanz zur nächsten PlayToSource-Instanz »transferiert«.

20.4 Zusammenfassung

Mit der Klasse `MediaElement` lassen sich Audio- und Videodateien abspielen. Setzen Sie in XAML die `Source`-Property, um eine Audio- oder Videodatei anzugeben. In C# verwenden Sie die `SetSource`-Methode, die direkt einen Stream entgegennimmt.

Um den Abspielgang zu steuern, definiert die `MediaElement`-Klasse die Methoden `Play`, `Pause` und `Stop`. Mit der Property `Position` bestimmen Sie die aktuelle Position mit einem `TimeSpan`-Objekt. Darüber hinaus gibt es Properties wie `Volume`, `Balance` oder `Audio`, um die Audioausgabe zu regeln.

Zum Aufnehmen von Inhalten via Webcam und/oder Mikrofon muss die entsprechende Funktion im *Package.appxmanifest* aktiviert sein. Um mit der Webcam Bilder und Videos aufzunehmen, stehen Ihnen zwei Klassen zur Verfügung:

- Mit der Klasse `CameraCaptureUI` wird dem Benutzer die Kamera-App von Windows 8 angezeigt, in der er dann ein Bild oder Video aufnehmen kann.
- Mit der Klasse `MediaCapture` bleibt der Benutzer in Ihrer App, und das Bild oder das Video wird direkt von der Webcam aufgenommen.

Die Klasse `MediaCapture` lässt sich der `Source`-Property eines `CaptureElement`s zuweisen. Damit können Sie ein Live-Video einer Webcam in Ihre App einbinden.

Im Gegensatz zur Klasse `CameraCaptureUI` können Sie mit der Klasse `MediaCapture` auch Audiodateien und Videos ohne Ton aufnehmen.

Mit dem *PlayTo*-Contract können Sie Ihre Medieninhalte an kompatible Geräte in Ihrem lokalen Netzwerk streamen. Nutzen Sie dazu die Klasse `PlayToManager` und deren `SourceRequested`-Event. In einem Event Handler für dieses Event lässt sich die Quelle in Form einer `PlayToSource`-Instanz angeben. Eine `PlayToSource`-Instanz finden Sie in den gleichnamigen Properties der Klassen `Image` und `MediaElement`.

In diesem Kapitel haben Sie einen Einblick in die mächtige Multimedia-Funktionalität der WinRT erhalten. Im nächsten Kapitel sehen wir uns Animationen an. Dabei erfahren Sie, wie Sie Ihrer Windows Store App ein »flüssiges« Aussehen geben.

Kapitel 21
Animationen

Um Ihre Windows Store App »fast & fluid« zu machen, können Sie vordefinierte Animationen verwenden, die den Standardanimationen aus Windows 8 entsprechen. Darüber hinaus haben Sie die Möglichkeit, eigene Animationen zu erstellen.

Windows Store Apps sind »fast & fluid«, also schnell und flüssig. Unter flüssig wird verstanden, dass das UI Ihrer App sich flüssig bewegt. Dabei sollte das UI die Standardanimationen von Windows 8 verwenden. Beispielsweise »fliegen« Elemente beim Erscheinen von rechts zu ihrer finalen Position. Beim Verwenden der WinRT-Controls geschieht dies oft automatisch. Wie Sie dies allerdings selbst in die Hand nehmen und mehr Effekte in Ihre App bringen, lesen Sie in diesem Kapitel.

Technisch gesehen ist eine *Animation* die stetige Änderung des Wertes einer Dependency Property über einen Zeitraum. Beispielsweise animieren Sie die Opacity-Property eines Elements, um dieses ein- und auszublenden. Oder Sie animieren die der RenderTransform-Property zugewiesene Transformation, um Ihr Element zu rotieren, zu vergrößern, zu verkleinern oder zu bewegen. Es gibt zahlreiche Wege.

Um die Elemente Ihrer Windows Store App zu animieren, haben Sie im Grunde vier verschiedene Möglichkeiten:

- Theme Transitions
- Theme Animations
- eigene Animationen
- Low-Level-Animationen

Die **Theme Transitions** sehen wir uns in Abschnitt 21.1 an. Sie enthalten vordefinierte Standardanimationen aus Windows 8 und sind sehr einfach zu verwenden. Das Besondere an den Theme Transitions ist, dass sie nicht nur die Animation, sondern auch das Auslösen der Animation enthalten. Beispielsweise gibt es die EntranceThemeTransition, die ein Element leicht animiert, wenn es zum ersten Mal erscheint. Eine Theme Transition führt somit eine vordefinierte Animation für eine vordefinierte Aktion aus.

Auch die in Abschnitt 21.2 betrachteten **Theme Animations** enthalten Standardanimationen, die typisch für Windows Store Apps sind. Im Gegensatz zu den Theme Transitions sind die Theme Animations jedoch nicht mit einer Aktion verknüpft. Sie bestimmen mit Ihrem Code, wann eine Theme Animation gestartet wird.

Hinweis

Theme Transitions und Theme Animations sind ein spezifisches Feature von Windows Store Apps. Damit lässt sich Ihre App sehr einfach mit dem Standardanimationen von Windows 8/Windows Store Apps ausstatten. In der WPF/Silverlight gibt es die Theme Transitions/Animationen nicht.

In Abschnitt 21.3 und 21.4 erfahren Sie, wie Sie **eigene Animationen** erstellen. Dies sind maßgeschneiderte Animationen, die das von Ihnen definierte Verhalten aufweisen. Falls Sie bereits mit der WPF/Silverlight gearbeitet haben, fühlen Sie sich hier zu Hause, auch wenn es in der WinRT kleine Unterschiede gibt. Wie auch bei der WPF/Silverlight, haben Sie die Möglichkeit, die in Abschnitt 21.3 beschriebenen Basis-Animationen oder die in Abschnitt 21.4 beschriebenen Keyframe-Animationen zu erstellen.

Anstatt die Animationsklassen der WinRT zu nutzen, können Sie natürlich auch alles manuell im Code erledigen, damit sich etwas »bewegt«. Dies wird als manuelle oder **Low-Level-Animation** bezeichnet und ist in Abschnitt 21.5, »Low-Level-Animationen«, beschrieben. Sie erhalten in diesem Abschnitt auch Einblick in ein auf einer Low-Level-Animation basiertes 2D-Jump-and-Run-Spiel.

21.1 Theme Transitions

Eine Theme Transition enthält vordefinierte Standardanimationen, wie sie in den Windows Store Apps von Microsoft und in Windows 8 selbst verwendet werden. Sie sollten versuchen, diese Art von Animationen zu verwenden, da sie Ihrer App einen gewissen Standard verleihen, den der Benutzer von Windows Store Apps erwartet. Greifen Sie auf die später beschriebenen Theme Animations oder eigene Animationen zu, falls Sie mit den Theme Transitions Ihre Anforderungen nicht erfüllen können.

Das Besondere an einer Theme Transition ist, dass sie nicht nur weiß, welche Properties durch die Animation verändert werden. Eine Theme Transition kennt auch die Aktion und somit den Zeitpunkt, wann die eigentliche Animation ausgelöst wird. Aus diesem Grund sind Theme Transitions sehr einfach zu verwenden, da Sie sich über das Auslösen der Animation keine Gedanken machen müssen. Beispielsweise gibt es die `EntranceThemeTransition`, deren Animation dann ausgeführt wird, wenn ein Element auf dem Bildschirm erscheint. Oder die `RepositionThemeTransition`, deren Animation ausgeführt wird, wenn ein Element an einer anderen Stelle positioniert wird. Sie machen sich also weder Gedanken darüber, wann die Animation ausgelöst wird noch welche Dependency Properties animiert werden.

Ein weiterer Vorteil von Theme Transitions ist, dass sie hardwarebeschleunigt sind. Das bedeutet, dass sie auf dem Grafikkarten-Prozessor (GPU) und nicht auf dem Hauptprozessor (CPU) berechnet werden. Somit läuft die Animation einer Theme Transition auch dann flüssig, wenn Ihre App auf der CPU gerade eine intensive Berechnung ausführt. Umgekehrt stört das Ausführen der Animation einer Theme Transition Ihre Berechnungen nicht.

Hardwarebeschleunigte und somit auf der GPU berechnete Animationen werden auch als *independent* (»unabhängige«) Animationen bezeichnet. Jene, die nicht hardwarebeschleunigt und somit auf der CPU ausgeführt werden, sind *dependent* (»abhängige«) Animationen. Diese lernen Sie später beim Erstellen von eigenen Animationen kennen.

Bevor wir uns die verschiedenen `Transition`-Klassen ansehen, werfen wir einen Blick darauf, wie Sie überhaupt eine Transition setzen.

21.1.1 Transitions auf Elementen setzen

Um auf einem Element eine Theme Transition zu setzen, nutzen Sie die in `UIElement` definierte `Transition`-Property. Sie ist vom Typ `TransitionCollection`. Eine `TransitionCollection` enthält ein oder mehrere `Transition`-Objekte. Die `Transition`-Klasse ist die Basisklasse aller Theme Transitions, was Sie im nächsten Abschnitt lesen werden. Zur `TransitionCollection` können Sie beispielsweise wie bei folgendem `Button` eine `EntranceThemeTransition` hinzufügen:

```xaml
<Button Content="Button mit einer EntranceThemeTransition">
  <Button.Transitions>
    <TransitionCollection>
      <EntranceThemeTransition/>
    </TransitionCollection>
  </Button.Transitions>
</Button>
```

Listing 21.1 K21\01 EinfacheTransition\MainPage.xaml

Mit der `EntranceThemeTransition` gleitet der `Button` beim ersten Erscheinen leicht von rechts an seine Position. Zusätzlich startet er transparent und wird dann eingeblendet. Das ist eine Standardanimation für ein Element, das in Windows 8 angezeigt wird.

> **Achtung**
>
> Beachten Sie in Listing 21.1, dass der Transitions-Property des Buttons explizit eine TransitionCollection zugewiesen wird, die die EntranceThemeTransition enthält. Dies ist zwingend notwendig, da die Transitions-Property aus Performancegründen per Default null ist und somit keine TransitionCollection-Instanz enthält. Vergessen Sie, das TransitionCollection-Element zu definieren, erhalten Sie eine Exception.
>
> Dasselbe gilt natürlich auch für C#. Bevor Sie auf der Transitions-Property mit der Add-Methode Transition-Objekte hinzufügen, sollten Sie ihr eine TransitionCollection zuweisen, da die Transitions-Property per Default null ist.
>
> Diese Regel gilt auch für die weiteren Properties vom Typ TransitionCollection, die Sie jetzt kennenlernen.

Neben der Transitions-Property der Klasse UIElement gibt es weitere Properties vom Typ TransitionCollection:

- Die **ChildrenTransitions**-Property der Klasse Panel: Die darin definierten Transitions werden auf alle Kinder im Panel angewendet.
- Die **ChildTransitions**-Property der Klassen Border und Popup: Die darin definierten Transitions werden auf das Kind in der Child-Property angewendet.
- Die **ContentTransitions**-Property der Klasse ContentControl: Die darin definierten Transitions werden den Inhalt des ContentControls angewendet.
- Die **ItemContainerTransitions**-Property der Klasse ItemsControl: Die darin definierten Transitions werden auf alle im ItemsControl enthaltenen Kinder bzw. Container (ComboBoxItem, ListViewItem, GridViewItem etc.) angewendet.
- Die **HeaderTransitions**-Property der Klasse ListViewBase, von der ListView und GridView erben: Die darin definierten Transitions werden auf den Inhalt der Header-Property angewendet.

Einige dieser Properties sehen Sie in den folgenden Abschnitten, doch zuvor ein Überblick der Transition-Klassen.

> **Tipp**
>
> Die Standard-Controls der WinRT verwenden bereits Theme Transitions, womit ihre Inhalte bereits animiert werden, ohne dass Sie dafür etwas tun müssen. Beispielsweise nutzt die ListView für ihren Inhalt unter anderem eine EntranceThemeTransition, wie folgender Setter aus dem Default-Style der ListView zeigt:

```xml
<Setter Property="ItemContainerTransitions">
  <Setter.Value>
    <TransitionCollection>
      <AddDeleteThemeTransition/>
      <ContentThemeTransition/>
      <ReorderThemeTransition/>
      <EntranceThemeTransition IsStaggeringEnabled="False"/>
    </TransitionCollection>
  </Setter.Value>
</Setter>
```

21.1.2 Die Transition-Klassen

Die WinRT enthält insgesamt acht Theme Transitions. Eine Theme Transition wird von einer Subklasse von `Transition` dargestellt. Der Name einer solchen Subklasse endet stets auf `ThemeTransition`. Abbildung 21.1 zeigt die Klassenhierarchie der Theme Transitions.

```
DependencyObject
 └─ Transition
     ├─ EntranceThemeTransition
     ├─ AddDeleteThemeTransition
     ├─ ContentThemeTransition
     ├─ EdgeUIThemeTransition
     ├─ PaneThemeTransition
     ├─ PopupThemeTransition
     ├─ ReorderThemeTransition
     └─ RepositionThemeTransition
```

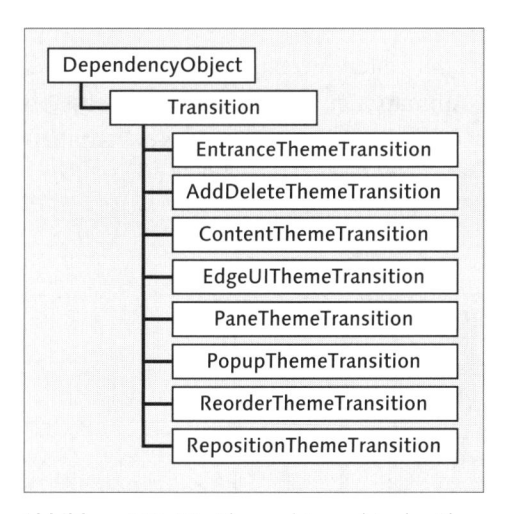

Abbildung 21.1 Die Klassenhierarchie der Theme Transitions

Die Transition-Klassen befinden sich alle im Namespace `Windows.UI.Xaml.Media.Animation`. Die Klasse `Transition` selbst definiert keine öffentlichen Mitglieder. Im Folgenden betrachten wir die einzelnen Subklassen.

EntranceThemeTransition

Die `EntranceThemeTransition` wird beim ersten Anzeigen eines Elements ausgeführt. Das Element wird dabei eingeblendet und gleitet von rechts an seine finale Position.

Listing 21.2 zeigt ein kleines Beispiel. Die `ChildrenTransitions`-Property eines `Stack-Panel`s enthält eine `EntranceThemeTransition`. Im `StackPanel` sind fünf `Buttons` definiert, die somit bei der ersten Anzeige animiert werden.

```xml
<Border BorderBrush="White" BorderThickness="2" ...>
  <StackPanel ...>
    <StackPanel.ChildrenTransitions>
      <TransitionCollection>
        <EntranceThemeTransition/>
      </TransitionCollection>
    </StackPanel.ChildrenTransitions>
    <Button Background="White" Width="50" Height="50"/>
    <Button Background="White" Width="50" Height="50"/>
    <Button Background="White" Width="50" Height="50"/>
    <Button Background="White" Width="50" Height="50"/>
    <Button Background="White" Width="50" Height="50"/>
  </StackPanel>
</Border>
```

Listing 21.2 K21\02 EntranceThemeTransition\MainPage.xaml

In Abbildung 21.2 sehen Sie das Resultat bei der ersten Anzeige des `StackPanel`s aus Listing 21.2. Wie Sie erkennen, werden die Animationen auf den darin enthaltenen `Buttons` nicht gleichzeitig, sondern versetzt (*staggered*) ausgeführt. Dieses Verhalten ist das Default-Verhalten, falls Sie die `EntranceThemeTransition` in der `ItemsContainerTransitions`-Property eines `ItemsControls` oder wie hier in der `ChildrenTransitions`-Property eines `Panels` verwenden.

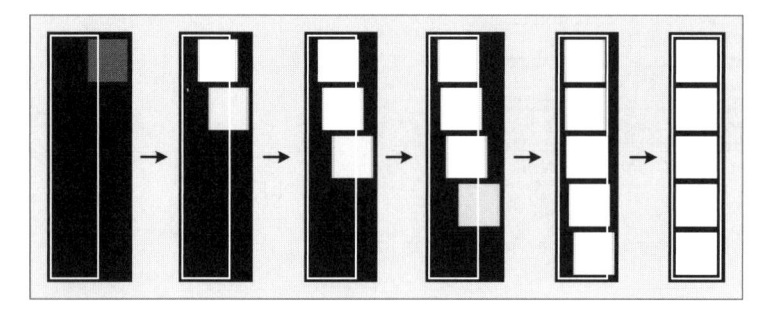

Abbildung 21.2 Die Kindelemente werden versetzt animiert.

Die `EntranceThemeTransition`-Klasse besitzt eine `IsStaggeringEnabled`-Property, die standardmäßig den Wert `true` hat. Setzen Sie die Property wie in folgendem Codeausschnitt auf `false`, werden alle im `StackPanel` enthaltenen `Buttons` nicht mehr versetzt, sondern gleichzeitig eingeblendet, was zum Ergebnis aus Abbildung 21.3 führt.

```xml
<StackPanel.ChildrenTransitions>
  <TransitionCollection>
    <EntranceThemeTransition IsStaggeringEnabled="False"/>
  </TransitionCollection>
</StackPanel.ChildrenTransitions>
```

Listing 21.3 K21\02 EntranceThemeTransition\MainPage.xaml

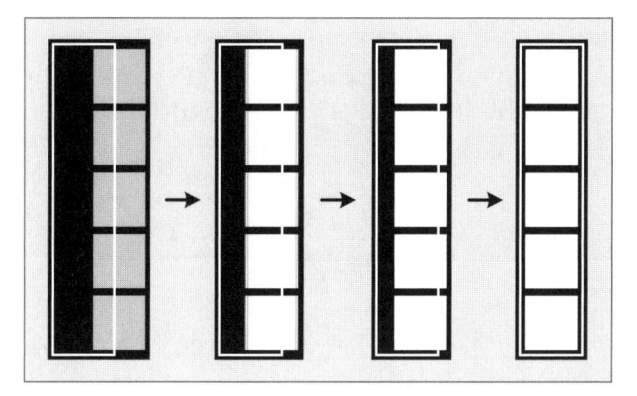

Abbildung 21.3 Die »IsStaggeringEnabled«-Property wurde auf »false« gesetzt.

Neben der `IsStaggeringEnabled`-Property besitzt die `EntranceThemeTransition`-Klasse zwei weitere Properties:

- **HorizontalOffset**: Ist per Default 40. Definiert den horizontalen Startpunkt.
- **VerticalOffset**: Ist per Default 0. Definiert den vertikalen Startpunkt.

Weisen Sie der `HorizontalOffset`-Property einen negativen Wert zu, damit die Elemente beim Einblenden nicht von rechts nach links, sondern von links nach rechts animiert werden. Bei der `VerticalOffset`-Property bedeutet ein positiver Wert eine Animation von unten nach oben und ein negativer Wert eine Animation von oben nach unten.

> **Achtung**
>
> Die `EntranceThemeTransition` führt die Animation dann aus, wenn ein Element zum ersten Mal angezeigt wird. Setzen Sie die `Visibility`-Property Ihres Elements auf `Collapsed` und wieder auf `Visible`, findet die Animation nicht nochmals statt, da der Eintritt (*Entrance*) bereits stattgefunden hat.
>
> Die Animation findet statt, wenn
>
> - das Element zum ersten Mal angezeigt wird,
> - das Element programmatisch zum UI hinzugefügt wird und somit auch das erste Mal angezeigt wird.

Setzen Sie auf Ihrem Element in XAML von Beginn an die Visibility-Property auf Collapsed, findet die EntranceThemeTransition dann statt, sobald Sie die Visibility-Property auf Visible setzen, was dann auch wieder der ersten Anzeige des Elements entspricht.

Hinweis

Fügen Sie zu Ihrem Projekt eine Seite hinzu, die auf der *Standardseite*-Vorlage basiert, enthält die erstellte LayoutAwarePage standardmäßig ein Grid, in dem Sie den Inhalt Ihrer Seite platzieren können. Die Style-Property dieses Grids referenziert den LayoutRootStyle:

```
<common:LayoutAwarePage ...> ...
  <Grid Style="{StaticResource LayoutRootStyle}">
  </Grid>
</common:LayoutAwarePage>
```

Der LayoutRootStyle ist in der *StandardStyles.xaml*-Datei im *Common*-Ordner Ihres Projekts definiert und sieht wie folgt aus:

```
<Style x:Key="LayoutRootStyle" TargetType="Panel"> ...
  <Setter Property="ChildrenTransitions">
    <Setter.Value>
      <TransitionCollection>
        <EntranceThemeTransition/>
      </TransitionCollection>
    </Setter.Value>
  </Setter>
</Style>
```

Wie Sie sehen, wird die ChildrenTransitions-Property des Panels gesetzt. Die zugewiesene TransitionCollection enthält eine EntranceThemeTransition. Das bedeutet, dass der Inhalt Ihrer Seite bereits mit dieser Transition animiert wird, sobald die Seite angezeigt wird.

ContentThemeTransition

Die ContentThemeTransition führt beim ersten Anzeigen eines Elements eine Animation aus. Das Element wird dabei eingeblendet und gleitet von rechts an seine finale Position. Dies ist der gleiche Effekt wie bei der EntranceThemeTransition. Im Gegensatz zur EntranceThemeTransition besitzt die ContentThemeTransition allerdings auch eine Animation, wenn ein Element wieder aus dem Visual Tree entfernt wird. Es verschwindet nicht sofort, sondern wird animiert ausgeblendet.

Die `ContentThemeTransition`-Klasse besitzt zwei Properties:

- **HorizontalOffset**: Ist per Default 40. Definiert den horizontalen Startpunkt.
- **VerticalOffset**: Ist per Default 0. Definiert den vertikalen Startpunkt.

Die `ContentThemeTransition` verwenden Sie üblicherweise für die `ContentTransitions`-Property eines `ContentControls`. Oft kommt sie bei größeren Controls mit sich änderndem Inhalt zum Einsatz, wie beispielsweise dem `Frame`-Control.

PopupThemeTransition

Die `PopupThemeTransition` macht fast dasselbe wie die `ContentThemeTransition`. Beim ersten Anzeigen eines Elements wird dieses eingeblendet und gleitet allerdings nicht von rechts, sondern von unten an seine finale Position. Wird das Element wieder aus dem Visual Tree entfernt, verschwindet es wie auch bei der `ContentThemeTransition` nicht sofort, sondern wird animiert ausgeblendet.

Wie auch die `ContentThemeTransition`-Klasse besitzt die `PopupThemeTransition` zwei Properties; beachten Sie allerdings die vertauschten Default-Werte, die für das Gleiten von unten anstatt von rechts verantwortlich sind:

- **HorizontalOffset**: Ist per Default 0. Definiert den horizontalen Startpunkt.
- **VerticalOffset**: Ist per Default 40. Definiert den vertikalen Startpunkt.

Die `PopupThemeTransition` weisen Sie üblicherweise wie in Listing 21.4 der `ChildTransitions`-Property eines `Popups` zu. Wird die `IsOpen`-Property des `Popups` geändert und dieses damit ein- oder ausgeblendet, wird die entsprechende Animation der `PopupThemeTransition` ausgeführt.

```xml
<Popup Width="300" Height="100"
  IsOpen="{Binding ElementName=checkBox,Path=IsChecked}" ...>
  <!-- Mit der ChildTransitions-Property wird nicht das Popup
    selbst, sondern dessen Inhalt animiert -->
  <Popup.ChildTransitions>
    <TransitionCollection>
      <PopupThemeTransition/>
    </TransitionCollection>
  </Popup.ChildTransitions>
  <Border Width="300" Height="100" Background="DarkRed">
    <TextBlock Text="Ein kleines animiertes Popup" .../>
  </Border>
</Popup>
```

Listing 21.4 K21\04 DiePopupThemeTransition\MainPage.xaml

> **Hinweis**
> In Abschnitt 21.1.3, »Transitions in FriendStorage«, sehen Sie, wie in FriendStorage eine PopupThemeTransition zum Animieren eines Popups genutzt wird.

> **Achtung**
> Sie können theoretisch die Werte der Properties HorizontalOffset und VerticalOffset so verändern, dass Sie die PopupThemeTransition auch anstelle einer ContentThemeTransition nutzen. Das sollten Sie allerdings nicht tun. Rein theoretisch könnte Microsoft die Theme Transitions und Theme Animations in zukünftigen Windows-Versionen anpassen. Wird die ContentThemeTransition angepasst, profitieren Sie nicht davon, da Sie überall die PopupThemeTransition nutzen. Verwenden Sie folglich die Transitions, wofür sie gedacht sind. Und die PopupThemeTransition ist für Popups gedacht.

AddDeleteThemeTransition

Die AddDeleteThemeTransition führt eine Animation aus, wenn ein Element zum UI hinzugefügt, entfernt oder durch eine Layoutänderung neu positioniert wird.

Beim Hinzufügen eines Elements oder auch bei dessen ersten Erscheinen wird es animiert eingeblendet. Beim Entfernen wird es animiert ausgeblendet. Erhält es eine neue Position, gleitet es animiert an diese neue Position.

Interessant ist die AddDeleteThemeTransition für die ItemsContainerTransitions-Property eines ItemsControls oder für die ChildrenTransitions-Property eines Panels. Beim Hinzufügen und Entfernen eines Elements werden dann alle anderen im ItemsControl/Panel enthaltenen Elemente verschoben. Die Animationen zum Neupositionieren der Elemente finden nicht versetzt, sondern gleichzeitig statt. Sehen wir uns ein kleines Beispiel an.

Listing 21.5 zeigt ein StackPanel mit einer AddDeleteThemeTransition. Das StackPanel enthält fünf Buttons.

```xml
<StackPanel x:Name="stackPanel" ...>
  <StackPanel.ChildrenTransitions>
    <TransitionCollection>
      <AddDeleteThemeTransition/>
    </TransitionCollection>
  </StackPanel.ChildrenTransitions>
  <Button Content="1" Width="50" Height="50" .../>
  <Button Content="2" Width="50" Height="50" .../>
```

```
    <Button Content="3" Width="50" Height="50" .../>
    <Button Content="4" Width="50" Height="50" .../>
    <Button Content="5" Width="50" Height="50" .../>
</StackPanel>
```

Listing 21.5 K21\05 AddDeleteThemeTransition\MainPage.xaml

In der Codebehind-Datei wird mit folgender Zeile ein weiterer Button am Index 2 eingefügt:

```
stackPanel.Children.Insert(2, new Button
    { Width = 50, Height = 50, Content = 6,... });
```

Durch die obere Zeile ergibt sich dank der AddDeleteThemeTransition die in Abbildung 21.4 zu sehende Animation. Die unteren Buttons gleiten animiert an ihre neue Position, bevor der Button mit der Nummer 6 am Index 2 eingeblendet wird.

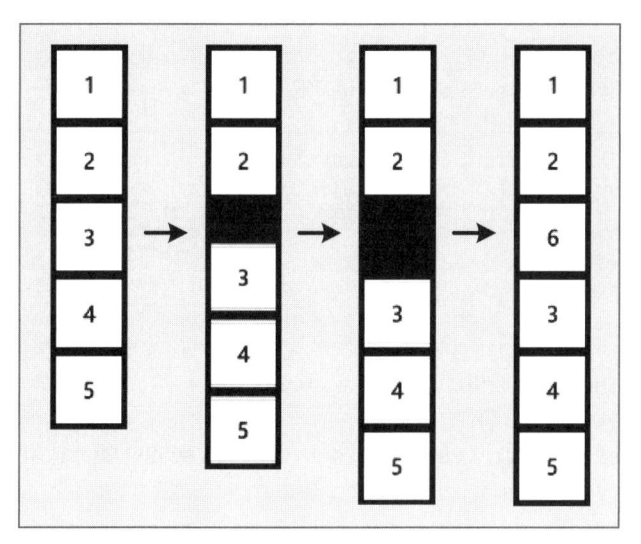

Abbildung 21.4 Die Animation beim Einfügen eines Elements

Die AddDeleteThemeTransition-Klasse besitzt keinerlei öffentliche Mitglieder, um das Verhalten der Animationen anzupassen.

RepositionThemeTransition

Die RepositionThemeTransition wird ausgeführt, wenn ein Element aufgrund einer Layoutänderung neu positioniert wird. Im Gegensatz zur AddDeleteThemeTransition findet beim Hinzufügen und Entfernen von Elementen keine Animation statt.

Wird die RepositionThemeTransition in der ItemsContainerTransitions-Property eines ItemsControls oder in der ChildrenTransitions-Property eines Panels verwendet, werden die Animationen auf den Kindelementen wie auch bei der EntranceTheme-Transition versetzt (*staggered*) ausgeführt. Dies sieht insbesondere dann grandios aus, wenn viele Elemente neu positioniert werden.

Um dieses Verhalten zu veranschaulichen, eignet sich das in Listing 21.6 in der Page enthaltene horizontal ausgerichtete VariableSizedWrapGrid. Die Children-Transitions-Property enthält eine TransitionCollection mit einer Reposition-ThemeTransition. Im VariableSizedWrapGrid sind über 30 Buttons enthalten, die in Listing 21.6 aus Übersichtlichkeitsgründen nicht alle dargestellt sind.

```xaml
<Page x:Class="DieRepositionThemeTransition.MainPage" ...>
  <Grid ...> ...
    <VariableSizedWrapGrid Orientation="Horizontal" ...>
      <VariableSizedWrapGrid.ChildrenTransitions>
        <TransitionCollection>
          <RepositionThemeTransition/>
        </TransitionCollection>
      </VariableSizedWrapGrid.ChildrenTransitions>
      <Button Background="White"  Width="50" Height="50"/>
      <Button Background="Red"    Width="50" Height="50"/>
      <Button Background="Orange" Width="50" Height="50"/>
      <Button Background="Blue"   Width="50" Height="50"/>
      ...
    </VariableSizedWrapGrid>
  </Grid>
</Page>
```

Listing 21.6 K21\06 RepositionThemeTransition\MainPage.xaml

Wird die App gesnappt, gleiten die Buttons einer nach dem anderen an die neue Position. Wird die App wieder im Vollbild angezeigt, gleiten die Buttons wieder zurück, da das VariableSizedWrapGrid dann wieder breiter wird. Abbildung 21.5 zeigt dieses Verhalten, wenn die App von der *Snapped*-Ansicht in die Vollbildansicht versetzt wird. Rechts sehen Sie, wie die Buttons nacheinander an die neue Position gleiten.

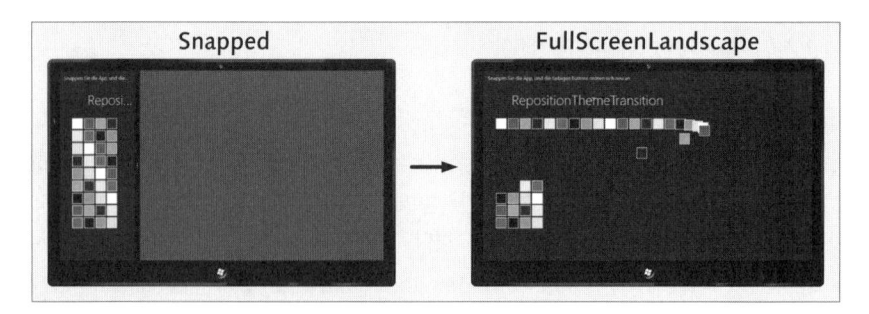

Abbildung 21.5 Die Buttons gleiten an die neue Position.

ReorderThemeTransition

Die `ReorderThemeTransition` animiert ein Element, wenn es zum ersten Mal erscheint, wenn es entfernt wird, wenn es durch eine Layoutänderung neu positioniert wird und wenn eine Drag-and-Drop-Operation stattfindet.

Beim Hinzufügen und Entfernen wird das Element animiert ein- und ausgeblendet. Beim Neupositionieren gleitet es an seine neue Position. Wird die `ReorderThemeTransition` in der `ItemsContainerTransitions`-Property eines `ItemsControls` oder in der `ChildrenTransitions`-Property eines `Panels` verwendet, werden die Animationen auf den Kindelementen allerdings nicht versetzt, sondern gleichzeitig ausgeführt.

Die `ReorderThemeTransition` macht folglich genau dasselbe wie die `AddDeleteThemeTransition`. Allerdings enthält sie zusätzlich etwas Logik für eine Drag-and-Drop-Aktion.

Wird eine Drag-and-Drop-Aktion ausgeführt, wird das Element halbtransparent dargestellt und aus der Liste herausbewegt. Eine solche Drag-and-Drop-Aktion wird von der `ListView` und der `GridView` gestartet. Im letzten Teil von Kapitel 9, »Input-Events«, finden Sie ein Beispiel. Dort sehen Sie, wie das herausgezogene Element halbtransparent dargestellt wird. Wird Drag & Drop genutzt, um die Elemente in einer `ListView` oder in einer `GridView` neu zu ordnen (= *reorder*), werden die Elemente beim Droppen eines anderen Elements dank der `ReorderThemeTransition` mit einer Animation neu positioniert.

EdgeUIThemeTransition

Die `EdgeUIThemeTransition` animiert ein Element beim ersten Erscheinen und beim Entfernen. Das Element gleitet beim ersten Erscheinen von einer Kante an die finale Position, beim Entfernen gleitet es wieder weg. Von welcher Kante das Element eingeblendet wird, bestimmen Sie über die `Edge`-Property. Sie ist vom Typ der Aufzählung `EdgeTransitionLocation`, die die Werte `Left`, `Top`, `Right` und `Bottom` enthält. Der Default-Wert ist `Top`.

Mit der `EdgeUIThemeTransition` können Sie ein Verhalten wie das der `AppBar` nachbauen. Allerdings besitzt die `AppBar` bereits ein solches Animationsverhalten, womit Sie diese Theme Transition zum Animieren der `AppBar` nicht benötigen.

PaneThemeTransition

Die `PaneThemeTransition` animiert ein Element beim ersten Erscheinen und beim Entfernen. Das Element gleitet beim ersten Erscheinen von einer Kante an die finale Position, beim Entfernen gleitet es wieder weg. Von welcher Kante das Element eingeblendet wird, bestimmen Sie wie auch bei der `EdgeUIThemeTransition` über die `Edge`-Property. Diese hat hier jedoch nicht den Default-Wert `Top`, sondern den Default-Wert `Right`.

Sicherlich fragen Sie sich, warum dafür eine separate Klasse nötig ist. Auch hier steht primär die Verwendung im Vordergrund. Die `PaneThemeTransition` wird üblicherweise verwendet, um vom rechten Bildschirmrand Einstellungen einzublenden.

> **Hinweis**
> Wie Sie Einstellungen erstellen, diese in die Charms Bar integrieren und auch mit einer `PaneThemeTransition` und einem `Popup` einblenden, lesen Sie in Kapitel 14, »App-Lebenszyklus und -Einstellungen«. Hier sehen wir uns nur den Einblendvorgang mit einem `Popup` an.

Sehen wir uns ein kleines Beispiel an. In XAML wird in der `MainPage` lediglich ein `Button` namens `btnShow` definiert. Listing 21.7 zeigt die Codebehind-Datei der MainPage. Im Event Handler `ButtonShow_Click` wird ein `Popup` erstellt. Einstellungen sind in Windows Store Apps entweder 646 oder 346 Einheiten breit, daher wird die `Width`-Property auf den im ersten Moment etwas seltsamen Wert 346 gesetzt und mit der `HorizontalOffset`-Property am rechten Bildschirmrand platziert. Der `ChildTransitions`-Property wird eine `TransitionCollection` mit einer `PaneThemeTransition` zugewiesen. Der Inhalt des `Popups` wird somit animiert. Als Inhalt wird in Listing 21.7 lediglich ein weißes `Rectangle` gesetzt, bevor das `Popup` aufgrund der auf `true` gesetzten `IsOpen`-Property angezeigt wird.

```
public sealed partial class MainPage : Page
{ ...
  private Popup _popup;
  private void ButtonShow_Click(object sender, RoutedEventArgs e)
  {
    Rect windowBounds = Window.Current.Bounds;
    _popup = new Popup
    {
      IsLightDismissEnabled = true,
      Width = 346,
      Height = windowBounds.Height,
      HorizontalOffset = windowBounds.Width - 346,
      ChildTransitions = new TransitionCollection
      {
        new PaneThemeTransition()
      }
    };

    _popup.Child = new Rectangle
    {
      Fill = new SolidColorBrush(Colors.White),
```

```
      Width = _popup.Width,
      Height = _popup.Height
    };

    _popup.IsOpen = true;

    ...
  }
  ...
}
```

Listing 21.7 K21\08 PaneThemeTransition\MainPage.xaml.cs

Abbildung 21.6 zeigt, was beim Ausführen des Event Handlers aus Listing 21.7 passiert. Das weiße Rechteck wird animiert vom rechten Bildschirmrand eingeblendet.

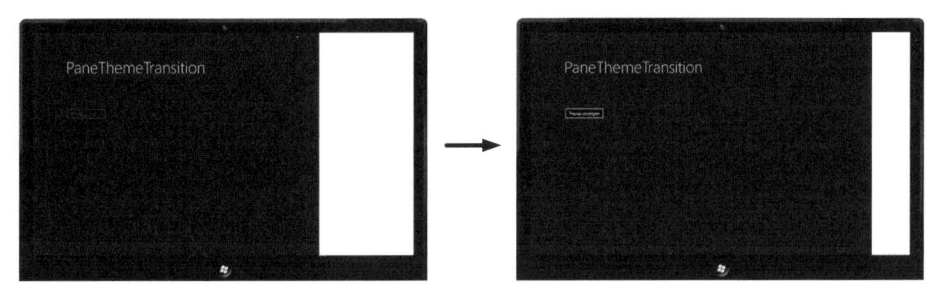

Abbildung 21.6 Das im Popup enthaltene Rechteck wird eingeblendet.

21.1.3 Transitions in FriendStorage

Auch FriendStorage verwendet Transitions. Beispielsweise wird beim Löschen eines Freundes ein Popup angezeigt, in dem der Benutzer den Löschvorgang bestätigen kann. Listing 21.8 zeigt die Stelle in der AppBar der FriendDetailPage. Das darin definierte Popup enthält in der ChildTransitions-Property eine TransitionCollection mit einer PopupThemeTransition.

```
<Page.BottomAppBar>
  <AppBar>
    ...
    <Grid>
      <Button ... AutomationProperties.Name="Freund löschen"/>
      <Popup x:Name="friendDeletePopup" VerticalOffset="-120"
        IsLightDismissEnabled="True">
        <Popup.ChildTransitions>
          <TransitionCollection>
            <PopupThemeTransition />
```

```xml
            </TransitionCollection>
          </Popup.ChildTransitions>
          <StackPanel Background="DarkRed" Width="200"  >
            <TextBlock Text="Möchten Sie den ausgewählten Freund
                wirklich löschen?" TextWrapping="Wrap" .../>
            <Button Click="ButtonDeleteFriendClick"
                Content="Löschen" Background="Black" />
          </StackPanel>
        </Popup>
      </Grid>
      ...
    </AppBar>
</Page.BottomAppBar>
```

Listing 21.8 FriendStorage\View\FriendDetailPage.xaml

In Abbildung 21.7 wurde auf den Button FREUND LÖSCHEN geklickt. Der Inhalt des Popups wird mit der PopupThemeTransition aus Listing 21.8 von unten an die finale Position animiert.

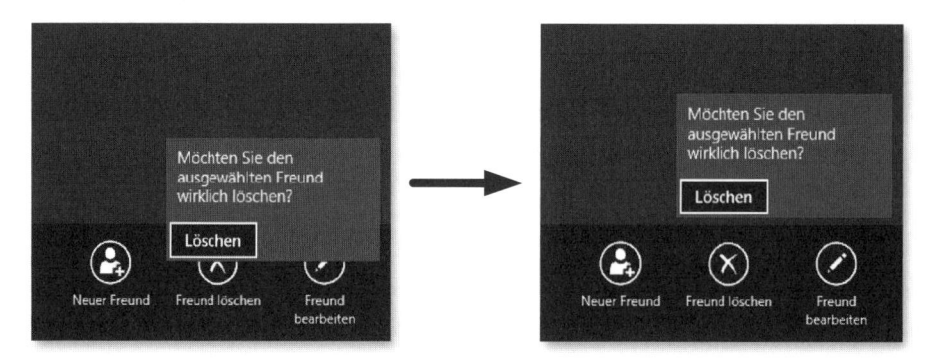

Abbildung 21.7 Die »PopupThemeTransition« beim Löschen eines Freundes

21.2 Theme Animations

Eine Theme Animation ist eine vordefinierte Standardanimation, die ein oder mehrere Dependency Properties ändert. Im Gegensatz zur Theme Transition ist eine Theme Animation allerdings nicht mit einer vordefinierten Aktion verknüpft. Stattdessen bestimmen Sie mit Ihrem Code, wann die Theme Animation ausgelöst wird.

Wie auch die Theme Transitions werden Theme Animations auf der GPU berechnet, sie sind somit ebenfalls independent (»unabhängige«) Animationen.

Im Namespace `Windows.UI.Xaml.Media.Animation` finden Sie die Klassen für Theme Animations, die mit dem Suffix `ThemeAnimation` enden. Die Klassen erben von der Klasse `Timeline`, die in der WinRT eine Animation repräsentiert. Abbildung 21.8 zeigt die Klassenhierarchie.

```
DependencyObject
    └── Timeline
            ├── FadeInThemeAnimation
            ├── FadeOutThemeAnimation
            ├── RepositionThemeAnimation
            └── ...
```

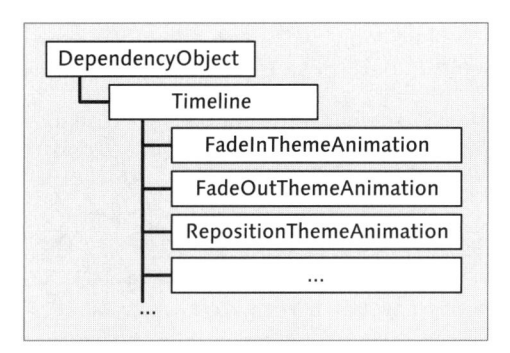

Abbildung 21.8 Die Klassenhierarchie der Theme Animations

In Abbildung 21.8 sind aus Gründen der Übersichtlichkeit nicht alle Theme-Animation-Klassen enthalten. Insgesamt gibt es 14 Stück, die Sie alle in Abschnitt 21.2.3, »Die Theme-Animation-Klassen«, kennenlernen. Davor betrachten wir allerdings die `Timeline`-Klasse, und Sie lernen, wie Sie mit der `Storyboard`-Klasse eine Theme Animation ausführen.

21.2.1 Die Timeline

Die Klass `Timeline` stellt die Basisklasse für Animationen dar. Sie sollten die Properties dieser Klasse kennen, um Animationen professionell einzusetzen. Tabelle 21.1 zeigt die Properties der `Timeline`-Klasse.

Property	Beschreibung
AutoReverse	Setzen Sie diese Property auf `true`, läuft die Animation wieder zum Startwert zurück, nachdem der eigentliche Endwert erreicht wurde.
BeginTime	Legt die Startzeit der Animation fest. Vom Typ `Nullable<TimeSpan>`. Nutzen Sie in XAML einen String in der Form Stunden:Minuten:Sekunden, **beispielsweise** `0:0:0.5` für eine halbe Sekunde.
Duration	Legt die Dauer der Animation fest. Vom Typ `Duration`. Auch hier lässt sich in XAML ein String in der Form Stunden:Minuten:Sekunden **verwenden**.

Tabelle 21.1 Die Properties der »Timeline«-Klasse

Property	Beschreibung
FillBehavior	Legt fest, was nach dem Ende der Animation mit dem Wert der Dependency Property passiert. Vom Typ der Aufzählung FillBehavior. Beim Wert HoldEnd (Default) wird der Endwert beibehalten. Beim Wert Stop springt die Dependency Property zurück zu ihrem ursprünglichen Wert.
RepeatBehavior	Legt fest, ob die Animation wiederholt wird. Vom Typ der Struktur RepeatBehavior. In XAML lassen sich Strings wie 2x oder Forever zuweisen.
SpeedRatio	Legt die Geschwindigkeit der Animation fest. Vom Typ double. Der Default-Wert ist 1. Weisen Sie der Property den Wert 2 zu, läuft die Animation doppelt so schnell; weisen Sie den Wert 0.1 zu, benötigt sie die zehnfache Zeit.

Tabelle 21.1 Die Properties der »Timeline«-Klasse (Forts.)

Neben den Properties aus Tabelle 21.1 definiert die Klasse Timeline das Completed-Event. Dieses findet statt, sobald die Animation ihren Endpunkt erreicht hat. Die einzelnen Properties aus Tabelle 21.1 schauen wir uns später bei den eigenen Basis-Animationen in Abschnitt 21.3, »Eigene Animationen«, noch genauer an.

> **Achtung**
> Wenn Sie Theme Animations verwenden, sollten Sie die aus der Timeline-Klasse geerbten Properties möglichst nicht verändern. So stellen Sie sicher, dass die Animationen weiterhin dem Standard von Windows entsprechen. Für eigene Animationen sind die Properties dagegen sehr wichtig. In Abschnitt 21.3.5, »Diverse Timeline-Eigenschaften«, lernen Sie die Properties näher kennen.

21.2.2 Das Storyboard

Zum Ausführen von Timelines und damit von Theme Animations nutzen Sie ein Storyboard. Die Klasse Storyboard selbst erbt ebenfalls von der Klasse Timeline und besitzt somit beispielsweise auch ein Completed-Event. Sie ist der zentrale Punkt bei den Animationen.

Fügen Sie Ihre Timeline-Objekte zur Children-Property der Storyboard-Klasse hinzu. Die Children-Property ist vom Typ TimelineCollection. Mit Methoden wie Begin, Pause oder Stop, starten, pausieren oder stoppen Sie die in der Children-Property enthaltenen Animationen.

Eine Theme Animation weiß implizit, welche Dependency Properties sie animiert. Allerdings müssen Sie das zu animierende Element festlegen. Dazu nutzen Sie die TargetName-Property der entsprechenden Theme-Animation-Klasse.

Listing 21.9 zeigt ein Beispiel für eine Theme Animation. In den Ressourcen des Grids ist ein Storyboard mit dem Namen storyboard definiert. Innerhalb des Storyboard-Elements wird eine FadeOutThemeAnimation erstellt, die somit zur Children-Property des Storyboards hinzugefügt wird. Die TargetName-Property enthält den Wert btn. Beachten Sie, dass im Grid ein Button mit diesem Namen definiert ist.

```
<Grid ...>
  <Grid.Resources>
    <Storyboard x:Name="storyboard">
      <FadeOutThemeAnimation TargetName="btn"/>
    </Storyboard>
  </Grid.Resources>
  <Button x:Name="btn" Content="Blende mich aus"
    Click="Button_Click" />
</Grid>
```

Listing 21.9 K21\DieFadeOutThemeAnimation\MainPage.xaml

Beim Klicken auf den Button aus Listing 21.9 wird der folgende Event Handler ausgeführt. Darin wird auf dem Storyboard die Begin-Methode aufgerufen, womit die Animation zum Ausblenden gestartet wird und der Button verschwindet.

```
private void Button_Click(object sender, RoutedEventArgs e)
{
  storyboard.Begin();
}
```

Listing 21.10 K21\DieFadeOutThemeAnimation\MainPage.xaml.cs

Tipp

Manche Theme Animations sind sehr schnell. Setzen Sie zum Testen die SpeedRatio-Property auf einen Wert kleiner 1, um zu sehen, was passiert:

```
<FadeOutThemeAnimation SpeedRatio="0.1"/>
```

Hinweis

Die TargetName-Property ist auf jeder Theme-Animation-Klasse definiert. Auch die Storyboard-Klasse besitzt eine TargetName-Property, die Sie alternativ setzen können:

```xml
<Storyboard x:Name="storyboard" TargetName="btn">
   <FadeOutThemeAnimation/>
</Storyboard>
```

21.2.3 Die Theme-Animation-Klassen

In der Einleitung dieses Abschnitts habe ich bereits erwähnt, dass es insgesamt 14 Theme-Animation-Klassen gibt, die allesamt von der Klasse Timeline erben. Im Folgenden erhalten Sie eine kleine Beschreibung der einzelnen Klassen, die Sie wie gezeigt in einem Storyboard verwenden und ausführen können.

FadeIn- und FadeOutThemeAnimation

Die FadeOutThemeAnimation animiert die Opacity-Property eines Elements auf den Wert 0, womit dieses ausgeblendet wird. Die FadeInThemeAnimation animiert die Opacity-Property wieder zurück zum Wert 1.

PointerDown- und PointerUpThemeAnimation

Die PointerDownThemeAnimation stellt ein Element leicht kleiner dar, so dass es als »gedrückt« erscheint. Die PointerUpThemeAnimation stellt wieder die gewöhnliche Größe her. Diese Animationen finden Sie beispielsweise in den Default-Styles der Klassen ListViewItem und GridViewItem.

PopIn- und PopOutThemeAnimation

Mit der PopInThemeAnimation gleitet ein Element leicht von rechts hinein, ähnlich wie bei der EntranceThemeTransition. Mit den Properties FromHorizontalOffset (per Default 40) und FromVerticalOffset (per Default 0) definieren Sie die Startposition.

Mit der PopOutThemeAnimation blenden Sie das Element aus. Die Animation animiert die Opacity-Property zum Wert 0.

RepositionThemeAnimation

Mit dieser Animation gleitet ein Element an seine finale Position. Die Startposition bestimmen Sie mit den Properties FromHorizontalOffset und FromVerticalOffset. Beide Properties sind per Default 0, womit standardmäßig beim Ausführen dieser Animation nichts passiert.

SplitOpen- und SplitCloseThemeAnimation

Diese beiden Animationen sind sehr speziell. Sie werden von der ComboBox verwendet, wenn die Dropdown-Liste geöffnet und geschlossen wird. Außerhalb der ComboBox ergibt ein Einsatz wenig Sinn.

SwipeHint- und SwipeBackThemeAnimation

Die `SwipeHintThemeAnimation` wird von den Klassen `ListViewItem` und `GridViewItem` verwendet. Drückt der Benutzer auf ein `ListViewItem` und hält seinen Finger darauf, gleitet das `ListViewItem` kurz nach außen und wieder zurück an seine Ursprungsposition. Damit wird dem Benutzer signalisiert, dass er das Element durch eine Wischgeste selektieren kann. Sie können dieses Verhalten beispielsweise in der Mail-App von Windows 8 oder in Ihrer eigenen `ListView` testen. Wie weit ein Element herausgleitet, bestimmen Sie mit den Properties `ToHorizontalOffset` (per Default 0) und `ToVerticalOffset` (per Default 10).

Die `SwipeBackThemeAnimation` macht exakt dasselbe wie die `SwipeHintThemeAnimation`, allerdings gleitet das Element etwas langsamer an die Ursprungsposition zurück. Diese Animation wird verwendet, wenn in einer `ListView` oder `GridView` ein Element deselektiert wird.

DragItem-, DragOver- und DropTargetItemThemeAnimation

Diese drei Animationen werden in den Default-Styles der Klassen `ListViewItem` und `GridViewItem` verwendet, um die Animationen in einem Drag-and-Drop-Szenario zu unterstützen.

Hinweis

Mehr zu Drag & Drop lesen Sie am Ende von Kapitel 9, »Input-Events«.

21.2.4 Theme Animations in »ControlTemplates«

In `ControlTemplate`s kommt der `VisualStateManager` zum Einsatz, um das Aussehen für verschiedene Zustände eines Controls zu definieren. In Kapitel 12, »Eigene Controls und WinRT-Komponenten«, haben Sie den `VisualStateManager` kennengelernt. Er versetzt das Control mit Hilfe von Animationen, die in Form von `Storyboard`s vorliegen, in einen Zustand. Es ist durchaus üblich, in diesen `Storyboard`s Theme Animations zu verwenden. Werfen Sie einen Blick auf das `ControlTemplate` des `ListViewItem`s, sehen Sie Beispiel, dass für den Zustand `Pressed` eine `PointerDownThemeAnimation` ausgeführt wird:

```
<ControlTemplate TargetType="ListViewItem">
  <Border x:Name="OuterContainer">
    <VisualStateManager.VisualStateGroups>
      <VisualStateGroup x:Name="CommonStates">
        <VisualState x:Name="Normal"/>
        <VisualState x:Name="PointerOver"> ... </VisualState>
        <VisualState x:Name="Pressed">
```

```xml
            <Storyboard>
                <PointerDownThemeAnimation
                    TargetName="ContentContainer"/>
            </Storyboard>
        </VisualState>
        ...
      </VisualStateGroup>
    </VisualStateManager.VisualStateGroups>
  </Border>
</ControlTemplate>
```

Listing 21.11 Default»ControlTemplate« eines »ListViewItems«

Beim Editieren eines `ControlTemplates` in Blend können Sie im STATUS-Fenster einen Zustand (`VisualState`) selektieren. Ist ein Zustand selektiert, finden Sie im EIGENSCHAFTEN-Fenster den in Abbildung 21.9 dargestellten Bereich DESIGNANIMATIONEN. Durch einen Klick auf den Plus-Button können Sie wie in Abbildung 21.9 die entsprechende Theme Animation für den aktiven Zustand auswählen.

Abbildung 21.9 Die Theme Animation lässt sich in Blend auswählen.

> **Hinweis**
> Mehr zum Status-Fenster und zum Editieren von `ControlTemplate`s in Blend lesen Sie in Kapitel 12, »Eigene Controls und WinRT-Komponenten«.

21.3 Eigene Animationen

Sie haben mit der WinRT auch die Möglichkeit, eigene maßgeschneiderte Animationen zu erstellen. Dabei gibt es zwei Arten:

- **Basis-Animationen** ändern den Wert einer Property über einen bestimmten Zeitraum in einen Zielwert. Sie lernen diese Animationsart in diesem Abschnitt kennen. Wir schauen uns auch diverse Properties der Klasse `Timeline` näher an.
- **Keyframe-Animationen** enthalten Schlüsselbilder (*Keyframes*) für bestimmte Zeitpunkte. Durch die Schlüsselbilder muss eine Animation im Gegensatz zur Basis-Animation nicht linear verlaufen, sondern kann in unterschiedliche Richtungen gehen. Dadurch ist diese Animationsart weitaus mächtiger als die Basis-Animation. Sie lernen Keyframe-Animationen zwar erst im nächsten Abschnitt kennen, die meisten der in diesem Abschnitt beschriebenen Details gelten jedoch auch für Keyframe-Animationen.

Für beide Animationsarten werden Subklassen von `Timeline` verwendet. Zum Starten einer Animation setzen Sie somit wie auch bei den im vorigen Abschnitt gezeigten Theme Animations ein `Storyboard` ein.

Die Klassen für Basis- und Keyframe-Animationen finden Sie wie auch die Theme Transitions und Theme Animations im Namespace `Windows.UI.Xaml.Media.Animation`.

Wir sehen uns in diesem Abschnitt zuerst die Basis-Animations-Klassen an. Sie lernen anschließend, wie Sie das `Storyboard` mit Basis-Animationen einsetzen, bevor wir einen Blick auf independent und dependent Animationen werfen. In den weiteren Abschnitten lernen Sie die Properties der `Timeline`-Klasse näher kennen, und Sie erfahren, wie Sie mehrere Animationen in einem `Storyboard` ausführen.

21.3.1 Die Basis-Animations-Klassen

In Abbildung 21.10 sehen Sie die drei von `Timeline` abgeleiteten Klassen für Basis-Animationen.

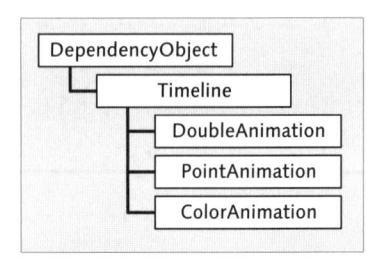

```
DependencyObject
  └─ Timeline
       ├─ DoubleAnimation
       ├─ PointAnimation
       └─ ColorAnimation
```

Abbildung 21.10 Die Klassenhierarchie der Basis-Animationen

Mit den Animationsklassen aus Abbildung 21.10 lassen sich Dependency Properties vom Typ double, Point und Color animieren. Eine Animation beeinflusst den Wert einer Dependency Property. Mit dem Animationssystem der WinRT geben Sie nur die Werte zu bestimmten Zeitpunkten an. Die WinRT berechnet dazwischenliegende Werte. Dieser Berechnungsprozess wird auch als *Interpolation* bezeichnet.

Da eine Animation den Wert einer Property beeinflusst, muss die Animation bei der Interpolation auch Werte bereitstellen, die dem Typ der Property entsprechen. Beispielsweise muss eine Animation für eine Property vom Typ double auch double-Werte erzeugen. Daher gibt es für verschiedene Typen verschiedene Animationsklassen. Sehen wir uns an, wie Sie eine Basis-Animation erstellen und ausführen.

21.3.2 »TargetName« und »TargetProperty« des Storyboards

Die Klassen Timeline und Storyboard haben Sie bereits im vorigen Abschnitt bei den Theme Animations kennengelernt. Für eigene Animationen, egal ob Basis- oder Keyframe-Animation, enthält die Klasse Storyboard die Attached Properties TargetName und TargetProperty. Diese setzen Sie beispielsweise auf einer DoubleAnimation, um festzulegen, welche Property (TargetProperty) von welchem Element (TargetName) durch die DoubleAnimation animiert wird. In Listing 21.12 wird die Opacity-Property des Buttons namens btn vom Wert 1 zum Wert 0 animiert, womit der Button ausgeblendet wird.

```
<Grid>
  <Grid.Resources>
    <Storyboard x:Name="storyboard">
      <DoubleAnimation From="1" To="0"
        Storyboard.TargetName="btn"
        Storyboard.TargetProperty="Opacity"/>
    </Storyboard>
  </Grid.Resources>
  <Button x:Name="btn" Click="btn_Click" .../>
</Grid>
```

Listing 21.12 K21\11 DoubleAnimation\MainPage.xaml

> **Hinweis**
> Die Animation dauert standardmäßig eine Sekunde. Über die aus der Klasse `Timeline` geerbte `Duration`-Property legen Sie eine andere Dauer fest. Dazu später mehr bei den `Timeline`-Eigenschaften in Abschnitt 21.3.5.

Die Attached Properties `TargetName` und `TargetProperty` lassen sich auch direkt auf dem `Storyboard` setzen. Wenn Sie nur eine Animation im `Storyboard` haben, macht dies keinen Unterschied. Haben Sie mehrere Animationen im `Storyboard`, nutzen alle Animation die auf dem `Storyboard` definierten Werte, solange Sie nicht auf ihnen direkt mit den Attached Properties andere Werte definieren. In folgendem Codeausschnitt sind die Properties `TargetName` und `TargetProperty` direkt auf dem `Storyboard` und nicht auf der `DoubleAnimation` gesetzt:

```
<Storyboard x:Name="storyboard" TargetName="btn"
  TargetProperty="Opacity">
  <DoubleAnimation From="1" To="0"/>
</Storyboard>
```

Listing 21.13 K21\11 DoubleAnimation\MainPage.xaml

Wie auch die Theme Animations führen Sie die eigenen Animationen aus, indem Sie auf dem `Storyboard` die `Begin`-Methode aufrufen:

```
private void btn_Click(object sender, RoutedEventArgs e)
{
  storyboard.Begin();
}
```

Listing 21.14 K21\11 DoubleAnimation\MainPage.xaml.cs

In diesem Abschnitt haben Sie bereits die Properties `From` und `To` der `DoubleAnimation` kennengelernt. Sehen wir uns die Properties näher an.

21.3.3 Die Properties »From«/»To«/»By« einer Basis-Animation

Basis-Animationen besitzen die Properties `From`, `To` und `By`, um Start- und Zielwert einer Animation festzulegen. Diese Properties sind allesamt vom generischen Typ `Nullable<T>`, wobei der generische Typparameter dem zu animierenden Typ entspricht. Bei der `DoubleAnimation`-Klasse sind die Properties vom Typ `Nullable<double>` oder, um es in C#-Syntax auszudrücken, vom Typ `double?`.

Im vorherigen Abschnitt wurde in Listing 21.12 die `Opacity`-Property eines `Buttons` mit folgender `DoubleAnimation` animiert:

```xml
<DoubleAnimation From="1" To="0" Storyboard.TargetName="btn"
  Storyboard.TargetProperty="Opacity"/>
```

Beachten Sie, dass mit den Properties From und To sowohl der Start- als auch der Zielwert definiert sind. Anstatt bei einer Basis-Animation die Properties From und To zu setzen, ist auch nur das Setzen von To möglich. Dann wird als Startwert der aktuelle Wert der zu animierenden Dependency Property verwendet. Die Opacity-Property hat den Default-Wert 1, was somit der Startwert für folgende Animation ohne From-Property ist:

```xml
<DoubleAnimation To="0" Storyboard.TargetName="btn"
  Storyboard.TargetProperty="Opacity"/>
```

Neben einer Animation, die nur eine gesetzte To-Property enthält, ist auch eine Animation mit lediglich einer gesetzten From-Property möglich. Zielwert der Animation ist dann der aktuelle Wert der Opacity-Property:

```xml
<DoubleAnimation From="0" Storyboard.TargetName="btn"
  Storyboard.TargetProperty="Opacity"/>
```

Anstatt den Zielwert einer Basis-Animation mit der To-Property zu definieren, besitzen Basis-Animationen auch eine By-Property. Die Summe aus der From-Property und der By-Property ergibt den Zielwert der Animation, der in folgendem Ausschnitt somit bei 0.5 liegt:

```xml
<DoubleAnimation From="1" By="-0.5" Storyboard.TargetName="btn"
  Storyboard.TargetProperty="Opacity"/>
```

Wie dieser Abschnitt gezeigt hat, gibt es einige unterschiedliche Kombinationen für die Properties From, To und By. Tabelle 21.2 hält fest, wie Start- und Zielwert einer Animation abhängig von den gesetzten Properties des <Typ>Animation-Objekts definiert werden.

Gesetzte Property	Auswirkung
From und To	Die Animation startet beim Wert der From-Property und endet beim Wert der To-Property.
From und By	Die Animation startet beim Wert der From-Property. Der Endwert ist die Summe aus dem Wert der From-Property und dem Wert der By-Property.
From	Die Animation startet beim Wert der From-Property. Der Endwert ist der vor der Animation gültige Wert der zu animierenden Dependency Property.

Tabelle 21.2 Auswirkungen der Properties »From«, »To« und »By«

Gesetzte Property	Auswirkung
To	Der Startwert der Animation entspricht dem aktuellen Wert der zu animierenden Dependency Property (beispielsweise ein lokaler Wert oder ein Wert aus einer vorherigen Animation). Der Endwert der Animation entspricht dem Wert der To-Property.
By	Der Startwert der Animation entspricht dem aktuellen Wert der zu animierenden Dependency Property. Der Endwert der Animation entspricht der Summe aus dem Startwert und dem Wert der By-Property.

Tabelle 21.2 Auswirkungen der Properties »From«, »To« und »By« (Forts.)

21.3.4 Independent und dependent Animationen

Animationen, die auf dem Grafikkarten-Prozessor (GPU) und nicht auf dem Hauptprozessor (CPU) berechnet werden, werden als *independent Animationen* bezeichnet. Sie laufen auch dann flüssig, wenn Ihre App auf der CPU gerade eine intensive Berechnung ausführt. Umgekehrt stört das Ausführen einer independent Animation Ihre Berechnungen nicht. Auf der GPU ausgeführte Animationen werden auch als *hardwarebeschleunigt* bezeichnet.

Animationen, die nicht auf der GPU, sondern auf der CPU berechnet werden, gelten als *dependent* (»abhängige«) *Animationen*. Sie können zu einem Performance-Engpass führen und Ihre App je nach CPU-Auslastung zum »Ruckeln« bringen.

Verwenden Sie Theme Transitions oder Theme Animations, werden diese immer auf der GPU berechnet. Animieren Sie mit Ihren Basis- oder Keyframe-Animationen die Properties `Opacity`, `RenderTransform` oder `Projection` eines Elements, werden diese ebenfalls auf der GPU berechnet. Auch das Animieren der Properties `Canvas.Left` und `Canvas.Top` wird auf der GPU berechnet, da diese Properties mit einer animierten `TranslateTransform`-Instanz gleichzusetzen sind.

Sobald Sie jedoch mit Ihrer Basis- oder Keyframe-Animation keine der erwähnten, sondern eine andere Property animieren, wird die Animation nicht mehr durch die GPU, sondern via CPU berechnet. Sie haben somit eine dependent Animation, die wertvolle Rechenleistung verbraucht.

Im Gegensatz zur WPF/zu Silverlight sind diese dependent Animationen bei der WinRT zu Ihrer Sicherheit standardmäßig deaktiviert. Sie müssen sie explizit einschalten. Sehen wir uns ein Beispiel an.

In Listing 21.15 ist eine `DoubleAnimation` definiert, die die `Width`-Property eines `Buttons` vom Wert 120 zum Wert 300 animiert. Durch das stetige Ändern der `Width`-Property wird ständig ein Layoutprozess ausgelöst. Wenn Sie Kapitel 5, »Layout«, gelesen haben, wissen Sie, dass er durch die ganzen Kindelemente des Element Tree läuft. Die

Auswirkung kann je nach Komplexität der Oberfläche zu spürbaren Performance-Einbußen führen. Da diese Berechnungen nicht auf der GPU ausgeführt werden können, haben Sie beim Animieren der Width-Property eine dependent Animation. Wird auf dem Storyboard aus Listing 21.15 die Begin-Methode aufgerufen, passiert gar nichts. Der Button behält seine Breite von 120 Pixeln bei. Damit etwas passiert, müssen Sie als Entwickler die dependent Animation explizit aktivieren. Sie kennen die Risiken.

```
<Grid ...>
  <Grid.Resources>
    <Storyboard x:Name="storyboard">
      <DoubleAnimation From="120" To="300"
        Storyboard.TargetName="btn"
        Storyboard.TargetProperty="Width"/>
    </Storyboard>
  </Grid.Resources>
  <Button x:Name="btn" Width="120" Click="btn_Click" .../>
</Grid>
```

Listing 21.15 Die »Width«-Property des Buttons soll animiert werden.

Zum Aktivieren einer dependent Animation setzen Sie auf der Animation die Enable-DependentAnimation-Property auf den Wert true:

```
<DoubleAnimation From="100" To="300"
  Storyboard.TargetName="btn"
  Storyboard.TargetProperty="Width"
  EnableDependentAnimation="True"/>
```

Listing 21.16 K21\12 DependentAnimation\MainPage.xaml

Damit haben Sie die dependent Animation aktiviert, und die Width-Property des Buttons wird vom Wert 120 zum Wert 300 animiert, wie Abbildung 21.11 zeigt.

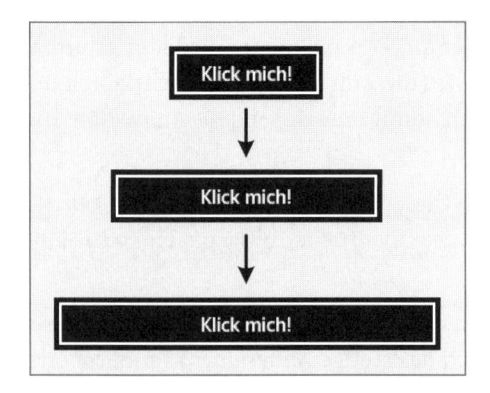

Abbildung 21.11 Die »Width«-Property des Buttons wurde aktiviert.

> **Tipp**
>
> Sie sollten dependent Animationen möglichst vermeiden. Versuchen Sie statt der Width-Property beispielsweise die ScaleX-Property einer ScaleTransform-Instanz zu animieren. Die ScaleTransform-Instanz weisen Sie der RenderTransform-Property des Buttons zu. Eine Animation der RenderTransform-Property ist wiederum independent.

21.3.5 Diverse Timeline-Eigenschaften

In diesem Abschnitt lernen Sie die verschiedenen Timeline-Properties kennen, die Sie sowohl für Basis- als auch für die später beschriebenen Keyframe-Animationen nutzen können.

Dauer, Startzeit und Geschwindigkeit

Zum Definieren der Dauer besitzt die Klasse Timeline die Property Duration vom Typ Duration. In XAML weisen Sie der Duration-Property einen Zeitstring nach folgendem Schema zu:

Stunden:Minuten:Sekunden.Sekundenbruchteile

0:0:2 bedeutet zwei Sekunden. Es werden nicht zwingend alle Werte verlangt. Doch Vorsicht, mit dem String 1 definieren Sie nicht eine Sekunde, sondern eine Stunde. Mit dem String 0:5 definieren Sie fünf Minuten.

Typischerweise sind die meisten Animationen nicht länger als ein paar Sekunden. Um Sekunden zu definieren, müssen Sie als Stunden und Minuten immer explizit eine 0 angeben. Die Syntax 0:0:1 steht für eine Sekunde, 0:0:1.5 für eineinhalb Sekunden und 0:0:0.5 oder auch 0:0:.5 für eine halbe Sekunde.

Einen Blick auf die Struktur Duration verrät, dass die Klasse intern ein TimeSpan-Objekt nutzt. Doch wozu wurde dann die separate Struktur eingeführt? Die Antwort ist simpel: Für die Zeitdauer einer Timeline sind neben einer einfachen Zeitangabe noch zwei weitere Werte möglich, die sich mit einem TimeSpan-Objekt nicht ausdrücken lassen. Die Struktur Duration enthält die beiden statischen Properties Automatic und Forever, die beide Duration-Objekte zurückgeben. Automatic ist der Default-Wert für die Duration-Property einer Timeline. Der Wert Automatic entspricht einem Duration-Objekt mit einer TimeSpan von einer Sekunde (0:0:1).

Duration.Forever bedeutet: Die Timeline dauert bis in alle Ewigkeit. Die WinRT kann zwischen jetzt und dem Ende der Zeit natürlich keine Werte interpolieren, somit ergibt dieser Wert auf einer einfachen DoubleAnimation keinen Sinn. Anders auf einem Storyboard, das weitere Timelines enthalten kann.

Neben der für die Dauer notwendigen `Duration`-Property besitzt die `Timeline`-Klasse die Property `BeginTime` vom Typ `Nullable<TimeSpan>`. Sie beschreibt die Startzeit einer `Timeline` (Default ist `0:0:0`) und erlaubt es, ein Offset zu definieren. Folgende Animation wird erst eine Sekunde nach dem Aufruf der `Begin`-Methode des `Storyboards` gestartet und dauert somit insgesamt drei Sekunden:

```
<DoubleAnimation Storyboard.TargetName="btn"
  Storyboard.TargetProperty="Opacity" From="1" To="2"
  BeginTime="0:0:1" Duration="0:0:2"/>
```

Neben `Duration` und `BeginTime` lässt sich auch die Geschwindigkeit einer Animation regeln, was sich wiederum auf die Zeitdauer auswirkt. Dafür setzen Sie die Property `SpeedRatio` (Typ `double`). Ein Wert von `1` bedeutet normale Geschwindigkeit. Ein Wert von `0.5` bedeutet halb so schnell, wodurch die Animation doppelt so lange dauert. Ein Wert von `2` bedeutet doppelt so schnell, wodurch die Animation nur halb so lange dauert.

Für folgende Animation ist in der `Duration`-Property eine Dauer von `2` Sekunden angegeben. Die `SpeedRatio`-Property ist auf `10` gesetzt, wodurch die Animation zehnmal so schnell abläuft. Die tatsächliche Dauer beträgt also `0.2` Sekunden:

```
<DoubleAnimation Storyboard.TargetName="btn"
  Storyboard.TargetProperty="Opacity" From="1" To="0"
  SpeedRatio="10" Duration="0:0:2"/>
```

Rückwärts und wiederholen

Oftmals ist es gewünscht, dass eine Animation nach dem Erreichen des Endes zurück zum Startwert läuft. Um dies zu erreichen, setzen Sie die `AutoReverse`-Property auf `true` (Default `false`). Folgende `DoubleAnimation` erreicht nach zwei Sekunden den Wert 0 und ist nach exakt vier Sekunden wieder beim Wert 1 angelangt:

```
<DoubleAnimation Storyboard.TargetName="btn"
  Storyboard.TargetProperty="Opacity" From="1" To="0"
  AutoReverse="True" Duration="0:0:2"/>
```

Mit `AutoReverse` verdoppelt sich also die Zeitdauer einer `Timeline`. Neben dem Rückwärtsgang gibt es mit der `RepeatBehavior`-Property vom Typ `RepeatBehavior` die Möglichkeit, eine Animation zu wiederholen. Die Struktur `RepeatBehavior` definiert entweder die Anzahl von Wiederholungen oder die Zeitdauer, in der wiederholt wird. In XAML schreiben Sie für die Anzahl an Wiederholungen ein `x` hinter die Zahl. Folgende Animation zeigt dies. Als Wert ist `2x` angegeben. Die Animation wird somit zweimal durchlaufen. Da `AutoReverse` ebenfalls `true` ist, beträgt die Gesamtzeit acht Sekunden.

```
<DoubleAnimation Storyboard.TargetName="btn"
  Storyboard.TargetProperty="Opacity" From="1" To="0"
  AutoReverse="True" RepeatBehavior="2x" Duration="0:0:2"/>
```

Alternativ könnten Sie in oberer Animation statt `2x` auch die Zeit von acht Sekunden angeben, was in diesem Fall ebenfalls zwei Wiederholungen entspricht. Folgend die Wiederholungen über eine Zeitdauer von acht Sekunden:

```
<DoubleAnimation Storyboard.TargetName="btn"
  Storyboard.TargetProperty="Opacity" From="1" To="0"
  AutoReverse="True" RepeatBehavior="0:0:8" Duration="0:0:2"/>
```

Setzen Sie in oberer Animation `RepeatBehavior` beispielsweise auf `0:0:5`, wird die `Opacity`-Property des `Button`s nach zwei Sekunden den Wert `0` erreichen, nach vier Sekunden wieder beim Wert `1` sein und nach fünf Sekunden beim Wert `0.5` stehenbleiben.

Die Struktur `RepeatBehavior` besitzt noch eine statische Property `Forever` vom Typ `RepeatBehavior`. Weisen Sie diesen Wert der `RepeatBehavior`-Property Ihrer `Timeline` zu, wird Ihre Animation ständig wiederholt. In XAML lässt sich der `RepeatBehavior`-Property dazu einfach der String `Forever` zuweisen.

Die Gesamtlänge einer Timeline

Aus den bisher erwähnten Properties `BeginTime`, `Duration`, `SpeedRatio`, `AutoReverse` und `RepeatBehavior` ergibt sich die gesamte Länge/Dauer einer `Timeline`. Ist `RepeatBehavior` auf `Forever` gesetzt, ist die Gesamtlänge unendlich. Enthält `RepeatBehavior` einen `TimeSpan`-Wert, lässt sich die Gesamtlänge der `Timeline` wie folgt beschreiben:

$$\textit{Länge} = \textit{BeginTime} + \textit{RepeatBehavior}$$

Enthält `RepeatBehavior` einen `double`-Wert mit der Anzahl der Wiederholungen, gilt für die Gesamtlänge der `Timeline` folgende Formel:

$$\textit{Länge} = \textit{BeginTime} + \left(\textit{RepeatBehavior} * \frac{\textit{Duration} * (\textit{AutoReverse}?2:1)}{\textit{SpeedRatio}} \right)$$

21.3.6 Das Füllverhalten einer Animation

Die letzte Property einer `Timeline`, die Sie in diesem Abschnitt kennenlernen, ist die Property `FillBehavior`. Sie ist vom Typ der Aufzählung `FillBehavior` und legt fest, was nach dem Erreichen des Endes der Animation mit dem Wert der animierten Dependency Property passieren soll. Die Aufzählung `FillBehavior` hat lediglich zwei Werte:

▶ HoldEnd: Die Animation behält den Wert nach dem Ende. Dies ist der Default-Wert der FillBehavior-Property und üblicherweise das gewünschte Verhalten. Wird die Opacity-Property eines Elements vom Wert 1 zum Wert 0 animiert, bleibt sie auch nach der Animation auf dem Wert 0 stehen.

▶ Stop: Erreicht die Animation das Ende, wird der Wert verworfen, und es wird der für die Dependency Property gültige Wert ermittelt. Das ist üblicherweise der Wert, der vor der Animation bestand.

Hinweis
Haben Sie die Opacity-Property eines Buttons auf den Wert 0 animiert, lässt sich in C# die Opacity-Property einfach wieder auf den Wert 1 setzen, wodurch der Animationswert automatisch verworfen wird:

```
btn.Opacity = 1;
```

21.3.7 Animationen mit dem Storyboard steuern

Die Klasse Storyboard bietet diverse Methoden, eine Animation zu steuern. In diesem Abschnitt schauen wir uns die Methoden Start, Stop, Pause und Resume anhand der Anwendung aus Abbildung 21.12 an. Darin wird der Fußball animiert.

Abbildung 21.12 Der Fußball wird animiert und lässt sich steuern.

Listing 21.17 zeigt das Layout der Anwendung. In einem Canvas sind zwei Image-Elemente platziert. Eines stellt den Fußball dar und hat den Namen imgBall. In einem StackPanel sind Buttons und ein Slider enthalten, um das Storyboard zu steuern.

```
<Grid Background="#555555" ...>
  ...
  <Canvas Width="250" Height="185">
    <Image Height="185" Source="fussballthomas.png"
      Canvas.Left="40"/>
```

```xml
      <Image x:Name="imgBall" Width="25" Canvas.Top="10"
        Canvas.Left="140" Source="teamgeist.png"/>
    </Canvas>
    <StackPanel Grid.Row="1" Orientation="Horizontal">
      <Button Margin="5" Click="Button_Click" Content="Start"/>
      <Button Margin="5" Click="Button_Click" Content="Stop"/>
      <Button Margin="5" Click="Button_Click" Content="Pause"/>
      <Button Margin="5" Click="Button_Click" Content="Weiter"/>
      <Slider Minimum="0.01" Maximum="2" Width="100" Value="1"
        StepFrequency="0.01" ValueChanged="Slider_ValueChanged"/>
    </StackPanel>
  </Grid>
```

Listing 21.17 K21\13 AnimationenSteuern\MainPage.xaml

Die Ressourcen der Page enthalten das in Listing 21.18 dargestellte Storyboard. Es besitzt eine DoubleAnimation, die die Canvas.Top-Property des imgBalls auf den Wert 110 animiert. AutoReverse ist true, und als RepeatBehavior ist Forever angegeben, wodurch die Animation ewig läuft. Achten Sie darauf, dass Sie zum Animieren einer Attached Property diese mit runden Klammern angeben, wie hier eben (Canvas.Top).

```xml
<Storyboard x:Name="storyboard">
  <DoubleAnimation Storyboard.TargetName="imgBall"
    Storyboard.TargetProperty="(Canvas.Top)" To="110"
    AutoReverse="True" RepeatBehavior="Forever"
    Duration="0:0:0.25">
    <DoubleAnimation.EasingFunction>
      <QuadraticEase EasingMode="EaseIn" />
    </DoubleAnimation.EasingFunction>
  </DoubleAnimation>
</Storyboard>
```

Listing 21.18 K21\13 AnimationenSteuern\MainPage.xaml

> **Hinweis**
>
> Auf der DoubleAnimation in Listing 21.18 ist zusätzlich die EasingFunction-Property gesetzt. Ihr ist eine QuadraticEase-Instanz zugewiesen. Diese sorgt für einen Beschleunigungseffekt, wodurch der »Ball« beim Herunterfallen auch schneller wird. Mehr zu den sogenannten EasingFunctions lesen Sie in Abschnitt 21.3.10.

Listing 21.19 zeigt die Codebehind-Datei. Im Click-Event-Handler, der von allen vier Buttons verwendet wird, wird je nach Button auf dem Storyboard die Stop-, Pause-, Begin- oder Resume-Methode aufgerufen. Im ValueChanged-Event-Handler des Sliders wird die SpeedRatio-Property des Storyboards geändert, um die Geschwindigkeit der Animation anzupassen.

```
private void Button_Click(object sender, RoutedEventArgs e)
{
  var btn = e.OriginalSource as Button;
  switch (btn.Content.ToString())
  {
    case "Stop":
      storyboard.Stop();
      break;
    case "Pause":
      storyboard.Pause();
      break;
    case "Start":
      storyboard.Begin();
      break;
    case "Weiter":
      storyboard.Resume();
      break;
    default:
      break;
  }
}
private void Slider_ValueChanged(object sender,
  RangeBaseValueChangedEventArgs e)
{
  if (storyboard != null)
    storyboard.SpeedRatio = e.NewValue;
}
```

Listing 21.19 K21\13 AnimationenSteuern\MainPage.xaml.cs

Hinweis

Die Storyboard-Klasse definiert neben den hier dargestellten Methoden weitere. Mit Seek springen Sie zu einer bestimmten Zeit; mit SkipToFill überspringen Sie die Animation und gehen direkt zum Endwert. Ein Blick in die Dokumentation lohnt sich.

21.3.8 Mehrere Animationen im Storyboard

Bisher wurde zur Children-Property des Storyboards nur eine einzige Timeline/ DoubleAnimation hinzugefügt. Mit mehreren Timelines lassen sich komplexere Animationen erstellen. Beispielsweise spielen Sie eine Art Intro ab, wie es am Anfang eines Kinofilms verwendet wird.

Listing 21.20 zeigt, wie es geht. Ein `Grid` enthält vier `TextBlock`-Elemente namens txt1, txt2, txt3 und txt4. Die `Opacity`-Property der `TextBlock`-Elemente ist 0, wodurch diese transparent und nicht sichtbar sind. Die `TextBlock`-Elemente werden durch das `Storyboard` nacheinander eingeblendet (siehe Abbildung 21.13). Beachten Sie in Listing 21.20, dass die einzelnen `DoubleAnimation`-Objekte unterschiedliche Werte für die `BeginTime`-Property enthalten, wodurch sie zu verschiedenen Zeitpunkten starten.

```xml
<Page.Resources>
  <Storyboard x:Name="storyboard" TargetProperty="Opacity">
    <DoubleAnimation To="1" BeginTime="0:0:2" Duration="0:0:2"
      AutoReverse="True" Storyboard.TargetName="txt1" />
    <DoubleAnimation BeginTime="0:0:6" To="1" Duration="0:0:2"
      AutoReverse="True" Storyboard.TargetName="txt2"/>
    <DoubleAnimation BeginTime="0:0:12" To="1" Duration="0:0:2"
      Storyboard.TargetName="txt3"/>
    <DoubleAnimation BeginTime="0:0:14" To="1"
      Storyboard.TargetName="txt4"/>
  </Storyboard> ...
</Page.Resources>
<Grid ...>
  <TextBlock  Name="txt1" Opacity="0"
    Text="Galileo Computing präsentiert"/>
  <TextBlock Name="txt2" Opacity="0"
    Text="eine Thomas Claudius Huber Produktion" />
  <StackPanel VerticalAlignment="Center">
    <TextBlock Name="txt3" Opacity="0" FontWeight="Bold"
      FontSize="46" Text="Windows Store Apps"/>
    <TextBlock Name="txt4" Opacity="0"
      Text="mit XAML und C# entwickeln"/>
  </StackPanel>
</Grid>
```

Listing 21.20 K21\14 FilmTrailer\MainPage.xaml

Hinweis

Beachten Sie in Listing 21.20, dass die `TargetProperty`-Property direkt auf der `Storyboard`-Klasse selbst und nicht auf den einzelnen `DoubleAnimation`-Instanzen gesetzt ist. Alle im `Storyboard` enthaltenen `Timelines` animieren somit die `Opacity`-Property, solange sie nicht selbst einen anderen Wert für die `TargetProperty`-Property definieren.

Abbildung 21.13 Ein Trailer, wie er auch in Kinofilmen zu sehen ist

> **Tipp**
> Da die Children-Property der Klasse Storyboard vom Typ Timeline ist und ein Storyboard selbst auch eine Timeline ist, lassen sich Storyboard-Objekte beliebig ineinander verschachteln, um auf diese Weise komplexere Animationen zu erstellen.

> **Tipp**
> In einem Storyboard können Sie sowohl Theme Animations als auch eigene Animationen mischen, da beide Arten von der Klasse Timeline erben.

21.3.9 Eigene Animationen in Blend erstellen

In Blend lassen sich Animationen im Gegensatz zu Visual Studio über den Designer erstellen. Blend besitzt speziell für Animationen einen angepassten Arbeitsbereich, den Sie wie in Abbildung 21.14 gezeigt über das Hauptmenü FENSTER • ARBEITSBEREICHE • ANIMATION aktivieren.

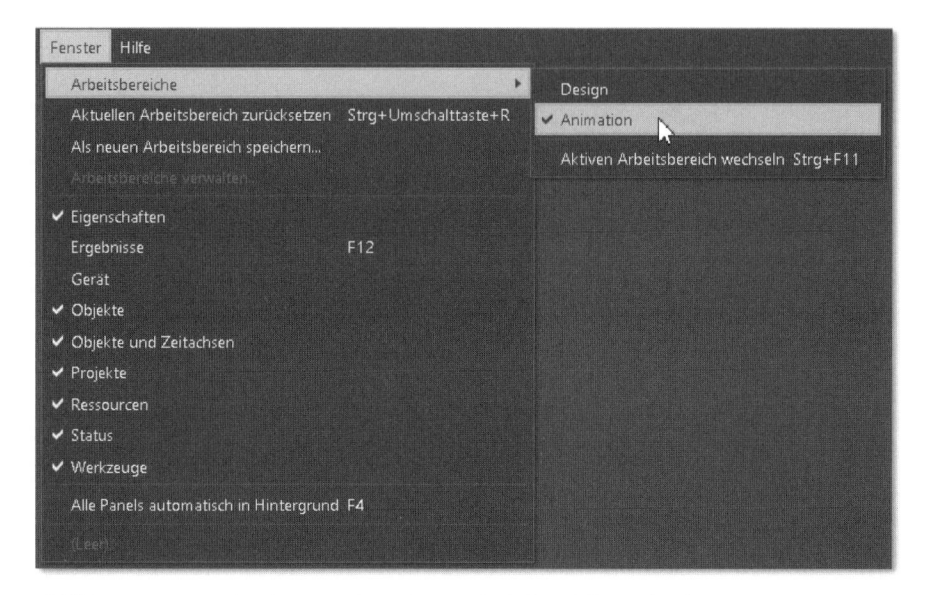

Abbildung 21.14 In Blend zum Animations-Arbeitsbereich wechseln

Im Animations-Arbeitsbereich sehen Sie das in Abbildung 21.15 dargestellte Fenster OBJEKTE UND ZEITACHSEN. Darin finden Sie die Struktur der aktuell im Designer geöffneten Page wieder, die in diesem Beispiel ein Grid mit einem Button enthält. Klicken Sie im OBJEKTE UND ZEITACHSEN-Fenster wie in Abbildung 21.15 rechts oben auf den Plus-Button, um ein neues Storyboard zu erstellen.

Abbildung 21.15 Über den Plus-Button erstellen Sie ein neues Storyboard.

Es erscheint der in Abbildung 21.16 dargestellte Dialog. Mit dem eingegebenen Namen wird Ihr Storyboard in den Ressourcen der Page erstellt.

Abbildung 21.16 Das Storyboard wird mit dem eingegebenen Namen in den Ressourcen erstellt.

Nachdem Sie den Dialog aus Abbildung 21.16 bestätigt haben, wird das Storyboard erstellt. Es ist dann im OBJEKTE UND ZEITACHSEN-Fenster ausgewählt, was Sie in Abbildung 21.17 oben links sehen. Blend befindet sich jetzt im Aufnahmemodus. Diesen können Sie verlassen, indem Sie im OBJEKTE UND ZEITACHSEN-Fenster rechts neben dem ausgewählten Storyboard auf den X-Button drücken. Sie können den Aufnahmemodus wieder betreten, indem Sie im OBJEKTE UND ZEITACHSEN-Fenster ein Storyboard auswählen. Um etwas aufzunehmen, schieben Sie den Positionszeiger in der Zeitachse an die gewünschte Stelle. In Abbildung 21.17 wurde er auf genau eine Sekunde geschoben.

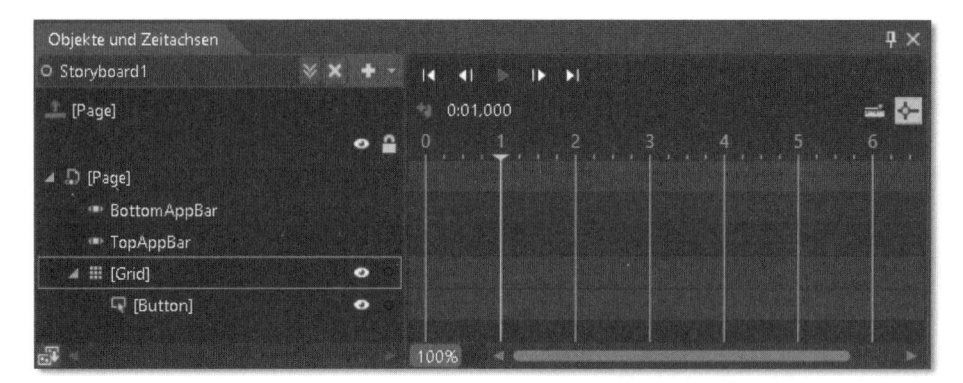

Abbildung 21.17 Das Storyboard ist ausgewählt, und die Position wurde auf eine Sekunde gesetzt.

Ist der Positionszeiger gesetzt, können Sie für diesen Zeitpunkt die Eigenschaften der Objekte verändern. Blend erstellt in XAML die dazu notwendigen Animationen. Bewegen Sie beispielsweise den Button im Designer an eine andere Position. Blend erstellt eine TranslateTransform, weist diese der RenderTransform-Property des Buttons zu und animiert die Transformation. Das Ergebnis sehen Sie in der Zeitachse des Objekte und Zeitachsen-Fensters in Abbildung 21.18. Die animierten Properties und die Länge der Animation sind sichtbar. Sie können die Animation im Designer über den Play-Button im Objekte und Zeitachsen-Fenster starten.

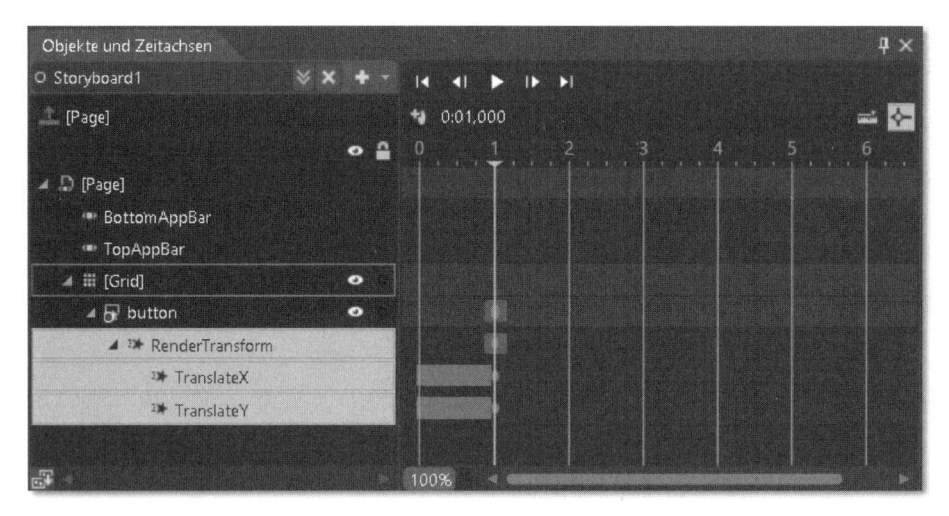

Abbildung 21.18 Die animierten Properties sind in Blend sichtbar.

Klicken Sie in Abbildung 21.18 in der Zeitachse auf das erstellte Schlüsselbild bei einer Sekunde, können Sie dazu die in Abbildung 21.19 dargestellten Eigenschaften betrachten. Darunter können Sie unter anderem eine sogenannte EasingFunction auswählen, um Ihrer Animation beispielsweise einen Sprung- oder einen Federeffekt zu verleihen.

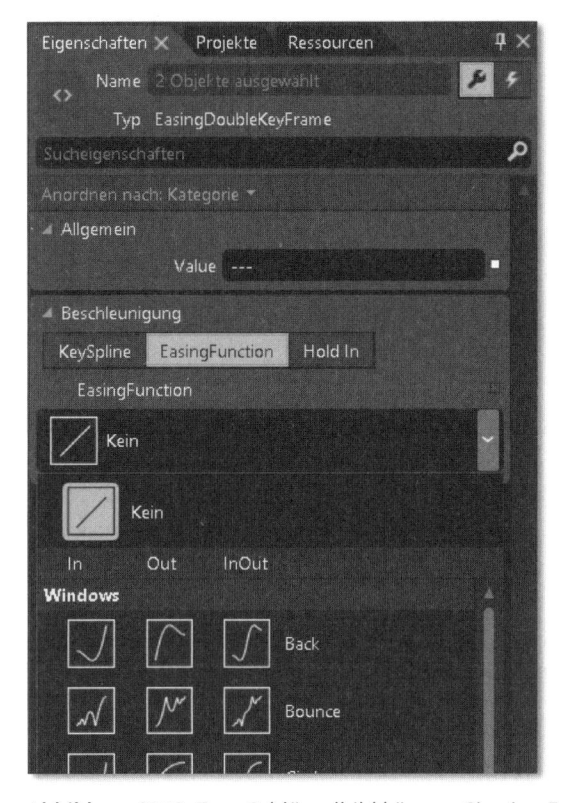

Abbildung 21.19 Zum Schlüsselbild können Sie eine EasingFunction auswählen.

Was es mit den EasingFunctions genau auf sich hat, sehen wir uns jetzt an.

> **Hinweis**
> Solange Sie auf der Zeitachse in Blend nur an einem Zeitpunkt Properties verändern, erstellt Blend Basis-Animationen. Verändern Sie eine Property an mehreren Zeitpunkten, erstellt Blend die in Abschnitt 21.4, »Eigene Keyframe-Animationen«, beschriebenen Keyframe-Animationen.

21.3.10 »EasingFunctions« in Animationen nutzen

Mit einer oft auch als »Beschleunigungsfunktion« bezeichneten *EasingFunction* verleihen Sie Ihrer Animation das gewisse Etwas. Beispielsweise statten Sie sie mit einem Sprungeffekt aus, oder Sie machen Ihre Animation »elastisch«. Eine Easing-

Function erbt über DependencyObject von der Klasse EasingFunctionBase; Abbildung 21.20 zeigt die Klassenhierarchie.

```
DependencyObject
  └─ EasingFunctionBase
       ├─ BackEase
       ├─ BounceEase
       ├─ CircleEase
       ├─ CubicEase
       ├─ ElasticEase
       └─ ...
```

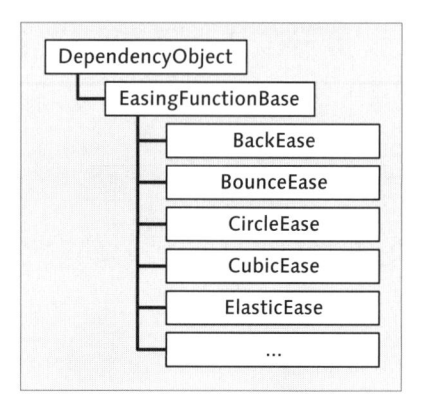

Abbildung 21.20 Die Klassenhierarchie der EasingFunctions

Das wichtigste Mitglied der EasingFunctionBase-Klasse ist die Ease-Methode, die folgende Signatur hat:

```
double Ease(double normalizedTime);
```

Die Ease-Methode transformiert eine normalisierte Zeit, um das Tempo einer Animation zu steuern. Als *normalisierte Zeit* wird eine Zeitangabe zwischen dem Wert 0 und 1 verstanden. Der Wert 0 bezeichnet dabei den Anfang einer Animation, der Wert 1 das Ende.

In der Ease-Methode wird mit einer mathematischen Funktion basierend auf der normalisierten Zeit der transformierte Wert berechnet und aus der Methode zurückgegeben. Die WinRT verwendet die Ease-Methode und die darin enthaltene mathematische Funktion zum Steuern einer Animation.

Neben der Ease-Methode enthält die EasingFunctionBase-Klasse die EasingMode-Property vom Typ der gleichnamigen Aufzählung. Die EasingMode-Aufzählung besitzt die folgenden drei Werte, um die Interpolation der Animation zu bestimmen, die die EasingFunction verwendet:

- **EaseIn**: Die Interpolation findet basierend auf der in der Ease-Methode definierten Formel statt.
- **EaseOut** (Default): Die Interpolation findet umgekehrt zur in der Ease-Methode definierten Formel statt.
- **EaseInOut**: Die Interpolation verwendet EaseIn für die erste Hälfte und EaseOut für die zweite Hälfte

Neben den in Abbildung 21.20 dargestellten Subklassen gibt es ein paar weitere. Tabelle 21.3 zeigt die Subklassen mit einer kurzen Beschreibung. Ob eine Animation mit der jeweiligen EasingFunction beschleunigt und/oder abgebremst wird, bestimmt dabei der Wert der EasingMode-Property.

EasingFunction	Beschreibung
BackEase	Die Animation wird erst etwas in die andere Richtung bewegt, bevor sie gestartet wird. Mit der Amplitude-Property bestimmen Sie die Stärke der Zurücknahme.
BounceEase	Zum Erstellen eines Sprungeffekts. Mit der Bounces-Property definieren Sie die Anzahl der Sprünge, mit Bounciness deren Elastizität.
CircleEase	Die Animation wird mit einem zirkulären Effekt beschleunigt/abgebremst.
CubicEase	Beschleunigt/Bremst eine Animation mit der Formel $f(t) = t^3$.
ElasticEase	Zum Erstellen eines Federeffekts. Die Animation schwingt wie eine Feder, bis sie zum Stillstand kommt. Mit der Oscillations-Property legen Sie die Anzahl der Schwingungen fest, mit der Springiness-Property die Härte der Feder.
ExponentialEase	Definiert eine Animation gemäß der Exponentialfunktion aus der Mathematik.
PowerEase	Erstellt eine Animation, die mit der Formel $f(t) = t^P$ beschleunigt/abgebremst wird. Den Exponenten P legen Sie mit der Power-Property fest. Diese EasingFunction kann somit die Funktionalität von CubicEase, QuadraticEase, QuarticEase und QuinticEase mit dem entsprechenden Wert in der Power-Property nachbilden.
QuadraticEase	Beschleunigt/Bremst eine Animation mit der Formel $f(t) = t^2$.
QuarticEase	Beschleunigt/Bremst eine Animation mit der Formel $f(t) = t^4$.
QuinticEase	Beschleunigt/Bremst eine Animation mit der Formel $f(t) = t^5$.
SineEase	Die Animation wird mit der Sinusformel beschleunigt/abgebremst.

Tabelle 21.3 Die vordefinierten »EasingFunctions«

Die 11 in Tabelle 21.3 dargestellten Subklassen von `EasingFunctionBase` ergeben mit der Kombination der drei Werte der `EasingMode`-Aufzählung 33 Funktionen, die in Abbildung 21.21 dargestellt sind. Bedenken Sie, dass einige `EasingFunctions` weitere Anpassungen durch Properties erlauben, wie die `BounceEase` mit der `Bounces`-Properties.

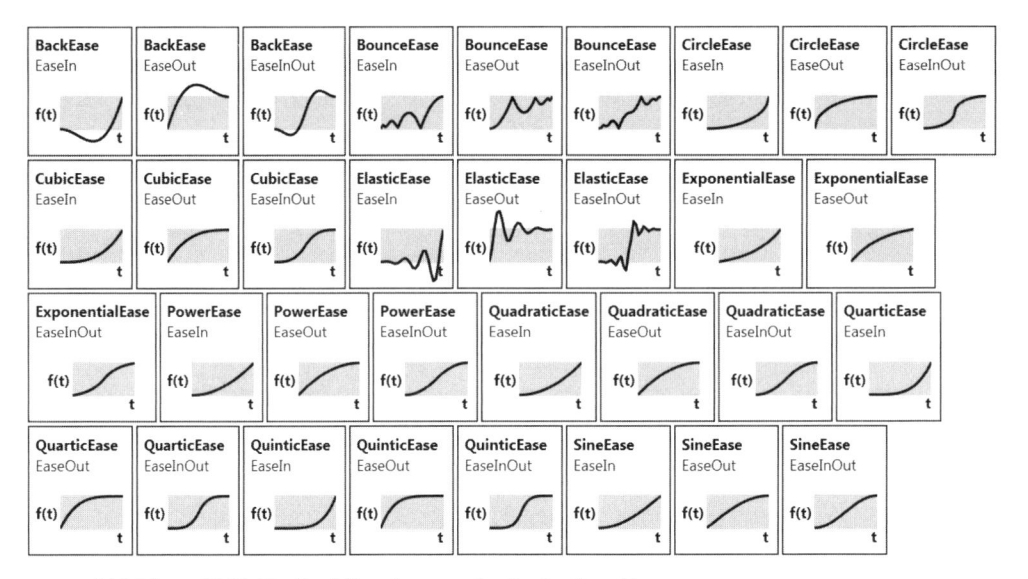

Abbildung 21.21 Die Funktionskurven der EasingFunctions

Um eine `EasingFunction` zu nutzen, weisen Sie sie einfach der `EasingFunction`-Property Ihrer Animation zu. Alle drei Arten, `DoubleAnimation`, `PointAnimation` und `ColorAnimation`, besitzen diese Property.

Listing 21.21 zeigt ein Beispiel. In einem `Canvas` ist ein `Image` namens `imgBall` definiert. In den Ressourcen befindet sich ein `Storyboard`, das den Namen des `Image`-Elements als `TargetName` hat. Das `Storyboard` enthält zwei `DoubleAnimation`-Elemente zum Animieren der Properties `Canvas.Left` und `Canvas.Top`. Die zweite `DoubleAnimation` zum Animieren der `Canvas.Top`-Property enthält in der `EasingFunction`-Property ein `BounceEase`-Element. Dadurch wird sie mit einem Sprungeffekt ausgeführt. Die `EasingMode`-Property des `BounceEase`-Objekts ist auf den Wert `EaseIn` gesetzt.

```xml
<Grid.Resources>
  <Storyboard x:Name="storyboard" TargetName="imgBall">
    <DoubleAnimation Storyboard.TargetProperty="(Canvas.Left)"
      Duration="0:0:3" From="50" To="750"/>
    <DoubleAnimation Storyboard.TargetProperty="(Canvas.Top)"
      Duration="0:0:3" From="200" To="0">
      <DoubleAnimation.EasingFunction>
        <BounceEase EasingMode="EaseIn"/>
```

```
            </DoubleAnimation.EasingFunction>
          </DoubleAnimation>
        </Storyboard>
    </Grid.Resources>
    <StackPanel>
      <Button Content="Animation starten" Click="Button_Click" .../>
      <Border Height="234" Width="786" BorderBrush="Black" ...>
        <Canvas Height="230" Width="782">
          <Image Height="230" Source="schussthomas.png"/>
          <Image x:Name="imgBall" Height="30" Canvas.Top="200"
             Canvas.Left="50" Source="teamgeist.png"/>
        </Canvas>
      </Border>
    </StackPanel>
```

Listing 21.21 K21\15 AnimationMitEasingFunction\MainPage.xaml

Abbildung 21.22 zeigt, wie die Animation verläuft. Der Ball macht dank des Bounce-Ease-Elements drei »Sprünge«, bis er schließlich in der rechten oberen Ecke liegen bleibt.

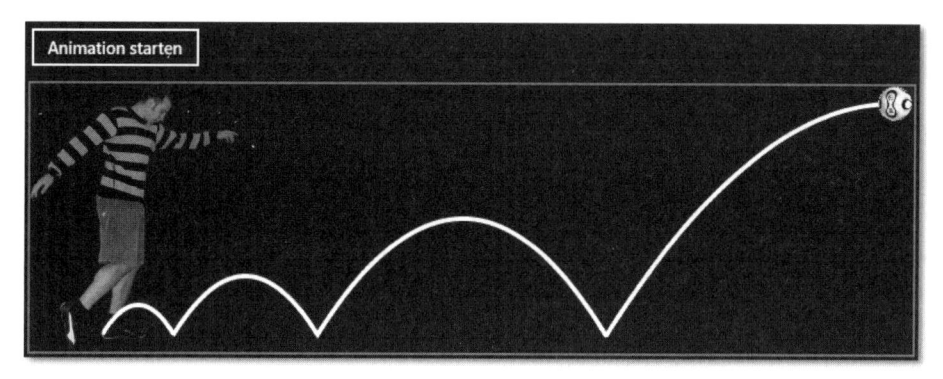

Abbildung 21.22 Die Animation läuft mit der »BounceEase«-Funktion und macht drei »Sprünge«.

> **Hinweis**
>
> Die Anzahl der »Sprünge« lässt sich anpassen, indem Sie auf dem BounceEase-Objekt die Bounces-Property ändern (per Default 3).

Damit Sie die EasingFunctions besser nachvollziehen können, finden Sie in den Beispielen der Buch-DVD im Ordner *K21\16 EasingFunctionTester* eine kleine Windows Store App, mit der sich die unterschiedlichen EasingFunctions testen lassen. Abbildung 21.23 zeigt das Projekt in Aktion mit einer Animation mit einer `BounceEase` und dem `EasingMode`-Wert `EaseInOut`. Sie können gut erkennen, dass der Ball aufgrund des Wertes `EaseInOut` im ersten und im zweiten Teil der Animation drei Sprünge macht.

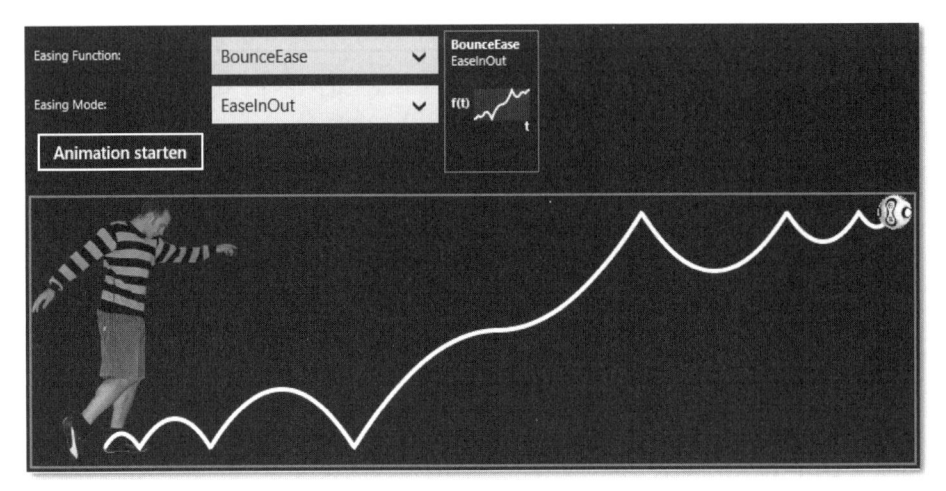

Abbildung 21.23 Die Anwendung »EasingFunctionTester« erlaubt das einfache Ausprobieren der EasingFunctions.

21.4 Eigene Keyframe-Animationen

Im vorigen Abschnitt haben Sie die Grundlagen zu eigenen Animationen anhand der Basis-Animationen kennengelernt. In diesem Abschnitt schauen wir uns die zweite Art von eigenen Animationen an, die Keyframe-Animationen.

Eine Keyframe-Animation kann auf der Zeitachse im Gegensatz zu einer Basis-Animation mehrere »Schlüsselbilder« (= *Keyframes*) haben, wodurch die Animation beliebige Wendungen nehmen kann. Bevor wir mit den Animationen loslegen, sehen wir uns die dazu verwendeten Klassen an.

21.4.1 Die Keyframe-Animation-Klassen

Wie auch die Klassen für Basis-Animationen erben jene für Keyframe-Animationen von der Klasse `Timeline`, was Abbildung 21.24 zeigt. Sie werden somit ebenfalls in einem `Storyboard` eingesetzt.

Mit den Keyframe-Animations-Klassen aus Abbildung 21.24 lassen sich Dependency Properties vom Typ `double`, `Point` und `Color` und `Object` animieren. Jede `<Typ>AnimationUsingKeyFrames`-Klasse besitzt eine `KeyFrames`-Property vom Typ `<Typ>KeyFrameCollection`, wobei `<Typ>` wieder durch den jeweiligen Typ zu ersetzen ist. Bei der `DoubleAnimationUsingKeyFrames`-Klasse ist die `KeyFrame`-Property vom Typ `Double-`

KeyFrameCollection. Darin lassen sich einzelne DoubleKeyFrame-Objekte (<Typ>Key-Frame) speichern, die die Schlüsselbilder der Animation repräsentieren. Die Klasse DoubleKeyFrame enthält selbst keinen öffentlichen Konstruktor. Einen solchen finden Sie in den vier verfügbaren Subklassen:

- LinearDoubleKeyFrame: lineare Interpolation zwischen den Schlüsselbildern.
- EasingDoubleKeyFrame: – lineare Interpolation zwischen den Schlüsselbildern; nutzt zusätzlich die in der EasingFunction-Property dieses EasingDoubleKeyFrames definierte Funktion
- SplineDoubleKeyFrame: Interpolation gemäß einer Spline-Kurve
- DiscreteDoubleKeyFrame: keine Interpolation zwischen den Schlüsselbildern

```
DependencyObject
    └─ Timeline
            ├─ DoubleAnimationUsingKeyFrames
            ├─ PointAnimationUsingKeyFrames
            ├─ ColorAnimationUsingKeyFrames
            └─ ObjectAnimationUsingKeyFrames
```

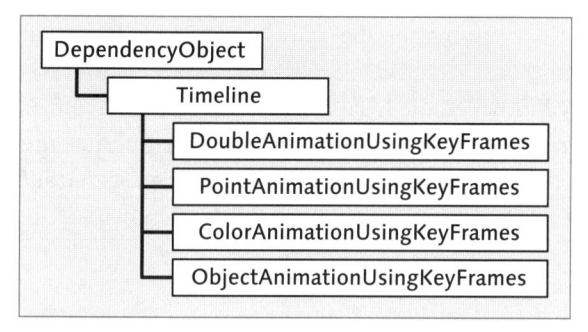

Abbildung 21.24 Die Klassenhierarchie der Keyframe-Animationen

---

Hinweis

Für die Typen Color und Point gibt es auch die vier Subklassen von <Typ>KeyFrame. Für die ObjectAnimationUsingKeyFrames gibt es allerdings nur die Subklasse DiscreteObjectKeyFrame, da bei einem Objekt keine Interpolation möglich ist.

Die Basisklasse <Typ>KeyFrame, beispielsweise DoubleKeyFrame, definiert die beiden Properties KeyTime (Typ KeyTime) und Value (Typ object). Mit diesen Properties legen Sie die Zeit und den Wert des Schlüsselbildes fest. Sehen wir uns die vier Keyframe-Arten an und starten mit der linearen Variante.

Hinweis

Keyframe-Animationen lassen sich auch in Blend erstellen. Werfen Sie einen Blick auf Abschnitt 21.3.9, »Eigene Animationen in Blend erstellen«. Sobald Sie in der Zeitleiste die Werte eines Elements zu unterschiedlichen Zeitpunkten ändern, erstellt Blend anstelle einer Basis-Animation eine Keyframe-Animation.

21.4.2 Lineare Keyframe-Animationen

Verwenden Sie in Ihrer Keyframe-Animation lineare Keyframes, findet zwischen den Keyframes eine lineare Interpolation statt. Dabei bestimmt ein Keyframe immer die Interpolation vor ihm. Das heißt, der erste Keyframe bestimmt die Interpolation vom Start der Animation bis zu ihm. Der zweite Keyframe bestimmt die Interpolation vom ersten Keyframe bis zu ihm usw. Dies gilt auch für die später beschriebenen Easing- und Spline-Keyframes. Bei den diskreten Keyframes findet dagegen keine Interpolation statt.

Listing 21.22 enthält ein Canvas mit zwei Image-Objekten. Die Position des zweiten Image-Objekts mit dem Namen imgBall soll animiert werden. Dazu besitzt das Canvas in den Ressourcen ein Storyboard mit einer DoubleAnimation und einer DoubleAnimationUsingKeyframes. Die DoubleAnimation animiert die Canvas.Left-Property des Balles linear über 3 Sekunden zum Wert 750. Die DoubleAnimationUsingKeyFrames animiert die Canvas.Top-Property des Balles, die lokal auf dem Image-Objekt auf 200 gesetzt wurde. Ihre KeyFrames-Property (als Content-Property gesetzt) besitzt drei LinearDoubleKeyFrame-Elemente. Nach einer Sekunde soll Canvas.Top den Wert 0 aufweisen, nach 2 Sekunden den Wert 200 und nach 3 Sekunden wieder den Wert 0.

```xaml
<Canvas Height="230" Width="782" Background="LightGray" ...>
  <Canvas.Resources>
    <Storyboard x:Name="storyboard" TargetName="imgBall">
      <DoubleAnimation Storyboard.TargetProperty="(Canvas.Left)"
        Duration="0:0:3" To="750"/>
      <DoubleAnimationUsingKeyFrames
        Storyboard.TargetProperty="(Canvas.Top)">
        <LinearDoubleKeyFrame KeyTime="0:0:1" Value="0"/>
        <LinearDoubleKeyFrame KeyTime="0:0:2" Value="200"/>
        <LinearDoubleKeyFrame KeyTime="0:0:3" Value="0"/>
      </DoubleAnimationUsingKeyFrames>
    </Storyboard>
  </Canvas.Resources>
  <Image Height="230" Source="schussthomas.png"/>
  <Image x:Name="imgBall" Height="30" Canvas.Top="200"
    Canvas.Left="50" Source="teamgeist.png"/>
</Canvas>
```

Listing 21.22 K21\17 LineareDoubleKeyFrames\MainPage.xaml

Abbildung 21.25 zeigt die Fluglinie des Balles aus Listing 21.22. Zwischen den einzelnen Keyframes findet eine lineare Interpolation statt.

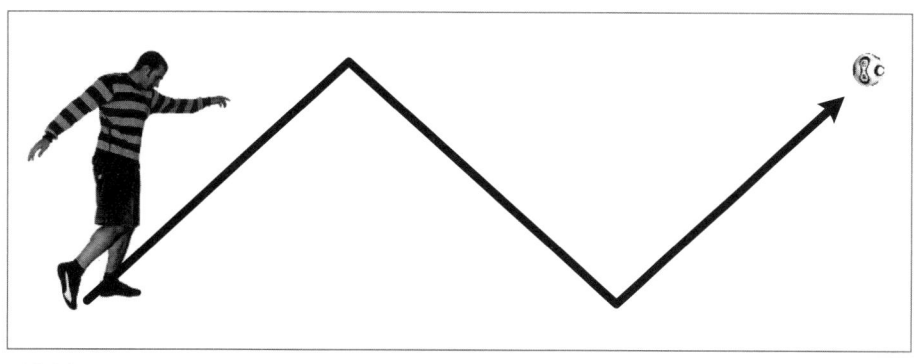

Abbildung 21.25 Eine lineare Keyframe-Animation

21.4.3 Easing-Keyframe-Animationen

Sie können in Ihrer Keyframe-Animation auch `EasingFunctions` verwenden. Setzen Sie dazu einen Keyframe namens `Easing<Typ>KeyFrame` ein, wobei Sie `<Typ>` wieder durch `Double`, `Point` oder `Color` ersetzen. Ein `Easing<Typ>KeyFrame` interpoliert standardmäßig den Wert einer Animation exakt gleich wie ein linearer Keyframe (`Linear<Typ>KeyFrame`). Allerdings besitzt ein `Easing<Typ>KeyFrame` im Gegensatz zu einem linearen Keyframe die Property `EasingFunction` vom Typ `EasingFunctionBase`. Mit dieser Property lässt sich ein `Easing<Typ>KeyFrame` mit einer `EasingFunction` ausstatten.

Sehen wir uns ein Beispiel an und passen dazu die `DoubleAnimationUsingKeyFrames` aus dem vorigen Abschnitt an. Der zweite `LinearDoubleKeyFrame` wurde in Listing 21.23 durch einen `EasingDoubleKeyFrame` ersetzt. In der `EasingFunction`-Property ist ein `BounceEase`-Element definiert, damit dort ein Sprungeffekt erfolgt.

```xml
<DoubleAnimationUsingKeyFrames
   Storyboard.TargetProperty="(Canvas.Top)">
   <LinearDoubleKeyFrame KeyTime="0:0:1" Value="0"/>
   <EasingDoubleKeyFrame KeyTime="0:0:2" Value="200">
      <EasingDoubleKeyFrame.EasingFunction>
         <BounceEase/>
      </EasingDoubleKeyFrame.EasingFunction>
   </EasingDoubleKeyFrame>
   <LinearDoubleKeyFrame KeyTime="0:0:3" Value="0"/>
</DoubleAnimationUsingKeyFrames>
```

Listing 21.23 K21\18 EasingDoubleKeyFrames\MainPage.xaml

Abbildung 21.26 zeigt die Anwendung in Aktion. Vom Start der Animation bis zum ersten Keyframe findet eine lineare Interpolation statt. Vom ersten Keyframe bis zum `EasingDoubleKeyFrame` findet ebenfalls eine lineare Interpolation statt, die jetzt jedoch die `EasingFunction` des `BounceEase`-Objekts berücksichtigt, womit der Ball drei Sprünge macht. Vom `EasingDoubleKeyFrame` bis zum letzten, wieder linearen Keyframe findet wieder eine lineare Interpolation statt.

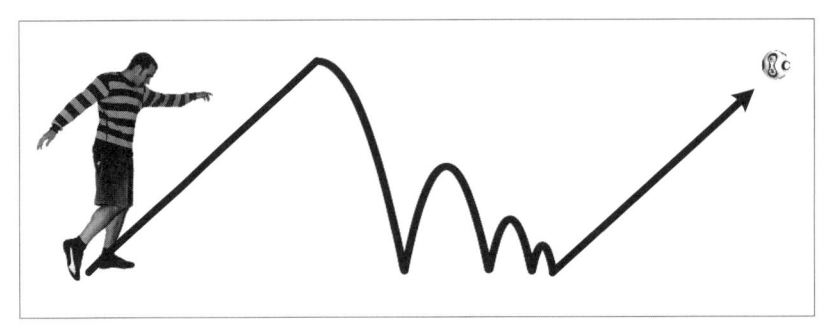

Abbildung 21.26 Im mittleren Teil wurde die EasingFunction »BounceEase« verwendet.

21.4.4 Spline-Keyframe-Animationen

Mit den `Spline<Typ>KeyFrames` lassen sich kurvige Animationen erzeugen. `Spline<Typ>KeyFrames` zeigen exakt dasselbe Ergebnis wie `Linear<Typ>KeyFrames` an, solange Sie die `KeySpline`-Property nicht setzen. Diese Property ist vom Typ `KeySpline`. Die `KeySpline`-Klasse besitzt lediglich zwei Properties, beide vom Typ `Point`: `ControlPoint1` und `ControlPoint2`. Damit definieren Sie die Kontrollpunkte der Kurve (wie bei der Bézierkurve aus Kapitel 19, »2D-Grafik«). Der Startpunkt der Kurve ist dabei immer 0,0 und der Endpunkt 1,1.

In XAML lassen sich die beiden Kontrollpunkte mittels Attribut-Syntax setzen. Listing 21.24 zeigt drei `SplineDoubleKeyFrame`-Elemente mit gesetzter `KeySpline`-Property, die zum in Abbildung 21.27 dargestellten Ergebnis führen.

```
<DoubleAnimationUsingKeyFrames
  Storyboard.TargetProperty="(Canvas.Top)">
  <SplineDoubleKeyFrame KeySpline="1,0 0,1"
    KeyTime="0:0:1" Value="0"/>
  <SplineDoubleKeyFrame KeySpline="1,0 0,1"
    KeyTime="0:0:2" Value="200"/>
  <SplineDoubleKeyFrame KeySpline="1,0 0,1"
    KeyTime="0:0:3" Value="0"/>
</DoubleAnimationUsingKeyFrames>
```

Listing 21.24 K21\19 SplineDoubleKeyFrames\MainPage.xaml

In Abbildung 21.27 sind die beiden Kontrollpunkte des ersten `SplineDoubleKeyFrames` dargestellt (C1 und C2). Beachten Sie, dass der Startpunkt der Kurve immer bei 0,0 und der Endpunkt bei 1,1 liegt. Für den ersten `SplineDoubleKeyFrame` ist der Startpunkt (0,0) am unteren Fensterrand und der Endpunkt (1,1) oben; beim zweiten `SplineDoubleKeyFrame` ist der Startpunkt (0,0) am oberen Fensterrand und der Endpunkt unten.

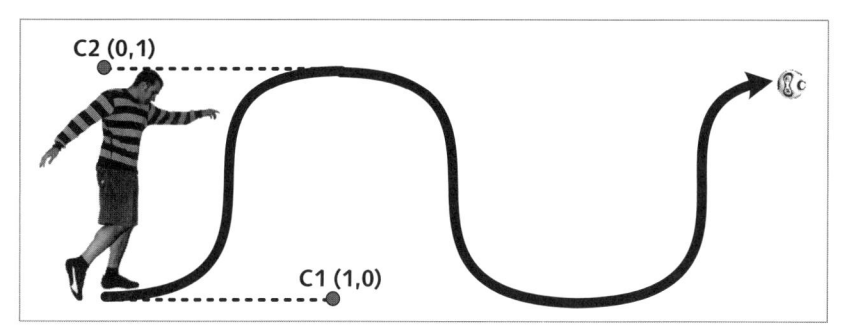

Abbildung 21.27 Eine Spline-Keyframe-Animation

> **Tipp**
> Wie Sie Ihre Animation in Blend erstellen, haben Sie in Abschnitt 21.3.9, »Eigene Animationen in Blend erstellen«, gelesen. Dabei haben Sie auch erfahren, wie Sie einen Keyframe in der Zeitleiste selektieren und die Eigenschaften betrachten, um beispielsweise eine `EasingFunction` festzulegen. In diesen Eigenschaften befindet sich auch die Möglichkeit, eine Spline-Kurve via Designer zu erstellen.

21.4.5 Diskrete Keyframe-Animationen

`Discrete<Typ>KeyFrame`-Objekte bilden nach linearen, Easing- und Spline-Keyframes die vierte und letzte Art von Keyframes. Verwenden Sie `Discrete<Typ>KeyFrame`-Objekte, findet keine Interpolation statt. Diskrete Keyframes setzen den Wert abrupt. Animieren Sie die `Canvas.Top`-Property des Balles mit `DiscreteDoubleKeyFrame`-Elementen (siehe Listing 21.25), werden Sie feststellen, dass der Ball sprungartig die Position verändert (siehe Abbildung 21.28).

```
<DoubleAnimationUsingKeyFrames
   Storyboard.TargetProperty="(Canvas.Top)">
   <DiscreteDoubleKeyFrame KeyTime="0:0:1" Value="0"/>
   <DiscreteDoubleKeyFrame KeyTime="0:0:2" Value="200"/>
   <DiscreteDoubleKeyFrame KeyTime="0:0:3" Value="0"/>
</DoubleAnimationUsingKeyFrames>
```

Listing 21.25 K21\20 DiscreteDoubleKeyFrames\MainPage.xaml

Der Ball wird durch die `DiscreteDoubleKeyFrames` aus Listing 21.25 wie folgt animiert: Er startet beim lokalen Wert 200, nach einer Sekunde wird der Wert abrupt auf 0 gesetzt (erster Keyframe), der Ball fliegt oben (siehe Abbildung 21.28). Nach 2 Sekunden wird der Wert zurück auf 200 gesetzt (zweiter Keyframe), und der Ball fliegt wieder nach unten. Nach drei Sekunden wird der Wert wieder auf 0 gesetzt (dritter Keyframe), womit die Animation auch zu Ende ist und der Ball in der oberen Ecke liegt. Zwischen den Werten wird nichts berechnet/interpoliert, was die Fluglinie(n) des Balles in Abbildung 21.28 verdeutlichen.

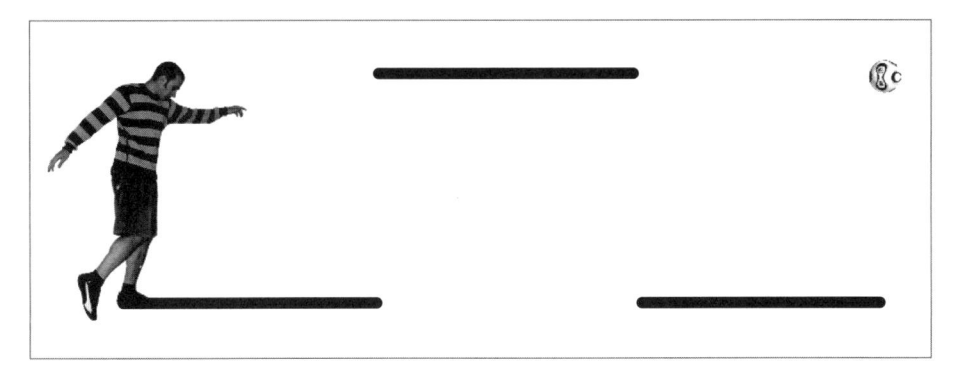

Abbildung 21.28 Eine diskrete Keyframe-Animation

> **Tipp**
>
> Da die `KeyFrames`-Property immer Objekte der Basisklasse `DoubleKeyFrame` entgegennimmt, lassen sich in einer einzigen `DoubleAnimationUsingKeyFrames`-Animation natürlich auch alle Arten von Keyframes verwenden und mischen.

Für das Bild mit dem Fußball ist eine diskrete Keyframe-Animation nicht wirklich sinnvoll. Verwenden Sie diskrete Keyframe-Animationen, wenn Sie wirklich große Schritte machen wollen, um tatsächlich einen Effekt wie in einem Daumenkino zu erzielen.

Für den Typ `Object` ist die einzig mögliche Animationsart eine Keyframe-Animation mit diskreten Keyframes, da für ein `object` keine Interpolation möglich ist. Somit gibt es von der Klasse `ObjectKeyFrame` nur die Subklasse `DiscreteObjectKeyFrame`.

Listing 21.26 nutzt die `ObjectAnimationUsingKeyFrames`-Klasse, um von verschiedenen `Image`-Objekten die `Visibility`-Property zu bestimmten Zeitpunkten zu setzen. Das `Storyboard` enthält auch eine normale `DoubleAnimation`, um die Position des Bildes (`imgBall`) zu ändern. Abbildung 21.29 zeigt, dass zu verschiedenen Zeitpunkten ein Bild `Visible` ist.

21.4 Eigene Keyframe-Animationen

```xml
<Canvas Height="230" Width="500" ...>
  <Canvas.Resources>
    <Storyboard x:Name="storyboard">
      <ObjectAnimationUsingKeyFrames Storyboard.TargetName="kick0"
        Storyboard.TargetProperty="Visibility">
        <DiscreteObjectKeyFrame KeyTime="0:0:0"
          Value="Collapsed"/>
        <DiscreteObjectKeyFrame KeyTime="0:0:0.75"
          Value="Visible"/>
      </ObjectAnimationUsingKeyFrames>
      <ObjectAnimationUsingKeyFrames Storyboard.TargetName="kick1"
        Storyboard.TargetProperty="Visibility">
        <DiscreteObjectKeyFrame KeyTime="0:0:0" Value="Visible"/>
        <DiscreteObjectKeyFrame KeyTime="0:0:0.25"
          Value="Collapsed"/>
      </ObjectAnimationUsingKeyFrames>
      <ObjectAnimationUsingKeyFrames Storyboard.TargetName="kick2"
        Storyboard.TargetProperty="Visibility">
        <DiscreteObjectKeyFrame KeyTime="0:0:0.25"
          Value="Visible"/>
        <DiscreteObjectKeyFrame KeyTime="0:0:0.5"
          Value="Collapsed"/>
      </ObjectAnimationUsingKeyFrames>
      <ObjectAnimationUsingKeyFrames Storyboard.TargetName="kick3"
        Storyboard.TargetProperty="Visibility">
        <DiscreteObjectKeyFrame KeyTime="0:0:0.5"
          Value="Visible"/>
        <DiscreteObjectKeyFrame KeyTime="0:0:0.75"
          Value="Collapsed"/>
      </ObjectAnimationUsingKeyFrames>
      <DoubleAnimation Storyboard.TargetName="imgBall"
        Storyboard.TargetProperty="(Canvas.Left)"
        BeginTime="0:0:0.5" Duration="0:0:0.25" To="300"/>
    </Storyboard>
  </Canvas.Resources>
  <Image x:Name="imgBall" Height="30" Canvas.Top="190"
    Canvas.Left="90" Source="teamgeist.png"/>
  <Image Height="230" Source="kick0.png" x:Name="kick0"
    Visibility="Visible"/>
  <Image Height="230" Source="kick1.png" x:Name="kick1"
    Visibility="Collapsed"/>
  <Image Height="230" Source="kick2.png" x:Name="kick2"
    Visibility="Collapsed"/>
```

```
    <Image Height="230" Source="kick3.png" x:Name="kick3"
      Visibility="Collapsed"/>
    <Image Source="fussballtor.png" Canvas.Left="250"
      Canvas.Top="20"/>
</Canvas>
```

Listing 21.26 K21\21 DiscreteObjectKeyFrames\MainPage.xaml

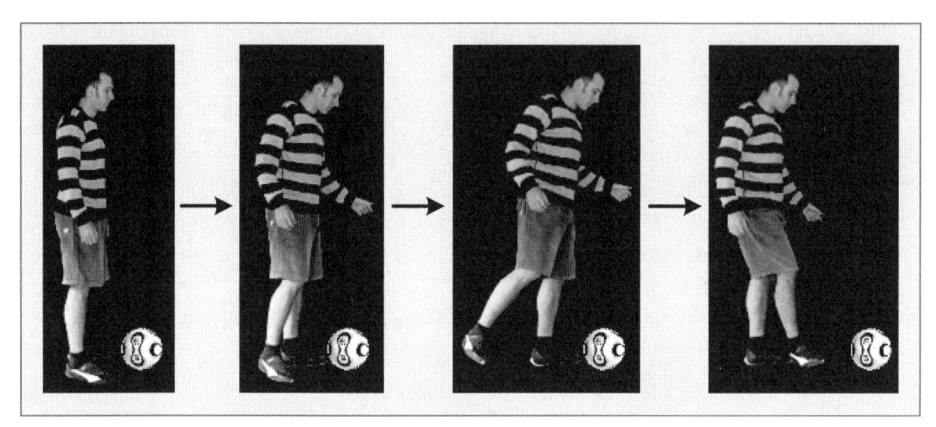

Abbildung 21.29 Verschiedene Bilder werden zu bestimmten Zeitpunkten sichtbar.

21.5 Low-Level-Animationen

Anstatt die Animationsklassen der WinRT zu nutzen, können Sie auch alles manuell im Code erledigen, damit sich etwas »bewegt«. Dies wird als manuelle oder **Low-Level-Animationen** bezeichnet. In diesem Abschnitt erfahren Sie, wie Sie eine Low-Level-Animation erstellen. Dabei erhalten Sie auch Einblick in den Quellcode eines 2D-Jump-and-Run-Spiels.

21.5.1 Eine einfache Low-Level-Animation

Auf klassischem Weg werden Animationen mit einem Timer erstellt. Mehrmals pro Sekunde werden bestimmte Properties geändert, was für das Auge wie eine Animation wirkt. Timer existieren auch in der WinRT.

Erzeugen Sie ein Objekt der Klasse DispatcherTimer (**Namespace:** Windows.UI.Xaml), setzen Sie die Interval-Property (Typ: TimeSpan), und registrieren Sie einen Event Handler für das Tick-Event. Der Event Handler für das Tick-Event wird auf dem UI-Thread aufgerufen, womit Sie darin direkt Ihre Elemente verändern können. Damit der DispatcherTimer loslegt, rufen Sie wie in folgendem Codeausschnitt die Start-Methode auf:

```
public void InitializeTimer()
{
  var timer = new DispatcherTimer();
  timer.Interval = TimeSpan.FromMilliseconds(500);
  timer.Tick += timer_Tick;
  timer.Start();
}
void timer_Tick(object sender, EventArgs e)
{
  // Eigene Logik
}
```

Listing 21.27 Der »DispatcherTimer«

Auf den ersten Blick scheint der `DispatcherTimer` für Low-Level-Animationen geeignet zu sein. Allerdings ist er dafür nicht zu empfehlen. Das Problem des `DispatcherTimers` ist, dass er nicht synchron mit dem Rendering der WinRT läuft. Er eignet sich somit für andere Aufgaben, aber nicht für Low-Level-Animationen. Dafür sollten Sie anstelle eines Timers das statische `Rendering`-Event der Klasse `CompositionTarget` nutzen.

Das `Rendering`-Event tritt immer auf, bevor die WinRT die Oberfläche zeichnet. Das `Rendering`-Event ist somit optimal, um bei jedem einzeln gezeichneten Bild etwas zu ändern und so eine Animation zu generieren.

Schauen wir uns ein kleines Beispiel einer Animation mit `CompositionTarget` an. Listing 21.28 enthält ein `Canvas` mit einem `Image`. Die Position des `Images` soll mit einer Animation geändert werden, sobald irgendwo auf das `Canvas` geklickt wird. Der Punkt, an dem geklickt wird, ist dabei die Zielposition für das `Image`.

```xml
<Canvas PointerPressed="Canvas_PointerPressed" ...>
  <Image x:Name="img" Width="20" Source="teamgeist.png"
    Canvas.Top="0" Canvas.Left="0"/>
</Canvas>
```

Listing 21.28 K21\22 CompositionTargetAnimation\MainPage.xaml

In der Codebehind-Datei in Listing 21.29 wird im Konstruktor ein Event Handler für das `Rendering`-Event der Klasse `CompositionTarget` installiert. Im Event Handler wird die aktuelle Position des `Image`-Objekts von der `_targetPosition` abgezogen und durch einen Bremsfaktor dividiert. Das Ergebnis wird zur aktuellen Position addiert und als neue Position gesetzt. Mit jedem Aufruf des Event Handlers gleicht sich die aktuelle Position mehr an die `_targetPosition` an, bis schließlich der Wert aufgrund beschränkter Nachkommastellen des `double`-Typs genau erreicht wird.

Im Event Handler `Canvas_PointerPressed` wird die `_targetPosition` auf die geklickte Position gesetzt, wodurch die Animation startet.

```
public sealed partial class MainPage : Page
{
  private Point _targetPosition = new Point();
  public MainPage()
  {
    InitializeComponent();
    CompositionTarget.Rendering += CompositionTarget_Rendering;
  }
  void CompositionTarget_Rendering(object sender, object e)
  {
    // Bremsfaktor
    double brakefactor = 15;
    double currentX = Canvas.GetLeft(img);
    double currentY = Canvas.GetTop(img);
    double deltaX = (_targetPosition.X - currentX) / brakefactor;
    double deltaY = (_targetPosition.Y - currentY) / brakefactor;
    Canvas.SetLeft(img, currentX + deltaX);
    Canvas.SetTop(img, currentY + deltaY);
  }
  private void Canvas_PointerPressed(object sender,
    PointerRoutedEventArgs e)
  {
    Canvas canvas = sender as Canvas;
    _targetPosition = e.GetCurrentPoint(null).Position;
  }
}
```

Listing 21.29 K21\22 CompositionTargetAnimation\MainPage.xaml.cs

Abbildung 21.30 zeigt, was passiert, wenn der Benutzer mit der Maus auf das `Canvas` klickt: Der Ball bzw. das `Image` wird zum Klickpunkt hin animiert. Dabei wird es abgebremst. Je näher es dem Ziel kommt, desto langsamer wird es.

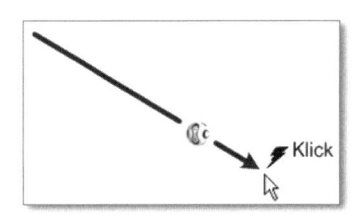

Abbildung 21.30 Low-Level-Animation mit der »CompositionTarget«-Klasse

> **Hinweis**
> Seien Sie sich bewusst, dass Sie im Event Handler für das Rendering-Event vollständig eigene Logik implementieren können, um bestimmte Properties über einen Zeitraum zu ändern. Dies bedeutet, dass Sie im Rendering-Event auch Properties ändern können, die nicht als Dependency Property implementiert sind

21.5.2 Ein 2D-Jump-and-Run-Spiel mit Low-Level-Animationen

Das Rendering-Event der CompositionTarget-Klasse eignet sich auch, um einfache 2D-Jump-and-Run-Spiele mit der WinRT zu entwickeln.

> **Hinweis**
> Falls Sie primär Spiele entwickeln, sollten Sie aus Performancegründen unbedingt DirectX wählen.

Sie finden in den Buchbeispielen im Ordner *K21\23 SuperThomas* die App »Super Thomas«, die an Nintendos »Super Mario« angelehnt ist. Listing 21.30 zeigt einen kleinen Ausschnitt der App. Im Rendering-Event-Handler wird die Methode GameLoop aufgerufen. In dieser Methode werden Properties des Objekts _gameController geprüft, und der Spieler wird entsprechend bewegt oder ein Sprung ausgeführt. Ist der Status des Spiels GameOver, wird ein Element eingeblendet. Schauen Sie sich den Code in der App an. Es ist nicht sinnvoll, ihn hier darzustellen, da er über mehrere Seiten geht.

```
void CompositionTarget_Rendering(object sender, object e)
{ ...
  var milliseconds = ...;
  GameLoop(milliseconds);
}
private void GameLoop(int elapsedMilliseconds)
{
  ...
  // Spieler bewegen
  if (_gameController.IsMoveLeftPressed)
  {
    ...
  }
  if (_gameController.IsMoveRightPressed)
  {
    ...
  }
```

```csharp
// Springen
if (_gameController.IsJumpPressed
   || _jumpState != JumpState.None)
{
  ...
}
if (_game.State == GameState.GameOver)
{
  gameOverScreen.Visibility = Visibility.Visible;
}
}
```

Listing 21.30 K21\23 SuperThomas\Core\JumpNRunGame.xaml.cs

Abbildung 21.31 zeigt das Jump-and-Run-Game Super Thomas in Aktion. Der Spieler wird im Rendering-Event durch Drücken der Buttons »bewegt«. Tatsächlich wird jedoch nicht der Spieler, sondern das Level gescrollt. Dies ist klassisch für 2D-Jump-and-Run-Spiele.

Abbildung 21.31 Das Jump-and-Run-Game »Super Thomas« nutzt das »Rendering«-Event der »CompositionTarget«-Klasse.

21.6 Zusammenfassung

In diesem Kapitel haben Sie die vier grundlegenden Möglichkeiten kennengelernt, um die Elemente in Ihrer App zu animieren:

- Theme Transitions
- Theme Animations
- eigene Animationen
- Low-Level-Animationen

Theme Transitions führen vordefinierte Standardanimationen bei einer vordefinierten Aktion aus. Um eine Theme Transition zu verwenden, setzen Sie beispielsweise die Transitions-Property der UIElement-Klasse. Weisen Sie eine TransitionCollection zu, die die gewünschten Transition-Objekte enthält, beispielsweise eine EntranceThemeTransition.

Theme Animations sind vordefinierte Standardanimationen. Im Gegensatz zu den Theme Transitions sind die Theme Animations jedoch nicht mit einer Aktion verknüpft. Sie bestimmen mit Ihrem Code, wann eine Theme Animation gestartet wird. Eine Theme Animation erbt wie auch die eigenen Animationsklassen von der Klasse Timeline, die verschiedene Properties wie BeginTime, Duration oder AutoReverse besitzt. Fügen Sie die Animationen zur Children-Property eines Storyboards hinzu. Rufen Sie auf dem Storyboard die Begin-Methode auf, um die darin enthaltenen Animationen zu starten.

Verwenden Sie die Standard-Controls der WinRT, haben Sie bereits eine animierte Oberfläche. Diese Controls nutzen in den ControlTemplates bereits Theme Transitions und Theme Animations.

Eigene Animationen sind maßgeschneiderte Animationen, die das von Ihnen definierte Verhalten aufweisen. Es gibt zwei Arten davon:

- Basis-Animation: Die Klasse heißt <Typ>Animation. Mit den Properties From, To und By werden Start- und Zielwerte angegeben.
- Keyframe-Animation: Die Klasse heißt <Typ>AnimationUsingKeyFrames. Zur KeyFrames-Property werden »Schlüsselbilder« hinzugefügt, wodurch der animierte Wert während der Animation »in verschiedene Richtungen« gehen kann.

Beide Arten erben von der Klasse Timeline, womit Sie sie zum Ausführen auch in einem Storyboard verwenden können.

Low-Level-Animationen sind Animationen, die Sie selbst in die Hand nehmen. Erreichen Sie mit den Animationsklassen der WinRT nicht die gewünschten Effekte, lässt sich mit dem Rendering-Event der Klasse CompositionTarget auch eine per Bild basierte Animation erstellen.

Mit Animationen ist Ihre App jetzt »schnell & flüssig«. Mit diesem letzten Feinschliff ist es an der Zeit, die App in den Windows Store zu stellen. Wie das funktioniert, sehen wir uns im nächsten Kapitel an.

Kapitel 22
Verpacken und veröffentlichen

Sie haben es geschafft, Ihre App ist fertig und bereit für die Öffentlichkeit. In diesem Kapitel lernen Sie, wie Sie Ihre App verpacken und lokal oder über den Windows Store veröffentlichen.

Sie haben Ihre App fertiggestellt und möchten diese jetzt verpacken und veröffentlichen. Wie dies funktioniert und welche Möglichkeiten Sie haben, sehen wir uns in diesem Kapitel an.

Eine Windows Store App wird als App-Package (Paket) verpackt, bevor sie verteilt wird. Wie Sie eine App verpacken, lesen Sie in Abschnitt 22.1. Dabei sehen wir uns auch den Inhalt eines App-Packages näher an. Sie lernen mehr über die Installationsmöglichkeiten einer App und erfahren, wie Sie die App mit Ihrer Entwicklerlizenz auf verschiedenen Geräten installieren und testen. Falls Sie Ihre App nicht über den Windows Store, sondern lediglich in Ihrem Unternehmen verteilen möchten, können Sie dies über ein sogenanntes *Side-Loading* durchführen. Auch dazu finden Sie Details in Abschnitt 22.1.

In Abschnitt 22.2 erhalten Sie alle Informationen, um Ihre Windows Store App über den Windows Store zu veröffentlichen. Hier erfahren Sie alles Wissenswerte über das Anlegen des Entwicklerkontos, das Testen mit dem Windows App Certification Kit bis zum Hochladen und Übermitteln in den Windows Store.

Mit dem Windows Store öffnen sich weitere Möglichkeiten. Wenn Sie Ihre App nicht kostenlos anbieten, empfiehlt es sich, den Benutzern eine Testversion bereitzustellen. Wie dies funktioniert, lesen Sie in Abschnitt 22.3, »Weitere Möglichkeiten im Windows Store«. Neben der Testversion erfahren Sie hier auch, wie Sie In-App-Verkäufe realisieren und lokal testen.

22.1 Verpacken der App

Ihre App wird zum Bereitstellen in einem App-Package (.*appx*-Datei) verpackt. In diesem Abschnitt sehen wir uns an, wie Sie ein App-Package erstellen, was es für Inhalte hat, welche Installationsmöglichkeiten es gibt und wie Sie das App-Package direkt auf anderen Geräten bereitstellen. Bevor es losgeht, werfen wir einen Blick auf das

STORE-Menü von Visual Studio, das die Funktionen zum Verpacken und Veröffentlichen enthält.

22.1.1 Das »Store«-Menü

Haben Sie Ihr Windows-Store-App-Projekt in Visual Studio geöffnet, finden Sie im Hauptmenü von Visual Studio den Menüpunkt PROJEKT • STORE. Er enthält einige Unterpunkte, wie Abbildung 22.1 zeigt.

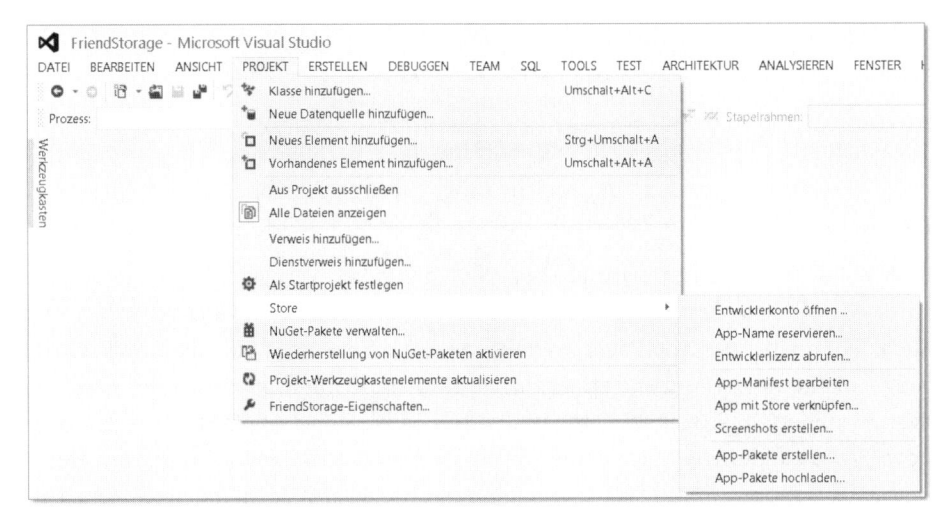

Abbildung 22.1 Das »Store«-Menü in Visual Studio bietet alle wichtigen Funktionen.

> **Hinweis**
>
> Haben Sie im PROJEKTMAPPEN-EXPLORER die Projektmappe ausgewählt, sind einige der Menüpunkte im STORE-Menü deaktiviert. Wählen Sie daher im PROJEKTMAPPEN-EXPLORER Ihr Windows-Store-App-Projekt oder eine darin enthaltene Datei aus, damit alle Untermenü-Punkte des STORE-Menüs aktiviert sind.

Folgend kurze Beschreibungen der Unterpunkte des STORE-Menüpunkts:

- ENTWICKLERKONTO ÖFFNEN...: Dieser Menüpunkt führt Sie direkt auf die entsprechende Seite des Portals *http://dev.windows.com/apps*, auf der Sie ein Entwicklerkonto eröffnen können. Mit dem Entwicklerkonto können Sie Ihre App im Windows Store veröffentlichen. Dazu mehr in Abschnitt 22.2.

- APP-NAME RESERVIEREN...: Dieser Menüpunkt führt Sie direkt auf die entsprechende Seite im Portal *http://dev.windows.com/apps*, auf der Sie einen Namen für Ihre im Windows Store zu veröffentlichende App reservieren können. Dazu wird jedoch ein vorhandenes Entwicklerkonto vorausgesetzt.

- ENTWICKLERLIZENZ ABRUFEN...: Rufen Sie über diesen Menüpunkt die Entwicklerlizenz ab. Die Entwicklerlizenz benötigen Sie auf jedem Gerät, auf dem Sie Ihre App testen und debuggen möchten. Die Entwicklerlizenz habe ich bereits in Kapitel 2, »Das Programmiermodell«, beim Erstellen der ersten Windows Store App beschrieben.

- APP-MANIFEST BEARBEITEN: Dieser Menüpunkt macht nichts anderes, als die *Package.appxmanifest*-Datei zu öffnen. Sie können die Datei genauso gut im PROJEKTMAPPEN-EXPLORER doppelklicken.

- APP MIT STORE VERKNÜPFEN...: Mit diesem Menüpunkt verknüpfen Sie Ihre App mit einem angelegten Projekt – beispielsweise einem lediglich reservierten Namen – im Windows Store. Aus dem Store werden verschiedene Daten in Ihr lokales Projekt heruntergeladen: Paketanzeigename, Paketname, Herausgeber-ID und der Anzeigename des Herausgebers. Alle diese Informationen finden Sie im *Package.appxmanifest* unter dem Tab VERPACKEN.

- SCREENSHOTS ERSTELLEN...: Dieser Menüpunkt erstellt Ihr Projekt und startet die App im Simulator. Der Simulator enthält auf der rechten Seite den mit einem Kamera-Symbol ausgestatteten Button SCREENSHOT KOPIEREN, mit dem Sie Screenshots erstellen können.

- APP-PAKETE ERSTELLEN...: Mit diesem Menüpunkt starten Sie einen Assistenten zum Erstellen des App-Packages. Mehr dazu gleich im nächsten Abschnitt.

- APP-PAKETE HOCHLADEN...: Haben Sie unter *http://dev.windows.com/apps* ein Entwicklerkonto erstellt und bereits einen Namen reserviert, führt Sie dieser Menüpunkt an die entsprechende Stelle zum Hochladen des App-Packages.

Hinweis

Klicken Sie im PROJEKTMAPPEN-EXPLORER mit der rechten Maustaste auf Ihr Projekt. Im Kontextmenü finden Sie ebenfalls den Menüpunkt STORE, der dort jedoch lediglich die drei Unterpunkte APP MIT STORE VERKNÜPFEN, SCREENSHOTS ERSTELLEN und APP-PAKETE ERSTELLEN hat. Die drei Punkte weisen dieselbe Funktionalität wie die gleichnamigen Unterpunkte aus dem Hauptmenü von Visual Studio auf.

22.1.2 Ein App-Package erstellen

In diesem Abschnitt sehen wir uns an, wie Sie ein App-Package erstellen. Dazu öffnen Sie in Visual Studio Ihr Projekt. Öffnen Sie zunächst die *Package.appxmanifest*-Datei, und wechseln Sie zum Tab VERPACKEN. Prüfen Sie darin den Namen und den Anzeigenamen für Ihr Paket. Als Namen ist `IhrName/IhreFirma.AppName` eine gute Variante, wie in Abbildung 22.2 `ThomasClaudiusHuber.FriendStorage`. Ändern Sie gegebenenfalls die Versionsnummer, und passen Sie den Anzeigenamen des Herausgebers an.

22 Verpacken und veröffentlichen

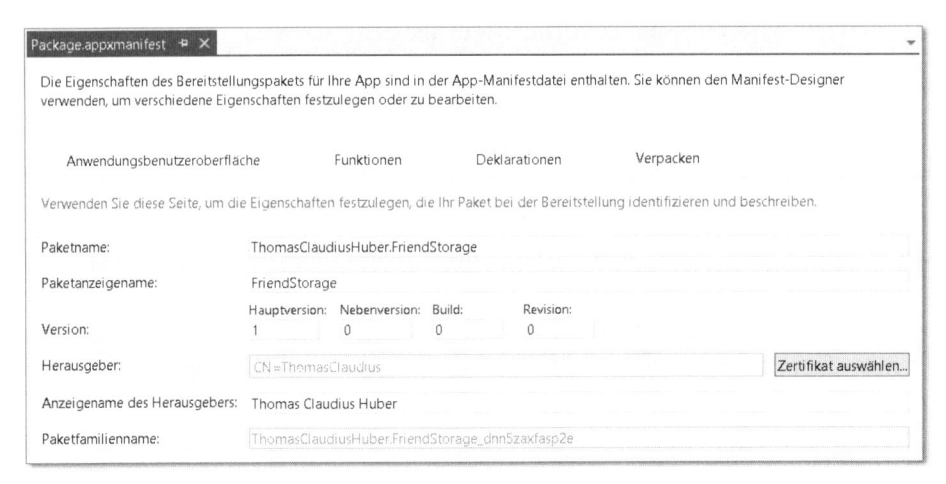

Abbildung 22.2 Der »Verpacken«-Tab der »Package.appxmanifest«-Datei

Der Herausgeber wird im *Package.appxmanifest* über ein Zertifikat bestimmt. Drücken Sie den Button ZERTIFIKAT AUSWÄHLEN, um den Dialog aus Abbildung 22.3 zu öffnen. Wie Sie sehen, ist die *FriendStorage_TemporaryKey.pfx*-Datei für die Codesignatur ausgewählt. Hier können Sie auch ein eigenes Zertifikat für die Codesignatur hinterlegen.

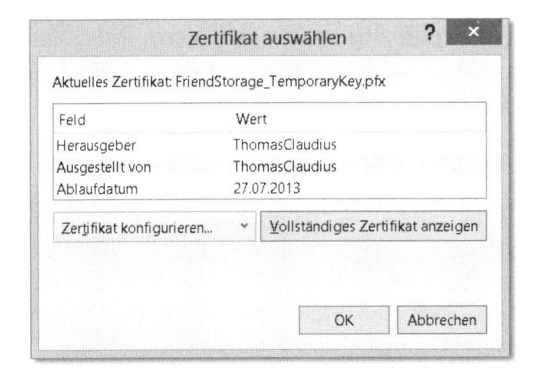

Abbildung 22.3 Die »FriendStorage_TemporaryKey.pfx«-Datei wird zur Codesignatur verwendet.

Hinweis

Beim Veröffentlichen im Windows Store verknüpfen Sie Ihre App vor dem Erstellen des App-Packages mit Ihrem Entwicklerkonto. Dabei wird die temporäre *.pfx*-Datei Ihrer App durch eine neue *.pfx*-Datei ersetzt, die Ihre Informationen aus dem Entwicklerkonto als Herausgeber enthält. Mehr dazu lesen Sie in Abschnitt 22.2.3, »Das App-Projekt mit dem Windows Store verknüpfen«.

So weit ist im VERPACKEN-Tab der *Package.appxmanifest*-Datei alles konfiguriert. Zum Erstellen des App-Packages wählen Sie jetzt aus dem Hauptmenü den Menüpunkt PROJEKT • STORE • APP-PAKETE ERSTELLEN... Es öffnet sich der Assistent aus Abbildung 22.4. Darin haben Sie die Auswahlmöglichkeit, ein App-Package zum Hochladen in den Windows Store (JA) oder zum lokalen Verteilen (NEIN) zu erstellen. In Abbildung 22.4 wurde NEIN ausgewählt, womit Sie das App-Package direkt via Entwicklerlizenz oder Side-Loading auf Endgeräten installieren können.

> **Hinweis**
>
> Wie Sie die Pakete in den Windows Store hochladen, sehen wir uns in Abschnitt 22.2 beim Veröffentlichen im Windows Store an. Einen kleinen Überblick der verschiedenen Installationsmöglichkeiten erhalten Sie in Abschnitt 22.1.4, »Installationsmöglichkeiten des App-Packages«.

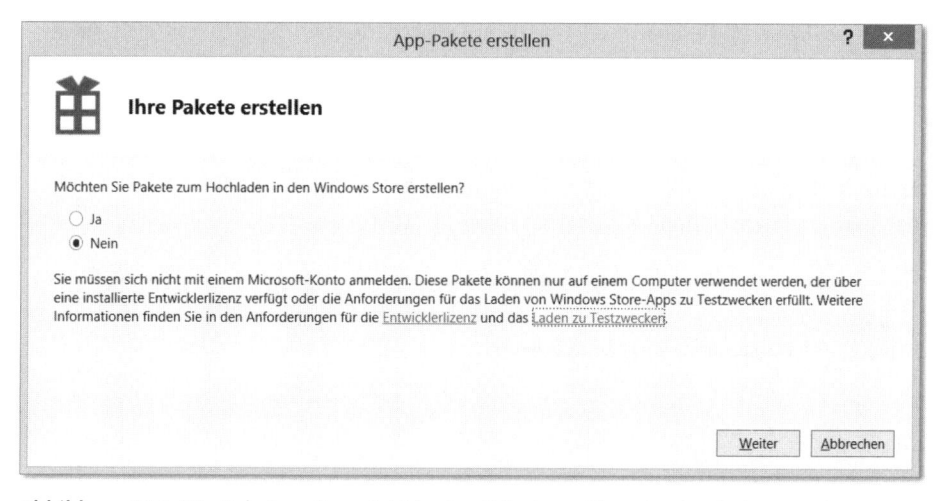

Abbildung 22.4 Die Pakete sollen nicht in den Windows Store hochgeladen werden.

In Abbildung 22.5 sehen Sie den nächsten Schritt des Assistenten. Darin geben Sie den AUSGABESPEICHERORT an, an dem Sie das App-Package erstellen möchten. Sie können auch die Version angeben. Die standardmäßig selektierte Checkbox AUTOMATISCH ERHÖHEN sorgt dafür, dass die Version bei jedem Erstellen des App-Packages automatisch erhöht wird.

Im unteren Teil wählen Sie die Architekturen aus, für die Sie Ihre App-Packages erstellen möchten. Für jede gewählte Architektur wird ein App-Package erstellt. Standardmäßig ist beim Entwickeln mit XAML und C# lediglich die Architektur NEUTRAL ausgewählt. Das damit erstellte App-Package können Sie auf allen Prozessorarchitekturen installieren: x86, x64 und ARM.

Ich habe in Abbildung 22.5 zu Demonstrationszwecken neben der Architektur Neutral zusätzlich die anderen Architekturen x86, x64 und ARM ausgewählt, damit wir gleich die erstellten Ordner sehen. Die für diese Architekturen erstellten App-Packages lassen sich dann wirklich nur auf einem Gerät mit der entsprechenden Prozessorarchitektur installieren.

Beachten Sie, dass die Architektur immer mit einer Projektmappenkonfiguration verknüpft ist. So verwendet die Architektur Neutral die im .NET für Windows Store Apps unterstützte Konfiguration Any CPU. Öffnen Sie die Eigenschaften Ihres Windows Store App-Projekts, können Sie diese Konfiguration unter dem Tab Erstellen betrachten.

Hinweis

Da Sie mit XAML und C# das .NET für Windows Store Apps nutzen, haben Sie die Möglichkeit, für eine neutrale Architektur zu kompilieren, damit Ihre App auf den Prozessortypen x86, x64 und ARM läuft. Erstellen Sie hingegen eine Windows Store App mit XAML und C++, ist diese nativ und nicht .NET-basiert. Dort ist die Architektur Neutral nicht verfügbar. Mit C++ müssen Sie Ihr Projekt folglich explizit für alle gewünschten Prozessorarchitekturen (x86, x64, ARM) kompilieren.

Im unteren Teil ist in Abbildung 22.5 die Checkbox markiert, um Symboldateien einzuschließen. Diese helfen bei der Analyse eines Absturzes.

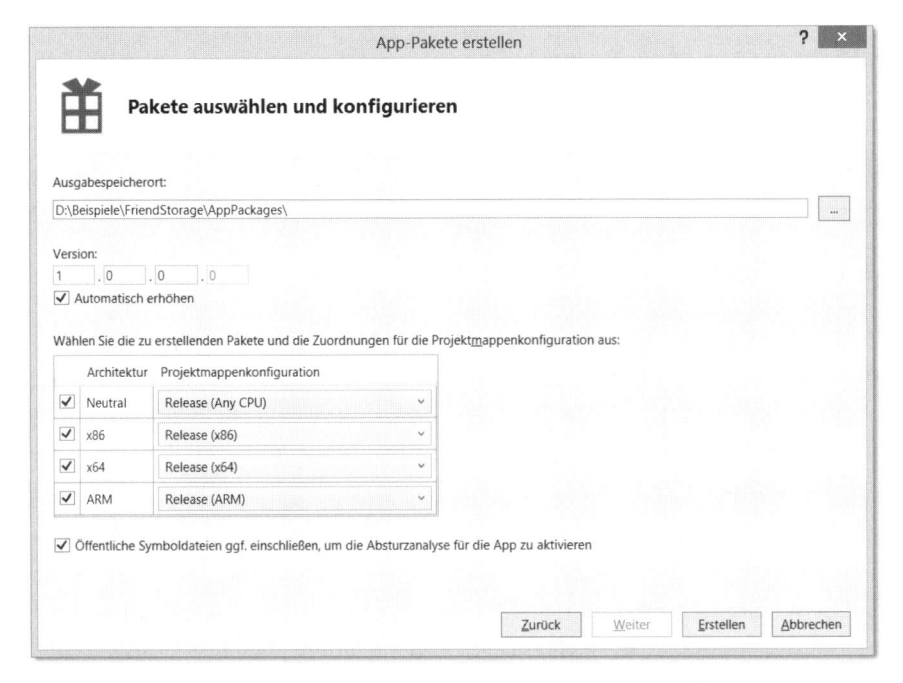

Abbildung 22.5 Pfad, Version und Architekturen wurden ausgewählt.

22.1 Verpacken der App

> **Hinweis**
>
> Beachten Sie, dass in Abbildung 22.5 die Projektmappenkonfiguration RELEASE und nicht DEBUG ausgewählt wurde. Falls Sie Ihr App-Package in den Store hochladen möchten, ist dies zwingende Voraussetzung.

Haben Sie in Abbildung 22.5 auf den ERSTELLEN-Button geklickt, werden die App-Packages für die ausgewählten Prozessorarchitekturen erstellt. Sie erhalten die in Abbildung 22.6 dargestellte Bestätigung.

Abbildung 22.6 Die App-Packages wurden erfolgreich erstellt.

> **Hinweis**
>
> In Abbildung 22.6 sehen Sie einen Button WINDOWS APP CERTIFICATION KIT STARTEN. Damit können Sie Ihre App testen, bevor Sie sie für eine Zertifizierung in den Windows Store hochladen. Der Button ist nur vorhanden, wenn Sie Ihre App-Packages wie in Abbildung 22.5 gezeigt im RELEASE-Modus erstellt haben, denn nur im RELEASE-Modus werden die App-Packages von Microsoft erfolgreich für den Windows Store zertifiziert.

Werfen Sie einen Blick auf den in Abbildung 22.5 angegebenen AUSGABESPEICHERORT, finden Sie darin für jede ebenfalls in Abbildung 22.5 gewählte Architektur einen Ordner. Abbildung 22.7 zeigt diese Ordner im Windows-Explorer.

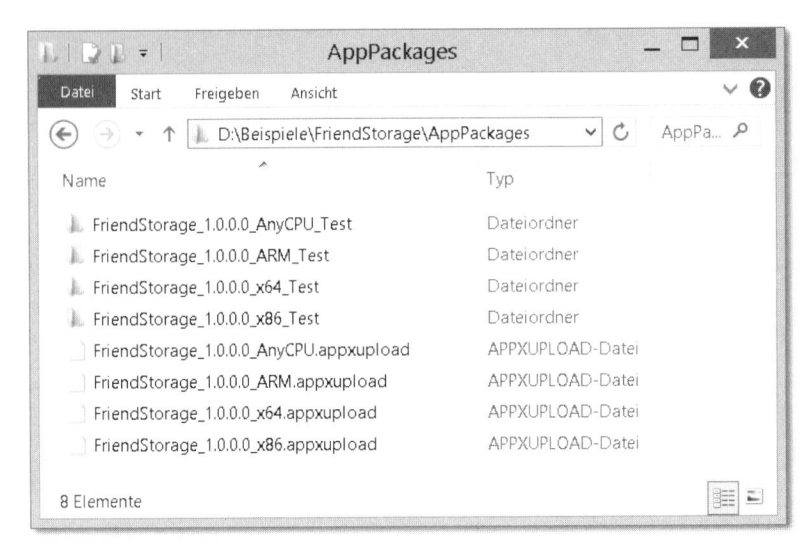

Abbildung 22.7 Die für die verschiedenen Prozessorarchitekturen erstellten App-Packages.

Im nächsten Abschnitt sehen wir uns den Inhalt der erstellten Ordner an.

> **Hinweis**
>
> Zum Erstellen der App-Packages können Sie statt Visual Studio auch das Konsolenprogramm *MakeAppx.exe* verwenden. Es ist in einem der beiden folgenden Pfade installiert:
>
> C:\Program Files (x86)\Windows Kits\8.0\bin**x86**\makeappx.exe
>
> C:\Program Files (x86)\Windows Kits\8.0\bin**x64**\makeappx.exe
>
> Wenn Sie die mit Visual Studio installierte Developer-Eingabeaufforderung starten, ist einer der Pfade bereits in der PATH-Variablen enthalten, womit Sie die *MakeAppx.exe* direkt verwenden können.

22.1.3 Der Inhalt des App-Packages (.appx)

Im vorigen Abschnitt wurde für die gewählten Prozessorarchitekturen je ein Ordner erstellt. Abbildung 22.8 zeigt den Inhalt des Ordners für die NEUTRAL-Architektur (AnyCPU). Darin befinden sich ein App-Package (*.appx*) und ein paar weitere Dateien. Sehen wir uns den Inhalt des App-Packages an.

Das App-Package enthält Ihre App. Das Format des App-Packages basiert wie auch die Office-Formate *.docx* oder *.xlsx* auf der *Open Packaging Convention* (OPC). Die OPC verwendet die Standards XML und ZIP. Somit können Sie die *.appx*-Datei einfach in eine *.zip*-Datei umbenennen und öffnen.

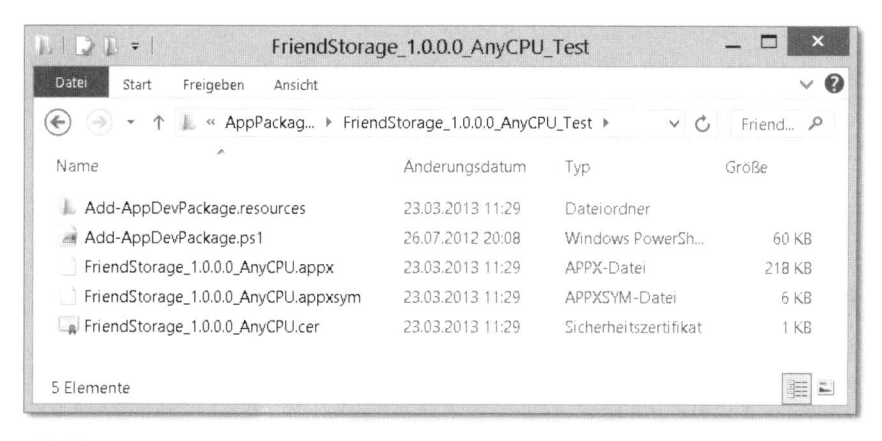

Abbildung 22.8 Der Output im »AnyCPU«-Ordner enthält das App-Package (.appx).

In Abbildung 22.9 sehen Sie die auf diese Weise geöffnete *.appx*-Datei. Im App-Package ist eine *.exe*-Datei enthalten, in diesem Beispiel die *FriendStorage.exe*. Darüber hinaus finden Sie im App-Package die ganzen *.xaml*-Dateien für die Pages und Controls Ihrer App. Ebenso sind die Bilder und Ressourcen darin enthalten. Eben alles, was zu Ihrer App gehört.

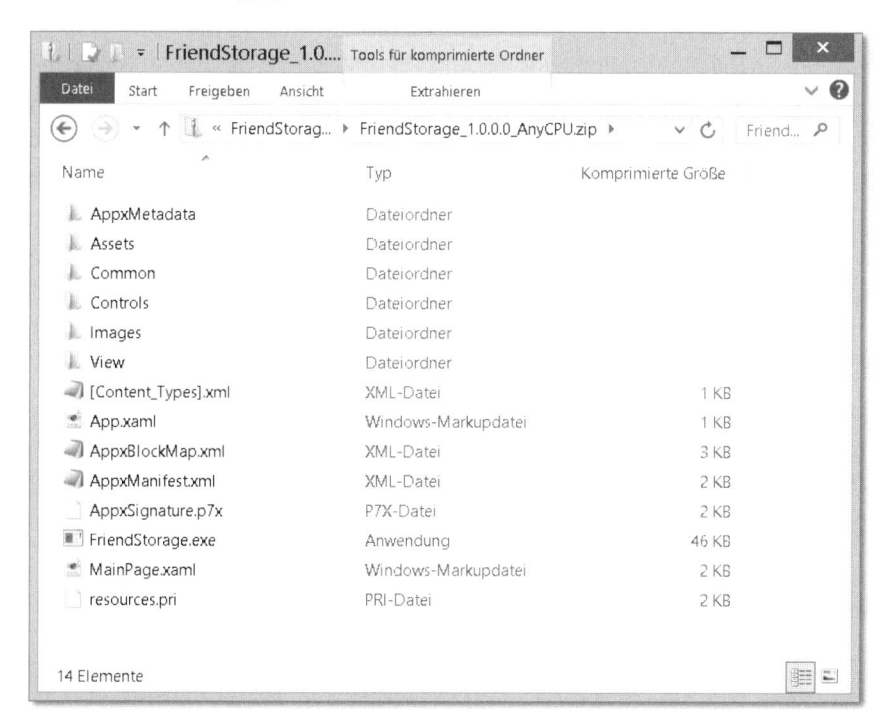

Abbildung 22.9 Den Inhalt des App-Packages (.appx) können Sie betrachten, nachdem Sie es in .zip umbenannt haben.

Interessant ist im App-Package die *AppxManifest.xml*-Datei. Sie dient als Einstieg für Ihre App. Werfen Sie einen Blick in die Datei, sehen Sie, dass darin die *FriendStorage.exe* und die darin enthaltene `FriendStorage.App`-Klasse als Einstiegspunkt definiert sind:

```
<Application Id="App" Executable="FriendStorage.exe"
  EntryPoint="FriendStorage.App">
  ...
</Application>
```

Listing 22.1 Ausschnitt aus der »AppxManifest.xml«-Datei

Die Inhalte der *AppxManifest.xml*-Datei basieren übrigens auf den Inhalten der in Ihrem Projekt definierten *Package.appxmanifest*-Datei. Sie finden darin somit auch die dort festgelegen Funktionen und Deklarationen.

22.1.4 Installationsmöglichkeiten des App-Packages

Das App-Package wurde im vorigen Abschnitt erstellt. Zum Installieren haben Sie drei Möglichkeiten:

- **Windows Store:** Das App-Package wird über das Portal *http://dev.windows.com* im Windows Store bereitgestellt. Bevor die App allerdings im Windows Store verfügbar ist, durchläuft sie einen Zertifizierungsprozess bei Microsoft. War dieser erfolgreich, kann der Benutzer die App aus dem Windows Store herunterladen und installieren. Mehr zum Bereitstellen im Windows Store in Abschnitt 22.2, »Die App im Windows Store veröffentlichen«.
- **Side-Loading:** Möchten Sie Ihre Windows Store App nicht der breiten Masse, sondern lediglich in Ihrem Unternehmen bereitstellen, nutzen Sie dazu das sogenannte *Side-Loading* (= Querladen). Beim Side-Loading findet keine Zertifizierung seitens Microsoft statt. Die App wird stattdessen direkt auf den Endgeräten installiert.
- **Entwicklerlizenz:** Mit einer Entwicklerlizenz können Sie Ihre App direkt auf einem Gerät installieren, um sie zu testen und zu debuggen. Dies ist der Weg, der auch beim Verwenden von Visual Studio genutzt wird.

Im Folgenden sehen wir uns die beiden Varianten mit der Entwicklerlizenz und dem Side-Loading an, bevor wir eine App im Windows Store veröffentlichen.

22.1.5 Das App-Package direkt auf Geräten installieren (Entwicklerlizenz)

Die Entwicklerlizenz haben Sie bereits in Kapitel 2, »Das Programmiermodell«, kennengelernt. Zum Entwickeln von Windows Store Apps benötigen Sie eine Entwicklerlizenz. Auf einem Gerät mit installierter Entwicklerlizenz lassen sich Apps direkt installieren und debuggen.

> **Achtung**
> Mit einer Entwicklerlizenz lassen sich nicht nur zertifizierte Apps aus dem Windows Store, sondern beliebige Apps installieren. Das Risiko für einen Virus oder Schadsoftware ist somit höher. Sie sollten daher die Entwicklerlizenz wieder deinstallieren, wenn Sie sie nicht mehr benötigen. Mehr zum Deinstallieren der Entwicklerlizenz später in diesem Abschnitt.

Sie können auf beliebigen weiteren Geräten eine Entwicklerlizenz installieren, um darauf Apps zum Testen und zum Debuggen direkt zu installieren.

> **Achtung**
> Microsoft kann feststellen, wenn Sie Ihre Entwicklerlizenz zu betrügerischen Zwecken einsetzen. Ist dies der Fall, wird Ihnen die mit Ihrem Microsoft-Konto verknüpfte Entwicklerlizenz entzogen.

Sehen wir uns noch einmal den Inhalt des Output-Ordners für die neutrale Architektur (AnyCPU) an. Wie Sie in Abbildung 22.10 sehen, befindet sich neben dem App-Package (.appx) ein PowerShell-Skript namens *Add-AppDevPackage.ps1* in dem Ordner. Diese Datei eignet sich zum Installieren des App-Packages. Ebenso finden Sie eine Zertifikatsdatei (.cer), die auf dem Zielgerät installiert werden muss. Sie ist für die Codesignatur und wird aus der .pfx-Datei erstellt, die in jedem Windows-Store-App-Projekt enthalten ist. Das Installieren der Zertifikatsdatei geschieht auch durch das PowerShell-Skript. Sehen wir uns das Vorgehen an.

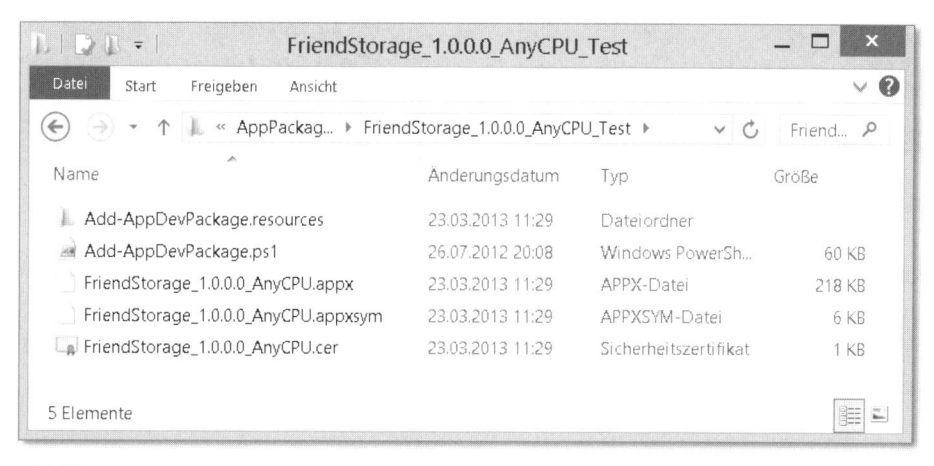

Abbildung 22.10 Der Output-Ordner enthält ein PowerShell-Skript zum Installieren.

Möchten Sie Ihre App auf anderen Geräten testen, kopieren Sie den kompletten Ordner aus Abbildung 22.10 beispielsweise via USB-Stick auf Ihr Zielgerät. Auf dem Zielgerät klicken Sie mit der rechten Maustaste auf das PowerShell-Skript und wählen wie in Abbildung 22.11 aus dem Kontextmenü den Punkt MIT POWERSHELL AUSFÜHREN.

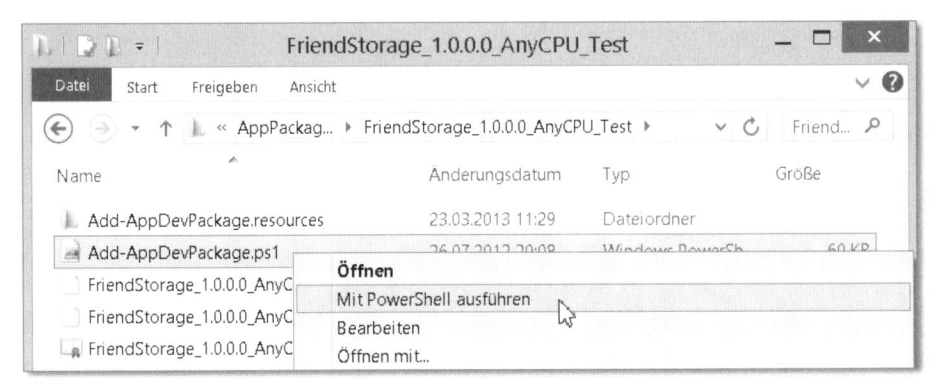

Abbildung 22.11 Das PowerShell-Skript wird gestartet.

Falls die Entwicklerlizenz und das Zertifikat für die Codesignatur bereits auf dem Endgerät vorhanden sind, wird die App direkt installiert. Ansonsten werden Ihnen beim Ausführen des Skripts wie in Abbildung 22.12 die fehlenden Teile angezeigt. In Abbildung 22.12 sind dies die Entwicklerlizenz und das Zertifikat für die Codesignatur. Drücken Sie ⏎, um beides vor dem eigentlichen App-Package zu installieren.

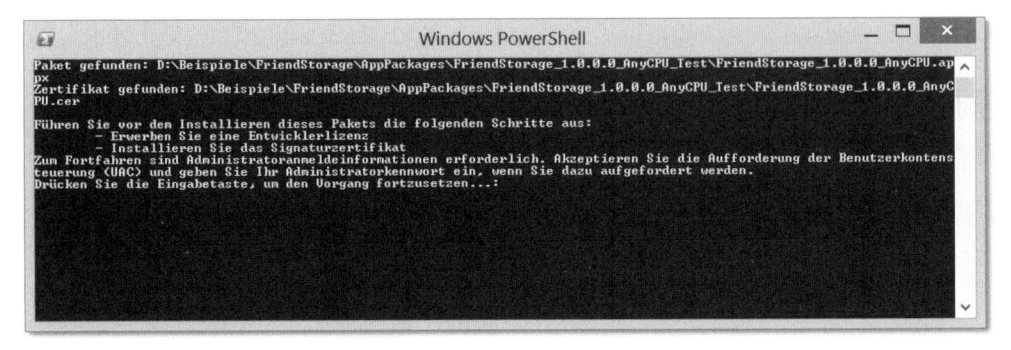

Abbildung 22.12 Die Entwicklerlizenz und das Codesignatur-Zertifikat fehlen noch.

Nachdem Sie in Abbildung 22.12 die ⏎-Taste gedrückt haben, fordert die PowerShell zunächst via Benutzerkontensteuerung erhöhte Rechte. Erlauben Sie dies. Anschließend tauchen wie in Abbildung 22.13 ein weiteres PowerShell-Fenster und der Dialog zum Installieren der Entwicklerlizenz auf.

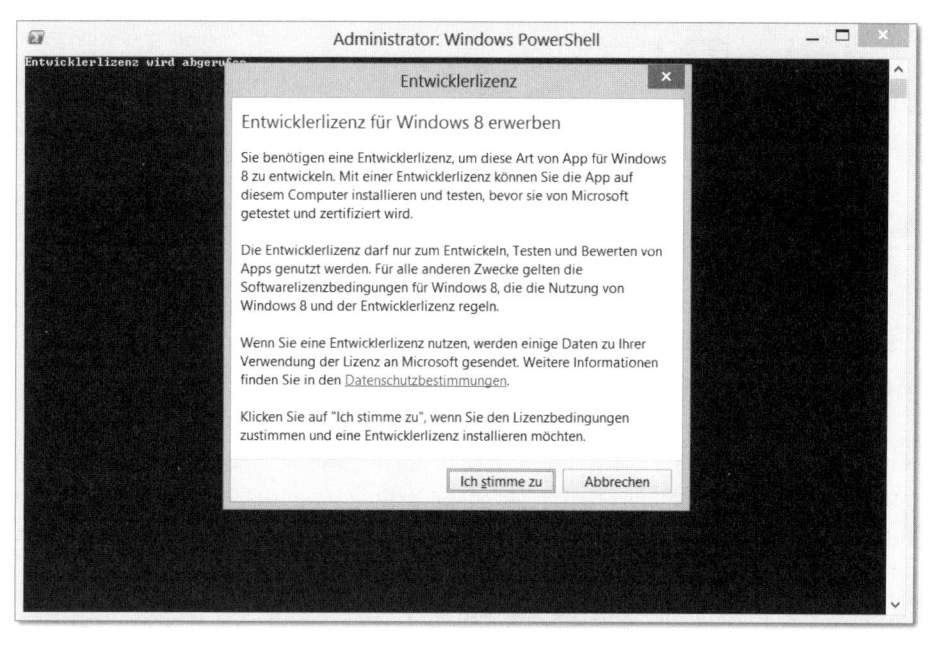

Abbildung 22.13 Stimmen Sie der Installation der Entwicklerlizenz zu.

Nachdem Sie den Dialog aus Abbildung 22.13 mit dem Button ICH STIMME ZU bestätigt haben, erscheint der Dialog aus Abbildung 22.14. Geben Sie Ihr Microsoft-Konto an, um die Entwicklerlizenz anzufordern.

Abbildung 22.14 Geben Sie Ihr Microsoft-Konto an, um die Entwicklerlizenz zu installieren.

Es findet eine kurze Prüfung statt. Sie sollten am Ende die in Abbildung 22.15 gezeigte Bestätigung erhalten, dass Ihre Entwicklerlizenz auf dem aktuellen Gerät erfolgreich installiert wurde.

22 Verpacken und veröffentlichen

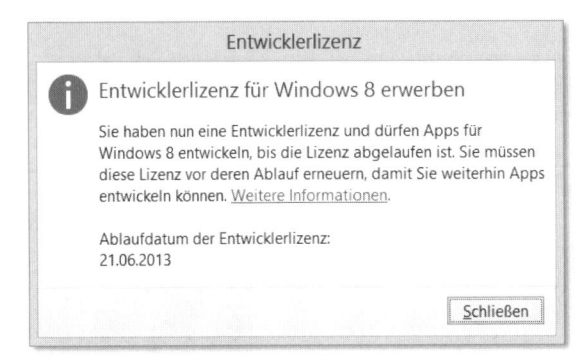

Abbildung 22.15 Die Entwicklerlizenz wurde erfolgreich installiert.

Nachdem Sie den Dialog aus Abbildung 22.15 geschlossen haben, sind Sie wieder im neu geöffneten PowerShell-Fenster. Dieses möchte jetzt neben der Entwicklerlizenz auch noch das fehlende Zertifikat für die Codesignatur installieren. Geben Sie Ja ein, und bestätigen Sie die Installation mit ⏎.

Abbildung 22.16 Installieren Sie auch das benötigte Zertifikat für die Codesignatur.

Nachdem im Fenster aus Abbildung 22.16 die Entwicklerlizenz und das Zertifikat installiert wurden, schließt es sich. Sie gelangen zurück zum ursprünglich geöffneten PowerShell-Fenster. Darin wird jetzt das App-Package installiert, was Abbildung 22.17 zeigt.

Abbildung 22.17 Das App-Package wurde installiert.

22.1 Verpacken der App

Sie können die FriendStorage-App jetzt auf dem Gerät starten und testen. Löschen Sie die FriendStorage-App und installieren Sie beispielsweise ein neueres App-Package auf dem Gerät, sind Entwicklerlizenz und Zertifikat bereits vorhanden. Das Ausführen des PowerShell-Skripts installiert dann ohne weitere Fragen das App-Package, was wie in Abbildung 22.18 aussieht.

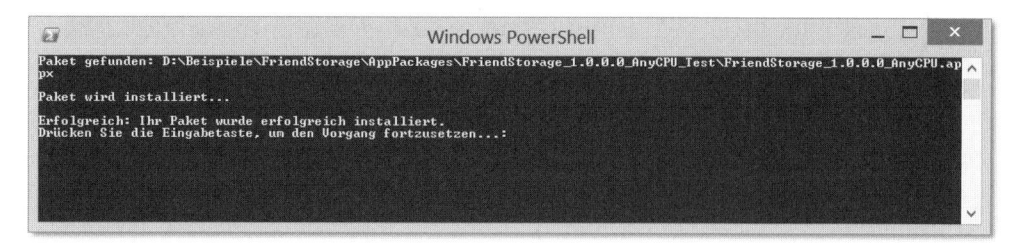

Abbildung 22.18 Das App-Package wird direkt installiert, wenn Entwicklerlizenz und Zertifikat auf dem Endgerät vorhanden sind.

Nun ist Ihre App installiert und zum Testen bereit. Sehen wir uns auf den folgenden Seiten an, wie Sie auf dem Gerät Ihre Entwicklerlizenz wieder deinstallieren können, welche weiteren Funktionen die PowerShell zum Installieren/Deinstallieren von App-Packages bietet und wo das Zertifikat für die Codesignatur abgelegt wurde.

Zum Deinstallieren der Entwicklerlizenz führen Sie die Windows PowerShell als Admin aus. Markieren Sie dazu die App, und wählen Sie aus der App Bar wie in Abbildung 22.19 die Funktion ALS ADMIN AUSFÜHREN aus.

Abbildung 22.19 Starten Sie die PowerShell als Admin.

Führen Sie in der PowerShell folgenden Befehl aus, um Ihre Entwicklerlizenz auf dem Gerät zu deinstallieren:

```
Unregister-WindowsDeveloperLicense
```

Nachdem Sie den Befehl mit ⏎ ausgeführt haben, geben Sie wie in Abbildung 22.20 zur Bestätigung ein Ja ein, und Ihre Entwicklerlizenz wird deinstalliert.

Abbildung 22.20 Die Entwicklerlizenz wird deinstalliert.

Werfen Sie jetzt einen Blick auf die zuvor installierte FriendStorage-App, sehen Sie auf der Tile wie in Abbildung 22.21 rechts unten ein kleines Kreuzchen.

Abbildung 22.21 Die Tile der FriendStorage-App zeigt ein kleines Kreuzchen an.

Beim Versuch, die FriendStorage-App zu starten, erhalten Sie die Meldung aus Abbildung 22.22, dass die App nicht geöffnet werden kann.

Abbildung 22.22 Die FriendStorage-App kann nicht mehr geöffnet werden.

Im Dialog aus Abbildung 22.22 wird beschrieben, dass Sie weitere Infos im Windows Store erhalten. Klicken Sie auf den Link STORE AUFRUFEN, wird die in Abbildung 22.23 dargestellte Nachricht angezeigt, die Ihnen mitteilt, dass für diese App die Entwicklerlizenz fehlt.

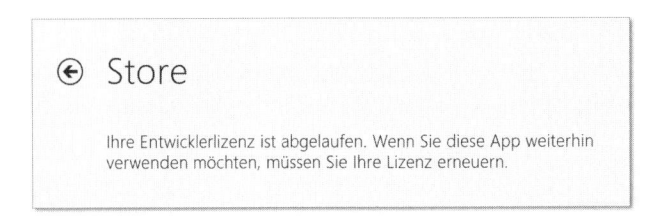

Abbildung 22.23 Die Entwicklerlizenz fehlt.

Ihre Entwicklerlizenz können Sie auch wieder über die PowerShell installieren. Geben Sie dazu einfach folgenden Befehl ein:

`Show-WindowsDeveloperLicenseRegistration`

Es öffnet sich der Dialog zum Installieren der Entwicklerlizenz. Stimmen Sie zu, geben Sie Ihr Microsoft-Konto an, fertig. Anschließend kann die FriendStorage-App wieder gestartet werden.

Mit folgendem Befehl prüfen Sie, ob die Entwicklerlizenz vorhanden und gültig ist. Der Befehl zeigt zudem das Ablaufdatum an:

`Get-WindowsDeveloperLicense`

Neben den Befehlen für die Entwicklerlizenz gibt es für die PowerShell auch Befehle, mit denen Sie App-Packages installieren und deinstallieren. Zum Installieren eines App-Packages nutzen Sie den Befehl `Add-AppxPackage`:

`Add-AppxPackage C:\FriendStorage_1.0.0.0_AnyCPU.appx`

> **Achtung**
> Der Befehl setzt voraus, dass die Entwicklerlizenz und das Zertifikat für die Codesignatur bereits auf dem Endgerät installiert sind.

Zum Auflisten der installierten App-Packages verwenden Sie den in Abbildung 22.24 gezeigten Befehl `Get-AppxPackage`.

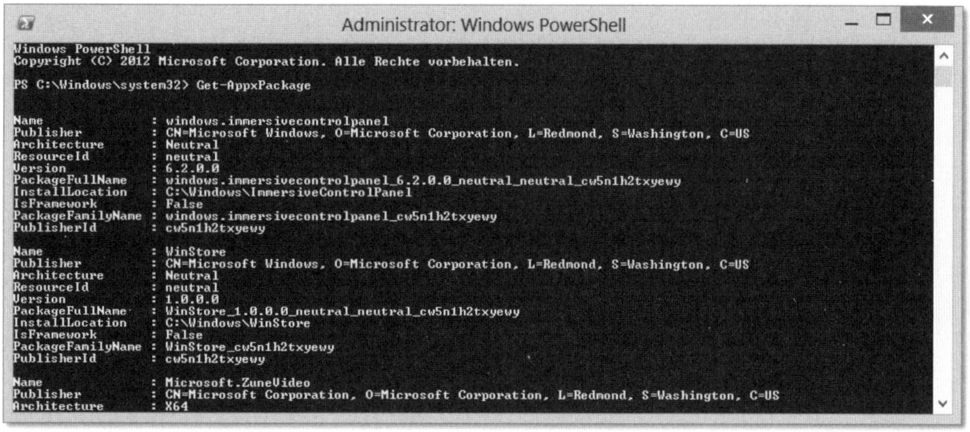

Abbildung 22.24 Mit dem Befehl »Get-AppxPackage« werden die installierten App-Packages aufgelistet.

Möchten Sie lediglich ein spezifisches App-Package betrachten, geben Sie den Package-Namen mit an:

`Get-AppxPackage Packagename`

Abbildung 22.25 zeigt, wie auf diese Weise die Informationen zur FriendStorage-App angezeigt werden. Beachten Sie, dass als Paketname der im *Package.appxmanifest* von FriendStorage definierte Paketname genutzt wird: `ThomasClaudiusHuber.Friend-Storage`.

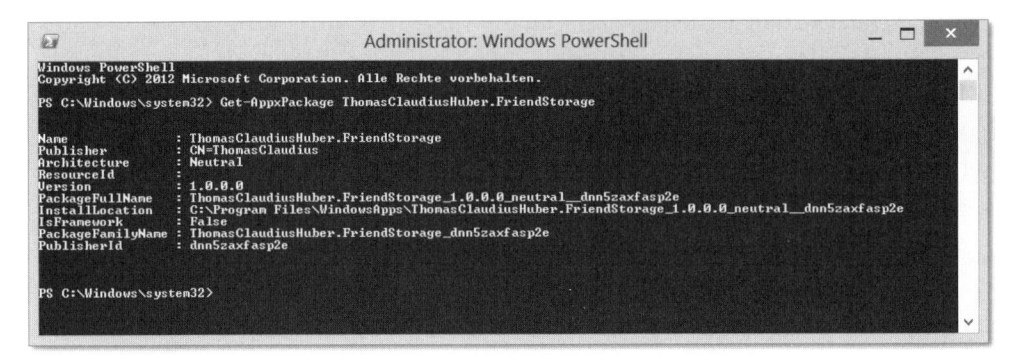

Abbildung 22.25 Die Informationen des App-Packages zu FriendStorage werden aufgelistet.

Mit dem Befehl `Remove-AppxPackage` entfernen Sie eine App. Nutzen Sie dazu den in Abbildung 22.25 angezeigten `PackageFullName`:

```
Remove-AppxPackage
 ThomasClaudiusHuber.FriendStorage_1.0.0.0_neutral__dnn5zaxfasp2e
```

> **Hinweis**
> Sie können die App auch einfach deinstallieren, indem Sie die Tile auf dem Startbildschirm markieren und in der App Bar die DEINSTALLIEREN-Funktion nutzen. Auf diese Weise lässt sich jedoch immer nur eine App löschen. Mit dem Befehl `Remove-Appx-Package` haben Sie die Möglichkeit, ein PowerShell-Skript zu erstellen, das mehrere Apps in einer `for`-Schleife entfernt.

Sehen wir uns zum Abschluss noch an, wo das Zertifikat für die Codesignatur installiert wurde. Starten Sie dazu das Certificate Manager Tool. Dazu geben Sie entweder in der Kommandozeile `certmgr` ein, oder Sie suchen wie in Abbildung 22.26 nach der App *certmgr.msc*.

Abbildung 22.26 Das Certificate Manager Tool wurde gesucht und gefunden.

Im Tool wählen Sie wie in Abbildung 22.27 unter VERTRAUENSWÜRDIGE PERSONEN den ZERTIFIKATE-Ordner aus. Darin befindet sich auf meinem Rechner das THOMAS-CLAUDIUS-Zertifikat. Unter der Spalte BEABSICHTIGTE ZWECKE sehen Sie den Wert CODESIGNATUR. Sie können das Zertifikat mit der (Entf)-Taste einfach wieder löschen.

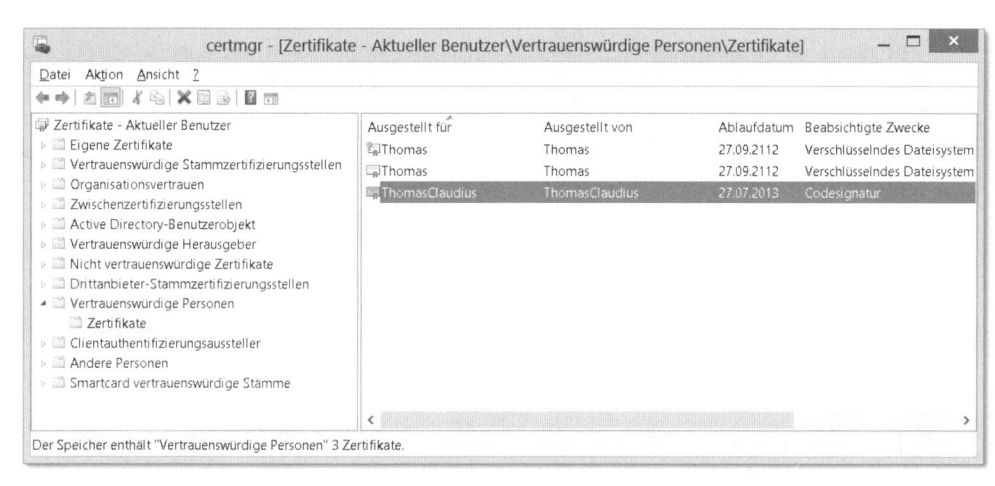

Abbildung 22.27 Das Zertifikat für die Codesignatur im Certification Manager Tool

22.1.6 Das App-Package direkt auf Geräten installieren (Side-Loading)

Im vorigen Abschnitt haben Sie gelesen, wie Sie ein App-Package via PowerShell direkt auf Geräten installieren. Dabei wurde die Entwicklerlizenz genutzt. Die Entwicklerlizenz ist jedoch nur dazu da, Ihre App auf verschiedenen Geräten testen zu können. Sie ist nicht dafür gedacht, produktive Apps auf verschiedenen Geräten zu installieren. Dafür kommt stattdessen das sogenannte *Side-Loading* zum Einsatz.

Möchten Sie Ihre App nicht über den Windows Store, sondern nur einem bestimmten Benutzerkreis bereitstellen – beispielsweise Ihrem Unternehmen –, so verwenden Sie das Side-Loading. Das Side-Loading erlaubt Ihnen eine direkte Installation auf den Geräten, wie ich es im vorigen Abschnitt mit der Entwicklerlizenz gezeigt habe.

Sie haben somit die Möglichkeit, typische Geschäftsanwendungen als Windows Store App zu implementieren und in Ihrem Unternehmen zu verteilen. Die Installation umgeht dabei den Windows Store, daher die Bezeichnung Side-Loading (Querladen).

Das Side-Loading hat ein paar Voraussetzungen:

1. Aktivieren Sie in den Gruppenrichtlinien das Zulassen der Installation vertrauenswürdiger Apps.
2. Fügen Sie Ihr Gerät zu einer Domäne hinzu (Windows 8 Enterprise), oder installieren Sie einen Side-Loading-Produktschlüssel (Windows 8 Enterprise, Windows 8 Pro, Windows RT).
3. Signieren Sie die App mit einem Zertifikat einer vertrauenswürdigen Stelle. Installieren Sie die signierte App wie im vorigen Abschnitt gezeigt mit dem Add-Appx-Package-Befehl in PowerShell.

Die Gruppenrichtlinie können Sie auf einem Gerät mit dem Group Policy Editor anpassen. Um ihn zu starten, geben Sie entweder in der Kommandozeile gpedit ein, oder Sie suchen wie in Abbildung 22.28 nach der App *gpedit.msc*.

Abbildung 22.28 Der Group Policy Editor wurde gesucht und gefunden.

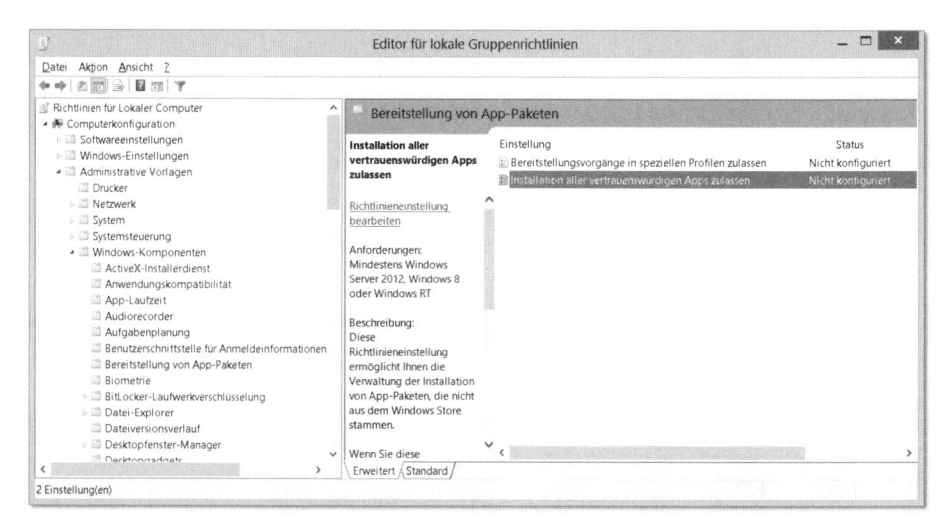

Abbildung 22.29 Die Gruppenrichtlinie zum Installieren vertrauenswürdiger Apps

Im Editor öffnen Sie wie in Abbildung 22.29 gezeigt im linken Bereich unter COMPU-TERKONFIGURATION den Ordner ADMINISTRATIVE VORLAGEN. Darin öffnen Sie die WINDOWS-KOMPONENTEN und wählen den Ordner BEREITSTELLUNG VON APP-PAKETEN. Im rechten Bereich sehen Sie jetzt die Richtlinie INSTALLATION ALLER VER-TRAUENSWÜRDIGEN APPS ZULASSEN. Sie ist standardmäßig nicht konfiguriert, womit sich nur Apps aus dem Windows Store installieren lassen.

Doppelklicken Sie auf die Richtlinie INSTALLATION ALLER VERTRAUENSWÜRDIGEN APPS ZULASSEN, öffnet sich das Fenster aus Abbildung 22.30. Darin aktivieren Sie diese Richtlinie.

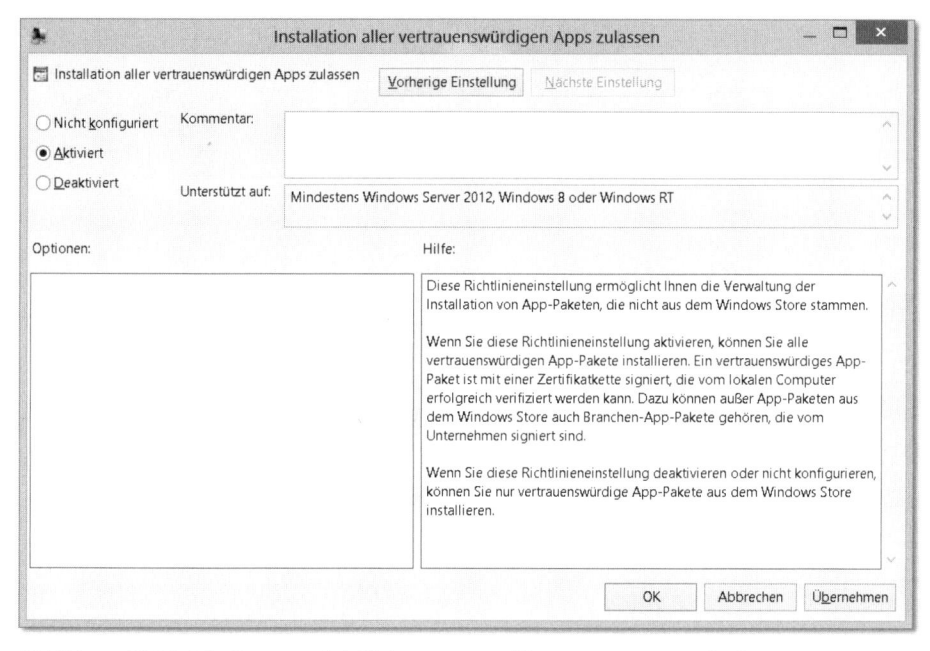

Abbildung 22.30 Die Gruppenrichtlinie zum Installieren vertrauenswürdiger Apps wurde aktiviert.

Hinweis

Das Aktivieren der Gruppenrichtlinie setzt folgenden Registry-Eintrag auf den Wert 1:

HKEY_LOCAL_MACHINE\Software\Policies\Microsoft\Windows\Appx\
AllowAllTrustedApps = 1

Haben Sie Rechner mit Windows 8 Enterprise im Einsatz, müssen sie sich lediglich in einer Domäne befinden, und Sie können die Apps via Side-Loading installieren. Die erforderliche Gruppenrichtlinie können Sie dabei auch direkt über die Domäne anwenden. Zum Installieren einer Windows Store App via Side-Loading nutzen Sie dazu wie im vorigen Abschnitt beim Installieren mit der Entwicklerlizenz den Befehl Add-AppxPackage in der PowerShell.

Sind Ihre Windows 8-Enterprise-Geräte nicht in der Domäne oder haben Sie Geräte mit Windows 8 Pro und/oder Windows RT im Einsatz, benötigen Sie zum Aktivieren des Side-Loadings einen Side-Loading-Produktschlüssel. Diesen können Sie bei Microsoft im Rahmen Ihrer Volumenlizenz beantragen.

> **Hinweis**
> Der Side-Loading-Produktschlüssel wird von Microsoft auch als *Volume Licensing Multiple Activation Key* (MAK) bezeichnet.

Auf jedem Gerät öffnen Sie eine Eingabeaufforderung mit Administratorenrechten. Darin verwenden Sie den Software-Lizenz-Manager (slmgr) wie folgt, um Ihren Side-Loading-Produktschlüssel zu installieren:

```
slmgr /ipk <Ihr 25stelliger Side-Loading-Produktschlüssel>
```

Den Side-Loading-Produktschlüssel aktivieren Sie anschließend wie folgt:

```
slmgr /ato ec67814b-30e6-4a50-bf7b-d55daf729d1e
```

Die in diesem Befehl angegebene GUID ist immer gleich und dient zum Aktivieren eines Side-Loading-Produktschlüssels.

Haben Sie alles korrekt aktiviert, lassen sich Ihre Unternehmens-Apps in der PowerShell via Add-AppxPackage-Befehl installieren.

22.2 Die App im Windows Store veröffentlichen

Es ist so weit. Sie haben sich entschieden, Ihre App im Windows Store zu veröffentlichen. In diesem Abschnitt lernen Sie die dazu notwendigen Schritte. Angefangen mit dem Anlegen des Entwicklerkontos über das Testen und Hochladen des App-Packages in den Windows Store bis hin zur Übermittlung zur Zertifizierung lesen Sie hier alles Wichtige.

22.2.1 Das Entwicklerkonto anlegen

Um Ihre App in den Windows Store hochzuladen, benötigen Sie ein Entwicklerkonto. Dieses können Sie anlegen, indem Sie auf *http://dev.windows.com/apps* auf den Menüeintrag DASHBOARD klicken. Alternativ wählen Sie im Hauptmenü von Visual Studio den Menüpunkt PROJEKT • STORE • ENTWICKLERKONTO ÖFFNEN... aus. Abbildung 22.31 zeigt dies.

22.2 Die App im Windows Store veröffentlichen

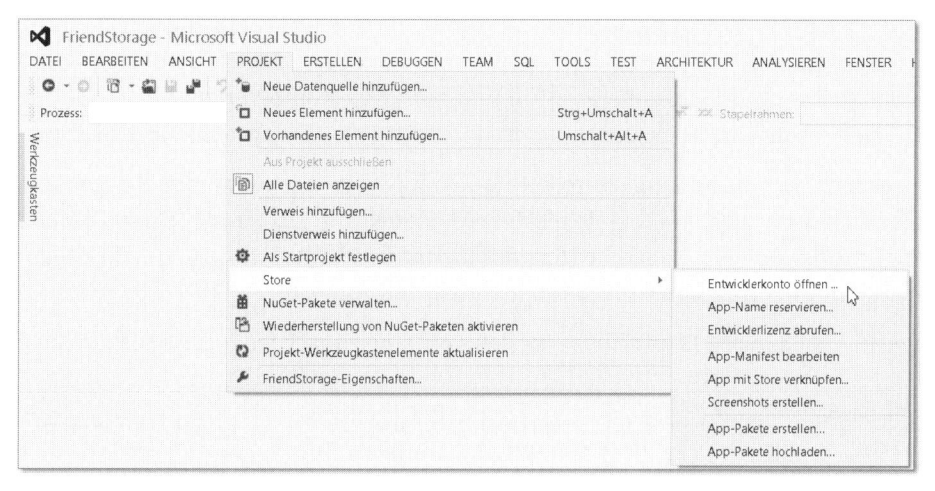

Abbildung 22.31 Das Hauptmenü in Visual Studio enthält einen direkten Link zum Eröffnen eines Entwicklerkontos.

Hinweis

Bedenken Sie, dass der Menüpunkt aus Abbildung 22.31 nur verfügbar ist, wenn Sie ein Windows-Store-App-Projekt geöffnet haben.

Haben Sie den Menüpunkt in Visual Studio gewählt, wird die in Abbildung 22.32 dargestellte Seite angezeigt.

Abbildung 22.32 Auf dieser Seite erstellen Sie ein Entwicklerkonto.

Nachdem Sie in Abbildung 22.32 auf den Button JETZT REGISTRIEREN geklickt haben, müssen Sie sich mit Ihrem Microsoft-Konto einloggen. Das bedeutet, dass das erstellte Entwicklerkonto direkt mit Ihrem Microsoft-Konto verknüpft ist. Falls Sie kein Microsoft-Konto besitzen, müssen Sie für das Entwicklerkonto eines erstellen.

Nachdem Sie sich mit dem Microsoft-Konto eingeloggt haben, werden Sie zur Seite aus Abbildung 22.33 weitergeleitet. Im Kopfbereich sehen Sie die verschiedenen Schritte, die zum Erstellen eines Entwicklerkontos erforderlich sind, vom Kontotyp über Kontoinformationen bis hin zur Zahlung und zum Kauf.

Wie in Abbildung 22.33 wählen Sie für den Kontotyp zunächst das Land aus.

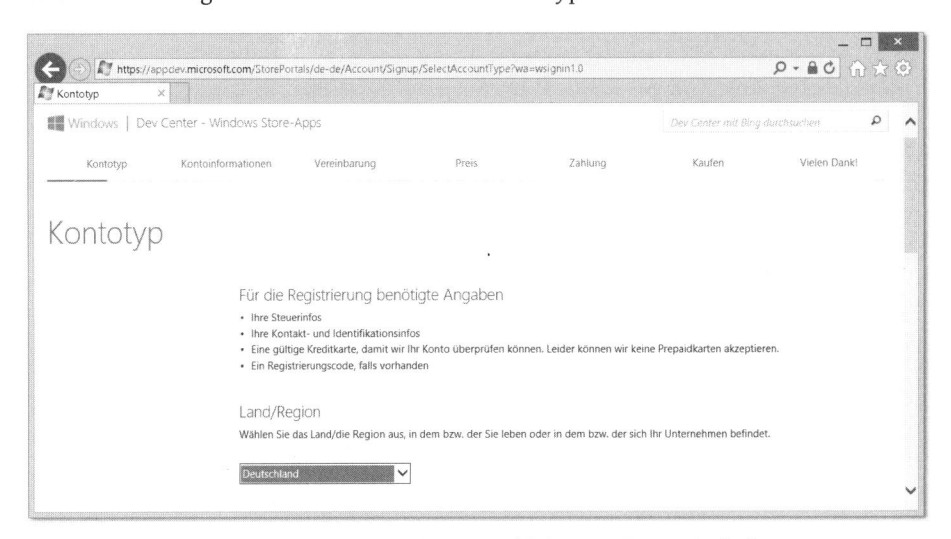

Abbildung 22.33 Der Kontotyp ist mit einem Land/einer Region verknüpft.

Scrollen Sie auf der Seite des Kontotyps nach unten, um einen der beiden verfügbaren Entwicklerkonto-Typen auszuwählen: EINZELPERSON oder UNTERNEHMEN.

Mit dem Unternehmens-Entwicklerkonto können Sie im *Package.appxmanifest* Ihrer App die Funktionen *Unternehmensauthentifizierung*, *Dokumentbibliothek* und *Freigegebene Benutzerzertifikate* verwenden. Zudem stellt dieser Kontotyp die einzige Möglichkeit dar, auch Desktop-Anwendungen im Windows Store aufzulisten.

Falls Sie eine Einzelperson oder eine kleine Personengesellschaft sind, die lediglich Windows Store Apps für die breite Masse in den Windows Store laden möchte, ist das EINZELPERSON-Entwicklerkonto ideal. In Abbildung 22.34 habe ich mich auch für diesen Kontotyp registriert, was mit einem Kostenaufwand von 37 € pro Jahr verbunden ist.

Nach der Wahl des Kontotyps EINZELPERSON werden Kontoinformationen verlangt. Dazu gehören Eingaben zu Ihrer Person, wie Name, Adresse, E-Mail und Rufnummer. Zu den Kontoinformationen gehört auch der Anzeigename des Herausgebers. Dieser Name wird den Benutzern im Windows Store angezeigt. Als Einzelperson habe ich in

22.2 Die App im Windows Store veröffentlichen

Abbildung 22.35 meinen Namen eingegeben. Sie könnten natürlich auch den Namen Ihrer Firma eintragen. Wie auch immer, der Name muss im Windows Store eindeutig sein.

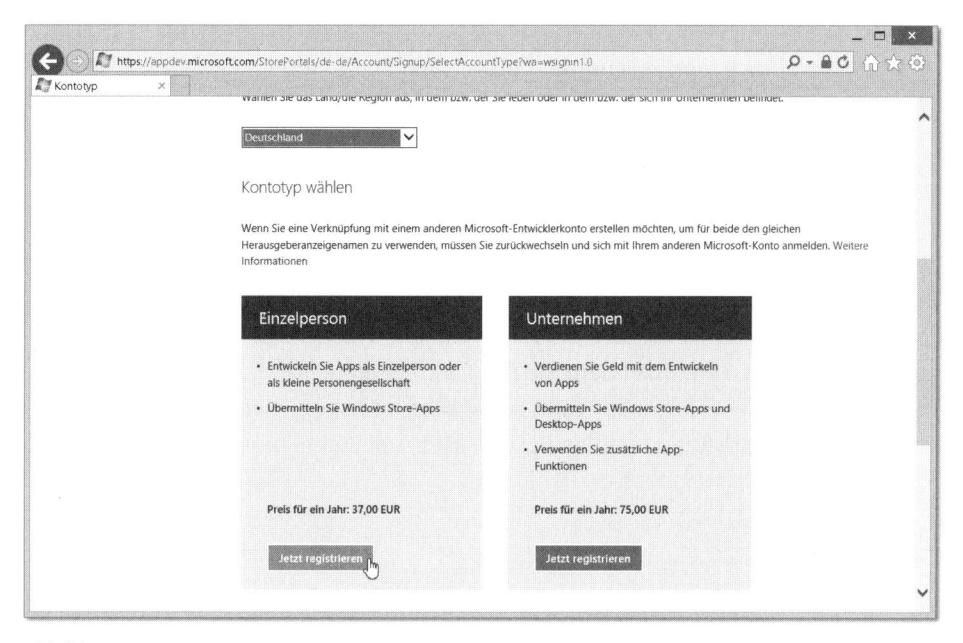

Abbildung 22.34 Der Kontotyp »Einzelperson« wird ausgewählt.

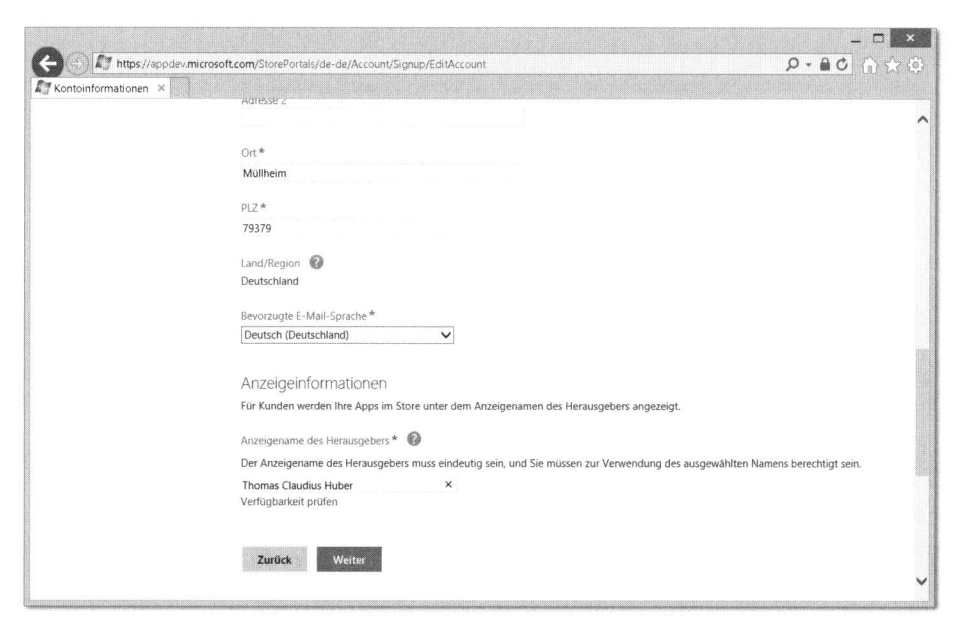

Abbildung 22.35 Einige verschiedene Daten werden eingegeben, darunter der für den Windows Store wichtige Anzeigename des Herausgebers.

Klicken Sie in den Kontoinformationen auf WEITER, wird Ihnen ein Vereinbarungsvertrag angezeigt, der Bedingungen rund um den Windows Store und das Dashboard beschreibt. Diesen Vertrag müssen Sie akzeptieren, um das Entwicklerkonto zu erstellen.

Danach wird Ihnen der Preis für das Entwicklerkonto angezeigt. Im nächsten Schritt namens ZAHLUNG geben Sie für den Betrag von 37 € Ihre Kreditkarten-Informationen ein. Sie haben hier auch die Möglichkeit, eine von den Kontoinformationen abweichende Rechnungsadresse einzugeben.

Im vorletzten Schritt namens KAUFEN bestätigen Sie die eingegebenen Informationen. Microsoft sagt wie in Abbildung 22.36 »Vielen Dank!«, und Sie können loslegen. Falls Sie mit Apps Geld verdienen möchten – sicher möchten Sie das –, sollten Sie gleich Ihr Auszahlungskonto einrichten und somit den Radiobutton wie in Abbildung 22.36 selektieren. Nachdem Sie Ihr Konto eingerichtet haben, können Sie die erforderlichen Steuerformulare online ausfüllen und einreichen. Falls Sie die Steuerformulare nicht ausfüllen, werden Ihre Umsätze mit einem bestimmten Prozentsatz minimiert.

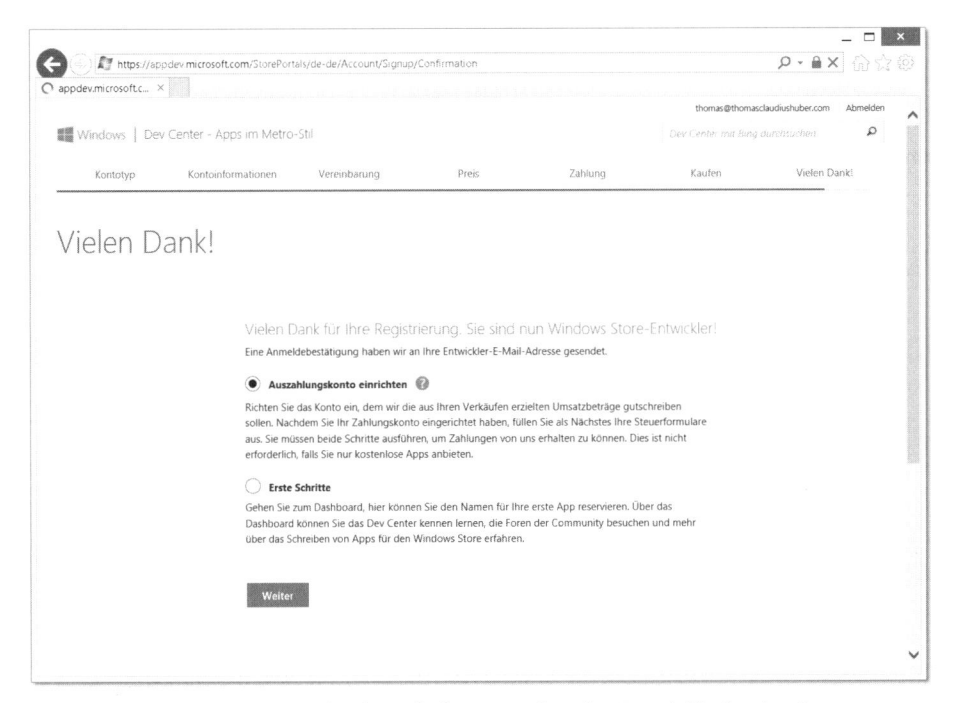

Abbildung 22.36 Richten Sie gleich nach dem Erstellen des Entwicklerkontos Ihr Auszahlungskonto ein.

Glückwunsch, Ihr Entwicklerkonto ist angelegt. Jetzt können Sie die ersten Apps in den Windows Store hochladen. Dazu wechseln Sie zum Dashboard.

22.2.2 Eine App im Dashboard erstellen

Mit Ihrem Entwicklerkonto können Sie jetzt eine App im Dashboard erstellen. Dies ist auch möglich, wenn Sie noch keinen Code programmiert haben – so reservieren Sie beispielsweise lediglich einen Namen für Ihre App. Klicken Sie unter *http://dev.windows.com/apps* auf den Menüpunkt DASHBOARD, und loggen Sie sich mit Ihrem Microsoft-Konto ein, das jetzt ja mit einem Entwicklerkonto verknüpft ist.

Abbildung 22.37 zeigt das Dashboard. Links sehen Sie verschiedene Menüpunkte, darunter den zentralen namens APP ÜBERMITTELN. Dieser wird verwendet, um eine App anzulegen. Alle Apps, die Sie derzeit in Bearbeitung haben, sehen Sie in der Mitte der Seite. In Abbildung 22.37 wurde noch keine App angelegt. Das Entwicklerkonto ist ganz frisch.

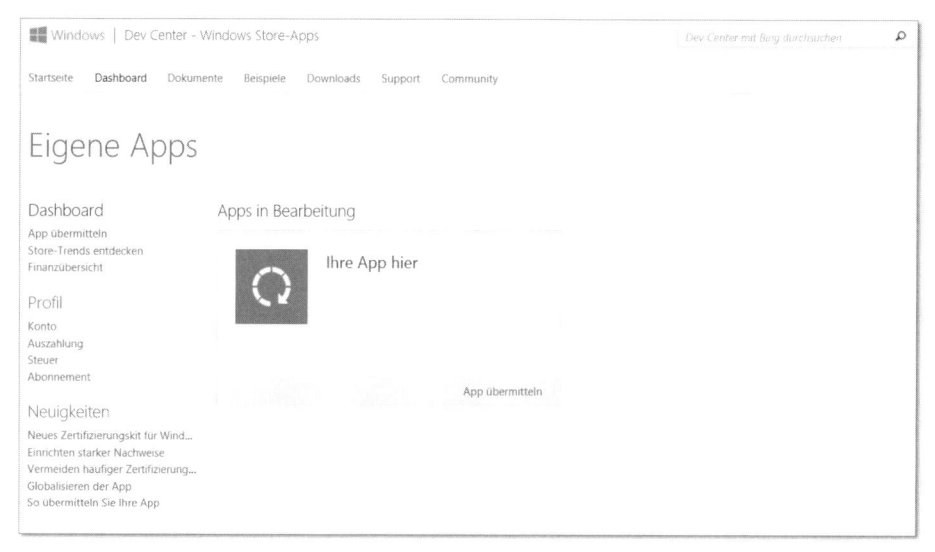

Abbildung 22.37 Das Dashboard für Ihre eigenen Apps unter http://dev.windows.com/apps

Nachdem Sie im Dashboard den Menüpunkt APP ÜBERMITTELN gewählt haben, erhalten Sie die Ansicht aus Abbildung 22.38. Darin sehen Sie alle Schritte, die zum Übermitteln einer App in den Windows Store notwendig sind. Links befindet sich ein kleines Menü, das ebenfalls die Schritte enthält.

> **Tipp**
> Die Dokumentation enthält eine Checkliste mit den notwendigen Schritten:
> *http://msdn.microsoft.com/en-us/library/windows/apps/hh694062.aspx*

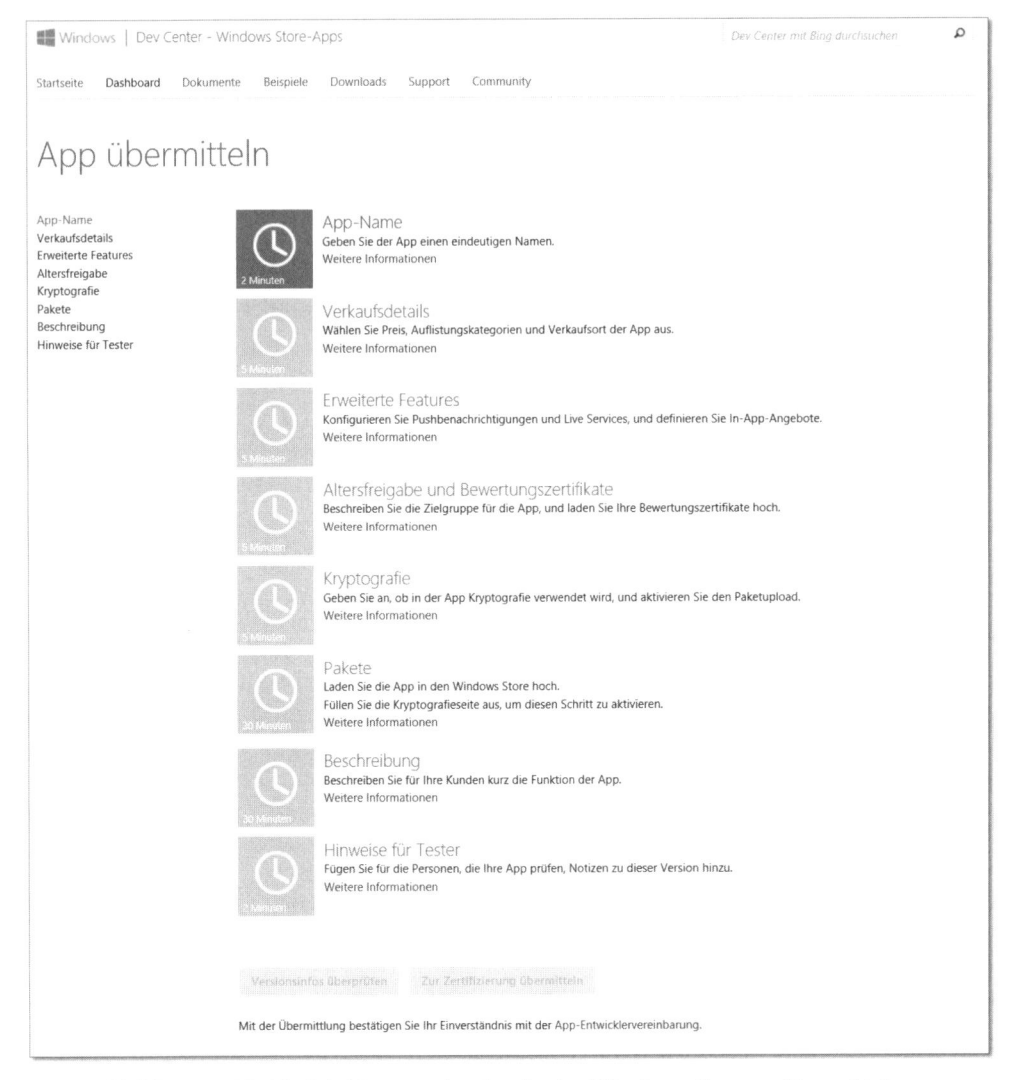

Abbildung 22.38 Die Schritte, um eine App in den Windows Store zu übermitteln

> **Hinweis**
>
> Wenn Sie in Visual Studio aus dem Hauptmenü den Menüpunkt PROJEKT • STORE • APP-NAME RESERVIEREN... wählen, werden Sie direkt zu der in Abbildung 22.39 dargestellten Seite geführt.

Der erste Schritt ist das Reservieren des Namens für Ihre App. Klicken Sie dazu auf den Menüpunkt APP-NAME. Sie erhalten die Ansicht aus Abbildung 22.39. Geben Sie einen Namen an, mit dem Ihre App im Windows Store aufgelistet wird, und klicken Sie auf APP-NAMEN RESERVIEREN. Der App-Name darf bis zu 256 Zeichen lang sein. Er darf allerdings nicht bereits von einer anderen App im Windows Store verwendet werden.

> **Tipp**
>
> Falls Sie sich mit dem Namen noch nicht sicher sind, können Sie im Dashboard auch mehrere Apps anlegen, um mehrere Namen zu reservieren.

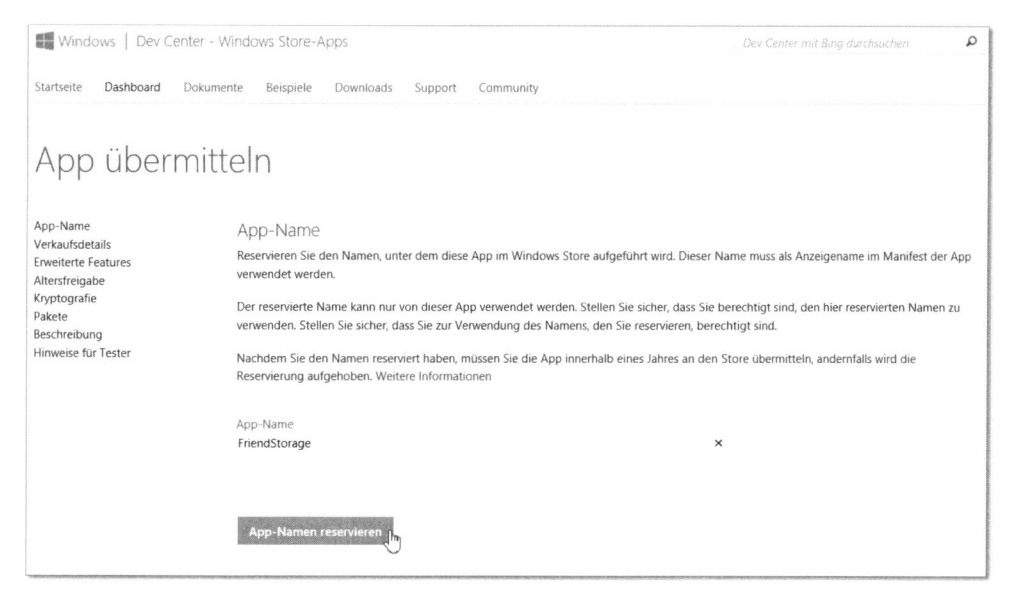

Abbildung 22.39 Reservieren Sie sich Ihren App-Namen.

> **Hinweis**
>
> Nach dem Reservieren des App-Namens haben Sie ein Jahr lang Zeit, um Ihre App zu übermitteln. Erfolgt dies nicht in diesem Zeitraum, wird der reservierte Name wieder freigegeben.

Haben Sie den App-Namen reserviert, taucht dieser Punkt in der Übersicht als erledigt auf, was Abbildung 22.40 zeigt. Beachten Sie auch, dass die Übersicht jetzt im Kopfbereich den für die Übermittlung verwendeten App-Namen und die Version enthält.

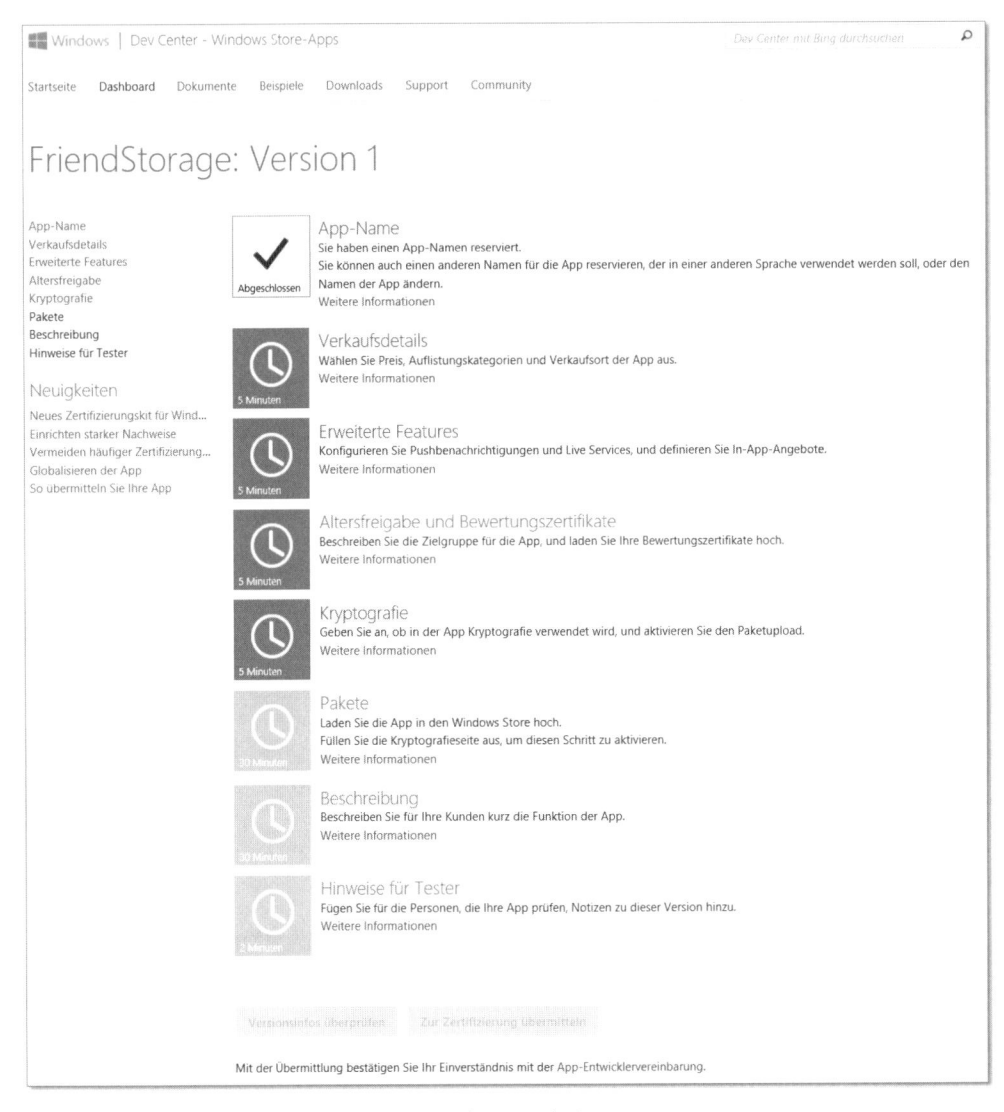

Abbildung 22.40 Der App-Name wurde reserviert.

Nachdem der App-Name reserviert ist, können Sie in beliebiger Reihenfolge die Schritte VERKAUFSDETAILS, ERWEITERTE FEATURES, ALTERSFREIGABE UND BEWERTUNGSZERTIFIKATE und KRYPTOGRAFIE abschließen. Auch wenn Sie unter dem ein oder anderen Punkt nichts konfigurieren möchten, müssen Sie ihn explizit öffnen und speichern, damit er in der Übersicht als abgeschlossen markiert wird.

Beim Schritt VERKAUFSDETAILS lassen sich Preis, Testzeitraum und verschiedene Märkte auswählen, was Abbildung 22.41 zeigt. Die Preisspanne reicht von 1,19 € bis zu

834,99 €. Sie können Ihre App natürlich auch kostenlos anbieten. Beim Testzeitraum haben Sie auch verschiedene Auswahlmöglichkeiten: Keine Testversion (Default), Testversion läuft nie ab oder eine Testversion mit 1, 7, 15 oder 30 Tagen Laufzeit.

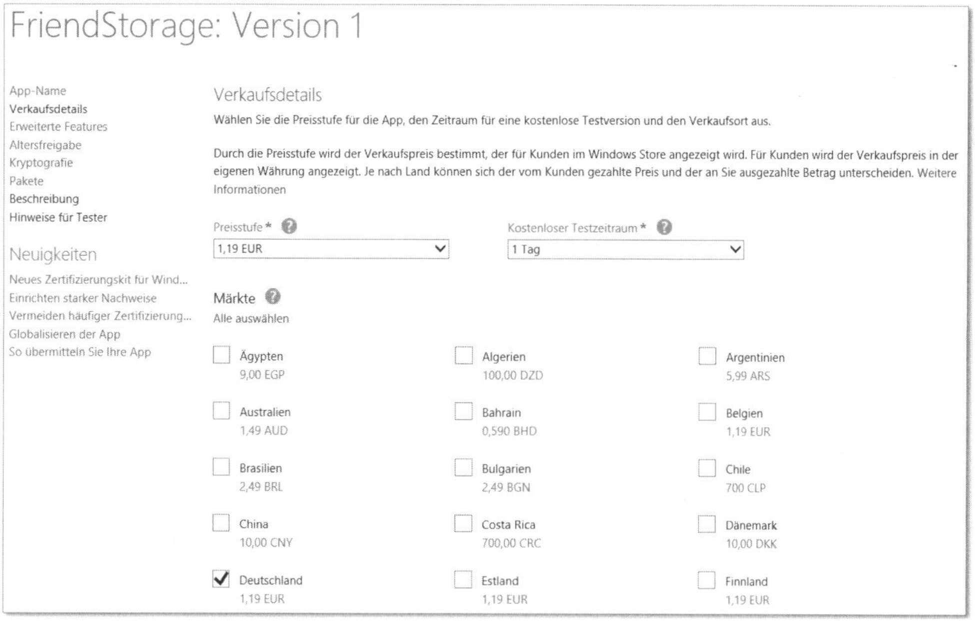

Abbildung 22.41 Die »Verkaufsdetails« erlauben die Auswahl des Preises und verschiedener Märkte.

Scrollen Sie in den VERKAUFSDETAILS nach unten, sehen Sie unter den Märkten die Eingabemöglichkeiten aus Abbildung 22.42. Die App wird üblicherweise direkt nach der Zertifizierung im Windows Store freigegeben. Falls Sie ein anderes VERÖFFENTLICHUNGSDATUM möchten, können Sie dies auch eingeben. Anschließend wählen Sie die KATEGORIE und – falls vorhanden – die UNTERKATEGORIE aus, unter der Ihre App im Windows Store aufgelistet wird. Für FriendStorage habe ich die Kategorie SOZIALES NETZWERK ausgewählt. Im unteren Bereich haben Sie noch die Möglichkeit, etwas über die HARDWAREANFORDERUNGEN anzugeben. Vielleicht setzt Ihre App eine gewisse Menge an Arbeitsspeicher (RAM) voraus. In Abbildung 22.42 sehen Sie die Default-Einstellungen. Zuletzt geben Sie bei den VERKAUFSDETAILS an, ob Ihre App barrierefrei ist. Sie sollten dies nur markieren, wenn Sie Ihre App bewusst barrierefrei gestaltet haben. Nähere Informationen dazu finden Sie in der Dokumentation im Portal unter *http://dev.windows.com/apps*.

Nachdem Sie alle Daten eingegeben haben, klicken Sie auf den SPEICHERN-Button, womit der Punkt mit den VERKAUFSDETAILS abgeschlossen ist.

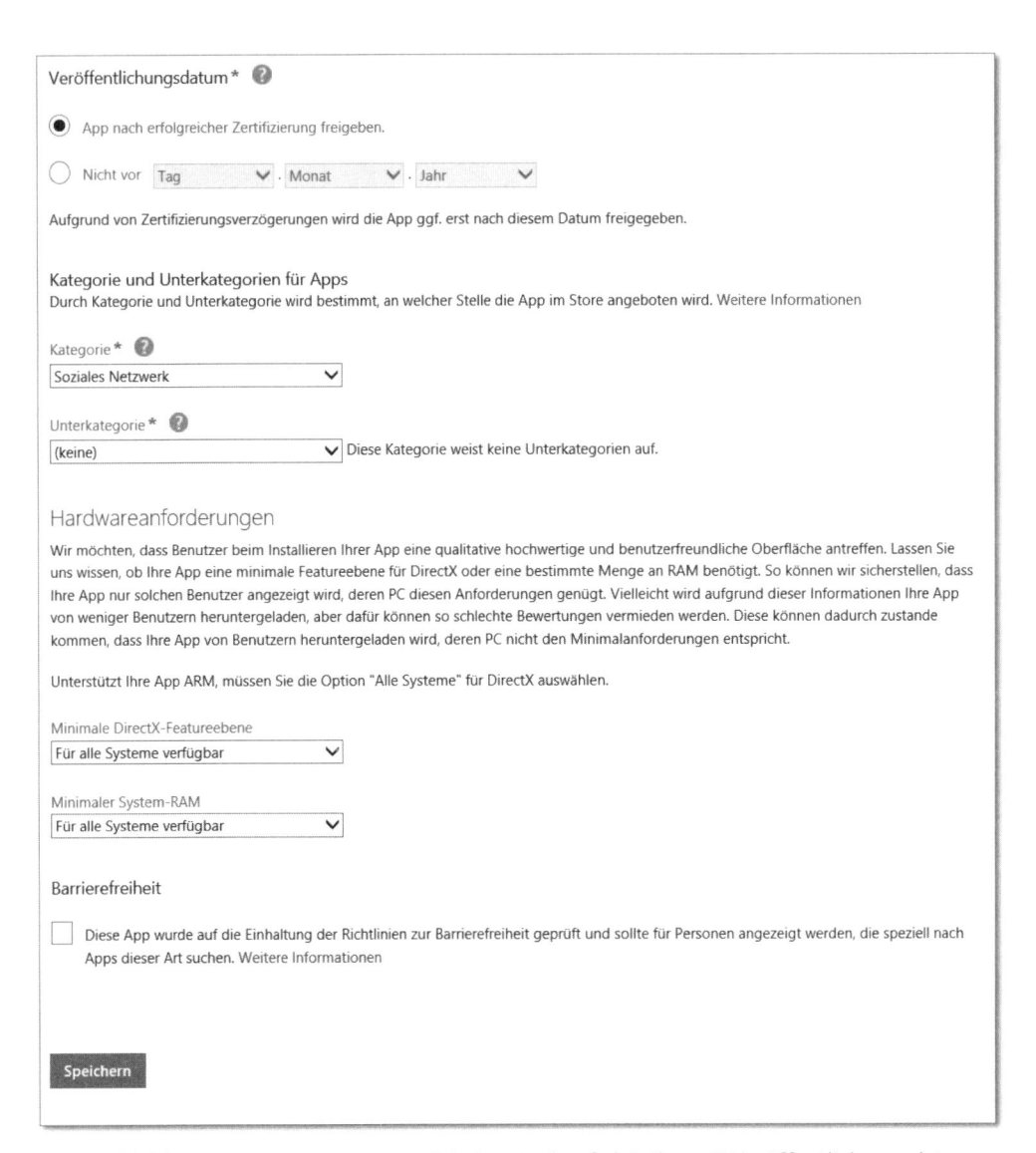

Abbildung 22.42 Der untere Bereich der »Verkaufsdetails« mit Veröffentlichungsdatum, Kategorie und Hardwareanforderungen

In Abbildung 22.43 sehen Sie den Schritt ERWEITERTE FEATURES. Darin können Sie die in Kapitel 17, »Tiles, Badges und Toasts«, beschriebenen Push Notifications konfigurieren. Ebenso legen Sie hier die Produkt-IDs Ihrer In-App-Angebote an. Mehr zu den In-App-Angeboten lesen Sie in Abschnitt 22.3.2. Da FriendStorage weder Push Notifications noch In-App-Angebote nutzt, gebe ich auch nichts ein, sondern klicke lediglich den SPEICHERN-Button zum Abschließen dieses Schritts.

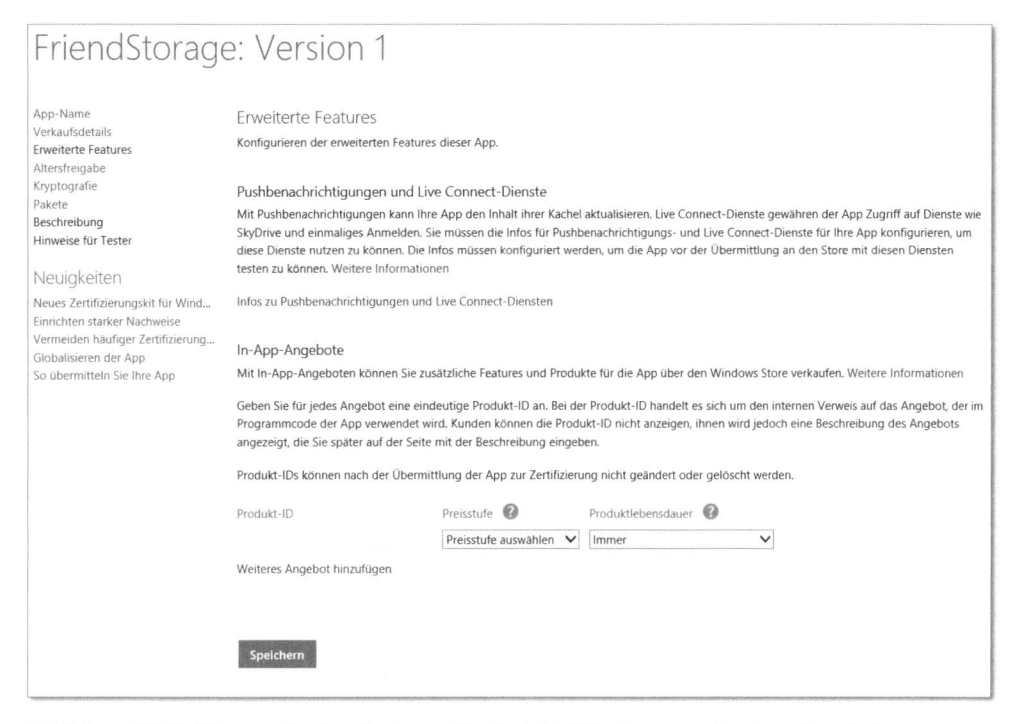

Abbildung 22.43 Die erweiterten Features für Push Notifications und In-App-Angebote

Der nächste Schritt heißt ALTERSFREIGABE UND BEWERTUNGSZERTIFIKATE. Wie Sie in Abbildung 22.44 sehen, legen Sie darin die Zielgruppe Ihrer App fest. Es wird empfohlen, die Altersfreigaben 3+ und 7+ nur für Apps zu nutzen, die speziell für Kinder gedacht sind.

> **Hinweis**
>
> Falls Sie eine zu niedrige Altersfreigabe wählen, kann dies dazu führen, dass Ihre App nicht zertifiziert wird. Sie müssen die App dann erneut mit einer höheren Altersfreigabe einreichen.

Scrollen Sie nach unten, um Bewertungszertifikate hochzuladen. Diese sollen die Tauglichkeit Ihrer App für das angegebene Alter bestätigen. Für FriendStorage habe ich keine solchen Zertifikate hochgeladen.

Der nächste Schritt lautet KRYPTOGRAFIE. Geben Sie an, ob Ihre App Kryptografie nutzt oder nicht. Dies ist notwendig, da es in den USA Gesetze und Bestimmungen für das Verwenden von Kryptografie gibt.

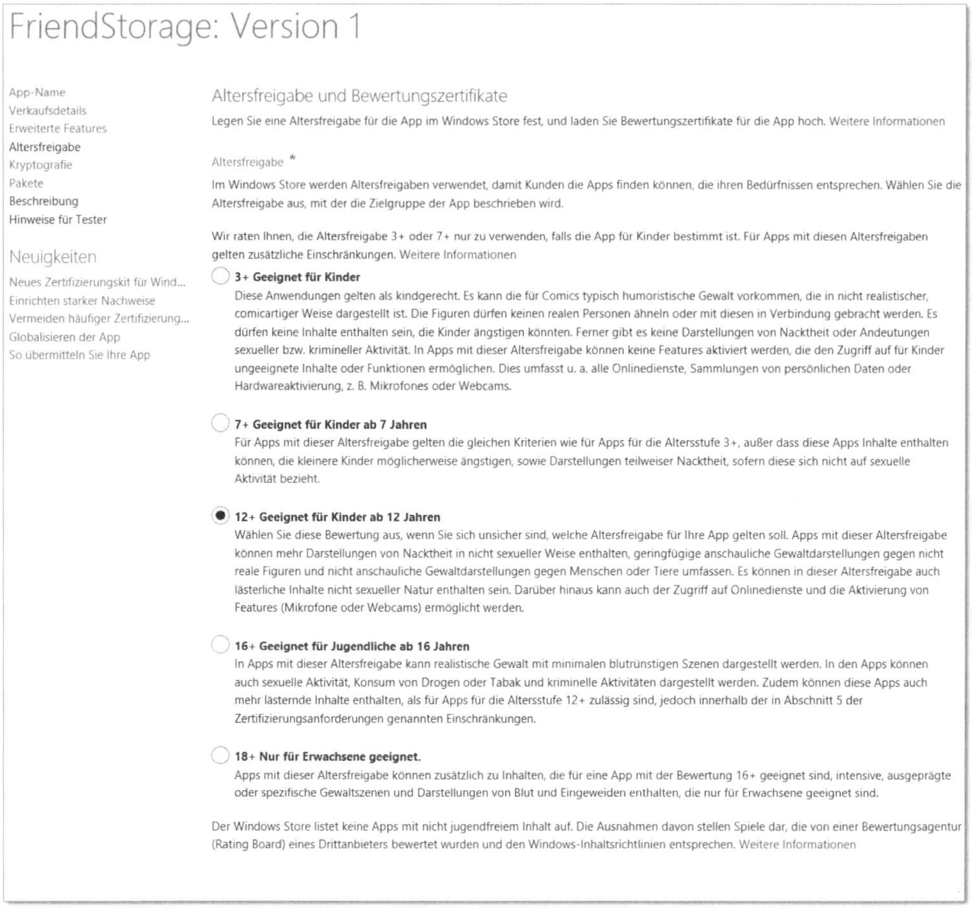

FriendStorage: Version 1

App-Name
Verkaufsdetails
Erweiterte Features
Altersfreigabe
Kryptografie
Pakete
Beschreibung
Hinweise für Tester

Neuigkeiten

Neues Zertifizierungskit für Wind...
Einrichten starker Nachweise
Vermeiden häufiger Zertifizierung...
Globalisieren der App
So übermitteln Sie Ihre App

Altersfreigabe und Bewertungszertifikate

Legen Sie eine Altersfreigabe für die App im Windows Store fest, und laden Sie Bewertungszertifikate für die App hoch. Weitere Informationen

Altersfreigabe *

Im Windows Store werden Altersfreigaben verwendet, damit Kunden die Apps finden können, die ihren Bedürfnissen entsprechen. Wählen Sie die Altersfreigabe aus, mit der die Zielgruppe der App beschrieben wird.

Wir raten Ihnen, die Altersfreigabe 3+ oder 7+ nur zu verwenden, falls die App für Kinder bestimmt ist. Für Apps mit diesen Altersfreigaben gelten zusätzliche Einschränkungen. Weitere Informationen

○ **3+ Geeignet für Kinder**
Diese Anwendungen gelten als kindgerecht. Es kann die für Comics typisch humoristische Gewalt vorkommen, die in nicht realistischer, comicartiger Weise dargestellt ist. Die Figuren dürfen keinen realen Personen ähneln oder mit diesen in Verbindung gebracht werden. Es dürfen keine Inhalte enthalten sein, die Kinder ängstigen könnten. Ferner gibt es keine Darstellungen von Nacktheit oder Andeutungen sexueller bzw. krimineller Aktivität. In Apps mit dieser Altersfreigabe können keine Features aktiviert werden, die den Zugriff auf für Kinder ungeeignete Inhalte oder Funktionen ermöglichen. Dies umfasst u. a. alle Onlinedienste, Sammlungen von persönlichen Daten oder Hardwareaktivierung, z. B. Mikrofones oder Webcams.

○ **7+ Geeignet für Kinder ab 7 Jahren**
Für Apps mit dieser Altersfreigabe gelten die gleichen Kriterien wie für Apps für die Altersstufe 3+, außer dass diese Apps Inhalte enthalten können, die kleinere Kinder möglicherweise ängstigen, sowie Darstellungen teilweiser Nacktheit, sofern diese sich nicht auf sexuelle Aktivität beziehen.

● **12+ Geeignet für Kinder ab 12 Jahren**
Wählen Sie diese Bewertung aus, wenn Sie sich unsicher sind, welche Altersfreigabe für Ihre App gelten soll. Apps mit dieser Altersfreigabe können mehr Darstellungen von Nacktheit in nicht sexueller Weise enthalten, geringfügige anschauliche Gewaltdarstellungen gegen nicht reale Figuren und nicht anschauliche Gewaltdarstellungen gegen Menschen oder Tiere umfassen. Es können in dieser Altersfreigabe auch lästerliche Inhalte nicht sexueller Natur enthalten sein. Darüber hinaus kann auch der Zugriff auf Onlinedienste und die Aktivierung von Features (Mikrofone oder Webcams) ermöglicht werden.

○ **16+ Geeignet für Jugendliche ab 16 Jahren**
In Apps mit dieser Altersfreigabe kann realistische Gewalt mit minimalen blutrünstigen Szenen dargestellt werden. In den Apps können auch sexuelle Aktivität, Konsum von Drogen oder Tabak und kriminelle Aktivitäten dargestellt werden. Zudem können diese Apps auch mehr lästernde Inhalte enthalten, als für Apps für die Altersstufe 12+ zulässig sind, jedoch innerhalb der in Abschnitt 5 der Zertifizierungsanforderungen genannten Einschränkungen.

○ **18+ Nur für Erwachsene geeignet.**
Apps mit dieser Altersfreigabe können zusätzlich zu Inhalten, die für eine App mit der Bewertung 16+ geeignet sind, intensive, ausgeprägte oder spezifische Gewaltszenen und Darstellungen von Blut und Eingeweiden enthalten, die nur für Erwachsene geeignet sind.

Der Windows Store listet keine Apps mit nicht jugendfreiem Inhalt auf. Die Ausnahmen davon stellen Spiele dar, die von einer Bewertungsagentur (Rating Board) eines Drittanbieters bewertet wurden und den Windows-Inhaltsrichtlinien entsprechen. Weitere Informationen

Abbildung 22.44 Für FriendStorage wähle ich die Altersfreigabe 12+.

Hinweis

In den USA kontrolliert das *Bureau of Industry and Security* (BIS) den Export von Technologien, die bestimmte Arten von Kryptografie verwenden. Die exportierten Technologien müssen dabei bestimmte Gesetze und Bestimmungen erfüllen. Da alle Windows Store Apps beim Hochladen in den Windows Store in den USA gespeichert werden, müssen diese Gesetzte und Bestimmungen eingehalten werden. Somit müssen Sie auch als Entwickler aus Europa angeben, ob Sie Kryptografie nutzen oder nicht.

22.2 Die App im Windows Store veröffentlichen

Wie Abbildung 22.45 zeigt, müssen Sie die Frage nach Kryptografie mit JA beantworten, wenn Ihre App digitale Signaturen nutzt, beispielsweise für die Authentifizierung, wenn Ihre App Daten oder Dateien verschlüsselt, wenn Ihre App einen sicheren Kommunikationskanal nutzt – wie beispielsweise NTLM, Kerberos, Secure Socket Layer (SSL) oder Transport Layer Security (TLS) –, wenn Ihre App Kennwörter verschlüsselt, wenn Ihre App einen Kopierschutz oder digitale Rechte verwaltet (Digital Rights Management, DRM) usw.

FriendStorage nutzt keine Form der Kryptografie. Somit beantworte ich die Frage in Abbildung 22.45 mit NEIN und bestätige, dass die App ohne staatliche Überprüfung und ohne lizenz- oder technologiebasierte Einschränkungen verteilt werden kann.

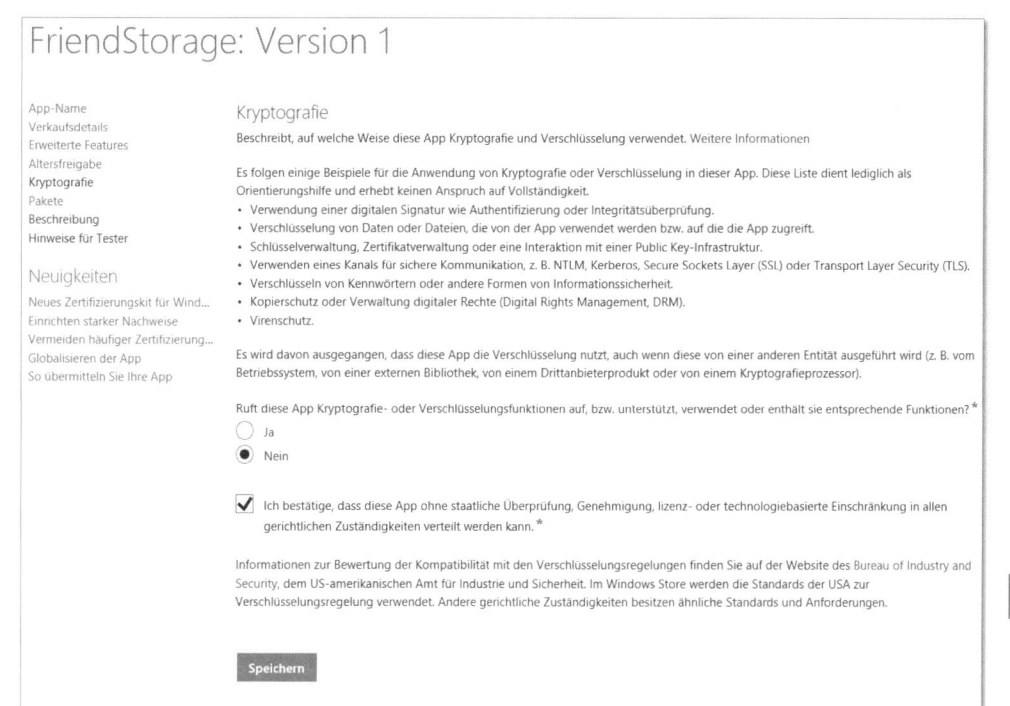

Abbildung 22.45 Geben Sie im Schritt »Kryptografie« an, ob Ihre App Kryptografie und Verschlüsselung verwendet.

Nachdem Sie den Schritt KRYPTOGRAFIE mit dem SPEICHERN-Button abgeschlossen haben, wird der Schritt zum Hochladen des App-Packages aktiviert, was Sie in Abbildung 22.46 sehen.

Abbildung 22.46 Jetzt sind die Schritte erfüllt, um das App-Package hochzuladen.

22.2.3 Das App-Projekt mit dem Windows Store verknüpfen

Nachdem Sie im Dashboard unter *http://dev.windows.com/apps* einen Namen reserviert haben, können Sie Ihr Windows-Store-App-Projekt mit dem Windows Store verknüpfen. Dabei werden sämtliche Herausgeberinformationen aus dem Windows Store in Ihr *Package.appxmanifest* übertragen. Zudem wird die *.pfx*-Datei ersetzt, damit das App-Package mit einem Zertifikat für die Codesignatur versehen wird, das Sie als Herausgeber enthält.

Zum Verknüpfen öffnen Sie Ihr Projekt und wählen aus dem Hauptmenü den Menüpunkt Projekt • Store • App mit Store verknüpfen... Alternativ können Sie auch im Projektmappen-Explorer mit der rechten Maustaste auf Ihr Projekt klicken und aus dem Kontextmenü wie in Abbildung 22.47 den Menüpunkt Store • App mit Store verknüpfen... wählen.

22.2 Die App im Windows Store veröffentlichen

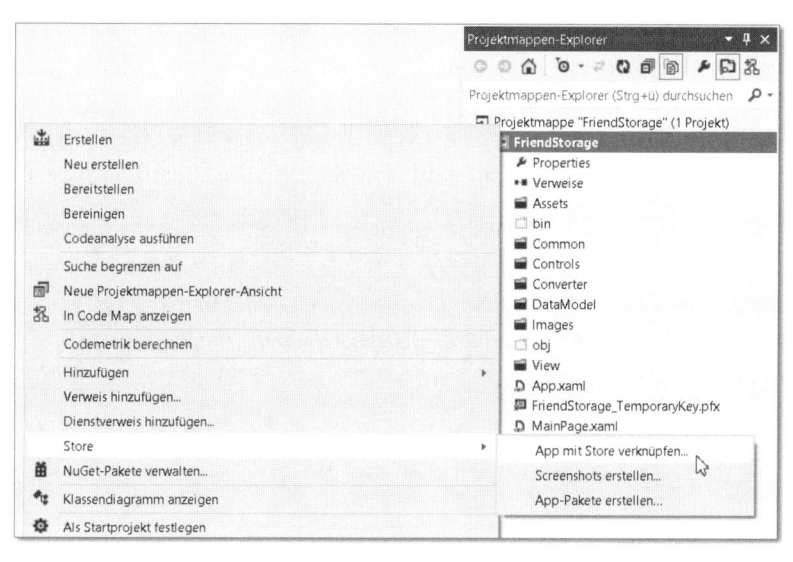

Abbildung 22.47 Die Windows Store App mit dem Store verknüpfen

Es erscheint der Assistent aus Abbildung 22.48. Wie das Fenster beschreibt, werden durch die Verknüpfung folgende Werte aus dem Windows Store in Ihr *Package.appxmanifest* heruntergeladen:

- Paketanzeigename
- Paketname
- Herausgeber-ID
- Anzeigename des Herausgebers

Abbildung 22.48 Der Assistent, mit dem Sie Ihre App mit dem Store verknüpfen

Nachdem Sie im Assistent aus Abbildung 22.48 auf den ANMELDEN-Button geklickt haben, werden Sie aufgefordert, sich mit Ihrem Microsoft-Konto einzuloggen. Danach sehen Sie eine Auswahl der in Ihrem Dashboard reservierten App-Namen. In Abbildung 22.49 habe ich den App-Namen FRIENDSTORAGE ausgewählt. Diesen hatte ich in Abschnitt 22.2.2, »Eine App im Dashboard erstellen«, im Dashboard reserviert.

Hinweis

Die Auswahlliste in Abbildung 22.49 enthält ganz oben den Link NAMEN RESERVIEREN. Dieser führt Sie direkt ins Dashboard unter *http://dev.windows.com/apps* und startet das Übermitteln einer neuen App.

Abbildung 22.49 Der bereits reservierte App-Name »FriendStorage« wurde ausgewählt.

Abbildung 22.50 Ein Klick auf den »Verknüpfen«-Button schließt die Verknüpfung ab.

22.2 Die App im Windows Store veröffentlichen

Nachdem Sie in Abbildung 22.49 den App-Namen ausgewählt und den WEITER-Button gedrückt haben, erhalten Sie die kleine Übersicht aus Abbildung 22.50. Darin sehen Sie, welche Informationen vom Windows Store in Ihr *Package.appxmanifest* geladen werden. Klicken Sie den VERKNÜPFEN-Button, um die Verknüpfung zu erstellen.

Betrachten Sie jetzt Ihr Projekt, stellen Sie fest, dass die Datei *FriendStorage_StoreKey.pfx* hinzugefügt wurde, was Sie im PROJEKTMAPPEN-EXPLORER in Abbildung 22.51 sehen. Ebenso wurde die Datei *Package.StoreAssociation.xml* hinzugefügt, die Informationen über die Verknüpfung zum Windows Store enthält.

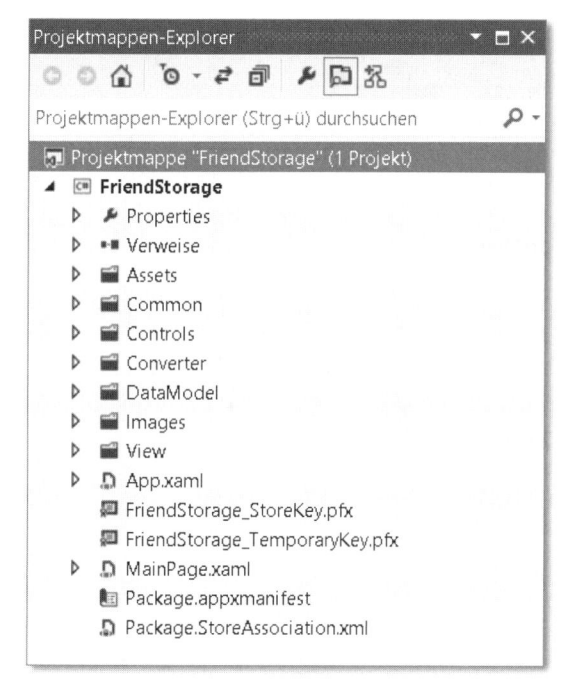

Abbildung 22.51 Die Datei »FriendStorage_StoreKey.pfx« wurde hinzugefügt.

Die Datei *FriendStorage_TemporaryKey.pfx*-Datei ist zwar noch im Projekt, wird aber nicht mehr verwendet. Sie können sie entfernen; sie diente als Zertifikat für die Codesignatur. Mit der Verknüpfung zum Windows Store wird jetzt die *FriendStorage_StoreKey.pfx*-Datei als Zertifikat für die Codesignatur genutzt. Dies können Sie im *Package.appxmanifest* unter dem Tab VERPACKEN nachsehen, indem Sie auf den in Abbildung 22.52 enthaltenen Button ZERTIFIKAT AUSWÄHLEN... klicken.

Beachten Sie im *Package.appxmanifest* in Abbildung 22.52 auch, dass die Informationen im VERPACKEN-Tab mit der Verknüpfung aus dem Windows Store übernommen wurden.

Abbildung 22.52 Die Informationen wurden mit der Verknüpfung aus dem Windows Store übernommen.

22.2.4 Die App mit dem WACK-Tool testen

Wenn Sie Ihre App in den Windows Store hochladen, führt Microsoft eine Zertifizierung durch. Diese kann mehrere Tage in Anspruch nehmen. Daher sollten Sie bereits lokal auf Ihrem System typische Zertifizierungsfehler ausschließen, bevor Sie Ihr App-Package in den Windows Store hochladen. Nutzen Sie dazu das mit Visual Studio 2012 installierte *Windows App Certification Kit* (WACK).

Das WACK-Tool führt eine Teilmenge der Punkte durch, die Microsoft ebenfalls zum Zertifizieren nach dem Hochladen Ihrer App durchführt. Falls das WACK-Tool folglich einen Fehler meldet, wird Ihre App auch nach dem Hochladen nicht erfolgreich zertifiziert. Mit dem WACK-Tool haben Sie somit die Möglichkeit, Zertifizierungsfehler von vornherein auszuschließen. Sehen wir uns an, wie es funktioniert.

Einer der häufigsten Fehler ist, dass die App-Packages nicht im RELEASE-, sondern im DEBUG-Modus erstellt wurden. Öffnen Sie daher Ihr Projekt in Visual Studio, und wählen Sie wie in Abbildung 22.53 den RELEASE-Modus. Starten Sie die App einmal, damit Sie auf Ihrem System installiert wird. Danach können Sie die App wieder schließen.

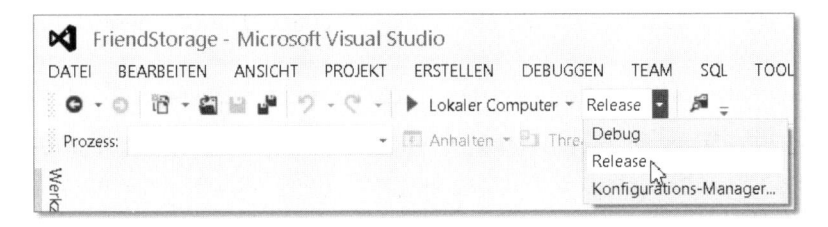

Abbildung 22.53 Die App muss im »Release«-Modus erstellt werden.

22.2 Die App im Windows Store veröffentlichen

Starten Sie jetzt das WACK-Tool. Wie bereits erwähnt, wurde es zusammen mit Visual Studio installiert. Zum Starten des Tools finden Sie auf Ihrem Startbildschirm die in Abbildung 22.54 dargestellte Tile namens WINDOWS APP CERT KIT.

Abbildung 22.54 Das Windows App Certification Kit (WACK) wird mit Visual Studio 2012 installiert.

Im ersten Schritt wählen Sie wie in Abbildung 22.55 im WACK-Tool aus, dass Sie eine Windows Store App für die Übermittlung an den Windows Store testen möchten.

Abbildung 22.55 Wählen Sie die Option »Windows Store App überprüfen«.

Im nächsten Schritt wählen Sie die App aus, die Sie überprüfen möchten. Da ich die FriendStorage-App zuvor kurz gestartet hatte, wurde sie installiert und taucht somit auch in dieser Liste der Apps auf. In Abbildung 22.56 habe ich sie ausgewählt.

1089

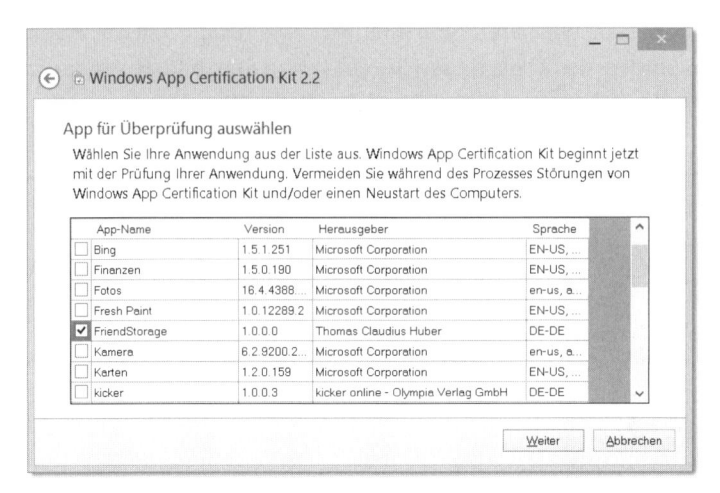

Abbildung 22.56 Wählen Sie die zu überprüfende App aus.

Sobald Sie in Abbildung 22.56 auf WEITER klicken, beginnt der Test. Während des Tests wird die App mehrmals gestartet. Sie sollten dabei nicht mit der App agieren.

> **Tipp**
> Es ist zu empfehlen, während des Tests überhaupt nichts anderes am Computer durchzuführen, da die App mehrmals geöffnet und geschlossen wird.

Wurde der Test beendet, werden Sie nach dem Speicherort für die Ergebnisse gefragt. Die Ergebnisse werden in Form einer *.xml*-Datei zusammengefasst. Speichern Sie diese Datei an einem Ort Ihrer Wahl. Nach dem Speichern der Ergebnisse erscheint das Fenster aus Abbildung 22.57. Darin sehen Sie das Gesamtergebnis, das in diesem Fall BESTANDEN lautet.

Abbildung 22.57 Der WACK-Test wurde bestanden.

22.2 Die App im Windows Store veröffentlichen

Klicken Sie im Dialog aus Abbildung 22.57 auf den Link UM DIE ERGEBNISSE ANZU-
ZEIGEN, öffnet sich die in Abbildung 22.58 dargestellte HTML-Seite, die Details zu den
einzelnen Prüfungen aufzeigt.

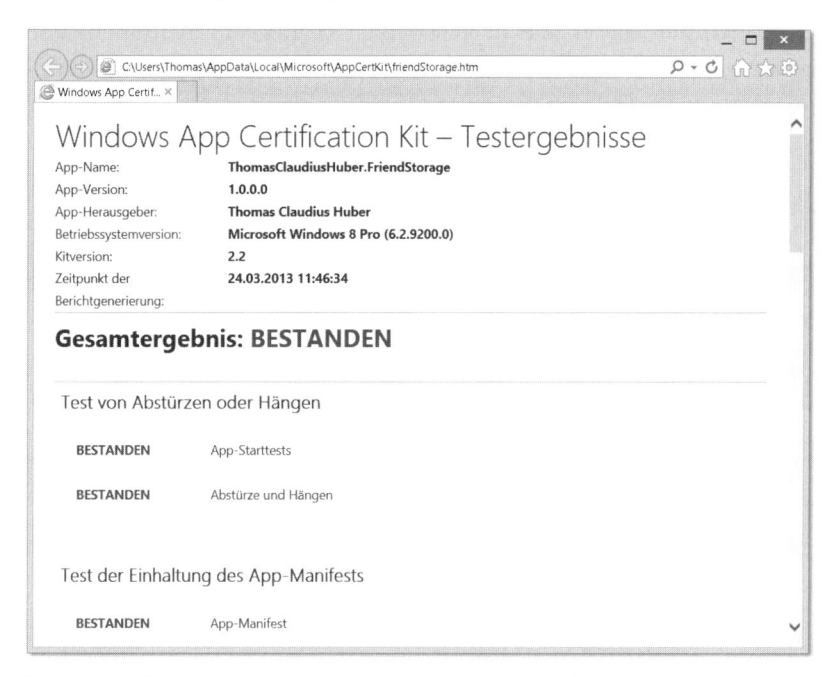

Abbildung 22.58 Die Ergebnisse zusammengefasst in einer HTML-Seite

Nach dem bestandenen Test können Sie Ihr App-Package erstellen und in den Windows Store hochladen.

> **Hinweis**
>
> Sie sollten sicherstellen, dass Sie stets die aktuelle Version des WACK-Tools verwenden. Während ich diese Zeilen schreibe, war Version 2.2 die aktuelle.

> **Tipp**
>
> Wenn Sie Ihre App-Packages im RELEASE-Modus erstellen, erhalten Sie auf der letzten Seite des Assistenten zum Erstellen von App-Packages einen Button namens WINDOWS APP CERTIFICATION KIT STARTEN. Mit diesem Button wird das WACK-Tool direkt für das generierte App-Package gestartet. Den Button sehen Sie am Ende von Abschnitt 22.1.2, »Ein App-Package erstellen«, nach dem Erstellen des App-Packages in Abbildung 22.6.

22.2.5 App-Package erstellen und hochladen

Die App wurde lokal mit dem WACK-Tool getestet, und im Dashboard unter *http://dev.windows.com/apps* wurden bereits die Schritte durchgeführt, um das App-Package hochzuladen. Zeit, dieses zu erstellen. Wählen Sie aus dem Hauptmenü von Visual Studio wie in Abschnitt 22.1.2 bereits beschrieben den Menüpunkt PROJEKT • STORE • APP-PAKETE ERSTELLEN... Im Assistent wählen Sie dieses Mal JA aus, da Sie Ihr App-Package in den Windows Store hochladen möchten.

Abbildung 22.59 Wählen Sie »Ja« aus, um Ihr App-Package in den Windows Store hochzuladen.

Nach einem Klick auf den ANMELDEN-Button loggen Sie sich mit Ihrem Microsoft-Konto ein. Anschließend wählen Sie wie beim Verknüpfen der App mit dem Windows Store (Abschnitt 22.2.3, »Das App-Projekt mit dem Windows Store verknüpfen«) den App-Namen Ihrer App aus.

> **Hinweis**
> Mit der in Abbildung 22.59 gewählten Option JA sorgen Sie dafür, dass in das generierte App-Package die im Windows Store hinterlegten Herausgeberinformationen einfließen. Wenn Sie Ihre App wie in Abschnitt 22.2.3 gezeigt bereits mit dem Windows Store verknüpft haben, können Sie Ihr App-Package für den Windows Store auch erstellen, indem Sie im Fenster aus Abbildung 22.59 die Option NEIN auswählen, denn die Herausgeberinformationen wurden mit dem Verknüpfen bereits in Ihr Projekt übertragen.

22.2 Die App im Windows Store veröffentlichen

Sie gelangen zum Fenster aus Abbildung 22.60. Belassen Sie die Architektur auf Neutral, damit Ihre App auf allen Prozessorarchitekturen läuft. Klicken Sie auf den Button Erstellen.

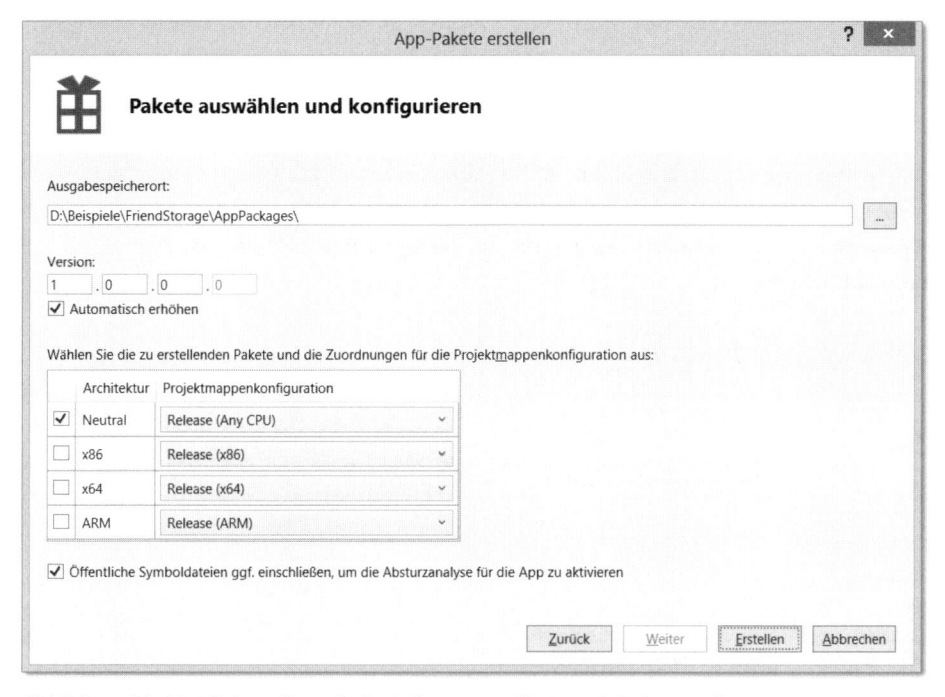

Abbildung 22.60 Klicken Sie auf »Erstellen«, um die App-Pakete anzulegen.

Im gewählten Ausgabespeicherort finden Sie den Ordner, der die *.appx*-Datei enthält. Auf gleicher Ebene befindet sich pro App-Package eine Datei mit der Dateiendung *.appxupload*. Diese Datei enthält Ihr App-Package und ist zum Hochladen in den Windows Store gedacht.

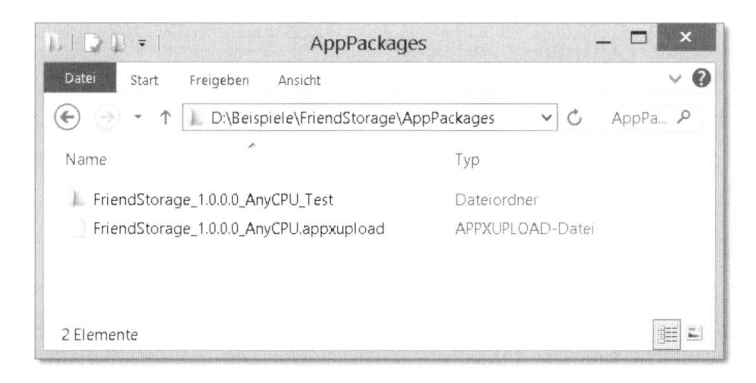

Abbildung 22.61 Die Datei ».appxupload« laden Sie in den Windows Store hoch.

> **Hinweis**
> Die *.appxupload*-Datei basiert auf dem ZIP-Format. Benennen Sie die Dateiendung in *.zip* um, um die Inhalte zu betrachten. Sie werden sehen, dass sich darin das App-Package (*.appx*) befindet.

Damit zurück zum Dashboard unter *http://dev.windows.com/apps*. Wählen Sie dort den Schritt PAKETE. Dort wählen Sie Ihre *.appxupload*-Dateien zum Hochladen entweder aus, oder Sie droppen sie direkt in das Rechteck. Abbildung 22.62 zeigt dieses Rechteck. Wie Sie darunter sehen, habe ich die *.appxupload*-Datei von FriendStorage bereits hochgeladen.

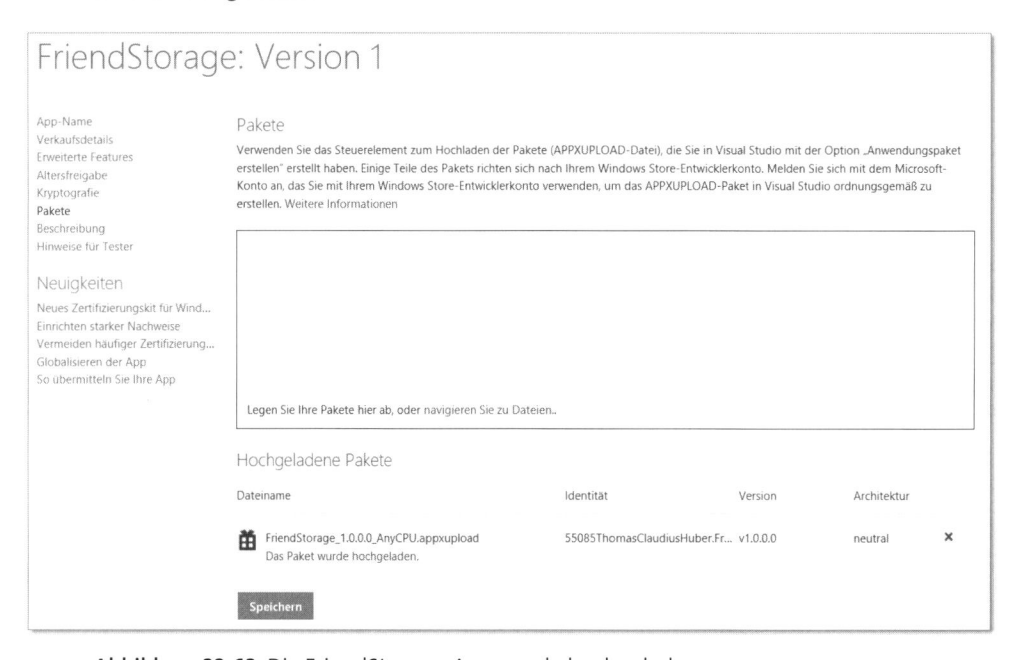

Abbildung 22.62 Die FriendStorage-App wurde hochgeladen.

> **Hinweis**
> Falls Sie beispielsweise mit C++ Ihre Windows Store Apps entwickeln, laden Sie pro Prozessorarchitektur ein Paket hoch.

Nachdem Sie das App-Package hochgeladen haben, fehlen zum Einreichen zur Zertifizierung noch zwei Schritte, was Abbildung 22.63 zeigt. Die beiden Schritte BESCHREIBUNG und HINWEISE FÜR TESTER sehen wir uns jetzt an.

22.2 Die App im Windows Store veröffentlichen

✓ Abgeschlossen	Pakete FriendStorage_1.0.0.0_AnyCPU.appxupload Weitere Informationen	55085ThomasClaudius Huber.FriendStorage	1.0.0.0	neutral	Überprüfung abgeschlossen

Beschreibung
Beschreiben Sie für Ihre Kunden kurz die Funktion der App.
Weitere Informationen
Unvollständig

Hinweise für Tester
Fügen Sie für die Personen, die Ihre App prüfen, Notizen zu dieser Version hinzu.
Weitere Informationen
2 Minuten

Abbildung 22.63 Nach dem Hochladen des Packages stehen noch zwei Schritte aus.

22.2.6 Die App beschreiben

Im Schritt BESCHREIBUNG beschreiben Sie Ihre App für die Benutzer des Windows Stores. Dies ist zwingend notwendig. Die Beschreibung darf bis zu 10.000 Zeichen lang sein. Optional geben Sie APP-FEATURES ein, die im Windows Store als Auflistung angezeigt werden. Abbildung 22.64 zeigt die Eingabefelder.

Abbildung 22.64 Eine Beschreibung der App für die Benutzer im Windows Store

Scrollen Sie weiter nach unten. Sie müssen für die Beschreibung Ihrer App mindestens einen der acht möglichen Screenshots hochladen. Dieser muss als *.png*-Datei mit mindestens 1.366 × 768 oder 768 × 1.366 Pixeln und einer maximalen Größe von 2 MB vorliegen.

Nach dem Hochladen müssen Sie auch eine kleine Beschriftung eingeben, die maximal 200 Zeichen umfassen darf.

1095

Abbildung 22.65 zeigt die fünf für FriendStorage hochgeladenen Screenshots. Die jeweilige Beschreibung geben Sie direkt darunter ein.

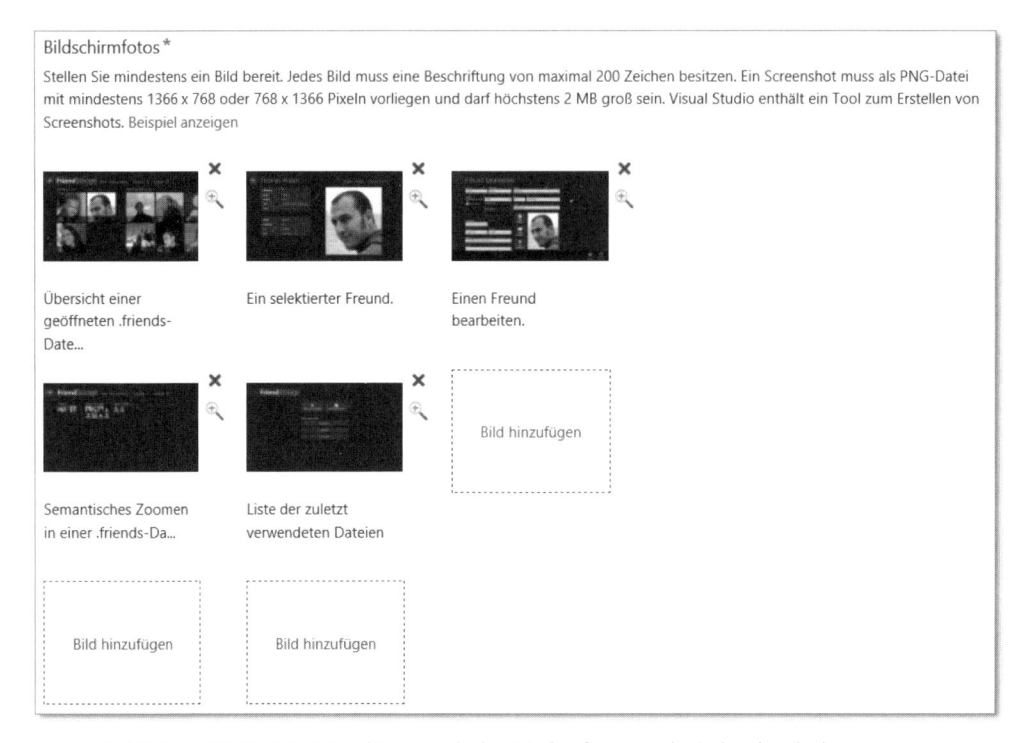

Bildschirmfotos *

Stellen Sie mindestens ein Bild bereit. Jedes Bild muss eine Beschriftung von maximal 200 Zeichen besitzen. Ein Screenshot muss als PNG-Datei mit mindestens 1366 x 768 oder 768 x 1366 Pixeln vorliegen und darf höchstens 2 MB groß sein. Visual Studio enthält ein Tool zum Erstellen von Screenshots. Beispiel anzeigen

- Übersicht einer geöffneten .friends-Date...
- Ein selektierter Freund.
- Einen Freund bearbeiten.
- Semantisches Zoomen in einer .friends-Da...
- Liste der zuletzt verwendeten Dateien

Abbildung 22.65 Für FriendStorage habe ich fünf Screenshots hochgeladen.

Scrollen Sie weiter nach unten, finden Sie die in Abbildung 22.66 dargestellten optionalen Felder zur Beschreibung eines Updates, zur empfohlenen Hardware, zu Schlüsselwörtern und zu weiteren Lizenzbedingungen. Wichtig sind die Schlüsselwörter, anhand deren Ihre App im Windows Store gefunden wird. Einzig zwingend ist das in Abbildung 22.66 dargestellte Feld URHEBERRECHT- UND MARKENINFORMATIONEN. Geben Sie hier Ihre Urheberrechtsinformationen und Ihre registrierten Markennamen an.

Scrollen Sie weiter nach unten, haben Sie die Möglichkeit, Werbebilder hochzuladen. Diese werden vom Windows Store verwendet, wenn Ihre App an einer bestimmten Stelle präsentiert wird. Auch wenn die Bilder optional sind, sollten Sie versuchen, alle dieser Bilder hochzuladen. Falls Sie nur ein Bild bereitstellen können, empfiehlt Microsoft jenes in der Auflösung 414 × 180 Pixel. Dieses habe ich in Abbildung 22.67 für FriendStorage hochgeladen.

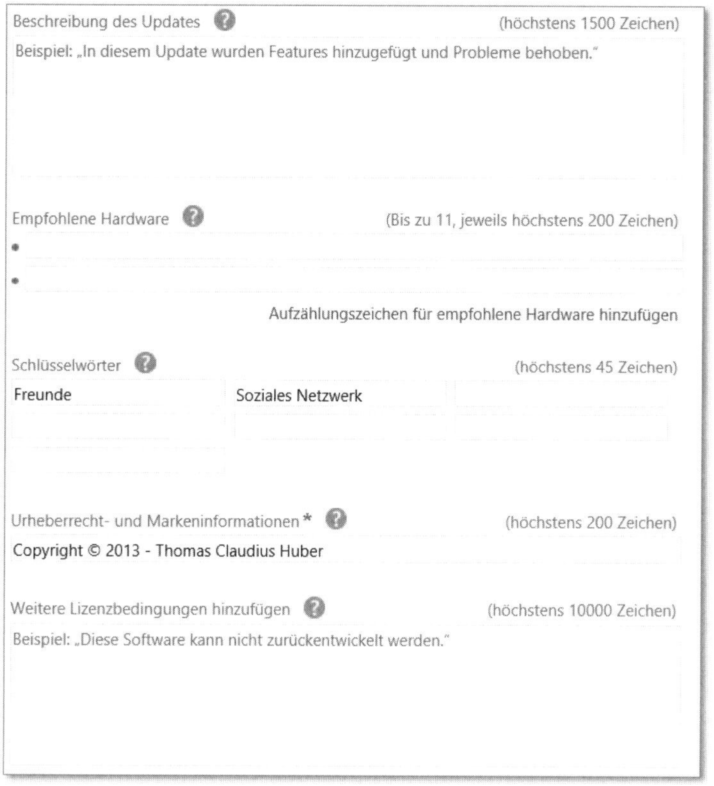

22.2 Die App im Windows Store veröffentlichen

```
Beschreibung des Updates                      (höchstens 1500 Zeichen)
Beispiel: „In diesem Update wurden Features hinzugefügt und Probleme behoben."


Empfohlene Hardware                           (Bis zu 11, jeweils höchstens 200 Zeichen)
•
•
                        Aufzählungszeichen für empfohlene Hardware hinzufügen

Schlüsselwörter                               (höchstens 45 Zeichen)
Freunde              Soziales Netzwerk


Urheberrecht- und Markeninformationen *       (höchstens 200 Zeichen)
Copyright © 2013 - Thomas Claudius Huber

Weitere Lizenzbedingungen hinzufügen          (höchstens 10000 Zeichen)
Beispiel: „Diese Software kann nicht zurückentwickelt werden."
```

Abbildung 22.66 Das Feld »Urheberrecht- und Markeninformationen« ist zwingend erforderlich.

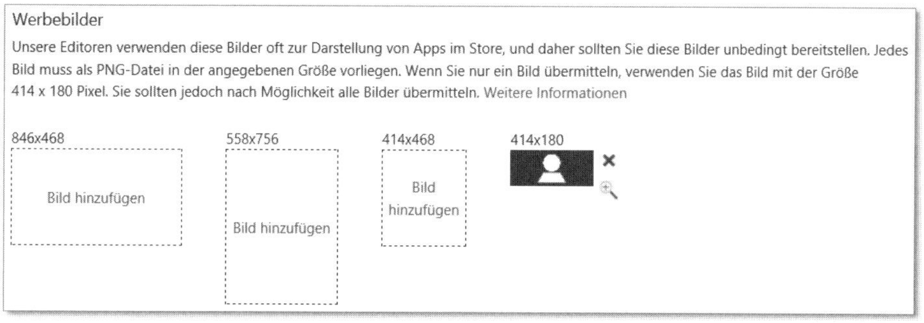

```
Werbebilder
Unsere Editoren verwenden diese Bilder oft zur Darstellung von Apps im Store, und daher sollten Sie diese Bilder unbedingt bereitstellen. Jedes
Bild muss als PNG-Datei in der angegebenen Größe vorliegen. Wenn Sie nur ein Bild übermitteln, verwenden Sie das Bild mit der Größe
414 x 180 Pixel. Sie sollten jedoch nach Möglichkeit alle Bilder übermitteln. Weitere Informationen

846x468              558x756              414x468              414x180

Bild hinzufügen                           Bild
                                         hinzufügen
                     Bild hinzufügen
```

Abbildung 22.67 Ein Werbebild wurde für FriendStorage hochgeladen.

Im unteren Bereich der Beschreibungsseite ist ein weiteres Pflichtfeld, in dem Sie Ihre Kontaktinformationen eingeben müssen. Hier tragen Sie entweder eine E-Mail-Adresse oder eine URL an, über die Kunden Hilfe erhalten. In Abbildung 22.68 habe ich meine E-Mail-Adresse eingegeben. Wie Abbildung 22.68 zeigt, gibt es noch zwei optionale Felder. Im oberen Feld namens WEBSITE können Sie eine Webseite eingeben, die eine Beschreibung Ihrer App enthält.

Abbildung 22.68 Die Kontaktinformationen für den Support sind zwingend notwendig.

Das letzte Feld der Beschreibung ist das in Abbildung 22.68 ebenfalls dargestellte Feld DATENSCHUTZRICHTLINIEN. Falls Ihre App auf das Internet zugreift, müssen Sie hier den Link zu Ihrer Datenschutzrichtlinie angeben. Auch in den Einstellungen Ihrer App muss sich ein Link zur Datenschutzrichtlinie befinden.

> **Hinweis**
>
> Wie Sie ein Command zu den Einstellungen Ihrer App hinzufügen, habe ich in Kapitel 14, »App-Lebenszyklus und -Einstellungen«, beschrieben.
>
> Die URL zu Ihrer Datenschutzrichtlinie können Sie einfach mit der statischen Launch-UriAsync-Methode der Launcher-Klasse aufrufen.

Die Datenschutzrichtlinie ist im Grunde eine einfache HTML-Seite, auf der Sie beschreiben, wie Ihre App mit Benutzerinformationen umgeht. Im einfachsten Fall beschreiben Sie, dass Ihre App keinerlei Benutzerinformationen sammelt und veröffentlicht. Falls Sie eine App haben, die Benutzerinformationen sammelt und weitergibt, sollten Sie sich zum Verfassen der Datenschutzrichtlinie gegebenenfalls den Rat eines Anwalts einholen.

> **Tipp**
>
> Unter *http://privacy.microsoft.com/de-de/fullnotice.mspx* finden Sie die Datenschutzbestimmungen, die Microsoft für die eigenen Apps verwendet.

Da FriendStorage nicht auf das Internet zugreift, ist in Abbildung 22.68 auch keine Datenschutzrichtlinie angegeben.

22.2.7 Die App zur Zertifizierung übermitteln

Bevor Sie Ihre App zur Zertifizierung übermitteln können, fehlt noch der letzte, in Abbildung 22.69 dargestellte Schritt: HINWEISE FÜR TESTER. Falls zum Testen Ihrer App beispielsweise ein Dienst erforderlich ist, der Benutzername und Passwort verlangt, sollten Sie diese Informationen hier eintragen, damit die Microsoft-Mitarbeiter Ihre App für die Zertifizierung sauber testen können.

FriendStorage hat keine besonders zu erwähnende Szenarien, somit habe ich in Abbildung 22.69 keine Hinweise eingegeben.

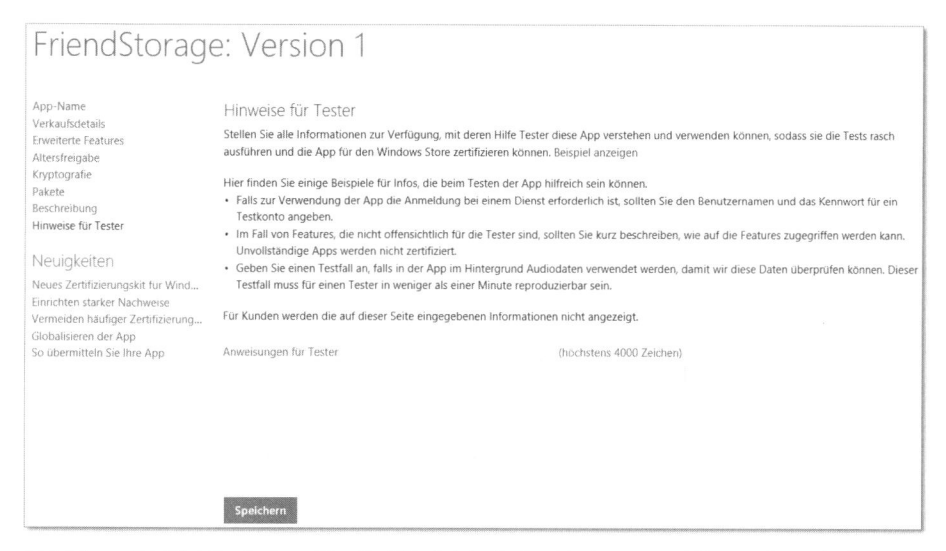

Abbildung 22.69 Hier haben Sie die Möglichkeit, den Testern von Microsoft noch ein paar Hinweise zu überreichen.

Sie haben es geschafft. In der Übersicht ist jetzt wie in Abbildung 22.70 der Button ZUR ZERTIFIZIERUNG ÜBERMITTELN aktiv.

Abbildung 22.70 Die App wird zur Zertifizierung übermittelt.

Nachdem Sie die App übermittelt haben, können Sie in der in Abbildung 22.71 gezeigten Übersicht die einzelnen Zertifizierungsschritte einsehen.

FriendStorage: Version 1

Zertifizierungsstatus
Weitere Informationen

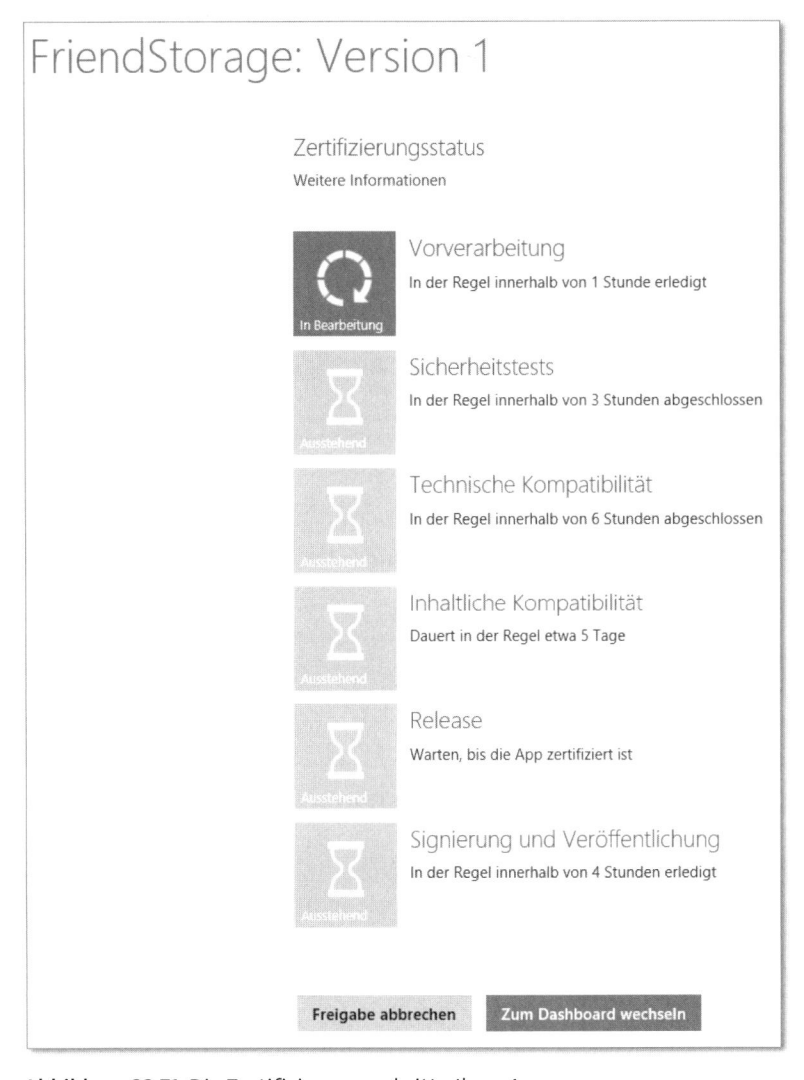

Vorverarbeitung
In der Regel innerhalb von 1 Stunde erledigt
In Bearbeitung

Sicherheitstests
In der Regel innerhalb von 3 Stunden abgeschlossen
Ausstehend

Technische Kompatibilität
In der Regel innerhalb von 6 Stunden abgeschlossen
Ausstehend

Inhaltliche Kompatibilität
Dauert in der Regel etwa 5 Tage
Ausstehend

Release
Warten, bis die App zertifiziert ist
Ausstehend

Signierung und Veröffentlichung
In der Regel innerhalb von 4 Stunden erledigt
Ausstehend

[Freigabe abbrechen] [Zum Dashboard wechseln]

Abbildung 22.71 Die Zertifizierungsschritte Ihrer App

Jetzt gilt es abzuwarten. Wurde Ihre App erfolgreich zertifiziert, erhalten Sie von Microsoft eine E-Mail. Darin befindet sich ein Link zu Ihrer App im Windows Store. Wie Abbildung 22.72 zeigt, dankt Ihnen Microsoft für Ihre gute Arbeit.

Trotz der erfolgreichen Zertifizierung kann es noch ein paar Stunden dauern, bis Ihre App im Windows Store gelistet ist. Wenn es dann tatsächlich so weit ist, erhalten Sie eine weitere Mail von Microsoft.

Abbildung 22.72 Eine solche Mail erhalten Sie, sobald die App erfolgreich zertifiziert wurde.

In diesem Abschnitt haben wir FriendStorage in den Windows Store gestellt. Wenn Sie die App suchen, finden Sie die in Abbildung 22.73 gezeigte Darstellung. Die im Dashboard eingegebene Beschreibung, die Screenshots etc., all die Beschreibungsinformationen sind für den Benutzer im Windows Store ersichtlich.

Abbildung 22.73 FriendStorage im Windows Store

> **Hinweis**
>
> Beachten Sie in Abbildung 22.73 das im Windows Store für FriendStorage dargestellte Logo (links oben). Es stammt aus der Datei *Assets\StoreLogo.png*, die sich in jedem Windows-Store-App-Projekt befindet. Mehr zu den einzelnen Logo-Dateien im *Assets*-Ordner finden Sie in Kapitel 10, »Ressourcen«.

22.3 Weitere Möglichkeiten im Windows Store

Im Windows Store haben Sie weitere Möglichkeiten. Bieten Sie eine Testversion Ihrer App an, oder verdienen Sie Ihr Geld mit In-App-Angeboten. Beide Varianten sehen wir uns in diesem Abschnitt an, bevor Sie außerdem lernen, wie Sie diese mit dem Windows Store verknüpften Funktionen lokal testen.

22.3.1 Eine Testversion anbieten

Beim Übermitteln Ihrer App an den Windows Store können Sie in den VERKAUFS-DETAILS eine Preisstufe auswählen, die von kostenlos über 1,19 € bis zu 834,99 € reicht. Wenn Sie Ihre App nicht kostenlos anbieten, haben Sie die Möglichkeit, einen kostenlosen Testzeitraum zu definieren.

Für den kostenlosen Testzeitraum gibt es verschiedene Auswahlmöglichkeiten, die Sie in Abbildung 22.74 sehen. Der Default-Wert ist KEINE TESTVERSION, womit Benutzer Ihre App vor einem Kauf nicht ausprobieren können. Insbesondere bei teuren Apps ist es zu empfehlen, eine Testversion zuzulassen. Für die Testversion können Sie eine Laufzeit von 1, 7, 15 oder 30 Tagen wählen. Ebenso steht die Option zur Verfügung, eine Testversion zu erstellen, die nie abläuft.

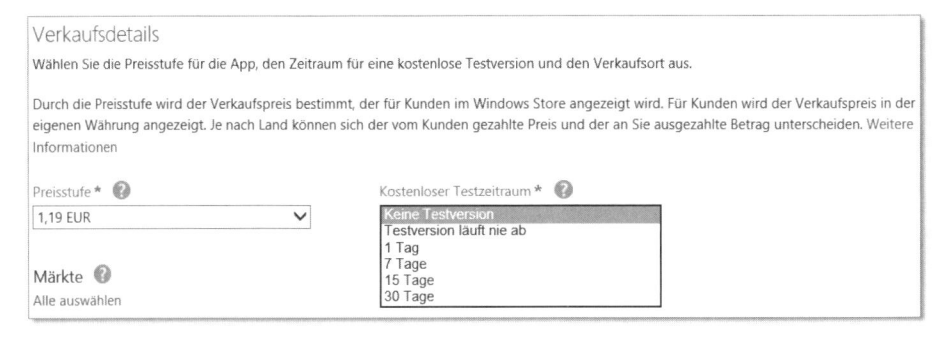

Abbildung 22.74 Die Möglichkeiten im Dashboard zum Erstellen einer Testversion

Wenn Sie eine Testversion mit einer Laufzeit von 1, 7, 15 oder 30 Tagen gewählt haben, müssen Sie im Code Ihrer App nichts weiter tun, um dies zu unterstützen. Der Windows Store übernimmt das für Sie. Die Testversion läuft auf dem Gerät des Benutzers automatisch aus, nachdem der Zeitraum verstrichen ist. Der Benutzer sieht auf der Kachel der App dann wie in Abbildung 22.75 rechts unten ein kleines Kreuzchen.

Abbildung 22.75 Die Testversion ist abgelaufen, was mit einem kleinen Kreuzchen dargestellt wird.

Versucht der Benutzer die App zu starten, erhält er die Meldung aus Abbildung 22.76, dass die App nicht geöffnet werden kann. Klickt er auf den darin enthaltenen Link STORE AUFRUFEN, wird er zum Windows Store geleitet. Dort sieht er, dass seine Testversion abgelaufen ist und er die Vollversion kaufen kann.

Abbildung 22.76 Die Meldung bei dem Versuch, die abgelaufene Testversion von FriendStorage zu starten

> **Hinweis**
>
> Meine Tests haben gezeigt, dass es bis zu 24 Stunden dauern kann, bis Ihre Testversion deaktiviert wird. Haben Sie beispielsweise im Dashboard einen Testzeitraum von einem Tag gewählt, kann der Benutzer die App eventuell bis zu 48 Stunden lang ausführen. Haben Sie also etwas Geduld, falls Sie Ihre Testversion selbst ausprobieren möchten und diese nach dem Ende des Testzeitraums nicht sofort gesperrt ist.

Obwohl eine Testversion mit einem Ablaufdatum funktioniert, ohne dass Sie zusätzlichen Code programmieren müssen, möchten Sie dem Benutzer in Ihrer App eventuell anzeigen, wie viel Zeit er noch zur Verfügung hat. Dazu nutzen Sie die statische LicenseInformation-Property der CurrentApp-Klasse (Namespace: Windows.ApplicationModel.Store). Die Property enthält ein LicenseInformation-Objekt, das Informationen zu der Lizenz Ihrer App und zu den getätigten In-App-Käufen hat.

In der `ExpirationDate`-Property des `LicenseInformation`-Objekts finden Sie das Ablaufdatum der Testversion. Damit können Sie wie folgt die noch verfügbaren Tage berechnen, um dem Benutzer beispielsweise eine Meldung wie »Ihre Testversion läuft noch 2 Tage« anzuzeigen:

```
int remainingDays = (CurrentApp.LicenseInformation.ExpirationDate
                    - DateTime.Now).Days;
```

Wenn Sie im Dashboard in den VERKAUFSDETAILS eine Testversion gewählt haben, die nie abläuft, dann sollten Sie in Ihrem Code natürlich zwingend erkennen, dass es sich um eine Testversion handelt, um beispielsweise gewisse Features zu deaktivieren. Dies ist natürlich auch bei einer Testversion möglich, die nach 1, 7, 15 oder 30 Tagen abläuft.

Um zu prüfen, ob Ihre App in der Testversion ausgeführt wird, eignen sich die Properties `IsActive` und `IsTrail` der `LicenseInformation`-Klasse. Listing 22.2 zeigt eine kleine Methode, die ermittelt, ob es sich um eine Test- oder eine Vollversion handelt. Schalten Sie an der entsprechenden Stelle Features Ihrer App ein und aus.

```
void CheckLicense()
{
  if (CurrentApp.LicenseInformation.IsActive)
  {
    if (CurrentApp.LicenseInformation.IsTrial)
    {
      // Testversion
    }
    else
    {
      // Vollversion
    }
  }
  else
  {
    // Die Lizenz ist abgelaufen (Testversion) oder fehlt.
  }
}
```

Listing 22.2 Methode zum Prüfen der Testversion

Eine abgelaufene Testversion lässt sich nicht mehr starten, sondern der Benutzer wird aufgefordert, die App im Windows Store zu kaufen. Falls die App jedoch läuft, während die Testversion abläuft, gibt die `IsActive`-Property den Wert `false` zurück, was in Listing 22.2 durch den unteren `else`-Block abgefangen wird. In diesem Fall sollten Sie unbedingt alle zentralen Features Ihrer App deaktivieren, da der Benutzer eine abgelaufene Testversion ausführt oder gar keine Lizenz hat – aus welchen Gründen auch immer.

> **Hinweis**
> Wenn Sie Ihre App lokal aus Visual Studio starten, funktioniert das Laden der Lizenzinformationen natürlich nicht, da die App nicht aus dem Windows Store kommt. Folglich gibt die IsActive-Property beim Testen false zurück. Wie Sie sämtliche Lizenzeinstellungen lokal vor dem Hochladen in den Windows Store ausprobieren können, lesen Sie in Abschnitt 22.3.3, »Die Windows-Store-Möglichkeiten lokal testen«.

Die in Listing 22.2 beschriebe CheckLicense-Methode sollten Sie nicht nur beim Start Ihrer App aufrufen, sondern auch in einem Event Handler für das LicenseChanged-Event der LicenseInformation-Klasse. Das LicenseChanged-Event wird immer ausgeführt, wenn sich die Lizenz ändert. Kauft der Benutzer während des Ausführens Ihrer Testversion im Windows Store die Vollversion, können Sie mit diesem Event darauf reagieren und ihm die entsprechenden Features Ihrer App freischalten. Alternativ können Sie den Benutzer natürlich auch einfach um einen Neustart der App bitten, damit die Vollversion aktiv wird.

> **Hinweis**
> Wie Sie sehen, verwendet der Windows Store keine verschiedenen Apps für die Test- und Vollversion. Stattdessen ist es ein und dieselbe App. Sie prüfen in Ihrem Code, ob Ihre App als Test- oder Vollversion ausgeführt wird, und schalten gegebenenfalls bestimmte Funktionen ein oder aus.

Wenn Ihre App als Testversion ausgeführt wird, ist es üblich, den Benutzer in bestimmten Zeitabständen zu fragen, ob er nicht die Vollversion kaufen möchte. Falls er dies möchte, können Sie den Kaufvorgang mit der statischen RequestAppPurchaseAsync-Methode der CurrentApp-Klasse starten. Prüfen Sie anschließend die Werte des LicenseInformation-Objekts. Gibt die IsTrial-Property false und die IsActive-Property true zurück, hat der Benutzer die Vollversion gekauft. Folgende Methode zeigt das Vorgehen:

```
private async Task BuyLicense()
{
  try
  {
    await CurrentApp.RequestAppPurchaseAsync(false);
    if (!CurrentApp.LicenseInformation.IsTrial
      && CurrentApp.LicenseInformation.IsActive)
    {
```

```
      // Die Vollversion wurde gekauft
    }
    else
    {
      // Es ist immer noch die Trial-Version installiert

    }
  }
  catch (Exception)
  {
    // Der Upgrade-Vorgang ist fehlgeschlagen.
    // Es ist immer noch die Trial-Version installiert

  }
}
```

Listing 22.3 Kaufvorgang mit der »RequestAppPurchaseAsync«-Methode

> **Hinweis**
> Übergeben Sie der `RequestAppPurchaseAsync`-Methode den Parameter `true`, erhalten Sie als Rückgabewert einen XML-formatierten String. Dieser ist ein Beleg für den App-Kauf sowie alle getätigten In-App-Käufe. In Listing 22.3 wurde `false` übergeben, womit dieser String nicht abgerufen wird. Sie können ihn jedoch jederzeit abrufen, indem Sie die statische `GetAppReceiptAsync`-Methode der `CurrentApp`-Klasse aufrufen.

Eventuell möchten Sie dem Benutzer anzeigen, was die Vollversion Ihrer App kostet. Diese und weitere Informationen aus dem Windows Store sollten Sie in Ihrer App nicht hartkodieren. Rufen Sie die Informationen stattdessen mit der statischen `LoadListingInformationAsync`-Methode der `CurrentApp`-Klasse direkt aus dem Windows Store ab. Dann wird dem Benutzer immer der richtige Preis angezeigt, den Sie ja gegebenenfalls in Ihrem Dashboard ändern. Sie erhalten als Rückgabewert der `LoadListingInformationAsync`-Methode ein `ListingInformation`-Objekt, das folgende Properties mit den Werten aus dem Windows Store enthält:

- `AgeRating`: Enthält die Altersbewertung in Jahren in Form eines `uints`.
- `CurrentMarket`: Enthält den Markt des aktuellen Benutzers in Form eines Strings, beispielsweise `US`.
- `Description`: Enthält die Beschreibung der App im aktuellen Markt.
- `FormattedPrice`: der Kaufpreis der App, der für den aktuellen Markt und die aktuelle Währung formatiert ist. Diese Property ist vom Typ `string`, da sie neben dem Preis auch die Währung enthält.

- **Name**: Enthält den Namen der App im aktuellen Markt.
- **ProductListings**: Enthält Informationen über die verfügbaren In-App-Angebote Ihrer App.

Sie sehen, es stehen Ihnen viele Informationen zur Verfügung, um dem Benutzer die Vollversion Ihrer App richtig schmackhaft zu machen.

Bevor wir uns ansehen, wie Sie Ihre App im Hinblick auf Test- und Vollversion lokal testen können, werfen wir einen Blick auf die In-App-Angebote.

22.3.2 In-App-Angebote

Wenn Sie in Ihrer App In-App-Angebote verwenden, werden diese einfach über eine Produkt-ID referenziert. Eine Produkt-ID ist ein einfacher String. Beim Anlegen Ihrer App im Dashboard geben Sie für jedes In-App-Angebot unter dem Schritt ERWEITERTE FEATURES eine Produkt-ID an. Für eine Produkt-ID bestimmen Sie auch die Preisstufe und die Lebensdauer. In Abbildung 22.77 wurden zwei In-App-Angebote mit den Produkt-IDs SHADOWEFFECT und BLUREFFECT angelegt.

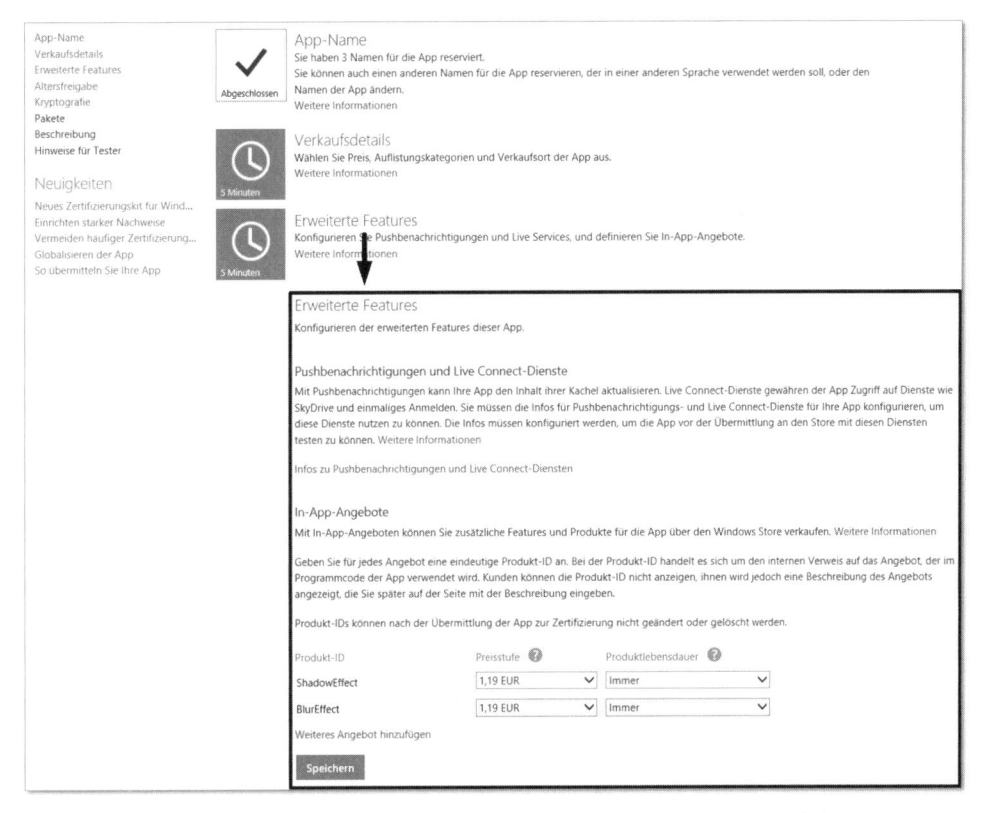

Abbildung 22.77 Im Dashboard legen Sie im Schritt »Erweiterte Features« Produkt-IDs für In-App-Angebote an.

In Ihrer App prüfen Sie mit dem `LicenseInformation`-Objekt, ob ein Benutzer ein In-App-Angebot gekauft hat. Die In-App-Angebote sind dabei in der `ProductLicenses`-Property der `LicenseInformation`-Instanz enthalten. Folgend die Prüfung für den `ShadowEffect`:

```
var isAvailable = CurrentApp.LicenseInformation
  .ProductLicenses["ShadowEffect"].IsActive;
```

Die `ProdcutLicenses`-Property enthält Schlüssel-Wert-Paare für alle im Dashboard definierten In-App-Angebote. Die Schlüssel sind dabei die im Dashboard definierten Produkt-IDs. Die Werte sind `ProductLicense`-Objekte. Die `ProductLicense`-Klasse besitzt genau drei Properties:

- **IsActive**: Der Benutzer hat das In-App-Angebot gekauft.
- **ExpirationDate**: das Datum, wann das In-App-Angebot abläuft
- **ProductId**: die ID des In-App-Angebots

Bei den In-App-Angeboten müssen Sie natürlich den Kauf aus Ihrer App auslösen. Nutzen Sie dazu wie in Listing 22.4 gezeigt die `RequestProductPurchaseAsync`-Methode der `CurrentApp`-Klasse. Übergeben Sie als ersten Parameter die Produkt-ID. Als zweiten Parameter geben Sie an, ob Sie als Rückgabewert einen Beleg in Form eines XML-formatierten Strings erhalten möchten. Diesen Beleg können Sie später jederzeit mit der `GetProductReceiptAsync`-Methode der `CurrentApp`-Klasse abrufen.

```
private async Task BuyShadowEffect()
{
  try
  {
    await CurrentApp
      .RequestProductPurchaseAsync("ShadowEffect", false);
    if (CurrentApp.LicenseInformation
      .ProductLicenses["ShadowEffect"].IsActive)
    {
      txtOutput.Text = "Sie haben den ShadowEffect gekauft";
    }
    else
    {
      txtOutput.Text ="Sie haben den ShadowEffect NICHT gekauft";
    }
  }
  catch (Exception)
  {
    txtOutput.Text = "Der Kauf ist fehlgeschlagen.";
  }
}
```

Listing 22.4 Kaufvorgang eines In-App-Angebots mit der RequestProductPurchaseAsync-Methode

> **Hinweis**
>
> Beachten Sie die analogen Methoden der CurrentApp-Klasse zum Kaufen der App und zum Kaufen der In-App-Angebote. Für die App gibt es die Methoden Request-AppPurchaseAsync und GetAppReceiptAsync, für In-App-Angebote die Methoden RequestProductPurchaseAsync und GetProductReceiptAsync.

Wie bereits am Ende des vorigen Abschnitts erwähnt, enthält die ListingInformation-Klasse eine Property namens ProductListings. Darin befindet sich für jedes In-App-Angebot eine ProductListing-Instanz, die folgende Properties hat:

- **FormattedPrice**: der Kaufpreis des In-App-Angebots, der für den aktuellen Markt und die aktuelle Währung formatiert ist. Diese Property ist vom Typ string, da sie neben dem Preis auch die Währung enthält.
- **Name**: der Name des In-App-Angebots im aktuellen Markt
- **ProductId**: die Produkt-ID des In-App-Angebots

Mit diesen Informationen können Sie dem Benutzer natürlich Ihre In-App-Angebote blumig machen und ihn vielleicht zum Kauf bewegen.

22.3.3 Die Windows-Store-Möglichkeiten lokal testen

Sowohl die Testversion als auch die In-App-Angebote haben ein typisches Henne-Ei-Problem. Beispielsweise können Sie ein In-App-Angebot erst prüfen, wenn Ihre App im Store ist. Allerdings möchten Sie Ihre App natürlich vor dem Bereitstellen im Windows Store getestet haben. Glücklicherweise gibt es eine einfache Lösung dafür.

Sowohl die Testversion als auch die In-App-Angebote verwenden für die ganze Kommunikation mit dem Windows Store die CurrentApp-Klasse. Um Ihre App zu testen, ersetzen Sie die CurrentApp-Klasse durch die Klasse CurrentAppSimulator, die ebenfalls im Namespace Windows.ApplicationModel.Store enthalten ist. Die Klasse CurrentAppSimulator dient, wie der Name es bereits vermuten lässt, zum Simulieren des Windows Stores. Sie hat exakt dieselben Mitglieder wie die CurrentApp-Klasse.

Nachdem Sie die CurrentAppSimulator-Klasse in Ihrem Code verwenden und Ihre App gestartet haben, wird im Ordner *C:\Users\<IhrBenutzername>\AppData\Local\ Packages\<IhrAppPackage>\LocalState\Microsoft\Windows Store\ApiData* die Datei *WindowsStoreProxy.xml* angelegt. *<IhrBenutzername>* ersetzen Sie durch Ihren Windows-Benutzernamen. Für *<IhrAppPackage>* setzen Sie den Namen Ihres App-Packages ein, den Sie im *Package.appxmanifest* im Tab VERPACKEN finden.

Listing 22.5 zeigt den Inhalt der *WindowsStoreProxy.xml*-Datei. Im oberen Teil sind Informationen zur App und zu den In-App-Angeboten (ListingInformation-

Element). Im unteren Teil finden Sie Informationen zur Lizenz für App und In-App-Angebote (`LicenseInformation`-Element).

```xml
<?xml version="1.0" encoding="utf-16" ?>

<CurrentApp>

  <!-- Die Auflistungsinformationen im Markt -->
  <ListingInformation>
    <App>
      <AppId>00000000-0000-0000-0000-000000000000</AppId>
      <LinkUri>http://apps.microsoft.com/webpdp/app/
      00000000-0000-0000-0000-000000000000</LinkUri>
      <CurrentMarket>en-US</CurrentMarket>
      <AgeRating>3</AgeRating>

      <!-- Daten zum Markt des Benutzers -->
      <MarketData xml:lang="en-us">
        <Name>AppName</Name>
        <Description>AppDescription</Description>
        <Price>1.00</Price>
        <CurrencySymbol>$</CurrencySymbol>
        <CurrencyCode>USD</CurrencyCode>
      </MarketData>
    </App>

    <!-- Ein In-App-Angebot ist verfügbar. Fügen Sie hier für
       weitere In-App-Angebote weitere Product-Elemente hinzu -->
    <Product ProductId="1" LicenseDuration="0">
      <MarketData xml:lang="en-us">
        <Name>Product1Name</Name>
        <Price>1.00</Price>
        <CurrencySymbol>$</CurrencySymbol>
        <CurrencyCode>USD</CurrencyCode>
      </MarketData>
    </Product>
  </ListingInformation>

  <!-- Die Lizenzinformationen des aktuellen Benutzers -->
  <LicenseInformation>
    <!-- Die App wird als Testversion (Trial) verwendet -->
    <App>
      <IsActive>true</IsActive>
      <IsTrial>true</IsTrial>
    </App>
```

```xml
    <!-- Der Benutzer hat das In-App-Angebot
      mit der Id1 gekauft -->
    <Product ProductId="1">
      <IsActive>true</IsActive>
    </Product>
  </LicenseInformation>
</CurrentApp>
```

Listing 22.5 Der Inhalt der »WindowsStoreProxy.xml«-Datei

Sie können die *WindowsStoreProxy.xml*-Datei beliebig anpassen. Die `CurrentApp``Simulator`-Klasse generiert sie nur, wenn sie noch nicht existiert.

Die `CurrentAppSimulator`-Klasse besitzt im Gegensatz zur `CurrentApp`-Klasse eine zusätzliche Methode, die statische Methode `ReloadSimulatorAsync`. Sie nimmt ein `StorageFile` entgegen, das inhaltlich der *WindowsStoreProxy.xml*-Datei entsprechen soll. Damit haben Sie die Möglichkeit, eine *.xml*-Datei an einem eigenen Ort zu platzieren und zu laden. Sie können damit auch zur Laufzeit Änderungen nachladen, um Änderungen im Windows Store zu simulieren.

Der Inhalt der generierten *WindowsStoreProxy.xml*-Datei ist nicht komplett. Sie finden das XML-Schema mit den möglichen Elementen in der Dokumentation unter *http://dev.windows.com/apps*. Geben Sie beispielsweise für die Testversion wie folgt ein Ablaufdatum an:

```xml
<App>
  <IsActive>true</IsActive>
  <IsTrial>true</IsTrial>
  <ExpirationDate>2013-10-28T12:00:00.00Z</ExpirationDate>
</App>
```

Listing 22.6 Ein Ablaufdatum für die Testversion

> **Achtung**
>
> Wenn Sie Ihr App-Package in den Windows Store hochladen, sollten Sie die Klasse `CurrentAppSimulator` natürlich wieder durch die Klasse `CurrentApp` ersetzen. Falls Sie es vergessen, schlägt die Zertifizierung Ihrer App fehl.

> **Tipp**
>
> Werfen Sie einen Blick in den Beispielordner *K22*. Sie finden darin Beispiele für Testversionen und In-App-Angebote, die die Methoden aus den vorigen Abschnitten enthalten und statt der `CurrentApp`- eben die `CurrentAppSimulator`-Klasse verwenden.

22.4 Zusammenfassung

Sie haben drei Möglichkeiten, Ihre App zu verteilen:

- Windows Store
- lokal via Side-Loading
- lokal via Entwicklerlizenz

Zum Verteilen verpacken Sie Ihre App in einem App-Package (*.appx*). Im Hauptmenü von Visual Studio finden Sie unter dem Punkt PROJEKT • STORE alle notwendigen Funktionen vom Anlegen eines Entwicklerkontos über das Reservieren eines App-Namens im Windows Store bis hin zum Erstellen von App-Packages.

Eine *.appx*-Datei basiert auf dem ZIP-Format. Falls Sie neugierig sind – was Sie als Entwickler immer sein sollten –, benennen Sie die Dateiendung von *.appx* in *.zip* um, und werfen Sie einen Blick auf die Inhalte.

Um Ihre App im Windows Store zu veröffentlichen, legen Sie unter *http://dev.windows.com/apps* zunächst ein Entwicklerkonto an, indem Sie auf den Menüeintrag DASHBOARD klicken. Sie können im Dashboard beliebige App-Namen anlegen. Ihr lokales Projekt verknüpfen Sie über den Menüpunkt PROJEKT • STORE • APP MIT STORE VERKNÜPFEN... mit einer im Dashboard angelegten App. Dadurch werden die Herausgeberinformationen vom Windows Store in Ihr *Package.appxmanifest* heruntergeladen.

Bevor Sie Ihre App-Packages in den Windows Store hochladen, sollten Sie es lokal mit dem Windows App Certification Kit (WACK) testen. Nur wenn dieser Test erfolgreich ist, kann auch eine Zertifizierung für den Windows Store erfolgreich sein. Haben Sie Ihre App hochgeladen und eine Beschreibung mit allen notwendigen Informationen hinterlegt, können Sie die App im Dashboard zur Zertifizierung übermitteln. Das ganz kann sehr schnell gehen, aber auch mehrere Tage in Anspruch nehmen.

Neben dem einfachen Veröffentlichen können Sie Ihre App auch als Testversion anbieten und darüber hinaus In-App-Angebote definieren, um vielleicht etwas mehr Geld zu verdienen. Nutzen Sie dafür die `CurrentApp`-Klasse aus dem Namespace `Windows.ApplicationModel.Store`. Um das ganze lokal zu testen, ersetzen Sie die Klasse `CurrentApp` durch die Klasse `CurrentAppSimulator`, die die gleichen Mitglieder hat. Sie lädt die Informationen statt aus dem Windows Store aus einer lokalen *.xml*-Datei, die Sie beliebig anpassen können.

Ich wünsche Ihnen viel Erfolg beim Veröffentlichen und Verkaufen Ihrer Windows Store Apps.

Index

&amp 193
&apos 193
&gt 192
&lt 192
&quot 193
* 281
.appx 109, 115, 1049
.appxupload 1093
.cer 1059
.config 868
.friends 665
.idl 50
.mp3 952
.NET Framework 53
.NET für Windows Store Apps 68
   Architektur 69
   entfernte Technologien 71
   Namespaces 70
   und WinRT 73
.NET Portable Subset 149
.NET-Metadaten 56
.NET-Stream 657
.NET-Wrapper 54
.pfx 94, 1059, 1087
.resw 524
.resx 525
.rtf 228
.tlb 50
.winmd 50, 58, 603
2D-Grafik 909
   Bitmaps 933
   Brushes 909
   Geometries 923
   in FriendStorage 945
   Shapes 917
3D 268

A

AAC 953
Abhängige Eigenschaft
   → Dependency Property 310
AccelerationX 895
AccelerationY 895
AccelerationZ 895
AcceleratorKeyActivated 473
Accelerometer 140, 895
AccelerometerReading 895
AcceptsReturn (TextBox) 222
AccessListEntry 660
Accuracy (Geocoordinate) 893
Action 410
Activate
   ShareTargetPage 773
   Window 137
Activated
   ToastNotification 864
   Window 138, 717
ActivationKind 681
activity (Badge) 856
ActualHeight 249
ActualWidth 249
Add (NotifyCollectionChangedAction) 353
Add-AppDevPackage.ps1 1059
Add-AppxPackage 1065
AddAudioEffect 965
AddCondition 812
AddDeleteThemeTransition 1000
Added (DeviceWatcher) 890
AddHandler (UIElement) 436
AddPages (PrintDocument) 790
AddPagesComplete (PrintDocument) 791
AddRef (IUnknown) 52
AddToSchedule
   TileUpdater 851
   ToastNotifier 865
AddVideoEffect 965
ADO.NET 72
ADO.NET-Data-Service 732
Advanced Query Syntax (AQS) 660
AgeRating 1106
AlbumArt (MediaControl) 963
Alias (Namespace) 168
All (DeviceClass) 888
AllowCropping 971
AllowTrimming 972
Alpha-Kanal (Color) 911
Altersfreigabe und Bewertungszertifikate
   (Windows Store) 1081
Altitude (Geocoordinate) 893
Amplitude (BackEase) 1031
Angefügte Eigenschaft
   → Attached Property 320

Index

Angefügtes Verhalten 418
Angle (RotateTransform) 266
AngularVelocityX (GyrometerReading) 899
AngularVelocityY (GyrometerReading) 899
AngularVelocityZ (GyrometerReading) 899
Anhalten (Visual Studio) 694
Anhalten und herunterfahren
   (Visual Studio) 694
Animation 991
   Basis-Animation 1013
   Dauer 1019
   dependent 1017
   EasingFunction 1029
   eigene erstellen 1013
   eigene Keyframe-Animation erstellen 1034
   Füllverhalten 1021
   Gesamtlänge 1021
   Geschwindigkeit 1020
   hardwarebeschleunigte 1017
   in Blend 1026
   independent 1017
   independent vs. dependent 1017
   Interpolation 1014
   Low-Level-Animation 1042
   mehrere im Storyboard 1024
   rückwärts 1020
   Startzeit 1020
   steuern 1022
   Theme Animation 1006
   Theme Transition 992
   Timeline 1007
   wiederholen 1020
Anwendungsbenutzeroberfläche 108
Anzeigename des Herausgebers 1085
App Bar 44
App.xaml 93
App.xaml.cs 94
AppBar 206
AppBarButtonStyle 208, 540
App-Daten 628
   lokale 629
   Roaming- 632
   temporäre 635
AppendQuerySuggestion 787
Application 135
Application Binary Interface 56
ApplicationCommands 708
ApplicationData 616, 629
ApplicationDataCompositeValue 631
ApplicationDataContainer 630
ApplicationDataLocality 632

ApplicationDefinition (Buildvorgang) 114
ApplicationExecutionState 680
ApplicationHidden
   (ToastDismissalReason) 864
ApplicationPageBackgroundThemeBrush ... 503
ApplicationSearchFilter 660
ApplicationTheme 504
ApplicationView 292
ApplicationViewState 291
App-Manifest-Designer 109
AppName (Ressource) 98
App-Namen reservieren 1077
App-Package 109
   Beschreibung 115
   erstellen 1051
   hochladen in Windows Store 1092
   Inhalt 1056
   Installationsmöglichkeiten 1058
   Verpacken 1049
App-Tile 845
AQS (Advanced Query Syntax) 660
ArcSegment 928
Arguments (SecondaryTile) 845
ARM-Prozessor 104, 1054
Arrange 249
ArrangeOverride 251
Arrow (CoreCursorType) 456
ArtistName (MediaControl) 963
AsAsyncOperation 161, 388
AsBuffer 655
AsByteArrayAsync 656
AsInputStream 658
AsOutputStream 658
ASP.NET 48, 728
AsRandomAccessStreamAsync 656
Assembly 54, 72
Assets-Ordner 94
AsStream 658
AsStreamForRead 658
AsStreamForWrite 658
AsTask 160, 417
async 150
AsyncCallback 743
AsyncState 743
ATOM 740
AtomPubClient 745
Attached Behavior 418
Attached Property 320
   ein Panel mit 324
   implementieren 320
Attached-Property-Syntax (XAML) 177

1114

Index

Attribut-Konvertierung (XAML) 178
Attribut-Syntax (XAML) 173
Audio
   abspielen 952
   aufnehmen 975, 979
   im Hintergrund abspielen 960
   streamen 987
audio (Toast) 862
AudioCapture (DeviceClass) 888
AudioCategory (MediaElement) 960
AudioDeviceId 889, 975
AudioEncodingQuality 979
AudioRender (DeviceClass) 888
Auflösung 256, 514
Ausgabetyp 147
Ausrichtung (App) 299
Ausrichtungsgitter 287
Ausrichtungssensor 905
Aussehen (ControlTemplate) 544
Authentifizierung 761, 871
Authorization-Header 876
Auto
   GridUnitType 280
   ScrollBarVisibility 212
Automatic (Duration) 1019
Automatische Wiedergabe (Extension) 802
Autoplay (Extension) 802
AutoPlay (MediaElement) 952
AutoReverse (Timeline) 1007, 1020
available (Badge) 856
availableSize 250
AVCHD 803
await 150
away (Badge) 856
Azure Mobile Services 760

B

Back (NavigationMode) 120
BackEase 1031
Background 197
BackgroundCapableMedia 960
BackgroundColor (SecondaryTile) 846
BackgroundDownloader 746
BackgroundDownloadProgress 746
BackgroundExecutionManager 882
Background-Task 805, 960
BackgroundTaskBuilder 807, 811
BackgroundTaskDeferral 809
BackgroundTaskHost.exe 806

Background-Transfer 745
BackgroundTransferHost.exe 749
BackgroundUploader 750
BackgroundUploadProgress 750
Badge 854
   Symbole 856
   Updatemöglichkeiten 856
BadgeGlyph 856
BadgeNotification 854
BadgeTemplateType 856
Badge-Update
   geplantes (Scheduled) 857
   Lockscreen 882
   lokales 857
   Push Notification 878
BadgeUpdateManager 854
BadgeUpdater 854
BadRequest (HttpStatusCode) 725
Balance (MediaElement) 955
BasedOn (Style) 537
BasicHttpBinding 727
Basis-Animation 1013
   Gesamtlänge 1021
   Geschwindigkeit 1020
   rückwärts 1020
   Startzeit 1020
   Übersicht Start-/Zielwert 1016
   wiederholen 1020
Basisklassen
   Control 134
   DependencyObject 133
   FrameworkElement 134
   Object 133
   Panel 135
   UIElement 133
Begin (Storyboard) 1008
BeginAcceptTcpClient 755
BeginExecute (DataServiceQuery) 743
BeginTime (Timeline) 1007, 1020
Begrüßungsbildschirm 521
Beleuchtungsstärke 905
Benachrichtigung (Notification) 830
Benutzersteuerelement 569
Berechtigungen 711
Beschleunigungsfunktion 1029
Beschleunigungsmesser 895
Beschreibung (Windows Store) 1095
Bewegungsmesser 899
Bézierkurve 928
BezierSegment 928
Bidirektional (Web-Socket) 758

Bildbibliothek 637
Bild-Ressource 510
Bildschirmauflösung 256
Binäre Ressource 510
   laden 510
   Skalierung 514
Binäres Interface 51, 56
BinaryReader 657
BinaryWriter 657
BindableBase 345
BindableBase.cs 97
Binding 183, 333
BindingBase 333
BindingFailed (DebugSettings) 137, 340
BindingMode 338
BindingOperations 332
BIS (Bureau of Industry and Security) 1082
Bitmap
   Bildquellen 933
   laden 942
   speichern 942
Bitmap (StandardDataFormats) 481
BitmapAlphaMode 943
BitmapDecoder 942
BitmapEncoder 942
BitmapImage 241, 934
BitmapPixelFormat 943
BitmapRotation 943
BitmapSource 933
BitmapTransform 943
Blend 163
   Animation in 1026
   Template erstellen in 549
   Template-Kopie erstellen 594
BmpDecoderId 942
BmpEncoderId 943
Bold (Inline) 224
BooleanNegationConverter 349
BooleanNegationConverter.cs 97
BooleanToVisibilityConverter 348
BooleanToVisibilityConverter.cs 98
Border 243
BorderBrush 197, 244
BorderThickness 197, 244
Both (StretchDirection) 243
Bottom (VerticalAlignment) 260
BottomAppBar (Page) 206
BounceEase 1031
Bounces 1031
Bounciness 1031
Bounds (Window) 232, 963

Breites Logo 520, 840
Broker 62
Brush 909
   ImageBrush 913
   Klassenhierarchie der Brushes 910
   LinearGradientBrush 911
   SolidColorBrush 910
   WebViewBrush 915
BrushMappingMode 911
Buffer 655
Buffering (MediaElementState) 954
Buildvorgang 114, 511
Bureau of Industry and Security (BIS) 1082
busy (Badge) 856
Button 203
   CheckBox 204
   HyperlinkButton 206
   normaler 203
   RadioButton 205
   RepeatButton 203
   ToggleButton 203
ButtonBase 202, 404
By (DoubleAnimation) 1015
BytesReceived 746
BytesSent 750

C

C# 47
C++ 47
CacheSize (Frame) 121
CallerMemberName 344
CameraCaptureUI 968
CameraCaptureUIMode 968
CameraCaptureUIPhotoCaptureSettings 971
CameraCaptureUIPhotoFormat 971
CameraCaptureUIVideoCaptureSettings 972
CameraOptionsUI 978
CancelCommandIndex 238
Canceled (IBackgroundTaskInstance) 808
CancellationToken 747
CancellationTokenSource 747
CanChangeViews 386
CanDragItems 482
CanExecute (ICommand) 404
CanExecuteChanged (ICommand) 404
CanGoBack (Frame) 119
CanRead (IRandomAccessStream) 651
CanReorderItems 488
Canvas 273

Index

CanWrite (IRandomAccessStream) 651
Capacity (IBuffer) 654
CaptureElement 972
CaptureFileAsync.. 968
CapturePhotoToStorageFileAsync.................. 976
CapturePhotoToStreamAsync.......................... 975
CapturePointer 447
CarouselPanel 286
CD..641, 802
Center
   HorizontalAlignment 259
   VerticalAlignment 260
CenterX (RotateTransform)............................... 266
CenterY (RotateTransform)............................... 266
Certificate Manager Tool 1066
certmgr 1066
Chakra-Engine.. 57
ChangeVisualState 587
CharacterSpacing 197
Charms Bar 42
   Einstellungen 705
   Geräte 788, 981
   Suchen 777
   Teilen 765
CheckBox 204
Checked (ToggleButton)..................................... 204
Child
   Border 243
   Popup.. 232
   Viewbox 242
Children
   Panel 273
   Storyboard 1008
ChildrenTransitions 994
ChildTransitions 994
CircleEase 1031
City (CivicAddress) 893
CivicAddress 893
Clear
   BadgeUpdater 855
   TileUpdater.. 833, 850
ClearAsync (ApplicationData) 632
ClearValue (DependencyObject)...................... 318
CLI (Common Language Infrastructure) 54
Click (ButtonBase) 202
ClickedItem 375
ClickMode (ButtonBase) 202
Client-ID 872
Clientschlüssel 871
Client-Secret 872
Clipboard.. 490

Close (Window)... 138
Closed
   AppBar.. 206
   MediaElementState 954
   Popup 232
   Window 138
ClosedByUser (App-Zustand) 676
Cloud
   Push Notification 867
   Roaming 632
CLR (Common Language Runtime).................... 54
Codebehind-Datei 112
Codesignatur 94, 1052, 1066, 1087
Code-Snippet
   propa 321
   propdp 316
Codierung 582
CoerceValueCallback 318
Collapsed (Visibility).. 261
CollectionChanged 352
CollectionGroups 384
CollectionView.. 359
   in C# erstellen 360
   in XAML erstellen 363
CollectionViewSource... 360
Color... 910
ColorAnimation 558
Column (Grid) 278
ColumnDefinition 279
ColumnDefinitions (Grid) 277
ColumnSpan
   Grid 278
   VariableSizedWrapGrid 283
COM (Component Object Model)................49, 51
COM (erweiterte Version für WinRT)................ 50
COM+.. 52
ComboBox 216
ComboBoxItem 213
Command 403
CommandParameter 404
Commands (PopupMenu) 235
CommandsRequested (SettingsPane) 707
CommitButtonText
   ContactPicker 650
   FileOpenPicker 644
   FileSavePicker 647
   FolderPicker 649
Common Language Infrastructure (CLI) 54
Common Language Runtime (CLR).................... 54
Common-Ordner 97
CommonStates 555

Index

Compass 901
CompassReading 901
Complete
   BackgroundTaskDeferral 809
   DataRequestDeferral 767
   Deferral-Pattern 679
   ManipulationDeltaRoutedEventArgs 458
   PlayToSourceDeferral 982
   PrintTaskSourceRequestedDeferral 789
   SuspendingDeferral 678
Completed
   IAsyncOperation 159
   PrintTask 794
   Timeline 1008
Completion 794
Component Extensions (CX) 47
Component Object Model (COM) 49, 51
CompositeTransform 263, 460
CompositionTarget 1043
ComputerFolder (PickerLocationId) 644
ConnectAsync
   MessageWebSocket 759
   StreamSocket 757
ConnectionCost 724
ConnectionProfile 723
ContactInformation 650
ContactPicker 650, 798
Contacts (TouchCapabilities) 469
Container 458
Contains (DataPackageView) 481, 775
Content
   ContentControl 200
   MessageDialog 238
   Window 137
ContentChanged 490
ContentControl 200, 213
   AppBar 206
   Buttons 202
   ScrollViewer 212
   sonstige 213
   ToolTip 210
ContentPresenter 547
Content-Property (XAML) 175
ContentTemplate 202
ContentThemeTransition 998
ContentTransitions 994
Contract 764
   PlayTo 981
   Print 788
   Search 777
   Setting 707

Share 765
Übersicht 764
contrast_black-Qualifizierer 515
contrast_white-Qualifizierer 515
Control 134, 197
   ContentControls 200
   Custom Control 576
   eigenes 567
   in FriendStorage 608
   ItemsControls 214
   lookless 544
   Panels 272
   Popups 232
   Range-Controls 228
   Sonstige 240
   Text-Controls 221
   User Control 568
Control (VirtualKeyModifiers) 444
ControlChannelReset (SystemTrigger) 817
Controller (MVC) 406
ControlTemplate 201, 544
   auf Visual State reagieren 554
   in Style auslagern 548
   Template Part beachten in 562
   TemplateBinding vs. TemplatedParent 351
   von ContentControl 547
   von ItemsControl 548
Convert (IValueConverter) 347
ConvertBack (IValueConverter) 347
ConvertBinaryToString 654
Converter (Binding) 334, 347
ConverterLanguage (Binding) 334
ConverterParameter (Binding) 334
ConvertStringToBinary 653
Coordinate (Geoposition) 892
CopyAsync (StorageFile) 622
CoreCursor 455
CoreCursorType 456
CoreDispatcher 139
CoreDispatcherPriority 140
CoreVirtualKeyStates 472
CoreWindow 138
CornerRadius 244
Country (CivicAddress) 893
CreateAsync (BitmapDecoder) 942
CreateBadgeUpdaterForApplication 854
CreateBadgeUpdaterForSecondaryTile 856
CreateDownload 746
CreateFileAsync 618
CreateFileQuery 659
CreateFileQueryWithOptions 659

CreateFolderAsync 624
CreateFolderQueryWithOptions 659
CreateFromFile 768
CreateFromStream 768
CreateFromUri 768
CreateHtmlFormat 768
CreateItemListOption 795
CreateJpeg 976
CreateM4a 979
CreateMp3 979
CreateMp4 977
CreatePng 976
CreatePrintTask 789
CreatePushNotificationChannelFor
    ApplicationAsync 870
CreatePushNotificationChannelFor
    SecondaryTileAsync 871
CreateTextOption 795
CreateTileUpdaterForApplication 830
CreateTileUpdaterForSecondaryTile 848
CreateToastNotifier 859
CreateUpload 750
CreateWatcher (DeviceInformation) 890
CreateWma 979
CreateWmv 977
CreationCollisionOption 619
CredentialPicker 761
CroppedAspectRatio 971
CroppedSizeInPixels 971
Cross (CoreCursorType) 456
CryptographicBuffer 653
CSS 47
CubicEase 1031
Cumulative 458
Current
    Application 135
    Window 137
CurrentApp 1103
CurrentAppSimulator 1109
CurrentItem (ICollectionView) 359
CurrentMarket 1106
CurrentOrientation 300
CurrentPosition (ICollectionView) 359
CurrentState (MediaElement) 954
CurrentStateChanged 954
Cursor 455
Custom Control 576
    Bibliothek mit 577
    Dependency Properties 582
    in UI einbinden 592
    in WinRT-Komponente 606
    neuer Style für 594

    Template erstellen 581
    Template Parts 583
    Visual States 586
CustomBinding 727
CustomResource 508
CustomXamlResourceLoader 508
CX (Component Extensions) 47
Cycle (KeyboardNavigationMode) 477

D

d (XML-Namespace) 171
Daily (PeriodicUpdateRecurrence) 853
Dark (ApplicationTheme) 504
Dashboard (Windows Store) 1075
Data Binding 330
    an .NET Property 341
    an Collection 352
    an Dependency Property 341
    an logische Ressource 346
    an relative Quelle 350
    an unterschiedlichen Typ 347
    Datenquellen 341
    Debugging 339
    in C# 332
    in XAML 330
    Property-Pfad 336
    Quellenangabe 334
    Richtung 338
    Überblick 84
    und DataContext 334
DataChanged (ApplicationData) 634
DataContext 334
DataContract 662
DataContractJsonSerializer 875
DataContractSerializer 662
DatagramSocket 754
DataMember 662
DataPackage 480, 766
DataPackageView 481, 774
DataProviderHandler 771
DataReader 652
DataRequest 766
DataRequestDeferral 767
DataRequested (DataTransferManager) 766
DataService 740
DataServiceConfiguration 740
DataServiceContext 743
DataServiceQuery 743
DataTemplate 365, 543
DataTemplateSelector 367

DataTransferManager 766
DataWriter 652
Dateiöffnungsauswahl 764
Dateiressource 510
Dateispeicherungsauswahl 764
Dateitypzuordnung (Extension) 798
Dateizugriff
   Datei erstellen, lesen und löschen 618
   Datei suchen 659
   Grundlagen 616
   in FriendStorage 665
   kürzlich verwendete Dateien 660
   Ordner erstellen und löschen 624
   programmatischer 626
   via Picker 643
Daten 329
   Collection 352
   CollectionView 359
   Data Binding 330
   Daten-Controls 369
   Datenquellen 341
   gruppieren 377
   inkrementell laden 386
   semantisch zoomen 383
   validieren 399
   visualisieren 365
Datenbank 616, 734
Datenschutzrichtlinie 723, 1098
DateTimeOffset 851
DCIM 803
DCOM 52
Debuggen
   auf Remote Computer 103
   im Simulator 102
DebugSettings (Application) 137, 340
DecodePixelHeight 934
DecodePixelWidth 934
Default (StorageDeleteOption) 622
DefaultCommandIndex 238
DefaultFileExtension (FileSavePicker) 647
Default-Namespace 168
DefaultRequestHeaders 725
Default-Style 563, 579
DefaultStyleKey 199, 580
DefaultViewModel 357, 423
Default-Wert (Dependency Property) 312
Deferral-Pattern 679
Deklarationen (Package.appxmanifest) 108
Delay
   RepeatButton 203
   Task 155

DelegateCommand 410
DeleteAsync
   HttpClient 724
   StorageFile 621
   StorageFolder 625
Delta 458
Dependency Property 307
   Attached Property 320
   Grundlagen 308
   implementieren 313
   in WinRT-Klassen 319
   lokalen Wert löschen 318
   Metadaten 316
   Möglichkeiten 312
   Überblick 79
   Vorrangsrecht 310
   vs. klassische .NET-Property 313
   Wertermittlung 310
Dependency-Injection (DI) 417
DependencyObject 133, 308
DependencyProperty 308
DependencyPropertyChangedEventArgs 317
Dependent Animation 1017
Description
   DataPackage 767
   ListingInformation 1106
Deserialisieren 662
Deserialize (XmlSerializer) 664
DesignHeight 171
DesignMode 576
DesignWidth 171
DesiredAccuracy 894
DesiredSize 249
Desktop (PickerLocationId) 644
Desktop-App
   entwickeln 48
   in Windows 8 46
DetachPixelData 942
DeviceClass 888
DeviceInformation 888
DeviceWatcher 890
DI (Dependency Injection) 417
DiagonalPanel 251
Dialog 643
Digital Rights Management (DRM) 1083
DirectX 47
Disabled
   NavigationCacheMode 121
   ScrollBarVisibility 212
DisabledByGroupPolicy
   (NotificationSetting) 833

Index

DisabledByManifest (NotificationSetting) ... 833
DisabledForApplication
 (NotificationSetting) 833
DisabledForUser (NotificationSetting) 833
DiscreteDoubleKeyFrame 1035, 1039
Diskrete Keyframe-Animation 1039
Dismissed (ToastNotification) 864
DispatchedHandler 140
Dispatcher 139
DispatcherTimer 957, 1042
DisplayedOptions 794
DisplayMemberPath 215, 218
DisplayName (SecondaryTile) 845
DisplayOrientations 300
DisplayProperties 300, 519
DisplayRequest 964
DLL-Hölle 53
Docking 45
Document (RichEditBox) 228
DocumentsLibrary
 KnownFolders 637
 PickerLocationId 644
DocumentSource 790
Dokumentbibliothek 639, 1072
Dots per Inch (DPI) 256, 514
DoubleAnimationUsingKeyFrames 1034,
 1036, 1040
DoubleKeyFrameCollection 1035
DoubleTapped 441
Download 746
Download/Upload Host 749
DownloadOperation 746
DownloadProgress (BitmapImage) 934
Downloads (PickerLocationId) 644
DownloadsFolder 636
DownOnly (StretchDirection) 243
DPI (Dots per Inch) 256, 514
Drag & Drop 449, 482
DragEventArgs 482
DragItemsStarting 482
Drehung (App) 299
DRM (Digital Rights Management) 1083
DropDownClosed 217
DropDownOpened 217
Drucken 788
Dunkel (Gerätefenster) 505
Duration (Timeline) 1007, 1019
duration (Toast) 861
DVD 641, 802
DynamicResource 184

E

EaseIn (EasingMode) 1030
EaseInOut (EasingMode) 1030
EaseOut (EasingMode) 1030
EasingDoubleKeyFrame 1035, 1037
EasingFunction 1029
EasingFunctionTester 1033
Easing-Keyframe-Animation 1037
EasingMode 1030
Edge
 EdgeUIThemeTransition 1003
 PaneThemeTransition 1003
 SettingsPane 707
EdgeTransitionLocation 1003
EdgeUIThemeTransition 1003
Eigene Animation
 Basis-Animation 1013
 Keyframe-Animation 1034
Eingabe-Event 429
Eingebettete Ressource 510
Einheit (Unit) 288
Einstellungen (Charms Bar) 705
Einstellungen für Druckaufgaben
 (Extension) 797
Einstiegspunkt
 Background-Task 811
 Windows Store App 111, 1058
Einzelperson-Entwicklerkonto 1072
ElasticEase 1031
Element (XML)
 öffnendes 165
 schließendes 165
Element Tree 189
Elementdetails (Seitenvorlage) 144
Elemente (Seitenvorlage) 146
ElementName (Binding) 333
Ellipse (Shape) 918
EllipseGeometry 925
EmailSmtpAddress 221
Empty-Element-Syntax (XAML) 165
Enabled
 NavigationCacheMode 121
 NotificationSetting 833
EnableDependentAnimation 1018
EnableFrameRateCounter 137
EnableNotificationQueue 849
EndAcceptTcpClient 755
EndPoint (LinearGradientBrush) 911
EnsuredFocusedElementInView 478

EnsureSuccessStatusCode 725
Entity Framework 734
Entity Model 734
Entity-Referenz (XAML) 192
EntranceThemeTransition 995
Entwicklerkonto
   anlegen 1070
   Typen 1072
Entwicklerlizenz 1058
   deinstallieren 1063
   installieren 1060, 1065
   Übersicht 90
Entwicklerportal 89
EnumerationCompleted (DeviceWatcher) ... 890
ErrorException 954
Erweiterte Features (Windows Store) . 871, 1080
Erweitertes COM 50
Erweiterung 797
Erweiterung → Extension
Escape-Sequenz 183
Event (Input-Event) 429
Event-Attribut (XAML) 166
EventToCommandBehavior 421
Exception Handling 54
Execute (ICommand) 404
Exists (SecondaryTile) 849
Exit (Application) 137
exlusiveto 50
Expansion (ManipulationDelta) 458
ExpirationDate
   LicenseInformation 1104
   ProductLicense 1108
ExpirationTime
   BadgeNotification 857
   TileNotification 851
Expliziter Style 535
ExponentialEase 1031
Expression Blend → Blend 163
Extended
   ListViewSelectionMode 373
   SelectionMode 220
eXtensible Application Markup Language
   → XAML 163
Extension 797
   Autoplay 802
   Background-Task 805
   Dateitypzuordnung 798
   Übersicht 797

F

Facedown (SimpleOrientation) 907
Faceup (SimpleOrientation) 907
FadeOutThemeAnimation 1009, 1010
Failed (ToastNotification) 864
FailIfExists (CreationCollisionOption) 619
FailWithDisplayText 767
Farbverlauf 911
fast & fluid 150
Fiddler2 745
Figures (PathGeometry) 927
FileAccessMode 620
FileActivatedEventArgs 801
FileExists 623
FileIO 617
FileNotFoundException 622
FileOpenPicker 644
FileSavePicker 647
FileType (StorageFile) 616
FileTypeChoices (FileSavePicker) 647
FileTypeFilter
   FileOpenPicker 644
   FolderPicker 649
Fill
   Shape 917
   Stretch 242
FillBehavior (Timeline) 1008, 1021
Filled (ApplicationViewState) 292
Film-Trailer 1024
Filter 786
Filter_SelectionChanged 782
finalSize 251
FindAllAsync
   DeviceInformation 888
   SecondaryTile: 849
FindElementsInHostCoordinates 462
FindName 189
First In First Out (FIFO) 849
FirstNameProperty 314
Flexibles Inhaltsmodell 66, 200
FlipView 371
FlipViewItem 213
FlushAsync 656
Focus 199, 474
FocusManager 474
FocusState 197, 474
FocusStates 555
Fokus 474
FolderPicker 649
FontFamily 198

FontSize 198, 290
FontStretch 198
FontStyle 198
FontWeight 198
Foreground 198
ForegroundText (SecondaryTile) 846
Forever (Duration) 1019
FormattedPrice
   ListingInformation 1106
   ProductListing 1109
Fortschritt-Control
   ProgressBar 230
   ProgressRing 231
Fortsetzen (Visual Studio) 694
Forward (NavigationMode) 120
Foto
   aufnehmen 968, 975
   Einstellungen 971
Frame 117
FrameworkElement 134
Freigabezielvertrag 777
Freigegebene Benutzerzertifikate 1072
FriendDataSource 667
FriendStorage
   2D-Grafik in 945
   Ansichten in 291
   App Bar 541
   App Bar in 210
   Contracts und Extensions 818
   Controls 608
   DataTemplates 393
   Dateien in 665
   Daten 391
   DefaultViewModel in 426
   Fokus in 475
   Layout in 301
   Lebenszyklus in 699
   logische Ressourcen 509
   Logo 522
   Navigation in 129
   Popup 233
   SemanticZoom 395
   Style 541
   Transitions in 1005
   Webcam-Zugriff 980
From (DoubleAnimation) 1015
FromArgb (Color) 911
FullScreenLandscape 291
FullScreenPortrait 291
Funktionen (Package.appxmanifest) 109
FutureAccessList 662

G

GAC (Global Assembly Cache) 54
GameLoop 1045
Garbage Collector 52
Geheimer Clientschlüssel 871
GeneralTransform 262
GenerateUniqueName
   (CreationCollisionOption) 619
Generic.xaml 579
Generischer Handler 751
Geocoordinate 892
Geolocator 892
Geometry 923
   EllipseGeometry 925
   GeometryGroup 926
   LineGeometry 925
   PathGeometry 927
   Path-Markup-Syntax 930
   RectangleGeometry 924
GeometryCollection 926
GeometryGroup 926
GeoPosition 893
Gerät 885
   automatisch wiedergeben (Extension) 797
   Informationen auslesen 888
   überwachen 890
Geräte (Charms Bar) 788, 981
Gerätefenster 295, 518
Geräteunabhängiges Pixel 256
Geschäftsanwendung 1068
Gesten → Input-Event 439
GetAccessToken 874
GetAppReceiptAsync 1106
Get-AppxPackage 1065
GetAsync (HttpClient) 724
GetBitmapAsync 481
GetByteArrayAsync 725
GetChild (VisualTreeHelper) 189
GetChildrenCount (VisualTreeHelper) 189
GetConnectionCost 724
GetContainerForItemOverride 217
GetContent 490
GetCurrentDownloadsAsync 750
GetCurrentOrientation
   (SimpleOrientationSensor) 906
GetCurrentPoint
   (PointerRoutedEventArgs) 445, 450
GetCurrentReading 898
   Accelerometer 895
   Compass 901

Gyrometer	899
Inclinometer	900
LightSensor	905
OrientationSensor	905
GetDataAsync	481
GetDefault	898
Accelerometer	895
Compass	901
Gyrometer	899
Inclinometer	900
LightSensor	905
OrientationSensor	905
SimpleOrientationSensor	906
GetDeferral	
DataRequest	767
Deferral-Pattern	679
IBackgroundTaskInstance	809
PlayToSourceRequest	982
PrintTaskSourceRequestedArgs	789
SuspendingOperation	678
Geteilte App (Projektvorlage)	145
Geteilte Seite (Seitenvorlage)	146
GetFileAsync	620
GetFileFromApplicationUriAsync	512
GetFileFromPathAsync	636
GetFocusedElement	474
GetFolderFromPathAsync	636
GetFoldersAsync	625
GetForCurrentView	
DataTransferManager	766
InputPane	478
PlayToManager	982
PrintManager	789
SearchPane	786
SettingsPane	706
GetFromPrintTaskOptions	794
GetGeopositionAsync	892
GetHtmlFormatAsync	481
GetIntermediatePoints	445
GetInternetConnectionProfile	723
GetItemsAsync	626
GetKeyState (CoreWindow)	138, 472
Get-Methode (Attached Property)	321
GetNavigationState (Frame)	684
GetParent (VisualTreeHelper)	189
GetPixelDataAsync	942
GetPointerDevices	470
GetPosition (Input-Event)	442
GetPreviewPage (PrintDocument)	790
GetProductReceiptAsync	1108
GetResource (CustomXamlResource-Loader)	508
GetRtfAsync	481
GetScheduledTileNotifications	852
GetScheduledToastNotifications	866
GetStorageItemsAsync	481
GetString (RessourceLoader)	526
GetStringAsync (HttpClient)	725
GetTemplateChild	584
GetTemplateContent	
BadgeUpdateManager	856
TileUpdateManager	835
ToastNotificationManager	860
GetTextAsync	481
GetTypeInfo	72
GetUriAsync	481
GetValue (DependencyObject)	309
GetView (DataPackage)	481
Get-WindowsDeveloperLicense	1065
GifDecoderId	942
GifEncoderId	943
Global Assembly Cache (GAC)	54
GoBack (Frame)	121
GoForward (Frame)	121
GoForward (LayoutAwarePage)	123
GoHome (LayoutAwarePage)	123
GotFocus	474
GoToState (VisualStateManager)	587
gpedit	1068
GPS	892
GradientBrush	911
Gradients (GradientBrush)	911
GradientStop	911
GradientStopCollection	911
Gravitationskraft	895
Grid	277
GridLength	279
GridUnitType	280
GridView	375
GridViewItem	213
GroupBy	381
GroupDetailPage	142
GroupedItemsPage	142
GroupName (RadioButton)	205
GroupStyle (ItemsControl)	215, 379
Gruppendetails (Seitenvorlage)	144
Gruppenrichtlinie	1068
Gruppierte Elemente (Seitenvorlage)	144
Gyrometer	899
GyrometerReading	899

H

H.264 953
HalfHour (PeriodicUpdateRecurrence) 853
Hand (CoreCursorType) 456
HandleCDBurningOnArrival 802
Handled (Routed Event) 435
handledEventsToo-Parameter 437
Hardwarebeschleunigt (Animation) 1017
HasMoreItems 387
HasThreadAccess (CoreDispatcher) 140
Header
    Page 288
    ToggleSwitch 240
HeaderTemplate (GroupStyle) 379
HeaderTransitions 994
Heading (Geocoordinate) 893
HeadingMagneticNorth (CompassReading) 901
HeadingTrueNorth (CompassReading) 901
Height
    FrameworkElement 255
    RowDefinition 279
Heimnetzgruppe 642
Hell (Gerätefenster) 505
Help (CoreCursorType) 456
Herausgeber-ID 1085
Hidden (ScrollBarVisibility) 212
Hide (ToastNotifier) 861
HidesIfEmpty (GroupStyle) 380
Hiding (InputPane) 478
High (CoreDispatcherPriority) 140
HighContrast 506
HighPriority (Roaming-App-Daten) 633
Hintergrundaufgabe 805
Hintergrundfarbe (Tile) 831
Hinweise für Tester (Windows Store) 1099
Hit-test-visible 461
Hochformat (App-Drehung) 299
HoldEnd (FillBehavior) 1022
Holding 441
HomeGroup
    KnownFolders 637
    PickerLocationId 644
Horizontal (Orientation) 276
HorizontalAlignment 259
HorizontalContentAlignment 198, 261
HorizontalOffset
    ContentThemeTransition 999
    EntranceThemeTransition 997
    Popup 232
    PopupThemeTransition 999
    ToolTip 211
HorizontalScrollBarVisibility 212
HorizontalWheelPresent 469
HostName 757
Hour (PeriodicUpdateRecurrence) 853
Hover (ClickMode) 202
HTML 47
Html (StandardDataFormats) 481
HtmlFormatHelper 768
HttpClient 724
HttpContent 725
HttpContext 752
HttpRequest 752
HttpResponseMessage 725
HttpServerUtility 752
HTTP-Sniffer 745
HttpStatusCode 725
HyperlinkButton 206

I

IActivatedEventArgs 681
IAsyncAction 156
IAsyncActionWithProgress 156
IAsyncOperation 75, 157
IAsyncOperationWithProgress 157
IAsyncResult 743
IBackgroundCondition 807, 812
IBackgroundTask 808
IBackgroundTaskInstance 808
IBackgroundTrigger 807, 812
IBindableIterable 73
IBindableVector 73
IBuffer 654
IcoDecoderId 942
ICollection 185
ICollectionView 359
ICollectionViewGroup 385
ICommand 404
Id
    DeviceInformation 888
    IUICommand 235
    ScheduledTileNotification 852
    ScheduledToastNotification 866
    SyndicationItem 127
IDictionary 73, 186, 309, 355
IDL (Interface Definition Language) 50, 51
IEnumerable 73, 73
IEnumerator 73

Ignorable 171
IGrouping 381
IInputStream 653
IInspectable 62
IIterable 73
IIterator 73
IL (Intermediate Language) 54
IL DASM 58
IList 73, 73, 185, 354
IlluminanceInLux (LightSensorReading) 905
Image 241, 982
ImageBrush 913
ImageEncodingProperties 976
ImageFailed (BitmapImage) 934
ImageOpened (BitmapImage) 935
ImageSource 241, 933
ImageStates 586
IMap 73, 355
IMapView 73
IMessageDialogService 415
Impliziter Style 535
In-App-Angebot 1107
INavigationService 421
Inclinometer 900
InclinometerReading 900
IncrementalLoadingThreshold 390
IncrementalLoadingTrigger 390
Independent Animation 1017
Indeterminate (ToggleButton) 204
Inertia (Manipulation-Event) 457
Infoanzeiger → Badge
Infoanzeigerlogo 521, 879
Inhalt (Buildvorgang) 511
Inhalt automatisch wiedergeben
  (Extension) 802
Inhaltsauswahl (Extension) 798
Inhaltsmodell (flexibles) 66, 200
InitializeAsync (CaptureElement) 973
InitializeComponent 113
InitializeService 740
Inkrementelles Laden 386
Inlines (TextBlock) 224
Inline-Style 535
InlineUIContainer 224
InMemoryRandomAccessStream 656
INotifyCollectionChanged 352
INotifyPropertyChanged 73, 342
Input-Event 429
  Gesten 441
  Manipulation 457
  Pointer 443
  Tastatur 471

InputPane 478
InputScope 221
InputScopeNameValue 221
InputStream (HttpRequest) 752
Insellösung 51
Installation
  Entwicklerlizenz 1058
  Side-Loading 1067
  Windows Store 1070
InstalledLocation (Package) 636
InteractiveSession 965
Interface (binäres) 51, 56
Interface Definition Language (IDL) 50, 51
Intermediate Language (IL) 54
Intermediate Language Disassembler 58
Internet (Client) 109
InternetAvailable
  SystemConditionType 818
  SystemTrigger 817
InternetNotAvailable
  (SystemConditionType) 818
Internetzugriff 722
Interpolation 1014
Interval (RepeatButton) 203
Invalid (ResolutionScale) 519
Invalidate (WriteableBitmap) 938
InvalidateCommands 412
Inverse (GeneralTransform) 262
Invoked (IUICommand) 235
IObservableMap 355
IObservableVector 354
iOS 732
IOutputStream 653
IPrintDocumentSource 789
IPropertySet 631
IRandomAccessStream 651, 656
IReadOnlyDictionary 73
IReadOnlyList 73
IsAbsolute (GridLength) 281
IsActive
  LicenseInformation 1104
  ProductLicense 1108
  ProgressRing 231
IsAuto (GridLength) 281
IsChecked (ToggleButton) 203
IsClass 72
IsClosed (PathFigure) 927
IsDefault (DeviceInformation) 888
IsDirectionReversed 230
IsDoubleTapEnabled 442
IsDropDownOpen 217

ISemanticZoomInformation 383
IsEnabled
   Control 198, 404
   DeviceInformation 888
IsEnabledChanged (Control) 198
IsFilled (PathFigure) 927
IsHitTestVisible 461
IsHolding 442
IsHorizontalMouseWheel 446
IsInContact (PointerPoint) 445
IsIndeterminate 231
IsInertial 458
IsIntegrated (PointerDevice) 470
IsItemClickEnabled 373
IsItemsHost 273
IsLeftButtonPressed 446
IsLightDismissEnabled 232
IsLooping (MediaElement) 952
IsMiddleButtonPressed 446
IsMuted (MediaElement) 955
Isolated Storage 629
IsOn (ToggleSwitch) 240
IsOpen
   AppBar 206
   Popup 232
   ToolTip 211
IsPasswordRevealButtonEnabled 223
IsPointerOver (ButtonBase) 202
IsPressed (ButtonBase) 202
IsReadOnly (TextBox) 222
IsRemote 965
IsRightButtonPressed 446
IsRightTapEnabled 442
IsSealed (Style) 539
IsSelected 216
IsSourceGrouped
   (CollectionViewSource) 360, 378
IsStaggeringEnabled 996
IsStar (GridLength) 281
IsSticky (AppBar) 206
IsSuccessStatusCode 725
IsSynchronizedWithCurrentItem 216
IsTabStop 198, 199, 474
IsTapEnabled 442
IsTextSelectionEnabled 224
IsThreeState (ToggleButton) 203
IsThumbToolTipEnabled 229
IStorageFile 616
IStorageFolder 617
IStorageItem 626
ITrail (LicenseInformation) 1104

ISupportIncrementalLoading 387
ISyndicationText 102
IsZoomedInViewActive 386
IsZoomOutButtonEnabled 386
Italic (Inline) 224
ItemClick (ListViewBase) 373
ItemClickBehavior 418
ItemClickEventArgs 375
ItemContainerGenerator 215
ItemContainerStyle 376, 539
ItemContainerTransitions 994
ItemDetailPage 142
ItemHeight
   VariableSizedWrapGrid 283
   WrapGrid 286
Items
   ItemsControl 214
   SyndicationFeed 745
ItemsControl 214
   ComboBox 216
   FlipView 371
   GridView 375
   ListBox 219
   ListView 373
   Selector 215
ItemsPage 145
ItemsPanel 215
ItemsPanelTemplate 543
ItemsPath (CollectionViewSource) 360, 378
ItemsPresenter 548
ItemsSource (ItemsControl) 214
ItemTemplate 214, 365
ItemWidth
   VariableSizedWrapGrid 283
   WrapGrid 286
ITextDocument 228
IUICommand 235, 708
IUnknown 52, 62
IValueConverter 347
IVector 73, 354
IVectorView 73
IXmlSerializable 664

J

Java 53, 732
JavaScript 47
JIT (Just-in-Time Compiler) 54
JpegDecoderId 942
JpegEncoderId 943

Jump-and-Run 1045
Just-in-Time Compiler (JIT) 54

K

Kachel → Tile
Kamera 966
Kameraeinstellungen (Extension) 798
Kerberos 1083
Keyboard (FocusState) 474
KeyboardCapabilities 469
KeyboardNavigationMode 477
KeyboardPresent 469
KeyDown
 CoreWindow 138
 UIElement 471
Keyframe-Animation
 diskrete 1039
 Easing 1037
 Klassenhierarchie 1034
 lineare 1036
 Spline 1038
KeyFrames 1034
KeyModifiers 444
KeyTime 1035
KeyUp
 CoreWindow 138
 UIElement 471
Kind (IActivatedEventArgs) 681
Klassenbibliothek (Projektvorlage) 146
Kleines Logo 520, 832
KnownFolders 616, 637
KnownTypes (SuspensionManager) 682
Kodierung 582
Kommunikation 721
Kompass 901
Komponente für Windows-Runtime 147, 597
Komponententestbibliothek
 (Projektvorlage) 148
Kontextmenü 235
Kontobildanbieter (Extension) 798
Kryptografie (Windows Store) 1081

L

Label (IUICommand) 235
lang-Qualifizierer 530
Language Integrated Query 381
Language Projection 57, 60

Language Support 57
LargeChange (RangeBase) 229
Latitude (Geocoordinate) 892
launch (Toast) 863
LaunchActivatedEventArgs 847, 863
Launcher 206, 622
LaunchFileAsync 622
LaunchUriAsync 206
Layout
 einer Page 287
 in FriendStorage 301
 Layout-Eigenschaften von Elementen 255
 Layoutprozess 248
 Panels 272
 Projection 268
 Transformation 262
 Überblick 78
LayoutAwarePage
 AcceleratorKeyActivated 473
 Ansichten Snapped, Filled & Co. 293
 DefaultViewModel 357, 423
 Die LayoutAwarePage.cs-Datei 98
 IObservableMap 356, 357
 LayoutRootStyle 503
 mit Inhalt füllen 98
 Navigation mit 121
 Navigationszustand und Sessiondaten
  speichern 685
Layoutprozess 248
LayoutRootStyle 503, 998
LayoutUpdated 250
Lebenszyklus 675
Leere App (Projektvorlage) 142
Leere Seite (Seitenvorlage) 95
Left
 Canvas 273
 HorizontalAlignment 259
LicenseChanged 1105
LicenseInformation 1103
Lifecycle 675
Light (ApplicationTheme) 504
LightSensor 905
LightSensorReading 905
Line (Shape) 919
LinearDoubleKeyFrame 1035
Lineare Keyframe-Animation 1036
LinearGradientBrush 911
 Koordinatensystem 911
 Offset von GradientStops 913
 verschiedene Start-/Endpunkte 912
LineBreak (Inline) 224

LineGeometry 925
LineJoin 922
LineSegment 927
LINQ 381, 744
List (PickerViewMode) 644
ListBoxItem 213
ListingInformation 1106
ListView 373
ListViewBase 373
ListViewItem 213
ListViewSelectionMode 373
Live SDK 760
Live Tile → Tile 40
LoadAsync (DataReader) 652
LoadListingInformationAsync 1106
LoadMoreItemsAsync 387
LoadMoreItemsResult 387
LoadState (LayoutAwarePage) .. 124, 685
Local (KeyboardNavigationMode) 477
local-Alias 172
LocalFolder (ApplicationData) 629
LocalSettings (ApplicationData) 630
LocationStatus 894
Lockscreen 879
  App aktivieren für 879
  App hinzufügen 881
  Tile- und Badge-Update 882
LockScreenApplicationAdded
  (SystemTrigger) 817
LockScreenApplicationRemoved
  (SystemTrigger) 817
LockScreenBadgeLogo 883
LockScreenDisplayBadgeAndTileText ... 883
Logische Ressource 493
  auf App-Ebene 501
  auslagern in Datei 497
  Custom 508
  in FriendStorage 509
  Style als 535
  Suche nach 496
  Theme 503
Logo 520
  breites 520, 840
  kleines 520, 832
Logo (SecondaryTile) 845
Lokale App-Daten 629
Lokaler Wert (Dependency Property) 311
Lokalisierung 524
Longitude (Geocoordinate) 892
Lookless Control 544
loop (Toast audio) 862

LostFocus 474
Low (CoreDispatcherPriority) 140
Low-Level-Animation 1042
Lux 905

M

Main-Methode 114
MainPage 95
MainPage.xaml 93
MainPage.xaml.cs 93
MaintenanceTrigger 816
MakeAppx.exe 1056
MakePRI 527
Managed Code 47, 54
ManipulationCompleted 457
ManipulationDelta 457
Manipulation-Event 457
ManipulationInertiaStarting 457
ManipulationMode 458
ManipulationStarted 457
ManipulationStarting 457
ManipulationVelocities 458
MapChanged 355
MapPath 752
MappingMode (GradientBrush) 911
Margin 257
Markup-Extension 180
  der WinRT 183
  Escape-Sequenz für 183
  Syntax und Funktionsweise 180
  von XAML 184
Marshalling 60
Matrix3DProjection 269
MatrixTransform 263
Maus-Capturing 446
Mausrad 454
Mauszeiger 455
MaxContacts (PointerDevice) 446
MaxDurationInSeconds 972
MaxHeight (FrameworkElement) 255
Maximum (RangeBase) 229
MaximumRowsOrColumns 283
MaximumSnoozeCount
  (ScheduledToastNotification) 866
MaxLength (TextBox) 222
MaxResolution 971, 972
MaxWidth (FrameworkElement) 255
mc (XML-Namespace) 171
Measure 249

MeasureOverride 250
MediaCapture 975
MediaCaptureInitializationSettings 888, 975
MediaControl 961
MediaElement 952, 982
MediaElementState 954
MediaEncodingProfile 977
MediaEnded 955
MediaFailed 953
MediaOpened 955
MediaServerDevices (KnownFolders) 637
Medienserver 642
Mehrsprachigkeit 524
Menu (VirtualKeyModifiers) 444
MergedDictionaries 499
MessageBox 238
MessageDialog 238
MessageReceived 758
MessageWebSocket 754
Metadata (AccessListEntry) 660
Metadaten
   .NET 56
   WinRT 58
Metadaten (Dependency Property) 316
MFC (Microsoft Foundation Classes) 48
Microsoft Foundation Classes (MFC) 48
Microsoft Intermediate Language (MSIL) 54
Microsoft-Konto 91
Mikrofon 966
MinHeight (FrameworkElement) 255
Minimum (RangeBase) 229
MinimumReportInterval 898
MinWidth (FrameworkElement) 255
Mode
   Binding 333, 338
   RelativeSource 350
Model
   MVC 406
   MVVM 407
Model-View-Controller (MVC) 406
Model-View-ViewModel → MVVM 403
Modern UI 39
MostRecentlyUsedList 660
Mouse (PointerDeviceType) 443
MouseCapabilities 468
MousePresent 468
MouseWheelDelta 446
Move (NotifyCollectionChangedAction) 353
MoveAsync (StorageFile) 622
MoveCurrentToNext 359
MoveCurrentToPrevious 359

MovementThreshold 894
MP3 953
MP4 953
ms-appdata 513, 630
ms-appx 511, 636
MSIL (Microsoft Intermediate Language) 54
ms-winsoundevent
   Notification.Default 862
   Notification.IM 862
   Notification.Looping.Alarm 862
   Notification.Looping.Alarm2 862
   Notification.Looping.Call 862
   Notification.Looping.Call2 862
   Notification.Mail 862
   Notification.Reminder 862
   Notification.SMS 862
Multimedia 951
   Audio und Video 951
   PlayTo-Contract 981
   Webcam und Mikrofon 966
Multiple
   ListViewSelectionMode 373
   SelectionMode 219
MusicLibrary
   KnownFolders 637
   PickerLocationId 644
Musikbibliothek 639
MVC (Model-View-Controller) 406
MVVM 403
   Beispiel 409
   DefaultViewModel und 425
   Dialog aus ViewModel 415
   Event mit Command 417
   Herausforderungen 414
   Idee von 407
   Navigation in 421

N

Name
   DeviceInformation 888
   FrameworkElement 169
   ListingInformation 1107
   ProductListing 1109
   StorageFile 616
   StorageFolder 617
Namespace 167
Namespace-Alias 168
Namespace-Mapping 172
NaturalDuration 954

Navigate (Frame) 117
Navigated (Frame) 119
NavigateToString 245
Navigating (Frame) 119
NavigatingCancelEventArgs 120
Navigation 116
   Arten 116
   bei MVVM 421
   Frame-Klasse 117
   in FriendStorage 129
   mit LayoutAwarePage 121
   mit Page 119
NavigationCacheMode 121
NavigationEventArgs 119
NavigationFailed (Frame) 119
NavigationMode 120
NavigationService 421
NavigationStopped (Frame) 119
Navigationszustand 677
Near Field Communication (NFC) 887
Neigungsmesser 900
NetHttpBinding 727
NetTcpBinding 727
NetworkInformation 723
NetworkOperatorHotspotAuthentication-
   Trigger 816
NetworkOperatorNotificationTrigger 816
NetworkStateChange (SystemTrigger) 817
NetworkStatusChanged 724
NetworkStream 755
Netzwerk (privates) 723
Neuordnen (Drag & Drop) 488
New (NavigationMode) 120
Next (PlayToSource) 988
NextTrackPressed 963
NFC (Near Field Communication) 887
None
   ListViewSelectionMode 373
   ManipulationModes 459
   RelativeSourceMode 350
   Stretch 242
   TextTrimming 224
   TileOptions 846
   VirtualKeyModifiers 444
Normal (CoreDispatcherPriority) 140
Normalisierte Zeit 1030
normalizedTime 1030
NotFound (HttpStatusCode) 725
Notification (Benachrichtigung) 830
Notification Client Platform 867
NotificationExtensions 836

NotificationSetting 833
NotifyCollectionChangedAction 352
NotifyCollectionChangedEventArgs 352
NotRotated (SimpleOrientation) 907
NotRunning (App-Zustand) 676
NoWrap (TextWrapping) 222
NTLM 1083
Number (InputScopeNameValue) 221
NumberOfButtons 469

O

OAuthToken 875
Object 133
Object Linking and Embedding (OLE) 52
Object Tree 189
ObjectAnimationUsingKeyFrames 1040
Objektelement (XAML) 166
ObservableCollection 353
ObservableDictionary 356
OccludedRect 478
OData (Open Data Protocol) 732
OffContent (ToggleSwitch) 240
OffContentTemplate 240
OK (HttpStatusCode) 725
OLE (Object Linking and Embedding) 52
OnApplyTemplate 584
Once (KeyboardNavigationMode) 477
OnContent (ToggleSwitch) 240
OnContentTemplate 240
OneTime (BindingMode) 338
OneWay (BindingMode) 338
OnFileActivated 801
OnLaunched
   App-Zustand wiederherstellen 679
   Frame erstellen in 118
   Start im App-Objekt 110
   und OnSearchActivated 779, 821
   via Secondary Tile 847
   via Toast 863
   Window in 137
OnlineIdConnectedStateChange
   (SystemTrigger) 817
OnNavigatedFrom (Page) 120
OnNavigatedTo (Page) 119
OnNavigatingFrom (Page) 120
OnSearchActivated 777
OnShareTargetActivated 772
OnSuspending 678
OnWindowCreated (Application) 137, 787

Opacity 451, 461
OPC (Open Packaging Convention) 1056
Open Data Protocol (OData) 732
Open Packaging Convention (OPC) 1056
OpenAsync (StorageFile) 620
Opened
    AppBar 206
    Popup 232
OpenFileDialog 643
OpenIfExists (CreationCollisionOption) 619
Opening (MediaElementState) 954
OpenStreamForReadAsync 658
OpenStreamForWriteAsync 658
Options (PrintTask) 794
Oracle 734
Ordner
    erstellen 624
    löschen 624
Orientation
    Slider 230
    StackPanel 276
    VariableSizedWrapGrid 283
    VirtualizingStackPanel 286
    WrapGrid 286
OrientationChanged
    (SimpleOrientationSensor) 906
OrientationSensorReading 906
OrientedVirtualizingPanel 285
    VirtualizingStackPanel 286
    WrapGrid 285
OriginalSource (Routed Event) 434
Ortung 892
Oscillations 1031
OverflowContentTarget 226

P

P/Invoke 50
Package 636
Package Resource Index (PRI) 527
Package.appxmanifest 94
    App für Lockscreen aktivieren 879
    Background-Task hinzufügen 960
    Breites Logo definieren 840
    Deklarationen im 764
    Drehungen 299
    Funktionen 109
    Funktionen für Dateizugriff 627
    Funktionen für Internet und Netzwerke ... 722
    Funktionen für Webcam und Mikrofon 966

    Hintergrundfarbe (Tile) 831
    Logos 520
    Näherung (NFC) 887
    Paketname 629
    Speicherort-Funktion (Ortung) 892
    Standardsprache setzen 526
    Toasts aktivieren 858
    Überblick 107
    Verpacken-Tab 1051, 1084
    Vordergrundtext (Tile) 831
    Wechselspeichergeräte-Funktion 890
Pad (SpreadMethod) 912
Padding 199, 258
Page
    Header 288
    Layout 287
    Navigation mit 119
PageNumber 791
Paginate (PrintDocument) 794
Paketanzeigename 1085
Pakete (Windows Store) 1094
Paketname 1085
Paket-Sicherheits-ID 871
Panel 272
    Canvas 273
    DiagonalPanel 251
    Grid 277
    in Klassenhierarchie 135
    SimpleCanvas 321
    StackPanel 276
    VariableSizedWrapGrid 283
    VirtualizingPanel 285
    WrapGrid 285
Panel (GroupStyle) 379
PaneThemeTransition 1003
Papierkorb 622
Paragraph 225
PasswordBox 223
PasswordChanged 223
PasswordChar 223
Path
    Binding 334, 336
    Shape-Klasse 923
    StorageFile 616
    StorageFolder 617, 629
PathFigure 927
PathGeometry 927
Path-Markup-Syntax 930
PathSegment 927
    ArcSegment 928
    BezierSegment 928

Index

LineSegment 927
PolyBezierSegment 929
PolyLineSegment 927
PolyQuadraticBezierSegment 927
QuadraticBezierSegment 929
Pause
   MediaElement 954
   Storyboard 1008, 1022
Paused (MediaElementState) 954
PausePressed (MediaControl) 961
Pen (PointerDeviceType) 443
PenLineCap 921
PeriodicUpdateRecurrence 853
PermanentDelete (StorageDeleteOption) 622
Photo (CameraCaptureUIMode) 968
PhotoOrVideo (CameraCaptureUIMode) 968
PhotoSettings (CameraCaptureUI) 971
PHP 732
Physisches Pixel 256
Picker 643
   ContactPicker 650
   FileOpenPicker 644
   FileSavePicker 647
   FolderPicker 649
PickerLocationId 644
PickerViewMode 644
PickMultipleContactsAsync 650
PickMultipleFilesAsync 645
PickSaveFileAsync 647
PickSingleContactAsync 650
PickSingleFileAsync 645
PickSingleFolderAsync 649
PicturesLibrary
   KnownFolders 637
   PickerLocationId 644
Pinch-Geste 440
PitchDegrees (InclinometerReading) 900
Pixel
   geräteunabhängiges 256
   physisches 256
Pixel (GridUnitType) 280
PixelBuffer (WriteableBitmap) 938
PixelDataProvider 942
Pixeldichte 514
Placement 211
PlacementMode 211
PlacementTarget 211
PlaneProjection 269
Play (MediaElement) 954
Playing (MediaElementState) 954

PlayMusicFilesOnArrival 802
PlayPauseTogglePressed (MediaControl) 961
PlayPressed (MediaControl) 961
PlayToConnection 988
PlayTo-Contract 981
PlayToManager 982
PlayToSourceDeferral 982
PlayToSourceRequest 982
PlayVideoFilesOnArrival 802
PngDecoderId 942
PngEncoderId 943
Pointer
   FocusState 474
   Pointer-Klasse 443
PointerCanceled 444
PointerCaptureLost 444, 448
Pointer-Capturing 446
PointerCursor (CoreWindow) 138, 455
PointerDevice 445
PointerDeviceType 443
PointerDownThemeAnimation 1010
PointerEntered 443
Pointer-Event 443
PointerExited 443
PointerId 445
PointerMoved
   CoreWindow 138
   UIElement 443, 449
PointerPoint 445
PointerPointProperties 446
PointerPosition (CoreWindow) 138
PointerPressed
   CoreWindow 138
   UIElement 443, 445
PointerReleased 443, 445
PointerRoutedEventArgs 444
PointerWheelChanged 444, 446, 454
Polling 758, 853
PolyBezierSegment 929
Polygon (Shape) 920
Polyline (Shape) 919
PolyLineSegment 927
PolyQuadraticBezierSegment 927
PopInThemeAnimation 1010
Popup 232, 716, 1004
   MessageDialog 238
   PopupMenu 235
PopupMenu 235
PopupThemeTransition 999

1133

Portable Klassenbibliothek
  (Projektvorlage) 148
PortableStorageDevice (DeviceClass) 888
Position
  IRandomAccessStream 651
  MediaElement 954
  PointerPoint 445
PositionAccuracy 894
PositionChanged (Geolocator) 893
PostalCode (CivicAddress) 893
PostAsync (HttpClient) 724
PosterSource (MediaElement) 959
PowerEase 1031
PowerShell 1059
Predecate 410
Press (ClickMode) 202
Press-and-Hold-Geste 439
PreviewPageCountType 791
PreviousExecutionState 680
PreviousTrackPressed 963
PRI (Package Resource Index) 527
Print-Contract 788
PrintCustomItemListOptionDetails 795
PrintCustomTextOptionDetails 795
PrintDocument 789, 790
PrintManager 788
PrintTask 789
PrintTaskOptionDetails 794
PrintTaskRequest 789
PrintTaskRequested 789
PrintTaskSourceRequestedArgs 789
PrintTaskSourceRequestedDeferral 789
PrintTaskSourceRequestedHandler 789
PrintVisualTree 191
PRIVATEACHD 803
Privates Netzwerk 723
ProcessRequest 752
ProductId
  ProductLicense 1108
  ProductListing 1109
ProductLicenses (LicenseInformation) 1108
ProductListing 1109
ProductListings (ListingInformation) 1107
Profil 68
Program 114
Programmatic (FocusState) 474
Progress
  DownloadOperation 746
  IBackgroundTaskInstance 808
  UploadOperation 750

ProgressBar 230
ProgressBarIndicator 562
ProgressRing 231
Projection 268
  Matrix3DProjection 269
  PlaneProjection 269
Projektvorlage 141
  Geteilte App 145
  Klassenbibliothek 146
  Komponententestbibliothek 148
  Leere App 142
  Portable Klassenbibliothek 148
  Raster-App 142
  WinRT-Komponente 147
propa (Code-Snippet) 321
propdp (Code-Snippet) 316
Properties
  Attached Properties 320
  DataPackage 767
  Dependency Properties 312
  DeviceInformation 888
Property (Setter) 534
Property Engine 312
Property System 312
Property-Attribut (XAML) 166
PropertyChanged 342
PropertyChangedCallback 317
Property-Element-Syntax (XAML) 173
PropertyMetadata 316
PropertyPath 336
Protokoll (Extension) 798
ProximityDevice 887
ProxyCredential 748
Prozessorzeit (Suspended-Zustand) 677
pt (Points) 290
Publish-Subscribe-Modell 50
Push Notification 866
  Funktionsweise 866
  versenden 867
  WNS-Authentifizierung 874
Pushbenachrichtigung
  (BackgroundTask) 807
PushNotificationChannel 870
PushNotificationManager 870
PushNotificationTrigger 816, 817
PushNotifier 870
PutAsync (HttpClient) 724
px (Pixel) 290

Q

QuadraticBezierSegment 929
QuadraticEase 1031
Qualifizierer 515
    contrast 515
    lang 530
    scale 515
    targetsize 801
QuarticEase 1031
Quaternion (OrientationSensorReading) 906
Querformat (App-Drehung) 299
Querladen → Side-Loading
QueryInterface 52
QueryOptions 659
QueryText 777
Queue 849
QuinticEase 1031

R

RadialGradientBrush 913
RadioButton 205
RadiusX (Rectangle) 918
RadiusY (Rectangle) 918
RandomAccessStreamReference 767
RangeBase 228
Range-Control 228
    ProgressBar 230
    ScrollBar 231
    Slider 229
Rasteransicht 376
Raster-App (Projektvorlage) 142
Read (FileAccessMode) 620
ReadAsync (IInputStream) 653
ReadBufferAsync (FileIO) 656
ReadBytes (DataReader) 653
ReadingChanged 898
    Accelerometer 897
    Compass 901
    Gyrometer 899
    Inclinometer 900
    LightSensor 905
    OrientationSensor 905
ReadLocalValue (DependencyObject) 318
ReadObject (DataContractSerializer) 663
ReadString (DataReader) 652
ReadTextAsync (FileIO) 620
ReadWrite (FileAccessMode) 620
Rect 249

Rectangle (Shape) 918
RectangleGeometry 924
Referenzzähler 52
Reflect (SpreadMethod) 912
Reflection 60
Refresh (NavigationMode) 120
Register
    BackgroundTaskBuilder 812
    DependencyProperty 314
RegisterAttached 322
RegisterFrame 681
RelativeSource (Binding) 183, 334, 350
RelativeSourceMode 350
RelativeToBoundingBox 911
Release
    ClickMode 202
    IUnknown 52
ReleasePointerCapture 448
ReloadSimulatorAsync 1111
Remote Computer 103
Remote Debugging 104
Remote Tools 104
Remote-Desktop 103, 965
RemovableDevices (KnownFolders) 637, 889
Remove
    (NotifyCollectionChangedAction) 353
Remove-AppxPackage 1066
Removed (DeviceWatcher) 890
RemoveFromSchedule
    TileUpdater 852
    ToastNotifier 866
RemoveHandler (UIElement) 436
RenameAsync (StorageFile) 622
Rendering (CompositionTarget) 1043
RenderSize 249
RenderTransform 263
RenderTransformOrigin 264
ReorderThemeTransition 1003
Repeat (SpreadMethod) 912
RepeatBehavior (Timeline) 1008, 1020
RepeatButton 203
Replace
    (NotifyCollectionChangedAction) 353
ReplaceExisting
    (CreationCollisionOption) 619
ReportInterval 898
RepositionThemeAnimation 1010
RepositionThemeTransition 1001
Representational State Transfer (REST) 732
Request (HttpContext) 752

Index

RequestAccessAsync (BackgroundExecutionManager) 882
RequestActive (DisplayRequest) 964
RequestAppPurchaseAsync 1105
RequestCreateAsync (SecondaryTile) 846
RequestCreateForSelectionAsync 847
RequestDeleteAsync (SecondaryTile) 848
RequestDeleteForSelectionAsync 849
RequestedTheme (Application) 504
RequestProductPurchaseAsync 1108
RequestRelease (DisplayRequest) 964
Required (NavigationCacheMode) 121
Reset (NotifyCollectionChangedAction) 353
ResolutionScale 519
ResourceDictionary 497
ResourceLoader 526
ResourceMap (DataPackage) 768
Resources 494
Ressource 493
  binäre 510
  eingebettete 510
  logische 493
  Lokalisierung 524
  Überblick 82
Ressourcenpfad 496
REST (Representational State Transfer) 732
RestoreAsync (SuspensionManager) 684
RestoreFrameNavigationState 685
Resume (Storyboard) 1022
RetrieveFeedAsync 745
RGB 910
RichEditBox 228
RichTextBlock 225
RichTextBlockOverflow 226
RichTextColumns 227
RichTextColumns.cs 98
Right (HorizontalAlignment) 259
RightTapped 441
Roaming-App-Daten 632
RoamingFolder (ApplicationData) 633
RoamingSettings (ApplicationData) 633
RoamingStorageQuota 633
RollDegrees (InclinometerReading) 900
Rotate
  ManipulationDelta 458
  ManipulationModes 459
Rotated180DegreesCounterclockwise 907
Rotated270DegreesCounterclockwise 907
Rotated90DegreesCounterclockwise 907
Rotate-Geste 440
RotateTransform 264, 266

RotationMatrix (OrientationSensorReading) 906
Routed Event 430
  behandelte Events 437
  in C# verwenden 436
  Sender & Co. 431
RoutedEvent 436
RoutedEventArgs 431
Row (Grid) 278
RowDefinition 279
RowDefinitions (Grid) 277
RowSpan
  Grid 278
  VariableSizedWrapGrid 283
Rtf (StandardDataFormats) 481
RTF-Format 228
Run
  IBackgroundTask 808
  Inline (TextBlock) 224
RunAsync
  CoreDispatcher 140
  ThreadPool 156
Running (App-Zustand) 676
Runtime Broker 57, 62

S

Sandbox 62
SaveAsync (SuspensionManager) 682
SaveFrameNavigationState 683
SaveState (LayoutAwarePage) 124, 685
Scale
  ManipulationDelta 458
  ManipulationModes 459
Scale100Percent (ResolutionScale) 519
scale-100-Qualifizierer 515
Scale140Percent (ResolutionScale) 519
scale-140-Qualifizierer 515
Scale180Percent (ResolutionScale) 519
scale-180-Qualifizierer 515
ScaleTransform 263
ScheduledTileNotification 851
ScheduledToastNotification 865
schnell und flüssig 150
Schriftgröße 290
ScreenRect 446
ScrollBar 212, 231
ScrollBarVisibility 212
ScrollContentPresenter 548
ScrollToHorizontalOffset 213

ScrollToVerticalOffset 213
ScrollViewer 212
Search (InputScopeNameValue) 221
Search-Contract 777
SearchPane 786
SearchSuggestionCollection 787
SecondaryTile 845
Seek
   IRandomAccessStream 651
   Storyboard 1024
SegmentCollection 927
Segments (PathFigure) 927
Segoe UI 290
Seite → Page 119
Seitenvorlage
   Elementdetails 144
   Elemente 146
   Geteilte Seite 146
   Gruppendetails 144
   Gruppierte Elemente 144
   Leere Seite 95
   Standardseite 96
SelectedIndex 216
SelectedItem 216
SelectedItems 219
SelectedText (TextBox) 223
SelectedValue 216, 218
SelectedValuePath 216, 218
SelectionChanged
   Selector 216
   TextBox 223
SelectionLength (TextBox) 223
SelectionMode
   ListBox 219
   ListViewBase 373
SelectionStart (TextBox) 223
Selector 215
SelectorItem 213
SelectTemplateCore 368
Self (RelativeSourceMode) 350
SemanticZoom 383
Semantisches Zoomen 383
SendAsync (HttpClient) 724
Sensor 895
   Accelerometer 895
   Compass 901
   GPS 892
   Gyrometer 899
   Inclinometer 900
   LightSensor 905

   OrientationSensor 905
   SimpleOrientationSensor 906
SensorRotationMatrix 906
Serialisierung 662
   DataContractJsonSerializer 875
   DataContractSerializer 662
   XmlSerializer 663
Serialize (XmlSerializer) 664
Server (HttpContext) 752
ServerCredential 748
Service 721
ServicingComplete (SystemTrigger) 817
SessionConnected
   SystemConditionType 818
   SystemTrigger 817
Sessiondaten 677
SessionDisconnected
   (SystemConditionType) 818
SessionState 682
SessionStateForFrame 683
SetBinding 332
SetBitmap 481
SetContent 490
SetDataProvider 771
SetEntitySetAccessRule 740
SetHtmlFormat 481
Set-Methode (Attached Property) 321
SetNavigationState (Frame) 685
SetPixelData 943
SetPreviewPage 791
SetPreviewPageCount 791
SetRequestHeader 753
SetRtf 481
SetServiceOperationAccessRule 740
SetSource
   BitmapImage 934
   BitmapSource 933
   MediaElement 953
   PlayToSourceRequest 982
   PrintTaskSourceRequestedArgs 789
   WebViewBrush 917
SetSourceAsync (BitmapSource) 933
SetStorageItems 481
Setter 534
SetterBaseCollection 534
Setters (Style) 534
SetText
   DataPackage 481
   ITextDocument (RichEditBox) 228
Setting (TileUpdater) 833

Index

SettingCommand 708
settings.dat 632
Settings-Contract 707
SettingsEdgeLocation 707
SettingsPane 706
SettingsPaneCommandsRequest 708
SetTrigger 812
SetUri 481
SetValue (DependencyObject) 309
Shape 917
   Ellipse 918
   Line 919
   Path 923
   Polygon 920
   Polyline 919
   Rectangle 918
   Stroke-Properties 920
Share-Contract 765
ShareTargetPage 773
Shift (VirtualKeyModifiers) 444
ShortName (SecondaryTile) 845
Show
   SettingsPane 707
   ToastNotifier 859
ShowAsync
   MessageDialog 239
   PopupMenu 235
ShowForSelectionAsync (PopupMenu) 235
Showing (InputPane) 478
ShowNameOnLogo (TileOptions) 846
ShowNameOnWideLogo (TileOptions) 846
ShowPicturesOnArrival 802
Show-WindowsDeveloper-
   LicenseRegistration 1065
Side-Loading 92, 1058, 1067, 1068
   Voraussetzungen 1068
silent (Toast audio) 863
Silverlight 48
SimpleCanvas 321
SimpleOrientation 907
SimpleOrientationSensor 906
Simulator 102
SineEase 1031
Single
   ListViewSelectionMode 373
   SelectionMode 219
SixHours (PeriodicUpdateRecurrence) 853
Size 249
SizeChanged
   FrameworkElement 134
   Window 138

Skalierung 256, 514
SkewTransform 263
SkipToFill (Storyboard) 1024
Slide-Geste 440
Slider 229
SliderSnapsTo 230
slmgr 1070
SmallChange (RangeBase) 229
SmallLogo.png 832
SmsReceived (SystemTrigger) 817
Snapped (ApplicationViewState) 292
Snapping 45
SnapsTo (Slider) 230
SnoozeInterval (ScheduledToast-
   Notification) 866
SOAP 727
Socket 754
Soft-Tastatur 221, 477
Software-Lizenz-Manager 1070
SolidColorBrush 910
Source
   Binding 334, 346
   CaptureElement 973
   CollectionViewSource 360
   Image 241
   MediaElement 952
   ResourceDictionary 497
SourceRequested (PlayToManager) 982
Span (Inline) 224
Speed (Geocoordinate) 893
SpeedRatio (Timeline) 1008, 1020
Speicherort-Funktion 892
Sperrbildschirm 879
Spiel 1045
Spiel-Explorer (Extension) 798
Splashscreen 521
SplineDoubleKeyFrame 1035, 1038
Spline-Keyframe-Animation 1038
SplitCloseThemeAnimation 1010
SplitOpenThemeAnimation 1010
SplitPage 145
Sprache 524
Sprachneutral 49, 60
Sprachprojektion 57, 60
SpreadMethod (GradientBrush) 912
Springiness 1031
SQL Server 734
SQLite 616
Square Tile 837
StackPanel 276
StandardDataFormats 481

StandardPrintTaskOptions 795
Standardseite (Seitenvorlage) 96, 122
StandardStyles.xaml 94, 208, 502, 540
Star (GridUnitType) 280
Start
   Application 114
   DeviceWatcher 890
   DispatcherTimer 958
   Storyboard 1022
StartAsync
   DownloadOperation 746
   UploadOperation 750
StartPeriodicUpdate
   BadgeUpdater 857
   TileUpdater 853
StartPeriodicUpdateBatch (TileUpdater) 854
StartPoint (LinearGradientBrush) 911
StartRecordToCustomSinkAsync 978
StartRecordToStorageFileAsync 978
StartRecordToStreamAsync 977
Startzeit (Basis-Animation) 1020
State (CivicAddress) 893
StaticResource 183, 494
StatusCode (HttpResponseMessage) 725
StepFrequency 229
Stern (*) 281
Steuerelement mit Vorlagen 577
Steuerkanal (Background-Task) 807
Stop
   FillBehavior 1022
   MediaElement 954
   Storyboard 1008, 1022
Stopped
   DeviceWatcher 890
   MediaElementState 954
StopPeriodicUpdate
   BadgeUpdater 857
   TileUpdater 854
StopPressed (MediaControl) 961
StopRecordAsync 977
StorageApplicationPermissions 660
StorageDeleteOption 621
StorageDevice 889
StorageFile 616
StorageFileQueryResult 659
StorageFolder 617
StorageFolderQueryResult 659
StorageItemMostRecentlyUsedList 660
StorageItems (StandardDataFormats) 481
StorageOnArrival 802
StoreAsync (DataWriter) 652

StoreKey.pfx 1087
Store-Logo 521
StoreLogo.png 1102
Store-Menü (Visual Studio) 1050
Storyboard 558, 1008
Stream 650
   .NET-Stream 657
   DataWriter/DataReader 652
   IInputStream 653
   WinRT-Stream 651
StreamCaptureMode 975
StreamReader 657
StreamSocket 754, 757
StreamSocketListener 754
StreamWebSocket 754
StreamWriter 657
Stretch
   CaptureElement 973
   HorizontalAlignment 259
   Image 242
   VerticalAlignment 260
   Viewbox 242
StretchDirection (Viewbox) 243
Stretch-Geste 440
Stroke (Shape) 920
StrokeDashArray (Shape) 921
StrokeDashCap (Shape) 922
StrokeDashOffset (Shape) 922
StrokeEndLineCap (Shape) 921
StrokeLineJoin (Shape) 922
StrokeMiterLimit (Shape) 922
StrokeStartLineCap (Shape) 921
StrokeThickness (Shape) 920
Style 534
   als logische Ressource 535
   erweitern 537
   expliziter 535
   Grundlagen 534
   impliziter 535
   in FriendStorage 541
   in Visual Studio 541
   Überblick 83
Sub-Unit (Untereinheit) 288
Suchen (Charms Bar) 777
Suchvertrag 778
SuggestedFileName (FileSavePicker) 647
SuggestedSaveFile (FileSavePicker) 647
SuggestedStartLocation
   FileOpenPicker 644
   FileSavePicker 647
   FolderPicker 649

SuggestionsRequested 786
SurfaceImageSource.. 941
Suspended (App-Zustand)................................... 676
Suspending (Application).................................... 678
SuspendingDeferral.. 678
SuspendingEventArgs 678
SuspendingOperation 678
SuspensionManager... 681
SuspensionManager.cs.. 98
SwapButtons.. 469
SwipeBackThemeAnimation 1011
Swipe-Geste... 440
SwipeHintThemeAnimation 1011
SyndicationClient... 745
SyndicationFeed 101, 745
SyndicationItem 101, 745
System.Collections.Generic................................... 70
System.Collections.ObjectModel 353
System.Collections.Specialized.......................... 352
System.ComponentModel.................................... 342
System.Data.. 72
System.Data.Services.Client 743
System.IO... 70, 657
System.IO.IsolatedStorage..................................... 71
System.Linq 70, 381
System.Net.. 70
System.Net.Http... 724
System.Net.Sockets.. 71
System.Net.WebClient.. 71
System.Reflection... 70
System.Reflection.Emit... 72
System.Resources.. 71
System.Runtime.InteropServices.Windows-
    Runtime... 655
System.Runtime.Remoting 72
System.Runtime.Serialization.................... 70, 662
System.ServiceModel.. 70
System.Threading.Tasks 71, 72, 151
System.Web.. 72
System.Windows.Controls.................................... 66
System.Windows.Data.. 66
System.Windows.Documents 66
System.Windows.Input.................................. 66, 404
System.Xml.Linq... 69
System.Xml.Serialization 663
SystemCondition... 818
SystemConditionType... 818
Systemereignis (Background-Task)................. 807
Systemressource 496
SystemTrigger... 813, 816
SystemTriggerType... 817

T

TabIndex 199, 476
TabNavigation... 199, 477
Tab-Reihenfolge 476
Tag (TileNotification) 850
TAP (Task-based Asynchronous Pattern)...... 150
Tap-Geste 439
Tapped.. 441
TargetName
    Storyboard 1014
    Theme Animation 1009
TargetProperty (Storyboard)........................... 1014
targetsize-Qualifizierer..................................... 801
TargetType (Style)... 534
Task..75, 151, 151
Task-based Asynchronous Pattern (TAP)...... 150
TaskEntryPoint 811
Tastatur..221, 477
Tastatur-Event 471
TcpListener... 755
TCP-Socket... 755
Teilen (Charms Bar)... 765
Template 542
Template (Control)..................................... 199, 544
Template Part..562, 583
TemplateBinding 184, 351, 546
TemplatedParent (RelativeSourceMode)...... 350
TemplatePartAttribute 562, 585
TemplateVisualStateAttribute 559, 586
Temporäre App-Daten...................................... 635
TemporaryFolder (ApplicationData) 635
TemporaryKey.pfx 94, 1052, 1087
Terminated (App-Zustand) 677
Testversion.. 1102
Text (StandardDataFormats)........................... 481
TextAlignment 222
TextBlock 224
TextBox 221
TextChanged 221
Text-Control
    PasswordBox 223
    RichEditBox 228
    RichTextBlock 225
    TextBlock 224
    TextBox 221
TextTrimming... 224
TextWrapping 222
Theme Animation 1006
    in ControlTemplate 1011
    Klassenhierarchie... 1010

Index

Theme Transition → Transition 992
ThemeDictionaries 506
themeresources.xaml 506
Theme-Ressource 503
Themes-Ordner 579
Thickness 257
ThreadPool 156
ThreadPoolTimer 809
Thumbnail (PickerViewMode) 644
ThumbToolTipValueConverter 229
Tick (DispatcherTimer) 1042
TickPlacement 230
TiffDecoderId 942
TiffEncoderId 943
Tile 40, 830
   Secondary 845
   Square 837
   Square/Wide unterstützen 844
   Templates 837
   Update mit Bild 833
   Update mit Text 830
   Updatemöglichkeiten 850
   Updates in Warteschlange 849
   Wide 840
TileBrush
   ImageBrush 913
   WebViewBrush 915
TileId (SecondaryTile) 845
TileNotification 830
TileOptions (SecondaryTile) 846
TileSquareBlock 837
TileSquareImage 834, 837
TileSquarePeekImageAndText01-04 838
TileSquareText01-04 837
TileSquareText02 830
TileTemplateType 835
Tile-Update
   geplantes 851
   Lockscreen 882
   lokales 851
   periodisches 852
   Push Notification 876
TileUpdateManager 830, 835
TileUpdater 830
TileWideBlockAndText01-02 840
TileWideImage 842
TileWideImageAndText01-02 842
TileWideImageCollection 842
TileWidePeekImage01-06 842
TileWidePeekImageAndText01-02 844

TileWidePeekImageCollection01-06 843
TileWideSmallImageAndText01-05 842
TileWideText01-11 840
Tile-XML 830
TimedOut (ToastDismissalReason) 864
Timeline 1007
TimelineCollection 1008
TimelineMarker 965
Timestamp
   AccelerometerReading 895
   CivicAddress 893
   CompassReading 901
   Geocoordinate 893
   GyrometerReading 899
   InclinometerReading 900
   LightSensorReading 905
   OrientationSensorReading 906
TimeTrigger 816
TimeZoneChange (SystemTrigger) 817
Title
   DataPackage 767
   MessageDialog 238
To (DoubleAnimation) 1015
ToArray (IBuffer) 655
Toast 857
   aktivieren 858
   Anzeigedauer 861
   Anzeigemöglichkeiten 864
   anzeigen 858
   Startparameter 863
   Templates 860
   Ton anpassen 862
Toast-Anzeige
   Geplant (Scheduled) 865
   lokale 864
   Push Notification 878
ToastDismissalReason 864
ToastImageAndText01-04 861
ToastNotification 859
ToastNotificationManager 859
ToastNotifier 859
ToastTemplateType 860
ToastText01-04 861
ToggleActiveView 386
ToggleButton 203
Toggled 240
ToggleSwitch 240
Token (AccessListEntry) 660
ToolTip 210
ToolTipService 210

Index

Top
- *Canvas* 273
- *VerticalAlignment* 260

TopAppBar (Page) 206
TotalBytesToReceive 746
TotalBytesToSend 750
Touch (PointerDeviceType) 443
Touch First 439
TouchCapabilities 469
TouchPresent 469
TrackName (MediaControl) 963
Trägheit (Manipulation-Event) 457
Transform 262
Transformation 262
- *CompositeTransform* 263
- *MatrixTransform* 263
- *RotateTransform* 266
- *ScaleTransform* 263
- *SkewTransform* 263
- *TransformGroup* 263
- *TranslateTransform* 263

TransformGroup 263
TransformToVisual 267, 466
Transition 992
- *auf UIElement setzen* 993
- *in FriendStorage* 1005
- *Klassenhierarchie* 995

Transition (Visual State) 560
TransitionCollection 993
TranslateTransform 263
TranslateX (ManipulationModes) 459
TranslateY (ManipulationModes) 459
Translation (ManipulationDelta) 458
TryUnsnap (ApplicationView) 293
TwelveHours
- (PeriodicUpdateRecurrence) 853

TwoWay (BindingMode) 338
Type Library 50
TypeConverter 178
TypeInfo 72
Typsystem 60

U

UICommand 235
UICommandSeparator 235
UIElement 133
UIElementCollection 185, 251, 273
UI-Thread 139
unavailable (Badge) 856

UNC (Uniform Naming Convention) 642
Unchecked (ToggleButton) 204
Underline (Inline) 224
Unfocused (FocusState) 474
UnhandledException (Application) 136
Uniform (Stretch) 242
Uniform Naming Convention (UNC) 642
UniformToFill (Stretch) 242
Unit (Einheit) 288
Unit-Test 148
UnknownContentOnArrival 802
Unregister 814
Unregister-WindowsDeveloperLicense ... 1063
Untereinheit (Sub-Unit) 288
Unternehmen (App-Installation) 1067
Unternehmensauthentifizierung 643, 1072
Unternehmens-Entwicklerkonto 1072
Update
- *BadgeUpdater* 854
- *TileUpdater* 830

UpdateAsync (SecondaryTile) 849
Updated (DeviceWatcher) 890
UpdateSourceTrigger 339
Upload 750
UploadHandler.ashx 751
UploadOperation 750
UpOnly (StretchDirection) 243
Uri (StandardDataFormats) 481
UriSource (BitmapImage) 934
USB 641, 802, 890
User Control 568
- *Aussehen und Logik* 571
- *in UI einbinden* 574

UserAway (SystemTrigger) 817
UserCanceled (ToastDismissalReason) ... 864
UserNotPresent (SystemConditionType) ... 818
UserPresent
- *SystemConditionType* 818
- *SystemTrigger* 817

using (XAML) 172

V

ValidateValueCallback 318
Value
- *GridLength* 280
- *Keyframe* 1035
- *RangeBase* 229
- *Setter* 534

ValueChanged (RangeBase) 229

VariableSizedWrapGrid 283
VB 47
VC-1 953
Velocities 458
Velocity 457
Verb
   Autoplay-Extension 802
   FileActivatedEventArgs 802
Verbindungsinformation 723
Verkaufsdetails (Windows Store) 1078
Verpacken (App) 1049
Verpacken (Package.appxmanifest) 108
verschachtelt (XAML) 165
Vertical (Orientation) 276
VerticalAlignment 259
VerticalContentAlignment 199, 261
VerticalOffset
   ContentThemeTransition 999
   EntranceThemeTransition 997
   Popup 232
   PopupThemeTransition 999
   ToolTip 211
VerticalScrollBarVisibility 212
VerticalWheelPresent 468
Video
   abspielen 952
   aufnehmen 971, 975, 977
   Bildschirm dauerhaft aktivieren 964
   einbinden 972
   streamen 987
   Vollbildmodus 963
   zuschneiden 972
Video (CameraCaptureUIMode) 968
Videobibliothek 639
VideoCapture (DeviceClass) 888
VideoDeviceController 978
VideoDeviceId 888, 975
VideoEffects 965
VideoEncodingQuality 977
Video-Marker 965
VideosLibrary
   KnownFolders 637
   PickerLocationId 644
VideoStabilization 965
View
   CollectionViewSource 360
   MVC 406
   MVVM 407
Viewbox 242
ViewChangeCompleted 386
ViewChangeStarted 386

ViewMode
   FileOpenPicker 644
   FolderPicker 649
ViewModel (MVVM) 407
VirtualizingPanel 285
   CarouselPanel 286
   OrientedVirtualizingPanel 285
VirtualizingStackPanel 286
VirtualKey 471
VirtualKeyModifiers 444
VirtualSurfaceImageSource 941
Visibility 261
VisibilityChanged (Window) 138
Visible
   ScrollBarVisibility 212
   Visibility 261
Visual State 554, 586
Visual Studio
   Ausgabefenster 339
   Ausrichtungsgitter 287
   Code-Snippet 316, 321
   Gerätefenster 295, 518
   Projektvorlage 141
   Store-Menü 1050
   Style in 541
   Template erstellen in 549
Visual Tree 189, 544
VisualState 557
VisualStateGroup 590
VisualStateGroups 99, 557, 590
VisualStateManager 99, 294, 557, 587, 590
VisualTransition 560, 589
VisualTreeHelper 189, 462
Visueller Zustand 554
Volume (MediaElement) 955
Vordergrundtext (Tile) 831
Vorrangsrecht (Dependency Property) 310

W

WACK (Windows App Certification Kit) 1088
Wait (CoreCursorType) 456
WCF (Windows Communication
   Foundation) 726
WCF RIA Services 745
WCF-Data-Service 732
WCF-Service 726
Web Service Definition Language (WSDL) 727
Web-Anwendung 48
WebAuthenticationBroker 761

Webcam 966
WebException 876
Webhost 57
Webservice 721
Web-Socket 758
WebView 244
WebViewBrush 915
Wechselspeichergerät 641, 803, 890
Wide Tile 840
WideLogo (SecondaryTile) 846
Width
   ColumnDefinition 279
   FrameworkElement 255
Win32 .... 47, 51
Window 137
Windows
   Geschichte 51
   Kernel 51
Windows (VirtualKeyModifiers) 444
Windows 8 45
   Architektur 46
   Desktop-App entwickeln 48
   Windows Store App entwickeln 47
Windows App Certification Kit (WACK) 1088
Windows Communication Foundation
   (WCF) 726
Windows Forms 48
Windows Kernel 47, 51
Windows Live ID 91
Windows Metadata 58
Windows Phone 68
Windows Presentation Foundation (WPF) 48
Windows Push Notification Services (WNS) 867
Windows RT 47, 104
Windows Runtime (WinRT) 48
Windows Runtime Core 56
Windows Store 1058, 1070
   App beschreiben 1095
   App im Dashboard anlegen 1075
   App übermitteln 1099
   App-Namen reservieren 1077
   App-Package hochladen 1092
   App-Projekt verknüpfen mit 1084
   Entwicklerkonto anlegen 1070
   In-App-Angebote 1107
Windows Store App
   Ansichten 291
   Drehungen 299
   Einstellungen 705
   Einstiegspunkt 111, 1058
   entwickeln 47
   erstellen der ersten 88
   Gesten 439
   im Dashboard anlegen 1075
   in Store hochladen 1092
   in Windows 8 46
   Installationsmöglichkeiten 92, 1058
   Konzepte 75
   Lebenszyklus und Zustand 675
   Logo 520
   Merkmale 40
   mit Store verknüpfen 1084
   Namen reservieren 1077
   nativ in C++ 603
   Navigation in 116
   Sandbox 62
   Testen mit WACK 1088
   verpacken 1049
   zum Lockscreen hinzufügen 881
   zur Zertifizierung übermitteln 1099
Windows.ApplicationModel 64, 636
Windows.ApplicationModel.Activation 680
Windows.ApplicationModel.Background 808
Windows.ApplicationModel.Contacts 650
Windows.ApplicationModel.Data-
   Transfer 481, 766
Windows.Application-
   Model.Resources 71, 526
Windows.ApplicationModel.Search 786
Windows.ApplicationModel.Store 1103
Windows.Data.Json 64
Windows.Data.Xml 64
Windows.Device.Input 468
Windows.Devices 64
Windows.Devices.Enumeration 886
Windows.Devices.Geolocation 886
Windows.Devices.Input 886
Windows.Devices.Portable 886, 889
Windows.Devices.Printers.Extensions 887
Windows.Devices.Sensors 887, 895
Windows.Devices.Sms 887
Windows.Foundation 64, 156, 249
Windows.Foundation.Collections 354
Windows.Foundation.Threading 72
Windows.Graphics 64
Windows.Graphics.Display 300, 519
Windows.Graphics.Imaging 941
Windows.Graphics.Printing 788
Windows.Graphics.Printing.Option-
   Details 794
Windows.Media 64, 961
Windows.Media.Devices 978

Index

Windows.Media.MediaProperties 976
Windows.Media.PlayTo 982
Windows.Media.Transcoding 972
Windows.Networking 64
Windows.Networking.Background-
Transfer 71, 746
Windows.Networking.Connectivity 723
Windows.Networking.Proximity 887
Windows.Networking.PushNotifications 870
Windows.Networking.Sockets 71, 754
Windows.Security 64
Windows.Security.Authentication.Web 761
Windows.Security.Credentials.UI 761
Windows.Security.Cryptography 654
Windows.Storage 65, 616
Windows.Storage.AccessCache 617, 660
Windows.Storage.ApplicationData 71
Windows.Storage.Compression 617
Windows.Storage.Enumeration 888
Windows.Storage.FileProperties 617
Windows.Storage.Pickers 618, 643
Windows.Storage.Search 618, 659
Windows.Storage.Streams 618, 651
Windows.System 65, 206
Windows.System.Display 964
Windows.System.RemoteDesktop 965
Windows.System.Threading 156
Windows.UI.ApplicationSettings 706
Windows.UI.Core 138, 455
Windows.UI.Notifications 830
Windows.UI.Popups 235
Windows.UI.StartScreen 845
Windows.UI.Text 228
Windows.UI.ViewManagement 291, 478
Windows.UI.Xaml.Controls 59, 65, 195
Windows.UI.Xaml.Controls.Primitives ... 65, 228
Windows.UI.Xaml.Data 65, 330, 359
Windows.UI.Xaml.Documents 65, 224
Windows.UI.Xaml.Input 65, 404, 444
Windows.UI.Xaml.Markup 65, 176
Windows.UI.Xaml.Media 65, 189, 262, 923
Windows.UI.Xaml.Media.Animation 995
Windows.UI.Xaml.Media.Imaging 241
Windows.UI.Xaml.Navigation 66
Windows.UI.Xaml.Printing 66, 790
Windows.UI.Xaml.Resources 508
Windows.UI.Xaml.Shapes 66
Windows.Web.AtomPub 745
Windows.Web.Syndication 745
windowsruntime 60
WindowsRuntimeBufferExtensions 655
WindowsRuntimeStorageExtensions 657
WindowsRuntimeStreamExtensions 74, 658
WindowsRuntimeSystemExtensions 160, 417
WinJS 57
WinRT 48
   Architektur 56
   Grundlagen 48
   integrierte Technologien 71
   Language Projection 60
   Namespaces 64
   Stärken 66
   und .NET 73
   Vektorbasiert 514
   XML-Namespace 167
WinRT-Komponente 319, 597
   Custom Control in 606
   Einschränkungen 598
   erstellen 600
   in C++ einsetzen 603
WinRT-Stream 651
WinRTXamlEditor 187
WMA 953
WMV 953
WNS (Windows Push Notification Services) 867
wns/badge 878
wns/raw 878
wns/tile 878
wns/toast 878
WNS-Uri 867
Wohlgeformt 165
WordEllipsis (TextTrimming) 224
WPF (Windows Presentation Foundation) 48
Wrap (TextWrapping) 222
WrapGrid 285
WrapPanel 286
WriteableBitmap 937
WriteAsync (IOutputStream) 653
WriteBufferAsync (FileIO) 656
WriteBytes (DataWriter) 653
WriteObject (DataContractSerializer) 663
WriteString (DataWriter) 652
WriteTextAsync (FileIO) 618
WSDL (Web Service Definition Language) 727
Wurzelelement (XAML) 165

X

x (XML-Namespace) 169
x:Array 184
x:Boolean 171

x:Class 112, 170
x:Double 171
x:Int32 171
x:Key 170, 495
x:Name 170, 495
x:Null 184, 536
x:Static 184
x:String 171
x:Type 184
x:Uid 531
x64 1054
x86 1054
XAML 163
   Attribut 165
   Attribut-Konvertierung 178
   Collections 184
   Compatibility-Namespace 171
   Content-Property 175
   Default-Property 175
   dynamisch laden 187
   Element 165
   Entity-Referenz 192
   erweitern mit eigenem Namespace 172
   Grundlagen 163
   Markup-Extension 180
   Namespace 167
   Objekt referenzieren 494
   Parser 167
   Properties setzen 173
   Überblick 75
   Visual Tree 189
   Vorteile 164
   Wurzelelement 165
   XML-Namespace für 169
XAML-Compatibility-Namespace 171
XAML-Compiler 169
XamlParseException 188
XAML-Parser 169, 179
XamlReader 187
XAML-Spracherweiterung 170
XDocument 72
XML 165

XML-Attribut 165
XmlAttribut 664
XML-Element 165
XmlElement 664
XmlIgnore 663
XML-Namespace
   d 171
   der WinRT 167
   des Designers 171
   mc 171
   von XAML 169
   x 169
xmlns 167
XmlnsDefinition 173
XmlReader 69
XmlSerializer 663
XmlWriter 69
X-WNS-Tag 878
X-WNS-Type 876, 878

Y

YawDegrees (InclinometerReading) 900

Z

Zeitgeber (Background-Task) 807
Zertifikat 94, 1066, 1087
Zertifikate (Extension) 798
Zertifikatsdatei 1059
Zielfreigabe 772
ZIndex (Canvas) 273
ZoomedInView 383
ZoomedOutView 383
Z-Reihenfolge 275
Zur Zertifizierung übermitteln
   (Windows Store) 1099
Zustandsaufzeichnung 297
Zwischenablage 490

- Alle Phasen in der Praxis: vom Entwurf bis zum Deployment

- Best Practices, echte Fallbeispiele, Technologieempfehlungen

- Inkl. Einführung in Windows 8 und WinRT, WCF und die Workflow Foundation

Matthias Geirhos

Professionell entwickeln mit Visual C# 2012
Das Praxisbuch

Sie beherrschen C#, möchten aber gerne noch effizienter entwickeln? In diesem Buch finden Sie eine Vielzahl an Dos & Don'ts, mit denen Sie alle Phasen Ihres Projekts sicher meistern: OOA & OOD, GUIs, TPL und Multithreading, Code Smells, WCF, ADO.NET, Workflow Foundation, Unit Tests, Softwarepflege, Deployment u.v.m.

1.142 S., 2. Auflage 2013, mit CD, 49,90 Euro
ISBN 978-3-8362-1954-9
www.galileocomputing.de/3175

Galileo Press

- Spracheinführung, Objektorientierung, Programmiertechniken

- Windows-Programmierung mit der Windows Presentation Foundation

- Inkl. LINQ, Task Parallel Library (TPL), ADO.NET und Entity Framework

Andreas Kühnel

Visual C# 2012

Das umfassende Handbuch

Der ideale Begleiter für Ihre tägliche Arbeit mit Visual C# 2012! In diesem Buch finden Sie geballtes C#-Wissen: von den Sprachgrundlagen und der Objektorientierung über Klassendesign, LINQ und Multithreading bis zur Oberflächenentwicklung mit WPF und der Datenbankanbindung mit ADO.NET und Entity Framework. Typische Praxisbeispiele helfen Ihnen jeweils bei der Umsetzung.

1.402 S., 6. Auflage 2013, mit DVD, 49,90 Euro
ISBN 978-3-8362-1997-6
www.galileocomputing.de/3243

Ausführliche Informationen: www.galileocomputing.de

- Windows Store Apps entwickeln von A bis Z

- WinRT und Modern UI direkt im Einsatz erleben

- Inklusive Crashkurs Visual C# und XAML

Tom Wendel

Video-Training:
Apps entwickeln für Windows 8 und RT
Mit C# und XAML

Entdecken Sie die Möglichkeiten der App-Entwicklung für Windows 8. Der Microsoft-Experte Tom Wendel zeigt Ihnen live am Bildschirm, wie Sie mit der WinRT und Visual Studio eigene Windows-Apps entwickeln und diese anschließend im Windows Store veröffentlichen.

DVD, Windows und Mac, 12 Stunden Spielzeit, 39,90 Euro
ISBN 978-3-8362-2371-3, April 2013
www.galileocomputing.de/3361

- Einstieg in Windows Presentation Foundation und XAML

- Attraktive GUIs und Multimedia-Anwendungen erstellen

- Umstieg von WinForms, 3D-Grafiken, Windows Store Apps u. v. m.

Thomas Theis

Einstieg in WPF 4.5

Grundlagen und Praxis

Der praktische Schnelleinstieg für alle, die WPF kennenlernen und schnell produktiv einsetzen möchten. Sie erfahren, wie Sie Benutzeroberflächen entwickeln, Grafiken und Animationen erstellen, Multimediadateien einbinden, mit Dokumenten arbeiten u. v. m. Alle Beispiele gibt es sowohl für C# als auch für Visual Basic. Entsprechende Programmierkenntnisse vorausgesetzt, wird Ihnen der Einstieg in WPF mit diesem Buch sicher gelingen!

525 S., 2. Auflage 2013, mit DVD, 29,90 Euro
ISBN 978-3-8362-1967-9
www.galileocomputing.de/3214

Leseprobe im Web!

- Professionelle GUI-Entwicklung mit der WPF

- Aktuell zu .NET 4.5 und Visual Studio 2012

- Inkl. Einführung in XAML, 2D- und 3D-Grafiken, Multimedia, Animationen u.v.m.

Thomas Claudius Huber

Windows Presentation Foundation 4.5
Das umfassende Handbuch

Geballtes Wissen zum Grafik-Framework von .NET! Ob Grundlagen, XAML, GUI-Entwicklung, Datenbindung, Animationen, Multimedia oder Migration - hier finden Sie auf jede Frage eine Antwort! Grundkenntnisse in C# vorausgesetzt, ist dieses Buch sowohl zum Einstieg als auch als Nachschlagewerk optimal geeignet.

1.244 S., 3. Auflage 2013, mit DVD und Referenzkarte, 49,90 Euro
ISBN 978-3-8362-1956-3
www.galileocomputing.de/3179

Galileo Press

- Finde heraus, wie Du objektorientiert programmieren kannst

- Bewege Dich sicher in Deiner C++-Bibliothek

- Und alles auf dem neuesten C++11-Standard

Dieter Bär

Schrödinger programmiert C++

Das etwas andere Fachbuch

Schrödinger ist unser Mann fürs Programmieren. Er kann schon was, aber noch nicht C++. Schlau ist er, auch neugierig, aber zuweilen ungeduldig und etwas chaotisch. Er hasst Katzen und liebt WoW. Eigentlich der perfekte Partner, um endlich mal gründlich C++ zu lernen.
Zum Buch: Ein Traum! Die volle Packung C++. Die nötige Theorie, viele Hinweise und Tipps [im Büro], Unmengen von gutem, aber auch schlechtem Code, der verbessert und repariert werden will [in der Werkstatt] mit viel Kaffee und Übungen und den verdienten Pausen [zuhause im Wohnzimmer]. Und mittendrin ist Schrödinger, und natürlich du!

688 S., 2012, komplett in Farbe, 49,90 Euro
ISBN 978-3-8362-1756-9
www.galileocomputing.de/2853

In unserem Webshop finden Sie unser aktuelles
Programm mit ausführlichen Informationen,
umfassenden Leseproben, kostenlosen Video-Lektionen –
und dazu die Möglichkeit der Volltextsuche in allen Büchern.

www.galileocomputing.de

Galileo Computing

Wissen, wie's geht.